Unfallversicherungsgesetz.

Kommentar

von

E. von Woedtke.

5. Auflage.

In der Fassung des Gesetzes, betreffend die Abänderung der Unfallversicherungsgesetze, vom 30. Juni 1900 als

Gewerbe-Unfallversicherungsgesetz

neu bearbeitet

von

F. Caspar,
Direktor im Reichsamte des Innern.

Berlin.
Verlag von Georg Reimer.
1901.

Vorwort zur ersten Auflage.

Wie der Verfasser in dem Vorwort zu seinem Kommentar des Krankenversicherungsgesetzes näher darg elegt hat, hält er es für die Pflicht aller staatserhaltenden Elemente im Reich, nicht nur der Behörden und Beamten, sondern auch aller Privatpersonen ohne Unterschied von Stand und Stellung, die von Seiner Majestät unserem herrlichen Kaiser und den verbündeten Regierungen unternommene soziale Reform nach besten Kräften fördern zu helfen. Wir Alle müssen, so viel an uns liegt, dazu beizutragen, uns bemühen, daß unser Staatsleben durch Bethätigung praktischen Christenthums auf seiner christlichen Grundlage erhalten, der soziale Friede hergestellt und gekräftigt, die wirthschaftliche Noth weiter Kreise des deutschen Volkes gemildert und den Besitzenden die Nothwendigkeit der Fürsorge für ihre Nächsten ans Herz gelegt, den Besitzlosen aber die Ueberzeugung gegeben werde, daß nur unser geordnetes Staatswesen Schutz und materielle Hülfe bei wirthschaftlichen Nothlagen gewähren kann, welche aus dem von Gott verordneten Nebeneinander von Reich und Arm zuweilen sich ergeben.

Die soziale Reform hat einen großen Schritt vorwärts gethan — dem Krankenversicherungsgesetz ist das Unfallversicherungsgesetz gefolgt, welches vorbehaltlich demnächstiger weiterer Ausdehnung zunächst den Arbeitern der Industrie eine allzeit zuverlässige Fürsorge bei Betriebsunfällen sichert. Jetzt heißt es, wie vor Jahresfrist dem Krankenversicherungsgesetz, so jetzt dem Unfallversicherungsgesetz zu schleunigster, sinngemäßer Durchführung zu verhelfen; und seiner oben dargelegten Verpflichtung, hierzu beizutragen, möchte sich der Verfasser durch den vorliegenden Kommentar entledigen. Er bietet denselben in dem Wunsch und in der Hoffnung, daß die Behörden und die Betheiligten bei der praktischen Ausführung des Gesetzes Manches in dem Kommentar finden werden, was sie über Sinn und

Zweck der einzelnen Bestimmungen des Gesetzes aufklärt, und daß insbesondere die zunächst erforderliche Organisation der Berufsgenossenschaften dadurch erleichtert und gefördert werden möchte. Verfasser hat zu diesem Zweck nicht nur dasjenige Material benutzt, welches die Verhandlungen, die Motive und der Kommissionsbericht ergaben, sondern er hat sich auch bemüht, das Gesetz nach anderen in der Praxis voraussichtlich hervortretenden Beziehungen soweit zu interpretiren, wie dies einer Privatperson vorderhand möglich ist. Der Zweck, besonders auch die Organisation der Berufsgenossenschaften zu fördern, bedingte diejenige Beschleunigung, welche der Verfasser sich hat angelegen sein lassen; der Absicht, der vorliegenden Arbeit wesentlich eine praktische Bedeutung zu geben, entspricht es, daß eine Kritik einzelner Bestimmungen des Gesetzes unterlassen und auf die Wiedergabe der gegen das Gesetz vorgetragenen Bedenken überall da verzichtet worden ist, wo diese Wiedergabe nicht für praktische Zwecke durchaus erforderlich erschien.

Der Kommentar hätte in dieser Form und so bald nicht entstehen können, wenn der Verfasser nicht schon in früheren Stadien Gelegenheit gehabt hätte, mit der Materie sich vertraut zu machen, und wenn er sich bei seiner Arbeit nicht der ausgiebigen und hingebenden Mitwirkung zweier Herren zu erfreuen gehabt hätte, welche, wie verlautet, an der Verfassung des Gesetzentwurfs hervorragenden Antheil genommen und welche denselben vor der Kommission des Reichstags als Kommissarien der verbündeten Regierungen mitvertreten haben, nämlich des Kaiserl. Präsidenten des Reichs-Versicherungsamts Herrn T. Bödiker und des Kaiserl. Geh. Regierungsraths und vortragenden Raths im Reichsamt des Innern, Herrn C. Gamp. Wenn es gelungen sein sollte, die Absichten des Gesetzgebers annähernd richtig wiederzugeben, so haben diese beiden Herren hieran das Hauptverdienst. Der Verfasser sagt denselben hiermit warmen Dank für ihr lebhaftes Interesse an seinem Werk und wünscht, daß sie dieses Interesse einer Arbeit bewiesen haben möchten, welche desselben nicht ganz unwerth ist. Daß die während des Druckes erlassene Anweisung des Reichs-Versicherungsamts zur Ausführung einiger Bestimmungen des Gesetzes in wesentlichen Punkten mit den Ausführungen des Kommentars übereinstimmt, gewährt dem Verfasser die befriedigende Genugthuung, daß er in dieser Beziehung die Absichten des Gesetzgebers richtig wiedergegeben zu haben scheint. Möchte dasselbe auch bei anderen Bestimmungen des Gesetzes der Fall sein, und möchte es so gelungen sein, den Betheiligten einen möglichst zuverlässigen Rathgeber bei der praktischen Anwendung des Gesetzes zu geben, damit der Zweck, auch durch dieses Scherflein die soziale Reform fördern zu helfen, erreicht werde!

Berlin, im Juli 1884.

Der Verfasser.

Vorwort zur fünften Auflage.

Die Veränderungen, welche die Unfallversicherungsgesetze durch das Gesetz vom 30. Juni 1900 erfahren haben, sind nach langjährigen Verhandlungen einschneidender geworden, als anfänglich angenommen wurde. Es rechtfertigt sich daher, an Stelle von Nachträgen zu der inzwischen überdies längst vergriffenen vierten Auflage eine neue Auflage des Kommentars herauszugeben. Die Umarbeitung, welche der Herr Verfasser wegen des Umfangs der ihm obliegenden Dienstgeschäfte ablehnen mußte, hat mit seiner Zustimmung der unterzeichnete Bearbeiter übernommen, der bei den Vorarbeiten für die neue Fassung mitzuwirken Gelegenheit hatte. Soweit die erlassenen Abänderungen des Gesetzes nicht Streichungen und Zusätze erforderten, sind die bisherigen Anmerkungen und Ausführungen beibehalten und nur durch die seit 1889 hinzugetretenen Ergebnisse der umfassenden Rechtsprechung sowie der Verwaltungsthätigkeit des Reichs-Versicherungsamts vervollständigt.

Caspar.

Inhaltsangabe.

Vergleichende Uebersicht

der Paragraphen des Unfallversicherungsgesetzes vom 6. Juli 1884
und des Ausdehnungsgesetzes vom 28. Mai 1885
mit den Paragraphen des Gewerbe-Unfallversicherungsgesetzes.

U.V.G.	G.U.V.G.	U.V.G.	G.U.V.G.	U.V.G.	G.U.V.G.
§. 1	§§. 1, 2	§. 39	§. 62	§. 88	§. 125
§. 2	§. 5	§. 51	§. 63	§. 89	§. 126
§. 3	§§. 6, 10	§. 53	§. 64	§ 92	§ 127
§. 4	§. 7	§. 54	§. 65	§. 94	§. 134
§. 5	§§. 8—12, 14	§. 55 Abs. 2	§. 66	§. 95	§. 135
§. 6	§§. 15, 16,	§. 56	§. 67	§. 96	§§. 136, 138
	18, 20, 21	§. 57	§§. 69, 70	§. 97	§. 139
§. 7	§. 22	§. 58	§. 71	§. 98	§. 140
§. 8 Abs. 1	§. 25	§. 59	§§. 72, 73	§. 99	§. 141
§. 8 Abs. 2	§. 27	§. 60	§. 74	§. 100	§. 143
§. 9	§. 28	§. 61	§. 75	§. 101	§. 144
§. 10 Abs. 1, 2	§. 29	§ 62	§ 76	§. 102	§. 145
§. 10 Abs. 3, 4	§. 31	§ 63	§§. 77, 79	§. 103	§. 146
§. 11	§ 35	§. 64	§. 87	§ 104	§. 147
§. 16	§. 36	§. 65	§§. 88, 89, 92	§. 105	§. 148
§. 17	§. 37	§. 66	§. 93	§. 106	§§. 149, 154
§. 18	§. 34	§. 67	§ 95	§. 107	§. 150
§. 19	§. 38	§ 68	§. 96	§. 108	§. 151
§. 20	§. 39	§ 69	§. 97	§ 109	§. 152
§. 21	§. 40	§. 70	§. 98	§. 110	§. 155
§. 22	§. 41	§. 71	§. 99		
§. 23	§. 42	§. 72	§§. 100, 101	Aus-	
§. 24	§. 43	§. 73	§. 102	dehnungs-	
§. 25	§. 44	§. 74	§. 103	gesetz	
§. 26	§. 45	§. 75	§. 106		
§. 27	§. 46	§. 76	§§. 107, 108	§. 1	§. 1
§. 28	§ 49	§. 77	§. 111	§. 2	§ 128
§. 29	§. 50	§. 78	§§. 112, 115	§. 3	§. 129
§. 30	§. 51	§. 79	§§. 113, 115	§. 4	§§. 7, 130
§. 31	§. 52	§. 80	§§. 116, 154	§. 7	§. 131
§. 32	§. 53	§. 81	§. 117	§. 9	§§. 132, 154
§. 33	§. 54	§. 82	§. 119	§. 10	§ 133
§. 34	§. 55	§. 83	§. 120	§. 11	§. 28
§. 35	§. 56	§. 84	§. 121	§. 13	§. 68
§. 36	§. 57	§. 85	§. 122	§. 14	§. 118
§. 37	§§. 58—60	§. 86	§. 124	vergl. hierzu	
§. 38	§ 61	§. 87	§. 125	auch S. 73	

Abkürzungen.

a. a. O. = am angeführten Ort.
a. E. = am Ende.
A.G. oder Ausd.G. = Ausdehnungsgesetz (Gesetz, betreffend die Ausdehnung der Unfall- und Krankenversicherung) vom 28. Mai 1885, R.G.Bl. S. 159.
A. L.R. = Allgemeines Landrecht (für die preußischen Staaten).
A. N. = Amtliche Nachrichten des Reichs-Versicherungsamts, erscheinen seit 1. Dezember 1884 in Berlin im Verlage von A. Asher & Comp. Jahrgang 1885—1900.
Anh. = Anhang.
Anl. = Anleitung (des Reichs-Versicherungsamts).
Anw. = Anweisung.
B.U.V.G. = Bau-Unfallversicherungsgesetz (R.G.Bl. 1900 S. 698).
Bek. = Bekanntmachung.
B.G. = Berufsgenossenschaft.
B.G.Bl. = Bundes-Gesetzblatt.
Besch. = Bescheid.
C.P.O. = Civil-Prozeß-Ordnung.
Entsch. = Entscheidung.
ff. = und folgende.
G. = Gesetz.
G.S. S. = Gesetzsammlung (Preußische) Seite.
G.U.V.G. = Gewerbe-Unfallversicherungsgesetz (R.G.Bl. 1900 S. 585).
H.B. = Handbuch der Unfallversicherung, herausgegeben von Mitgliedern des Reichs-Versicherungsamts. 2. Auflage. 1897.
H.G. = Hauptgesetz, d. i. Gesetz, betr. die Abänderung der Unfall-Versicherungsgesetze (R.G.Bl. 1900 S. 573).
i. f. = in fine.
K.O. = Konkurs-Ordnung.
Komm.Ber. = Berichte der Reichstags-Kommissionen.
1884: Drucksache 1884 Nr. 115.
1885: Drucksache Nr. 54.
1897: Drucksache 1897 Nr. 909.
1900: Drucksache 1898/1900 Nr. 708.
K.V.G. = Krankenversicherungsgesetz vom 10. April 1892 (R.G.Bl. S. 417).
L.U.V.G. = Unfallversicherungsgesetz für Land- und Forstwirthschaft (R.G.Bl. 1900 S. 641).

L.V.A. = Landes-Versicherungsamt.
Mot. = Motive, Begründung 1884: Drucksache des Reichstags Nr. 4; 1900: Drucksache Nr. 528.
M. J. V. = (Preuß.) Ministerialblatt der inneren Verwaltung.
R.A. = Reichs-Anzeiger.
R.G. = Reichs-Gesetz.
R.G.Bl. — Reichs-Gesetzblatt.
R.O.H.G. = Reichs-Ober-Handelsgericht.
R.T.Dr.S. = Reichstags-Drucksache.
R.V.A. = Reichs-Versicherungsamt.
S. = Seite.
S.U.V.G. = See-Unfallversicherungsgesetz (R.G.Bl. 1900 S. 716).
Sten. Ber. = Stenographische Berichte (über die Verhandlungen des Reichstags).
St.G.B. = Strafgesetzbuch.
S.V. = Selbstverwaltung, Wochenschrift von Parey.
U.V.G. = Unfallversicherungsgesetz vom 6. Juli 1884 (R.G.Bl. S. 69).
V. = Verordnung.
z. Th. = zum Theil.

Einleitung.

Die großen Fortschritte, welche die Industrie in den letzten Jahrzehnten gemacht hat, haben in gleichem Verhältniß mit der Entwicklung der Industrie auch die in gewerblichen Betrieben vorkommenden Unfälle vermehrt. Seit dem Jahre 1868 hat die wirthschaftliche Nothlage, in welche die immer zahlreicher werdenden, meist den besitzlosen Klassen der Bevölkerung angehörenden Verunglückten und deren Hinterbliebene geriethen, zu der Prüfung Anlaß gegeben, ob bei Betriebsunfällen die allgemeinen Grundsätze des Zivilrechts über die Verbindlichkeit zum Schadenersatz als ausreichend anzusehen seien, und diese Prüfung mußte zur Verneinung der Frage führen. Die damals geltenden allgemeinen Grundsätze des Zivilrechts lassen sich kurz in folgende Sätze zusammenfassen:

> Nach gemeinem Recht und den von diesem beherrschten deutschen Partikularrechten war nur der **unmittelbare Urheber** für den durch Vorsatz oder Nachlässigkeit verursachten Schaden verantwortlich. War der Thäter Vertreter eines Dritten, so haftete der Auftraggeber, sofern nicht seine Ersatzpflicht durch die Widerrechtlichkeit des Auftrags begründet oder durch dessen kontraktwidrige Ausführung ausgeschlossen wurde, nur für culpa in eligendo, d. h. nur für erweisliches Versehen bei der Auswahl der Beauftragten. (Vergl. auch § 53 I. 6. Preuß. A.-L.-R.) Nur nach Rheinischem Recht (art. 1384 code civil) traf die Verantwortlichkeit neben dem unmittelbar schuldigen Betriebsbeamten gleichmäßig auch den Betriebsunternehmer.

Nach diesen eng begrenzten Gesichtspunkten der zivilrechtlichen Verantwortlichkeit konnten Arbeiter, die ihre Arbeitskraft im Dienste Anderer verwerthen und dabei verunglücken, sowie die Hinterbliebenen dieser Personen eine ausreichende Schadloshaltung nur in sehr seltenen Fällen und meist nur nach langwierigen Prozessen erlangen, und auch dann, wenn es schließlich gelungen war, einen Anspruch auf Fürsorge endgültig zu erstreiten, wurde die Realisirung desselben in Folge Mittellosigkeit des in der Regel allein verantwortlichen unmittelbaren Urhebers, nämlich des Mitarbeiters oder Betriebsbeamten, sehr häufig unmöglich. Die Folge davon war, daß verunglückte Arbeiter und deren Hinterbliebene meist der öffentlichen Armenpflege anheimfielen, welche jederzeit etwas Entwürdigendes hat und erst eintritt, wenn die eigenen Mittel vollständig erschöpft sind.

Diese Erkenntniß und die Ueberzeugung, daß es nicht rathsam sei, ein Einschreiten der Gesetzgebung bis zu allgemeiner Regelung des Obligationenrechts zu verschieben, führte, nachdem für Unfälle bei dem Betriebe von Eisenbahnen schon durch § 25 des Preuß. Eisenbahngesetzes vom 3. November 1838 und art. 395, 400, 401, 421 des damaligen deutschen Handelsgesetzbuchs Vorsorge getroffen worden war, zum Erlaß des Reichsgesetzes vom 7. Juni 1871, betr. die Verbindlichkeit zum Schadenersatz für die bei dem Betriebe von Eisenbahnen, Bergwerken rc. herbeigeführten Tödtungen und Körperverletzungen (R.-G.-B. S. 207), des sog. *Haftpflichtgesetzes*, welches durch Ges. vom 21. Januar 1873 auf Elsaß-Lothringen ansgedehnt wurde (G.-Bl. S. 769). Nach diesem Gesetz wurde dem Unternehmer eine *weitergehende Haftpflicht* für die in seinem Betriebe sich ereignenden Unfälle, und insbesondere eine *selbständige Verantwortlichkeit für die Vernachlässigungen seiner Angestellten* auferlegt. Bei der durch die legislatorische Neuheit der Materie gebotenen Vorsicht mochte das Gesetz über diese Grenzen nicht hinausgehen; es wurde jedoch von vorn herein anerkannt, daß dasselbe den Gegenstand, zu dessen Regelung es bestimmt war, keineswegs erschöpfe, sondern nur einen Anfang in der Fürsorge für die durch Unfälle geschädigten gewerblichen Arbeiter bedeute. Die Grundsätze des Haftpflichtgesetzes sind folgende:

> Für Unfälle bei dem Betriebe einer Eisenbahn haftet der Unternehmer, falls nicht *dieser letztere* den Beweis führt, daß der Unfall durch höhere Gewalt oder durch eigenes Verschulden des Getödteten oder Verletzten verursacht sei (entsprechend dem § 25 des Preuß. Ges. v. 3. November 1838).
>
> Für Unfälle bei dem Betriebe eines Bergwerkes, eines Steinbruchs, einer Gräberei (Grube) oder einer *Fabrik*

haftet der Unternehmer außer bei eigenem Verschulden auch dann, wenn der Verunglückte ꝛc. ein Verschulden der Betriebsbeamten nachweist.

In Fällen, in welchen diese Voraussetzungen zutreffen, hat der Richter unter freier Würdigung aller Umstände auf Ersatz des vollen Schadens zu erkennen.

Während die Bestimmungen über die Unfälle bei dem Betriebe von Eisenbahnen zunächst im Allgemeinen zu genügen schienen, stellte sich im Uebrigen sehr bald die völlige Unzulänglichkeit des Haftpflichtgesetzes heraus, und kam in den Verhandlungen des Reichstages wiederholt zur Besprechung. Denn die Rechtslage war dadurch, daß fortan der Betriebsunternehmer auch die Handlungen und Unterlassungen seiner Beamten zu vertreten hatte, noch nicht wesentlich gebessert. Die dem Verunglückten (oder dessen Hinterbliebenen) auferlegte schwierige Beweislast machte die Wohlthaten des Gesetzes nach wie vor in den meisten Fällen illusorisch: die Beschränkung der gesetzlichen Fürsorge auf die Fälle des zivilrechtlichen Verschuldens der Betriebsbeamten ꝛc. ließ die zahlreichen und besonders großen, durch Zufall oder Schuld der Mitarbeiter ꝛc. hervorgerufenen Unfälle unberücksichtigt; Zahlungsunfähigkeit des Ersatzpflichtigen vereitelte wiederum häufig den praktischen Erfolg des Entschädigungsanspruchs, wenn dessen Durchführung wirklich gelungen war. Das Haftpflichtgesetz hat also die beabsichtigte segensreiche Wirkung im Allgemeinen nicht gehabt, ja es hat vielmehr umgekehrt schädlich gewirkt, indem es eine Vermehrung der Prozesse verursachte, durch welche verunglückte Arbeiter ihre im Grundsatz erweiterten Rechte durchzuführen suchen mußten. Denn solche Prozesse erwiesen sich auch jetzt fast in jedem einzelnen Falle als erforderlich, zumal der Unternehmer sich genöthigt sah, sein erheblich vermehrtes Risiko durch Versicherung bei Unfallversicherungsgesellschaften abzuschwächen, die letzteren aber im Interesse des eigenen Geschäfts der Regel nach nicht in der Lage zu sein glaubten, ohne richterliche Feststellung der Ersatzverpflichtung Ersatz zu leisten, falls nicht etwa der Verletzte mit einer im Verhältniß zu dem Betrage des Schadens sehr geringfügigen Entschädigung sich zufrieden gab. Solche Prozesse mußten nothwendigerweise das Verhältniß zwischen dem Arbeitgeber und Arbeitnehmer in bedenklicher Weise verschlechtern. Diesen Uebelständen hätte auch durch die von einigen Seiten vorgeschlagene anderweite Regelung beziehungsweise Umkehrung der Beweislast nicht wirksam abgeholfen werden können, während andererseits eine Ausdehnung der zivilrechtlichen Haftpflicht des Unternehmers auf den vollen Ersatz aller in dem Betriebe vorkommenden Unfälle — wobei man davon ausgehen müßte, daß er dieselben in der Regel verschulde, während das Gegentheil die Regel bildet — eine in sich nicht gerechtfertigte und ohne Schädigung der Industrie namentlich bei Massenunfällen nicht durchzuführende Ueberlastung des Unternehmers zur Folge haben müßte. Eine eingehende Würdigung aller dieser Verhältnisse findet sich in dem weiter unten abgedruckten Auszug aus den Motiven des Gesetzentwurfs von 1882.

Inzwischen brachten die bedenklichen Erscheinungen, welche zum Erlaß des Reichsgesetzes vom 21. Oktober 1878 (R.-G.-B.) S. 351) gegen die gemeingefährlichen Bestrebungen der Sozialdemokratie führten, die Erkenntniß zur Reife, daß es Pflicht des auf der Basis des Christenthums stehenden modernen Staates und zugleich eine Aufgabe staatserhaltender Politik sei, durch positive Maßregeln für seine besitzlosen Mitglieder, welche zugleich die zahlreichsten und am wenigsten unterrichteten Klassen der Bevölkerung bilden, zu sorgen, für dieselben, sobald sie im Kampf mit den eigenthümlichen Gefahren der gewerblichen Thätigkeit unterlegen und dadurch ihrer Erwerbsquelle, der körperlichen Arbeitsfähigkeit, meist ohne eigene Schuld mehr oder weniger beraubt sind, eine ausreichende, vor der Armenpflege bewahrende Fürsorge eintreten zu lassen, und sie dadurch vor der Versuchung, den Irrlehren der Sozialdemokratie Gehör zu geben, thunlichst zu bewahren. Dies ist der Grundgedanke und Zweck der auf Anrathen des Reichskanzlers, Fürsten von Bismarck, von Seiner Majestät dem in Gott ruhenden Kaiser Wilhelm I. und den verbündeten Regierungen in Deutschland begonnenen sozialpolitischen Gesetzgebung. Von dieser stellt die Unfallversicherungsgesetzgebung einen wichtigen Theil dar. Jene positiven Maßregeln mußten sich nämlich naturgemäß zunächst darauf richten, in erster Linie die bessere Sicherstellung der Arbeiter gegen die wirthschaftlichen Folgen der mit ihrem Beruf verbundenen Gefahren anzustreben, und zwar sowohl rücksichtlich der in der Regel nur kurze Dauer umfassenden Krankheiten, wie rücksichtlich der von schweren Folgen für Leben und Gesundheit begleiteten Unfälle. In ersterer Beziehung bot die Selbstversicherung der Arbeiter unter starker Betheiligung der Arbeitgeber an den Kosten eine genügende Abhülfe. Bezüglich der Unfallfürsorge war dieser

Weg schon wegen der hohen Kosten nicht gangbar; eine weitere Ausgestaltung der zivilrechtlichen Haftpflicht erschien aus den angedeuteten Gründen nicht angängig; und so sah man sich genöthigt, den zivilrechtlichen Grundsatz des Schadenersatzes aufzugeben, und an dessen Stelle eine auf dem Boden der öffentlich-rechtlichen Versicherung beruhende Fürsorge für die durch Betriebsunfälle Verletzten und deren Hinterbliebene einzuführen. Die Unfallversicherung beruht hiernach ebenso wie die Krankenversicherung auf dem Boden des öffentlichen Rechts, auf welchem auch die öffentliche Armenpflege erwächst. Während aber letztere nur bei dem bittersten Elend das Nothdürftigste zu gewähren hat und den Almosenempfänger durch Beschränkung seiner öffentlichen Rechte herunterdrückt, wollen die Kranken- und die Unfallversicherung, welche beide ohne Rücksicht auf Dürftigkeit eintreten und ganz andere Voraussetzungen haben, höhere soziale Aufgaben lösen, den Empfänger vor der Armenpflege und ihren entwürdigenden Folgen schützen und ihn dadurch heben.

Diesen Gedanken gesetzgeberische Form zu geben, ist nicht auf einmal zu erreichen gewesen. Zunächst sah man sich, um nicht zu schablonisiren, sondern den Verschiedenheiten der einzelnen Berufsarten gerecht werden zu können, aber auch um das Zustandekommen des Gesetzes nicht durch eine Häufung der Angriffsobjekte zu gefährden, genöthigt, schrittweise vorzugehen, und eine so durchgreifende Aenderung der gesammten bisherigen Rechtsgrundsätze über die Entschädigung bei Betriebsunfällen fürs Erste auf diejenigen Kategorien zu beschränken, bei denen die Nothwendigkeit umfassenderer Fürsorge am deutlichsten in die Erscheinung getreten war, nämlich auf die verschiedenen Zweige der Industrie. Dabei ist jedoch von vorn herein eine allmähliche Hineinziehung auch der übrigen Berufszweige, soweit sie für die arbeitende Klasse eine durch Berufsarbeit bedingte Unfallgefahr zur Folge haben, in's Auge gefaßt, und seither durch weitere Spezialgesetze auch schon zum großen Theil durchgeführt worden (vgl. unten).

Aber auch für die Industrie ist es erst nach zwei vergeblichen Versuchen gelungen, ein Unfallversicherungsgesetz zu Stande zu bringen.

Der erste Entwurf eines Gesetzes über die Unfallversicherung der Arbeiter wurde von den verbündeten Regierungen am 8. März 1881 dem Reichstage vorgelegt, nachdem über den Entwurf zuvor der Preußische Volkswirthschaftsrath gehört worden war. Nach den Grundsätzen dieses Entwurfs sollten für die bei dem Betriebe von Eisenbahnen entstehenden Unfälle die bisherigen Bestimmungen beibehalten,

> die Unternehmer von Bergwerken, Fabriken rc. aber obligatorisch gehalten sein, ihre Arbeiter und Betriebsbeamten in gewissen Grenzen gegen die wirthschaftlichen Folgen der bei dem Betriebe sich ereignenden Unfälle kollektiv zu versichern; die Versicherung sollte bei einer Reichsversicherungsanstalt auf Kosten der Unternehmer unter Mitheranziehung der Versicherten und mit einer Beihülfe aus Reichsmitteln erfolgen; fakultativ war eine genossenschaftliche Versicherung zugelassen; Privatversicherung war ausgeschlossen.

Vom Reichstag wurde der Gesetzentwurf unter Beibehaltung des Versicherungszwangs und anderer wesentlicher Grundlagen des Entwurfs, aber unter Verwerfung des Reichszuschusses und Ersetzung der Reichsversicherungsanstalt durch Landesversicherungsanstalten am 15. Juni 1881 angenommen. Die verbündeten Regierungen aber sahen sich am 25. Juni 1881 genöthigt, dem so veränderten Entwurf ihre Zustimmung zu versagen. So war der von der Reichsregierung unternommene erste Versuch,

> durch die gesetzliche Regelung der Unfallversicherung der Arbeiter der Erfüllung der Zusagen und Wünsche näher zu treten, welche bei den Verhandlungen über das Gesetz, betr. die gemeingefährlichen Bestrebungen der Sozialdemokratie, von mehr als einer Seite ausgesprochen seien, und damit den ersten Schritt zur Lösung der Schwierigkeiten der sozialen Frage zu thun (vgl. die Motive),

einstweilen gescheitert.

Von der Nothwendigkeit des angestrebten Erfolges durchdrungen, setzten die verbündeten Regierungen die Arbeiten zur Lösung jener Frage ungesäumt fort. Zunächst wurde darauf Bedacht genommen, das bei den früheren Berathungen vermißte statistische Material, welches namentlich für die Ausführung des Gesetzes unentbehrlich erschien, in möglichst ausgiebigem Maße zu beschaffen. Unter dem 11. Juli 1881 ersuchte der Reichskanzler die verbündeten Regierungen, durch die Betriebsunternehmer selbst eine die vier Monate August bis November 1881 umfassende Statistik der in ihren industriellen Betrieben vorkommenden Unfälle nach gewissen näher angegebenen Gesichtspunkten aufzustellen. Dieser Arbeit haben, wie demnächst von berufener Seite wiederholt bezeugt worden ist, die Betriebsunternehmer mit dankenswerther Bereitwilligkeit und Gründlichkeit sich unterzogen, so daß sich gegen Ende des Jahres 1881 eine Unfallstatistik für rund 2 Millionen Arbeiter in den Händen der Reichsregierung befand, welche sich bei der Bearbeitung des Materials demnächst als brauchbar erwies. Bei dem Wiederzusammentritt erfuhr der Reichstag durch die ewig denkwürdige Allerh. Botschaft, mit welcher der Reichstag am 17. November 1881 eröffnet wurde, daß auch der neuen Session als eine ihrer wichtigsten Aufgaben die abermalige Beschäftigung mit der Unfallversicherung der Arbeiter bevorstehe. Unvergeßlich bleiben die inhaltschweren Sätze jener Botschaft, welche von der treuen Fürsorge des verewigten Kaisers für das Wohl aller Theile der Bevölkerung schönstes Zeugniß geben:

„Schon im Februar dieses Jahres haben Wir Unsere Ueberzeugung aussprechen lassen, daß die Heilung der sozialen Schäden nicht ausschließlich im Wege der Repression sozialdemokratischer Ausschreitungen, sondern gleichmäßig auf dem der positiven Förderung des Wohles der Arbeiter zu suchen sein werde. Wir halten es für Unsere Kaiserliche Pflicht, dem Reichstage diese Anfgabe von Neuem an's Herz zu legen, und würden Wir mit um so größerer Befriedigung auf alle Erfolge, mit denen Gott Unsere Regierung sichtlich gesegnet hat, zurückblicken, wenn es Uns gelänge, dereinst das Bewußtsein mitzunehmen, dem Vaterlande neue und dauernde Bürgschaften seines inneren Friedens und den Hülfsbedürftigen größere Sicherheit und Ergiebigkeit des Beistandes, auf den sie Anspruch haben, zu hinterlassen. In Unseren darauf gerichteten Bestrebungen sind Wir der Zustimmung aller verbündeten Regierungen gewiß und vertrauen auf die Unterstützung des Reichstags ohne Unterschied der Parteistellungen.

In diesem Sinne wird zunächst der von den verbündeten Regierungen in der vorigen Session vorgelegte Entwurf eines Gesetzes über die Versicherung der Arbeiter gegen Betriebsunfälle mit Rücksicht auf die im Reichstage stattgehabten Verhandlungen über denselben einer Umarbeitung unterzogen, um die erneute Berathung desselben vorzubereiten. Ergänzend wird ihm eine Vorlage zur Seite treten, welche sich eine gleichmäßige Organisation des gewerblichen Krankenkassenwesens zur Aufgabe stellt. Aber auch diejenigen, welche durch Alter und Invalidität erwerbsunfähig werden, haben der Gesammtheit gegenüber einen begründeten Anspruch auf ein höheres Maß staatlicher Fürsorge, als ihnen bisher hat zu Theil werden können.

Für diese Fürsorge die rechten Mittel und Wege zu finden, ist eine schwierige, aber auch eine der höchsten Aufgaben eines jeden Gemeinwesens, welches auf den sittlichen Fundamenten des christlichen Volkslebens steht. Der engere Anschluß an die realen Kräfte dieses Volkslebens und das Zusammenfassen der letzteren in der Form korporativer Genossenschaften unter staatlichem Schutz und staatlicher Fürsorge werden, wie Wir hoffen, die Lösung auch von Aufgaben möglich machen, denen die Staatsgewalt allein in gleichem Umfange nicht gewachsen sein würde. Immerhin aber wird auch auf diesem Wege das Ziel nicht ohne die Aufwendung erheblicher Mittel zu erreichen sein."

Durch diese Allerh. Botschaft wurde für die Lösung der Aufgabe, deren öffentlich-rechtliche Natur mit besonderer Betonung hervorgehoben wird, ein neues Fundament geschaffen, nämlich die Errichtung öffentlicher korporativer Verbände. Den Initiativanträgen von Reichstagsmitgliedern, welche nicht auf diesen Grundlagen beruhten (der von den liberalen Parteien eingebrachte Antrag Buhl und Genossen, welcher durch das Verlangen der Sicherheitsbestellung zwar einen, wenn auch indirekten Versicherungszwang in Aussicht nahm, übrigens aber die zivilrechtliche Haftpflicht erweitern und private Versicherungsgesellschaften auf Grund von Normativbestimmungen zulassen wollte — und der Antrag der sozialdemokratischen Abgeordneten Auer und Genossen, welcher unter weitgehenden Forderungen die Zwangsversicherung aller Arbeiter bei einer Reichsversicherungsanstalt auf alleinige Kosten der Unternehmer beanspruchte), konnte daher keine Folge gegeben werden. Dagegen wurde auf der Grundlage der Allerh. Botschaft von den verbündeten Regierungen unter dem 8. Mai 1882 ein zweiter Entwurf eines Gesetzes über die

Unfallversicherung der Arbeiter (Drucksachen des Reichstages 1882 Nr. 19) nebst einer die Begründung desselben ergänzenden „Denkschrift“ über die in dem Entwurf vorgeschlagene Organisation, sowie im Anschluß an diesen ein Gesetzentwurf zur Regelung der obligatorischen Krankenversicherung der Arbeiter (Drucksachen des Reichstags 1882 Nr. 14) vorgelegt, nachdem beide Entwürfe vorher im Preußischen Volkswirthschaftsrath berathen waren und dort freudige Zustimmung gefunden hatten. Hiernach sollten die verunglückten Arbeiter der Industrie

> während der ersten 13 Wochen auf die Krankenkassen angewiesen sein, welche nunmehr auf Grund des Versicherungszwangs geregelt wurden; der obligatorischen Unfallversicherung wurden die schweren Fälle, d. h. diejenigen Unfälle, die den Tod oder eine längere als 13 Wochen dauernde Arbeitsunfähigkeit zur Folge hatten, und zwar im letzteren Fall nach Ablauf der ersten 13 Wochen überwiesen. Die Krankenversicherung sollten die Arbeitnehmer auf ihre Kosten unter starker Betheiligung der Arbeitgeber, die Unfallversicherung die Arbeitgeber auf alleinige Kosten, jedoch unter Zuhülfenahme eines Reichszuschusses, auf genossenschaftlicher Grundlage und auf Gegenseitigkeit bewirken.

Beide Entwürfe wurden vom Reichstag an eine und dieselbe (VIII.) Kommission verwiesen; in derselben wurde jedoch nur der Entwurf des Krankenversicherungsgesetzes[1]) (demnächst als Gesetz vom 15. Juni 1883 im R.=G.=B. S. 73 publizirt) fertig gestellt. Dieses Gesetz begründet die obligatorische Krankenversicherung für die (nicht lediglich vorübergehend beschäftigten) Arbeiter und untergeordneten Betriebsbeamten in der Industrie, einigen Transportbetrieben und im Bauwesen. Außerdem ermächtigt das Gesetz die Gemeinden und weiteren Kommunalverbände (Kreise ꝛc.), für ihre resp. Bezirke die Versicherungspflicht auf andere Kategorien von Arbeitern, insbesondere auf die Arbeiter der Land= und Forstwirthschaft, durch statutarische Bestimmung zu erstrecken. Aber auch ohne solche statutarische Erstreckung der Versicherungspflicht gewährt schon das

[1]) Vgl. v. Woedtke, Krankenversicherungsgesetz vom $\frac{\text{15. Juni 1883}}{\text{10. April 1892}}$ und die dasselbe ergänzenden reichsgesetzlichen Bestimmungen. Kommentar 5. Aufl. Berlin und Leipzig, J. Guttentag, (D. Collin) 1896; sowie die in demselben Verlage erschienene von demselben Verfasser bearbeitete Textausgabe (mit Anm.) des Krankenversicherungsgesetzes. 8. Aufl. 1901.

Gesetz selbst den nicht obligatorisch versicherten Kategorien von Arbeitern das Recht des freiwilligen Beitritts zu den Krankenkassen bezw. zur Gemeindekrankenversicherung.

Die Kommission des Reichstages hatte auf die Krankenversicherung sehr viel Zeit verwendet und kam erst spät dazu, in die Durchberathung der Vorlage über die Unfallversicherung einzutreten, nachdem Seine Majestät der Kaiser Wilhelm I. in einer weiteren Allerhöchsten Botschaft vom 14. April 1883 dem Reichstage in eindringlichen Worten von Neuem die Nothwendigkeit an's Herz gelegt hatte, auch diesen Gegenstand bald endgültig zu regeln, und, wenn dies in jener Session nicht mehr möglich sei, wenigstens für die nächste Session durch Vorwegnahme der zeitraubenden Etatsberathung Zeit und Möglichkeit des Zustandekommens zu gewähren. Hierüber sagt die Allerhöchste Botschaft, nachdem sie der Befriedigung über den Verlauf der Berathungen über das Krankenversicherungsgesetz Ausdruck gegeben, Folgendes:

„Mit Sorge aber erfüllt es Uns, daß die prinzipiell wichtigere Vorlage über die Unfallversicherung bisher nicht weiter gefördert worden ist, und daß daher auf deren baldige Durchberathung nicht mit gleicher Sicherheit gerechnet werden kann. Bliebe diese Vorlage jetzt unerledigt, so würde auch die Hoffnung, daß in der nächsten Session weitere Vorlagen wegen der Alters- und Invalidenversorgung zur gesetzlichen Verabschiedung gebracht werden könnten, völlig schwinden, wenn die Berathungen des Reichshaushaltsetats für 1884/85 die Zeit und Kraft des Reichstages noch während der Wintersession in Anspruch nehmen müßten.

Wir haben deshalb für geboten erachtet, die Zustimmung der verbündeten Regierungen dahin zu beantragen, daß der Entwurf des Reichshaushaltsetats für 1884/85 dem Reichtage jetzt von Neuem zur Beschlußnahme vorgelegt werde. Wenn dann die Vorlage über die Unfallversicherung, wie nach dem Stande ihrer Bearbeitung zu befürchten steht, in der laufenden Frühjahrssession vom Reichtage nicht mehr berathen und festgestellt wird, so würde durch vorgängige Berathung des nächstjährigen Etats wenigstens für die Wintersession diejenige Freiheit von anderen unaufschiebbaren Geschäften gewonnen werden, welche erforderlich ist, um wirksame Reformen auf sozialpolitischem Gebiete zur Reife zu bringen. Die dazu erforderliche Zeit ist eine lange für die Empfindungen, mit welchen Wir in Unserem Lebensalter auf die Größe der Aufgaben blicken, welche zu lösen sind, ehe Unsere in der Botschaft vom 17. November 1881 ausgesprochenen Intentionen eine praktische Bethätigung auch nur soweit erhalten, daß sie bei den Betheiligten volles Verständniß und in Folge dessen auch volles Vertrauen finden.

Unsere kaiserlichen Pflichten gebieten Uns aber, kein in Unserer Macht stehendes Mittel zu versäumen, um die Besserung der Lage der Arbeiter und den Frieden der Berufsklassen unter einander zu fördern, so lange Gott Uns Frist giebt zu wirken.

Darum wollen Wir dem Reichstage durch diese Unsere Botschaft von Neuem und in vertrauensvoller Anrufung seines bewährten treuen Sinnes für Kaiser und Reich die baldige Erledigung der hierin bezeichneten wichtigen Vorlagen dringend an's Herz legen."

Auf Grund dieser Allerhöchsten Botschaft stellte zwar der Reichstag noch in derselben Session den nächstjährigen Etat fertig, vermochte jedoch den Entwurf des Unfallversicherungsgesetzes, in welchem namentlich der Reichszuschuß sowie die organisatorischen Grundlagen vielfach Anfechtung erfuhren, nicht mehr zur Verabschiedung zu bringen. Es wurden vielmehr in der Kommission nur einzelne Grundsätze desselben durchberathen; ein über das Ergebniß der Kommissionsverhandlungen beabsichtigter mündlicher Bericht (Drucksachen 1882 Nr. 272) kam wegen Schlusses der Session im Plenum nicht mehr zur Verhandlung. So war denn der Versuch, die gewerblichen Arbeiter gegen die Folgen von Betriebsunfällen auch dann, wenn dieselben das Maß der Krankenfürsorge überschreiten, sicher zu stellen, zum zweiten Mal gescheitert. Erreicht war (durch das Krankenversicherungsgesetz) nur eins, daß nämlich mit dem auf den 1. Dezember 1884 festgesetzten Termin für das völlige Inkrafttreten des Gesetzes fast jeder gewerbliche Arbeiter, dessen Unfallversicherung in Frage kommen konnte, während mindestens 13 Wochen gegen Krankheit und hierdurch für diese Zeit auch gegen die in Krankheit und Erwerbsunfähigkeit sich äußernden Folgen der Unfälle versichert war.

Indessen dies konnte nicht genügen; war doch noch für alle diejenigen Unfälle zu sorgen, deren Folgen gerade am schwersten auf den Arbeitern lasten und welche die verbitternden Prozesse zwischen Arbeitgebern und Arbeitnehmern gerade hauptsächlich hervorgerufen hatten, für alle die Unfälle nämlich, welche den Tod oder eine länger als 13 Wochen dauernde Arbeitsunfähigkeit, gänzliche oder theilweise Invalidität zur Folge hatten. So mußten denn die Bemühungen, eine Unfallversicherung, wenn auch auf anderer Grundlage, zu Stande zu bringen, fortgesetzt werden, nachdem inzwischen durch die nach dem Reichsgesetz vom 13. Februar 1882 (R.-G.-B. S. 9) am 5. Juni 1882 aufgenommene Berufsstatistik, welche ein reichhaltiges Material ergeben hatte, für die Vertheilung der arbeitenden Bevölkerung auf die einzelnen Berufszweige ziffermäßige Unterlagen erzielt worden waren.

Bei den weiteren Vorarbeiten konnten sich die verbündeten Regierungen der Ueberzeugung nicht verschließen, daß von dem letzten Entwurf insbesondere zwei Grundlagen fallen gelassen werden mußten, wenn ein positives Ergebniß aus den Verhandlungen sollte erwartet werden können — nämlich der Reichzuschuß und die bisher vorgesehene Art der Organisation.

Den Reichszuschuß hatten die beiden bisher besprochenen Gesetzentwürfe insbesondere um deswillen in Aussicht genommen, weil in demselben ein billiges Aequivalent für die aus der Regelung der Unfallversicherung sich ergebende Erleichterung der öffentlichen Armenlast liege, und weil es wegen der zur Förderung staatlicher Zwecke erfolgenden Belastung der Industrie geboten sei, diese Erleichterung auf das Reich zu übertragen; sodann aber auch, weil ein direkter Reichszuschuß dem Arbeiter am unmittelbarsten und in verständlichster Weise die Fürsorge des Reichs für sein Wohl zum Ausdruck bringen, also die sozialpolitische Wirksamkeit des Gesetzes verstärken werde. Aber bei keiner Partei des Reichstages hatte dieser Vorschlag Zustimmung gefunden.

Für die Organisation der Unfallversicherung hatte der erste Entwurf eine bureaukratische Reichsversicherungsanstalt, der zweite Entwurf dagegen die Bildung korporativer Verbände mit Selbstverwaltung in Aussicht genommen. Nicht dieses letztere Prinzip, wohl aber die Art seiner Durchführung war beanstandet worden. Für die Abgrenzung der korporativen Verbände gegen einander hatte nämlich der zweite Entwurf die durchschnittliche Gleichheit der Unfallgefahr in den verschiedenen Industriezweigen und Betriebsarten zum Ausgang genommen. Auf dieser Grundlage sollten zunächst für alle versicherungspflichtigen Betriebszweige des Reichs Gefahrenklassen gebildet und dann innerhalb jeder Gefahrenklasse für örtliche Bezirke (einer höheren Verwaltungsbehörde ꝛc.) „Betriebsgenossenschaften" mit Selbstverwaltung errichtet werden; jede derselben sollte je einen in dem betr. Bezirke vertretenen Betriebszweig (oder Betriebsart), oder mehrere in dem betr. Bezirke vertretene Betriebszweige, soweit dieselben der gleichen Gefahrenklasse angehören, umfassen. Soweit auf dieser Grundlage leistungsfähige Betriebsgenossenschaften für den betr. Bezirk nicht sollten errichtet werden können, sollten die übrigbleibenden Betriebe des betr. Bezirks ohne Rücksicht auf die Verschiedenheit der Gefahrenklassen einen „Betriebsverband" mit Selbstverwaltung bilden, und dieser letztere sollte dann für jede in ihm vertretene Gefahrenklasse besondere „Abtheilungen" erhalten. Dieser Organisation wurde insbesondere entgegengehalten, daß sie schwerfällig sei und Betriebszweige zusammenlege, welche keine gemeinsamen wirthschaftlichen Interessen hätten, größere Betriebszweige aber ohne Noth auseinanderreiße.

Bei dieser Sachlage entschlossen sich die verbündeten Regierungen dazu, auf den in der Allerh. Botschaft vom 17. November 1881 ausgesprochenen Grundlagen einen dritten Gesetzentwurf vorzulegen, bei demselben den Reichszuschuß fallen zu lassen, eine andere Art der Abgrenzung der korporativen Verbände zu wählen und überhaupt den Entwurf derart aufzubauen, daß nach den bisher gemachten Erfahrungen auf Annahme gerechnet werden könne. Insbesondere wurde, was die Organisation anbelangt, die Bildung von Berufsgenossenschaften für große Kategorien von Industriezweigen, ohne Beschränkung auf enge Bezirke und ohne Rücksicht auf die Unfallgefahr, vorgesehen. Nachdem auch dieser Entwurf, dessen Unterschiede von den beiden bisherigen Entwürfen in dem Werk des Geh. Reg.-Raths, späteren Präsidenten des Reichs-Versicherungsamts, Dr. Bödiker, „Die Unfallgesetzgebung der Europäischen Staaten", S. 39[1]) auseinandergesetzt sind, der aber im Uebrigen an den letzten Entwurf sich anlehnt, von dem Preußischen Volkswirthschaftsrath gut geheißen war, wurde derselbe am 6. März 1884 dem Reichstage vorgelegt (Drucksachen 1884 Nr. 4) und von demselben nach kurzer

[1]) Leipzig, Verlag von Duncker und Humblot. 1884.

Berathung an die VII. Kommission verwiesen, welcher im Wesentlichen dieselben Abgeordneten angehörten, die in der vorhergangenen Session in der VIII. Kommission den 2. Gesetzentwurf, sowie das Krankenversicherungsgesetz berathen hatten. Im Beisein mehrerer Regierungskommissare, insbesondere des Staatssekretärs des Innern, Staatsministers Dr. v. Boetticher, des Direktors im Reichsamt des Innern, Dr. Bosse, sowie der Geh. Reg.-Räthe Dr. Bödiker und Gamp, welche an der Ausarbeitung des Entwurfs hervorragenden Antheil gehabt haben, hat die Kommission unter dem bewährten Vorsitz des Frh. von und zu Franckenstein ihre Aufgabe in sechsundzwanzig Sitzungen gelöst und dann den Entwurf mit nur geringen Modifikationen durch einen von dem Abg. Frh. von Hertling als Referenten klar und übersichtlich abgefaßten eingehenden Bericht vom 11. Juni 1884 (Drucksachen 1884 Nr. 115) wieder an das Plenum gebracht. Mit einigen Abänderungen hat das letztere in der 43. Plenarsitzung den Entwurf gegen die Stimmen der Sozialdemokraten und der Fortschrittspartei mit überwältigender Mehrheit angenommen; die verbündeten Regierungen erklärten ihre Zustimmung zu der Fassung, in welcher der Entwurf aus den Berathungen des Reichstags hervorgegangen war, und nunmehr konnte endlich das Gesetz als „Unfallversicherungsgesetz" vom 6. Juli 1884 (R.-G.-Bl. S. 69) publizirt werden. Die schwierigen Vorbereitungen zur Durchführung dieses Gesetzes konnten vermöge des großen, von Freund und Feind willig anerkannten Geschicks und der besonderen, durch das dankenswerthe Entgegenkommen der Industriellen unterstützten Energie des Reichs-Versicherungsamts, einer zur Ausführung des Gesetzes neu geschaffenen Reichsbehörde, und ihres Präsidenten Dr. Bödiker derart gefördert werden, daß die Unfallversicherung für die Industrie ihrem materiellen Inhalt nach schon am 1. Oktober 1885 in Kraft treten konnte (V. v. 25. Sept. 1885, R.-G.-Bl. S. 271).

Dies ist in kurzen Zügen die Geschichte des Unfallversicherungsgesetzes vom 6. Juli 1884, dieses Stammgesetzes auf dem Gebiete der Unfallfürsorge. Mit demselben ist ein zweiter wichtiger Schritt in der sozialen Gesetzgebung gemacht, und dadurch das Ziel, welches Seine Majestät der Kaiser und die verbündeten Regierungen mit der großen Mehrheit des Deutschen Volkes und seiner Vertreter auf diesem Gebiet sich gesteckt haben, das Ziel, durch positive Reformen eine Besserung der wirthschaftlichen Lage der arbeitenden Klassen zu erzielen, näher gerückt. Die Größe dieses nach mehreren vergeblichen Anläufen erreichten Erfolges wird Niemand unterschätzen — das Deutsche Reich ist hierdurch auf einem bisher unbebauten Gebiet bahnbrechend den übrigen Nationen vorangegangen und hat auch durch diese Friedensthat seine führende Stellung unter den Völkern dargethan. Das durch die Unfallversicherung gegebene Beispiel hat in einzelnen Nachbarländern[1]) bereits Nachahmung gefunden und wird nicht verfehlen, auch in anderen Ländern, deren Gesetzgebung noch zurück ist, weitere Nachahmung zu finden. Es steht danach zu erwarten, daß sehr bald in zahlreichen Ländern die arbeitenden Klassen der von Deutschland, seinem unvergleichlichen Kaiser und seinem großen Kanzler ausgegangenen Anregung eine wesentliche Verbesserung ihres wirthschaftlichen Looses zu verdanken haben werden.

Nach Erlaß des Unfallversicherungsgesetzes vom 6. Juli 1884 war es eine der nächsten Aufgaben, die Unfallfürsorge auch denjenigen Kategorien zugänglich zu machen, welche bei diesem ersten Versuch nicht gleich hatten berücksichtigt werden können, dennoch aber bei ihrer Berufsarbeit einer nicht ganz unbeträchtlichen Unfallgefahr ausgesetzt sind.

An diesen weiteren Ausbau der sozialpolitischen Gesetzgebung sind die verbündeten Regierungen denn auch unverzüglich herangetreten. Zunächst wurden durch Beschlüsse des Bundesraths die Bestimmungen des Unfallversicherungsgesetzes gemäß § 1 Abs. 8 desselben auf weitere gewerbliche Baubetriebe erstreckt (Bek. v. 22. Januar 1885, R.-G.-Bl. S. 13; v. 27. Mai 1886, R.-G.-Bl. S. 190; und v. 14. Januar 1888, R.-G.-Bl. S. 1). Ferner wurden noch in demselben Jahre 1884 zwei weitere Gesetzentwürfe ausgearbeitet und nach Begutachtung durch den Preußischen Staatsrath, dessen Verhandlungen unter dem Vorsitz Sr. Kais.

---

[1]) Vgl. darüber: Dr. Zacher, Die Arbeiter-Versicherung im Auslande. 1898, 1899. I. Dänemark; II., III. Schweden, Norwegen; IV. Frankreich; V. Großbritannien; VI. Italien; VII., VIII. Oesterreich-Ungarn; IX. Rußland; X. Finnland; XI. Schweiz; XII. Belgien.

Hoheit des damaligen Kronprinzen, nachmaligen Kaisers Friedrich III., stattfanden, den gesetzgebenden Körperschaften des Reichs unterbreitet. Der eine dieser Gesetzentwürfe bildet eine Novelle zum Unfallversicherungsgesetz und erstreckt die Unfallversicherung auf weitere Berufszweige, insbesondere die großen Transportbetriebe des Binnenlandes. Es ist dies das Gesetz, betr. die Ausdehnung der Unfall- und Krankenversicherung, vom 28. Mai 1885, R.-G.-Bl. S. 159 (sog. „Ausdehnungsgesetz"). Dieses Gesetz steht im Wesentlichen auf dem Boden des Unfallversicherungsgesetzes, überträgt aber für die großen Betriebe des Reichs und der Bundesstaaten, nämlich für die Post-, Telegraphen-, Marine- und Heeresverwaltungen, sowie für die vom Reich oder einem Bundesstaat für Reichs- bezw. Staatsrechnung verwalteten Eisenbahnbetriebe einschließlich aller von diesen für eigene Rechnung (in Regie) ausgeführten Bauten, die Unfallfürsorge direkt dem Reich oder dem Bundesstaat ohne Vermittelung von Berufsgenossenschaften. Das Gleiche ist für die vom Reich oder einem Bundesstaat für Reichs- bezw. Staatsrechnung verwalteten Baggerei-, Binnenschiffahrts-, Flößerei-, Prahm- und Fährbetriebe für zulässig erklärt. Die Exemtion aus den Berufsgenossenschaften betrifft auch diejenigen (Fabrik- 2c.) Betriebe dieser Verwaltungen, welche schon von dem Unfallversicherungsgesetz vom 6. Juli 1884 erfaßt worden sind; diese Betriebe treten also in Berufsgenossenschaften nicht ein bezw. aus denselben wieder aus. Die Gründe für diese abweichende Ordnung liegen insbesondere darin, daß das Reich und die Bundesstaaten zweifellos leistungsfähig sind, daß aus der Verwerthung der bereits vorhandenen Reichs- bezw. Staatsbehörden für die Unfallfürsorge erhebliche Erleichterungen und Vereinfachungen sich ergeben, und daß andrerseits die großen Staatsbetriebe, insbesondere die Staats-Eisenbahnverwaltungen, wenn sie in die Berufsgenossenschaften eintreten würden, vermöge ihres Umfangs und des sich daraus ergebenden Uebergewichts das genossenschaftliche Leben beeinträchtigen würden. Die Abweichung von den Prinzipien des Unfallversicherungsgesetzes bezieht sich aber, wie erwähnt, nur auf die Organisation. Das Maß der Unfallfürsorge ist auch hier dasselbe; die Interessen der Arbeiter erfahren dieselbe Berücksichtigung; auch hier wird eine Vertretung der Arbeiter gebildet, auch hier entscheiden Schiedsgerichte und über ihnen das Reichs- (Landes-) Versicherungsamt über Beschwerden gegen die Festsetzung der Unfallrenten ꝛc. Auch die Sozialdemokraten haben im Reichstag diesem Gesetzentwurf zugestimmt. Dieses Ausdehnungsgesetz konnte zum Theil schon gleichzeitig mit dem Unfallversicherungsgesetz (am 1. Oktober 1885), im Uebrigen aber mit dem 1. Juli 1886 in Kraft gesetzt werden (Bek. v. 25. Jan. 1885, R.-G.-Bl. S. 274 (s. oben), sowie Bek. v. 24. Juni 1886, R.-G.-Bl. S. 205).

Der andere der oben erwähnten, noch im Jahre 1884 vorgelegten Gesetzentwürfe, welcher von der Unfallversicherung in der Land- und Forstwirtschaft handelte, konnte erst bei dem zweiten Anlauf als Gesetz, betr. die Unfall- und Krankenversicherung der in land- und forstwirthschaftlichen Betrieben beschäftigten Personen, vom 5. Mai 1886 (R.-G.-Bl. S. 132) verabschiedet werden. Dieses Gesetz, mit Rücksicht auf die große Anzahl der unter dasselbe fallenden Personen (7 Millionen Arbeiter) von ganz besonderer Bedeutung, enthält, wenn auch materiell an das „Stammgesetz" von 1884 anknüpfend, doch mannigfache, durch die Eigenart der Land- und Forstwirtschaft bedingte Abweichungen. Dasselbe ist auch äußerlich dadurch von dem Stammgesetz losgelöst, daß es in vollständiger und selbständiger Form alle diejenigen Bestimmungen wiederholt, welche aus dem Unfallversicherungsgesetz für die Industrie entlehnt sind.

In demselben Jahre, in welchem dies landwirtschaftliche Unfallversicherungsgesetz zu Stande kam, wurde ein weiteres Reichsgesetz, betr. die Fürsorge für Beamte und Personen des Soldatenstandes in Folge von Betriebsunfällen, vom 15. März 1886 (R.-G.-Bl. S. 53) verabschiedet. Dieses Gesetz hatte zunächst den Zweck, auch denjenigen Beamten des Reichs, welche gegen Gehalt und Pensionsberechtigung angestellt sind, sowie den Personen des Soldatenstandes, welche bisher von den Bestimmungen der Unfallversicherungsgesetze nicht ergriffen waren (§ 4 U.-V.-G.), die Unfallfürsorge in gleichartigem Umfange, aber auf dienstpragmatischem Wege durch Ergänzung der Pensions- bezw. Reliktengesetzgebung zuzuwenden. Im Interesse der Einheitlichkeit aber wurde dasselbe gleichzeitig auf alle Beamte des Reichs, also auch auf diejenigen, welche, weil ohne Pensionsberechtigung und mit geringem Gehalt angestellt, bisher unter das Unfallversicherungsgesetz fielen, ausgedehnt, sofern sie nur in reichsgesetzlich der Unfallversicherung unterliegenden Betrieben beschäftigt sind; die Reichsbeamten scheiden also, soweit sie früher unter die Berufsgenossenschaften bezw. unter die Unfallversicherung fielen, aus diesen aus. Dieses Gesetz bildet keinen Theil der Unfallversicherungsgesetzgebung, sondern eine, speziell für Unfälle gegebene Novelle zum Pensions- bezw. Reliktengesetz; der auf Grund dieses Gesetzes den verunglückten Reichsbeamten oder den Hinterbliebenen geschuldete Betrag trägt rechtlich alle Eigenschaften der Pension, und wird auch in denselben Formen wie letztere gewährt. Das Gesetz vom 15. März 1886 ist schon mit dem Tage seiner Verkündung in Kraft getreten. Bundesstaaten und Kommunalverbände sind dem Beispiele des Reichs auf diesem Gebiete bald nachgefolgt und haben auch für ihre Beamten die Unfallfürsorge dienstpragmatisch geregelt. Soweit dies der Fall, scheiden auch die Landesbeamten der betr. Bundesstaaten ꝛc. aus der reichsgesetzlichen Unfallversicherung aus (§ 11 R.-G. vom 15. März 1886).

Das Jahr 1887 hat sodann noch zwei weitere Reichsgesetze über Unfallversicherung gebracht, nämlich das Gesetz über die Unfallversicherung der bei Bauten beschäftigten Personen (Bau-Unfallversicherungsgesetz) vom 11. Juli 1887 (R.-G.-Bl. S. 287), und das Gesetz über die Unfallversicherung der Seeleute und anderer bei der Seeschiffahrt betheiligter Personen (See-Unfallversicherungsgesetz) vom 13. Juli 1887 (R.-G.-Bl. S. 329). Während das letztere Gesetz in Rücksicht auf die zahlreichen Besonderheiten der Seeschiffahrt, ähnlich wie das landwirthschaftliche Unfallversicherungsgesetz, eine besondere selbständige Fassung erhalten hat, bildet das Bau-Unfallversicherungsgesetz, ebenso wie das Ausdehnungsgesetz, eine Novelle zum Unfallversicherungsgesetz vom 6. Juli 1884. Beide Gesetze traten mit dem 1. Januar 1888 in Kraft. Was speziell das Bau-Unfallversicherungsgesetz anbetrifft, so erstreckt sich dasselbe auf die von den bisherigen Gesetzen noch nicht erfaßten Bauarbeiter, insbesondere auf Erd- und Wasserbauten sowie auf die nicht als Ausfluß eines Gewerbebetriebes ausgeführten sog. Regiebauten. Für erstere errichtet das Gesetz eine besondere, das Gebiet des Reichs umfassende Berufsgenossenschaft, und regelt in derselben die Unfallversicherung genau nach den Bestimmungen des Stammgesetzes, jedoch unter Anordnung des Kapitaldeckungs- an Stelle des Umlageverfahrens. Zur Unterbringung der Regiebauten ordnet das Gesetz die Errichtung besonderer Versicherungsanstalten als Anhängsel der einzelnen Baugewerk-Berufsgenossenschaften an. Die Bauherren werden verpflichtet, je nach dem Umfange der von ihnen ausgeführten Bauarbeiten Prämien zu diesen Versicherungsanstalten zu entrichten, jedoch mit der Maßgabe, daß bei Regiebauarbeiten, welche weniger als sechs Arbeitstage erfordern, die Unfallversicherung für Rechnung der Gemeinde (als Kommunallast) erfolgt. Im Uebrigen enthält das Bau-Unfallversicherungsgesetz auch für die unter das Unfallversicherungsgesetz fallenden gewerblichen Baubetriebe einzelne Modifikationen der gesetzlichen Vorschriften, und stellt sich demgemäß insoweit für Baubetriebe als Novelle zum Unfallversicherungsgesetz dar.

Nachdem inzwischen durch das Gesetz, betreffend die Invaliditäts- und Altersversicherung, vom 22. Juni 1889 (R.-G.-Bl. S. 97) ein weiterer kühner Schritt auf dem Gebiete der sozialpolitischen Fürsorge geschehen war, sind die verbündeten Regierungen auf Grund der Erfahrungen, welche bei der Handhabung der Unfallversicherungsgesetze gemacht worden waren, denjenigen Erweiterungen des Wirkungskreises und denjenigen Abänderungen einzelner Bestimmungen der Unfallversicherungsgesetze näher getreten, die sich als wünschenswerth herausgestellt hatten. Eine Vorlage des Reichskanzlers vom Juni 1894[1]) bezweckte in weitem Umfange die Einbeziehung des Handwerks und des Kleingewerbes, sowie der gemeinnützigen, wissenschaftlichen und sportlichen Betriebe (Feuerwehren, Krankenhäuser, zoologische Gärten, Laboratorien ꝛc.) in die Unfallversicherung; für diese Betriebe, welche sich zu einer berufsgenossenschaftlichen Zusammenfassung nicht eignen, sollten besondere örtliche Verbände errichtet werden. Eine zweite gleichzeitige Vorlage[2]) sollte die erforderlichen Abänderungen der bestehenden Unfallversicherungsgesetze herbeiführen. Von diesen Vorlagen scheiterte die erste an den Bedenken, welche sich gegen die Schaffung von neuen örtlichen Organen zur Durchführung der Unfallversicherung besonders im Hinblick darauf erhoben, daß die allgemeine Meinung damals mit besonderem Nachdruck die thunlichste Vereinfachung und Zusammenlegung aller Zweige der Arbeiterversicherung (Krankenversicherung, Unfallversicherung, Invalidenversicherung) forderte. Von den vorgeschlagenen Erweiterungen der Unfallversicherung hat nur ein kleiner Theil im weiteren Verlaufe der Verhandlungen schon jetzt Berücksichtigung finden können, nämlich für solche Betriebe, bei denen wegen ihrer hohen Gefährlichkeit ein besonders dringendes Bedürfniß vorlag, und die sich außerdem zu einer

---

[1]) Abgedruckt im Reichs-Anzeiger vom 21. Juni 1894 Nr. 144, erste bis vierte Beilage.

[2]) Abgedruckt im Reichs-Anzeiger vom 23. Juni 1894 Nr. 146, erste bis vierte Beilage.

berufsgenossenschaftlichen Organisation, sei es im Anschluß an bestehende, sei es unter Errichtung von neuen Berufsgenossenschaften eignen. Aus der zweiten Vorlage ist derjenige Entwurf eines Gesetzes, betr. die Abänderung der Unfallversicherungsgesetze hervorgezogen, welcher im November 1896 als Drucksache 1895/97 Nr. 570 dem Reichstage zugegangen ist. Neben einem, einige allgemeine Bestimmungen umfassenden Hauptgesetze (in den Verhandlungen vielfach als „Mantelgesetz" bezeichnet, weil es den Umschlag zu den übrigen Gesetzen bildete) enthielt der Entwurf

1. das Gewerbe-Unfallversicherungsgesetz, in welchem die Gesetze vom 6. Juli 1884 und das Ausdehnungsgesetz vom 28. Mai 1885 zusammengearbeitet waren;

2. das Unfallversicherungsgesetz für Land- und Forstwirthschaft, entsprechend dem Gesetze vom 5. Mai 1886;

3. das Bau-Unfallversicherungsgesetz, entsprechend dem Gesetze vom 11. Juli 1887;

4. das See-Unfallversicherungsgesetz, entsprechend dem Gesetze vom 13. Juli 1887;

sämmtlich mit den gleichmäßig durchgeführten Abänderungen. Vom Reichstage wurde dieser Entwurf der XVII. Kommission überwiesen, die ihn unter der sachkundigen Leitung des Abgeordneten Roesicke (Dessau) in 41 Sitzungen eingehend berathen hat. Der erschöpfende und übersichtliche Bericht des Abgeordneten Trimborn (Drucksache 1897 Nr. 909) kam indessen nicht mehr zur Berathung im Plenum des Reichstags, weil die Tagung geschlossen wurde. Gleichwohl waren die Arbeiten der Kommission nicht vergeblich, vielmehr wurde in einer großen Zahl von Punkten den Beschlüssen der Kommission Rechnung getragen, als die verbündeten Regierungen im Januar 1900 dem Reichstage einen neuen Gesetzentwurf, betreffend die Abänderung der Unfallversicherungsgesetze (Drucksachen 1898/1900 Nr. 523), zugehen ließen. Dieser Entwurf ist wiederum sehr umfassenden Berathungen in 40 Sitzungen einer Kommission (XXI) des Reichstags unter dem bewährten Vorsitze des Abgeordneten Roesicke (Dessau) unterzogen worden. Die Berichterstattung war gleichfalls wiederum der erprobten Kraft des Abgeordneten Trimborn übertragen. An den Kommissionssitzungen nahmen im Beisein mehrerer Regierungskommissare, insbesondere des Staatssekretärs des Innern, Staatsministers Dr. Grafen von Posadowsky-Wehner und des Direktors im Reichsamt des Innern Dr. von Woedtke, auch sonst vielfach dieselben Abgeordneten Theil, die bereits im Jahre 1897 der Kommission angehört hatten. In der Gestalt, welche der Entwurf bei dieser Berathung erhalten hat, ist er mit wenigen Aenderungen vom Plenum des Reichstags in einigen Theilen mit einer an Einstimmigkeit grenzenden Mehrheit, in den meisten Theilen sogar einstimmig angenommen worden. Wie schon bei der im Jahre 1899 verabschiedeten neuen Fassung des Invalidenversicherungsgesetzes, so haben auch bei den Unfallversicherungsgesetzen diesmal die sozialdemokratischen Abgeordneten für den Entwurf gestimmt. Nachdem der Bundesrath den Beschlüssen des Reichstags zugestimmt hatte, konnte das Gesetz, betreffend die Abänderung der Unfallversicherungsgesetze (Hauptgesetz), mit vier Anlagen: Gewerbe-Unfallversicherungsgesetz, Unfallversicherungsgesetz für Land- und Forstwirthschaft, Bau-Unfallversicherungsgesetz und See-Unfallversicherungsgesetz unter dem 30. Juni 1900 (R.-G.-Bl. S. 335) publizirt werden. Auf Grund der ihm ertheilten Ermächtigung (Hauptgesetz § 28) hat sodann der Reichskanzler die Unfallversicherungsgesetze in der neuen Fassung unter fortlaufender Nummernfolge der Paragraphen unter dem 5. Juli 1900 publizirt (R.-G.-Bl. S. 573). Diese Fassung der Gesetze ist der nachstehenden Bearbeitung, welche sich auf das Hauptgesetz und das Gewerbe-Unfallversicherungsgesetz erstreckt, zu Grunde gelegt.

Eine weitere Ergänzung hat die Fürsorge für die durch Betriebsunfälle verletzten Personen schließlich dadurch erfahren, daß in Folge einer vom Reichstag 1897 einstimmig angenommenen Resolution die verbündeten Regierungen sich zur Vorlegung eines Gesetzes, betreffend die Unfallfürsorge für Gefangene, entschlossen haben. Der bezügliche Entwurf, welcher mit wenigen Abänderungen die Zustimmung des Reichstags gefunden hat, weist den Gefangenen eine im Verwaltungswege festzusetzende und nach Beendigung der Gefängnißhaft zahlbare Entschädigung von mäßigem, festem Betrage zu, wenn sie einen Unfall bei einer Thätigkeit erleiden, bei deren Ausübung freie Arbeiter nach den Bestimmungen der Reichsgesetze über Unfallversicherung versichert sein würden.

Endlich ist in Folge der Verbesserungen der Unfallfürsorge für die Arbeiter auch das Beamtenfürsorgegesetz vom 15. März 1886 einer Umarbeitung unterzogen worden. Als Ergebniß derselben ist das Gesetz, betreffend die Unfallfürsorge für Beamte und Personen des Soldatenstandes im Juni 1901 publizirt.

Das Gewerbe-Unfallversicherungsgesetz gilt vorzugsweise für die Industrie und die binnenländischen Transportbetriebe: die Arbeiter und unteren Betriebsbeamten der früher haftpflichtigen Betriebe und der mit Motoren arbeitenden handwerksmäßigen sowie einiger mit besonders großer Unfallgefahr verbundener sonstiger Betriebe, ferner solcher Unternehmer, deren Gewerbebetrieb sich auf die Ausführung von Bauarbeiten im Hochbau (Maurerarbeiten ꝛc.) erstreckt (§ 1), der gewerbsmäßige Fuhrwerks- und Binnenschiffahrts-Betriebe, sowie der Speditions- und Lagerbetriebe, der Post-, Telegraphen-, Eisenbahn-, Marine- und Heeresverwaltungen werden kraft Gesetzes (Versicherungszwang) und auf alleinige Kosten der Betriebsunternehmer gegen solche Betriebsunfälle versichert, welche den Tod herbeigeführt haben, oder deren Folgen für die Gesundheit nach Ablauf von 13 Wochen noch nicht beseitigt sind (§§ 8—24).[1] Für die ersten 13 Wochen nach dem Unfall haben, wenn nicht der Tod des Verletzten die Folge des Unfalls gewesen ist, die Krankenkassen bezw. die Gemeinde-Krankenversicherung (§§ 9, 25) und für diejenigen, in der Industrie und im Bauwesen nur vereinzelt vorkommenden Fälle, in welchen Versicherte einer Krankenkasse nicht angehören, die Unternehmer (§ 12 Abs. 2) einzutreten; dabei ist von dem Beginn der fünften Woche ab, eventuell auf Kosten des Betriebsunternehmers, das Krankengeld von 50 Prozent auf $66^2/_3$ Prozent des Lohns zu erhöhen (§ 12 Abs. 1). Die Versicherungspflicht kann durch statutarische Bestimmung auf höher besoldete Beamte sowie auf kleine Betriebsunternehmer und auf Hausgewerbetreibende erstreckt, auch kann durch das Statut den Betriebsunternehmern für ihre Person und für Andere die Betheiligung an der Versicherung gestattet werden (§ 5). Kleine Betriebsunternehmer haben die Berechtigung sich selbst zu versichern. Die Versicherung erfolgt unter Ausschluß der Privatversicherungsgesellschaften ausschließlich durch Berufsgenossenschaften, zu welchen sich die Betriebsunternehmer eines Gewerbszweiges oder mehrerer verwandter Gewerbszweige nach Maßgabe der Uebereinstimmung ihrer wirthschaftlichen Interessen, im Uebrigen nach freier Wahl, für begrenzte Wirthschaftsgebiete oder für den ganzen Umfang des Reichs zusammenschließen können, auf Gegenseitigkeit (§ 28). Knappschaftsverbände können auf Antrag ihrer Vorstände zu Knappschafts-Berufsgenossenschaften vereinigt

[1] Die Citate beziehen sich, wo nicht etwas Anderes bemerkt ist, auf das Gewerbe-Unfallversicherungsgesetz.

werden, für welche einige Besonderheiten gelten (§ 134). Die Berufsgenossenschaften bedurften nach dem U.-V.-G. der Genehmigung des Bundesraths, welche aber nur in bestimmten Fällen, insbesondere behufs Wahrung der Interessen der Minoritäten und behufs Sicherung einer unbedingten Leistungsfähigkeit, versagt werden konnte (U.-V.-G. § 12); soweit auf diese Weise Berufsgenossenschaften nicht rechtzeitig gebildet wurden, sollte der Bundesrath dieselben seinerseits errichten (U.-V.-G. § 15) dürfen. Die nach der Novelle (1900) nöthig werdende Errichtung von weiteren B.-Gen. ist dem Bundesrath überlassen (H.-G. § 2). Spätere Veränderungen in dem Bestande der Berufsgenossenschaften, wodurch etwaige bei der Bildung vorgekommene Fehler ausgeglichen und weitere Wünsche der Industrie berücksichtigt werden können, sind auf Antrag zulässig (§ 52). Auflösungen sind für den Fall etwaiger Leistungsunfähigkeit vorgesehen; alsdann leistet das Reich, bei solchen Berufsgenossenschaften aber, deren Bezirk über das Gebiet eines einzelnen Bundesstaates nicht hinausging, dieser Bundesstaat, falls derselbe ein Landes-Versicherungsamt errichtet hatte (§ 127), in der Weise Garantie, daß Reich bezw. Bundesstaat die bisher in der Genossenschaft entstandenen Verpflichtungen übernehmen (§ 54).

Die Berufsgenossenschaften können die Verwaltung durch Einrichtung von Sektionen und Bestellung von Vertrauensmännern mit statutarisch zu begrenzenden Befugnissen dezentralisiren (§ 38); sie können in gewissen Grenzen zur gemeinsamen Tragung des Risikos Verbindungen mit anderen Genossenschaften eingehen (§ 51) oder einen Theil des Risikos unbeschadet ihrer Verantwortlichkeit nach außen auf die Sektionen übertragen (§ 50). Bei Erledigung ihrer Angelegenheiten haben sie volle Selbstverwaltung (§ 36); Behörden haben nur insoweit mitzuwirken, als dies zur Wahrung der öffentlichen Interessen unbedingt erforderlich ist. Die Aufsicht über die Berufsgenossenschaften übt eine Reichsbehörde, welche gleichzeitig den Abschluß des Gebäudes in organisatorischer, administrativer und verwaltungsgerichtlicher Beziehung bildet, das Reichs-Versicherungsamt (§ 11 des Hauptgesetzes); dasselbe besteht aus einem Präsidenten, zwei Direktoren und der nöthigen Zahl sonstiger ständiger Mitglieder, die vom Kaiser auf Lebenszeit ernannt werden, außerdem aber aus nichtständigen Mitgliedern, von denen 6 vom Bundesrath, und zwar mindestens 4 aus seiner Mitte und je 6 von den Arbeitgebern und den Versicherten als deren Vertreter gewählt werden. Bei Erledigung der wichtigeren, seiner Entscheidung anheimfallenden

Streitigkeiten wird das Reichs-Versicherungsamt durch 2 richterliche Beamte verstärkt. Neben dem Reichs-Versicherungsamt können für diejenigen Berufsgenossenschaften, deren Bezirk über die Grenzen eines Bundesstaates nicht hinausgeht, auf Kosten und unter der Aufsicht dieses Bundesstaates Landes-Versicherungsämter (§ 21 des Hauptgesetzes) errichtet werden, welche ähnlich wie das Reichs-Versicherungsamt organisirt sind und für die ihnen unterstellten Genossenschaften im wesentlichen die Obliegenheiten und Befugnisse des Reichs-Versicherungsamts wahrzunehmen haben. Soweit hierbei aber die Interessen solcher Berufsgenossenschaften, die einem anderen Versicherungsamt unterstellt sind, mitbetheiligt sind, tritt auch für die an sich einem Landes-Versicherungsamt unterstellten Berufsgenossenschaften die Zuständigkeit des Reichs-Versicherungsamts ein.

Bei Betriebsunfällen, durch welche versicherte Personen getödtet oder körperlich verletzt werden, leistet die Berufsgenossenschaft, in deren Betrieben sich der Unfall ereignet hatte, dem Verletzten oder seinen Hinterbliebenen, dem ersteren jedoch erst nach Ablauf der ersten 13 Wochen (für welche er auf seine Krankenkasse angewiesen bleibt) Schadenersatz (§§ 8—24 des Gewerbe-Unfallversicherungsgesetzes), ohne Rücksicht darauf, ob der Unfall durch Zufall oder irgend ein selbst grobes Verschulden des Verletzten oder eines Andern herbeigeführt ist. Nur wenn der Verletzte selbst den Unfall vorsätzlich veranlaßt hat, fallen seine und seiner Hinterbliebenen Ansprüche fort (§ 8 Abs. 2). Der Schadenersatz besteht in einem Pauschquantum für die Kosten der Beerdigung, in den Kosten des ferneren Heilverfahrens und in einer Rente. Die letztere ist ein Bruchtheil des Jahresarbeitsverdienstes, welchen der Verletzte in dem Betriebe, in dem der Unfall sich ereignet hatte, während des letzten Jahres seiner Beschäftigung bezogen hat; als Jahresarbeitsverdienst gilt ein Vielfaches, in der Regel das Dreihundertfache, des Tagesverdienstes. Für letzteren kommt als Mindestbetrag der ortsübliche Tagelohn gewöhnlicher Tagearbeiter, im Uebrigen aber der wirklich bezogene Lohn, und zwar bis zu 1500 Mark Jahresarbeitsverdienst ganz, darüber hinaus aber nur mit einem Drittel zur Berechnung. Die Rente beträgt bei völliger Erwerbsunfähigkeit des Verletzten zwei Drittel des Jahresarbeitsverdienstes (Vollrente), bei nur theilweiser Invalidität einen Bruchtheil dieses Betrages und für die Hinterbliebenen (Wittwe, Deszendenten, bedürftige Aszendenten) einen Bruchtheil des Jahresarbeitsverdienstes des Verstorbenen. Der Schadenersatz wird von den

Organen der Berufsgenossenschaften (§ 69) auf Grund polizeilicher Unfalluntersuchungen (§ 64) von Amtswegen (§ 71) festgestellt; gegen die Feststellung findet die Berufung an ein Schiedsgericht statt (§ 76). Diese Schiedsgerichte sind für die Arbeiterversicherung errichtete Spezialgerichtshöfe (§ 3 des Hauptgesetzes); sie sind nach örtlichen Bezirken ein für alle Mal, nicht blos für einzelne besondere Streitfälle, gebildet und bestehen unter dem Vorsitz eines unbetheiligten öffentlichen Beamten zu gleichen Theilen aus Vertretern der Arbeitgeber und der versicherten Arbeiter. In den schwereren Fällen ist gegen die Entscheidung des Schiedsgerichts noch der Rekurs an das Reichs-Versicherungsamt gegeben (§ 80 des Gewerbe-Unfallversicherungsgesetzes). Die Rechtsmittel haben in der Regel keine aufschiebende Wirkung. Der Rechtsweg ist ausgeschlossen; nur dann, wenn die Ansprüche Hinterbliebener um deswillen zweifelhaft sind, weil das Familienverhältniß der letzteren zu dem Getödteten noch der Aufklärung bedarf, können die Hinterbliebenen zunächst behufs rechtskräftiger Feststellung dieses ihren Anspruch begründenden Familienverhältnisses, aber auch nur hierzu, auf den Rechtsweg verwiesen werden (§ 77 Abs. 1). Die Auszahlung der Entschädigungen erfolgt auf Anweisung der Genossenschaftsvorstände durch die Postanstalten (§ 97); nur in Knappschafts-Berufsgenossenschaften kann die Auszahlung, falls das Statut dies vorsieht, durch die Knappschaftskassen bewirkt werden (§ 134).

Die Postverwaltungen schließen die von den Genossenschaftsvorständen angewiesenen Beträge vor und liquidiren dieselben nach Ablauf eines jeden Kalenderjahrs ohne Berechnung von Zinsen bei den Genossenschaftsvorständen zur Erstattung (§§ 98, 111). Letztere vertheilen den zu erstattenden Jahresbetrag einschließlich ihrer Verwaltungskosten sowie die Zuschläge für die Ansammlung des Reservefonds (siehe weiter unten) auf die Mitglieder der Genossenschaft mittelst Umlage (§§ 29, 99). Hiernach wird also nicht der Kapitalwerth der in dem verflossenen Rechnungsjahre festgestellten, für mehrere Jahre zahlbaren Jahresrenten erhoben, sondern es wird nach Ablauf eines jeden Rechnungsjahres immer nur derjenige Betrag baar aufgebracht, welcher für die im Vorjahre thatsächlich erwachsenen und von den Postverwaltungen vorgeschossenen einzelnen Zahlungen erforderlich gewesen ist. Die Folge des Umlageverfahrens ist natürlich die, daß die Last anfänglich gering ist und bis zum Eintritt des Beharrungszustandes, der erst nach 60 bis 75 Jahren eintritt, alljährlich steigt; denn in jedem neuen Jahr treten zu den aus den Vorjahren herrührenden und fortzuzahlenden Rentenbeträgen neue Rentenbeträge solange hinzu, bis Abgang und Zugang sich ausgleichen. Zur Ausgleichung der bei dem Umlageverfahren erheblichen Unterschiede in der jährlichen Belastung und zur Vermeidung eines allzustarken Anwachsens der Beiträge im Beharrungszustande soll durch Zuschläge zu den Entschädigungsbeträgen ein bedeutender Reservefonds aufgesammelt werden (§ 34), dessen Zinsen später zur Erleichterung der Jahreslasten verwendet werden dürfen. Jeder Unternehmer hat nach Verhältniß desjenigen Risikos, mit welchem er seine Genossenschaft belastet, zu deren Jahreslasten beizutragen; die Umlage erfolgt daher einerseits nach Maßgabe der in dem abgelaufenen Rechnungsjahr von jedem einzelnen Unternehmer an seine versicherten Arbeiter u. s. w. thatsächlich gezahlten Löhne und Gehälter, soweit sie für die Entschädigung maßgebend sein würden, und andererseits nach dem Maße der Unfallgefahr, welches die Natur und die Einrichtungen seines Betriebes mit sich bringen. Dieses Maß der Unfallgefahr findet in Gefahrenklassen, in denen die Beiträge nach der Größe der Unfallgefahr und nach objektiven Merkmalen abgestuft sind (Gefahrentarif), seinen Ausdruck (§ 49). Der Gefahrentarif wird, nachdem die Berufsgenossenschaften ohne Rücksicht auf Unfallgefahr lediglich nach der Gleichheit des Berufs, der wirthschaftlichen Interessen gebildet und konstituirt sind, von den Berufsgenossenschaften autonomisch aufgestellt und bedarf der Genehmigung des Reichs- (Landes-) Versicherungsamts.

Sind bei dieser Aufbringung der Beiträge die einzelnen Betriebsunternehmer durch ihr pekuniäres Interesse genöthigt, thunlichst auf die Verbesserung ihrer Betriebsanlagen und dadurch auf die Verhütung von Unfällen, Verminderung der Unfallgefahr und Minderung ihrer Jahresbeiträge Bedacht zu nehmen, so haben nicht weniger auch die Berufsgenossenschaften als solche ein pekuniäres Interesse daran, durch Verhütung von Unfällen ihre Leistungen zu vermindern. Dies Interesse ist um so größer als eine allmähliche Verminderung der Unfallgefahr und damit der Zahl und Schwere der Unfälle ein wirksames Gegengewicht gegen eine aus dem Umlageverfahren etwa sich ergebende zu große Belastung der späteren Jahre darstellen muß. Das Gesetz überweist demgemäß den Berufsgenossenschaften die Befugniß, Unfallverhütungsvorschriften zu erlassen (§ 112), und zwar nicht nur für die Betriebsunternehmer, welchen zur Verhütung höherer Einschätzung die Herstellung zweckdienlicher Betriebseinrichtungen vorgeschrieben werden kann, sondern auch für die Arbeiter, welche durch Geldstrafen zur Befolgung der zur Verhütung von Unfällen erlassenen Vorschriften angehalten werden dürfen. Diese Geldstrafen fließen in diejenige Krankenkasse, welcher der Zuwiderhandelnde dermalen angehört. Die von den Landesbehörden beabsichtigten Unfallverhütungsvorschriften sollen den Genossenschaftsorganen zur vorherigen Begutachtung vorgelegt werden (§ 117), ebenso sind die berufsgenossenschaftlichen Unfallverhütungvorschriften vor der Genehmigung den betheiligten Landeszentralbehörden vorzulegen (§ 115 Abs. 4).

Die versicherten Arbeiter sind nicht Mitglieder der Berufsgenossenschaften und tragen zu den Lasten der letzteren nichts bei. An der Gesammtbelastung durch Unfälle tragen sie jedoch insofern mit, als sie zu den Krankenkassen, denen die Fürsorge für Verletzte während der ersten 13 Wochen überwiesen bleibt, neben den Unternehmern Beiträge leisten. Auf die Krankenkassen entfallen etwa 12 Prozent der Gesammtbelastung, zu denen die Arbeitgeber wieder ein Drittel beisteuern. In Folge dieser Bestimmung haben die Arbeiter etwa 8 % der gesammten durch Betriebsunfälle hervorgerufenen finanziellen Belastung zu tragen. Dafür fallen aber den Arbeitern auch die Lasten der nicht durch Unfälle hervorgerufenen Krankenpflege nur antheilig, nämlich mit $66^2/_3$ % zu; denn die fehlenden $33^1/_3$ % dieser letzteren Belastung werden durch die Unternehmer getragen, soweit die Arbeiter auf deren Betheiligung nicht etwa durch Eintritt in Hülfskassen ohne Beitrittszwang (§ 75 K.-V.-G.) verzichten. Erwägt man, daß sonach den Arbeitnehmern ein Drittel der Krankenfürsorge durch die Arbeitgeber abgenommen wird, während an der diesen obliegenden Unfallfürsorge die Arbeiter nur in geringem Maße, nämlich mit 8 % betheiligt werden, so erhellt, daß die Arbeitnehmer durch diese Vertheilung sicherlich nicht benachtheiligt werden. Andererseits erscheint es um deswillen, weil die Arbeiter durch ihre Beiträge zu den Krankenkassen auch einen Theil der Gesammtlast aus Unfällen tragen, räthlich, sie auch an der Verwaltung der Unfallversicherung in solchen Fällen zu betheiligen, wo ihre Interessen auf dem Spiele stehen. Das Gesetz sieht denn auch eine solche Betheiligung vor und läßt Vertreter der Arbeiter an den polizeilichen Unfalluntersuchungen (§ 65) sowie an der Berathung und Begutachtung von Unfallverhütungsvorschriften (§ 113), an den Schiedsgerichten (§ 4 des Hauptgesetzes) und an dem Reichs- (Landes-) Versicherungsamt (§ 11 des Hauptgesetzes) Theil nehmen. Hierbei wirken die Vertreter der Arbeiter in gleichem Umfang mit wie die Vertreter der Berufsgenossenschaften: beide Theile stellen in gleicher Zahl Beisitzer der Schiedsgerichte und Mitglieder des Reichs- sowie der Landes-Versicherungsämter, und bei der Berathung beziehungsweise Begutachtung von Unfallverhütungsvorschriften treten den Genossenschafts- und Sektionsvorständen, welchen diese Thätigkeit obliegt, Vertreter der Arbeiter in derjenigen Zahl zu, in welcher Mitglieder der Genossenschaft zu den Vorständen gehören.

Für diejenigen Personen, welche auf Grund der öffentlich-rechtlichen Unfallversicherung Schadenersatz erhalten können, fällt die zivilrechtliche Haftpflicht des Unternehmers und seiner Aufsichtsbeamten für fahrlässige Herbeiführung des Unfalls fort (§ 135). Derjenige Unternehmer oder Betriebsbeamte aber, gegen den strafgerichtlich festgestellt worden ist, daß er den Unfall vorsätzlich oder durch Fahrlässigkeit mit Außerachtlassung derjenigen Aufmerksamkeit, zu der er vermöge seines Gewerbes ꝛc. besonders verpflichtet ist, herbeigeführt hat, ist den Gemeinden und Krankenkassen regreßpflichtig, ebenso der Berufsgenossenschaft, und zwar dieser auch ohne strafgerichtliches Urtheil (§ 136). Dritte haften ohne jede Beschränkung, leisten aber dasjenige, was die Verbände bereits gewährt haben, an diese, nicht an den bereits befriedigten Verletzten (§ 140). Unterstützungskassen, Armenverbände und sonstige zur Fürsorge Verpflichtete bleiben zu den ihnen obliegenden Leistungen nach wie vor verbunden, erhalten aber von den Genossenschaften dasjenige erstattet, was die letzteren ihrerseits auf Grund dieses Gesetzes zu leisten verpflichtet sind (§§ 25—27). Versicherungsverträge mit Privat-Unfallversicherungsanstalten bleiben bestehen, ohne daß dadurch das Rechtsverhältniß zwischen dem Versicherten und den Berufsgenossenschaften berührt wird; letztere aber haben auf Antrag der Versicherungsnehmer an Stelle dieser in die Verträge einzutreten (§ 143).

Gewerbe-Unfallversicherungsgesetz

mit dem

Gesetz, betreffend die Abänderung der Unfallversicherungsgesetze.

Auszug aus der allgemeinen Begründung des II. Entwurf eines Unfallversicherungsgesetzes vom 8. Mai 1882.

(Drucksachen des Reichstages 1882, Nr. 19.)

(Nothwendigkeit der Fürsorge für die arbeitenden Klassen. — Beleuchtung der fundamentalen Mängel des Haftpflichtgesetzes. — Ergänzung der privatrechtlichen Haftpflicht durch die öffentlich-rechtliche Unfallversicherung. — Höhe der Unfallversicherung. — Ausschluß der Privatgesellschaften.)

In der Begründung des unterm 8. März 1881 dem Reichstag vorgelegten Gesetzentwurfs, betreffend die Unfallversicherung der Arbeiter (Drucksachen des Reichstags Nr. 41), ist die Nothwendigkeit, die bedenklichen Erscheinungen, welche zum Erlasse des Gesetzes vom 21. Oktober 1878 geführt haben, durch positive, auf die Verbesserung der Lage der Arbeiter abzielende Maßnahmen zu bekämpfen und zu dem Ende zunächst auf die Sicherstellung der Arbeiter gegen die wirthschaftlichen Folgen der Unfälle Bedacht zu nehmen, sowie der Weg, auf welchem nach den damaligen Vorschlägen der verbündeten Regierungen dieses nächste Ziel erreicht werden sollte, mit den nachfolgenden Ausführungen dargelegt und erläutert:

„Wenn auch die Hoffnung berechtigt ist, daß die allgemeine Besserung, welche von der neuerdings befolgten nationalen Wirthschaftspolitik für die Entwickelung des heimischen Gewerbefleißes erwartet werden darf, auch den Arbeitern durch eine allmälige Erhöhung des Arbeitsverdienstes und durch Verminderung der Schwankungen desselben zu gute kommen wird, so ist doch nicht zu verkennen, daß in der Sicherheit des lediglich auf der Verwerthung der persönlichen Arbeitskraft beruhenden Erwerbes, welche auch bei normaler Entwickelung der heimischen Gewerbsthätigkeit niemals ganz beseitigt werden kann, Mißstände begründet sind, welche zwar auch durch gesetzgeberische Maßnahmen nicht völlig aufzuheben sind, deren allmälige

Milderung aber auf dem Wege besonderer, die eigenthümlichen Verhältnisse der Arbeiter berücksichtigender Gesetzgebung ernstlich in Angriff genommen werden muß."

„Daß der Staat sich in höherem Maaße als bisher seiner hülfsbedürftigen Mitglieder annehme, ist nicht blos eine Pflicht der Humanität und des Christenthums, von welchem die staatlichen Einrichtungen durchdrungen sein sollen, sondern auch eine Aufgabe staatserhaltender Politik, welche das Ziel zu verfolgen hat, auch in den besitzlosen Klassen der Bevölkerung, welche zugleich die zahlreichsten und am wenigsten unterrichteten sind, die Anschauung zu pflegen, daß der Staat nicht blos eine nothwendige, sondern auch eine wohlthätige Einrichtung sei. Zu dem Ende müssen sie durch erkennbare direkte Vortheile, welche ihnen durch gesetzgeberische Maßregeln zu theil werden, dahin geführt werden, den Staat nicht als eine lediglich zum Schutz der besser situirten Klassen der Gesellschaft erfundene, sondern als eine auch ihren Bedürfnissen und Interessen dienende Institution aufzufassen."

„Das Bedenken, daß in die Gesetzgebung, wenn sie dieses Ziel verfolge, ein sozialistisches Element eingeführt werde, darf von der Betretung dieses Weges nicht abhalten. Soweit dies wirklich der Fall, handelt es sich nicht um etwas ganz Neues, sondern nur um eine Weiterentwicklung der aus der christlichen Gesittung erwachsenen modernen Staatsidee, nach welcher dem Staat neben der defensiven, auf den Schutz bestehender Rechte abzielenden, auch die Aufgabe obliegt, durch zweckmäßige Einrichtungen und durch Verwendung der zu seiner Verfügung stehenden Mittel der Gesammtheit, das Wohlergehen aller seiner Mitglieder und namentlich der schwachen und hülfsbedürftigen positiv zu fördern. In diesem Sinne schließt namentlich die gesetzliche Regelung der Armenpflege, welche der moderne Staat, im Gegensatze zu dem des Alterthums und des Mittelalters, als eine ihm obliegende Aufgabe anerkennt, ein sozialistisches Moment in sich, und in Wahrheit handelt es sich bei den Maßnahmen, welche zur Besserung der Lage der besitzlosen Klassen ergriffen werden können, nur um eine Weiterentwickelung der Idee, welche der staatlichen Armenpflege zu Grunde liegt."

„Auch die Besorgniß, daß die Gesetzgebung auf diesem Gebiete namhafte Erfolge nicht erreichen werde, ohne die Mittel des Reichs und der Einzelstaaten in erheblichem Maße in Anspruch zu nehmen, darf von der Betretung des Weges nicht abhalten, denn der Werth von Maßnahmen, bei welchen es sich um die Zukunft des gesellschaftlichen und staatlichen Bestandes handelt, darf nicht an den Geldopfern, welche sie vielleicht erfordern, gemessen werden. Allerdings können mit einer einzelnen Maßregel, wie sie gegenwärtig vorgeschlagen wird, die Schwierigkeiten, welche die soziale Frage bietet, nicht gänzlich oder auch nur zu einem erheblichen Theile gehoben werden; es handelt sich vielmehr nur um den ersten Schritt auf einem Gebiete, auf welchem eine Jahre lang fortzusetzende schwierige Arbeit mit Vorsicht und allmälig zu bewältigen sein und die Lösung einer Aufgabe wieder neue Aufgaben erzeugen wird. Dieser erste Schritt aber darf nach der Ueberzeugung der verbündeten Regierungen nicht länger hinausgeschoben werden und sie erachten es für Pflicht, ihrerseits durch Einbringung dieser Vorlage der Erfüllung der Zusagen und Wünsche näher zu treten, welche bei den Verhandlungen über das Gesetz, betreffend die gemeingefährlichen Bestrebungen der Sozialdemokratie, von mehr als einer Seite ausgesprochen sind" . . . . .

„Bei den Verhandlungen über den Erlaß des Gesetzes vom 7. Juni 1871 sind Zweifel erhoben, ob der § 2 des Gesetzentwurfs das Bedürfniß, aus welchem er hervorgegangen, auch wirklich befriedigen werde. Die Anträge, welche damals gestellt wurden, um dieses Ziel sicher zu erreichen, wollten die neu geschaffene Verbindlichkeit theils für ein weiteres Gebiet in Geltung gesetzt, theils ihrem Inhalt nach verschärft wissen. Ihre Ablehnung erfolgte, weil man fürchtete, durch eine zu weite Ausdehnung und Verschärfung des neuen Prinzips die Industrie zu stark zu belasten und dadurch in ihrer Entwickelung zu hemmen. Schon bald nach Erlaß des Gesetzes wurden Stimmen laut, welche den geschaffenen Rechtszustand als einen unbefriedigenden bezeichneten, und im weiteren Verlaufe der Anwendung des Gesetzes wurde immer allgemeiner das Bedürfniß nach einer Veränderung oder Verbesserung desselben gefühlt. Wenn dabei einerseits das Mittel der Verbesserung bis auf die neueste Zeit in einer weiteren Ausdehnung und Verschärfung der durch das Gesetz begründeten Hauptverbindlichkeit gesucht wurde, so fehlt es andererseits auch nicht an der Erkenntniß, daß das Gesetz, auch wenn das ihm zu Grunde liegende Prinzip bis an die äußersten juristischen Grenzen seiner Dehnbarkeit durchgeführt werden sollte, doch die Befriedigung des Bedürfnisses, durch welches es hervorgerufen ist, nur unvollkommen erreichen würde."

„Daß die Bestimmungen des § 2 des Gesetzes bei fortschreitender Anwendung Zustände herbeigeführt haben, welche weder Arbeitgeber noch Arbeitnehmer befriedigen und das Verhältniß zwischen beiden Klassen der gewerblichen Bevölkerung eher verschlimmert als verbessert haben, wird kaum noch bestritten. Die Belastung des Verletzten mit dem Beweise eines Verschuldens des Unternehmers oder seiner Beauftragten macht die Wohlthat des Gesetzes für den Arbeiter in den meisten Fällen illusorisch. Dieser schon an sich schwierige Beweis wird nicht selten und gerade bei den durch elementare Kräfte herbeigeführten folgenschwersten Unfällen, wie sie in Bergwerken, in Anlagen mit Dampfkesseln und in Fabriken zur Herstellung von Explosivstoffen vorkommen, dadurch unmöglich gemacht, daß der Zustand der Betriebsstätte und der Betriebseinrichtungen, auf dessen Feststellung es für den Schuldbeweis meistens ankommt, durch der Unfall selbst bis zur Unkenntlichkeit verändert ist, und daß diejenigen Personen, durch deren Zeugniß häufig allein ein Verschulden nachgewiesen werden könnte, durch den Unfall selbst getödtet oder verletzt und im letzteren Falle, auch wenn sie nicht, was die Regel ist, selbst Partei sind, durch die Katastrophe in einen Zustand versetzt sind, der sie zur Ablegung eines Zeugnisses unfähig macht. Die Erfahrung hat bis auf die neueste Zeit gezeigt, daß das Gesetz in denjenigen Fällen, welche durch ihre Wirkung auf die öffentliche Meinung vorzugsweise seinen Erlaß befördert haben und auf welche es nach den Motiven in erster Linie berechnet war, regelmäßig seinen Zweck nicht erreicht. Aber auch abgesehen von solchen Fällen ist die Lage des einzelnen Arbeiters, welcher einen Entschädigungsanspruch gegen seinen Arbeitgeber im Wege des Prozesses verfolgen muß, angesichts seines Vermögens- und Bildungsstandes sowie seiner sozialen Stellung, in der Regel eine ungünstige. Nichtsdestoweniger sind Prozesse über Entschädigungsansprüche aus dem Haftpflichtgesetz keineswegs selten, zumal sich seit Erlaß des letzteren in vielen Arbeiterkreisen die Anschauung festgesetzt hat, daß den Arbeitern, wenn sie ohne eigenes Verschulden bei der Arbeit verunglücken, unter allen Umständen die weitere Versorgung durch den Arbeitgeber zutheil werden müsse. Auch wo diese Anschauung nicht herrscht, hat der Umstand, daß bei den meisten Unfällen verschiedene Ursachen in oft schwer zu erkennendem Maße zusammenwirken, die Folge, daß der Arbeiter den Unfall ausschließlich irgend einem dem Arbeitgeber zur Last fallenden Mangel des Betriebes beimißt, während der Arbeitgeber ihn ebenso bestimmt auf eine Unfolgsamkeit oder Leichtfertigkeit des Arbeiters zurückführt. Da der Arbeiter, welcher in der Regel im Armenrechte klagt, durch die Furcht vor Kosten nicht vom Prozesse zurückgeschreckt wird und der Arbeitgeber durch die oft sehr erhebliche Höhe des Anspruchs, sowie durch die Furcht vor den Konsequenzen abgehalten wird, denselben zuzugestehen, so führt jene Verschiedenheit der Auffassung dazu, daß in vielen Fällen, in denen früher der Arbeitgeber seinem im Dienst verunglückten Arbeiter aus Billigkeits- oder Humanitätsrücksichten in irgend einer Form eine nach den Umständen bemessene Unterstützung gewährte, der Arbeiter jetzt, auf ein vermeintliches Recht gestützt, die volle Entschädigung für seine verlorene oder geminderte Erwerbsfähigkeit fordert, während der Arbeitgeber gleichfalls in vollem Rechte zu sein glaubt, wenn er jede Verpflichtung in Abrede stellt. Die Folge ist dann meistens, daß nach einem langwierigen Prozesse entweder der Arbeitgeber zu einer Entschädigung verurtheilt wird, welche er als eine unbillige ansieht, oder der Arbeiter auch derjenigen Unterstützung verlustig geht, welche ihm unter anderen Umständen durch das Pflichtgefühl oder Wohlwollen des Arbeitgebers zutheil geworden wäre. Daß durch derartige Vorgänge Erbitterung zwischen Arbeitgebern und Arbeitern hervorgerufen und mit jedem neuen Falle der Boden für eine gütliche Verständigung in künftigen Streitfällen dieser und anderer Art immer mehr untergraben wird, liegt in der Natur der Sache und ist neuerdings von Behörden und Beamten, welche diesen Verhältnissen nahe stehen, sowie von wohlwollenden Arbeitgebern mehrfach hervorgehoben worden. Nicht wenig trägt zur Vermehrung der Prozesse über Entschädigungsansprüche und damit zur Verschärfung des Gegensatzes zwischen Arbeitgebern und Arbeitern auch die jetzige Gestaltung der Unfallversicherung bei. Die Versicherungsgesellschaften sind durch geschäftliche Rücksichten darauf hingewiesen, auf Grund der für haftpflichtige Unfälle abgeschlossenen Versicherung nur für solche Entschädigung Deckung zu leisten, zu denen der Versicherungsnehmer durch das Gesetz unzweifelhaft verpflichtet war. Sie können daher dem letzteren nicht die Entscheidung über die Anerkennung oder Nichtanerkennung der erhobenen Ansprüche überlassen und sich bei ihrer eigenen Entscheidung nicht durch Rücksichten bestimmen lassen, welche den Arbeitgeber, wenn er allein zu entscheiden hätte, vielleicht geneigt machen würden, manchen Zweifel an seiner rechtlichen Verpflichtung auf sich beruhen zu lassen. Bei der großen Zweifelhaftigkeit der meisten aus dem Haftpflichtgesetz hergeleiteten Ansprüche kann es daher kaum befremden, daß die Mehrzahl der Versicherungsgesellschaften dahin gelangt ist, in den meisten Fällen nur zu zahlen, wenn der fragliche Entschädigungsanspruch durch richterliche Entscheidung festgestellt ist. Aber auch da, wo dieser Grundsatz nicht befolgt wird, ist dem Arbeitgeber, welcher gegen haftpflichtige Unfälle versichert ist, die Anerkennung einer gegen ihn erhobenen Entschädigungsforderung in hohem Grade dadurch erschwert, daß er, um seinen Anspruch gegen die Versicherungsgesellschaft nicht aufzugeben, ein vorgekommenes eigenes oder seinem Beauftragten zur Last fallendes Verschulden einräumen muß. Die Regel ist demnach, daß der Arbeitgeber in jedem Falle, wo eine Entschädigung gefordert wird, genöthigt ist, sich von seinem Arbeiter verklagen zu lassen. So unwillkommen eine solche Lage für den wohlwollenden Arbeitgeber ist, so kann er doch auf die Versicherung nicht verzichten, weil sie ihm das einzige Mittel bietet, sich gegen Verluste zu schützen, welche bei ihrer Erheblichkeit unter Umständen die Existenz des Unternehmens gefährden können. Bei der Unbeschränktheit des richterlichen Ermessens, welchem das Gesetz die Bestimmung der Höhe des Schadensersatzes überläßt, liegt in jedem Falle die Möglichkeit vor, daß die Rente, welche der Richter dem Verletzten oder seinen Hinterbliebeneu als Ersatz für die verlorene Erwerbsfähigkeit oder für den verlorenen Unterhalt zubilligt, in der vollen Höhe des letzten Arbeitslohnes bemessen wird, und die Erfahrung lehrt, daß Fälle, in denen dies geschieht, nicht selten sind. Auf diese Weise erhält der in seinem Berufe verunglückte Arbeiter, wenn sein Anspruch für begründet erkannt wird, Entschädigung in einer Höhe, wie sie in anderen Berufsarten, namentlich auch im Staats- und sonstigen öffentlichen Dienste nicht vorkommt und mit Rücksicht auf die vorkommenden Zeiten der Arbeitslosigkeit oder doch des geminderten Verdienstes, und andererseits auf die dem Verletzten oft bleibende oder wiederkehrende theilweise Erwerbsfähigkeit nicht gerechtfertigt ist. Andererseits aber ist der Entschädigungsanspruch an solche Voraussetzungen geknüpft, daß er nur in einer verhältnißmäßig geringen Zahl von Fällen, in welchen Arbeiter ihre Erwerbsfähigkeit ganz oder theilweise verloren haben, zur Geltung gebracht werden kann, während in den anderen Fällen der erwerbsunfähig gewordene Arbeiter der öffentlichen Armenpflege oder der Privatwohlthätigkeit anheimfällt."

Es läßt sich hiernach nicht verkennen, daß der § 2 des Gesetzes vom 7. Juni 1871 der Absicht, den Arbeiter gegen die wirthschaftlichen Folgen der mit seinem Berufe verbundenen Gefahren sicher zu stellen, nur unvollkommen entspricht; daß unter Umständen der Arbeitgeber durch die Haftpflicht in einer übermäßigen Weise belastet wird; daß durch das Gesetz statt der erhofften Verbesserung des Verhältnisses zwischen Arbeitgebern und Arbeitern in weitem Umfange der entgegengesetzte Erfolg herbeigeführt und im ganzen eine Situation geschaffen ist, deren Beseitigung im Interesse beider Klassen der gewerblichen Bevölkerung gleich wünschenswerth erscheint. An die Gesetzgebung tritt damit die Aufgabe heran, eine Regelung herbeizuführen, welche die Arbeiter gegen die wirthschaftlichen Folgen der bei der Arbeit eintretenden Unfälle in möglichst weitem Umfange sicherstellt, ohne die Industrie mit unerschwinglichen Opfern zu belasten und ohne auf das Verhältniß zwischen Arbeitgebern und Arbeitern einen nachtheiligen Einfluß auszuüben. Diese Aufgabe wird indessen auf dem Wege, welchen die bisherigen auf Revision des Gesetzes vom 7. Juni 1871 gerichteten Bestrebungen ins Auge gefaßt haben, nicht gelöst werden können. Die Ausführung des am weitesten gehenden Vorschlags, welcher darauf abzielt, die Entschädigungsverbindlichkeit für die in § 2 des Gesetzes aufgeführten und die weiter in denselben noch aufzunehmenden Betriebe in gleicher Weise zu regeln, wie dies in § 1 für die Eisenbahnen geschehen ist, würde die Arbeitgeber in einer innerlich rechtswidrigen Weise und in einem für den Fortbestand und die weitere Entwickelung unserer Industrie bedenklichen Maße belasten, ohne doch zu völlig befriedigenden Ergebnissen für die Arbeiter und das Verhältniß zwischen ihnen und den Arbeitgebern zu führen. Die Streitigkeiten über Entschädigungsansprüche würden allerdings vermindert, aber keineswegs beseitigt werden. Während bisher der Arbeiter ein Interesse hat, bei jedem Unfalle womöglich ein Verschulden seines Arbeitgebers oder eines Beauftragten desselben aufzufinden, würde fortan der Arbeitgeber dasselbe Interesse haben, ein Verschulden des Arbeiters nachzuweisen, und das nicht unberechtigte Gefühl, mit einer Verantwortlichkeit belastet zu sein, welche in der Natur der Verhältnisse und in allgemeinen Rechtsgrundsätzen keine ausreichende Begründung findet, sowie die Schwere der aus dieser Verantwortlichkeit entspringenden Belastung, würden die Arbeitgeber voraussichtlich dahin führen, jede Möglichkeit, diese Verantwortlichkeit im einzelnen Falle von sich fern zu halten, zu verfolgen. Eine Regelung nach diesem Vorschlage, welcher übrigens innerhalb des Reichstags neuerdings nur von den der sozialdemokratischen Partei angehörenden Abgeordneten vertreten ist (Antrag Hasenclever, Drucksachen 1878 Nr. 128), wird demnach nicht in Frage kommen können."

„Ein anderer Weg, um zu einer ausgiebigeren Sicherstellung der Arbeiter gegen die Folgen der Unfälle zu gelangen, wurde bei der Berathung des Gesetzes durch die Mehrzahl der zu § 2 gestellten Anträge in Vorschlag gebracht. Darnach sollte zwar an dem Grundsatze, welcher das Eintreten der Entschädigungsverbindlichkeit von dem Vorhandensein eines, sei es unmittelbaren, sei es mittelbaren Verschuldens des Unternehmers abhängig macht, festgehalten, das Mittel zur Erweiterung des den Arbeitern zugedachten Schutzes aber in einer Bestimmung gefunden werden, nach welcher das Vorhandensein eines Verschuldens unter gewissen Voraussetzungen zu präsumiren sein würde. Die Anträge Lasker (Drucksachen 1871 Nr. 65), Schaffrath und Kloß (ib. Nr. 71 II), Biedermann (ib. Nr 71 III), Friedenthal (ib. Nr. 75), Grumbrecht (ib. Nr. 94, 95) laufen sämmtlich darauf hinaus, daß der Unternehmer verpflichtet sein soll, bei der Einrichtung und dem Betriebe seiner Anlage die erforderlichen Vorsichtsmaßregeln zu treffen, und daß das Verschulden präsumirt werden soll, wenn der Unternehmer nicht beweist, daß er dieser Verpflichtung nachgekommen sei. Die Verschiedenheit der Anträge liegt theils in den Kriterien, von welchen die Entscheidung darüber, welche Vorsichtsmaßregeln erforderlich waren, abhängig sein soll, theils darin, daß die Einen die Präsumtion des Verschuldens beim Mangel jenes Beweises ohne weiteres und schlechthin eintreten lassen (Lasker Nr. 65, Schaffrath und Kloß Nr. 71 II), die Anderen dagegen diese Präsumtion beschränken wollen und zwar entweder durch Abhängigmachung derselben von dem vorgängigen Beweise, daß der Unfall durch Einrichtungen der fraglichen Art hätte abgewandt werden können (Friedenthal Nr. 75, Grumbrecht Nr. 94 II), oder dadurch, daß ein Gegenbeweis zugelassen wird (Unterantrag Bahr Nr. 70, Biedermann Nr. 71 III, Friedenthal Nr. 75). In der gleichen Richtung bewegen sich der in der Reichstagssession von 1878 von der IX. Kommission gefaßte Beschluß (Drucksachen 1878 Nr. 251) und die in der Session von 1879 von dem Abgeordneten von Hertling und Genossen ausgegangene Interpellation (Drucksachen 1879 Nr. 23), indem sie neben der Ausdehnung der Haftpflicht auf andere, als die bis jetzt im § 2 aufgeführten Betriebe „die Regelung der Verantwortlichkeit des Unternehmers und der Beweislast in einer der Natur der einzelnen Gewerbe" entsprechenden Weise in Aussicht nehmen."

„Alle diese Anträge haben das Gemeinsame, daß sie bei der gesetzlichen Regelung der vorliegenden Frage an dem Grundsatze des allgemeinen Obligationenrechts, wonach die Verbindlichkeit zum Schadenersatze durch ein Verschulden begründet wird, festhalten wollen, nichtsdestoweniger aber durch das Bedürfniß, den Verhältnissen des vorliegenden besonderen Gebietes Rechnung zu tragen, zu den entscheidendsten Abweichungen von den Konsequenzen dieses Grundsatzes und von den allgemeinen Rechtsgrundsätzen über Beweispflicht und über rechtliche Präsumtionen gedrängt werden und damit in die Lage kommen, der allgemeinen Regelung dieses Theils des Obligationenrechts in einer bedenklichen, in ihren Konsequenzen nicht zu übersehenden Weise vorzugreifen. Muß schon dieses prinzipielle Bedenken von der Betretung des in jenen Anträgen angedeuteten Weges abmahnen, so stehen überdies der Wahl dieses Weges auch die erheblichsten praktischen Schwierigkeiten entgegen. In welcher Weise auch die „nähere Regelung der Verantwortlichkeit und der Beweislast" gedacht werden mag, sie wird immer darauf hinauslaufen müssen, daß hinsichtlich der Einrichtungen und der Ordnung des Betriebes bestimmte Forderungen aufgestellt werden, deren Nichterfüllung, mag sie im Streitfalle von dem Verletzten bewiesen werden müssen, oder bei mangelndem Beweise der Erfüllung präsumirt werden, die Haftbarkeit des Unternehmers für die Folgen eines eingetretenen Unfalles begründet. Der Versuch, diese Forderungen durch Spezialvorschriften für die verschiedenen Betriebsarten festzustellen, würde auf die Schwierigkeit stoßen, die in Betracht kommenden Verhältnisse aller einzelnen Betriebsarten so sicher und erschöpfend zu übersehen, daß die zu erlassenden Vorschriften mit einer den Forderungen der Gerechtigkeit einigermaßen entsprechenden Gleichmäßigkeit bemessen werden könnten: ganz zu geschweigen der weiteren Schwierigkeit, welche einer gesetzlichen Fixirung dieser Forderung daraus erwachsen würde, daß die für die letzteren maßgebenden technischen und sonstigen Verhältnisse vielfachem und oft raschem Wechsel unterworfen sind. Wollte man sich aber angesichts dieser Schwierigkeiten darauf beschränken, die an den Unternehmer zu stellenden Forderungen durch eine allgemeine Bestimmung von „den bestehenden Vorschriften" oder von „Erfahrung und Wissenschaft" abhängig zu machen, wie es nach den bei Berathung des Gesetzes abgelehnten Anträgen geschehen sollte, so würde sich in Folge der Verschiedenheit, sei es der „geltenden Vorschriften", sei es des Urtheils über die Forderungen der „Erfahrung und Wissenschaft", in der praktischen Handhabung des Gesetzes eine Ungleichmäßigkeit herausstellen, welche schwerlich lange ertragen werden würde."

„Das Hauptbedenken gegen diese Art der Regelung besteht aber darin, daß dadurch der gegenwärtige Zustand nicht wesentlich verbessert werden würde. Allerdings würde sich die Zahl derjenigen Arbeiter, welche für die durch Unfall verlorene Erwerbsunfähigkeit Ersatz erhielten, vielleicht nicht unerheblich vermehren; ob aber die Wohlthaten des Gesetzes gerechter vertheilt werden würden, ist zu bezweifeln, und keinesfalls würde das Ziel erreicht werden, daß den Arbeitern in allen Fällen, in welchen es der Billigkeit und dem Interesse der Gesammtheit entspricht, jener Ersatz in einer Weise gesichert würde, welche keine zu schwere Belastung der Industrie zur Folge haben und keine ungünstige Rückwirkung auf das Verhältniß zwischen Arbeitgebern und Arbeitern ausüben würde. Jede Regelung, welche den Anspruch des Arbeiters von einem wirklichen oder fingirten Verschulden des Unternehmers abhängig macht, ist mit der Gefahr verbunden, daß über das Vorhandensein dieses Verschuldens in jedem einzelnen Falle der Anwendung Zweifel entstehen. Auch die sorgfältigste Abmessung der Voraussetzungen, unter denen das Verschulden angenommen werden soll, vermag nicht zu verhindern, daß diese Zweifel in zahlreichen Fällen zu einer Quelle von Rechtsstreitigkeiten werden. Damit bleibt es aber mehr oder weniger dem Zufalle überlassen, ob die einzelnen Arbeiter der Wohlthaten des Gesetzes in gleichmäßiger Weise theilhaftig werden, und ebenso bleibt der verbitternde Einfluß, welchen der gegenwärtige Rechtszustand auf das Verhältniß zwischen Arbeitgebern und Arbeitern ausübt, in ungeschwächter Kraft bestehen."

„Wenn hiernach der Versuch, die Lage der Arbeiter durch Verschärfung der Haftpflicht zu verbessern, einen befriedigenden Erfolg nicht in Aussicht stellt, und wenn nach den bei der Anwendung des § 2 des Gesetzes vom 7. Juni 1871 gemachten Erfahrungen nicht einmal die Ausdehnung der Haftpflicht auf ein weiteres als das bisherige Gebiet rathsam erscheint, so kann doch die Frage, in welchem Maße und auf welche Weise die Arbeiter gegen die wirthschaftlichen Folgen der Unfälle gesichert werden sollen, nicht auf sich beruhen bleiben. Ein Stillstand oder gar ein Rückschritt auf diesem Gebiete der Gesetzgebung würde den staatlichen Aufgaben der Gesetzgebung ebensowenig, wie dem Interesse der Industrie entsprechen. Dagegen wird eine Regelung, welche die auf solche Sicherung der Arbeiter gerichtete Forderung in gerechtem Umfange für einen möglichst weiten Kreis befriedigt, unter denjenigen Maßregeln, welche zur Verbesserung der Lage der Arbeiter in Frage kommen können, als eine der nächstliegenden und fruchtbarsten anzuerkennen sein, zumal dadurch für eine nicht geringe Zahl von Fällen dem Bedürfniß der Invaliden-, Wittwen- und Waisenversorgung entsprochen wird. Nach der dem Gesetzentwurfe zu Grunde liegenden Auffassung kann diese Regelung nur auf dem Wege herbeigeführt werden, daß die auf dem Gesetze vom 7. Juni 1871 beruhende Haftpflicht der Unternehmer gegenüber ihren Arbeitern durch eine öffentlich-rechtlich geregelte allgemeine Unfallversicherung ersetzt wird. Während zur Zeit den in gewissen Betrieben beschäftigten Arbeitern beziehungsweise ihren Angehörigen nur ein Anspruch auf vollständige Entschädigung zusteht, welcher durch die ihn bedingenden Voraussetzungen zu einem in seiner Realisirung höchst unsicheren wird, soll in Zukunft allen gewerblichen Arbeitern, welche nach der Art ihres Arbeitsverhältnisses in diese Regelung eingeschlossen werden können, eine in jedem Falle sichere Anwartschaft darauf gewährt werden, daß beim Verluste der Erwerbsfähigkeit durch Unfall ihnen selbst eine nach ihrem bisherigen Erwerbe zu bemessende Versorgung oder ihren Hinterbliebenen eine gleicherweise billig bemessene Unterstützung zutheil wird. Zu dem Ende soll die Versicherung alle beim Betriebe vorkommenden Unfälle umfassen, ohne Unterschied, ob sie in einem Verschulden des Unternehmers oder seiner Beauftragten, oder in dem eigenen Verhalten der Verunglückten, oder in zufälligen, niemandem zur Last zu legenden Umständen ihren Grund haben. Nur wenn von diesen Unterschieden gänzlich abgesehen wird, kann dem Arbeiter durch die Versicherung die volle Sicherheit gegeben werden, daß er durch einen Unfall mit seiner Erwerbsfähigkeit nicht auch seinen Unterhalt verliert, und daß er bei seinem durch Unfall herbeigeführten Tode seine Angehörigen nicht hülflos zurückläßt. Würden von der Versicherung auch nur diejenigen Unfälle ausgeschlossen, welche auf ein Versehen oder eine Ungeschicklichkeit des Arbeiters oder auf einen Zufall zurückzuführen sind, so bliebe der Arbeiter der Gefahr ausgesetzt, in jedem einzelnen Falle den ihn aus der Versicherung zustehenden Anspruch bestritten und die Behauptung desselben von einem Rechtsstreite abhängig zu sehen, dessen Ausgang selbst dann, wenn ihn nicht die Beweislast träfe, in vielen Fällen sehr ungewiß sein würde. Denn wie schon früher hervorgehoben, entstehen die meisten Unfälle durch das Zusammenwirken verschiedener Umstände und können ebensowohl auf Leichtfertigkeit oder Ungeschick des Arbeiters, als auf ein Verschulden des Unternehmers oder die mit der Eigenthümlichkeit der Beschäftigung unvermeidlich gegebene Gefahr zurückgeführt werden."

„Um zu einer befriedigenden Regelung zu gelangen, müssen demnach alle Unfälle ohne Ausnahme in die Versicherung eingeschlossen werden. Dagegen kann es nicht als Erforderniß einer befriedigenden Regelung hingestellt werden, daß durch die Versicherung der volle Ersatz aller durch den Unfall herbeigeführten Vermögensnachtheile gedeckt werde. Der Anspruch auf volle, durch unbeschränktes richterliches Urtheil festzustellende Entschädigung, welche neben dem Ersatze der durch die Heilung des Verletzten oder durch die Beerdigung des Getödteten entstehenden Kosten die volle Höhe des bisherigen Arbeitsverdienstes des Verunglückten erreichen kann, wird selbst bei den jetzigen Voraussetzungen des Entschädigungsanspruchs nicht als der Gerechtigkeit und Billigkeit entsprechend angesehen werden können. Wie es als selbstverständlich gilt, daß den im öffentlichen Dienste stehenden Personen, welche dienstuntüchtig werden, selbst wenn dies in Folge der mit den Dienstverrichtungen verbundenen Gefahren geschieht, als Pension nicht das volle bisherige Gehalt, sondern nur ein Theil desselben gewährt wird, so kann es auch nicht als eine Forderung der Gerechtigkeit gelten, daß dem im Privatdienste stehenden Arbeiter, welcher in Folge der mit seinem Berufe verbundenen Gefahren die Erwerbsfähigkeit einbüßt, eine dem vollen bisherigen Verdienste gleichkommende Rente zutheil werde. Der Billigkeit und dem Bedürfnisse wird vielmehr genügt werden, wenn ihm der ausreichende Unterhalt nach dem Maße seiner bisherigen wirthschaftlichen Lage gesichert wird: wobei namentlich auch zu beachten ist, daß aus dem arbeitslosen Einkommen, welches ihm in der Entschädigung zutheil wird, diejenigen besonderen Ausgaben, welche er bis dahin zur Erhaltung und Nutzbarmachung seiner Arbeitskraft aus seinem Arbeitsverdienste zu bestreiten hatte, als Arbeitskleidung, Arbeitsgeräth u. dgl. nicht mehr zu bestreiten sind. Noch weniger würde es der Billigkeit entsprechen, wenn der Wittwe oder den sonstigen Hinterbliebenen eines durch Unfall getödteten Arbeiters eine dem vollen Verdienste des letzteren gleichkommende Entschädigung eingeräumt würde. Abgesehen davon, daß der bisher aus dem Verdienste zunächst zu bestreitende Unterhalt des Getödteten ganz hinwegfällt, kann auch nicht unberücksichtigt bleiben, daß der Unterhalt einer Arbeiterfamilie in der Regel schon bei Lebzeiten des Familienhauptes zum Theil durch den in Zukunft ihr verbleibenden Erwerb der Frau und vielfach der Kinder beschafft wird. Gegen eine diesen Erwägungen entsprechende Begrenzung der Entschädigung kann auch nicht eingewendet werden, daß dadurch die Lage des Arbeiters in denjenigen, die Minderzahl bildenden Fällen, in welchen ihm nach dem bisherigen Rechte ein voller Entschädigungsanspruch zustehe, verschlechtert werde; denn der Verlust an Rechten, welchen er dadurch erleidet, wird mehr als aufgewogen durch den Gewinn, welcher ihm durch Gewährung des bisher fehlenden vollen Sicherheit der Entschädigung und durch Einbeziehung aller Unfälle ohne Ausnahme in die beabsichtigte Regelung zutheil wird."

„Die hiernach gerechtfertigte Beschränkung der Entschädigung auf einen gesetzlich zu bestimmenden Theil des Jahreseinkommens bildet aber auch eine nothwendige Voraussetzung der Durchführbarkeit der beabsichtigten Maßregel. Die Einräumung eines uneingeschränkten Entschädigungsanspruchs für alle durch Unfälle herbeigeführten Vermögensnachtheile würde so erhebliche Aufwendungen erfordern, daß durch deren Ueberlast eine Schädigung der Industrie und damit der ganzen Volkswirthschaft und des Erwerbes der Arbeiter selbst zu befürchten wäre. Wenn die beabsichtigte Maßregel auch im Interesse der Verbesserung der Lage der Arbeiter wünschenswerth ist, so darf doch nicht unberücksichtigt bleiben, daß dasjenige, was den Arbeitern dadurch gewährt werden soll, erheblich über alles hinausgehen wird, was sowohl in Deutschland wie in anderen Ländern bisher zu Recht besteht. . . . ."

„Die Einführung einer Verpflichtung zur Unfallversicherung macht auch eine Fürsorge dafür erforderlich, daß die Erfüllung derselben allen Verpflichteten in einer Weise ermöglicht werde, welche den Zweck mit möglichst geringen Opfern erreicht und sicherstellt. . . . Mit der Begründung einer allgemeinen Versicherungspflicht ist an sich die berechtigte Forderung gegeben, daß die Verpflichteten in die Lage versetzt werden, ihrer Verpflichtung genügen zu können, ohne der Privatspekulation anheimzufallen . . . Es muß auch, sobald ein solcher Zwang geübt wird, allen Betheiligten die Sicherheit geboten werden, welche nur staatliche Einrichtungen unter Garantie des Reiches bieten können, und die Wohlfeilheit, welche durch den Verzicht auf jeden geschäftlichen Gewinn ermöglicht wird. Dieser Verzicht ist von Privatunternehmern nicht zu erwarten. Das Gesetz aber darf den Versicherten nicht nöthigen, seinen Unfall zur Unterlage für Dividenden herzugeben."

„Keine Privatanstalt, mag sie in der Form eines auf Erwerb gerichteten Unternehmens oder in derjenigen einer auf Gegenseitigkeit gegründeten Gesellschaft auftreten, kann bei einem Versicherungszweige, dessen statistische Unterlagen noch wenig sicher und vollständig sind, diejenige Garantie steter Leistungsfähigkeit bieten, welche durch das öffentliche Interesse und dasjenige der Arbeiter erfordert wird. Selbst die strengste gesetzliche Regelung und die schärfste staatliche Beaufsichtigung des Privatversicherungswesens würde die Gefahr nicht ausschließen, daß Versicherungsanstalten und Gesellschaften in Folge einer Reihe von ungünstigen Geschäftsjahren, wie sie um so leichter eintreten können, je kleiner der Geschäftsumfang der einzelnen Anstalten in Folge der Konkurrenz wird, zahlungsunfähig werden, und damit die bei ihnen versicherten Arbeiter, welche bereits Ansprüche erworben haben, der Wohlthat, welche das Gesetz ihnen zugedacht hat, verlustig gehen und der öffentlichen Armenpflege zur Last fallen. Diese Gefahr ist um so bedenklicher, als die versicherten Leistungen in Renten bestehen, welche in ihrer Dauer sehr ungewiß und schwer zu berechnen sind, als demnach die drohende Zahlungsunfähigkeit nicht leicht zu erkennen ist, und eine Versicherungsanstalt noch in scheinbar günstigem Betriebe stehen kann, während thatsächlich die demnächstige Zahlungsunfähigkeit schon unvermeidlich ist . . . Die Konzentration der Unfallversicherung ... ermöglicht nicht nur die sicherste Bemessung der Prämien, sondern auch die gerechteste Vertheilung auf die verschiedenen Industriezweige; sie muß folgeweise, wenn (man) auf jeden Geschäftsgewinn verzichtet, bei vorauszusetzender guter Verwaltung zu einer so billigen Versicherung führen, wie sie mit der Sicherheit der versicherten Ansprüche überhaupt vereinbar ist, zumal auch die Verwaltungskosten durch die vortheilhafteste Ausnutzung des Verwaltungsapparats, welcher durch die Konzentration der Unfallversicherung ermöglicht wird, sowie durch die Einfachheit der Regelung der Versicherungsverhältnisse und der Abwickelung der Entschädigungsansprüche, welche durch den öffentlichen Charakter der Anstalt bedingt ist, auf den möglichst niedrigen Betrag zurückgeführt werden können." —

Der Reichstag hat durch seine Beschlüsse zu dem vorgelegten Gesetzentwurf (Drucksachen Nr. 260) die wesentlichsten Grundlagen desselben zum großen Theil gebilligt. Namentlich gilt dies von der Ersetzung der auf dem Gesetze vom 7. Juni 1871 beruhenden Haftpflicht der Unternehmer durch einen direkten gesetzlichen Zwang zur Versicherung der Arbeiter gegen alle Unfälle, von der Erfüllung dieser Verpflichtung durch ausschließliche Versicherung bei einer öffentlichen Anstalt und von der gesetzlichen Limitirung der zu versichernden Entschädigungen . . . .

Ueber die Nothwendigkeit, die Haftpflicht durch den Zwang zur Versicherung der Arbeiter gegen alle Unfälle mit gesetzlich limitirten Entschädigungen zu ersetzen, besteht gegenwärtig auch im Reichstag kaum noch eine Meinungsverschiedenheit, nachdem auch der in der letzten Session unter dem 10. Januar d. J. vom Abgeordneten Dr. Buhl und Genossen eingebrachte Gesetzentwurf (Drucksachen Nr. 66), obwohl der Form nach an der Grundlage des Haftpflichtgesetzes vom 7. Juni 1871 festhaltend, doch durch Aufnahme der Vorschriften über die „Sicherheitsbestellung" (§§ 9 ff.) sachlich einen allgemeinen, wenn auch indirekten Versicherungszwang in Aussicht genommen hat. Sofern aber der bezeichnete Gesetzentwurf neben der allgemeinen Versicherungspflicht noch eine zivilrechtliche Verpflichtung des Unternehmers zum Schadenersatze begründen will (§ 8), widerspricht er nicht nur der Billigkeit, sondern begegnet auch dem praktisch sehr erheblichen Bedenken, daß dadurch die das Verhältniß zwischen Arbeitgebern und Arbeitern verbitternden Streitigkeiten, deren Beseitigung als ein wesentlicher Vorzug der beabsichtigten neuen Regelung angesehen werden muß, nicht verhindert, sondern in hohem Maße vermehrt werden würden. Auch der in diesem Gesetzentwurf vorgesehenen Verweisung der Versicherungspflichtigen auf die Benutzung von Privatversicherungsanstalten kann nicht zugestimmt werden. Es ist vielmehr mit der Begründung des früheren Entwurfs und mit der Mehrheit des Reichstags an dem Grundsatze festzuhalten, daß die Einführung des gesetzlichen Versicherungszwanges auch die Herstellung öffentlicher unter staatlicher Leitung stehender und eine unbedingte Sicherheit der Erfüllung der übernommenen Verpflichtungen bietender Veranstaltungen fordere, und daß auch die Zulassung privater Anstalten neben der gesetzlich zu regelnden öffentlichen Veranstaltung schon an der bis jetzt noch nicht gelösten Aufgabe scheitern muß, die Verhältnisse der Privatversicherungsanstalten durch gesetzliche Normativbestimmungen so zu regeln, daß einerseits die erforderliche unbedingte Sicherheit der Versicherten erreicht wird, und andererseits den Versicherungsanstalten die Möglichkeit einer freien und individualisirenden Geschäftsführung, welche als der wesentlichste Vorzug derselben angesehen wird, gewahrt bleibt. Dazu kommt, daß die Zulassung der Privatversicherungsanstalten mit derjenigen Organisation, welche die Unfallversicherung durch den gegenwärtigen Gesetzentwurf erfahren soll, wie sich weiter unten ergeben wird, noch weniger vereinbar ist, als mit der in dem früheren Gesetzentwurf in Aussicht genommenen. . . .

Begründung des Unfallversicherungs-Gesetzes vom 6. Juli 1884.
(Allgemeiner Theil.)

(Drucksachen des Reichstags 1884, Nr. 4.)

Nachdem die bisherigen Versuche, das allgemein anerkannte Bedürfniß der Sicherstellung der Arbeiter gegen die wirthschaftlichen Folgen von Betriebsunfällen im Wege der Gesetzgebung zu befriedigen, zu einem Ergebniß nicht geführt haben, und nachdem insbesondere der letzte dem Reichstag zu diesem Zweck vorgelegte Gesetz-Entwurf bei der kommissarischen Berathung eine Reihe von Angriffen erfahren hat, welche die Hoffnung, daß er zur Verabschiedung gelangen werde, ausschließen, ist die Frage der Gestaltung des Unfallversicherungswesens von neuem eingehender Erwägung unterzogen worden. Es darf nicht verkannt werden, daß die Erledigung dieser gesetzgeberischen Aufgabe nach wie vor eine überaus dringende ist. Die Aussicht, dieselbe in einer dem Bedürfniß entsprechenden Weise zum Austrage zu bringen, wird um so stärker sein, je mehr die Organisation des Unfallversicherungswesens durch den Gedanken beherrscht wird, daß die daran interessirten Berufskreise diesen Zweig wirthschaftlicher Fürsorge nach thunlichst freier Selbstbestimmung zu übernehmen haben, und daß der Zwang, welcher zur Sicherstellung des wirthschaftlichen und sozialpolitischen Zieles der Unfallversicherung nnvermeidlich ist, nur soweit zugelassen wird, als dies unbedingt geboten erscheint.

In der Begründung des unter dem 8. März 1881 dem Reichstag vorgelegten Gesetz-Entwurfs, betreffend die Unfallversicherung der Arbeiter (Drucksachen 1881 Nr. 41), ist das Bedürfniß, die Arbeiter gegen die wirthschaftlichen Folgen der Unfälle zu versichern, aus der Unzulänglichkeit des Haftpflichtgesetzes vom 7. Juni 1871 und aus der ungünstigen Wirkung desselben auf die Beziehungen zwischen Arbeitern und Arbeitgebern hergeleitet, und nachgewiesen worden, welche Uebelstände dieses Gesetz im Gefolge gehabt hat. Auf diese Ausführungen darf hier verwiesen werden.[1])

Durch seine Beschlüsse zu diesem Gesetz-Entwurf (Drucksachen 1881 Nr. 260) hat der Reichstag die Ersetzung der auf dem Gesetze vom 7. Juni 1871 beruhenden Haftpflicht der Unternehmer durch einen direkten gesetzlichen Zwang zur Versicherung der Arbeiter gegen Betriebsunfälle gebilligt. Ebenso hat der unter dem 10. Januar 1882 vom Abgeordneten Dr. Buhl und Genossen eingebrachte Gesetz-Entwurf (Drucksachen I. Session 1881 Nr. 66), obwohl der Form nach an der Grundlage des Haftpflichtgesetzes festhaltend, doch durch Aufnahme der Vorschriften über die „Sicherstellung", (§ 1 Abs. 3 und §§ 9 ff.) sachlich einen allgemeinen, wenn auch indirekten Versicherungszwang in Aussicht genommen. — Endlich waren auch die Anträge der Abgeordneten Auer und Genossen (Drucksachen IV. Session 1881 Nr. 201) auf die Einführung eines allgemeinen Zwanges zur Versicherung der Arbeiter gegen Betriebsunfälle gerichtet.

Ueber die Nothwendigkeit einer zwangsweisen Versicherung der Arbeiter gegen Betriebsunfälle besteht hiernach kaum eine Meinungsverschiedenheit.

Was den Kreis der Personen anbetrifft, welche der Unfallversicherung unterworfen werden sollen, so beschränkt sich der vorliegende Entwurf im allgemeinen auf die Arbeiter in den bisher haftpflichtigen Betrieben. Für diese Beschränkung ist der Gesichtspunkt maßgebend gewesen, daß die gesetzliche Regelung der Unfallfürsorge für diese in Folge der Entwicklung der Industrie am meisten gefährdeten Arbeiter, für welche sich der § 2 des Haftpflichtgesetzes als unzureichend, ja schädlich erwiesen hat, die nächstliegende und dringlichste Aufgabe bildet. Die Beseitigung der Haftpflicht für diese Arbeiter und die Herstellung einer besseren und wirksameren Unfallfürsorge für dieselben wird den Ausgangspunkt der Gesetzgebung auf diesem Gebiete bilden müssen, an welchen demnächst die Ausdehnung der Unfallversicherung auf weitere Arbeiterkreise geknüpft werden kann.

Eine solche Ausdehnung der Unfallversicherung im Wege spezieller Gesetze wird, wenn die Vorlage Gesetz wird, auf Grund der bei der Ausführung desselben gesammelten praktischen Erfahrungen verhältniß-

---

[1]) Siehe S. 34—37.

mäßig leicht sein, und sie wird auch, wenn einmal ein lebensfähiger Anfang gemacht worden ist, nicht ausbleiben können.

Wollte man alle Arbeiterkreise, welche einer Unfallsgefahr ausgesetzt sind, von vornherein in den Bereich der Regelung ziehen und dahin streben, alle auf diesem Gebiete etwa wünschenswerthen Ziele gleichzeitig zu erreichen, so würde die Aufgabe eine so schwierige und verwickelte werden, daß damit jeder Erfolg in Frage gestellt wäre.

Wenn der Entwurf über den Kreis der dem § 2 des Haftpflichtgesetzes unterworfenen Personen insofern hinausgeht, als er die Ausdehnung der Unfallversicherung auf diejenigen handwerksmäßigen Betriebe, in welchen Dampfkessel oder durch elementare Kraft bewegte Triebwerke zur dauernden Verwendung kommen, vorsieht, so läßt sich zwar auch gegen diese Ausdehnung das Bedenken erheben, daß dadurch Schwierigkeiten für die einheitliche Regelung erwachsen könnten. Dieses Bedenken muß indessen zurücktreten, weil nach den Erörterungen im preußischen Volkswirthschaftsrath es nicht durchweg den thatsächlichen Verhältnissen entsprechen würde, bei Motorenbetrieben die Scheidung zwischen fabrikmäßigem und handwerksmäßigem Betriebe von der Zahl der beschäftigten Arbeiter abhängig zu machen. Die großartige Entwickelung der Technik und die in Folge derselben stetig zunehmende Verwendung von Maschinen an Stelle der menschlichen Arbeitskraft hat in gewissen Industriezweigen die letztere in einer Weise verdrängt, daß auch Betriebe, die sowohl sprachlich als nach dem Umfange ihre Produktion unter den Begriff der Fabrik fallen, mit einer ganz geringen Arbeiterzahl geführt werden. Dazu kommt, daß die Unfallgefahr in einzelnen mit elementarer Kraft arbeitenden Kleinbetrieben eine wesentlich größere ist, als in den größeren Betrieben, in denen Dampfkessel oder durch elementare Kraft bewegte Triebwerke nicht zur Verwendung gelangen, und daß die Ausdehnung der Unfallversicherung auf diese Kleinbetriebe sich mehr und mehr als der allgemeinen Auffassung in weiten Schichten der Bevölkerung entsprechend herausgestellt hat.

Die Ausdehnung der Versicherungspflicht auf die in kleineren Betrieben beschäftigten Arbeiter ohne gleichzeitige Fürsorge für die von Unfällen betroffenen Unternehmer solcher Betriebe stößt auf begründete Bedenken, insofern diese Unternehmer nach ihrer wirthschaftlichen Lage und nach der Art ihrer Arbeit den von ihnen beschäftigten Arbeitern im wesentlichen gleichstehen.

Diesen Bedenken hat der Entwurf dadurch Rechnung getragen,

daß er, entsprechend dem Vorschlage des preußischen Volkswirthschaftsraths, den Betriebsunternehmern, deren Jahreseinkommen den Betrag von 2000 Mark nicht übersteigt, gestattet hat, sich auch für ihre Person gegen die wirthschaftlichen Folgen der Betriebsunfälle bei der Berufsgenossenschaft, welcher sie angehören, zu versichern. Der Entwurf folgt hierin dem Vorgange des Krankenversicherungsgesetzes, welches ebenfalls gewissen Personen, welche der Versicherungspflicht nicht unterliegen, den Beitritt zu der Gemeinde-Krankenversicherung und zu den Krankenkassen gestattet hat.

Was die Aufbringung der Kosten der Unfallversicherung anlangt, so wird davon auszugehen sein, daß die Sicherstellung der Arbeiter gegen die wirthschaftlichen Folgen der Unfälle sich nicht als eine privatrechtliche Verbindlichkeit der Betriebsunternehmer zum Schadenersatz, sondern als eine öffentlich-rechtliche Fürsorgepflicht darstellt. Wenn das Haftpflichtgesetz vom 7. Juni 1871 auf der entgegengesetzten Auffassung beruhte, so hat die übereinstimmende Ueberzeugung von der Unmöglichkeit, auf diesem Wege zu einer befriedigenden Lösung der Frage zu gelangen, diese Auffassung als unzutreffend verworfen. Es ist eben unmöglich, auf diesem Wege zu einer Fürsorge für die Arbeiter und deren Hinterbliebene in allen denjenigen die große Mehrzahl bildenden Fällen zu gelangen, in denen Zufall oder eigenes Verschulden der Arbeiter den Unfall herbeigeführt hat.

Der Staat und die Gesellschaft haben aber ein Interesse daran, auch über die privatrechtliche Verpflichtung des Betriebsunternehmers zum Schadenersatz hinaus den Arbeitern und deren Hinterbliebenen in allen denjenigen Fällen, in denen die Erwerbsunfähigkeit und der Tod des Arbeiters durch die mit der Berufsarbeit verbundene Unfallgebühr herbeigeführt ist, eine Versorgung zu sichern. Die Ueberzeugung, daß hier die den Gemeinden obliegende Verpflichtung zur Fürsorge im Wege der öffentlichen Armenpflege weder ausreichend noch an sich angemessen sei, durchdringt alle Schichten der Bevölkerung. Bei der Krankenversicherung wie bei der Unfallversicherung handelt es sich um eine Erweiterung der öffentlichen Fürsorgepflicht über die Grenzen der öffentlichen Armenpflege hinaus. Beschränkt sich letztere lediglich darauf, die Vernichtung der Existenz des Individuums zu hindern, so richten sich die Kranken- und die Unfallversicherung auf die rechtzeitige Erhaltung und Hebung der Erwerbsfähigkeit im Falle der Störung derselben durch Krankheiten und Unfälle, sowie auf die Sicherung einer angemessenen Versorgung während der Dauer dieser Störung. Karakterisirt sich also die wirthschaftliche Sicherung der Arbeiter gegen die Folgen der Betriebsunfälle als eine nicht dem Gebiet des Privatrechts, sondern dem Bereich der öffentlich-rechtlichen Verpflichtung angehörige Fürsorgepflicht, so folgt hieraus, daß die Frage der Aufbringung der Kosten der Unfallversicherung nicht nach den Grundsätzen des Privatrechts, sondern nach Gesichtspunkten des öffentlichen Rechts entschieden werden muß. Von diesem Standpunkt aus weist die historische Entwickelung, welche die Unfallfürsorge genommen hat, auf den Betriebsunternehmer als denjenigen hin, welcher in erster Linie die aus dieser Fürsorge erwachsenden Kosten zu übernehmen hat. Auch bei den Betriebsunternehmern hat sich das Bewußtsein dieser ihnen obliegenden Verpflichtung ausgebildet und befestigt. Aus diesem Bewußtsein heraus ist in weitem Umfange eine freiwillige Fürsorge der Unternehmer für ihre Arbeiter eingetreten, welche über die durch das Haftpflichtgesetz ihnen aufgelegten Verpflichtungen erheblich hinausgeht.

Wesentlich gefördert und unterstützt wurde diese Auffassung durch die Erwägung, daß der Betriebsunternehmer die Kosten der Fürsorge in der Regel nicht aus seinem eigenen Vermögen leistet, sondern daß sie ihm von dem Käufer seiner Erzeugnisse in dem Preise derselben wieder erstattet werden. Wie dem Betriebsunternehmer die an dem Anlage- und Betriebskapital entstehenden Schäden und Verluste zur Last fallen, so soll derselbe auch die Verluste an persönlicher Arbeitskraft, welche durch die seinem Industriezweige eigenthümlichen Gefahren veranlaßt werden, tragen und für beide in dem Gesammtertrage des Unternehmens Deckung finden.

Der gegenwärtige Gesetz-Entwurf vertheilt, in Verbindung mit dem Gesetz über die Krankenversicherung der Arbeiter vom 15. Juni 1883, die Deckung der durch Betriebsunfälle herbeigeführten Schäden in der Weise zwischen den Arbeitern und Arbeitgebern, daß die Unterstützung der durch Unfall Verletzten während der ersten dreizehn Wochen den Krankenkassen verbleibt, die Unfallversicherung dagegen, soweit es sich um die Fürsorge für den Verletzten handelt, erst nach Ablauf dieser Zeit Platz greift. Bereits vor Erlaß des Reichsgesetzes, betreffend die Krankenversicherung der Arbeiter, vom 15. Juni 1883 haben die bis dahin errichteten zahlreichen Krankenkassen wohl ohne Ausnahme in allen Fällen einer durch Unfall herbeigeführten Erwerbsunfähigkeit ihren Mitgliedern dieselbe Unterstützung gewährt, welche in allen übrigen Krankheitsfällen zu leisten ist. Da ein Ersatz dieser Leistungen den Krankenkassen nur in den anerkanntermaßen einen minimalen Prozentsatz ausmachenden haftpflichtigen Fällen und auch nur dann zu Theil geworden ist, wenn der Arbeitgeber nicht mindestens ein Drittel der Krankenkassenbeiträge für die von ihm beschäftigten Arbeiter aus eigenen Mitteln gewährt hat[1]), so hat die Unterstützung der durch Unfall Verletzten während der ersten dreizehn Wochen schon bis dahin ganz allgemein den Krankenkassen und damit, soweit zu denselben nicht Beiträge der Arbeitgeber geleistet worden sind, fast ausschließlich den Arbeitern selbst obgelegen. An dieser der historischen Entwickelung entsprechenden Vertheilung der Lasten zu ändern, erscheint in hohem Maße bedenklich und auch für die Interessen der Arbeiter selbst nicht ungefährlich. Darf mit Bestimmtheit erwartet werden, daß die Betriebsunternehmer, welche ihre Belastung mit den Kosten der Unfallversicherung nach Maßgabe der Bestimmungen des Entwurfs im Allgemeinen als eine den Rücksichten des Rechts und der Billigkeit entsprechende anerkennen, von Versuchen, dieselbe durch eine Kürzung des Lohnes auf die Arbeiter abzuwälzen, Abstand nehmen werden, so erscheint es doch zweifelhaft, ob die gleiche Erwartung gehegt werden dürfte, wenn man das im Entwurf vorgesehene Verhältniß zu Ungunsten der Arbeitgeber verschieben wollte.

Daß die Krankenkassen auch in Zukunft die Fürsorge für die durch Unfälle Verletzten während der ersten dreizehn Wochen ohne übermäßige Belastung der Arbeiter zu übernehmen im Stande sind, kann um so weniger zweifelhaft sein, als nach den Ergebnissen der Unfallstatistik von der gesammten durch Unfälle entstehenden Last nur etwa 16½ Prozent auf die Krankenkassen entfallen und durch das Gesetz, betreffend die Krankenversicherung der Arbeiter, die Unternehmer aller unter das Unfallversicherungsgesetz fallenden Betriebe verpflichtet sind, die Krankenversicherungsbeiträge für die von ihnen beschäftigten Arbeiter, soweit letztere nicht selbst durch Eintritt in freie Hilfskassen hierauf verzichten, zu einem Drittel aus eigenen Mitteln zu leisten, während bis jetzt, abgesehen von den Knappschaftskassen, eine Beitragsleistung der Arbeitgeber in dieser Höhe nur vereinzelt und keineswegs allgemein gewährt worden ist.

---

[1]) Vgl. § 4 des Haftpflichtgesetzes vom 7. Juni 1871 (R.=G.=Bl. S. 207).

Auch praktische Gründe sprechen dafür, die Fürsorge für die durch Unfälle Verletzten während der ersten dreizehn Wochen bei den Krankenkassen zu belassen. Das Risiko, welches für die Unfallversicherung aus den Entschädigungen in Fällen dauernder Erwerbsunfähigkeit und in Todesfällen erwächst, ist so erheblich, daß es nur von größeren Verbänden getragen werden kann. Die Unfallversicherung fordert daher eine Organisation, welche möglichst große Kreise von versicherungspflichtigen Betrieben zur gemeinsamen Uebernahme des Risikos vereinigt. Ein rationeller Aufbau dieser Organisation wird aber in zentralen, das Interesse der Gesammtheit der Betheiligten vertretenden Organen gipfeln müssen. Solche für große Bezirke bestimmte zentrale Organe sind wenig geeignet, die Fälle vorübergehender Erwerbsunfähigkeit von kurzer Dauer zu erledigen, da sie kaum im Stande sein würden, diejenige Kontrole auszuüben, deren sie zum Schutze gegen die, gerade in den Fällen der Erwerbsunfähigkeit von kurzer Dauer besonders große Gefahr der Simulation bedürfen. Unter diesen Umständen und da die Fälle der vorübergehenden Erwerbsunfähigkeit, wenn auch bei weitem die zahlreichsten, doch bei der Geringfügigkeit der einzelnen Entschädigungsbeträge nicht mit einem so erheblichen Risiko verbunden sind, daß dieses nicht von kleineren Kreisen getragen werden könnte, entspricht es auch den Anforderungen einer rationellen Verwaltung, die Fürsorge für die durch Unfälle Verletzten während der ersten dreizehn Wochen den Krankenkassen zn belassen und die Unfallversicherung auf die Fürsorge von diesem Zeitpunkt ab und bei Todesfällen zu beschränken.

Was den Umfang der bei Unfällen zu gewährenden Entschädigung anlangt, so hält auch der gegenwärtige Gesetzentwurf an der von dem Reichstag durch seine Beschlüsse zur ersten Gesetzesvorlage gebilligten Auffassung fest, daß die Einräumung eines Anspruchs auf den vollen Ersatz aller durch den Unfall herbeigeführten Vermögensnachtheile über das von staatlichen Gesichtspunkten aus zu begründende Bedürfniß hinausgeht.

Handelt es sich bei der wirthschaftlichen Sicherung der Arbeiter gegen die Folgen der Betriebsunfälle um eine öffentlich-rechtliche Verpflichtung, so folgt hieraus die Nothwendigkeit, die Erfüllung dieser Verpflichtung durch öffentliche Institutionen sicherzustellen. Welche Aufgaben diese Institutionen haben, und wie die Organisation derselben beschaffen sein muß, ergiebt sich zum Theil bereits aus den obigen Darlegungen. Sind es die Betriebsunternehmer, welchen die Fürsorgepflicht für die durch Unfälle Verletzten obliegt, und kann das Risiko der Unfallversicherung bezüglich der in Fällen dauernder Erwerbsunfähigkeit und in Todesfällen zu gewährenden Entschädigungen nur von größeren Kreisen getragen werden, so bedingt die Erfüllung dieser Pflicht die Vereinigung der Betriebsunternehmer zu größeren Verbänden. Als Grundlage für die Gliederung solcher Verbände wird die Gemeinsamkeit der Betriebsinteressen, d. h. die Gemeinsamkeit des Berufs, anzunehmen sein. In der Gemeinsamkeit des Berufs wurzelt die Gemeinschaft der sozialen Pflichten und Interessen, und die gesammte Entwicklung unseres öffentlichen Lebens weist für die Lösung der hieraus erwachsenden Aufgaben auf die genossenschaftliche Form hin. Hiernach wird erwartet werden dürfen, daß die Uebertragung der Unfallversicherung auf Berufsgenossenschaften[1]) den Wünschen und den Interessen der betheiligten Kreise ebenso wie den Anforderungen, welche im öffentlichen Interesse zu stellen sind, entsprechen wird.

Uebrigens folgt der Entwurf damit nur den Wegen, welche die deutsche Industrie bereits eingeschlagen hat, um auf anderen Gebieten zu einer befriedigenden Regelung ihrer Angelegenheiten zu gelangen. Durch wirthschaftliche Krisen ist seit einer Reihe von Jahren in industriellen Kreisen die Ueberzeugung von der Nothwendigkeit eines engeren Zusammenschlusses der Berufsgenossen wachgerufen worden, um mit gemeinsamen Kräften die Lösung der ihnen auf wirthschaftlichem Gebiet obliegenden gemeinsamen Aufgaben anzustreben. Es hat sich eine Reihe großer wirthschaftlicher Assoziationen gebildet, deren praktischer Einfluß sich in steigendem Maße bewährt.

Die Wirksamkeit dieser Vereine ist nicht auf die Förderung rein wirthschaftlicher Interessen beschränkt geblieben, sondern eine nicht geringe Anzahl derselben hat sich bereits die Erfüllung der ihnen obliegenden sozialen Pflichten zur Aufgabe gemacht und ihre Thätigkeit auf die Fürsorge für die von ihren Mitgliedern beschäftigten Arbeiter, insbesondere auch auf die Sicherstellung derselben gegen die wirthschaftlichen Folgen der Betriebsunfälle ausgedehnt.

Beweisen diese Erfolge der auf dem Prinzip freier Selbstverwaltung beruhenden Vereinigungen, wie berechtigt die in der Kaiser-

[1]) Für die zu den großen Reichs- und Staatsbetrieben (Eisenbahn-, Post-, Telegraphen-, Marine-, Heeresverwaltungen 2c.) gehörigen Fabriken 2c. tritt an Stelle der Berufsgenossenschaft das Reich bezw. der Bundesstaat (G.U.V.G.. §§ 128 ff.).

lichen Botschaft vom 17. November 1881 ausgesprochene Hoffnung gewesen ist, daß der engere Anschluß an die realen Kräfte unseres Volkslebens und das Zusammenfassen der letzteren in der Form korporativer Genossenschaften unter staatlichem Schutz und staatlicher Förderung auch die Lösung der sozialen Aufgaben möglich machen wird, denen die Staatsgewalt allein in gleichem Umfange nicht gewachsen sein würde, so entspricht die von dem Entwurf in Aussicht genommene Uebertragung der Unfallversicherung auf korporative Berufsgenossenschaften den Intentionen der Kaiserlichen Botschaft ebenso wie den praktischen Bedürfnissen und den Wünschen der industriellen Kreise.

Handelt es sich bei der Fürsorge für die durch Unfall Verletzten um die Erfüllung einer den Betriebsunternehmern obliegenden sozialen Pflicht, so verlangt die Sicherstellung derselben für die Bildung der Berufsgenossenschaften eine Zwangspflicht der Unternehmer zum Beitritt. Eine blos fakultative Genossenschaftsbildung kann für die als staatlich nothwendig erkannte allgemeine Lösung der Aufgabe die erforderliche Sicherheit nicht gewähren; vielmehr muß der einzelne Betrieb kraft Gesetzes von der Berufsgenossenschaft ergriffen werden. Dagegen liegt es in dem Begriff und Wesen der Genossenschaft, daß den Berufsgenossen hinsichtlich der Art und Weise, wie sie die ihnen obliegende gemeinsame Aufgabe lösen wollen, jede mit jener Sicherstellung irgend verträgliche Freiheit der Entschließung gewährt wird. Wenn der Entwurf hinsichtlich der für die Organisation dieser korporativen Genossenschaften maßgebenden allgemeinen Gesichtspunkte davon ausgeht, daß eine kräftige Entwicklung des genossenschaftlichen Lebens und eine erfolgreiche Verwaltung durch genossenschaftliche Organe nur möglich ist, wenn dem Begriff und Wesen der Berufsgenossenschaften entsprechend in ihnen nur solche gewerbliche Betriebe vereinigt werden, welche auf wirthschaftlichem Gebiet im allgemeinen gleiche oder verwandte Interessen und Vorbedingungen des Betriebes haben, so folgt derselbe hierin nur den bei der Bildung der freiwilligen Vereine eingeschlagenen Wegen. Das Gleiche wird hinsichtlich der Abgrenzung der Berufsgenossenschaften zu geschehen haben. Wie dieses bei den freiwilligen wirthschaftlichen Vereinen der Fall ist, wird auch für die Abgrenzung der Berufsgenossenschaften die Gemeinsamkeit der wichtigeren Interessen die Grundlage bilden müssen und demgemäß die territoriale Abgrenzung nach kleineren Wirthschaftsgebieten in so weit Platz greifen dürfen, als nach der Entwicklung der einzelnen Industriezweige die wirthschaftlichen Interessen derselben dieses bedingen und die Leistungsfähigkeit der zu bildenden Berufsgenossenschaften dadurch nicht in Frage gestellt wird. Soweit diese freien Vereine, in deren Organisation und Abgrenzung die Wünsche der betheiligten Kreise im Großen und Ganzen bereits Ausdruck gefunden haben, den hinsichtlich ihrer Leistungsfähigkeit zu stellenden Anforderungen genügen, werden dieselben sich zu Berufsgenossenschaften im Sinne des Entwurfs umgestalten und als solche die Unfallversicherung der von ihren Mitgliedern beschäftigten Arbeiter übernehmen können.

Insbesondere finden auch die gegen die Uebertragung der Unfallversicherung auf die bestehenden Knappschaftsverbände, auf deren Erhaltung in den betheiligten Kreisen der größte Werth gelegt wird, in der früheren Vorlage geäußerten Bedenken durch die in Aussicht genommene Organisation der Berufsgenossenschaften im Wesentlichen ihre Erledigung, da auch durch die vorgesehene Bildung von Sektionen innerhalb der Genossenschaften es möglich sein wird, die zum Zweck der Unfallversicherung nothwendigen Organisationen mit den bestehenden Einrichtungen der Knappschaftsverbände in Uebereinstimmung zu bringen. Hierzu würde es allerdings nothwendig sein, die Statuten der Knappschaftsverbände nach Maßgabe der Bestimmungen dieses Entwurfs insbesondere dahin zu ändern, daß die Arbeiter von den Kosten der Unfallversicherung frei bleiben, daß ferner die den Arbeitern bei Unglücksfällen zu gewährenden Unterstützungen nicht hinter den in diesem Entwurf vorgesehenen Beträgen zurückbleiben, und daß die den Arbeitern nach diesem Entwurf zu gewährenden Rechte auf Vertretung ihrer Interessen in keiner Weise beeinträchtigt werden.[1])

Uebrigens ist allgemein die Bildung und Abgrenzung der Genossenschaften unter den durch das Gesetz zu bestimmenden Voraussetzungen in erster Reihe der freien Vereinbarung der Berufsgenossen überlassen worden. Nach den Erfahrungen, welche auf dem Gebiet der freiwilligen Vereinsbildung gemacht worden sind, darf vertraut werden, daß auch bei der Bildung berufsgenossenschaftlicher Verbände zum Zweck der Uebernahme der Unfallversicherung eine zu große Zersplitterung nicht eintreten, daß vielmehr in den weitaus meisten und wichtigsten Betriebszweigen das Bestreben, diese Lasten auf

[1]) Nach den Beschlüssen des Reichstags können besondere Knappschafts-Berufsgenossenschaften gebildet werden, denen in einigen Punkten eine Ausnahmestellung zugewiesen ist, vgl. § 184 G.U.V.G.

möglichst breite Schultern zu legen, im eigenen Interesse der Betheiligten zur freiwilligen Herstellung leistungsfähiger Berufsgenossenschaften führen wird.

Was die Verwaltung der Berufsgenossenschaften anlangt, so kann eine gewisse Beaufsichtigung derselben durch Organe des Staats oder Reichs nicht entbehrt werden, da ihnen wichtige soziale Pflichten übertragen werden sollen, an deren ordnungsmäßiger Erfüllung das Reich ein erhebliches öffentliches Interesse hat. Dagegen ist der Entwurf andererseits bestrebt, auch hier die behördliche Einmischung auf das unbedingt erforderliche Maß zu beschränken. Wenn auch in denjenigen Fällen, in denen es sich um eine gerechte Vertheilung der Lasten der Unfallversicherung und um den Schutz der Minorität der Berufsgenossen gegen eine den Rücksichten der Billigkeit widersprechende Majorisirung derselben in der Genossenschaft handelt, die Genehmigung der Beschlüsse der letzteren durch eine zu errichtende Reichsbehörde — das Reichsversicherungsamt[1]) — vorgesehen worden ist, so wird doch hierin ein Eingriff in die genossenschaftliche Selbstverwaltung um so weniger erblickt werden können, als die Zusammensetzung dieser Behörde, welche neben den ständigen Mitgliedern aus Mitgliedern des Bundesraths, sowie aus Vertretern der Berufsgenossenschaften und der versicherten Arbeiter bestehen soll,[2]) dem Charakter der Selbstverwaltung entspricht und einen genügenden Schutz gegen eine einseitig büreaukratische Handhabung des Aufsichtsrechts gewährt.

Entspricht die Uebertragung der Unfallversicherung auf korporative Berufsgenossenschaften der historischen Entwickelung des Genossenschaftswesens auf wirthschaftlichem und sozialem Gebiet, so ist die Bildung solcher Genossenschaften das einzige Mittel, um zu einem wirksamen System der Unfallverhütung überhaupt zu gelangen. Daß ein blos polizeiliches Eingreifen die auf diesem Gebiete liegenden großen Aufgaben nicht befriedigend zu lösen vermag, daß dabei vielmehr die einsichtige Mitwirkung der Betheiligten unentbehrlich ist, wird kaum bezweifelt werden können. In Uebereinstimmung mit den Beschlüssen der vom Reichstag für die Berathung des letzten Gesetz-

---

1) Nach den Beschlüssen des Reichstags können neben dem Reichs-Versicherungsamt Landes-Versicherungsämter für solche Berufsgenossenschaften gebildet werden, deren Bezirk über die Grenzen eines Bundesstaates nicht hinausgeht.

2) Nach den Beschlüssen des Reichtags wird die Behörde für gewisse Fälle durch zwei richterliche Beamte verstärkt.

entwurfs eingesetzten Kommission ist die größere oder geringere Gefährlichkeit des Betriebes als Maßstab für die Aufbringung der von den Berufsgenossenschaften zu leistenden Entschädigungsbeträge beibehalten. Hieraus ergiebt sich ein erhebliches finanzielles Interesse sowohl der einzelnen Betriebs-Unternehmer, als auch der Berufsgenossenschaft als solcher an der möglichsten Verhütung von Unfällen. Gerade auf diesem Gebiet wird der Selbstverwaltung der mit den öffentlichen Interessen irgend zu vereinbarende Spielraum umsomehr zu gewähren sein, als hierbei auch wesentlich ökonomische Gesichtspunkte in Betracht kommen. Einerseits werden die Berufsgenossenschaften danach streben müssen, auf die Vervollkommnung der Betriebseinrichtungen und Anlagen ihrer Mitglieder hinzuwirken, und Unfällen, soweit es der Stand der Technik und die sonstigen Hülfsmittel gestatten, thunlichst zu begegnen. Andererseits aber wird dabei daran festzuhalten sein, daß nur vollkommen bewährte Einrichtungen vorgeschrieben werden dürfen, und daß es zu vermeiden ist, für kostspielige theoretische Versuchseinrichtungen einen die Industrie übermäßig belastenden Zwang auszuüben. Die Industrie muß auf diesem Gebiet gegen — vielleicht wohlgemeinte — Mißgriffe geschützt sein, welche die Ertragsfähigkeit der betreffenden Industriezweige gefährden und die Leistungsfähigkeit der Betriebsunternehmer ignoriren. Hier das richtige Maß zu halten, wird den Berufsgenossen um so eher gelingen, als ihnen die Leistungsfähigkeit der einzelnen Betriebsunternehmer sowohl wie die Lage des ganzen Gewerbes bekannt sind, und demgemäß die beiderseitigen Interessen von ihnen am sichersten abgewogen und angemessen berücksichtigt werden können.

Im Uebrigen beweisen die Erfahrungen, welche hinsichtlich der Verwaltung der freien wirthschaftlichen Vereine vorliegen, daß auch die Ausdehnung derselben über das Reichsgebiet in keiner Weise der Herstellung einer billigen, prompten und sachgemäßen Verwaltung hinderlich ist, und daß hierbei etwa entstehende Schwierigkeiten sich durch eine weitere Dezentralisirung und Uebertragung gewisser Befugnisse auf örtlich abzugrenzende Sektionen oder auf Vertrauensmänner leicht und wirksam beseitigen lassen. Der Entwurf gewährt in dieser Beziehung die möglichste Freiheit.

Auf die dauernde Leistungsfähigkeit der Berufsgenossenschaften muß schon bei der Bildung derselben Rücksicht genommen werden. Aus diesem Grunde hat die Genehmigung des Bundesraths zur Bildung der von den Interessenten beantragten

Berufsgenossenschaften vorbehalten bleiben müssen. Erscheint die Erwartung berechtigt, daß in dem Vorbehalt der Genehmigung und dem eigenen Interesse der Betheiligten eine hinreichende Garantie für die dauernde Leistungsfähigkeit der Berufsgenossenschaften liegt, so durfte der Entwurf doch auch die Möglichkeit nicht unberücksichtigt lassen, daß eine Berufsgenossenschaft in Folge unvorhergesehener Umstände die ihr obliegenden Verpflichtungen nicht mehr zu leisten im Stande ist. Mag diese Möglichkeit noch so fern liegen, so ist dieselbe doch nicht völlig ausgeschlossen, weil erhebliche Veränderungen in den Produktions- und Absatzbedingungen, insbesondere die Konkurrenz des Auslandes oder elementare Ereignisse auch die blühendsten Industriezweige in ihrem Bestande gefährden können. Für solche Fälle muß Vorsorge getroffen werden, daß nicht blos die in der Vergangenheit entstandenen Entschädigungsverbindlichkeiten rechtzeitig erfüllt werden, sondern daß auch die Sicherstellung der Arbeiter in den weiter arbeitenden Betrieben gegen Unfälle keine Unterbrechung erleidet. Diese Vorsorge ist um so weniger entbehrlich, als die Berechtigten in den meisten Fällen auf die Zahlung der ihnen zustehenden Entschädigungsbeträge zur Befriedigung ihres nothwendigsten Unterhalts angewiesen sind. Zur unbedingten Sicherstellung der Zahlung der Entschädigungsbeträge ist es nöthig, daß von vornherein jeder Zweifel darüber ausgeschlossen wird, wer im Fall der Leistungsunfähigkeit der Berufsgenossenschaft die ihr obliegenden Verpflichtungen zu erfüllen hat. Hierbei erscheint es unthunlich, den Begriff der Leistungsunfähigkeit näher zu präzisiren, weil sich allgemeine Kriterien für dieselbe nicht angeben lassen, es sich hier vielmehr um die Würdigung thatsächlicher Verhältnisse handelt. Die Leistungsunfähigkeit einer Genossenschaft wird nicht bereits anzunehmen sein, wenn einzelne Betriebsunternehmer die aus der Unfallfürsorge ihnen erwachsenden Kosten nicht zu tragen vermögen, oder wenn durch Krisen vorübergehend die Lage der der Genossenschaft angehörigen Industriezweige ungünstig beeinflußt wird. Andererseits wird das Eintreten des Reichs auch nicht davon abhängig gemacht werden dürfen, daß die zwangsweise Beitreibung der Mitgliederbeiträge gegen sämmtliche Betriebsunternehmer wegen Unvermögens derselben nicht hat erfolgen können.

Die Uebernahme der bis zum Zeitpunkt der Auflösung einer leistungsunfähigen Berufsgenossenschaft entstandenen Verpflichtungen derselben weist der Entwurf dem Reich[1]) zu. Es spricht hierfür die

[1]) bezw. dem Bundesstaat für diejenigen Genossenschaften, welche der Aufsicht eines Landes-Versicherungsamts unterstehen, §§ 54, 127 Abs. 4. G.U.V.G.

Erwägung, daß es an einem anderen Faktor fehlt, welchem ohne Unbilligkeit und ohne die Möglichkeit einer zu empfindlichen Belastung jene Uebernahme angesonnen werden könnte. Was aber die weitere Versicherung der in der aufgelösten Genossenschaft bis dahin versicherten Arbeiter anlangt, so soll dieselbe dadurch herbeigeführt werden, daß die Betriebe der aufzulösenden Genossenschaft einer anderen Berufsgenossenschaft nach deren Anhörung zugewiesen werden.

Läßt sich das Eintreten des Reichs für die Verpflichtungen leistungsunfähiger Berufsgenossenlchaften nicht vermeiden, so hat die Frage, ob noch hierüber hinaus ein Bedürfniß zur Betheiligung des Reichs an den laufenden Kosten der Unfallversicherung entweder generell oder für einzelne Industriezweige aus allgemeinen wirthschaftlichen Gründen vorliegt, bis zur Erlangung weiterer Erfahrung auf diesem Gebiet dahingestellt bleiben können. Und dies um so mehr, als nicht blos über die Nothwendigkeit einer Betheiligung des Reichs, sondern auch über den Umfang derselben die Auffassungen der zunächst interessirten Kreise einander vielfach völlig unvermittelt gegenüber stehen, und die Nothwendigkeit eines Reichszuschusses nicht blos von Vertretern verschiedener Industriezweige, sondern häufig auch von Vertretern desselben Industriezweiges verschieden beurtheilt wird. Sollte sich jedoch an der Hand der praktischen Erfahrungen herausstellen, daß die Exportfähigkeit aller oder einzelner Industriezweige durch die Belastung mit den gesammten Kosten der Unfallversicherung ernstlich gefährdet wird, so würde künftig zu erwägen sein, ob nicht die Uebertragung eines Theils dieser Kosten auf das Reich geboten erscheint. Diese Erfahrungen wird man aber um so mehr abwarten können, als bei dem für die Aufbringung der Kosten der Unfallversicherung von dem Entwurf in Aussicht genommenen Umlageverfahren eine Ueberbürdung der Industrie für die ersten Jahre nicht zu befürchten ist.

Was dieses **Umlageverfahren** selbst anlangt, demzufolge in jedem Jahr nur der wirkliche Jahresbedarf erhoben werden soll, so findet dasselbe nicht blos in der allgemeinen Auffassung der Fürsorgepflicht für die durch Unfall Verletzten, sondern auch in wirthschaftlichen Gründen seine Rechtfertigung. Einerseits ist es ein allgemeiner Grundsatz des öffentlichen Rechts, daß die Träger öffentlicher Verpflichtungen — Staat, Provinz, Gemeinde — nur insoweit Beisteuern erheben dürfen, als solche zur Erfüllung dieser Verpflichtungen nothwendig sind; andererseits aber kann auch vom Standpunkt der privatwirthschaftlichen Interessen die den Berufsgenossenschaften aufzuerlegende Verpflichtung zur Erhebung von Deckungskapitalien nicht gerechtfertigt werden. Vielmehr würden hierdurch die privatwirthschaftlichen Interessen insofern geschädigt werden, als dadurch erhebliche Kapitalien der produktiven Verwendung der Mitglieder der Genossenschaft entzogen und die letzteren genöthigt werden würden, sich ihre Betriebskapitalien zu einem höheren Zinsfuß zu verschaffen, als die von der Berufsgenossenschaft gegen pupillarische Sicherheit anzulegenden Deckungskapitalien einzubringen vermögen.

Liegen auch zuverlässige und erschöpfende Erfahrungen über den Umfang der durch die geplante Unfallfürsorge den einzelnen Industriezweigen erwachsenden Lasten zur Zeit nicht vor, so erfordert es doch die Rücksicht auf die Erhaltung der dauernden Leistungs- und Konkurrenzfähigkeit der Industrie, auf diesem Gebiet mit möglichster Schonung und Vorsicht vorzugehen, und von ihr zunächst nicht mehr zu verlangen, als zur Deckung der laufenden Ausgaben unbedingt erforderlich ist. Dieses ist um so nothwendiger, als es sich um eine Last handelt, von der lediglich die einheimische Industrie betroffen wird. Erscheint es deshalb geboten, zunächst von der Erhebung von Deckungskapitalien Abstand zu nehmen, so ist damit einer künftigen anderweiten Entscheidung der Gesetzgebung über diese Frage in keiner Weise präjudizirt, sofern etwa die Erfahrung ergeben sollte, daß die Beibehaltung des Umlageverfahrens unnöthig und unvortheilhaft ist. Auch im Interesse der Vereinfachung der Rechnungsführung und Kassenverwaltung der Berufsgenossenschaften empfiehlt sich dieses Verfahren, bei welchem übrigens die Ansammlung eines Reservefonds[1]) in mäßiger Höhe nicht ausgeschlossen werden soll.

(Der spezielle Theil der Motive ist bei den betreffenden Stellen des Gesetzes berücksichtigt worden.)

[1]) Nach den Beschlüssen des Reichstags ist die Ansammlung eines Reservefonds obligatorisch; im Gewerbe-Unfallversicherungsgesetz ist eine wesentliche Erhöhung der Reservefonds vorgesehen.

Begründung des Gesetzes, betreffend die Abänderung der Unfallversicherungsgesetze und des Gewerbe-Unfallversicherungsgesetzes.

Allgemeiner Theil.

Seit dem Erlasse der Unfallversicherungsgesetze sind praktische Erfahrungen gesammelt und Bedürfnisse hervorgetreten, welche eine Abänderung dieser Gesetze und eine Erweiterung ihres Wirkungskreises angezeigt erscheinen lassen. Die verbündeten Regierungen haben daher schon im Jahre 1896 — Drucksachen des Reichstags, 9. Legislatur-Periode, IV. Session 1895/97, Nr. 570 — einen entsprechenden Gesetzentwurf vorgelegt. Dieser Entwurf ist zwar nicht zur Verabschiedung gelangt, doch haben in der vom Reichstage durch Beschluß vom 26. Januar 1897 eingesetzten Kommission eingehende Berathungen über denselben stattgefunden, über deren Verlauf und Ergebniß im Mai und Juni 1897 — Drucksache des Reichstags a. a. O. Nr. 909 — Bericht erstattet ist. Danach ist in einer großen Zahl von Punkten eine Verständigung zwischen den Vertretern der verbündeten Regierungen und einer großen Mehrheit der Kommissions-Mitglieder erzielt worden, während bei anderen Fragen eine solche Verständigung nicht erreicht werden konnte. Die gegenwärtige Vorlage knüpft an die damals geschaffene werthvolle Vorarbeit an, übernimmt eine große Anzahl der Kommissionsbeschlüsse und sieht davon ab, noch bestehende Bedenken gegen dieselbe von Neuem geltend zu machen. Dabei glauben die verbündeten Regierungen sich der Erwartung hingeben zu dürfen, daß auch der Reichstag die Verständigung nicht durch weitergehende Forderungen erschweren werde. Nur insoweit weicht die Vorlage bei Bestimmungen grundsätzlicher Art von den Kommissionsbeschlüssen ab, als besonders schwer wiegende Gründe dazu nöthigen. Solche Abweichungen sind an der betreffenden Stelle unter Darlegung der bestimmenden Erwägungen jedesmal besonders begründet. Weitere Abänderungen sind theils in sachlicher, theils in formeller Hinsicht dadurch veranlaßt, daß bei vielen Bestimmungen thunlichst wörtliche Uebereinstimmung der Vorschriften der Unfallversicherungsgesetze mit der neuen Fassung des Invalidenversicherungsgesetzes angezeigt erscheint, um gleichartige Verhältnisse auf den verschiedenen Gebieten der Arbeiterversicherung insoweit gleichmäßig zu regeln, als nicht die Besonderheiten der einzelnen Versicherungszweige und der zu ihrer Durchführung geschaffenen Einrichtungen eine verschiedene Behandlung rechtfertigen.

Dies vorausgeschickt, ist zur Begründung des Entwurfs im Allgemeinen Folgendes zu bemerken.

Was zunächst die vor zwei Jahren noch im Vordergrunde der Erwägungen stehende Frage betrifft, ob eine Verschmelzung der verschiedenen Zweige der Arbeiterversicherung: Kranken-, Unfall-, Invalidenversicherung, als nächstes Ziel anzustreben und inzwischen von einer Verbesserung der einzelnen Zweige dieser Versicherungen Abstand zu nehmen sei, so hat die von den verbündeten Regierungen und der großen Mehrheit der Sachverständigen eingenommene Stellung seither auch in weiteren Kreisen mehr und mehr Anklang gefunden. Danach bleibt eine Zusammenlegung der genannten Versicherungszweige zwar im Grundsatze wünschenswerth; es ist aber bisher nicht gelungen, dafür annehmbare Grundlagen aufzufinden. Es erscheint daher rathsam, die Frage der Zusammenlegung einstweilen auf sich beruhen zu lassen und für jetzt sich darauf zu beschränken, durch Vervollkommnung des Ineinandergreifens der historisch entwickelten Organisationen, wofür auch die gegenwärtige Vorlage manche Beiträge liefert, einer allen Ansprüchen genügenden Einrichtung vorzuarbeiten, daneben aber die erkannten Mängel und Lücken der Unfallversicherung ebenso abzustellen, wie es seiner Zeit hinsichtlich der Krankenversicherung durch die Novelle vom 10. April 1892 und neuerdings hinsichtlich der Invalidenversicherung durch das Gesetz vom 13. Juli 1899 mit Erfolg geschehen ist. Wird dann, wie beabsichtigt ist, den inzwischen hervorgetretenen weiteren Bedürfnissen auf dem Gebiete der Krankenversicherung durch eine neue Novelle zu dem Krankenversicherungsgesetz abgeholfen, so darf an der Annahme festgehalten werden, daß die Arbeiterversicherung auch ohne eine Zusammenlegung der einzelnen Zweige allen sachlich berechtigten Anforderungen in den Grenzen des jetzt Erreichbaren zum Wohl der arbeitenden Klassen entspricht.

In Bezug auf die äußere Gestalt der Unfallversicherungsgesetze ist an der durch die Gewöhnung eingelebten bisherigen Form im Großen und Ganzen festgehalten. Es ist demnach das Unfallversicherungsgesetz vom 6. Juli 1884 unter der Bezeichnung als Gewerbe-Unfallversicherungsgesetz, das Gesetz, betreffend die Unfall- und Krankenversicherung der in land- und forstwirthschaftlichen Betrieben beschäftigten Personen, vom 5. Mai 1886 unter der Bezeichnung als Unfallversicherungsgesetz für Land- und Forstwirthschaft, das Gesetz, betreffend die Unfallversicherung der bei Bauten beschäftigten Personen, vom 11. Juli 1887 unter der Bezeichnung als Bau-Unfallversicherungsgesetz, und das Gesetz, betreffend die Unfallversicherung der Seeleute und anderer bei der Seeschiffahrt betheiligten Personen, vom 13. Juli 1887 unter der Bezeichnung als See-Unfallversicherungsgesetz, ein jedes für seinen bisherigen Geltungsbereich, beibehalten. Von einem Versuch, in einem einzigen Gesetze die gemeinschaftlichen Grundsätze der Unfallversicherung zusammenzufassen und dann die Sonderbestimmungen für die einzelnen Gebiete: Industrie, Landwirthschaft, Seewesen in Schlußabschnitten daran anzuschließen, ist Abstand genommen. Von dem Betreten dieses Weges mußte, abgesehen von der Rücksicht auf den großen Umfang, den ein solches einheitliches Gesetz annehmen würde, insbesondere auch die Erwägung abhalten, daß dadurch das Verständniß der Gesetzgebung für den einzelnen Unternehmer oder Arbeiter, der in der Regel nur mit einem einzigen Gebiete der Unfallversicherung in Berührung kommt, erschwert werden würde. Eine Ausnahme ist in dieser Beziehung jedoch mit dem Gesetz über die Ausdehnung der Unfall- und Krankenversicherung vom 28. Mai 1885 gemacht worden, welches in der Hauptsache große Reichs- und Staatsbetriebe sowie die Transportgewerbe umfaßt. Da auch in den anderen Unfallversicherungsgesetzen Vorschriften über öffentliche Betriebe sich finden, im Uebrigen aber auf die unter dieses „Ausdehnungsgesetz" fallenden gewerblichen Betriebe in allen Beziehungen die für die älteren gewerblichen Berufsgenossenschaften geltenden gesetzlichen Bestimmungen Anwendung finden, so erschien es zweckmäßig und leicht durchführbar, dieses Gesetz mit dem Gesetze vom 6. Juli 1884 zusammenzuarbeiten. Hierdurch wird nur auf dem Wege fortgefahren, der bei der Kranken-Versicherung eingeschlagen ist; auch die auf die Krankenversicherung sich beziehenden Bestimmungen dieses „Ausdehnungsgesetzes" sind durch das Gesetz vom 10. April 1892 (Reichs-Gesetzbl. S. 379) in das Krankenversicherungsgesetz hineingearbeitet worden. Geschieht nunmehr ein Gleiches für die Unfallversicherung, so kann das Gesetz vom 28. Mai 1885 seinem ganzen Umfange nach aufgehoben und dadurch eine nicht unerhebliche Vereinfachung erzielt werden. Dagegen bleibt der von der Krankenversicherung der in der Land- und Forstwirthschaft beschäftigten Personen handelnde Abschnitt B des Gesetzes vom 5. Mai 1886 unberührt bestehen.

In einzelnen wichtigen, insbesondere die Organisation der Unfallversicherung betreffenden Punkten ist jedoch eine Zusammenfassung nicht nur der Vorschriften der verschiedenen Unfallversicherungsgesetze, sondern darüber hinaus zum Theil eine materielle Verschmelzung bestehender Einrichtungen im Entwurfe vorgeschlagen. Dies gilt zunächst in Bezug auf die Schiedsgerichte. Auf Grund des Invalidenversicherungsgesetzes sind für geeignete, von den Landes-Zentralbehörden bestimmte Bezirke leistungsfähige Schiedsgerichte (§§. 103 ff. dieses Gesetzes in der Fassung der Bekanntmachung des Reichskanzlers vom 19. Juli 1899, Reichs-Gesetzbl. S. 463) zu errichten, die sich bei entsprechender Erweiterung des Kreises der Beisitzer auch für die Rechtsprechung in Unfallversicherungssachen eignen. Durch solche örtliche Schiedsgerichte werden insbesondere manche Uebelstände beseitigt, die mit den bisherigen berufsgenossenschaftlichen Schiedsgerichten verbunden sind. Das Nähere hierüber wird weiter unten (zu §§. 3 bis 10 des Gesetzentwurfs, betreffend die Abänderung der Unfallversicherungsgesetze) dargelegt werden.[1]) Sodann konnten auch die organisatorischen Bestimmungen über das Reichs-Versicherungsamt und die Landesversicherungsämter unter Ausscheidung aus den einzelnen Gesetzen zusammengefaßt werden.[2])

Diese Erwägungen haben dazu geführt, der Vorlage die Form zu geben, daß unter Aufhebung des Gesetzes vom 28. Mai 1885 die vier Unfallversicherungsgesetze für Gewerbe, für Land- und Forstwirthschaft, für Bauten und für Seeschiffahrt als Anlagen 1 bis 4 eines Gesetzentwurfs vorgelegt werden, in welchem neben den Bestimmungen über die Schiedsgerichte und Versicherungsämter Vorschriften über die Errichtung neuer Berufsgenossenschaften, über die Zulassung von neuen Aufgaben für alle Berufsgenossenschaften und einige allgemeine Uebergangsbestimmungen erlassen werden und ferner angeordnet wird, daß die bezeichneten Gesetze fortan die aus den

[1]) vgl. §§. 3—10 des Hauptgesetzes.

[2]) vgl. §§. 11—22 des Hauptgesetzes.

Anlagen ersichtliche Fassung erhalten sollen. In einem besonderen gleichzeitig vorzulegenden Gesetzentwurf wird schließlich einem Beschlusse, den der Reichstag auf Anregung seiner Kommission gefaßt hat, Rechnung getragen und eine Regelung der Unfallfürsorge für Gefangene in Vorschlag gebracht werden.

Im Allgemeinen ist über die Richtung, in welcher die Revision der Unfallversicherungsgesetze erfolgt ist, Folgendes zu bemerken.

Die historische Entwickelung der Unfallversicherung hat es mit sich gebracht, daß der Kreis derjenigen Personen, denen die Wohlthaten der Unfallversicherung gesetzlich zustehen, in verschiedenen Beziehungen Lücken aufweist. Um dieselben soweit als zur Zeit thunlich auszufüllen, schlägt der Entwurf folgende wesentliche Erweiterungen vor.

1. In den zu einem Theile mit Bauten befaßten Betrieben der Tischler, Maler, Glaser, Klempner ꝛc. ist nur ein Theil der Betriebsthätigkeit versichert, ein anderer Theil dagegen nicht versichert; häufig ist sogar in diesen Betrieben ein und derselbe Arbeiter für einen Theil seiner gewerblichen Thätigkeit (bei Bauten) versichert, für einen anderen Theil (bei der vielfach ebenso gefährlichen Werkstattsarbeit) unversichert. Der Werkstättenbetrieb eines Tischlers ꝛc. ist nach den jetzt geltenden Bestimmungen nur dann versicherungspflichtig, wenn er entweder fabrikmäßig ist oder nach seinem Umfange sich als ein Nebenbetrieb der Bautischlerei ꝛc. darstellt, dagegen nicht, wenn umgekehrt die Werkstättenarbeiten die Hauptsache, die Bauarbeiten aber die Nebensache sind. Diese Rechtslage hat nicht nur für die Arbeiter, sondern auch für alle anderen Betheiligten mißliche Folgen. Trotz einer Reihe eingehender Entscheidungen, in denen mit Scharfsinn theoretische Grenzscheiden für Beginn und Abschluß der versicherten Thätigkeit bei Bauten gegenüber der unversicherten sonstigen gewerblichen Arbeit in solchen Betrieben aufgestellt sind, ist es im einzelnen Falle für den Verletzten oft zweifelhaft, ob ihm ein Entschädigungsanspruch zur Seite steht. Die Absicht des Gesetzes, die Arbeiter sicherzustellen und langwierige Streitigkeiten über die Entschädigungspflicht zu vermeiden, wird in solchen Fällen nicht erreicht. Dabei kommt noch in Betracht, daß ein Theil der versicherten Bauarbeit, wie namentlich die Vorbereitung der für Bauzwecke dienenden Stücke, sich in der Werkstatt zu vollziehen pflegt. Es kann also leicht vorkommen, daß ein Arbeiter, ohne seinen Arbeitsplatz in der Werkstatt zu verlassen, im Laufe eines Tages wiederholt in die Unfall-

versicherung eintritt und aus derselben wieder ausscheidet. Aber auch für den Unternehmer ist es schwierig, seinen Obliegenheiten gegenüber der Berufsgenossenschaft gerecht zu werden. Nach §. 71 des Unfallversicherungsgesetzes hat er binnen sechs Wochen nach Ablauf des Rechnungsjahrs eine Nachweisung vorzulegen, welche u. A. „die während des abgelaufenen Rechnungsjahrs im Betriebe beschäftigten versicherten Personen und die von denselben verdienten Löhne und Gehälter“ enthält. Ist nun blos der auf Bauten bezügliche Theil seines Betriebs versichert, so bedarf es einer oft schwierigen Ermittelung, um die der Genossenschaft nachzuweisenden Löhne auszuscheiden. Unter diesen Umständen bildet die Frage, ob die Löhne richtig nachgewiesen oder, wozu vielfach aushülfsweise gegriffen wird, richtig geschätzt sind, ein beständig streitiges Gebiet zwischen Unternehmer und Genossenschaft, zumal für die letztere eine wirksame Kontrole schwer durchführbar ist. Oft erstreckt sich dieser Streit auch auf die Entschädigungsfrage, indem untersucht werden muß, ob ein im Augenblicke des Unfalls von dem Gesellen bearbeitetes Werkstück für Bauten oder für andere Zwecke bestimmt war, und ob die bezüglichen Angaben zuverlässig sind.

Diesen Übelständen will der Entwurf durch die Bestimmung begegnen, daß Gewerbebetriebe, welche sich überhaupt auf Bauarbeiten erstrecken, in ihrem ganzen Umfange der Unfallversicherung unterstellt werden,[1]) so daß das Unfallversicherungsgesetz auf sämmtliche im Betriebe beschäftigten Arbeiter und Betriebsbeamte, auch wenn sie persönlich nicht bei den Arbeiten für Bauten beschäftigt werden, Anwendung finden soll.

2. Noch weiter geht der Entwurf in Bezug auf die Schlosser,[2]) bei denen an sich die unter Ziffer 1 dargestellten Verhältnisse gleichfalls vorliegen. Im Hinblick auf die besonders hohe Unfallgefahr der Schlossereibetriebe erscheint es nicht gerechtfertigt, hier von der Verwendung eines Theiles der in dem einzelnen Betriebe sich vollziehenden Arbeit für Bauzwecke die Entscheidung über die Versicherungspflicht abhängig zu machen. Vielmehr sollen auch solche Schlossereien, die nicht für Bauten arbeiten, sondern beispielsweise die Anfertigung von Geldschränken, Gartenmöbeln und dergl. nicht fabrikmäßig betreiben, fortan in die Unfallversicherung einbezogen werden.

Aehnliche Erwägungen führen zur Ausdehnung der Unfallver-

---

1) Vgl. G.U.V.G. § 1 Abs. 1 Ziffer 2.

2) Ebendaselbst.

sicherung auf den gesammten Gewerbebetrieb der Schmiede,[1]) die besonders beim Hufbeschlage hoher Unfallgefahr ausgesetzt sind und aus deren Kreisen deshalb mehrfach der Wunsch ausgesprochen ist, der gesetzlichen Unfallversicherung unterstellt zu werden.

Als ein mit besonders großer Unfallgefahr verbundener Betrieb ist in den Entwurf auch der Gewerbebetrieb der Fensterputzer[1]) aufgenommen. Derartige Gewerbebetriebe sind erst neuerdings in einigen großen Städten entstanden; sie verdienen nach den gemachten Erfahrungen eine besondere Berücksichtigung.

Auch beim Fleischergewerbe[1]) erscheint es angezeigt, nicht bei den mit einem Schlachthausbetriebe verbundenen Schlächtereien, wie es bisher der Fall war, eine Grenzlinie bestehen zu lassen; die unabhängig vom Schlachthaus in allen Fleischereien vorkommenden Verrichtungen in der Werkstatt und beim Viehtreiben sind oft gefährlicher, als die bisher für die Versicherungspflicht entscheidenden Betriebshandlungen.

Bei den Brauereibetrieben ist die Unfallversicherungspflicht bisher auf die fabrikmäßigen Betriebe beschränkt, so daß nach den bisherigen Beschlüssen des Reichs-Versicherungsamts von den Brauereien versicherungspflichtig sind:

1. alle mit Dampfkesseln oder Motoren sowie alle mit mehr als 10 Arbeitern betriebenen Brauereien,
2. von den übrigen:
   a) diejenigen Bayerisch-Bierbrauereien, welche mindestens 1000 Hektoliter Malz jährlich verbrauchen,
   b) die anderen, insbesondere obergährige Brauereien, welche entweder 1000 Hektoliter Malz jährlich versieden, oder aber bei einem Malzverbrauche von weniger als 1000, jedoch mindestens 500 Hektoliter, jährlich wenigstens 3000 Hektoliter Bier herstellen.

Nach den in der Reichstagskommission im Jahre 1897 (S. 6 des Berichts) gemachten Mittheilungen sind hiernach zur Zeit von 16625 gewerbsmäßigen Brauereien nur 5179 versicherungspflichtig, während die übrigen 11446[2]) Brauereien als handwerksmäßige Betriebe nicht

---

[1]) Vgl. G.U.V.G. § 1 Abs. 1 Ziffer 2.

[2]) Die Zahl der noch nicht versicherten kleinen gewerblichen Brauereien wird verschieden angegeben. Nach einer Statistik, welche in der Zeitschrift „Deutsche Brau-Industrie. Offizielles Organ des Bundes der mittleren und kleinen Brauereien" veröffentlicht ist, betrug sie im Jahre 1896: 17654 — 5179 = 12475. — In einer

unter die Unfallversicherung fallen. Auch in diesen kleineren Brauereien bringt aber insbesondere das rollende Material und der Fuhrwerksbetrieb eine große Unfallgefahr mit sich, die kaum hinter der die meisten übrigen Betriebszweige weit überragenden Unfallgefahr der großen Brauereien erheblich zurückbleiben wird. Diese Verhältnisse nöthigen jetzt die Unternehmer kleiner Brauereien vielfach, sich gegen Haftpflicht-Ansprüche zu versichern, um der Gefahr zu entgehen, daß, wenn ein Betriebsunfall eintritt, ihre wirthschaftliche Existenz schwer erschüttert wird. Während also auf der einen Seite die Unternehmer beträchtliche Aufwendungen machen, erfreuen sich die Arbeiter nicht der durch die öffentlichrechtliche Unfallversicherung gebotenen umfassenderen Fürsorge. Sowohl im Interesse der Arbeiter als auch der Unternehmer empfiehlt sich hiernach die Ausdehnung der Unfallversicherung auf alle gewerblichen Brauereien, und dahin gehen denn auch die von ihrem Verbande geäußerten Wünsche der mittleren und kleinen Brauereiunternehmer.

Sofern diese Brauereien, wie anzunehmen, der bereits bestehenden Brauerei-Berufgenossenschaft zugetheilt werden, muß dafür gesorgt werden, daß nicht die hinzutretenden Kleinbetriebe zu den aus der Vergangenheit stammenden Unfallasten der Großbetriebe herangezogen werden. Gleiche Vorkehrung wird auch bei den übrigen der gesetzlichen Unfallversicherung neu zu unterstellenden Betrieben für den Fall zu treffen sein, daß diese Betriebe nicht zu einer eigenen neuen Berufsgenossenschaft vereinigt, sondern einer bereits bestehenden Berufsgenossenschaft zugetheilt werden. Das Nähere hierüber wird weiter unten (Gewerbe-Unfallversicherungsgesetz §. 72)[1]) erörtert werden.

3. Aehnliche Verhältnisse wie bei den unter Ziffer 1 erwähnten Baubetrieben liegen auch bei anderen Betriebszweigen vor, in denen Betriebe vorkommen, die aus einem versicherungspflichtigen und einem nichtversicherungspflichtigen Theile bestehen. Dies trifft u. A. zu bei den Apotheken, die für eine mit ihrem Betrieb etwa verbundene Fabrikation von kohlensäurehaltigen Wassern der Unfallversicherung unterliegen, während ihr Personal bei der Bearbeitung von kochenden, ätzenden, giftigen oder explosionsfähigen Stoffen zwar in gleichem

---

Gegenausführung der „Allgemeinen Brauer- und Hopfen-Zeitung. Offizielles Organ des Deutschen Brauerbundes“ wird auf Grund von Veröffentlichungen des Kaiserlichen Statistischen Amtes die Zahl auf 10987 berechnet.

[1]) In der fortlaufenden Nummerfolge der Paragraphen (Bekanntmachung vom 5. Juli 1900): §. 100.

Maße der Gefahr von Unfällen ausgesetzt, gegen deren Folgen aber gesetzlich nicht versichert ist.

Dieser Zerlegung der aus dem Arbeitsverhältnisse hervorgehenden gewerblichen Thätigkeit in einen versicherten und einen nicht versicherten Theil will der Entwurf wenigstens insoweit, als ein und dieselbe Person in beiden Theilen des Betriebs beschäftigt wird, durch die Bestimmung[1]) ein Ende machen, daß die Unfallversicherung sich auf alle anderen Dienste erstreckt, zu denen eine Person, die überhaupt unter die Unfallversicherung fällt, neben ihrer gesetzlich versicherten Beschäftigung von ihrem Arbeitgeber oder von dessen Beauftragten herangezogen wird.

4. Zu Unzuträglichkeiten hat es ferner geführt, daß die in gewerblichen und anderen Betrieben beschäftigten Arbeiter von ihren Arbeitgebern vielfach auch zu häuslichen und sonstigen privaten Dienstleistungen herangezogen werden, z. B. der für das Geschäft gehaltene Kutscher zu Spazierfahrten oder zur Wartung von Kutschpferden, der für den Gewerbebetrieb angenommene Tischler oder sonstige Handwerker zu Arbeiten in der Familienwohnung des Geschäftsleiters, der Fabrikarbeiter zu Botengängen in Privatangelegenheiten oder zu Arbeiten im Hausgarten des Arbeitgebers. Besonders häufig vermischt sich die Thätigkeit für den Betrieb und für den Haushalt des Unternehmers in kleinen, namentlich landwirthschaftlichen Betrieben. Hier pflegt das Hausgesinde auch im Betriebe mit thätig oder umgekehrt das Betriebspersonal auch im Haushalte beschäftigt zu sein. Es ist unzweckmäßig und wird von den Betheiligten nicht verstanden, wenn sich die Unfallversicherung in solchen Fällen nur auf denjenigen Theil der Thätigkeit erstreckt, welcher sich im Betriebe des Arbeitgebers vollzieht.

Auch in dieser Beziehung soll nach dem Entwurf eine Erweiterung der Unfallversicherung eintreten, indem sich die letztere auch auf häusliche und andere Dienste erstrecken soll, zu denen eine versicherte Person von ihrem Arbeitgeber oder von dessen Beauftragten herangezogen wird.[2])

5. Sodann konnte schon jetzt die Ausdehnung der Unfallversicherung auf die gewerbsmäßigen Lagereibetriebe[3]) und auf die mit einem Handelsgewerbe verbundenen Lager- und Fuhrwerksbetriebe in

---

[1]) Vgl. G.U.V.G. §. 3.
[2]) Vgl. G.U.V.G. §. 3.
[3]) Vgl. G.U.V.G. §. 1 Abs. 1 Ziffer 5.

Vorschlag gebracht werden. Hier liegen besondere Verhältnisse vor, welche es gestatten, dem auf diesem Gebiete als dringlich anzuerkennenden Bedürfnisse nach Erweiterung der Unfallversicherung ohne weiteren Verzug Rechnung zu tragen. Das gewerbsmäßige Lagern von Gütern ist bisher nur versichert, wenn dazu Speicher oder Keller benutzt werden, dagegen nicht, wenn es im Freien geschieht. Auch im Handelsgewerbe[1]) ist gegenwärtig das Lagern und das Umgehen mit schweren Gegenständen (Steinen, Eisen, Nutzholz, Brennmaterial, großen Kisten, Fässern, Säcken 2c.) nur insoweit versichert, als ein Speicherei- oder Kellereibetrieb vorliegt, im Uebrigen dagegen unversichert. Ebenso ist der Fuhrwerksbetrieb nur im eigentlichen Fuhrwerksgewerbe, nicht aber dann versichert, wenn das Fuhrwerk zum Handelsgewerbe benutzt wird. Hier sind gewerbliche Betriebe noch unversichert, die den Versicherten im Wesentlichen gleichartig sind und gleich den Letzteren zu einer berufsgenossenschaftlichen Zusammenfassung sich eignen.

Gleiches gilt auch von den zumeist in großem Umfange betriebenen, mit einem Handelsgewerbe verbundenen besonderen Holzfällungsbetrieben,[1]) bei denen nicht immer noch ein anderer, z. B. ein Lagerungsbetrieb, in Frage zu stehen braucht. Derartige Betriebe sind bisher in gewissem Umfange der Forstwirthschaft zugerechnet worden, obwohl sie einen ausschließlich gewerbsmäßigen Charakter tragen. Die bei solchen Unternehmungen nicht selten vorkommenden Unfälle dürfen der Land- und Forstwirthschaft umsoweniger zur Last gelegt werden, als der Unternehmer solcher Holzfällungsbetriebe weder als Land- noch als Forstwirth angesehen werden kann. Die selbständige Versicherungspflicht der mit einem anderweit nicht versicherungspflichtigen Handelsbetriebe verbundenen Holzfällungsbetriebe war aber nach bisherigem Recht mindestens zweifelhaft.

6. Besonders dringlich ist endlich wegen der hohen Unfallgefahr die Ausdehnung der Unfallversicherung auf die derselben bisher noch nicht unterworfenen Zweige der Seefischerei und auf den Kleinbetrieb der Seeschiffahrt mit Segelfahrzeugen von nicht mehr als 50 cbm Bruttoraumgehalt.[2]) Diese Versicherung wird sich im Anschluß an die See-Berufsgenossenschaft durchführen lassen, allerdings nur mit gewissen Modifikationen, die weiter unten näher darzulegen sind. Für die Einbeziehung der Binnenfischerei liegen die Verhältnisse nicht

---

[1]) Vgl. G.U.V.G. §. 1 Abs. 1 Ziffer 7.

[2]) Vergl. S.U.V.G. §. 152 ff.

so günstig und es muß dieselbe daher aus den oben für andere Betriebszweige angedeuteten Gründen um so mehr zurückgestellt werden, als die Unfallversicherung für diesen Berufszweig zwar gleichfalls wünschenswerth, aber nicht so dringlich ist, wie bei der Seefischerei.

Ueber die hier bezeichneten, durch das besonders dringende Bedürfniß bedingten Grenzen hinaus weitere Kreise noch nicht erfaßter Personen und Betriebe der Unfallversicherung neu zu unterwerfen, konnte einstweilen im Allgemeinen nicht für durchführbar erachtet werden. Sobald in weiterem Umfange bisher nicht versicherte Beschäftigungen der Unfallversicherungspflicht unterstellt werden, würde man damit an die Erweiterung der Unfallversicherung auf Handwerk und Kleingewerbe sowie auf häusliche Dienstboten herantreten. Für diese ist jedoch die Organisation nach dem Unfallversicherungsgesetze nicht zweckmäßig, weil es für den größeren Theil der hier in Betracht kommenden Betriebe an den dazu nothwendigen Voraussetzungen fehlt. Die Erfahrungen bei den bestehenden Berufsgenossenschaften haben gelehrt, daß für die gemäß den Vorschriften jenes Gesetzes eingerichtete Verwaltung aus dem Verkehre mit einer großen Zahl kleiner Betriebsunternehmer beträchtliche Schwierigkeiten erwachsen. Diese Unternehmer sind vielfach nicht im Stande, den Anforderungen in Bezug auf Lohnnachweisungen und sonstige Meldungen, welche nach Gesetz und Statut von jedem Genossenschaftsmitgliede verlangt werden müssen, zu genügen. Hierdurch wird ein überaus umfangreicher Schriftwechsel und eine derartige Arbeitslast verursacht, daß bei einzelnen besonders betroffenen Berufsgenossenschaften die gesammten Beiträge, welche von Unternehmern solcher Kleinbetriebe der Genossenschaft zufließen, nicht ausreichen, um die durch diese Betriebe verursachten Verwaltungskosten zu decken. Die aus solchen Betrieben herrührenden Unfallasten müssen in Folge dessen von den größeren Betrieben allein getragen werden. Wollte man nun die Unfallversicherung des Handwerkes und des Kleingewerbes in weiterem Umfange derart durchführen, daß diese Betriebe an bereits bestehende Berufsgenossenschaften angeschlossen werden, so würde dies für die letzteren wegen der großen Zahl der hinzutretenden Kleinbetriebe große Unzuträglichkeiten zur Folge haben und mindestens bei einem Theile der Berufsgenossenschaften einer schwer überwindlichen Abneigung begegnen; und auch die kleineren Betriebsunternehmer selbst würden von der berufsgenossenschaftlichen Verwaltung schon um deswillen nicht voll befriedigt werden, weil sie in derselben neben den

Unternehmern der Großbetriebe nicht ausreichend zur Geltung kommen würden. Wollte man aber dazu übergehen, für die neu zu versichernden Kleinbetriebe allgemein neue Berufsgenossenschaften zu bilden, welche begriffsmäßig doch nur denselben Betriebszweig oder verwandte Betriebszweige umfassen dürfen, so würden die vorher hervorgehobenen Uebelstände sich noch in erhöhtem Maße zeigen. Bei der Kleinheit der überwiegenden Mehrzahl der in Betracht kommenden Betriebe würde eine Berufsgenossenschaft, schon um die genügende Leistungsfähigkeit zu besitzen, nur für sehr große Bezirke gebildet werden können. Je größer aber der Bezirk und die Zahl der Betriebsunternehmer, desto schwieriger und kostspieliger die Verwaltung, und um so weniger geeignet für die Unternehmer kleiner Betriebe. Schon die Gewinnung einer genügenden Zahl von Mitgliedern, welche befähigt wären, den in geistiger und finanzieller Beziehung nicht unerheblichen Anforderungen einer ehrenamtlichen Verwaltung der Berufsgenossenschaft gerecht zu werden, würde schwierig oder unmöglich sein. Zwar soll keineswegs in Abrede gestellt werden, daß es auch im Handwerk und sonstigen Kleinbetriebe Personen giebt, welche die dazu erforderliche Vorbildung, geschäftliche Gewandtheit und Opferwilligkeit besitzen. Immerhin jedoch wird die Zahl dieser Personen schon um deswillen beschränkt sein, weil es den kleineren Betriebsunternehmern, die noch mehr als die größeren auf Mitarbeit im Betrieb angewiesen sind, in der Regel an der für diese mühsame Verwaltung erforderlichen Zeit mangeln wird. Je kleiner aber die Zahl der Personen sein würde, welche für die berufsgenossenschaftlichen Ehrenämter in Betracht kommen könnten, desto geringer wäre naturgemäß auch die Möglichkeit einer Auswahl, wie sie für das Maß von Einwirkung, das den einzelnen Mitgliedern der Genossenschaft auf die Verwaltung ihrer gemeinsamen Angelegenheiten zusteht, von erheblicher Bedeutung ist, damit aber würde eine der wichtigsten Grundlagen für die Selbstverwaltung in Berufsgenossenschaften fortfallen.

Läßt sich auch nicht verkennen, daß ein Theil dieser Bedenken auch gegen der Einbeziehung der vorstehend erwähnten Schlosser- und sonstigen, die Unfallversicherung bereits unterliegenden oder derselben neu unterstellten handwerksmäßigen Betriebe geltend gemacht werden kann, so haben sie doch hier wegen der Dringlichkeit der Regelung und der Größe der Unfallgefahr in Uebereinstimmung mit den Beschlüssen der Reichstagskommission von 1897 zurückgestellt werden müssen. Für jetzt weiter zu gehen, als das dringendste Bedürfniß auf diesem Gebiet erfordert, müssen aber die verbündeten Regierungen mit Rücksicht auf die Erheblichkeit jener Bedenken sich versagen. Die Frage, wie dem weitergehenden Bedürfnisse nach Ausdehnung der Unfallversicherung Rechnung zu tragen sei, wobei neben Handwerk und Kleingewerbe noch mannigfache andere Betriebszweige in Betracht kommen würden, muß vielmehr für jetzt im Allgemeinen auf sich beruhen. Sie gehört zu denjenigen zahlreichen Fragen auf dem Gebiete der Arbeiterversicherung, hinsichtlich deren die Ansichten noch zu wenig geklärt sind, als daß es rathsam sein könnte, schon jetzt eine Regelung zu versuchen. Wird dieselbe später erzielt, so können dann auch zugleich die Verhältnisse der von der Regelung bereits erfaßten handwerksmäßigen Betriebe anderweit geordnet werden.

Zu den sonstigen Abänderungsvorschlägen des Entwurfs möge an dieser Stelle Folgendes hervorgehoben werden.

Zunächst handelt es sich darum, im Interesse der Versicherten und ihrer Hinterbliebenen für den Fall der Verletzung oder Tödtung einige Lücken auszufüllen, welche sich in der bisherigen gesetzlichen Fürsorge gezeigt haben, und die Leistungen der Berufsgenossenschaften in einigen Beziehungen dem Bedürfniß entsprechend zu erhöhen, oder in anderer Weise die Lage der Entschädigungsberechtigten zu sichern und zu verbessern. Unter diesem Gesichtspunkte sieht der Entwurf vor, daß der Bezug einer Unfallrente unter Umständen schon vor dem Beginne der vierzehnten Woche nach dem Unfall eintreten soll, nämlich dann, wenn der aus der Krankenversicherung erwachsende Anspruch auf Krankengeld vorher fortfällt, aber bei dem Verletzten noch eine die Gewährung der Unfallrente rechtfertigende Beschränkung der Erwerbsfähigkeit fortbesteht.[1]) Der gleiche Gesichtspunkt war für die Bestimmung maßgebend, daß der Genossenschaftsvorstand die Theilrente bis zum Betrage der Vollrente vorübergehend erhöhen kann, so lange der Verletzte in Folge des Unfalls thatsächlich und unverschuldet arbeitslos ist.[2]) Sodann soll dafür gesorgt werden, daß der Entschädigungsberechtigte nicht in Folge von Streitigkeiten darüber, welche Genossenschaft die Enschädigung zu gewähren hat, einstweilen ohne die gesetzliche Unterstützung gelassen werde,[3]) oder gar in Folge widersprechender Entscheidungen in den vor verschiedenen

---

[1]) Vgl. G.U.V.G. §. 13.
[2]) Vgl. G.U.V.G. §. 9 Abs. 5.
[3]) Vgl. G.U.V.G. §. 73 Abs. 2.

Versicherungsämtern verhandelten Verfahren gänzlich leer ausgehe.[1]) Auch soll der Berechtigte dagegen geschützt werden, daß durch Einreichung von Rechtsmitteln bei unzuständigen Behörden 2c. sein Recht verloren gehe.[2]) Eine günstigere Gestaltung des Entschädigungsanspruchs sieht der Entwurf ferner insofern vor,[3]) als bei Bemessung der Rente für Hinterbliebene solcher Getödteten, die wegen eines früher erlittenen Unfalls nur noch wenig verdienen konnten, unter Umständen die alte Unfallrente dem Jahresarbeitsverdienste des Getödteten hinzugerechnet und in Folge dessen der Entschädigung ein höherer Jahresarbeitsverdienst zu Grunde gelegt wird. Die Hinterbliebenenrente der Kinder soll durchweg auf den bisher nur für vater- und mutterlose Waisen vorgesehenen Satz erhöht[4]) und in besonderen Fällen auch dann gezahlt werden, wenn der Vater noch lebt, aber der Unterhalt der Kinder thatsächlich ganz von der durch den Unfall getödteten Mutter bestritten ist.[5]) In besonderen Fällen sollen Wittwenrenten auch dann gezahlt werden, wenn die Ehe erst nach dem Unfalle geschlossen ist.[6]) Die Voraussetzungen für die zwangsweise Unterbringung eines Verletzten im Krankenhause sollen genauer geregelt und dabei besondere Garantien gegen sachlich anfechtbare Anordnungen der Aerzte oder Genossenschaftsorgane gegeben werden;[7]) während der Dauer dieser Unterbringung sollen dem Verletzten und seinen Angehörigen unter Umständen besondere Unterstützungen gewährt werden.[8]) Die Befugniß der Unterstützungskassen und der Gemeinden, sich aus der Unfallrente für ihre Aufwendungen schadlos zu halten, soll näher geregelt und begrenzt werden.[9]) Der Kreis der entschädigungsberechtigten Hinterbliebenen soll auf die von dem Getödteten unterhaltenen elternlosen und bedürftigen Enkel desselben ausgedehnt werden,[10]) eine Erweiterung, die ja auch im Interesse der Unternehmer liegt, da deren zivilrechtliche Entschädigungspflicht in demselben Maße zurücktritt, wie der Kreis der zur öffentlichen

[1]) Vgl. G.U.V.G. §§. 82, 127 Abs. 3.
[2]) Vgl. G.U.V.G. §. 76 Abs. 3, §. 80 Abs. 3.
[3]) Vgl. G.U.V.G. §. 15 Abs. 2.
[4]) Vgl. G.U.V.G. §. 16 Abs. 1.
[5]) Vgl. G.U.V.G. §. 17.
[6]) Vgl. G.U.V.G. §. 16 Abs. 3.
[7]) Vgl. G.U.V.G. §§. 22, 23, 76 Abs. 5; § 8 H.G.
[8]) Vgl. G.U.V.G. §. 22 Abs. 3, 4.
[9]) Vgl. G.U.V.G. §§. 25—27.
[10]) Vgl. G.U.V.G. §. 19.

Fürsorge berechtigten Personen ausgedehnt wird. Die Voraussetzungen für den Rentenanspruch von Verwandten der aufsteigenden Linie (Aszendentenrente) sollen erleichtert werden.[1])

In Bezug auf die Rückforderung überhobener Rentenbeträge sollen die eventuell zur Rückzahlung Verpflichteten günstiger gestellt, und die Berufsgenossenschaften ermächtigt werden, von den oft verbitternd wirkenden aussichtslosen Versuchen der Wiederbeitreibung Abstand zu nehmen.[2])

Einer verschiedenartigen Beurtheilung der Frage, ob im Einzelfall ein nach den Unfallversicherungsgesetzen entschädigungspflichtiger Unfall vorliegt und in welchem Umfang Entschädigung zu gewähren ist, einerseits durch die ordentlichen Gerichte und andererseits durch die Instanzen im Unfallversicherungsverfahren soll in der Weise vorgebeugt werden, daß die Entscheidungen der letzteren für bindend erklärt werden.[3])

Eine weitere Verbesserung der Lage der Entschädigungsberechtigten ist sodann in Bezug auf das Verfahren bei Herabsetzung der Rente wegen nachträglich eingetretener Erhöhung der Erwerbsfähigkeit vorgeschlagen.[4]) Nach den geltenden Bestimmungen kann die Berufsgenossenschaft, nachdem sie als Partei von dem Schiedsgericht oder dem Versicherungsamte zu einer gewissen Leistung rechtskräftig verurtheilt ist, jeder Zeit unbeschränkt und einseitig zu einer anderweiten Feststellung der Rente übergehen, sobald sie annimmt, daß eine wesentliche Aenderung der für die Feststellung der Entschädigung maßgebenden Verhältnisse eingetreten sei. In der ersten Zeit nach dem Unfalle, wo diese Verhältnisse noch häufigeren Schwankungen in kürzeren Zeitabschnitten unterliegen, wird dieses kurze Verfahren nicht wohl zu entbehren sein; aber nach Ablauf einer gewissen Zeit, welche der Entwurf auf fünf Jahre zu bemessen vorschlägt, entspricht es dem Rechtsgefühle, daß die Herabsetzung der Rente nicht mehr einseitig von der Berufsgenossenschaft vorgenommen, sondern bei dem Schiedsgericht in Antrag gebracht werde. Bei der leichteren Zugänglichkeit und dem häufigeren Zusammentreten der vorgeschlagenen örtlichen Schiedsgerichte steht nicht zu befürchten, daß die Rentenveränderungen durch dieses Verfahren über Gebühr werden verzögert werden.

---

[1]) Vgl. G.U.V.G. §. 18.

[2]) Vgl. G.U.V.G. §. 86.

[3]) Vgl. G.U.V.G. §. 135 Abs. 3, §. 138 Abs. 2.

[4]) Vgl. G.U.V.G. §§. 88 ff.

Außerdem kann hier noch in einer anderen Beziehung berechtigten Wünschen der Rentenempfänger entgegengekommen werden. Es wird zuweilen darüber geklagt, daß in zu kurzen Zwischenräumen Abänderungen der Renten vorgenommen sind, und daß dadurch die Rentenempfänger in beständige Unruhe versetzt werden, die ihrer Wiederherstellung und einer ständigen Gestaltung ihrer wirthschaftlichen Verhältnisse nicht zuträglich ist. Auch hier muß zwar für die erste Zeit, welche der Entwurf auf zwei Jahre bemißt, den in schneller Folge eintretenden Veränderungen im Zustande des Verletzten alsbald Rechnung getragen werden. Nach Ablauf dieser Zeit aber soll die Regelung des Rentenbezugs immer auf ein Jahr gelten, und zwar naturgemäß nach beiden Seiten, sowohl gegenüber dem Verletzten als auch gegenüber der Berufsgenossenschaft.[1]) Vorbehalten bleibt dabei eine Verständigung zwischen den Betheiligten über eine frühere Abänderung, die namentlich auf Seiten der Berufsgenossenschaft dann zu bewilligen sein wird, wenn eine erhebliche Verschlechterung des Zustandes eintreten sollte. Es darf erwartet werden, daß die auf diese Weise zu erreichende Verminderung der Anzahl von Abänderungsbescheiden auch auf die Zahl der Berufungen und der Rekurse eine erwünschte Wirkung ausüben wird. Unter der Gesammtzahl aller Rekurse handelt es sich bei etwa einem Drittel der Fälle um die Streitfrage, ob die Abänderung der Rente gerechtfertigt war.

Weitere Abänderungen der Unfallversicherungsgesetze zielen darauf hin, in der Verwaltung der Berufsgenossenschaften hervorgetretene Schwierigkeiten zu beseitigen. Hierher gehören u. A. die Vorschriften des Entwurfs darüber, wie die Entschädigungspflicht abzugrenzen ist, wenn Arbeiten, die ihrer Natur nach zu dem einen Betriebe gehören (z. B. Fällen und Bewaldrechten der Stämme in einem Forstbetriebe), von Arbeitern eines anderen Betriebs (z. B. eines Schneidemühlenbetriebs), welcher einer anderen Berufsgenossenschaft angehört, verrichtet werden;[2]) ferner wie die Entschädigungspflicht auf mehrere Genossenschaften zu verteilen ist, wenn eine unfallbringende Thätigkeit mehreren, zu verschiedenen Genossenschaften gehörenden Betrieben dient.[3]) Eine Erleichterung für die Verwaltung der Berufsgenossenschaften wird auch dadurch erreicht werden, daß für kleine Renten von zwanzig oder weniger Prozent der Vollrente Kapitalabfindung zuge-

[1]) Vgl. G.U.V.G. §. 88 Abs. 2.
[2]) Vgl. G.U.V.G. §. 28 Abs. 4.
[3]) Vgl. G.U.V.G. §. 85.

lassen werden soll.[1]) Endlich soll eine Vereinfachung bei der Behandlung von Haupt- und Nebenbetrieben insofern eintreten, als durch statutarische Bestimmung eine Beseitigung der grundsätzlichen Verschiedenheit, welche jetzt bei der Unfallversicherung in land- und forstwirthschaftlichen Betrieben einerseits und in gewerblichen Betrieben andererseits besteht, für die Fälle zugelassen werden soll, daß in dem gewerblichen Nebenbetrieb eines land- und forstwirthschaftlichen Hauptbetriebs überwiegend land- und forstwirthschaftliche, oder umgekehrt in dem land- und forstwirthschaftlichen Nebenbetrieb eines gewerblichen Hauptbetriebs überwiegend gewerbliche Arbeiter verwendet werden.[2]) Hierdurch kann den Interessen zahlreicher Unternehmer, die wegen geringfügiger Nebenbetriebe bisher mehreren Berufsgenossenschaften angehören mußten und hierdurch oft erheblich belästigt wurden, Rechnung getragen werden.

Bei den Verhandlungen im Jahre 1897 haben die Erörterungen über die Gestaltung des Rechtsmittels letzter Instanz mit im Vordergrunde gestanden. Die verbündeten Regierungen hatten, um die dringend wünschenswerthe Entlastung des Reichs-Versicherungsamts zu ermöglichen, eine Einschränkung der Rechtsmittel insbesondere dahin vorgeschlagen, daß der Rekurs für die Fälle, in denen es sich um den Grad der Erwerbsunfähigkeit und die auf den Jahresarbeitsverdienst bezüglichen Thatfragen handelt, fortfallen solle. Dieser Vorschlag stieß bei der Reichstags-Kommission auf lebhafte Bedenken; ihr Beschluß ging schließlich dahin, den Rekurs in den Fällen, in denen es sich um eine Verminderung der Erwerbsfähigkeit bis zu 25 Prozent handelt, durch das der Invalidenversicherung nachgebildete Rechtsmittel der Revision zu ersetzen. Allein auch diese Regelung begegnete lebhaftem Widerspruch, der sich vornehmlich darauf gründete, daß bei den niedrigsten Rentensätzen das Interesse des Entschädigungsberechtigten an einer vollständigen Nachprüfung auch der thatsächlichen Verhältnisse unter Umständen besonders groß und jedenfalls gewichtiger sei, als dann, wenn ihm schon eine hohe Rente zuerkannt sei. Auch in der sonstigen öffentlichen Erörterung sowie in den Kreisen der Berufsgenossenschaften ist eine starke Strömung gegen eine Einschränkung des Rekurses erkennbar geworden.

Unter diesen Umständen haben sich die verbündeten Regierungen

---

[1]) Nach den Beschlüssen des Reichstags tritt Kapitalabfindung nur bei Theilrenten von 15 Prozent oder weniger ein. Vgl. G.U.V.G. §. 95.

[2]) Vgl. G.U.V.G. §. 28 Abs. 2.

entschlossen, der einstweilen noch weitverbreiteten Abneigung gegen die Umgestaltung des Rechtsmittels letzter Instanz in Unfallsachen Rechnung zu tragen und für die jetzige Novelle von Vorschlägen in dieser Beziehung im Allgemeinen abzusehen. Es darf erwartet werden, daß im weiteren Verlauf die Ansichten über diesen Punkt die noch ausstehende Klärung erfahren werden.

Eine gewisse Entlastung des Reichs-Versicherungsamts wird auf anderem Wege erreicht werden können. Näheres hierüber findet sich weiter unten bei den §§. 63b, 65, 106[1]) des Gewerbe-Unfallversicherungsgesetzes, in denen ein abgekürztes Beschlußverfahren für unzulässige, verspätete oder offenbar ungerechtfertigte Rekurse eingeführt, die übergroße Zahl der Abänderungsbescheide beschränkt, und die Entscheidung über Strafbeschwerden auf andere Behörden übertragen werden soll.

In naher Berührung hiermit stehen die zur Ersparung von Arbeitskräften in dem Personal an Beamten vorgeschlagenen Vereinfachungen bei der Besetzung der Spruchkammern der Versicherungsämter.[2]) Nach dem Vorgange der Invalidenversicherung erscheint es zweckmäßig, die Zahl der zu den Sitzungen der Spruchkammern der Versicherungsämter neben dem Vorsitzenden zuzuziehenden Beisitzer in der Regel von sechs auf vier herabzusetzen und dadurch ein Spruchkollegium von fünf statt der bisherigen sieben Personen zu erzielen.

In derselben Richtung bewegen sich weitere Vorschläge des Entwurfs zur Verminderung der nicht selten frivol eingelegten Rechtsmittel. Die Einlegung des Rechtsmittels bringt dem Beschwerdeführer gegenwärtig niemals einen Nachtheil; günstigen Falls kann er einen Vorteil erzielen, schlimmsten Falls bleibt es beim Alten. Je mehr diese Erkenntniß zum Gemeingute wird, um so mehr ist zu befürchten, daß die Neigung, ohne triftigen Grund die Sachen durch alle Instanzen zu treiben, sich immer weiter ausbreiten wird; demgegenüber müßte aber die ersprießliche Thätigkeit des Reichs-Versicherungsamts erlahmen. Abhülfe soll dadurch geschaffen werden, daß einmal dem Versicherungsamte die Möglichkeit eröffnet wird, den Betheiligten unter Umständen gewisse Kosten aufzuerlegen,[3]) sodann

---

[1]) Nach der Fassung der Bekanntmachung des Reichskanzlers vom 5. Juli 1900: §§. 81, 88, 149 G.U.V.G.; vgl. H.G. §. 16 Abs. 2.

[2]) Diese Vorschläge haben die Zustimmung des Reichstags nicht gefunden. Vgl. H.G. §. 16.

[3]) Vgl. H.G. §. 19 Abs. 2.

aber, daß demselben die freie Beurtheilung des Falles übertragen, mithin die Befugniß beigelegt wird, nach Befinden auch zu Ungunsten des Beschwerdeführers die Entscheidung des Schiedsgerichts abzuändern, und zwar entweder auf Antrag, wenn auch der Gegner das Rechtsmittel eingelegt hat, oder auch von Amtswegen.[1])

Den Beschlüssen der Reichstagskommission (1897), welche sich auf eine Umgestaltung der Fürsorge für die Verletzten während der ersten dreizehn Wochen nach Eintritt des Unfalls beziehen, hat in der Vorlage eine Folge nicht gegeben werden können. Die gegenwärtige, im Entwurfe beibehaltene Gestaltung der Karrenzzeit war mit der Begründung angefochten worden, daß von sämmtlichen zur Anmeldung gelangenden Unfällen nur 16 Prozent von den Berufsgenossenschaften, dagegen 84 Prozent von den Krankenkassen, also zu zwei Dritteln unter Mitheranziehung von Beiträgen der Arbeiter entschädigt würden, während doch die Unfallversicherung auf der Verpflichtung der Unternehmer beruht, für die durch den Betrieb veranlaßten körperlichen Beschädigungen der Arbeiter aus ihren Mitteln Ersatz zu leisten.

Wenn hieran zunächst die Folgerung geknüpft ist, daß die Unternehmer für die Folgen aller Unfälle von Anbeginn an und allein eintreten müßten, so geht dies offenbar zu weit, denn die gesetzliche Unfallversicherung reicht, wenn sie auch von der Haftpflicht des Unternehmers ausgeht, doch weit über dieselbe hinaus, namentlich dadurch, daß nach ihr auch die durch die Arbeiter selbst verschuldeten Unfälle zur Entschädigung gelangen. Daher ist es angemessen, daß die Arbeiter die Unfallversicherung mittragen; dies um so mehr, als die Krankenkassen, obschon sie an den Unfällen der Zahl nach mit fünf Sechsteln betheiligt sind, von der Unfallast doch nur ein Achtel (12 Prozent) tragen, zu welchem die Arbeitgeber wieder ein Drittel beisteuern. Die Krankenkassen sind übrigens bereits mit den Unfällen der ersten dreizehn Wochen belastet gewesen, bevor die Unfallversicherung ins Leben gerufen wurde, so daß von einer neuen Belastung der Krankenkassen nicht die Rede ist. Vor Allem aber spricht gegen die Belastung der Berufsgenossenschaften mit den Unfallasten auch während der ersten dreizehn Wochen der Umstand, daß die dann nothwendige Untersuchung dieser zahlreichen Unfälle eine außerordentliche Vermehrung der Arbeitslast für die Berufsgenossenschaften mit sich bringt, zumal bei solchen, deren Arbeitsfeld sich über ein großes

[1]) Vom Reichstag ist die reformatio in pejus abgelehnt.

Gebiet erstreckt. Für die Bearbeitung einer großen Zahl von unbedeutenderen Sachen eignet sich die ganze berufsgenossenschaftliche Einrichtung überhaupt nicht. Auch würde man damit die ohnehin schwierige Heranziehung ehrenamtlich wirkender Kräfte zur berufsgenossenschaftlichen Verwaltung erschweren. Eine derartige Vermehrung der Arbeitslast würde überdies eine erhebliche finanzielle Mehrbelastung durch erhöhten Verwaltungsaufwand mit sich bringen, die um so mehr ins Gewicht fällt, als die Berufsgenossenschaften hinsichtlich der Unfallast noch nicht bei dem Beharrungszustand angelangt sind. Gegenüber der Unfallast des Jahres 1897 werden die jährlichen Leistungen bei den gewerblichen Berufsgenossenschaften noch auf den 2, 3 fachen, bei den landwirthschaftlichen Berufsgenossenschaften noch auf den 2, 6 fachen Betrag steigen.

Ungeachtet dieser Bedenken überwog in der Kommissionsberathung im Jahre 1897 die Neigung, den Antheil an den Unfallasten, welcher den Unternehmern in den Berufsgenossenschaften allein auferlegt wird, zu vergrößern, und schließlich wurde vorgeschlagen, sich darauf zu beschränken, ohne Erhöhung der Bezüge der Verletzten die Berufsgenossenschaften mit einer Erstattungspflicht an die Krankenkassen in denjenigen Fällen zu belasten, in denen die Berufsgenossenschaft ohnehin nach Ablauf der dreizehnten Woche die Fürsorge thatsächlich übernimmt. Aber auch in dieser Form müssen die verbündeten Regierungen Bedenken tragen, auf eine Beschränkung der Karenzzeit einzugehen.

Zunächst muß es als sehr bedenklich bezeichnet werden, die finanzielle Belastung der Berufsgenossenschaften auf einem Gebiete, auf dem ein anderer Träger der Arbeiterversicherung durch das Gesetz zur Fürsorge bereits berufen ist, unter Entlastung des letzteren Trägers zu erhöhen. In der Reichstagskommission (1897) ist über die Summe, um welche es sich bei ihrem Vorschlage handeln würde, eine Berechnung aufgestellt. Unter der Annahme, daß in jedem einzelnen Falle eine Mark täglich (der gesetzliche Mindestbetrag des Krankengeldes nach einem Durchschnittssatze) zu erstatten wäre, ist für die gewerblichen Berufsgenossenschaften bei Zugrundelegung der für 1895 aus den Rechnungsergebnissen der Berufsgenossenschaften ermittelten Zahl von 33000 entschädigten Unfällen im Jahre, und bei 63 Tagen (13 — 4 = 9 Wochen) für jeden Fall, im Ganzen eine Belastung von etwa zwei Millionen Mark auf das Jahr angenommen. Allein es ist sehr zweifelhaft, ob dieser immerhin recht ansehnliche

Betrag ausreichend hoch bemessen ist. In Betracht kommt dabei namentlich, daß die Zahl der entschädigten Unfälle noch beständig zunimmt — für 1897 war sie bereits auf 42000 gestiegen —, vor Allem aber, daß die Krankenkassen, während sie jetzt alle Sorgfalt darauf verwenden, durch genaue Ueberwachung des Verletzten möglichst frühzeitig die Thatsache seiner Wiederherstellung festzustellen und die Krankenfürsorge einzustellen, demnächst umgekehrt ein Interesse daran haben würden, die Krankenfürsorge möglichst bis über den Beginn der vierzehnten Woche hinaus zu erstrecken, weil ihnen alsdann von der Berufsgenossenschaft Ersatz für ihre Aufwendungen zu gewähren ist. Neben der finanziellen Mehrbelastung und Schädigung der Berufsgenossenschaften würde eine solche Geschäftsgebahrung der Kassenvorstände besonders schädlich in moralischer Hinsicht für die Arbeiter sein, die dadurch verleitet und gewöhnt werden würden, Unterstützungen anzunehmen, die ihnen nicht zukommen.

Aber auch noch in anderen Beziehungen würden sich bedenkliche Folgerungen ergeben. Legt man einmal den Berufsgenossenschaften die Pflicht auf, in den ihrer Fürsorge anheimfallenden Fällen schon vom Beginne der fünften Woche nach dem Unfall an dem anderweiten Träger der Versicherung für seine Aufwendungen Ersatz zu leisten, so läßt sich schwerlich einsehen, weshalb man bei den Krankenkassen allein stehen bleiben sollte. Zwar hat im Bereiche des Gewerbe-Unfallversicherungsgesetzes die nach §. 5 Abs. 10 (§. 5d Abs. 2 des Entwurfs)[1]) eintretende Fürsorge des Unternehmers für solche Versicherte, welche nicht nach den Bestimmungen des Krankenversicherungsgesetzes versichert sind, keinen erheblichen Umfang; aber nach dem Unfallversicherungsgesetze für Land- und Forstwirthschaft (§. 10)[2]) hat die Gemeinde, wenn auch in beschränktem Umfange, nach §. 7[3]) des Bau-Unfallversicherungsgesetzes für Regiebauarbeiter hat ebenfalls die Gemeinde, nach §§. 553ff. des Handelsgesetzbuchs vom 10. Mai 1897 (Reichs-Gesetzbl. S. 219), §§. 48ff. der Seemannsordnung vom 27. Dezember 1872 (Reichs-Gesetzbl. S. 409) und §. 10[4]) Abs. 2 des See-Unfallversicherungsgesetzes hat der Rheder in weitem Umfange sogar über die dreizehnte Woche hinaus (§. 9 Abs. 1 Ziffer 1

---

[1]) Vgl. G.U.V.G. §. 12 Abs. 2.

[2]) Nach der Bekanntmachung des Reichskanzlers vom 5. Juli 1900 ist es L.U.V.G. §. 27.

[3]) Ebenso B.U.V.G. §. 10.

[4]) Ebenso S.U.V.G. §. 14 Abs. 2.

a. a. O.) eine Krankenfürsorge auszuüben, für deren Kosten dann folgerichtig gleichfalls die Berufsgenossenschaft von der fünften Woche an Ersatz zu leisten haben würde. Zu erwägen wäre ferner, ob neben einer Bestimmung, wie sie die Reichstagskommission (1897) empfohlen hat, der §. 76c Abs. 1 des Krankenversicherungsgesetzes aufrecht erhalten werden könnte; es ginge doch nicht wohl an, der Berufsgenossenschaft erst Anspruch auf das dem Verletzten zustehende Krankengeld gegenüber der Krankenkasse einzuräumen, sodann aber sie zu verpflichten, das Krankengeld wieder an die Krankenkasse zurückzuzahlen. Endlich mag noch erwähnt werden, daß auch in der neuesten Fassung des §. 21 des Invalidenversicherungsgesetzes bei der Regelung des Verhältnisses zwischen der Versicherungsanstalt, die einem Unfallverletzten ein Heilverfahren hat angedeihen lassen, und der Berufsgenossenschaft, welcher der Erfolg dieses Heilverfahrens mit zu Gute kommt, bestimmt ist, daß

> ein Ersatz für Kosten des Heilverfahrens, welche vor dem Beginne der vierzehnten Woche nach dem Unfall entstanden sind, nicht beansprucht werden kann.

Auch diese Bestimmung des eben erst erlassenen Gesetzes müßte abgeändert werden, wenn die bisherige Gestaltung der Karenzzeit verlassen werden sollte.

Aus allen diesen Gründen erscheint es nicht rathsam, in dieser Hinsicht eine Aenderung vorzunehmen. Eine Verbesserung der Lage der Versicherten wird durch Annahme des Beschlusses der Reichstagskommission (1897) nicht herbeigeführt; die mit diesem Beschlusse bezweckte und an sich durchaus annehmbare finanzielle Stärkung der Krankenkassen wird aber besser auf einem anderen Wege bei Gelegenheit der schon mehrfach in Aussicht gestellten Abänderung des Krankenversicherungsgesetzes herbeizuführen sein.

Der besondere Theil der Begründung ist bei den einzelnen Bestimmungen des Gesetzes berücksichtigt worden.

Gesetz, betreffend die Abänderung der Unfallversicherungsgesetze.

Vom 30. Juni 1900.

In der Fassung der Bekanntmachung des Reichskanzlers vom 5. Juli 1900 (R.G.Bl. S. 573).

Gesetz, betreffend die Abänderung der Unfallversicherungsgesetze.

(Hauptgesetz.)

Wir Wilhelm, von Gottes Gnaden Deutscher Kaiser, König von Preußen ꝛc.

verordnen im Namen des Reichs, nach erfolgter Zustimmung des Bundesraths und des Reichstags, was folgt:

Abänderung der bisherigen Gesetze.[1])

§. 1.

Das Unfallversicherungsgesetz vom 6. Juli 1884 (Reichs-Gesetzbl. 1.
S. 69), der Abschnitt A[2]) des Gesetzes, betreffend die Unfall- und Krankenversicherung der in land- und forstwirthschaftlichen Betrieben beschäftigten Personen, vom 5. Mai 1886 (Reichs-Gesetzbl. S. 132), das Gesetz, betreffend die Unfallversicherung der bei Bauten beschäftigten Personen, vom 11. Juli 1887 (Reichs-Gesetzbl. S. 287) und das Gesetz, betreffend die Unfallversicherung der Seeleute und anderer bei der Seeschiffahrt betheiligter Personen, vom 13. Juli 1887 (Reichs-Gesetzbl. S. 329) erhalten[3]) die aus den Anlagen ersichtliche Fassung.

Das Gesetz über die Ausdehnung der Unfall- und Kranken- 2.
versicherung vom 28. Mai 1885 (Reichs-Gesetzbl. S. 159) wird aufgehoben.[4])

Wo in Gesetzen auf Bestimmungen Bezug genommen wird, 3.
welche hiernach abgeändert oder aufgehoben werden, sind darunter die an deren Stelle getretenen Bestimmungen zu verstehen.

Zu §. 1.

[1]) Die für die äußere Anordnung des Stoffes maßgebenden Erwägungen sind im allgemeinen Theil der Begründung (oben S. 65) dargelegt. Das hier, wie im Reichs-Gesetzblatt, vorangestellte Hauptgesetz, welches in den Verhandlungen vielfach als „Mantelgesetz“ bezeichnet ist, weil es den Um-

schlag zu den Unfallversicherungsgesetzen bildete, enthält allgemeine Bestimmungen für den gesammten Bereich der Unfallversicherung, insbesondere über die Errichtung neuer Berufsgenossenschaften, über die Schiedsgerichte, das Reichs-Versicherungsamt und die Landes-Versicherungsämter, sowie über weitere Einrichtungen der Berufsgenossenschaften.

²) Von dem für die Land- und Forstwirthschaft geltenden Gesetze vom 5. Mai 1886 ist nur der auf die Unfallversicherung bezügliche Abschnitt A in die neue Fassung aufgenommen; der von der Krankenversicherung handelnde Abschnitt B (§§. 133 bis 142), welcher als Zusatz zum Krankenversicherungsgesetz anzusehen ist, bleibt unverändert bestehen.

³) erhalten die .. Fassung. Bestimmungen darüber, von welchem Zeitpunkt an die einzelnen Gruppen von neuen Vorschriften an die Stelle der bisherigen treten, sind durch §. 25 getroffen.

⁴) wird aufgehoben. Die Aufhebung des Gesetzes vom 28. Mai 1885 erfolgt in der Weise, daß seine Bestimmungen, soweit sie nicht entbehrlich werden, in das Stammgesetz hinübergenommen sind. Demgemäß entsprechen

dem Gesetze vom 28. Mai 1885	in der neuen Fassung
§. 1 Ziffer 1	§. 1 Ziffer 3 des Gewerbe-Unfallversicherungsgesetzes.
§. 1 Ziffer 2 und 3	§. 1 Ziffer 4 a. a. O.
§. 1 Ziffer 4	§. 1 Ziffer 5 a a. O.
§. 1 Ziffer 5	§. 1 Ziffer 6 a. a. O.
§. 2	§. 128 a. a. O.
§. 3	§. 129 a. a. O.
§. 4 Abs. 1	§. 7 a. a O.
§. 4 Abs. 2	§. 130 a. a. O.
§§. 5 und 6	§§. 3, 5, 7, 10 des Gesetzes, betreffend die Abänderung der Unfallversicherungsgesetze; in diesen Paragraphen ist verordnet, wie künftig die Ausführungsbehörden für Reichs- und Staatsbetriebe bei der Zusammensetzung der Schiedsgerichte betheiligt werden sollen.
§. 7	§. 131 des Gewerbe-Unfallversicherungsgesetzes.
§. 8	fällt fort, mit Rücksicht auf die im §. 73 Abs. 2 a. a. O. vorgesehene anderweite Gestaltung des Verfahrens bei Zweifeln darüber, welcher Träger der Versicherung die Entschädigung zu zahlen hat.
§. 9	§. 132 a. a. O.
§. 10	§. 133 a. a. O.
§. 11 erster Satz	fällt fort, weil es nach der Aufnahme der Bestimmungen des Ausdehn-

	ungsgesetzes in das Gewerbe-Unfallversicherungsgesetz der besonderen Anordnung nicht mehr bedarf, daß für die unter das Gesetz fallenden Privatbetriebe die Versicherung durch Berufsgenossenschaften nach diesem Gesetze erfolgt.
§. 11 zweiter Satz	§. 28 Abs. 1, dritter Satz a. a. O.
§. 12	fällt als Uebergangsbestimmung, die gegenwärtig keine Bedeutung mehr hat, weg.
§. 13	§. 68 a. a. O. Der letzte Satz im Absatz 1 des §. 13 des Ausdehnungsgesetzes ist wegen der im §. 65 des G.U.V.G. getroffenen Bestimmung über die Theilnahme eines Vertreters der Krankenkasse gestrichen.
§. 14	§. 118 a. a. O.

Die §§. 15, 16 und 17 Abs. 2 sind durch Artikel 32 Abs 2 des Gesetzes vom 10. April 1892 (Reichs-Gesetzbl. S. 379) bereits aufgehoben. §. 17 Abs. 1 und 3 sind als Schlußbestimmungen über die Gesetzeskraft ohne Bedeutung und sind deshalb weggefallen.

Errichtung neuer Berufsgenossenschaften.

§. 2.

Die Errichtung[1]) von Berufsgenossenschaften für die durch §. 1 des Gewerbe-Unfallversicherungsgesetzes der Unfallversicherung neu unterstellten Gewerbszweige oder deren Zutheilung zu bestehenden Berufsgenossenschaften erfolgt durch den Bundesrath[2]) nach Anhörung von Vertretern der betheiligten Gewerbszweige und Genossenschaften. 1.

Bis zur Genehmigung der Statuten der auf Grund dieses Gesetzes errichteten Berufsgenossenschaften können durch Beschluß des Bundesraths aus den auf Grund der Gesetze vom 6. Juli 1884 (Reichs-Gesetzbl. S. 69), vom 28. Mai 1885 (Reichs-Gesetzbl. S. 159), vom 11. Juli 1887 (Reichs-Gesetzbl. S. 287) und vom 13. Juli 1887 (Reichs-Gesetzbl. S. 329) errichteten Berufsgenossenschaften, ohne Rücksicht auf die in diesen Gesetzen vorgeschriebenen Voraussetzungen,[3]) nach Anhörung der betheiligten Genossenschaftsvorstände Gewerbszweige ausgeschieden und einer anderen Berufsgenossenschaft zugetheilt werden. 2.

In den neu errichteten Berufsgenossenschaften wird das Statut 3.

durch eine konstituirende Genossenschaftsversammlung[4]) beschlossen. Diese besteht aus Delegirten von Handelskammern, Gewerbekammern oder ähnlichen wirthschaftlichen Vertretungen, welchen die Unternehmer der betreffenden Gewerbszweige angehören. Die Landes-Zentralbehörden bezeichnen diejenigen Stellen, welche zur Entsendung von Delegirten befugt sein sollen, und bestimmen für jede derselben unter Berücksichtigung ihrer wirthschaftlichen Bedeutung die Zahl der Delegirten. Erstreckt sich der Bezirk der Berufsgenossenschaft über das Gebiet eines Bundesstaats hinaus, so werden die zur Entsendung von Delegirten befugten Stellen und die Zahl der einer jeden derselben zustehenden Delegirten nach Benehmen mit den betheiligten Landesregierungen vom Reichskanzler bestimmt.

4. Die Berufung der konstituirenden Genossenschaftsversammlung und die Leitung ihrer Verhandlungen erfolgt bis zur Wahl eines provisorischen Vorstandes[5]) durch das Reichs-Versicherungsamt.

5. Bei den neu errichteten Genossenschaften endet die erste Wahlperiode[6]) der Vertreter der Arbeiter mit dem 1. Januar 1906.

Zu §. 2.

[1]) Errichtung. Für die erstmalige berufsgenossenschaftliche Gruppirung der Gewerbszweige sind in den §§. 12 ff. des Gesetzes vom 6. Juli 1884 umfangreiche Vorverhandlungen vorgesehen. Diese waren auf Grund von Anträgen, die innerhalb einer bestimmten Frist einzureichen waren, in Generalversammlungen sämmtlicher Unternehmer zu pflegen und sind im G.U.V.G. nicht mehr vorgesehen, weil sie in der Vergangenheit abgeschlossen sind. Bei der gegenwärtigen Einbeziehung neuer Betriebe in die gewerbliche Unfallversicherung genügt wegen des wesentlich engeren Kreises der Betriebe das obige einfachere Verfahren, um die Wünsche der Betheiligten ausreichend zur Geltung zu bringen. (Mot. 1900 S. 17.)

[2]) durch den Bundesrath. Die Vorbereitung der Beschlußfassung des Bundesraths liegt, ebenso wie bei der erstmaligen Errichtung von Berufsgenossenschaften, dem Reichs-Versicherungsamt ob. Dieses soll auf Grund des §. 35 G.U.V.G. sich in den Besitz des Urmaterials, nämlich eines nach Bezirken der höheren Verwaltungsbehörden geordneten Verzeichnisses sämmtlicher in Betracht kommenden Betriebe, zu setzen. Ebenso wie damals nach Gruppen, Klassen und Ordnungen der Reichs-Berufs- (Gewerbe-) Statistik, so sind auch jetzt die Anmeldungen nach den in Betracht kommenden Gewerbszweigen gesondert erfordert (§. 35 G.U.V.G.). Auf Grund dieses Materials hat das Reichs-Versicherungsamt Vertreter der betheiligten Gewerbszweige und Genossenschaften über einen Organisationsplan zu hören, der sodann dem Bundesrath zur Beschlußfassung vorzulegen ist.

[3]) Voraussetzungen. Für die berufsgenossenschaftliche Organisation der der Unfallversicherung neu zu unterstellenden Gewerbszweige (Schlosser, Schmiede, Fensterputzer, Fuhrwerks-, Lager- 2c. Betriebe §. 1 Abs. 1 Ziffer

1, 2, 5, 7, §. 2 Abs. 2 G.U.V.G.) ist dem Bundesrath wiederum, wie bei der erstmaligen Organisation der Unfallversicherung, mehr freie Hand gelassen worden, als durch die gesetzlichen Voraussetzungen für Abänderungen des Bestandes der Berufsgenossenschaften (§. 52 des Gewerbe-Unfallversicherungsgesetzes) nach Abschluß der Organisation gewährt wird. Denn es kann nothwendig werden, sowohl aus den bestehenden Berufsgenossenschaften, eventuell gegen deren Wunsch, gewisse Gewerbszweige auszuscheiden, um leistungsfähige neue Berufsgenossenschaften mit sachgemäßer Abgrenzung zu schaffen, als auch den bestehenden Genossenschaften gewisse Gewerbszweige, die anderweit nicht zweckmäßig zu organisiren sind, zuzuweisen. (Mot. 1900 S. 18).

⁴) konstituirende Genossenschaftsversammlung. Auch für die zur Beschlußfassung über das Statut einzuberufende konstituirende Genossenschaftsversammlung sind vereinfachte Formen und eine Zusammensetzung aus Delegirten der von den Landes-Zentralbehörden zu bezeichnenden wirthschaftlichen Vertretungen der in Betracht kommenden Gewerbszweige vorgesehen.

⁵) provisorischen Vorstandes. Der von der konstituirenden Genossenschaftsversammlung zu wählende provisorische Vorstand hat nach §. 36 G.U.V.G aus einem Vorsitzenden, einem Schriftführer und mindestens drei Beisitzern zu bestehen; er leitet die Genossenschaftsversammlung und führt die Geschäfte der Genossenschaft bis zur Uebernahme derselben durch den nach dem Genossenschaftsstatut gewählten Vorstand.

⁶) Wahlperiode. Um für die Vertreter der Arbeiter in den etwa neu zu errichtenden Berufsgenossenschaften gleiche Wahlperioden mit den älteren Berufsgenossenschaften einzuführen, wird, ohne Rücksicht auf den Zeitpunkt der erstmaligen Wahl, das Ende der ersten Wahlperiode auf den Zeitpunkt festgesetzt, mit welchem nach §. 114 des Gewerbe-Unfallversicherungsgesetzes die Wahlperiode in den anderen Berufsgenossenschaften abläuft.

Schiedsgerichte.

§. 3.

Die Entscheidung von Streitigkeiten über Entschädigungen auf 1.
Grund der Unfallversicherungsgesetze wird den gemäß §§. 103 ff. des Invalidenversicherungsgesetzes errichteten Schiedsgerichten übertragen.¹) Diese führen fortan die Bezeichnung: „Schiedsgericht für Arbeiterversicherung" mit Angabe des Bezirkes und des Sitzes. Bei Streitigkeiten über Entschädigungen für die Folgen von Unfällen in Betrieben, für welche zugelassene besondere Kasseneinrichtungen bestehen (§§. 8, 10, 11 des Invalidenversicherungsgesetzes), treten die für diese errichteten Schiedsgerichte an die Stelle der Schiedsgerichte für Arbeiterversicherung.²)³)

Die bisherigen Schiedsgerichte für die einzelnen Berufsgenossen- 2.
schaften und Ausführungsbehörden werden aufgehoben.⁴) Die bei

diesen Gerichten schwebenden Streitigkeiten gehen in der Lage, in welcher sie sich zu dem im §. 25 Abs. 1 bezeichneten Zeitpunkte befinden, auf die nach diesem Gesetze zuständigen Schiedsgerichte über und sind von diesen zu erledigen.

Zu §. 3.

[1]) übertragen. Die Verschmelzung der Schiedsgerichte für die Unfallversicherung mit denen für die Invalidenversicherung und somit der Uebergang zu territorialen an Stelle der berufsgenossenschaftlich gegliederten Schiedsgerichte war schon 1897 von der Reichstagskommission befürwortet Als Mängel der bisherigen Organisation waren besonders empfunden worden: der räumliche Umfang der meist mehrere Bundesstaaten oder mehrere preußische Provinzen umfassende Schiedsgerichtsbezirke und die dadurch hervorgerufene Erschwerung des persönlichen Erscheinens des Verletzten. Andererseits war bei vielen Schiedsgerichten der Geschäftsumfang zu klein, um regelmäßig und in mäßigen Zeitabständen Sitzungen zu halten. Auch die Besetzung der Stellen der Vorsitzenden verursachte Schwierigkeiten, theils war die Inanspruchnahme der Vorsitzenden zu stark für ein Nebenamt, theils so gering, daß keine Vertrautheit mit den besonderen Aufgaben des Amts erreicht wurde. Die Folge war ein häufiger Wechsel im Vorsitz, der sachlich nicht förderlich war. — Dem gegenüber bieten örtliche Schiedsgerichte für die Arbeiterversicherung (Invaliden- und Unfallversicherung) wesentliche Vorzüge. Die Bezirke werden je nach Lage der Verhältnisse eine geringe räumliche Ausdehnung erhalten (in Preußen gegenwärtig für jeden Regierungs-Bezirk; in besonders industriereichen Gegenden könnte sogar die Errichtung für jeden Landgerichtsbezirk in Frage kommen), so daß die Verletzten überall in der Lage sein werden, persönlich zur Verhandlung vor dem Schiedsgericht zu erscheinen; ein regelmäßiger Geschäftsgang des mit einem hauptamtlichen Vorsitzenden ausgestatteten Schiedsgerichts wird eine schnelle Erledigung der einzelnen Streitfälle ermöglichen; die Kosten für die Heranziehung der Beisitzer aus dem engeren Bezirke wird herabgemindert, gleichzeitig eine bessere Ausnutzung der Arbeitskraft dieser Beisitzer für eine größere Anzahl der an einem Tage zu verhandelnden Sachen ermöglicht. Durch die Verbindung mit der an die provinzielle Selbstverwaltung angeschlossene Invalidenversicherung erhalten die Schiedsgerichte für Arbeiterversicherung ein ständiges und geschultes Büreaupersonal.

Ein Haupteinwand gegen die Abschaffung der berufsgenossenschaftlichen Schiedsgerichte gründete sich darauf, daß nur Arbeiter und Arbeitgeber aus dem gleichen Gewerbe über Unfälle und Entschädigungsansprüche ein maßgebendes Urtheil haben könnten. Dieser Einwand konnte jedoch nach den gemachten Erfahrungen schon im Hinblick darauf, daß für die oberste Instanz, das R.V.A., niemals auch nur versucht worden ist, eine ähnliche Forderung zu verwirklichen, als begründet nicht anerkannt werden. Nur bei einem verhältnißmäßig kleinen Theile derjenigen Unfälle, welche die Berufsgenossenschaften zu einer Entschädigung verpflichten, ist eine spezielle Kenntniß des betreffenden Betriebszweigs für eine richtige Entscheidung erforderlich. In weitaus den meisten Fällen handelt es sich um den Grad der Erwerbsfähigkeit, für dessen Beurtheilung nicht die Verhältnisse des einzelnen Gewerbes, sondern der allgemeine Arbeitsmarkt den entscheidenden Maßstab giebt, oder, wie die vom Reichs-Versicherungsamt aufgestellte Unfallstatistik beweist, um Verletzungen, welche auf allgemeine Betriebsgefahren zurückzuführen sind. Schon bisher konnten übrigens die Beisitzer aus derselben Berufsgenossenschaft in den Streitfällen der verschiedenartigen, zu ihr gehörigen Betriebe nicht überall als Sachverständige gelten. Soweit indessen für die Beurtheilung von Fällen im Allgemeinen oder ausnahmsweise besondere Sachkenntniß wünschenswerth ist, hat durch die Bestimmungen des §. 7 H.G. eine Berücksichtigung dieses Bedürfnisses sicher gestellt werden können.

Die Schiedsgerichte für Invalidenversicherung, welchen nunmehr auch die Rechtsprechung in Unfallversicherungssachen übertragen ist, sind 1899 durch das Invalidenversicherungsgesetz so gestaltet, daß sie allen Anforderungen entsprechen; die Organisationsfragen sowie das Verfahren sind vollständig geregelt. Deshalb bedarf es in diesem Gesetze nur weniger ergänzender Vorschriften, die der Erweiterung des Wirkungskreises für die „Schiedsgerichte für Arbeiterversicherung" Rechnung tragen. — Die in Betracht kommenden Bestimmungen des Invalidenversicherungsgesetzes lauten:

C. Schiedsgerichte.

§. 103.

Für den Bezirk jeder Versicherungsanstalt wird mindestens ein Schiedsgericht errichtet.

Die Zahl, die Bezirke und die Sitze der Schiedsgerichte werden von der Zentralbehörde des Bundesstaats, in dessen Gebiete die Versicherungsanstalt ihren Sitz hat, bestimmt. Für gemeinsame Versicherungsanstalten wird diese Bestimmung, sofern ein Einverständniß unter den betheiligten Landesregierungen nicht erzielt wird, vom Reichskanzler getroffen.

§. 104.

Jedes Schiedsgericht besteht aus einem ständigen Vorsitzenden und aus Beisitzern.

Der Vorsitzende wird aus der Zahl der öffentlichen Beamten von der Zentralbehörde des Bundesstaats, in welchem der Sitz des Schiedsgerichts belegen ist, ernannt. Für den Vorsitzenden ist in gleicher Weise mindestens ein Stellvertreter zu ernennen.

Die Beisitzer werden in der durch das Statut — jetzt die Zentralbehörde des Bundesstaats, in welchem der Sitz des Schiedsgerichts belegen ist 2c. vgl. H.G. §. 4 — bestimmten Zahl von dem Ausschusse der Versicherungsanstalt, und zwar zu gleichen Theilen in getrennter Wahlhandlung von den Arbeitgebern und den Versicherten, nach einfacher Stimmenmehrheit gewählt.

Die Hülfsbeamten des Schiedsgerichts sind Beamte der Versicherungsanstalt; ihre Bestellung erfolgt durch den Vorstand der Versicherungsanstalt nach Anhörung des Vorsitzenden des Schiedsgerichts.

Die Bestimmungen im §. 62 Abs. 3, §. 64 Abs. 5, §§. 83 Abs. 1, 3,

87, 88, 89, 90, 91, 92 Satz 1, 94, 97, 98 finden mit folgenden Maßgaben entsprechende Anwendung:

1. Die Mitglieder des Schiedsgerichts dürfen nicht Mitglieder des Vorstandes, Vertreter der Arbeitgeber und der Versicherten bei einer unteren Verwaltungsbehörde oder Beisitzer einer Rentenstelle sein;
2. die Enthebung eines gewählten Beisitzers erfolgt durch den Vorsitzenden des Schiedsgerichts, vorbehaltlich der Beschwerde an die höhere Verwaltungsbehörde;
3. die Auferlegung der Kosten gemäß §. 64 Abs. 5 erfolgt durch den Vorsitzenden des Schiedsgerichts.

§. 105.

Name und Wohnort des Vorsitzenden und seiner Stellvertreter sind im Bezirke des Schiedsgerichts von der Landes-Zentralbehörde amtlich zu veröffentlichen und dem Reichs-Versicherungsamte mitzutheilen.

§. 106.

Der Vorsitzende beruft das Schiedsgericht und leitet die Verhandlungen desselben.

Das Schiedsgericht ist befugt, Zeugen und Sachverständige zu vernehmen und ihre Aussagen eidlich erhärten zu lassen.

Das Schiedsgericht entscheidet in der Besetzung von fünf Mitgliedern, unter denen sich je zwei Arbeitgeber und zwei Versicherte befinden müssen.

Die Entscheidungen des Schiedsgerichts erfolgen nach Stimmenmehrheit und sollen spätestens innerhalb drei Wochen nach ihrer Verkündung den Parteien zugestellt werden.

Die Zuziehung der Beisitzer erfolgt in der Regel nach einer im Voraus aufgestellten Reihenfolge. Die Bestimmung des §. 83 Abs. 2 findet Anwendung. Will der Vorsitzende aus besonderen Gründen von der Reihenfolge abweichen, so sind diese aktenkundig zu machen.

Im Uebrigen wird das Verfahren vor dem Schiedsgerichte durch Kaiserliche Verordnung mit Zustimmung des Bundesraths geregelt.

§. 107.

Die Kosten des Schiedsgerichts einschließlich der Bezüge der Beisitzer und der Hülfsbeamten sowie die Kosten des Verfahrens vor demselben trägt die Versicherungsanstalt.

Dem Vorsitzenden des Schiedsgerichts und dessen Stellvertretern darf eine Vergütung von der Versicherungsanstalt nicht gewährt werden.

Ueber die Beschaffung der Geschäftsräume und Geschäftsbedürfnisse des Schiedsgerichts wird vom Vorsitzenden im Einvernehmen mit dem Vorstande der Versicherungsanstalt Bestimmung getroffen. Bei Meinungsverschiedenheit entscheidet die Landes-Zentralbehörde des Bundesstaats, in welchem der Sitz des Schiedsgerichts belegen ist.

Die in diesen Bestimmungen in Bezug genommenen Vorschriften des Invalidenversicherungsgesetzes lauten:

§. 61.

Für den Bezirk jeder unteren Verwaltungsbehörde (§. 57) werden

Vertreter der Arbeitgeber und der Versicherten gewählt; deren Zahl beträgt, so lange nicht durch diejenige Behörde, welche die Wahlordnung erlassen hat (§. 63), eine größere Zahl bestimmt ist, aus der Klasse der Arbeitgeber und der Versicherten je vier. Die Bestimmungen der §§. 87 bis 91, 92 bis 94, 97 finden entsprechende Anwendung.

§. 62.

Die Vertreter der Arbeitgeber und der Versicherten werden von den Vorständen der im Bezirke der unteren Verwaltungsbehörde vorhandenen Orts-, Betriebs- (Fabrik-), Bau- und Innungs-Krankenkassen, Knappschaftskassen, Seemannskassen und anderen zur Wahrung von Interessen der Seeleute bestimmten, obrigkeitlich genehmigten Vereinigungen von Seeleuten sowie von den Vorständen derjenigen eingeschriebenen oder auf Grund landesgesetzlicher Vorschriften errichteten Hülfskassen gewählt, welche die im §. 75a des Krankenversicherungsgesetzes vorgesehene Bescheinigung besitzen und deren Bezirk sich über den Bezirk der unteren Verwaltungsbehörde nicht hinaus erstreckt. Soweit die im §. 1 bezeichneten Personen solchen Kassen nicht angehören, ist nach Bestimmung der Landesregierung den Vertretungen der weiteren Kommunalverbände oder den Verwaltungen der Gemeinde-Krankenversicherung beziehungsweise landesrechtlichen Einrichtungen ähnlicher Art eine der Zahl dieser Personen entsprechende Betheiligung an der Wahl einzuräumen. Soweit die Vorstände der bezeichneten Kassen und Vereinigungen aus Vertretern der Arbeitgeber und Vertretern der Arbeitnehmer zusammengesetzt sind, nehmen bei der Wahl die den Arbeitgebern angehörenden Mitglieder des Vorstandes nur an der Wahl der Vertreter der Arbeitgeber, die den Versicherten angehörenden Mitglieder des Vorstandes nur an der Wahl der Vertreter der Versicherten Theil. Vorstände, in denen Arbeitgeber nicht vertreten sind, nehmen nur an der Wahl der Vertreter der Versicherten, Vorstände, in denen Arbeitnehmer nicht vertreten sind, nehmen nur an der Wahl der Vertreter der Arbeitgeber Theil.

Vorstände solcher Krankenkassen, für deren Mitglieder eine besondere Kasseneinrichtung im Sinne der §§. 8, 10, 11 besteht, sind nicht berechtigt, an den Wahlen Theil zu nehmen.

Die Vertreter der Arbeitgeber und der Versicherten müssen im Bezirke der unteren Verwaltungsbehörde und mindestens zur Hälfte an deren Sitze oder in einer Entfernung bis zu zehn Kilometer von demselben wohnen und dürfen nicht Mitglieder des Vorstandes (§. 73) oder eines Schiedsgerichts (§. 103) sein.

§. 63.

Die Wahl der Vertreter erfolgt nach näherer Bestimmung einer Wahlordnung, welche von der für den Sitz der Versicherungsanstalt zuständigen Landes-Zentralbehörde oder der von dieser bestimmten Behörde zu erlassen ist, unter Leitung eines Beauftragten dieser Behörde. Bei gemeinsamen Versicherungsanstalten wird die Wahlordnung, sofern ein Einverständniß unter den betheiligten Landesregierungen nicht erzielt wird, durch den Reichskanzler erlassen, und die Wahl durch einen von demselben ernannten Beauftragten geleitet.

Zum Zwecke der Wahl der Vertreter kann der Bezirk der unteren Verwaltungsbehörde in kleinere Wahlbezirke getheilt werden.

Streitigkeiten über die Wahlen werden von derjenigen Behörde entschieden, welche die Wahlordnung erlassen hat.

§. 64.

Die Vertreter der Arbeitgeber und der Versicherten sind auf die gewissenhafte Erfüllung ihrer Obliegenheiten durch die untere Verwaltungsbehörde zu verpflichten.

Durch die höhere Verwaltungsbehörde sollen über die Reihenfolge, in welcher die Vertreter zu den Verhandlungen zuzuziehen sind, Bestimmungen getroffen werden.

Die den Vertretern zustehenden Bezüge (§§. 61, 92) sowie die sonstigen durch das Verfahren entstehenden baaren Auslagen sind von der Versicherungsanstalt zu erstatten.

Die untere Verwaltungsbehörde ist befugt, Zeugen und Sachverständige uneidlich zu vernehmen.

Der Vorstand der Versicherungsanstalt ist befugt, auf Antrag der unteren Verwaltnngsbehörde den Betheiligten solche Kosten des Verfahrens zur Last zu legen, welche durch Muthwillen oder durch ein auf Verschleppung oder Irreführung berechnetes Verhalten derselben veranlaßt worden sind.

Im Uebrigen wird das Verfahren vor der unteren Verwaltungsbehörde durch die Landes-Zentralbehörde geregelt.

§. 83.

Der Vorsitzende, dessen Stellvertreter und die Beisitzer sind auf die gewissenhafte Erfüllung der Obliegenheiten ihres Amtes zu verpflichten; dasselbe gilt für die Hülfsbeamten der Rentenstelle, insoweit sie nicht bereits als Beamte der Versicherungsanstalt einen Diensteid geleistet haben. Die Verpflichtung des Vorsitzenden erfolgt durch die ernennende Behörde (§. 81 Abs. 2) oder einen von ihr hiermit betrauten öffentlichen Beamten, die Verpflichtung der anderen Personen durch den Vorsitzenden.

Durch das Statut sollen über die Reihenfolge, in welcher die Beisitzer zu den Verhandlungen zuzuziehen sind, Bestimmungen getroffen werden.

Der Vorsitzende setzt die den Beisitzern zu gewährenden Bezüge (§. 92) fest. Ihm steht die unmittelbare Dienstaufsicht über die Hülfsbeamten der Rentenstelle zu, Disziplinarstrafen gegen dieselben verhängt jedoch, sofern sie bei der Rentenstelle im Hauptamt angestellt sind, der Vorstand der Versicherungsanstalt, im Uebrigen die ihnen im Hauptamte vorgesetzte Dienstbehörde.

§. 87.

Die Anzahl der Vertreter der Arbeitgeber und der Versicherten in den Organen der Versicherungsanstalt muß gleich sein.

§. 88.

Wählbar zu Vertretern der Arbeitgeber und der Versicherten sind nur deutsche, männliche, volljährige, im Bezirke der Versicherungsanstalt wohnende Personen. Nicht wählbar ist, wer zum Amte eines Schöffen unfähig ist (§. 32 des Gerichtsverfassungsgesetzes).

Wählbar zu Vertretern der Arbeitgeber sind nur die Arbeitgeber der nach Maßgabe dieses Gesetzes versicherten Personen und die bevollmächtigten Leiter ihrer Betriebe, zu Vertretern der Versicherten die auf Grund dieses Gesetzes versicherten Personen.

§. 89.

Diejenigen Versicherten (§§. 1, 2, 14), welche als Arbeitgeber versicherungspflichtige Personen nicht blos vorübergehend beschäftigen, werden bei der Bildung der Organe der Versicherungsanstalt den Arbeitgebern zugerechnet.

§. 90.

Die Wahl der Vertreter der Arbeitgeber und der Versicherten erfolgt auf fünf Jahre. Die Gewählten bleiben nach Ablauf dieser Zeit so lange im Amte, bis ihre Nachfolger das Amt angetreten haben. Die Ausscheidenden sind wieder wählbar.

Personen, welche die Wahl ohne zulässigen Grund (§. 94) ablehnen, ohne genügende Entschuldigung zu den Sitzungen nicht rechtzeitig sich einfinden oder ihren Obliegenheiten in anderer Weise sich entziehen, können vom Vorsitzenden des Vorstandes mit Geldstrafe bis zu fünfhundert Mark und, wenn es sich um Beisitzer der Rentenstellen handelt, vom Vorsitzenden der Rentenstelle mit Geldstrafe bis zu einhundertundfünfzig Mark belegt werden.

Kommt eine Wahl nicht zu Stande oder verweigern die Gewählten ihre Dienstleistung, so hat, solange und soweit dies der Fall ist, die für den Sitz des Organs zuständige untere Verwaltungsbehörde die Vertreter aus der Zahl der Arbeitgeber und der Versicherten zu ernennen.]

§. 91.

Werden hinsichtlich eines Gewählten Thatsachen bekannt, welche dessen Wählbarkeit nach Maßgabe dieses Gesetzes ausschließen, oder welche sich als grobe Verletzungen der Amtspflicht darstellen, so ist der Gewählte, nachdem ihm Gelegenheit zur Aeußerung gegeben worden ist, durch Beschluß des Vorstandes seines Amtes zu entheben. Gegen den Beschluß ist innerhalb eines Monats Beschwerde beim Reichs-Versicherungsamte zulässig; sie ist ohne aufschiebende Wirkung.

§. 92.

Ehrenämter.

Die den Organen der Versicherungsanstalt angehörenden Vertreter der Arbeitgeber und der Versicherten verwalten ihr Amt als Ehrenamt und erhalten nach näherer Bestimmung des Statuts Ersatz für baare Auslagen, die Vertreter der Versicherten außerdem einen Pauschbetrag für Zeitverlust oder Ersatz für den ihnen entgangenen Arbeitsverdienst. (Satz 2, welcher für Beisitzer der Rentenstellen einen Pauschbetrag für Zeitverlust zu zubilligen gestattet, gilt nicht für Schiedsgerichtsbeisitzer.)

§. 94.

Ablehnung der Wahlen.

Wahlen zu Ehrenämtern können von den Arbeitgebern der nach Maßgabe dieses Gesetzes versicherten Personen und von bevollmächtigten Betriebsleitern solcher Arbeitgeber nur aus denselben Gründen abgelehnt werden, aus welchen gemäß §. 1786 Abs. 1 Ziffer 2 bis 4 und 8 des Bürgerlichen Gesetzbuchs das Amt eines Vormundes abgelehnt werden kann. Die Wahrnehmung eines auf Grund des gegenwärtigen Gesetzes oder der Unfallversicherungsgesetze oder des Krankenversicherungsgesetzes übertragenen Ehrenamts steht der Führung einer Vormundschaft gleich. Durch das Statut (§. 70) können noch andere Ablehnungsgründe festgesetzt werden.

Die Wiederwahl kann für eine Wahlperiode abgelehnt werden.

§. 97.

Unbehinderte Ausübung der Funktionen.

Die Vertreter der Versicherten haben in jedem Falle, in welchem sie zur Wahrnehmung ihrer Obliegenheiten berufen werden, die Arbeitgeber hiervon in Kenntniß zu setzen. Die Nichtleistung der Arbeit während der Zeit, in welcher die bezeichneten Personen durch die Wahrnehmung jener Obliegenheiten an der Arbeit verhindert sind, berechtigt den Arbeitgeber nicht, das Arbeitsverhältniß vor dem Ablaufe der vertragsmäßigen Dauer desselben aufzuheben.

§. 98.

Beamtenpersonal.

Den bei der Versicherungsanstalt und ihren Organen im Hauptamte beschäftigten Büreau-, Kanzlei- und Unterbeamten sind, soweit sie nicht nach dem für sie geltenden Landesrecht als Staats- oder Kommunalbeamte anzusehen sind, nach näherer Bestimmung der Landesregierung die Rechte und Pflichten von Staats- oder Kommunalbeamten zu übertragen.

Nach den obigen Bestimmungen, insbesondere über die Wahl der Beisitzer und die Besetzung des Schiedsgerichts, stehen diese Schiedsgerichte in keiner Hinsicht hinter demjenigen zurück, was nach den §§. 46 bis 50 des Gesetzes vom 6. Juli 1884, sowie nach den Beschlüssen der Reichstagskommission (1897) an Garantien gefordert war. Die Vorzüge, welche nach den obigen Bemerkungen mit den kleineren Bezirken und der richtigen Bemessung des Geschäftsumfanges verbunden sind, sind aber so groß, daß man zu der Erwartung berechtigt ist, es werde das Vertrauen zu der Rechtsprechung der Schiedsgerichte sich immer mehr befestigen und somit eine wesentliche Förderung der segensreichen Wirkungen der Unfallversicherung erreicht werden.

Da die Beisitzer der Schiedsgerichte von dem Ausschuß der Versicherungsanstalt gewählt werden, ist die hauptsächliche Obliegenheit der bisherigen Vertreter der Arbeiter (U.V.G. 1884 §§. 41 ff.) fortgefallen. Diese §§. sind deshalb im G.U.V.G. gestrichen und, soweit den Arbeitervertretern noch Funktionen in Bezug auf die Unfallverhütung zustanden, durch neue Vorschriften im §. 113 G.U.V.G. ersetzt. Die Wahl der nichtständigen Mitglieder des R.V.A., die früher gleichfalls den Arbeitervertretern oblag, ist nunmehr den Schiedsgerichtsbeisitzern übertragen (H.G. §. 11 Abs. 5).

[2]) An die Stelle der Schiedsgerichte für Arbeiterversicherung. Um den Grundgedanken durchzuführen, daß das Schiedsgericht für

Invaliden- und Unfallversicherung für jeden einzelnen Versicherten einheitlich sein und hierdurch jeder Zweifel darüber ausgeschlossen werden soll, wo die Berufung anzubringen ist, hat den bei der Invalidenversicherung zuständigen Schiedsgerichten der zugelassenen besonderen Kasseneinrichtungen die Zuständigkeit bei Streitigkeiten der betreffenden Arbeiterkreise auch in Angelegenheiten der Unfallversicherung übertragen werden müssen. Diese besonderen Schiedsgerichte haben nach § 8 Ziffer 4 des Invalidenversicherungsgesetzes unter Mitwirkung von Vertretern der Versicherten ihre Entscheidungen zu treffen und sind thatsächlich ganz ebenso eingerichtet, wie die allgemeinen Schiedsgerichte. Neben den bei den besonderen Schiedsgerichten betheiligten Betrieben, nämlich einer Reihe von Knappschaften und der Mehrzahl der größeren staatlichen Eisenbahnverwaltungen, hat die Einrichtung noch Bedeutung für die See-Berufsgenossenschaft Sofern diese von der ihr durch §. 11 J.V.G. verliehenen Ermächtigung zur Errichtung einer eigenen Kasseneinrichtung behufs Durchführung der Invalidenversicherung Gebrauch macht, wird für sie ein besonderes Schiedsgericht zu bilden sein; bis dahin bleibt die Zuständigkeit der allgemeinen Schiedsgerichte auch bezüglich der Ansprüche gegen die See-B.G. bestehen.

Gegenwärtig kommen für die Invaliden- und Unfallversicherung neben den allgemeinen folgende besondere Schiedsgerichte in Betracht:

1. für die Arbeiter ꝛc. der Preußischen Staatseisenbahnverwaltung zu Berlin 21 Schiedsgerichte für die Bezirke der 21 Eisenbahndirektionen;
2. für die Arbeiter ꝛc. in den Betrieben der Norddeutschen Knappschaftspensionskasse zu Halle a /S., welche 19 Knappschaftsvereine umfaßt,
   zwei Schiedsgerichte: 1. Schiedsgericht für den Bezirk der Sektion III der Knappschafts-Berufsgenossenschaft zu Klausthal (Oberbergamtsbezirk Klausthal sammt der Grafschaft Stolberg-Wernigerode, Oldenburg mit Fürstenthum Lübeck, aber ausschließlich Birkenfeld, ferner Bremen, Hamburg, Lübeck, Braunschweig mit der Enklave Kalvörde, Lippe und Schaumburg-Lippe); 2. Schiedsgericht für den Bezirk der Sektion IV der Knappschafts-Berufsgenossenschaft zu Halle a./S. (Oberbergamtsbezirk Halle, mit Ausnahme der Grafschaft Stolberg-Wernigerode, vom Oberbergamtsbezirke Breslau der Regierungsbezirk Bromberg, ferner Mecklenburg-Schwerin, Mecklenburg-Strelitz, Anhalt, Sachsen-Weimar mit der Enklave Ostheim vor der Rhön, Sachsen-Meiningen, Sachsen-Koburg und Gotha mit der Enklave Königsberg in Franken, Sachsen-Altenburg, Schwarzburg-Rudolstadt, Schwarzburg-Sondershausen, Reuß ä. L. und Reuß j. L.);
3. für die Arbeiter ꝛc. in der Knappschaftskasse des Saarbrücker Knappschaftsvereins zu St. Johann-Saarbrücken
   ein Schiedsgericht in Saarbrücken;
4. für die Arbeiter ꝛc. in der Arbeiterpensionskasse der Kgl. bayerischen Staatseisenbahnverwaltung zu München
   ein Schiedsgericht in München;
5. für die Arbeiter ꝛc. in der Pensionskasse für die Arbeiter der sächsischen Staatseisenbahnverwaltung zu Dresden
   ein Schiedsgericht in Dresden;

6. für die Arbeiter 2c. in der Allgemeinen Knappschafts-Pensionskasse für das Königreich Sachsen zu Freiberg i. S.
ein Schiedsgericht in Freiberg;
7. für die Arbeiter 2c. in der Arbeiter-Pensionskasse für den Bereich der Großherzoglich badischen Staatseisenbahn- und Bodensee-Dampfschifffahrts- und der Großherzoglichen Salinen-Verwaltung zu Karlsruhe
ein Schiedsgericht in Karlsruhe;
8. für die Arbeiter 2c. in der Pensionskasse für die Arbeiter der Reichseisenbahnverwaltung in Elsaß-Lothringen zu Straßburg i. E.
ein Schiedsgericht in Straßburg i. E.;
9. für die Arbeiter 2c. im Allgemeinen Knappschaftsvereine zu Bochum
ein Schiedsgericht in Bochum

[3]) Bei den Schiedsgerichten der Invalidenversicherung sind schon bisher, soweit der Geschäftsumfang es bedingte, für den Vorsitzenden mehrere Stellvertreter bestellt, eine Einrichtung, die durch §. 104 Abs. 2 des Invalidenversicherungsgesetzes ausdrücklich gutgeheißen ist. Jeder von den stellvertretenden Vorsitzenden hat beispielsweise bei dem Schiedsgericht in Berlin eine Spruchkammer zu leiten. Das Bedürfniß nach einer solchen Einrichtung wird bei dem durch die Unfallversicherung vermehrten Umfange der Geschäfte häufiger hervortreten, und es wird keinem Bedenken unterliegen, ihm durch Einrichtung mehrerer Spruchkammern eines Schiedsgerichts, unter dem ständigen Vorsitze des Vorsitzenden selbst oder eines seiner Stellvertreter, auch anderwärts Rechnung zu tragen. (Mot. 1900 S. 26.)

[4]) werden aufgehoben. Der Zeitpunkt für das Inkrafttreten dieser Bestimmung ist auf Grund des §. 25 H.G. mit Zustimmung des Bundesraths durch Kaiserliche Verordnung vom 22. November 1900 (R.G.Bl. S. 1031) auf den 1. Januar 1900 festgesetzt.

Von den Zentralbehörden der Bundesstaaten sind auf Grund der §§. 103 ff. des J.V.G. folgende Schiedsgerichte für Arbeiterversicherung, die gemäß §. 3 Abs. 1. des Hauptgesetzes vom 30. Juni 1900 zur Entscheidung von Streitigkeiten aus dem Gebiete der Unfallversicherung und der Invalidenversicherung zuständig sind, errichtet worden:

Nachweisung der Schiedsgerichte für Arbeiterversicherung.

Lfde. Nr.	Bezeichnung des Schiedsgerichts	Bezirk des Schiedsgerichts	Sitz des Schiedsgerichts
	I. Preußen.		
1.	Schiedsgericht für Arbeiterversicherung Regierungsbezirk Königsberg.	Regierungsbezirk Königsberg.	Königsberg i. Pr.
2.	Schiedsgericht für die Arbeiterversicherung im Eisenbahn-Direktionsbezirk Königsberg.	—	Königsberg i. Pr.
3.	Schiedsgericht für Arbeiterversicherung Regierungsbezirk Gumbinnen.	Regierungsbezirk Gumbinnen.	Gumbinnen.

Lfde. Nr	Bezeichnung des Schiedsgerichts	Bezirk des Schiedsgerichts	Sitz des Schiedsgerichts
4.	Schiedsgericht für Arbeiterversicherung Regierungsbezirk Danzig.	Regierungsbezirk Danzig.	Danzig.
5.	Schiedsgericht für die Arbeiterversicherung im Eisenbahn-Direktionsbezirk Danzig.	—	Danzig.
6.	Schiedsgericht für Arbeiterversicherung Regierungsbezirk Marienwerder.	Regierungsbezirk Marienwerder.	Marienwerder i. Westpr.
7.	Schiedsgericht für Arbeiterversicherung Stadtkreis Berlin.	Stadtkreis Berlin.	Berlin.
8.	Schiedsgericht für die Arbeiterversicherung im Eisenbahn-Direktionsbezirk Berlin.	—	Berlin.
9.	Schiedsgericht für Arbeiterversicherung Regierungsbezirk Potsdam.	Regierungsbezirk Potsdam.	Berlin.
10.	Schiedsgericht für Arbeiterversicherung Regierungsbezirk Frankfurt a O.	Regierungsbezirk Frankfurt a. O.	Frankfurt a. O.
11.	Schiedsgericht für Arbeiterversicherung Regierungsbezirk Stettin.	Regierungsbezirk Stettin.	Stettin.
12.	Schiedsgericht für die Arbeiterversicherung im Eisenbahn-Direktionsbezirk Stettin.	—	Stettin.
13.	Schiedsgericht für Arbeiterversicherung Regierungsbezirk Köslin.	Regierungsbezirk Köslin.	Köslin.
14.	Schiedsgericht für Arbeiterversicherung Regierungsbezirk Stralsund.	Regierungsbezirk Stralsund.	Stralsund.
15.	Schiedsgericht für Arbeiterversicherung Regierungsbezirk Posen.	Regierungsbezirk Posen.	Posen.
16.	Schiedsgericht für die Arbeiterversicherung im Eisenbahn-Direktionsbezirk Posen.	—	Posen.
17.	Schiedsgericht für Arbeiterversicherung Regierungsbezirk Bromberg.	Regierungsbezirk Bromberg.	Bromberg.
18.	Schiedsgericht für die Arbeiterversicherung im Eisenbahn-Direktionsbezirk Bromberg.	—	Bromberg.
19.	Schiedsgericht für Arbeiterversicherung Regierungsbezirk Breslau.	Regierungsbezirk Breslau.	Breslau.
20.	Schiedsgericht für die Arbeiterversicherung im Eisenbahn-Direktions-Bezirk Breslau.	—	Breslau.

Lfde. Nr.	Bezeichnung	Bezirk	Sitz
	des Schiedsgerichts		
22.	Schiedsgericht für Arbeiterversicherung Regierungsbezirk Liegnitz.	Regierungsbezirk Liegnitz.	Liegnitz
22.	Schiedsgericht für Arbeiterversicherung Regierungsbezirk Oppeln.	Regierungsbezirk Oppeln.	Oppeln.
23.	Schiedsgericht für die Arbeiterversicherung im Eisenbahn-Direktionsbezirk Kattowitz.	—	Kattowitz.
24.	Schiedsgericht für Arbeiterversicherung Regierungsbezirk Magdeburg.	Regierungsbezirk Magdeburg.	Magdeburg.
25.	Schiedsgericht für die Arbeiterversicherung im Eisenbahn-Direktionsbezirk Magdeburg.	—	Magdeburg.
26.	Schiedsgericht für Arbeiterversicherung Regierungsbezirk Merseburg.	Regierungsbezirk Merse-	Merseburg.
27.	Schiedsgericht für die Arbeiterversicherung im Eisenbahn-Direktionsbezirk Halle a. S.	—	Halle a. S.
28.	Schiedsgericht für Arbeiterversicherung der Norddeutschen Knappschafts-Pensionskasse in Halle a. S.	—	Halle a. S.
29.	Schiedsgericht für Arbeiterversicherung Regierungsbezirk Erfurt.	Regierungsbezirk Erfurt.	Erfurt.
30.	Schiedsgericht für die Arbeiterversicherung im Eisenbahn-Direktionsbezirk Erfurt.	—	Erfurt.
31.	Schiedsgericht für Arbeiterversicherung Provinz Schleswig-Holstein und Fürstenthum Lübeck.	Provinz Schleswig-Holstein und Fürstenthum Lübeck.	Schleswig.
32.	Schiedsgericht für die Arbeiterversicherung im Eisenbahn-Direktionsbezirk Altona.	—	Altona.
33.	Schiedsgericht für Arbeiterversicherung Regierungsbezirk Hannover und Fürstenthum Pyrmont.	Regierungsbezirk Hannover und Fürstenthum Pyrmont.	Hannover.
34.	Schiedsgericht für die Arbeiterversicherung im Eisenbahn-Direktionsbezirk Hannover.	—	Hannover.
35.	Schiedsgericht für Arbeiterversicherung Regierungsbezirk Hildesheim.	Regierungsbezirk Hildesheim.	Hildesheim.

Lfde. Nr.	Bezeichnung des Schiedsgerichts	Bezirk des Schiedsgerichts	Sitz des Schiedsgerichts
36.	Schiedsgericht für Arbeiterversicherung der Norddeutschen Knappschafts-Pensionskasse in Klausthal.	—	Klausthal.
37.	Schiedsgericht für Arbeiterversicherung Regierungsbezirk Lüneburg.	Regierungsbezirk Lüneburg.	Lüneburg.
38.	Schiedsgericht für Arbeiterversicherung Regierungsbezirk Stade.	Regierungsbezirk Stade.	Stade.
39.	Schiedsgericht für Arbeiterversicherung Regierungsbezirk Osnabrück.	Regierungsbezirk Osnabrück.	Osnabrück.
40.	Schiedsgericht für Arbeiterversicherung Regierungsbezirk Aurich.	Regierungsbezirk Aurich.	Aurich.
41.	Scheidsgericht für Arbeiterversicherung Regierungsbezirk Münster.	Regierungsbezirk Münster.	Münster i. W.
42.	Schiedsgericht für die Arbeiterversicherung im Eisenbahn-Direktionsbezirk Münster.	—	Münster i. W.
43.	Schiedsgericht für Arbeiterversicherung Regierungsbezirk Minden.	Regierungsbezirk Minden.	Minden i. W.
44.	Schiedsgericht für Arbeiterversicherung Regierungsbezirk Arnsberg.	Regierungsbezirk Arnsberg.	Arnsberg.
45.	Schiedsgericht für Arbeiterversicherung des Allgemeinen Knappschaftsvereins Bochum in Dortmund.	—	Bochum. Anmerkung: Die für das Schiedsgericht bestimmten Sendungen sind nach Dortmund, Ostrandweg 11, zu richten.
46.	Schiedsgericht für Arbeiterversicherung Regierungsbezirk Kassel und Fürstenthum Waldeck.	Regierungsbezirk Kassel und Fürstenthum Waldeck.	Kassel.
47.	Schiedsgericht für die Arbeiterversicherung im Eisenbahn-Direktionsbezirk Kassel.	—	Kassel.
48.	Schiedsgericht für Arbeiterversicherung Regierungsbezirk Wiesbaden.	Regierungsbezirk Wiesbaden.	Wiesbaden.
49.	Schiedsgericht für die Arbeiterversicherung im Eisenbahn-Direktionsbezirk Frankfurt a. M.	—	Frankfurt a. M.
50.	Schiedsgericht für Arbeiterversicherung Regierungsbezirk Koblenz.	Regierungsbezirk Koblenz.	Koblenz.

Lfde. Nr.	Bezeichnung des Schiedsgerichts	Bezirk des Schiedsgerichts	Sitz des Schiedsgerichts
51.	Schiedsgericht für Arbeiterversicherung Regierungsbezirk Düsseldorf.	Regierungsbezirk Düsseldorf.	Düsseldorf.
52.	Schiedsgericht für die Arbeiterversicherung im Eisenbahn-Direktionsbezirk Elberfeld.	—	Elberfeld.
53.	Schiedsgericht für die Arbeiterversicherung im Eisenbahn-Direktionsbezirk Essen.	—	Essen a. d. R.
54.	Schiedsgericht für Arbeiterversicherung Regierungsbezirk Köln.	Regierungsbezirk Köln.	Köln a. Rh.
55.	Schiedsgericht für die Arbeiterversicherung im Eisenbahn-Direktionsbezirk Köln.	—	Köln a. Rh.
56.	Schiedsgericht für Arbeiterversicherung Regierungsbezirk Trier und Fürstenthum Birkenfeld.	Regierungsbezirk Trier und Fürstenthum Birkenfeld.	Trier.
57.	Schiedsgericht für die Arbeiterversicherung im Eisenbahn-Direktionsbezirk St. Johann-Saarbrücken.	—	St. Johann-Saarbrücken.
58.	Schiedsgericht für Arbeiterversicherung des Saarbrücker Knappschaftsvereins.	—	St. Johann-Saarbrücken.
59.	Schiedsgericht für Arbeiterversicherung Regierungsbezirk Aachen.	Regierungsbezirk Aachen.	Aachen.
60.	Schiedsgericht für Arbeiterversicherung Regierungsbezirk Sigmaringen.	Regierungsbezirk Sigmaringen.	Sigmaringen.

II. Bayern.

61.	Schiedsgericht für Arbeiterversicherung.	Regierungsbezirk Oberbayern.	München.
62.	Schiedsgericht für Arbeiterversicherung der Königlich bayerischen Staatseisenbahnverwaltung.	—	München.
63.	Schiedsgericht für Arbeiterversicherung.	Regierungsbezirk Niederbayern.	Landshut.
64.	Schiedsgericht für Arbeiterversicherung.	Regierungsbezirk Pfalz.	Speyer.
65.	Schiedsgericht für Arbeiterversicherung.	Regierungsbezirk Oberpfalz und Regensburg.	Regensburg.
66.	Schiedsgericht für Arbeiterversicherung.	Regierungsbezirk Oberfranken.	Bayreuth.

Lfde. Nr.	Bezeichnung des Schiedsgerichts	Bezirk des Schiedsgerichts	Sitz des Schiedsgerichts
67.	Schiedsgericht für Arbeiterversicherung.	Regierungsbezirk Mittelfranken.	Ansbach.
68.	Schiedsgericht für Arbeiterversicherung.	Regierungsbezirk Unterfranken und Aschaffenburg.	Würzburg.
69.	Schiedsgericht für Arbeiterversicherung.	Regierungsbezirk Schwaben und Neuburg.	Augsburg.

III. Königreich Sachsen.

70.	Schiedsgericht für Arbeiterversicherung.	Regierungsbezirk Bautzen.	Bautzen.
71.	Schiedsgericht für die Allgemeine Knappschafts-Pensionskasse für das Königreich Sachsen.	—	Zittau.
72.	Schiedsgericht für Arbeiterversicherung.	Regierungsbezirk Chemnitz.	Chemnitz.
73.	Schiedsgericht für Arbeiterversicherung.	Regierungsbezirk Dresden.	Dresden.
74.	Schiedsgericht für die Arbeiter-Pensionskasse der Königlich sächsischen Staatseisenbahnen.	—	Dresden.
75.	Schiedsgericht für die Allgemeine Knappschafts-Pensionskasse für das Königreich Sachsen.	—	Freiberg i. S.
76.	Schiedsgericht für Arbeiterversicherung.	Regierungsbezirk Leipzig.	Leipzig.
77.	Schiedsgericht für die Allgemeine Knappschafts-Pensionskasse für das Königreich Sachsen.	—	Leipzig.
78.	Schiedsgericht für Arbeiterversicherung.	Regierungsbezirk Zwickau.	Zwickau i. S.
79.	Schiedsgericht für die Allgemeine Knappschafts-Pensionskasse für das Königreich Sachsen.	—	Zwickau i. S.
80.	Schiedsgericht für die Allgemeine Knappschafts-Pensionskasse für das Königreich Sachsen.	—	Oelsnitz i. E.

IV. Württemberg.

81.	Schiedsgericht für Arbeiterversicherung.	Stadtdirektionsbezirk Stuttgart und Bezirke der Oberämter Böblingen, Calw, Kannstatt, Eßlingen, Neuenbürg und Stuttgart.	Stuttgart.

Lfde. Nr.	Bezeichnung des Schiedsgerichts	Bezirk des Schiedsgerichts	Sitz des Schiedsgerichts
82.	Schiedsgericht für Arbeiterversicherung.	Bezirke der Oberämter Backnang, Besigheim, Brackenheim, Heilbronn, Leonberg, Ludwigsburg, Marbach, Maulbronn, Neckarsulm, Vaihingen, Waiblingen und Weinsberg.	Ludwigsburg
83.	Schiedsgericht für Arbeiterversicherung.	Bezirke der Oberämter Balingen, Freudenstadt, Herrenberg, Horb, Nagold, Nürtingen, Oberndorf, Reutlingen, Rottenburg, Rottweil, Spaichingen, Sulz, Tübingen, Tuttlingen und Urach.	Reutlingen.
84.	Schiedsgericht für Arbeiterversicherung.	Jagstkreis.	Ellwangen.
85.	Schiedsgericht für Arbeiterversicherung.	Donaukreis.	Ulm.

V. Baden.

86.	Schiedsgericht für Arbeiterversicherung.	Kreise Mosbach, Heidelberg und Mannheim.	Mannheim.
87.	Schiedsgericht für Arbeiterversicherung.	Kreise Karlsruhe und Baden.	Karlsruhe i. B.
88.	Schiedsgericht für Arbeiterversicherung.	Kreise Offenburg, Freiburg und Lörrach.	Freiburg i. B.
89.	Schiedsgericht für Arbeiterversicherung.	Kreise Waldshut, Villingen und Konstanz.	Konstanz.
90.	Schiedsgericht für die Arbeiter-Pensionskasse der Großherzoglich badischen Staatseisenbahn- und Bodensee-Dampfschiffahrts- und der Großherzoglich badischen Salinenverwaltung.	—	Karlsruhe i. B.

VI. Hessen.

91.	Schiedsgericht für Arbeiterversicherung.	Provinz Starkenburg.	Darmstadt.
92.	Schiedsgericht für Arbeiterversicherung.	Provinz Oberhessen.	Gießen.
93.	Schiedsgericht für Arbeiterversicherung.	Provinz Rheinhessen.	Mainz.
94.	Schiedsgerichts für die Arbeiterversicherung im Eisenbahn-Direktionsbezirk Mainz.	—	Mainz.

Lfde. Nr.	Bezeichnung des Schiedsgerichts	Bezirk des Schiedsgerichts	Sitz des Schiedsgerichts
	VII. Mecklenburg-Schwerin.		
95.	Schiedsgericht für Arbeiterversicherung.	Landgerichtsbezirk Schwerin.	Schwerin i. M.
96.	Schiedsgericht für Arbeiterversicherung.	Landgerichtsbezirk Güstrow.	Güstrow.
97.	Schiedsgericht für Arbeiterversicherung.	Landgerichtsbezirk Rostock.	Rostock.
	VIII. Sachsen-Weimar-Eisenach.		
98.	Schiedsgericht für Arbeiterversicherung im Großherzogthum Sachsen.	I., II. und V. Verwaltungsbezirk.	Weimar.
99.	Schiedsgericht für Arbeiterversicherung im Großherzogthum Sachsen.	III. und IV. Verwaltungsbezirk	Eisenach.
	IX. Mecklenburg-Strelitz.		
100.	Schiedsgericht für Arbeiterversicherung.	Großherzogthum Mecklenburg Strelitz.	Neustrelitz.
	X Oldenburg.		
101	Schiedsgericht für Arbeiterversicherung im Herzogthum Oldenburg. Anmerkung. Wegen der Fürstenthümer Lübeck und Birkenfeld zu vergleichen I Nr. 31 und 56.	Herzogthum Oldenburg.	Oldenburg.
	XI. Braunschweig.		
102.	Schiedsgericht für Arbeiterversicherung im Herzogthum Braunschweig.	Herzogthum Braunschweig.	Braunschweig.
	XII. Sachsen-Meiningen.		
103.	Schiedsgericht für Arbeiterversicherung.	Kreise Meiningen und Hildburghausen.	Meiningen.
104.	Schiedsgericht für Arbeiterversicherung.	Kreis Sonneberg.	Sonneberg.
105.	Schiedsgericht für Arbeiterversicherung.	Kreis Saalfeld.	Saalfeld (Saale).
	XIII. Sachsen-Altenburg.		
106.	Schiedsgericht für Arbeiterversicherung.	Herzogthum Sachsen-Altenburg.	Altenburg.

Lfde. Nr.	Bezeichnung des Schiedsgerichts	Bezirk des Schiedsgerichts	Sitz des Schiedsgerichts
	XIV. Sachsen-Coburg-Gotha.		
107.	Schiedsgericht für Arbeiterversicherung für das Herzogthum Koburg.	Herzogthum Koburg.	Koburg.
108.	Schiedsgericht für Arbeiterversicherung für das Herzogthum Gotha.	Herzogthum Gotha.	Gotha.
	XV. Anhalt.		
109.	Schiedsgericht für Arbeiterversicherung.	Herzogthum Anhalt.	Dessau.
	XVI. Schwarzburg-Sondershausen.		
110.	Schiedsgericht für Arbeiterversicherung.	Fürstenthum Schwarzburg-Sondershausen.	Sondershausen.
	XVII. Schwarzburg-Rudolstadt.		
111.	Schiedsgericht für Arbeiterversicherung.	Oberherrschaft.	Rudolstadt.
112.	Schiedsgericht für Arbeiterversicherung.	Unterherrschaft.	Frankenhausen.
	XVIII. Waldeck und Pyrmont.		
	Zu vergleichen I. Nr. 38 und 46.		
	XIX. Reuß ä. L.		
113.	Schiedsgericht für Arbeiterversicherung im Fürstenthum Reuß ä. L.	Fürstenthum Reuß ä. L.	Greiz.
	XX. Reuß j. L.		
114.	Schiedsgericht für Arbeiterversicherung.	Fürstenthum Reuß j. L.	Gera.
	XXI. Schaumburg-Lippe.		
115.	Schiedsgericht für die Arbeiterversicherung Bückeburg.	Fürstenthum Schaumburg-Lippe.	Bückeburg.
	XXII. Lippe.		
116.	Schiedsgericht für Arbeiterversicherung.	Fürstenthum Lippe.	Detmold.
	XXIII. Lübeck.		
117.	Schiedsgericht für Arbeiterversicherung.	Gebiet der freien und Hansestadt Lübeck.	Lübeck.

Lfde. Nr.	Bezeichnung des Schiedsgerichts	Bezirk des Schiedsgerichts	Sitz des Schiedsgerichts
	XXIV. Bremen.		
118.	Schiedsgericht für Arbeiterversicherung.	Gebiet der freien Hansestadt Bremen.	Bremen.
	XXV. Hamburg.		
119.	Schiedsgericht für Arbeiterversicherung für das Hamburgische Staatsgebiet.	Gebiet der freien und Hansestadt Hamburg.	Hamburg.
	XXVI. Elsaß-Lothringen.		
120.	Schiedsgericht für Arbeiterversicherung.	Bezirk Unter-Elsaß.	Straßburg i. E.
121.	Schiedsgericht für die Pensionskasse für die Arbeiter der Reichseisenbahnverwaltung.	—	Straßburg i. E.
122.	Schiedsgericht für Arbeiterversicherung.	Kreise Altkirch, Mühlhausen und Thann.	Mülhausen i. E.
123.	Schiedsgericht für Arbeiterversicherung.	Kreise Kolmar, Gebweiler und Rappoltsweiler.	Kolmar i. E.
124.	Schiedsgericht für Arbeiterversicherung.	Bezirk Lothringen.	Metz.

§. 4.

Die Zahl[1]) der Beisitzer der Schiedsgerichte (§. 104 Abs. 3 des Invalidenversicherungsgesetzes) kann von der Zentralbehörde[2]) des Bundesstaats, in welchem der Sitz des Schiedsgerichts belegen ist, oder von der durch sie bestimmten anderen Behörde erhöht werden; dabei kann zugleich bestimmt werden, wieviel Beisitzer am Sitze des Schiedsgerichts oder in dessen naher Umgebung wohnen oder beschäftigt sein müssen.[3]) Erstreckt sich der Bezirk des Schiedsgerichts über Gebiete oder Gebietstheile mehrerer Bundesstaaten, so wird die Bestimmung, sofern ein Einverständniß unter den betheiligten Landesregierungen nicht erzielt wird, vom Reichskanzler getroffen. Die Zahl der Beisitzer muß aus der Klasse der Arbeitgeber und der Versicherten mindestens je zwanzig betragen. 1.

In den Schiedsgerichten, deren Bezirk Theile der Seeküste[4]) umfaßt, sind zu Vertretern der Versicherten (§. 88 Abs. 2 a. a. O.) auch befahrene Schiffahrtskundige, die nicht Rheder, Korrespondentrheder oder Bevollmächtigte (§. 17 des See-Unfallversicherungsgesetzes) sind, wählbar. 2.

Zu §. 4.

[1]) Die Zahl der von dem Ausschusse der Versicherungsanstalt für deren Schiedsgerichte zu wählenden Beisitzer hat bisher das Statut der Anstalt nach §. 104 Abs. 3 des Invalidenversicherungsgesetzes zu bestimmen. Für die bedeutend erweiterten Aufgaben des Schiedsgerichts für Arbeiterversicherung werden naturgemäß viel zahlreichere Sitzungen abzuhalten sein, so daß schon aus diesem Grunde, um eine Ueberbürdung der ehrenamtlichen Beisitzer zu vermeiden, eine beträchtliche Vermehrung der Zahl der Beisitzer sowohl aus der Klasse der Arbeitgeber als auch aus der Klasse der Versicherten geboten ist.

[2]) von der Zentralbehörde. Die Bestimmung der Zahl der Beisitzer hängt mit weiteren Anordnungen darüber zusammen, aus welchen Betriebszweigen die Beisitzer zu entnehmen sind, und ist aus diesem Grunde der die Verhältnisse am besten übersehenden Behörde übertragen worden. Vgl. Anm. 1 zu §. 5.

[3]) wieviel Beisitzer .... müssen. Die Anforderungen in Bezug auf den Wohn- oder Beschäftigungsort der Beisitzer sind gegenüber dem nach §. 104 Abs. 5 J.V.G. zur Zeit maßgebenden §. 62 Abs. 3 a. a. O. (vergl. oben Anm. 1 zu §. 3), wonach die Vertreter der Arbeitgeber und der Versicherten mindestens zur Hälfte am Sitze des Schiedsgerichts oder in einer Entfernung bis zu 10 Kilometer von demselben wohnen sollen, etwas abgeändert. Unter Beibehaltung des zu Grunde liegenden Gedankens, nämlich einer Ersparung von Kosten für weite Reisen der Beisitzer und der leichteren Beschaffung von Ersatzmännern für ausgebliebene Beisitzer, ist seine Ausgestaltung modifiziert; weil der Fall eintreten kann, daß gewisse Gewerbszweige nur in einem engbegrenzten Bezirk außerhalb der Zehnkilometergrenze, dort aber in so beträchtlichem Umfange vertreten sind, daß aus ihnen eine größere Zahl von Beisitzern zu entnehmen ist (Mot. 1900 S. 28).

[4]) Seeküste. Da für die Seeschiffahrt besondere Schiedsgerichte noch nicht bestehen (vgl. Anm. 2 zu §. 3), so sind die nach §. 50 Abs. 4 des Gesetzes vom 13. Juli 1887 bisher als Schiedsgerichtsbeisitzer wählbaren „befahrenen Schiffahrtskundigen", die nicht Rheder ꝛc. sind, auch fernerhin als wählbar zu Beisitzern aus der Klasse der Versicherten erklärt, um an Land Beisitzer dieser Art, an denen es sonst leicht fehlen könnte, jederzeit zur Verfügung zu haben.

§. 5.

1. Die für den Sitz des Schiedsgerichts zuständige Landes-Zentralbehörde oder die durch sie bestimmte andere Behörde entscheidet,[1]) wieviel Beisitzer von dem Ausschusse der Versicherungsanstalt (§. 104 Abs. 3 des Invalidenversicherungsgesetzes) aus solchen Berufsgenossenschaften oder Ausführungsbehörden zu wählen sind, die im Bezirke des Schiedsgerichts vertreten sind. Die Bestimmung des §. 4 Abs. 1 Satz 2 findet Anwendung.

2. Wird eine solche Anordnung[2]) getroffen, so sind die zur Vertretung der Arbeitgeber bestimmten Beisitzer[3]) für die Berufsgenossen-

schaften aus den stimmberechtigten Mitgliedern der Genossenschaften, deren gesetzlichen Vertretern und bevollmächtigten Leitern ihrer Betriebe, für die Ausführungsbehörden aus den Beamten der Betriebe, für welche die Ausführungsbehörde bestellt ist, zu wählen. Den Vorständen der Berufsgenossenschaften und den Ausführungsbehörden ist Gelegenheit zu geben, geeignete Personen in Vorschlag zu bringen.[4]) Ausgeschlossen sind Personen, welche dem Vorstand einer für den Bezirk in Betracht kommenden Berufsgenossenschaft oder Sektion oder einer für den Bezirk in Betracht kommenden Ausführungsbehörde angehören, sowie die Vertrauensmänner.[5]) Die zur Vertretung der Versicherten bestimmten Beisitzer sind aus den Personen zu wählen, welche in einem der Genossenschaft zugehörenden oder der Ausführungsbehörde unterstehenden Betriebe beschäftigt sind.

Wird die im Abs. 1 bezeichnete Anordnung für eine Knapp- 8. schafts-Berufsgenossenschaft[6]) getroffen, so kann durch deren Statut bestimmt werden, daß die zur Vertretung der Versicherten bestimmten Beisitzer von den Knappschaftsältesten zu wählen sind.

Zu §. 5.

[1]) entscheidet. In Verbindung mit der Anordnung über die Zahl der vom Ausschuß der Versicherungsanstalt zu wählenden Beisitzer hat ihm die zuständige Behörde vorzuschreiben, wieviel Beisitzer der Landwirthschaft und dem Bergbau — sofern solcher im Bezirk überhaupt vorkommt — angehören sollen; für diese Betriebszweige sind nach §. 7 H.G. stets besondere Beisitzer zuzuziehen. Zweckmäßig wird es sein, darüber hinaus anzuordnen, wieviel Beisitzer beispielsweise den Betrieben der Eisen- oder Holzverarbeitung, der Textilindustrie, der Seeschiffahrt u. s. w. angehören sollen. Die hier vorgesehene Heranziehung der verschiedenen Gewerbszweige stellt sich einerseits als eine Berücksichtigung ihrer Interessen, namentlich auch im Hinblick auf §. 7 Abs. 2, dar, andererseits aber kommt darin auch die Aufgabe der im Schiedsgerichtsbezirke hauptsächlich vertretenen Gewerbszweige zum Ausdrucke, die ehrenamtlich mitwirkenden Beisitzer aus ihrer Mitte zu stellen. (Mot. 1900 S. 27.)

[2]) Durch die Anordnung der Behörde wird das Wahlrecht der Ausschüsse (§. 104 Abs. 3, §. 88 Abs. 1. J.V.G.) insofern eingeschränkt, als die Wählbarkeit der Versicherten von der Beschäftigung in bestimmten Betrieben abhängig gemacht wird, ebenso die der Arbeitgeber-Beisitzer von der Eigenschaft als Mitglied einer bestimmten Genossenschaft. Verliert einer der so gewählten Beisitzer die seine Wählbarkeit bedingende Eigenschaft, so wird er nach dem gemäß §. 104 Abs. 5 J.V.G. auch für Schiedsgerichtsbeisitzer maßgebenden §. 91 a. a. O. (vgl. oben Anm. 1 zu §. 3) auszuscheiden haben oder seiner Funktion durch den Schiedsgerichtsvorsitzenden, vorbehaltlich der Beschwerde an die höhere Verwaltungsbehörde, zu entheben sein (§. 104 Abs. 5 Ziffer 2 a. a. O.). Analog für das R.V.A. §. 14 Abs. 3 H.G. —

So lange eine Wahl nicht zu Stande kommt, ist auf dem durch §. 6 vorgezeichneten Wege Abhülfe zu schaffen.

³) **Beisitzer.** Die Wählbarkeit ist hier an dieselben Bedingungen geknüpft, wie im §. 12 Abs. 2 für die nichtständigen Mitglieder des Reichs-Versicherungsamts.

⁴) **in Vorschlag zu bringen.** Dieser Satz ist durch die Reichstag-Kommission hinzugefügt, um den Genossenschaftsvorständen für ihr bisheriges Wahlrecht einen Ersatz zu gewähren. (Komm.Ber. 1900 S. 8.)

⁵) Die hier vorgesehenen **Ausschließungsgründe** sind aus dem bisherigen Rechte übernommen (§. 47 Abs. 3 U.V.G.) und finden ihre Begründung in der Regel, daß Personen, welche bei der angefochtenen Entscheidung mitgewirkt haben, vom Beisitz in der Berufungsinstanz ausgeschlossen sind.

⁶) Der letzte Absatz des §. 5 erhält eine Sonderbestimmung des §. 94 Abs. 2 lit. b U.V.G. für die **Knappschafts-B.G.** aufrecht, um den besonderen Verhältnissen der Knappschaften Rechnung zu tragen.

§. 6.

Solange und soweit die festgesetzte Zahl von Beisitzern nicht gewählt ist oder die Gewählten ihre Dienstleistung verweigern, hat die untere Verwaltungsbehörde, in deren Bezirke sich der Sitz des Schiedsgerichts befindet, die fehlenden Beisitzer aus der Zahl der wählbaren Personen zu berufen.¹)

Zu §. 6.

¹) **zu berufen.** Gleichartige Bestimmungen, durch welche unter allen Umständen Sicherheit geschaffen wird, daß das Schiedsgericht über die erforderlichen Beisitzer verfügt, enthalten sowohl die bisherigen Unfallversicherungsgesetze (z. B. §. 49 Abs. 4 U.V.G.) als auch der nach §. 104 Abs. 5 J.V.G. anwendbare §. 90 Abs. 3 a. a. O. für die Invalidenversicherung. — Das Amt der von der unteren Verwaltungsbehörde ernannten Schiedsgerichtsbeisitzer erlischt, sobald der Ausschuß der Versicherungsanstalt Beisitzer gewählt hat (A.N. 1901 S. 364).

§. 7.

2. Bei der Verhandlung sind, soweit es sich um Unfälle in der Land- und Forstwirthschaft oder im Bergbaubetriebe handelt,¹) Beisitzer aus diesen Berufszweigen, im Uebrigen²) Beisitzer aus den sonstigen, der Versicherung unterliegenden Betrieben zuzuziehen. Ausnahmen sind nur in einzelnen Fällen aus besonderen Gründen zulässig.³)

1. Im Uebrigen kann der Vorsitzende des Schiedsgerichts auf Antrag der Berufsgenossenschaft, der Ausführungsbehörde oder eines Entschädigungsberechtigten zur Verhandlung und Entscheidung in einem einzelnen Falle, abweichend von der festgesetzten Reihenfolge⁴) Bei-

sitzer[5]) aus den Betrieben derjenigen Berufsgenossenschaft oder Ausführungsbehörde zuziehen, welcher der Betrieb, in dem sich der Unfall ereignet hat, angehört. Sofern solche Beisitzer nicht vorhanden sind, können Beisitzer aus anderen Betrieben bestimmt werden, die dem Betrieb, in welchem sich der Unfall ereignet hat, wirthschaftlich nahe stehen. Hat der Vorsitzende einen solchen Antrag abgelehnt, so kann vor Beginn der Verhandlung eine Entscheidung des Schiedsgerichts über den Antrag beansprucht werden, welche endgültig ist.

Zu §. 7.

[1]) soweit es sich . . handelt. Die überall bestehende Verbreitung land- und forstwirthschaftlicher Betriebe und die Zahl der Unfälle in diesen Betrieben gestattet in der Regel, für die Aburtheilung dieser Sachen, ohne besondere Kosten in nicht zu langen Zwischenräumen ganze Sitzungstage zu verwenden, für welche dann landwirthschaftliche Beisitzer einzuberufen sind. Aehnlich liegen die Verhältnisse beim Bergbau, der fast überall, wo er überhaupt betrieben wird, großen Umfang angenommen hat und zahlreiche Unfälle mit sich bringt.

[2]) Im Uebrigen. Die Fassung rührt aus der zweiten Lesung im Plenum des Reichstags (11. Mai 1900, S. 5427 des Sten.Ber.) her und soll zunächst zum Ausdruck bringen, daß zu den Verhandlungen über Berufungen in Unfallversicherungssachen der gewerblichen Arbeiter die Beisitzer aus der Landwirthschaft und aus den Bergbaubetrieben nicht zugezogen werden sollen, während nach der früheren Fassung in Sachen der Gewerbe-Unfallversicherung alle Schiedsgerichtsbeisitzer, also namentlich auch diejenigen, die zwar der Invalidenversicherung, aber nicht der Unfallversicherung unterstellt sind (Handwerker, Dienstboten rc.), mitwirken konnten und nur für Landwirthschaft und Bergbau allgemein besondere Beisitzer vorgesehen waren. Der Wortlaut des Gesetzes schließt weitergehend von dem Beisitz in Sachen der Gewerbe-Unfallversicherung diejenigen Personen aus, die der Unfallversicherung nicht unterliegen. Soweit solche Personen auf Grund des J.V.G. zu Schiedsgerichtsbeisitzern gewählt sind, wird es nicht leicht sein, die festgesetzte Reihenfolge bei der Zuziehung der Beisitzer (Anm. 4) innezuhalten. Es wird zweckmäßig sein, schon bei der statutarischen Regelung (§. 83 Abs. 2, §. 106 Abs. 5 J.V.G.) darauf Bedacht zu nehmen, eine besondere Reihenfolge der Beisitzer einerseits für Unfallversicherungssachen, andererseits für Invalidenversicherungssachen festzustellen.

Im Allgemeinen liegt die Sache so, daß die Schiedsgerichte für Arbeiterversicherungen bei der Rechtsprechung in Unfallversicherungssachen mit Arbeiterbeisitzern, die gegen Unfall versichert sind, und mit entsprechenden Arbeitgeberbeisitzern besetzt sein müssen; zu scheiden sind dabei, abgesehen von besonderen Ausnahmefällen (Anm. 3), die Angelegenheiten der Landwirthschaft, des Bergbaues und der übrigen Betriebe.

[3]) zulässig. Durch die Zulassung von Ausnahmen wird es ermöglicht, ausnahmsweise eine eilige Sache in einer anders besetzten Sitzung, auf welche vielleicht eine längere Pause folgt, mit zu erledigen, während sonst

eine erhebliche Verzögerung oder nicht unbeträchtliche Kosten für eine besondere Sitzung entstehen würden (Mot. 1900 S. 29). Es wird sich empfehlen, in solchen Ausnahmefällen die Gründe aktenkundig zu machen.

[4]) Die Reihenfolge, in welcher die Beisitzer für die Thätigkeit der Schiedsgerichte auch in Unfallversicherungssachen zuzuziehen sind, wird nach §. 106 Abs. 5 J.V.G. (s. oben Anm. 1 zu §. 3 H.G.) in Verbindung mit §. 83 Abs. 2 a. a. O. durch das Statut der Versicheruugsanstalt geregelt. Die Gründe für eine Abweichung von der Reihenfolge sind aktenkundig zu machen.

[5]) Beisitzer. Die Zuziehung besonderer fachkundiger Beisitzer soll auf Antrag der Betheiligten nach dem Ermessen des Schiedsgerichtsvorsitzenden erfolgen, um in geeigneten Fällen dem Bedürfnisse Rechnung zu tragen, daß der Unfall und seine Folgen von Berufsgenossen des Verletzten beurtheilt werden (vgl. Anm. 1 Abs. 2 zu §. 3 H.G.).

§. 8.

1. [1])Das Schiedsgericht wählt bei Beginn eines jeden Geschäftsjahrs in seiner ersten Spruchsitzung, in der Regel nach Anhörung der für den betreffenden Bezirk oder Bundesstaat zuständigen Aerztevertretung, aus der Zahl der am Sitze des Schiedsgerichts wohnenden[2]) approbirten Aerzte[3]) diejenigen aus, welche als Sachverständige bei den Verhandlungen vor dem Schiedsgericht in der Regel[4]) nach Bedarf[5]) zuzuziehen sind. Den zugezogenen Sachverständigen ist zur Abgabe ihres Gutachtens Einsicht in die Akten des Schiedsgerichts und der Berufsgenossenschaft zu gewähren. Die Namen der gewählten Aerzte sind öffentlich bekannt zu machen.

2. Im Uebrigen wird die Durchführung dieser Bestimmung durch die Landes-Zentralbehörde geregelt.

Zu §. 8.

[1]) Zwei Gesichtspunkte haben die Reichstagskommission geleitet, als sie den obigen Paragraphen, der von den verbündeten Regierungen in den Entwurf nicht aufgenommen war, annahm, nämlich

einmal Gewähr dafür zu schaffen, daß bei den Schiedsgerichten die ärztliche Beurtheilung der Streitfälle ausgiebig zur Geltung komme,

sodann

es dem Verletzten möglich zu machen, gegenüber einem von der B.G. vorgelegten ärztlichen Zeugnisse seinerseits eine anderweite Begutachtung herbeizuführen.

Schon in der Kommission 1897 wurde der Angelegenheit großer Werth beigemessen (Komm.Ber. 1897 S. 107, 113, 132) und die Kommission 1900 hat sich auf einen ähnlichen Standpunkt gestellt (Komm.Ber. 1900 S. 10 ff.). Was den ersten Gesichtspunkt betrifft, so hat man dabei an eine ständige Einrichtung gedacht, wie sie bei einigen größeren Schiedsgerichten schon besteht, daß nämlich zu den Sitzungen regelmäßig ein Arzt zugezogen wird, dessen Anhörung dem Spruchkollegium ohne Zeitverlust möglich ist; man erwartet hiervon eine gründliche und schnelle Erledigung der Streitfälle, die so bedeutenden Werth hat, daß dagegen die Kosten nicht in Betracht kommen dürfen. — Von den Vertrauensärzten des Schiedsgerichts erwartet man, daß sie im Hinblick auf ihre demnächstige Zuziehung zur Schiedsgerichtsverhandlung bereit sein werden, den Verletzten auf Ansuchen kurze Gutachten auch dann auszustellen, wenn die ihnen zustehende Vergütung für das Attest vom Verletzten nicht eingezogen werden kann. Man verkannte jedoch nicht, daß auf diese Weise dem zweiten Gesichtspunkte noch nicht genügend Rechnung getragen sei; es ist deshalb in anderer Weise eine Lösung der Aufgabe im §. 69 G.U.V.G. dadurch versucht worden, daß in den geeigneten Fällen schon vor der ersten Feststellung der Entschädigung der behandelnde Arzt des Verletzten, und wenn dieser Arzt zu der Genossenschaft in einem Vertragsverhältnisse steht, auf Antrag ein anderer Arzt zu hören ist. Außerdem ist zur Wahrung der Rechte des Verletzten im §. 70 Abs. 2 a. a. O. eine Mitwirkung der unteren Verwaltungsbehörde vorgesehen. Was aber die Verhandlungen vor dem Schiedsgericht betrifft, so muß es für ausreichend erachtet werden, daß dem Schiedsgerichte die Verpflichtung obliegt, gleich anderen zur weiteren Aufklärung erforderlichen Ermittelungen auch die Einholung von weiteren ärztlichen Gutachten anzuordnen, und es liegt kein Grund vor zu bezweifeln, daß dies in ausreichendem Maße und unter gewissenhafter Auswahl eines geeigneten Arztes geschehen wird. Sollte dies dennoch vereinzelt nicht geschehen, so ist im Rekursverfahren das Reichs-Versicherungsamt jederzeit in der Lage, das Versäumte nachzuholen.

[2]) am Sitze .. wohnenden. Die Vertrauensärzte des Schiedsgerichte sollen an seinem Sitz wohnen, um die ohnehin beträchtlichen Kosten der Einrichtung einzuschränken.

[3]) approbirten Aerzte. Ein Antrag, auch andere als im Inlande approbirte Aerzte oder Aerztinnen hier zuzulassen ist in der Reichstags-Kommission 1900 abgelehnt (Komm.Ber. 1900 S. 13).

[4]) in der Regel. Dem Schiedsgericht soll es unbenommen sein, andere Aerzte, insbesondere Spezialisten, Universitätsprofessoren oder sonstige besondere Autoritäten, auch von außerhalb zuzuziehen; die Vertrauensärzte sind „in der Regel" zu hören, d. h. wenn kein besonderer Grund vorliegt, einen anderen Arzt als Sachverständigen zu befragen.

[5]) nach Bedarf. Die Zuziehung der Vertrauensärzte soll nicht in allen Fällen erfolgen, sondern nur wo es nach Lage des Einzelfalls erforderlich ist.

§. 9.

Das Schiedsgericht ist befugt, denjenigen Theil des Betriebs, 1.
in welchem der Unfall vorgekommen ist, in Augenschein zu nehmen.[1]) Weigert sich der Betriebsunternehmer oder dessen Stellvertreter, die Einnahme des Augenscheins zu gestatten, so ist er hierzu auf Antrag des Schiedsgerichtsvorsitzenden durch die Ortspolizeibehörde[2]) anzuhalten.

2. Soll die Augenscheinseinnahme in einem Dienstraum einer Behörde oder in einem Fahrzeuge der Kaiserlichen Marine stattfinden, so ist die zuständige Dienst- beziehungsweise Kommandobehörde um Gestattung derselben zu ersuchen.[3])

3. Die Beisitzer haben über die Thatsachen, welche durch die Besichtigung des Betriebs zu ihrer Kenntniß kommen, Verschwiegenheit zu beobachten und sich der Nachahmung der von dem Betriebsunternehmer geheim gehaltenen, zu ihrer Kenntniß gelangten Betriebseinrichtungen und Betriebsweisen, so lange als diese Betriebsgeheimnisse sind, zu enthalten.[4])

4. Dem Schiedsgericht eingereichte Urkunden sind sowohl der Berufsgenossenschaft als auch dem Verletzten rechtzeitig mitzutheilen; inwieweit[5]) ärztliche Zeugnisse in gleicher Weise mitzutheilen sind, unterliegt zunächst der Entscheidung des Vorsitzenden. Das Schiedsgericht ist befugt, anzuordnen, daß die unterlassene Mittheilung nachzuholen ist.

5. Das Schiedsgericht ist befugt, den Verletzten, deren Erscheinen bei der Verhandlung als erforderlich bezeichnet ist oder angesehen wird, eine Reiseentschädigung zuzubilligen.[6])

Zu §. 9.

[1]) in Augenschein zu nehmen. Die Parteien sind berechtigt, der Augenscheinseinnahme beizuwohnen. Das Gericht kann anordnen, daß Sachverständige zuzuziehen und an Ort und Stelle zu vernehmen sind.

[2]) Ortspolizeibehörde. Der polizeiliche Zwang soll auf kürzestem Wege die Durchführung der Augenscheinseinnahme ermöglichen.

[3]) zu ersuchen. Dieser Absatz ist in der Reichstagskommission hinzugefügt. Kom.Ber. 1900 S. 14, 15.

[4]) zu enthalten. Die zugehörige Strafandrohung findet sich im §. 107 G.U.V.G.

[5]) inwieweit. Die Einschränkung in der Vorlegung ärztlicher Atteste beruht einmal auf Erwägungen der Humanität, die es oft bedenklich erscheinen lassen, einem schwer Verletzten völlig klaren Einblick in seinen bedenklichen Zustand und das ihm noch bevorstehende schwere Leiden oder baldige Lebensende zu gewähren. Sodann aber ist mitbestimmend die wohlbegründete Besorgniß, daß die Aerzte mit der unerläßlichen Offenheit in der Beurtheilung des Falles zurückhalten werden, wenn sie gewärtigen müssen, daß jedes von ihnen geäußerte Wort zur Kenntniß des Verletzten gelangen werde. An die vom Schiedsgerichtsvorsitzenden verfügte Einschränkung der Mittheilung ist das versammelte Schiedsgericht nicht gebunden; es soll vielmehr befugt sein, die Mittheilung nachzuholen, wenn nach seiner Auffassung durch deren Unterlassung oder Einschränkung das Interesse des Entschädigungsberechtigten verletzt erscheint. (Mot. 1900 S. 30.)

[6]) Reiseentschädigung zuzubilligen. Dieser, der bisherigen Praxis

der Schiedsgerichte entsprechende Absatz ist auf Beschluß der Reichstags-Kommission hinzugefügt (Komm.Ber. 1900 S. 15). Die Bestimmung will zum Ausdruck bringen, daß eine Reiseentschädigung nicht nur dann zugebilligt werden kann, wenn der Verletzte vom Vorsitzenden zum Schiedsgericht geladen wird, sondern überhaupt dann, wenn das Schiedsgericht das Erscheinen des Verletzten vor dem Gericht als erforderlich erachtet, gleichviel ob der Verletzte auf Ladung oder aus eigener Entschließung erschienen ist.

§. 10.

Die Kosten[1]) des Schiedsgerichts sind nach Ablauf des Rech- 1.
nungsjahrs der Versicherungsanstalt von den betheiligten Berufsgenossenschaften und Ausführungsbehörden antheilig zu erstatten. Dabei wird das Verhältniß zu Grunde gelegt, in welchem die Zahl derjenigen gegen ihre Bescheide eingelegten Berufungen, welche in diesem Jahre erledigt worden sind, zur Gesammtzahl der vor dem Schiedsgericht in demselben Zeitraum erledigten Berufungen steht. Die Vertheilung der Kosten auf die Versicherungsanstalten, die Berufsgenossenschaften und Ausführungsbehörden erfolgt durch den Vorsitzenden des Schiedsgerichts.

Die Kosten des Verfahrens, welche durch die einzelnen Streit- 2.
fälle erwachsen,[2]) sowie solche besondere Kosten,[3]) welche durch die ausnahmsweise Zuziehung von Beisitzern gemäß §. 7. Abs. 2 entstehen, sind von demjenigen Träger der Versicherung zu zahlen, gegen dessen Bescheid die Berufung eingelegt ist.

Das Reichs-Versicherungsamt ist befugt, hierüber nähere Be- 3.
stimmungen zu erlassen.

Das Schiedsgericht ist befugt,[4]) den Betheiligten solche Kosten 4.
des Verfahrens zur Last zu legen, welche durch Muthwillen oder durch ein auf Verschleppung oder Irreführung berechnetes Verhalten derselben veranlaßt worden sind.

Zu §. 10.

1) **Kosten.** In Bezug auf die Kosten bedarf es neben den im Invalidenversicherungsgesetze gegebenen Bestimmungen nur einer Regelung der Frage, wie die von den Versicherungsanstalten zunächst zu bestreitenden Kosten der Gerichtshaltung antheilig von den Berufsgenossenschaften und Ausführungsbehörden zu erstatten sind. Als Maßstab für diese Erstattung ist die Zahl der im Laufe des Jahres gegen Bescheide der einzelnen Träger der Versicherung (Ausführungsbehörde, Berufungsgenossenschaft, Versicherungsanstalt) erledigten Berufungen genommen. Dabei wird nicht die Zahl der rechtskräftigen Entscheidungen zu Grunde gelegt, sondern jedes vom Schiedsgerichte gesprochene Urtheil mitgezählt, mag auch die gleiche Sache etwa vom Versicherungsamte zur nochmaligen Verhandlung dem Schiedsgericht überwiesen

werden. Dieser Maßstab hat den Vorzug großer Einfachheit und wird im Ganzen schwerlich eine ins Gewicht fallende Ueberlastung eines der Träger der Versicherung zur Folge haben. (Mot. 1900 S. 30.)

²) Kosten der einzelnen Streitfälle. Die ausscheidbaren Kosten des Verfahrens im einzelnen Streitfalle bleiben, wie es bisher bei den an einzelnen Orten für mehrere Berufsgenossenschaften verbundenen Schiedsgerichten gehalten worden ist, zu Lasten desjenigen Trägers der Versicherung, gegen dessen Bescheid die Berufung eingelegt ist.

³) besondere Kosten. Regelmäßig wird die Besetzung des Schiedsgerichts mit Beisitzern in der Weise durchgeführt werden können, daß auf den einen Sitzungstag land- und forstwirthschaftliche oder bergbauliche, auf den anderen gewerbliche Fälle mit entsprechenden Beisitzern angesetzt werden. Da die gewerblichen Beisitzer wenigstens in besonderen Ausnahmefällen auch über landwirthschaftliche und bergbauliche Fälle, ebenso die landwirthschaftlichen und bergbaulichen Beisitzer unter gleicher Voraussetzung auch über gewerbliche Fälle urtheilen dürfen (vergl. §. 7 Anm. 2), so werden insoweit besondere Kosten, die nicht gleichmäßig auf die Gesammtheit zu vertheilen wären, nicht entstehen. Anders verhält es sich, wenn wegen begründeter Anträge (§. 7 Abs. 2) es sich nicht vermeiden läßt, zu einer Schiedsgerichtssitzung zwei Arten von Beisitzern aus verschiedenen Gewerbszweigen einzuladen. Die hierdurch entstehenden Mehrkosten können gerechterweise nicht den allgemeinen Kosten der Gerichtshaltung zugeschlagen werden; vielmehr muß solche besondere Kosten der betheiligte Träger der Versicherung auf sich nehmen. Nähere Ausführungsbestimmungen hierüber zu erlassen, kann dem Reichs-Versicherungsamt überlassen werden. (Mot. 1900 S. 30).

⁴) Diese Befugniß steht dem Schiedsgericht in Invalidenversicherungssachen nach dem durch §. 104 Abs. 5 J.V.G. für anwendbar erklärten §. 64 Abs. 5 a. a. O. gleichfalls zu (vergl. Anm. 1 zu §. 3 H.G.). Ebenso dem Reichs-(Landes-)Versicherungsamt nach § 19 Abs. 2 H.G.

Reichs-Versicherungsamt.[1])

§. 11.

1. Das Reichs-Versicherungsamt hat seinen Sitz in Berlin und besteht aus ständigen und nichtständigen Mitgliedern.

2. Der Präsident[2]) und die übrigen ständigen Mitglieder werden auf Vorschlag des Bundesraths vom Kaiser auf Lebenszeit ernannt. Aus den ständigen Mitgliedern werden vom Kaiser die Direktoren[2]) und die Vorsitzenden der Senate[2]) ernannt. Die übrigen Beamten des Reichs-Versicherungsamts werden vom Reichskanzler ernannt.

3. Von den nichtständigen Mitgliedern werden sechs[3]) vom Bundesrath, und zwar mindestens vier aus seiner Mitte, sechs als Vertreter der Arbeitgeber von den Vorständen der Berufsgenossenschaften und den Ausführungsbehörden[4]) sowie sechs als Vertreter der Versicherten

von den dem Arbeiterstand angehörenden Beisitzern der Schiedsgerichte⁵) gewählt.

Die Vertreter der Arbeitgeber und der Versicherten werden auf die Berufsgenossenschaften und Ausführungsbehörden in der Weise vertheilt, daß 4.

a) für den Bereich des Gewerbe- und des Bau-Unfallversicherungsgesetzes,

b) für den Bereich des Unfallversicherungsgesetzes für Land- und Forstwirthschaft,

c) für den Bereich des See-Unfallversicherungsgesetzes

je zwei Vertreter der Arbeitgeber und je zwei Vertreter der Versicherten gewählt werden.[6])

Bei der Wahl der Vertreter[7]) der Versicherten sind wahlberechtigt 5.

a) für die Land- und Forstwirthschaft nur die land- und forstwirthschaftlichen Beisitzer der Schiedsgerichte,

b) für die See-Unfallversicherung nur die auf Grund des See-Unfallversicherungsgesetzes versicherten oder auf Grund des §. 4 Abs. 2 berufenen Beisitzer der Schiedsgerichte,

c) für die gewerbliche und die Bau-Unfallversicherung die sonstigen Beisitzer der Schiedsgerichte einschließlich der Beisitzer der auf Grund der §§. 8, 10 des Invalidenversicherungsgesetzes errichteten Schiedsgerichte.

Zu §. 11.

[1]) Wie für die Schiedsgerichte, so sind auch für das R.V.A. und die Landes-Versicherungsämter die Bestimmungen über Organisation, Geschäftsgang und Kosten aus Rücksichten der Uebersichtlichkeit aus den einzelnen Unfallversicherungsgesetzen (vgl. U.V.G. §. 87) ausgeschieden und hierher übernommen.

[2]) Präsident .. Direktoren. Im zweiten Absatz ist die seit Erlaß des U.V.G. eingetretene Erweiterung des R.V.A. und die Amtsbezeichnung des Vorsitzenden und der Abtheilungsleiter (Präsident und zwei Direktoren der Abtheilungen für Unfallversicherung und für Invalidenversicherung) berücksichtigt. Während die Vorsitzenden der Spruchkammern (Senate), deren Zahl z. Z. 20 beträgt, mit dieser Funktion als Vertreter des Präsidenten bisher auf Grund des §. 27 der Kais. V.O. vom 5. August 1885 durch Verfügung des Reichskanzlers betraut waren, wurde in der Reichstagskommission unter Hinweis auf die gleichartigen Verhältnisse der Oberlandesgerichte Werth darauf gelegt, daß künftig die Vorsitzenden für diese Funktion vom Kaiser ernannt werden sollten (Komm.Ber. 1900 S. 19). Gleiche Rücksichten gaben sodann bei der zweiten Lesung im Plenum (Sten.Ber. vom 11. Mai 1900 S. 5432) die Veranlassung, für die Spruchkammern die Bezeichnung als „Senate" in das Gesetz aufzunehmen. In der dritten Lesung

(Sten.Ber. vom 26. Mai 1900 S. 5793) ist schließlich die allgemeine Anwendung der Bezeichnung „Senat" für alle Spruchkollegien des R.V.A., auch soweit sie sich mit der Invalidenversicherung zu befassen haben, in Aussicht genommen.

[3]) sechs Mitglieder vom Bundesrath gewählt. Im Hinblick auf die allmählich eingetretene Vermehrung der Zahl der nichtständigen Mitglieder des R.V.A. aus den Berufsgenossenschaften und den Versicherten, ist die Zahl der vom Bundesrath gewählten Mitglieder von bisher 4 ebenfalls auf 6 erhöht, so daß diese Zahl derjenigen der anderen Kategorien von nichtständigen Mitgliedern (je 2 aus dem Gewerbe, je 2 aus Landwirthschaft, je 2 aus Seeschiffahrt) gleich kommt. In Bezug auf die neu hinzutretenden beiden Mitglieder ist von der Anforderung abgesehen, daß sie Mitglieder des Bundesraths sein müssen. Die thatsächliche Gestaltung der Verhältnisse hat bisher dazu geführt, daß Preußen, obwohl es beim Mangel eines Landes-Versicherungsamts im hervorragendsten Maße interessirt ist, derjenigen Fühlung mit der Rechtsprechung und der Geschäftsthätigkeit des Reichs-Versicherungsamts entbehrt, welche Bayern, Württemberg und Baden sowie abwechselnd Königreich Sachsen und Großherzogthum Sachsen-Weimar durch ihre zu nichtständigen Mitgliedern dieses Amtes gewählten Bundesrathsbevollmächtigten besitzen. Für die neu zu schaffenden Stellen werden nur Beamte in Frage kommen, die in Folge intensiver Beschäftigung mit der Arbeiterversicherung über besondere Sachkunde verfügen, gleichzeitig aber in der Lage sind, neben ihren sonstigen dienstlichen Obliegenheiten an der Arbeit im Reichs-Versicherungsamte thätigen Antheil zu nehmen. In letzterer Beziehung sind die preußischen Bevollmächtigten zum Bundesrath, die durch ihr Hauptamt in Berlin alle sehr stark in Anspruch genommen sind und daneben im Bundesrath mitwirken, in anderer Lage als die übrigen Bevollmächtigten, deren Hauptbeschäftigung, so lange sie in Berlin sind, beim Bundesrath stattfindet. (Mot. 1900 S. 32; Komm.Ber. 1900 S. 20.)

[4]) In Bezug auf die Ausführungsbehörden beruhte die Mitbetheiligung an der Wahl von nichtständigen Mitgliedern des Reichs-Versicherungsamts früher auf §. 2 des Gesetzes vom 28. Mai 1885, wonach für Reichs- und Staatsbetriebe die Befugnisse und Obliegenheiten des Genossenschaftsvorstandes durch Ausführungsbehörden wahrgenommen werden; durch das Bau-Unfallversicherungsgesetz vom 11. Juli 1887 sind weitere Ausführungsbehörden, insbesondere auch solche von Kommunalverbänden und anderen öffentlichen Korporationen hinzugetreten (§. 4 Ziffer 2, 3, §§. 46, 47 a. a. O.). Eine ausdrückliche Vorschrift, wonach die Ausführungsbehörden an den Wahlen zum Reichs-Versicherungsamte neben den Genossenschaftsvorständen zu betheiligen sind, war hiernach bisher nicht erforderlich. Nachdem die Vorschriften über diese Wahlen, losgelöst von den einzelnen Unfallversicherungsgesetzen, hier zusammengefaßt sind, durften die Ausführungsbehörden nicht unerwähnt bleiben. Dabei sind, entsprechend den bevollmächtigten Leitern der Betriebe, auch die Beamten der Betriebe, für welche die Ausführungsbehörde bestellt ist, als wählbar bezeichnet (§. 12 Abs. 2).

[5]) von den Beisitzern der Schiedsgerichte gewählt. Gleich den aus den gewerblichen Arbeitern berufenen nichtständigen Mitgliedern des

Reichs-Versicherungsamts, sollen fortan auch die aus den land- und forstwirthschaftlichen Arbeitern hervorgehenden Beisitzer, welche bisher vom Bundesrathe berufen wurden, von den land- und forstwirthschaftlichen Beisitzern der Schiedsgerichte gewählt werden. Die bisherige verschiedene Behandlung beider Kategorien war in der dem Reichstage seiner Zeit zugegangenen Vorlage der verbündeten Regierungen nicht vorgesehen, verdankt vielmehr ihre Entstehung einem, demnächst beibehaltenen, Beschlusse der Reichstagskommission (Drucksache des Reichstags, 6. Legislaturperiode, II. Session 1885/86, Nr. 252, Seite 35), wobei man von der Annahme ausging, daß die Wahl von zwei Arbeitern aus dem großen Kreise der in Betracht kommenden etwa sieben Millionen land- und forstwirthschaftlicher Arbeiter nur den Schein eines Wahlverfahrens und einer wirklichen Vertretung biete. Dazu kam, daß nach dem bisherigen Aufbaue die Beisitzer der besonderen landwirthschaftlichen Schiedsgerichte im Gegensatze zu den Beisitzern der besonderen gewerblichen Schiedsgerichte in weiten Gebieten des Reichs mangels wahlberechtigter Krankenkassen nicht aus Wahlen hervorgegangen, sondern von Behörden berufen waren. Bei dieser Ungleichartigkeit in der Berufung der Schiedsgerichtsbeisitzer fehlte es an einem ausreichenden Anlasse, beide Kategorien gleichmäßig an der Bestellung der nichtständigen Mitglieder des Reichs-Versicherungsamts zu betheiligen, und man konnte mit Recht ausführen, daß es richtiger sei, bei den land- und forstwirthschaftlichen Beisitzern von dem umständlichen Wahlverfahren für das Reichs-Versicherungsamt abzusehen und die Berufung der nichtständigen Mitglieder aus den land- und forstwirthschaftlichen Versicherten einer geeigneten Zentralinstanz, dem Bundesrathe, zu übertragen. Gegenwärtig ist nun durch die im §. 5 Abs. 2 vorgeschlagene Bestimmung Vorsorge dafür getroffen, daß auch die landwirthschaftlichen Schiedsgerichtsbeisitzer in gleicher Weise, wie die gewerblichen Beisitzer der Schiedsgerichte gewählt werden, und zwar von den Ausschüssen der Versicherungsanstalten. Beide Arten von Beisitzern stehen in den Schiedsgerichten für Arbeiterversicherung auf gleichem Fuße. Unter diesen Umständen würde eine verschiedenartige Regelung der Berufung für das Reichs-Versicherungsamt nicht gerechtfertigt sein. (Mot. 1900 S. 31.)

[6]) Vertreter . . gewählt werden. Im Abs. 4 ist lediglich der bisherige Rechtszustand zusammengefaßt. (Vergl. §. 87 Abs. 2 bis 5, §. 88 Abs. 1 Satz 2, §§. 90, 91, 92 Abs. 1, §. 93 des Gesetzes vom 6. Juli 1884 und die Parallelstellen der Gesetze vom 5. Mai 1886 und 13. Juli 1887, auch §. 45 des Gesetzes vom 11. Juli 1887).

[7]) Wahl der Vertreter. Die Wahlen erfolgen sowohl bei den Arbeitgebern als auch bei den Versicherten getrennt für Land- und Forstwirthschaft, für Gewerbe und für Seeschiffahrt. Hinsichtlich der letzteren ist im §. 11 Abs. 5 unter lit. b eine Fassung gewählt, welche nicht nur dem zunächst bestehenden Zustand entspricht, wonach für die Seeschiffahrt in gleicher Weise wie für Land- und Forstwirthschaft besondere Beisitzer in den Schiedsgerichten der Küstenbezirke bestellt werden, sondern auch für die künftig etwa zu errichtenden besonderen Schiedsgerichte passen wird, wenn die See-Berufsgenossenschaft als Kasseneinrichtung zur selbständigen Durchführung der Invalidenversicherung für Seeleute zugelassen werden sollte. Im §. 11

Abs. 5 lit. c mußte aus diesem Grunde die Bezugnahme auf §. 11 des Invalidenversicherungsgesetzes, welcher die Zulassung einer Kasseneinrichtung für die See-Berufsgenossenschaft behandelt, unterbleiben. (Mot. 1900 S. 33.)

§. 12.

1. Wählbar sind deutsche, männliche, volljährige, im Reichsgebiete wohnende Personen.[1]) Nicht wählbar ist, wer zum Amte eines Schöffen unfähig ist (§. 32 des Gerichtsverfassungsgesetzes).

2. Wählbar zu Vertretern der Arbeitgeber sind die stimmberechtigten Mitglieder der Genossenschaften,[2]) deren gesetzliche Vertreter sowie die bevollmächtigten Leiter ihrer Betriebe,[3]) außerdem für Ausführungsbehörden die die Geschäfte der Genossenschaftsvorstände führenden Beamten sowie die sonstigen Beamten der Betriebe, für welche die Ausführungsbehörde bestellt ist.

3. Wählbar zu Vertretern der Versicherten sind Personen,[4]) die auf Grund der betreffenden Unfallversicherungsgesetze versichert sind, für den Bereich der See-Unfallversicherung auch befahrene Schiffahrtskundige, welche nicht Rheder, Mitrheder, Korrespondentrheder oder Bevollmächtigte (§. 17 des See-Unfallversicherungsgesetzes) sind.

Zu §. 12.

[1]) **wählbar . . Personen.** Uebereinstimmend mit dem nach §. 104 Abs. 5 J.V.G. und §. 3 H.G. auf die Schiedsgerichtsbeisitzer Anwendung findenden §. 88 J.V.G. — Vgl. §. 5 Abs. 2 H.G. — Neu ist das Erforderniß der deutschen Staatsangehörigkeit. Vgl. auch Anm. 3 zu §. 14 Abs. 3.

[2]) **Mitglieder der Genossenschaften.** Bisher waren nur die Vorstandsmitglieder wählbar. Vgl. Mot. 1900 S. 33.

[3]) **Die . . Leiter der Betriebe** erlangen hier die Wählbarkeit zum R.V.A., obwohl sie zu Mitgliedern der Vorstände nur kraft statutarischer Bestimmung (§. 43 G.U.V.G.) wählbar sind. Die Bestimmung ist aber unbedenklich, weil die Wahl in jedem einzelnen Falle ergiebt, ob der betreffende Betriebsleiter von der Mehrzahl der wählenden Genossenschaftsvorstände für persönlich geeignet erachtet wird, die Arbeitgeber im R.V.A. zu vertreten.

[4]) **Wählbar . . Personen.** Der Kreis der wählbaren Personen ist auch hier erweitert (früher waren nur die Schiedsgerichtsbeisitzer wählbar), und deckt sich mit dem zum Beisitz im Schiedsgericht wählbaren und zur Mitwirkung in Unfallversicherungssachen berufenen Personenkreise (§. 7 Abs. 1).

§. 13.

Für die Vertreter der Arbeitgeber und der Versicherten sind in der gleichen Weise nach Bedürfniß[1]) Stellvertreter zu wählen, welche die Mitglieder in Behinderungsfällen zu vertreten haben. Scheidet ein solches Mitglied während der Wahlperiode aus, so haben für den Rest derselben die Stellvertreter in der Reihenfolge ihrer Wahl als Mitglied einzutreten.

Zu §. 13.

1) Stellvertreter . . nach Bedürfniß. Mit dem zunehmenden Umfange der rechtsprechenden Thätigkeit des Reichs-Versicherungsamts hatte sich schon früher die Zahl der für die Vertreter der Arbeitgeber und der Versicherten ursprünglich vorgesehenen je 2 Stellvertreter als unzureichend erwiesen. Durch Gesetz vom 16. Mai 1892 (R.G.Bl. S. 665) hatte deshalb §. 87 U.V.G. eine mit der obigen übereinstimmende Fassuug erhalten. Auf Grund dieser Bestimmung sind zur Zeit für jedes von den nichtständigen Mitgliedern aus den Arbeitgebern und den Versicherten im Bereiche der gewerblichen Unfallversicherung 15 Stellvertreter bestellt.

§. 14.

Die Wahl der Vertreter der Arbeitgeber und der Versicherten 1. erfolgt unter Leitung des Reichs-Versicherungsamts in getrennter Wahlhandlung mittelst schriftlicher Abstimmung nach relativer Mehrheit der Stimmen; bei Stimmengleichheit entscheidet das Loos. Das Stimmenverhältniß der einzelnen Wahlkörper bestimmt der Bundesrath unter Berücksichtigung der Zahl der versicherten Personen. Der Bundesrath kann bestimmen, daß und in welcher Weise die Wahlen nach Bezirken zu erfolgen haben und wie die zu wählenden Personen auf einzelne Bezirke zu vertheilen sind.1) Das Ergebniß der Wahl ist öffentlich bekannt zu machen.

Die Amtsdauer der nichtständigen Mitglieder und ihrer Stell- 2. vertreter währt fünf2) Jahre. Die Gewählten bleiben nach Ablauf dieser Zeit so lange im Amte, bis ihre Nachfolger ihr Amt angetreten haben. Die Ausscheidenden sind wieder wählbar.

Werden hinsichtlich eines Gewählten Thatsachen bekannt, welche 3. dessen Wählbarkeit nach Maßgabe dieses Gesetzes ausschließen,3) oder welche sich als grobe Verletzungen der Amtspflicht darstellen, so ist der Gewählte, nachdem ihm Gelegenheit zur Aeußerung gegeben worden ist, durch Beschluß des Reichs-Versicherungsamts seines Amtes zu entheben.

Zu §. 14.

1) auf Bezirke zu vertheilen sind. Während im Uebrigen die bisherigen Bestimmungen im Wesentlichen beibehalten sind, ist dieser Satz neu hinzugefügt. Die Bestimmung soll dazu dienen, daß die hauptsächlich wichtigen Betriebszweige und daß die verschiedenen Theile des Reichs bei der Zusammensetzung des Reichs-Versicherungsamts berücksichtigt werden, sofern hierfür nicht schon durch eine angemessene Verständigung unter den

Wahlberechtigten, wie es bisher im Großen und Ganzen geschehen ist, gesorgt werden sollte. (Mot. 1900 S. 34).

[2]) währt fünf Jahre. Früher vier Jahre. Die Amtsdauer der Gewählten ist durchweg auf 5 Jahre verlängert, um weniger häufig die Umständlichkeiten der Wahl eintreten zu lassen.

[3]) dessen Wählbarkeit ausschließen. Die Bestimmung ist neu, sie bringt eine feste gesetzliche Regelung, auch hinsichtlich des Verfahrens, für das R.V.A. nach dem Vorbilde der in §§. 91, 104 Abs. 5 Ziffer 2 J.V.G. für die Schiedsgerichte geltenden Bestimmungen. Der Beschluß des Reichs-Versicherungsamts ist endgültig.

§. 15.

Die Entscheidungen des Reichs-Versicherungsamts sind endgültig[1]), soweit in den Gesetzen nicht ein Anderes bestimmt ist.[2])

Zu §. 15.

[1]) endgültig. Die gleiche Bestimmung fand sich bisher im §. 88 Abs. 1 Satz 2 U.V.G., sie soll „einen weiteren Instanzenzug an den Bundesrath oder an den Reichskanzler (Reichsamt des Innern), dessen Aufsicht die Behörde verfassungsmäßig unterliegt, von vornherein ausschließen". Mot. 1884 S. 81. Darüber, in welchem Umfange dem Reichskanzler (Reichsamt des Innern) in Verwaltungsangelegenheiten Aufsichtsbefugnisse gegenüber dem R.V.A. zustehen, vgl. Sten.Ber. des Reichstags vom 25. Januar 1897 Seite 4291.

[2]) Anderes bestimmt ist; wie im §. 39 G.U.V.G. für den Fall der Versagung der Genehmigung eines Genossenschaftsstatuts oder einer Statutenänderung vorgeschrieben.

§. 16.

1. Die Entscheidungen des Reichs-Versicherungsamts erfolgen in der Besetzung von fünf Mitgliedern[1]) einschließlich des Vorsitzenden, unter denen sich je ein Vertreter der Arbeitgeber und der Versicherten befinden muß, und unter Zuziehung von zwei richterlichen Beamten, wenn es sich handelt

1. um die Entscheidung auf Rekurse gegen die Entscheidungen der Schiedsgerichte;
2. um die Entscheidung vermögensrechtlicher Streitigkeit bei Veränderungen des Bestandes der Berufsgenossenschaften;
3. um die Entscheidung in den Fällen des §. 73 Abs. 2, §§. 82, 83 Abs. 1, 2, §§. 85, 116, 124 Abs. 3 des Gewerbe-Unfallversicherungsgesetzes, §. 79 Abs. 2, §§. 88, 89 Abs. 1, 2, §§. 91, 124, 130 Abs. 3 des Unfallversicherungsgesetzes für Land- und Forstwirthschaft, §. 78 Abs. 2, §§. 86, 87 Abs. 1, 2, §§. 89, 122 Abs. 1, §. 126 Abs. 3 des See-Unfallversicherungsgesetzes.

Beschlüsse, durch welche Rekurse ohne mündliche Verhandlung 2.
zurückgewiesen werden (Gewerbe-Unfallversicherungsgesetz §. 81 Abs. 1, Unfallversicherungsgesetz für Land- und Forstwirthschaft §. 87 Abs. 1, See-Unfallversicherungsgesetz §. 85 Abs. 1), erfolgen in der Besetzung mit drei Mitgliedern,²) unter denen sich je ein Vertreter der Arbeitgeber und der Versicherten befinden muß.

Die Vertreter der Arbeitgeber und der Versicherten sind, sofern 3.
es sich nicht um allgemeine Angelegenheiten handelt, nur zu denjenigen Verhandlungen zuzuziehen,³) bei denen es sich um Angelegenheiten der Berufsgenossenschaften handelt,⁴) für welche sie gewählt sind.

Zu §. 16.

¹) fünf Mitglieder. Die Besetzung der Spruchsenate ist unverändert geblieben (vgl. §. 90 Abs 1, 3 U.V.G.); der Vorschlag der verbündeten Regierungen, die Besetzung der Senate zu vereinfachen und ebenso zu gestalten, wie nach §. 110 J.V.G., hat die Zustimmung des Reichstags nicht gefunden. Nur in Bezug auf die Erledigung von unzulässigen, verspäteten oder offenbar ungerechtfertigten Rekursen (oben Abs. 2) ist eine einfachere Behandlung vorgesehen.

²) drei Mitglieder. Eine ähnliche Bestimmung enthält § 110 Abs. 2 J.V.G.

³) nur . . . zuzuziehen. Entspricht dem bisherigen Zustande, wie er durch die allmähliche Erweiterung der Unfallversicherung begründet war (vgl. §. 95 Abs. 3 L.U.V.G. vom 5. Mai 1886, §. 97 Abs. 3 S.U.V.G. vom 13. Juli 1887). — Die Wahl zum nichtständigen Mitgliede des Reichs-Versicherungsamts schließt nicht das Recht ein, von allen die Verwaltung betreffenden Vorgängen Kenntniß zu nehmen, beispielsweise sich Berichte der Genossenschaftsvorstände über die Ergebnisse der Ueberwachung der Betriebe vorlegen zu lassen. (Komm.Ber. 1900 S. 135).

⁴) Angelegenheiten handelt. Die drei Gruppen von Vertretern (für Gewerbe, Land- und Forstwirthschaft, Seeschiffahrt) sind im §. 11 Abs. 4 H.G. festgesetzt.

§. 17.

Will ein Senat des Reichs-Versicherungsamts in einer grund- 1.
sätzlichen Rechtsfrage von der Entscheidung eines anderen Senats abweichen, so ist die Sache zur Entscheidung an einen erweiterten Senat zu verweisen.¹) Dieser entscheidet unter dem Vorsitze des Präsidenten des Reichs-Versicherungsamts in der Besetzung mit zwei nichtständigen Mitgliedern des Reichs-Versicherungsamts aus den vom Bundesrathe gewählten Mitgliedern, zwei ständigen Mitgliedern, zwei richterlichen Beamten und je zwei Vertretern der Arbeitgeber und der Arbeitnehmer.²) An Stelle der vom Bundesrathe gewählten Mitglieder können ständige Mitglieder des Reichs-Versicherungsamts zugezogen werden.

2. Das Gleiche gilt, wenn ein Senat von der Entscheidung des erweiterten Senats abweichen will.

Zu §. 17.

1) an einen erweiterten Senat verweisen. Bei der großen Zahl der Senate des R.V.A. bedarf es einer festen Einrichtung zur Verhütung von grundsätzlichen Verschiedenheiten in der Rechtsprechung der einzelnen Senate. Dem gleichen Zwecke der Aufrechterhaltung einheitlicher Grundsätze ist für das Reichsgericht durch §. 137 des Gerichtsverfassungsgesetzes (G.G.Bl. 1898 S. 371) genügt, welcher verordnet, daß die Feststellung des anzuwendenden Grundsatzes — die Entscheidung über die streitige Rechtsfrage — durch die vereinigten Senate oder durch das Plenum erfolgt. Für das in anderer Weise, nämlich zum Theil mit nicht rechtskundigen Mitgliedern, besetzte R.V.A. ist es zweckmäßiger, den Einzelfall unmittelbar dem erweiterten Spruchkollegium zur Entscheidung zu überweisen, dessen Entscheidung dann auch für andere Fälle maßgebend sein muß. Näheres bestimmt die Kais. V.O. über das Verfahren vor dem R.V.A. vom 19. Oktober 1900 (Anlage M).

2) Die Zusammensetzung des erweiterten Senats beruht auf den Beschlüssen des Plenums des Reichstags in zweiter Lesung. (Sten.Ber. vom 11. Mai 1900 S. 5434). Die nähere Regelung ist der nach §. 19 Abs. 4 H.G. zu erlassenden Kaiserlichen Verordnung überlassen. (Vgl. §§. 23, 24 dieser V.O.; Anlage M).

§. 18.

In folgenden Angelegenheiten:1)

1. bei der Vorbereitung der Beschlußfassung des Bundesraths über die Bestimmung, welche Betriebe mit besonderer Unfallgefahr nicht verbunden und deshalb nicht versicherungspflichtig sind (§. 1 Abs. 3 des Gewerbe-Unfallversicherungsgesetzes);
2. bei der Vorbereitung der Beschlußfassung des Bundesraths über die Genehmigung von Veränderungen des Bestandes der Berufsgenossenschaften (§. 52 a. a. O., §. 62 des Unfallversicherungsgesetzes für Land- und Forstwirthschaft), über die Auflösung einer leistungsunfähigen Genossenschaft (§. 54 des Gewerbe-Unfallversicherungsgesetzes, §. 64 des Unfallversicherungsgesetzes für Land- und Forstwirthschaft, §. 57 des See-Unfallversicherungsgesetzes);
3. bei der Beschlußfassung über die Genehmigung von Vorschriften zur Verhütung von Unfällen (§. 112 des Gewerbe-Unfallversicherungsgesetzes, §. 120 des Unfallversicherungsgesetzes für Land- und Forstwirthschaft, §. 118 des See-Unfallversicherungsgesetzes)

ist mindestens je ein nichtständiges Mitglied aus den Vertretern der Arbeitgeber und der Versicherten zuzuziehen.

Zu §. 18.

[1]) Neben den im §. 16 bezeichneten sind dies diejenigen Angelegenheiten, in denen auch nach §. 90 U.V.G. Vertreter der Arbeitgeber und der Versicherten zuzuziehen waren; fortgefallen sind nur die früher aufgeführten Strafbeschwerden, soweit deren Erledigung nicht mehr dem R.V.A., sondern nach §. 149 G.U.V.G. den Landesbehörden zusteht (vgl. jedoch §§. 116, 124 Abs. 3 G.U.V.G., sowie §. 16 Abs. 1 Ziffer 3 H.G.).

§. 19.

Die Kosten des Reichs-Versicherungsamts und des Verfahrens vor demselben trägt das Reich.[1]) 1.

Das Reichs-Versicherungsamt ist befugt, den Betheiligten solche Kosten des Verfahrens zur Last zu legen, welche durch Muthwillen oder durch ein auf Verschleppung oder Irreführung berechnetes Verhalten derselben veranlaßt worden sind.[2]) 2.

Die nichtständigen Mitglieder erhalten für die Theilnahme an den Arbeiten und Sitzungen des Reichs-Versicherungsamts eine nach dem Jahresbetrage festzusetzende Vergütung, und diejenigen, welche außerhalb Berlins wohnen, außerdem Ersatz der Kosten der Hin- und Rückreise nach den für die vortragenden Räthe der obersten Reichsbehörden geltenden Sätzen (Verordnung vom 21. Juni 1875, Reichs-Gesetzbl. S. 249). Die Bestimmungen im §. 16 des Gesetzes, betreffend die Rechtsverhältnisse der Reichsbeamten, vom 31. März 1873 (Reichs-Gesetzbl. S. 61) finden auf sie keine Anwendung.[3]) 3.

Im Uebrigen werden die Formen des Verfahrens und der Geschäftsgang des Reichs-Versicherungsamts durch Kaiserliche Verordnung unter Zustimmung des Bundesraths geregelt.[4]) 4.

Zu §. 19.

[1]) Kosten . . trägt das Reich, wie bisher nach §. 91 Abs. 1. U.V.G.

[2]) Veranlaßt worden sind. Die gleiche Befugniß steht dem R.V.A. für den Bereich der Invalidenversicherung bereits zu, wie sich daraus ergiebt, daß sie den Schiedsgerichten durch §. 104 Abs. 5 J.V.G., welcher den §. 64 Abs. 5 a. a. O. für anwendbar erklärt, beigelegt ist.

[3]) Wie bisher nach §. 91 Abs. 2 U.V.G.

[4]) Bisher §. 90 Abs. 4. U.V.G. Die Kais. V.O. ist unter dem 19. Oktober 1900 (R.G.Bl. S. 983) erlassen und als Anlage M abgedruckt.

Regelung des Gebührenwesens.[1])

§. 20.

Die Gebühren der Rechtsanwälte im Verfahren vor den Schiedsgerichten und dem Reichs-Versicherungsamte werden durch Kaiserliche Verordnung mit Zustimmung des Bundesraths, die Gebühren im 1.

Verfahren vor den Landes-Versicherungsämtern von den Landesregierungen festgesetzt.

2. Eine Vereinbarung über höhere Beträge ist nichtig.[2])

Zu §. 20.

[1]) Gebührenwesen. Die Vorschrift entstammt einem Beschlusse der Reichstags-Kommission (Komm.Ber. 1900 S. 28). Bisher stellten die Schiedsgerichte und das R.V.A. die Gebühr des Anwalts für den einzelnen Fall fest, wenn und soweit die Erstattung durch den unterliegenden Theil in Betracht kam. Die Anwendung der Gebührenordnung für Rechtsanwälte war dabei ausgeschlossen. In der Kommission war man einig darüber, daß, da eine Vertretung durch Rechtsanwälte statthaft und in schwierigen Fällen jedenfalls zweckmäßig sei, eine bestimmte, allgemein gültige Regelung des Gebührenwesens vorzunehmen sei. Weiter soll aber auch in dem internen Verhältnisse des Auftraggebers zum Beauftragten der Verletzte gegen übermäßige Ansprüche geschützt, und der auf diesem Gebiete nicht angebrachte Honorarvertrag ausgeschlossen werden. — Als selbstverständlich ist angenommen worden, daß gewerbsmäßigen Vertretern, die nicht Rechtsanwälte sind, jedenfalls keine höheren Vergütungen zugebilligt werden sollen, als Rechtsanwälten. Von einer allgemeinen Gebührenregelung für solche Personen ist, ebenso wie im Civilprozesse, abgesehen, weil sie keinen gleichartigen, abgeschlossenen und als solchen gesetzlich anerkannten Stand darstellen. Die Gebühren-Ordnung ist als Anlage abgedruckt.

[2]) ist nichtig. Dieser Satz soll allgemein gelten und ist deshalb in einen besonderen Absatz verwiesen. (Komm.Ber. 1900 S. 30). Danach ist nicht nur zwischen Entschädigungsberechtigten und Rechtsanwälten, sondern allgemein auch für andere Rechtsbeistände und Vertreter eine Vereinbarung über höhere Sätze nichtig.

Landes-Versicherungsämter.

§. 21.

1. In den einzelnen Bundesstaaten können für das Gebiet und auf Kosten derselben Landes-Versicherungsämter errichtet werden.[1])

2. Die Wirksamkeit des Landes-Versicherungsamts beschränkt sich auf Berufsgenossenschaften, welche nur solche Betriebe umfassen, deren Sitz im Gebiete des betreffenden Bundesstaats belegen ist.[2])

Zu §. 21.

[1]) Bisher §. 92 Abs. 1 U.V.G. — Landes-Versicherungsämter bestehen in Bayern, Sachsen, Württemberg, Baden, Hessen, Mecklenburg-Schwerin, Mecklenburg-Strelitz, Reuß älterer Linie.

[2]) In etwas veränderter Fassung gleich mit §. 92 Abs. 2 Satz 1 U.V.G.

§. 22.

1. Das Landes-Versicherungsamt[1]) besteht aus ständigen und nichtständigen Mitgliedern.

Die ständigen Mitglieder werden von dem Landesherrn des be- 2.
treffenden Bundesstaats auf Lebenszeit ernannt. Von den nichtständigen Mitgliedern werden in getrennter Wahlhandlung unter Leitung des Landes-Versicherungsamts mittelst schriftlicher Abstimmung vier[2]) als Vertreter der Arbeitgeber und vier als Vertreter der Versicherten und zwar in der Art gewählt, daß aus jeder Kategorie mindestens zwei auf die Land- und Forstwirthschaft und, soweit sonstige Träger der Unfallversicherung unter der Aufsicht des Landes-Versicherungsamts stehen, auf diese Träger mindestens je einer entfallen.

Die Wahl erfolgt unter entsprechender Anwendung der Vor- 3.
schriften des §. 11 Abs. 5, §§. 12, 13, 14 Abs. 1, 2 mit der Maßgabe, daß an die Stelle des Bundesraths die Landes-Zentralbehörde tritt. Jedoch nehmen an der Wahl der Vertreter der Arbeitgeber nur die Vorstände derjenigen Berufsgenossenschaften Theil, welche Betriebe, deren Sitz im Gebiet eines anderen Bundesstaats belegen ist, nicht umfassen, sowie die auf das Gebiet des Bundesstaats beschränkten Ausführungsbehörden, und an der Wahl der Vertreter der Versicherten nehmen nur die Beisitzer derjenigen Schiedsgerichte Theil, deren Sitz im Gebiete des Bundesstaats belegen ist.

Umfaßt der Wirkungskreis[3]) des Landes-Versicherungsamts außer 4.
land- und forstwirthschaftlichen Betrieben nur noch Ausführungsbehörden für Bauarbeiten, so brauchen demselben als nichtständige Mitglieder nur je zwei Vertreter der Land- und Forstwirthschaft anzugehören.

Das Stimmenverhältniß der einzelnen Wahlkörper bestimmt die 5.
Landesregierung unter Berücksichtigung der Zahl der bei den betreffenden Genossenschaften und Ausführungsbehörden versicherten Personen.

Die Enthebung eines Vertreters der Arbeitgeber oder der Ver- 6.
sicherten (§. 14 Abs. 3) erfolgt durch das Landes-Versicherungsamt.

Die Bestimmungen der §§. 16, 18, 19 Abs. 2 finden auf das 7.
Landes-Versicherungsamt entsprechende Anwendung.

Im Uebrigen regelt die Landesregierung die Formen des Ver- 8.
fahrens und den Geschäftsgang bei dem Landes-Versicherungsamte sowie die den nichtständigen Mitgliedern zu gewährende Vergütung.

Zu §. 22.

[1]) Der Inhalt dieses Paragraphen beruht auf dem bereits geltenden Rechte (§. 93 U.V.G., §. 100 Ges. v. 5. Mai 1886) und den über das R.V.A. getroffenen Bestimmungen.

[2]) Vier Mitglieder. Ausnahmsweise kann die Zahl auf 2 herabgemindert werden nach Abs. 4.

[3]) Eine Vereinfachung in der Zusammensetzung der Landes-Versicherungsämter ist dann zulässig, wenn ihr Wirkungskreis außer land- und forstwirthschaftlichen Betrieben nur noch Ausführungsbehörden für Bauarbeiten umfaßt. Für diese nur wenig umfangreichen Bauarbeiten, die überdies den mit der landwirthschaftlichen Unfallversicherung verbundenen Arbeiten zur Herstellung oder Unterhaltung von Wegen, Dämmen, Kanälen, Wasserläufen vielfach gleichstehen, bedarf es besonderer nichtständiger Mitglieder des Landes-Versicherungsamts nicht, vielmehr genügen für die Beurtheilung dieser Angelegenheiten die Vertreter der Land- und Forstwirthschaft. (Mot. 1900 S. 37.) Zur Zeit unterstehen allein dem Kgl. bayerischen, dem Kgl. sächsischen und dem Kgl. württembergischen L.V.A. gewerbliche Berufsgenossenschaften, nämlich die bayerische Holz-B.G., die bayerische Bau-B.G., die sächsische Textil-B.G., die sächsische Holz-B.G. und die württembergische Bau-B.G.

Weitere Einrichtungen der Berufsgenossenschaften.[1])

§. 23.

1. Die Berufsgenossenschaften sind berechtigt, Einrichtungen zu treffen

1. zur Versicherung der Betriebsunternehmer und der ihnen in Bezug auf Haftpflicht gleichgestellten Personen gegen Haftpflicht;[2])
2. zur Errichtung von Rentenzuschuß- und Pensionskassen für Betriebsbeamte[3]) sowie für die Mitglieder der Berufsgenossenschaft, die bei ihr versicherten Personen und die Beamten der Berufsgenossenschaft sowie für die Angehörigen dieser Personen.

2. Die Theilnahme an diesen Einrichtungen ist freiwillig. Soweit es sich um Haftpflichtansprüche aus der reichsgesetzlichen Unfallversicherung handelt, darf bei der Einrichtung unter 1 nicht mehr als zwei Drittel durch Versicherung gedeckt werden.[2])

3. Beschlüsse der Genossenschaftsversammlung, durch welche Einrichtungen der im Abs. 1 bezeichneten Art getroffen werden, sowie die hierfür erlassenen Statuten und deren Abänderung bedürfen der Genehmigung des Bundesraths.[4])

4. Die Berufsgenossenschaften unterliegen auch in Bezug auf diese Einrichtungen der Aufsicht des Reichs-Versicherungsamts.[5])

Zu §. 23.

[1]) Bei Einführung der berufsgenossenschaftlichen Organisation ist vielfach die Hoffnung gehegt worden, man werde die Berufsgenossenschaften für eine Reihe von weiteren Aufgaben neben der Unfallversicherung nutzbar

machen können. Diese Hoffnung hat sich bisher nicht erfüllt. Es erscheint angängig, nunmehr einen Versuch zu machen, wenigstens denjenigen Berufsgenossenschaften, welche dies wünschen, auf verwandten Gebieten ein weiteres Feld für ihre Thätigkeit zu eröffnen. (Mot. 1900 S. 37.)

²) Versicherung gegen Haftpflicht. Eine der wohlthätigen Wirkungen der Unfallversicherung ist, abgesehen von ihren sozialen Folgen, die Uebertragung der Haftpflicht des einzelnen Unternehmers auf die leistungsfähigere Gemeinschaft der Berufsgenossen. Die Haftpflicht ist jedoch durch die Unfallversicherung nur zum Theil, nämlich soweit versicherte Arbeiter ꝛc. in Betracht kommen, beseitigt; aber auch in dieser Beschränkung besteht unter gewissen Umständen noch ein Rest der Haftpflicht fort, indem die Unternehmer ꝛc. für die Aufwendungen der Berufsgenossenschaften und Krankenkassen unter Umständen aufkommen müssen (§§. 136, 137 des Gewerbe-Unfallversicherungsgesetzes). Die Haftpflicht kann sonach auch heute noch, namentlich für kleinere Unternehmer, im einzelnen Falle wirthschaftlich verhängnißvoll werden, während andererseits die Gesammtbelastung nach den Erfahrungen eines bestehenden Haftpflicht-Schutzverbandes nicht bedeutend sein wird. Unter diesen Umständen liegt es nahe, den Gedanken einer Solidarität der Unternehmer im Gesetze dahin auszudehnen, daß die Berufsgenossenschaften das Recht erhalten, neben der Zusammenfassung der Unternehmer zur Sicherung der Arbeiter, auch einen Verband zu errichten, dessen Aufgabe lediglich in der wirthschaftlichen Sicherung der Unternehmer gegen Haftpflichtansprüche besteht Ein Beitrittszwang soll für diese Einrichtung nicht eingeführt werden. Soweit die Haftpflichtversicherung sich auf solche Ansprüche erstreckt, welche nach den oben angeführten Bestimmungen der Unfallversicherungsgesetze der Berufsgenossenschaft selbst oder einer Krankenkasse gegen den einzelnen Unternehmer zustehen, kann es jedoch nicht für rathsam erachtet werden, eine Deckung des vollen Risikos durch Versicherung bei der Berufsgenossenschaft zuzulassen; denn wenn dies geschähe, so ginge damit ein sehr wesentlicher Antrieb für die Unternehmer, Unfälle zu vermeiden, verloren. Das Gesetz gestattet deshalb diese Versicherung nur bis zu zwei Dritteln, während das letzte Drittel zu Lasten des Unternehmers bleiben soll. Während in der Vorlage ausdrücklich vorgesehen war, daß bei der Errichtung einer Versicherungsanstalt gegen Haftpflichtansprüche die landesgesetzlichen Vorschriften, welche allgemein für die Errichtung solcher Anstalten gelten, befolgt werden (Mot. 1900 S. 37) sollten, sind im Gesetz unter Streichung der bezüglichen Worte die B.G. auch in Bezug auf die von ihnen eingerichtete Haftpflichtversicherung der Aufsicht des R.V.A. unterstellt (Abs. 4). Diese Abänderung der Vorlage hängt damit zusammen, daß die von der B.G. als einer öffentlichrechtlichen Korporation errichtete Haftpflichtversicherungsanstalt oder Pensionskasse ꝛc. nicht unter das Gesetz, über die privaten Versicherungsunternehmungen und die dort eingeführte Reichsaufsicht fällt. Dies ist ebensowenig der Fall, wie bei anderen Versicherungseinrichtungen öffentlicher Institute, die ohnehin einer gesetzlich geordneten Beaufsichtigung unterstellt sind, wie z. B. Arbeiterpensionskassen der Staatseisenbahnen. Die Aufsicht soll in solchen Fällen einheitlich von einer Stelle geführt werden (vgl. Anm. 5).

Die Kosten für ihre Verwaltung werden die betreffenden Nebeneinrichtungen selbst aufzubringen haben, da nicht alle Genossenschaftsmitglieder daran betheiligt sind.

³) Pensionskasse für Betriebsbeamte. Diese Erweiterung verdankt ihre Entstehung der Reichstags-Kommission (Kom.-Ber. 1900 S. 35). Insbesondere sollen Privatbeamte der Genossenschaftsmitglieder, sofern sie in deren versicherten Betrieben beschäftigt sind, auch dann bei der genossenschaftlichen Versicherungseinrichtung mit einer Pension eingekauft werden können, wenn sie selbst wegen der Höhe ihrer Bezüge der Unfallversicherung nicht unterstellt sind. Dies ist durch die im Plenum des Reichstags (2. Lesung Sten.Ber. 11. Mai 1900 S. 5437) beschlossene Fassung beabsichtigt.

⁴) Genehmigung des Bundesraths. Die weiteren Einrichtungen der B.G. können deren Leistungsfähigkeit berühren; da diese vom Bundesrath zu beurtheilen ist (§. 2 H.G., §. 52 G.U.V.G), müssen die Statuten vom Bundesrath geprüft und genehmigt werden; vgl. auch Anm. 2 am Ende.

⁵) Aufsicht des Reichs-Versicherungsamts. Das R.V.A. wird bei der Aufsicht über Haftpflichtversicherungsanstalten, Pensionskassen der B.Gen. 2c. sich der Beihülfe der Kais. Aufsichtsbehörde für die Privat-Versicherungsunternehmungen bedienen können.

Uebergangsbestimmung.

§. 24.

Die Wahlperiode der nach den bisherigen Bestimmungen gewählten Vertreter der Versicherten und nichtständigen Mitglieder des Reichs-Versicherungsamts sowie der Landes-Versicherungsämter und die Wahlperiode ihrer Stellvertreter endet mit dem 1. Januar 1902. Die Ausscheidenden bleiben jedoch so lange im Amte, bis die nach den neuen Bestimmungen an deren Stelle Gewählten ihr Amt angetreten haben.

Zu §. 24.

Die nur allmähliche Einführung der Unfallversicherung hat zur Folge gehabt, daß die Wahlperioden für verschiedene Vertreter der Arbeitgeber und der Versicherten zu verschiedenen Terminen abliefen. Die hieraus entstandenen Unzuträglichkeiten sind sowohl bei den mit der Leitung der Wahlen befaßten Behörden, als auch namentlich bei den Wahlkörpern, welche für verschiedenartige Berufsgenossenschaften an den Wahlen Theil nehmen, empfunden worden. Besonderer Maßnahmen zur Beseitigung der hervorgetretenen Unzuträglichkeiten bedarf es jedoch nicht in Bezug auf die Schiedsgerichtsbeisitzer, weil diese künftig von den Ausschüssen der Versicherungsanstalten gewählt werden sollen und für die Dauer ihrer Wahlperiode der durch §. 104 Abs. 5 des Invalidenversicherungsgesetzes für anwendbar erklärte §. 90 a. a. O. maßgebend ist. Dagegen bedarf es einer einheitlichen Gestaltung in Bezug auf die durch den Entwurf vorgesehene neue Reihe von Vertretern der Versicherten, welche zur Berathung und Beschlußfassung über

Unfallverhütungsvorschriften zugezogen werden sollen (§§. 113, 114 des Gewerbe-Unfallversicherungsgesetzes). Jedenfalls empfiehlt es sich, diesen Vertretern für alle Berufsgenossenschaften gleiche Amtsperioden zu geben, und es ist zu diesem Zwecke ein einheitlicher Endtermin für die Thätigkeit der bisherigen Vertreter einzuführen. Es empfiehlt sich, den Termin in Uebereinstimmung mit der Wahlperiode der sämmtlichen nichtständigen Mitglieder des Reichs-Versicherungsamts sowie der Landes-Versicherungsämter festzusetzen. (Mot. 1900 S. 38.)

Gesetzeskraft.

§. 25.

Der Zeitpunkt, von welchem ab

1. die im §. 3 bezeichneten Schiedsgerichte an die Stelle der bisherigen nach Berufsgenossenschaften errichteten Schiedsgerichte treten; 1.
2. die Unfallversicherung für solche Betriebszweige in Kraft tritt, welche durch §§. 1, 2 des Gewerbe-Unfallversicherungsgesetzes und durch §§. 152ff. des See-Unfallversicherungsgesetzes der Unfallversicherung neu unterstellt sind,

wird mit Zustimmung des Bundesraths durch Kaiserliche Verordnung bestimmt.[1])

Die Bestimmungen[2]) des §. 20 dieses Gesetzes, der §§. 25 bis 27 des Gewerbe-Unfallversicherungsgesetzes, der §§. 30 bis 32, 51 53 Abs. 3, §§. 57, 107, 108, 109 des Unfallversicherungsgesetzes für Land- und Forstwirthschaft sowie der §§. 29 bis 31, 49, 104 des See-Unfallversicherungsgesetzes treten erst am 1. Januar 1902 an die Stelle der bisherigen Bestimmungen. 2.

Im Uebrigen tritt dieses Gesetz am 1. Oktober 1900 in Kraft.[3]) 3.

Zu §. 25.

[1]) **Zeitpunkt . . bestimmt.** Nach dem Vorgang der bisherigen Unfallversicherungsgesetze ist auch hier einer mit Zustimmung des Bundesraths zu erlassenden Kaiserlichen Verordnung vorbehalten, den Zeitpunkt zu bestimmen mit welchem diejenigen Vorschriften in Kraft treten, die organisatorische Vorbereitungen zur Voraussetzung haben. (Mot. 1900 S. 41.) Vgl. die Anlagen.

[2]) Die hier aufgeführten **Bestimmungen** sind solche, deren Inkraftsetzung gewisse Vorbereitungen erfordert, für die ein angemessener Zeitraum offen gelassen werden muß. Was insbesondere die §§. 25—27 G.U.V.G. betrifft, so handelt es sich um den Erlaß von statutarischen Bestimmungen der Kranken- und der Knappschaftskassen über die Höhe ihrer Leistungen an Unfallverletzte (zu vgl. Anm. 8 zu §. 25 G.U.V.G.; Sten.Ber. vom 11. Mai 1900 S. 5445 A.).

[3]) **tritt . . in Kraft.** Ist der Unfallverletzte an den Folgen des Unfalls erst nach dem 1. Oktober 1900 verstorben, so kommt ausschließlich das

neue G.U.V.G. zur Anwendung, da die Entschädigungsansprüche der Hinterbliebenen erst mit dem Tode des Verletzten, also unter der Herrschaft des neuen Gesetzes entstanden sind. (A.N. 1901 S. 235.) Ebenso ist auch zu verfahren, wenn der Tod schon vor dem 1. Oktober 1900 eingetreten, aber die Hinterbliebenenrente vorher noch nicht rechtskräftig festgesetzt worden ist.

§. 26.

Sofern bis zum 1. Januar 1902 die Statuten einer Berufsgenossenschaft die nach dem gegenwärtigen Gesetz erforderlichen Aenderungen nicht rechtzeitig erfahren sollten, werden diese Abänderungen durch das Reichs-Versicherungsamt von Aufsichtswegen vollzogen.

Zu §. 26.

Die bisherigen Genossenschaftsstatuten bedürfen nach vielen Richtungen einer Nachprüfung und Weiterentwicklung auf Grund der neuen gesetzlichen Bestimmungen Dies gilt insbesondere auch von fakultativen Leistungen, welche die Berufsgenossenschaften zum Besten der Versicherten übernehmen können (vgl. z. B. G.U V.G. §. 13 Abs. 2, §. 22 Abs. 4), sowie von zugelassenen Modifikationen von Verwaltungseinrichtungen (z. B. §§. 30, 32 G U.V.G.). Daneben sind Aenderungen der Statuten erforderlich, so beispielsweise, wenn auf Grund des §. 2 Abs. 2 H.G. anläßlich der weiteren Ausdehnung der U.V. der Bestand einzelner B.Gen. durch den Bundesrath abgeändert wird; erforderlich ist ferner für die landwirthschaftlichen B.Gen. zur Ausführung des §. 1 Abs. 6 L.U.V.G. eine statutarische Bestimmung darüber, welche Personen als solche anzusehen sind, die zum Unterschiede von den gewöhnlichen land- oder forstwirthschaftlichen Arbeitern eine, technische Fertigkeiten erfordernde besondere Stellung einnehmen. Diese Bestimmungen müssen erlassen sein, bevor die neue Vertheilung der Beitragslast in Kraft treten kann (§§. 107 bis 109 L.U.V.G.), welche nach §. 25 Abs. 2 H.G. am 1. Januar 1902 an die Stelle der bisherigen Bestimmung tritt. — Sollte eine B.G. die gebotenen Beschlüsse nicht rechtzeitig fassen, so muß die Oktroyirung entsprechender Vorschriften eintreten.

§. 27.

Die Bestimmungen dieses Gesetzes, insoweit sie für die Berechtigten günstiger sind,[1]) finden auch Anwendung auf die erste Feststellung[2]) von Entschädigungsansprüchen aus Unfällen, welche sich vor dem Inkrafttreten dieses Gesetzes ereignet haben,[3]) sofern diese Ansprüche bereits nach den bisherigen Unfallversicherungsgesetzen begründet waren[4]) und zu jenem Zeitpunkt über dieselben noch nicht rechtskräftig entschieden ist.[5])

Zu §. 27.

[1]) günstiger sind. Das R.V.A. hat demnach §. 82 G.U.V.G. auf einen unter der Herrschaft des alten U.V.G. (1884) rechtskräftig ergangenen ablehnenden Bescheid (vgl. Anm. 5) angewendet und unter endgültiger Abweisung des Anspruchs gegen die in zweiter Linie in Anspruch genommene B.G., die

jenige B.G. welche den ersten Bescheid erlassen hatte, zum Verfahren zugezogen und zur Zahlung einer Rente verurtheilt (A.N. 1900 S. 776; vgl. auch 1901 S. 172, 175, 177, 180).

[2]) die erste Feststellung. Nach dem Vorbilde des §. 193 J.V.G. ist dieser Paragraph von der Reichstags-Kommission hinzugefügt (Kom.Ber. 1900 S. 37). Wie der Kom.-Bericht und die in dritter Lesung (Stenogr.Bericht vom 26. Mai 1900 S. 5795 B zu §. 23a) beschlossene Hinzufügung der Worte „die erste Feststellung von" ergiebt, handelt es sich um eine singuläre Vorschrift darüber, unter welcher Voraussetzung und inwieweit die neuen Vorschriften auf die am 1. Oktober 1900 noch nicht rechtskräftig erledigten ersten Feststellungen von Entschädigungsansprüchen aus vorher eingetretenen Unfällen anzuwenden sind (also nicht um Fälle des §. 88 G.U.V.G.). Im Uebrigen ist über die zeitliche Grenze der Anwendbarkeit der neuen Vorschriften nach allgemeinen Rechtsgrundsätzen zu entscheiden. Eine ausführliche Erörterung des ständigen Mitglieds des R.V.A., Geheimen Regierungsraths Greiff hierüber findet sich in der „Arbeiterversorgung" Jahrgang 1900 Nr. 26, 27.

[3]) sich vor dem Inkrafttreten ereignet haben. Das Gesetz geht davon aus, daß an sich die Entschädigung nach denjenigen Bestimmungen zu bemessen ist, die zur Zeit des Unfalls gelten, also bei den vor dem 1. Oktober 1900 (§ 25 Abs. 3) eingetretenen Unfällen nach den Vorschriften der früheren Gesetze (A.N. 1901 S. 235).

[4]) begründet waren. Ausnahmsweise sollen für die Bemessung der Entschädigung die günstigeren neuen Bestimmungen, z. B. die Erhöhung der Kinderrente von 15 auf 20 Prozent (§. 17 G U.V.G.), die Erhöhung des Mindestbetrages des Sterbegeldes (§. 15 a. a. O.), Anwendung finden (vgl. auch §. 10 S.U.V.G.), dagegen gilt dies nicht von der Erweiterung des Kreises der Entschädigungsberechtigten, z. B. für Kinder einer Ehefrau, deren Ehemann nicht der Ernährer der Familie ist (§. 17 G.U.V.G.), für die im Bezug der Aszendentenrente eingetretenen Erleichterungen (§. 18 a. a. O.) für Enkel (§. 19 a. a. O).

[5]) rechtskräftig entschieden ist. Eine rechtskräftige Entscheidung in diesem Sinne liegt dann nicht vor, wenn das Verfahren gegen eine von mehreren betheiligten B.Gen. am 1. Oktober 1900 noch schwebte (A.N. 1900, S. 776; 1901 S. 176; vgl. auch 1901 S. 235).

[6]) Das Gesetz, betr. die Abänderung der Unfallversicherungsgesetze, vom 30. Juni 1900 (R.G.Bl. S. 335) enthält zum Schluß folgende Bestimmung:

§. 28.

Der Reichskanzler wird ermächtigt, den Text der Unfallversicherungsgesetze unter fortlaufender Nummernfolge der Paragraphen jedes einzelnen dieser Gesetze durch das Reichs-Gesetzblatt bekannt zu machen.

Urkundlich unter Unserer Höchsteigenhändigen Unterschrift und beigedrucktem Kaiserlichen Insiegel.

Gegeben Travemünde, den 30. Juni 1900.

(L. S.) Wilhelm.

Graf v. Posadowsky.

Gewerbe-Unfallversicherungsgesetz.

Vom 30. Juni 1900.

In der Fassung der Bekanntmachung des Reichskanzlers vom 5. Juli 1900. (R.G.Bl. S. 585.)

Gewerbe-Unfallversicherungsgesetz.

I. Allgemeine Bestimmungen.

Umfang der Versicherung.[1])

§. 1.

Alle[2]) Arbeiter[3]) und Betriebsbeamte,[4]) letztere sofern ihr Jahres- 1.
arbeitsverdienst[5]) an Lohn oder Gehalt dreitausend[6]) Mark nicht übersteigt, werden[7]) nach Maßgabe dieses Gesetzes[8]) gegen die Folgen der bei dem Betriebe[9]) sich ereignenden Unfälle[10]) versichert, wenn sie beschäftigt[11]) sind:

1. in[12]) Bergwerken,[13]) Salinen, Aufbereitungsanstalten,[14]) Steinbrüchen,[15]) Gräbereien[16]) (Gruben), auf Werften[17]) und Bauhöfen[18]) sowie in Fabriken,[19]) gewerblichen Brauereien[20]) und Hüttenwerken;[21])
2. in Gewerbebetrieben,[22]) welche sich auf die Ausführung von Maurer-,[23]) Zimmer-, Dachdecker oder sonstigen durch Beschluß des Bundesraths für versicherungspflichtig erklärten Bauarbeiten[24]) oder von Steinhauer-,[25]) Schlosser-,[26]) Schmiede-[27]) oder Brunnenarbeiten[28]) erstrecken, sowie im Schornsteinfeger-, Fensterputzer- und Fleischergewerbe;[29])
3. im gesammten[30]) Betriebe der Post-,[31]) Telegraphen und Eisenbahnverwaltungen[32]) sowie in Betrieben der Marine- und Heeresverwaltungen, und zwar einschließlich der Bauten,[33]) welche von diesen Verwaltungen für eigene Rechnung ausgeführt werden;
4. im gewerbsmäßigen[34]) Fuhrwerks-,[35]) Binnenschiffahrts-,[36]) Flößerei-,[37]) Prahm-,[38]) und Fährbetriebe, im Gewerbebetriebe des Schiffsziehens (Treidelei) sowie im Baggereibetriebe;[39])
5. im gewerbsmäßigen Speditions-,[40]) Speicher-, Lagerei- und Kellereibetriebe;[41])

6. im Gewerbebetriebe der Güterpacker, Güterlader, Schaffer, Bracker, Wäger, Messer, Schauer und Stauer;[42])
7. in Lagerungs-, Holzfällungs- oder der Beförderung von Personen oder Gütern dienenden Betrieben,[43]) wenn sie mit einem Handelsgewerbe, dessen Inhaber im Handelsregister eingetragen steht, verbunden sind.

2. Auf Personen in land- und forstwirthschaftlichen Nebenbetrieben[44]) (§. 1 Abs. 2, 3 des Unfallversicherungsgesetzes für Land- und Forstwirthschaft) findet dieses Gesetz keine Anwendung.

3. Für Betriebe,[45]) welche mit besonderer[46]) Unfallgefahr für die darin beschäftigten Personen nicht verknüpft sind, kann durch Beschluß der Bundesraths die Versicherungspflicht ausgeschlossen[47]) werden.

§. 1 Abs. 1—3, 7,8 U.V.G.; §. 1 A.G.; §. 1 Entw. 1900; §. 1 Ges. 1900.*)

Zu §. 1.

[1]) „Was die Abgrenzung des Kreises der versicherungspflichtigen Personen anlangt, so sind die Gründe, welche für die vorläufige Beschränkung derselben auf die Arbeiter der im §. 1 bezeichneten Betriebe bestimmend gewesen sind, in den allgemeinen Erörterungen bereits erwähnt worden (vgl. S. 48). Hiernach bildet §. 2 des Haftpflichtgesetzes den Ausgangspunkt für die Regelung der Unfallversicherung" (Motive 1884 S. 42), wobei zu beachten ist, daß „die Salinen zu den Bergwerken, die Aufbereitungsanstalten und Hüttenwerke sowie die Werften und Bauhöfe, sofern in diesen gewerblichen Anlagen ein fabrikmäßiger Betrieb stattfindet, zu den Fabriken im Sinne des Haftpflichtgesetzes zu rechnen sind" (Motive 1884 S. 42).

Eine **Erweiterung** gegenüber dem §. 2 des Haftpflichtgesetzes war zunächst nur insofern eingetreten, „als für diejenigen Betriebe, in welchen Dampfkessel oder durch elementare Kraft bewegte Triebwerke zur Verwendung kommen, der Begriff „Fabrik" nicht von dem Umfange der Produktion, der vorzugsweise in der Zahl der beschäftigten Arbeiter zum äußerlich erkennbaren Ausdruck gelangt, abhängig gemacht worden ist" (Motive 1884 S. 42), soweit es sich nicht um land- und forstwirthschaftliche Nebenbetriebe handelt; ferner insofern, als Aufbereitungsanstalten, Hüttenwerke, Werften und Bauhöfe auch dann, wenn in diesen gewerblichen Anlagen ein fabrikmäßiger Betrieb nicht stattfinden sollte, der Unfallversicherung unterliegen; endlich dadurch, daß die gewerbsmäßige Erzeugung von Explosionsstoffen

*) Hinter jedem Paragraphen sind die entsprechenden §§. des Unfallversicherungsgesetzes vom 6. Juli 1884 und des Ausdehnungsgesetzes vom 28. Mai 1885 angegeben, ferner die Paragraphenzahl des Entwurfs und des Gesetzes, wie sie vor der vom Reichskanzler auf Grund des §. 28 des Hauptgesetzes vorgenommenen neuen Bezifferung lautete.

oder explodirenden Gegenständen sowie gewisse Baubetriebe und das Schornsteinfegergewerbe nach den Beschlüssen der Reichstagskommission in die Unfallversicherung einbezogen worden sind, andere Baubetriebe aber durch Beschluß des Bundesraths für versicherungspflichtig erklärt werden können.

Das insbesondere auch in den Reichstagsverhandlungen (1884) hervorgetretene Bestreben, von vorn herein den Kreis der versicherungspflichtigen Personen zu vergrößern, hat damals zu weitergehenden Veränderungen der Vorlage nicht geführt. Nach dem Kommissionsbericht 1884 (S. 4) ist bei den Berathungen u. a. hervorgehoben worden: „Wolle man die Gefährlichkeit der Beschäftigung zum alleinigen Maßstab nehmen, um danach die Ausdehnung des Kreises der zu versichernden Personen zu bestimmen, so komme man folgerecht dazu, alle Staatsbürger, deren Einkommen eine gewisse Höhe nicht übersteigt, und jedenfalls alle, deren Einkommen auf einer bestimmten Beschäftigung beruht, der Versicherungspflicht zu unterwerfen, denn es gebe schließlich keine Beschäftigungsart, die nicht mit irgend einer Gefahr für Leben und Gesundheit verbunden sei. Hierbei stoße man aber nicht nur auf die größten Schwierigkeiten . . ., sondern ein derartiges Vorgehen sei auch prinzipiell unberechtigt. Man dürfe den Ausgangspunkt und die historische Entwicklung der Frage nicht aus dem Auge verlieren. Das Bedürfniß einer gesetzlichen Regelung der Ersatzpflicht bei Betriebsunfällen sei aus dem Wesen der modernen Industrie (Maschinenbetrieb, Arbeitstheilung, Zusammendrängung vieler Arbeiter in geschlossenen Räumen, Unfähigkeit des einzelnen Arbeiters, den Unfall zu verhüten u. s. w) hervorgegangen und müsse auf diesem Gebiete zunächst zum Abschlusse gebracht werden." — „Man solle nicht den ersten Schritt der Gesetzgebung auf einem bisher noch unbebauten Felde durch eine wenn auch in bester Absicht unternommene Häufung der Aufgaben erschweren. Auch hier gelte, daß in der Beschränkung sich der Meister zeige" (a. a. O. S. 7).

Die nach wiederholten Erklärungen der Vertreter der verbündeten Regierungen beabsichtigte Ausdehnung der Unfallfürsorge auf alle Betriebszweige, welche für die darin beschäftigten Arbeiter und Betriebsbeamten mit einer irgendwie erheblichen Unfallgefahr verbunden sind, hat demnächst zum Erlasse der folgenden Gesetze geführt:

a) Gesetz, betr. die Ausdehnung der Unfall- und Krankenversicherung, vom 28. Mai 1885 (R.G.Bl. S. 158), durch welches die Unfallversicherung insbesondere auf die binnenländischen Transportbetriebe sowie auf die Speicherei, Kellerei, den Speditionsbetrieb und kleinere Hülfsbetriebe des Handels 2c. ausgedehnt ist (sog. Ausdehnungsgesetz). Dieses Gesetz ist jetzt aufgehoben (H.G. §. 1 Abs. 2); die Betriebe sind in §. 1 Abs. 1 Ziffern 3—6 G.U.V.G. aufgenommen. (Vgl. Anm. 3 zu §. 1 H.G.)

b) Gesetz, betr. die Unfall- und Krankenversicherung der in land- und forstwirthschaftlichen Betrieben beschäftigten Personen, v. 5. Mai 1886 (R.G.Bl. S. 132), durch welches die Unfallversicherung auf die Land- und Forstwirthschaft mit ihren bisher noch nicht versicherten Nebenbetrieben, sowie auf die Kunst- und Handelsgärtnerei ausgedehnt worden ist. Wegen der Nebenbetriebe der

Land- und Forstwirthschaft vgl. §. 1 Abs. 2, 3 L.U.V.G. (jetzt R.G.Bl. 1900 S. 641), auch §. 1 Abs. 2 G.U.V.G.

c) Gesetz, betr. die Unfallversicherung der bei Bauten beschäftigten Personen, vom 11. Juli 1887 (R.G.Bl. S. 287), durch welches diejenigen Bauarbeiter, die nicht unter das U.V.G. fallen (vgl. §. 1 Abs. 2,8 U.V.G.), insbesondere die Erdbau-Arbeiter sowie die Arbeiter bei den nicht unter §. 1 Ziffer 1 des Ausdehnungsgesetzes fallenden Regiebauten der Unfallversicherung unterworfen sind (Bau-Unfallversicherungsgesetz, jetzt R.G.Bl. 1900 S. 698).

d) Gesetz, betr. die Unfallversichernng der Seeleute und anderer bei der Seeschiffahrt betheiligten Personen, vom 13. Juli 1887 (R.G.Bl. S. 329), welches sich auf deutsche Seefahrzeuge, auf den Lootsenbetrieb (Küstenwacht ꝛc. bezieht (See-Unfallversicherungsgesetz, jetzt R.G.Bl. 1900 S. 716) und nunmehr auch die Besatzung der kleinen Seefahrzeuge sowie die gesammte See-Fischerei umfaßt.

Die zu b, c, d bezeichneten Gesetze mußten wegen ihrer Eigenart mehr oder weniger erhebliche Abweichungen von den Bestimmungen des Unfallversicherungsgesetzes enthalten. Die Behandlung dieser Kategorien in besonderen Gesetzen war also nicht nur im Interesse der Uebersichtlichkeit rathsam, sondern geradezu, wie von Seiten der Vertreter der verbündeten Regierungen von Anfang an betont worden war, geboten; sie ist deshalb auch jetzt noch beibehalten. Die weitere Ausdehnung der Unfallversicherung (auf die noch nicht erfaßten Betriebe des Handwerks, der Binnen-Fischerei ꝛc.) hat noch nicht durchgeführt werden können.

Endlich sind hier diejenigen Gesetze zu nennen, durch welche den in unfallversicherungspflichtigen Betrieben beschäftigten Reichs- bezw. Staatsbeamten und Kommunalbeamten, sowie den Personen des Soldatenstandes und den Hinterbliebenen dieser Personen unter Heraushebung aus den bisherigen Gesetzen über Unfallversicherung auf dienstpragmatischem Wege eine Unfallfürsorge dadurch zugewendet ist, daß ihnen der der Unfallrente entsprechende Prozentsatz des Gehalts als Pension, bezw. als Wittwen- und Waisengeld gewährt wird. Es ist dies zunächst das Reichsgesetz betr. die Fürsorge für Beamte und Personen des Soldatenstandes in Folge von Betriebsunfällen, vom 15 März 1886 R.G.Bl. S. 53), für alle Reichsbeamten und Personen des Soldatenstandes, die in reichsgesetzlich der Unfallversicherung unterliegenden Betrieben beschäftigt werden (Unfallfürsorgegesetz für Reichsbeamte). Auch dieses Gesetz ist im Anschluß an die Novellen vom Jahre 1900 revidirt und in neuer Fassung im Juni 1901 durch das Reichs-Gesetzblatt publizirt. (Vgl. Anlagen.) Durch dasselbe wird gleichzeitig bestimmt, daß Beamte von Bundesstaaten und Kommunalverbänden, welchen durch die Landesgesetzgebung bezw. durch statutarische Bestimmung des betr. Kommunalverbands eine gleichartige Fürsorge zugewendet wird, aus der reichsgesetzlichen Unfallversicherung ausscheiden und daß dann das Haftpflichtgcsetz auf sie keine Anwendung mehr findet. (Vgl. auch §. 7 G.U.V.G.) Im Anschluß an dieses Gesetz sind zahlreiche gleichartige Landesgesetze erlassen, z. B. in Preußen vom 18. Juni 1887 (G.S. S. 282). Auch für diese Landesgesetze ist eine Erweiterung der Fürsorge nunmehr in Aussicht zu nehmen.

Durch das Gesetz, betreffend die Unfallfürsorge für Gefangene, vom 30. Juni 1900 (R.G.Bl. S. 536) ist schließlich für einen weiteren Kreis von Personen eine Ausgleichung der wirthschaftlichen Nachtheile von Betriebsunfällen sicher gestellt.

²) „Alle", d. h. Inländer und Ausländer (H.B. S. 3,14) vgl. jedoch §§. 21, 93 Ziffer 2, §. 94 G.U.V.G.), männliche und weibliche (vgl. H.B. S. 13) Personen, erwachsene und jugendliche Arbeiter (vgl. Anleitung des R.V.A. vom 14. Juli 1884 Nr. 10; H.B. S. 13, Familienangehörige und Fremde (H.B. S. 12), Gesunde und körperlich oder geistig schwache Personen (H.B. S. 13), gegen Lohn oder unentgeltlich beschäftigte Personen (H.B. S. 25).

³) Arbeiter, „worunter hier, wie im Titel VII der Gewerbeordnung auch weibliche Arbeiter zu verstehen sind" (Mot. 1884 S. 43), ebenso aber auch „das gewerbliche und sonstige Gesinde, das (und so lange es) in den im § 1 aufgeführten Betrieben beschäftigt wird" (Komm.Ber. 1884 S. 8). Hiernach ist beispielsweise der für den Gewerbebetrieb dienende Kutscher zwar versichert, wenn er bei einer gewerblichen Fuhre verunglückte, dagegen war ein solcher Kutscher vor Erlaß der Novelle 1900 nicht versichert, wenn er die Frau des Fabrikbesitzers spazieren zu fahren hatte und dabei einen Unfall erlitt. Die Unzuträglichkeiten dieses Zustandes, welcher zu vielen Streitigkeiten Anlaß gab, haben jetzt Abhülfe gefunden durch die Bestimmung des §. 3 G.U.V.G. (Vgl. Allg. Mot. 1900, oben S. 70.) — Zu den Arbeitern, d. h. zu den nach dem Gesetz versicherten Personen, gehören auch die Hausgenossen (Kinder, Verwandte, welche von dem Betriebsunternehmer in seinem Betriebe beschäftigt werden, mit Ausnahme des in dem Betriebe des einen Ehegatten beschäftigten anderen Ehegatten, A.N. 1887 S. 314, H.B. S. 12). Nicht als Arbeiter anzusehen sind Schüler und Lehrer der Fachschulen (H.B. S. 25, A.N. 1896 S. 493), ebenso die in einer Anstalt für Epileptische um des Heilzweckes willen beschäftigten Personen (bei Beschäftigung durch einen Gewerbetreibenden außerhalb der Anstalt sind sie dagegen versichert, A.N. 1886 S. 48; 1888 S. 230, versichert sind auch Insassen einer Naturalverpflegungsstation oder einer Arbeiterkolonie, A.N. 1889 S. 194; 1890 S. 194; H.B. S. 15). Ferner sind als versicherte Arbeiter nicht anzusehen Straf- oder Besserungsgefangene, Korrigenden, Detinenden, Häftlinge, Häuslinge in oder außerhalb der Straf- bezw. Besserungsanstalt oder ähnlichen, nach landesgesetzlichen Bestimmungen zur Beschäftigung arbeitsscheuer Menschen bestimmten Anstalten (A. N. 1886 S. 48, 1888 S. 230), ebenso Militärpersonen im Dienst (§. 7 G.U.V.G.) unterstehen nicht den U.B.Gen. Für Gefangene 2c. ist durch das Gesetz, betr. die Unfallfürsorge für Gefangene, vom 30. Juni 1900 (R.-G.Bl. S. 536) in anderer Weise gesorgt, ebenso für Soldaten 2c. durch das Fürsorgegesetz vom Juni 1900 (Vgl. die Anlagen.) Im Uebrigen ist es vielfach, namentlich bei Beschäftigungen, die unter einem gewissen Zwange stattfinden, z. B. in Arbeiterkolonien (A.N. 1887 S. 51, 1889 S. 194) in der Zwangserziehung (Komm.Ber. zum Gefangenen-Fürsorgegesetz Drucksache Nr. 792 von 1900 Seite 2) quaestio facti, wer als „Arbeiter" anzusehen ist. Abgesehen von diesen Unterscheidungen bilden den Gegensatz einmal der Betriebsbeamte, sodann der Unternehmer; es brauchen aber nicht alle anderen

„in dem Betriebe beschäftigten Personen" Arbeiter zu sein, cf. §. 5. Unternehmer — auch Mitunternehmer bei einem gemeinschaftlichen Betriebe sind nach dem Gesetze nicht versichert (H.B. S. 10; vgl. §. 5 G.U.V.G.). Ein formaler Arbeitsvertrag ist nicht unumgänglich, wenngleich „das Unfallversicherungsgesetz in seinen wesentlichsten Bestimmungen von den Verhältnissen solcher Arbeiter ausgeht, welche im Allgemeinen nach freier Entschließung und auf Grund eines von ihnen selbst abgeschlossenen Arbeitsvertrages beschäftigt werden" (A.N. 1888 S. 231); ebensowenig bildet der Bezug von Lohn oder die Art der Löhnung ein entscheidendes Merkmal. Nach den allgemeinen Motiven z. landw. U.V.G. 1886 wird im Allgemeinen als Arbeiter gelten können, wer, ohne die höhere Qualifikation eines Betriebsbeamten zu haben, „seine Arbeitskraft im Dienste anderer verwerthet", demgemäß den auf die Arbeit sich beziehenden Anordnungen dieses Andern sich fügen, demselben sich unterordnen, auf sein Geheiß die Arbeit aufnehmen oder einstellen muß. Die Beschäftigung des Arbeiters braucht keine regelmäßige oder längere Zeit andauernde zu sein, es genügt eine vorübergehende Hülfeleistung, sofern sie auch nur dem muthmaßlichen Willen des abwesenden Unternehmers entspricht (A.N. 1894 S. 198, 1895 S. 168; H.B. S. 26.) Immerhin muß ein gewisses persönliches Abhängigkeitsverhältniß regelmäßig vorliegen (Kugelsucher, vgl. A.N. 1897 S. 262, anders S. 346). Auf die Art der Löhnung kommt es ebensowenig an, wie darauf, ob Lohn überhaupt gewährt wird; bei ungelohnten Arbeitern ist die Entschädigungsrente nach § 10 Abs. 4 zu bestimmen; Akkordarbeiter sind Arbeiter, nicht Betriebunternehmer.

Voraussetzung der Versicherungspflichtigkeit eines Betriebes ist, daß in demselben Arbeiter 2c. beschäftigt werden. (H.B. S. 10, 128; eine Ausnahme findet sich §. 5 Abs. 1 lit. b G.U.V.G.)

Hausindustrielle, d. h. „selbständige Gewerbetreibende, welche in eigener Betriebsstätte im Auftrage und für Rechnung anderer Gewerbetreibender mit der Herstellung oder Bearbeitung gewerblicher Erzeugnisse beschäftigt werden" (§. 2 Nr. 6 K.V.G., §. 5 Abs. 1 lit. b G.U.V.G.), sind keine Arbeiter, sondern eine Uebergangsstufe zwischen diesen und den selbständigen Gewerbetreibenden im engeren Sinne. Hausindustrielle sind also für ihre Person kraft Gesetzes nicht versichert; ihr Betrieb aber und die in demselben beschäftigten unselbständigen Arbeiter sind versichert, falls in dem Betriebe mit Motoren (wie bei der Kleineisenindustrie) oder regelmäßig mit zehn oder mehr Arbeitern gearbeitet wird (A N 1885 S. 83, 288, 1889 S. 318 H.B. S. 17). Abgrenzung gegen Heimarbeiter vgl. A N. 1896 S. 317. Durch das Genossenschaftsstatut kann aber die Versicherungspflicht auf Hausgewerbetreibende erstreckt werden (vgl. §. 5 Abs. 1 lit. b G.U.V.G.).

Arbeiter, welche sich derart mit einander zu gemeinschaftlichem Betriebe vereinigen, daß sie den Erwerb aus ihrer gemeinsamen Thätigkeit nach gewissen Prozentsätzen, etwa entsprechend ihrem Einlagekapital, mit einander theilen, sind nicht zu versichern, weil sie zu einander nicht im Verhältniß von Arbeitgebern und Arbeitnehmern, sondern im Verhältniß von Geschäftstheilhabern stehen. Beschäftigen sie unselbständige Arbeiter, so sind diese zu versichern. (A.N. 1885 S. 364; H.B. S. 10.)

[4]) **Betriebsbeamte.** Durch §. 1 Ges. vom 15. März 1886, jetzt §. 1 des Unfallfürsorgegesetzes für Beamte ꝛc. vom Juni 1901 (vgl. die Anlagen) sind **alle** in unfallversicherungspflichtigen Betrieben des **Reichs** beschäftigten Beamten aus der Unfallversicherung bezw. den Berufsgenossenschaften herausgehoben und der dienstpragmatischen, im Uebrigen gleichwerthigen Fürsorge überwiesen worden. Nach §. 14 a. a O. scheiden ebenso alle in unfallversicherungspflichtigen Betrieben eines **Bundesstaats** oder eines **Kommunalverbandes** beschäftigten Beamten aus, **sobald** für sie durch die Gesetzgebung des Bundesstaates oder durch statutarische Bestimmungen des Kommunalverbandes gleichwerthige dienstpragmatische Fürsorge getroffen ist. Vgl. die Uebergangsbestimmung im Art. 2 a. a. O. Solange letzteres nicht geschehen ist, fallen die in unfallversicherungspflichtigen Betrieben beschäftigten Staats- und Kommunalbeamten, sofern sie nicht mit festem Gehalt und Pensionsberechtigung angestellt sind, unter das vorliegende Gesetz; sofern sie aber mit festem Gehalt und Pensionsberechtigung angestellt sind, findet dieses letztere auf sie keine Anwendung; sie sind dann vielmehr auf ihre Pension und im Uebrigen auf die Haftpflicht angewiesen. Vgl. darüber §. 7 G.U.V.G. sowie Anm. 2 zu demselben.

Im Uebrigen sind Betriebsbeamte, ebenso wie im Krankenversicherungsgesetz, nur dann der Unfallversicherung unbedingt unterworfen, „wenn sie nach der Höhe des Jahres-Einkommens, von welchem ihre soziale Stellung in der Regel abhängig sein wird, über den Stand der gewöhnlichen Arbeiter sich nicht wesentlich erheben" (Mot. 1884 S. 43). Die Grenze, bis zu welcher dies anzunehmen sei, war in Uebereinstimmung mit den sonstigen Arbeiterversicherungsgesetzen durch das U.V.G. vom 6. Juli 1884 auf den Jahresbetrag von 2000 Mark (= $6^2/_3$ Mark für den Arbeitstag, das Jahr zu 300 Arbeitstagen gerechnet), festgesetzt, „da bei einem niedrigeren Betrage die zahlreiche Klasse der Werkführer und Vorarbeiter, welche von der Unfallversicherung nicht auszuschließen sein dürfte, wahrscheinlich nur zum Theil getroffen werden würde" (Mot. 1884 S. 43). Hiermit ist nicht gemeint, daß jeder Vorarbeiter immer als Beamter anzusehen sei; er ist es vielmehr nur dann, wenn er im Uebrigen die unterscheidenden Merkmale eines Beamten aufweist (s. unten). Bei der Abänderung der Unfallversicherungsgesetze 1900 ist die Grenze der gesetzlichen Versicherungspflicht der Betriebsbeamten auf 3000 Mark Jahresarbeitsverdienst hinaufgesetzt. Höher gelohnte Betriebsbeamte können durch statutarische Regelung der Versicherungspflicht unterworfen (§. 5 Abs. 1 lit. c), im Uebrigen aber, sofern das Genossenschaftsstatut es zuläßt, durch den Betriebsunternehmer freiwillig versichert werden (§. 5 Abs. 3 lit. a G.U.V.G., auch §. 23 Abs. 1 Ziffer 2 H.G.).

Die Frage, ob eine in den voraufgeführten Betrieben beschäftigte Person Arbeiter oder Beamter sei, und ob sie deshalb unbedingt oder (vorbehaltlich weitergehender statutarischer Bestimmungen) nur bei einem Jahresverdienst von höchstens 3000 Mark zu versichern und bei der Anmeldung oder den Lohnlisten zu berücksichtigen sei (cf. §§. 35, 56, 99), wird auch hier, wie bei dem Krankenversicherungsgesetz, je nach der Stellung zu beantworten sein, welche dem Betreffenden im Verhältniß zu den übrigen Bediensteten angewiesen ist. Allgemein gültige Unterscheidungsmerkmale lassen sich wohl nicht aufstellen — man wird aber festhalten können, daß in der Regel eine Tagesvergütung nach Maßgabe der wirklichen Arbeitsleistung (mag die Löhnung wöchentlich oder täglich erfolgen) für die Eigenschaft als Arbeiter, eine in größeren Zeitabschnitten zahlbare, unabhängig von der wirklichen Arbeitsleistung ein für alle Mal fixirte Remuneration (Gehalt) für die Eigenschaft als Beamter präsumiren läßt. Auch wird ein Beamter in der Regel gewöhnliche Handarbeit nicht verrichten. (H B. S. 19.)

Ferner fallen nicht alle „Beamte", sondern nur die „Betriebsbeamten", d. h. die in dem technischen Betriebe beschäftigten Beamten unter die Unfallversicherung. Kaufmännische Kräfte, die im Allgemeinen mit der Buchhaltung, Korrespondenz 2c. betraut sind, werden nicht schon dadurch zu „Betriebsbeamten", daß sie gelegentlich mündlich einen Auftrag innerhalb der Fabrikräume auszurichten haben; dagegen sind technische Beamte, die im Allgemeinen auf dem technischen Büreau beschäftigt werden, aber in stetem Verkehr mit dem Betriebe stehen, als Betriebsbeamte anzusehen (A.N. 1885 S. 344). Im Allgemeinen gehören zu den Betriebsbeamten ungefähr diejenigen Kategorien, für deren Versehen nach §. 2 des Haftpflichtgesetzes der Betriebsunternehmer haften muß (wenngleich statt der extensiven Interpretation, welche in dieser Frage für jenes Gesetz im Interesse der Arbeiter angezeigt war, für die Unfallversicherung eine einschränkende Auslegung des Begriffs geboten erscheint), also „ein Bevollmächtigter oder ein Repräsentant oder eine zur Leitung oder Beaufsichtigung des Betriebes oder der Arbeiter angenommene Person;" oder im einzelnen:

a) die Generalbevollmächtigten für den Gesammtbetrieb (den technischen und nichttechnischen), Repräsentanten;

b) die Bevollmächtigten für den technischen Betrieb (nicht für andere nichttechnische Betriebsbranchen);

c) alle leitenden und beaufsichtigenden Betriebsorgane niederer Ordnung; und zu der dritten Klasse würden diejenigen Personen zu rechnen sein, welche zur selbständigen Leitung, zur Dirigirung eines Theiles des Betriebes angenommen sind und dabei Aufsichtsfunktionen ausüben. Auf den größeren oder geringeren Umfang der Funktionen kommt es ebensowenig an, wie auf untergeordnete Stellung und das Maß technischer Kenntnisse. Urth. d. Reichsgerichts v. 19. Dez. 1879 (Entsch. I S. 28), Erk. d. R.O.H.G. v. 22. Sept. 1874 (Entsch. 14 S. 96). Im Uebrigen ist es quaestio facti, wer als Betriebsbeamter anzusehen ist; die gleichzeitige Wahrnehmung öffentlicher (polizeilicher) Funktionen entzieht die Eigenschaft als Betriebsbeamter nicht, und so kann auch ein in einem Betriebe zur Wahrnehmung des Ordnungs- und Sicherheitsdienstes angestellter Polizeibeamter, wenn er dabei Funktionen lediglich im privaten Interesse des Betriebsunternehmers versieht, gleichzeitig als Angestellter des letzteren angesehen werden (A.N. 1889 S. 161). Die Mitglieder des Aufsichtsraths einer Aktiengesellschaft, ebenso die persönlich haftenden Mitglieder einer Kommanditgesellschaft sind nicht Betriebsbeamte; bei den Direktoren ist es quaestio facti (vgl. H.B. S. 21).

Bei den Vorarbeitern, Maschinisten, Heizern ꝛc. wird die Frage nur für den konkreten Fall unter Berücksichtigung ihrer Funktionen in dem betr. Betriebe zu beantworten sein; insbesondere sind diejenigen Vorarbeiter nicht Beamte, welche nur die gewöhnlichen Arbeiter auf die verschiedenen Arbeitsstellen zu vertheilen haben (Erk. des R.O.H.G. vom 5. Juni 1878), ebensowenig diejenigen Heizer und Maschinisten, welche die Maschine nur unter dem Befehl eines Andern dirigiren (Sten.Ber. 1871 S. 478, vgl. H.B. S. 20, 23). Im §. 1 Abs. 6 L.U.V.G. sind solche qualifizirte Arbeiter nur in Bezug auf die Behandlung nach diesem Gesetze den Betriebsbeamten gleichgestellt.

5) Jahresarbeitsverdienst vgl. §. 6.

6) Dreitausend Mark. Arbeiter sind (ebenso wie im Krankenversicherungsgesetz) ohne Rücksicht auf die Höhe ihres Arbeitsverdienstes und sogar (abweichend vom K.V.G.) auch dann, wenn sie überhaupt keinen Lohn beziehen, unbedingt versichert, Betriebsbeamte kraft Gesetzes nur bis zu einer Grenze, die früher bei 2000 Mk. gezogen war; in Uebereinstimmung mit den übrigen Arbeiterversicherungsgesetzen wollte der Entwurf es hierbei bewenden lassen, die Reichstagskommission 1900 hat aber beschlossen, die Grenze auf 3000 Mk. hinaufzurücken. (Komm.Ber. 1900 S. 8) und dieser Beschluß ist Gesetz geworden. Auf höher besoldete Betriebsbeamte kann die Versicherungspflicht durch das Genossenschaftsstatut erstreckt werden (§. 5 Abs. 1 lit. c. G.U.V G.)

7) werden, d. h. sind auf Grund des Gesetzes gegen Unfälle, die sich nach dem Inkrafttreten der materiellen Bestimmungen desselben ereignen versichert. Nicht erst durch die Anmeldung des Betriebes seitens der Arbeitgeber (§§. 35, 56) wird die Versicherung begründet; auch die in nicht angemeldeten Betrieben entstandenen Unfälle sind von der zugehörigen Genossenschaft zu entschädigen. Dagegen ist der verspäteten Anmeldung oder Aufnahme des Betriebes hinsichtlich der Beitragserhebung rückwirkende Kraft nicht beigelegt, ein solcher Betrieb soll vielmehr nur noch für dasjenige Jahr zu den Beiträgen herangezogen werden dürfen, für welches in dem Jahr der Anmeldung (Aufnahme) die Beiträge umgelegt sind (A.N. 1888 S. 335).

8) Wegen des Zeitpunktes, von welchem an die den Rentenempfängern günstigeren Bestimmungen der abgeänderten Unfallversicherungsgesetze anzuwenden sind, vgl. §§. 25, 27 H.G.

9) bei dem Betriebe. Es muß ähnlich, wie nach dem Haftpflichtgesetz, ein ursächlicher Zusammenhang zwischen dem Betriebe und dem Unfall erkennbar sein, wie in der Kommissionsberathung von einem Regierungsvertreter, von welchem eine authentische Interpretation der Worte „bei dem Betriebe" verlangt wurde, konstatirt worden ist, vergl. Komm.-Ber. 1884 S. 8) Der Unfall muß in ursächlichen Zusammenhang mit dem Betriebe und dessen Gefahren, aber nicht mit der eigentümlichen, besonderen Gefahr des Betriebes stehen (H.B. S. 33). Im Uebrigen ist in Uebereinstimmung mit der bei Auslegung des Haftpflichtgesetzes erfolgten Rechtsprechung des Oberhandelsgerichts (Entsch. 12 S. 162) und des Reichsgerichts (Blums Annalen II S. 261) schon ein mittelbarer Zusammenhang für ausreichend zu erachten, z. B. Ertrinken eines Fabrikkutschers beim Be-

wegen der Pferde, Hitzschlag (Sonnenstich), wenn derselbe durch die eigenthümlichen Anforderungen des Betriebes veranlaßt ist (A.N. 1887 S 407 1888 S. 69, 177, 286; 1893 S. 180), Tod in Folge zugetretener Blutvergiftung (A.N. 1887 S. 8); bei Verletzung durch Blitzstrahl soll mittelbarer Zusammenhang mit dem Betriebe dann angenommen werden, wenn die Lage der Betriebstätte oder die Beschaffenheit des Betriebes (isolirte hohe Lage (Windmühlen) etwa in der Nähe des Wassers, hohe, den Blitz anziehende Stangen 2c.) eine besondere Gefahr des Blitzschlags mit sich bringt (A.N. 1887 S 132; 1889 S. 351; 1892 S. 319. Ein ursächlicher Zusammenhang liegt ferner vor, wenn ein bestehendes Leiden durch die Folgen der Verletzung (Bettlager bei schlechter Luft, hochgradiges Fieber) verschlimmert und hierdurch der Tod herbeigeführt wird (A.N. 1887 S. 150; dagegen zu vergl. A.N. 1897 S. 303, 305,) ebenso bei einem durch epileptische Krämpfe veranlaßten Fall in heiße Asche (A.N. 1888 S. 176, vgl. auch 1887 S. 209; 1891 S. 240; 1897 S. 345, 567, dagegen A.N. 1888 S. 83). Der Betrieb braucht nicht die alleinige Ursache des Unfalls zu sein; es genügt, wenn er sich als mitwirkende Ursache darstellt (H.B. S. 33). Neben der bereits erörterten Einwirkung von höherer Gewalt oder von Naturereignissen kann auch die Einwirkung eigenen Verschuldens des Verletzten (A.N. 1890 S. 493; 1888 S. 343, 346), insbesondere verbotwidriges Handeln (A N. 1897 S. 366; 1900 S. 777) — letzteres sofern nicht Vorkehrungen getroffen sind, um das Verbot thatsächlich wirksam zu machen, oder wenn das Verbot nach Inhalt und Art seiner Durchführung eine Abgrenzung des Betriebes bildet (A.N. 1893 S. 214; 1897 S. 345, 365; 1899 S. 613; H.B. S. 35) — in Betracht kommen, und gleichwohl ein Betriebsunfall anerkannt werden. Kein Betriebsunfall ist dagegen in derartigen Fällen angenommen A.N. 1890 S. 597; 1892 S. 323. — Daß sich der Unfall bei Begehung einer Übertretung gewisser Strafvorschriften ereignet hat, schließt den Anspruch auf Unfallrente nicht unbedingt aus (A.N. 1893 S. 435), sofern eine Betriebshandlung vorliegt (Abschießen von Raubvögeln zum Schutz des Federviehs); fehlt diese Voraussetzung, z. B. beim Forstdiebstahl, so ist ein Betriebsunfall nicht anzuerkennen (A.N. 1893 S. 436). Eine besondere Bestimmung der neuen Fassung der U.V.G. (1900) betrifft die hierher gehörigen Fälle, in denen der Verletzte den Unfall bei Begehung eines durch strafgerichtliches Urtheil fest gestellten Verbrechens oder vorsätzlichen Vergehens sich zugezogen hat (vgl. §. 8 Abs. 2 G.U.V.G.; Mot. 1900 S. 48). — Auch das Verschulden von Mitarbeitern oder dritten Personen schließt den Betriebsunfall nicht aus, (vgl. A.A. 1897 S. 257) sei es, daß die Verletzung fahrlässig oder sogar, daß sie vorsätzlich erfolgt ist. Bei fahrlässigen Verletzungen (Spielerei, Neckerei, Schlägerei) ist zu unterscheiden, ob Einrichtungen des Betriebes auf die Entstehung oder die Schwere der Verletzung eingewirkt haben (A.N. 1888 S. 176, 288, 289; 1889 S. 351; 1890 S. 508; 1891 S. 261; 1892 S. 316; 1895 S. 235, 238; 1900 S. 684) oder ob dies nicht der Fall war (A N. 1887 S. 147; 1888 S. 70; 1897 S. 363; 1900 S. 684) und im letzteren Falle wird der ursächliche Zusammenhang zu verneinen sein. Bei vorsätzlichen Verletzungen durch einen Dritten genügt der örtliche und zeitliche Zusammenhang mit dem Betriebe noch nicht zur Herstellung des erforderlichen ursächlichen Zusammenhangs (A.N. 1888 S. 189, 289; 1891 S. 262; 1892 S. 318); vielmehr muß die Körperverletzung in derart erkennbarem ursächlichem Zusammenhange mit dem Betriebe stehen, daß sowohl die Veranlassung zu den Zwistigkeiten oder Thätlichkeiten wesentlich im Betriebe beruht, als auch die verletzende Handlung selbst sich noch als ein Ausfluß der Betriebsgefahr darstellt (H.B. S. 39; vgl. A.N. 1891 S. 262; 1892 S. 218, 317; 1895 S. 155, 158, 159); letzteres ist insbesondere der Fall bei Betriebsbeamten, die in Folge ihrer Maßnahmen zur Aufrechterhaltung der Ordnung und Sicherheit des Betriebes bei Widersetzlichkeit ihrer Untergebenen thätliche Angriffe erleiden (A.N. 1891 S. 263, 264; 1892 S. 318; 1895 S. 159; 1897 S. 307; 1900 S. 683).

„Beim Betriebe" ist ein Unfall dann eingetreten, wenn er bei Gelegenheit einer Betriebshandlung im Interesse des Betriebes (also auch z. B. behufs Rekognition der aus der Fabrik gestohlenen Gegenstände, A.N. 1888 S. 290, ebenso 1889 S. 342; 1890 S. 153, 596), „bei der Vorbereitung, der Durchführung oder dem Abschluß des Betriebes eintrat, und nach den Umständen mindestens ein mittelbarer Zusammenhang (mit dem Betriebe) sich als möglich darstellt"; cf. Erk. d. R.O.H.G. v. 17. Mai 1876 (Entsch. 21 S. 91). Es kommt auf die Zweckbestimmung des Ganges an (A.A. 1892 S. 315 dagegen 1888 S. 287; 1891 S. 240; 1892 S. 293). Den Gegensatz bildet „die Unfallgefahr des gewöhnlichen Lebens" (Rosin im „Archiv für öffentliches Recht" Bd. III Heft 2, 3 S. 330), welche nicht durch die Unfallversicherungsgesetze, sondern durch die Invalidenversicherung gedeckt wird. „**Betriebsunfälle** sind solche Unfälle, denen Jemand durch seine Berufsbeschäftigung in einem das Risiko des gewöhnlichen Lebens übersteigendem Maße ausgesetzt gewesen ist" (Rosin S. 331).

Das R.V.A. spricht von einem „**Banne**" des Betriebes, in dem der Verunglückte sich befunden haben müsse (z. B. A.N. 1888 S. 176, 189, 214, 315 u. A.). Dieser „Bann des Betriebes" besteht **zeitlich** auch während der **Arbeitspausen**, insbesondere, wenn die Arbeiter während derselben sich auf dem Fabrikgrundstück aufhalten, ebenso während derjenigen Zeit, welche die Arbeiter erfahrungsmäßig nach dem **Abschluß** der Tagesarbeit verstreichen lassen, und welche erforderlich ist oder verwendet wird zum Umkleiden, **Verwahren des Arbeitsgeräths**, Vorbereitung der Arbeit des nächsten Tages, zur Abkühlung, zum Verzehren des Vesperbrods ꝛc. (A.N. 1887 S. 147; 1888 S. 176, 288, 346; 1889 S. 193; 1893 S. 429; 1894 S. 196; 1895 S. 236; dagegen A.N. 1888 S. 316; 1890 S. 198, 508; 1896 S. 317, 465).

Oertlich besteht der Bann des Betriebes zunächst **innerhalb der Fabrikräume**, also auch beim Auf- und Abladen abgehender oder ankommender Wagen, von Produkten und Fabrikaten (z. B. Entladen einer Lowry mit Brettern in einer Dampfschneidemühle (Entsch. d. Ob.Hand.Ger. v. 4. Januar 1877, Entsch. 21 S. 176), bei den Handtirungen in den Magazinen und Lagerräumen (z. B. Lagerung eines Bierfasses in den Kellereien der Brauerei, Urtheil des Reichsgerichts vom 13. Mai 1881, Entsch. IV S. 98), beim Sichten, Reinigen, Aufstellen, Wiegen, Verschicken ꝛc. „Jeder Unfall, welcher die Arbeiter bei der Arbeit, auf dem Wege zu und von derselben **innerhalb der Grenzen des Fabrikgrundstücks** in Folge der mangelhaften Beschaffenheit der Maschinen, Treppen, Wege 2c." (Glatteis, fettige Treppen) betrifft, muß in der Regel als „Betriebsunfall gelten" (A.N. 1887 S. 134; 1888 S. 214; 1890 S. 508; 1891 S. 193; 1892 S. 313; 1893 S. 430); „die Gefahr, beim Hinfallen in Fabrikräumen in Maschinentheile, herumliegende Materialien, Erzeugnisse oder Rückstände des Betriebes zu stürzen und sich daran zu verletzen, muß den Gefahren des Betriebes zugerechnet werden" (A. N. 1888 S. 176). Ein Eisenbahnbeamter, welcher innerhalb des Bahnhofs die Schienen kreuzte, als er von einem Gebäude zum andern ging, um sein Gehalt zu erheben, und welcher dabei von einer Maschine erfaßt wurde, ist als rentenberechtigt anerkannt (A.N. 1888 S. 83). Aber auch **außerhalb** der Betriebsräume wirkt der „**Bann**" des Betriebes, soweit Handlungen außerhalb dieser Räume mit dem Betrieb in Verbindung stehen, nicht blos durch ihn veranlaßt werden; „soweit die Berufsbeschäftigung auch außerhalb des eigentlichen Bezirkes eine Erhöhung des in der allgemeinen Lebensführung liegenden Unfallrisikos hervorbringt, ist auch die Möglichkeit eines Betriebsunfalls gegeben" (Rosin). Für Streckenarbeiter auf Eisenbahnen und Chausseen ist die Arbeitsstätte nicht auf die Strecke beschränkt, auf der gerade gearbeitet wird (A.N. 1895 S. 235).

Hiernach können Betriebsunfälle auch vorkommen bei „Außenarbeiten" im engeren Sinne, d. h. Arbeiten außerhalb des Fabriketablissements, sobald diese Außenarbeiten auf den Betrieb sich beziehen, im Interesse des Betriebes erfolgen (z. B. Einebnung des Grundstücks behufs Erweiterung der Fabrikanlage, A.N. 1888 S. 240), gewissermaßen als Theile desselben sich darstellen. Der Monteur einer Maschinenfabrik, welcher eine in der Fabrik gefertigte Maschine außerhalb aufstellt, reparirt oder zur Fabrik zurückschafft, der Ingenieur mit seinen Arbeitern, welcher eine Wasserheizungsanlage oder eine Gasleitung örtlich anbringt 2c., wird hiernach für Unfälle, die hierbei vorkommen, von der Genossenschaft, zu welcher sein Arbeitgeber gehört, zu entschädigen sein, ebenso aber auch der Arbeiter einer Zuckerfabrik, welcher beim Transport leerer Fässer unterwegs verunglückt (vgl. A.N. 1885 S. 345; 1892 S. 315; 1893 S. 429; 1895 S. 161; H.B S. 3, 54). Doch darf der Gang nicht durch betriebsfremde, eigenwirthschaftliche Handlungen unterbrochen werden (A.N. 1891 S 249, 253; dagegen 1891 S. 196; 1895 S. 233) Die Entscheidung über Unfälle bei Nebenverrichtungen hat namentlich auch um deswillen in der Rechtsprechung Schwierigkeiten verursacht, weil der Auftrag des Arbeitgebers nicht entscheidend war, sondern die Verrichtung außerdem wenigstens mittelbar dem Betriebe dienen mußte Hierüber sind zahlreiche Entscheidungen in Einzelfällen ergangen. (H.B. S. 58; Dachreinigung durch Schornsteinfeger A.N. 1886 S. 252; 1892 S. 308; Ausräumen eines Zimmers durch Zimmerleute, die den Fußboden ausbessern sollten (A.N 1894 S. 192; Böllerschießen bei einer vaterländischen Fabrikfeier pp.). Diese Streitfragen, deren Entscheidung nach der einen oder anderen Seite für die Betheiligten oft unverständlich war, sind durch die neue Bestimmung im §. 3 G.U.V.G. (1900) insoweit hinfällig geworden, als ein Auftrag des Arbeitgebers oder seines Beauftragten vorliegt; sie kommen noch in Betracht insoweit eine Gefälligkeit gegen Dritte oder ortsübliche Nebenverrichtungen im Auftrage eines Dritten u. dgl. in Frage stehen. Sofern hier eine entfernte Beziehung zum Betriebe anzuerkennen ist, hat dar R.V.A. die Entschädigungspflicht der B.G. bejaht (A.N. 1889 S. 352; 1890 S. 168, 509; 1891 S. 202, 229; 1892 S. 298; 1894 S. 192). Wegen solcher Betriebe, welche aus dem Inlande in das Ausland ragen, oder umgekehrt aus dem Auslande in das Inland vgl. auch §§. 4, 33 G.U.V.G.; A.N. 1896 S. 494. Bei Unternehmungen, die theils im Inland, theils im Auslande betrieben werden, ist nur der inländische, nicht aber der ausländische Betriebstheil versicherungspflichtig. Eine Ausnahme hiervon besteht nur insofern, als gelegentliche „Ausstrahlungen" der inländischen Betriebsthätigkeit, die keine selbständige wirthschaftliche Bedeutung haben, mit versichert sind, während solche „Ausstrahlungen" ausländischer Betriebe in's Inland unversichert bleiben. Den Mißständen, die eine solche Scheidung der Betriebe in einen versicherten und einen unversicherten Theil zur Folge hat, kann durch Abkommen mit den betheiligten ausländischen Staaten (§. 4 G.U.V.G.) abgeholfen werden (A.N. 1901 S. 362)

Was insbesondere die Unfälle anbelangt, welche die Arbeiter auf dem Wege zur Arbeit oder von der Arbeit erleiden, so gelten dieselben, soweit sie innerhalb des Fabrikgrundstücks als Folge schlechter Beschaffenheit und Gefährlichkeit der Wege ꝛc sich ereignen, in der Regel als Betriebsunfall (A.N. 1887 S. 134; 1897 S. 342, 567, vgl. oben), dagegen nicht, soweit sie auf dem Hin- oder Herwege außerhalb dieser Grenzen sich ereignen (A N. 1897 S. 568, 571). Ein Eisenbahnarbeiter, welcher auf dem Heimweg zu Unrecht die Schienen kreuzte, statt den ordentlichen Weg zu gehen, und dabei von der Maschine erfaßt wurde, erlitt hierdurch keinen Betriebsunfall (A.N. 1887 S. 408). Der Weg zur Arbeitsstätte ist zwar durch den Betrieb veranlaßt, bezweckt aber nur die Aufnahme der Betriebsthätigkeit und ist deshalb als eigentliche Betriebshandlung noch nicht anzusehen (A.N. 1887 S 8, 423, 468; 1888 S. 176, 214; 1889 S. 342). Umgekehrt liegt der Fall, wenn ein Versicherter auf einem Gange, den er aus Veranlassung und im Interesse des Betriebes im Auftrage des Arbeitgebers unternimmt, um eine zu dem Betriebe gehörige Betriebshandlung (Vermessung, Ueberwachung außerhalb befindlicher Arbeitsstellen ꝛc.) vorzunehmen, verunglückt; derartige Fälle werden als Betriebsunfälle angesehen (A.N. 1889 S. 342). Dasselbe gilt, wenn der Gang (Fahrt) während der Arbeitszeit zur Fortführung des unterbrochenen Betriebes nöthig war (A.N. 1887 S 351, vgl auch A.N. 1896 S. 317), sowie von sog. Kundenreisen eines Betriebsbeamten (A.N. 1897 S. 572), auch wenn er sich dabei eines Fahrrades bedient. In etwas weiterem Umfange als für Arbeiter kann bei selbstversicherten Betriebsunternehmern (Kleinmeistern) der Weg von ihrer Wohnung zu einer außerhalb gelegenen Arbeitsstelle dem Betriebe zugerechnet werden, weil dieser Weg durch den Betrieb bedingt oder zur Förderung desselben bestimmt ist (A.N. 1897 S. 573).

Nicht erforderlich ist, daß der Unfall mit den spezifisch gefahrbringenden Anstalten oder Werkzeugen (z. B. mit Maschinen) in Verbindung steht (A.N 1887 S. 355; 1888 S. 214, 228; 1891 S. 196), wo Unfälle bei allen durch den Betrieb bedingten Anlagen (z. B. Abtrittsgruben) oder Verrichtungen

(z. B. Heizen) für Betriebsunfälle erklärt sind. Vgl. dagegen A.N. 1895 S. 237. Auch Unfälle bei Betriebszwecken dienenden anderen Arbeiten (z. B. bei Aufstellung der Maschinen) fallen unter das Gesetz; ebenso Unfälle, welche ein Fabrikarbeiter bei einer ihm unmittelbar übertragenen, den Zwecken des Fabrikbetriebes dienenden baulichen Verrichtung erleidet (A.N. 1887 S. 176 ad 5 e); ebenso Unfälle, die ein Betriebsbeamter rc. in einem anderen Betriebe, als in welchem er beschäftigt ist, dann erleidet, wenn er diesen anderen Betrieb im Dienste desjenigen Betriebes, in welchem er beschäftigt ist, betreten hat (z. B. zu Revisionen rc.) (A.N. 1885 S. 366; 1888 S. 333; 1890 S. 507), oder durch an sich betriebsfremde Ereignisse (A.N. 1890 S. 197; 1891 S. 248, 261; 1896 S. 466). Ueberhaupt wird man nach der Tendenz dieses Gesetzes, den im Beruf verunglückten Arbeitern aus öffentlich-rechtlichen Gründen eine Fürsorge zu Theil werden zu lassen, den Begriff des „Unfalls bei dem Betriebe" thunlichst weit fassen müssen, um so mehr, als die Belastung mit der Fürsorgepflicht nicht wie bei der Haftpflicht einen Einzelnen, sondern größere leistungsfähige Verbände trifft. Heimarbeit eines Fabrikarbeiters vgl. A.N. 1896 S. 317.

Immerhin muß der Zusammenhang ein ursächlicher sein; ein blos örtlicher oder zeitlicher Zusammenhang zwischen dem Betriebe oder der Betriebsanlage und dem erlittenen Unfall genügt nicht ohne Weiteres (H.B. S 33). Auf rein zufällige, mit dem Betriebe des Unternehmens in keiner Verbindung stehende Beschädigungen, z. B. durch Blitzstrahl (wenn nicht etwa die Lage der Betriebsstätte den Blitz besonders anzieht, vgl. oben), Biß eines fremden Hundes auf dem Fabrikhof (A.N. 1889 S. 154; 1890 S. 596; 1895 S 238; vgl. dagegen 1888 S. 176; 1891 S. 230), durch einen von außen eindringenden Steinwurf (wenn er nicht etwa einen Angriff gegen die Sicherheit des Betriebes, z. B. gegen den auf Nachtwache befindlichen Wächter, darstellt, A.N. 1888 S. 69), und durch ähnliche Begebenheiten, kann die Unfallversicherung nicht ausgedehnt werden. Derartige Unfälle sind nicht „bei dem Betriebe" im Sinne dieses Gesetzes entstanden, fallen daher nicht unter die Unfallversicherung, sondern unter die Invalidenversicherung. Auch Unfälle bei solchen Handlungen, die der Arbeiter lediglich im eigenen Interesse vornimmt, z. B. Verlassen des ordnungsmäßigen Weges zur Abkürzung des Weges (A.N. 1887 S. 355, 407; 1888 S. 346; dagegen vgl. 1888 S. 343) sind nicht Betriebsunfälle. Ebenso beim Besteigen eines Fabrikdaches, um zu sehen, ob es in der Wohnung des Arbeiters brenne (A.N. 1895 S. 237), beim unerlaubten Gebrauch von Betriebseinrichtungen für Privatzwecke des Arbeiters (A.N. 1888 S. 333; 1889 S. 192; 1891 S. 250. Gleiches gilt vom Zurechtmachen und Ausbessern des dem Arbeiter gehörigen Arbeitsgeräths (A.N. 1888 S. 206; 1891 S. 250; 1896 S. 466; 1901 S. 360), sofern nicht hierzu bestimmte Betriebseinrichtungen benutzt werden (A.N. 1891 S. 249) —, bei den Wegen von und zur Arbeitsstätte (A.N. 1888 S. 175, 214; 1889 S. 193; 1892 S. 316; 1896 S. 219), bei Befriedigung leiblicher Bedürfnisse (A.N. 1892 S. 309; 1898 S. 167, 168; Ausnahmsweise anders A.N. 1891 S. 250; 1895 S. 154 und in anderen Fällen, in denen eine Einwirkung von Betriebsgefahren oder einer besonderen Anordnung der Betriebsleitung vorlag (A.N. 1892

S. 310; 1894 S. 194; 1893 S. 430; 1895 S. 231; 1896 S. 317; 1897 S. 344; 1898 S. 166; 1899 S. 225). Wechseln der Arbeitskleidung nach Schluß der Betriebsthätigkeit ist regelmäßig dem Betrieb zuzurechnen A.N. 1898 S. 260; ebenso unter Umständen das Reinigen des Körpers in einem zur Betriebsanlage gehörigen Teiche A.N. 1899 S. 773.

Bei Beurtheilung der Frage, ob ein genügender Zusammenhang vorliegt, wird viel auf ärztliches Gutachten ankommen; ein Schlagfluß, den ein herzkranker Arbeiter bei dem Tragen einer nicht übermäßig schweren Last erlitt, und dessen Zusammenhang mit der Beschäftigung im Betriebe von dem Arzt ausdrücklich verneint wurde, ist nicht als Betriebsunfall angesehen worden (A.N. 1886 S. 352; auch 1897 S. 303, 305, wo es sich um hinzugetretene Krankheiten handelt).

Wegen Aufhebung des Zusammenhanges durch das Verhalten, insbesondere strafbare Handlungen des Verletzten (oben S. 148) vgl. §. 8 Abs. 2, A.N. 1898 S. 259. Ueber Unfälle bei dem Betriebe im Auslande vgl. Anm. 12.

Den **Nachweis** des ursächlichen Zusammenhangs zwischen Unfall und Betrieb hat der Verletzte zu führen; die entscheidende Stelle (Berufsgenossenschaft, Schiedsgericht, Reichs-Versicherungsamt) hat nach freiem Ermessen zu beurtheilen, ob der Zusammenhang wenigstens soweit **wahrscheinlich** gemacht ist, daß die Ueberzeugung von einem Zusammenhang gewonnen werden kann (A.N. 1886 S. 228, 251; 1896 S. 216; H.B. S. 33); hierin geht das R.V.A. sehr weit, vgl. A.N. 1888 S. 280. „Mit diesem Prinzip der freien Beweiswürdigung ist die Frage nach der Beweislast nicht gegenstandslos geworden. Kann sich der Richter nach pflichtgemäßem Ermessen nicht entschließen, eine Thatsache als wahr anzunehmen, so gereicht dies derjenigen Partei zum Schaden, welche sie dem Richter hätte beweisen müssen. ... Es muß also dem Anspruchsberechtigten die Behauptung und der Beweis derjenigen Thatbestandsmomente auferlegt werden, welche an sich genügen, um dem Richter das Bild eines Betriebsunfalles vor die Seele zu führen." (Rosin.) Gemildert wird die Beweislast durch die von Amtswegen vorzunehmende Unfalluntersuchung (§. 69).

Das Wort „Betrieb" bezeichnet hier nicht die Betriebsanlage, das Unternehmen, sondern die gewerbliche Thätigkeit in demselben und aus Anlaß desselben.

Wegen der Fälle, in denen die Thätigkeit verschiedenen Betrieben zugerechnet werden kann, vgl. die neue Bestimmung im §. 28 Abs. 4.

10) **Unfälle**, ohne Rücksicht darauf, ob dieselben durch höhere Gewalt, Zufall (z. B. epileptische Krampfanfälle A.N. 1887 S. 209, 1888 S. 176). Verschulden des Verletzten (z. B. leichtsinniges Verhalten, A.N. 1887 S. 29), des Unternehmers oder eines Dritten (z. B. „Neckereien oder Muthwille von Mitarbeitern", A.N. 1888 S. 176, 1889 A.N. S. 351; Schlägereien mit denselben, A.N. 1888 S. 288), ja selbst grobes Verschulden des Verletzten selbst veranlaßt werden. (Vgl. allg. Motive 1884 sowie die vorstehende Anmerkung 9.) Gegen frevelhaften Leichtsinn der Arbeiter kann die B.-G. sich dadurch schützen, daß sie die Arbeitgeber zur Entlassung derselben nöthigt (A.N. 1887 S. 30). Wegen der Voraussetzungen für gänzliches oder theilweises Fortfallen des Entschädigungsanspruchs vgl. §. 8 Abs. 2. Der Unfall

muß nach dem Inkrafttreten der Unfallversicherung für den betreffenden Gewerbszweig eingetreten und von einem „in" dem Betriebe „beschäftigten" Arbeiter oder Betriebsbeamten „bei dem Betriebe" erlitten sein.

Der Begriff des „Unfalls" ist verschieden aufgefaßt worden. Anfänglich stand das R.V.A. auf dem Standpunkte, es sei darunter das schädliche Ereigniß selbst (vgl. A.N. 1888 S. 244) zu verstehen; dieselbe Auffassung hat das Reichsgericht (Erk. vom 6. Juli 1888, Jurist. Wochenschrift 332) ausgesprochen. Nicht nothwendig braucht neben der Schädigung des Betroffenen außerdem eine besondere Störung des Betriebes eingetreten zu sein (H.B. S. 28). Nach Rosin (a. a. O. S 319) dagegen ist der Unfall die „körperschädigende, plötzliche und von dem Betroffenen unbeabsichtigte Einwirkung eines äußern Thatbestandes auf einen Menschen", nicht das Ereigniß selbst, auch nicht der in Folge des Ereignisses eingetretene Körperschaden. Neuerdings hat sich das R.V.A. dahin ausgesprochen, daß nicht das schädigende äußere Ereigniß, das in der Sprache des gewöhnlichen Lebens gewöhnlich als Unfall bezeichnet wird, sondern der dadurch herbeigeführte Schaden den Unfall im versicherungsrechtlichen Sinne darstellt. Jenes Ereigniß ist im § 64 als „Veranlassung des Unfalls" bezeichnet, und die dadurch bewirkte Körperschädigung begründet als „Unfall" den Entschädigungsanspruch; diese Annahme wird auch durch die Ausdrucksweise des §. 72 Abs 2 unterstützt (A.N. 1901 S. 171) Der „Unfall" muß „bei dem Betriebe" eingetreten sein, um einen Entschädigungsanspruch zu begründen; vgl. jedoch §. 3.

Das Ereigniß muß zeitlich bestimmt sein (Erk. d. Reichsgerichts a. a O.; A.N. 1888 S. 85; H.B. S. 28); allmählich entstandene Nachtheile für die Gesundheit, welche auch unter normalen Verhältnissen unter dem Einfluß der Berufsarbeit leiden kann (z. B. allmähliche Verschlechterung des Gehörs oder des Gesichts, allmählich z. B. in Folge des Zuges auf der Arbeitsstätte (A N 1889 S. 193, H B S. 29, 30; A.N. 1897 S. 464) aufgetretener Rheumatismus, Bleikoliken, Phosphornekrose 2c.), sind keine „Unfälle", sondern Berufskrankheiten; die Grenze zwischen beiden darf schon im Interesse des Arbeiters selbst, um nicht kränklichen Arbeitern die Erlangung von Arbeit zu erschweren, nicht verrückt werden (A.N. 1886 S. 252, 1887 S. 147). Wohl aber sind Betriebsunfälle solche Vergiftungen, welche eine Folge plötzlich wirkenden Eindringens von Krankheitsstoffen in den Körper darstellen, z. B. Milzbrand in Folge Bearbeitung von Haaren milzbrandkranker Thiere in einer Roßhaarspinnerei (A.N. 1886 S. 251), oder Erstickung durch Einathmen von Gasen bei Röhrenbrüchen. Die Voraussetzung der „Plötzlichkeit" der schädigenden Einwirkung ist nicht allzu eng auszulegen (H.B. S. 29, A N. 1887 S. 407, 1888 S. 177, 286). Ebenso bei Rückenmarkserkrankung eines Caissonarbeiters A.N. 1897 S. 464. Für Benachtheiligungen, welche nicht als Unfälle gelten können, tritt event. die Invalidenversicherung ein.

Was speziell Bruchschäden anbelangt, so hat das R.V.A. den Grundsatz ausgesprochen (A.N. 1888 S. 85), daß nicht die bestehende Anlage zu einem Leistenbruch, sondern das sog. Austreten des Bruchs (d. h. eines Theils der Eingeweide durch die Bruchpforte des Leistenkanals) diejenige Thatsache ist, welche eine Unfallentschädigung bedingt, sofern sie als Folge eines Betriebsunfalls erscheint. Ob aber das Auftreten der wesentlichen Brucherscheinung, nämlich das Hervortreten von Eingeweiden, als ein „bei dem Betriebe" erlittener „Unfall" sich darstellt, d. h. plötzlich im Anschluß an ungewöhnliche Anstrengung, schwere körperliche Arbeit, entstanden ist, oder nicht vielmehr aus einer Kette kleinerer und größerer Anstrengungen sich entwickelt hat, das muß im Einzelfall geprüft werden; dabei will das R.V.A. von dem zur Beibringung des Nachweises verpflichteten Arbeiter jedesmal eine „dem vollen, zwingenden Nachweise sich möglichst nähernde Häufung von Wahrscheinlichkeitsumständen verlangen". Das Wiederhervortreten eines Bruchs während einer nicht ungewöhnlich schweren Arbeit, bei welcher ein Bruchband nicht getragen wurde, hat das R.V.A. demgemäß nicht als Folge eines bestimmten, zeitlich nachweisbaren Ereignisses, sondern als allmähliche Körperschädigung in Folge Nichttragens des Bruchbandes angesehen, und demgemäß eine Unfallrente abgelehnt (A.N. 1888 S. 287; vgl. auch A.N. 1892 S. 282, 283; H.B. S. 31; 1897 S. 356, 405). Für die Annahme der Entstehung eines Leistenbruches durch Unfall muß ein fast zwingender Nachweis erbracht werden (A.N 1897 S. 405).

11) beschäftigt sind. Die Beschäftigung ist auch bei der Unfallversicherung, wie bei der Krankenversicherung, die Grundlage der Entschädigungsberechtigung; auf die Dauer der Beschäftigung aber kommt es bei der Unfallversicherung nicht an. Der Unfallversicherung unterliegen vielmehr auch solche Arbeiter, welche nur vorübergehend beschäftigt sind, „deren Beschäftigung ihrer Natur nach eine vorübergehende oder durch den Arbeitsvertrag im voraus auf einen Zeitraum von weniger als einer Woche beschränkt ist" (§. 1 Abs. 1, §. 2 Nr. 1 K V.G), die also der Krankenversicherung nur dann unterliegen, wenn dieselbe durch statutarische Bestimmung auf sie erstreckt ist. Es kommt lediglich darauf an, ob solche vorübergehend beschäftigten Personen bei dem Betriebe derart verunglücken, daß sie nach Maßgabe dieses Gesetzes auf Unfallentschädigung von den Berufsgenossenschaften Anspruch haben, ob sie bei dem Betriebe den Tod oder eine Körperverletzung mit einer mehr als 13 Wochen dauernden Erwerbsunfähigkeit erleiden. Ist letzteres der Fall, so hat für sie während der ersten 13 Wochen, sobald sie nicht (in Folge statutarischer Bestimmung oder freiwillig) gegen Krankheit versichert sind, der Betriebsunternehmer zu sorgen, vgl. §. 12 Abs. 2. Die Beschäftigung kann auch in einer Revision bestehen, ebenso in dienstlicher Anwesenheit im Dienste eines anderen Betriebes (A.N. 1885 S. 366); auch bei Verbindung polizeilicher (öffentlicher) Funktionen mit privaten Verrichtungen für die Geschäftsinhaber kann eine Beschäftigung im Betriebe des letzteren angenommen werden (A.N. 1889 S. 161).

12) „in" einem Bergwerk, einer Fabrik 2c. ist derjenige beschäftigt, der innerhalb oder außerhalb der zu den Anlagen gehörigen Räumlichkeiten Verrichtungen im Betriebsdienste versieht, d h. Verrichtungen, welche zu dem Betriebe der Fabrik 2c. gehören. Vgl. Anl. d R.V.A. v. 14. Juli 1884 Nr. 12. Reine Büreaubeamte, die kraft ihrer dienstlichen Stellung lediglich als Handlungsgehülfen fungiren, mit dem gewerbstechnischen Betriebe aber,

der allein eine Unfallgefahr als solche herbeiführen kann, nichts zu thun haben, Schreiber, Reisende (A.N. 1888 S. 301, 1890 S. 512, 1892 S. 24, 1893 S. 212; H.B. S. 23, 24) zc. können nicht als „in" der Fabrik zc. beschäftigt, bezw. nicht als „Betriebsbeamte" gelten, fallen also nicht unter die Unfallversicherung. Dies wird auch in der Begründung zu §. 1 des Gesetzentwurfs über die Ausdehnung der Unfall- und Krankenversicherung anerkannt. Ebenso A.N. 1885 S. 3. Vgl. jedoch §. 5 Abs. 3.

Ueber die Frage, in welchem Betriebe die Beschäftigung eines Arbeiters stattfindet, und welche Berufsgenossenschaft demgemäß event. die Entschädigung leisten muß, bestanden nach dem früheren Wortlaut des U.B.G. häufig Zweifel, welche in zahlreichen Entscheidungen des R.V.A. erörtert sind. Die abgeänderte Fassung der Unfallversicherungsgesetze (1900) hat in §. 28 Abs. 4 G.U.V.G. eine neue Bestimmung aufgenommen, die im Geiste der in der Rechtsprechung des R.V.A. ausgebildeten Grundsätze die Zweifel beseitigen soll. (Allg. Mot. 1900 oben S. 77.)

Eine Scheidung der „in" einem und demselben Betriebe, welcher an sich unter das Gesetz fällt, beschäftigten Arbeiter und (nicht über 3000 Mk. gelohnten) Betriebsbeamten — sofern letztere eben als Betriebsbeamte anzusehen sind — in solche, welche versichert sind, und solche, welche nicht versichert sind, läßt das Gesetz nicht zu; es sind alle in einem versicherungspflichtigen Betriebe beschäftigten Arbeiter, soweit die Beschäftigung nicht wider den ausdrücklichen Willen des Betriebsunternehmers erfolgt (A.N. 1889 S. 317), und die nicht über 3000 Mk. gelohnten Betriebsbeamten kraft Gesetzes versichert. Ist aber ein Theil des Betriebes aus besonderen Gründen nicht versicherungspflichtig (bei gemischten Anlagen, in welchen nur ein Nebenbetrieb, nicht aber der Hauptbetrieb unter die Unfallversicherung fällt, vgl. §. 28 Abs. 2), so sind die ausschließlich im Hauptbetriebe beschäftigten Arbeiter nicht versichert. Abweichend von dem früheren Rechte ist es jedoch nach §. 3 G.U.V.G. ausgeschlossen, daß ein Arbeiter, der für einen Theil seiner Thätigkeit versichert ist, für einen andern Theil der demselben Arbeitgeber geleisteten Dienste nicht versichert ist. Arbeiter, die zum Theil in dem versicherungspflichtigen, zum Theil in dem nicht versicherungspflichtigen Theile des Betriebes beschäftigt werden, sind mithin für den ganzen Umfang ihrer Beschäftigung im Betriebe versichert. Wegen der weitergreifenden Bestimmungen für die theilweise mit Bauarbeiten befaßten Betriebe der Tischler, Maler, Glaser zc. vgl. §. 1 Abs. 1 Ziffer 2. Bei solchen Betrieben, mit denen eine Landwirthschaft verbunden ist (z. B. Windmühle mit Landwirthschaft) und bei denen der Müllerbursch abwechselnd in dem einen oder in dem anderen Theile beschäftigt wird, erstreckt sich die Versicherung des Müllerburschen bei der Müllerei-B.G. nur auf seine Thätigkeit in der Mühle, sofern nicht — was nach §. 28 Abs. 2 G.U.V.G. neuerdings für zulässig erklärt ist — ausnahmsweise die Versicherung auch bei dem, dem Betriebe der Landwirthschaft dienenden Nebenbetriebe des gewerblichen Betriebes nach den Bestimmungen des G.U.V.G. erfolgt. In den Regelfällen ist die zeitliche Dauer der Thätigkeit in der Mühle für die Zwecke der Lohnnachweisung abzuschätzen; bei Bewilligung einer Rente müßte aber nach §. 10 Abs. 3, 4 doch ein voller Jahresverdienst zu Grunde gelegt werden (A.N. 1887 S. 121).

Wer in einem fremden Betrieb (Fabrik ꝛc.) Gegenstände für den eigenen Gebrauch arbeitet (eigenwirthschaftliche Thätigkeit des Arbeiters), ist, insoweit er dabei mit Erlaubniß des Arbeitgebers handelt, in dessen Betriebe beschäftigt und demgemäß versichert. Denn diese Erlaubniß involvirt den Willen des Arbeitgebers, die Privatarbeit seines Arbeiters noch seinem eigenen Betriebe zuzuschlagen. Diese Erlaubniß kann wirksam an Einschränkungen (z. B. Verbot, gewisse Maschinen zu benutzen) geknüpft werden. Eine Ueberschreitung dieser Einschränkungen bewirkt, daß die eigenwirthschaftliche Thätigkeit des Arbeiters nicht mehr zu dem Betriebe des Arbeitgebers gehört; der Arbeiter ist dann nicht mehr in dem Betrieb beschäftigt, und ein vorkommender Unfall (z. B. in Folge Benutzung einer verbotenen Maschine) zieht einen Anspruch auf Rente nicht nach sich (A.N. 1888 S. 333, 1889 S. 192). Dasselbe gilt, wenn ein Arbeiter in der Betriebsstätte des Arbeitgebers aus Gefälligkeit Arbeiten für Dritte bezw. solche Arbeiten verrichtet, die nicht direkt zum Betriebe gehören. A.N. 1889 S. 352.

Die „in" den im Text aufgeführten Betrieben beschäftigten Personen unterliegen der Versicherungspflicht nur, wenn die Betriebe im Inlande belegen sind; indessen können einzelne Betriebstheile, welche sich in unmittelbarem Zusammenhang mit einer im Inlande belegenen Anlage befinden, oder deren Betrieb planmäßig mit dem Betriebe der inländischen Anlage ineinandergreift, auch im Auslande belegen sein, ebenso einzelne Betriebshandlungen, auch wenn sie im Auslande vorgenommen werden, unter die Unfallversicherung fallen. So Monteure, welche im Auslande eine im Inland hergestellte Maschine aufstellen, Kutscher eines Fuhrbetriebes, die im Auslande verunglücken, ꝛc. A.N 1885 S. 345. Wegen der Zahlung von Renten nach dem Auslande vgl. §. 94 Ziffer 2, 3. Umgekehrt ist ein im Auslande domizilirter Betrieb, welcher einen Theil dieses Betriebes im Inlande führt, z. B. eine ausländische Baufirma, die im Inlande einen größeren Bau ausführt, für diesen inländischen Bestandtheil versicherungspflichtig (A.N. 1887 S. 122). Wegen der Beitragsleistung für solche Betriebe vgl. §. 33. — Um die Durchführung der Unfallversicherung in Betrieben, welche über die Reichsgrenze hinübergreifen, zu erleichtern, können nach §. 4 mit den Nachbarregierungen Abkommen getroffen werden.

[13]) Bergwerke sind Anlagen, vermittelst welcher nach Aufdeckung der Fundstätte Mineralien bergmännisch gewonnen werden (Entsch. d. Reichsgerichts in Civilsachen 29 S. 192; H.B. S. 4); weitere Erfordernisse, insbesondere das der staatlichen Aufsicht (vgl. Eger, Haftpflichtgesetz, II. Aufl. S. 178), sind für dieses Gesetz nicht aufzustellen. Bergmännisch ist ein Betrieb nach bergtechnischen Regeln, d. h. „nach einem bestimmten Betriebsplan und den zur Sicherheit des inneren Baues, der Oberfläche und der Arbeiter durch Theorie, Praxis und Gesetz vorgeschriebenen Grundsätzen" (Eger a. a. O.). Auf die Regalität des Bergbaues kommt es nicht an. Auch die Gewinnung von Bernstein, Erdöl und ähnlichen Werthen ist hierher (oder zu den ähnlichen Gruben) zu rechnen. Das bloße Aufsuchen der Lagerstätte der Mineralien (Schürfen und Bohren) ist nicht Betrieb eines Bergwerks (Erk. d. R.Ob.Hand.Ger. vom 22. April 1879, Entsch. 25 S. 145), wohl aber einer Gräberei (A.N. 1887 S. 135). Die Anlage eines Tunnels ist

kein Bergwerksbetrieb (cf. Erk. d. R.Ob.Hand.Ger. v. 10. März 1876 (Entsch. 20 S. 3). Ueber besondere Knappschafts-Berufsgenossenschaften vgl. §. 134.

[14]) Aufbereitungsanstalten sind gewerbliche Anlagen zur mechanischen Reinigung bergmännisch gewonnener Erze. (Wagner's Handbuch der chemischen Technologie, 10. Aufl, S. 6). Vgl. Anl. d. R.V.A. v. 14. Juli 1884 Nr. 4; H.B. S. 4).

[15]) „Unter Steinbrüchen sind diejenigen Anlagen zu verstehen, in denen die Gewinnung von Steinarten (Bau-, Werk-, Mühlstein-, Marmor-, Basalt-, Granit-, Schieferbrüche u. s. w.) gewerbsmäßig und nach besonderen technischen Regeln erfolgt" (Motive 1884 S. 42). Vergl. Anl. d. R.V.A. v. 14. Juli 1884 Nr. 4.

Dieser Definition entspricht die Begriffsbestimmung in d. Erk. d. R.Ob.-Hand.Ger. v 10. März 1876 zu §. 2 des Haftpflichtgesetzes (Entsch. 20, S. 3), nach welcher es sich bei einem Steinbruch um ein Unternehmen handelt, dessen Zweck sich unmittelbar auf das Gewinnen von Steinen und deren Verwerthung bez. Benutzung richtet, bei welchem also die Steine selbst als das zu erzielende Produkt erscheinen. Das R.V.A. erachtet die Gewerbsmäßigkeit nicht für ein nothwendiges Erforderniß, berücksichtigt vielmehr hauptsächlich die Betriebs- und Größenverhältnisse, die Stärke der Abraummasse sowie die sonstige Unfallgefahr, A.N. 1887 S. 144. H.B. S. 4. Versicherungspflichtig sind auch Steinbruchsarbeiten, die ein Mineraloge behufs Gewinnung von Versteinerungen ausführen läßt (A.N. 1899 S. 618). Wegen der Steinbrüche zur Materialgewinnung für Wegebauten bei landwirthschaftlichen Regiebauten vgl. Anm. 16.

Ob der Steinbruch über oder unter der Erde betrieben wird, ist unerheblich.

„Die Steinbrüche wie die Gräbereien sind ebenso wie im Haftpflichtgesetz auch hier deshalb besonders aufgeführt worden, weil es zweifelhaft ist, ob dieselben unter die Bezeichnung Bergwerk zu subsumiren sein würden; es handelt sich also um den Bergwerken analoge Unternehmungen, welche auch als solche der polizeilichen Aufsicht unterliegen" (Motive 1884 S. 43).

Abweichend von dem früheren Recht können Steinbrüche nach den abgeänderten Unfallversicherungsgesetzen (1900) Nebenbetriebe der Land- und Forstwirthschaft sein und zwar auch dann, wenn die Ausbeutung zu Erwerbszwecken einen erheblicheren Umfang annimmt, sofern nur der Begriff des landwirthschaftlichen Nebenbetriebes (§. 1 Abs. 2 L.U.V.G.) erfüllt wird. (Vgl. H.B S. 5.) Dies ist dadurch zum Ausdruck gebracht, daß im §. 1 Abs. 3 Ziffer 1 L.U.V.G. unter den Betrieben, die nicht unter jenes Gesetz fallen, die Steinbrüche und ebenso auch die Gräbereien (Gruben) nicht mit aufgeführt sind.

Nicht zu den Steinbrüchen gehört die Gewinnung und Zerkleinerung von Steinen auf der Erdoberfläche (A.N. 1889 S. 163; H.B. S. 4); ebenso die Gewinnung der zu einem Regiebau erforderlichen Steine auf dem eigenen Grundstück des Unternehmers (H.B. S. 5).

[16]) Der Ausdruck Gräberei „umfaßt nach der Terminologie neuerer Berggesetze die auf die Gewinnung der in den sogenannten oberflächlichen

Lagerstätten vorkommenden Mineralien (Mergel-, Kies-, Sand-, Thon-, Lehm- und ähnliche Gruben) gerichteten Anlagen, in denen ein gewerbsmäßiger und nach technischen Regeln ausgeführter Betrieb stattfindet" (Motive 1884 S. 42). Vgl Anl. d. R.V.A. v. 14. Juli 1884 Nr. 4). Aehnlich d. Erk. d. R.Ob.Hand.Ger. v. 24. Mai 1878 (Entsch. 23, S. 403), welches insbesondere betont, daß es sich dabei um dem Bergwerk analoge Unternehmungen, nämlich um solche Unternehmungen handelt, welche als Unterarten unter dem Ausdruck Bergwerk im weiteren Sinne mitbegriffen werden können (vgl. Anm. 15 a E).

Gräbereien fallen also nach den Motiven dann unter das Unfallversicherungsgesetz, wenn sie

a) gewerbsmäßig, und zugleich

b) nach technischen Regeln

betrieben werden. Gewerblich ist eine Thätigkeit nach Seydel, „Das Gewerbepolizeirecht nach der Reichsgewerbeordnung" 1881, S. 2 und den dort zitirten Autoren dann, wenn sie „auf Erwerb gerichtet" ist, d. h. den Zweck verfolgt oder doch wenigstens mit verfolgt, dem Betreibenden ein Einkommen (nicht etwa bloß einen Vermögensvortheil, wie eine Ersparung) zu gewähren. Nach der Begründung zu § 1 des Ausdehnungsgesetzes und der von dem R.V.A. aufgestellten Interpretation des letzteren ist ein „gewerbsmäßiger" Betrieb ein solcher, welcher „durch eine gewisse Kontinuität die Absicht erkennen läßt", daß er „für einige Dauer zu Zwecken des Erwerbes, bezw. als selbständige, unmittelbare Einnahmequelle fortgesetzt" werden soll, sei es, daß aus dem Betrieb ein selbständiges Gewerbe gemacht wird", sei es, daß derselbe einen „Hauptbestandtheil" oder doch „einen hervorstechenden Bestandtheil des Gesammtunternehmens bildet". Jene Merkmale sind aber nach der Praxis des R.V.A. nicht ausschließlich maßgebend, vielmehr kann nach Art und Umfang des Betriebes auch beim Fehlen derselben eine versicherungspflichtige Gräberei vorliegen. (A.N. 1887 S. 31; H.B. S. 6.) Die Ausbeutung eines Mergel-, Sand- oder Torflagers 2c., wenn dieselbe im Wesentlichen (überwiegend) für den eigenen Bedarf bezw. für den Bedarf der in der Landwirthschaft des betr. Guts beschäftigten Arbeiter, oder zur Gewinnung kulturfähigen Bodens erfolgt, gehört nicht hierher, ebensowenig der nicht nach technischen Regeln erfolgende übliche Torfstich bäuerlicher Besitzer, auch wenn der Torf verkauft wird. Derartige Betriebe sind vielmehr Nebenbetriebe oder Theile der Land- und Forstwirthschaft und fallen mit der letzteren unter das Unfallversicherungsgesetz für Land- und Forstwirthschaft, vgl. Anl. d. R V A. v. 14. Juli 1884 sowie A.N. 1889 S. 321. Ebenso sind Steinbrüche, Gräbereien 2c., welche ausschließlich oder überwiegend zum Zweck der Materialgewinnung für die dem Betriebe der Landwirthschaft dienende, in Regie ausgeführte Herstellung oder Unterhaltung von Wegen, Kanälen 2c. betrieben werden, gemäß § 1 Abs. 4 L.U.V.G. landwirthschaftliche Betriebe (A.N. 1889 S. 322; H.B. S. 7). Dasselbe gilt von der Materialgewinnung zu der einem Landwirth obliegenden Unterhaltung öffentlicher, in dem Gutsbezirk belegener Wege (A.N. 1889 S. 164). Die nach technischen Regeln gewerbsmäßig (also im Wesentlichen zum Verkauf) betriebenen Gräbereien auf Torf, Bernstein, Kies 2c. fallen dagegen als Gräbereien unter das G.U.V.G., sofern sie nicht als Nebenbetriebe der Land- und Forstwirthschaft oder eines Gewerbebetriebes anzusehen sind. (Vgl. §. 1 Abs. 3 Ziffer 1 L.U.V.G. und Anm. 15 a. E.; A.N. 1889 S. 322; H.B. S. 7.) Sonst sind Torfstiche mit einer Jahresförderung von 100000 bis 200000 Stück als Gräbereien erklärt (H.B. S. 7).

Die Ausdrücke „Gräberei" und „Grube" werden, wie in diesem Gesetz, so auch sonst häufig gleichbedeutend gebraucht (das Krankenversicherungsgesetz spricht nur von Gruben). Man wird also nach besonderen Unterscheidungsmerkmalen nicht zu suchen haben; insbesondere kommt es auch hier nicht darauf an, ob die Anlage unterirdisch oder über der Erde betrieben wird.

Baggereien fallen, sowohl wenn sie die Gewinnung von Kies, Sand, Bernstein 2c nach technischen Regeln, als wenn sie die Entfernung von Sand 2c. bei Vertiefung von Wasserstraßen 2c. zum Gegenstand haben, unter § 1 Abs. 1 Ziffer 4 G.U.V.G.

Das Ausgraben der Fundamente eines Gebäudes, oder das Ausschachten eines Grundstücks zwecks Hebung und Fortschaffung von Erdmassen zu baulichen Zwecken ist keine Gräberei, cf. Erk. d. R.Ob.Hand.Ger. v. 10. März 1876 (Entsch. 20, S. 3) und v. 24. Mai 1878 (Entsch. 23, S. 403). Soweit diese Arbeiten von Maurern in ihrem Gewerbebetrieb vorgenommen werden, fallen sie unter §. 1 Abs. 1 Ziffer 2 G.U.V.G., im Uebrigen wohl unter das B.U.G. — Ebenso Erdarbeiten zum Wegebau (H.B. S. 6).

Schürfarbeiten und Tiefbohrungsbetriebe gehören zu den Gräbereien (A N. 1887 S. 135) soweit es sich nicht um Brunnenarbeiten handelt (A.N. 1890 S. 456; H.B. S. 6).

17) Werften sind im Sinne dieses Gesetzes Anstalten für Erbauung von Schiffen (A.N. 1886 S. 133; H.B. S. 8).

18) Bauhöfe sind auf eine gewisse Dauer berechnete Anlagen zur Vorbereitung von Bauarbeiten, nicht aber schon mit einem Zaun umfriedete Plätze, auf welchen ein Bau ausgeführt wird (A.N. 1885 S. 364). Dieselben sind ausdrücklich aufgenommen, „da möglicherweise auf Bauhöfen noch andere als die im zweiten Absatz speziell aufgeführten Arbeiter in einer mit besonderer Gefahr für Leben und Gesundheit verbundenen Weise beschäftigt sein können" (Komm.Ber. 1884 S. 6). Vgl. Anl. d. R.V.A. v. 14. Juli 1884 Nr. 4 H.B. S 8).

19) Fabriken.

Eine erschöpfende Definition des Begriffs „Fabrik" hat bisher nicht gelingen wollen; „die zahlreichen Versuche, welche in den Gesetzgebungen verschiedener Länder bisher in dieser Richtung gemacht worden sind, haben an der Vielgestaltigkeit des praktischen Lebens ihre Schranken gefunden" (Motive 1884 S. 43). Eine Zusammenstellung der in verschiedenen Staaten versuchten Definitionen des Begriffs „Fabrik" findet sich in den Motiven zur Oesterreichischen Gewerbenovelle vom 15. März 1883 (Nr. 253 der Beilage zu den stenograph. Protokollen des Abgeordnetenhauses IX. Session, S. 107ff.) Man versteht unter „Fabrik" im Allgemeinen eine größere gewerbliche Anlage zur Bearbeitung oder Verarbeitung beweglicher Sachen. Den Gegensatz zur „Fabrik" bildet der Handwerksbetrieb; ein Begriff bestimmt sich durch den anderen (vgl. Urth. d. Reichsgerichts vom 13. Mai

1881, Entsch. IV S. 98); die Grenze zwischen beiden aber ist schwankend und unsicher; sie ist keine absolute, sondern mit Rücksicht auf Betriebsart, Umfang und Gegenstand eine relative.

Weil nun aber der gewöhnliche Handwerksbetrieb wegen praktischer Schwierigkeiten einstweilen in die Unfallversicherung nicht hat einbegriffen werden können, und weil ferner bei der Ausführung des Gesetzes die Frage, welcher Betrieb als Fabrik zu betrachten sei und deshalb unter das Gesetz falle, doch sofort zu beantworten ist, so hat man, um den ausführenden Behörden die Entscheidung hierüber zu erleichtern (also lediglich aus praktischen Gründen), für die Beurtheilung dieser Frage „wenigstens einen gesetzlichen Anhalt" (Motive 1884 S. 43) geben wollen, dessen Mangel im Haftpflichtgesetz zu mancherlei Zweifeln Anlaß geboten hat. Diese Anhaltpunkte findet das Gesetz in dem Gegenstand des Betriebes (gewerbsmäßige Be- oder Verarbeitung von Gegenständen), und in der Art des Betriebes, wobei der Umfang, für welchen nach dem Vorgang anderer Gesetzgebungen (vgl. darüber Eger, Haftpflichtgesetz, II. Aufl., S. 179, 201) die Zahl der beschäftigten Arbeiter als Maßstab angenommen ist" (Motive 1884 vgl. auch Kom.Ber. 1900 S. 10), und die eigenthümliche Unfallgefahr maßgebend sind, welche die gewerbsmäßige Herstellung von Explosivstoffen oder explodirenden Gegenständen, sowie eine dauernde Verwendung von Kraftmaschinen mit sich bringt. Der letztere Gesichtspunkt hat dahin geführt, den Fabriken auch diejenigen kleineren Betriebe „gleich zu stellen" (§. 2 Abs. 2), welche nach ihrem Umfang nur handwerksmäßig betrieben werden, wegen der Verwendung von Dampfkesseln oder elementaren Motoren oder thierischer Kraft aber die besondere Unfallgefahr der Fabriken um so mehr zeigen, als in derartigen fabrikartig arbeitenden kleineren Betrieben die Maßregeln zur Unfallverhütung häufig nicht so gut sind, wie in „Fabriken" von größerem Umfange (cf. allg. Mot. 1884, S. 48). Ausgenommen von dieser Gleichstellung waren schon nach den Beschlüssen der Reichstagskommission (1884) und nach dem UVG. diejenigen „fabrikähnlichen" mit Motoren arbeitenden kleinen Betriebe, welche in der Land- und Forstwirthschaft vorkommen; denn diese arbeiten meist für den eigenen Bedarf des betr. Guts, beschäftigen meist dieselben Arbeiter, welche bei der Landwirthschaft selbst Verwendung finden, sind auch jederzeit als Zubehör der letzteren angesehen und, weil sie nicht „Fabriken" sind, dem Haftpflichtgesetz nicht unterworfen gewesen. Derartige Nebenbetriebe oder Bestandtheile der Land- und Forstwirthschaft fallen, soweit sie nicht nach näherer Bestimmung des Reich-Versicherungsamts wegen ihres erheblichen Umfangs oder wegen besonderer maschineller Einrichtungen oder wegen der Zahl der verwendeten gewerblichen Arbeiter den unter das G.U.V.G. fallenden Fabriken zuzurechnen sind, unter die land- und forstwirthschaftliche Unfallversicherung. Vgl. §. 1 Abs. 2 G.U.V.G., §. 1 Abs. 2, 3 L.U.V.G.

„Die angegebene Definition kann und will den Begriff „Fabrik" jedoch nicht erschöpfen. . . . . Es wird damit nicht ausgeschlossen, daß in konkreten Fällen auch darüber hinaus einzelne Betriebe als Fabriken sich darstellen können und folgeweise unter die für diese geltenden Normen gebracht werden müssen. Um nach dieser Richtung hin den Anforderungen des praktischen Lebens jederzeit gerecht werden zu können, ist dem Reichs-Versicherungsamt die Befugniß beigelegt worden, auch andere Betriebe, sofern sie sich als Fabriken darstellen, als solche zu bezeichnen und sie damit unter die Vorschriften des Unfallversicherungsgesetzes zu stellen" (Motive 1884 S. 43) vgl. §. 2 Abs. 4 G.U.V.G.

Hiernach gelten als Fabriken im Sinne des Unfallversicherungsgesetzes, fallen also unter dieses Gesetz, alle diejenigen Anlagen, „welche sich sprachlich oder begrifflich als „Fabriken" (im Gegensatz zum Handwerksbetriebe, vgl. A.N. 1889 S. 139, Anm. 22) darstellen" (A.N. 1885 S. 104). Daß dies der Fall sei, soll kraft Gesetzes immer angenommen werden bei allen gewerblichen Anlagen, in denen 10 oder mehr Personen mit der Bearbeitung oder Verarbeitung von Gegenständen dauernd (vgl. §. 2 Abs 3) beschäftigt werden, ferner bei den Anlagen zur gewerbsmäßigen Erzeugung von Explosivstoffen oder explodirenden Gegenständen, sowie bei denjenigen Anlagen, in welchen Dampfkessel oder elementare Motoren 2c. nicht bloß vorübergehend verwendet werden (§. 2 Abs. 2); letztere Annahme aber gilt nicht für die kleinen, mit Dampfkesseln oder elementaren Motoren 2c. arbeitenden Nebenbetriebe der Land- und Forstwirthschaft. Bei allen denjenigen Anlagen, bei welchen obige Gesichtspunkte nicht zutreffen, bestimmt das Reichs-Versicherungsamt nach eigenem Ermessen darüber, ob dieselben als Fabriken anzusehen sind oder nicht. Mit anderen Worten: Es fallen als „Fabriken und denselben gleichstehende Betriebe" unter das G.U.V.G. alle Anlagen,

1. welche nicht bloß vorübergehend mit Dampfkesseln, elementaren Motoren oder thierischer Kraft arbeiten, ohne Rücksicht auf den Umfang der Produktion, also auch dann, wenn sie nur handwerksmäßig betrieben werden; nur land- uud forstwirthschaftliche Nebenbetriebe werden durch alleinige Verwendung derartiger Kraftmaschinen noch nicht zu „Fabriken" im Sinne des G.U.V.G., vgl. §. 1 Abs. 2 L.U.V.G., das im U.V.G. vom 6. Juli 1884 daneben aufgestellte Erforderniß, daß der Dampfkessel oder Motor „zur Betriebsanlage gehören" mußte, ist im G.U.V.G. §. 2 Abs. 2 weggefallen;
2. in denen gewerbsmäßig Explosionsstoffe oder explodirende Gegenstände bereitet werden (§. 2 Abs. 3 G.U.V.G.);
3. in welchen zwar Dampfkessel, elementare Motoren oder thierische Kraft nicht verwendet, dennoch aber Gegenstände in einem über den rein handwerksmäßigen Betrieb hinausreichenden Umfang gewerbsmäßig bearbeitet oder verarbeitet werden. Die Grenze findet das Gesetz, soweit es sich um die Unterscheidung zwischen Fabrikbetrieb und Handwerksbetrieb handelt, in regelmäßiger Beschäftigung von mindestens 10 Arbeitern;
4. endlich diejenigen gewerblichen Betriebe, welche darüber hinaus sprachlich und begrifflich sich als Fabriken darstellen, ohne unter die vorstehenden Rubriken zu fallen. (§. 2 Abs. 4 G.U.V.G.)

Aehnlich Nr. 1 Anl. d. R.V.A. vom 14. Juli 1884.

Welche Betriebe unter die vierte Kategorie gehören, bestimmt das Reichs-Versicherungsamt. Dasselbe ist dabei an die Kriterien des Gesetzestextes nicht auf alle Fälle gebunden (A.N. 1885 S. 104). Bestimmend wird sein, ob es sich um eine Anlage zur gewerbsmäßigen Bearbeitung oder Verarbeitung von Gegenständen handelt (§. 2 Abs. 3); ob eine große Arbeitstheilung stattfindet, welche dem einzelnen Arbeiter eine mechanische, einschläfernde Thätigkeit zuweist und ihn deshalb zu besonderer Achtlosigkeit verleitet; ob Maschinen verwendet werden; ob der Betrieb aus irgend einem anderen Grunde eigenthümliche, von der Handlungsweise des einzelnen Arbeiters mehr oder weniger unabhängige Unfallgefahren mit sich bringt u. s. w., und nach mehreren Entscheidungen des Reichs-Versicherungsamts (vgl. insbesondere A.N. 1887 S. 142, 1888 S. 214) auch der fernere Umstand, ob Massenartikel hergestellt werden bezw. für den Großbetrieb auf Lager (Fabrikbetrieb), oder ob für den Detailverkehr zum sofortigen Verkauf gearbeitet wird (Handwerksbetrieb), und ob nur einzelne Theile größerer Stücke bezw. Halbfabrikate (Fabrikbetrieb) oder ob zusammengesetzte Stücke gefertigt werden (Handwerksbetrieb). Ebenso gelten als Fabriken sonstige „Hülfsbetriebe der Großindustrie", A.N. 1888 S. 216. Ein hiernach fabrikartiger Betrieb soll aber als „Fabrik" im Sinne des U.V.G. dann nicht gelten, wenn der Umfang ganz unbedeutend und die Herstellungsweise einfach ist (A.N 1889 S. 140); auch soll der Betrieb von Hausgewerbetreibenden blos um deswillen, weil in demselben Massenartikel gefertigt werden, als Fabrik noch nicht angesehen werden (A.N. 1889 S. 318).

Als sachliche Merkmale für die Beurtheilung der Frage, ob ein handwerksmäßiger (kleingewerblicher) oder ein fabrikmäßiger Betrieb vorliegt, hat das R.V.A. hiernach erachtet (H.B. S. 9):

die Größe und Ausdehnung der vorhandenen Räumlichkeiten,

den Umfang und Werth der hergestellten Jahresmenge,

die Art der Arbeitstheilung und die mehr mechanische oder mehr kunstmäßige Mitwirkung der Arbeiter,

die mehr oder minder umfassende Verwendung von Arbeitsmaschinen, die durch menschliche Kraft in Bewegung gesetzt werden,

den Umstand, ob es sich um die handwerksmäßige Herstellung von Gegenständen auf Bestellung oder zum Einzelverkauf, oder um die fabrikmäßige Erzeugung einzelner Gegenstände — namentlich auch von Halbfabrikaten — auf Vorrath und für den Massenabsatz handelt,

ob der Betrieb sich seiner Natur nach als ein Hülfsbetrieb der Maschinen- und Großindustrie darstellt, insbesondere auch, ob darin Arbeiten als ausschließliche Gewerbsthätigkeit abgezweigt sind, wie sie sonst von Arbeitern in Maschinen- u. s. w. Fabriken ausgeführt zu werden pflegen,

ob der Unternehmer im Betriebe selbst mit Hand anlegt, oder sich auf die kaufmännische Leitung des Unternehmens beschränkt, ob er in handwerksmäßiger Weise Lehrlinge ausbildet, oder aber in dem Betriebe jugendliche Arbeiter beschäftigt.

Für das Gebiet der Gewerbeordnung führt die Entsch. des Reichsgerichts vom 20. Juni 1884 aus, daß bei der Entscheidung der Frage, ob bei einem Gewerbebetriebe nur ein handwerksmäßiger oder ein Fabrikbetrieb im Sinne der Reichsgewerbeordnung vorliegt, und ob folgemäßig die für den Fabrikbetrieb von der Gewerbeordnung gegebenen Vorschriften zur Anwendung zu gelangen haben, die Größe der ganzen Einrichtung, die Zahl der Arbeiter, die Arbeitstheilung, die Art der Benutzung von Naturkräften, die mehr mechanische oder mehr kunstmäßige Mitwirkung des Menschen, sowie die Anfertigung der Erzeugnisse auf Bestellung oder auf Vorrath gleichmäßig in Betracht kommen.

Wenn hiernach (auf Grund des Gesetzes oder des Sprachgebrauchs, über welchen letzteren ev. das Reichs-Versicherungsamt entscheidet) feststeht, welche Gattungen von Betrieben als „Fabriken" anzusehen sind, so unterliegen dieselben ohne Ausnahme der Versicherungspflicht, solange nicht auf Grund von Beschlüssen des Bundesraths um deswillen Ausnahmen zugelassen sind (§. 1 Abs. 3), weil einzelne Betriebszweige, obwohl die betr. Anlagen an sich als Fabriken angesehen werden müssen, nach Lage der Verhältnisse eine besondere Unfallgefahr für die darin beschäftigten Arbeiter nicht mit sich bringen. Vgl. unten Anmerkungen zu §. 1 Abs. 3.

Man hat das Bedenken geäußert, daß, nachdem in diesem Gesetz bestimmte Merkmale für den Begriff „Fabrik" gegeben seien, während in dem Haftpflichtgesetz derartige Bestimmungen fehlen, eine große Anzahl gewerblicher Anlagen nach wie vor unter das letztere, statt unter das erstere fallen und zahlreiche Farikarbeiter der Vortheile der Unfallversicherung nicht theilhaft werden würden. Dies Bedenken ist nicht begründet. Allerdings entscheidet darüber, ob eine gewerbliche Anlage eine „Fabrik" sei, bei der Anwendung des Haftpflichtgesetzes der Richter, ohne an bestimmte gesetzliche Vorschriften hierüber gebunden zu sein, bei der Unfallversicherung das Gesetz oder, soweit das Gesetz die Anlage nicht ausdrücklich als Fabrik bezeichnet, nach eigenem Ermessen das Reichs-Versicherungsamt. Es ist aber kaum denkbar, daß der Richter eine gewerbliche Anlage dann als Fabrik auffassen sollte, wenn das Reichs-Versicherungsamt dies verneint hat, da hierbei im Wesentlichen technische Fragen in Betracht kommen, bei deren Beurtheilung sich der Richter sicherlich an die Auffassung der gerade hierin sachverständigen Behörde anschließen wird. Dies gilt um so mehr, als die Unfallversicherung für alle Betriebe eintreten soll, welche bisher unter das Haftpflichtgesetz fielen, und außerdem noch für einige andere (fabrikartige handwerksmäßige) Betriebe, so daß das Reichs-Versicherungsamt bei der Beurtheilung dessen, ob eine Anlage eine Fabrik sei, so weit gehen wird, wie nur je ein Richter. Praktisch kann die Frage nur bei solchen gewerblichen Anlagen werden, welche, ohne unter eine der übrigen in Ziffer 1 dieses Paragraphen aufgeführten Begriffe (Bergwerke, Salinen, Aufbereitungsanstalten 2c.) oder unter die übrigen Unfallversicherungsgesetze, insbesondere das landwirthschaftliche U.V.G., zu fallen, weder zehn oder mehr Arbeiter regelmäßig beschäftigen, noch gemäß Absatz 3 eximirt sind, noch mit elementaren Motoren 2e. arbeiten — denn in diesen Fällen tritt die Unfallversicherung auf Grund der Unfallversicherungsgesetze ein und das Haftpflichtgesetz außer Kraft. Positiv ausgedrückt, kann die Frage also nur noch bei den nach Abs. 3 eximirten und bei denjenigen gewerblichen Anlagen praktisch werden, welche weniger als 10 Personen dauernd beschäftigen und nicht mit elementaren Motoren rc. arbeiten. Sind die letzteren beiden Kategorien nicht schon ohne Weiteres als Fabriken anerkannt bezw. nicht schon auf Grund des §. 2 Abs. 4 von dem Reichs-Versicherungsamt für Fabriken erklärt und einer Berufsgenossenschaft zugewiesen (§§. 35 fg), oder sind dieselben auf Grund des §. 58 von der Berufsgenossenschaft nicht aufgenommen, Beschwerden hierüber aber nicht erhoben worden, und ereignet sich dann in einem solchen Betriebe ein Unfall, so kommen der Verletzte oder dessen Hinterbliebene auf Grund der §§. 72, 76 immer noch in die Lage, die Entscheidung des Reichs-Versicherungsamts über die Frage herbeizuführen, ob der betr. Betrieb nicht als „Fabrik" oder landw. Nebenbetrieb einer Berufsgenossenschaft angehört. Macht der Entschädigungsberechtigte hiervon keinen Gebrauch oder wird der Anspruch des Verletzten oder seiner Hinterbliebenen von dem Reichs-Versicherungsamt endgültig zurückgewiesen, dann erst kann der Richter in die Lage kommen, seinerseits darüber zu entscheiden, ob ein Entschädigungsanspruch nach sonstigen Gesetzen begründet ist. Um die auf diesem Gebiete bisher mögliche Verschiedenheit gerichtlicher Entscheidungen auszuschließen und zu verhüten, daß ein verletzter Arbeiter aus diesem Grunde ohne Entschädigung bleibe, ist bei der Abänderurg der Unfallversicherungsgesetze (1900) der §. 135 Abs. 3 neu eingefügt, wonach für das Gericht die in dem Unfallversicherungsverfahren ergehende Entscheidung darüber bindend ist, ob ein Unfall vorliegt, für welchen aus der Unfallversicherung Entschädigung zu leisten ist.

[20]) Während früher nur die fabrikmäßig betriebenen Brauereien versicherungspflichtig waren, ist durch die Abänderung der U.V.Ge. (1900) die Versicherungspflicht auf alle gewerblichen Brauereien erstreckt (vgl. Allg. Begründung 1900, oben Seite 68). Wegen der Beiträge für die hinzutretenden Brauereien s. §. 100 G.U.V.G. Aus den in Anm. 34 dargelegten Gründen ist daher die frühere Abgrenzung der Versicherungspflicht noch von Bedeutung. Das R.V.A. hat von den ohne Dampfkessel, Motoren rc. sowie mit weniger als 10 Arbeitern betriebenen bayerischen Bierbrauereien diejenigen, welche mindestens 1000 hl Malz im Jahre verbrauen, in der Regel als Fabriken angesehen, ebenso obergährige Brauereien, in denen entweder 1000 hl Malz jährlich versotten oder bei mindestens 500 hl Malzverbrauch wenigstens 3000 hl Bier hergestellt werden (A.N. 1886 S. 160; 1890 S. 170). — Die nicht fabrikmäßig betriebenen Brauereien können Nebenbetriebe der Landwirthschaft sein (L.U.V.G. §. 1 Abs. 2, 3).

[21]) **Hüttenwerke** dienen jenen Operationen, welche mit der Ausbringung eines Metalls oder einer Verbindung desselben endigen (Wagner, Handbuch der chemischen Technologie, X. Aufl., S. 6).

[22]) Die hier bezeichneten **gewerblichen Baubetriebe** sind für die Dauer des Arbeitsverhältnisses, ohne Rücksicht darauf, ob die Beschäftigung in der Werkstätte oder unmittelbar bei der Ausführung eines Baues, ob sie bei Neubauten oder bei Reparaturen rc. stattfindet, der Unfallversicherung unterworfen. Daneben kommen die Regiebauten der Eisenbahn-, Post-, Heeres- und Marineverwaltungen, (§. 1 Abs. 1 Ziffer 3), die Regiebauten der Land- und Forstwirthschaft (L.U.V.G. §. 1 Abs. 4), sowie die gewerblichen

Tiefbaubetriebe 2c., und solche Bauarbeiten, die sonstige Staats- oder Kommunal-Behörden oder Privatpersonen ohne Vermittelung eines Gewerbetreibenden durch direkt angenommene Arbeiter im Regiebetriebe ausführen, in Betracht (B.U.V.G. §§. 1, 6). Es sind somit alle Bauarbeiter versichert; der Hauptbetrieb zieht den Nebenbetrieb, auch rücksichtlich der bei dem Bau verwendeten Arbeitsbahnen, Motoren und Dampfkesselbetriebe, nach sich. Das Rechtsverhältniß ist also das folgende: Gewerbliche Hochbaubetriebe (Ziffer 2) (Maurer, Zimmerer 2c.), sowie die Betriebe solcher Bauhandwerker, welche vom Bundesrath für versicherungspflichtig erklärt sind (vgl. Anm. 24), fallen unter das Gewerbe-Unfallversicherungsgesetz (Baugewerks-B.G). Gewerbliche Tiefbaubetriebe (Eisenbahn-, Kanal- 2c.) fallen unter das Bauunfallversicherungsgesetz (Tiefbau-B.G.); die Versicherung erfolgt im Wesentlichen nach den Grundsätzen des G.U V.G., jedoch mit einigen Abänderungen. Für Bauunternehmer gemischter Baubetriebe erfolgt die Unfallversicherung einheitlich nach Maßgabe der für den Hauptbetrieb geltenden Vorschriften (§. 9 B.U.V.G.). Regiebauten, welche ohne Vermittelung eines Baugewerbetreibenden direkt für Rechnung des Bauherrn ausgeführt werden, fallen, soweit es sich um Regiebauten bei Eisenbahnen sowie den fiskalischen Post- und militärischen Betrieben handelt, unter §. 1 Ziffer 3 G.U.V.G.; soweit es sich um landwirthschaftliche Regiebauten handelt, unter das Unfallversicherungsgesetz für Land- und Forstwirthschaft und soweit es sich um laufende, in Regie ausgeführte Reparaturen an Fabrikgebäuden 2c. oder um sonstige „zum laufenden Betriebe einer Fabrik 2c. gehörende Bauarbeiten" handelt, als Nebenbetrieb oder Betriebstheil unter das Gewerbe-Unfallversicherungsgesetz (A.N. 1887 S. 177 ad 5 e, 1888 S. 17 ad 4 d). Inwieweit ein derartiger Regiebau für Zwecke des Fabrikbetriebes in dieser Beziehung als Nebenbetrieb des letzteren angesehen werden darf, ist quaestio facti; im Allg. werden derartige Bauten, auch wenn es sich um Neuanlagen für Zwecke des Fabrikbetriebes handelt, dann hierher zu rechnen sein, „wenn sie ausschließlich oder überwiegend durch das ständige Bauarbeiterpersonal des betr. Betriebes ausgeführt werden"; in letzterem Falle sind auch die vorübergehend zugezogenen weiteren Bauarbeiter in diesem Nebenbetriebe versichert (A.N. 1889 S. 380). Dasselbe gilt von Bauarbeiten, welche der Unternehmer einer Ziegelei, eines Steinbruchs 2c. als Nebenbetrieb bezw. als Bestandtheil seines Hauptbetriebes in Regie ausführen läßt. Im Uebrigen fallen derartige Regiebauten (also insbesondere der Privatpersonen) unter das Bauunfallgesetz; für diese Kategorie haben die Bau-Berufsgenossenschaften besondere Versicherungsanstalten zu errichten.

Durch das B.U.V.G. vom 11. Juli 1887 war eine Reihe von Vorschriften auch für die Baugewerks-Berufsgenossenschaften mit eingeführt (§. 48 a. a. O.). Die meisten von diesen Vorschriften (Versicherungspflicht der Unternehmer, Einziehung von Vorschüssen auf die Beiträge, Vorschriften über das Ruhen der Rente 2c.) sind bei der Abänderung der U.V.G. (1900) in das G.U.V.G. als allgemeine Vorschriften übernommen. Einige Bestimmungen des neuen B.U.V.G. (1900) finden jedoch auf die im Geltungsbereiche des G.U.V.G. errichteten Baugewerks-B.Gen. noch Anwendung (vgl. §. 44 B.U.V.G.), die wichtigste ist die, daß jede Baugewerks-B.G. auf Grund eines Nebenstatuts eine Versicherungsanstalt errichten muß, in welcher die Regiebauten, soweit sie nicht unter das G U. V.G. oder das L.U.V.G. fallen (s. oben), zu versichern sind (§§. 18, 44 B U. V.G.). Die Versicherung erfolgt bei Regiebauarbeiten, zu deren Ausführung mehr als 6 Arbeitstage verwendet sind, gegen Prämie der betr. Regie-Bauherren, welche im Kapitaldeckungsverfahren nach einem Prämientarif erhoben werden (§§. 23, 26 B.U.V.G.) bei kleineren Bauarbeiten gegen Beiträge der Gemeinden, welche auf diese jährlich umgelegt werden (§§. 23, 32 B.U.V.G.). In die Versicherungsanstalt können auch die selbstversicherten Baugewerbetreibenden verwiesen werden (§. 18 Abs. 3 B.U.V G.)

Die Unternehmer brauchen das betr. Bauhandwerk nicht etwa erlernt zu haben oder persönlich auszuüben, können vielmehr Gewerbetreibende aller Art sein, sofern sich nur ihr Gewerbebetrieb auf die Ausführung von Maurer- 2c. Arbeiten erstreckt. (A.N. 1885 S. 376). Gemeinnützige Baugesellschaften gelten als Baugewerbetreibende, sofern sie ihren Aktionären eine Dividende zahlen (A.N. 1887 S. 51). Auch die zum Wiederverkauf ausgeführten Spekulationsbauten von Privatpersonen sollen als gewerbsmäßig betriebene Bauten angesehen werden (A.N. 1888 S. 316).

Ein Gewerbebetrieb, in welchem bautechnische Vorarbeiten (Entwürfe, Anschläge) geliefert, die Ausführung an Handwerksmeister vergeben und deren Arbeit überwacht wird, ist wegen der letztern Thätigkeit versicherungspflichtig (H.B S. 80, 636; A.N. 1890 S. 194, 602; 1892 S. 305).

23) Maurer-, Zimmerarbeiten. Dahin sollen auch die Fundamentirungsarbeiten gerechnet werden, die von Baugewerbetreibenden für bauliche Zwecke betrieben werden (vgl. Rede d. Abg. Dr. Buhl, Sten. Ber. 1884 S. 760). Ferner gehören hierher Hausabbruchsbetriebe (A.N. 1886 S. 16; 1893 S. 442), die Herstellung von Trottoirs mittelst Mörtels sowie Asphaltirerbetriebe (A.N. 1886 S. 293), auch der Betrieb eines Architekten (Inhabers eines bautechnischen Büreaus), welcher lediglich Zeichnungen, Berechnungen 2c. liefert, die Ausführungsarbeiten an selbstständige Meister vergiebt und die Ausführung überwacht wegen der letzteren Thätigkeit (A.N. 1890 S. 194, 602), dagegen nicht selbständige Erdausschachtungsbetriebe (A.N. 1886 S. 11), soweit sie nicht von dem Unternehmer des Hochbaubetriebes ausgeführt werden (H.B. S. 631, 633).

Zu den Schiffszimmerarbeiten gehört auch das gewerbsmäßige Abwracken von alten hölzernen Schiffen (A.N. 1901 S. 180).

24) für versicherungspflichtig erklärte Bauarbeiten. Der §. 1 Abs. 8 des U.V.G. vom 6. Juli 1884 lautete:

> Arbeiter und Betriebsbeamte in anderen, nicht unter Abs. 2 fallenden, auf die Ausführung von Bauarbeiten sich erstreckenden Betrieben können durch Beschluß des Bundesraths für versicherungspflichtig erklärt werden.

Auf Grund dieser Bestimmung hat der Bundesrath, dessen bezügliche Befugniß durch §. 4 Ziffer 1, §. 12 Abs. 1 B.U.V.G. vom 11. Juli 1887 ausdrücklich aufrecht erhalten war, die nachstehenden drei Beschlüsse gefaßt, durch welche sämmtliche, im Gesetze (vgl. G.U.V.G. §. 1 Abs. 1 Ziffer 2) nicht erwähnte Bauhandwerker dem U.V.G., jetzt dem G.U.V.G. unterstellt sind. Der durch das B.U.V.G. errichteten Tiefbau-B.G. sind sonach allein die Tiefbaubetriebe verblieben. Nach den Bundesrathsbeschlüssen erstreckte sich die Versicherung nur auf die Thätigkeit der versicherten Personen „bei Bauten", da die damalige Lage der Gesetzgebung eine weitere Ausdehnung der Versicherungspflicht nicht zuließ. Nach der Abänderung der U.V.G. (1900) sind auch diese Personen im ganzen Bereiche ihrer Thätigkeit für den Arbeitgeber versichert (§. 3 G.U.V.G.), überdies genügt es, wenn der Betrieb sich auf die Ausführung von Bauarbeiten (z. B. in der Schlosserei, Klempnerei, Tischlerei 2c.) erstreckt, um den ganzen Betrieb, auch soweit er — selbst in der Hauptsache — Möbeltischlerei, Geräth-Klempnerei 2c. umfaßt, versicherungspflichtig zu machen (§. 1 Abs. 1 Ziffer 2 G.U.V.G. vgl. unten Anm. [27]).

Die Beschlüsse des Bundesraths sind durch die nachstehenden Bekanntmachungen des Reichskanzlers publizirt:

Bekanntmachungen,
betreffend
die Unfallversicherungspflicht von Arbeitern und Betriebsbeamten in Betrieben, welche sich auf die Ausführung von Bauarbeiten erstrecken.

1. Vom 22. Januar 1885. (R.G.Bl. S. 73.)

Auf Grund des §. 1 Absatz 8 des Unfallversicherungsgesetzes vom 6. Juli 1884 (Reichs-Gesetzbl. S. 69) hat der Bundesrath beschlossen:

Arbeiter und Betriebsbeamte, welche von einem Gewerbetreibenden, dessen Gewerbebetrieb sich auf die Ausführung von Tüncher-, Verputzer- (Weißbinder-), Gypser-, Stuckateur-, Maler- (Anstreicher-), Glaser-, Klempner- und Lackirerarbeiten bei Bauten, sowie auf die Anbringung, Abnahme, Verlegung und Reparatur von Blitzableitern erstreckt, in diesem Betriebe beschäftigt werden, für versicherungspflichtig zu erklären.

Berlin, den 22. Januar 1885.

Der Reichskanzler.
In Vertretung:
von Boetticher.

2. Vom 27. Mai 1886. (R.G.Bl. S. 190.)

Auf Grund des §. 1 Absatz 8 des Unfallversicherungsgesetzes vom 6. Juli 1884 (Reichs-Gesetzbl. S. 69) hat der Bundesrath beschlossen:

Arbeiter und Betriebsbeamte, welche von einem Gewerbetreibenden, dessen Gewerbebetrieb sich auf die Ausführung von Schreiner- (Tischler-), Einsetzer-, Schlosser-[27]) oder Anschlägerarbeiten bei Bauten erstreckt, in diesem Betriebe beschäftigt werden, mit der Wirkung vom 1. Januar 1887 an, für versicherungspflichtig zu erklären.

Berlin, den 27. Mai 1885.

Der Reichskanzler.
In Vertretung:
von Boetticher.

3. Vom 14. Januar 1888. (R.G.Bl. S. 1.)

Auf Grund des §. 1 Absatz 8 des Unfallversicherungsgesetzes vom 6. Juli 1884 (Reichs-Gesetzbl. S. 69) in Verbindung mit §. 12 Absatz 1 des Gesetzes, betreffend die Unfallversicherung der bei Bauten beschäftigten Personen, vom 11. Juli 1887 (Reichs-Gesetzbl. S. 287) hat der Bundesrath beschlossen:

1. daß Arbeiter und Betriebsbeamte, welche von einem Gewerbetreibenden, dessen Gewerbebetrieb sich erstreckt:
   a) auf das Bohnen der Fußböden, auf die Anbringung, Abnahme oder Reparatur von Oefen und anderen Feuerungsanlagen oder von Tapeten bei Bauten,
   b) auf die Anbringung, Abnahme oder Reparatur von Wettervorhängen*) und -Läden (Rouleaux, Marquisen, Jalousien) oder von Ventilatoren bei Bauten,
   c) auf die Ausführung anderer, noch nicht gegen Unfall versicherter Arbeiten bei Bauten, die ihrer Natur nach der Ausführung von Hochbauten näher stehen, als der Ausführung von Eisenbahn-, Kanal-, Wege-, Strom-, Deich- und ähnlichen Bauarbeiten,

   in diesem Gewerbebetriebe beschäftigt werden, vom 1. Januar 1888 ab versicherungspflichtig sind;
2. daß diese Betriebe aus der auf Grund des Gesetzes vom 11. Juli 1887 (Reichs-Gesetzbl. S. 287) gebildeten Tiefbau-Berufsgenossenschaft ausgeschieden werden;
3. daß die unter Ziffer 1a aufgeführten Betriebe den örtlich zuständigen Hochbaugewerks-Berufsgenossenschaften zugetheilt werden;
4. daß die unter Ziffer 1b und 1c aufgeführten Betriebe, soweit sich dieselben lediglich auf das Anbringen oder Abnehmen der Wettervorhänge und -Läden 2c. bei Bauten erstrecken, den Baugewerks-Berufsgenossenschaften, soweit sie sich dagegen auch mit der Herstellung der betreffenden Gegenstände befassen, denjenigen Berufsgenossenschaften zugewiesen werden, welchen sie angehören würden, sofern sie mindestens zehn Arbeiter regelmäßig beschäftigen und demgemäß schon nach §. 1 Absatz 4 des Unfallversicherungsgesetzes vom 6. Juli 1884 versicherungspflichtig sein würden.

Berlin, den 14. Januar 1888.

Der Reichskanzler.
In Vertretung:
von Boetticher.

25) **Steinhauerarbeiten**, einschließlich der Steinbildhauerarbeiten (A.N. 1887 S. 213) und der Steinsetzer- und Pflasterbetriebe, jedoch nicht die zur Tiefbau-B.G. gehörenden Steinschläger an Chausseen (A.N. 1886 S. 293; 1888 S. 343; 1889 S. 163, 164).

---

*) **Wettervorhänge**. Anbringen von Vorhängen, Gardinen, Dekorationen und Innenrouleaux in **Wohnungen** ist keine Arbeit bei Bauten (A.N. 1889 S. 118).

[26]) Schlosser. Während früher nur die Bauschlosserei versicherungspflichtig war (vgl. Anm. 24, Bekanntmachung vom 27. Mai 1886, R.G.Bl. S. 190) ist jetzt die gesammte Schlosserei, auch soweit sie rein handwerksmäßig betrieben und sich nicht mit Schlosserarbeiten bei Bauten befaßt, in die Unfallversicherung einbezogen. (Vgl. Allg. Mot. 1900 S. 4, oben S. 67). Der Grund für diese Ausdehnung liegt in der besonderen Gefährlichkeit der Schlosserei.

[27]) Schmiede. Von den Betrieben der Schmiede gilt dasselbe wie von den Schlossern (Anm. 27).

[28]) Brunnenarbeiten. Dazu gehören auch Brunnenreinigungsarbeiten (A.N. 1899 S. 618).

[29]) Wegen der Fensterputzer, die 1900 neu hinzugefügt sind, und der Fleischer, bei denen früher nur der Schlachthausbetrieb versicherungspflichtig war — sofern nicht 10 Arbeiter regelmäßig beschäftigt wurden und aus diesem Umstande die Versicherungspflicht begründet war — vgl. Allg. Mot. 1900 S. 5 (oben S. 68).

[30]) Der gesammte Betrieb der Post, der Telegraphen- und der Eisenbahnverwaltungen ist ein einheitlicher, dessen verschiedene Ausflüsse unter die Unfallversicherung fallen. Dagegen handelt es sich bei der Marine- und Heeresverwaltung nicht um die Kriegführung oder die Ausbildung der im Dienste befindlichen Soldaten, sondern um die in der Verwaltung des Heeres und der Marine vorhandenen technischen, Magazin- und sonstigen Einzelbetriebe verschiedener Art — mögen sie an und für sich versicherungspflichtig sein oder nicht, wie z. B. Handwerksbetriebe —, die den Zwecken des Heeres oder der Marine dienen. (Mot zum Ausdehnungsgesetz vom 28. Mai 1885.)

Die Versicherung erstreckt sich auf die „in" den Betrieben, „also im Betriebsdienst, als Arbeiter oder Betriebsbeamte beschäftigten Personen". (Mot. a. a. O. S. 9); hierzu ist auch der Dienst von Scheuerfrauen zur Reinigung der dem Postbetriebe dienenden Räumlichkeiten zu rechnen (A.N. 1897 S. 576). Soldaten im Dienste gelten nicht als Arbeiter (vgl. Komm.-Ber. zum Ausdehnungsgesetz S. 2), für sie gelten die besonderen Bestimmungen des Fürsorgegesetzes vom 15. März 1886 in der neuen Fassung des Gesetzes vom Juni 1901 (vgl. die Anlagen). Betriebsbeamte des Reichs und solcher Bundesstaaten oder Kommunalverbände, welche durch Landesgesetz bezw. statutarische Bestimmung ihren Betriebsbeamten eine der Unfallentschädigung mindestens gleichkommende Fürsorge bei Unfällen gesichert haben, fallen nicht unter das G.U.V.G.; andere Betriebsbeamte nur, wenn sie nicht mehr als 3000 Mark an Lohn oder Gehalt beziehen und wenn sie nicht als Staats- oder Kommunalbeamte mit festem Gehalt und Pensionsberechtigung angestellt sind (§. 7). Das Bureaupersonal fällt nicht unter das Gesetz, ebenso wenig der Postbeamte am Schalter, soweit diese Personen nicht im technischen Betriebe beschäftigt sind (Komm.Ber. 1885 S. 5).

[31]) Post, d. h. fiskalischer Postbetrieb. Privatverkehrsanstalten sind nur dann versicherungspflichtig, wenn sie Transportmittel benutzen (also als gewerbsmäßige Fuhrwerksbetriebe, A.N. 1887 S. 38). — Nicht blos die Ausübung der dienstlichen Funktionen beim Eisenbahn- und Fuhrwerks-

betrieb der Post, sondern auch in anderen Dienstzweigen der Post- und Telegraphenverwaltung, z. B. beim Landbriefträgerdienst, Packetdienst, bei der Anlegung und Reparatur von Telegraphen- und Telephonleitungen, ist mit einer besonderen Unfallgefahr verbunden (Mot. 1885 S. 8).

Der gesammte Beförderungs- und Bestellungsdienst der Post- und Telegraphenverwaltungen ist unfallversicherungspflichtig, dagegen im Allgemeinen nicht der Beamte am Schalter, vgl. Sten.Ber. 1885 S. 2466. Der Fuhrwerksbetrieb der Post gehört, soweit er in Regie betrieben wird (reichseigene Posthaltereien, A.N. 1886 S 254), zum „gesammten Betrieb der Postverwaltungen", und soweit er von Unternehmern betrieben wird, „zum gewerbsmäßigen Fuhrwerksbetrieb" (Mot a. a. O. S. 9).

Für Unfälle, welche Arbeiter und Beamte der Postverwaltung auf ambulanten Bureaus der Eisenbahnen erleiden, besteht zunächst der Unfallversicherungs-Entschädigungsanspruch gegen die Postverwaltung, in deren Dienste der Unfall sich ereignet hat, außerdem aber gegen die Eisenbahnverwaltung als Dritten (vgl. §§. 135, 140 G.U.V.G., §§. 10, 12 des Unfallfürsorgegesetzes für Beamte rc., vgl. die Anlagen).

32) Der Betrieb der Eisenbahnverwaltungen umfaßt „im weitesten Sinne alle diejenigen Verrichtungen, welche zu dem Eisenbahnbetriebsdienst als solchem gehören, im Gegensatz zu der gefahrlosen Beschäftigung in den Bureaus, beim Reinigen der Zimmer rc." (Mot. zum Ausdehnungsgesetz vom 28. Mai 1885 S. 8).

Welche einzelnen Theile zu dem „Betriebe" im obigen Sinne gehören, ist Sache der Beurtheilung des Einzelfalls.

In der Praxis wird darüber, ob ein im Eisenbahndienst thätiger und dort verunglückter Arbeiter oder Betriebsbeamter als im Betriebe beschäftigt anzusehen ist oder nicht, kaum ein Zweifel entstehen, da der Begriff des Eisenbahnbetriebes ein ganz feststehender ist. (Sten.Ber. 1885 S. 2466.) Auf derselben Eisenbahn kann auch ein mehrfacher Betrieb verschiedener Betriebsunternehmer bestehen, z. B. bei Anschlußbahnen, wenn das Befahren der Geleise für Rechnung des einen, die Instandhaltung und Bewachung der Geleise aber für Rechnung eines anderen Unternehmers erfolgt. Diese Unternehmer können rücksichtlich der von ihnen auf der Eisenbahn beschäftigten Personen verschiedenen B.G. angehören. A.N. 1886 S. 274, 1887 S. 25.

Dem öffentlichen Verkehr braucht die Eisenbahn nicht zu dienen. „Ebenso wie der Ausdruck „Betrieb" ist auch der Ausdruck „Eisenbahn" im weitesten Sinne verstanden worden, und umfaßt in Anlehnung an §. 1 Abs. 1 Ziffer 1 des Krankenversicherungsgesetzes alle zur Beförderung von Personen oder Gütern mittelst elementarer Kraft oder auf Schienen bestimmte Transportmittel, also nicht nur die großen Lokomotivbahnen, welche die Verbindung zwischen entfernten Gegenden vermitteln, sondern auch die kleineren Straßen-, Pferde-, elektrischen Bahnen und ähnliche Unternehmungen" (Mot. a. a. O. S. 8). Die ersteren — Eisenbahnen, welche dem „Bahnpolizeireglement für die Eisenbahnen Deutschlands" bezw. Bayerns, oder der „Bahnordnung für deutsche" (bezw. bayerische) „Eisenbahnen untergeordneter Bedeutung" unterliegen — gehören zur Privatbahn-B.G., die letzteren — Eisenbahnen, welche nicht unter jene Bestimmungen fallen, — gehören zur Straßenbahn-B.G. und zwar beide Kategorien mit ihren Nebenbetrieben und Regiebauten. Von der Berufsgenossenschaft ausgeschlossen sind jedoch a) die für Rechnung des Reichs oder eines Bundesstaats verwalteten Bahnen (für welche das Reich bezw. der Bundesstaat an die Stelle der Berufsgenossenschaften tritt) mit ihren Nebenbetrieben und Regiebauten, ferner b) Eisenbahnen, welche wesentliche Bestandtheile eines anderen nach dem G.U.V.G. unfallversicherungspflichtigen Betriebes sind (diese bleiben in der Berufsgenossenschaft des Hauptbetriebes, §. 2 Abs. 5 G.U.V.G.), c) die einen Theil der Land- und Forstwirthschaft bildenden Feldbahnen, welche unter das landw. Unfallversicherungsgesetz fallen (§. 1 Abs. 2 L.U.V.G.), die einen Nebenbetrieb eines Tiefbau-Unternehmers bildenden Arbeitsbahnen, welche dem Bau-Unfallversicherungsgesetze unterstehen. (§. 12 Abs. 2 B.U.G.)

Im Uebrigen fallen nach den für die Praxis maßgebenden Entscheidungen des R.V.A. unter den Begriff einer „Eisenbahn" und folgeweise unter das vorliegende Gesetz nur diejenigen Schienenwege, welche nach der Rechtsprechung des Reichsgerichts Eisenbahnen im Sinne des Haftpflichtgesetzes sein würden. Ob dies der Fall, richtet sich nach der Bedeutung der Bahn, ist also quaestio facti. Nach den maßgebenden Entscheidungen des Reichsgerichts (Entsch. in Civilsachen I S. 247) ist eine „Eisenbahn" im Sinne des Haftpflichtgesetzes

> ein Unternehmen, a) gerichtet auf wiederholte Fortbewegung von Personen oder Sachen b) über nicht ganz unbedeutende Raumstrecken c) auf metallener Grundlage, welche letztere vermöge ihrer Konsistenz, Konstruktion und Glätte d) die Beförderung großer Gewichtsmassen bezw. e) eine verhältnißmäßig bedeutende Schnelligkeit der Bewegung ermöglicht, und welche durch diese Eigenart in Verbindung f) mit den zur Bewegung benutzten Naturkräften g) eine verhältnißmäßig gewaltige Wirkung zu erzeugen fähig ist.

Als bewegende Naturkraft kann nach derselben Entscheidung Dampf, Elektricität, thierische oder menschliche Muskelthätigkeit u. s. w., bei geneigter Ebene aber auch schon die eigene Schwere in Betracht kommen. Nicht als Eisenbahn bezeichnet das Reichsgericht eine horizontale schmalspurige Gleisanlage, auf welcher einzelne kleine Wagen ausschließlich mittelst Menschenkraft langsam auf Schienen über kurze Entfernungen fortgeschoben werden (Entsch. in Civilsachen XIV S. 27).

Auf dieser Grundlage hat das R.V.A. zwei gewissermaßen typische Entscheidungen getroffen, welche etwa die Grenzen der Versicherungspflicht von Feldeisenbahnen bezeichnen. Ein Schienenweg von 500 m (Stahlschienen auf Holzschwellen), auf welchen 6 Kipp-Lowries von $1/2$ Kubikmeter Inhalt in Gebrauch sind, die von beliebigen (landw.) Arbeitern bedient, und theils von Pferden theils von Menschen gezogen werden, ist eine versicherungspflichtige Feldeisenbahn (A.N. 1886 S. 182). Ein Schienenweg von 250 m, welcher ohne weitere Bettung oder Unterlage auf den Erdboden verlegt worden, und auf dem 2 Muldenkipper von $1/2$ Kubikmeter Inhalt durch je einen (landw.) Arbeiter geschoben werden, ist dagegen nicht eine versicherungspflichtige Feldbahn (A. N. 1886 S. 184).

Eine besondere „Bahnverwaltung“ braucht nicht zu bestehen; nur aus redaktionellen Gründen verbindet das Gesetz die Eisenbahnen mit den Betrieben der Post- und Telegraphenverwaltungen (vgl. A.N. 1886 S. 183). Auf die Dauer des Betriebes kommt nichts an; in der Regel wird es sich event. nicht um eine Betriebseinstellung, sondern nur um ein Ruhen des Betriebes handeln, welches letztere bei der Umlegung in der Zahl und Beschäftigungsdauer der verwendeten Personen zum Ausdruck kommt.

Normalspurige Anschlußgeleise-Betriebe sind unabhängig von der Länge des Schienenstranges versicherungspflichtig (A.N. 1887 S. 38); Betriebsunternehmer bei denselben ist aber nicht der Besitzer, wenn seine Arbeiter nur mit dem Be- oder Entladen der stehenden Waggons beschäftigt sind, während das An- und Abschieben der Waggons ausschließlich durch die Arbeiter des Unternehmers der Hauptbahn (z. B. durch Staatseisenbahnbedienstete) geschieht (A.N. 1889 S. 157). In solchem Fall wird vielmehr der Unternehmer der Hauptbahn als Unternehmer des Eisenbahnbetriebes auf dem Anschlußgleise anzusehen sein.

Mot. zum Ausdehnungsgesetz S. 7: „Das Haftpflichtgesetz v. 7. Juni 1871 gewährte den im Eisenbahndienst beschäftigten Personen, soweit sie nicht in einer mit dem Eisenbahnunternehmen verbundenen Fabrik 2c., z. B. einer Eisenbahnwerkstatt, beschäftigt sind, einen Anspruch aus Betriebsunfällen nur unter der Voraussetzung, daß diese Unfälle im eigentlichen Eisenbahnbetriebe, d. h. bei solchen Funktionen der Eisenbahnverwaltung eingetreten sind, welche demselbeu im Vergleich mit anderen Transportgewerben die ihm eigenthümliche Gefährlichkeit verleihen.“ Soweit Eisenbahnarbeiter hiernach überhaupt einen Unterstützungsanspruch bei Unfällen hatten, waren sie bei der Verfolgung desselben insofern besser gestellt wie sonstige unter das Haftpflichtgesetz fallende Personen, als nicht ihnen die Beweislast oblag, sondern umgekehrt die Eisenbahnverwaltung immer dann entschädigen mußte (und zwar zur Höhe des richterlich festgesetzten Schadens), falls nicht sie den Nachweis lieferte, daß eigenes Verschulden des Verunglückten oder daß höhere Gewalt den Unfall herbeigeführt hatte.

Wenn hiernach für diese Kategorie von Arbeitern auch ein Theil der Mängel des Haftpflichtgesetzes, insbesondere die Beweislast bereits früher fortgefallen war, so war doch auch für sie die Ersetzung der Haftpflicht durch eine öffentlich-rechtlich geregelte Unfallversicherung unentbehrlich. Blieb doch immer der Fehler zu beseitigen, daß bei vielleicht entschuldbaren Versehen des Verunglückten und daß bei Unfällen, die durch höhere Gewalt herbeigeführt waren (Blitzschlag, Dammbruch in Folge Gewitterregens 2c.), jede Entschädigung versagt werden konnte. Und während bei Fabriken 2c. der verunglückte Arbeiter ein Interesse daran hatte, nachzuweisen, daß ein Angestellter des Unternehmers den Unfall durch Verschulden herbeigeführt habe, so hatten bei Eisenbahnunfällen umgekehrt die Bahnverwaltungen das lebhafteste Interesse, ihrerseits ein Verschulden des Verunglückten darzuthun. Also auch hier bestand die Gefahr verbitternder Prozesse über die Entschädigungspflicht, welchen Einhalt zu thun war. Darin, daß alle diese Mängel für verunglückte Eisenbahnarbeiter beseitigt sind, liegt der große Gewinn, den diese zahlreiche Klasse von Personen aus der Unfallversicherung hat; sie sowie ihre Hinterbliebenen haben fortan einen allzeit sicheren Entschädigungsanspruch, bei dessen Festsetzung Vertreter ihrer Interessen mitwirken. Dadurch, daß sie fortan die Entschädigung nur in der durch das Gesetz fixirten Höhe von höchstens $^2/_3$ des Arbeitsverdienstes erhalten und einen Theil der Unfallast durch ihre Beiträge zur Krankenversicherung selbst aufbringeu bezw. während der ersten dreizehn Wochen auf die Krankenkasse angewiesen sind, werden sie ebenso wenig benachtheiligt, wie andere von der Unfallversicherung erfaßte Personen, bei denen das Gleiche zutrifft. Eine größere Belastung als andere Krankenkassen (wodurch sich etwa eine anderweite Regelung der Karenzzeit bei Eisenbahnbetrieben hätte rechtfertigen können) werden die Krankenkassen für Eisenbahnbetriebe nicht erleiden, denn nach einer von den Regierungskommissarien zu den Akten der Reichstagskommission überreichten statistischen Zusammenstellung bleibt die Zahl der größeren und kleineren Unfälle, von denen Angestellte und Arbeiter im Eisenbahnbetriebe betroffen werden, beträchtlich hinter der Zahl der Unfälle bei manchen anderen Industriezweigen (z. B. dem Bergwerksbetrieb, der chemischen Industrie) zurück; eine überwiegende Gefährlichkeit wohnt also, soweit es sich um Arbeiter und Betriebsbeamte handelt, den Eisenbahnbetrieben thatsächlich nicht bei. Im Uebrigen war es auch prinzipiell bedenklich, bei Eisenbahnen die Karenzzeit anders zu bemessen, als in sonstigen Industriezweigen. Komm.Ber. zum Ausdehnungsgesetz 1885 S. 2, 7, 8.

Bezüglich der Arbeiter und Beamten der Eisenbahnen, welche unter die Unfallversicherung fallen, ist die Haftpflicht, abgesehen von den Fällen der §§. 135, 140 G U.V.G., §§. 10, 12 des Gesetzes vom Juni 1901, nicht mehr von Bedeutung, sie behält aber ihre Bedeutung für die Unfälle der Passagiere. Als Passagiere können auch Personen, die auf Grund des Unfallversicherungsgesetzes entschädigt werden (z. B. Postbeamte), Entschädigungsansprüche gegen Eisenbahnen erheben, wenn sich diese als Dritte darstellen (vgl. Anm. 31).

[33]) Bauten „aller Art, mögen dies Neubauten, Erweiterungs- oder Ergänzungsbauten, Erd-, Wasser- oder Hochbauten sein" (Mot. zum Ausdehnungsgesetz 1885 S. 8), wenn dieselben von dem Unternehmer eines schon bestehenden Eisenbahnbetriebes für Zwecke des letzteren, nicht aber zu dem Zweck, um erst nach Fertigstellung des Baus auf demselben eine Eisenbahn zu betreiben, in Regie ausgeführt werden (A.N. 1889 S. 323).

Hierbei bleibt es auch nach dem Bau-Unfallversicherungsgesetz, so daß Regiebauten aller Eisenbahnverwaltungen (ohne Rücksicht darauf, ob sie für Rechnung des Staats oder einer Privatperson betrieben werden), sowie Regiebauten der Post-, Telegraphen-, Marine- und Heeresverwaltungen unter dem G.U.V.G. stehen und den Bau-Berufsgenossenschaften nicht angeschlossen sind. Regiebauten der Post-, Telegraphen-, Marine- und Heeresverwaltungen sowie der fiskalischen Eisenbahnverwaltungen gehören zum Geschäftsbereich der für diese Verwaltungen errichteten Ausführungsbehörden (§. 128 G.U.V.G.), Regiebauten von Privateisenbahnverwaltungen zu der Privatbahn- bezw. der Straßenbahn-B.G.; soweit aber der Eisenbahnbetrieb solcher Privatverwaltungen selbst als Nebenbetrieb in eine andere B.G. fällt (z. B. als Nebenbetrieb einer Fabrik, §. 2 Abs. 5

G.U.V.G.; oder eines landw. Betriebes, §. 1 Abs. 2 L.U.V.G.; oder als Nebenbetrieb eines Baubetriebes, §. 12 Abs. 2 B.U.G.), fallen auch Regiebauten von solchen Eisenbahnen unter die für die letzteren selbst zuständige B.G.

[34]) gewerbsmäßig. „Als „gewerbsmäßig" wird der Betrieb dann anzusehen sein, wenn eine gewisse Kontinuität des Betriebes die Absicht erkennen läßt, denselben für einige Dauer zu Zwecken des Erwerbes fortzusetzen" (Mot. zum Ausdehnungsgesetz 1885 S. 9). Der Nachdruck liegt dabei auf den Worten „zu Zwecken des Erwerbes" und „für einige Dauer"; wann dies der Fall, ist quaestio facti. „Jedenfalls wird diese Erläuterung ausreichen, um den das Gesetz anwendenden Behörden . . . . eine Direktive zu geben, nach welcher sie die Unfallversicherungspflicht beurtheilen können. Genauer im Gesetz zu definiren, was unter einem gewerbsmäßigen Betrieb zu verstehen ist, das wird sich bei der Vielgestaltigkeit der Praxis, bei der Vielgestaltigkeit unserer gewerblichen Betriebe kaum ermöglichen lassen" (Rede des Staatssekr. des Innern, Dr. v. Boetticher, Sten.Ber. 1885 S. 2595). Nach der Anleitung d. R.V.A. v. 5. Juni 1885 (A.N. 1885 S. 160) ist der Ausdruck „zu Zwecken des Erwerbes" gleichbedeutend mit „als unmittelbare Einnahmequelle"; der Betrieb muß also selbständige Erwerbsquelle sein, sei es, daß aus dem Betriebe „ein selbständiges Gewerbe gemacht wird", oder sei es, daß derselbe einen „Hauptbestandtheil" oder doch „einen hervorstechenden Bestandtheil des Gesammtunternehmens bildet" (Anl. cit.). (Man beachte auch, daß es sich eben um einen „Betrieb" handeln soll.)

Hieraus folgert das Reichs-Versicherungsamt in der erwähnten, die Anmeldungspflicht erläuternden Anleitung, daß die von Kaufleuten und Gewerbetreibenden zum Gewerbebetriebe benutzten Fuhrwerke, Magazine, Speicher und Kellereien dann, aber auch nur dann, einen gewerbsmäßigen Fuhrwerks- bezw. Speicher- oder Kellereibetrieb darstellen, wenn sie gewerbsmäßig „betrieben" werden, aus dem Betriebe derselben eine unmittelbare Einnahmequelle gemacht wird; andernfalls handle es sich nur um ein im Besitz eines Gewerbetreibenden befindliches Fuhrwerk, Magazin 2c., aber nicht um den „zu Zwecken des Erwerbes" unternommenen „Betrieb" der Fuhrwerkerei, eines Speichers, einer Kellerei. Diese Unterscheidung ist für die Versicherungspflichtigkeit nur von geringerer Bedeutung, nachdem durch §. 1 Abs. 1 Ziffer 7 des G.U.V.G. auch der Lagerungs- und Transportbetrieb der in das Handelsregister eingetragenen Handelsgewerbetreibenden für versicherungspflichtig erklärt ist. Nicht versichert bleiben einstweilen die eigenen — nicht gemietheten — Fuhrwerke von Aerzten, die zu Zwecken ihres Gewerbebetriebes dienen, sowie sonstige Fuhrwerke von Privatleuten, deren Bedienung unabhängig von einem versicherungspflichtigen oder einem Handels-Gewerbetriebe stattfindet.

[35]) Fuhrwerksbetrieb, ohne Rücksicht auf die Zahl der in demselben beschäftigten Arbeiter und auf die Art der Zugkraft. „Hierher gehören insbesondere die Betriebe der Droschken- und Omnibus-Inhaber, der Posthalter" (soweit es sich nicht um reichseigene Posthaltereien handelt, vgl. oben Anm. 31) „und Frachtfuhrleute, auch die sog. Hotelwagen, welche gegen Entgelt die Reisenden von den Gasthöfen nach den Bahnhöfen bringen und

von dort abholen" (Anl. d. R.V.A. v. 5. Juni 1885), aber nur, „wenn und solange sie in ihren Betrieben Arbeiter beschäftigen" (Mot. zum Ausdehnungsgesetz 1885 S. 9). Betriebe, in denen regelmäßig ein Arbeiter nicht beschäftigt wird, sind daher nach der cit. Anl. nicht anzumelden. Sofern sich dagegen Fuhrwerksbetriebe thatsächlich wegen ihres Zusammenhanges mit der Landwirthschaft und wegen ihrer Abhängigkeit von derselben als Nebenbetrieb einer Land- oder Forstwirthschaft darstellen, fallen sie unter die landwirthschaftliche Berufsgenossenschaft (A.N. 1888 S 294; 1889 S. 118, 119). Auch solche Arbeiten, welche von städtischen oder ländlichen Gespannhaltern in fremden Landwirthschaften verrichtet werden, sind Nebenbetrieb der letzteren (A.N. 1889 S. 322). Ueber die Frage, ob Droschkenkutscher als Unternehmer des Fuhrwerksbetriebes gelten, vgl. §. 28 Abs. 3 G U.V.G.

[36]) Auf die Frage, „ob die von Ausländern in Deutschland betriebenen Transportgewerbe unter dieses Gesetz fallen und also versicherungspflichtig seien" wurde von Seiten der Vertreter der verbündeten Regierungen . . . konstatirt, daß der Sitz des Unternehmens entscheidend sei; wenn es im Auslande oder von dort aus betrieben werde, sei es ein „ausländischer Betrieb" (also nicht versicherungspflichtig); „wo der Unternehmer seinen Wohnsitz habe, sei gleichgültig, ebenso die Nationalität der Arbeiter". Es sei also ein Betrieb, der in London seinen Sitz habe und nach Mannheim fahren lasse, ein ausländischer und deshalb nicht versicherungspflichtig (soweit nicht etwa ein für das Inland selbständig errichteter Betriebstheil (Zweiggeschäft, Kommandite, Nebenbetrieb) in Frage kommt. Ob der Unfall sich im Auslande ereigne, komme bei einem im Inlande seßhaften Unternehmen nicht in Betracht. Im Uebrigen sei die Anmeldepflicht in Deutschland für das Unternehmen entscheidend (Komm.Ber. zum Ausdehnungsgesetz 1885 S. 3). Vgl. übrigens §. 4 G.U.V.G.

[37]) Binnenschiffahrtsbetrieb Dahin gehört auch die auf Binnengewässern betriebene gewerbliche Kleinschifferei mittelst Kähnen, Gondeln &c. (Mot. zum A.G. 1885 S. 10), aber nicht die Fischerei. Ueber die Frage, ob Kahnführer Unternehmer des Schiffsbetriebes sind, vgl. §. 28 Abs. 3 G.U.V.G. Ein zum Handel mit Lebensmitteln benutztes kleines Dampfboot ist als versicherungspflichtiger Binnenschiffahrtsbetrieb erachtet (A.N. 1900 S. 632). Kleine Reparaturarbeiten gehören zum Betriebe (A.N. 1896 S. 316). Binnenlootsen sind selbständige Gewerbetreibende, daher nicht versicherungspflichtig: doch darf die Binnenschiffahrts-B.G. auf Grund des §. 5 Abs. 3 lit. a G.U.V.G. die Versicherung derselben als „im Betriebe beschäftigter, aber nach §. 1 oder 2 nicht versicherter Personen" zulassen (A.N. 1887 S. 213). Seelootsen sind zur Selbstversicherung bei der See-B.G. berechtigt, §. 5 Abs. 2 S.U.V.G., die von ihnen im Gewerbebetriebe beschäftigten Personen sind bei dieser Genossenschaft versicherungspflichtig (§. 1 Abs. 1 Ziffer 3 S.U.V.G.)

Bezüglich der Abgrenzung der Binnenschiffahrt von der Seeschiffahrt kommt es darauf an, ob das betr. Schiff unter die für die Seeschiffe geltenden Gesetze fällt oder nicht. Im Anschluß an §. 25 des Flaggengesetzes vom 22. Juni 1899 und die dazu erlassenen Ausführungsbestimmungen vom 10. November 1899 (Centr.Bl. f. d. Deutsche Reich S. 380) bezeichnet §. 3

des See-Unfallversicherungsgesetzes als „Seefahrzeug" jedes (im Eigenthum von Reichsangehörigen befindliche) Fahrzeug, welches

„ausschließlich oder vorzugsweise „zur Seefahrt" benutzt"

wird; als „Seefahrt" aber gilt nach der angezogenen Vorschrift

„nicht nur der Verkehr auf See"

„außerhalb der durch §. 1 der Vorschriften vom 10. November 1899 festgesetzten Grenzen, sondern auch die Fahrt auf Buchten, Haffen und Watten der See, nicht aber auf andern mit der See in Verbindung stehenden Gewässern, auch wenn sie von Seeschiffen befahren werden". (Vgl. auch A.N. 1888 S. 258). Wegen der Seefischerei vgl. §. 152 Ziffer 3 S.U.V.G.

Ein Schiff, welches nicht „ausschließlich oder vorzugsweise" zur Seefahrt benutzt wird, ist als Binnen- (Fluß-) Schiff anzusehen, wenn es auch gelegentlich über See geht oder wenn ein Theil seiner regelmäßigen Fahrten eine Seefahrt ist; der Schiffahrtsbetrieb mit solchem Schiff fällt also unter das vorliegende Gesetz. Auch hier entscheidet, was die Hauptsache, bezw. der Hauptbetrieb ist; es handelt sich also auch hier um eine quaestio facti (vgl. Komm.Ber. zum A.G. 1885 S. 33). Ebenso A.N. 1887 S. 184.

Eine Rhederei, welche mit einzelnen Schiffen Seeschiffahrt, mit anderen Binnenschiffahrt betreibt, fällt nur bezüglich der letzteren Schiffe unter dies Gesetz; es handelt sich dann nicht um Haupt- und Nebenbetrieb, sondern um mehrere selbständige, neben einander herlaufende, nach verschiedenen Gesichtspunkten zu beurtheilende Betriebe.

Wegen der Versicherungspflicht der Besatzung von ausländischen, in Deutschland verkehrenden Fahrzeugen der Binnenschiffahrt vgl. A.N. 1900 S. 667, 668; s. auch §. 4.

37) Flößereibetrieb. Die Handlung, welche ihre Hölzer durch selbständige Flößermeister verflößen läßt, gilt als Unternehmer des Flößereibetriebes, vgl. §. 28 Abs. 3 G.U.V.G.

38) Prahm- und Fährbetrieb, im Wesentlichen nur verschiedene Bezeichnungen für denselben Betrieb.

„Aus der Häufung der Bezeichnungen verwandter Gewerbszweige ist die Absicht des Gesetzgebers zu erkennen, die Gesammtheit der in gleicher oder ähnlicher Weise wie die Schiffahrt, die Flößerei 2c. sich vollziehenden Gewerbe, mit Ausnahme der in den Motiven besonders erwähnten Fischerei, in die Unfallversicherung einzuziehen." Deshalb ist auch das gewerbsmäßige Heben gesunkener Schiffe mittelst eigener Fahrzeuge (Tauchergewerbe) versteuerungspflichtig. (A.N. 1888 S. 316.)

39) Baggereibetrieb. „Der Baggereibetrieb hat entweder die Gewinnung von Fossilien (Kies, Bernstein 2c.) oder die Entfernung von Sand 2c. durch Vertiefung von Wasserstraßen zum Gegenstande. Zur Behebung von Zweifeln darüber, inwieweit ein solcher Betrieb schon gegenwärtig von der Unfallversicherung erfaßt wird, und um die letztere auch auf den dem Unfallversicherungsgesetz jedenfalls nicht unterliegenden, aber nicht ungefährlichen Betrieb der kleinen Handbagger, sowie auf die Bedienung der Prahme, mittelst welcher die ausgehobenen Erdmassen fortgeschafft werden, auszudehnen, ist der Baggereibetrieb als solcher, also in seinem ganzen Umfang, hier ausdrücklich aufgenommen worden" (Mot. zum A.G. 1885 S. 9).

Wegen der Zugehörigkeit zu den Berufsgenossenschaften vgl. A.N. 1886 S. 293.

40) Speditionsbetrieb. Spediteur ist nach §. 407 H.G.B. „wer es gewerbsmäßig übernimmt, Güterversendungen durch Frachtführer oder durch Verfrachter von Seeschiffen für Rechnung eines Anderen (des Versenders) in eigenem Namen zu besorgen". Zu den Spediteuren gehören auch die „Güterbestätter", sofern diese als „Bahnspediteure" anzusehen sind, welche durch Uebernahme der Frachtbriefe in den Frachtvertrag der Eisenbahnen eintreten. Andere Güterbestätter sind lediglich Fuhrwerksunternehmer, oder — und in diesem Sinne erwähnte sie das Handelsgesetzbuch in seiner früheren Fassung §. 389 — nicht versicherungspflichtige Vermittler von Frachtverträgen zwischen dem Absender und Frachtführer.

41) Speicher-, Lagerei- und Kellereibetrieb. Vor der Abänderung der U.V.Ge. 1900 fehlte das Wort „Lagerei". Eine Aenderung ist ferner insoweit eingetreten, als nach §. 1 Abs. 1 Ziffer 7 G.U.V.G. nunmehr auch die mit einem Handelsgewerbe verbundenen Lagerungsbetriebe versicherungspflichtig sind. Der frühere Rechtszustand hat auch in Zukunft noch für den Fall Bedeutung, daß und soweit die in Folge der Erweiterung hinzutretenden Betriebe der bereits bestehenden Speditions-B.G. zugewiesen werden sollten. Für das Maß der Beitragspflicht (§. 100 G.U.V.G.) kommt es alsdann darauf an, ob ein Betrieb zu den alten versicherungspflichtigen Betriebsarten gehört, oder zu den erst später versicherungspflichtig gewordenen.

Der Zustand bis zum Inkrafttreten der Abänderungsgesetze 1900 war folgender: Die Versicherungspflicht war begründet, wenn aus der Lagerung ein selbständiges Gewerbe gemacht wurde, wie beim Dock- und Packhofsbetrieb, bei Aktienspeichern 2c., oder wenn unter den für die Versicherungspflicht überhaupt in Betracht kommenden Betriebshandlungen die zur Lagerung und Aufbewahrung der Waaren dienenden Verrichtungen überwogen und die für die Art des Briebes kennzeichnenden waren (A.N. 1887 S. 323), während die bei dem Lagern der Waare vorkommende Behandlung und Bearbeitung, welche erforderlich wird, um die Waare in guten, marktgängigen Zustand zu setzen oder in solchem Zustand zu erhalten, zurücktrat. Dies ist z. B. der Fall bei den Kornspeichern der Getreidegroßhändler, den Kellereien der Weingroßhändler (bei denen der Gesichtspunkt der Weinbehandlung und Weinpflege hinter den Gesichtspunkt der Kellerei zurücktritt, A.N. 1887 S. 19) einschl. der einen Weinhandel betreibenden Kasinos (Ressourcen), A.N. 1887 S. 142. Einen gewerbsmäßigen Speicherbetrieb stellt ferner die Aufspeicherung von Lumpen dar (A.N. 1887 S. 358), ebenso die in größerem Maßstabe betriebene Eisgewinnung (A.N. 1889 S. 318). Alle diese Betriebe gehören daher zu Speditions-, Speicherei- und Kellerei-B.G., ohne Rücksicht derauf, ob mit der Lagerung auch eine gewisse, jedoch in ihrer Bedeutung zurücktretende Bearbeitung stattfindet. Dasselbe gilt aus gleichem Grunde für Lager von überseeischem Tabak (A.N. 1887 S. 25). Vgl. auch Nr. 3 der Anl. d. R.V.A. vom 5. Juni 1885. Ueberwiegt dagegen in einer für den Gesammtbetrieb charakteristischen Weise die Bearbeitung der gelagerten Waare, so handelt es sich um einen Fabrikationsbetrieb (§. 1 Abs. 1 Z. 1 G.U.V.G.) oder um einen Bearbeitungsbetrieb (§. 2 Abs. 3 G.U.V.G.),

A.N. 1887 S. 323. Deshalb gehören Niederlagen von inländischem Tabak wegen der darin vorgenommenen Fermentation als Fabriken zur Tabak-B.G., A.N. 1887 S. 25. Kommunale Getreideschrannenbetriebe, welche keine besondere Einnahmequelle bilden, indem die Schrannengebühr im Wesentlichen nur eine Vergütung für Auslagen, Dienstleistungen ꝛc. darstellt, sind keine gewerbsmäßigen Speicherbetriebe (A.N. 1887 S. 143). Rücksichtlich der Holz- und Kohlenlager sind folgende Entscheidungen des R.V.A. zu beachten: Umfangreiche Lager von Brennmaterialien, in welchen gedeckte Räume zur Lagerung benutzt und nur kleinere Partien unter freiem Himmel gelagert werden, gelten als versicherungspflichtige Speichereibetriebe; das dabei vorkommende Zerkleinern des Holzes tritt in seiner Bedeutung thatsächlich zurück und entscheidet daher nicht für die Zugehörigkeit zu einer B. G. (A.N. 1887 S. 206). Einfach umzäunte Holz- und Kohlenlager unter freiem Himmel sind dagegen nicht als versicherungspflichtige Speichereibetriebe erachtet worden (A.N. 1887 S. 38). Zur Speicherei-B.G. gehören natürlich auch die Nebenbetriebe der Speichereien ꝛc., z. B. Getreidereinigungsbetriebe, sofern diese nicht ein selbständiges Unternehmen oder Theile eines Getreidemühlenbetriebes sind (A.N. 1887 S. 143).

Sind Kellereien ꝛc. mit Fabriken oder anderen Anlagen, die unter das Unfallversicherungsgesetz fallen, als Nebenbetriebe verbunden, so bleiben sie bei der Berufsgenossenschaft für diejenigen Betriebszweige, welchen der Hauptbetrieb angehört. Vgl. Mot. zum A.G. 1885 S. 10. Hiernach bleiben insbesondere die Kellereien von Champagnerfabriken, Obstweinfabriken und Fabriken zur Herstellung von Kunstwein bei der Nahrungsmittel-Industrie-B.G., A.N. 1887 S. 19. Der Weinbau und dessen Nebenbetriebe, einschl. des Kellereibetriebes von Weingutsbesitzern, welche vorwiegend eigenes Gewächs lagern, behandeln und pflegen (A.N. 1889 S. 76), fällt unter das L.U.V.G. Wohin das Keltern des Mostes gehört, ist quaestio facti. Wegen der Küfermeister vgl. §. 28 Abs. 3 G.U.V.G.

Nicht hierher gehörten nach der citirten Anleitung des R.V.A. die gewöhnlichen Keller der Krämer und Höker, Gast- und Bierwirthe, sowie die gewöhnlichen Lagerräume der Manufaktur- und Kolonialwaarenhändler. In Bezug auf die durch das Abänderungsgesetz hinzugetretenen Betriebe bemerken die Motive 1900 zunächst im Allg. Theil dasjenige, was oben S. 70 abgedruckt ist. Im besonderen Theil finden sich folgende Ausführungen:

„Sodann ist unter Ziffer 5 die Versicherungspflicht der gewerbsmäßigen Lagerbetriebe und unter Ziffer 7 die Versicherungspflicht des mit einem Handelsgewerbe verbundenen Fuhrwerks-, Lagerungs- oder Holzfällungsbetriebs neu hinzugetreten. Auf das Handelsgewerbe erstreckt sich die Versicherungspflicht bisher nicht, es besteht auch in dieser Hinsicht kein dringendes Bedürfniß, soweit es sich um die Beschäftigung im Comptoir und im Laden handelt. Anders liegt es aber in Bezug auf das Lagern von Waaren und auf den Fuhrwerksbetrieb, welche mit einem Handelsgewerbe verbunden sind. Hier liegen, wenigstens in den Betrieben von einigem Umfang, Unfallgefahren vor, die denen in Betrieben, welche aus dem Lagern von Waaren oder dem Fuhrwerk einen eigenen Gewerbebetrieb machen und deshalb bereits unfallversicherungspflichtig sind, annähernd gleichkommen. Es empfiehlt sich daher, das Handelsgewerbe insoweit der Unfallversicherung zu unterstellen, zur Vermeidung unverhältnißmäßiger Erschwerungen aber den kleineren Geschäften, in denen Lager- und Fuhrwerksbetrieb, wenn überhaupt, so doch nur in geringem Umfange vorkommt, eine Ausnahmestellung einzuräumen." Mot. 1900 S. 41. Vgl. auch die Anmerkung 42 zu §. 1 Abs. 1 Ziffer 7 G.U.V.G.

[42]) Stauer. „Das Gewerbe solcher im §. 36 der Gewerbeordnung aufgeführten Personen, denen die Ermittelung der Beschaffenheit, der Menge oder des Gewichts von Gütern, oder das Entladen und Beladen der Schiffe zusteht, sowie solcher Personen, welche Güter verpacken und insbesondere auch behufs des Landtransports verladen, ist besonderen Gefahren unterworfen; es erscheint daher rathsam, sie hier aufzunehmen, schon um dadurch die Möglichkeit zu geben, daß diesen Gewerbetreibenden auch für ihre Person die Versicherung gegen die Gefahren ihres Berufs möglich gemacht wird" (Mot. zum A.G. 1885 S. 10). „Durch die hier gewählten Bezeichnungen soll die Gesammtheit der in dieser Richtung sich bewegenden Betriebe für versicherungspflichtig erklärt werden, auch wenn eine besondere Gewerbsart nach dem (örtlich verschiedenen) Sprachgebrauch nicht unter die Bezeichnungen des Gesetzes fällt" (A.N. 1888 S. 316). Wegen der Güterbestätter vgl. Anm. 40.

[43]) in Lagerungs- rc. Betrieben. Wegen der Lagereien vgl. allg. Mot. 1900 oben Seite 70, ferner Anm. 41. Wegen der Holzfällungsbetriebe vgl. allg. Mot. 1900 S. 7 (oben S. 71). Während die Vorlage 1900 nur von „Fuhrwerksbetrieben" sprach, ist in der Reichstagskommission (Kom.Ber. 1900 S. 9) eine Umschreibung des allgemeineren Begriffes „Transportbetriebe" in den Gesetzestext aufgenommen worden, um zweifellos klar zu stellen, daß z. B. die durch Wasserfahrzeuge in Verbindung mit einem versicherungspflichtigen Handelsgewerbe besorgte Beförderung von Personen oder Gütern mit erfaßt sei. Die Versicherung erstreckt sich nach dem Wortlaut nur auf die in dem Transportbetriebe beschäftigten, dagegen nicht auf die beförderten Personen (vgl. A.N. 1888 S. 338). — Die hier aufgeführten Betriebe sollen nur versichert sein, wenn sie einen gewissen Umfang haben, man war darüber einig, daß die Versicherung nicht auf jeden kleinen Handelsbetrieb, der einen Handkarren führt, auszudehnen sei (Komm.Ber. 1900 S. 5).

„Um die dabei erforderliche Abgrenzung in einer jederzeit erkennbaren Weise vorzunehmen, knüpft der Entwurf an die Bestimmungen des Handelsgesetzbuchs vom 10. Mai 1897 (Reichs-Gesetzbl. S. 219) an. Dort ist im §. 4 die Anwendung gewisser Vorschriften, u. A. derjenigen über die Firmen und die Handelsbücher, auf Personen, deren Gewerbebetrieb nicht über den Umfang des „Kleingewerbes" hinausgeht, ausgeschlossen. Zur Eintragung in das Handelsregister gelangen nach §. 29 a. a. O. nur die Kaufleute, deren Betrieb über den Umfang des Kleingewerbes hinausgeht. Wenn also der Entwurf beabsichtigt, Handelsgewerbe, deren Betrieb nicht über den Umfang des Kleingewerbes hinausgeht, nicht mit zu umfassen, so empfiehlt es sich, die Eintragung in das Handelsregister als Unterscheidungszeichen aufzustellen. Wollte man die Unterscheidung materiell etwa dahin fassen, daß die Bestimmung der Ziffer 7 auf Handelsgewerbe, deren Betrieb nicht über den

Umfang des Kleingewerbes hinausgeht, keine Anwendung finden solle, so würde die Beurtheilung über den Umfang des Betriebes bei den Instanzen der Unfallversicherung im Einzelfalle möglicherweise anders ausfallen, als bei den berufenen handelsrechtlichen Stellen, und dies zu vermeiden ist wünschenswerth. Ein Bedenken daraus herzuleiten, daß die Unfallversicherung der Arbeiter von der erfolgten Eintragung der Firma in das Handelsregister abhängt, erscheint um deswillen nicht gerechtfertigt, weil nach §. 29 a. a. O. eine öffentlich-rechtliche Verpflichtung der eintragungsfähigen Kaufleute besteht, ihre Firmen bei dem zuständigen Gerichte zur Eintragung anzumelden. Die zugehörigen Zwangsmittel sind im §. 14 a. a. O. festgesetzt.

Die Versicherung erstreckt sich nach den allgemeinen Grundsätzen auf alle im Fuhrwerks-, Holzfällungs- oder Lagerbetriebe beschäftigten Personen, auch wenn sie nicht gerade bei der Beförderung oder Lagerung der Güter von einem Unfalle betroffen werden, dagegen nicht auf die außerhalb dieser Betriebe beschäftigten Handlungsgehülfen und Lehrlinge." Mot. 1900 S. 41. Komm.Ber. S. 5.

[44]) Die Auslegung der Bestimmungen der U.V.Ge. hatte dahin geführt, daß Nebenbetriebe der Land- und Forstwirthschaft in weitem Umfange zur gewerblichen Unfallversicherung herangezogen wurden; die Unternehmer landwirthschaftlicher Betriebe waren in Folge dessen genöthigt mehreren Berufsgenossenschaften anzugehören, wenn sie beispielsweise eine Schneidemühle, eine Brauerei, eine Brennerei, eine Ziegelei von mäßigem Umfange neben der Landwirthschaft und in wirthschaftlicher Abhängigkeit von derselben betrieben. Es hing dies namentlich auch damit zusammen, daß die gewerbliche Unfallversicherung vor der landwirthschaftlichen in Kraft getreten ist, daß dabei viele, auch kleinere Betriebe s. Z. als „fabrikmäßig" vom R.V.A. bezeichnet worden sind und demgemäß nachträglich der landwirthschaftlichen Unfallversicherung nicht zugetheilt werden konnten, obwohl man sie bei gleichzeitigem Inkrafttreten der gesammten Unfallversicherung vielleicht zweckmäßiger anders klassifizirt hätte. Die großen Unbequemlichkeiten, welche für die Unternehmer landwirthschaftlicher Betriebe aus diesem Zustande entstanden waren, wurden in der Reichstagskommission 1900 mit Nachdruck geltend gemacht, und es wurde die gewünschte Abhülfe zugestanden. Die größte Schwierigkeit lag hierbei darin, daß die in solchen Betrieben beschäftigten Arbeiter bisher nach ihrem regelmäßig höheren Individuallohn für die Folgen von Betriebsunfällen entschädigt waren, und man es nicht für angängig hielt, wenigstens soweit es sich um eigentliche gewerbliche Arbeiter handelt, die Entschädigung nach den niedrigeren Durchschnittslöhnen der landwirthschaftlichen Arbeiter eintreten zu lassen. Vgl. Komm.Ber. zum L.U.V.G. 1900 Drucksache 703b S. 3ff. Das Ergebniß der Verhandlungen ist die im §. 1 Abs. 2 G.U.V.G. in Bezug genommene Fassung des §. 1 Abs. 2, 3 L.U.V.G.:

Abs. 2: „Dasselbe — d. h. die Unfallversicherung nach dem L.U.V.G. — gilt mit den aus Abs. 3 Ziffer 1, 2 sich ergebenden Ausnahmen von Arbeitern und Betriebsbeamten in solchen Unternehmungen, welche der Unternehmer eines land- oder forstwirthschaftlichen Betriebs neben seiner Land- oder Forstwirthschaft, aber in wirthschaftlicher Abhängigkeit von derselben betreibt (land- oder forstwirthschaftliche Nebenbetriebe). Hierzu sind insbesondere solche Betriebe zu rechnen, welche ausschließlich oder vorzugsweise bestimmt sind

1. zur weiteren Bearbeitung oder Verarbeitung von Erzeugnissen der Land- oder Forstwirthschaft des Unternehmers,
2. oder zur Befriedigung von Bedürfnissen seiner Land- oder Forstwirthschaft,
3. oder zur Gewinnung oder Verarbeitung von Bodenbestandtheilen seines Grundstücks.

Abs. 3: Unter dieses Gesetz fallen nicht:

1. Bergwerke, Salinen, Aufbereitungsanstalten, Werften, Bauhöfe, Hüttenwerke sowie Betriebe, in denen Explosivstoffe oder explodirende Gegenstände gewerbsmäßig erzeugt werden,
2. solche Betriebe, welche nach näherer Bestimmung des Reichs-Versicherungsamts wegen ihres erheblichen Umfanges oder wegen besonderer maschineller Einrichtungen oder wegen der Zahl der verwendeten gewerblichen Arbeiter den unter das Gewerbe-Unfallversicherungsgesetz fallenden Fabriken zuzurechnen sind."

Diese neuen Bestimmungen sollen nach der Absicht des Gesetzgebers zu einer Nachprüfung der bisherigen Rechtsordnung hinsichtlich der land- und forstwirthschaftlichen Nebenbetriebe Veranlassung geben. Ueber das Bedenken wegen einer Verschlechterung der Lage der in solchen Betrieben beschäftigten gewerblichen Facharbeiter soll die Bestimmung im §. 9 Abs. 1 L.U.V.G. hinweghelfen:

> Bei Berechnung der Rente für Betriebsbeamte und die übrigen im §. 1 Abs. 6 bezeichneten Personen ist der Jahresarbeitsverdienst zu Grunde zu legen, welchen der Verletzte in dem Betrieb, in welchem der Unfall sich ereignete, während des letzten Jahres bezogen hat.

Der hier in Bezug genommene §. 1 Abs. 6 L.U.V.G. lautet:

> Wer im Sinne dieses Gesetzes als Betriebsbeamter oder als eine solche Person anzusehen ist, welche zum Unterschiede von den gewöhnlichen land- oder forstwirthschaftlichen Arbeitern eine, technische Fertigkeiten erfordernde besondere Stellung einnimmt. (z. B. Förster; Gärtner, Gärtnereigehülfen; gewerbliche Facharbeiter, wie Brenner, Maschinenführer, Heizer, Müller, Ziegler, Stellmacher, Schmiede u. A.), wird durch statutarische Bestimmung der Berufsgenossenschaft (§. 13) für ihren Bezirk festgestellt. Bis zum Erlaß entsprechender statutarischer Bestimmungen bleiben diese Personen den sonstigen Arbeitern gleichgestellt.

Für die künftige Entwicklung ist hiernach die Richtung vorgezeichnet, daß die Arbeiter 2c. in Nebenbetrieben der Land- und Forstwirthschaft, soweit es sich nicht um Betriebe der im Abs. 3 des §. 1 L.U.V.G. bezeichneten Art handelt, in weitem Umfange nach dem L.U.V.G. gegen Unfälle versichert sind. Soweit es sich dabei um Facharbeiter, d. h. solche Personen handelt, welche zum Unterschiede von gewöhnlichen land- oder forstwirthschaftlichen Arbeitern eine, technische Fertigkeiten erfordernde besondere Stellung einnehmen, werden diese Personen nicht nach dem durchschnittlichen Jahresarbeitsverdienst landwirthschaftlicher Arbeiter (§. 10 L.U.V.G.) entschädigt, sondern nach ihrem Individualverdienst. Wegen der besonderen Berücksichtigung dieser Personen beim Umlage- und Erhebungsverfahren vgl. §§. 107 bis 109 L.U.V.G.

Um die berufsgenossenschaftliche Zugehörigkeit der Nebenbetriebe land- und forstwirthschaftlicher Unternehmer nach Maßgabe der neuen Bestimmungen zu regeln, hat das R.V.A. unter dem 1. Oktober 1900 (A.N. S. 710) das als Anlage G abgedruckte Rundschreiben erlassen. Es darf erwartet werden, daß die dadurch eingeleitete Ausscheidung von land- und forstwirthschaftlichen Nebenbetrieben aus den gewerblichen B.Gen. weiter fortentwickelt werden wird, denn nach diesem Rundschreiben würde an dem vor der Novelle (1900) entwickelten Zustande wenig geändert werden und dies würde der Absicht des Gesetzgebers nicht entsprechen. Es handelt sich hier um widerstreitende Interessen. Auf der einen Seite steht das Interesse der Berufsgenossenschaft an einfacher und sparsamer Verwaltung; mit diesem Interesse deckt sich dasjenige der, meist kleineren, Unternehmer, die keine Nebenbetriebe haben und die vor einer stärkeren Heranziehung zu den Genossenschaftslasten nur durch Einführung von Gefahrentarifen, von denen die landwirthschaftlichen B.Gen. bisher abgesehen hatten, geschützt werden können. In Betracht kommt ferner, daß es für die landwirthschaftliche B.G. sehr schwer sein wird, die Unfallverhütung für alle Nebenbetriebe ebenso sachkundig und wirksam zu betreiben, wie die speziell für einen Betriebszweig errichtete gewerbliche B.G. Obwohl alle diese Gesichtspunkte zu Gunsten des bisherigen Zustandes geltend gemacht wurden, ist dennoch die Abänderung (1900) beschlossen worden, weil auf der anderen Seite es für gerechtfertigt erachtet wurde, die Unternehmer, welche verschiedene, nicht umfangreiche Nebenbetriebe mit ihrer Land- oder Forstwirthschaft verbinden, von der Last, die ihnen aus der Zugehörigkeit zu verschiedenen B.Gen. erwuchs, zu befreien. In Bezug auf die Ueberwachung der Betriebe ist dabei erwogen, daß es zweckmäßiger ist, wenn ein geeigneter Sachverständiger den ganzen Betrieb mit allen Nebenbetrieben zu kontroliren hat, als wenn zu diesem Zweck eine Reihe von technischen Aufsichtsbeamten in Bewegung gesetzt werden müssen. — Bei dieser Rechtslage wird man vor der an sich unerwünschten Umänderung der bisherigen Genossenschaftskataster zahlreicher gewerblicher B.Gen. und vor der umständlicheren Verwaltung der landwirthschaftlichen B.Gen. nicht zurückschrecken dürfen. Daß diese Umwälzung erst nach sorgfältiger Vorbereitung vom R.V.A. durchgeführt werden soll, entspricht dem allgemeinen Interesse.

[45]) B e t r i e b e, nicht einzelne Kategorien der in einem versicherungspflichtigen Betriebe beschäftigten Personen (A.N. 1887 S. 26), auch nicht Einzelbetriebe, sondern Betriebszweige, Betriebsarten. Dementsprechend hat der Bundesrath in Einzelfällen schon entschieden, daß Ausschließung e i n z e l n e r Anlagen unzulässig sei.

[46]) m i t b e s o n d e r e r U n f a l l g e f a h r. Im Schlußabsatze des §. 1 ist die früher im Absatze 7 des §. 1 U.V.G. 1884 enthaltene Befugniß des Bundesraths, die Versicherungspflicht für gewisse Betriebe auszuschließen,

mit der Maßgabe aufrecht erhalten, daß jene Befugniß schon eintreten soll, wenn die Betriebe nicht mit einer „besonderen" Unfallgefahr verbunden sind. Die Bestimmung hat nämlich bisher überhaupt noch keine Anwendung gefunden, und der Grund hierfür dürfte darin zu finden sein, daß die Voraussetzung des Fehlens jeglicher Unfallgefahr für die in dem auszuschließenden Betriebszweige beschäftigten Personen kaum jemals zutrifft. Die Verwirklichung der Absicht des Gesetzes wird dadurch gefördert werden, wenn nunmehr zum Ausdrucke gebracht wird, daß die Ausschließung der Versicherungspflicht für Betriebszweige erfolgen kann, bei denen die darin beschäftigten Personen einer die alltäglichen Verhältnisse des gewöhnlichen Lebens übertreffenden, besonderen Unfallgefahr nicht ausgesetzt sind. (Mot. 1900 S. 42).

47) ausgeschlossen. „Andererseits fallen nach dem bestehenden Sprachgebrauch Betriebe unter die Bezeichnung „Fabrik", welche mit einer Unfallgefahr für die darin beschäftigten Personen nicht verknüpft sind. Die Heranziehung solcher Betriebe zur Unfallversicherung würde, selbst wenn sie der niedrigsten Gefahrenklasse zugewiesen würden, eine Unbilligkeit gegen die Unternehmer und eine überflüssige Belästigung derselben, daneben aber auch eine Belastung der Verwaltung mit zahlreichen für die Erreichung des Zwecks des Gesetzes nicht erforderlichen Geschäften mit sich bringen. Die Ausschließung dieser Betriebe von dem Versicherungszwange kann indessen nicht durch gesetzliche Aufstellung bestimmter Merkmale, sondern nur durch Aufzählung der auszuschließenden Betriebsarten erfolgen, welche mit Sicherheit und erschöpfend nur allmählich an der Hand praktischer Erfahrung möglich ist. Es ist daher dem Bundesrath vorbehalten worden, die näheren Bestimmungen über Betriebe dieser Art, für welche die Versicherungspflicht auszuschließen ist, zu erlassen" (Mot. 1884 S. 43).

§. 2.

1. Den Betriebsbeamten im Sinne dieses Gesetzes werden Werkmeister und Techniker gleichgestellt.[1])

2. Den Fabriken im Sinne dieses Gesetzes gelten[2]) alle Betriebe[3]) gleich, für welche Dampfkessel[4]) oder durch elementare Kraft[5]) (Wind, Wasser, Dampf, Gas, heiße Luft, Elektrizität u. s. w.) oder durch thierische Kraft[6]) bewegte Triebwerke nicht blos vorübergehend[7]) zur Anwendung kommen.

3. Im Uebrigen gelten als Fabriken[8]) im Sinne dieses Gesetzes insbesondere diejenigen Betriebe, in welchen die Bearbeitung oder Verarbeitung[9]) von Gegenständen gewerbsmäßig[10]) ausgeführt wird und zu diesem Zwecke mindestens zehn Arbeiter regelmäßig[11]) beschäftigt werden, sowie Betriebe, in welchen Explosivstoffe oder explodirende Gegenstände gewerbsmäßig erzeugt[12]) werden.

4. Welche Betriebe außerdem als Fabriken[8]) im Sinne dieses Gesetzes anzusehen sind, bestimmt[13]) das Reichs-Versicherungsamt.

5. Auf gewerbliche Anlagen,[14]) Eisenbahnen- und Schiffahrtsbe-

triebe,[15]) welche wesentliche Bestandtheile eines der vorbezeichneten oder der im §. 1 bezeichneten Betriebe sind, finden die Bestimmungen dieses Gesetzes ebenfalls Anwendung.

§. 1 Abs. 3—6 U.V.G.; §. 1a Entw.; §. 1a Ges. 1900.

Zu §. 2.

[1]) Im §. 2 sind die Bestimmungen darüber zusammengefaßt, welche Personen und Betriebsarten den im §. 1 der Versicherung unterstellten gesetzlich gleichstehen sollen. Zunächst sind nach dem Vorgange des Krankenversicherungsgesetzes in der Fassung des Gesetzes vom 10. April 1892 die Werkmeister und Techniker, weil über deren Stellung Zweifel entstanden sind, den Betriebsbeamten ausdrücklich gleichgestellt, also hier bis zu einem Jahresarbeitsverdienste von 3000 Mk der gesetzlichen Zwangsversicherung unterworfen. Bei Triebwerken soll auch die Verwendung thierischer Kraft den Betrieb in gleicher Weise versicherungspflichtig machen, wie die Verwendung elementarer Kraft. Es besteht kein ausreichender Grund für die bisherige verschiedene Behandlung der Triebwerke; an Triebwerken mit thierischer Kraft beschäftigte Personen sind mindestens der gleichen, vielleicht sogar einer größeren Unfallgefahr ausgesetzt, als Personen an Triebwerken mit elementarer Kraft. Deshalb ist die bisherige Unterscheidung nicht beibehalten. Unter den elementaren Kräften, deren Verwendung den Betrieb unfallversicherungspflichtig macht, ist mit Rücksicht auf ihre zunehmende Bedeutung und Verbreitung die Elektricität ausdrücklich mit aufgeführt. (Mot. 1900 S. 42.)

[2]) gelten — gleich, vgl. allg. Motive 1884 oben S. 49, sowie aus der Begründung der gleichlautenden Bestimmung des 2. Entwurfs von 1882 (R.T.Dr.S. Nr. 19 S. 57): Die Bestimmung „entspricht der Absicht des Entwurfs, gegen die Folgen solcher Gefahren zu sichern, welche in der Natur des Betriebes liegen und von der Handlungsweise des einzelnen Arbeiters mehr oder weniger unabhängig sind. Sie hat daneben die Bedeutung, daß sie die Mehrzahl derjenigen Betriebe, bei denen es fraglich ist, ob sie zu den Fabriken gerechnet werden können, nichtsdestoweniger unzweifelhaft diesem Gesetz unterstellt und daß auch der Kleinbetrieb mit alleiniger Ausnahme desjenigen Handwerksbetriebes, welcher ohne Verwendung von Motoren vor sich geht, in die beabsichtigte Regelung eingeschlossen wird."

[3]) Betriebe. Die in Abs. 2 für versicherungspflichtig erklärten Motorenbetriebe brauchen nicht gewerbsmäßig betrieben oder mit Vortheilen für die Unternehmer verknüpft zu sein, können vielmehr auch gemeinnützigen Zwecken dienen A.N. 1885 S. 103, 342, 366. Einfache Hauswasserleitungen und Warmwasserheizungsanlagen sollen im Allg. nur dann versicherungspflichtig sein, wenn sie in gewerblichen Anlagen (Gasthöfen 2c.), Krankenhäusern 2c. unter Verwendung eines ständigen Arbeiters (Kesselwärters) betrieben werden (A.N. 1886 S. 77; 1892 S. 324); bloße „Einrichtungen" sind noch kein „Betrieb". Dagegen sind elektrische Beleuchtungsanlagen für Privatzwecke, wenn sie mittelst Motor betrieben werden, für versicherungspflichtig erklärt (A.N. 1887 S. 207, 408), „weil die Anlage nur unter fortgesetzter Krafterzeugung in Funktion erhalten werden kann". Den Betrieb einer Dampfspritze (Feuerspritze) hat das R.V.A.

wegen des Dampfkessels für versicherungspflichtig erklärt: die Bedienungsmannschaft ist also, sofern sie aus Arbeitern oder Betriebsbeamten der Löschanstalt besteht, versichert (A.N. 1885 S. 372). Hydraulische Fahrstuhlanlagen sind versichert, wenn sie gewerbsmäßig als selbständige Einnahmequelle betrieben werden, ferner soweit sie unter §. 1 Abs. 1 Ziffer 7 fallen; bei Fahrstühlen in Privathäusern ist es quaestio facti. Versichert sind nur die beim Fahrstuhl beschäftigten, nicht die damit beförderten Personen (A.N. 1888 S. 338). Entwässerungsanlagen mit Dampfbetrieb für Gemeinden, Verbände rc., Wasserschöpfmühlen bei Bauten fallen unter das G.U.V.G., falls sie aber ausschließlich den Zwecken der Landwirthschaft dienen, als landw. Nebenbetriebe unter das L.U.V.G., vgl. A.N. 1885 S. 2. Ebenso ist der Betrieb von Dampf-Dreschereien an sich ein versicherungspflichtiger Betrieb; handelt es sich dabei um eine als selbständiges Gewerbe betriebene Lohn-Dampf-Drescherei, so fällt der Betrieb unter das G.U.V.G. (und gehört zu der Eisen- und Stahl-B.G.), andernfalls bildet der Betrieb einen Theil oder Nebenbetrieb der Land- und Forstwirthschaft und fällt dann unter das L.U.V.G. Ob das eine oder das andere vorliegt, ist quaestio facti. (A.N. 1889 S. 91, 156, 322.) Wenn die Dreschmaschine ausschließlich oder überwiegend für den Gebrauch in der eigenen Landwirthschaft des Besitzers (oder für die eigenen Landwirthschaften mehrerer zu einer Dreschgenossenschaft vereinigten Besitzer, A.N. 1889 S. 322) und nur gelegentlich nebenbei auch einer fremden Landwirthschaft dient, so liegt ein landw. Nebenbetrieb (bei einer Dreschgenossenschaft ein landw. Nebenbetrieb bezw. Betriebstheil der einzelnen zur Genossenschaft vereinigten Landwirthe, A.N. 1889 S. 322) vor; nimmt aber die Verwendung in fremden Landwirthschaften einen größeren Umfang an (z. B. behufs theilweiser Deckung der Kosten, welche die Verwendung der Maschine in der eigenen Landwirthschaft verursacht), so wird der bisherige landwirthschaftliche Nebenbetrieb zu einem selbständigen gewerblichen Betrieb und fällt dann unter das G.U.V.G. (A.N. 1889 S. 91). Wenn in letzterem Falle Hülfskräfte aus den landw. Arbeitern derjenigen Besitzer, auf deren Gütern die Lohndampfdrescherei in Thätigkeit tritt, verwendet werden, so werden in der Regel die Arbeiter, welche bei der Maschine selbst unmittelbar beschäftigt sind (Maschinisten, Heizer, Schmierer, Oeler, Einleger), dem Betriebe des Lohndreschunternehmers zugerechnet und bei der gewerblichen B.G. versichert; alle übrigen Personen (Garbenbinder, Zurichter, Wasserträger rc.) sind dem bauwirthschaftlichen Betriebe zuzuweisen. Wegen der Unfälle beim Transport ist nach §. 28 Abs. 4 zu entscheiden.

Die Land- und Forstwirthschaft, der Garten-, Obst- und Weinbau, Kunst- und Handelsgärtnerei, sowie die Aufzucht landwirthschaftlicher Nutzthiere gelten nicht als Betrieb im Sinne des G.U.V.G., auch nicht in dem Falle, wenn für deren Betriebszwecke stationäre oder transportable Kraftmaschinen verwendet werden, z. B. zum Mähen oder Dreschen, Pflügen, zum Betriebe eines Paternosterwecks behufs Entwässerung rc. Land- und Forstwirthschaft rc., fallen vielmehr unter das Unfallversicherungsgesetz für Land- und Forstwirthschaft (R.G.Bl. 1900 S. 641). Ebenso fallen unter das landwirthschaftliche, nicht das Gewerbe-Unfallversicherungsgesetz land- und forstwirthschaftlicher Nebenbetriebe, d. h. nach der neuen Legaldefinition des L.U.V.G. (§. 1 Abs. 2) „Unternehmungen, welche der Unternehmer eines land- oder forstwirthschaftlichen Betriebes neben seiner Land- oder Forstwirthschaft, aber in wirthschaftlicher Abhängigkeit von derselben betreibt." Näheres zu vgl. Anm. 44 zu §. 1.

Nach den neuen Bestimmungen wird die Frage, inwieweit die auf Gütern von Landwirthen betriebenen Brennereien, Meiereien, Mühlen, Ziegeleien 2c. unter das G.U.V.G. oder das L.U.V.G. fallen, von Neuem zu prüfen sein.

4) Dampfkessel im Sinne des §. 2 Abs. 2 sind nur Kessel mit gespannten Dämpfen, nicht die in der Bekanntmachung vom 5. August 1890 betr. allg. polizeiliche Bestimmungen über die Anlegung von Dampfkesseln (R.G.Bl. S. 163), aufgeführten Kochgefäße, Dampfüberhitzer oder Kochkessel. Andererseits entscheidet auch nicht der Umstand, ob der Dampfkessel der Kesselrevision unterworfen ist (A.N. 1885 S. 353). Auch Vulkanisirungsapparate bis 2 Liter Inhalt, wie sie von Zahnkünstlern verwendet werden, sind keine Dampfkessel (A.N. 1887 S. 20).

5) elementare Kraft. Hierhin gehören z. B. hydraulische Fahrstühle (vgl. darüber Näheres A.N. 1888 S. 338), ebenso die durch Gasmotor betriebenen elektrischen Beleuchtungsanlagen (A.N. 1887 S. 207, 408). Schiffahrtsbetriebe, gleichgültig ob mit Wind oder Dampfbetrieb, gehören nicht hierher, A.N. 1885 S. 2. Für Anlagen, welche mit Menschenkraft (z. B. Pressen mit Handbetrieb) betrieben werden, gilt die Fiktion nicht; sie können aber anderweit als „Fabriken" unter das Gesetz fallen.

6) thierische Kraft vgl. Anm. 1.

7) nicht blos vorübergehend sollen gewerbliche Betriebe, welche sich nicht schon durch den Umfang (regelmäßige Beschäftigung von 10 oder mehr Arbeitern (§. 2 Abs 3) oder sonst (§. 1 Abs. 1 Ziffer 1; §. 2 Abs. 4) als Fabriken darstellen und lediglich wegen der Verwendung von elementarer Kraft den Fabriken gleichzustellen wären, von der Unfallversicherung ausgeschlossen sein, so muß die Kraftmaschine oder der Dampfkessel 2c. blos vorübergehend zur Anwendung kommen. Früher (bis 1900) mußte noch hinzukommen, daß die Kraftmaschine oder der Dampfkessel 2c. nicht zur Betriebsanlage gehörte; dieses Erforderniß ist fallen gelassen, und es kommt nur noch darauf an, ob die Benutzung eine dauernde oder eine lediglich vorübergehende ist.

Treibt also der Motor in einer Anlage dauernd auch eine andere Anlage, so ist auch die letztere (ohne Rücksicht auf ihren Umfang) versicherungspflichtig. Gehören beide zu verschiedenen Industriezweigen, stehen aber zu einander in einer Beziehung, welche sie als Theil eines einzigen größeren Betriebes oder als Neben- und Hauptbetrieb erscheinen läßt, so gehören sie nach §. 28 Absatz 2 sämmtlich derjenigen Berufsgenossenschaft an, welcher der Hauptbetrieb zugewiesen ist; dies dürfte z. B. der Fall sein bei einer größeren städtischen Molkerei, mit deren Motor der Besitzer gleichzeitig eine kleine Brennerei betreibt, oder bei einer mit einer Weberei so verbundenen Spinnerei, bei Verbindung einer Spiritus- mit einer Essigfabrik u. s. w.

Stellt sich aber die Gesammtanlage als ein Komplex mehrerer selbständiger Betriebe dar, insbesondere also, wenn die verschiedenartigen Betriebe für Rechnung verschiedener Unternehmer betrieben werden, so gehört jeder Betrieb bezw. jeder Unternehmer derjenigen Berufsgenossenschaft an, welche für den ihn betreffenden Industriezweig gebildet ist.

Ob die elementare Kraft (Dampfkraft ꝛc.) von anderen gemiethet ist, oder ob der Betriebsunternehmer sie selbst erzeugt, macht dabei keinen Unterschied. Das Gesetz knüpft die Versicherungspflicht eines Betriebes an die Thatsache der mit Unfallgefahr verknüpften Anwendung von Motoren in dem Betrieb, unbekümmert darum, wem der Motor gehört. Hiernach sind bei der Vermiethung von Kraftstellen die einzelnen Kraftstellenmiether, welche den mit der gemietheten Dampfkraft geführten Betrieb für eigene Rechnung führen (§. 28), die versicherungspflichtigen Unternehmer rücksichtlich ihrer Arbeiter. Aber auch der Eigenthümer des Motors hat einen versicherungspflichtigen Betrieb; sein Gewerbebetrieb besteht in der gewerblichen Ausnutzung des Motors durch Vermiethung. Die von ihm angestellten und besoldeten Kesselwärter ꝛc. sind also von ihm gegen die Folgen etwaiger Unfälle zu versichern (A.N. 1885 S. 343). Dies gilt auch für Schlachthäuser mit Motoren (vgl. A.N. 1887 S. 30); bei denselben sind also die einzelnen das Schlachthaus und den Motor benutzenden Schlächter Mitglieder der Fleischerei-Berufsgenossenschaft, der Unternehmer des Schlachthauses (Stadt ꝛc.) wegen der Kesselheizer ꝛc. Mitglied der Eisen- und Stahl-B.G. (A.N. 1846 S. 48).

Betriebe, welche selbst nur zeitweise arbeiten (Zuckerfabriken Brennereien ꝛc.), verwenden den während des Betriebs benutzten Motor nicht vorübergehend, sondern dauernd.

Die Verwendung der elementaren Kraft ꝛc. macht im Allgemeinen den ganzen Betrieb versicherungspflichtig, auch wenn nicht alle Arbeiter mit dem Triebwerk in Berührung kommen. (A. N. 1887 S. 208). Nur wenn sich der Betrieb aus verschiedenen, räumlich getrennten Theilen zusammensetzt, so richtet sich der Umfang der Versicherung nach der Lage des Einzelfalles (A.N. 1888 S. 69).

[8]) Fabriken. Abgesehen von den Beziehungen zur Landwirthschaft sind die Bestimmungen der Abs. 3 bis 5 im Wesentlichen unverändert (1900) aus den älteren Gesetzen übernommen. Nach seinen Entscheidungen hält das R.V.A. u. A. für Fabriken:

Bayerisch-Bier-Brauereien, welche mindestens 1000 hl Malz jährlich verbrauen (A.N. 1886 S. 160);

Brennereien, in denen jährlich mehr als 100 hl Spiritus hergestellt werden, oder zwar weniger Spiritus, daneben aber auch Hefe hergestellt wird (A.N. 1887 S. 324; 1892 S. 300). Vgl. Anm. 3.

Mälzereien mit mindestens 1000 Ctr. Jahresproduktion (A.N. 1887 S. 377).

Kalkbrennereien ohne Rücksicht auf die Zahl der beschäftigten Arbeiter, sofern der Kalk nicht nur nebenbei, im Ziegelofen, gewonnen wird (A.N. 1885 S. 366; 1890 S. 456). Vgl. Anm. 3.

Cigarrenmachereien, sofern der Unternehmer mindestens einen fremden Arbeiter ständig beschäftigt (A.N. 1866 S. 16; 1890 S. 456);

Ziegeleien, wenn die jährliche Herstellung von Ziegelsteinen, Dachziegeln, Hohlziegeln, Platten, Drainröhren ꝛc. die Zahl von 100 000 bis 200 000 Stück erreicht. (A.N. 1886 S. 160.) Vgl. Anm. 3.

Seifensiedereien in der Regel, wenn mehr als ein oder zwei Arbeiter beschäftigt werden (A.N. 1891 S. 149).

Strumpfwirkereien (A.N. 1886 S. 73).

Vgl. Anm. 13. Eine ausführliche Nachweisung der ergangenen Entscheidungen findet sich H.B. S. 95—118.

9) Bearbeitung oder Verarbeitung. Wenn die Bearbeitung von Waaren hinter den Gesichtspunkt der Lagerung und Aufstapelung zurücktritt, so fällt der Betrieb unter §. 1 Abs. 1 Ziffer 5 und gehört zur Speicherei-B.G., z. B. Holz- und Kohlenplätze, Lumpenspeicher (A.N. 1887 S. 206, 358, vgl. A.N. 1887 S. 323). Betriebe, welche sich lediglich auf die Verpackung fertiger Waaren erstrecken, gehören nicht hierher (A.N. 1885 S. 3) und sind überhaupt nur versicherungspflichtig, sofern dabei Motoren zur Verwendung kommen (A.N. 1886 S. 4). Stellt sich aber die Verpackung und Versendung der Waaren wirthschaftlich als Theil eines anderen Betriebes, in welchem die Waaren hergestellt oder bearbeitet werden, dar, so unterliegt auch erstere der Versicherung, selbst in dem Fall, daß die Verpackung und Versendung für Rechnung eines anderen Unternehmers erfolgt, wie der Betrieb des Hauptgeschäfts. Der Unternehmer des Verpackungsbetriebes gehört dann zur B.G. des Hauptbetriebes (A.N. 1886 S. 80). Ferner gehören hierher die Gas- und Wasserleitungs-Installationsgeschäfte (A.N 1886 S. 205). Das Sortiren von Waaren kann eine Bearbeitung oder Verarbeitung (event. aber auch eine Aufspeicherung oder Lagerung) derselben darstellen. Derartige Betriebe sind also nicht ohne Weiteres von der Versicherungspflicht ausgeschlossen (A.N. 1886 S. 4).

10) gewerbsmäßig, vgl. oben Anm. 34 zu §. 1. „Arbeiterkolonien" gehören nicht hierher (A.N. 1887 S. 51). Rein künstlerische, rein wissenschaftliche, rein erziehliche Beschäftigung ist nicht versicherungspflichtig. Bei Verwendung von elementarer Kraft gilt diese Unterscheidung nicht.

11) regelmäßig, d. h. wenn der Betrieb bei regelmäßigem Geschäftsverkehr zur Zeit des vollen Betriebes auf mindestens 10 Arbeiter basirt ist, ohne Rücksicht auf eine vorübergehend etwa vorhandene Minderzahl oder durch plötzliche Arbeitshäufung bedingte Mehrzahl. Die Verminderung der Arbeiterzahl (ebenso wie event. der Menge der Produktion, soweit es auf diese ankommt, A N. 1889 S. 163) muß eine dauernde sein, wenn die Versicherungspflicht eines solchen Betriebes erlöschen soll (A.N 1886 S. 1). Bei Betrieben mit periodisch wiederkehrenden Unterbrechungen (Zuckerfabriken, Brennereien ꝛc.) kommt nur die wirklich regelmäßige Betriebszeit in Betracht, ebenso bei Saisongeschäften die Saison, nicht die sog. stille Zeit (A.N. 1886 S. 77). Vgl. Anl. d. R.V.A. v. 14. Juli 1884 Nr. 11.

Hausindustrielle sind nicht mitzuzählen (A.N. 1885 S. 288), können aber bei der Beurtheilung, ob der Betrieb sonst als Fabrik anzusehen ist (Abs. 4), in Betracht kommen (A.N. 1886 S. 77).

12) erzeugt. Die Verwendung allein genügt nicht. Apotheken sind

deshalb nicht generell versicherungspflichtig; ihre Versicherungspflicht ist vielmehr von Fall zu Fall zu prüfen (A.N. 1886 S. 205).

[18]) bestimmt, von Amtswegen oder auf Anrufen, es handelt sich dabei aber stets um eine allgemeine Verfügung und nicht um die Entscheidung eines einzelnen Streitfalles (Komm.Ber. 1900 S. 10). Das R.V.A. hat ohne Rücksicht auf die Anzahl der beschäftigten Personen und auf das Vorhandensein von Dampfkesseln oder Motoren für „Fabriken" erklärt: alle Buchdruckereien (exkl. einfacher durch Treten bewegter Kopfdruckpressen zu Aufschriften auf Briefbogen, Visitenkarten 2c., A.N. 1886 S. 253), Bleiweißfabriken, Mineralwasserfabriken, Gasanstalten, Bürsten- und Pinselfabriken, Zinkschmelzereien, Dachpappenfabriken, Damenmäntelfabriken, Handschuhfabriken (A.N. S 1885 S. 2; Strohhutfabriken (A.N. 1885 S. 103), sofern sie nicht ganz klein sind (A.N. 1886 S. 205); Fabriken von Schmuck- bezw. Putzfedern, künstlichen Blumen und Blumenbestandtheilen (A.N. 1885 S. 103), Kalköfen und Kalkbrennereien (A.N. 1885 S. 366): Pianofabriken (A.N 1887 S. 207); Vergoldereien für Fabrikzwecke (A.N. 1888 S. 294); Tabak- und Cigarrenfabriken, sofern der Betrieb für eigene Rechnung (nicht als Hausindustrieller) ständig mit fremden Kräften (nicht nur mit Familienangehörigen) arbeitet (A.N. 1886 S. 16); Tabak-Fermentationsbetriebe (A.N. 1887 S. 25); Betriebe, in welchen Eisenschienen, Wellbleche 2c. gelagert und durch ständige Arbeiter bearbeitet werden (A.N. 1887 S. 30); desgl. Betriebe, in welchen alte Dampfkessel 2c. erneuert werden (A.N. 1887 S. 30); Metallgießereien, in welchen altes Zink zu Rohzink verarbeitet wird (A.N. 1887 S. 31); Eisengießereien zur Herstellung kleiner Massenartikel (A.N. 1887 S. 142); Feilenschmieden und Knopfmachereien mit je 8 Arbeitern (A.N. 1887 S. 38); Gas- und Wasserleitungs-Installationsgeschäfte (A.N. 1886 S. 105); Strumpfwirkereien mit Strickmaschinen (A.N. 1886 S. 73); Kupferschmiedebetriebe, wenn die Arbeiten überwiegend nicht in der Werkstätte, sondern in Fabriken verrichtet werden (A.N. 1886 S. 294); Silberkettenmachereien und Bijouteriefabriken, in denen Massenartikel bezw. Halbfabrikate für den Großhandel gefertigt werden (A.N. 1887 S. 142); desgl. Herstellung von Brillengestellen, Gabeln, Stiefeleisen 2c (A.N. 1887 S. 206, 377); Betriebe zur selbständigen Ausführung solcher Arbeiten, welche in der Regel von den Arbeitern anderer Fabriken als zugehörige Berufsarbeiten ausgeführt werden, z. B. von Montirungsarbeiten (A.N. 1888 S. 197) oder Reinigen von Dampfkesseln und eisernen Schiffswänden (A.N. 1888 S. 216); Betriebe zur Herstellung von Strohsäcken in großer Menge (800000 Stück), A.N. 1887 S. 206; desgl. von Korkpfropfen (2 Millionen Stück), A.N. 1887 S. 212; Destillationen von nicht ganz unbedeutendem Umfang, so z. B. wenn jährlich 130 Hektoliter Spiritus theils auf kaltem, theils auf warmem Wege verarbeitet werden (A.N. 1887 S. 38). Dagegen sind nach der Entscheidung des R.V.A. keine Fabriken solche kleine Abdeckereien mit etwa 2 Arbeitern, in denen nur die zur Verarbeitung des Thierkadavers gebräuchlichen Kochapparate verwendet werden (A.N. 1887 S.206); Eisgewinnungsbetriebe (A.N. 1886 S. 17), welche aber unter Umständen

gewerbsmäßige Speicherei- bezw. Kellereibetriebe sein können (A.N. 1889 S. 319). Verpackungsbetriebe. Vgl. H.B. S. 95—118.

Diese Bestimmungen des R.V.A. betreffen ganze Kategorien von Betrieben, nicht einzelne Anlagen. Ob letztere zu den für versicherungspflichtig erklärten Kategorien zu rechnen sind, wird im konkreten Fall gemäß §§. 58, 59 entschieden (A.N. 1885 S. 111).

Die Genossenschaften können Betriebe, deren Eigenschaft als „Fabrik" zweifelhaft ist (weil sie weder 10 Arbeiter noch Dampfkessel oder Motoren verwenden und vom R.V.A. noch nicht generell für „Fabriken" erklärt sind), vorbehaltlich der Entsch. des R.V.A. nach §. 58 einstweilen heranziehen; die Ermittelung solcher Betriebe ist aber Aufgabe der Genossenschaft, nicht der unteren Verwaltungsbehörde (A.N. 1885 S. 369).

14) gewerbliche Anlagen, welche nicht schon sonst versicherungspflichtig sind, „um auch andere gewerbliche Anlagen, welche wesentliche Bestandtheile eines versicherungspflichtigen Betriebes sind, den Bestimmungen dieses Entwurfs zu unterwerfen" (Mot. 1884 S. 44). Hierhin gehören z. B. Werkstätten, welche in größeren Fabrikbetrieben für deren Zweck arbeiten, wie Tischler- oder Schlosserwerkstätten in Spinnereien; ferner Krahnanlagen in Fabriken, zugehörige Baubetriebe. Diese Nebenbetriebe folgen rücksichtlich der Zugehörigkeit zur Berufsgenossenschaft dem Hauptbetriebe; §. 28 Abs. 2.

15) Eisenbahn- und Schiffahrtsbetriebe. Vgl. §. 1 Abs. 1 Ziffer 3, 4. Die Bestimmung entstammt einem Beschluß des Reichstags zur ersten Unfallgesetz-Vorlage. Nach dem Kommissionsbericht zu derselben (R.T.Dr.S. 1881 Nr. 159 S. 10) findet die Bestimmung darin ihre Begründung, daß die bei derartigen integrirenden Bestandtheilen einer Fabrik 2c. beschäftigten Arbeiter „in Bezug auf etwa eintretende Unfälle nicht einer anderen gesetzlichen Beurtheilung unterliegen dürfen, als die übrigen Arbeiter der gleichen Betriebe, zumal ja ein häufiger Uebergang von der einen zur anderen Beschäftigung stattzufinden pflege".

§. 3.

Die Versicherung erstreckt sich auf häusliche und andere Dienste, zu denen versicherte Personen neben der Beschäftigung im Betriebe von ihren Arbeitgebern oder von deren Beauftragten herangezogen werden.

§ 1b Entw.; §. 1b Ges. 1900.

Zu §. 3.

Im allgemeinen Theil der Begründung (1900, oben Seite 70) ist die Bedeutung der Bestimmung dargelegt. — Unter den versicherten Personen sind nur die Arbeitnehmer, nicht aber die selbstversicherten Unternehmer zu verstehen. Bei den letzteren trifft niemals die Voraussetzung zu, daß sie „von ihrem Arbeitgeber oder dessen Beauftragten" zu dem Dienste herangezogen werden (Mot. 1900 S. 43).

Abweichend von dem G.U.V.G. ist die Angelegenheit im §. 2 L.U.V.G. geregelt, wo die Erstreckung der Unfallversicherung auf hauswirthschaftliche und andere Verrichtungen davon abhängig gemacht ist, daß die betreffende versicherte Person hauptsächlich in der Land- und Forstwirthschaft oder in deren Nebenbetrieben beschäftigt wird. Die Abweichung beruht auf Beschlüssen des Reichstags (Komm.Ber., Drucksache Nr. 703b von 1900 S. 14—19) und findet ihre Begründung in der Erwägung, daß viele kleine landwirthschaftliche Betriebe von Unternehmern, die in der Hauptsache Handwerker sind oder sonst ein nicht versicherungspflichtiges Gewerbe betreiben, mit ihren Arbeitern, Gesellen, Gehülfen pp. nebenbei betrieben werden. Diese letzteren Personen wegen ihrer nebensächlichen Beschäftigung in der Landwirthschaft mit ihrer ganzen Thätigkeit, soweit sie für den Arbeitgeber verrichtet wird, zur landwirthschaftlichen Versicherung heranzuziehen, erschien zu weitgehend. — Dem G.U.V.G. ist eine solche Einschränkung der mitversicherten häuslichen pp. Dienste fremd, auch liegen hier die Verhältnisse anders.

§. 4.

Der Reichskanzler wird ermächtigt, unter Zustimmung des Bundesraths mit den Regierungen solcher Staaten, die für Arbeiter und Betriebsbeamte eine der deutschen Unfallversicherung entsprechende Fürsorge durchgeführt haben, im Falle der Gegenseitigkeit Abkommen zu schließen, durch welche die Anwendung dieses Gesetzes

1. auf Betriebe im Inlande, welche Bestandtheile eines ausländischen Betriebs darstellen, ausgeschlossen,
2. auf Betriebe im Auslande, welche Bestandtheile eines versicherungspflichtigen inländischen Betriebs darstellen, erstreckt wird.

§. 1c Entw.; §. 1c Ges. 1900.

Zu §. 4.

Betriebe, deren Sitz im Auslande belegen ist, unterliegen der Unfallversicherung nach den deutschen Gesetzen im Allgemeinen nicht. Indessen hat es sich als nothwendig erwiesen, bei gewissen Unternehmungen neben dem Sitze im Auslande, von welchem aus die oberste Geschäftsleitung erfolgt, noch einen „Sitz des Unternehmens" im Inlande anzunehmen und insoweit die Versicherungspflicht eintreten zu lassen. Es erschien nicht angängig, die in Deutschland beschäftigten zahlreichen Arbeiter großer ausländischer Betriebe um deswillen von den Wohlthaten der Unfallversicherung auszuschließen, weil sie einer oberen Leitung vom Auslande her unterstellt waren. In Betracht kommen hier namentlich Betriebe von ausländischen Eisenbahnen, die nach Deutschland hineinreichen, Binnenschiffahrtsbetriebe, die von einem ausländischen Betriebssitz aus einen Verkehr auf deutschen Wasserstraßen unterhalten, Bauunternehmungen, die größere Bauten, Maschinenfabriken, die umfangreiche Montirungsarbeiten vom Auslande her vornehmen. Wenn derartige Bestandtheile ausländischer Betriebe, wie es gegenwärtig in Oesterreich schon der Fall ist und in anderen Staaten in Erwägung gezogen wird, durch die ausländische Gesetzgebung einer der deutschen ähnlichen Unfallversicherung unterworfen werden, sind die Unternehmer, und zwar sowohl die deutschen Unternehmer, deren Betriebe sich auf das Gebiet eines anderen Staates mit Unfallversicherungszwang erstrecken, als auch die mit ihren Betrieben auf deutsches Gebiet übergreifenden ausländischen Unternehmer dem Nachtheil ausgesetzt, daß für den im Auslande sich vollziehenden Bestandtheil ihres Betriebs andere gesetzliche Bestimmungen als für den inländischen Theil Platz greifen. Daneben kann aber sogar eine doppelte Belastung dann eintreten, wenn in den in Betracht kommenden Staaten die Frage der Selbständigkeit oder Abhängigkeit des abgezweigten Betriebstheils verschieden beurtheilt wird, was bei der schwankenden Natur dieser Verhältnisse sehr leicht vorkommen kann (Mot. 1900 S. 43).

Durch die Vereinbarung soll dafür gesorgt werden, daß jeder Unternehmer hinsichtlich seines ganzen Betriebes einschließlich der in das Ausland hinüberragenden Bestandtheile der Unfallversicherungspflicht im Inlande zu genügen im Stande ist.

Wegen des schon vor der Novelle im Sinne dieser Vorschriften bestehenden Rechtszustandes bei Binnenschiffahrtsbetrieben vgl. A.N. 1900 S. 667, 668.

§. 5.

Durch Statut (§. 37) kann die Versicherungspflicht erstreckt werden: 1.

a) auf Betriebsunternehmer[1]) deren Jahresarbeitsverdienst[2]) dreitausend Mark nicht übersteigt, oder welche nicht regelmäßig mehr als zwei Lohnarbeiter beschäftigen;

b) ohne Rücksicht auf die Zahl der von ihnen beschäftigten Lohnarbeiter[3]) auf solche Unternehmer eines in den §§. 1 und 2 bezeichneten Betriebs, welche in eigenen Betriebsstätten im Auftrag und für Rechnung anderer Gewerbetreibenden mit der Herstellung oder Bearbeitung gewerblicher Erzeugnisse beschäftigt werden (Hausgewerbetreibende),[4]) und zwar auch dann, wenn sie die Roh- und Hülfsstoffe selbst beschaffen;

c) auf Betriebsbeamte[5]) mit einem dreitausend Mark übersteigenden Jahresarbeitsverdienste. Bei der Versicherung von Betriebsbeamten ist, vorbehaltlich der Bestimmungen des §. 10 Abs. 1, der volle Jahresarbeitsverdienst zu Grunde zu legen.

Betriebsunternehmer,[6]) deren Jahresarbeitsverdienst dreitausend Mark nicht übersteigt, oder welche nicht regel- 2.

mäßig mehr als zwei Lohnarbeiter beschäftigen, sind berechtigt, gegen die Folgen von Betriebsunfällen sich selbst zu versichern. Durch Statut kann diese Berechtigung auf Unternehmer mit einem höheren Jahresarbeitsverdienst erstreckt werden.

8. Durch Statut kann ferner bestimmt werden,[7]) daß und unter welchen Bedingungen gegen die Folgen der bei dem Betrieb oder Dienste sich ereignenden Unfälle versichert werden können

a) im Betriebe beschäftigte, aber nach §§. 1 oder 2 nicht versicherte Personen[8]) durch den Betriebsunternehmer;

b) nicht im Betriebe beschäftigte, aber die Betriebsstätte besuchende oder auf derselben verkehrende Personen[9]) durch den Betriebsunternehmer oder den Vorstand der Berufsgenossenschaft (§. 28);

c) Organe und Beamte der Berufsgenossenschaft[10]) durch deren Vorstand.

§. 2 U.V.G.; §. 2 Entw.; §. 2 Ges. 1900.

Zu §. 5.

[1]) Die Unternehmer kleiner gewerblicher Betriebe sind vielfach wirthschaftlich nicht in wesentlich günstigerer Lage, als die von ihnen beschäftigten Personen, bei regelmäßiger Mitarbeit aber mindestens der gleichen, oft sogar einer größeren Unfallgefahr wie die letzteren ausgesetzt, weil sie als Meister die schwierigsten Arbeiten selbst auszuführen genöthigt sind. Es ist unbillig, solche Unternehmer gesetzlich anzuhalten, daß sie ihre Arbeiter versichern, wenn man ihnen nicht eine gleiche Fürsorge zu Theil werden läßt. Diese Erwägung hat hinsichtlich der kleinen landwirthschaftlichen Unternehmer (§. 2 Abs. 1 des Gesetzes vom 5. Mai 1886) und der kleinen Bauunternehmer (§§. 2, 48 des Gesetzes vom 11. Juli 1887) schon früher Veranlassung dazu gegeben, die Einführung einer Versicherungspflicht durch das Genossenschaftsstatut freizustellen. Es ist von Werth, diese Einrichtung für die gesammte Unfallversicherung zu verallgemeinern. Wegen der Invalidenversicherung vgl. §. 2 Abs. 1 J.V.G.

Auf die Versicherung der Betriebsunternehmer finden die grundlegenden Bestimmungen des G.U.V.G. Anwendung, insbesondere gilt dies von dem Umlageprinzip, so daß die B.G. Versicherung mit Deckungskapital nicht vorschreiben darf (A.N. 1886 S. 254). Für Unternehmer gewerblicher Baubetriebe gilt dagegen, auch so weit sie unter das G.U.V.G. fallen, nach dem B.U.V.G. etwas anderes. Der nach §. 44 B.U.V.G. bei den im Geltungsbereiche des G.U.V.G. errichteten B.Gen. für Baugewerbetreibende gleichfalls anwendbare §. 18 B.U.V.G. verordnet für jede solche

B.G. die Errichtung einer Unfallversicherungsanstalt, welcher durch das Genossenschaftsstatut die Versicherung der Unternehmer (Mitglieder der B.G.) überwiesen werden kann. In der Unfallversicherungsanstalt erfolgt die Versicherung nach §. 23 lit a B U.B.G. gegen feste, im Voraus bemessene Prämien nach Maßgabe eines Prämientarifs. Nach §. 126 a. a. O. beruht dieser Tarif auf dem Kapitalwerth der voraussichtlichen Rentenlast.

²) Der Begriff des Jahresarbeitsverdienstes ist für Unternehmer, aber auch für Betriebsbeamte (lit c) nicht ohne Weiteres aus §. 10 zu erläutern. Es wird eine wohlwollende Schätzung des im Durchschnitt voraussichtlich zu erwartenden Betrages einzutreten haben; bei Betriebsbeamten sind dabei etwaige Tantiemen zu berücksichtigen (A.N. 1889 S. 155; vgl. §. 6 G.U.B.G). Die Angabe des Jahresarbeitsverdienstes ist wesentliche Voraussetzung für das Zustandekommen der Versicherung eines Unternehmers (A.N. 1892 S. 325).

³) Zahl der ... Lohnarbeiter. Die statutarische Versicherungspflicht als Unternehmer kann auch für solche Hausgewerbetreibende eingeführt werden, welche regelmäßig mehr als 2 Lohnarbeiter beschäftigen; auf der anderen Seite — nach der Erklärung eines Regierungsvertreters zum Kommissionsbericht 1900 S. 13 — können Hausgewerbetreibende auch für solche Zeiten, in denen sie Lohnarbeiter nicht beschäftigen, der Versicherungspflicht unterstellt werden. Das R.B.A. hat sich dieser Auffassung angeschlossen A.N. 1901 S. 363. Dies weicht zwar von der sonstigen Regel ab, wonach ein Betriebsunternehmer, der keinen Arbeiter beschäftigt, mithin nicht Mitglied der B.G. ist, auch nicht berechtigt ist, sich selbst zu versichern; die Abweichung rechtfertigt sich aber dadurch, daß der Hausgewerbetreibende in Bezug auf die Unfallversicherung eine Sonderstellung erhalten hat, indem er insoweit als Arbeiter des Fabrikanten angesehen wird, für dessen Rechnung er arbeitet. Dieser Fabrikant hat demgemäß unter Umständen die Beiträge für den Hausgewerbetreibenden zu entrichten. (Vgl. Komm.Ber. 1900 S. 12; §. 30 Abs. 3 G.U.B.G. unten Anm. 4).

⁴) Hausgewerbetreibende. Die erweiterte Unternehmer-Versicherung der Hausgewerbetreibenden ist durch die Reichstags-Kommission 1900 dem Gesetze eingefügt (Komm.Ber. 1900 S. 11 ff.), weil diese Unternehmer wirthschaftlich vielfach den Arbeitern sehr nahe stehen; es wurde namentlich auf die hausgewerblichen Schleifereibetriebe der Kleineisenindustrie hingewiesen, in denen elementare Kraft benutzt wird; aber auch soweit dies nicht der Fall ist, soll die Versicherungspflicht durch Statut eingeführt werden können, sofern ein nach §§. 1, 2 versicherungspflichtiger Betrieb stattfindet. — Die Umschreibung des Begriffs: Hausgewerbetreibender ist dem §. 2 Abs. 1 Ziffer 4 K.B.G. (ebenso §. 2 J.B.G.) entnommen, jedoch sind dabei die Worte „und auch für die Zeit, während welcher sie vorübergehend für eigene Rechnung arbeiten" nicht mit übernommen. Dies hängt mit der im §. 30 Abs. 3 aufgenommenen Bestimmung zusammen, wonach statutarisch den Arbeitgebern der Hausgewerbetreibenden die Zahlung der Beiträge für die Hausgewerbetreibenden selbst und für deren Arbeiter auferlegt werden kann, eine Bestimmung, die nothwendig erschien, um bei der vielfach geringen Zahlungsfähigkeit der hier ins Auge gefaßten Hausgewerbetreibenden die

Durchführung der Versicherung sicher zu stellen. Während der Dauer ihrer Thätigkeit für eigene Rechnung, fehlt es an einem Fabrikanten, von dem die Beiträge für die Hausgewerbetreibenden eingezogen werden können, es muß daher insoweit bei den allgemeinen Regeln hinsichtlich der Erstreckung der Unfallversicherung auf Betriebsunternehmer bewenden (Komm.Ber. 1900 S. 13).

[5]) In Bezug auf **Betriebsbeamte** ist auch nach der Erhöhung der gesetzlichen Versicherungsgrenze (1900) auf 3000 Mark die Erwägung maßgebend geblieben, daß behufs möglichst vollständiger Beseitigung der aus der Haftpflicht bei eintretenden Unfällen entstehenden Streitigkeiten zwischen den Betriebsunternehmern und ihren Beamten durch das Genossenschaftsstatut die Versicherungspflicht der höher besoldeten Betriebsbeamten eingeführt werden könne. (Mot. 1884 S. 44.) Die Bestimmung, daß der volle Jahresarbeitsverdienst, mit der durch §. 10 Abs. 1 vorgesehenen Reduktion, zu Grunde zu legen sei, entspricht dem früheren Rechte (A.N. 1886 S. 14; 1887 S. 133). Der volle Jahresarbeitsverdienst muß zu Grunde gelegt werden, um die Betriebsbeamten davor zu schützen, daß sie für den Verlust ihrer Haftpflichtansprüche (§. 135 G.U.V.G.) ungenügend abgefunden werden.

Hat eine B.G. in ihrem Statut die Versicherung der höher besoldeten Betriebsbeamten nicht eingeführt, so können solche Beamte nicht etwa bis zur Höhe von 3000 Mark bei der B G. versichert werden (A.N. 1885 S. 365).

[6]) Das gesetzliche Versicherungsrecht der **kleinen Betriebsunternehmer** ist den §§. 2, 48 des B U.V.G. vom 11. Juli 1887 nachgebildet (vgl Anm. 1) mit der Maßgabe, daß entsprechend §. 14 Abs. 1 Ziffer 2 J.V.G. die gesetzliche Berechtigung der Selbstversicherung auf Betriebsunternehmer, welche nicht regelmäßig mehr als 2 Lohnarbeiter beschäftigen, ausgedehnt ist. Zur Durchführung der Selbstversicherung der Unternehmer bedarf es statutarischer Vorschriften über die Höhe und die Berechnung des der Versicherung zu Grunde zu legenden Jahresarbeitsverdienstes (vergl. §. 37 Ziffer 12 G.U.V.G.). In diesem Punkte unterscheidet sich die Unternehmerversicherung von derjenigen der Betriebsbeamten, bei welcher der volle Jahresarbeitsverdienst unter Anwendung der im Gesetze (§. 10 Abs 1, §. 29 Abs. 2) vorgesehenen Reduktion zu Grunde zu legen ist.

Die Selbstversicherung der Unternehmer umfaßt selbstverständlich nur die Folgen von Unfällen beim Betriebe, da die Voraussetzungen, unter denen nach §. 3 auch die Folgen von Unfällen bei anderer Verrichtung als mitversichert gelten, bei den Betriebsunternehmern nicht vorkommen

[7]) **kann ferner bestimmt werden.** Es hat sich das Bedürfniß geltend gemacht, unter Umständen auch solche Personen zu versichern, welche dem Betriebe nicht angehören.

Den Gefahren des Betriebs sind mehrfach Personen, oft sogar in regelmäßiger Wiederkehr, ausgesetzt, die theils nur anderweit, theils überhaupt nicht gegen Unfall versichert sind. Hierhin gehören z. B. Frauen, die den Arbeitern das Mittagessen bringen und dabei mit Betriebseinrichtungen in Berührung kommen, ferner Spediteure, Fuhrleute, Monteure, Boten, die Gegenstände in fremden Betriebsräumen abliefern. Das Bedürfniß nach einer Versicherung solcher Personen wird nicht in allen Betriebszweigen gleichmäßig hervortreten und von den in Rede stehenden Personen selbst vielfach kaum empfunden werden. Zu ihrer allgemeinen Versicherung durch das Gesetz liegt sonach ein ausreichender Anlaß nicht vor. Dagegen haben unter Umständen die Unternehmer versicherungspflichtiger Betriebe ein berechtigtes Interesse daran, daß sie nicht neben den Ansprüchen, welche die öffentlich-rechtliche Versicherung an sie stellt, weiteren Ansprüchen ausgesetzt bleiben, die von nicht unter die Unfallversicherung fallenden Personen wegen der Folgen von Betriebsunfällen auf Grund der Vorschriften des bürgerlichen Rechts über Schadenersatz und Haftpflicht erhoben werden können. Die Besorgniß vor Ansprüchen der letzteren Art ist in manchen Betriebszweigen hervorgetreten und hat eine gewisse Beunruhigung in Unternehmerkreisen hervorgerufen. Es ist deshalb die Ausdehnung der Unfallversicherung auf nicht im Betriebe beschäftigte, aber die Betriebsstätten besuchende Personen durch statutarische Bestimmung zugelassen. Neben dem Unternehmer des einzelnen Betriebs können die Genossenschaftsvorstände als die geeigneten Versicherungsnehmer in Betracht kommen, letzteres z. B. dann, wenn eine Vereinigung von Fachgenossen oder von Studirenden auf Anregung des Vorstandes zur Besichtigung von Betrieben zugelassen wird.

Die nähere Bestimmung des Umfanges und der sonstigen Einzelheiten dieser Versicherung kann der statutarischen Regelung überlassen bleiben. Die Sicherung gegen Uebertreibung und Mißbrauch der im Absatze 3 zugelassenen Regelung ist in der dem Reichs-Versicherungsamte vor der Genehmigung der Statuten obliegenden Prüfung zu finden.

Eine noch weitere Ausdehnung der berufsgenossenschaftlichen Versicherung auf unbestimmte Kreise von Personen, z. B. solche, die beim Vorübergehen auf der Straße durch Betriebsvorgänge verletzt werden, wie sie wohl mehrfach in Anregung gebracht worden ist (Passantenversicherung), entfernt sich zu sehr von der eine Grundlage der gesetzlichen Zwangsversicherung bildenden Beziehung des Verletzten zum Betriebe. Hierfür paßt besser eine besondere, vermögensrechtlich selbständige Einrichtung, wie solche durch §. 23 Abs. 1 Ziffer 1 des Gesetzes, betreffend die Abänderung der Unfallversicherungsgesetze, den Genossenschaften gestattet ist.

[8]) im Betriebe beschäftigte Personen, die nicht als Arbeiter oder Betriebsbeamte versichert sind, werden nicht häufig vorkommen; es können in Betracht kommen sog. Volontäre, junge Leute, die lediglich zu ihrer Ausbildung beschäftigt werden. (Vgl. auch Komm.Ber. 1900 S. 16.) Aber auch Betriebsbeamte mit einem höheren Jahresarbeitsverdienst, als durch Gesetz oder Statut für versicherungspflichtig erklärt ist.

[9]) verkehrende Personen. Hierher gehören in der Hauptsache die in Anm. 7 erwähnten Personen. Die Worte „oder auf derselben (der Betriebsstätte) verkehrende“ sind durch die Reichstags-Kommission 1900 eingefügt. Es war dort beantragt, an der betreffenden Stelle einzuschalten: „oder im Dienste des Betriebsunternehmers stehende“, weil Personen, die im Privatdienste des Betriebsunternehmers ständen (Dienstboten, Kutscher u. s. w.), vielfach, auch wenn sie die Betriebsstätte selbst nicht besuchten, den Gefahren ausgesetzt seien, die mit dem Fuhrwerksverkehr der Fabriken und

dergl. verbunden seien. Der beantragte Zusatz sollte dem Unternehmer die Möglichkeit gewähren, auch solche Personen in die Unfallversicherung einzuschließen. Dieser Vorschlag fand nicht Annahme. Wenn man, so wurde bemerkt, in §. 3, die Versicherung auf die häuslichen Dienste ausgedehnt habe, so sei dies deshalb geschehen, weil man nicht in der Thätigkeit einer und derselben Person einen versicherungspflichtigen und einen nicht versicherungspflichtigen Theil habe unterscheiden wollen. Der in Rede stehende Antrag führe ein neues Prinzip ein, indem er Personen, die gar keine Beziehungen zum Betriebe hätten, lediglich deshalb einbeziehen wolle, weil sie in einem persönlichen Verhältnisse zum Unternehmer ständen. Dagegen wurde anerkannt, daß in lit. b der Kreis der versicherungsfähigen Personen zu eng begrenzt sei. Es könnten z. B. da, wo Haus und Fabrik unter einem Dache lägen und in mehr oder weniger unmittelbarer Verbindung ständen, Personen des Hauses häufig oder regelmäßig in die Betriebsstätte gelangen, während es zweifelhaft erscheine, ob in solchem Verkehr ein „Besuch" der Fabrik zu erblicken sei.

Um solche Zweifel auszuschließen, wurde in zweiter Lesung beschlossen, hinter „besuchende" einzuschalten: „oder auf derselben verkehrende". (Komm.Ber. 1900 S. 14.)

10) Beamte der B.G. Von verschiedenen Seiten ist ferner das Bedürfniß hervorgehoben worden, auch die Organe und Beamten der Berufsgenossenschaften gegen die Unfallgefahr zu versichern, welcher sie beim dienstlichen Besuche der versicherungspflichtigen Betriebe und überhaupt in ihrem Beruf (z. B. auf Dienstreisen) ausgesetzt sind. Als „andere Personen" konnten sie schon nach §. 2 des Unfallversicherungsgesetzes vom 6. Juli 1884 von den einzelnen Unternehmern für deren Rechnung versichert werden; hierdurch aber wird dem Bedürfnisse schon um deswillen nicht genügt, weil es praktisch undurchführbar ist, daß jeder einzelne Betriebsunternehmer, dessen Betrieb ein Vorstandsmitglied oder ein Beamter der Genossenschaft betritt, für solche vorübergehende Fälle die Versicherung herbeiführt. Es ist unbedenklich, die Träger der Versicherung zu ermächtigen, die bezeichneten Personen fortan für Rechnung der Berufsgenossenschaften zu versichern. Die Durchführung der Versicherung wird dabei dem Vorstande zufallen. Die nähere Regelung der Bedingungen für derartige Versicherungen ist dem Statute überlassen. (Mot. 1900 S. 46)

§. 6.

Als Gehalt oder Lohn im Sinne dieses Gesetzes gelten auch Tantiemen, Naturalbezüge und sonstige Bezüge,[1]) welche den Versicherten, wenn auch nur gewohnheitsmäßig, gewährt werden[2]) und ganz oder theilweise an Stelle des Gehalts oder Lohnes treten. Der Werth der Naturalbezüge ist nach Ortsdurchschnittspreisen[3]) in Ansatz zu bringen. Dieselben werden von der unteren Verwaltungsbehörde festgesetzt.

§. 3 Abs. 1 U.V.G.[4]); §. 3 Abs. 1 Entw.; §. 3 Ges. 1900.

Zu §. 6.

¹) Tantiemen und sonstige Bezüge. Die Fassung ist im Allgemeinen entsprechend der Rechtsprechung des R.V.A. zum U.V.G. (1884) vervollständigt. Zu den anzurechnenden Bezügen gehört alles, was für die Versicherten einen wirthschaftlichen Werth darstellt (A.N. 1887 S. 204), u. A. freie Wohnung (A.N. 1888 S. 293), Feuerung (A.N. 1888 S. 346), Viehweide, Kartoffelland, Leinaussaat ꝛc., in Brauereien übungsgemäß ein mäßiges Quantum Freibier, welches das R.V.A. auf täglich 3 bis 5 l. in Anrechnung gebracht sehen will (A.N. 1887 S. 204). Es ist unerheblich, ob die Tantiemen ꝛc. allein oder neben baarem Gehalt bezogen werden.

Was außerdem zum Gehalt oder Lohn zu rechnen sei, ist nach allgemeinen Grundsätzen zu bestimmen. Im Allgemeinen gehört Alles hierher, was für den Gelohnten einen „wirthschaftlichen Vortheil", nicht blos einen Ersatz baarer Auslagen bezw. einen Ersatz für „Ausgaben, die der eignen wirthschaftlichen Existenz des Empfängers fremd sind", darstellt (A.N. 1887 S. 356, 1889 S. 345), vorausgesetzt, daß dieser Bezug bei dem Arbeitsvertrage oder der Lohnbemessung ausdrücklich oder stillschweigend mitberechnet ist (A.N. 1893 S. 160). Hiernach bilden einen Theil des Lohns Miethsentschädigungen, sowie andere Nebenbezüge, auch wenn sie nicht dem Betrage nach fest bestimmt sind, sondern sich nur nach Durchschnittsbeträgen berechnen lassen, z. B. der bei auswärtigen Arbeiten neben dem fortlaufenden Arbeitslohn gewährte Ersatz „für Kost" (A.N. 1887 S. 356), ebenso die dem baaren Lohn hinzutretenden „Nacht- und Fahrgelder" der Eisenbahnbediensteten (A.N. 1888 S. 84, 1889 S. 344), desgl. der Werth von Freikarten für regelmäßige Reisen (A.N. 1888 S. 292). Hiernach dürften auch Repräsentations- oder Dienstaufwandskosten, Tagegelder und Reisekosten bei Dienstreisen ꝛc. dem Gehalt zuzuweisen sein, was bei Auslegung früherer Gesetze nicht angenommen ist (vgl. A.N. 1889 S. 345). Dagegen sind nicht anzurechnen Auslagen für Fuhrwerk oder Eisenbahnbillets auf den im Interesse des Arbeitgebers unternommenen Reisen, Kosten besonderen auswärtigen Nachtquartiers neben dem eigenen Hauswesen, Auslagen für Lampenöl ꝛc. (A.N. 1889 S. 345; 1897 S. 460), der Werth von Grubenkleidern, die einem Obersteiger lediglich zur Benutzung im Dienst gestellt wurden (A.N. 1894 S. 277). Ueber die Berechnung des Werthes der für Reisen im Auslande gewährten freien Verpflegung: vgl. A.N. 1888 S. 346; wegen der Weihnachtsgeschenke, Gratifikationen, Trinkgelder A.N. 1888 S. 346; 1889 S. 155; J.u.A.B. 1891 S. 175; das. 1892 S. 32. Die bei auswärtigen Montagen gezahlten Zuschüsse sind bei der Feststellung einer Unfallentschädigung je nach den thatsächlichen Verhältnissen theilweise anzurechnen (A.N. 1899 S. 541), es ist jedoch zulässig für die Lohnnachweisungen einen bestimmten Bruchtheil durch Genossenschaftsbeschluß ein für allemal festzusetzen.

²) gewährt werden. Die Angestellten erhalten vielfach anläßlich ihrer Arbeitsthätigkeit Trinkgelder, Rollgelder und ähnliche Bezüge. Werden derartige wirthschaftlichen Vortheile bei der Festsetzung des Lohnverhältnisses dergestalt berücksichtigt, daß im Hinblick auf dieselben der feste Lohn verkürzt oder gar kein Lohn gezahlt wird oder eine sonst gebotene Lohnerhöhung

unterbleibt, so sind dieselben nach der Rechtsprechung des Reichsversicherungsamtes (Handbuch S. 135 Anmerkung 3) als Gehalt oder Lohn anzusehen. Bei der Rentenfeststellung, welche unter der gebotenen Berücksichtigung der Judikatur (A.N. — J.u.A.V. — 1891 S. 175; 1892 S. 32) erfolgt, wird durchweg im Sinne der angeführten Rechtsprechung verfahren; nicht so bei der Beitragsleistung. Um hier die gleiche Berücksichtigung allgemein herbeizuführen, ist eine ausdrückliche gesetzliche Bestimmung hinzugefügt. (Komm.-Ber. S. 15.)

[3]) Eine angemessene Bewerthung der Naturalbezüge war im U.V.G. (1884) dem Vorstande der B.G., vorbehaltlich des Instanzenzuges für den Einzelfall (Schiedsgericht, Reichs-Versicherungsamt) überlassen. Nach dem Vorgange des L.U.V.G. (1886) und des J.V.G. ist nunmehr auch hier eine allgemeine behördliche Festsetzung vorgesehen.

[4]) Der weitere Inhalt des §. 3 U.V.G. (1884) ist von der Reichstags-Kommission aus redaktionellen Gründen nach §. 10 G.U.V.G. übertragen (Komm.Ber. 1900 S. 17), weil dort die Vorschriften über Berechnung des der Entschädigung zu Grunde zu legenden Jahresarbeitsverdienstes im Zusammenhange stehen.

Beamte und Personen des Soldatenstandes.

§. 7.

Auf die im §. 1[1]) des Gesetzes, betreffend die Fürsorge für Beamte und Personen des Soldatenstandes in Folge von Betriebsunfällen, vom 15. März 1886 (Reichs-Gesetzbl. S. 53) bezeichneten Personen,[2]) auf Beamte, welche in Betriebsverwaltungen eines Bundesstaats oder eines Kommunalverbandes mit festem Gehalt und Pensionsberechtigung angestellt sind, sowie auf andere Beamte eines Bundesstaats oder Kommunalverbandes,[3]) für welche die im §. 12 a. a. O. vorgesehene Fürsorge in Kraft getreten ist, findet dieses Gesetz keine Anwendung.

§. 4 U.V.G.; §. 4 Abs. 1 A.G.; §. 4 Entw.; §. 4 Ges. 1900.

Zu §. 7.

[1]) Die in Bezug genommenen Paragraphen des Gesetzes vom 15. März 1886 lauten:

§. 1. Beamte der Reichs-Civilverwaltung, des Reichsheeres und der Kaiserlichen Marine und Personen des Soldatenstandes, welche in reichsgesetzlich der Unfallversicherung unterliegenden Betrieben beschäftigt sind, erhalten, wenn sie in Folge eines im Dienste erlittenen Betriebsunfalls dauernd dienstunfähig werden, als Pension sechsundsechzigzweidrittel Prozent ihres jährlichen Diensteinkommens, soweit ihnen nicht nach anderweiter reichsgesetzlicher Vorschrift ein höherer Betrag zusteht.

Personen der vorbezeichneten Art erhalten, wenn sie in Folge eines im Dienste erlittenen Betriebsunfalls nicht dauernd dienstunfähig geworden, aber in ihrer Erwerbsfähigkeit beeinträchtigt worden sind, bei ihrer Entlassung aus dem Dienste als Pension:

1. im Falle völliger Erwerbsunfähigkeit für die Dauer derselben den im ersten Absatze bezeichneten Betrag;
2. im Falle theilweiser Erwerbsunfähigkeit für die Dauer derselben einen Bruchtheil der vorstehend bezeichneten Pension, welcher nach dem Maße der verbliebenen Erwerbsfähigkeit zu bemessen ist.

Steht solchen Personen nach anderweiter reichsgesetzlicher Vorschrift ein höherer Betrag zu, so erhalten sie diesen.

Nach dem Wegfall des Diensteinkommens sind den Verletzten außerdem die noch erwachsenden Kosten des Heilverfahrens zu ersetzen.

§. 12. Staats- und Kommunalbeamten und deren Hinterbliebenen, für welche durch die Landesgesetzgebung oder durch statutarische Festsetzung gegen die Folgen eines im Dienste erlittenen Betriebsunfalls eine den Vorschriften der §§. 1 bis 5 des gegenwärtigen Gesetzes mindestens gleichkommende Fürsorge getroffen ist, steht wegen eines solchen Unfalls ein reichsgesetzlicher Anspruch auf Ersatz des durch denselben erlittenen Schadens nur nach Maßgabe der §§. 8 bis 10 des gegenwärtigen Gesetzes zu. Auf solche Staats- und Kommunalbeamten und deren Hinterbliebene finden die reichsgesetzlichen Bestimmungen über Unfallversicherung keine Anwendung.

An die Stelle dieser Bestimmungen sind jetzt die großentheils gleichlautenden Bestimmungen des Unfallfürsorgegesetzes vom Juni 1901 (vgl. die Anlagen) getreten. Mit diesen, den früheren §. 4 U.V.G. (1884) abändernden Bestimmungen ist das G.U.V.G. in Einklang gebracht.

Eine dem obigen §. 12 entsprechende Fürsorge ist seither in mehreren Bundesstaaten eingeführt worden, z. B. Preußen (Gesetz v. 18. Juni 1887, G.S. S. 282), Sachsen (Ges. v. 9 April 1888, G.u.V.Bl. S. 113), Württemberg, Baden, Hessen (Ges. v. 18. Juni 1887, Reg.Bl. S. 99), Oldenburg (Ges. v. 24. Febr. 1888, G.Bl. S. 93), Elsaß-Lothringen (Ges. v. 8. Mai 1888, G.Bl. S. 41). In Bayern und Großh. Sachsen waren den Beamten schon bisher mindestens gleichwerthige Bezüge zugesichert. Nachdem das Unfallfürsorgegesetz 1901 eine dem G.U.V.G. entsprechende Erweiterung erfahren hat, bedürfen auch diese Landesgesetze der Abänderung (vgl. die Uebergangsbestimmung im Artikel 2 des Gesetzes vom Juni 1901).

²) Die im Fürsorgegesetz bezeichneten Personen. Ueber die Gründe, weshalb man die mit Pensionsberechtigung angestellten Beamten von den Bestimmungen des Unfallversicherungsgesetzes ausgenommen hat, vgl. folgende Ausführung der Motive 1884 (S. 45):

„Auf diejenigen in öffentlichen Betrieben beschäftigten Personen, welche als Beamte mit Gehalt und Pensionsberechtigung angestellt sind, soll der Entwurf keine Anwendung finden, weil ihre Heranziehung zur Versicherung eine unerwünschte Rückwirkung auf die Gesetzgebung der einzelnen Bundesstaaten über die Pensionirung der Beamten ausüben würde. Dieses erscheint um so bedenklicher, als in einzelnen Bundesstaaten die den Beamten im Falle der Dienstunfähigkeit zustehende Pension ausnahmslos höher ist als die nach Maßgabe dieses Entwurfs zu bemessende Entschädigung. Wenn dem gegenüber in anderen Bundesstaaten der Bezug der Pension vor Ablauf einer gewissen Dienstzeit auch bei der durch Unfälle herbeigeführten Dienstunfähigkeit davon abhängig ist, daß der Unfall nicht selbst verschuldet ist, und die Höhe der Pension vor Ablauf einer gewissen Dienstzeit hinter der in diesem Entwurf vorgesehenen Entschädigung zurückbleibt, so daß die Beamten bei der Ausschließung von der Unfallfürsorge in einzelnen Fällen ungünstiger stehen würden als die Arbeiter, so wird es Sache der Spezialgesetzgebung sein, diese Unbilligkeiten zu beseitigen."

In den Verhandlungen des Reichstages trat dagegen das Bestreben hervor, auch die Beamten der Staatsbetriebe 2c. der Unfallversicherung derart zu unterwerfen, daß auf die aus der Unfallversicherung erhaltene Entschädigung die Pension zu verrechnen sei. Man hat hiervon jedoch Abstand genommen, a) aus dem in den Motiven hervorgehobenen Gesichtspunkte, daß ein Theil der Staatsbeamten schon jetzt besser gestellt sei; in Bayern z. B. beträgt die Pension eines verunglückten Beamten im Mindestbetrage 70 pCt des Gehalts, und diese Pension steigt mit dem Dienstalter; b) um nicht schwierige Verrechnungen mit den Staatskassen 2c. hervorzurufen; c) weil die Regelung der Pensionsverhältnisse und dessen, was damit zusammenhänge, nicht in ein Gesetz über Unfallversicherung gehöre, sondern den die Stellung der Beamten regelnden dienstpragmatischen Gesetzen zuzuweisen sei; d) weil man annehmen müsse, daß mit dem Eintritt der Wirksamkeit dieses Gesetzes diejenigen Regierungen und Kommunalbehörden, deren Fürsorge für die verunglückten Beamten hinter den Leistungen dieses Gesetzes zurückbleibt, schon in ihrem eigenen Interesse, um nicht geeignete und leistungsfähige Beamtenkräfte an die Privatverwaltungen zu verlieren, sich genöthigt sehen würden, ihren Beamten dasselbe zuzuwenden, was nach diesem Gesetz den Privatbeamten zu Theil wird. „Sollte sich diese Voraussicht nicht bewahrheiten oder sollten die Ungleichmäßigkeiten, die aus der Verschiedenartigkeit der Fürsorge innerhalb der einzelnen Länder sich herausstellen, unangenehme und den Absichten dieses Gesetzes widersprechende Folgen haben, so wird in Frage kommen, ob man nicht im Wege des Spezialgesetzes das Ziel, das die Regierungen in der Tendenz vollständig theilen, erreichen kann" (cf. Rede des Staatssekr. d Innern, Herrn Staatsministers Dr. v. **Boetticher**, Sten. Berichte 1884 S. 785). Das Reich ist mit dieser dienstpragmatischen Fürsorge, wie erwähnt, für seine Beamten vorangegangen; es darf erwartet werden, daß auch die übrigen Bundesstaaten, soweit sie noch im Rückstande sind, sowie die Kommunalverbände nachfolgen werden. Soweit dies nicht geschehen ist, verbleibt für derartige Beamte einstweilen noch die Haftpflicht in Kraft.

[3]) **Kommunalverband**, weiterer (Provinz, Kreis 2c.) oder engerer (Gemeinde). Beamte anderer Korporationen, die nicht Kommunalverbände sind (Stifter, Kirchen 2c.), fallen unter diese Ausnahme — welche, wie alle Ausnahmen, einschränkend zu interpretiren ist — auch dann nicht, wenn sie ebenso wie die Beamten des Staates 2c. gegen Gehalt und Pensionsberechtigung angestellt sind.

Gegenstand der Versicherung und Umfang der Entschädigung.

§. 8.

Gegenstand der Versicherung ist der nach Maßgabe der nach- 1.
folgenden Bestimmungen zu bemessende Ersatz des Schadens,[1]) welcher durch Körperverletzung oder Tödtung[2]) entsteht.

Dem Verletzten und seinen Hinterbliebenen steht ein Anspruch 2.
nicht zu, wenn er den Unfall vorsätzlich herbeigeführt hat. Der Anspruch kann ganz oder theilweise abgelehnt werden, wenn der Verletzte den Unfall bei Begehung eines durch strafgerichtliches Urtheil festgestellten Verbrechens oder vorsätzlichen Vergehens sich zugezogen hat.[3]) In Fällen der letzteren Art kann die Rente, sofern der Verletzte im Inlande wohnende Angehörige hat, welche im Falle seines Todes Anspruch auf Rente haben würden, ganz oder theilweise den Angehörigen überwiesen werden.[4])

Die Ablehnung kann, auch ohne daß die vorgesehene 3.
Feststellung durch strafgerichtliches Urtheil stattgefunden hat, erfolgen,[5]) falls diese Feststellung wegen des Todes oder der Abwesenheit des Betreffenden oder aus einem anderen in seiner Person liegenden Grunde nicht erfolgen kann.

§. 5 Abs. 1, 7 G.U.V.G.; §. 5 Entw.; §. 5 Ges. 1900.

Zu §. 8.

[1]) Ersatz des Schadens, nicht auf Grund des Zivilrechts und der zivilrechtlichen Verschuldung, wie nach dem Haftpflichtgesetz vom 6. Juni 1871, sondern auf Grund einer öffentlich geregelten Versicherung. Ueber die Gründe, aus denen die zivilrechtliche Haftpflicht aufgegeben worden ist, vgl. oben den Auszug aus der allgemeinen Begründung des zweiten Gesetzentwurfs (S. 41 fg.).

Mit der aus Anlaß der Dürftigkeit eintretenden Armenunterstützung hat die Unfallfürsorge, deren Eintritt von der Bedürftigkeit nicht abhängt, nichts anderes gemein, als daß beide einer öffentlich-rechtlichen Versorgung entspringen; im Uebrigen sind sie durchaus verschiedener Natur. So können denn auch die Folgen, welche das positive Recht an den Bezug öffentlicher Armenunterstützung knüpft, auf den Bezug von Unfallentschädigung nicht ausgedehnt werden. Insbesondere gilt dies von den Wahlrechten des Empfängers; dieselben bleiben beim Bezug von Unfallrenten ungeschmälert.

Ein nach dem G.U.V.G. zu ersetzender „Schaden" soll nach dem R.V.A. immer dann angenommen werden, wenn der Verletzte in Folge der Verletzung in der Benutzung der ihm nach seinen gesammten Kenntnissen und körperlichen wie geistigen Fähigkeiten auf dem ganzen wirthschaftlichen Gebiete sich bietenden Arbeitsgelegenheit eine Einschränkung erleidet (A.N. 1888 S. 290), wenn er in der Möglichkeit, seine Beschäftigung frei zu wählen (in der Wahlfähigkeit) durch die Rücksicht auf seinen in Folge der Verletzung veränderten körperlichen Zustand beschränkt ist (A.N. 1886 S. 252). Beispielsweise ist eine Entschädigung zugebilligt, weil der Verletzte in Folge einer durch Unfall herbeigeführten Schwerhörigkeit auf dem allgemeinen Arbeitsmarkt in der Erwerbsfähigkeit beeinträchtigt war (A.N. 1900 S. 655). Unerheblich ist nach der Rechtsprechung des R.V.A., ob der Verletzte trotz der Verletzung in demselben oder einem anderen Betriebe demnächst einen höheren Lohn bezieht, als er vor der Verletzung hatte (A.N. 1888 S. 290). Die Verminderung der Erwerbsfähigkeit, nicht des Erwerbes wird entschädigt.

*)Ueber die Höhe der Belastung, welche der Industrie aus der Unfallversicherungsgesetzgebung erwächst, enthalten die Materialien zu dem zweiten Entwurf eines Unfallversicherungsgesetzes (R.T.Dr.S. 1882 zu Nr. 19) und die Unfallstatistik des Deutschen Reichs nach der Aufnahme vom Jahre 1881 (Ergänzungsheft zu Band 53 der Statistik des Deutschen Reichs) die ersten Angaben und Untersuchungen.

Die Ergebnisse dieser Untersuchungen sind in den früheren Auflagen dieses Kommentars mitgetheilt. Die Unfälle haben sich gegen die aus den Erhebungen des Jahres 1881 gefolgerten Zahlen erheblich vermehrt, die Kosten der Einzelfälle haben dagegen in Folge kürzerer Bezugsdauer der Renten und in Folge stärkerer Herabminderung der bewilligten Beträge wegen Abnahme der Erwerbsbeschränkung zu niedrigeren Werthen geführt, als sie damals berechnet worden sind, wodurch die größere Zahl der Unfälle zum Theil wieder ausgeglichen worden ist.

Nach den vom Reichs-Versicherungsamt zusammengestellten Geschäfts- und Rechnungsergebnissen der gewerblichen Berufsgenossenschaften ohne die der Versicherungsanstalten der Baugewerks-B.G. und der Tiefbau-B.G., für welche die Zahl der Versicherten nicht bekannt ist, haben sich bisher die folgenden Unfallzahlen ergeben.

---

*) Die folgenden Ausführungen verdankt der Herausgeber dem versicherungstechnischen Referenten im Reichsamt des Innern, Regierungsrath Dr. Beckmann.

Rechnungsjahr	Zahl der verletzten Personen, für welche im Rechnungsjahr erstmalig Entschädigungen festgestellt worden sind,					
	überhaupt	und zwar hatten die Verletzungen zur Folge				Schwerverletzte Spalte 3 u. Spalte 4
		Tod	dauernde Erwerbsunfähigkeit völlige	dauernde Erwerbsunfähigkeit theilweise	vorübergehende Erwerbsunfähigkeit	
1. absolut						
1886	9 723	2 422	1 548	3 780	1 973	3 970
1887	15 970	2 956	2 827	8 126	2 061	5 783
1888	18 809	2 943	1 886	10 270	3 710	4 829
1889	22 340	3 382	2 331	12 788	3 839	5 713
1890	26 403	3 597	1 869	16 109	4 828	5 466
1891	28 289	3 634	1 570	17 481	5 604	5 204
1892	28 619	3 282	1 507	18 049	5 781	4 789
1893	31 171	3 589	1 377	19 740	6 465	4 966
1894	32 797	3 438	855	20 025	8 479	4 293
1895	33 728	3 644	780	19 312	9 992	4 424
1896	38 538	4 040	595	20 251	13 652	4 635
1897	41 746	4 252	625	21 247	15 622	4 877
1898	44 881	4 613	538	22 348	17 382	5 151
1899	49 175	4 772	581	23 837	19 985	5 353
1886/99	422 189	50 564	18 889	233 363	119 373	69 453
2. auf 1000 versicherte Personen						
1886	2,80	0,70	0,44	1,09	0,57	1,14
1887	4,14	0,77	0,73	2,11	0,53	1,50
1888	4,35	0,68	0,43	2,38	0,86	1,11
1889	4,71	0,71	0,49	2,70	0,81	1,20
1890	5,36	0,73	0,38	3,27	0,98	1,11
1891	5,55	0,71	0,32	3,42	1,10	1,03
1892	5,64	0,65	0,30	3,55	1,14	0,95
1893	6,03	0,69	0,27	3,82	1,25	0,96
1894	6,25	0,65	0,16	3,82	1,62	0,81
1895	6,24	0,67	0,15	3,57	1,85	0,82
1896	6,72	0,71	0,10	3,53	2,38	0,81
1897	6,91	0,70	0,10	3,52	2,59	0,80
1898	7,11	0,73	0,09	3,54	2,75	0,82
1899	7,39	0,72	0,09	3,58	3,00	0,81
1886/99	5,86	0,70	0,26	3,24	1,66	0,96

Die Zahl der Versicherten belief sich in den einzelnen Jahren 1886 bis 1899 auf bezw. 3473435; 3861560; 4320663; 4742548; 4926672; 5093412; 5078132; 5168973; 5243965; 5409218; 5734680; 6042618; 6316834; 6658571.

Die schweren Unfälle (Todesfälle und Fälle dauernder völliger Erwerbsunfähigkeit, Spalte 7) haben hiernach relativ (wohl in Folge der Unfallverhütungs-Vorschriften und -Einrichtungen) gegen die ersten Jahre sehr erheblich, durchschnittlich um $^1/_3$ abgenommen und scheinen mit rund 8 Fällen auf je 10000 Personen einen festen Werth angenommen zu haben; auch die Zahl der Fälle dauernder theilweiser Erwerbsunfähigkeit, welche Anfangs eine Zunahme zeigte, scheint nunmehr mit 35 bis 36 Fällen auf je 10000 Personen konstant zu bleiben; denn die Schwankungen dieser Zahl seit dem Jahre 1892 zwischen 38,2 (Höchstzahl) und 35,2 (niedrigste Zahl) weichen nur 6% nach oben und 3% nach unten gegen den Durchschnitt ab, erreichen also bei Weitem nicht die Grenzen, zwischen welchen sich die Schwankungen bei Zahlen der vorliegenden Art bewegen dürfen. In dieser Beziehung wird auf die Ergebnisse der Sterblichkeit der deutschen Bevölkerung verwiesen, welche in den einzelnen Jahren der Jahrzehnte 1855 bis 1895 sogar Schwankungen gegen den Durchschnitt der Jahrzehnte von 13% nach oben bis 10% nach unten zeigen (zu vergl. Statistisches Jahrbuch für das Deutsche Reich, Jahrg. 1897 S. 27).

Die Zahl der Fälle vorübergehender Erwerbsunfähigkeit dagegen hat fortgesetzt zugenommen und scheint auch jetzt ihren Höhepunkt noch nicht erreicht zu haben. Von den vielen für diese Steigerung angegebenen Gründen — u. A. Heranziehung von ungeübten und unerfahrenen Arbeitern in Folge des wirthschaftlichen Aufschwungs, Vermehrung der Maschinen ꝛc. — scheinen den Ausschlag für die Steigerung zu geben, daß die Versicherten erst nach und nach in vollem Umfange mit den gesetzlichen Bestimmungen über die ihnen zustehenden Wohlthaten bekannt werden, und daß der Begriff des entschädigungspflichtigen Unfalls sich immer mehr erweitert.

In der ersten Zeit sind vorwiegend die schweren Unfälle zur Anmeldung gekommen; nach und nach sind sich die Versicherten aber immer mehr klar darüber geworden, welche Verletzungen einen Entschädigungsanspruch begründen können und sie tragen für die Anmeldung der Unfälle jetzt selbst Sorge.

Daß die Bestimmungen der Arbeiterversicherungsgesetze nur ganz allmählich zum Gemeingut der betheiligten Kreise werden, hat sich deutlich bei Durchführung des Invaliditäts- und Altersversicherungsgesetzes gezeigt, trotzdem hier in Folge der Heranziehung zur Beitragsentrichtung vom ersten Augenblick ab eine Mitbetheiligung der Versicherten erfolgte. Noch jetzt werden Rentenansprüche angemeldet, die schon beim Inkrafttreten des Gesetzes im Jahre 1891 mit Erfolg hätten erhoben werden können. Von den im Jahre 1899 zur Bewilligung gekommenen 96263 Invalidenrenten und 17272 Altersrenten sind auf frühere Jahre in Folge nachträglicher Geltendmachung des Anspruchs zurückdatirt 39% der Invalidenrenten und 34% der Altersrenten. Nach Jahren geordnet, in welchen die Rentenansprüche hätten geltend gemacht werden können, ergiebt sich folgendes Bild:

Es beginnen von den im Jahre 1899 bewilligten

im Jahre	Invalidenrenten		Altersrenten	
	überhaupt	von 10 000 der Gesammtzahl	überhaupt	von 10 000 der Gesammtzahl
1891	12	2	293	170
1892	223	23	90	52
1893	289	30	106	61
1894	445	46	183	106
1895	483	50	188	109
1896	881	92	330	191
1897	2 905	302	575	333
1898	32 406	3 366	4 050	2 345
1899	58 612	6 089	11 457	6 633
Zusammen	96 263	10 000	17 272	10 000

Es ist deshalb auch erklärlich, daß die Unfallziffern fortgesetzt gestiegen sind und sehr wesentlich von den Ergebnissen der Unfallstatistik vom Jahre 1881 abweichen.

Eine neue Berechnung der Belastung auf Grund der bei Durchführung des Gesetzes gemachten Erfahrungen ist in der Denkschrift zum Gesetz-Entwurf, betreffend die Invalidenversicherung (R.T.Dr.S. 1898/99 zu Nr. 93 S. 89 ff.) angestellt. Hiernach ergiebt sich als Deckungskapital für die in den Jahren 1894 bis 1897 neu festgesetzten Entschädigungsbeträge

247 343 200 Mk.

oder auf 1 000 Mk. der in dem gleichen Zeitraume in Anrechnung gekommenen Lohnbeträge von 15 185 726 529 Mk.

16,288 Mk.

Nach den früher auf Grund der Unfallstatistik vom Jahre 1881 angestellten Berechnungen ergab sich eine Belastung von

11,571 Mk.

auf je 1 000 Mk. der Lohnzahlung, also nur

71%

der jetzigen Belastung. Es darf aber nicht übersehen werden, daß jene Rechnungen auf die spätere Gesetzeslage nicht mehr angewendet werden können. Denn abgesehen von der Vermehrung der Unfälle aus den oben gedachten Gründen hat die spätere Einbeziehung der großen Baugewerbe und anderer durch die Unfallstatistik seiner Zeit nicht erfaßter Betriebe mit relativ mehr schweren Unfällen zur Erhöhung der Belastung beigetragen. Auch umfaßt die frühere Berechnung nicht die Ausgaben für Kosten des Heilverfahrens sowie für Renten an Angehörige der in Krankenhäusern untergebrachten Verletzten und für Kur- und Verpflegungskosten an Krankenhäuser, welche sich im Jahre 1899 auf 4 089 648,39 oder rund 0,8 Mk. auf 1 000 Mk. Lohnzahlung beliefen. Berücksichtigt man auch diese Ausgaben bei den früheren Berechnungen, so ergiebt sich, daß durch dieselben rund 76% der jetzt berechneten Belastung erfaßt sind.

Die neuen, in der genannten Denkschrift zum Invalidenversicherungsgesetz angestellten Berechnungen gehen von dem Gedanken aus, aus den Weiterzahlungen der erstmalig festgesetzten gesammten Entschädigungsbeträge eine Abnahmeordnung der Entschädigungen ohne Rücksicht auf die entschädigten Personen abzuleiten und aus dieser wiederum den Kapitalwerth der festgesetzten Entschädigungen eines Jahres zu ermitteln. Es hat sich ergeben, daß bei Annahme einer Verzinsung von

4% der Kapitalwerth gleich dem 9,1143 fachen
3% „ „ „ „ 9,9986 „

der erstmalig festgesetzten Entschädigungssumme ist. Die Annahme einer $3^1/_2$prozentigen Verzinsung führt unter Berücksichtigung des Umstandes, daß die Entschädigungen in monatlichen Raten statt in Jahresbeträgen zur Auszahlung kommen, zu einem gleichbleibenden Beitrag (Durchschnittsprämie) von

1,6288%

des Lohnes.

Hält man dagegen die frühere Berechnungsweise fest, so ergeben sich im Vergleich zu den früheren Zahlen folgende Durchschnittszahlen:

Es stellt sich die Belastung

im Durchschnitt für		nach den früheren Berechnungen	nach den neuen Berechnungen
einen Erwerbsunfähigen		342,03%	214,75%
einen Todesfall an	Wittwenrente . . .	177,38%	180,53%
	Waisenrente . . .	114,53%	133,01%
	Aszendentenrente .	7,81%	10,21%
	Sterbegeld . . .	6,67%	6,67%
	Todesfall zus. . .	306,39%	330,42%

des durchschnittlichen Jahresarbeitsverdienstes. Während die Kosten eines Todesfalls den Voranschlag um nicht voll 8% übersteigen, bleiben die Kosten für einen Erwerbsunfähigen (dauernde und vorübergehende Erwerbsunfähigkeitsfälle) in Folge der relativ weit größeren Zahl von vorübergehenden Erwerbsunfähigkeitsfällen um 127,28% des Lohnes oder um rund 37% des Voranschlags hinter den letzteren zurück.

Die Gesammtbelastung berechnet sich in Prozenten des Lohnes auf Grund der neuen Zahlen wie folgt:

	Deckungskapital der Entschädigungen für die Jahre 1886/1899	1895/1899
für Versicherte	71 971 281	30 161 921
an Verletztenrenten 2c.	79 806 468,75%	40 103 918,25%
an Wittwenrenten	9 144 597,60%	3 849 069,60%
an Waisenrenten	9 729 317,25%	2 836 068,75%
an Aszendentenrente	584 627,20%	217 675,60%
an Begräbnißgeld	337 261,88%	142 211,07%
Zusammen	96 602 272,68%	47 148 943,27%
im Durchschnitt pro Kopf	1,3422%	1,5632%

Die Steigerung der Belastung pro Kopf der Versicherten im Durchschnitt der letzten fünf Jahre 1895/1899 auf 1,5632% des Lohnes gegen 1,3422% im Durchschnitt der Jahre 1886/1899, oder um rund 16% der letzteren, ist lediglich auf die Steigerung der Erwerbsunfähigkeitsziffer zurückzuführen; denn es kommen auf den Kopf der Versicherten nach den vorstehenden Zahlen als Belastung

	in den Jahren 1886/1899	1895/1899
für Verletztenrenten 2c .	1,1089%	1,3296%
für Todesfälle	0,2333%	0,2336%
Zusammen	1,3422%	1,5632%

Die Belastung aus Todesfällen hat sich somit nicht geändert, sondern die Erhöhung fällt ausschließlich auf die Erwerbsunfähigkeitsfälle.

Gegen die Berechnung in der genannten Denkschrift zum Invalidenversicherungsgesetz, welche die Jahre 1894 bis 1897 umfaßt, bleibt die Ziffer für 1895 bis 1899 um

1,6288 — 1,5632 = 0,0656 % des Lohnes

oder 4% der dort berechneten Zahl zurück, eine Abweichung, die schon genügend erklärt wird durch die grundverschiedenen Rechnungsmethoden.

Aus den obigen Zahlen möge noch gefolgert werden, daß die Belastung aus Erwerbsunfähigkeitsfällen im Durchschnitt pro Kopf der Versicherten das

5,7 fache

der Belastung aus Todesfällen ausmacht.

In Folge der neuen Bestimmungen wird sich die Belastung in Zukunft etwas höher stellen. Soweit sich dieselbe veranschlagen läßt, geben für den Durchschnitt aller gewerblichen Berufsgenossenschaften die folgenden Zahlen hierüber Aufschluß:

1. Aus §. 9 Abs. 3. Nimmt man an, daß alle dauernd völlig Erwerbsunfähigen eine Rente bis zu 100% des Lohnes beziehen, so erhöht sich die Belastung aus Verletztenrenten im Durchschnitt pro Kopf der Versicherten nach den Unfallziffern für 1895/99 auf

1,3317% des Lohnes.

2. Aus §. 15. Die Erhöhung der Waisenrente von 15 auf 20% des Lohnes erhöht die Kosten für einen Todesfall im Durchschnitt von 330,42% auf 374,76% des Lohnes, so daß sich die Belastung aus Todesfällen im Durchschnitt pro Kopf der Versicherten auf

0,2646% des Lohnes

berechnet.

3. Aus §. 10. Nach den Ausführungen eines Regierungsvertreters (Komm.Ber. 1900 S. 34, 35) sind auf Rundfrage des Reichs-Versicherungsamts von 22 Berufsgenossenschaften mit 2199486 Versicherten — etwa 1/3 aller Versicherten — Mittheilungen über die Höhe der Löhne gemacht worden. Diese umfassen als Summe der wirklich verdienten Löhne 1835222585 Mk., als Summe der anrechnungsfähigen Löhne nach den alten Bestimmungen 1747410874 Mk. Die anrechnungsfähige Lohnsumme erhöht sich bei Anrechnung der 5 Mk. übersteigenden Beträge mit 1/3 um 79779009 Mk.

oder um 4,57 %; eine ähnliche Erhöhung dürften auch die Entschädigungen, also die Belastungswerthe erfahren. Für die einzelnen Berufsgenossenschaften stellt sich das Verhältniß naturgemäß sehr verschieden.

So ergab sich für die Knappschaftsberufsgenossenschaft eine Erhöhung von 6,8 %; für die Berufsgenossenschaft für Feinmechanik eine solche von 7,0 %; für die Rheinisch-Westfälische Hütten- und Walzwerk-Berufsgenossenschaft von 9,3 %.

Rechnet man für den Gesammtdurchschnitt der Berufsgenossenschaften mit einer Erhöhung von 4,57 %, so berechnen sich die Belastungswerthe im Durchschnitt pro Kopf der Versicherten

für den Todesfall auf	0,2767 %	des Lohnes
für den Erwerbsunfähigkeitsfall auf	1,3926 %	„ „
zusammen	1,6693 %	des Lohnes.

Bei einem Durchschnittslohn von 900 Mk würde dies eine Erhöhung der Belastung im Durchschnitt pro Kopf von rund

1 Mk.

sein.

²) Körperverletzung oder Tödtung, d. h. wenn dieselben mittelbar oder unmittelbar als Folge eines bei dem Betriebe eingetretenen Unfalls sich darstellen. Ersetzt wird hier nur Schaden an Leib und Leben, nicht auch Sachbeschädigung (an Kleidern ꝛc.) oder ein anderer Nachtheil.

Ungeeignetes Verhalten des Verletzten während des Heilverfahrens (z. B. Nichtbefolgnng der ärztlichen Vorschriften, Trunkfälligkeit ꝛc.) schließt nach den Bestimmungen des Gesetzes über das Verschulden der Arbeiter bei der Entstehung des Unfalls auch den Entschädigungsanspruch aus, wenn der Verletzte dadurch absichtlich den Tod oder schwere Nachtheile für seine Gesundheit herbeigeführt hat. Aber auch im Uebrigen bleibt die Entschädigung ausgeschlossen, wenn und soweit zwischen den Folgen und dem Betriebsunfall ein ursächlicher Zusammenhang nicht mehr besteht, und dies gilt insbesondere dann, wenn die völlige oder theilweise Erwerbsunfähigkeit (bezw. ein bestimmter Grad der letzteren) nachweislich nur in Folge eines schuldhaften Verhaltens des Verletzten in Bezug auf die ärztlichen Anordnungen verblieben ist (A.N. 1888 S. 196, 333); dagegen braucht sich der Verletzte einem operativen Eingriffe nicht zu unterziehen (A.N. 1888 S. 282, 284; 1893 S. 159). Ausschließung der Entschädigung kann auch bei unbefugter Ablehnung der Krankenhauspflege eintreten (A.N. 1889 S. 138), worüber im §. 23 Abs. 2 besondere Bestimmungen, auch für den Fall getroffen sind, daß sich ganz konkrete Folgen nicht nachweisen lassen. Aus grundloser Nichtbefolgung solcher Anordnungen kann die B.G. den nach Lage der Verhältnisse zulässigen, für den Verletzten ungünstigsten Schluß bezüglich des in Folge der Verletzung zurückgebliebenen Körperzustandes ziehen (A.N. 1889 S. 138, 140; 1893 S. 166, 167). Es wird hier viel auf sachverständiges Gutachten und ärztlichen Ausspruch ankommen. Besonderen Benachtheiligungen durch Verschleppen der Krankheit, Simulation ꝛc. kann übrigens die Genossenschaft in vielen Fällen durch Unterbringung des Verletzten in ein Krankenhaus (§. 22) oder durch Selbstübernehmen der ärztlichen Behandlung des Verletzten während der ersten 13 Wochen nach dem Unfall (§. 76c K.V.G.; §§. 12, 23 G.U.V.G.) entgehen.

Körperverletzung ist hier wie im Reichsstrafrecht (§. 223 Str.G.B.) jede Einwirkung auf den Körper eines Menschen, durch welche derselbe eine Störung des körperlichen Wohlbefindens erleidet. Sie ist nicht auf äußere Verletzung (laesio) des Körpers (Verwundungen und Verstümmelungen) beschränkt, sondern umfaßt auch Störungen der inneren Körpertheile, überhaupt aller Funktionen der äußeren und inneren Organe. So gehören auch Störungen der geistigen und seelischen Funktionen (eigentliche Geisteskrankheiten, Gedächtnißschwäche, Hysterie, Hypochondrie 2c.) hierher (A.N. 1895 S. 153). Dagegen genügt nicht ein bloßes körperliches Mißbehagen, sondern die Körperverletzung muß die Arbeitsfähigkeit beeinträchtigen bezw. einen materiellen Schaden hervorrufen. Die Einwirkung kann auch eine psychische (Gemüthserschütterung, Schreck 2c.) sein, Erk. des R.Ob.Hand.Ger. v. 2. Februar 1877 (Entsch. 21, S. 412). Wenn auch die Körperverletzung in der Regel und nach der Natur der Sache als gewaltsam und plötzlich sich darstellen wird, so ist begrifflich doch auch eine allmählich körperschädigende Wirkung nicht ausgeschlossen, sobald dieselbe durch einen „Unfall", nicht durch den regelmäßigen normalen Betrieb hervorgerufen wird, dessen schädliche Folgen erst nach und nach hervortreten. So werden die allmählig sich geltend machenden Folgen *außergewöhnlicher* Erschütterungen 2e., z. B. einer Kesselexplosion, nicht aber z. B. die allmähliche Erblindung des wegen seines Berufs als Heizer der Einwirkung der Hitze und der Flugasche aus der Feuerbuchse der Maschine regelmäßig ausgesetzten Arbeiters als Körperverletzung im Sinne dieses Gesetzes anzusehen sein. Ebenso hat das R.V.A. durch Rek.Entsch. (A.N. 1886 S. 252) das Vorhandensein eines „Unfalls" in einem Falle verneint, wo ein Arbeiter, dessen Hand durch langdauernde Handhabung der Schaufel schwielig geworden war, in Folge Entzündung des schwieligen Theils eine steife Hand davongetragen hatte.

Der Tod kann sofort oder erst später eintreten. Es ist nur erforderlich, daß er Folge eines bei dem Betriebe sich ereignenden Unfalls ist; der Unfall muß die unmittelbare oder mittelbare Ursache des Todes sein. Das ist er auch, wenn nach einem Betriebsunfall Blutvergiftung hinzutritt und den Tod zur Folge hat (A.A. 1887 S. 8). Derselbe Gesichtspunkt wird auch entscheiden, *wenn mehrere Ursachen zusammenwirken*, um den Tod (oder die Körperverletzung) herbeizuführen, denn der Schadenersatz ist gesetzlich fixirt, kann also nicht je nach dem Maße, in welchem die verschiedenen Ursachen (u. a. das Verschulden des Verletzten) zusammengewirkt haben, abgestuft werden. Es genügt, wenn der Unfall beim Zusammenwirken mehrerer Ursachen mit in's Gewicht fällt (A.N. 1887 S. 134; 1896 S. 246; dagegen vgl. A.N 1892 S. 319). Hiernach bleibt der Anspruch bestehen, wenn der Unfall den wegen eines bisherigen Leidens des Verletzten voraussichtlich nahe bevorstehenden Tod nur beschleunigt, oder wenn sonst der körperliche Zustand die Folgen der Verletzung (deren Schwere und Dauer) verschlimmert, z. B. wenn ein Augenkranker in Folge des Unfalls das Sehvermögen verliert, während ein Mann mit gesunden Augen nur eine Schwächung der Sehkraft hätte davontragen können, wenn Alter, zarte Konstitution, schwache Knochen, anderweit bestehende Leiden (z. B. Lungenemphysem) in ihrem Zusammenwirken mit der Verletzung die Erwerbsunfähigkeit bedingen oder vermehren

(A.N. 1887 S. 134; 1889 S. 162; 1890 S. 500). Solche kränkliche Personen werden meist einen geringeren Verdienst gehabt haben und in Folge dessen eine geringere Rente beziehen.

³) Schon vor der Novelle (1900) war der Ersatzanspruch ausgeschlossen, wenn der Verletzte den Unfall vorsätzlich herbeigeführt hatte. Vorsatz ist bewußtes Wollen, hier des durch das körperschädigende Ereigniß herbeigeführten Schadens (Unfalls, vgl. Anm. 10 zu §. 1); beim Vorsatz will man einen bestimmten Erfolg, beim Versehen ist er nicht gewollt. Der Vorsatz hat Zurechnungsfähigkeit zur Voraussetzung (Selbstmord bei Geistesstörung begründet nicht die Versagung der Rente, A.N. 1888 S. 238). Die Bestimmung, daß bei Vorsatz des Verletzten auch die Hinterbliebenen ihre Entschädigungsansprüche verlieren, ist auf einen Beschluß der Reichstags-Kommission 1884 zurückzuführen. „Daß die Industrie für die Hinterbliebenen eines Arbeiters aufkommen solle, der einen Unfall vorsätzlich herbeigeführt, möglicherweise nicht nur sich, sondern auch Andere verletzt und die Unternehmer in hohem Grade geschädigt habe, lasse sich nicht rechtfertigen, zumal ein durch Vorsatz herbeigeführter Unfall nicht als ein Betriebsunfall im eigentlichen Sinne angesehen werden könne. Habe zudem der Verunglückte selbst keinen Anspruch gehabt, so könne derselbe auch nicht auf seine Angehörigen übergehen". (Komm.Ber. 1884 S. 16). Neben der vorsätzlichen Herbeiführung des Unfalls kommen aber noch andere Fälle vor, in denen die Gewährung einer Entschädigung um deswillen nicht gerechtfertigt ist und dem natürlichen Rechtsgefühle widerspricht, weil das eigne strafbare Verhalten des Verletzten den Unfall herbeigeführt hat, z. B. wenn ein Arbeiter einen Diebstahl an den Vorräthen des Betriebs oder eine vorsätzliche Sachbeschädigung an Betriebseinrichtungen, oder eine vorsätzliche Körperverletzung gegen einen Mitarbeiter begeht und aus solcher Veranlassung einen Unfall erleidet. In den meisten Fällen dieser Art wird die von der Rechtsprechung schon bisher angewandte Rechtsauslegung, daß der betreffende Arbeiter sich „außerhalb des Betriebs gesetzt" habe und deshalb kein Unfall beim Betriebe vorliege, dazu führen, die Entschädigung zu versagen. Zur Ergänzung ist hier in gleicher Weise, wie dies im §. 17 des Invalidenversicherungsgesetzes geschehen ist, noch ausdrücklich die gänzliche oder theilweise Ablehnung des Anspruchs für den Fall im Gesetze vorgesehen, daß der Verletzte den Unfall bei Begehung eines Verbrechens oder vorsätzlichen Vergehens sich zugezogen hat Dabei wird in allen Fällen ein in ursächlichem Zusammenhange mit dem Unfalle stehendes vorsätzliches Handeln des Verletzten selbst zu erfordern sein, welches ihn einer strafrechtlichen Ahndung aussetzt (Mot. 1900 S. 48; vgl. auch Komm.-Ber. 1900 S. 21). Wo eine mildere Beurtheilung am Platze ist, braucht in diesen Fällen nicht jedesmal der ganze Anspruch abgelehnt zu werden, vielmehr kann nach Billigkeit eine theilweise Entschädigung zugesprochen werden. Ueber die Frage, ob die Herabsetzung der Rente eine angemessene sei, kann die Entscheidung des Schiedsgerichts und des R.V.A. angerufen werden. (Komm.Ber. 1900 S. 22.)

⁴) Eine ähnliche Bestimmung findet sich auch im §. 17 J.V.G., sie rechtfertigt sich durch die Erwägung, daß, sofern nicht etwa die Familie des Versicherten an dem von ihm begangenen Verbrechen oder Vergehen in

irgend einer Weise mitbetheiligt ist, es unbillig ist und die Armenpflege unnütz belastet, wenn man die Angehörigen von dem Bezuge der auch zu ihrem Unterhalte mitbestimmten Rente lediglich deshalb gänzlich ausschließt, weil der Versicherte selbst den Anspruch verwirkt hat. Auf der anderen Seite muß die Familie den gänzlichen oder theilweisen Verlust der Rente als Folge einer strafbaren Handlungsweise ihres Hauptes ebenso tragen, wie die sonstigen Folgen eines solchen Verhaltens. Auch hier kann nach Billigkeit gänzliche oder theilweise Entziehung in Frage kommen, und die Entscheidung der höheren Instanzen über die Angemessenheit der in dieser Beziehung getroffenen Entscheidung angerufen werden (vgl. Komm.Ber. 1900 S. 22; auch oben Anm. 3).

Die Bestimmung findet übrigens sowohl auf die Rente des Verletzten, wie der Wortlaut ergiebt, Anwendung, als auch auf die Hinterbliebenen-Rente. Daß letzteres beabsichtigt ist, ergiebt sich insbesondere aus Abs. 3, sowie aus einer Bemerkung in der Begründung, in welcher auf die Hinterbliebenen-Rente besonders hingewiesen ist (s. Anm. 5).

5) Regelmäßiges Erforderniß soll sein, daß die Begehung des Verbrechens oder vorsätzlichen Vergehens durch strafgerichtliches Urtheil festgestellt wird. Eine Ausnahme ist hier, namentlich wegen der Hinterbliebenen-Rente, für den Fall zu machen, daß wegen des Todes oder der Abwesenheit des Betreffenden oder aus einem anderen, in seiner Person liegenden Grunde die Feststellung durch strafgerichtliches Urtheil nicht erfolgen kann. In solchem Falle sollen in gleicher Weise, wie dies im §. 139 für Regreßansprüche der Berufsgenossenschaft gegen Unternehmer vorgesehen ist, die zur Entscheidung über den Rentenanspruch berufenen Stellen nach ihrem besten Ermessen urtheilen. (Mot. 1900 S. 48.)

§. 9.

Im Falle der Verletzung werden als Schadenersatz vom Beginne der vierzehnten Woche[1]) nach Eintritt des Unfalls[2]) ab gewährt: 1.

1. freie ärztliche Behandlung, Arznei und sonstige Heilmittel sowie die zur Sicherung des Erfolges des Heilverfahrens und zur Erleichterung der Folgen der Verletzung erforderlichen Hülfsmittel (Krücken, Stützapparate und dergleichen);[3])
2. eine Rente für die Dauer der Erwerbsunfähigkeit.[4])

Die Rente beträgt:[5]) 2.

a) im Fälle völliger Erwerbsunfähigkeit[6]) für die Dauer[7]) derselben sechsundsechzigzweidrittel Prozent[8]) des Jahresarbeitsverdienstes[9]) (Vollrente);[10])

b) im Falle theilweiser Erwerbsunfähigkeit für die Dauer derselben denjenigen Theil der Vollrente, welcher dem

Maße der durch den Unfall herbeigeführten Einbuße an Erwerbsfähigkeit entspricht[11]) (Theilrente).

3. Ist der Verletzte in Folge des Unfalls nicht nur völlig erwerbsunfähig, sondern auch derart hülflos geworden, daß er ohne fremde Wartung und Pflege nicht bestehen kann, so ist für die Dauer dieser Hülflosigkeit die Rente bis zu hundert Prozent des Jahresarbeitsverdienstes zu erhöhen.[12])

4 War der Verletzte zur Zeit des Unfalls bereits dauernd[13]) völlig erwerbsunfähig, so beschränkt sich der zu leistende Schadenersatz auf die im Abs. 1 Ziffer 1 bezeichneten Leistungen. Wird ein solcher Verletzter in Folge des Unfalls derart hülflos, daß er ohne fremde Wartung und Pflege nicht bestehen kann, so ist eine Rente bis zur Hälfte der Vollrente zu gewähren.[14])

5. Solange der Verletzte aus Anlaß[15]) des Unfalls thatsächlich und unverschuldet arbeitslos ist, kann der Genossenschaftsvorstand die Theilrente bis zum Betrage der Vollrente vorübergehend erhöhen.

§. 5 Abs. 2, 6 G.U.V.G.; §. 5a Entw.; §. 5a Ges. 1900

Zu §. 9.

1) Bis zum Ablauf der dreizehnten Woche werden die Kosten des Heilverfahrens und die Entschädigung des Verletzten von der Krankenkasse, der er angehört, oder, falls er einer solchen nicht angehört, vom Unternehmer (§. 12 Abs. 2) getragen.

Das Heilverfahren beginnt also mit dem Eintritt des Unfalls und endet erst, wenn ein weiteres Heilverfahren nicht mehr nöthig ist. Aehnlich steht es mit der baaren Entschädigung. Denn das Krankengeld ist von den Krankenkassen mindestens (vorbehaltlich statutarischer Mehrleistungen) während 13 Wochen zu leisten, „und zwar auch dann, wenn vor Ablauf derselben die ärztliche Behandlung des Erkrankten wegen eingetretener Rekonvalescenz oder wegen Unheilbarkeit des Leidens aufgehört hat, vorausgesetzt, daß die Erwerbsunfähigkeit fortdauert und als Folge der Krankheit anzusehen ist" (Komm.Ber. z. Kr.Verf.=Ges., R.T.Dr.S. 1883 Nr. 211 S. 20). Der durch Unfall invalid Gewordene erhält also nach Ablauf der ersten zwei Tage im Allgemeinen ohne Unterbrechung Krankengeld bezw. Rente; die Rente fällt erst fort, wenn Erwerbsunfähigkeit nicht mehr vorliegt, also ihr Grund fortgefallen ist. Der Begriff der Erwerbsunfähigkeit ist für den Bereich der K.V. nicht ganz der gleiche, wie für die Unfallversicherung. Wegen der hieraus sich ergebenden Möglichkeit einer Lücke zwischen der K.V. und der U.V. zu vergl. §. 13.

Wird nach Beendigung des ersten Heilverfahrens ein abermaliges Heilverfahren erforderlich, so erfolgt dasselbe, soweit es in die ersten 13

Wochen seit der Verletzung fällt, zu Lasten der Krankenkasse ꝛc., im Uebrigen zu Lasten der Unfallversicherung.

Die Bestimmung, daß die Unfallversicherung bezw. die Berufsgenossenschaft erst nach Ablauf der ersten 13 Wochen eintreten soll, wird als die Einführung der Karenzzeit bezeichnet, wenngleich dieser Ausdruck insofern nicht recht zutrifft, als der Empfangsberechtigte in dieser Zeit eine Fürsorge ja nicht entbehrt, sondern die Schadloshaltung nur von einem andern Verpflichteten (den Krankenkassen event. dem Unternehmer) erhält. Nothwendig ist eine solche anderweitige Fürsorge für die kleineren Unfälle bezw. für die ersten Wochen um deswillen, weil die nach der Natur ihrer Aufgaben für größere Bezirke zu bildenden Genossenschaften unmöglich alle kleinen Unfälle, welche naturgemäß ihre Erledigung in kleinen örtlichen Verbänden erfahren müssen, abwickeln und kontrolliren können, ferner um deswillen, weil auch der Arbeiter einen, wenn auch nur geringfügigen Beitrag zu der Fürsorge für Unfälle (im Ganzen) leisten muß, (wie ja auch der Arbeitgeber zu den Lasten der Krankenversicherung, und zwar in sehr erheblichem Maße (mit $^1/_3$ der Gesammtlast), beizutragen hat). Das Verlangen, daß der Arbeitgeber die Gesammtkosten aller seine Arbeiter treffenden Unfälle ebenso allein tragen solle, wie den Schaden an seinem todten Betriebsinventar, ist, wie in den Verhandlungen mit Recht hervorgehoben, innerlich unbegründet, weil der Arbeiter keine todte Waare, kein Betriebsmaterial ist. Vgl. noch aus dem Komm.Ber. 1884 S. 12:

„Ein Vertreter der verbündeten Regierungen führte aus, bei der Frage der Karenzzeit handle es sich darum, ob der Arbeiter einen Beitrag zur Unfallversicherung leisten solle oder nicht. In weiten Kreisen spreche man sich dafür aus, man sei dort der Meinung, die Unfallversicherung werde nur dann ihre Aufgabe ausreichend erfüllen, wenn die Arbeiter zufolge des von ihnen gezahlten Beitrages die ihnen zu Theil werdende Entschädigung nicht als ein bloßes Geschenk ansehen könnten. Der von ihnen durch Vermittelung der Krankenkassen gezahlte Beitrag bilde zugleich das unumgängliche Aequivalent für die Heranziehung der Arbeiter zur Verwaltung. Außerdem würde durch Uebertragung der Fürsorge für die sämmtlichen kleineren Unfälle an die Krankenkassen die geschäftliche Behandlung und die gesammte Verwaltung ganz außerordentlich erleichtert. Auch pflegten ja schon jetzt die Krankenkassen diese Fürsorge während dreizehn Wochen für die durch Unfall Beschädigten zu treffen, obwohl dabei die Zahl der haftpflichtigen Fälle, in denen Erstattung der Kosten erfolgt, eine verschwindende Minderzahl darstelle. Endlich liege, wie ziemlich ausnahmelos anerkannt werde, nur in der Karenzzeit ein Schutzmittel gegen die Gefahr der Simulation."

Was die Dauer dieser sog. Karenzzeit anbetrifft, so sind für die Bemessung derselben auf 13 Wochen wesentlich die historische Entwicklung der Krankenversicherung und Zweckmäßigkeitsgründe maßgebend gewesen. In der Reichstagskommission war die von der Vorlage in diesem Umfang bemessene Dauer zuerst auf 4 Wochen herabgesetzt, doch wurde bei der zweiten Lesung die Regierungsvorlage wieder hergestellt. Für die Wiederherstellung „sprachen sich nachdrücklich die Vertreter der verbündeten Regierungen aus. Die Frage sei gar nicht politischer, sondern wesentlich praktischer Natur.

Aus praktischen Erwägungen sei die dreizehnwöchentliche Karenzzeit in den Entwurf eingesetzt worden; sie habe sich in diesem Umfange bei den Krankenkassen historisch entwickelt. Eine Abkürzung sehe arbeiterfreundlich aus, habe aber in Wahrheit nur eine ganz minimale Bedeutung. Die aufgenommene Unfallstatistik ergebe für 4 Monate 5681 Unfälle, welche eine mehr als 28 Tage dauernde Erwerbsunfähigkeit zur Folge haben, also für das Jahr rund 17000 Unfälle mit 850000 Arbeitstagen. Ziehe man davon die Summe der innerhalb der Grenze von 4 Wochen fallenden Krankentage = 476000 ab, so bleibe ein Mehrbetrag von höchstens 400000 Krankentagen; lege man sodann einen Arbeitslohn von 2,50 Mk. pro Tag zn Grunde, so ergebe sich, daß für diesen Mehrbetrag an Krankentagen gegenüber einer Karenzzeit von 4 Wochen ein weiteres Krankengeld von 500000 Mark durch die Krankenkassen aufgebracht werden müsse. Hiervon entstammten 334000 Mark den Beiträgen der Arbeiter, was auf eine Gesammtzahl von 2 Millionen Arbeiter ausgeschlagen $^1/_6$ Mark pro Kopf und Jahr darstelle. Letzteres sei der Betrag, um welchen der Arbeiter mehr belastet werde, sofern man sich entschließe, die Karenzzeit von 4 auf 13 Wochen auszudehnen" (Komm.Ber. 1884 S. 13), d. h. sofern man sich entschließe, den Krankenkassen die Unfälle nicht blos bis zu 4, sondern bis zu 13 Wochen Erwerbsunfähigkeit zuzuweisen. In den weiteren Verhandlungen ist sodann noch wiederholt hervorgehoben worden, daß die Herabsetzung der Karenzzeit von 13 auf 4 Wochen für die Krankenkassen, welche gegenwärtig und nach dem Krankenversicherungsgesetz alle Unfälle bis zu 13 Wochen zu tragen hätten, einfach ein Geschenk bedeute; auf ein solches würden die Kassen schwerlich besonderen Werth legen, weil es für die Arbeiter einen reellen Werth von kaum 20 Pf. pro Jahr und Kopf habe, während dadurch die Zahl der von den Genossenschaften abzuwickelnden Unfälle um ein Mehrfaches vergrößert werden würde. Diese Mehrbelastung stehe zu dem Werth der Sache in keinem richtigen Verhältniß und sei für eine Selbstverwaltung auf ehrenamtlicher Grundlage unerträglich. Auch eine Mitbetheiligung der Berufsgenossenschaft an der Fürsorge für die ersten 13 Wochen in der Art, daß dieselben den Krankenkassen einen Zuschuß zum Krankengelde der Verletzten zu gewähren hätten, stieß wegen der hierdurch nothwendig bedingten schwierigen Verwaltung und Abrechnung mit den Krankenkassen auf unüberwindliche praktische Schwierigkeiten.

Schließlich führte in dritter Lesung des Gesetzentwurfs (1884) der immer von Neuem hervortretende Wunsch, dem von einem Unfall getroffenen Arbeiter wenigstens für einen Theil derjenigen Zeit, für welche er hiernach auf die Krankenkassen anzuweisen ist, eine höhere Entschädigung zu gewähren, als die letzteren in Form des gesetzlichen Krankengeldes zu zahlen haben, ohne doch die Krankenkassen von der ihnen nach der historischen Entwicklung bereits gegenwärtig obliegenden Fürsorge für die ersten 13 Wochen zu entlasten oder die Berufsgenossenschaften mit zu schwierigen Verwaltungsgeschäften zu belasten, zu dem im §. 12 Abs. 1 eingeschlagenen Wege.

Hiernach soll, falls die Krankenkassen nicht schon ihrerseits entsprechende Mehrleistungen gewähren, nach Ablauf der ersten 4 Wochen der Unternehmer desjenigen Betriebes, in dem sich der Unfall ereignet hat, auf eigene Kosten das gesetzliche Krankengeld von 50 pCt. auf 66²/₃ pCt. des Lohnes bis dahin erhöhen, daß die Berufsgenossenschaften auf Grund des Gesetzes die Fürsorge zu übernehmen haben. Diese Bestimmung charakterisirt sich als Novelle zum Krankenversicherungsgesetz und berührt die Leistungen der Berufsgenossenschaften gar nicht, die der Krankenkassen nur insofern, als die letzteren diesen Zuschuß zum Krankengeld vorzuschießen und von dem betr. Betriebsunternehmer wieder einzuziehen haben.

Allerdings wird hierdurch ein dritter Interessent, der Betriebsunternehmer in Person, in die Fürsorge für den Unfall hineingezogen, was mit dem System des Gesetzes wenig harmonirt; auch ist zu beachten, daß in den Krankenkassen diejenigen Personen, welche durch Unfall erwerbsunfähig geworden sind, nunmehr eine höhere Fürsorge genießen, als die aus anderweiten Krankheitsursachen vorübergehend erwerbsunfähigen Personen. Will man hierüber aber hinwegsehen, so ist anzuerkennen, daß die gegen eine Heranziehung der Berufsgenossenschaften geltend gemachte praktische Schwierigkeit vermieden, und die angestrebte Erhöhung ohne neue praktische Schwierigkeiten doch erreicht wird. Die Betriebsunternehmer, in deren Betrieben sich der Unfall ereignet hat, können die wirkliche Dauer der Krankheit leicht kontrolliren und den Zuschuß ohne schwierige Verrechnungen an die örtlich nahestehende Krankenkasse bei Gelegenheit der ihnen im Allgemeinen obliegenden Einzahlung der regelmäßigen Kassenbeiträge abführen; sie werden auch in dieser ihnen persönlich drohenden Mehrbelastung einen gewissen Antrieb sehen, die größtmöglichste Fürsorge zur Verhütung von Unfällen eintreten zu lassen. Aus diesen Gründen konnte die Abänderung zugestanden werden.

Hiernach können bei Betriebsunfällen kumulativ drei Verpflichtete konkurriren. Vom Eintritt des Todes ab trägt die Berufsgenossenschaft die ganze Last (cf. §. 15fg.). Hat dagegen der Unfall nicht den Tod, sondern eine Körperverletzung zur Folge, so liegt die Fürsorge für den Verletzten ob:

a) während der ersten 4 Wochen den Krankenkassen allein, und zwar in derjenigen Höhe, in welcher dieselben nach Gesetz oder Statut für den Fall der Krankheit einzutreten haben;
b) vom Beginn der 5. bis zum Beginn der 14. Woche den Krankenkassen und dem einzelnen Betriebsunternehmer insofern, als erstere ihre gesetzlichen oder statutarischen Leistungen weiter zu erfüllen, für den Fall aber, daß das hiernach zu gewährende Krankengeld den gesetzlichen Betrag (50 pCt.) nicht übersteigt, dasselbe auf Kosten des Betriebsunternehmers bis zu 66²/₃ pCt. zu erhöhen haben, vgl. §. 12 Abs. 1;
c) vom Beginn der vierzehnten Woche ab den Berufsgenossenschaften, welche dabei befugt sind, die Fürsorge bis zur Beendigung des Heilverfahrens gegen Kostenerstattung den Krankenkassen zu übertragen.

(In den Fällen a) und b) tritt, wenn der Verletzte nicht Mitglied einer Krankenkasse ist, der betr. Betriebsunternehmer persönlich für die Leistungen der Kasse ein, vgl. §. 12 Abs. 2).

Bei den Verhandlungen über die Novelle (1900) hat die Regelung der Karenzzeit wiederum eingehende Erörterung gefunden. Schon in den Allg. Motiven 1900 (vgl. oben S. 80) sind wiederum die Gründe für Beibehaltung der Karenzzeit von 13 Wochen dargelegt. Auch in der Reichstagskommission (Komm.Ber. 1900 S. 22) ist von Neuem über die Beseitigung oder eine Herabsetzung der Dauer der Karenzzeit verhandelt, ohne daß dabei wesentliche neue Gesichtspunkte zu Tage getreten wären. Eine neue Erweiterung der dem Verletzten vor Ablauf der dreizehnten Woche nach dem Unfall zukommenden Entschädigung ist insofern erreicht, als eine bisher, wenn auch nur selten, eintretende Lücke ausgefüllt worden ist. Durch die in §. 13 aufgenommene Bestimmung ist ein früheres Eintreten der berufsgenossenschaftlichen Fürsorge für solche Fälle vorgesehen, in denen die Leistungen der Krankenkasse vor Ablauf von 13 Wochen eingestellt werden, aber noch eine Schmälerung der Erwerbsfähigkeit vorhanden ist. Im Uebrigen war das Ergebniß der Verhandlung, daß die große Mehrheit sich von der Nothwendigkeit überzeugte, die dreizehnwöchige Karenzzeit als Regel beizubehalten.

Die Krankenpflege für die ganze Dauer des Heilverfahrens in einer Hand zu belassen, bez. gegen Ersatz der nach Ablauf von 13 Wochen erwachsenden Kosten den Krankenkassen zuzuweisen, hat für die Einheitlichkeit der Behandlung und für die Vereinfachung der Verwaltung offenbar erhebliche Vortheile. Diesem Gesichtspunkte ist einmal dadurch Rechnung getragen, daß die B.G. berechtigt ist, der Krankenkasse gegen Kostenersatz die Krankenfürsorge über den Beginn der vierzehnten Woche hinaus zu übertragen (§. 11 Abs. 1), sodann durch die im §. 11 Abs. 2, 4 erweiterte Bestimmung des §. 76c K.V.G., wonach die B.G. berechtigt ist, schon vor Ablauf der dreizehnten Woche das Heilverfahren der Krankenkasse abzunehmen und selbst durchzuführen. Auf Grund von praktischen Erfahrungen wird angenommen, daß unter günstigen Verhältnissen von der frühzeitigen Uebernahme und intensiven Durchführung des Heilverfahrens sowohl besonders gute Erfolge für die Wiederherstellung der Erwerbsfähigkeit der Verletzten, als auch finanzielle Erfolge für die B.Gen. zu erreichen sind.

Die Frage, ob nun auch sämmtliche, der Unfallversicherung unterworfene Personen während der ersten 13 Wochen auf anderweite Fürsorge zu rechnen haben, ist, soweit es sich um die nach §. 1 dieses Gesetzes versicherten Personen handelt, im Allgemeinen zu bejahen; denn soweit für dieselben nicht die Krankenversicherung eintritt, hat der Unternehmer für diese Zeit aufzukommen (§. 12 Abs. 2 G.U.V.G.). Nur Betriebsbeamte mit einem 2000 Mark übersteigenden Arbeitsverdienst, soweit sie kraft Gesetzes (bis zu 3000 Mk. Jahresarbeitsverdienst) — ebenso auch wenn sie darüber hinaus kraft Statuts — versichert sind, haben allerdings der Regel nach keine Krankenversicherung, falls sie nicht auf Grund ihres gesetzlichen Rechts einer Orts-Krankenkasse 2c. oder der Gemeinde-Krankenversicherung freiwillig beigetreten sind. Auch der Unternehmer hat für sie nicht einzutreten. (§. 12 Abs. 2 G.U.V.G.) Hierin kann aber ein schwerwiegender Mißstand nicht gefunden werden. „Im Allgemeinen befinden sich dieselben in der Lage, die Kosten der Krankenpflege für die erste Zeit (sc. die ersten 13 Wochen) nach dem Unfall aus eigenen Mitteln bestreiten zu können, ohne dadurch einer Gefährdung ihrer wirthschaftlichen Existenz ausgesetzt zu sein rc." (Motive 1884 S. 46; auch Komm.Ber. 1900 S. 8, 9.)

Fragt man nun, wie sich die Gesammtunfälle nach ihrer Zahl und nach ihrem Belastungswerth auf die Krankenkassen und auf die Unfallversicherung vertheilen, so ergiebt sich, daß diejenigen Unfälle, welche den Krankenkassen zufallen, der Anzahl nach bedeutend überwiegen, nach ihrem finanziellen Belastungswerth aber durchaus zurücktreten.

Nach den Ergebnissen der Unfallstatistik vom Jahre 1881 (S. 8) betragen von der Gesammtheit aller ermittelten Unfälle (88722 im Jahre)

a)	die Unfälle mit tödtlichem Ausgang	2,2 pCt
b)	" " " nachfolgender dauernder Erwerbsunfähigkeit	1,9 "
c)	" " " " vorübergehender "	95,9 "

Von den Unfällen unter c haben zur Folge gehabt:

1.	eine Erwerbsunfähigkeit von 1 bis 14 Tagen	56,9 pCt.
2.	" " " 15 bis 28 "	23,1 "
3.	" " " mehr als 28 Tagen . . .	20,0 "

Von den letzteren (unter c) haben 12,923 pCt. (Unfallstatistik S. 19), d. h. 2202 Unfälle oder rund 2,5 pCt. aller Unfälle eine vorübergehende Erwerbsunfähigkeit von mehr als 13 Wochen zur Folge. Hiernach veranlassen 93,4 pCt. aller Unfälle eine Erwerbsunfähigkeit bis zu 13 Wochen, sind also von den Krankenkassen zu erledigen, während 6,6 pCt. (bei rund 2 Millionen Versicherten [cf. jedoch Anm 1] 5900 Fälle) aller Unfälle den Berufsgenossenschaften verbleiben. Nach den Rechnungsergebnissen der gewerblichen Berufsgenossenschaften (A.N. des R.V.A.) stellt sich dieses Verhältniß für die Krankenkassen noch günstiger. In dem Jahrzehnt 1886 bis 1895 betrug nämlich die Zahl der Unfälle mit einer Erwerbsunfähigkeit bis zu 13 Wochen nur 84% aller zur Anmeldung gekommenen Unfälle; diese Zahl ist auch weiterhin bis zum Jahre 1899 mit 83,5% noch etwas zurückgegangen.

Wichtiger aber als die Zahl ist offenbar der finanzielle Belastungswerth der einzelnen Unfälle. Derselbe ist unter Berücksichtigung der für die einzelnen Unfälle ermittelten Krankentage (deren Zahl naturgemäß mit der Schwere des Unfalls zunimmt) und der nach dem Gesetzentwurf zu zahlenden Entschädigungen, welche bei Tod, namentlich aber bei dauernder Invalidität ungleich bedeutender sind, wie bei vorübergehender Erwerbsunfähigkeit (cf. Anm. 1), dahin ermittelt worden (Bödiker, Unfallstatistik S. 20), daß auf die Unfallversicherung bei 13wöchiger Karenzzeit 83½ pCt., auf die Krankenkassen rund 16½ pCt. der gesammten Unfallast entfallen. Hierbei ist, wie der Staatssekretär des Innern ausdrücklich konstatirt hat, im Interesse der Sicherheit der Rechnung und Summen überall nach oben gegriffen. Erwägt man dann ferner, daß der Arbeitgeber zu den Krankenkassen (mit Ausschluß der freien Hilfskassen, deren Mitglieder das Zusammenwirken mit den Arbeitgebern und deren Betheiligung an den Kosten der Krankenversicherung verschmähen, während sie gleichwohl jederzeit in eine Kasse eintreten können, zu welcher der Arbeitgeber beiträgt) ⅓ der Gesammtbeiträge leisten, so ergiebt sich, daß die Arbeiter bei 13wöchiger Karenzzeit durch die Beiträge zu den Krankenkassen nur ⅔ von 16½ pCt., also nur 11 pCt. der gesammten Unfallast tragen, während der Rest von 89 pCt., außer dem §. 12 Abs. 1 zu leistenden Zuschuß, den Unternehmern zufällt. Bei Zugrundelegung der aus den Rechnungsergebnissen des R.V.A. oben mitgetheilten Ziffern muß sich dies Verhältniß sogar noch weit günstiger für die Versicherten stellen, so daß dieselben nicht einmal 8 pCt. der gesammten Unfalllast zu tragen haben werden. Dabei darf ferner nicht übersehen werden, daß die Unternehmer ja auch zu den Lasten der nicht durch Unfälle hervorgerufenen Krankheiten $^1/_3$ beitragen und die Belastung aus solchen anderen Krankheiten ist, wenn man die Zahl der Krankentage in Betracht zieht, nach der vom Kais.Stat.Amt im Jahre 1887 aufgemachten Statistik der Krankenkassen (Stat. d. Deutschen Reichs N. F. Bd. 24 S. 121) nicht weniger als etwa 16mal so groß, wie die Belastung aus den durch Unfälle hervorgerufenen (es kamen auf 100 Kassenmitglieder überhaupt 607,5 Krankentage und nur 40,4 durch Unfall herbeigeführte Krankentage). Vor dem Erlaß des Unfallversicherungsgesetzes hatten dagegen die Krankenkassen, soweit sie überhaupt für Erwerbsunfähigkeit entschädigten, oft ohne Beihülfe der Unternehmer die ganzen aus Unfällen erwachsenden Kosten zu tragen. Die Belastung der Arbeiter ist also erheblich geringer geworden, während die Sicherheit gegen die Folgen der Unfälle gewachsen ist.

[2]) nach Eintritt, zuerst an demjenigen Tage, welcher durch seine Benennung dem auf den Unfall folgenden Tage entspricht, also, wenn der Unfall am Mittwoch sich ereignet, am Donnerstage über 13 Wochen. An demselben Tage ist die gesetzliche Krankenunterstützung zu Ende gegangen, so daß sich die Unfallunterstützung lückenlos anschließt (A.N. 1887 S. 12). Der Tag des Unfalls wird also, wenn diesen nur eine Körperverletzung herbeigeführt hat, nicht mitgerechnet, wohl aber, wenn der Unfall den Tod zur Folge gehabt hat. Auch bei solchen Folgen des Unfalls (Anm. 10 zu §. 1), welche sich erst später herausstellen, beginnt die Fürsorgepflicht der Berufsgenossenschaft mit dem Ablauf der 13. Woche nach Eintritt des Unfalls. Hiernach haben die Krankenkassen in ihrem Verhältniß zu den Berufsgenossenschaften aus eigenen Mitteln nur diejenige Fürsorge zu leisten, zu welcher sie in den ersten 13 Wochen nach dem Eintritt des Betriebsereignisses verpflichtet sind. Nach Ablauf dieser Zeit hat in allen Fällen die B.G. einzutreten, unabhängig davon, ob und event. wie lange vorher die Krankenkasse ihrerseits zu Leistungen genöthigt war (A.N. 1888 S. 244).

[3]) und dergleichen. Unter Umständen ist die B.G. verpflichtet, künstliche Gliedmaßen zu liefern, wenn diese zur Sicherung des Erfolges des Heilverfahrens oder zur Erleichterung der Folgen der Verletzung erforderlich sind. (A.N. 1901 S. 398.)

Der im U.V.G. (1884) gebrauchte allgemeine Ausdruck: „Kosten des Heilverfahrens" wurde im weitesten Sinne ausgelegt, so daß die jetzige Fassung der Ziffer 1 in der Hauptsache nur dasjenige gesetzlich genauer und bestimmter festsetzt, was nach beständiger Praxis seitens der B.Gen. zu leisten ist (vgl. A.N. 1888 S. 299), nur bezüglich der Krücken, Stützapparate 2c. war dies früher zweifelhaft. Die Bedeutung des Gesetzes ging aber nicht dahin, daß die B.G. die Kosten eines ohne ihre Zuziehung vom Verletzten durchgeführten Heilverfahrens zu erstatten hätte; nur soviel, als sie selbst zum Zwecke des Heilverfahrens hätte aufwenden müssen, braucht sie zu erstatten (A.N. 1898 S. 261, 555). Auf die Zweckmäßigkeit eines frühzeitigen und nachdrücklichen Eingreifens der B.G. in das Heilverfahren, sowohl im Interesse thunlichster Wiederherstellung der Erwerbsfähigkeit des Verletzten als auch vom Standpunkt einer Verminderung der Belastung der B.G. hat das R.V.A. vielfach hingewiesen. (A.N. 1887 S. 55; 1888 S. 284; 1889 S. 133.) Die früher nur als rathsam bezeichnete und empfohlene rechtzeitige Lieferung von solchen Vorrichtungen, die nach abgeschlossener Heilung eine Erleichterung der den Verletzten gebliebenen körperlichen Mängel zur Folge haben (Krücken, Stützapparate u. dgl.), ist jetzt ausdrücklich als gesetzliche Verpflichtung auferlegt. Die Pflicht zur Gewährung der betreffenden Heil- und Hülfsmittel schließt die Pflicht der Instandhaltung und Erneuerung in sich, vorausgesetzt, daß nicht eine schuldhafte (muthwillige oder fahrlässige) Zerstörung oder Beschädigung vorliegt (Komm.Ber. 1900 S. 23). Der Pflicht zur Erneuerung und Instandhaltung in der Weise nachzukommen, daß hierfür eine entsprechend höhere Rente bewilligt wird, ist nicht zuläsig (Komm.Ber. 1900 S. 24) Wegen des früher anders gestalteten Rechtsverhältnisses vgl. A.N. 1897 S. 303.

[4]) für die Dauer der Erwerbsunfähigkeit. Die Entscheidung des Reichsgerichts vom 23. Dezember 1879 (Entsch. I. 66), nach welcher eine nach dem Haftpflichtgesetz bewilligte Rente während einer Strafhaft des Empfängers (Zuchthaus, Gefängniß) ruht, da der Betreffende während seiner Detention so wie so nicht hätte arbeiten können und deshalb während dieser Zeit einen Schaden durch die Verletzung nicht erleide, hat das R.V.A. für den Geltungsbereich der Unfallversicherung nicht für zutreffend erachtet, da die Folgen des Betriebsunfalls auch während der Strafhaft unverändert fortbestehen (A.N. 1888 S. 298; 1893 S. 191). Die Unfallrente durfte hiernach während einer Freiheitsstrafe oder gar während der Dauer einer gerichtlichen Untersuchung (A.N. 1889 S. 139) nicht eingestellt werden; eine Aenderung hierin ist durch die Novelle (1900) herbeigeführt, indem §. 94 Ziffer 1 G.U.V.G. verordnet, daß das Recht auf Bezug der Rente ruht, solange der Berechtigte eine die Dauer von einem Monat übersteigende Freiheitsstrafe verbüßt, oder solange er in einem Arbeitshaus oder einer Besserungsanstalt untergebracht ist; zu Gunsten der Angehörigen ist theilweise Auszahlung der Rente an diese vorgesehen. Diese Bestimmung gehört zu den öffentlich-rechtlichen Ordnungsvorschriften des Gesetzes, welche am 1. Oktober 1900 in Kraft getreten sind (§. 25 Abs. 3 H.G.) und auf alle laufenden Renten, auch auf diejenigen aus Unfällen, die sich früher ereignet haben, sowie auf die früher bewilligten Renten Anwendung finden.

Liegen die Voraussetzungen der Rentenberechtigung bei einem Schulkinde vor, welches im Allg. noch nicht durch Lohnarbeit etwas erwirbt, so ist gleichwohl die Rente zu zahlen (A.N. 1889 S. 398).

[5]) wegen der Zahlbarkeit der Rente (monatlich bezw. vierteljährlich oder in längeren Zeitabschnitten im Voraus) vgl. §. 93.

[6]) Völlige Erwerbsunfähigkeit. Ueber die Gründe, welche dazu geführt haben, die Entschädigung nicht gleich dem vollen, sondern gleich

einem Bruchtheil des derzeitigen Arbeitsverdienstes festzustellen, cf. oben den Auszug aus den allgemeinen Motiven des zweiten Entwurfs S. 42. Es mag noch darauf hingewiesen werden, daß die Arbeitsunfähigkeit mit zunehmendem Alter von selbst sich mindert und daß der Verdienst durch Krankheit, verdienstlose Zeiten 2c. beeinträchtigt werden kann Wollte man trotzdem den vollen gegenwärtigen Verdienst zur Grundlage der Entschädigung des Verletzten machen, so würde man ihn auf Grund seines Unfalls vor solchen, den Gesunden bedrohenden Verminderungen seines Einkommens sicher stellen; er würde also thatsächlich in der Regel eine Verbesserung gegen die letzteren erfahren. Eine Fürsorge durch Sicherstellung des vollen gegenwärtigen Arbeitsverdienstes wäre also nicht nur ein voller Schadensersatz, sondern geradezu eine Prämie auf den Unfall. Der volle Schaden, den der Verunglückte erleidet, wird vielmehr in der Regel schon dann gedeckt, wenn ihm zwei Drittel seines gegenwärtigen Verdienstes sichergestellt werden. Durch das Gesetz ist der Schaden, den der Arbeiter erleidet, gewissermaßen auf Grund einer praesumptio iuris et de iure gesetzlich fixirt; der zu gewährende Bruchtheil des Arbeitsverdienstes ist der Schaden, den der Arbeiter erleidet, nicht ein Bruchtheil dieses Schadens, so daß dem Arbeiter ein Theil des Schadens nicht ersetzt würde. Der Arbeiter erhält Ersatz für den vollen Schaden, den er erleidet; ihm wird nichts entzogen; wie hoch aber dieser Schaden sei, berechnet nicht er, sondern unter Berücksichtigung einer ganzen Reihe wichtiger und zutreffender, aber nicht mit gleicher Schärfe ins Auge fallender Momente das Gesetz. Höhere Renten dürfen, abgesehen von den Fällen der Hülflosigkeit (§. 9 Abs. 2), nach §. 31 Abs. 1 nicht bewilligt werden (A.N. 1886 S. 74).

Völlige Erwerbsunfähigkeit ist nicht eine augenblickliche Erwerbslosigkeit, sondern die unter Berücksichtigung der thatsächlichen Verhältnisse voraussichtlich bestehende Unmöglichkeit, fortan nach Maßgabe seiner körperlichen und geistigen Kräfte und seiner Vorbildung einen (nicht etwa ganz unsicheren) Arbeitsverdienst zu beziehen (A.N. 1886 S. 251; 1894 S. 276). Bei der Beurtheilung ist es (nach A.N. 1886 S. 229) unerheblich, daß der Verletzte bisher vergeblich sich um Arbeit bemüht hat; die konkrete Arbeitsgelegenheit kommt nicht in Betracht, sondern nur die abstrakte Erwerbsfähigkeit und deren Maß. Der Verlust eines Armes oder Beines wird daher in der Regel nicht als völlige Erwerbsunfähigkeit angesehen werden können (vgl. A.N. 1886 S. 229), wohl aber der Verlust beider Arme oder beider Beine. Verlust eines Auges bewirkt theilweise Erwerbsunfähigkeit (A.N. 1888 S. 291). Wegen ausnahmsweiser Berücksichtigung des Mangels an Arbeitsgelegenheit vgl. §. 9 Abs. 5.

Anderweite von dem Arbeitsverdienst unabhängige Einnahmen, z. B. aus Vermögen, Alimentationsansprüchen 2c., ändern nichts an der Erwerbsunfähigkeit; dieselbe ist nicht gleichbedeutend mit Erwerbslosigkeit oder Dürftigkeit. Arbeiter oder Betriebsbeamte, welchen kraft Arbeitsvertrages gegen den Betriebsunternehmer ein Anspruch auf Fortbezug des Gehalts 2c. zusteht, haben, soweit sie in Folge eines Unfalls erwerbsunfähig geworden sind, trotzdem einen ungeschmälerten Anspruch aus §. 9. Dasselbe soll von einem Arbeiter gelten, welcher, obwohl durch Unfall in der objektiven Erwerbsfähigkeit beschränkt, trotzdem subjektiv und thatsächlich zur Zeit eine Einbuße an seinem Arbeitsverdienst nicht erleidet, sowohl dann, wenn das bisherige Arbeitsverhältniß einstweilen fortdauert (A.N. 1886 S. 251), als auch dann, wenn der Verletzte durch anderweite Beschäftigung sogar einen noch höheren Verdienst hat als vor dem Unfall (A.N. 1888 S. 290).

Im Uebrigen wird bei der Frage, ob und inwieweit der Verletzte noch die Möglichkeit eines Arbeitserwerbs habe, und ob er deshalb als ganz oder nur theilweis erwerbsunfähig gelten müsse, ebenso wie vormals für das Haftpflichtgesetz, die bisherige Lebensstellung des Verletzten nicht ohne Bedeutung sein. Dagegen ist sie nicht entscheidend; vielmehr kommt es darauf an, wieviel der Verletzte mit der ihm verbliebenen Arbeitsfähigkeit noch verdienen kann. — Augenfällige Entstellungen vermindern ebenfalls die Erwerbsfähigkeit (A.N. 1888 S. 291; 1890 S. 598; 1894 S. 276). Die gewöhnlichen Arbeiter, deren bisherige Verrichtungen ohne bestimmte Vorbildung oder Lehre keine oder nur geringe manuelle Geschicklichkeit erforderten, welche also bisher gewöhnliche Handarbeit verrichtet haben, brauchen bei kleineren Verletzungen nicht einmal als theilweis erwerbsunfähig zu gelten, sobald sie andere ebenso einfache Arbeit noch verrichten können, wenn dieselbe auch von ihrer bisherigen Beschäftigung abweicht; sie können ihre Thätigkeit als gewöhnliche Handarbeiter auch in ähnlichen Beschäftigungen fortsetzen, cf. Erk. d. R.O.H.G. v. 30. Juni 1874 (Entsch. 14 S 44), ebenso A.N. 1887 S. 9. Verletzungen der bei der Arbeit vorzugsweise betheiligten Gliedmaßen, insbesondere der Hände, werden jedoch bei gewöhnlichen Tagearbeitern in der Regel die Erwerbsfähigkeit vermindern, sofern die Verletzungen nicht etwa ganz unbedeutend sind und keinerlei Handarbeit verhindern (A.N. 1887 S. 9, 50, 356; 1888 S. 70, 291; 1897 S. 266). Auch der Verlust eines Auges bringt stets eine Verminderung der Erwerbsfähigkeit mit sich (A.N. 1888 S. 291; 1891 S. 211; 1897 S. 253). Demgegenüber wird von Personen, welche eine besondere (insbesondere höhere) Ausbildung genossen haben, nicht verlangt werden können, daß sie in ganz untergeordneten Stellungen (z. B. als Lohnschreiber oder Portiers ꝛc.), oder in Stellungen, welche eine ganz neue Ausbildung erfordern, fortan thätig sein und um deswillen, weil die Möglichkeit eines solchen Erwerbs nicht ausgeschlossen sei, als nur theilweis erwerbsunfähig sich betrachten lassen sollen. Sie werden vielmehr, wenn sie in Folge des Unfalls unfähig werden, ihre bisherige oder eine derselben gleichartige Thätigkeit auszuüben, einstweilen für ganz erwerbsunfähig gelten müssen, allerdings mit dem Vorbehalt, daß, wenn sie demnächst wirklich eine neue Stellung erlangt und dadurch den Nachweis der Erwerbsfähigkeit thatsächlich erbracht haben, später auf Grund des §. 88 eine anderweite Feststellung ihres Anspruchs auf Rente zu erfolgen hat. Bei derselben wird dann nur noch beschränkte Erwerbsunfähigkeit anzunehmen sein, letztere aber wegen des von dem R.V.A. aufgestellten Grundsatzes, daß eine durch den Unfall herbeigeführte Beschränkung in der Wahlfähigkeit eine Beschränkung der Erwerbsfähigkeit darstellt, wohl immer.

[7]) für die Dauer; wegen späterer Veränderungen vgl. §. 88.

[8]) 66 2/3 Prozent. „Damit wird der Arbeiter, wenigstens im Vergleich

mit den Angehörigen anderer Berufsarten, nicht ungünstig gestellt. Er erhält damit beispielsweise, ohne Rücksicht auf sein Alter, die gleiche Pension, welche nach §. 41 des Gesetzes, betreffend die Rechtsverhältnisse der Reichsbeamten, vom 31. März 1873 (Reichs-Gesetzbl. S. 61) einem Reichsbeamten zu Theil wird, wenn er nach 43 Dienstjahren in den Ruhestand übertritt. Einen weiteren Vergleichungspunkt bietet das Militärpensionsgesetz vom 27. Juni 1871 (Reichs-Gesetzbl. S. 175)" (Motive des ersten Gesetzentwurfs). Nach der zum Reichbeamtengesetz erlassenen Novelle v. 21. April 1886 (R G.Bl. S. 80) erhält der Reichsbeamte fortan schon nach 35 Dienstjahren $^2/_3$ seines Diensteinkommens als Pension; dasselbe gilt auch für den Preußischen Staatsbeamten.

Bei den Kommissionsberathungen wurde darauf hingewiesen, daß man sich hüten müsse, durch eine von humanitären Erwägungen diktirte weiter gehende Steigerung der Rente eine Prämie auf den Unfall zu setzen (Komm.-Ber. 1884 S. 15) Das österreichische Gesetz bemißt die Rente nur auf 60 Proz.

[9]) Die näheren Bestimmungen über die Berechnung des Jahresarbeitsverdienstes finden sich im §. 10.

[10]) Der dem Gesetze bisher fremde, in der Praxis aber allgemein gebräuchliche Ausdruck „Vollrente" zur kürzeren Bezeichnung der Rente für völlige Erwerbsunfähigkeit ist in das Gesetz aufgenommen worden. Es wird dadurch das zuweilen bei den Rentenberechtigten vorkommende Mißverständniß beseitigt, als ob die Vollrente dem vollen Arbeitsverdienste vor dem Unfalle gleich zu stellen sei, während sie doch gesetzlich im Höchstbetrage nur $66^2/_3$ Prozent dieses Verdienstes betragen soll. (Mot. 1900 S. 49.)

[11]) Im U.V.G. (1884) ist die Bemessung der Unfallrente bei theilweiser Erwerbsunfähigkeit nicht hinreichend bestimmt geregelt, und es sind in Folge dessen bei der Anwendung des Gesetzes Schwankungen vorgekommen, die auch durch die Rechtsprechung des Reichs-Versicherungsamts nicht ganz haben beseitigt werden können. Zunächst ist die Ausdrucksweise im §. 5 Abs. 5 lit. b U V.G. insofern ungenau, als der Maßstab für die Bemessung der Theilrente nicht — wie das Unfallversicherungsgesetz (1884) sagt — in der verbliebenen, sondern in der durch den Unfall verloren gegangenen Erwerbsfähigkeit zu finden ist. Nach dem Wortlaute des U.V.G. (1884) hätte es für gerechtfertigt erachtet werden können, eine vor Eintritt des Unfalls bereits vorhandene theilweise Erwerbsunfähigkeit neben den Folgen des Unfalls mit zu entschädigen, was von manchen Seiten als gesetzlich vorgeschrieben erachtet wurde, aber offenbar nicht beabsichtigt war. Es ist daher in Uebereinstimmung mit der vom Reichs-Versicherungsamt in seiner Rechtsprechung durchgeführten Auslegung die Bestimmung (jetzt §. 9 Abs. 2 lit. b) dahin gefaßt, daß im Falle theilweiser Erwerbsunfähigkeit derjenige Theil der Vollrente zu zahlen ist, welcher dem Maße der durch den Unfall herbeigeführten Einbuße an Erwerbsfähigkeit entspricht.

Bei den nach einem Individuallohne (§. 10 Abs. 2, 3) zu entschädigenden Personen genügt diese Bestimmung, um eine gerechte Berechnung der Entschädigung zu sichern. Denn im Individuallohne kommt regelmäßig die dem Zustande vor dem Unfall entsprechende Erwerbsfähigkeit zutreffend zum Ausdrucke. Mit dieser Erwerbsfähigkeit (als 100 Prozent gesetzt) ist die nach dem Unfalle noch verbliebene Erwerbsfähigkeit zu vergleichen, um die durch den Unfall herbeigeführte Einbuße festzustellen. Es liegt im Interesse der verletzten Arbeiter, diese Art der Bemessung der Rente durch das Gesetz allgemein zu sichern. Denn die Praxis geht vielfach bei der Bemessung der Rente von gewissen regelmäßigen Ansätzen für die einzelnen Verletzungen aus, ohne die individuellen Verhältnisse des bestimmten Arbeiters genügend zu würdigen. Die richtige Würdigung der zu entschädigenden Unfallfolgen in Prozenten der Vollrente muß von der Vergleichung des vor dem Unfalle bestandenen Zustandes, diesen als 100 Prozent angenommen, mit dem durch den Unfall beeinträchtigten Zustande, nicht aber allgemein von einer Vergleichung des letzteren mit dem Zustand eines sogenannten Normalarbeiters ausgehen. Dies ist gerade dann von Bedeutung, wenn der Verletzte schon vor dem Unfalle nicht ganz erwerbsfähig war. Derjenige, dessen Glieder zum Theil schon in der Gebrauchsfähigkeit gehemmt sind, empfindet z. B. den Verlust weiterer zur Arbeit nothwendiger Glieder erheblich schwerer, als der vorher ganz unbeschädigte Arbeiter.

Besondere Bestimmungen sind nöthig, wo nicht ein Individuallohn, sondern ein fingirter Durchschnittssatz zu Grunde gelegt wird. Dies trifft nicht nur in den Fällen des §. 6 Abs. 6 des landwirthschaftlichen Unfallversicherungsgesetzes (1886) zu, für welche bereits früher eine besondere Bestimmung getroffen war, sondern auch in den Fällen des §. 10 Abs. 4 des Gewerbe-Unfallversicherungsgesetzes. Da hier für die Festsetzung des der Rente zu Grunde zu legenden Arbeitsverdienstes von den Verhältnissen eines Normalarbeiters ausgegangen wird, so würde bei einfacher Anwendung des oben erörterten Grundsatzes eine ungerechtfertigte Belastung der Berufsgenossenschaft mit Entschädigungen für Schmälerungen der Erwerbsfähigkeit eintreten, die nicht Folgen des Unfalls sind, sondern schon vor diesem vorhanden waren. Diesem Bedenken konnte für die in Betracht kommenden Fälle einer bereits vor Eintritt des Unfalls vorhandenen theilweisen Erwerbsunfähigkeit auf zwei verschiedenen Wegen abgeholfen werden, nämlich entweder durch anderweite Berechnung des Prozentsatzes der Rente oder durch Minderung des zu Grunde zu legenden Arbeitsverdienstes. Den ersteren Weg hat nach dem Vorgange des vormaligen §. 6 Abs. 6 des landwirthschaftlichen Unfallversicherungsgesetzes (1886) vor der Novelle (1900) in der Regel die Praxis eingeschlagen. Dieses Verfahren hat sich indessen insofern nicht bewährt, als es bei der praktischen Handhabung erfahrungsmäßig große Schwierigkeiten bereitet und leicht dazu führt, die durch das Zusammentreffen älterer Erwerbsbeschränkungen mit den Folgen des Unfalls gesteigerte Wirkung dieser letzteren Folgen außer Acht zu lassen. Es ist daher der zweite von den oben angedeuteten Wegen beschritten, und der zu Grunde zu legende durchschnittliche Verdienst eines Normalarbeiters entsprechend dem Maße der vor dem Unfalle vorhandenen Erwerbsfähigkeit vermindert. (Vgl. §. 10 Abs. 5 G.U.V.G.) Diese Berechnung hat den Vorzug, daß bei dem nach Maßgabe der wirklichen Verhältnisse vor Eintritt des Unfalls herabgeminderten Lohnbetrage die zu diesem Zeitpunkte vorhandene Erwerbsfähigkeit, wie bei dem Individuallohne, zu 100 Prozent angesetzt und auf dieser Grundlage die durch den Unfall erlittene Einbuße zutreffender und nach gleichmäßigen Grundsätzen abgeschätzt werden kann. Dadurch wird in der Bemessung des Prozentsatzes der Vollrente eine gleichmäßige Behandlung dieser Fälle mit den Regelfällen des §. 9 Abs. 2 lit. b des Gewerbe-Unfallversicherungsgesetzes erreicht und die Gefahr des unrichtigen Verfahrens vermieden.

Im früheren §. 6 Abs. 6 des landwirthschaftlichen Unfallversicherungsgesetzes (1886) ist die Anwendung dieser Vorschrift neben der Voraussetzung, daß der Verletzte zur Zeit des Unfalls bereits theilweise erwerbsunfähig war, an die fernere Voraussetzung geknüpft, daß sein Arbeitsverdienst wegen der Erwerbsunfähigkeit den Durchschnittssatz nicht erreichte. Diese fernere Voraussetzung hat in die neue Fassung der Unfallversicherungsgesetze (1900) nicht Aufnahme gefunden. Der bezügliche Zusatz ist seiner Zeit in der Reichstagskommission beschlossen worden, weil angenommen wurde, er werde den sonst zu befürchtenden Streitigkeiten vorbeugen. Diese Annahme hat sich jedoch nach der im Reichs-Versicherungsamte gewonnenen Erfahrung nicht bestätigt. Nach dem Gesetze muß nachgewiesen werden, daß schon vor dem Unfalle theilweise Erwerbsunfähigkeit vorlag; mit diesem Nachweis ist naturgemäß die Feststellung verbunden, welcher Prozentsatz von der vollen Erwerbsfähigkeit noch vorhanden ist, und damit sind alle Grundlagen für die Berechnung gegeben. Erfordert man aber darüber hinaus noch den Nachweis, daß ein geringerer Lohn bezogen ist, so werden dadurch häufig, namentlich bei wechselnden Arbeitsverhältnissen, Umstände in den Kreis der Erörterung gezogen, deren Beurtheilung schwierig und zweifelhaft ist.

Als Konsequenz aus den obigen Erwägungen ergiebt sich die Bestimmung im §. 9 Abs. 4, wonach der Verletzte, welcher zur Zeit des Unfalls bereits dauernd völlig erwerbsunfähig war, als Schadenersatz überhaupt keine Rente erhält, sondern nur freie ärztliche Behandlung und Arznei. (Mot. 1900 S. 49—51.)

Gegenüber einer Anfechtung in der Reichstags-Kommission ist sodann die mit dem jetzigen Gesetze übereinstimmende Fassung der Vorlage in ihrer Tragweite nochmals erläutert und eingehend gerechtfertigt:

Der Antrag, die bisherige Fassung des §. 5 Abs. 6 lit. b des U.V.G. (1884) in den neuen § 9 Abs. 2 lit. b zu übernehmen, sei ungerechtfertigt, weil diese Fassung falsch sei, und weil durch die neue Fassung eine Anwendung des Gesetzes gesichert werden solle, welche im Interesse der durch einen Unfall Verletzten liege. Offenbar müsse die Entschädigung dem Maße des Schadens entsprechen, welcher durch den Unfall veranlaßt sei. Die bisherige Fassung sei also offenbar fehlerhaft, weil nach ihr die Rente nicht nach dem Maße der Einbuße an der Erwerbsfähigkeit, sondern nach dem Maße „der verbliebenen Erwerbsfähigkeit" bemessen werden solle, was z. B. bei einem Unfall, der den Verletzten zu zwei Drittel erwerbsunfähig gemacht habe, zu einer Rente von einem Drittel der Vollrente, statt zu einer solchen von zwei Dritteln führen würde. Daß das nicht gemeint war, sei so offenbar gewesen, daß weder das Reichs-Versicherungsamt, noch die Schiedsgerichte, noch die Berufsgenossenschaften sich an die bisherige Fassung gehalten, sondern stets die Rente nach dem Maße der Einbuße an Erwerbsfähigkeit bemessen hätten. Die Vorlage vom Jahre 1897 habe denn auch die fehlerhafte Fassung des Gesetzes verbessern wollen und vorgeschlagen, dieselbe dahin zu ändern, daß die Rente bei theilweiser Erwerbsunfähigkeit „einen unter Berücksichtigung des Maßes der verbliebenen Erwerbsfähigkeit zu bemessenden Theil der Rente unter a betragen solle, was die Kommission nur mit Aenderung der Worte „der Rente unter a" in „der Vollrente" angenommen habe.

Bei neuerlicher Erwägung habe sich auch diese Fassung als nicht ganz richtig erwiesen. Denn sie lasse außer Betracht, ob nicht ein Theil der nach dem Unfall vorhandenen Schmälerung der Erwerbsfähigkeit schon vor dem Unfall bestanden, durch diesen nicht verursacht, also auch nicht aus Anlaß dieses Unfalls zu entschädigen sei. Soweit für die schon vorher vorhanden gewesene Erwerbsunfähigkeit bereits eine Unfallrente bewilligt war, würde dies zu einer doppelten Entschädigung führen; soweit die schon vorhandene Erwerbsunfähigkeit auf andere Ursachen als einen entschädigungspflichtigen Unfall zurückzuführen sei, würde es aber jedenfalls zu einer Unfallentschädigung führen, die über das Maß der Unfallfolgen hinausginge. Dies sei zwar schon im Jahre 1897 nicht unbeachtet geblieben, man habe sich aber damit beruhigt, daß auf dem Gebiete des Gewerbe-Unfallversicherungsgesetzes in der Regel ein Fehler dadurch vermieden werde, daß in dem einen Faktor bei der Berechnung der Rente, dem thatsächlichen zu Grunde zu legenden Jahresarbeitsverdienst, soweit er ein wirklicher Individualarbeitsverdienst ist, die schon vor dem Unfall geminderte Erwerbsfähigkeit zum Ausdruck komme, eine Regel, die freilich vielfach, namentlich bei den Arbeitern wohlwollender Arbeitgeber, nicht zutrifft.

Dieser Fehler werde aber nicht vermieden, wenn der Bemessung der Rente nicht der Individualarbeitsverdienst des Verletzten, sondern ein von der Behörde für gewisse Arbeiterklassen festgesetzter durchschnittlicher sog. Normalarbeitsverdienst zu Grunde zu legen ist. Dies treffe vor Allem zu bei den landwirthschaftlichen Arbeitern, und zwar ganz allgemein. Darum habe man bereits im Jahre 1886 in das landwirthschaftliche Unfallversicherungsgesetz §. 6 Abs. 6 die Bestimmung aufgenommen, daß dann, wenn der Verletzte zur Zeit des Unfalls bereits theilweise erwerbsunfähig war, die Rente nur nach dem Maße der durch den Unfall eingetretenen weiteren Schmälerung der Erwerbsfähigkeit zu bemessen sei.

Keine Vorsorge für Vermeidung des bezeichneten Fehlers sei bis jetzt in den gleichartigen Fällen getroffen, wo nach dem bisherigen §. 5 Abs. 5 des Unfallversicherungsgesetzes vom 6. Juli 1884 (§. 5b Abs. 3 des Entwurfs des Gewerbe-Unfallversicherungsgesetzes) der Rentenbemessung der ortsübliche Tagelohn gewöhnlicher Tagearbeiter im Sinne des §. 8 des Krankenversicherungsgesetzes zu Grunde zu legen sei. Darum habe der Entwurf vom Jahre 1897 eine dem §. 6 Abs. 6 des landwirthschaftlichen Unfallversicherungsgesetzes entsprechende Bestimmung in den damaligen §. 5a des Gewerbe-Unfallversicherungsgesetzes aufgenommen, was auch durch die Kommission gebilligt worden sei.

Bei weiterer Ueberlegung habe sich diese Regelung aber als ungenügend erwiesen. Abgesehen davon, daß eine Minderung der Erwerbsfähigkeit nicht schon durch den thatsächlichen Bezug eines unter dem festgesetzten Normallohn bleibenden Arbeitsverdienstes sich beweisen lasse, und eine solche Beweisführung bei den selbstversicherten Betriebsunternehmern überhaupt versage, bliebe der Mangel, daß, wo der Arbeitsverdienst hinter dem Normallohn nicht zurückbleibe, die Fassung des Entwurfs von 1897 bei strikter Anwendung zu einer Entschädigung auch für die vor dem Unfall vorhandene Erwerbsunfähigkeit, also zu doppelten Entschädigungen führen würde.

In der That sei in Theorie und Praxis die Anschauung vertreten worden, daß in solchen Fällen die neue Unfallrente auch für die vor dem Unfall vorhanden gewesene Erwerbsunfähigkeit zu gewähren sei. Das Reichs-Versicherungsamt habe in einer Entscheidung Nr. 1743 vom 24. Februar 1899, welche in den Amtlichen Nachrichten von 1899 S. 420 ff. veröffentlicht sei, diese Anschauung mit einer aus der Absicht, nicht der Fassung des Gesetzes entnommenen Begründung verwerfen müssen. Schon diese Erwägungen wiesen mit zwingender Nothwendigkeit auf die neue Fassung in §. 5a Abs. 2 lit. b des Entwurfs. Es käme aber noch eine andere Erwägung hinzu.

In der Praxis werde zumeist die Entschädigung für bestimmte Verletzungen nach gewissen aus der Praxis des Reichs-Versicherungsamtes entnommenen Normalsätzen bemessen. Das Reichs-Versicherungsamt habe freilich nicht verfehlt, einer schablonenhaften Rentenbemessung thunlichst entgegenzuarbeiten. Es habe aber der Grundsatz, daß bei der Rentenbemessung der vor dem Unfall vorhandene Zustand der Erwerbsfähigkeit mit 100% anzusetzen sei, nicht zur allgemeinen Beachtung kommen können, weil sowohl die Fassung des Gesetzes, als namentlich der Mangel einer dem bezeichneten Grundsatz Rechnung tragenden Bestimmung für die Fälle der Rentenbemessung nach einem durchschnittlichen Normallohn entgegenstand.

Denn würde man in letzteren Fällen den Normallohn, bei dessen Bemessung der Durchschnittsverdienst eines voll Erwerbsfähigen maßgebend ist, voll zu Grunde legen und die bisherige Erwerbsfähigkeit mit 100% ansetzen, so würde offenbar die danach sich berechnende Rente auch für die früher schon vorhanden gewesene Erwerbsunfähigkeit entschädigen. Deshalb werde in diesen Fällen von dem Ansatz von 100% Erwerbsfähigkeit der Prozentsatz der schon vorher vorhandenen Erwerbsunfähigkeit abgerechnet. Es liege aber überhaupt bei der bisherigen Fassung des Gesetzes eine derartige Berechnung der Rente nahe und werde vielfach geübt. Hierdurch werde das Interesse der Verletzten geschädigt; denn die Einwirkung einer Verletzung auf die Erwerbsfähigkeit sei keineswegs immer die gleiche, wenn der Verletzte schon vorher an körperlichen Mängeln litt, oder wenn er vorher ganz gesund war. Derjenige, welcher zwei Finger einer Hand verliere, nachdem er schon früher zwei Finger derselben Hand verloren habe, sei z. B. dadurch ungleich schwerer geschädigt als derjenige, dessen verletzte Hand früher vollständig gesund war.

Zu einer richtigen Beurtheilung der Unfallfolgen komme man also nur, wenn man bei der Würdigung der Unfallfolgen und deren Berechnung nach einem Prozentsatz in allen Fällen von dem Zustand der vor dem Unfall vorhandenen Erwerbsfähigkeit als von 100% ausgehe, also den Prozentsatz der

Rente zu Grunde lege, welcher der „Einbuße" an der vor dem Unfall vorhandenen Erwerbsfähigkeit entspreche. Diesen Erwägungen entspreche die vorgeschlagene neue Fassung des §. 5a (9 des G.U.V.G.) Abs. 2 lit. b und Abs. 3 in Verbindung mit §. 5b Abs. 3 (10 Abs. 4 G.U.V.G.).

Der §. 10 Abs. 4 ermöglicht diese Berechnung der Rente dadurch, daß er die nothwendige Berücksichtigung der vor dem Unfall vorhanden gewesenen Erwerbsfähigkeit in den Fällen, wo ein durchschnittlicher Normallohn in Ansatz kommt, durch entsprechende Ermäßigung dieses Lohnsatzes anordnet. (Komm.Ber. 1900, S. 26—28.)

12) Der Abs. 3 verdankt seine Entstehung einem Beschlusse der Reichstags-Kommission (1900), die es in Anlehnung an die Ausdrucksweise des §. 66B des Militärpensionsgesetzes vom 27. Juni 1871 für geboten erachtete, Unfallverletzten, die in Folge ihrer Verletzung nicht nur nichts verdienen, sondern zur bloßen Lebensführung noch der Hülfe fremder Personen bedürfen (z. B. wenn sie auf beiden Augen vollständig erblindet sind, beide Arme oder beide Beine verloren haben), eine besondere Fürsorge in Gestalt eines Zuschusses zur Vollrente zu gewähren (Komm.Ber. 1900 S. 28f) vgl. Zusammenstellung der Militärpensionsgesetze, herausgegeben von Kgl. preußischen Kriegsministerium, Berlin, Mittler und Sohn, 1898 S. 67 Nr. 4, wonach der Ausdruck des Gesetzes solche Invaliden bezeichnet, welche durch die Art und die Folgezustände ihres inneren oder äußeren Leidens schon für die gewöhnlichen Leibesverrichtungen auf die Handreichungen durch Andere angewiesen sind. Die fremde Wartung und Pflege kann auch von Familienangehörigen oder anderen zum Hausstande des Verletzten gehörigen Personen geleistet werden; auch in solchen Fällen, und nicht nur wenn eine dritte Person als Pfleger besonders angenommen wird, liegen die Voraussetzungen für die erhöhte Rente vor (Komm.Ber. 1900 S. 30).

Die Erhöhung findet je nach Lage des Einzelfalles von $66^2/_3$ bis zu 100% des Jahresarbeitsverdienstes statt. Den B.Gen. ist sonach bei vorhandener Hülflosigkeit des Verletzten zwar nicht freigestellt, ob sie eine Erhöhung eintreten lassen wollen, wohl aber — vorbehaltlich der Nachprüfung durch das Schiedsgericht und das Reichsversicherungsamt — bis zu welchem Prozentsatz zwischen $66^2/_3$ und 100% die Erhöhung bewilligt wird. (Sten.-Ber. vom 3. Mai 1900 S. 5235B, 5238D). Die erhöhte Rente ist nur so lange zu belassen, als die Hülflosigkeit andauert; die Annahme, daß jeder Verletzte, der noch einem Heilverfahren unterworfen wird, als hülflos im Sinne des Gesetzes anzusehen wäre, ist nicht begründet, denn es muß hier, wie überhaupt bei der Beurtheilung der Erwerbsfähigkeit, mit Zuständen von einer gewissen Dauer gerechnet werden. (Sten.Ber. vom 3. Mai 1900 S. 5237A, 5239A).

Die Mehrbelastung, welche den B.Gen. aus dieser Bestimmung erwachsen wird, wurde in der Reichstags-Kommission auf $1—1^1/_2$% der bisherigen Belastung geschätzt (Komm.Ber. 1900 S. 30).

13) Der gesammte Zustand des Verletzten vor dem Unfall soll dafür entscheidend sein, ob völlige Erwerbsunfähigkeit vorhanden war, und zwar soll auch hier nur ein Zustand von einer gewissen Dauer als ausreichend zur Ablehnung der Rentenzahlung angesehen werden. (Komm.Ber. 1900

S. 31). Ueber die Erwägungen, welche die Versagung der Rente in den Fällen des Abs. 4 rechtfertigen, vgl. oben Anm. 11.

[14]) Der zweite Satz des Abs. 4 überträgt den gesetzgeberischen Gedanken des Abs. 3 auf die Fälle, in denen der Verletzte zur Zeit des Unfalls bereits dauernd völlig erwerbsunfähig war und in Folge des Unfalls außerdem in den Zustand der „Hülflosigkeit" versetzt wird. Der besondere Schadenersatz für diese Fälle ist ebenso hoch bemessen, wie die im Abs. 3 vorgesehene Erhöhung, nämlich bis zu $33^1/_3$ Prozent des Verdienstes (Komm.-Ber. 1900 S. 31). Wegen der Berechnung des Jahresarbeitsverdienstes für solche Personen, vgl. §. 10 Abs. 4.

[15]) Nach Beendigung des Heilverfahrens ist es für den Verletzten oft mit Schwierigkeiten verbunden, passende Arbeit zu finden und sich in eine regelmäßige neue Arbeit einzugewöhnen. Gleichwohl ist daran festgehalten worden, daß ein Rechtsanspruch gegen die Berufsgenossenschaft nur wegen objektiver Mängel der Erwerbsfähigkeit begründet sein soll, bloß subjektive Verhältnisse aber nach beiden Seiten — d. h. bei dem Arbeiter, wenn er thatsächlich keinen Arbeitsverdienst hat, auf Seiten der Genossenschaft, wenn der Verletzte mehr verdient, als nach dem objektiven Maße der verbliebenen Erwerbsfähigkeit anzunehmen wäre — für die Gestaltung des Rechtsanspruchs ohne Einfluß bleiben sollen. Dagegen ist den Berufsgenossenschaften, ohne Begründung eines klagbaren Rechtes für den Verletzten, die Befugniß beigelegt worden, dem Verletzten, so lange er aus Anlaß des Unfalls that sächlich und unverschuldet arbeitslos ist, vorübergehend eine höhere Rente zu gewähren (Mot. 1900 S. 51) Der Abs. 5 hat nicht die Entschädigung für die durch theilweise Arbeitsunfähigkeit — in Folge des Unfalls — verursachte Arbeitslosigkeit zum Gegenstande, sondern den Mangel einer Erwerbsgelegenheit, welcher aus Anlaß des Unfalls durch das Ausscheiden aus der bisherigen Arbeit und das Heilverfahren entsteht und bis zum Auffinden neuer Arbeit dauert (Komm.Ber. 1900 S. 32). — Sofern die B.G. keine Veranlassung findet, von der ihr hier beigelegten Befugniß Gebrauch zu machen, kann ihr eine Entschädigung durch Entscheidung des Schiedsgerichts oder des R.V.A. nicht auferlegt werden; höchstens kann das letztere im Aufsichtswege eine Einwirkung auf den G.V. versuchen.

§. 10.

1. Die Rente ist nach Maßgabe[1]) desjenigen Jahresarbeitsverdienstes[2]) zu berechnen,[3]) den der Verletzte während des letzten Jahres[4]) seiner Beschäftigung in dem Betrieb[5]) an Gehalt oder Lohn (§. 6) bezogen hat, wobei der fünfzehnhundert Mark[6]) übersteigende Betrag nur mit einem Drittel zur Anrechnung kommt.

2. Als Jahresarbeitsverdienst gilt,[7]) soweit sich derselbe nicht aus mindestens wochenweise fixirten Beträgen zusammensetzt, das Dreihundertfache des durchschnittlichen täglichen Arbeitsverdienstes. Für versicherte Personen in Betrieben, in welchen die übliche Betriebsweise eine höhere oder niedrigere Zahl von Arbeitstagen ergiebt,

wird diese Zahl statt der Zahl dreihundert die Berechnung des Jahresarbeitsverdienstes zu Grunde gelegt.

War der Verletzte in dem Betriebe vor dem Unfalle nicht 3.
ein volles Jahr, von dem Unfalle zurückgerechnet,[8]) beschäftigt, so ist die Rente nach demjenigen Jahresarbeitsverdienste zu berechnen, welchen während dieses Zeitraums versicherte Personen derselben Art in demselben Betrieb oder in benachbarten gleichartigen Betrieben bezogen haben. Ist dies nicht möglich, so ist der dreihundertfache Betrag desjenigen Arbeitslohns zu Grunde zu legen, welchen der Verletzte während des letzten Jahres vor dem Unfall an denjenigen Tagen, an welchen er beschäftigt war, im Durchschnitte bezogen hat.

Bei versicherten Personen,[9]) welche keinen Lohn oder 4
weniger als den dreihundertfachen Betrag des für ihren Beschäftigungsort festgestellten ortsüblichen Tagelohns gewöhnlicher erwachsener Tagearbeiter beziehen (§. 8 des Krankenversicherungsgesetzes), gilt als Jahresarbeitsverdienst das Dreihundertfache dieses ortsüblichen Tagelohns.

In den Fällen des Abs. 4 ist bei Berechnung der Rente 5.
für Personen, welche vor dem Unfalle bereits theilweise erwerbsunfähig waren,[10]) derjenige Theil des ortsüblichen Tagelohns zu Grunde zu legen, welcher dem Maße der bisherigen Erwerbsfähigkeit entspricht.

§. 3 Abs. 2, 3; §. 5 Abs. 3—5 G.U.V.G.; §§. 3, 5b Entw.; §. 5b Ges. 1900.

Zu §. 10.

1) nach Maßgabe des Arbeitsverdienstes, nicht nach festen Pauschsummen, weil durch letztere, wie die Motive der ersten Unfallgesetzvorlage ausführen, die mannigfaltigen Unterschiede, welche durch die Verschiedenheit der Lohnhöhe in den verschiedenen Gegenden und Industriezweigen bedingt sind, also die bisherige wirthschaftliche Lage der Verletzten nicht genügend berücksichtigt werden könnte, und der eingeführte Modus jede weitere Unterscheidung der versicherten Personen entbehrlich macht.

2) Die Reichstags-Kommission (1900) hat beschlossen, bei allen Berechnungen im Gesetze von dem zu ermittelnden Jahresarbeitsverdienst auszugehen, während im U.V.G. (1884) in Folge wechselnder Anwendung der Begriffe: „Arbeitsverdienst" und „Jahresarbeitsverdienst" Unklarheiten bestanden (Komm.Ber. 1900 S. 35) oder besondere Umrechnungen nothwendig wurden, die vermieden werden können.

3) Die Rente ist ein Prozent-Theil des Jahresarbeitsverdienstes (§. 9 Abs. 2), der letztere in der Regel ein vielfaches des durchschnittlichen Tagesverdienstes. Die bezüglichen Vorschriften, welche in §. 3 Abs. 2, 3; §. 5

Abs. 3—5 U.V.G. (1884) zum Theil unter Wiederholung zerstreut waren, sind nunmehr im §. 10 Abs. 2—5 zusammengestellt.

[4]) **während des letzten Jahres vom Tage des Unfalls zurückgerechnet** (vgl. Abs. 3); also nicht das Kalender- oder das Rechnungsjahr ist maßgebend, sondern das Zeitjahr.

[5]) **seiner Beschäftigung in dem Betriebe.** Abs. 1 enthält die für alle Verletzte allgemein gültigen Regeln über die Berechnung des Jahresarbeitsverdienstes, welcher der Rentenberechnung zu Grunde zu legen ist. Nur die Worte „in dem Betriebe" können naturgemäß auf solche Personen nicht Anwendung finden, die nicht während des ganzen letzten Jahres in demselben Betriebe beschäftigt waren, weil diese Personen dann nicht nach ihrem ganzen Jahresarbeitsverdienste entschädigt werden würden, was der Absicht des Gesetzes nicht entspricht (A.N. 1887 S. 121); dagegen schließt die Beschäftigung in verschiedenen Stellungen bei demselben Betriebe, z. B. als Hülfsbremser und als Streckenarbeiter in einem Eisenbahnbetriebe oder als Lehrling und Geselle in demselben Betriebe, die Anwendung dieser Vorschrift, sowie des Abs. 2 dieses Paragraphen nicht aus (vgl. A.A. 1888 S. 292, 293; 1889 S. 355; 1891 S. 276, 277). Während der Lehrlingszeit kommt jedoch nach §. 10 Abs. 4 G.U.V.G. mindestens der ortsübliche Tagelohn zum Ansatz (A.N. 1888 S. 215). Ob ein einheitlicher Betrieb vorliegt, ist Thatfrage (A.N. 1891 S. 276). — Bei Betrieben, die periodisch aussetzen, gilt als Jahr das Betriebsjahr, d. h. die übliche Betriebszeit während des Kalenderjahres, wobei die Vorschrift des Abs. 2 Satz 2 anzuwenden ist. Ist die übliche Betriebsweise aber so beschaffen, daß die Arbeiter regelmäßig nebenher in anderen Betriebszweigen beschäftigt sind (wie bei Zuckerfabriken, Brennereien, Torfgräbereien 2c.), so findet Abs. 3 Anwendung.

[6]) **fünfzehnhundert Mark.** Nach dem U.V.G. (1884) war die Grenze, bei welcher eine Reduktion beginnt, bei 4 Mark Tagesverdienst gezogen; die Reichstags-Kommission (1900) hat die in das Gesetz aufgenommene Erhöhung auf 1500 Mk. Jahresarbeitsverdienst beschlossen. Eine Erhöhung des Betrages, bis zu welchem der bezogene Lohn voll angerechnet wird, erschien schon wegen der seit 1884 eingetretenen Steigerung der Preise aller Lebensbedürfnisse und der Löhne der Arbeiter gerechtfertigt (Komm.Ber. 1900 S. 33—35).

[7]) Abs. 2 behandelt die Personen mit Jahresbeschäftigung und setzt den Multiplikator, welcher sich bei Beträgen, die für Wochen, Monate und noch längere Zeitabschnitte gezahlt werden, von selbst ergiebt, für anders (im Tagelohn, Akkordlohn 2c.) gelohnte Arbeiter als Regel auf das dreihundertfache des durchschnittlichen täglichen Arbeitsverdienstes fest. Dieser Verdienst wird berechnet, indem der Gesammtbetrag aller gemäß §. 3 anrechenbaren Einnahmen durch die Anzahl der Kalendertage, an welchen der Verletzte im letzten Jahre vor dem Unfall im Betriebe gearbeitet hat, getheilt wird (H.B. S. 159; A.N. 1887 S. 162). Soweit aber die übliche Betriebsdauer länger oder kürzer ist, dient als Multiplikator behufs Ermittelung des Jahresarbeitsverdienstes die entsprechend größere oder kleinere übliche Zahl von Arbeitstagen. Als Beispiel hierfür wurde in der Reichstagskommission

(1900) ein Hafenarbeiter angeführt, der nach der üblichen Betriebsweise an 200 Tagen je 7 Mark verdient. Diesem sind 1400 Mk. Jahresarbeitsverdienst, entsprechend der üblichen Betriebsweise, anzurechnen (Komm.Ber. 1900 S. 17). Ein anderes ebendaselbst berührtes Beispiel ist der Arbeiter im Stauereibetriebe, der durch zwanzigstündige Arbeit an einem Tage 20 Mark verdient, dann aber zwei Tage Ruhepause eintreten läßt und auf diese Weise an einer verhältnißmäßig geringen Zahl von Arbeitstagen eine ohnehin hohen Jahresarbeitsverdienst erzielt. Charakteristisch für diese Arbeiter ist, daß sie nach der üblichen Betriebsweise neben der bezeichneten eine andere Lohnarbeit regelmäßig nicht verrichten; sie gelten daher als das ganze Jahr in diesem Betriebe beschäftigt, obwohl sie weit weniger als 300 Arbeitstage im Jahre haben. Wegen des vor der Novelle maßgebenden Wortlauts des Gesetzes und seiner Auslegung vgl. A.N. 1899 S. 539, 540. — Bei allen derartigen Arbeitern, sei es, daß sie fixirte Wochen-, Monats- ꝛc. löhne, sei es, daß sie Tages- oder Akkord-Löhne beziehen, tritt die im Abs. 1 vorgesehene Reduktion ein, wenn der Jahresarbeitsverdienst 1500 Mk. übersteigt; ebenso tritt die im Abs. 4 bestimmte Erhöhung ein, wenn der thatsächlich bezogene Jahresarbeitsverdienst den dreihundertfachen Betrag des ortsüblichen Tagelohns, oder — bei schon vor dem Unfall bestehender theilweiser Erwerbsunfähigkeit — den nach Abs. 5 zu Grunde zu legenden Theil des letzteren nicht erreicht.

[8]) nicht ein volles Jahr — beschäftigt. Der Fall liegt unter Umständen auch dann vor, wenn der Arbeiter in demselben Betriebe zu einer anderen Thätigkeit übergegangen ist (A.N 1897 S. 264). Die Verhältnisse der weniger als 1 Jahr vor dem Unfall im Betriebe beschäftigten Personen sind durch Abs. 3 geregelt. Neben den Arbeitern, welche in einem das ganze Jahr hindurch laufenden Betriebe für ihre Person nur erst kürzere Zeit beschäftigt sind, fallen unter diese Bestimmung auch die Arbeiter in sogenannten Saisonbetrieben, in denen nach der üblichen Betriebsweise nicht das ganze Jahr hindurch gearbeitet wird, so daß die Arbeiter im Laufe des Jahres regelmäßig in verschiedenen Betriebszweigen Beschäftigung finden (z. B. in Zuckerfabriken, Brennereien) Als nicht ein volles Jahr beschäftigt gelten auch solche Arbeiter, die etwa während des ganzen Jahres, aber an den einzelnen Arbeitstagen nur einige Stunden eine versicherungspflichtige Beschäftigung betrieben haben (A.N. 1889 S. 361). Im ersten Satz des Absatzes wird für den Regelfall, daß versicherte Personen derselben Art in demselben Betriebe oder in benachbarten gleichartigen Betrieben das ganze Jahr hindurch beschäftigt gewesen sind, durch Zugrundelegung des Jahresarbeitsverdienstes dieser Personen — gewissermaßen von Doppelgängern des Verletzten, deren Jahresarbeitsverdienst wiederum nach den Regeln der Abs. 1, 2 zu berechnen ist — eine den thatsächlichen Verhältnissen thunlichst entsprechende Regelung erreicht. Dabei ist der Begriff eines Arbeiters der gleichen Art, sowie eines gleichartigen Betriebes vom R.V.A. ziemlich weit aufgefaßt (vgl. A.N. 1892 S. 346; 1894 S. 278; vgl. auch A.N. 1892 S. 314; 1890 S. 598). Wo aber ein gleichartiger Arbeiter nicht aufzufinden ist, da bleibt, um den wirklichen Verhältnissen gerecht zu werden und zu vermeiden, daß in Folge von Zufälligkeiten die Entschädigungen im

Verhältnisse zu dem thatsächlichen Jahresarbeitsverdienste des Betreffenden viel zu niedrig oder weitaus zu hoch ausfallen, nichts anderes übrig, als daß man für das letzte Jahr vor dem Unfall die Arbeitsverhältnisse des betreffenden Arbeiters, für den ein gleichartiger Arbeiter nicht aufzufinden ist, besonders ermittelt. Die geschäftliche Belastung der Berufsgenossenschaften, welche in Folge dieser Bestimmung eintreten kann, hat zu Bedenken keinen Anlaß gegeben, weil die Fälle, um die es sich handelt, nicht sehr zahlreich sind. Eine lediglich diesen Gedanken zum Ausdruck bringende Bestimmung würde indessen noch nicht für alle Fälle genügen, nämlich dann nicht, wenn sich bei der Ermittelung des Jahresarbeitsverdienstes herausstellt, daß der Arbeiter während eines Theiles des Jahres ohne Beschäftigung gewesen ist. Zwar würde hier unter Umständen Abs. 2 Anwendung finden, sofern die zeitweise Beschäftigungslosigkeit ihren Grund in der üblichen Betriebsweise desjenigen Betriebes hat, in welchem der Unfall sich ereignet hat. Hat aber die Beschäftigungslosigkeit eine andere Veranlassung, als dort vorgesehen ist (z. B. Krankheit, arbeitsloses Umherziehen), so bedarf es noch einer besonderen Regelung. Als eine billige Lösung erscheint es hier, daß unter Zugrundelegung von 300 Arbeitstagen für das Jahr der während der Dauer der Beschäftigung thatsächlich im Durchschnitt verdiente Tagelohn eingesetzt wird. (Komm.Ber. 1900 S. 37.)

Auch für die in Abs. 3 behandelten Fälle finden ohne Ausnahme die am Schlusse der Anm. 7 dargelegten Reduktionen und Erhöhungen der Jahresarbeitsverdienste statt.

[9]) versicherten Personen, welche keinen Lohn .. beziehen. Nach dem U.V.G. (1884) fand die Erhöhung des Jahresarbeitsverdienstes bis zum 300fachen Betrage des ortsüblichen Tagelohns bei der Berechnung der Beiträge (§. 3) nur dann statt, wenn die Geringfügigkeit des Lohnes in jugendlichem Alter oder noch nicht beendigter Ausbildung ihren Grund hatte; hatte sie dagegen einen anderen Grund, so wurde der thatsächlich gezahlte geringere Betrag zu Grunde gelegt. Bei der Rentenberechnung war schon damals diese Unterscheidung fallen gelassen, und es wurde (§. 5 Abs. 5 a. a. O.) stets mindestens der ortsübliche Tagelohn zu Grunde gelegt. — Die Novelle (1900) hat davon abgesehen, diese Verschiedenheit beizubehalten (Mot. zu §. 3 S. 46). Für die Renten- und die Beitrags-Berechnung sind gemäß §. 29 Abs. 1, §. 99 stets die gleichen Sätze anzuwenden, und zwar als Mindestsatz der ortsübliche Tagelohn, soweit nicht wegen theilweiser Erwerbsunfähigkeit bei Berechnung der Rente nur ein Theil dieses Tagelohns nach §. 10 Abs. 5 zu Grunde zu legen ist; fernere Ausnahmen ergeben sich, wenn durch das Genossenschaftsstatut vorgeschrieben wird (§. 30 Abs. 1), daß für die Umlegung der Beiträge die wirklich verdienten Löhne einzustellen sind oder wenn Pauschbeträge zugelassen sind (§. 30 Abs. 2). — Es kommt auf den ortsüblichen Tagelohn am Sitz des Betriebes an, nicht auf den Wohnort des Arbeiters (A.N. 1887 S. 31). Bei Beschäftigung außerhalb des Betriebssitzes an wechselnden Orten, für welche der ortsübliche Tagelohn verschieden festgesetzt ist, gelten im Allgemeinen die zu §. 5a des Krankenversicherungsgesetzes festgestellten Grundsätze (Entsch. d. Reichsgerichts in Civilsachen Bd. 34 S. 129). In der Regel ist also der Sitz des

Betriebes auch in diesen Fällen maßgebend; nur wenn außerhalb eine größere Arbeit ausgeführt wird mit Arbeitern, die nicht dem Orte des Betriebssitzes entnommen sind, ist es u. U. sachgemäß den Beschäftigungsort als entscheidend anzusehen. (A.N. 1901 S. 178.)

10) vor dem Unfall . . . erwerbsunfähig waren. Die Gründe, aus denen für die nach einem fingirten Durchschnittsbetrage zu entschädigenden Personen, sofern sie vor dem Unfalle bereits theilweise erwerbsunfähig waren, nur ein Theil des ortsüblichen Tagelohns bei Berechnung der Rente zu Grunde gelegt werden soll, sind oben in Anm. 11 zu §. 9 dargelegt. Die gebotene Reduktion läßt sich in dieser Weise am sachgemäßesten und unter Vermeidung derjenigen Schwierigkeiten ausführen, welche entstehen, wenn die Reduktion am Prozentsatz der Rente vorgenommen werden sollte. — Die Bestimmung ist dem früheren §. 6 Abs. 6 L.U.V.G. (1886) nachgebildet und findet nach ihrem Wortlaut („bereits") keine Anwendung auf jugendliche Personen, deren körperliche Leistungsfähigkeit noch in der Entwicklung begriffen ist (A.N. 1898 S. 243). Wegen der früheren Praxis des R.V.A. vgl. A.N. 1899 S. 420.

§. 11.

Die Berufsgenossenschaft[1]) ist befugt, der Krankenkasse,[2]) welcher 1.
der Verletzte angehört oder zuletzt angehört hat,[3]) gegen Ersatz der ihr dadurch erwachsenden Kosten die Fürsorge für den Verletzten über den Beginn der vierzehnten Woche hinaus bis zur Beendigung des Heilverfahrens in demjenigen Umfange zu übertragen, welchen die Berufsgenossenschaft für geboten erachtet.[4]) Zu ersetzen[5]) ist bei Gewährung der im §. 6 Abs. 1 Ziffer 1[6]) des Krankenversicherungsgesetzes bezeichneten Leistungen die Hälfte, bei Unterbringung des Verletzten in ein Krankenhaus oder in eine Anstalt für Genesende das Einundeinhalbfache des in jenem Gesetze bestimmten Mindestbetrags des Krankengeldes,[7]) sofern nicht höhere Aufwendungen nachgewiesen werden.[8])

Die Bestimmungen der §§. 76b bis 76d des Kranken- 2.
versicherungsgesetzes finden auch auf Knappschaftskassen (§. 74 a. a. O.) Anwendung.[9]) Haben Knappschaftskassen, sonstige Krankenkassen oder Verbände von Krankenkassen Heilanstalten errichtet, in welchen ausreichende Einrichtungen für die Heilung[10]) der durch Unfall herbeigeführten Verletzungen getroffen sind, so kann die Landes-Zentralbehörde anordnen, daß die Mitglieder der betreffenden Kassen bis zum Beginne der vierzehnten Woche nach Eintritt des Unfalls nur mit Genehmigung der Vor-

stände dieser Kassen oder Kassenverbände in andere Heilanstalten untergebracht werden dürfen.

3. Verletzte Personen,[11]) welche auf Veranlassung von Knappschaftskassen, sonstigen Krankenkassen, Verbänden von Krankenkassen oder von Organen der Berufsgenossenschaften in eine Heilanstalt untergebracht sind, dürfen während des Heilverfahrens in andere Heilanstalten nur mit ihrer Zustimmung übergeführt werden. Diese Zustimmung kann durch die untere Verwaltungsbehörde des Aufenthaltsorts ergänzt werden.[12])

4. Als Krankenkassen[13]) im Sinne der vorstehenden Bestimmungen sowie der §§. 76b bis 76d des Krankenversicherungsgesetzes gelten außer der Gemeinde-Krankenversicherung auch diejenigen Hülfskassen, welche die im §. 75a a. a. O. vorgesehene amtliche Bescheinigung besitzen.

§. 5 Abs. 8 U.V.G.; §. 5c Entw; §. 5c Ges. 1900.

Zu §. 11.

[1]) Die Berufsgenossenschaft oder deren Organe innerhalb ihrer durch das Genossenschaftsstatut abgegrenzten Befugnisse (cf. §. 69 G.U.V.G.). Bei den fiskalischen Post- und Eisenbahnbetrieben pp. tritt an die Stelle der B.G. das Reich oder der Staat, für dessen Rechnung die Verwaltung geführt wird (§. 128 G.U.V.G.).

[2]) Unter Krankenkasse im Sinne dieses Gesetzes sind auch die Gemeinde-Krankenversicherung und die Knappschaftskassen zu verstehen (Mot. 1884 S. 78); immerhin war dies hinsichtlich der Gemeinde-Krankenversicherung nicht unzweifelhaft, weil es an einer allgemeinen ausdrücklichen Bestimmung, wie solche im § 166 J.V.G. für dessen Bereich enthalten ist, im U.V.G. (1884) fehlt. Es ist deshalb im §. 11 Abs. 4 G.U.V.G. eine bezügliche Bestimmung aufgenommen, die gleichzeitig, entsprechend §. 20 J.V.G., auch die Gleichstellung der Hülfskassen, welche die im §. 75a des Krankenversicherungsgesetzes vorgesehene amtliche Bescheinigung besitzen, mit den organisirten Krankenkassen auch für den Bereich dieses Gesetzes ausspricht (Mot. 1900 S. 55).

[3]) Die Hinzufügung der Worte „oder zuletzt angehört hat" trägt dem Umstande Rechnung, daß der Verletzte zur Zeit des Eintretens der B.G. beim Beginn der 14. Woche nach dem Unfall häufig einer Krankenkasse nicht mehr angehört; für diese Fälle bedarf es des Zusatzes, um die erstrebte Kontinuität der Heilbehandlung zu erreichen.

[4]) Für den Fall der Uebertragung der Fürsorge auf die Krankenkasse ist einmal der Umfang dieser Fürsorge, sodann der von der Berufsgenossenschaft zu leistende Ersatz — um einen solchen, und nicht um „Erstattung der Kosten", wie es im U.V.G. (1884) hieß, handelt es sich — näher geregelt, beides in Anlehnung an die für verwandte Verhältnisse im §. 19

des Invalidenversicherungsgesetzes getroffene Festsetzung. §. 19 des Invalidenversicherungsgesetzes lautet:

„Die Versicherungsanstalt, welche ein Heilverfahren eintreten läßt, ist befugt, die Fürsorge für den Erkrankten der Krankenkasse, welcher er angehört oder zuletzt angehört hat, in demjenigen Umfange zu übertragen, welchen die Versicherungsanstalt für geboten erachtet. Werden dadurch der Kasse Leistungen auferlegt, welche über den Umfang der von ihr gesetzlich oder statutarisch zu leistenden Fürsorge hinausgehen, so hat die Versicherungsanstalt die entstehenden Mehrkosten zu ersetzen. Bestand eine Fürsorgepflicht der Krankenkasse nicht mehr, so ist ihr von der Versicherungsanstalt bei Gewährung der im §. 6 Abs. 1 Ziffer 1 des Krankenversicherungsgesetzes bezeichneten Leistungen das halbe, bei Unterbringung des Versicherten in ein Krankenhaus oder in eine Anstalt für Genesende das ein- und einhalbfache Krankengeld zu ersetzen, sofern nicht höhere Aufwendungen nachgewiesen werden."

Durch die Uebertragung der Fürsorge auf die Krankenkasse wird das Recht des Verletzten auf umfassendes Heilverfahren und Unfallrente in dem Umfang, in welchem sie nach Ablauf der ersten dreizehn Wochen geleistet werden müssen, nicht berührt. Ueberträgt also die Berufsgenossenschaft nicht nur die Fortsetzung des Heilverfahrens, sondern auch die Gewährung der Baarentschädigung an die Krankenkassen, wozu sie unzweifelhaft befugt ist (A.N. 1886 S. 133, 292), so haben letztere die Rente, nicht das geringere Krankengeld, an den Verletzten zu zahlen und von der Berufsgenossenschaft wieder einzuziehen. Letztere aber ist auch befugt, nur das eigentliche Heilverfahren den Krankenkassen zu übertragen und die Unfallrente an den Beschädigten (durch Vermittelung der Post) direkt abführen zu lassen, und dies wird ihr im Allgemeinen bequemer sein. Die Wahl steht nur der Berufsgenossenschaft, nicht den Krankenkassen oder den Verletzten zu.

Ueber den Zeitpunkt der Beendigung des Heilverfahrens hinaus braucht die Krankenkasse die Fürsorge nicht zu übernehmen, insbesondere nicht bis zur etwaigen Wiedergewinnung der Arbeitsfähigkeit des Verletzten. Die Dauer des Heilverfahrens fällt mit der Dauer der Arbeitsunfähigkeit keineswegs zusammen (A.N. 1889 S. 196).

[5]) Als Ersatz ihrer Aufwendungen für das Heilverfahren liquidirt die Krankenkasse in der Regel die Pauschsumme. Soweit sie ausnahmsweise höhere Aufwendungen hat machen müssen (z. B. durch Zuziehung von Spezialärzten), kann sie diese in der wirklich aufgewendeten und erforderlich gewesenen Höhe liquidiren.

Bei Verpflegung in einem Krankenhanse ist, wie der Komm.Ber. (1884 S. 16) konstatirt, die Krankenkasse an den Pauschalbetrag nicht gebunden, kann vielmehr ihre wirklichen Auslagen liquidiren.

In welchem Umfange die Krankenkassen in einer außerordentlichen Weise für die Verletzten zu sorgen haben, kann die Berufsgenossenschaft, vorbehaltlich ihrer Verhaftung für die daraus entstehenden Kosten, bestimmen. Die näheren Modalitäten werden durch Vereinbarung zu regeln sein.

[6]) Die §§. 6, 7 K.V.G. enthalten die Minimalleistungen für Krankheitsfälle. Sie lauten, soweit sie hier in Betracht kommen:

§. 6. (Absatz 1.) „Als Krankenunterstützung ist zu gewähren:

1. vom Beginn der Krankheit ab freie ärztliche Behandlung, Arznei, sowie Brillen, Bruchbänder und ähnliche Heilmittel;
2. im Falle der Erwerbsunfähigkeit, vom dritten Tage nach dem Tage der Erkrankung ab für jeden Arbeitstag ein Krankengeld in Höhe der Hälfte des ortsüblichen Tagelohns gewöhnlicher Tagearbeiter."

(Absatz 4.) „Das Krankengeld ist nach Ablauf jeder Woche zu zahlen."

§. 7. (Absatz 1.) „An Stelle der in §. 6 vorgeschriebenen Leistungen kann freie Kur und Verpflegung in einem Krankenhause gewährt werden, und zwar:

1. für diejenigen, welche verheirathet sind oder eine eigene Haushaltung haben, oder Mitglieder der Haushaltung ihrer Familie sind, mit ihrer Zustimmung, oder unabhängig von derselben, wenn die Art der Krankheit Anforderungen an die Behandlung oder Verpflegung stellt, welchen in der Familie des Erkrankten nicht genügt werden kann, oder wenn die Krankheit eine ansteckende ist, oder wenn der Erkrankte wiederholt den auf Grund des §. 6a Abs. 2 erlassenen Vorschriften zuwider gehandelt hat, oder wenn dessen Zustand oder Verhalten eine fortgesetzte Beobachtung erfordert;
2. für sonstige Erkrankte unbedingt."

(Absatz 2.) „Hat der in einem Krankenhause Untergebrachte Angehörige, deren Unterhalt er bisher aus seinem Arbeitsverdienste bestritten hat, so ist neben der freien Kur und Verpflegung die Hälfte des im §. 6 als Krankengeld festgesetzten Betrages für diese Angehörigen zu zahlen. Die Zahlung kann unmittelbar an die Angehörigen erfolgen."

In dem Fall des §. 7 Absatz 2 ist auch die Erhöhung (cf. §. 12 Abs. 1 des Gewerbe-Unfallversicherungsgesetzes) nur zur Hälfte zu gewähren, so daß also die Angehörigen statt $^1/_4$ (§. 7 K.V.G.) die Hälfte von $^2/_3$, also $^1/_3$ des Arbeitslohns erhalten.

7) Krankengeldes, also verschieden, je nachdem es sich um eine Gemeinde-Krankenversicherung (§. 6 K.V.G.) oder Hülfskasse (§. 75 a. a. O.) einerseits oder um eine organisirte Krankenkasse (Orts-, Betriebs- [Fabrik-], Bau-, Innungs- oder Knappschaftskasse, §§. 20, 64, 72, 73, 74 a. a. O.) andererseits handelt. In letzteren bildet der (event. abzustufende) Durchschnittslohn der betr. Arbeiterkategorie, soweit er 3 Mk. oder in klassenweiser Abstufung 4 Mk. für den Arbeitstag nicht übersteigt, in ersteren der ortsübliche Tageslohn gewöhnlicher Tagearbeiter den Maßstab, von welchem das Krankengeld im Mindestbetrage 50 Proz. betragen muß; bei Orts-, Betriebs- (Fabrik-), Bau-Krankenkassen und Knappschaftskassen kann an dessen Stelle durch das Kassenstatut der wirkliche Arbeitsverdienst bis zu 4 Mark täglich gesetzt werden (§. 26a Abs. 2 Nr. 6, §. 64 Nr. 1, §§. 72, 73 a. a. O.). Der hiernach für die ärztliche Behandlung 2c. zu erstattende Betrag muß individuell (nach der Höhe des dem Verunglückten kraft Gesetzes zustehenden Minimal-Krankengeldes) berechnet werden.

[8]) nachgewiesen werden. Auch die Nothwendigkeit und Angemessenheit, nicht bloß die Thatsache der Aufwendung ist im Streitfall darzuthun, hierzu genügen aber regelmäßig Bescheinigungen der Aerzte und Vorstände (A.N. 1893 S. 158).

Die Bestimmung über Entscheidung von Streitigkeiten zwischen den B.Gen. und Krankenkassen findet sich im §. 14 G.U.V.G. Es bedurfte einer Ergänzung der bisherigen Bestimmungen in der Richtung, daß nur über Ersatzansprüche nach §. 58 Abs. 2 des Krankenversicherungsgesetzes im Verwaltungsstreitverfahren zu entscheiden ist, während Streitigkeiten über die Verpflichtung der Krankenkasse, den Aufträgen der Berufsgenossenschaft nachzukommen, nach §. 58 Abs. 1 a. a. O. zunächst im Aufsichtswege zu entscheiden sind, und zwar von der Aufsichtsbehörde der in Anspruch genommenen Krankenkasse. (Mot 1900 S. 53.)

[9]) §§. 76b bis 76d K.V.G. finden Anwendung. Ebenso wie die Berufsgenossenschaft befugt ist, sich bei ihrer Fürsorge der Vermitelung der Krankenkasse zu bedienen, so ist sie auf der anderen Seite auch berechtigt, das Heilverfahren schon vor Ablauf der dreizehnten Woche nach dem Unfalle der Krankenkasse abzunehmen und dasselbe auf ihre Kosten zu übernehmen. Ueber die zur Durchführung dieser Berechtigung erforderliche Anzeigepflicht der Krankenkassen sowie über die sonstigen Beziehungen enthalten die §§. 76b bis d des Krankenversicherungsgesetzes in der Fassung des Gesetzes vom 10 April 1892 die erforderlichen Vorschriften Diese lauten:

§. 76b.

„Die Verwaltungen der Gemeinde-Krankenversicherung, sowie die Vorstände der Krankenkassen und der im §. 75 bezeichneten Hülfskassen sind verpflichtet, jeden Erkrankungsfall, welcher durch einen nach den Unfallversicherungsgesetzen zu entschädigenden Unfall herbeigeführt ist, sofern mit dem Ablaufe der vierten Woche der Krankheit die Erwerbsfähigkeit des Erkrankten noch nicht wiederhergestellt ist, binnen einer Woche nach diesem Zeitpunkte dem Vorstande der Berufsgenossenschaft, bei welcher der Erkrankte gegen Unfall versichert ist, anzuzeigen. Ist die Berufsgenossenschaft in Sektionen getheilt, so ist die Anzeige an den Sektionsvorstand zu richten. Zur Erstattung der Anzeige ist, sofern der Vorstand der Gemeinde oder der Krankenkasse nicht eine andere Person damit beauftragt, der Rechnungsführer, für örtliche Verwaltungsstellen der eingeschriebenen Hülfskassen dasjenige Mitglied, welches die Rechnungsgeschäfte derselben führt, verpflichtet."

„Die Unterlassung der Anzeige kann von der Aufsichtsbehörde mit Ordnungsstrafe bis zu zwanzig Mark geahndet werden."

§. 76c.

„In Erkrankungsfällen, welche durch Unfall herbeigeführt werden, ist die Berufsgenossenschaft berechtigt, das Heilverfahren auf ihre Kosten zu übernehmen. Vom Tage der Uebernahme an bis zur Beendigung des Heilverfahrens oder bis zum Ablaufe der dreizehnten Woche nach Beginn des Krankengeldbezugs geht der Anspruch des Erkrankten auf Krankengeld auf die Berufsgenossenschaft über Auf diese gehen dagegen für denselben Zeitraum alle Verpflichtungen über, welche der Krankenkasse dem Erkrankten gegenüber obliegen."

„Streitigkeiten aus diesem Verhältnisse werden, soweit sie zwischen dem Erkrankten und der Berufsgenossenschaft entstehen, nach Vorschrift des §. 58 Abs. 1, soweit sie zwischen der Berufsgenossenschaft und der Gemeinde-Krankenversicherung oder Krankenkasse entstehen, nach Vorschrift des §. 58 Abs. 2 entschieden"

§ 76d.

„Den Berufsgenossenschaften stehen in Beziehung auf die Anwendung der §§. 76a, 76b, 76c das Reich, die Staaten und diejenigen Verbände gleich, welche nach den Bestimmungen der Unfallversicherungsgesetze an die Stelle der Berufsgenossenschaften treten."

Einer Ergänzung bedarf es hier nur in Bezug auf die Knappschaftskassen, auf welche nach §. 74 a. a. O. die Vorschriften des Krankenversicherungsgesetzes nicht ohne Weiteres Anwendung finden. Zur Beseitigung von Zweifeln ist ausdrücklich festgesetzt, daß die Bestimmungen der §§. 76b bis d des Krankenversicherungsgesetzes auch auf Knappschaftskassen Anwendung finden. Die Bestimmung ist an dieser Stelle, und nicht in den besonderen von der Knappschafts-Berufsgenossenschaft handelnden Abschnitt aufgenommen, weil neben der genannten noch andere Berufsgenossenschaften, z. B. die der chemischen Industrie und die Steinbruchs-Berufsgenossenschaft, an der Regelung der Sache betheiligt sind. (Mot. 1900 S. 53, 54.)

10) ausreichende Einrichtungen für die Heilung. In einer Reihe von Fällen haben Knappschaftskassen, sonstige Krankenkassen und Verbände von Krankenkassen unter Aufwendung beträchtlicher Mittel Krankenhäuser und Heilanstalten geschaffen, welche weitgehenden Anforderungen durchaus genügen und in denen die Kranken unter Leitung hervorragend tüchtiger und erfahrener Aerzte die beste Pflege und Behandlung genießen. Gegenüber solchen Anstalten trifft die Erwägung nicht zu, welche bestimmend dafür gewesen ist, den Berufsgenossenschaften das Recht des Eingriffs in die Fürsorge der Krankenkassen einzuräumen, die Erwägung nämlich, daß die Berufsgenossenschaften, um dem Verletzten baldmöglichst wieder zur dauernden, vollen Erwerbsfähigkeit zu verhelfen oder doch seine Erwerbsfähigkeit soweit als möglich wieder zu erhöhen und dadurch sein wahres Wohl zu fördern, gleichzeitig aber auch die eigene Belastung mit der Unfallrente zu verhüten oder einzuschränken, ein sehr berechtigtes Interesse daran haben können, schon während der ersten Zeit nach dem Unfalle dem Verletzten eine gesteigerte Pflege über das namentlich in kleineren Krankenhäusern durchführbare Maß hinaus angedeihen zu lassen. Wollte man gleichwohl auch gegenüber den nach den neuesten Erfahrungen vervollkommneten großen Krankenhäusern den Berufsgenossenschaften ohne alle Einschränkung die Befugniß belassen, die in Folge eines Betriebsunfalls Erkrankten herauszunehmen und in eigene Anstalten zu überführen, so würden dadurch in zweifacher Hinsicht unerwünschte Folgen eintreten können. Einmal möchten nämlich möglicherweise die von Krankenkassen, besonders den Knappschaftskassen, eingerichteten Krankenhäuser zu einem großen Theile unbenutzt bleiben und sich dann die für deren Errichtung aufgewendeten Kosten als eine unwirthschaftliche doppelte Aufwendung für den gleichen Zweck herausstellen. Sodann aber könnte auch für die Verletzten ein Nachtheil insofern

entstehen, als die berufsgenossenschaftlichen Krankenhäuser naturgemäß für räumlich sehr große Bezirke eingerichtet werden; zum Zwecke ihrer Aufnahme müssen die Verletzten daher vielfach auf sehr weite Entfernungen transportirt werden, was schon an sich nachtheilig ist, es aber auch unmöglich macht, daß sie mit ihren Angehörigen und Bekannten in persönlichem Verkehre bleiben. Diese Nachtheile erscheinen nicht gerechtfertigt, sofern ihnen nicht der Vortheil einer wirksameren Behandlung und besseren Pflege ausgleichend gegenübersteht. Da die erforderliche Kenntniß der Verhältnisse nur den Landesbehörden zur Seite stehen kann, so ist für diese die Befugniß vorgesehen, anzuordnen, daß die betreffenden Kassenmitglieder nur mit Zustimmung des Kassenvorstandes in anderen Heilanstalten untergebracht werden dürfen. Die Befugniß des Kassenvorstandes hört natürlich mit dem Zeitpunkt auf, wo die Fürsorge der Krankenkasse ihr Ende erreicht, d. h. mit dem Beginne der vierzehnten Woche nach dem Unfall; es tritt alsdann Recht und Pflicht der Berufsgenossenschaft zur Fürsorge für die Verletzten in vollem Umfang in Kraft. Besonders zu erwähnen ist, daß die Einschränkung der Befugniß der Berufsgenossenschaft zum Eingreifen in das Heilverfahren sich nur auf die in Heilanstalten untergebrachten Verletzten, dagegen nicht auf die sogenannte ambulante Behandlung erstreckt (Mot. 1900 S. 54, 55).

[11]) Verletzte Personen. Während der zweite Absatz, welcher das Verhältniß bis zum Beginne der vierzehnten Woche regelt, das Interesse, des Kassenvorstandes an der ordnungsmäßigen Ausnutzung der von seiner Kasse errichteten Heilanstalten im Auge hat und deshalb die Zustimmung dieses Vorstandes zur anderweiten Unterbringung des Verletzten fordert befaßt sich der dritte Absatz mit den sowohl während der ersten dreizehn Wochen, als auch nach Ablauf derselben gleichmäßig zu berücksichtigenden berechtigten Wünschen des Verletzten selbst. Hier wird zuweilen darüber geklagt, daß die Verletzten während des Heilverfahrens rücksichtslos von Heilanstalt zu Heilanstalt umhergeschickt werden. Um berechtigten Beschwerden in dieser Richtung vorzubeugen, soll die Ueberführung während des Heilverfahrens von der Zustimmung des Verletzten, welche jedoch bei unverständiger Weigerung durch die untere Verwaltungsbehörde ergänzt werden kann, abhängig sein (Mot. 1900 S. 55).

[12]) ergänzt werden. Zu Abs. 3 Satz 2 wurde auf Anregung aus der Reichstags-Kommission festgestellt, daß nach diesen Bestimmungen es zulässig sein solle, wenn der Verletzte seine Zustimmung zur Ueberführung in eine andere Heilanstalt verweigere, einen rechtswirksamen Ersatz für die fehlende Zustimmung durch eine zustimmende Erklärung der unteren Verwaltungsbehörde zu beschaffen. (Komm.Ber. 1900 S. 38.)

[13]) Krankenkassen vgl. Anm. 2.

§. 12.

Vom Beginne der fünften Woche[1]) nach Eintritt des Unfalls 1.
bis zum Ablaufe der dreizehnten Woche ist das Krankengeld, welches den durch einen Betriebsunfall verletzten Personen auf Grund des Krankenversicherungsgesetzes gewährt wird, auf mindestens zwei

Drittel[2]) des bei der Berechnung desselben zu Grunde gelegten Arbeitslohns[3]) zu bemessen.[4]) Die Differenz zwischen diesen zwei Dritteln und dem gesetzlich oder statutengemäß zu gewährenden niedrigeren Krankengeld[5]) ist der betheiligten Krankenkasse (Gemeinde-Krankenversicherung) von dem Unternehmer desjenigen Betriebs zu ersetzen,[6]) in welchem der Unfall sich ereignet hat. Die zur Ausführung dieser Bestimmung erforderlichen Vorschriften[7]) erläßt das Reichs-Versicherungsamt.

2. Den nach §§. 1 oder 2 versicherten Arbeitern und Betriebsbeamten,[8]) letzteren bei einem Jahresarbeitsverdienste bis zu zweitausend Mark, welche nicht nach den Bestimmungen des Krankenversicherungsgesetzes versichert sind,[9]) hat der Betriebsunternehmer die in den §§. 6, 7 des Krankenversicherungsgesetzes[10]) vorgesehenen Unterstützungen einschließlich des aus dem vorhergehenden Absatze sich ergebenden Mehrbetrags für die ersten dreizehn Wochen[11]) aus eigenen Mitteln zu gewähren. Die Berufsgenossenschaft kann die dem Unternehmer obliegenden Leistungen ganz oder theilweise statt desselben übernehmen.[12]) Der Unternehmer hat in diesem Falle der Berufsgenossenschaft Ersatz zu leisten. Dabei gilt als Ersatz der im §. 9 Abs. 1 Ziffer 1 bezeichneten Leistungen die Hälfte desjenigen Krankengeldes, welches dem Verletzten nach §. 6 Abs. 1 Ziffer 2 des Krankenversicherungsgesetzes[13]) zustehen würde, wenn er nach dessen Bestimmungen versichert wäre.

§. 5 Abs. 9, 10 U.V.G.; §. 5d Entw.; §. 5d Ges. 1900.

Zu §. 12.

1) Vom Beginn der fünften Woche, d. h. vom 29. Tage ab, wobei der Tag des Unfalls nicht mitzuzählen ist (§. 2 Bek. d. R.V.A. v. 30. September 1885, vgl. Anm. 7). Die 3tägige Karenzzeit (§. 6 Ziffer 2 K.V.G.) kommt nicht in Betracht (A.N. 1886 S. 73).

2) auf mindestens zwei Drittel, aus einer Krankenkasse allein oder aus mehreren Krankenkassen zusammen (vgl. §. 5 Bek. v. 30. September 1885, siehe Anm. 7). Wegen der Berechnung s. A.N. 1898 S. 558.

3) Arbeitslohnes, vgl. Anm. 7 zu §. 11.

4) zu bemessen. Diese Verpflichtung der Krankenkassen ist nicht dadurch bedingt, daß der Kasse „von dem Verletzten" der Nachweis, daß ein Betriebsunfall vorliegt, erbracht wird. Die Kasse muß sich vielmehr über die Sachlage orientiren, vgl. §. 65 G.U.V.G. (A.N. 1886 S. 2).

5) niedrigeren Krankengeld. Krankenkassen, welche nach den Kassenstatuten gemäß §§. 21 Nr. 2, 64, 72, 73, 74, 75, 85 K.V.G. schon ihrerseits zwei Drittel des Lohnes oder mehr als Krankengeld zahlen, haben gegen die Unternehmer keinen Anspruch.

[6]) **zu ersetzen**, auf Liquidation der Kasse, und zwar im Allg. nach Ablauf der 13. Woche oder nach der früheren Wiederherstellung bezw. dem früheren Tode. §. 8 d. R.V.A. Bek. v. 30. September 1885, siehe Anm. 7. Die Feststellung, Zahlung und Wiedereinziehung des Mehrbetrages an Krankengeld vollzieht sich ohne Mitwirkung der B.Gen. oder des R.V.A. lediglich zwischen der Krankenkasse, dem Verletzten und dem Betriebsunternehmer.

[7]) **Das Reichs-Versicherungsamt** hat bereits auf Grund des U.V.G. (1884) diese Vorschriften in der Bekanntmachung vom 30. September 1885 (A.N. 1885 S. 283) erlassen. Dieselbe ist im Anhang abgedruckt.

[8]) **Für Betriebsbeamte** gilt die Vorschrift nicht, soweit sie bei mehr als 3000 Mk. Jahresarbeitsverdienst nur statutarisch versichert sind, ferner aber auch, wenn sie bei mehr als 2000 Mk. Jahresarbeitsverdienst kraft Gesetzes versichert sind; es ist angenommen worden, daß diese höher besoldeten Betriebsbeamten im Stande sind, während der ersten 13 Wochen aus eigenen Mitteln die Kosten der Krankheit zu bestreiten. (Komm.Ber. 1900 S. 9, 39; vgl. oben Anm. 6 zu §. 1 G.U.V.G.)

[9]) **nicht . . . versichert sind.** Hierher gehören insbesondere die ohne Lohn beschäftigten, sowie diejenigen Personen, „deren Beschäftigung ihrer Natur nach eine vorübergehende oder durch den Arbeitsvertrag im voraus auf einen Zeitraum von weniger als einer Woche beschränkt ist" (§. 1 K.V.G.), falls auf die letzteren nicht die Krankenversicherungspflicht statutarisch erstreckt ist (§. 2 Nr. 1 a. a. O.) oder falls sie nicht freiwillig einer Krankenkasse beigetreten sind und auf Grund dieses Beitritts Krankenunterstützung erhalten, §. 4 Abs. 2, §. 6a Ziff. 1, §. 19 Abs. 3, §. 26a Abs. 2 Nr. 4, §§. 64, 72 a. a. O. Arbeiter, die einer dem §. 75 a. a. O. genügenden Hülfskasse angehören, sind nach den Bestimmungen des K.V.G. versichert; die Zugehörigkeit zu einer solchen Hülfskasse steht der Zugehörigkeit zu einer Zwangskasse gleich. — Auch das Gesinde kann hierher gehören, §. 4, §. 26a Abs. 2 Nr. 4 a. a. O.

[10]) Die bezüglichen Bestimmungen des K.V.G. sind in Anm. 6 zu §. 11 G.U.V.G. abgedruckt.

[11]) **für die ersten dreizehn Wochen** (zc. nach Eintritt des Unfalls) und zwar nicht nur dann, wenn die Berufsgenossenschaft nach Maßgabe dieses Gesetzes einzutreten hat, also wenn ein Fall vorliegt, welcher nach Eintritt des Todes oder wegen einer nach Ablauf von 13 Wochen noch bestehenden Erwerbsunfähigkeit zc. demnächst von der Genossenschaft abzuwickeln ist, sondern für alle, auch die kleineren Unfälle. Dafür fällt auch in diesem Fall das Haftpflichtgesetz zc. fort, dessen Beseitigung für alle durch dieses Gesetz betroffenen Personen Mitzweck des Gesetzes ist.

[12]) **statt desselben übernehmen.** Der Zusatz im zweiten Absatze soll den Genossenschaften das Recht verleihen, ihrerseits die Versorgung, namentlich die ärztliche Behandlung zc. während der ersten dreizehn Wochen auch dann zu übernehmen, wenn diese Fürsorge für den Verletzten nicht einer Krankenkasse, sondern dem Unternehmer obliegt. Dies liegt unter Umständen sowohl im Interesse der Berufsgenossenschaft, die zur Verminderung ihrer späteren Entschädigungspflicht von vornherein ein gründ-

16*

licheres Heilverfahren einzuleiten wünschen wird, als der Unternehmer zu leisten im Stande ist, wie auch im Interesse des Verletzten, dem dieses einheitliche Heilverfahren zu gute kommt. An den Verpflichtungen des Unternehmers soll dadurch nichts geändert werden, er hat aber nicht an den Verletzten, sondern an die Genossenschaft zu leisten und diese dadurch für ihre Aufwendungen zu entschädigen. Dabei wird Arzt und Arznei 2c. nach einem mäßigen Durchschnittspreise angerechnet. Die zugehörige Bestimmung über Entscheidung von Streitigkeiten, welche aus Anlaß der Bestimmungen unter den Betheiligten entstehen, findet sich im §. 14 G.U.V.G. (Vgl. Mot. 1900 S. 56.)

[13]) Die angezogene Bestimmung des K.V.G. ist in Anm. 6 zu §. 11 G.U.V.G. abgedruckt.

§. 13.

1. Wenn der aus der Krankenversicherung oder aus der Bestimmung des §. 12 Abs. 2[4]) erwachsende Anspruch auf Krankengeld vor dem Ablaufe von dreizehn Wochen nach Eintritt des Unfalls weggefallen,[1]) aber bei dem Verletzten eine noch über die dreizehnte Woche hinaus andauernde Beschränkung der Erwerbsfähigkeit zurückgeblieben ist, so hat die Berufsgenossenschaft dem Verletzten die Unfallrente (§. 9 Abs. 2 lit. b.) schon von dem Tage ab zu gewähren, an welchem der Anspruch auf Krankengeld in Wegfall kommt. Erachtet die Berufsgenossenschaft die Voraussetzungen des Anspruchs schon vor dem Ablaufe der dreizehnten Woche[2]) nach dem Unfalle für gegeben, so hat sie die Rente zu diesem früheren Zeitpunkte festzustellen.

2. Durch Statut[3]) kann bestimmt werden, daß die Rente nach dem Wegfalle des Anspruchs auf Krankengeld auch dann zu gewähren ist, wenn nach jenem Zeitpunkte zwar noch eine Beschränkung der Erwerbsfähigkeit in Folge des Unfalls verblieben ist, aber voraussichtlich schon vor Ablauf der dreizehnten Woche nach dem Unfalle fortfallen wird.

3. Hat die Krankenkasse die ihr aus der Krankenversicherung, oder hat der Betriebsunternehmer[4]) die ihm aus §. 12 Abs. 2 obliegenden Leistungen vor dem Ablaufe der dreizehnten Woche zu Unrecht eingestellt,[5]) so geht der Anspruch des Verletzten auf Krankengeld auf die Berufsgenossenschaft bis zu demjenigen Betrag über, welcher der gemäß Abs. 1, 2 gewährten Entschädigung gleichkommt.

§. 5e Entw; §. 5e Ges. 1900.

Zu §. 13.

[1]) Der Paragraph ist durch die Novelle (1900) neu hinzugefügt, um eine Lücke, die in Folge des für beide Gesetze verschiedenen Begriffes der „Erwerbsunfähigkeit" zwischen der Versorgung der Verletzten durch die Krankenkasse und durch die Berufsgenossenschaft entstehen kann, auszufüllen. Die Motive bemerken darüber Folgendes: Es ist mehrfach Klage darüber geführt worden, daß in der Fürsorge für die durch einen Betriebsunfall verletzten Arbeiter eine Lücke zwischen der Fürsorge der Krankenkasse und den erst mit Beginn der vierzehnten Woche eintretenden Leistungen aus der Unfallversicherung dann entstehe, wenn das Heilverfahren vor diesem Zeitpunkt abgeschlossen, die volle Erwerbsfähigkeit aber noch nicht wieder hergestellt sei. Die Angelegenheit hat an Bedeutung wesentlich verloren, seitdem die Novelle zum Krankenversicherungsgesetze vom 10. April 1892 durch anderweite Fassung des §. 20 Ziffer 1 Vorsorge getroffen hat, daß die Krankenunterstützung, wie es schon früher gemäß §. 5 des Krankenversicherungsgesetzes vom 15. Juni 1883 von der Gemeinde-Krankenversicherung geschehen mußte, nunmehr auch von den organisirten Krankenkassen nicht nur im Falle der „Krankheit", sondern auch im Falle der „durch Krankheit herbeigeführten Erwerbsunfähigkeit" zu gewähren ist. Immerhin bleiben noch Fälle möglich, in denen eine beschränkte Erwerbsfähigkeit im Sinne der Unfallversicherung besteht und gleichwohl Krankengeld nicht mehr zu gewähren ist. Für solche Fälle empfiehlt es sich, die Kontinuität zwischen Kranken- und Unfallversicherung herzustellen. Dies soll dadurch geschehen, daß der Berufsgenossenschaft aufgegeben wird, nach Beendigung der aus der Krankenversicherung sich ergebenden Leistungen schon vor dem Beginne der vierzehnten Woche nach dem Eintritte des Unfalls ihrerseits eine weitere Entschädigung zu zahlen. (Mot. 1900 S. 56). In der Reichstagskommission (1900) wurde über den Entwurf hinaus, der nur das Krankengeld weiter gewähren wollte, beschlossen, die Unfallrente schon von dem Tage ab zu gewähren, an welchem der Anspruch auf Krankengeld wegfällt. Gegenüber Bestrebungen, die dahin gingen, zum Ersatz für die Ablehnung einer Verkürzung der Karenzzeit, die Berufsgenossenschaft bei fortdauernder Beschränkung der Erwerbsfähigkeit auch dann eintreten zu lassen, wenn diese Beschränkung nicht über das Ende der dreizehnten Woche nach dem Unfalle hinaus besteht, drang die Anffassung durch, daß eine soweit gehende gesetzliche Verpflichtung der B.G. nicht zu empfehlen sei, weil die letztere durch die aus einer möglicherweise großen Zahl von Unfallrenten, die nur vorübergehend auf kurze Zeit zu gewähren sind, hervorgehenden Verwaltungskosten (für Unfalluntersuchung 2c.) unverhältnismäßig stark belastet werde. Die gesetzliche Verpflichtung der B.G. ist sonach auf diejenigen Fälle beschränkt geblieben, in denen ohnehin, weil nach Ablauf von 13 Wochen noch eine Beschränkung der Erwerbsfähigkeit fortbesteht, eine Unfallrente festzustellen und zu zahlen ist; nur soll diese Rente schon von einem vor Beginn der 14. Woche liegenden Zeitpunkte an, mit dem Aufhören der Krankenfürsorge eintreten. (Komm.-Ber. 1900 S. 39—45). Da sich aber vielfach zu diesem früheren Zeitpunkte nicht mit Sicherheit übersehen lassen wird, ob nach Beginn der 14. Woche noch Erwerbsunfähigkeit vorliegen wird, braucht die Rente in der Regel

(vgl. jedoch Anm. 2) erst zum Beginn der 14. Woche festgestellt zu werden.

[2]) schon vor Ablauf der 13. Woche. Um einen thunlichst lückenlosen Anschluß der Unfallfürsorge an die Krankenfürsorge sicher zu stellen, ist unter Wahrung der in Anm. 1 dargelegten Begrenzung der gesetzlichen Entschädigungspflicht, eine Feststellung der Rente vor Ablauf der 13. Woche der B.G. dann auferlegt, wenn sie die Voraussetzung, daß nach diesem Zeitpunkt eine Rente zu gewähren sein wird, für gegeben erachtet. Fälle dieser Art können z. B. vorliegen, wenn ein Glied amputirt und die Heilbehandlung abgelaufen, der Verletzte auch schon wieder in seinem Berufe thätig ist; ebenso bei einer Augenverletzung, die, mit Verlust der Sehkraft eines Auges verbunden, innerhalb 13 Wochen einer Heilbehandlung nicht mehr bedarf.

[3]) Statut. Wenn auch die gesetzliche Verpflichtung der B.G. auf die zu Anm. 1 dargelegte Weise begrenzt ist, so soll doch durch das Genossenschaftsstatut eine Erweiterung dieser Verpflichtung eingeführt werden können. Ist eine solche statutarische Bestimmung erlassen, so wird die Gewährung der bezüglichen Entschädigung im Einzelfalle dem Belieben der Genossenschaft entzogen; sie kann sonach alsdann durch Entscheidung des Schiedsgerichts oder des R.V.A. zur Gewährung der Rente angehalten werden.

[4]) Der Betriebsunternehmer (§. 12 Abs. 2). Die Unfallverletzten, die vom Unternehmer Krankengeld erhalten (§. 12 Abs. 2 G.U.V.G.), sollen ebenso behandelt werden, wie die von der Krankenkasse Versorgten.

[5]) zu Unrecht eingestellt. Um zu verhüten, daß die B.Gen. durch verfrühte Einstellung der Leistungen der Krankenfürsorge geschädigt werden, ist ähnlich wie für sonstige Ansprüche des Verletzten in den §§. 25, 140 G.U.V.G., der Uebergang auch dieses Anspruches vorgesehen. Wegen der Entscheidung von Streitigkeiten vgl. §. 14 G.U.V.G.

§. 14.

Streitigkeiten, welche aus Anlaß der in §. 11 Abs. 1, §§. 12, 13 Abs. 3 enthaltenen Bestimmungen unter den Betheiligten entstehen, werden, wenn es sich um Ersatzansprüche handelt, nach §. 58 Abs. 2 des Krankenversicherungsgesetzes,[1]) im Uebrigen nach §. 58 Abs. 1 des Krankenversicherungsgesetzes[2]) entschieden, und zwar in den Fällen des §. 12 Abs. 2 von der für die Ortskrankenkassen des Beschäftigungsorts zuständigen Aufsichtsbehörde.[3]) Gehört diese zu den Betheiligten,[4]) so wird die zur Entscheidung des Streitfalls berufene Behörde durch die für den Beschäftigungsort zuständige höhere Verwaltungsbehörde bestimmt.

§. 5 Abs. 8 Satz 3, Abs. 11 U.V.G.; §. 5f Entw., §. 5f Ges. 1900.

Zu §. 14.

[1]) Der §. 58 Abs. 2 K.V.G. schreibt das Verwaltungsstreitverfahren, wo aber ein solches nicht besteht, Entscheidung durch die Aufsichtsbehörde

vor. Die Entscheidung der letzteren kann binnen 4 Wochen im Wege des Rekurses nach Maßgabe der §§. 20, 21 der Gewerbeordnung angefochten werden. In Preußen sind diese Streitigkeiten im Verwaltungsstreitverfahren zu erledigen. Zuständig ist nach der Verordnung von 9. August 1892 (Ges.-S. S. 239) der Bezirksausschuß, vorbehaltlich der Revision beim Oberverwaltungsgericht.

[2]) Der §. 58 Abs. 1 K.V.G. verordnet die Entscheidung von Streitigkeiten durch die Aufsichtsbehörde bezw. die durch die Landeszentralbehörde bestimmte andere Behörde. Weitere Beschwerden werden im ordentlichen Rechtswege (so in Preußen), oder nach Landesgesetz im Verwaltungsstreitverfahren erledigt.

[3]) Aufsichtsbehörde über die Orts-Krankenkassen ist nach §. 44 K.V.G., unter Oberaufsicht der höheren Verwaltungsbehörde (Regierungspräsident), für Gemeinden von mehr als 10000 Einwohnern die Gemeindebehörde, im Uebrigen die seitens der Landesregierung zu bestimmende Behörde (Ziffer 5 Abs. 3, 4; Ziff. 26 bis 30 der preuß. Ausführungsanweisung vom 10. Juli 1892, Min. Bl. f. d. i. V. S. 301).

[4]) Zu den Betheiligten, unter denen Streitigkeiten wegen der Erstattung von Kosten der Krankenpflege entstehen können, gehören unter Umständen auch Gemeinden (Orts-Armenverbände), wenn dieselben auf Grund des §. 25 des G.U.V.G. im Wege der Armenpflege die dem Unternehmer obliegende Krankenfürsorge vorläufig übernommen haben. Ueber den aus dem zweiten Absatze dieses Paragraphen sich ergebenden Erstattungsanspruch gegen den Unternehmer hat in solchem Falle, sofern es sich um eine Gemeinde von mehr als 10000 Einwohnern handelt (§. 44 des Krankenversicherungsgesetzes, preußische Ministerialanweisung vom 10. Juli 1892 zum Krankenversicherungsgesetze), die Gemeindebehörde als Aufsichtsbehörde der Orts-Krankenkassen zu entscheiden. Die Gemeindebehörde verbindet also die begrifflich unvereinbaren Stellungen als Vertreterin des ersatzberechtigten Armenverbandes und als zur Entscheidung über den Ersatzanspruch berufene Stelle. Für derartige Fälle ist der für den Beschäftigungsort zuständigen höheren Verwaltungsbehörde die Bestimmung einer anderen Behörde für die Entscheidung des Streitfalls übertragen.

§. 15.

Im Falle der Tödtung [1]) ist als Schadenersatz außerdem zu leisten: 1.

1. als Sterbegeld [2]) der fünfzehnte Theil des nach §. 10 Abs. 1 bis 4 zu Grunde zu legenden Jahresarbeitsverdienstes,[3]) jedoch mindestens ein Betrag von fünfzig Mark,[4])
2. eine den Hinterbliebenen vom Todestage [5]) des Verstorbenen ab zu gewährende Rente. Dieselbe besteht nach näherer Bestimmung der §§. 16 bis 20 in einem Bruchtheile seines nach §. 10 Abs. 1 bis 4 [6]) ermittelten Jahresarbeitsverdienstes.

2. Ist der der Berechnung zu Grunde zu legende Jahresarbeitsverdienst[7]) in Folge eines früher erlittenen, nach den reichsgesetzlichen Bestimmungen über Unfallversicherung entschädigten Unfalls geringer als der vor diesem Unfalle bezogene Lohn, so ist die aus Anlaß des früheren Unfalls bei Lebzeiten bezogene Rente dem Jahresarbeitsverdienste bis zur Höhe des der früheren Rentenfeststellung zu Grunde gelegten Jahresarbeitsverdienstes hinzuzurechnen.

§. 6 Abs. 1 G.U.V.G.; §. 6 Entw.; §. 6 Ges. 1900.

Zu §. 15.

[1]) Tödtung, sobald der Tod als mittelbare oder unmittelbare Folge des Unfalls eintritt; der Unfall braucht nicht die alleinige, muß aber eine Hauptursache des Todes sein. Ist die Todesursache nicht ohne Weiteres festzustellen, so kann unter Berufung auf §. 144 G.U.V.G. die Sektion der Leiche beantragt werden. Einem solchen Ansuchen müssen die betr. öffentlichen Behörden entsprechen (A.N. 1886 S. 291). Ueber die Fälligkeit der Leistungen im Fall der Tödtung vgl. §. 93.

[2]) Sterbegeld ist an Stelle des früher gebrauchten Ausdrucks „Ersatz der Beerdigungskosten" gesetzt, um zum Ausdruck zu bringen, daß die Bezüge auch im Falle einer Verunglückung, nach welcher eine Beerdigung des Umgekommenen nicht stattfindet (Ertrinken, Verbrennen pp.), den Hinterbliebenen gewährt werden soll. (Mot. 1900 S. 57.)

Der Anspruch auf Sterbegeld steht demjenigen zu, welcher die Beerdigung bewirkte und nachweist, daß er dadurch Kosten hatte; ein etwa verbleibender Ueberschuß fließt den Hinterbliebenen zu (A.N. 1886 S. 275). Sind auch aus Krankenkassen Sterbegelder gezahlt, so ist der von denselben gezahlte Betrag innerhalb der hier vorgesehenen Höhe den letzteren zu erstatten (§. 25); im Streitfall sind die Beträge, sofern keine Einigung erfolgt, gerichtlich zu hinterlegen (A.N. 1886 S. 275).

[3]) Der fünfzehnte Theil des Jahresarbeitsverdienstes entspricht rechnerisch dem zwanzigfachen Tagesarbeitsverdienste, wie er im U.V.G. (1884) festgesetzt war; auch hier sind nunmehr alle Entschädigungsbeträge nach dem Jahresarbeitsverdienste berechnet. (Komm.Ber. 1900 S. 45.)

[4]) Die Erhöhung des Mindestbetrages des Sterbegeldes von 30 auf 50 Mark entstammt einem Beschlusse der Reichtags-Kommission (1900).

[5]) Vom Todestage an. Der Todestag ist zu Gunsten der Hinterbliebenen mitzurechnen, die Rente also auch für den Tag, an welchem der Tod eintrat, zu zahlen (A.N. 1887 S. 11).

[6]) Durch die Bezugnahme auf Abs. 1—4 des §. 10 ist dafür gesorgt, daß bei der Berechnung der Hinterbliebenenrente in allen Fällen, insbesondere auch dann, wenn der Verstorbene vor dem Unfall bereits theilweise erwerbsunfähig war (§. 10 Abs. 5), mindestens der ortsübliche Tagelohn

zu Grunde gelegt wird. Dies entspricht dem bisherigen Recht, an dem in dieser Beziehung nichts geändert werden soll (Mot. 1900 S. 57).

7) Der Absatz enthält eine durch die Novelle (1900) zu Gunsten der Hinterbliebenen eingeführte Neuerung. Es kommt nicht selten vor, daß ein Verletzter, der wegen beschränkter Erwerbsfähigkeit eine Unfallrente bezieht, den Rest seiner Erwerbsfähigkeit durch Arbeit in einem versicherungspflichtigen Betriebe gegen entsprechend geringeren Lohn verwerthet. Wenn ein solcher Arbeiter in diesem Betrieb einen tödtlichen Unfall erleidet, so wird es als Härte empfunden, daß der Schadenersatz, insbesondere die Rente für die Hinterbliebenen, sich nur nach dem letzten geminderten Arbeitsverdienste berechnet. In der That liegt es in der Billigkeit, daß die von dem Getödteten neben seinem wirklichen Arbeitsverdienste bezogene Rente — welche den Ersatz für den durch einen früheren Betriebsunfall eingetretenen Verlust eines Theiles der Erwerbsfähigkeit darstellt — bei der Entschädigung der Hinterbliebenen mit berücksichtigt wird. Demgemäß sind sowohl die Hinterbliebenenrente als auch das Sterbegeld nach dem erhöhten Jahresarbeitsverdienste zu berechnen. — Daß die zahlungspflichtige B.G. für diese Mehrleistung einen Ausgleich durch höhere Beiträge nicht erhält, durfte nicht davon abhalten, den Hinterbliebenen die als billig erkannte höhere Entschädigung zu gewähren. Von einem etwaigen Rückgriff auf die zur Zahlung der früheren Unfallrente verpflichtete andere B.G. ist wegen der Umständlichkeit eines solchen Verfahrens umsomehr abgesehen, als es sich kaum um bedeutende Mehrleistungen handeln wird (Mot. 1900 S. 58). — Für Invalidenrenten ist, weil nicht die gleichen Gesichtspunkte zutreffen, eine entsprechende Bestimmung nicht vorgesehen; (wegen der Rechtslage vor der Novelle vgl. A.N. 1897 S. 463).

§. 16.

Hinterläßt der Verstorbene eine Wittwe[1]) oder Kinder, so beträgt die Rente für die Wittwe bis zu deren Tode oder Wiederverheirathung[2]) sowie für jedes hinterbliebene[3]) Kind[4]) bis[5]) zu dessen zurückgelegtem fünfzehnten Lebensjahre je zwanzig[6]) Prozent des Jahresarbeitsverdienstes. 1.

Im Falle der Wiederverheirathung[7]) erhält die Wittwe sechzig Prozent[8]) des Jahresarbeitsverdienstes als Abfindung. 2.

Der Anspruch der Wittwe ist ausgeschlossen,[9]) wenn die Ehe erst nach dem Unfalle geschlossen worden ist; die Berufsgenossenschaft kann[10]) jedoch in besonderen Fällen auch dann eine Wittwenrente gewähren. 3.

Die Bestimmungen über die Renten der Kinder finden auch Anwendung, wenn der Unfall eine alleinstehende weibliche Person[11]) betroffen hat und diese mit Hinterlassung von Kindern verstirbt. 4.

§. 6 lit. a. U.V.G.; §. 6c Abs. 1—4 Entw.; §. 6 Ges. 1900.

Zu §. 16.

[1]) In der Regel ist nur die Wittwe rentenberechtigt, der Wittwer dagegen nur ausnahmsweise (vgl. §. 17). Anträge auf Gleichstellung von Konkubinen mit den Ehefrauen und von unehelichen Kindern mit den ehelichen sind in der Kommission und im Plenum des Reichstags abgelehnt Eine geschiedene Ehefrau erlangt durch den Tod ihres vormaligen Ehemanns nicht die Rechte der Wittwe (A.N. 1900 S. 780). — Thatsächliche Entfernung der Eheleute von einander hat, auch bei langjähriger Dauer dieses Zustandes, keinen Einfluß auf die Rentenberechtigung der Wittwe. Ein Vorschlag des Entwurfs, der dahin ging, die Wittwenrente fortfallen zu lassen, wenn die Frau ohne gesetzlichen Grund von der häuslichen Gemeinschaft sich ferngehalten (B.G.B. §. 1567), schon vor dem Unfall von ihrem Ehemann aus eigener Willkür getrennt gelebt und ohne seine Beihülfe ihren Unterhalt gefunden hat, ist bei der dritten Lesung im Plenum des Reichstags (Sten.Ber. vom 25. Mai 1900 S. 5771) abgelehnt. Hiernach bleibt auch fernerhin ein thatsächliches Getrenntleben der Eheleute ohne Einfluß auf die Rentenberechtigung der Wittwe (A.N. 1888 S. 230).

[2]) Wiederverheirathung ist nur von Einfluß auf die Wittwenrente, dagegen nicht auf eine Rente, welche eine versicherte verheirathete oder unverheirathete Arbeiterin auf Grund des §. 9 G.U.V.G. aus eigenem Rechte bezieht. Vgl. Anm. 7. — Die Rente ist bis zu dem bezeichneten Termine auch dann zu leisten, wenn ohne den Unfall die Bestreitung des Lebensunterhalts der Hinterbliebenen durch den Getödteten früher ihr natürliches Ende erreicht hätte (A.N. 1897 S. 577).

[3]) Hinterbliebene. Neben den beim Tode des Vaters lebenden Kindern kommen auch die von ihm erzeugten, aber noch nicht geborenen ehelichen Kinder gleichberechtigt in Betracht (vgl. §. 844 Abs. 2 B.G.B., Art. 42 des Einführungsgesetzes zum B.G.B.). Die Renten der schon lebenden Berechtigten müssen einstweilen gezahlt werden, als käme der nasciturus nicht in Frage; erst wenn er lebend zur Welt kommt, wird event. nach §§. 20, 88 G.U.V.G. eine Kürzung vorzunehmen sein. Ueber den Rentenanspruch eines noch nicht geborenen Kindes braucht die B.G. keinen Bescheid zu ertheilen (A.N. 1896 S. 243).

[4]) Kind. Wenn ein männlicher Arbeiter verunglückt, so haben Anspruch auf Kinderrente seine eigenen ehelichen Kinder, die durch nachfolgende Ehe legitimirten Kinder (§. 1719 B.G.B.; vgl. A.N. 1896 S. 219), die für ehelich erklärten Kinder (§. 1736 B.G.B.), an Kindesstatt angenommene (§. 1757 B.G.B.), dagegen nicht uneheliche Kinder. Anträge auf Gleichstellung der letzteren sind im Reichstag sowohl in der Kommission als auch im Plenum abgelehnt. — Stiefkinder (A.N. 1887 S. 133; 1892 S. 346) und Schwiegerkinder sind keine leiblichen Kinder des Verunglückten, daher nicht rentenberechtigt. — Ob die Ehe erst nach dem Unfalle geschlossen ist, macht für die Rentenberechtigung der Kinder keinen Unterschied (vgl. §. 16 Abs. 3 G.U.V.G.; A.N. 1890 S. 513).

Verunglückt eine Arbeiterin, so haben ihre unehelichen (A.N. 1886 S. 179), nicht durch Ehe legitimirten Kinder sofort, ihre ehelichen oder legitimirten Kinder — abgesehen von der Ausnahmebestimmung des §. 17

G.U.V.G. — erst dann einen Anspruch auf Rente, wenn auch der Vater schon todt ist oder demnächst (in Folge Unfalls oder anderweit) stirbt. Bei adoptirten Kindern einer weiblichen Person kommt es darauf an, ob die Adoptivmutter unverheirathet oder verheirathet ist. Im ersteren Fall erhält das Kind beim Tode der Adoptivmutter die Rente sofort, im letzteren Fall erst beim Tode des Vaters. Unerheblich ist, ob das Kind vor oder nach dem Unfall geboren wird; es kommt nur darauf an, daß das Kind zur Zeit des Todes hinterbleibt, vgl. Anm. 3. Vgl. auch Anm. 11 zu Abs. 4.

Wegen der Rentenberechtigung von Enkeln vgl. §. 19 G.U.V.G.

5) bis Da in diesen Fällen der Endtermin der Rente kalendermäßig feststeht, so dürfen die Feststellungen und Anweisungen dieser Renten von vornherein auf die in Betracht kommende Zeit erfolgen. In anderen Fällen ist eine Zeitangabe unzulässig (A.N. 1886 S. 55). Stirbt das Kind früher, so tritt die dadurch bedingte Aenderung in den Rentenbezügen erst mit dem Ablauf des Monats in Wirksamkeit, in welchem der die Abänderung aussprechende Bescheid zugestellt wird (§. 89 Abs. 4, §. 93 Abs. 3 G.U.V.G.).

6) Die Fassung des U.V.G. (1884), welche dem vaterlosen Kinde die Rente von 15 Prozent des Arbeitsverdienstes des Vaters auf 20 Prozent erhöht, wenn das Kind auch mutterlos ist oder wird, genügte nicht, weil auch andere Fälle vorkommen, in denen gleich starke Billigkeitsgründe für eine ebensolche Erhöhung der Rente sprechen. In dieser Richtung käme wegen der Gleichheit der wirthschaftlichen Folgen zunächst der Fall in Betracht, daß die Mutter des vaterlosen Kindes erwerbsunfähig ist oder wird. Allein gegen die Aufnahme einer solchen Bestimmung spricht das Bedenken, daß nicht wegen jeder auch nur vorübergehenden Erwerbsunfähigkeit der Mutter eine Erhöhung der Kinderrente ins Werk gesetzt zu werden braucht, und daß, wenn etwa eine längere Dauer der Erwerbsunfähigkeit der Mutter zur Voraussetzung gemacht werden sollte, damit eine Quelle vielfacher Streitigkeiten eröffnet werden würde. Diese Erwägungen, in Verbindung mit Bestrebungen, die dahin gehen, die Kinderrente überhaupt wesentlich zu erhöhen, haben dazu geführt, die Kinderrente allgemein auf 20 Prozent zu erhöhen und in diesem Betrag unabänderlich bis zum zurückgelegten fünfzehnten Lebensjahre zu gewähren. Diese Mehrbelastung, die den Berechtigten im vollen Betrage zu Gute kommt, wird für die Berufsgenossenschaften erträglich und annehmbarer sein, als eine außerdem noch Verwaltungslasten und Kosten verursachende verwickeltere Gestaltung der Kinderrente. (Mot. 1900 S. 58, 59; vgl. auch Sten.Ber. vom 4. Mai 1900 S. 5256f.).

7) im Falle der Wiederverheirathung. Diese Bestimmung „ist aus der Erwägung hervorgegangen, daß es sowohl im allgemeinen Interesse als in demjenigen der zur Leistung der Entschädigung Verpflichteten liegt, die Wiederverheirathung der Wittwen zu erleichtern, während ein bei der Wiederverheirathung eintretender völliger Verlust der Rente leicht Veranlassung werden kann, daß Wittwen ein außereheliches Verhältniß eingehen" (Mot. 1884 S. 47). Der Rentenbezug endet mit der Wiederverheirathung oder dem Tode. Die theilweise Wiedereinziehung gezahlter Monatsraten, welche nach dem U.V.G. (1884) stattfand (A.N. 1888 S. 84), ist durch §. 93 Abs. 3 G.U.V.G. ausgeschlossen.

[8]) sechzig Prozent. Die Abfindung wird nicht nach der wegen großer Zahl der Kinder etwa gekürzten Rente (§. 20 G.U.V.G.) berechnet, wie nach §. 6 Ziffer 2 lit. a Abs. 2 U.V.G. (1884) angenommen werden konnte, sondern beträgt in allen Fällen das Dreifache der normalen Jahresrente (Mot. 1900 S. 59).

Die Abfindungssumme gilt nicht als Rente; die in Folge der Abfindung fortfallende bisherige Wittwenrente wächst den rentenberechtigten Kindern an (A.N. 1889 S. 301).

[9]) ausgeschlossen. Die Vorlage (1884) wollte in diesem Falle auch den Anspruch der Kinder der Wittwe ausschließen. Die Kommission hat dies mit Rücksicht auf diejenigen Fälle, „in welchen eine solche Eheschließung nur die nachträgliche, um des Gewissens willen vorgenommene Sanktionirung eines zuvor bereits vorhandenen Verhältnisses sei, geändert, um dadurch zu bewirken, „daß zwar die nach dem Unfall geschlossene Ehe der hinterlassenen Wittwe Entschädigungsansprüche nicht verleiht, daß dagegen die Kinder des Verstorbenen .... günstiger gestellt werden, und zwar sowohl in dem Falle, daß sie jener Ehe entsprossen, als in dem andern, daß sie durch die Eheschließung nachträglich legitimirt, wie endlich in dem immerhin möglichen dritten Falle, daß sie ohne vorausgegangene Eheschließung von dem Verstorbenen als seine Kinder ausdrücklich anerkannt sind" (Komm.Ber. 1884 S. 17). Vgl. übrigens Anm. 4. Die Genossenschaft kann das Anerkenntniß anfechten, cf. §. 77 G.U.V.G. Die Ausschließung des Anspruchs der Wittwe tritt — abgesehen von der Befugniß der B.G. ausnahmsweise eine Wittwenrente zu gewähren — auch dann ein, wenn die Folgen des Unfalls sich erst nach der Eheschließung gezeigt haben (A.N. 1897 S. 579).

[10]) kann. Diese Befugniß ist der B.G. für besondere Ausnahmefälle (z. B. wenn die Ehe zu dem Zeitpunkt, in welchem der Verletzte zwar in Folge des Unfalls, aber zeitlich vielleicht erst lange nach dessen Eintritt, stirbt, schon lange Jahre bestanden hat, oder wenn die Eheschließung zur Zeit des Unfalls unmittelbar bevorstand und vielleicht schon voreheliche Kinder vorhanden waren) gegeben. Ohne eine derartige gesetzliche Grundlage könnten die Feststellungsorgane der Berufsgenossenschaften einer Wittwe, deren Ehe erst nach dem Unfalle geschlossen ist, niemals eine Rente zubilligen; diese früher (bis 1900) bestehende Beschränkung hat zu Unbilligkeiten geführt. (Mot. 1900 S. 59). Es handelt sich nur um eine Befugniß der B.G.; Schiedsgericht und R.V.A. können sie nicht gegen ihren Willen anhalten, hiervon im Einzelfalle Gebrauch zu machen. Vgl. auch oben Anm. 1.

[11]) alleinstehende weibliche Person. Daß eine Hinterbliebenenrente auch an die Kinder alleinstehender weiblicher Personen (Wittwen, verlassene Ehefrauen und unverheirathete Mütter) im Falle ihrer Tödtung zu zahlen ist, war in der bisherigen Fassung des Gesetzes nicht ausdrücklich gesagt; es empfiehlt sich aber, zur Ausschließung von Zweifeln dies auszusprechen. (Mot. 1900 S. 60.)

§. 17.

1. War die Verstorbene beim Eintritte des Unfalls verheirathet, aber der Lebensunterhalt[1]) ihrer Familie wegen

Erwerbsunfähigkeit des Ehemanns[2]) ganz oder überwiegend durch sie bestritten worden,[1]) so erhalten bis zum Wegfalle der Bedürftigkeit[3]) an Rente

a) der Wittwer zwanzig Prozent,

b) jedes hinterbliebene Kind bis zu dessen zurückgelegtem fünfzehnten Lebensjahr zwanzig Prozent des Arbeitsverdienstes.

Die Berufsgenossenschaft ist berechtigt,[4]) im Falle der 2.
Tödtung einer Ehefrau, deren Ehemann sich ohne gesetzlichen Grund von der häuslichen Gemeinschaft ferngehalten und der Pflicht der Unterhaltung der Kinder entzogen hat, die Rente zu gewähren.

§. 6a Abs. 5, §. 6b Entw.; §. 6b Ges. 1900.

Zu §. 17.

[1]) Der Lebensunterhalt . . . durch sie bestritten worden. Um den thatsächlichen wirthschaftlichen Verhältnissen der Arbeiter Rechnung zu tragen, ist gegenüber dem U.V.G. (1884) die Novelle (1900) in Bezug auf die Rentenberechtigung der Hinterbliebenen durch Unfall getödteter Frauen noch einen Schritt weiter gegangen. Vielfach kommt es vor, daß die Frau wegen Erwerbsunfähigkeit des Ehemanns den Lebensunterhalt der Familie ganz oder überwiegend selbst zu bestreiten hat. Wenn in solchem Falle die Ehefrau durch Unfall getödtet wird, so fehlt es gegenwärtig dem erwerbsunfähig hinterbliebenen Wittwer an einem Rentenanspruch, obwohl derselbe nach der dem Gesetze zu Grunde liegenden Absicht ebenso begründet ist, wie in dem regelmäßigen Falle, daß der Mann der Versorger der Familie ist, der Anspruch der Wittwe. Es soll deshalb in jenem Ausnahmefall auch dem Wittwer, und zwar in der Beschränkung auf die Dauer der Bedürftigkeit, ein Rentenanspruch zustehen. Dasselbe wird für solche Fälle aus gleichen Erwägungen auch für Kinder ausdrücklich bestimmt, weil anderenfalls Zweifel darüber entstehen können, ob die Kinder nach §. 16 Abs. 1 der neuen Fassung (§. 6 Abs. 2 lit. a des U.V.G. (1884) einen Rentenanspruch haben würden. (Mot. 1900 S. 60.)

[2]) wegen Erwerbsunfähigkeit des Ehemannes. Wenn die gleiche wirthschaftliche Lage der Kinder einer durch Unfall getödteten Ehefrau aus anderen Gründen besteht, insbesondere weil der Ehemann sich ohne gesetzlichen Grund von der gesetzlichen Gemeinschaft ferngehalten und der Pflicht zur Unterhaltung der Kinder entzogen hat, so besteht für die B.G. keine Verpflichtung ihnen eine Entschädigung zu gewähren, wohl aber ist sie hierzu auf Grund des Abs. 2 dieses Paragraphen nach ihrem Ermessen berechtigt. (Sten.Ber. v. 259. Mai 1900 S. 5772, 5773.)

[3]) bis zum Wegfalle der Bedürftigkeit. Da es sich um die Berücksichtigung von Ausnahmeverhältnissen handelt, so soll der Rentenanspruch nur so lange in Kraft bleiben, als die seine Voraussetzung darstellenden Verhältnisse bestehen. Insbesondere kann die Rentenzahlung an den Wittwer

und seine Kinder eingestellt werden, wenn er wieder erwerbsfähig wird und dadurch die Bedürftigkeit wegfällt.

[4]) berechtigt. Wie bei allen fakultativen Leistungen ist die Entschließung der B.G., ob sie von der Befugniß Gebrauch machen will oder nicht, einer Nachprüfung durch das Schiedsgericht und das R.V.A. entzogen. Eine ähnliche Bestimmung fand sich im §. 6a Abs. 5 des Entwurfs (1900), sie ist aber im Reichstag dort gestrichen und nach §. 6b (§. 17 G.U.V.G.) übernommen. (Sten.Ber. vom 25. Mai 1900, S. 5771, 5773.)

§. 18.

Hinterläßt der Verstorbene Verwandte der aufsteigenden Linie, so wird ihnen, falls ihr Lebensunterhalt ganz oder überwiegend durch den Verstorbenen bestritten[1]) worden war, bis zum Wegfalle der Bedürftigkeit[2]) eine Rente von insgesammt zwanzig Prozent des Jahresarbeitsverdienstes gewährt.

§. 6 lit. b. Abs. 1 U.V.G.; §. 6c Entw; §. 6c Ges. 1900.

Zu §. 18.

[1]) Ganz oder überwiegend durch den Verstorbenen bestritten. Dem §. 18 entspricht im U.V.G. (1884) Ziffer 2b im Abs. 1 des §. 6, welcher die Gewährung einer Aszendentenrente davon abhängig macht, daß der Verstorbene der einzige Ernährer des Aszendenten — nach der Bezeichnung des Bürgerlichen Gesetzbuchs: des Verwandten der aufsteigenden Linie — gewesen ist. Diese Bestimmung ist in der Praxis als eine zu weit gehende Beschränkung in der Versorgung von hilfsbedürftigen Verwandten empfunden worden und hat auch für das Interesse der Unternehmer insofern bedenkliche Folgen gehabt, als den hiernach von der Unfallfürsorge ausgeschlossenen Verwandten nach mehrfachen Entscheidungen des Reichsgerichts (vgl. Erkenntnisse vom 29. Oktober und 15. November 1889, Entscheidungen des Reichsgerichts in Civilsachen Band 24 S. 117 und Zeitschrift „Die Arbeiterversorgung" Band 6 S. 592 und Band 7 S. 211) nach §. 95 U.V.G. (1884) die aus den bürgerlichen Gesetzen herzuleitenden Entschädigungsansprüche erhalten bleiben (vgl. jetzt §. 135 G.U.V.G.). In der Rechtsprechung des Reichs-Versicherungsamts ist nun die gesetzliche Bestimmung so ausgelegt worden, daß die Aszendentenrente so zu gewähren ist, wenn der Verunglückte den Verwandten der aufsteigenden Linie thatsächlich im Wesentlichen allein unterhalten hat; als Beweis für das Bestehen eines solchen Verhältnisses genügt unter Umständen eine einmalige Geldsendung, wenn es sich dabei erweislich um den Anfang einer fortlaufenden Unterstützung gehandelt hat. Im Sinne dieser wohlwollenden Praxis ist jetzt die gesetzliche Bestimmung anderweit dahin gefaßt, daß der Lebensunterhalt des Verwandten der aufsteigenden Linie ganz oder überwiegend durch den Verstorbenen bestritten sein muß, um die Bewilligung einer Aszendentenrente zu rechtfertigen. Diese Bestimmung geht über die bisherige Praxis namentlich insofern hinaus, als beispielsweise das Vorhandensein eines zweiten Sohnes, der gleichfalls, wenn auch in geringerem Maße, die Eltern unterstützt hat, die Gewährung

der Aszendentenrente fernerhin nicht mehr ausschließen soll. (Mot. 1900 S. 60, 61.)

Ein noch weitergehender Antrag, die Aszendentenrente schon dann zu gewähren, wenn zum Lebensunterhalt des Aszendenten ein Beitrag durch den Verstorbenen geleistet war, ist in der Reichstagskommission nicht angenommen (Komm.Ber. 1900 S. 49).

Bei zwei durch einen Betriebsunfall gleichzeitig umgekommenen Söhnen ist die Ascendentenrente gewährt und nach dem Jahresarbeitsverdienst des höchstgelohnten Sohnes berechnet (A.N. 1900 S. 633).

²) Es ist zu beachten, daß den Aszendenten nur im Fall und für die Dauer der Bedürftigkeit eine Rente zusteht. Bei der Wittwe und den Kindern ist dagegen die Bedürftigkeit nicht Voraussetzung des Entschädigungsanspruchs. Bedürftigkeit liegt nicht vor, wenn der Kapitalbestand des Vermögens zur Unterhaltung (z. B. durch Ankauf einer Leibrente) ausreicht, sofern der betr. Aszendent nur für sich selbst zu sorgen hat (A.N. 1889 S. 355). Die Stiefmutter ist keine Aszendentin, sofern sie nicht etwa durch Adoption mit dem Verletzten verbunden war (A.N. 1887 S. 133). — Grund der Bedürftigkeit kann auch Mangel an Arbeitsgelegenheit sein (A.N. 1896 S. 263). Die Bedürftigkeit gilt erst dann als weggefallen, wenn eine nach den Verhältnissen einigermaßen auskömmliche Lebenshaltung gesichert ist (A.N. 1893 S. 193). — Wegen des Verfahrens beim Aufhören der Bedürftigkeit s. §. 88 G.U.V.G.; der Rentenbezug hört mit dem Ende des Monats auf (§ 89 Abs. 4 G.U.V.G.); tritt von Neuem Bedürftigkeit ein, so ist wiederum nach §. 88 cit. zu verfahren (A.N. 1885 S. 369; 1893 S. 193).

§. 19.

Hinterläßt der Verstorbene elternlose Enkel,¹) so wird ihnen, falls ihr Lebensunterhalt ganz oder überwiegend durch den Verstorbenen bestritten worden²) war, im Falle der Bedürftigkeit³) bis zum zurückgelegten fünfzehnten Lebensjahr eine Rente von insgesammt zwanzig Prozent des Jahresarbeitsverdienstes gewährt.

§. 6d Entw; §. 6d Ges. 1900.

Zu §. 19.

¹) Die Rechtsprechung hat sich auf den Standpunkt gestellt, daß zu den Kindern im Sinne des U.V.G. (1884) weitere Deszendenten nicht zu rechnen sind. Es wurden daher elternlose Enkel, die von ihrem Großvater oder ihrer Großmutter unterhalten wurden, ohne Renten gelassen, obwohl sie durch den in Folge eines Unfalls eintretenden Tod ihres Großvaters oder ihrer Großmutter den Versorger verlieren. Diese Lücke in der Fürsorge für die Hinterbliebenen ist durch die obige Bestimmung beseitigt, daß die Enkel mit der gleichen Beschränkung auf den Fall der Bedürftigkeit und in demselben Betrage wie Verwandte der aufsteigenden Linie mit insgesammt 20 Prozent des Arbeitsverdienstes des Verstorbenen entschädigt werden. Die Rente ist, sofern sie nicht schon früher aus anderen Gründen wegfällt, zu zahlen, bis

der letzte entschädigungsberechtigte Enkel das fünfzehnte Lebensjahr zurückgelegt hat. (Mot. 1900 S. 61.)

[2]) ganz oder überwiegend bestritten worden, vgl. Anm. 1 zu §. 18.

[3]) Bedürftigkeit. Vgl. Anm. 2 zu §. 18. — Außerdem ist die Rente noch dadurch bedingt, daß der Höchstbetrag der Hinterbliebenenrente nicht durch näher Berechtigte in Anspruch genommen wird (vgl. §. 20 G.U.V.G.).

§. 20.

1. Die Renten der Hinterbliebenen dürfen insgesammt sechzig Prozent des Jahresarbeitsverdienstes nicht übersteigen.[1]) Ergiebt sich ein höherer Betrag, so werden die Renten gekürzt.[2]) Bei Ehegatten und Kindern erfolgt die Kürzung im Verhältnisse[3]) der Höhe ihrer Renten; Verwandte der aufsteigenden Linie haben einen Anspruch nur insoweit, als der Höchstbetrag der Renten nicht für Ehegatten oder Kinder in Anspruch genommen wird; Enkel nur insoweit, als der Höchstbetrag der Renten nicht für Ehegatten, Kinder oder Verwandte der aufsteigenden Linie in Anspruch genommen wird.

2. Sind aus der aufsteigenden Linie Verwandte verschiedenen Grades vorhanden, so wird die Rente den Eltern vor den Großeltern gewährt.

§. 6 lit a Abs. 2, lit. b Abs. 2, 3 U.V.G.; §. 6 e Entw.; §. 6 e Ges. 1900.

Zu §. 20.

[1]) Im §. 20 sind die im §. 6 Ziffer 2 des U.V.G. (1884) an verschiedenen Stellen enthaltenen Vorschriften über den Höchstbetrag der Hinterbliebenenrente sowie über die Reihenfolge und das Verhältniß der verschiedenen Klassen von rentenberechtigten Hinterbliebenen zusammengefaßt und unter Berücksichtigung der §§. 18, 19 G.U.V.G. sinngemäß erweitert.

[2]) gekürzt. Der Rentenantheil ausscheidender Betheiligter wächst den übrigen hinterbliebenen Rentenberechtigten so lange zu, bis sie den vollen Betrag ihrer Renten (20 %) beziehen; das gilt von der Wittwenrente auch dann, wenn die Wittwe wegen Wiederverheirathung abgefunden ist (A.N. 1886 S. 56; 1889 S. 162).

[3]) im Verhältnisse. Zwischen den der Wittwe oder dem Wittwer und den Kindern zustehenden Renten muß nach der Kürzung das gleiche Verhältniß bestehen, wie es §§. 16, 17 G.U.V.G. vorschreiben, d. h. da jeder von diesen Personen eine Rente von 20 Prozent des Jahresarbeitsverdienstes zusteht, so ist der Höchstbetrag der Rente nach Kopftheilen gleichmäßig unter sie zu vertheilen. Beim Ausscheiden eines Berechtigten wächst dessen Antheil im Falle einer vollzogenen Reduktion den übrigen Berechtigten bis zum Gesammthöchstbetrage der Einzelrenten zu. Die Veränderung des Rentenbezuges vollzieht sich in den Formen des § 88 G.U.V.G.

§. 21.

Die Hinterbliebenen eines Ausländers,[1])[2]) welche zur Zeit des Unfalls nicht im Inland ihren gewöhnlichen Aufenthalt hatten, haben keinen Anspruch auf die Rente. Durch Beschluß des Bundesraths kann diese Bestimmung für bestimmte Grenzgebiete[3]) sowie für die Angehörigen solcher auswärtiger Staaten, durch deren Gesetzgebung eine entsprechende Fürsorge für die Hinterbliebenen durch Betriebsunfall getödteter Deutscher gewährleistet ist, außer Kraft gesetzt werden.

§. 6a. E. U.V.G.; §. 6f. Entw.; §. 6f. Ges. 1900.

Zu §. 21.

[1]) Die Bestimmung des U.V.G. (1884), wonach Hinterbliebene eines Ausländers einen Anspruch auf Unfallrente nicht haben, sofern sie zur Zeit des Unfalls nicht im Inlande wohnten, ist aus Billigkeitsgründen nach zwei Richtungen gemildert worden.

Zunächst soll der Bundesrath, wie im §. 48 Abs. 1 Ziffer 4 des Invalidenversicherungsgesetzes, ermächtigt werden, jene Vorschrift für bestimmte Grenzbezirke außer Kraft zu setzen. Aus den an die deutsche Grenze anstoßenden Bezirken des Auslandes nehmen zahlreiche Personen für längere oder kürzere Zeit innerhalb des Reichsgebiets Arbeit, ohne ihren Wohnsitz im Ausland aufzugeben; sie lassen ihre Familien in dem benachbarten Orte des Auslandes und kehren dorthin nur für kurze Zeit zurück. Wenn solche Familien ihren Ernährern nicht folgen, so geschieht dies in der Regel, weil sie auch jenseits der Grenze der inländischen Arbeitsstätte ihres Ernährers nahe genug wohnen. Solche Ausländer stehen in allen für die Unfallversicherung wesentlichen Beziehungen den Inländern gleich; es ist daher billig, auch ihre Hinterbliebenen hinsichtlich der Unfallrente den Inländern gleich zu behandeln.

Aehnliche Billigkeitsgründe sprechen dafür, die Unfallfürsorge den Angehörigen solcher Staaten, welche nach Lage ihrer Gesetzgebung im Stande und bereit sind, deutschen Arbeitern die gleichen Vortheile zu gewähren, ohne Rücksicht auf die größere oder geringere Nähe ihres Wohnorts in demselben Umfange wie den Inländern zuzuwenden. Die Prüfung des Vorhandenseins dieser Voraussetzungen und die sich darauf gründende Beschlußfassung ist dem Bundesrathe überlassen.

Wenn schließlich die Hinterbliebenen des Ausländers als solche bezeichnet werden, die nicht im Inland „ihren gewöhnlichen Aufenthalt hatten" — während es früher im Gesetz hieß: nicht im Inlande „wohnten" — so ist diese Aenderung übereinstimmend mit §. 94 Ziffer 2 zu dem Zwecke vorgenommen, um auch hier bei gleichartigen Verhältnissen wörtlichen Einklang mit §. 48 des Invalidenversicherungsgesetzes herzustellen. Dort ist bei der Umgestaltung des Gesetzes im Jahre 1899 die gleiche Aenderung vorgenommen, um die Entscheidung nicht von dem Rechtsbegriff eines „Wohnsitzes" der Familie des Ausländers abhängig zu machen, sondern die thatsächlichen Verhältnisse des „gewöhnlichen Aufenthalts" entscheidend hinzustellen. (Mot. 1900 S. 62). Das R.V.A. hatte übrigens die Bestimmung des U.V.G. (1884) in diesem Sinne ausgelegt (A.N. 1890 S. 588).

²) **Ausländer**, d. h. Nichtdeutsche (R.G. v. 1. Juni 1870, R.G.Bl. S. 355). Der §. 21, dessen Ergänzung sich in §§. 94, 95 G.U.V.G. findet, regelt das Verhältniß der im Inlande beschäftigten ausländischen Arbeiter. Eine völlige Ausschließung derselben von der Unfallversicherung erscheint nicht gerechtfertigt und würde dem Bedenken begegnen, daß dadurch für die Betriebsunternehmer eine Prämie auf möglichst ausgedehnte Beschäftigung ausländischer Arbeiter gesetzt werden würde. Andererseits liegt keine Veranlassung vor, die Mittel der zur Entschädigungsleistung Verpflichteten zur Unterstützung von Ausländern zu verwenden, welche im Auslande leben. Dazu kommt, daß die Zahlung von Renten an solche Ausländer zu erheblichen Weiterungen führen und eine schwer durchzuführende Kontrole erfordern würde Es soll daher den Hinterbliebenen eines Ausländers ein Anspruch auf die Rente nur dann zustehen, wenn sie zur Zeit des Unfalls den Anfenthalt des Getödteten im Inlande getheilt haben" (Mot. 1884 S. 47).

Nach §. 21 in Verbindung mit §§. 94, 95 ist also, abgesehen von Ausnahmen die der Bundesrath festsetzt, das Verhältniß der Ausländer das folgende:

> ein Ausländer, welcher verunglückt, erhält Rente (§. 9), das Recht auf den Bezug derselben ruht aber, so lange er nicht im Inlande seinen gewöhnlichen Aufenthalt hat (§. 94); er darf, falls er seinen Wohnsitz im Deutschen Reiche aufgiebt, nach 95 Abs. 2 auf seinen Antrag mit dem dreifachen Betrage der Jahresrente abgefunden werden.
>
> Die Hinterbliebenen eines Ausländers erhalten Rente nur, wenn sie zur Zeit des Unfalls im Inlande ihren gewöhnlichen Aufenthalt hatten (§. 21); verlassen sie später dasselbe, so unterliegen sie den Bestimmungen der §§. 94, 25 G.U.V.G.

³) **Grenzgebiete**. Einen bezüglichen Beschluß hat der Bundesrath unter dem 23. Mai 1901 gefaßt. Die bezügliche Bekanntmachung (Zentral-Blatt für das Deutsche Reich 1901 S. 210) lautet:

Bekanntmachung des Reichskanzlers vom 12 Juni 1901
(Zentr.Bl. S. 210).

Der Bundesrath hat in seiner Sitzung vom 23. Mai 1901 auf Grund des §. 21 des Gewerbe-Unfallversicherungsgesetzes (Reichs-Gesetzbl. 1900 S. 585), §. 22 des Unfallversicherungsgesetzes für Land- und Forstwirthschaft (Reichs-Gesetzbl. 1900 S. 641), §. 9 des Bau-Unfallversicherungsgesetzes (Reichs-Gesetzbl. 1900 S. 698) und §. 27 des See-Unfallversicherungsgesetzes (Reichs-Gesetzbl. S. 716) beschlossen, daß die dort vorgesehene Bestimmung, wonach die Hinterbliebenen eines Ausländers, welche zur Zeit des Unfalls nicht im Inland oder an Bord eines deutschen Seeschiffs ihren gewöhnlichen Aufenthalt hatten, keinen Anspruch auf Rente haben, für folgende ausländische Grenzbezirke außer Kraft gesetzt wird:

Lfd. Nr.	Bezeichnung des ausländisch. Staates	Nähere Bezeichnung der in Betracht kommenden ausländischen Grenzbezirke
1.	Dänemark.	Die Ortschaft Bamdrup.
2.	Niederlande.	Die Provinzen Groningen, Drenthe, Overyssel, Gelderland, Limburg.
3.	Das neutrale Gebiet Moresnet.	
4.	Schweiz.	Die Kantone Basel-Stadt, Basel-Land, vom Kanton Aargau die Bezirke Laufenburg, Baden und Zurzach, vom Kanton Zürich die Bezirke Bülach und Andelfingen, die Kantone Schaffhausen und Thurgau.
5.	Oesterreich-Ungarn.	Die Bezirkshauptmannschaften Bregenz, Reutte, Schwaz, Kufstein, Salzburg mit dem Stadtmagistratsbezirke Salzburg, Braunau a. I., Ried, Schärding, Rohrbach, Krumau, Prachatitz, Schüttenhofen, Strakonitz, Klattau, Taus, Bischofteinitz, Tachau, Plan, Eger, Asch, ferner Braunau (Böhmen), Neustadt, Reichenau, Senftenberg, Schönberg, Freiwaldau.

Berlin, den 12. Juni 1901.

Der Reichskanzler.
Im Auftrage: Dr. v. Woedtke.

[4]) auswärtiger Staaten. Als solche Staaten hat der Bundesrath Oesterreich hinsichtlich der im Reichsrath vertretenen Länder (d. h. unter Ausschluß der Länder der ungarischen Krone: Ungarn, Siebenbürgern, Kroatien und Slavonien) sowie Italien für den Bereich des G.U.V.G. und des B.U.V.G. anerkannt. Die bezügliche Verordnung vom 29. Juni 1901 ist bei der dem §. 21 analogen Bestimmung des §. 94 Ziffer 2 abgedruckt.

§. 22.

[1])An Stelle[2]) der in den §§. 9 und 12 vorgeschriebenen Leistungen kann[3]) von der Berufsgenossenschaft freie Kur und Verpflegung in einer Heilanstalt[4]) gewährt[5]) werden, und zwar: 1.

1. für Verletzte,[6]) welche verheirathet sind oder eine eigene Haushaltung haben oder Mitglieder der Haushaltung ihrer Familie sind, mit ihrer Zustimmung. Der Zustimmung bedarf es nicht, wenn die Art der Verletzung Anforderungen an die Behandlung oder Verpflegung stellt,

denen in der Familie nicht genügt werden kann, oder wenn der für den Aufenthaltsort des Verletzten amtlich bestellte Arzt bezeugt, daß Zustand oder Verhalten des Verletzten eine fortgesetzte Beobachtung erfordert;

2. für sonstige Verletzte in allen Fällen.

2\. Hat die Berufsgenossenschaft von dieser Befugniß in den Fällen des §. 12 Abs. 2 Gebrauch gemacht,[7]) so hat der Betriebsunternehmer als Ersatz für die freie Kur und Verpflegung der Berufsgenossenschaft das Einundeinhalbfache des im §. 12 Abs. 2 bezeichneten Krankengeldes zu vergüten. Auf Streitigkeiten, welche aus Anlaß dieser Bestimmung zwischen der Berufsgenossenschaft und dem Betriebsunternehmer entstehen, findet der §. 14 Anwendung.

3\. Für die Zeit der Verpflegung des Verletzten in der Heilanstalt steht seinen Angehörigen ein Anspruch auf Rente[8]) insoweit zu, als sie dieselbe im Falle seines Todes würden beanspruchen können[9]) (§§. 16 ff.).

4\. Die Berufsgenossenschaften sind befugt, auf Grund statutarischer Bestimmung allgemein, ohne eine solche im Falle der Bedürftigkeit, dem in einer Heilanstalt untergebrachten Verletzten sowie seinen Angehörigen eine besondere Unterstützung[10]) zu gewähren.

§. 7 U.V.G.; §. 7 Entw.; §. 7 Ges. 1900.

Zu §. 22.

[1]) Aehnliche Bestimmungen gelten auch für die Krankenversicherung, §. 7 K.V.G. „Mehr noch als für Krankheitsfälle im Allgemeinen besteht für Unfälle das Bedürfniß, die nachtheiligen Folgen derselben durch eine zweckentsprechende ärztliche Behandlung des Verunglückten nach Möglichkeit zu beseitigen und seine Wiederherstellung zu fördern. Aus diesem Grunde ist nach dem Vorgange des Hülfskassengesetzes und des Krankenversicherungsgesetzes vorgeschrieben, daß an die Stelle der in §§. 9, 12 festgesetzten Entschädigung die Verpflegung in einem Krankenhause treten kann. Es erscheint indessen billig, daß diese Art der Fürsorge solchen, welche bei Mitgliedern ihrer Familie wohnen, gegen ihren Willen nicht aufgedrungen werden darf, wenn es nicht im Interesse der Heilung nothwendig ist.

Soweit der Verunglückte Angehörige hat, denen ein Entschädigungsanspruch im Falle seines Todes zustehen würde, erscheint es angemessen, denselben die für diesen Fall festgesetzte Entschädigung auch für die Zeit der Verpflegung des Verunglückten in dem Krankenhause zu gewähren" (Motive 1884 S. 47).

[2]) an Stelle. Die Leistungen aus §§. 9, 12 sind also während der Unterbringung im Krankenhause einstweilen einzustellen; insbesondere wird

auch der vom Unternehmer zu entrichtende Zuschuß zum Krankengelde (§. 12 Abs. 1) auf diese Zeit nicht gezahlt. (Mot. 1900 S. 63.) Bei kurzen Beurlaubungen aus der Heilanstalt tritt keine Aenderung ein (A.N. 1900 S. 656). Die für einen früheren Unfall gewährte Rente wird nicht davon berührt, wenn wegen eines späteren Unfalles „an Stelle" der Rente die Verpflegung in einer Heilanstalt gewährt wird (A.N. 1898 S. 246). Auch finden die Bestimmungen dann keine Anwendung, wenn die Unterbringung in einer Heilanstalt zum Zwecke der ärztlichen Untersuchung oder Beobachtung erfolgt; die hierdurch entstehenden Kosten hat die B.G. neben der Rente zu tragen. (H.B. S. 180.)

³) **kann**, nach Wahl der Berufsgenossenschaft (A.N. 1886 S. 17), welche bei Ausübung dieses Wahlrechts befugt ist, einen angemessenen Termin für den Eintritt in das Krankenhaus festzusetzen (A.N. 1889 S. 359). Uebrigens präjudizirt die Unterbringung in einem Krankenhause, zumal über dieselbe meist schleunig befunden werden muß, der Prüfung nicht, ob eine (dauernde) Verpflichtung zur Gewährung einer Rente überhaupt vorliegt; diese Frage kann vielmehr weiterer Prüfung vorbehalten werden (A.N. 1887 S. 133, 1888 S. 177).

Das Wahlrecht wird ausgeübt von demjenigen Genossenschaftsorgan, welches zur Rentenfestsetzung berufen ist, und zwar durch Ertheilung eines, der Berufung auf schiedsgerichtliche Entscheidung unterliegenden formellen Bescheides (A.N. 1886 S. 292). Wegen minderjähriger Verletzter vgl. A.N. 1899 S. 441.

Im Interesse der Beschleunigung kann dieser formelle Bescheid durch eine formlose (nicht mit der Berufungsklausel versehene) Aufforderung an den Verletzten vorbereitet werden, sich in ein näher zu bezeichnendes Krankenhaus zu begeben, widrigenfalls die Genossenschaft unter Umständen, wenn nämlich demnächst die verbleibende Erwerbsunfähigkeit als Folge der schuldhaften Weigerung, in ein Krankenhaus zu gehen, sich herausstellt, die Rente würde mindern können. Der förmliche Bescheid, durch welchen das Wahlrecht ausgeübt wird, ist aber jedenfalls nachzuholen, mag der Verletzte der vorläufigen Aufforderung nachgekommen sein oder nicht (vgl. Rundschreiben des R.V.A. v. 11. Januar 1888, siehe Anhang).

Hören die Leistungen nach §. 22 auf, um einer anderweiten Leistung nach §. 9 Platz zu machen, so bedarf es einer völlig neuen Festsetzung mittelst eben solchen formellen Bescheides (A.N. 1887 S. 133, 1888 S. 197).

Wer sich unbefugt weigert, in ein Krankenhaus zu gehen, oder wer dasselbe unbefugt verläßt, oder sonst den ärztlichen Anordnungen nicht nachkommt, verliert nicht nur das Heilverfahren, sondern unter Umständen nach näherer Vorschrift des §. 23 Abs. 2. (Vgl. Anm. 3 zu §. 23) auch die Rente. Ueber die Gestaltung des Verhältnisses bei minderjährigen Verletzten vgl. A.N. 1899 S. 441.

⁴) **Heilanstalt.** Der allgemeine Ausdruck „Heilanstalt" umfaßt neben Krankenhäusern auch Sanatorien, Rekonvaleszentenhäuser, Irrenhäuser 2c. (A.N. 1888 S. 197), aber nicht Siechenhäuser.

Im U.V.G. (1884) war der B.G. die Befugniß, den Verletzten in ein Krankenhaus unterzubringen, nur für die Dauer des Heilverfahrens gegeben; die spätere Fortdauer dieser Befugniß war in der Reichstags-Kommission (1897) Gegenstand eingehender Erörterung (Komm.Ber. 1897 S. 72), aus welcher demnächst die neue Regelung der Frage im §. 23 G.U.V.G. hervorgegangen ist.

5) **gewährt.** Etwaige Reisekosten des Verletzten, der sich in das Krankenhaus begeben soll, hat die Berufsgenossenschaft zu gewähren (A.N. 1887 S. 27).

6) **für Verletzte.** Die Voraussetzungen, unter denen einem Verletzten an Stelle der Rente freie Kur und Verpflegung in einer Heilanstalt nach dem Ermessen der Genossenschaft gewährt werden kann, sind in Anlehnung an den Wortlaut, welchen §. 7 des Krankenversicherungsgesetzes durch die Fassung vom 10. April 1892 erhalten hat, etwas abweichend geregelt. Dort heißt es, daß Krankenhauspflege zulässig ist für diejenigen, welche verheirathet sind, oder eine eigene Haushaltung haben, oder Mitglieder der Haushaltung ihrer Familie sind, mit ihrer Zustimmung oder unabhängig von derselben, wenn die Art der Krankheit Anforderungen an die Behandlung oder Verpflegung stellt, welchen in der Familie des Erkrankten nicht genügt werden kann, oder wenn die Krankheit eine ansteckende ist, oder wenn der Erkrankte wiederholt den auf Grund des §. 6a Abs. 2 a. a. O. über Krankenmeldung, Verhalten der Kranken, Krankenaufsicht oder in sonstigen Beziehungen vom behandelnden Arzte erlassenen Vorschriften zuwidergehandelt hat, oder wenn dessen Zustand oder Verhalten eine fortgesetzte Beobachtung erfordert. In der Reichstagskommission 1897 war eingehend über die Voraussetzungen des Zwanges zur Krankenhausbehandlung verhandelt worden (Komm.Ber. 1897 S. 69 ff). Insbesondere wurde eine wörtliche Uebertragung der Bestimmung des K.V.G. in Bezug auf die wiederholte Zuwiderhandlung gegen ärztliche Anordnungen um deswillen beanstandet, weil von verschiedenen Aerzten widersprechende Anordnungen gegeben werden könnten; es ist deshalb empfohlen worden, in dieser Beziehung den Verletzten gegen Nachtheile zu schützen. Gleiches gilt von der Voraussetzung, daß Zustand oder Verhalten des Verletzten eine fortgesetzte Beobachtung erfordern. Der Entwurf will den gewünschten Schutz und zugleich eine sachgemäße Beurtheilung der Zweckmäßigkeit einer Heilanstaltspflege durch Zuziehung des zuständigen Amtsarztes herbeiführen. (Mot. 1900 S. 63.) Diese Fassung ist nach erneuten Erörterungen in der Reichstags-Kommission (Komm Ber. 1900 S. 52) und im Plenum des Reichstags (Sten.Ber. vom 4. Mai 1900 S. 5276) angenommen.

7) Durch die Bezugnahme auf §. 12 im §. 22 Abs. 1 ist zum Ausdrucke gebracht, daß die Befugniß der Berufsgenossenschaft, die Verpflegung des Verletzten in einer Heilanstalt anzuordnen, auch in solchen Fällen in Kraft tritt, in denen die Fürsorge während der ersten dreizehn Wochen nicht einer Krankenkasse, sondern dem Betriebsunternehmer obliegt. Es ist nicht zu verkennen, daß in solchen Fällen unter Umständen besonders dringende Veranlassung zur Anordnung einer Heilanstaltspflege vorliegen kann Es bedarf alsdann einer dem §. 76c des Krankenversicherungsgesetzes entsprechenden Regelung der Ersatzpflicht des Betriebsunternehmers gegenüber der Berufsgenossenschaft. Im Abs. 2 ist daher nach dem Vorgange des

§. 11 (vergl. auch §. 19 des Invalidenversicherungsgesetzes) dem Unternehmer neben dem Krankengelde noch der halbe Betrag desselben als Pauschbetrag für Arzt und Arznei, im Ganzen mithin das Ein- und Einhalbfache eines den Verhältnissen entsprechenden Krankengeldes zur Erstattung an die Berufsgenossenschaft auferlegt. Der etwaige besondere Krankengeldzuschuß des Unternehmers (§. 12 Abs. 1) kommt alsdann in Wegfall. Der Unternehmer hat mithin jedenfalls nicht mehr zu leisten, als ihm nach §. 12 Abs. 2 obliegt; der Unterschied besteht nur darin, daß er die Beträge an die Genossenschaftskasse statt an den Verletzten zu zahlen hat. Die Entscheidung über Streitigkeiten, welche aus Anlaß dieser Bestimmung zwischen der Berufsgenossenschaft und dem Betriebsunternehmer entstehen, ist in derselben Weise zu erledigen, wie es geschieht, wenn Krankenkassen betheiligt sind. (Mot. 1900 S. 63.)

8) Rente. Auch diese Rente kann durch Vermittelung der Krankenkasse, welcher der Verletzte angehört oder zuletzt angehört hat, gezahlt werden, vgl. §. 11 Abs. 1. Diese „Familienrente" hat die rechtliche Natur einer Zuschußentschädigung für den Verletzten selbst (A.N. 1889 S. 358) und kann, wenn sie im Laufe eines Monats fällig oder hinfällig wird, mit der dem Verletzten zustehenden Unfallrente aufgerechnet werden (vgl. §. 93 Abs. 3). Sie währt im Uebrigen nur solange, wie das Heilverfahren im Krankenhause selbst (A.N. 1889 S. 358), und ist, wenn die Erwerbsunfähigkeit des Verletzten, welcher im Krankenhause geheilt werden soll, „voraussichtlich vorübergehend" ist (§. 69 Abs. 1 Ziffer 1 lit. b, §. 80 Abs. 1 G.U.V.G.), nicht rekursfähig (A.N. 1888 S. 281). Die Zahlung der Angehörigenrente ist bei kurzen Beurlaubungen des Verletzten aus dem Krankenhause, sofern eine Unterbrechung der Heilbehandlung damit nicht verbunden ist, fortzusetzen (A.N. 1900 S. 656).

insoweit. Trifft für einen Theil des Monats die Rente für den in einer Heilanstalt untergebrachten Verletzten selbst mit der Rente für seine Angehörigen zusammen, so findet eine wechselseitige Aufrechnung dieser Renten statt, und die Berufsgenossenschaft ist nur zur Zahlung des überschießenden Theiles der höheren Rente verpflichtet. Vgl. auch §. 93 Abs. 3. (A.N. 1901 S. 399.)

9) beanspruchen können. Die Angehörigen des Verletzten erhalten die Bezüge, welche ihnen nach §§. 16 ff. kraft Gesetzes zustehen; dagegen ist nicht vorgesehen, daß ihnen auch die fakultativ den B.Gen. überlassenen Zuwendungen an Hinterbliebene (§. 16 Abs. 3, §. 17 Abs. 2) bewilligt werden können. Den B.Gen. steht aber frei, bei gegebener Veranlassung nach §. 22 Abs. 4 G.U.V.G. während der Unterbringung des Verletzten in einer Heilanstalt ihm selbst sowie seinen Angehörigen eine besondere Unterstützung zu gewähren. (Komm.Ber. 1900 S. 53.)

10) eine besondere Unterstützung. Der Abs. 4 trägt dem in den Verhandlungen (vgl. Anm. 6) mehrfach hervorgehobenen Bedenken Rechnung, daß die im Interesse seiner Heilung, oft mit nur unsicherer Aussicht auf Erfolg, vorgenommene Unterbringung des Verletzten in einer Heilanstalt für ihn und seine Familie insofern nicht selten Nachtheile mit sich bringt, als er fürs erste verhindert wird, eine etwa aufgefundene Gelegenheit zur Ver-

werthung seiner noch vorhandenen Arbeitsfähigkeit weiter zu benutzen. Nicht selten werden die nach Abs. 3 gewährten Angehörigenunterstützungen einen angemessenen Ausgleich für diese Nachtheile nicht bieten. Die Motive bemerken hierüber Folgendes: Für den Verletzten ist es, zumal in den Fällen einer Wiederaufnahme des Heilverfahrens, oft schwer, auszukommen, namentlich aber entsteht für seine Angehörigen dadurch, daß der Ernährer im Interesse besserer Heilung seiner Beschäftigung entzogen wird, häufig eine wirthschaftliche Nothlage, über welche die unsichere Aussicht auf demnächstige Besserung seiner Erwerbsfähigkeit zunächst nicht hinweghilft. Um dieser Noth vorzubeugen, will der letzte Absatz, ohne einen Rechtsanspruch zu begründen, den Berufsgenossenschaften die Befugniß beilegen, Genossenschaftsgelder dazu zu verwenden, um sowohl dem in eine Heilanstalt untergebrachten Verletzten als auch dessen Angehörigen neben ihren gesetzlichen Bezügen eine besondere Unterstützung zu gewähren. Und zwar soll es zulässig sein, derartige Unterstützungen allgemein durch statutarische Bestimmung in Aussicht zu stellen, wo aber eine solche Bestimmung nicht besteht, soll das Feststellungsorgan kraft Gesetzes befugt sein, nach seinem Ermessen im einzelnen Falle der Bedürftigkeit die in Rede stehende besondere Unterstützung zu bewilligen. (Mot. 1900 S. 64).

§. 23.

1. Ist begründete Annahme vorhanden, daß der Empfänger einer Unfallrente bei Durchführung eines Heilverfahrens eine Erhöhung seiner Erwerbsfähigkeit erlangen werde, so kann die Berufsgenossenschaft zu diesem Zwecke jederzeit ein neues Heilverfahren eintreten lassen.[1]) Dabei finden die Bestimmungen der §§. 11, 22 Abs. 1, 3, 4 Anwendung.

2. Hat sich der Verletzte solchen Maßnahmen der Berufsgenossenschaft, den gemäß §. 9 Abs. 1 Ziffer 1, §§. 11, 12 Abs. 2, §. 22 oder gemäß den Bestimmungen der §§. 76c, 76d des Krankenversicherungsgesetzes getroffenen Anordnungen ohne gesetzlichen oder sonst triftigen Grund[2]) entzogen, so kann[3]) ihm[4]) der Schadensersatz auf Zeit ganz oder theilweise versagt werden, sofern er auf diese Folge hingewiesen worden ist, und nachgewiesen wird, daß durch sein Verhalten die Erwerbsfähigkeit ungünstig beeinflußt wird.[5])

§. 7a Entw.; §. 7a Ges. 1900.

Zu §. 23.

[1]) Heilverfahren eintreten lassen. Die Bestimmung ist dem §. 47. Abs. 2 J.V.G. nachgebildet. Die Frage, ob begründete Annahme einer zu erzielenden Besserung des Zustandes des Verletzten vorhanden ist, unterliegt der Nachprüfung durch das Schiedsgericht und das R.V.A., da die Anordnungen über Einleitung eines neuen Heilverfahrens sich stets in der

Form eines berufungsfähigen Bescheides vollziehen, und zwar hat in Fällen dieser Art die Berufung an das Schiedsgericht nach §. 76 Abs. 5 G.U.V.G. ausnahmsweise aufschiebende Wirkung. Die Anordnungen der Genossenschaft sowohl in Bezug auf Einstellung der Rente als auch in Bezug auf Einweisung in ein Krankenhaus treten also, wenn Berufung eingelegt wird, vorläufig nicht in Kraft (Sten.Ber. vom 25. Mai 1900 S. 5775), und dem Verletzten erwächst aus der Nichtbefolgung dieser Anordnungen der angedrohte Nachtheil (Abs. 2) einstweilen, bis zur Bestätigung durch das Schiedsgericht, nicht. — Die Einleitung eines neuen Heilverfahrens erfolgt auch nach Ablauf von 5 Jahren seit der ersten Feststellung der Rente (vgl. Anm. 4, 7 zu §§. 88) durch Bescheid der B.G.

²) gesetzlichen oder sonst triftigen Grund. Wegen gesetzlicher Gründe vgl. §. 22 Abs. 2 Ziffer 1; als triftige Gründe zu einer Unterbrechung des Heilverfahrens hat das R.V.A. die Entbindung der Frau und die Nothwendigkeit, für hülfsbedürftige Kinder zu sorgen, angesehen (H.B. S. 183).

³) kann .. versagt werden. Die jedesmal besonders anzudrohenden Nachtheile sind gegenüber dem Rechtszustande vor der Novelle (1900) wesentlich gemildert: der Schadenersatz kann nur noch auf Zeit versagt werden, und die Entziehung braucht nur zu einem Theile zu geschehen. — Die nachtheiligen Folgen für den Verletzten finden ihre Begrenzung einmal in der Richtung, daß ihm nur derjenige Theil der Rente entzogen werden darf, der bei der (im Falle der Durchführung der Krankenhausbehandlung) anzunehmenden Hebung der Erwerbsfähigkeit erspart worden wäre, sodann zeitlich insofern, als nur für denjenigen Zeitraum, welchen die Krankenhausbehandlung nach Bedürfnis des Falles eingenommen haben würde, die ganze Rente in Folge des von der B.G. ausgeübten Wahlrechts einbehalten werden darf, während für die spätere Zeit die verminderte Rente auszuzahlen ist. (A.N. 1901 S. 358.)

⁴) ihm. Nur die eigenen Rentenbezüge des Verletzten, dagegen nicht die Bezüge seiner Hinterbliebenen, können bei Vorhandensein der gesetzlichen Voraussetzungen auf Zeit ganz oder theilweise versagt worden. (Komm.Ber. 1900 S. 55).

⁵) beeinflußt wird. Im Entwurf (1900) war die Versagung der Rente an die Voraussetzung geknüpft, daß durch das Verhalten des Verletzten die Erwerbsunfähigkeit ungünstig beeinflußt ist; es sollte also eine thatsächlich vorliegende Beeinflussung abgewartet werden, bevor die Herabsetzung oder Entziehung der Rente erfolgt. In der Reichstagskommission (1900) wurde darauf hingewiesen, es sei vorzuziehen, die Versagung der Rente (Abs. 2) nicht erst dann eintreten zu lassen, wenn nachgewiesen wird, daß durch das Verhalten des Verletzten gegenüber den Maßnahmen der Genossenschaft seine Erwerbsfähigkeit nachtheilig beeinflußt ist. Versage man die Rente schon, sobald nur nachgewiesen ist, daß die Erwerbsfähigkeit nachtheilig beeinflußt wird, so werde der Verletzte zu seinem Heile schon früher zum Eingehen auf die Maßnahmen der Berufsgenossenschaft veranlaßt. Die Voraussetzung könne durch ärztliches Gutachten recht wohl erwiesen werden. (Komm.Ber. 1900 S. 55.)

§. 24.

[1])Der Vorstand der Berufsgenossenschaft kann einem Rentenempfänger auf seinen Antrag an Stelle der Rente Aufnahme in ein Invalidenhaus oder in ähnliche von Dritten unterhaltene Anstalten auf Kosten der Berufsgenossenschaft gewähren. Der Aufgenommene ist auf ein Vierteljahr[2]) und, wenn er die Erklärung nicht einen Monat vor Ablauf dieses Zeitraums zurücknimmt, jedesmal auf ein weiteres Vierteljahr an den Verzicht auf die Rente gebunden.

§. 7b Entw.; §. 7b Ges. 1900.

Zu §. 24.

[1]) Diese Bestimmung ist dem §. 25 J.V.G. nachgebildet. Das Bedürfniß, einen Rentenempfänger durch Aufnahme in ein Invalidenhaus zu versorgen, kann hier ebenso begründet sein, wie bei der Invalidenversicherung. Die Aufnahme erfolgt nur im beiderseitigen Einverständnisse.

[2]) auf ein Vierteljahr . . gebunden. Im Interesse einer geordneten Verwaltung muß das Verbleiben in der Anstalt an gewisse Kündigungsfristen gebunden werden.

Verhältniß zu Krankenkassen, Armenverbänden ꝛc.

§. 25.

1. Die Verpflichtung[1]) der eingeschriebenen Hülfskassen sowie der sonstigen Kranken-, Sterbe-, Invaliden- und anderen Unterstützungskassen,[2]) den von Unfällen betroffenen Arbeitern und Betriebsbeamten sowie deren Angehörigen und Hinterbliebenen Unterstützungen zu gewähren, sowie die Verpflichtung von Gemeinden oder Armenverbänden[3]) zur Unterstützung hülfsbedürftiger Personen wird durch dieses Gesetz nicht berührt.[4])

2. Wenn auf Grund solcher Verpflichtung Unterstützungen für einen Zeitraum geleistet werden, für welchen den Unterstützten nach Maßgabe dieses Gesetzes ein Entschädigungsanspruch zustand oder noch zusteht, so ist hierfür den die Unterstützung gewährenden Kassen, Gemeinden oder Armenverbänden durch Ueberweisung von Rentenbeträgen Ersatz zu leisten.[5])

3. In Fällen dieser Art gilt[6]) für die unter das Krankenversicherungsgesetz fallenden Kassen als Ersatz der im §. 6 Abs. 1 Ziffer 1 des Krankenversicherungsgesetzes be-

zeichneten Leistungen die Hälfte des gesetzlichen Mindestbetrags des Krankengeldes dieser Kassen, sofern nicht höhere Aufwendungen nachgewiesen werden.

Ist die von Kassen, Gemeinden oder Armenverbänden geleistete Unterstützung eine vorübergehende, so können als Ersatz höchstens[7]) drei Monatsbeträge der Rente, und zwar mit nicht mehr als der Hälfte in Anspruch genommen werden. 4.

Ist die Unterstützung eine fortlaufende,[8]) so kann als Ersatz, wenn die Unterstützung in der Gewährung des Unterhalts in einer Anstalt besteht, für dessen Dauer und in dem zur Ersatzleistung erforderlichen Betrage die fortlaufende Ueberweisung der vollen Rente, im Uebrigen die fortlaufende Ueberweisung von höchstens der halben Rente beansprucht werden. 5.

§. 8 Abs. 1 U.V.G.; §. 8 Entw.; §. 8 Ges. 1900.

Zu §. 25.

[1]) Die in einem früheren Entwurf vor dem Wort „Verpflichtung" noch befindlichen Worte: „auf gesetzlicher Vorschrift beruhende" sind fortgelassen, um jeden Zweifel darüber auszuschließen, daß auch statutarische Mehrleistungen der Kassen ꝛc., welche das Maß der gesetzlichen Mindestleistungen übersteigen, in Kraft bleiben.

Im §. 25 Abs. 1 ist die Verpflichtung aller Krankenkassen und Armenverbände, die von ihnen geschuldete Unterstützung zu gewähren, den berechtigten Verletzten gegenüber in vollem Umfange aufrecht erhalten, nicht nur während derjenigen Zeit, in welcher aus der Unfallversicherung als solcher nichts geleistet wird (Karenzzeit), sondern auch insoweit, als die B.G. einzutreten hat. Für den letzteren Fall giebt dann aber Abs. 2 den Kassen und Armenverbänden der Berufsgenossenschaft gegenüber einen Anspruch auf Ersatz. Es handelt sich dabei insbesondere um das Sterbegeld (§. 20 Abs. 1 Ziffer 3 K.V.G.) und um statutarische Mehrleistungen der Krankenkassen nach Ablauf der ersten 13 Wochen (§. 21 Ziffer 1 a. a. O.). Die Berechtigten haben — schon um die Möglichkeit doppelter Zahlung seitens der beiden Verpflichteten zu verhüten — sich zunächst an die ihnen örtlich nähere Krankenkasse ꝛc. zu wenden; die Berufsgenossenschaft leistet letzterer mit den aus §. 25 Abs. 4, 5 folgenden Einschränkungen Ersatz für die Auslagen und gewährt den Berechtigten den denselben von ihr geschuldeten Mehrbetrag. Der praktische Erfolg ist also, daß die Verletzten unter allen Umständen dasjenige, worauf sie auf Grund dieses Gesetzes Anspruch haben, erhalten, außerdem aber (nach Abs. 4, 5 ohne Anrechnung) noch einen Theil der von den Kassen ihnen geschuldeten Leistungen, ferner, daß die Verpflichtungen aus der Unfallversicherung prinzipaler Natur sind, so daß den Berufsgenossenschaften eine Erleichterung aus nebenher bestehenden Verpflichtungen anderer Anstalten nicht erwächst; endlich, daß die anderen Verbände (Kassen) insoweit als ihre Leistungen durch die Unfallversicherung gedeckt werden, erleichtert werden. In Anwendung auf das Sterbegeld also liegt die Sache so: Die Berufsgenossenschaft haftet unter allen Umständen für das Sterbegeld in Höhe des in §. 15 angegebenen Betrages, und erstattet denselben der Krankenkasse ꝛc., soweit diese jenen Betrag hat zahlen müssen; ist das Sterbegeld aus letzterer höher, so wird die Krankenkasse zu dem überschießenden Betrage nicht befreit. Gewährt die Krankenkasse Krankenunterstützung über 13 Wochen hinaus, so wird für die letztere von der Berufsgenossenschaft bis zur Höhe von drei halben Monatsbeträgen der Rente Ersatz geleistet (vgl. A.N. 1888 S 244; 1892 S. 348). Die Erstattungsverbindlichkeit der Berufsgenossenschaft bezieht sich aber, was nicht zu übersehen ist, nur auf solche Unterstützungen, welche sowohl aus der Unfallversicherung, wie aus anderen Kassen zu leisten sind, also gegenüber Krankenkassen nicht auf die Fürsorge für Verletzte während der ersten 13 Wochen, weil für diese Zeit eine Verpflichtung der Berufsgenossenschaften, abgesehen von den hier nicht in Betracht kommenden Fällen des §. 13 G.U.V.G., überhaupt nicht besteht. Gegenüber Armenverbänden kann in den Fällen des §. 13 auch schon während der ersten 13 Wochen nach dem Unfall ein Ersatz ihrer Aufwendungen innerhalb der gesetzlichen Grenzen (§. 25 Abs. 2, 4, 5) in Frage kommen.

Wegen des Verhältnisses zu zivilrechtlichen Entschädigungsansprüchen ꝛc. vgl. §§. 135—140 G.U.V.G.

[2]) Unterstützungskassen. Hierher gehören alle Kassen, an welche ein rechtlicher Anspruch auf Unterstützung besteht, ohne Unterschied, ob die Kasse auf Grund gesetzlicher oder statutarischer Verpflichtung, oder auf Grund einer Liberalität oder eines anderen für die betr. Arbeiter rechtsbegründenden Akts errichtet worden ist (A.N 1885 S. 3). Sind mehrere ersatzberechtigte Kassen vorhanden, so muß sich die B.G. mit ihnen allen abfinden, und zwar vorbehaltlich besonderer Abmachungen in der Regel nach dem Verhältniß der Leistungen jeder zum Ersatz berechtigten Kasse (A.N. 1886 S 57). Ist eine baldige Erledigung nicht zu erreichen, so empfiehlt sich die Hinterlegung des Betrages.

[3]) Armenverbände. Ebenso soll die gesetzliche Verpflichtung der Gemeinden und sonstiger Verbände, durch Unfall hülfsbedürftig gewordenen Arbeitern Unterstützung zu gewähren, durch die Versicherung keine Veränderung erleiden, jedoch soll auch ihnen für das zu diesem Zweck Geleistete von den Berufsgenossenschaften Ersatz geleistet werden, und es sollen zu dem Ende Rentenbeträge bis zum Betrage der geleisteten Unterstützung auf die fragliche Gemeinde oder den betreffenden Verband bezw. auf diejenigen, welche die Verpflichtung derselben auf Grund gesetzlicher Vorschrift erfüllt haben, überwiesen werden. (Vgl. Mot. 1884 S. 47.) — Für rückständige öffentliche Abgaben, z. B. Schulgeld, wird Ersatz aus der Unfallrente nicht geleistet, sondern nur für Aufwendungen auf Grund der Armenpflege (A.N. 1889 S. 359).

[4]) nicht berührt. Aehnlich steht es mit dem Verhältniß der Unfallversicherung zur Invaliden- und Altersversicherung. Wenn ein Betriebsunfall eine Unfallrente zur Folge hat, so ist diese von der B.G. unter allen Umständen, und unabhängig von etwaigen gleichzeitigen Ansprüchen des Verletzten an die Versicherungsanstalten, auf Invaliden- oder Altersrente zu zahlen (§. 15 Abs 2 J.V.G.). Andererseits ist die Versicherungsanstalt gesetzlich verpflichtet, auch in solchen Fällen, in denen der Verletzte seinen Rentenanspruch um deswillen, weil die Invalidität durch Betriebsunfall hervorgerufen ist, an sich gegen die Berufsgenossenschaften zu richten hätte, auf Antrag des Verletzten zunächst die Invalidenrente ihrerseits zu bewilligen; sie darf dann wegen ihrer Auslagen an die B.G. sich Regreß nehmen. Im Einzelnen stellt sich die Sache wie folgt:

1. Die Invalidität ist durch einen nicht „bei dem Betriebe" entstandenen Unfall oder in einem Betriebe, welcher nicht unter die Unfallversicherung fällt, hervorgerufen. Dann schuldet natürlich die Vers.Anstalt die Rente ausschließlich.
2. Die Invalidität ist durch Betriebsunfall in einem Betriebe, welcher unter die Unfallversicherung fällt, hervorgerufen (A.A. 1894 S. 293; A.N., J.u.A.V. 1894 S. 145; 1896 S. 253) Dann muß die zuständige B.G. die Feststellung der Rente (von Amtswegen §§. 71 ff. G.U.V.G.) ihrerseits bewirken und die Rente zahlen. Aber auch die Versicherungsanstalt kann kraft Gesetzes in die Lage kommen, eine Rente festsetzen und zahlen zu müssen (§. 113 J.V.G.), nämlich dann, wenn ein Antrag des Verletzten vorliegt und es sich um eine dauernde Erwerbsunfähigkeit im Sinne und Umfange des Invalidenversicherungsgesetzes handelt, auch die sonstigen Voraussetzungen des J V.G. vorliegen, insbesondere die Wartezeit erfüllt und das Versicherungsverhältniß nicht etwa erloschen ist (§§. 15, 17, 29, 46 J.V.G.). Wenn nun in derartigen Fällen die Versicherungsanstalt die Rente festgesetzt und gezahlt hat, so geht der Anspruch des Invaliden auf Unfallrente gegen die B.G. auf die Versicherungsanstalt über, sie wird Rechtsnachfolgerin des Invaliden und kann an die verpflichtete B.G. bis zur Höhe ihrer Leistungen Regreß nehmen (§. 113 J.V.G.). Die Feststellung, ob die B.G. zur Gewährung von Unfallrenten verpflichtet ist, erfolgt auf dem im G.U.V.G. vorgesehenen Wege (Entscheidung des zuständigen Organs der B.G., Berufung an das Schiedsgericht, Rekurs an das R.V.A.), doch ist die Versicherungsanstalt berechtigt, an Stelle des Verletzten die Feststellung der Unfallrente zu betreiben. (Vgl. A.N., J.u.A.V. 1893 S. 166; 1894 S. 161; 1895 S. 227.) Ist hiernach die Regreßpflicht der B.G. festgestellt, so muß sie das von der Versicherungsanstalt Geleistete in Höhe ihrer eigenen Verpflichtung erstatten, wobei etwaige Streitigkeiten vom R.V.A. entschieden werden. (§. 113 Abs. 6 J.V.G.), und sie muß ferner das Mehr an Unfallrente kraft ihrer gesetzlichen Verpflichtung übernehmen bezw. nachzahlen. Ist aber die Invalidenrente höher wie die Unfallrente (was wenigstens in den ersten 30 Jahren, so lange die Invalidenrente ihrem Höchstbetrag sich noch nicht nähern kann, schwerlich der Fall sein wird), so

bleibt das Mehr zu Lasten der Versicherungsanstalt (§. 15 Abs. 2 J.V.G.; man beachte dort das Wörtchen „insoweit").

3. Stößt dem Empfänger einer Invaliden- oder Altersrente später ein Betriebsunfall zu, so hat die B.G. die Sache zu instruiren und die Unfallrente voll zu zahlen. Um den Betrag der letzteren ruht die Invaliden- oder Altersrente, falls beide Renten zusammen den siebenundeinhalbfachen Grundbetrag der Invalidenrente (§. 36 Abs. 2, 3 J.V.G.) übersteigen (§. 48 Ziff. 1 J.V.G.). Also auch in diesem Falle tritt bei gleichzeitigen Verbindlichkeiten der Versicherungsanstalt (Invalidenversicherung) und der Berufsgenossenschaft (Unfallversicherung) eine Entlastung der ersteren ein, wenn auch in etwas anderer Form als im §. 25 G.U.V.G. vorgesehen ist.

4. Empfänger einer Unfallrente können auf ihren Antrag, falls die Unfallrente den Mindestbetrag der Invalidenrente (114,70 Mk.) erreicht, von der Versicherungs- bezw. Beitragspflicht zur Invalidenversicherung befreit werden (§. 6 Abs. 1 J.V.G.). Geschieht dies nicht, oder ist die bisherige Anwartschaft durch freiwillige Beiträge erhalten bezw. noch nicht erloschen (§. 46 J.V.G.), so muß, wenn später der Empfänger der Unfallrente invalid (im Sinne des J.V.G.) oder 71 Jahre alt wird, die Invaliden- bezw. Altersrente gleichfalls gewährt werden. Aber die letztere Rente ruht nach §. 48 Ziffer 1 J.V.G. dann ebenfalls, solange und soweit beide Renten zusammen den siebenundeinhalbfachen Grundbetrag der Invalidenrente (§. 36 Abs. 2, 3 J.V.G.) übersteigen; die Entlastung der Versicherungsanstalt tritt also in gleichem Maße ein wie in dem Fall zu 3.

5) Im U.V.G. (1884) war ein „Uebergehen" der Ansprüche vorgesehen, und es hatten sich hieran Zweifel in verschiedenen Richtungen über die anzuwendenden Rechtsregeln und über die zur Entscheidung von Streitigkeiten berufenen Behörden geknüpft. Während in letzterer Beziehung durch §. 26 Abs. 2 G.U.V.G. eine Bestimmung gegeben ist, wird in ersterer Beziehung das Rechtsverhältniß hier im Abs. 2 auf die klare Grundlage eines Ersatzanspruches gestellt. Die Bestimmung, daß der Anspruch auf Unfallentschädigung auf die unterstützende Kasse ꝛc. überging, war in der Praxis (vergl. A.N. 1896, S. 240, 494) so ausgelegt worden, daß der Uebergang des Rentenanspruchs nur diejenigen Rententheile ergreift, welche für die gleichen Zeiträume fällig sind, wie die von der Kasse, Gemeinde ꝛc. gewährte Unterstützung. Da nun die Unfallentschädigung monatlich im Voraus gezahlt wird, die Kassen- und Armenunterstützung aber schon gewährt sein, bezw. die Unterstützungsverpflichtung schon erfüllt sein sollte, bevor der Uebergangsanspruch geltend gemacht werden konnte, so mußte der letztere in zahlreichen Fällen illusorisch werden, indem die Unfallentschädigung bereits ausgezahlt war, ehe der Anspruch der erstattungsberechtigten Kasse, Gemeinde ꝛc. erhoben werden konnte. Um hiergegen Abhülfe zu schaffen, ist an die Stelle des bisherigen „Uebergehens des Entschädigungsanspruchs" ein Anspruch der Kassen, Gemeinden ꝛc. auf Ersatz ihrer Aufwendungen gesetzt, welcher durch Ueberweisung von Entschädigungsbeträgen realisiert wird. Voraussetzung bleibt dabei selbstverständlich, daß die Unterstützung für einen Zeitraum gewährt

ist, für welchen dem Unterstützten ein Entschädigungsanspruch zugestanden hat oder noch zusteht. (Mot. 1900 S. 65). Die neue Regelung tritt nach §. 25 Abs. 2 H.G. erst am 1. Januar 1902 in Kraft (vgl. Anm. 8).

Eine Ersatzleistung findet nur statt, soweit zur Ueberweisung geeignete Rentenbeträge vorhanden sind. Für den Ersatzanspruch ist daher das prozessuale Schicksal, z. B. rechtskräftige Abweisung (A.N. 1888 S. 196; 1891 S. 356; 1894 S. 292; 1897 S. 349) des Entschädigungsanspruches des Verletzten, von Einfluß. Auf der anderen Seite besteht zwischen der Kasse, dem Armenverband 2c., der einen Erstattungsanspruch verfolgt, um dem Rentenbewerber eine Streitgenossenschaft (§. 59 Civilprozeßordnung) mit der Wirkung, daß der Nichtsäumige die Frist zur Einlegung eines Rechtsmittels auch für den Säumigen mit wahrt (A.N., J.u.A.B. 1894 S. 160; 1895 S. 227; vgl. A.N. 1888 S. 196). Die erstattungsberechtigte Kasse kann ihren Anspruch auch selbständig verfolgen und hat alsdann Anspruch auf einen förmlichen Bescheid der B.G. (A.N. 1896 S. 305, 313, 321). Ebenso kann sie eine anderweite Festsetzung der Rente (§. 88) verlangen (A.N. 1897 S. 265).

[6]) gilt. Eine entsprechende Bestimmung über den pauschalen Ersatz der Aufwendungen für Arzt, Arznei, Brillen, Bruchbänder und ähnliche Heilmittel findet sich im §. 11 Abs. 1 für den Fall der ausdrücklichen Uebertragung der Heilbehandlung von einer B.G. auf die Krankenkasse. Da die Bestimmung zur Vereinfachung des Verfahrens dient, indem sie langwierigen Nachweisungen und Berechnungen für die regelmäßigen Fälle, in denen es sich nicht um ausnahmsweise hohe Aufwendungen handelt, vorbeugt, so ist sie hier auch für den Fall getroffen, daß ohne besondere Uebertragung kraft der gesetzlichen Regel des §. 25 eine unter das Krankenversicherungsgesetz fallende Krankenkasse eine Unterstützung zu gewähren hatte, die durch einen Betriebsunfall verursacht ist und wegen deren die Berufsgenossenschaft der unterstützenden Kasse Ersatz zu leisten hat. Zu bemerken ist dabei, daß hier der Nachweis höherer Kosten für Arzt, Arznei 2c. der Krankenkasse vorbehalten ist, obwohl der entsprechende Vorbehalt, welcher sich ursprünglich auch im §. 57 Abs. 5 des Krankenversicherungsgesetzes fand, dort durch die Novelle vom 10. April 1892 gestrichen ist. Bestimmend hierfür war, daß im Bereiche der Krankenversicherung jede einzelne Krankenkasse anderen Krankenkassen gegenüber als ersatzberechtigt oder ersatzverpflichtet betheiligt sein kann, so daß im Endergebnisse die Unzulänglichkeit der einzelnen Ersatzleistungen sich ausgleichen wird. Dagegen liegt das Verhältniß zwischen Berufsgenossenschaften und Krankenkassen insofern anders, als hier in allen Fällen die letzteren die Kosten für Arzt und Arznei aufzuwenden und nur einen unzureichenden Ersatz dafür entgegenzunehmen haben würden, während die Berufsgenossenschaften in allen Fällen den Vortheil der billigen Wahrnehmung ihrer Obliegenheiten durch die Krankenkassen hätten. Eine derartige Belastung der Krankenkassen würde um so empfindlicher sein, als nach Unfällen häufig besonders hohe Kosten für Operationen und dergl. aufzuwenden sind. Es ist deshalb für gerechtfertigt erachtet worden, hier den Nachweis höherer Kosten für Arzt, Arznei und Heilmittel vorzubehalten. (Mot. 1900 S. 66.)

[7]) höchstens drei Monatsbeträge. Nachdem durch die Bestimmung im Abs. 2 die Verwirklichung des vom Gesetze gewollten Erstattungsanspruchs

der Kassen, Gemeinden und Armenverbände in wesentlichem Umfange sichergestellt ist, sollen auf der anderen Seite im Interesse der Entschädigungsberechtigten gewisse Vorkehrungen getroffen werden. Zunächst kann es sich nämlich in Fällen vorübergehender Armenunterstützung ereignen, daß behufs Erstattung der letzteren in regelmäßiger Wiederkehr die folgende Quote der Unfallentschädigung in Anspruch genommen, dadurch wiederum eine vorübergehende Unterstützungsbedürftigkeit herbeigeführt, und auf diese Weise verhindert wird, daß der Entschädigungsberechtigte in den Genuß der ihm zustehenden Rente gelangt. Einer solchen Gestaltung der Verhältnisse wird durch die Bestimmung vorgebeugt, daß als Ersatz für eine vorübergehende Unterstützung höchstens drei Monatsraten der Entschädigung und zwar mit nicht mehr als der Hälfte in Anspruch genommen werden können. (Mot. 1900 S. 66). — Wegen der Beschränkung auf die Hälfte vgl. Anm. 8.

8) fortlaufende Aus den in Anm. 7 besprochenen Erwägungen ist es auch bei den fortlaufenden Unterstützungen billig, dem Berechtigten nicht die ganze Entschädigung zu entziehen, um daraus die Erstattung der Unterstützungen zu bestreiten. Deshalb soll auch in diesen Fällen nur die Hälfte des Entschädigungsbetrags durch Ueberweisung an Kassen, Gemeinden 2c. zur Tilgung der von denselben gewährten Unterstützungen verwendet werden. Nur in dem Falle, daß die Unterstützung fortlaufend durch Gewährung des Unterhalts in einer Anstalt geleistet wird, d. i. bei sogenannter geschlossener Armenpflege, soll von der Begrenzung auf die Hälfte des Entschädigungsbetrags abgesehen werden und die volle Ersatzleistung eintreten. Der Grund für diese Abweichung liegt darin, daß der in einer geschlossenen Anstalt Untergebrachte dort mit allen Lebensbedürfnissen vollständiger versorgt ist, als derjenige Hülfsbedürftige, der anderweit unterstützt wird, sodann aber in der Erfahrung, daß bei den Insassen derartiger Anstalten aus dem Besitze von Geldmitteln häufig Unzuträglichkeiten für die Anstaltsordnung erwachsen, indem das Geld vertrunken wird. (Mot 1900 S. 65, 66.)

Die Einschränkung auf die halbe Rente hat für Knappschaftskassen und ähnliche Unterstützungskassen, die bisher zum Ersatz für ihre Leistungen an Unfallverletzte die volle Unfallrente in Anspruch nehmen durften, die Folge, daß sie gezwungen sind, für Unfallverletzte höhere Aufwendungen als bisher zu machen und daß sich die Grundlagen ihrer Berechnungen dadurch verschieben, so daß unter Umständen die eingehenden Beiträge nicht mehr ausreichen, um die Aufwendungen zu decken. Gleichwohl hat man sich nicht veranlaßt gefunden, die dem §. 49 J.V.G. entsprechenden Bestimmungen des Gesetzes anders zu gestalten oder eine dem §. 52 Abs. 2 J.V.G. entsprechende zwangsweise Aenderung der Satzung vorzusehen. Man hat sich darauf beschränkt, den Knappschafts- 2c. Kassen zu überlassen, durch Herabsetzung der den Unfallverletzten nach Statut zu gewährenden Entschädigung, bezw. durch statutarische Anrechnung der Unfallrente auf die Knappschaftsrente das Gleichgewicht ihrer Einnahmen und Ausgaben herzustellen. Um ihnen für die Herbeiführung entsprechender Abänderungen ihrer Satzungen die erforderliche Zeit zu gewähren, ist im §. 25 H.G. der Zeitpunkt für das Inkrafttreten des §. 25 G.U.V.G. auf den 1. Januar 1902 hinausgeschoben. (Sten.Ber. vom 7. und 11. Mai 1900 S. 5304—5310, 5445.)

§. 26.

[1])Der Antrag auf Ueberweisung von Rentenbeträgen (§. 25 Abs. 2 bis 5) ist bei der Berufsgenossenschaft anzumelden; soweit es sich um den Ersatz für eine vorübergehende Unterstützung handelt, ist der Anspruch bei Vermeidung des Ausschlusses spätestens binnen drei Monaten seit Beendigung der Unterstützung geltend zu machen. 1.

Streitigkeiten, welche aus den Bestimmungen des §. 25 Abs. 2 bis 5 zwischen den Betheiligten über den Anspruch auf Ueberweisung von Rentenbeträgen entstehen, werden im Verwaltungsstreitverfahren[2]) und, wo ein solches nicht besteht, durch die dem Ersatzberechtigten vorgesetzte Aufsichtsbehörde entschieden. Die Entscheidung der Letzteren kann innerhalb eines Monats nach der Zustellung im Wege des Rekurses nach Maßgabe der §§. 20, 21 der Gewerbeordnung angefochten werden. 2.

§. 8a Entw.; §. 8a Ges. 1900.

Zu §. 26.

[1]) Die Bestimmung entspricht der gleichartigen im §. 50 J.V.G. und tritt erst am 1. Januar 1902 in Kraft (vgl. §. 25 Anm. 8). Da die Unfallrente ohne Antrag von Amtswegen für die Berechtigten oder ihre Rechtsnachfolger festzustellen ist, so bedarf es hier einer Bestimmung nicht, die den Kassen oder Gemeinden das Recht sichert, den Antrag auf Feststellung der Rente an Stelle des Rentenberechtigten zu stellen, falls dieser es unterläßt oder verhindert ist, den Antrag zu stellen.

[2]) Verwaltungsstreitverfahren. Die Streitigkeiten unterliegen in Preußen nach der Kgl. Verordnung vom 29. August 1900 der Entscheidung des Bezirksausschusses. Gegen dessen Entscheidung ist nur das Rechtsmittel der Revision zulässig.

§. 27.

Die Bestimmungen der §§. 25, 26 gelten auch für Betriebsunternehmer und Kassen, welche die den Gemeinden oder Armenverbänden obliegende Verpflichtung zur Unterstützung Hülfsbedürftiger auf Grund gesetzlicher Vorschrift erfüllen.

§. 8 Abs. 2 U.V.G.; §. 8b Entw.; §. 8b Ges. 1900.

Dieser Paragraph tritt erst am 1. Januar 1902 an die Stelle der bisherigen Bestimmung (vgl. §. 25 Abs. 2 H.G., sowie Anm. 8 zu §. 25 G.U.V.G.).

Träger der Versicherung (Berufsgenossenschaften).

§. 28.

1. Die Versicherung erfolgt auf Gegenseitigkeit durch die Unternehmer[1]) der unter §§. 1, 2 fallenden Betriebe, welche zu diesem Zwecke in Berufsgenossenschaften[2]) vereinigt werden. Die Berufsgenossenschaften sind für bestimmte Bezirke[3]) zu bilden und umfassen innerhalb derselben alle[4]) Betriebe derjenigen Gewerbszweige, für welche sie errichtet sind. Von letzterer Bestimmung kann[5]) bei der Errichtung von Berufsgenossenschaften für Eisenbahnen oder die im §. 1 Abs. 1 Ziffer 4 bezeichneten Betriebe abgesehen werden. Die auf Grund der §§. 12 bis 15, 31 des Unfallversicherungsgesetzes vom 6. Juli 1884 (Reichs-Gesetzbl. S. 69) und des §. 11 des Gesetzes über die Ausdehnung der Unfall- und Krankenversicherung vom 28. Mai 1885 (Reichs-Gesetzbl. S. 159) errichteten Berufsgenossenschaften bleiben, vorbehaltlich der nach §. 2 Abs. 2 des Gesetzes, betreffend die Abänderung der Unfallversicherungsgesetze, und nach §. 52 dieses Gesetzes zulässigen Abänderungen, bestehen.

2. Betriebe, welche wesentliche Bestandtheile verschiedenartiger[6]) Gewerbszweige[7]) umfassen, sind derjenigen Berufsgenossenschaft zuzutheilen, welcher der Hauptbetrieb angehört. Durch das Genossenschaftsstatut kann bestimmt werden, daß die Versicherung auch bei den dem Betriebe der Land- oder Forstwirthschaft dienenden Nebenbetrieben gewerblicher Betriebe nach den Bestimmungen dieses Gesetzes zu erfolgen hat, wenn in diesen Nebenbetrieben überwiegend die im Hauptbetriebe verwendeten gewerblichen Arbeiter beschäftigt werden. Wenn das Statut eine solche Bestimmung enthält, so scheiden mit dem Zeitpunkt ihres Inkrafttretens die davon betroffenen Betriebe aus der Versicherung bei der Berufsgenossenschaft des Unfallversicherungsgesetzes für Land- und Forstwirthschaft aus.

3. Als Unternehmer gilt derjenige, für dessen Rechnung[8]) der Betrieb erfolgt.

4. Unfälle in fremden Betrieben[9]) hat die Berufsgenossenschaft dann zu entschädigen, wenn sich diese Unfälle bei Betriebshandlungen ereignen, zu welchen ein der Berufs-

genossenschaft angehörender Betriebsunternehmer den Auftrag gegeben und für welche er die Löhne zu zahlen hat.

Die Berufsgenossenschaften können unter ihrem Namen[10]) Rechte 5.
erwerben und Verbindlichkeiten eingehen, vor Gericht klagen und verklagt werden.

Für die Verbindlichkeiten der Berufsgenossenschaft haftet den 6.
Gläubigern derselben nur das Genossenschaftsvermögen.

§. 9 U.V.G.; §. 11 A.G.; §. 9 Entw.; §. 9 Ges. 1900.

Zu §. 28.

[1]) **Unternehmer**, also auch das Reich und die Bundesstaaten (vgl. jedoch Anm. 4), ebenso Kommunalverbände, Aktiengesellschaften, Handelsgesellschaften, Minderjährige 2c. Diese Unternehmer bewirken grundsätzlich die Unfallversicherung ihrer Arbeiter auf Gegenseitigkeit in besonders errichteten Verbänden (Berufsgenossenschaften).

Bei **Regiebauten** gilt jedoch dieser Grundsatz nicht. Reich, Staat und für leistungsfähig erklärte Kommunalverbände können bei ihren Regiebauten die Unfallversicherung auf eigene Schultern nehmen und sie ähnlich, wie dies dem Reich und dem Staat für Heeres-, Eisenbahnbetriebe 2c. durch §. 128 G.U.V.G. gestattet ist, durch besondere Ausführungsbehörden durchführen. Bei Regiebauten in den fiskalischen unter Abs. 1 des §. 128 cit fallenden Betrieben ist dies sogar obligatorisch.

Bei Regiebauten von sonstigen Verbänden und von Privatpersonen (soweit es sich nicht um Theile eines andern versicherungspflichtigen Betriebes handelt) erfolgt die Unfallversicherung nicht durch die Unternehmer des Regiebaues oder eine Mehrheit von Unternehmern solcher Regiebauten, sondern durch die örtlich zuständige Berufsgenossenschaft der Baugewerbetreibenden, aber in besonderen, eine Pertinenz dieser Berufsgenossenschaften bildenden **Versicherungsanstalten**, auf Kosten theils der Unternehmer solcher Regiebauten (Bauherren), theils der Gemeinde, in deren Bezirk der Bau ausgeführt wird (bei Bauten mit höchstens 6 Arbeitstagen), gegen Prämie. Die Errichtung solcher Versicherungsanstalten ist für alle Baugewerks-B.G. obligatorisch.

[2]) **Berufsgenossenschaften.** Wegen der Form der Unfallversicherung und der zu ihrer Durchführung vorgesehenen Organisation, insbesondere darüber, daß die Versicherung in **korporativen Verbänden mit Selbstverwaltung auf Gegenseitigkeit** erfolgen soll, über den **Beitrittszwang** zu denselben und über die **Ausschließung der Privatversicherungsgesellschaften** cf. oben S. 45, 55. Die Grundlage des ersten Entwurfs war die **bureaukratisch** zentralisirte Versicherung; der zweite Entwurf basirte auf **Bezirksgenossenschaften** für verschiedene Betriebszweige mit gleicher Unfallgefahr, und organisirte daher nach den Betriebseinrichtungen; der nunmehr Gesetz gewordene dritte Entwurf basirt auf **Berufsgenossenschaften**, d. h. Verbänden für wirthschaftlich gleiche oder verwandte Betriebe, organisirt also nach dem Beruf, nach **der Gemeinsamkeit der wirthschaftlichen Interessen** der einzelnen Betriebszweige.

Der Komissionsbericht 1884 (S. 17) hebt hervor:

„Der Paragraph ist nach zwei Richtungen hin 'von prinzipieller Bedeutung. Er schließt die sämmtlichen Privatgesellschaften von der Versicherung aus, indem er dieselbe auf gesetzlich normirte Körperschaften von öffentlichrechtlichem Charakter überträgt, und er bestimmt über die Bildung dieser letzteren. Nach beiden Richtungen gab er zu ausgedehnten Diskussionen Anlaß."

a) Den Vertheidigern der Privatversicherungsgesellschaften ist von den Regierungsvertretern insbesondere entgegengehalten worden, daß die hohen Verwaltungskosten und das z. Th. von Erfolg begleitete Bestreben, hohe Dividenden zu erzielen, nothwendig auf die von den Unternehmern zu zahlende Prämie zurückwirken müßten; „zugleich für das Interesse des Geschäfts zu einer höchst skrupulösen Auswahl unter den die Versicherung nachsuchenden Unternehmern", sowie dazu, die Entschädigungsansprüche möglichst zu beschränken und z. Th. aus formalen Gründen auf den Weg des Prozesses zu verweisen. Insbesondere aber könne keine Privatversicherungsgesellschaft die durchaus erforderliche unbedingte Garantie bieten, daß der verunglückte Arbeiter seine Rente auch wirklich erhalte; denn ein wirksamer Schutz dagegen, daß die Gesellschaft im entscheidenden Augenblick bankerott ist oder sich auflöst, sobald ein ihre Leistungsfähigkeit in Frage stellendes Massenunglück eintritt (wobei nicht nur die jetzt verunglückten, sondern vielleicht auch die früher bereits als renteberechtigt anerkannten Arbeiter ins Freie fallen möchten), lasse sich nicht finden. Wenn auch bei der Zulassung der Gesellschaft eine behördliche Untersuchung über ihre Leistungsfähigkeit stattfinde, so könne sich doch schon binnen kurzer Zeit die Lage der Gesellschaft vollständig ändern. Daß die Privatversicherungsgesellschaften keinerlei gute Leistungen aufzuweisen hätten, solle darum nicht behauptet werden; die verbündeten Regierungen seien jedoch der Ueberzeugung, daß die gleichen Leistungen ohne jene Nachtheile und Mängel von nach Maßgabe des Gesetzes ins Leben zu rufenden Genossenschaften erwartet werden dürften. „Formale Rücksichten zum Schaden der Versicherten würden hier viel weniger zur Geltung kommen können, und die Gefahr nicht länger bestehen, daß materiell begründete Ansprüche der Arbeiter an juristischen Finessen scheiterten. Feste Prämien, in denen man einen Vorzug der Privatgesellschaften erblickt habe, existieren nur bei Aktiengesellschaften, nicht bei den auf Gegenseitigkeit begründeten.... Der Versicherte seinerseits finde nach den Bestimmungen des Gesetzes sogar größeren Schutz gegen zu hohe Belastung; gegen irrige Einstellung in die Gefahrenklasse bleibe der Rekurs an die Behörde, während bei den Privatgesellschaften, die ihren Tarif geheim zu halten pflegten, eine solche Remedur nicht geboten und der Versicherte lediglich dem guten Willen der Agenten oder Vorstände überlassen sei" (Komm.-Ber. 1884 S. 12). Im Uebrigen wurde noch hervorgehoben, daß man ja keine Privatgesellschaft zwingen könne, Unternehmer aufzunehmen, es würde also eine ganze Reihe von Risiken, und zwar die schlechteren, ungedeckt bleiben, was bei einem auf Gesetz beruhenden Versicherungszwange doch nicht angehe.

Aber auch neben den Berufsgenossenschaften haben die Privatgesellschaften nicht zugelassen werden können, und zwar wegen der „Gefahr, welche das Nebeneinanderbestehen der beiden Anstalten für die Leistungsfähigkeit der Berufsgenossenschaften einschließe; dieselben würden, so zu sagen, im Keime erstickt werden. In den ersten Jahren würden die Privatgesellschaften durch Unterbietung in den Prämien eine möglichst große Anzahl von Unternehmern an sich zu ziehen suchen, um dann zu geeigneter Zeit damit in die Höhe zu gehen; die guten Risiken würden sie ohnehin vorwegnehmen. Auch die Divergenz in Betreff der Unfallverhütungsvorschriften, je nachdem ein Betrieb in einer öffentlichen oder einer privaten Genossenschaft versichert sei, müsse zu Unzuträglichkeiten führen" (Komm.-Ber. 1884 S. 21). Die Privatgesellschaften würden in der Versicherung gegen Einzelunfälle und gegen Reisegefahr, sowie in der Unfallversicherung bezüglich der nicht unter dieses Gesetz fallenden Personen, z. B. der Unternehmer oder der höher gelohnten Beamten (vgl. jedoch §. 5 G.U.V.G., §. 23 Abs. 1 Ziffer 2 H.G), ein ausreichendes Feld ihrer Thätigkeit finden; sofern sich wirklich eine Geschäftsverminderung ergeben sollte, würden die bei ihnen angestellten Personen in den Berufsgenossenschaften Verwendung finden können. Thatsächlich hat denn auch insbesondere die Versicherung gegen Einzelunfälle einen großen Umfang angenommen: dieselbe gilt für lukrativer, wie die bisherige Kollektivversicherung, und so sind alle Benachtheiligungen, welche den Privatgesellschaften aus der öffentlichen Unfallversicherung anfänglich zu erwachsen schienen, wieder ausgeglichen.

b) Ueber die Ausdehnung der Berufsgenossenschaften lassen sich die Motive 1884 (zu §. 9) folgendermaßen aus: „Nach den Darlegungen (im allgemeinen Theil) sollen im Allgemeinen die großen wirthschaftlichen Verbände, die aus der freien Initiative der Berufsgenossen hervorgegangen sind, als Typus der Berufsgenossenschaften gelten. Wie einzelne dieser Verbände sich nicht über das ganze Reichsgebiet erstrecken, sondern sich auch auf große lokal abgegrenzte Wirthschaftsgebiete beschränken, so sollen auch die Berufsgenossenschaften sich über das ganze Reichsgebiet ausdehnen, soweit nicht für einzelne Bezirke besondere Berufsgenossenschaften gebildet werden."

Hierbei ist es nach den Beschlüssen der Reichstagskommission (1884) lediglich verblieben, wenn auch durch Einschiebung der Worte „für bestimmte Bezirke", anscheinend eine kleine Nüance beliebt worden ist. In der Kommission ist ausdrücklich konstatirt worden, daß unter dem Ausdruck „bestimmte Bezirke" das Reichsgebiet mitverstanden sei; „die Leistungsfähigkeit der Verbände sei die Minimalgrenze, wie die Ausdehnung auf das gesammte Reichsgebiet die Maximalgrenze bilde" (Komm.Ber. 1884 S. 23). Schlagender kann die Uebereinstimmung der Vorlage mit den durch den Reichstag lediglich gebilligten Beschlüssen seiner Kommission nicht dargethan werden, als durch folgende Ausführung des Kommissionsberichts 1884 (S. 24):

Der Sinn (der gegenwärtigen Fassung des §. 28) findet, wie in den Verhandlungen der Kommission hervorgehoben wurde, seine ausreichende und zutreffende Erläuterung in nachfolgender Stelle der Motive 1884 (S. 38):

„Wenn der Entwurf hinsichtlich der für die Organisation dieser korporativen Genossenschaften maßgebenden allgemeinen Gesichtspunkte davon ausgeht, daß eine kräftige Entwicklung des genossenschaftlichen Lebens und eine erfolgreiche Verwaltung durch genossenschaftliche

Organe nur möglich ist, wenn dem Begriff und Wesen der Berufsgenossenschaften entsprechend, in ihnen nur solche gewerbliche Betriebe vereinigt werden, welche auf wirthschaftlichem Gebiet im Allgemeinen gleiche oder verwandte Interessen und Vorbedingungen des Betriebes haben, so folgt derselbe hierin nur den bei der Bildung der freiwilligen Vereine eingeschlagenen Wegen Das gleiche wird hinsichtlich der Abgrenzung der Berufsgenossenschaften zu geschehen haben. Wie dieses bei den freiwilligen wirthschaftlichen Vereinen der Fall ist, wird auch für die Abgrenzung der Berufsgenossenschaften die Gemeinsamkeit der wichtigeren Interessen die Grundlage bilden müssen und demgemäß die territoriale Abgrenzung nach kleineren Wirthschaftsgebieten in so weit Platz greifen dürfen, als nach der Entwicklung der einzelnen Industriezweige die wirthschaftlichen Interessen derselben dieses bedingen und die Leistungsfähigkeit der zu bildenden Berufsgenossenschaften dadurch nicht in Frage gestellt wird."

Diese unbedingte Leistungsfähigkeit ist das wichtigste Erforderniß jeder Berufsgenossenschaft; denn der Fall, daß eine Genossenschaft leistungsunfähig wird und daß die Bestimmungen des §. 54 Anwendung finden, darf niemals vorkommen. Vorbehaltlich dieses Erfordernisses und vorbehaltlich der regulirenden Thätigkeit des Bundesraths ist im Uebrigen die ganze Organisation lediglich in das Belieben der Industrie gestellt. Die Industrie selbst sollte sich gruppiren, wie sie es für zweckmäßig hielt, ohne an ein bestimmtes Tableau gebunden zu sein; wo sie dies ihren Interessen förderlich erachtete, stand ihr eine Ausdehnung über das Reich zu; es blieb ihr aber auch überlassen, für große Industriezweige mehrere Genossenschaften nach Wirthschaftsgebieten (Bezirken) zu bilden.

Ergiebt sich später die Unzweckmäßigkeit der getroffenen Abgrenzung, so sind nach §. 52 Aenderungen in dem Bestande der Genossenschaften zulässig. Die Thätigkeit der Behörde ist überall nur eine regulirende und ausgleichende.

Thatsächlich bestehen, nachdem die Organisation auf Grund des U.V.G. (1884) abgeschlossen ist, 56 Berufsgenossenschaften, auf Grund des §. 1 Ziffer 1 A.G.: 2, und auf Grund des §. 1 Ziffer 2 bis 5 A.G.: noch 5, im Ganzen also 63 Berufsgenossenschaften (außer den fiskalischen, von den B.G. eximirten Betrieben, vgl. Anm. 4). Dazu kommen dann noch die auf Grund des Bau-Unfallversicherungsgesetzes errichtete Tiefbau-Berufsgenossenschaft und die auf Grund des See-Unfallversicherungsgesetzes errichtete See-Berufsgenossenschaft. Diese B.Gen. bleiben auch nach Erlaß der Novelle (1900) bestehen; für die 1900 der Versicherung neu unterstellten Betriebszweige können weitere B.Gen. errichtet, oder sie können bestehenden B.Gen. zugetheilt werden, deren Bestand aus diesem Anlasse während der Uebergangszeit geändert werden kann. (§. 2 H.G.) Außerdem bestehen 48 auf Grund des landwirthschaftlichen Unfallversicherungsgesetzes errichtete land- und forstwirthschaftliche Berufsgenossenschaften, welche letztere meist nur den Bezirk einzelner Provinzen 2c. oder kleinerer Bundesstaaten umfassen. Die 65 industr. (und Verkehrs-)B.G. haben fortlaufende Ordnungsnummern, ebenso die 48 landw. B.G.; die letzteren bilden in sich eine fortlaufende Reihe und werden durch ein vorgesetztes L von den gleichen Ordnungsnummern der industr. B.G. unterschieden (A.N. 1888 S. 210). Von diesen umfassen auf Grund des

	U.B.G.	A.G.	B.U.G.	S.U.G.	zusammen
das ganze Gebiet des Reichs	23	4	1	1	27
mehrere Bundesstaaten	22	2	—	—	24
Betriebe eines einzelnen Bundesstaates und zwar					
Preußen	5	1	—	—	6
Bayern	2	—	—	—	2
Sachsen	2	—	—	—	2
Württemberg	1	—	—	—	1
Elsaß-Lothringen	1	—	—	—	1
	56	7	1	1	65

Vgl. A.N. 1889 S. 198. Das Verzeichniß dieser B.G. siehe im Anhang, Anlage C.

Genossenschaften für größere Bezirke, insbesondere für den ganzen Umfang des Reichs, können durch Einrichtung von Sektionen die Verwaltung dezentralisiren (vgl. §. 38), mehrere Genossenschaften Vereinbarungen zu gemeinsamer Uebernahme der Unfallast treffen (§. 51). Die Berufsgenossen können also auf verschiedenen Wegen dasselbe erreichen — dezentralisirte Verwaltung und breite Schultern für die Uebernahme der Unfallast — mögen sie umfangreiche Genossenschaften bilden und demnächst dezentralisiren, oder mögen sie kleine Genossenschaften errichten und dieselben demnächst zur gemeinsamen Tragung des Risikos vereinigen. Zur Zeit haben 47 Berufsgenossenschaften Sektionsbildungen, dagegen 18 Berufsgenossenschaften nicht. Vereinigungen mehrerer B.G. auf Grund des §. 50 U.B.G. sind noch nicht erfolgt.

³) bestimmte Bezirke, einschließlich des Reichsgebiets, vgl. Anm. 1. Es kommt dabei auf den Sitz der zur B.G. gehörenden Betriebe an.

⁴) alle, selbstverständlich mit der Beschränkung nach Abs. 2, aber ohne Unterscheidung von Hauptberuf oder Nebenberuf. Ueber eine Ausnahme für die Knappschaftsgenossenschaft vgl. §. 133 G.U.B.G. Reich und Bundesstaaten genießen jedoch z. Th. eine Ausnahmestellung. Nach §. 128 G.U.B.G. sind nämlich Betriebe (Fabriken ꝛc.) der Marine und der Heeresverwaltungen, der Post- und Telegraphen- und der fiskalischen Eisenbahnverwaltungen einschl. der hierbei vorkommenden fiskalischen Regiebauten aus der berufsgenossenschaftlichen Organisation herausgehoben; in ihnen wird die Unfallversicherung durch das Reich bezw. den Bundesstaat für eigene Rechnung und unter der Verwaltung besonderer Ausführungsbehörden bewirkt.

Dasselbe gilt von fiskalischen Baggerei-, Binnenschiffahrts-, Flößerei-, Prahm- und Fährbetrieben und nach §. 6 Ziffer 2 B.U.B.G. von anderen fiskalischen Regiebauten sofern nicht das Reich bezw. der Bundesstaat auf die Exemtion verzichtet. Für andere unter das G.U.B.G. fallende fiskalische Betriebe gilt die Exemtion nicht. Alle Bestandtheile solcher eximirten Betriebe fallen mit den letzteren selbst fortan unter das G.U.B.G. bezw.

B.U.V.G. Andererseits bleiben Eisenbahn- und Schiffahrtsbetriebe, welche Bestandtheile einer Fabrik oder eines anderen unter §. 1 G.U.V.G. fallenden Unternehmens sind, als Nebenbetriebe dieser letzteren unter dem G.U.V.G. Dasselbe gilt von den Nebenbetrieben der Seeschiffahrtsbetriebe (A.N. 1888 S. 169) Inwieweit ein land- oder forstwirthschaftlicher Betrieb als Nebenbetrieb eines industr. Betriebes ausnahmsweise gelten kann, bestimmt §. 28 Abs. 2 G.U.V.G.; vgl. §. 56 Abs. 3. Das umgekehrte Verhältniß (gewerblicher Betrieb als Nebenbetrieb der Land- und Forstwirthschaft) regelt §. 1 Abs. 2, 3 L.U.V.G.

Die Zugehörigkeit zu der B.G. tritt ex lege ein. „Diejenigen Personen, welche Arbeiter einstellen, um sich deren Arbeitsleistung unmittelbar anzueignen und zur Erzielung des Unternehmergewinnes zu verwerthen, sollen in korporativer Zusammenfassung auch die mit der Beschäftigung der Arbeiter verbundene Unfallgefahr tragen" (A.N. 1887 S. 202). Diejenige B.G., zu welcher der Unternehmer, in dessen Betrieb der Verletzte zur Zeit des Unfalls beschäftigt war, nach der Art jenes Betriebes gehört, hat für den Unfall aufzukommen; „jede B.G. soll, soweit gesetzliche Bestimmungen nicht entgegenstehen, die Folgen derjenigen Unfälle tragen, welche die ihr zugehörige Industrie direkt oder indirekt erzeugt". Wegen der aus einem inländischen und einem ausländischen Theile bestehenden Betrieben vgl. A.N. 1887 S. 122; 1889 S. 390; 1891 S. 253; 1893 S. 216; 1894 S. 195 (s. auch §. 4).

5) kann — abgesehen werden. Diese Ausnahme bestand nach §. 11 A.G. in Bezug auf Eisenbahnen-, Fuhrwerks-, Binnenschifffahrts-, Flößerei-, Prahm- und Fährbetriebe sowie auf Treidelei; sie mußte bei der Einarbeitung des Ausdehnungsgesetzes in das Gewerbe-Unfallversicherungsgesetz hinübergenommen werden, denn die aus der Natur der Transportbetriebe, die über ausgedehnte und schmale Flächen sich erstrecken, in einander greifen oder sich kreuzen, hergeleiteten Gründe dieser Bestimmung sind für die Zusammensetzung der betreffenden Berufsgenossenschaften fortdauernd nicht ohne Bedeutung. Im Hinblick auf die Streichung der von der erstmaligen Errichtung der Berufsgenossenschaften handelnden Bestimmungen des U.V.G. (1884) ist hier ausdrücklich ausgesprochen, daß als Träger der Versicherung die bisherigen Berufsgenossenschaften vorbehaltlich der im gesetzlichen Wege zulässigen Aenderungen ihres Bestandes erhalten bleiben. (Mot. 1900 S. 67.)

6) verschiedenartige. Betriebsanlagen, welche wesentliche, von einander abhängige Bestandtheile verschiedenartiger Gewerbszweige umfassen — z. B. wenn mit einer Waggonfabrik eine für deren Zwecke bestimmte Gasfabrik, ein Dampfkrahn, eine Eisenbahnanlage 2c. verbunden ist oder wenn ein Bergwerk eine eigene Coakerei hat, eine Getreidemühle gleichzeitig Sägemühle ist 2c. — sind aus Zweckmäßigkeitsgründen einer einzigen Genossenschaft, und zwar derjenigen zugewiesen, welcher der Hauptbetrieb (die Waggonfabrik 2c.) zugehört. Im konkreten Fall kann es unter Umständen zweifelhaft sein, welcher Theil des Gesammtbetriebes den Hauptbetrieb darstellt. Es muß dann hierüber nach objektiven Kriterien entschieden werden; ein Wahlrecht des Besitzers erkennt das R.V.A. nicht an (A.N. 1885 S. 140). Entscheidend ist, welcher Theil des Gesammtbetriebes überwiegt (A.N. 1887 S. 323). Im Streitfalle ist nach §. 59 G.U.V.G. zu verfahren. Es kommt

nicht darauf an, ob die verschiedenartigen Industriezweige, welche die Anlage umfaßt, sämmtlich versicherungspflichtig sind; auch solcher Bestandtheil einer unter die Unfallversicherung fallenden einheitlichen Anlage, welcher, wenn er allein betrieben würde, nicht versicherungspflichtig sein würde, fällt, wenn er Nebenbetrieb ist, unter die Unfallversicherung (A.N. 1886 S. 296). Dagegen sind an sich nicht versicherungspflichtige Theile der Anlage, welche an sich den Hauptbestandtheil der letzteren ausmachen, oder welche gleichberechtigt neben den anderen Betriebstheilen stehen, kein Nebenbetrieb, daher auch nicht versicherungspflichtig, (soweit sich nicht aus §. 1 Abs. 1 Ziffer 2 für Tischler, Glaser, Schlosser 2c. die besondere Regel ergiebt, daß Bauarbeiten, auch wenn sie nur nebenbei betrieben werden, den ganzen Betrieb in der Werkstatt versicherungspflichtig machen) In diesem Sinne kann also eine Anlage in einen versicherungspflichtigen und in einen nicht versicherungspflichtigen Theil zerfallen, aber es kann nach §. 3 G.U.V.G. nicht mehr vorkommen, daß ein für einen Theil seiner Beschäftigung versicherter Arbeiter, für andere Dienste, zu denen er von seinem Arbeitgeber oder von dessen Beauftragten neben der Beschäftigung im versicherungspflichtigen Betriebe herangezogen wird, nicht versichert ist.

In der Bestimmung des §. 28 Abs. 2 in Verbindung mit der Vorschrift des §. 2. Abs. 5 kommt der Grundsatz zum Ausdruck, daß die Nebensache der Hauptsache folgt, cf. Mot. 1885 zu §. 12 Ausd.-Ges. Die Bestimmung bezieht sich aber, wie vorstehend dargelegt, nach dem Wortlaut des Gesetzes nur auf von einander abhängige Einrichtungen, bez. auf Theile eines Gesammtbetriebes; „es muß zwischen Haupt- und Nebenbetrieb ein gewisser, sich gegenseitig bedingender Zusammenhang verlangt werden" (A.N. 1888 S. 228). Der eine Betrieb muß dem anderen dienen, für ihn arbeiten, z. B. Eisgewinnung für die Brauerei (A.N. 1886 S. 17; 1889 S. 398), Lehmgräberei für die Ziegelei (A.N. 1889 S. 414), Gespannhaltung für ein Baugeschäft oder eine Ziegelei (A.N. 1890 S. 509, 599). Die Bestimmung bezieht sich ferner nur auf Betriebe, welche verschiedenen Industriezweigen angehörige fertige Fabrikate oder Halbfabrikate herstellen, nicht auf Betriebe, welche, wie Zündhütchenfabriken, nur verschiedene Manipulationen durchzumachen haben, um ein fertiges Produkt herzustellen, im Uebrigen aber einen selbstständigen in sich abgeschlossenen Industriezweig bilden (A.N. 1885 S. 84). Sind die mehreren (verschiedenen oder gleichartigen) Betriebe desselben Unternehmens von einander unabhängig, so besteht kein Gesammtbetrieb, sondern eine Summe von Einzelbetrieben mit Personalunion. Liegen solche einzelnen Betriebe in den Bezirken verschiedener Genossenschaften oder Sektionen, so gehört der Unternehmer einer jeden dieser Genossenschaften oder Sektionen, natürlich aber nur mit demjenigen Betriebe als Mitglied an, welcher in dem Bezirk der betr. Genossenschaft 2c. belegen ist. Vgl. A.N. 1885 S. 209. — H.B. S. 215, 218.

Zweigniederlassungen sind im Allg. selbständige Betriebe. Hängen sie aber derartig von dem Hauptgeschäft ab, daß die Betriebshandlungen in der Zweigniederlassung als von dem Hauptbetrieb ausgehend, oder nur durch denselben ermöglicht, anzusehen sind, so handelt es sich auch bei ihnen um Haupt- und Nebenbetrieb (A.N. 1886 S. 13, 1887 S. 26).

[7]) Das Verhältniß von Haupt- und Nebenbetrieben hinsichtlich der berufsgenossenschaftlichen Zugehörigkeit ist insoweit, als es sich um landwirthschaftliche und gewerbliche Betriebe handelt, die in wirthschaftlichem Zusammenhange stehen, durch die Novelle (1900) wesentlich umgestaltet. Zwar ist der Grundsatz im Abs. 2 Satz 1 beibehalten; es bleibt also bei der Regel, daß ein landwirthschaftlicher Betrieb versicherungsrechtlich einer gewerblichen Berufsgenossenschaft als Nebenbetrieb nicht mitangehören kann, weil der Grundsatz, daß der Nebenbetrieb dem Hauptbetriebe folgt, sich nur auf verschiedenartige Gewerbszweige, also nicht auf die Landwirthschaft, welche sich nicht als ein Gewerbe, sondern als ein Beruf darstellt, bezieht. Für die grundsätzliche Beibehaltung dieser Scheidung sprechen triftige Gründe. Die Arbeiter in gewerblichen Betrieben beziehen nach ihrem individuellen Arbeitslohn im Allgemeinen höhere Entschädigungen, als die unter Zugrundelegung von Durchschnittslöhnen zu entschädigenden landwirthschaftlichen Arbeiter. Es würden also bei Aufhebung der Scheidung die landwirthschaftlichen Arbeiter in dem landwirthschaftlichen Nebenbetrieb eines gewerblichen Hauptbetriebs vor anderen landwirthschaftlichen Arbeitern einen ungerechtfertigten Vorzug genießen, der zu unerwünschten Berufungen Anlaß gäbe; andererseits würden die gewerblichen Arbeiter Nachtheil davon haben, wenn ein gewerblicher Betrieb als Nebenbetrieb eines landwirthschaftlichen Hauptbetriebs dem letzteren in die zuständige land- und forstwirthschaftliche Berufsgenossenschaft folgte. Auf der anderen Seite ist indessen nicht zu verkennen, daß eine strenge Aufrechterhaltung der Scheidung wenigstens dann Uebelstände mit sich bringen kann, wenn es sich um unbedeutende Nebenbetriebe handelt. Gewerbliche Unternehmer haben nicht selten einen verhältnißmäßig sehr unbedeutenden landwirthschaftlichen Nebenbetrieb, z. B. eine Wiese, einen Garten, den sie mit den Arbeitskräften des Hauptbetriebs versehen. Diese gewerblichen Arbeiter würden nach abweichenden Grundsätzen zu entschädigen sein, je nachdem sie bei der Verletzung zufällig in dem einen oder dem anderen Betriebstheile thätig gewesen sind. Diesem Uebelstande abzuhelfen sind die Sätze 2, 3 des Abs. 2 bestimmt, indem sie eine statutarische Heranziehung land- und forstwirthschaftlicher Nebenbetriebe von gewerblichen Hauptbetrieben gestatten. Um Zweifel auszuschließen, ist im Schlußsatze ausdrücklich bemerkt, daß die genehmigte Bestimmung des gewerblichen Genossenschaftsstatuts das Ausscheiden der betreffenden Betriebe aus der landwirthschaftlichen B.G. zur Rechtsfolge hat (Mot. 1900 S. 68, 69).

Erheblicher sind die Abänderungen, welche die Novelle 1900 in Bezug auf die Zurechnung von gewerblichen Nebenbetrieben zu land- und forstwirthschaftlichen Hauptbetrieben gebracht hat. Näheres hierüber ist in Anm. 45 zu §. 1 ausgeführt. Vergl. §. 1 Abs. 2, 3 L.U.V.G. und das Rundschreiben des R.V.A. vom 1. Oktober 1900 (A.N. 710), welches als Anlage G abgedruckt ist.

Die in diesem Rundschreiben erlassenen Bestimmungen hat das R.V.A. selbst als einstweilige bezeichnet. Da sie zur Vermeidung bedenklicher Schwankungen im Katasterbestande der B.Gen. sich im Wesentlichen darauf beschränken, den schon vor der Novelle durch die Praxis herausgebildeten Rechtszustand zu fixiren, so ist mit dieser Regelung der beim Erlaß der Novelle deutlich hervorgetretenen Absicht des Gesetzgebers noch nicht ausreichend Rechnung getragen, die dahin ging, in wesentlich erweitertem Umfange gewerbliche Betriebe land- und forstwirthschaftlicher Unternehmer als Nebenbetriebe der Land- und Forstwirthschaft zuzulassen (Komm.Bericht zum L.U.V.G, Drucksache des Reichstags No. 703b von 1900 Seite 3—10). Mit der Neuregelung dieser Angelegenheit steht im Zusammenhang die Ausführung des §. 1 Abs. 6 und §. 57 Abs. 3 L.U.V.G., die im Wege einer Aenderung der Statuten der landwirthschaftlichen B.Gen zu erfolgen hat. Sobald auf diesem Wege die Vorbedingungen (nämlich Festsetzung erstens derjenigen Personen, welche als Facharbeiter nicht nach dem Durchschnittslohn der landwirthschaftlichen Arbeiter, sondern nach Individuallohn zu entschädigen sind, und zweitens der für die Nebenbetriebe zu zahlenden Zuschläge) geschaffen sein werden, darf angenommen werden, daß das R.V.A. weitere Bestimmungen erlassen wird.

[8]) für dessen Rechnung. Unternehmer ist also Derjenige, dem das ökonomische Ergebniß des Betriebes Vortheil oder Nachtheil bringt, welcher die gewerbliche Anlage ihrem Zwecke gemäß, um den Unternehmergewinn zu erzielen, ausnutzt. (A.N. 1887 S. 201; 1888 S. 316, 317, 326; 1890 S. 600, 601.) Auf das Eigenthum an der Anlage kommt es ebensowenig an (wegen der Kraftstellenmiether vgl. A.N. 1893 S. 446) wie auf die Modalitäten der Löhnung, d. h. darauf, von wem und in welcher Weise die Arbeiter gelohnt werden, ob direkt durch die Unternehmer oder durch Mittelpersonen (Werkmeister 2c.), und wie die Arbeiter gelöhnt werden, ob in Tagelohn, Stücklohn (Akkord) oder in einer Quote der Einnahme (A.N. 1885 S 209, 344, 363; 1886 S. 229; 1887 S. 182).

Aus diesem Grunde ergiebt sich Folgendes: Unternehmer ist, wenn der Betrieb verpachtet ist, der Pächter, nicht der Verpächter; bei im Nießbrauch befindlichen Anlagen der Nutznießer 2c. cf. Erk. d. R.-Ob.-H.-G. vom 7. Oktober 1876 (Entsch. 21 S. 175), sowie Anl. d. R.V.A. vom 14. Juli 1884 Nr. 9.

Betriebsunternehmer ist ferner rücksichtlich sämmtlicher in dem Betriebe beschäftigter Personen: a) bei einem Ziegeleibetriebe, in welchem ein Ziegelmeister die Ziegelsteine durch selbstgeworbene und selbstgelohnte Arbeiter anfertigt, und dafür (als Lohn) eine feste Vergütung (nach der Quantität der produzirten Waare, also Akkordlohn) von dem Ringofenbesitzer erhält,' während letzterer über das Produkt verfügt — nicht der Ziegelmeister, sondern der Ziegeleibesitzer (A.N. 1885 S. 209, 363; 1887 S. 351), welcher letztere sich die Notizen über die Löhnung der Arbeiter behufs Aufstellung der Lohnlisten (§§. 74, 99) beschaffen muß (A.N. 1885 S. 364); b) bei Weinkellereibetrieben, in welchen die Kellerarbeiten von selbständigen Küfermeistern derart in Akkord übernommen sind, daß sie die Gesellen und Gehülfen selbst annehmen und lohnen — nicht der Küfermeister, sondern die Kellereifirma, deren Zwecken die Küferei dient (A.N. 1885 S. 344); c) bei Fuhrwerksbetrieben, in welchen die Kutscher derart gelohnt werden, daß sie eine Quote des Fahrgeldes oder den eine festgesetzte Summe übersteigenden Betrag der Tageseinnahme als Lohn für sich behalten, — nicht diese Kutscher, sondern der Fuhrherr (A.N. 1886 S. 230); d) bei Schiffahrtsbetrieben, bei welchen der Kahnführer als Lohn einen Antheil an der Fracht erhält, — nicht der Kahnführer, sondern der Schiffseigenthümer (A.N. 1886 S. 230); e) bei dem Flößereibetriebe einer Holzhandlung, in welchem die Hölzer an Fischermeister übergeben werden, die dann wiederum Gehülfen annehmen, — nicht die Fischermeister, sondern die Holzhandlung rücksichtlich der Fischermeister und ihrer Gehülfen (A.N. 1887 S. 182); f) im Grubenbetriebe, wenn die „Anpächter" einen sehr hohen Betrag der Bruttoeinnahmen an den Grubenbesitzer zu zahlen haben, so daß dieser Betrag als Unternehmergewinn, der den Anpächtern bleibende Betrag als Arbeitslohn sich darstellt — nicht der Anpächter, sondern der Grubenbesitzer (A.N. 1887 S. 20); g) beim Betriebe einer Kiesgrube, welcher in Akkord gegeben war, aber ausschließlich für Rechnung und im Interesse der Gemeinde erfolgt, die Gemeinde (A.N. 1887 S. 31); h) bei der einem Schachtmeister übertragenen Gewinnung und Einkellerung von Eis der Brauereibesitzer, der sich die Aufsicht und die Entlassung der vom Schachtmeister angenommenen Arbeiter vorbehalten hat (A.N. 1889 S. 398; ähnlich 1891 S. 238, 243; 1896 S. 264); i) bei größeren Erdarbeiten der Bauunternehmer der einem Schachtmeister Theile zur Ausführung überträgt, auch wenn dieser die Arbeiter und Geräthe beschafft (A.N. 1893 S. 448, 449), anders, wenn der Schachtmeister nicht selbst Hand anlegt, sondern nur die Oberleitung ausübt (A.N.; J.u.A.B. 1893 S. 94; 1895 S. 249); k) bei den Wirthschaftspächtern auf Dampfschiffen, die Unternehmer der letzteren (A.N. 1892 S. 278).

Wenn ein Hausindustrieller, z. B. ein Weber, mit einem ihm gehörigen oder von ihm gepachteten Motor oder mit mindestens 10 Arbeitern arbeitet, so ist er der beitragspflichtige Unternehmer, und nicht der Kaufmann (Fabrikant ꝛc.), für den er arbeitet. — Ein Dienstmann übt im Zweifel sein selbstständiges Gewerbe aus und tritt nicht als Arbeiter in den Betrieb eines Dritten (A.N. 1892 S. 323; dagegen A.N. 1895 S. 167, 168).

9) Unfälle in fremden Betrieben. In Folge des Ineinandergreifens von Betrieben, welche verschiedenen Berufsgenossenschaften angehören, entstehen in denjenigen Fällen in denen die Arbeit verschiedenen Betrieben zugerechnet werden kann, vielfach Zweifel darüber, welche Genossenschaft zur Gewährung der Unfallentschädigung verpflichtet sei. Als typisch erwähnen die Motive folgende Beispiele:

1. Eine Maschinenfabrik entsendet ihren Monteur zur Aufstellung der für eine Textilfabrik gelieferten Maschinen; letztere hat vertragsmäßig das zur Aufstellung erforderliche Hülfspersonal zu stellen.
2. Ein Sägemüller kauft vom Forstbesitzer einen Waldbestand auf dem Stamme zum Abtriebe; Fällung, Bewaldrechtung und Abfuhr des Holzes besorgen die Arbeiter des Sägemüllers,

„In solchen Fällen erfolgen Betriebshandlungen, die ihrer Natur nach dem einen Betrieb angehören (in obigen Beispielen das Aufstelleu der Maschine, die Fällung und Bewaldrechtung des Holzes), ganz oder theilweise für Rechnung eines anderen, einer anderen Genossenschaft angehörenden Unternehmers. Zur Regelung dieser Fälle soll die Bestimmung in dem neuen Abs. 4 dienen."

„Bei der Frage, welcher Genossenschaft die mit diesen Betriebshandlungen verbundene Unfallgefahr zufällt, geht eine Ansicht dahin, daß die Berufsgenossenschaft desjenigen Betriebs zu belasten sei, zu dem die Handlungen ihrer Natur nach gehören, und daß die Arbeiter des anderen Betriebs versicherungsrechtlich in den ersteren übertreten. Darauf, wer den Lohn für die Montagearbeit oder für die Nutzbarmachung des Holzes zahlt, für wessen Rechnung diese Arbeiten geschehen, soll nach dieser Ansicht keine Rücksicht genommen werden. Nach einer anderen Auffassung kommt es lediglich auf das für die Betriebshandlung maßgebende privatrechtliche Verhältniß an: wer den Lohn zahlt oder wem das Eigenthum am Holze zusteht, der sei als Unternehmer der Betriebshandlung anzusehen und dessen Berufsgenossenschaft müsse für die Unfallentschädigungen aufkommen. Dazwischen stehen Meinungen, die die privatrechtlichen Verhältnisse zwar auch berücksichtigt wissen, ihnen aber nur in beschränkterem Maße einen Einfluß einräumen wollen. Namentlich ist die Ansicht vertreten, daß es in solchen Verhältnissen darauf ankomme, wer die geschäftliche Leitung in der Hand habe. Es wird dabei Folgendes erwogen: Die ordnungsmäßige Montage der gelieferten Maschine liege im Interesse beider betheiligten Unternehmer; für die genossenschaftliche Zugehörigkeit komme in Betracht, ob die Textilfabrik die Montage übernommen habe und sich nur des mitgeschickten Monteurs zur sachverständigen Leitung der Arbeit bediene, oder ob die Maschinenfabrik die Montage bewirken lasse und nur behufs billiger Beschaffung der Hülfskräfte diese von der Textilfabrik entnehme. Beim Holzabtriebe sei von Bedeutung, ob der Waldbesitzer dem Holzkäufer überlasse, nach seinem Gutdünken die zur Entnahme des Holzes erforderlichen Arbeiten in der Forst vornehmen zu lassen, oder ob er die Leitung des Abtriebs, auch wenn dieser für Rechnung des Käufers erfolgt, sich vorbehalte."

„Wenn solche Zweifel beseitigt werden sollen, so ist auf eine möglichst einfache und den wirthschaftlichen Verhältnissen entsprechende Abgrenzung der in einander greifenden Betriebe Bedacht zu nehmen. Unter diesem Gesichtspunkt empfiehlt es sich, zwei thatsächliche Momente als maßgebend hinzustellen, nämlich die Ertheilung des Auftrags zu der fraglichen Arbeit und die Lohnzahlung für deren Verrichtung. Dadurch werden die thatsächlich aus einem Betrieb abgesonderten Betriebshandlungen unter die allgemeine gesetzliche Regel gestellt, nach welcher derjenige, in dessen Auftrage und für dessen Rechnung die Betriebshandlungen verrichtet werden, als deren Unternehmer anzusehen ist, und demgemäß die entstehende Unfallgefahr derjenigen Genossenschaft, der dieser Unternehmer angehört, zur Last gelegt."

„Soweit bei dem Ineinandergreifen verschiedener Betriebe diese Lösung zur Beseitigung aller Zweifel nicht ausreicht, wird unter Umständen zu der im §. 85 G.U.V.G. zugelassenen Vertheilung der Entschädigungspflicht auf mehrere Genossenschaften zu greifen sein."

„Diese Regelung hat ausschließlich den Fall im Auge, daß ein der gesetzlichen Unfallversicherung unterstehender Betrieb in einen anderen ebenfalls versicherten Betrieb übergreift. Unberührt bleiben dagegen die Fälle, in denen eine nicht gegen Unfall versicherte Person, z. B. ein Handwerker, sei es der Meister oder ein Geselle, in einem versicherungspflichtigen Betrieb Arbeiten für Rechnung des Handwerksbetriebs vornimmt. In solchen Fällen wird die Handwerksarbeit nicht versicherungspflichtig." (Mot. 1900 S. 69, 70; vgl. Komm.Ber. 1897 S. 80. A.N. 1889 S. 192; 1894 S. 269.)

Die Bestimmung findet auf den Unfall eines bei der Holzabfuhr verunglückten Schneidemühlen-Arbeiters, der nach den früher geltenden Grundsätzen von der forstwirthschaftlichen Berufsgenossenschaft hätte entschädigt werden müssen, Anwendung, wenn am 1. Oktober 1900 über den Entschädigungsanspruch noch nicht rechtskräftig entschieden ist. Denn der früher von R.V.A. aufgestellte Grundsatz, wonach Unfälle auf einer zum Verkehr für Lastfuhrwerk nicht geeigneten Holzablage dem Forstbetrieb zur Last fallen sollten, ist durch die neue Fassung des Gesetzes beseitigt (A.N. 1901 S. 176).

[10]) unter ihrem Namen. Dadurch sind den Berufsgenossenschaften die Rechte juristischer Personen in der Form beigelegt worden, in welcher dies in neueren Gesetzen vielfach geschehen ist, weil die „Berufsgenossenschaften Träger dauernder Verbindlichkeiten sein sollen" Vgl. §. 17 Civ.Pr.O. (R.G.Bl. 1898 S. 410):

> „Der allgemeine Gerichtsstand .... der Korporationen .... wird durch den Sitz derselben bestimmt. Als Sitz gilt, wenn nicht ein Anderes erhellt, der Ort, wo die Verwaltung geführt wird .....
>
> Neben dem durch die Vorschriften dieses Paragraphen bestimmten Gerichtsstande ist ein durch Statut oder in anderer Weise besonders geregelter Gerichtsstand zulässig."

Aufbringung der Mittel.

§. 29.

1. Die Mittel zur Deckung der von den Berufsgenossenschaften zu leistenden Entschädigungen und der Verwaltungskosten werden durch Beiträge aufgebracht,[1]) welche auf die Mitglieder[2]) nach Maßgabe[3]) der in ihren Betrieben von den Versicherten verdienten Gehälter und Löhne beziehungsweise des nach §. 10 Abs. 4 anzurechnenden ortsüblichen Tagelohns gewöhnlicher erwachsener Tagearbeiter sowie der statutenmäßigen Gefahrentarife (§. 49) jährlich umgelegt[1]) werden.

2. Gehälter und Löhne, welche während der Beitragsperiode[4]) den Jahresbetrag von fünfzehnhundert Mark übersteigen, kommen hierbei mit dem überschießenden Betrage nur zu einem Drittel in Anrechnung.

§. 10 Abs. 1, 2 U.V.G.; §. 10 Abs. 1, 2 Entw.; §. 10 Ges. 1900.

Zu §. 29.

[1]) aufgebracht — umgelegt. Ueber das Umlagerungsprincip im Gegensatz zum Deckungskapitalprincip vgl. zunächst die allg. Motive 1884, oben S. 60. Nach dem jetzt angenommenen Umlageverfahren wird für jedes Rechnungsjahr nur derjenige Betrag an Entschädigungen von den Mitgliedern baar aufgebracht, welcher in diesem Rechnungsjahr baar auszuzahlen war, vgl. jedoch auch die Uebergangsbestimmung des §. 143. Bis zum Eintritt des Beharrungszustandes (etwa im 75. Versicherungsjahr;

jedoch wird schon etwa vom 45 Jahr ab die Steigerung nur gering sein) wird sich der Jahresbedarf fortwährend steigern, weil zu den neuen Ausgaben, die jedes Jahr erfordert, die durch die Unfälle der Vorjahre hervorgerufenen Zahlungen an Renten 2c. abzüglich der dem Werthe nach geringeren Abgänge hinzutreten; bei Aufbringung des Kapitalwerths der einzelnen Renten (Kapitaldeckungsverfahren) würde dagegen die Last zwar in den ersten Jahren eine höhere sein, sich aber demnächst gleich bleiben. Das Umlageverfahren bedingt hiernach erhebliche Jahresdifferenzen; zu einiger Ausgleichung derselben dient die Ansammlung des Reservefonds (§. 34).

In den Kommissionsverhandlungen „erklärten die Vertreter der verbündeten Regierungen, man könne in Betreff der beiden einander gegenübergestellten Systeme verschiedener Ansicht sein. Ein absolut durchschlagender, jede Gegenrede ausschließender Beweis für den Vorzug des einen oder anderen lasse sich nicht führen, die Regierungen hätten jedoch jetzt ebenso wie in der Vorlage des Jahres 1882 aus guten Gründen sich auf den Boden des Umlageverfahrens gestellt". Es wurde hervorgehoben, „dasselbe entspreche am meisten der Gesammtrichtung des Gesetzes, welches die Industrie in ihrer Solidarität für die Betriebsunfälle haftbar macht"; und „empfehle sich durch die außerordentliche Einfachheit des Verfahrens. Man bedürfe nach seiner Einführung keines versicherungstechnischen Apparats, keiner weitläufigen Kassenverwaltung; das effectiv Geleistete werde durch die Post liquidirt und demnächst auf die Mitglieder der Berufsgenossenschaften durch die Vorstände umgelegt, ganz ähnlich wie in den Gemeinden die nothwendigen Jahresausgaben auf die Gemeindemitglieder" (Komm.Ber. 1884 S. 26, 27).

Neben anderen Vortheilen soll das Umlageverfahren voraussichtlich einen erheblichen finanziellen Gewinn bringen. Einer regierungsseitig aufgestellten und in der „Nordd. Allg. Zeitung" (Nr. 171 fg. pro 1884) veröffentlichten Berechnung, welche auch zu den Akten der Reichstagskommission hinübergegeben ist (vgl. Komm.Ber. 1884 S. 27), sind hierüber folgende Zahlen zu entnehmen, die für die Gesammtindustrie unter Zugrundelegung der im Entwurf festgesetzten, durch den Reichstag aber z. Th erhöhten Entschädigungsbeträge sich ergeben haben.

Für 1 615 253 versicherte männliche Arbeiter mit einem Durchschnittsverdienst von 750 Mark jährlich würden bei einem Zinsfuß von 4 Proz. alljährlich rund 13 500 000 Mark an Deckungskapitalien (für den Anfang jedes Jahres geltend) erhoben werden müssen. Fast genau dieselbe Summe ist, wenn der jedesmalige Jahresbedarf umgelegt wird und die Zahl der Versicherten sich nicht ändert, am Anfang des 17. Jahres aufzubringen. Während die Last bei Deckungskapitalien von Anfang an sich gleich bleibt, steigt sie bei dem Umlageverfahren bis zu dem Beharrungszustande, welcher nach 75 Jahren eintritt (denn erst nach 75 Jahren ist das Gesammt-Unfall-Risiko der Invaliden des ersten Jahres, von denen ein Theil 15 Jahre alt ist, als ablaufend anzusehen; cf die Tabelle I der Denkschrift zur 2. Vorlage), und beträgt alsdann 22 855 000 Mark. Die Steigerung, anfänglich sehr bedeutend, nimmt von Jahr zu Jahr ab, so daß der Jahresbetrag von 22 Millionen schon im 45. Jahre erreicht wird. Man könnte also auch in diesem Jahre schon von einem Beharrungszustand sprechen, wenn man eine

Differenz von weniger als einer Million außer Betracht läßt. In den ersten 17 Jahren (d. h. bis zu demjenigen Zeitpunkt, in welchem bei dem Umlageverfahren derjenige Jahresbetrag erreicht wird, welcher jährlich zu zahlen ist, wenn von vornherein Deckungskapitalien aufgebracht werden) werden bei dem Umlageverfahren erhebliche Jahresaufwendungen erspart; nach Ablauf dieser 17 Jahre ist die Jahreslast aus dem Umlageverfahren dauernd größer, als wenn von Anfang an Deckungskapitalien aufgebracht wären, und übersteigt nach dem Eintritt des Beharrungszustandes die letztere um jährlich 22 855 000 — 13 510 564 = ca. 9 344 000 Mark. Die Gesammtaufwendungen aber, welche bis zum Eintritt des Beharrungszustandes nach jedem der beiden Systeme zu machen sein würden, sollen eine Ersparniß zu Gunsten des Umlageprincips ergeben. Bis zum Schluß des 75. Jahres seien nämlich unter Anrechnung von Zins und Zinseszins — welche bei dem Umlageverfahren für diejenigen Beträge erspart bezw. der Industrie erhalten werden, die nicht unmittelbar zur Deckung laufender Entschädigungen gebraucht werden (vgl. auch §. 97), während sie bei dem Deckungskapitalverfahren voll in Rechnung treten müßten — insgesammt aufzuwenden:

nach dem Deckungskapitalverfahren	6 303 770 000
nach dem Umlageverfahren . . .	6 060 810 000

mithin nach dem Umlageverfahren weniger 242 960 000, ein Kapital, dessen Zinsen zu 4 Proz. (falls man das Kapital als solches hätte!) ausreichen würden, um den nach dem Umlageverfahren dauernd zu zahlenden Mehrbetrag von jährlich 9 344 000 Mark zu decken.

Der Hauptvortheil aber, welchen man für die Industrie in finanzieller Beziehung aus dem Umlageverfahren herausgerechnet hat, soll darin liegen, daß die Industrie die ihr verbleibenden Kapitalien nicht nur zu demjenigen niedrigen Zinsfuß, zu welchem die pupillarisch sicher anzulegenden Deckungskapitalien genutzt werden können (früher etwa 4 Prozent, jetzt kaum $3^1/_2$ Prozent), sondern als Betriebskapital mindestens zu 6 Prozent nutzen kann, — ein Vortheil, dessen Gesammtwerth bei einer Zinsdifferenz von nur 2 Prozent für den Anfang des 76. Jahres auf rund 3252000000 Mark beziffert worden ist.

Den Werth dieser Rechnung wollen zwar die Vertheidiger des Anlage- oder Kapitaldeckungsverfahrens nicht gelten lassen; sie befürchten vom Umlageverfahren vielmehr eine Entlastung der Gegenwart, zum Nachtheil der Zukunft, und daraus die Gefahr einer späteren Leistungsunfähigkeit der Industrie. Es würde zu weit führen, auf das Für und Wider einzugehen; es genüge, zu erwähnen, daß diesen Befürchtungen entgegengetreten und namentlich darauf hingewiesen worden ist, wie die möglichen Schwankungen, welche, wenn es sich um einzelne Unternehmer handle, bedenklich werden könnten, innerhalb der Berufsgenossenschaften von angemessener Größe sich leicht ausgleichen würden, und daß nach der Grundidee des Gesetzes durch die aus den einzelnen Betrieben hervorgegangenen Invaliden ja nicht die einzelnen Unternehmer, sondern die Berufsgenossenschaften als solche belastet werden, diese aber so umfassend sein müssen, daß sie die Last leicht und sicher tragen können. (Vergl. Komm.Ber. 1884 S. 26 fg.) Dem Kapitaldeckungsverfahren wurde aber insbesondere auch der Umstand entgegengehalten, daß zuverlässige Grundlagen für die Berechnung noch fehlten, und voraussichtlich erst nach langjährigen statistischen Beobachtungen zu beschaffen gewesen sein würden.

Mag übrigens der finanzielle Effekt des Umlageprinzips auch nicht den oben berechneten Betrag erreichen, namentlich da die jetzt obligatorische und seit der Novelle 1900 noch verstärkte Ansammlung des Reservefonds, durch welchen zwischen den Gegensätzen hat vermittelt werden sollen, Aenderungen in jenen Zahlen bewirken wird, so bietet doch das Umlageverfahren auch abgesehen von etwaigen finanziellen Vorzügen gewisse anderweite Vortheile, welche schließlich für dessen Annahme ausschlaggebend gewesen sind. Im Einzelnen lassen sich dieselben, wie im Wesentlichen, auch in den oben erwähnten Ausführungen in der „Nordd. Allg. Zeitung" geschehen, wie folgt, darlegen. Es läßt sich zu Gunsten des Umlageverfahrens geltend machen:

a) der öffentlich-rechtliche Charakter der Berufsgenossenschaften als Träger der Versicherungslast. Es entspricht dem Wesen dieser sich fortwährend verjüngenden, dauernden Verbände ebenso, wie dem der Kommunalverbände, nicht mehr als die effektiven Bedarfssummen alljährlich umzulegen. Für derartige Verbände, welche vermöge eines gesetzlichen Beitrittszwanges die Garantie fortwährenden Bestandes in sich tragen, erscheint es nicht durchaus erforderlich, nach den Grundsätzen der Versicherungstechnik bemessene Deckungskapitalien oder dementsprechende Prämien zu erheben.

Wenn im Laufe der Jahre die Mitglieder wechseln, so ist das unerheblich. Treten nämlich die Kinder an die Stelle der Väter, oder wird ein Betrieb anderweitig vererbt, so findet eine Kontinuität der betheiligten Rechtssubjekte statt. Dies gilt auch bei etwaiger Auseinandersetzung mehrerer Geschwister in Beziehung auf den Betrieb, insofern bei der Werthschätzung des letzteren die Unfallversicherungslast nothwendigerweise berücksichtigt werden muß. Wird ein Betrieb verkauft, so äußert sich im Kaufpreis der Werth der auf dem Betriebe ruhenden Last. Tritt ein Unternehmer nach Jahren mit einem neuerrichteten Betriebe in die Genossenschaft ein, so kennt er vorher die in der Genossenschaft zu übernehmende Last. Diese Last ist also ein Faktor seiner geschäftlichen Berechnungen, und er hat volle Freiheit, je nach dem Ergebnisse seiner Kalkulation sich zu entscheiden, ob er diesen oder einen anderen Betrieb errichten, ob er ein Gut kaufen, Handwerker, Gelehrter oder Rentier werden will;

b) die Nothwendigkeit, die neue, weil über das Haftpflichtgesetz weit hinausgehende Versicherungslast allmählig aufzulegen. Wenn auch ein großer Theil der Fabriken schon bisher freiwillig Unfallversicherungsverträge bis zu einem gewissen Maße geschlossen hatte, so war doch die Mehrzahl der Betriebe, namentlich die kleinen Betriebe, nicht versichert. Bei Annahme des Deckungskapitalprinzips würde man die ganze neue Last unvermittelt auf die Schultern der damaligen Betriebsunternehmer, die zum großen Theil bisher nicht versichert hatten, gelegt haben. Ein solches Verfahren erweckte schon um deswillen Bedenken, weil die Zahl der Unfälle mit der Zunahme der Schutzvorrichtungen 2c. von Jahr zu Jahr abnehmen wird, so daß man also mit der relativ höchsten Last begonnen haben würde. Aus letzterem folgt ferner,

c) daß, da die Kosten für die Maßregeln zur Unfallverhütung, welche für die Zukunft eine wesentliche Entlastung der Genossenschaften in Aussicht stellen, von der jetzigen Generation aufgebracht werden müssen, letztere also erhebliche Aufwendungen machen muß, deren Vortheil erst in der Zukunft zu Tage treten wird, — die hieraus sich ergebende Belastung der Gegenwart zu Gunsten der Zukunft einer Ausgleichung bedarf. Für das Umlageverfahren spricht ferner

d) die für die ersten Jahre unvermeidliche Unsicherheit der Gefahrenklassen-Gruppirung. Sind innerhalb einer Genossenschaft Betriebszweige oder einzelne Betriebe in zu hohe Gefahrenklassen eingeschätzt, so ist die ungerechte Ueberlastung in den ersten 5 Jahren bei dem Umlageprinzip eine dem Werthe nach geringe. Später aber hat man genügendes statistisches Material, um eine zutreffendere Abgrenzung der Gefahrenklassen vorzunehmen. Nicht minder wichtig ist

e) der Umstand, daß bei dem Deckungsverfahren der große Betrag an Kapitalreserven, welcher der produktiven Verwendung innerhalb der Industrie entzogen wird, mit der äußersten Vorsicht und Sorgfalt angelegt und verwaltet werden muß, was viele Verwaltungsarbeit und schwere Verantwortlichkeit mit sich bringt. Diese würden die Berufsgenossenschaften unverhältnißmäßig belasten, auch die Kosten und Weiterungen der Verwaltung erhöhen. Ohne Justitiarius würde kaum eine Genossenschaft auskommen, wenn sie in eine solche Geldwirthschaft hineingerathen sollte. Daraus ergiebt sich zu Gunsten des Umlageverfahrens ferner

f) der Vortheil einer leichteren Gewinnung geeigneter Vorstandsmitglieder für die Genossenschaften, da Niemand gern die verantwortliche Verwaltung so großer Reserven wird auf sich nehmen mögen. Als weitere Vortheile wird man noch hervorheben können, daß

g) die anfänglich geringen Beiträge der Rücksicht auf die Exportfähigkeit unserer Industrie entsprechen, eine Rücksicht, welche so lange, bis die Nachbarstaaten zu ähnlichen Maßregeln, wie sie das gegenwärtige Gesetz vorsieht, sich genöthigt sehen, eine thunlichst niedrige Belastung erfordert. Lange wird sich das Ausland gleichartigen Maßregeln nicht entziehen können, wie es denn thatsächlich in manchen Nachbarstaaten schon jetzt sich zu regen anfängt (cf. darüber Zacher, Die Arbeiterversicherung im Auslande. Berlin, Verlag von A. Troschel);

h) daß bei Massenunfällen das Deckungsverfahren so ungeheuere Aufwendungen auf einmal erfordern würde, daß deren Aufbringung unter Umständen mit einem Schlage einen blühenden Industriezweig, wenn auch vielleicht nicht vernichten, so doch in seiner Lebensfähigkeit und in seinem Gedeihen erheblich beeinträchtigen könnte.

Immerhin bleibt gegen das Umlageverfahren der Einwand bestehen, daß bei demselben ein großer Theil der Lasten, welche die Gegenwart auferlegt (diese Last besteht in der Aufbringung von Renten, welche Jahre lang zu zahlen sind), erst in der Zukunft aufgebracht wird. Die finanziellen Nachtheile dieser jährlichen Steigerung werden aber, so lange es sich allein um die Unfallversicherung handelt, einen bedrohlichen Charakter nicht annehmen und haben gegenüber den mancherlei Vortheilen des Umlageverfahrens mit in den Kauf genommen werden müssen. Bedrohlich wäre die Sache geworden, wenn auch die Lasten der Invaliditäts- und Altersversicherung im Umlageverfahren hätten aufgebracht werden müssen; denn die Nachtheile dieses Verfahrens wachsen offenbar in geometrischer Progression, wenn man dasselbe kumulirt. Es ist deshalb nur zu begrüßen, daß für die letztere Maßregel die Kapitaldeckung mit gleichbleibenden Beiträgen (Prämiendurchschnittsverfahren) durchgedrungen ist.

Ueber die Frage, ob von der Umlage des Jahresbedarfs zur Kapitaldeckung überzugehen sei, oder ob eventuell eine wesentliche Erhöhung des Reservefonds herbeizuführen sei, wurden in der Reichstags-Kommission 1900 von Neuem eingehende Verhandlungen gepflogen. Es wurden der Kommission zur weiteren Klarstellung der Frage die folgenden Unterlagen mitgetheilt:

a) Eine graphische Darstellung über das Anwachsen der Beiträge nach dem Umlageverfahren (Anlage III zu Nr. 703a der Drucksachen des Reichstags von 1900);

b) eine von der Unfallversicherungsanstalt für Nieder-Oesterreich herausgegebene Schrift, welche die Unterschiede zwischen Umlage-, Kapitaldeckungs- und Prämiendurchschnittsverfahren darstellt und Gutachten von Fachleuten verschiedener Länder über diese Frage enthält;

c) ein Abdruck eines Theils der Denkschrift zum Invalidenversicherungsgesetz, welcher die Belastung aus den Unfallversicherungsgesetzen behandelt (zu vergl. Zu Nr. 93 der Reichstags-Drucksachen 10. Legislatur-Periode I. Session 1898/99 S. 85ff.).

In der sehr ausführlichen, in der Anlage II zu Nr. 703a der Drucksachen des Reichstags von 1900 nach der stenographischen Niederschrift wiedergegebenen Begründung legte der Antragsteller dar, daß die beim Umlageverfahren stetig steigenden jährlichen Beiträge in wenigen Jahren im Durchschnitt diejenige Höhe erreicht haben werden, welche beim Kapitaldeckungsverfahren von vornherein hätte erhoben werden müssen, und in etwa zehn Jahren diejenige Höhe erreichen würden, welche von jetzt (1900) ab gleichmäßig erhoben werden muß, wenn die Kapitaldeckung jetzt zur Einführung kommt. Die bei nunmehriger Einführung der Kapitaldeckung in den folgenden etwa zehn Jahren gegenüber dem Umlageverfahren mehr zu zahlenden Gesammtbeiträge werden gegen die Summen der stetig steigenden Umlagebeiträge in einem weiteren etwa gleichen Zeitraum wieder erspart. Nach Ablauf dieser Zeit aber belastet das Umlageverfahren die Industrie steigend bis zu 50 Prozent über den bei nunmehriger Einführung der Kapitaldeckung erforderlichen, sich gleichbleibenden Jahresbeitrag. Daraus wird gefolgert:

1. Das Umlageverfahren entzieht der Industrie auf die Dauer weit größere Kapitalien als das Kapitaldeckungsverfahren.
2. Das Umlageverfahren nöthigt zu einer weit über die Beiträge des Kapitaldeckungsverfahrens hinaus steigenden jährlichen Belastung der Industrie.
3. Das Umlageverfahren wird schon in wenigen Jahren die Produktionskosten mehr beeinflussen, als die Kapitaldeckung.
4. Das Umlageverfahren erhöht in der Zukunft mehr als die Kapitaldeckung den Preis der Waaren und wird daher nicht nur die Konkurrenzfähigkeit gegenüber dem Auslande gefährden, sondern auch die Nachfrage im Inlande ungünstig beeinflussen.
5. Das Umlageverfahren fordert von den Verpflichteten bei Zwangsversicherung steigende Beiträge, welche bis zu 60 Prozent höher werden, als die freiwillige Versicherung bei Kapitaldeckung und gleichen Leistungen erheben müßte, d. h. eine um 60 Prozent höhere Belastung, als die ausländische konkurrirende Industrie bei gleicher Versicherung und Kapitaldeckung zu zahlen hätte.
6. Das Umlageverfahren erfordert eine so große Steigerung der jährlichen Beiträge, daß es Bedenken erregen muß, der Industrie darüber hinaus noch weitere Auflagen zu machen. Das Umlageverfahren behindert daher eine weitere Ausdehnung der sozialen Fürsorge. (Komm.Ber. 1900 S. 63).

Obwohl die Vorzüge des Kapitaldeckungsverfahrens anerkannt wurden, überwogen die Bedenken gegen die beim Uebergang vom Umlageverfahren zum Kapitaldeckungsverfahren eintretende plötzliche Steigerung der Beiträge um rund 60 %, welche insbesondere für diejenigen Berufsgenossenschaften, die schon jetzt mit hohen Umlagen zu rechnen hätten, drückend wirken und zur Unzufriedenheit führen würden. Für die Landwirthschaft sei überdies der plötzliche Uebergang in Anbetracht ihrer Lage gänzlich ausgeschlossen und es sei nicht empfehlenswerth, für die Industrie ein anderes Verfahren als für die Landwirthschaft einzuführen. Dagegen wurde ohne Widerspruch anerkannt, daß man zu einer besseren finanziellen Fundirung aller Berufsgenossenschaften schreiten aber einen allmähligen Uebergang suchen müsse, der in der weiteren Erhöhung der bereits angesammelten Reservefonds wohl gefunden werden könne, zumal dieser Weg auch für die bessere finanzielle Fundirung der landwirthschaftlichen Berufsgenossenschaften gangbar sei. (Komm.Ber. 1900 S. 63.)

Ueber die Belastung der Berufsgenossenschaften wurden von einem Regierungsvertreter folgende Zahlen mitgetheilt (Komm.Ber. 1900 S. 64).

Für den Durchschnitt aller gewerblichen Genossenschaften seien vom 1. Januar 1898 ab als dauernd gleicher Beitrag — Prämie — pro Kopf und Jahr

12,36 Mark

erforderlich; hierzu trete noch ein Zuschlag behufs allmähliger Tilgung des am 1. Januar 1898 an der Kapitaldeckung der laufenden Renten fehlenden Betrages von rund

217,6 Millionen Mark.

Der Zuschlag berechne sich pro Kopf und Jahr auf 1,28 Mk. Führe man Kapitaldeckung später, z. B. vom 1. Januar 1901 ab ein, so würde der Zuschlag naturgemäß entsprechend höher sein müssen.*) Für die landwirthschaftlichen Berufsgenossenschaften seien die Unterlagen gleichfalls gesammelt; indessen fehle für diese eine zuverlässige Angabe der Zahl der Versicherten, so daß man den Durchschnittsbetrag auf den Kopf nicht mit Sicherheit feststellen könne. Lege man die nach der Berufsstatistik vom 14. Juni 1895 vom Reichs-Versicherungsamt angenommene Zahl von 11189071 Personen zu Grunde, so ergebe sich als dauernd gleicher Beitrag

2,54 Mark

und unter Hinzurechnung des Zuschlags zur Tilgung des Fehlbetrags an der Kapitaldeckung der bereits laufenden Renten der Betrag von

2,89 Mark

Die Umlagebeiträge dagegen würden noch fortgesetzt steigen; sie würden im Jahre 1908 den dauernd gleichen Beitrag mit Einschluß des Tilgungszuschlags bereits überschreiten, um dann weiterhin schließlich

für die gewerblichen Berufsgenossenschaften auf . . . . 20 Mk. oder das 2,24 fache,
für die landwirthschaftlichen Berufsgenossenschaften anf . . . . . . 4,30 „ „ „ 2,43 „

des 1898 erforderlich gewesenen Betrages von 8,94 Mk. bezw. 1,77 Mk. anzuwachsen. Der Verlauf der Umlagebeiträge in den einzelnen Jahren gehe aus der mitgetheilten graphischen Darstellung hervor, welche auch zugleich die künftigen Gesammtaufwendungen im Durchschnitt für einen Versicherten nach den verschiedenen Beitragsverfahren zur Anschauung bringe. Hiernach würden erforderlich sein

im	Jahre	1901	etwa	10,85	Mk.
„	„	1905	„	12,50	„
„	„	1910	„	14,30	„
„	„	1915	„	15,75	„
„	„	1920	„	17,00	„
„	„	1925	„	18,00	„
„	„	1930	„	18,80	„
„	„	1935	„	19,30	„
„	„	1940	„	19,65	„
„	„	1950	„	19,67	„

und vom Jahre 1959 ab rund 20 Mk.

Die Verhandlungen in erster Lesung führten schließlich zu der einstimmigen Beschlußfassung, die Reservefonds zu stärken.

In der zweiten Lesung wurde hauptsächlich die Frage erörtert, wie die Zuschläge zum Reservefonds zweckmäßig abzustufen und bis zu welchem Jahre dieselben beizubehalten seien. Einig war man in der Meinung, daß

*) Für den 1. Januar 1900, für welchen Zeitpunkt die erforderlichen Zahlen bereits vorliegen, berechnet sich der Fehlbetrag schon auf 448 827 200 weniger 149 711 024 = 299 116 176 Mk., zu dessen allmähliger Tilgung ein Zuschlag von 1,60 Mk. zum Kapitaldeckungsbeitrag erforderlich wäre.

die Zuschläge solange beibehalten werden sollen, bis ein Reservefonds erreicht ist, dessen Zinsen ausreichen, um zu einem dauernd gleichen Beitrag übergehen zu können, der etwa die Mitte zwischen Kapitaldeckungs- und Höchstbetrag des Umlagebeitrags halte. (Komm.Ber. 1900 S. 67). Nach den angestellten Berechnungen (Anlage VI zu Nr. 703a der Drucksachen des Reichstags von 1900) wird, sobald ein durchnittlicher Umlagebeitrag von 16,50 Mk. erreicht ist, die weitere Steigerung aus den Zinsen des dann angesammelten Reservefonds (s. Anm. zu §. 34 Ziffer 5) bestritten werden können. Zu diesem Zwecke muß der Reservefonds auf eine Höhe von etwa 665857000 Mk. gebracht werden. Wäre von Anfang an der Kapitaldeckungsbeitrag von 12,36 Mk. pro Kopf und Jahr erhoben, so würde sich ohne weitere Zuschläge bis zum Beharrungszustand ein Reservefonds von pro Kopf 218,30 Mk. gebildet haben, ein Betrag, der auf 6658571 Versicherte berechnet, die stattliche Höhe von

1453566000 Mk.

repräsentiren würde.

Bei gewerblichen Tiefbaubetrieben treten die Gründe, welche bei anderen Unternehmungen das Umlageverfahren rathsam erscheinen ließen, insbesondere um deswillen zurück, weil derartige Baubetriebe die Ständigkeit anderer Anlagen vermissen lassen. Für diese gewerbliche Tiefbaubetriebe ist deshalb das Umlageverfahren durch das Deckungskapitalverfahren ersetzt, §. 13 B.U.V.G. In den bei den Baugewerbegenossenschaften errichteten Versicherungsanstalten für Regiebauten (vgl. §. 18 B.U.V.G.) werden die Mittel, soweit es sich um kleine Regiebauteu (mit höchstens 6 Arbeitstagen) handelt, durch Umlage auf die Gemeinden, bei größeren Regiebauten durch im voraus bestimmte Prämien der Bauherren, also nach dem Versicherungsprinzip, aufgebracht (§. 23 B.U.V.G.)

²) Mitglieder, §. 55 G U.V G. Es ist unzuläßig und rechtlich unwirksam, wenn Betriebsunternehmer oder Berufsgenossenschaften einen Theil der Last den Arbeitern auflegen. Vgl. §. 141 G.U.V.G. Verspätet eingetretene Mitglieder sollen nur noch zu den Beiträgen des letzten Jahres herangezogen werden dürfen.

³) nach Maßgabe. Maßgebend für die Beiträge der Unternehmer ist im Allgemeinen der Betrag, den dieselben für die Beitragsperiode thatsächlich an Lohn und Gehalt gezahlt haben.

Die Bestimmungen über die Berechnung der Löhne und Gehälter, insbesondere auch die nur theilweise Berücksichtigung des den Betrag von 1500 Mark übersteigenden Jahresverdienstes, sind eine nothwendige Konsequenz der entsprechenden Vorschriften des §. 10 über die Unfallentschädigung. Die Leistungen der Mitglieder der Genossenschaften sollen im Allgemeinen dem Risiko, mit welchem letztere die Genossenschaft belasten, entsprechen.

Im Uebrigen handelt es sich hier um das Rechnungsjahr (§§. 98, 99, 111) nicht, wie im Fall des §. 10, um den von einem bestimmten Ereigniß ab zurückdatirten Zeitraum eines Jahres.

⁴) Beitragsperiode, d. h. dasjenige Rechnungsjahr, für welches die Umlegung erfolgt. Die hier vorgesehene Kürzung bezieht sich sowohl auf die Beiträge für Arbeiter, wie auf die Beiträge für Betriebsbeamte und versicherte Betriebsunternehmer (A.N. 1886 S. 14).

§. 30.

Abweichend[1]) von den Vorschriften im §. 29 kann durch das Statut bestimmt werden, daß für die Umlegung der Beiträge die wirklich verdienten Gehälter und Löhne in Anrechnung kommen. 1.

Für Betriebe, in welchen regelmäßig nicht mehr als fünf Arbeiter beschäftigt werden, kann durch Statut bestimmt werden, daß und nach welchen Grundsätzen mit Zustimmung des Betriebsunternehmers ein Pauschbetrag statt der Einzellöhne bei der Berechnung der Beiträge zu Grunde zu legen ist oder daß ein einheitlicher Mindestbeitrag,[3]) der vier Mark jährlich nicht übersteigen darf, zu entrichten ist. 2.

[4])Durch Statut kann bestimmt werden, daß die Arbeitgeber der im §. 5 Abs. 1 lit. b bezeichneten Gewerbetreibenden die Beiträge für die von diesen beschäftigten versicherten Personen und, sofern die Versicherung auf die im §. 5 Abs. 1 lit. b bezeichneten Gewerbetreibenden selbst durch Statut ausgedehnt ist, die Beiträge auch für diese zu zahlen haben. 3.

§. 10 Abs. 3, 4 Entw.; §. 10*a* Ges. 1900.

Zu §. 30.

[1]) **Abweichend.** Nach der gesetzlichen Regel (§. 99 Abs. 2) hat die von jedem Unternehmer alljährlich der Berufsgenossenschaft einzureichende Nachweisung der von den versicherten Personen verdienten Löhne und Gehälter gegenüber den thatsächlichen Bezügen theils Abstriche zu machen, nämlich soweit es sich um den Betrag von 1500 Mk. übersteigende Jahresarbeitsverdienste handelt, theils erhöhte Beträge aufzuführen, nämlich soweit Arbeiter in Betracht kommen, die weniger als den ortsüblichen Tagelohn erhalten. Hieraus ergeben sich für manche Betriebe lästige Umrechnungen, deren Beseitigung gewünscht wird. Es erscheint angängig, diesem Wunsche für das Verfahren der Beitragserhebung Rechnung zu tragen, während für die Berechnung der Renten die gesetzliche Regel über die Ermittelung des anrechnungsfähigen Lohnes festgehalten werden muß. Wenn durch das Genossenschaftsstatut die vorgesehene geschäftliche Erleichterung der Lohnnachweisungen durch Aufführung der wirklich verdienteu Löhne und Gehälter eingeführt wird, so tritt als Folge eine höhere Beitragslast derjenigen Unternehmer ein, die viele hochgelohnte Arbeiter beschäftigen, während solche Unternehmer, die viele billige Arbeitskräfte verwenden, entlastet werden. Im Allgemeinen würde also eine schärfere Heranziehung der größeren und leistungsfähigeren Betriebe zu Gunsten der kleineren Unternehmer eintreten. (Mot. 1900 S. 71.)

²) Den Unternehmern von Kleinbetrieben macht die ordnungsmäßige Führung von Lohnlisten oft große Schwierigkeiten, und hieraus entstehen für die Genossenschaften beträchtliche geschäftliche Weiterungen und nicht selten Einnahmeausfälle. Als Mittel der Abhülfe bietet sich nach dem Vorgange der durch §. 29 des Bau-Unfallversicherungsgesetzes von 1887 (jetzt B.U.V.G. §. 31) eingeführten Vereinbarung über die in Pausch und Bogen nach Durchschnittssätzen zu zahlenden Beiträge von Regiebauunternehmern, eine statutarische Vorschrift, wonach bei Kleinbetrieben statt der wirklichen Löhne ein Pauschbetrag der Beitragsberechnung zu Grunde zu legen ist. Diese Einrichtung dient lediglich zur Geschäftserleichterung fur die Berufsgenossenschaft und insbesondere für die kleinen Unternehmer, von deren Zustimmung daher die Anwendung des Verfahrens abhängig gemacht werden soll. Die Genossenschaft würde nach dem Abs. 2 in der Lage sein, jedem der betreffenden Kleinunternehmer eine Anregung zur Pauschalirung zu geben und demselben einen Vorschlag über den als Arbeitslohn für seinen Betrieb anzunehmenden Betrag zur Erklärung zu übermitteln. In gleicher Weise kann die Anregung, auf Grund der statutarischen Bestimmung auch von dem Unternehmer ausgehen. Kommt eine Verständigung über den Pauschbetrag der Löhne nicht zu Stande, so bleibt es bei der gesetzmäßigen Lohnnachweisung. Die den Versicherten zustehende Entschädigung wird hierdurch nicht berührt. (Mot. 1900 S. 71)

³) Mindestbeitrag. Wird ein zu hoher Mindestbeitrag eingesetzt, so kann die Genehmigung des Statuts versagt werden. (Sten.Ber. vom 7. Mai 1900 S. 5311 A.)

⁴) Abs. 3 verdankt seine Entstehung den Beschlüssen der Reichstags-Kommission 1900 und steht im Zusammenhang mit ihren Beschlüssen zu § 5 Abs. 1 lit. b; hier ist die Beitragspflicht der Arbeitgeber von Hausgewerbetreibenden nach dem Vorbilde des §. 2, §. 54 Abs. 2 Ziffer 2 des K.V.G. sowie des §. 2 J.V.G. geregelt. (Komm.Ber. 1900 S. 62.)

§. 31.

1. Zu anderen Zwecken¹) als zur Deckung der von der Genossenschaft zu leistenden Entschädigungen und der Verwaltungskosten,²) zur Ansammlung des Reservefonds (§. 34), zur Gewährung von Prämien für Rettung Verunglückter und zu **Zwecken der Unfallverhütung sowie mit Genehmigung des Reichsversicherungsamts zur Errichtung von Heil- oder Genesungsanstalten** dürfen weder Beiträge³) von den Mitgliedern der Genossenschaft erhoben werden, noch Verwendungen aus dem Vermögen der Genossenschaft erfolgen.

2. Behufs Bestreitung der Verwaltungskosten können die Berufsgenossenschaften von den Mitgliedern für das erste Jahr einen Beitrag im voraus⁴) erheben.⁵) Falls das Statut hierüber nichts Anderes bestimmt, erfolgt die Aufbringung dieser Mittel nach Maßgabe der

Zahl der von den Mitgliedern in ihren Betrieben beschäftigten versicherungspflichtigen Personen[6]) (§. 35).

§. 10 Abs. 3, 4 U.V.G; §. 10 Abs. 5, 6 Entw.; §. 10 β Ges. 1900.

Zu §. 31.

[1]) Zu anderen Zwecken. „Die Uebernahme anderweiter Verpflichtungen als derjenigen, welche durch diesen Entwurf den Genossenschaften auferlegt worden sind, seitens derselben und die Erhebung von Beiträgen zu Zwecken, welche dem Gesetze fremd sind, soll verhindert werden; dagegen fallen Abrundungen, welche sich bei der Erhebung der Beiträge als nothwendig herausstellen, nicht unter das Verbot" (Motive 1884 S. 40). Diese Bestimmung entspricht dem §. 29 Abs. 2 des Krankenversicherungsgesetzes, dem §. 13 des Hülfskassengesetzes, dem §. 88 Abs. 1, 2 der Bestimmungen über die Innungen in der Gewerbeordnung (R.G.Bl. 1900 S. 871), sowie dem §. 68 Abs. 3 des J.V.G., und enthält die in Folge des gesetzlichen Beitrittszwanges ganz besonders nothwendige Beschränkung der Beiträge und Leistungen auf das für die besonderen Zwecke des Gesetzes erforderliche Maß. Die Motive zu §. 98a Abs. 3 des Innungsgesetzes vom 18. Juli 1881 (jetzt §. 83 Abs. 3 der Gewerbeordnung R.G.Bl. 1900 S. 871) bemerken unter Hinweis auf den obenerwähnten §. 88 (damals §. 100 b): „(hierdurch) soll Vorsorge getroffen werden, daß nicht mit Hülfe einer für bestimmte Zwecke gesetzlich anerkannten Organisation ungesetzliche oder fremdartige Zwecke verfolgt werden können." In der Novelle sind die gesetzlichen Zwecke erweitert in Bezug auf die Unfallverhütung, wo bisher z. B. bezweifelt werden konnte, ob aus dem Genossenschaftsvermögen Preise für die Erfindung von neuen Schutzvorrichtungen ausgesetzt werden durften u. dgl; auch die Errichtung von Heil- und Genesungsanstalten ist ausdrücklich als zulässig bezeichnet, dabei jedoch eine besondere Gewähr dafür geschaffen, daß alle Interessen der Genossenschaftsmitglieder und der Arbeiter in Betracht gezogen werden, und deßhalb das Erforderniß der Genehmigung des R.V.A. vorgesehen (Mot. 1900 S. 72). Eine Erweiterung der Verwendungszwecke ergiebt sich aus §. 51 G.U.V.G., dagegen werden die durch weitere Einrichtungen der B.Gen. im Sinne des §. 23 H.G. verursachten Aufwendungen der B.G. als solcher nicht zur Last fallen dürfen. Die Betheiligung an den dort vorgesehenen Einrichtungen (Haftpflichtversicherung, Zuschußkassen) ist freiwillig; der Vortheil, der aus ihrer Angliederung an die berufsgenossenschaftliche Verwaltung erwächst, besteht in dem Ueberblick über die zur Genossenschaft gehörenden Betriebe und einer erheblichen Erleichterung bei der Einrichtung und Verwaltung der „weiteren Einrichtungen", aber ihre besonderen Verwaltungskosten müssen diejenigen Genossenschaftsmitglieder allein tragen, die davon Gebrauch machen.

Die Beschränkung auf Entschädigungsbeträge, die Verwaltungskosten, die Prämien und die Ansammlung des Reservefonds hat u. a. auch die Folge, daß außerordentliche Unterstützungen, abgesehen von den Fällen des §. 9 Abs. 5, §. 22 Abs. 4 gleichermaßen, wie nach dem Krankenversicherungsgesetz, unzulässig sind, ebenso die Gewährung oder Erhöhung von Renten, soweit nicht das Gesetz eine ausdrückliche Unterlage bietet. Zulässig sind Aufwendungen für eine intensivere Heilpflege während der ersten 13 Wochen.

Für die Berufsgenossenschaften der Baugewerbetreibenden können indessen anderweite Ausgaben und zwar aus den Versicherungsanstalten entstehen. Sofern nämlich die Prämien der Bauherren und die Beiträge der Gemeinden nicht ausreichen, um die der Versicherungsanstalt aus den Unfällen bei Regiebauten erwachsende Belastung zu decken, muß die Berufsgenossenschaft, welche als Träger der Versicherung deren Risiko zu übernehmen hat, eintreten. Umgekehrt hat die Berufsgenossenschaft aber auch Anspruch auf die Ueberschüsse der Versicherungsanstalten. §§. 18, 19, 23, 26, 44 B.U.V.G.

[2]) Verwaltungskosten Soweit das Gesetz nicht ausdrücklich Beschränkungen vorsieht, sind die Berufsgenossenschaften in ihrer Verwaltung, und folgeweise auch in der Verwendung ihrer Fonds zu Verwaltungszwecken nicht beschränkt. (Vgl. §§. 107—111). Bezüglich der Verwaltungskosten für das erste Jahr vgl. Abs. 2. Der Reservefonds darf zu Verwaltungskosten, abgesehen von dringenden Bedarfsfällen (§. 34 Abs. 2 G.U.V.G.) nicht verwendet werden. Wegen der Verwaltungskosten der Sektionen vgl. §. 38 G.U.V.G.

Die Verwaltungskosten sind natürlich in den verschiedenen B.G. je nach der größeren oder geringeren Kostspieligkeit ihrer Einrichtung, je nach der räumlichen Entfernung, in welcher die zugehörigen Betriebe liegen, und je nach der Zahl und wirthschaftlichen Bedeutung der zugehörigen Betriebsunternehmer von sehr verschiedener Höhe. Im Durchschnitt der gewerblichen B.G. betrugen sie im Jahre 1887 etwa 70 Pf. im Jahre 1899 etwa 90 Pf. auf den Kopf der Versicherten, ein Betrag, der an sich nicht zu hoch erscheint. Man darf, wenn man über die Höhe der Verwaltungskosten im Verhältniß zu den verausgabten Entschädigungsbeträgen sich beklagt, nicht übersehen, daß in Folge des Umlageverfahrens die zur Auszahlung gelangten Jahresbeträge der Renten nicht die Belastung aus den Renten darstellen, daß vielmehr nur der Kapitalwerth dieser Jahresbeträge als die durch die Unfallversicherung hervorgerufene Belastung angesehen und mit der Höhe der Verwaltungskosten in Vergleich gestellt werden darf. Von dem Kapitalwerth der bewilligten Renten betragen aber die laufenden Verwaltungskosten im Durchschnitt nur etwa 7,5 Prozent und auf 1000 Mark anrechnungsmäßige Löhne entfielen an laufenden Verwaltungskosten im Durchschnitt der Jahre 1886 bis 1898 nur 11,53 Mark, im Jahre 1899 nur 12,39 Mark. (Vgl. A.N. 1889 S. 11; 1901 S. 10.) Diese Beträge können als zu hoch kaum angesehen werden, namentlich wenn man bedenkt, daß bei den bestverwalteten Privatversicherungsgesellschaften die Verwaltungskosten 20 und mehr Prozent ihrer Gesammtausgaben (dieselben entschädigen durch Kapital, nicht durch Rente) betrugen.

[3]) Beiträge. Auf die Beiträge können nach §. 32 G.U.V.G. Vorschüsse erhoben werden.

[4]) im voraus. Diese im voraus für das erste Jahr erhobenen Verwaltungskosten hatten die Natur von Vorschüssen, über welche bei der Umlegung der thatsächlich erwachsenen Verwaltungskosten des ersten Jahres (§. 99) Rechnung zu legen war. Für die Verwaltungskosten der späteren

Jahre können die B.G. entweder einen bleibenden sog. „eisernen" Betriebsfonds beschaffen, von dessen jährlicher Verrechnung Abstand genommen werden kann (bei der erstmaligen Umlage war Abrechnung erforderlich, weil der Vorschuß damals nach einem vorläufigen, nicht wie jetzt nach dem endgültigen Vertheilungsmaßstab aufzubringen war, A.N. 1886 S. 92); oder sie müssen jedes Jahr von Neuem einen Betrag zur Deckung der Verwaltungskosten umlegen und denselben bei der nächstfolgenden Umlage den einzelnen Mitgliedern anrechnen (A.N. 1887 S. 214).

Thatsächlich wird dadurch die Bestimmung in §. 31 Abs. 2, daß für Verwaltungskosten „des ersten Jahres" ein Betrag im voraus erhoben werden kann, dahin verallgemeinert, daß hierzu ein Vorschuß auch für alle ferneren Jahre erhoben werden darf; nur der Maßstab für die Aufbringung des Vorschusses ist ein verschiedener.

5) erhoben. Die Zwangsvollstreckung ist erst nach endgültiger Aufnahme des betr. Betriebes in das Genossenschaftskataster (§§. 58, 59 G.U.V.G.) zulässig und erfolgt dann gemäß §. 103 G.U.V.G. durch Requisition der zuständigen Landesbehörde (A.N. 1886 S. 204).

6) Personen. Aus Zweckmäßigkeitsgründen ist behufs schneller und einfacher Beschaffung der in der ersten Zeit wegen der Einrichtungskosten in besonderem Maße erforderlichen Baarmittel dieser einfachste Maßstab gewählt.

§. 32.

1)Auf die Beiträge können von den Mitgliedern nach Be- 1.
stimmung des Statuts viertel- oder halbjährliche Vorschüsse erfordert werden. Dieselben bemessen sich für die einzelnen Mitglieder nach der Höhe der für das letztvergangene Rechnungsjahr auf sie umgelegten oder nach §. 30 Abs. 2 gezahlten Beiträge und betragen jedesmal den vierten Theil beziehungsweise die Hälfte der letzteren, solange nicht die Genossenschaftsversammlung einen niedrigeren Betrag festgesetzt hat. Für neu eintretende Mitglieder sind die Vorschüsse nach demjenigen Betrage zu bemessen, welchen diese Mitglieder nach dem Umfang ihres Betriebes zu den Jahreslasten des letztvergangenen Rechnungsjahrs hätten beitragen müssen, wenn sie in demselben schon Mitglieder der Berufsgenossenschaft gewesen wären.

Die Vorschüsse sind binnen zwei Wochen nach den durch 2.
das Statut oder die Genossenschaftsversammlung bestimmten Fälligkeitsterminen an den Vorstand einzuzahlen.

§. 10a Entw.; §. 10a Ges. 1900.

Zu §. 32.

[1]) Die Einziehung von Vorschüssen auf die Beiträge der Mitglieder war früher nur im Bau-Unfallversicherungsgesetze vom 11. Juli 1887 für die Tiefbau-Berufsgenossenschaft vorgeschrieben, außerdem ist nach §. 48 a. a. O. (jetzt 44) den Baugewerks-Berufsgenossenschaften die Befugniß beigelegt, durch das Genossenschaftsstatut die Vorschußleistung der Unternehmer einzuführen. Aus den Kreisen der Berufsgenossenschaften ist der Wunsch ausgesprochen worden, daß allen Genossenschaften das Recht gewährt werde, in der im §. 10 Abs. 2 des genannten Gesetzes geregelten Weise Vorschüsse auf die Beiträge einzufordern.

Es unterliegt keinem Bedenken, diesem Wunsche Rechnung zu tragen. Dabei ist eine Erweiterung dahin vorgesehen, daß die Vorschüsse nach Bestimmung des Statuts nicht nur viertel-, sondern auch halbjährlich sollen erhoben werden dürfen, weil es nach den Erfahrungen der Baugewerks-Berufsgenossenschaften weder immer angehen noch immer erforderlich sein wird, den kürzeren Zeitraum innezuhalten. Für den letzteren spricht allerdings, daß kleinere Unternehmer leichter mehrmals im Jahre eine kleine, als auf einmal eine größere Summe zahlen können. Auf der anderen Seite kommen aber in vielen Gewerbszweigen theils gewohnheitsmäßig, theils wegen des nicht zu jeder Jahreszeit gleichmäßigen Betriebs die Einnahmen, aus denen die Beiträge gezahlt werden, nur in längeren Zwischenräumen ein, welche bei halbjährigen Vorschüssen besser berücksichtigt werden können. Auch kann die viermal im Jahre sich wiederholende Einsendung von Vorschüssen als belästigend empfunden werden. (Mot. 1900 S. 72.)

Wegen der Einziehung der Vorschüsse vgl. §. 103 G.U.V.G.

§. 33.

[1])Unternehmer von Betrieben, deren Sitz sich im Auslande befindet, können, wenn sie vorübergehend im Inland einen versicherungspflichtigen Betrieb ausüben, vom Genossenschaftsvorstande mit Beiträgen bis zur doppelten Höhe und zur Sicherheitsleistung herangezogen werden.

§. 10b Entw.; §. 10b Ges. 1900.

Zu §. 33.

[1]) Die nach §. 32 zugelassene Vorschußerhebung genügt dann noch nicht zur ausreichenden Wahrung der Interessen der Genossenschaftsmitglieder, wenn von Unternehmern solcher Betriebe, deren Sitz sich im Auslande befindet, nur vorübergehend im Inland ein versicherungspflichtiger Betrieb unterhalten wird. Das Verhältniß des Unternehmers zur Berufsgenossenschaft ist im Allgemeinen als ein dauerndes gedacht; die Dauer schafft den Ausgleich dafür, daß ein Betrieb, in welchem sich ein Unfall ereignet, für das betreffende Jahr und beim Umlageverfahren auf längere Zeit hinaus die Berufsgenossenschaft in der Regel mit einer größeren Ausgabe belastet, als der Jahresbeitrag des betreffenden Betriebs ausmacht und zwar geschieht

der Ausgleich dadurch, daß dieser Unternehmer in anderen Jahren, ohne seinerseits die Lasten der Berufsgenossenschaft zu vermehren, durch seine Beiträge die durch Unfälle in anderen Betrieben verursachten Lasten mit tragen hilft. Dieses ausgleichende Moment fehlt, wenn der Unternehmer eines ausländischen Betriebs nur vorübergehend im Inland eine nversicherungspflichtigen Betrieb unterhält. Es ist deshalb in solchen Fällen gerechtfertigt, von dem Unternehmer einen erhöhten Beitrag zu erheben.

Zu bemerken ist dabei einmal, daß es nicht darauf ankommt, ob der Unternehmer Inländer oder Ausländer ist, sondern nur darauf, daß der Betrieb seinen Sitz im Auslande hat, und ferner, daß zu den „vorübergehend" im Inland ausgeübten Betrieben diejenigen nicht gehören, die regelmäßig aber nicht ununterbrochen auch in das Inland hinübergreifen. Demnach findet die Vorschrift des §. 33 nicht Anwendung auf die vom Auslande regelmäßig in das Inland hinein betriebene Schifffahrt, wohl aber z. B. dann, wenn ein im Ausland ansässtger Bauunternehmer einzelne Bauten im Inland ausführen läßt.

Für die Genossenschaftsbeiträge, welche von einem im Ausland ansässigen Betriebsunternehmer einzuziehen sind, ist der Anspruch auf Sicherheitsleistung durch das Gesetz selbst vorgesehen, weil die größere Schwierigkeit der Beitragseinziehung im Auslande diese Sicherstellung zu Gunsten der Berufsgenossenschaft rathsam erscheinen läßt. (Mot. 1900 S. 73).

§. 34.

Die Berufsgenossenschaften haben[1]) einen Reservefonds[2]) anzusammeln An Zuschlägen zur Bildung desselben sind bei der erstmaligen Umlegung[3]) der Entschädigungsbeträge dreihundert Prozent, bei der zweiten zweihundert, bei der dritten einhundertundfünfzig, bei der vierten einhundert, bei der fünften achtzig, bei der sechsten sechzig und von da an bis zur elften Umlegung jedesmal zehn Prozent weniger als Zuschlag zu den Entschädigungsbeträgen[4]) zu erheben. Nach Ablauf der ersten elf Jahre[5]) und, sofern das elfte Jahr beim Inkrafttreten dieses Gesetzes schon überschritten ist, von diesem letzteren Zeitpunkt ab haben die Berufsgenossenschaften dem jeweiligen Bestande des gesetzlichen Reservefonds drei Jahre lang je zehn Prozent und weiter in Zeiträumen von je drei Jahren je ein Prozent weniger bis herab zu je vier Prozent alljährlich zuzuschlagen und zwar jedesmal unter Anrechnung der Zinsen.[6]) Nach Ablauf dieser Zeit sind aus den Zinsen des Reservefonds diejenigen Beträge zu entnehmen, welche erforderlich sind, um eine weitere Steigerung des auf eine jede versicherte Person im Durchschnitt entfallenden Umlagebeitrags zu be- 1.

seitigen. Der Rest der Zinsen ist dem Reservefonds weiter zuzuschlagen.

2. In dringenden Bedarfsfällen kann die Genossenschaft mit Genehmigung des Reichs-Versicherungsamts[7]) schon vorher die Zinsen und erforderlichen Falles auch den Kapitalbestand des Reservefonds angreifen. Die Wiederergänzung[8]) erfolgt alsdann nach näherer Anordnung des Reichs-Versicherungsamts.

3. Auf Antrag des Genossenschaftsvorstandes kann die Genossenschaftsversammlung jederzeit weitere Zuschläge zum Reservefonds beschließen. Solche Beschlüsse bedürfen der Genehmigung des Reichs-Versicherungsamts.

§. 18 U.V.G.; §. 10c Entw.; §. 10c Ges. 1900.

Zu §. 34.

[1]) haben, also obligatorisch; dasselbe gilt seit 1900 auch für die landwirthschaftlichen B.Gen. (§. 37 L.U.V.G.), für die früher die Ansammlung eines Reservefonds nur fakultativ zugelassen war.

[2]) Reservefonds. Solange die Beiträge noch niedrig sind, also in den ersten Jahren des Bestehens der Berufsgenossenschaften, sollen die letzteren durch jährlich fallende Zuschläge zu den zu zahlenden Entschädigungsbeiträgen einen Reservefonds ansammeln. Derselbe dient nicht nur dazu, um im Fall der Noth ein verfügbares Kapital von erheblicher Höhe zur Hand zu haben, sondern auch dazu, damit demnächst seine Zinsen zur Verminderung der Jahreslasten verwendet werden können.

Für die Verwaltung des Reservefonds haftet der Vorstand wie ein Vormund seinem Mündel (§. 45); er hat also für sichere Anlegung der Gelder Sorge zu tragen und zwar nach Maßgabe der Bestimmungen des §. 108 fg. Zu Verwaltungskosten darf der Reservefonds nicht verwendet werden, auch nicht in der Form, daß derselbe verpfändet oder hinterlegt wird, um den zur Deckung von Verwaltungskosten erforderlichen Betrag darlehnsweise zu beschaffen (A.N. 1887 S. 214).

Für die Versicherungsanstalt der Baugewerks-B.-G. ist ein besonderer Reservefonds zu bilden, welcher für die Zwecke der Berufsgenossenschaft nicht verwendet werden darf, §. 19 Abs. 2 B.U.V.G. Zur Ansammlung dieses Reservefonds sind die Prämien der zur Versicherungsanstalt beitragenden Regiebauunternehmer entsprechend zu erhöhen, §. 26 Abs. 1 a. a. O.

[3]) bei der ersten Umlegung in den auf Grund des U.V.G. errichteten B.Gen. (im Jahre 1887) sind die Entschädigungsbeträge (und Verwaltungskosten) für fünf Vierteljahre, d. h. vom 1. Oktober 1885 bis zum 31. Dezember 1886, zu Grunde gelegt (A.N. 1886 S. 369, 1887 S. 12).

[4]) Entschädigungsbeiträge. Es handelt sich also während der ersten elf Jahre nach der Errichtung einer B.G. um prozentuale Zuschläge zu denjenigen Beträgen, welche an die Postverwaltungen zur Deckung für die von ihnen geleisteten Vorschüsse abzuführen sind, einschl. der an Ausländer gezahlten Kapitalabfindungen (A.N. 1888 S. 86), sowie zuzüglich der Beträge

für Sterbegelder und Heilkosten vgl. §. 97. Die Verwaltungskosten, desgleichen die auf Grund des §. 143 etwa zu übernehmenden Lasten bleiben unberücksichtigt, weil für deren Höhe ein sicherer Anhalt fehlt, dieselbe auch in der ersten Zeit von Zufälligkeiten abhängen wird. Die Zuschläge werden nach demselben Verhältniß aufgebracht, wie die Entschädigungsbeträge selbst, also bei einer statutarischen Theilung des Risikos zwischen den Berufsgenossenschaften und ihren Sektionen (§. 50) in demselben Antheil, wie die Entschädigungsbeträge selbst, von den Sektionen getragen (A.N. 1887 S. 40).

5)*) Nach Ablauf der ersten elf Jahre seit dem Bestehen einer B.G. wird der weitere Zuschlag in Prozenten des jeweiligen Bestandes berechnet. Im Allgemeinen werden bei den Berufsgenossenschaften, welche beim Inkrafttreten des G.U.B.G. bereits 11 Jahre oder länger bestehen, zu erheben sein für die Jahre

1901	bis	1903	je	10%	des	jeweiligen	Bestandes
1904	„	1906	„	9%	„	„	„
1907	„	1909	„	8%	„	„	„
1910	„	1912	„	7%	„	„	„
1913	„	1915	„	6%	„	„	„
1916	„	1918	„	5%	„	„	„
1919	„	1921	„	4%	„	„	„

des Reservefonds, und zwar erstmalig für das Jahr 1901 bei der Umlage im Jahre 1902 — (Verfügung des R.V.A. vom 27. Oktober 1900 A.N. 1900 S. 806).

Sollen, dem Zweck des erhöhteren Reservefonds entsprechend, die Zinsen desselben es ermöglichen, später zu einem dauernd gleichen Beitrag überzugehen, der etwa die Mitte zwischen Kapitaldeckungsbeitrag (Prämie) und Höchstbetrag des Umlagebeitrags einnimmt, also etwa den Betrag von 16,50 Mk. erreicht, so muß der Reservefonds im Durchschnitt pro Kopf bei Anrechnung einer jährlichen Verzinsung von 3½% am 1. Januar 1922 den Betrag von

80,384 Mk.

erreicht haben (Anlage VI zur Drucksache des Reichstags Nr. 703a von 1900). Ende 1898 betrug der Reservefonds aller gewerblichen B.Gen.

130 573 530,52 Mk.

oder im Durchschnitt pro Kopf

20,67 Mk.;

Ende 1899 belief sich derselbe auf

131 914 949,07 Mk.

oder im Durchschnitt pro Kopf auf

19,80 Mk.

Rechnet man mit einem Bestand im Durchschnitt pro Kopf von 20 Mk. bei Zuführung des ersten Zuschlags von 10% im Jahre 1902, so wird der Reservefonds bis zum 1. Januar 1922 bei den vorgesehenen Zuschlägen den Betrag von

*) Die nachstehenden Ausführungen verdankt der Herausgeber dem versicherungstechnischen Hülfsarbeiter im Reichsamt des Innern, Herrn Regierungsrath Dr. Beckmann.

82,50 Mk.

erreicht haben, also noch etwas höher sein als oben berechnet wurde, so daß noch ein geringer Mehrbetrag vorhanden ist, der zur Deckung etwaiger Zinsausfälle 2c. Verwendung finden kann. Der Gesammtbetrag des Reservefonds der gewerblichen B.Gen. wird somit am 1. Januar 1922 bei einer Versichertenzahl von 6 658 571 voraussichtlich betragen

549 332 100 Mk.

und wird von diesem Zeitpunkt in Folge der Ueberweisung der Zinsüberschüsse bis zum Jahre 1959 noch weiterhin auf rund

665 857 000 Mk.

steigen. Von hier ab werden die ganzen Zinsen des Reservefonds zur Ermäßigung der Umlagelast, welche dann bei 6 658 571 Versicherten

132 171 420 Mk.

beträgt, verwendet werden dürfen, so daß als Umlage nur

132 171 420 — 23 305 000 = 108 866 420 Mk.

oder pro Kopf rund 16,50 Mk. dauernd aufzubringen sind.

Wie sich vom Jahre 1922 ab der rechnungsmäßige Reservefonds und die Verwendung der Zinsen desselben für den Durchschnitt aller gewerblichen B.G. beim Uebergang zu dem dauernd gleichen Beitrag von 16,50 Mk. stellt, zeigt die Tabelle auf Seite 305

In den einzelnen Genossenschaften werden sich die vorstehenden Zahlen naturgemäß sehr verschieden gestalten. Immerhin gewähren dieselben einen Ueberblick, in welchem Verhältniß sich voraussichtlich die Last in den einzelnen Jahren entwickeln, und welchen Einfluß der Reservefonds auf die Gestaltung der finanziellen Lage der Genossenschaften und der Unternehmer gewinnen wird.

6) unter Anrechnung der Zinsen. Auf die Zuschläge sind die Zinsen des Reservefonds anzurechnen. Wenn sich der gesetzliche Reservefonds auf 600000 Mk. beläuft und die Jahreszinsen 20000 Mk. betragen, so sind bei 10% Zuschlag dem Fonds 60000 Mk. im Ganzen jährlich zuzuführen, einschließlich der 20000 Mk. Zinsen, so daß in die Umlagerechnung als Zuschlag nur 40000 Mk. einzustellen wären (A.N. 1900 S. 780).

Wegen der Behandlung der Zinsen des Reservefonds aus dem letzten Quartal 1900 vgl. A.N. 1901 S. 178.

7) Das Gesetz sieht in §. 95 Abs. 3 einen Fall vor, in welchem es gestattet sein soll, ohne Genehmigung des R.V.A. Beträge aus dem Reservefonds zu entnehmen. Auch in diesem Falle hat aber das R.V.A. für eine auf einige Jahre zu vertheilende allmähliche Wiederergänzung des Reservefonds Sorge zu tragen.

An die Stelle des R.V.A. tritt in den Fällen des §. 127 das Landes-Versicherungsamt.

8) Die Wiederergänzung des ganz oder zum Theil verbrauchten Reservefonds hat nicht durch das Gesetz geregelt werden können, weil dieselbe nach den Umständen zu erfolgen haben und namentlich bei außergewöhnlichen Verhältnissen (Krieg 2c.) nicht immer nach Maßgabe der Bestimmungen des ersten Absatzes möglich sein wird.

Rechnungsjahr	Bestand des Reservefonds pro Kopf der Versicherten zu Anfang der nebenbezeichneten Jahre ℳ	3 1/2 % Zinsen des Reservefonds im Laufe der nebenbezeichneten Jahre ℳ	Umlagebeitrag pro Kopf der Versicherten ℳ	Bei Erhebung eines dauernd gleichen Beitrags pro Kopf der Versicherten von 16,50 ℳ sind von den Zinsen Spalte 3	
				zur Bestreitung der Ausgaben zu verwenden ℳ	dem Reservefonds weiterhin zuschlagen ℳ
1	2	3	4	5	6
1922	80,384	2,813	17,40	0,90	1,913
1923	82,297	2,880	17,60	1,10	1,780
1924	84,077	2,943	17,80	1,30	1,643
1925	85,720	3,000	18,00	1,50	1,500
1926	87,220	3,053	18,20	1,70	1,353
1927	88,573	3,100	18,35	1,85	1,250
1928	89,823	3,144	18,50	2,00	1,144
1929	90,967	3,184	18,65	2,15	1,034
1930	92,001	3,220	18,80	2,30	0,920
1931	92,921	3,252	18,90	2,40	0,852
1932	93,773	3,282	19,00	2,50	0,782
1933	94,555	3,309	19,10	2,60	0,709
1934	95,264	3,334	19,20	2,70	0,634
1935	95,898	3,356	19,30	2,80	0,556
1936	96,454	3,376	19,40	2,90	0,476
1937	96,930	3,393	19,48	2,98	0,413
1938	97,343	3,407	19,55	3,05	0,357
1939	97,700	3,420	19,60	3,10	0,820
1940	98,020	3,431	19,65	3,15	0,281
1941	98,301	3,441	19,70	3,20	0,241
1942	98,542	3,449	19,75	3,25	0,199
1943	98,741	3,456	19,78	3,28	0,176
1944	98,917	3,462	19,81	3,31	0,152
1945	99,069	3,467	19,83	3,33	0,137
1946	99,206	3,472	19,85	3,35	0,122
1947	99,328	3,476	19,87	3,37	0,106
1948	99,434	3,480	19,89	3,39	0,090
1949	99,524	3,483	19,90	3,40	0,083
1950	99,607	3,486	19,91	3,41	0,076
1951	99,683	3,489	19,92	3,42	0,069
1952	99,752	3,491	19,93	3,43	0,061
1953	99,813	3,493	19,94	3,44	0,053
1954	99,816	3,495	19,95	3,45	0,045
1955	99,911	3,4969	19,96	3,46	0,0369
1956	99,9479	3,4982	19,97	3,47	0,0282
1957	99,9761	3,4992	19,98	3,48	0,0192
1958	99,9953	3,4998	19,99	3,49	0,0098
1959	100,0051	3,50	20,00	3,50	—
1960	100,00	3,50	20,00	3,50	—
1961	100,00	3,50	20,00	3,50	—
1962	100,00	3,50	20,00	3,50	—
1963	100,00	3,50	20,00	3,50	—
1964	100,00	3,50	20,00	3,50	—
1965	100,00	3,50	20,00	3,50	—

II. Organisation und Veränderung der Berufsgenossenschaften.

Ermittelung der versicherungspflichtigen Betriebe.

§. 35.

1. [1])Jeder Unternehmer eines unter §§. 1 oder 2 fallenden, bisher der reichsgesetzlichen Unfallversicherung nicht unterstellten Betriebs hat diesen binnen einer von dem Reichs-Versicherungsamte zu bestimmenden und öffentlich bekannt zu machenden Frist unter Angabe des Gegenstandes und der Art desselben sowie die Zahl der durchschnittlich darin beschäftigten versicherungspflichtigen Personen bei der unteren Verwaltungsbehörde anzumelden.

2. Für die nicht angemeldeten Betriebe hat die untere[2]) Verwaltungsbehörde die Angaben nach ihrer Kenntniß der Verhältnisse zu ergänzen.

3. Dieselbe ist befugt, die Unternehmer nicht angemeldeter Betriebe zu einer Auskunft darüber innerhalb einer zu bestimmenden Frist durch Geldstrafen im Betrage bis zu einhundert Mark anzuhalten.

4. Die untere Verwaltungsbehörde hat ein nach Gewerbszweigen[3]) geordnetes Verzeichniß der Betriebe ihres Bezirkes unter Angabe des Gegenstandes und der Art des Betriebes sowie die Zahl der darin beschäftigten versicherungspflichtigen Personen aufzustellen. Das Verzeichniß ist der höheren[2]) Verwaltungsbehörde einzureichen und von dieser erforderlichen Falles zu berichtigen.

5. Die höhere Verwaltungsbehörde hat die Verzeichnisse sämmtlicher versicherungspflichtigen Betriebe ihres Bezirkes dem Reichs-Versicherungsamt[4]) einzureichen, welches sie den zuständigen Genossenschaftsvorständen überweist.

§. 11. U.V.G.; §. 11 Entw.; §. 11 Ges. 1900.

Zu §. 35.

[1]) Das Fortbestehen der auf Grund des U.V.G. (1884) und des A.G. (1885) errichteten B.Gen. ist im §. 28 Abs. 1 G.U.V.G. verordnet. Es bedarf sonach hier nur einer Bestimmung über die Organisation der Unfallversicherung für die auf Grund des §. 1 Abs. 1 Ziffer 1, 2, 7, §. 2 Abs. 2 G.U.V.G. der Versicherungspflicht erst unterstellten Betriebe. Durch die auf Grund des §. 35 zusammengestellten Verzeichnisse werden die Unterlagen für den nach §. 2 H.G. nach Anhörung von Vertretern der betheiligten Gewerbszweige vom Bundesrath zu fassenden Beschluß über die Errichtung von Berufsgenossenschaften 2c. gewonnen. Die Vorbereitung dieser Beschlußfassung liegt, ebenso wie bei der erstmaligen Organisation, dem Reichs-Versicherungsamt ob, welches die Frist für die Anmeldung der unfallversicherungspflichtigen Betriebe auf den 15. November 1900 festgesetzt hat (Bekanntmachung vom

1. Oktober 1900) A.N. S. 707. Die gleichzeitig veröffentlichte Anleitung, betreffend die Anmeldung unfallversicherungspflichtiger Betriebe, ist daselbst abgedruckt. Die entsprechenden früheren Anleitungen sind unter dem 14. Juli 1884 und 5. Juni 1885 erlassen (A.N. 1885 S. 160, 374).

Für die erstmalige Organisation der Unfallversicherung hatte die mit §. 35 gleichlautende Bestimmung (§. 11 U.V.G. 1884) einen dreifachen Zweck: a) Beschaffung des Materials für die Bildung und vorläufige Abgrenzung der Berufsgenossenschaften, worauf sich die jetzt fortgefallenen §§. 12—15 des U.V.G. (1884) bezogen, b) Beschaffung der Grundlage für die Genossenschaftskataster, c) Hinweisung der Betheiligten auf die neue gesetzliche Regelung, insbesondere behufs Vorbereitung von Anträgen auf freiwillige Bildung von B.Gen.; (vgl. A.N. 1885 S. 23). Auch für die ergänzende Organisation (1900) kommt der Zweck zu b in Betracht (§§. 58ff. G.U.V.G.); der Zweck zu c tritt in den Hintergrund, weil geeignete Vertreter der betheiligten Gewerbszweige von Amtswegen vor der Beschlußfassung über die Organisation gehört werden sollen (§. 2 Abs. 1 H.G.). Immerhin wird es nicht unzulässig sein, daß auch ohne Anfrage von den Betheiligten Anträge in Bezug auf die berufsgenossenschaftliche Organisation beim Reichs-Versicherungsamt oder beim Bundesrath gestellt werden.

Nach beendigter Organisation gelten für die Anmeldung neu entstehender Betriebe die zum Theil gleichartigen Vorschriften des §. 56 G.U.V.G.

Unterlassung der Anmeldung ist nach §. 147 strafbar.

[2]) untere — höhere Verwaltungsbehörde s. §. 152 G.U.V.G.

[3]) Der erstmaligen Anmeldung (1884) wurde die Reichs-Berufsstatistik zu Grunde gelegt. Die in Betracht kommenden Gruppen, Klassen und Ordnungen der Reichsberufsstatistik wurden seiner Zeit von dem R.V.A. den Behörden mitgetheilt. Sie ergeben sich aus der ersten Uebersicht des R.V.A. über die Ergebnisse der Anmeldungen, vgl. A.N. 1885 S. 26, und sind in Anlage A, jedoch ohne Wiederaufnahme der Bezeichnungen der einzelnen zugehörigen Varietäten, abgedruckt.

[4]) Reichs-Versicherungsamt, ohne parallele Zuständigkeit der Landes-Versicherungsämter (§. 127).

Statut der Berufsgenossenschaften.

§. 36.

[1])Die Berufsgenossenschaften regeln[2]) ihre innere Verwaltung sowie ihre Geschäftsordnung durch ein von der Genossenschaftsversammlung zu beschließendes Statut.[3]) Bis zur Uebernahme der Geschäfte durch den auf Grund eines gültigen Genossenschaftsstatuts (§. 39) gewählten Vorstand hat der von der konstituirenden Genossenschaftsversammlung gewählte provisorische Vorstand, welcher aus einem Vorsitzenden, einem Schriftführer und mindestens drei Beisitzern zu bestehen hat, die Genossenschaftsversammlung zu leiten und die Geschäfte der Genossenschaft zu führen. 1.

2. Die Mitglieder[4]) der Berufsgenossenschaften können sich in der Genossenschaftsversammlung durch andere stimmberechtigte Mitglieder oder durch einen bevollmächtigten Leiter ihres Betriebs[5]) vertreten[6]) lassen.

§. 16 Abs. 1, 3 U.V.G.; §. 16 Entw.; §. 16 Ges. 1900.

Zu §. 36.

[1]) Sobald über die etwaige Errichtung von neuen Berufsgenossenschaften für die durch §§. 1, 2 G.U.V.G. der Unfallversicherung unterstellten Betriebe vom Bundesrath Beschluß gefaßt ist, hat das Reichs-Versicherungsamt die konstituirende Genossenschaftsversammlung einzuberufen (§. 2 H.G.) und die Wahl des provisorischen Vorstandes zu veranlassen. In dieser Versammlung ist sodann ein Genossenschaftsstatut zu beschließen, und nach erfolgter Genehmigung des letzteren durch das Reichs-Versicherungsamt (§. 39 G.U.V.G.) der definitive Genossenschaftsvorstand von einer statutenmäßigen Genossenschaftsversammlung zu wählen. Sobald dieser Vorstand in Thätigkeit getreten ist, hört die Thätigkeit des provisorischen Vorstandes auf.

[2]) regeln. Die Berufsgenossen haben volle Selbstverwaltung bei der ihnen obliegenden gemeinsamen Aufgabe; die Mitwirkung der Behörde tritt auf Grund des Gesetzes nur da ein, wo sie zur Sicherung wesentlicher öffentlich-rechtlicher Zwecke der Unfallversicherung unumgänglich ist.

[3]) Statut. Zur Anleitung für die B.Gen. hat das R.V.A. im Jahre 1885 ein Normalstatut veröffentlicht (A.N. 1885 S. 9), welches durch ein Nebenstatut für die Baugewerks-B.Gen. (A.N. 1887 S. 331) ergänzt und nach Erlaß der Novelle durch ein neues Normalstatut ersetzt ist. Die Ergebnisse der erstmaligen Statutenberathungen sind veröffentlicht A.N. 1885 S. 162, 180, 252; 1886 S. 78. — Das Genossenschaftsstatut bedarf der Genehmigung des R.V.A. (§. 39). Bei den von den Berufsgenossenschaften eximirten fiskalischen Betrieben treten an die Stelle des Genossenschaftsstatuts Ausführungsvorschriften der Ausführungsbehörden, cf. §§. 128, 133 G.U.V.G. Dasselbe gilt auf Grund des Bau-Unfallversicherungsgesetzes für diejenigen Regiebauverwaltungen von Kommunalverbänden (Provinzen, Kreisen), welche auf Antrag von der höheren Verwaltungsbehörde für „leistungsfähig" erklärt sind, die Unfallversicherung für die bei diesen Regiebauten beschäftigten Personen auf eigene Schultern zu nehmen (§. 42 B.U.G.).

Baugewerks-Berufsgenossenschaften haben außerdem für die von ihnen zu errichtenden Versicherungsanstalten ein Nebenstatut aufzustellen, welches ebenfalls der Genehmigung des R.V.A. unterliegt (§§. 20, 22 B.U.G.).

[4]) Mitglieder, §. 55.

[5]) bevollmächtigten Leiter ihres Betriebes, also nur solche, welche die Geschäftsführung in dem Betriebe besorgen oder doch an derselben (im Ganzen oder als Leiter einzelner Abtheilungen eines größeren Betriebes) Theil nehmen. Der Begriff ist nicht zu eng zu fassen; zugelassen sind also auch die kaufmännischen Leiter eines gewerblichen Unternehmens; ob dieselben die Befugniß zur Prokurazeichnung haben, ist unerheblich (A.N. 1885 S. 209). Die Mitglieder des Aufsichtsraths einer Aktiengesellschaft als solche sind

weder Leiter noch selbständige Vertreter des Unternehmens, da ihnen gesetzlich untersagt ist, die Geschäfte der Gesellschaft zu führen (H.G.B. §. 248). A.N. 1885 S. 86.

Der Leiter muß durch Spezialvollmacht legitimirt sein (A.N. 1885 S. 112).

[6]) vertreten. Der Vertreter muß (falls er nicht Betriebsleiter ist) derselben B.G., braucht aber nicht demselben Industriezweig anzugehören (A.N. 1885 S. 178).

§. 37.

Das Genossenschaftsstatut[1]) muß Bestimmung treffen:

1. über Namen und Sitz der Genossenschaft;
2. über die Bildung des Genossenschaftsvorstandes[2]) und über den Umfang seiner Befugnisse;
3. über die Berufung[3]) der Genossenschaftsversammlung sowie über die Art[4]) ihrer Beschlußfassung;
4. über das Stimmrecht[5]) der Mitglieder der Genossenschaft und die Prüfung ihrer Vollmachten;[6])
5. über das von den Organen der Genossenschaft bei der Einschätzung der Betriebe in die Klassen des Gefahrentarifs[7]) zu beobachtende Verfahren[8]) (§. 49);
6. über das Verfahren bei Betriebsveränderungen sowie bei Aenderungen in der Person[9]) des Unternehmers (§. 60 Abs. 2, §§. 61, 62);
7. über die Folgen der Betriebseinstellungen[10]) oder eines Wechsels der Betriebsunternehmer,[11]) insbesondere über die Sicherstellung der Beiträge der Unternehmer, welche den Betrieb einstellen;
8. über die den Vertretern der versicherten Arbeiter zu gewährenden Vergütungssätze[12]) (§. 114 Abs. 4);
9. über die Aufstellung, Prüfung und Abnahme der Jahresrechnung;
10. über die Ausübung der der Genossenschaft zustehenden Befugnisse zum Erlasse von Vorschriften behufs der Unfallverhütung und zur Ueberwachung der Betriebe (§§. 112ff.);
11. über die Voraussetzungen einer Abänderung[13]) des Statuts;
12. über das bei der Anmeldung und dem Ausscheiden der versicherten Betriebsunternehmer[14]) und anderer nach §§. 1 oder 2 nicht versicherter Personen (§. 5) zu beobachtende Verfahren sowie über die Höhe des der Versicherung der Unternehmer zu Grunde zu legenden

Jahresarbeitsverdienstes und dessen Ermittelung (§§. 5, 10).[15])

§. 17 U.V.G.; §. 17 Entw.; §. 17 Ges. 1900.

Zu §. 37.

1) Das Genossenschaftsstatut „hat vorzugsweise die Aufgabe, die allgemeine Verwaltungsorganisation der Genossenschaft und diejenigen Verhältnisse, welche dauernder Natur sind, zu regeln" (Motive 1884). Sämmtlichen Statuten der industr. B.Gen. liegt das vom R.V.A. entworfene Normalstatut (A.N. 1885 Nr. 2) zu Grunde für die nach der Novelle 1900 nothwendigen Statutenänderungen hat das R.V.A. ein neues Normalstatut erlassen und den B.Gen. mitgetheilt; für die Statuten der Baugewerks-Berufsgenossenschaften sind in Folge der Bestimmungen des Bau-Unfallversicherungsgesetzes Nachträge erforderlich geworden, welche gleichfalls auf einem von dem R.V.A. verfaßten Normalentwurf (A.N. 1887 S. 332) beruhen. Dasselbe gilt für die von den Baugewerks-Berufsgenossenschaften zu errichtenden Nebenstatuten; das Normalnebenstatut des R V.A. ist A.N. 1887 S. 333 veröffentlicht.

2) Genossenschaftsvorstand. cf. §§. 41—46. Derselbe kann auch aus Delegirten der Sektionsvorstände (§. 38) gebildet werden.

3) Berufung, z. B. durch Bekanntmachung in öffentlichen Blättern.

4) Art ihrer Beschlußfassung, z. B. wieviel Mitglieder anwesend sein müssen, ob absolute Mehrheit entscheidet u. a

5) Stimmrecht. Es muß sowohl den kleineren wie den größeren Unternehmern eine ausgiebige Wahrung ihrer Interessen möglich sein.

Uebrigens bestimmt das Statut nur darüber, in welchem Umfang den Einzelnen das Stimmrecht zusteht. Die Berechtigung als solche, Stimmen in der Genossenschaftsversammlung zu führen, ist nach ausdrücklicher Vorschrift des Gesetzes (§. 55 Abs. 2) nur von dem Besitz der bürgerlichen Ehrenrechte abhängig.

Die Bestimmung unter Ziffer 4 bietet den kleineren Unternehmern Schutz gegen das überwiegende Stimmrecht, welches wenige sehr große Unternehmer auf Grund der Zahl ihrer Arbeiter ausüben könnten. (Komm.-Ber. 1900 S. 71.)

6) Vollmachten dieser Art sind stempelfrei nach §. 145 G.U.V.G.

7) Gefahrentarif. Die Aufstellung des Tarifs und die Einschätzung in die einzelnen Klassen desselben soll nach §. 49 in der Regel durch die Genossenschaftsversammlung oder den von derselben hiermit beauftragten Ausschuß oder Vorstand erfolgen. „Es bleibt indessen dem freien Ermessen der Genossenschaftsversammlung überlassen, die allgemeinen Grundsätze, nach welchen die Einschätzung in die Gefahrentarife zu bewirken ist, und event. diese Tarife selbst im Statut festzusetzen" (Motive 1884 S. 52). Obligatorisch hat man dies letztere nicht machen wollen, weil wesentliche Aenderungen der Betriebseinrichtungen auch auf den Grad der Unfallgefahr von Einfluß sind und deshalb von Zeit zu Zeit Abänderungen der Gefahrentarife erforderlich werden, bei denen die Weitläufigkeiten einer Statutenänderung besser vermieden werden, ferner, weil es „nur ausnahmsweise möglich sein wird, in

der das Statut berathenden Genossenschaftsversammlung bereits definitive Beschlüsse über die Bildung der Gefahrenklassen und die Höhe der in denselben zu leistenden Beiträge zu fassen" (Motive 1884 S. 52). Man hat sich daher darauf beschränkt, in dieser Beziehung obligatorisch nur Vorschriften über das Verfahren bei der Einschätzung in die Tarife und bei Betriebsveränderungen zu fordern.

8) Verfahren. „Insbesondere wird zu bestimmen sein, von welchen Organen die Einschätzung in die Gefahrentarife vorzunehmen ist (vgl. §. 49), welche Angaben die Betriebsunternehmer über ihre Einrichtungen und Anlagen zum Zweck der Veranlagung zu machen haben, innerhalb welcher Fristen dieses zu geschehen hat, in welcher Weise die Veranlagung zu bewirken ist, wenn die erwähnten Angaben nicht rechtzeitig gemacht worden sind, welche Betriebsänderungen für die Einschätzung in die Gefahrentarife als bestimmend anzusehen sind und in welchen Fristen dieselben zur Kenntniß der Genossenschaftsorgane gebracht werden müssen" (Motive 1884 S. 52).

9) in der Person. Eine Aenderung in der Person des Betriebsunternehmers gilt nicht als Betriebseinstellung, sondern wird besonders behandelt, vgl. Ziffer 7 und §. 60. Denn die Zugehörigkeit des Betriebes, des Unternehmens, als solche wird dadurch nicht geändert, daß die Person des Betreibenden, des Unternehmers, sich ändert. Aenderungen in der Person des Betriebsunternehmers sollen nach §. 60 Abs. 2 angezeigt werden; das Statut hat die Modalitäten und die Fristen für diese Anzeige festzusetzen. Ist diese Anzeige nicht erfolgt, so bleibt der ausscheidende Unternehmer neben dem neu eintretenden Unternehmer weiter haftbar, es wird also in diesem Fall für die Folge ein Gesammtschuldverhältniß beider Personen begründet. Dies gilt jedoch nach Entscheidungen des R.V.A. nicht für die Vergangenheit. Für diese soll vielmehr ausschließlich der bisherige, inzwischen ausgeschiedene Unternehmer haften, und die Haftbarkeit des neuen Unternehmers soll sich lediglich auf diejenige Zeit erstrecken, von welcher ab er kraft Gesetzes Mitglied der Berufsgenossenschaft geworden ist (A.N. 1887 S. 352). Auch durch das Statut kann der neue Unternehmer nicht für Reste des alten haftbar erklärt werden (A.N. 1888 S. 35). Von dem alten Unternehmer kann eine Sicherstellung seiner Beiträge, wie sie für den Fall der „Betriebseinstellung" gesetzlich vorgesehen ist (Anm. 14), bei Abgabe des Betriebes nur dann gefordert werden, wenn das Statut dies vorschreibt (A.N. 1887 S. 31, 138); letzteres ist zulässig. —

10) Eine Betriebseinstellung — im Unterschied von einem Wechsel in der Person des Unternehmers, vgl. Anm. 9 — liegt nur dann vor, wenn die Absicht besteht, den Betrieb dauernd aufzulösen; §. 68 Nr. 1 Abs. 1 des Krankenversicherungsgesetzes braucht dafür den Ausdruck „Auflösung". Zeitweilige, durch die Art des Betriebes bedingte periodisch wiederkehrende Einstellungen oder Einschränkungen des Betriebes (cf. §. 67 Abs. 3 des Krankenversicherungsgesetzes), wie sie z. B. bei Zuckerfabriken, Brennereien 2c. vorkommen, gehören nicht hierher. (Vgl. A.N. 1887 S. 25.) — Verlegung des Betriebes aus dem Gebiete einer Sektion in das Gebiet einer anderen Sektion derselben B.G. ist keine Betriebseinstellung. (A.N. 1892 S. 201.)

Da die Zugehörigkeit des Betriebes mit der Einstellung desselben erlischt (vgl. §. 55), so kann der Fall eintreten, daß am Schluß eines Rechnungsjahres ein Betrieb nicht mehr versicherungspflichtig ist und deshalb den Vorschriften des Gesetzes (über die Aufbringung der Beiträge 2c.) nicht mehr unterliegt, obwohl er während eines Theils dieses Zeitabschnitts noch versicherte Arbeiter beschäftigt hat und folgeweise für diese Zeit noch beitragspflichtig war. Es muß also Vorsorge getroffen werden, daß ein solcher Betrieb nach Verhältniß der Zeit, für welche der Unternehmer noch Mitglied der Genossenschaft war, zu den Beiträgen herangezogen werden kann (cf. Motive zur 2. Vorlage, R.T.Dr.S. 1882 Nr. 19 S. 73). Für die in Zukunft fällig werdenden Beiträge haftet der ausscheidende Betrieb nicht, weil er nur, so lange er zur Genossenschaft gehört, an den Jahreslasten partizipirt, und letztere nach dem Umlageprinzip nur in derjenigen Höhe aufzubringen sind, welche die in jedem Jahr zu leistenden Zahlungen erforderlich machen.

Die für den aufgelösten Betrieb pro rata temporis noch zu zahlenden Beiträge des laufenden Jahres, welche erst am Schluß des Rechnungsjahres fällig sind (§§. 98, 99), werden in der Regel durch Niederlegung einer Kaution sichergestellt werden müssen. Die näheren Bestimmungen sind dem Statut überlassen, „um so mehr, als die Höhe der Kaution nicht für alle Berufsgenossenschaften gleichmäßig zu bemessen sein wird, sondern sich nach dem Betrage der voraussichtlich zu zahlenden Beiträge wird richten müssen" (Motive 1884 S. 53). Die Kautionsbeträge sind im Verwaltungszwangsverfahren beizutreiben (§. 103) und würden im Konkurs ein Vorzugsrecht nach §. 61 Nr. 3 der Konkursordnung haben. „Eröffnet der Unternehmer den Betrieb wieder, so muß er neu eintreten" (Komm.Ber. 1884 S. 30), d. h. seine Zugehörigkeit zur Genossenschaft beginnt von Neuem kraft Gesetzes, es muß aber neue Anmeldung des Betriebes erfolgen, vgl. §. 56.

[11]) Gleichwie die Berufsgenossenschaft ein dringendes finanzielles Interesse daran hat, die Folgen von Betriebseinstellungen namentlich in Bezug auf die Sicherstellung der Beiträge durch Statut zu regeln, so stellt sich das gleiche Bedürfniß bei einem Wechsel des Betriebsunternehmers heraus, welcher nicht in allen Fällen ohne Weiteres mit einer Einstellung des Betriebs verbunden ist. Es empfiehlt sich daher, unter Ziffer 7 als Gegenstand der statutarischen Regelung neben den Fällen der Betriebseinstellung auch diejenigen eines Wechsels der Unternehmer aufzuführen. Wegen der Erzwingung der pünktlichen Befolgung der bezüglichen Bestimmungen vergl. §. 147 (Mot. 1900 S. 74).

[12]) **Vergütungssätze**, um deren angemessene und billige Normirung zu kontroliren (Mot. 1884). Die Vergütung für die Vertreter der Arbeiter besteht in dem Ersatz für entgangenen Arbeitsverdienst und für Reisekosten (§. 114 Abs. 4).

Soll den **Mitgliedern der Genossenschaften** bei Wahrnehmung von Genossenschaftsgeschäften als Mitglieder der Vorstände, als Vertrauensmänner (§. 44) eine Entschädigung für den ihnen hieraus erwachsenden **Zeitverlust** zustehen, was zulässig ist, so muß das Statut hierüber Bestimmung treffen. Soweit das Statut derartige Bestimmungen nicht enthält, steht den

Genossenschaftsmitgliedern nur der Anspruch auf Ersatz der baaren Auslagen (Reisekosten, Diäten) zu. Die hierfür zu gewährenden Sätze brauchen nicht durch das Statut, sondern können durch die Genossenschaftsversammlung bestimmt werden, ihre Höhe unterliegt aber der Genehmigung des R.V.A. (§. 44). — Für die Schiedsgerichtsbeisitzer gilt die Vorschrift §. 64 Abs. 3, §. 92 Satz 1, §. 104 Abs. 5 des J.V.G. Danach erhalten die Vertreter der Arbeitgeber und der Versicherten nach näherer Bestimmung des Statuts der Versicherungsanstalt Ersatz für baare Auslagen, die Vertreter der Versicherten außerdem einen Pauschbetrag für Zeitverlust oder Ersatz für den ihnen entgangenen Arbeitsverdienst.

13) Abänderung. Ueber die Auflösung einer Genossenschaft oder die Ausscheidung einzelner Industriezweige ꝛc. aus derselben giebt das Gesetz (§. 52 ff.) Bestimmungen, so daß es besonderer Bestimmungen des Statuts darüber nicht nothwendig bedarf.

14) Versicherte Betriebsunternehmer. Nachdem die Versicherungsberechtigung der kleinen Betriebsunternehmer durch Gesetz (§. 5 Abs. 2) eingeführt ist, müssen alle Genossenschaftsstatuten über die An- und Abmeldung der selbstversicherten Unternehmer sowie über die Berechnung ihres Jahresarbeitsverdienstes Bestimmungen (Ziffer 12) aufnehmen. Die bezügliche Bestimmung ist aus dem Unfallversicherungsgesetze für Land- und Forstwirthschaft vom 5. Mai 1886 (§. 22 Ziffer 12), wo die gleiche Versicherungsberechtigung bereits bestand, übernommen. Hinzugefügt ist die Bezugnahme auf die in Betracht kommenden besonderen Bestimmungen des Gewerbe-Unfallversicherungsgesetzes.

15) Der Inhalt des Statuts wird durch diese Vorschriften natürlich nicht erschöpft. Neben §. 62, §. 63 Abs. 1 kommen insbesondere in Betracht §§. 5, 13, 22 Abs. 4, §. 28 Abs. 2, §§. 30, 31, 32, 38, 42, 43, 44, 60, 69, 99, 136, in denen schon im Gesetz fakultative Bestimmungen erwähnt sind. Es können auch noch andere für die Verwaltung der B.G. wichtige Punkte, z. B. die Bestimmung der Publikationsorgane, geregelt werden.

§. 38.

Das Statut kann vorschreiben, daß die Genossenschaftsver- 1.
sammlung aus Vertretern[1]) zusammengesetzt wird, daß die Berufsgenossenschaft in örtlich abgegrenzte Sektionen[2]) eingeteilt wird und daß Vertrauensmänner[3]) als örtliche Genossenschaftsorgane eingesetzt werden. Enthält dasselbe Vorschriften dieser Art, so ist[4]) darin zugleich über die Wahl der Vertreter, über Sitz und Bezirk der Sektionen, über die Zusammensetzung und Berufung der Sektionsversammlungen sowie über die Art ihrer Beschlußfassung, über die Bildung der Sektionsvorstände und über den Umfang ihrer Befugnisse sowie über die Abgrenzung der Bezirke der Vertrauensmänner, die Wahl der letzteren und ihrer Stellvertreter[5]) und den Umfang ihrer Befugnisse[6]) Bestimmung zu treffen.

2. Die Abgrenzung der Bezirke der Vertrauensmänner sowie die Wahl der letzteren und ihrer Stellvertreter kann[7]) von der Genossenschaftsversammlung dem Genossenschafts- oder Sektionsvorstande, die Wahl der Sektionsvorstände den Sektionsversammlungen übertragen werden.

§. 19 U.V.G., §. 19 Entw., §. 19 Ges. 1900.

Zu §. 38.

[1]) Vertretern Das Gesetz überläßt „in Gemäßheit des in demselben durchgeführten Prinzips der Selbstverwaltung die Entscheidung über die Zusammensetzung der Genossenschaftsversammlungen der freien Entschließung der Berufsgenossenschaft. Wird sich auch im Allgemeinen die Einführung einer ständigen Vertretung der Berufsgenossen in der Genossenschaftsversammlung empfehlen, so liegt doch ein Grund, in dieser Beziehung die freie Selbstbestimmung einzuschränken, um so weniger vor, als die Erfahrungen, welche bei einzelnen der bestehenden freien wirthschaftlichen Vereinigungen gemacht worden sind, darthun, daß durch die Berechtigung sämmtlicher Mitglieder, an den Generalversammlungen theilzunehmen, besondere Schwierigkeiten nicht entstehen, während die hierdurch bewirkte größere Annäherung der Berufsgenossen an einander wesentliche Vortheile bietet. Die Berufsgenossenschaften werden die Theilnahme an den Genossenschaftsversammlungen ihren Mitgliedern um so eher gewähren können, als diesen allgemein gestattet ist, ihre Rechte in den Genossenschaftsversammlungen durch Bevollmächtigte wahrzunehmen" (Mot. 1884 S. 53). Den Vertretern (Delegirten) dürfen durch Statut mäßige Tagegelder und die baaren Auslagen für Fahrkosten (Rückfahrkarte II. Kl.) bewilligt werden (A.N. 1887 S. 23)

In der Land- und Forstw. muß die Genossenschaftsversammlung aus Vertretern bestehen, falls die Landesgesetzgebung nichts anderes vorschreibt, §. 39 L U.V.G.

[2]) Sektionen, zum Zweck der Dezentralisation der Verwaltung im Interesse einer schleunigen und sachlichen Erledigung der Geschäfte. Die Motive (1884) führen aus, daß die räumliche Ausdehnung der Genossenschaften in den überwiegend meisten Fällen die Einrichtung von Sektionen erforderlich machen wird; hierbei werden „die Erfahrungen der freien wirthschaftlichen Vereine als zweckmäßiger Anhalt dienen können. Die mannigfaltigen Verschiedenheiten, welche bezüglich der Verwaltung dieser Vereine, deren große Mehrzahl ebenfalls in Sektionen eingetheilt ist, bestehen, liefern den Beweis, wie wenig eine einheitliche Verwaltungsorganisation für alle Berufsgenossenschaften den Interessen und den Wünschen der Betheiligten, sowie den praktischen Bedürfnissen entsprechen würde (Mot. 1884 S. 54).

Durch die Einrichtung von Sektionen ist die Möglichkeit gegeben, unbeschadet des Einstehens größerer Verbände für die Unfalllast den Schwerpunkt der Verwaltung (insbesondere durch die Feststellung der Unfallentschädigungen, §. 69 G.U.V.G.) in kleinere Kreise zu legen und auf diese Weise einerseits breite unbedingt leistungsfähige Schultern für die Uebernahme der Unfalllast, andererseits aber auch lokale Verwaltung zu erlangen. Die Thätigkeit des

Genossenschaftsvorstandes kann sich dann im Wesentlichen auf die generelle Leitung beschränken. Insbesondere ist dies für die das ganze Gebiet des Reichs umfassenden B.G. werthvoll, deren Verwaltung, wenn sie einheitlich vom Genossenschaftsvorstande geführt würde, zu schwerfällig sein möchte. Andererseits vermehrt eine ungerechtfertigt große Anzahl von Sektionen die Verwaltungskosten der B.G. Wegen der Haftung für die Verwaltungskosten vgl. A.N. 1893 S. 121.

Die Funktionen der Sektionen und ihrer Vorsteher sind durch das Statut zu regeln. Vgl. das Normalstatut.

Durch das Statut kann auch bestimmt werden, daß die Verwaltungskosten der Sektion lediglich auf die Mitglieder derselben umgelegt werden. In diesem Sinne gelten als Verwaltungskosten der Sektion alle Auslagen, welche durch die Existenz der Sektion und ihrer Organe (Vertrauensmänner) und durch die in eigener Zuständigkeit erfolgende Thätigkeit dieser Organe erwachsen, dagegen nicht die Kosten einer Thätigkeit, welche diese Organe lediglich als Beauftragte des Genossenschaftsvorstandes entwickeln. Im Falle des §. 69 Abs. 1 Ziffer 1 hat also, wenn das Statut solche Bestimmung enthält, die Sektion die Kosten dieser Festsetzung und der vorgängigen Untersuchung, soweit letztere nicht von der Ortspolizeibehörde übernommen werden, selbst zu tragen (A.N. 1886 S. 11), ebenso die Rechtsanwaltskosten für Vertretung der Sektion vor dem Schiedsgericht (A.N. 1887 S. 32). Gleiches gilt von den Kosten der Berathung von Unfallverhütungsvorschriften (§§. 113, 115). In der Genossenschaftsrechnung sind derartige Kosten nur summarisch nach Titeln aufzuführen (A N. 1886 S. 82).

Die Sektionen sind für räumlich abgegrenzte Bezirke zu bilden; eine besondere Organisation einzelner Betriebsarten ist nicht vorgesehen und in dem Rahmen dieses Gesetzes nicht angängig.

Wegen besonderer Knappschafts-Berufsgenossenschaften vergl. §. 134 G.U.B.G.

3) **Vertrauensmänner** (örtliche Beauftragte §. 69 Abs. 2 G.U B.G.), für enge Bezirke. Diese Organe können entweder direkt unter dem Genossenschaftsvorstand oder zunächst unter dem Sektionsvorstande stehen, und neben oder an Stelle des letzteren eingesetzt werden.

„Die Einführung des Instituts der Vertrauensmänner wird sich empfehlen, wenn die Betriebe wenig konzentrirt sind und sich über weite Gebiete erstrecken, weil dann die Sektionen allein nicht genügen würden, um die Anknüpfung und Aufrechterhaltung persönlicher Beziehungen zwischen dem Sektionsvorstande und den Betriebsunternehmern zu ermöglichen. Da die Bezirke der Vertrauensmänner ungleich enger begrenzt werden können, so würden durch die Einsetzung derselben sich die Verwaltungskosten erheblich vermindern. Den Vertrauensmännern würde die Kontrole über die Schutzmaßregeln in den Fabriken und die Mitwirkung bei der Feststellung der Unfälle übertragen werden können; außerdem würde denselben in denjenigen Fällen, in denen Sektionen nicht gebildet sind, in denen sie also direkt unter dem Vorstande der Berufsgenossenschaft fungiren, die vorläufige Fürsorge für die Verunglückten und deren Hinterbliebene zur Pflicht gemacht werden können" (Mot. 1884 S. 54). Das Gesetz erwähnt die Vertrauensmänner in den §§. 43, 44, 45, 65, 69, 125 G.U.V.G. Ueber die Funktionen und die Stellvertretung der Vertrauensmänner vgl. A.N. 1885 S. 352, 369.

Es leuchtet ein, daß das Institut der Vertrauensmänner einer großen Ausbildung fähig ist und in zahlreichen Fällen dazu benutzt werden kann, die Verbindung zwischen einzelnen Industriellen und größeren Zentralverbänden zu vermitteln. Aehnliche Einrichtungen bestehen in landschaftlichen Kreditvereinen, städtischen Feuerversicherungsgesellschaften u. A. Für den Verkehr mit dem R.V.A. ist die Vermittelung des Genossenschaftsvorstandes zu benutzen (A.N. 1886 S. 84). Neben den ehrenamtlichen Vertrauensmännern können als Genossenschaftsbeamte Revisionsingenieure (technische Aufsichtsbeamte, §. 119) bestellt werden.

[4]) so ist. Auch die Zusammensetzung und Berufung der Sektionsversammlungen, sowie die Art der Beschlußfassung hat das Statut zu regeln; diese früher fehlende Bestimmung ist durch die Novelle 1900 hinzugefügt.

[5]) Stellvertreter. Ein Vertrauensmann kann auch mehrere Stellvertreter erhalten, welche dann auch als seine Hülfsorgane fungiren dürfen (A.N. 1885 S. 352).

[6]) Umfang ihrer Befugnisse. Vergl. das Normalstatut. Ueber das Requisitionsrecht vergl. §. 144 G.U.V.G. Der Sektionsvorstand sowie der Genossenschaftsvorstand können Beamte als Geschäftsführer 2c. anstellen (vgl. §. 42 Abs. 4 G.U.V.G.). Die näheren Bestimmungen hat das R.V.A. zu erlassen. Bis zum Erlaß solcher Vorschriften wird es dabei zu bleiben haben, daß die Geschäftsführer den Vorstand in den gesetzlichen oder statutarischen Befugnissen und Verpflichtungen schon um deswillen nicht vertreten dürfen, „weil die dem öffentlichen Recht angehörenden ehrenamtlichen Funktionen des Vorstandes durch eine Privatvollmacht auf eine außerhalb des Vorstandes stehende Person nicht übertragen werden können.“ Hiernach ist die Thätigkeit des Geschäftsführers im Wesentlichen beschränkt auf die interne Bearbeitung, welche ihm hinsichtlich aller Angelegenheiten übertragen werden kann, soweit auf die Unterzeichnung derjenigen Korrespondenzen mit Mitgliedern, welche an sich nicht rechtsverbindlicher Natur und nicht durch Gesetz oder Statut ausdrücklich dem Vorstand vorbehalten sind. Dagegen müssen diese letzten Gegenstände, so die Begutachtung von Unfallverhütungsvorschriften, die Feststellung von Entschädigungen, die Veranlagung der Betriebe zu den Klassen des Gefahrentarifs, die Abschließung von Verträgen mit Aerzten 2c, ferner die gesammte Vertretung der Sektion nach außen, insbesondere die Unterzeichnung von Schriftstücken an Behörden, dem ehrenamtlichen Vorstande als solchem verbleiben (A.N. 1886 S. 341).

[7]) kann übertragen werden, vgl. Anm. 3 a. E.

§. 39.

1. Das Genossenschaftsstatut bedarf zu seiner Gültigkeit der Genehmigung[1]) des Reichs-Versicherungsamts.[2]) Das Gleiche gilt von Abänderungen des Statuts. Gegen die Versagung[3]) der Genehmigung findet innerhalb eines Monats nach der Zustellung[4]) die Beschwerde an den Bundesrath statt.

Ist die Genehmigung des Statuts endgültig versagt, so 2.
hat[5]) das Reichs-Versicherungsamt innerhalb eines Monats eine neue konstituirende Genossenschaftsversammlung[6]) behufs anderweiter Beschlußfassung über das Statut einzuladen. Wird auch dem von dieser Versammlung beschlossenen Statute die Genehmigung endgültig versagt, so wird ein solches vom Reichs-Versicherungsamt[2]) erlassen.[7])

§ 20 U.V.G.; §. 20 Entw.; §. 20 Ges. 1900.

Zu §. 39.

1) Die Genehmigung ist behufs Wahrung der öffentlichen Interessen vorgesehen. (Mot. 1884 S. 31.) Es können nicht nur gesetzwidrige Bestimmungen vom R.V.A. beanstandet werden, sondern auch solche, die nicht angemessen oder unzweckmäßig sind. Beispielsweise ist angenommen worden, daß einer zu hohen Bemessung des Mindestbeitrages (§. 30 Abs. 2) durch Versagung der Genehmigung entgegengetreten werden kann (Sten.Ber. vom 7. Mai 1900 Seite 5311 A), ebenso einer unzweckmäßig weitgehenden Befugniß eines einzigen Vorstandsmitgliedes zur Vertretung der B.G. (§. 42 Abs. 1) namentlich in Bezug auf die Verfügung über das Genossenschaftsvermögen.

2) Reichs-Versicherungsamt event. Landes-Versicherungsamt (§. 127 G.U.V.G.).

3) Versagung. Bei der erstmaligen Ausführung des U.V.G. (1884) und des A.G. (1885) ist dieser Fall nicht vorgekommen, auch später nur ganz vereinzelt. Die Genehmigung kann aus Zweckmäßigkeitsgründen versagt werden, wie der Bundesrath in einem Spezialfalle entschieden hat.

4) Zustellung. Der versagende Bescheid muß nach §. 155 G.U.V.G. zugestellt werden.

5) hat. Eine derartige zweite Verhandlung über das Statut muß stattfinden, wenn dem ersten Entwurf endgültig die Genehmigung versagt ist. Weitere Verhandlungen sind nicht ausgeschlossen, aber nicht vorgeschrieben. „Da das Gesetz erst in Kraft treten kann, wenn für alle Industriezweige Genossenschaften konstituirt sind, so ist die äußerstenfalls eintretende behördliche Befugniß zum Erlasse des Statuts nicht zu entbehren" (Mot. 1884 S. 55). Bei Aenderungen des Statuts gilt diese Regel nicht.

6) konstituirende Genossenschaftsversammlung . . . einzuladen. Dabei sind die Bestimmungen des §. 2 Abs. 3, 4 H.G. wiederum maßgebend.

7) erlassen. Wenn die Genossenschaftsversammlung überhaupt ein Statut zu beschließen sich weigert, so wird die Verwaltung der Genossenschaft auf Grund des §. 46 durch das Reichs-(Landes-)Versicherungsamt organisirt.

Veröffentlichung des Namens und Sitzes der Genossenschaft 2c.

§. 40.

Nach endgültiger Feststellung des Statuts hat der Genossenschaftsvorstand durch den Reichsanzeiger bekannt zu machen:[1]). 1.

1. den Namen und den Sitz der Genossenschaft,
2. die Bezirke der Sektionen.

2. Etwaige Aenderungen sind in gleicher Weise zur öffentlichen Kenntniß zu bringen.

§. 21 U.V.G.; §. 21 Entw.; §. 21 Ges. 1900.

Zu §. 40.

[1]) Vor Erlaß der Novelle (1900) waren weitergehende Bekanntmachungen über die Organisation der B.G. vorgeschrieben. Sie sind wegen der Kostenersparniß vereinfacht. (Mot 1900 S. 74, 75.)

Genossenschaftsvorstände.

§. 41.

1. Dem Genossenschaftsvorstande[1]) liegt die gesammte Verwaltung der Genossenschaft ob, soweit nicht einzelne Angelegenheiten durch Gesetz oder Statut der Beschlußnahme der Genossenschaftsversammlung[2]) vorbehalten oder anderen Organen[3]) der Genossenschaft übertragen sind.

2. Die Beschlußfassung der Vorstände kann in eiligen Fällen[4]) durch schriftliche Abstimmung erfolgen.

3. Der Beschlußnahme der Genossenschaftsversammlung müssen vorbehalten werden:

1. die Wahl[5]) der Mitglieder des Genossenschaftsvorstandes,
2. Abänderungen[6]) des Statuts,
3. die Prüfung und Abnahme der Jahresrechnung, falls diese nicht von der Genossenschaftsversammlung einem Ausschuß[7]) übertragen wird.

§. 22 U.V.G.; §. 22 Entw.; §. 22 Ges. 1900.

Zu §. 41.

[1]) Genossenschaftsvorstand. An die Stelle des G.V. und der Genossenschaftsversammlung treten für die im §. 128 G.U.V.G. bezeichneten fiskalischen Betriebe die Ausführungsbehörden (§§. 128, 129 G.U.V.G.).

[2]) Der Genossenschaftsversammlung sind durch Gesetz, außer den im §. 41 bezeichneten Angelegenheiten, vorbehalten worden:

§. 32: Bestimmungen über die Fälligkeit der Vorschüsse auf die Beiträge.

§. 34: die Beschlußfassung über weitere Zuschläge zum Reservefonds.

§. 36: die Vereinbarung des Statuts.

§. 38: Regelung der Zuständigkeit und Wahl der Vertrauensmänner sowie der Sektionsvorstände.

§. 44: die Festsetzung der Pauschsätze für die Reisekosten-Entschädigung der Genossenschaftsorgane.

§. 48: der Erlaß einer Dienstordnung für die Genossenschaftsbeamten.

§. 49: die Beschlüsse über die Bildung der Gefahrenklassen und Aufstellung des Gefahrentarifs (vorbehaltlich der Uebertragung an den Vorstand 2c.), die Beschlußfassung über die Abänderung desselben auf Grund der periodischen Revisionen, und die Bestimmung über Zuschläge oder Nachlässe von den Beiträgen aus Anlaß der Zahl der in einzelnen Betrieben vorgekommenen Unfälle.

§. 51: die Vereinigung mit anderen Genossenschaften zu gemeinsamer Uebernahme des Risikos und die Untervertheilung der in solchem Fall der Genossenschaft erwachsenen Auflage unter die Berufsgenossen.

§§. 52, 53: Beschlußfassungen über die Abänderung des Bestandes der Genossenschaften.

§. 115 Abs. 3: Mitwirkung beim Erlaß von Unfallverhütungsvorschriften.

§. 137: Beschlußfassung über Geltendmachung von Ersatzansprüchen gegen Betriebsunternehmer 2c., die den Unfall vorsätzlich oder durch Berufs-Fahrlässigkeit herbeigeführt haben.

3) Organen. Als solche kennt das Gesetz die Vertrauensmänner und die Sektionsvorstände (§ 38), Ausschüsse der Genossenschaftsversammlung zur Prüfung der Jahresrechnung (§. 41), Ausschüsse der Genossenschaftsversammlung zur Aufstellung oder Aenderung des Gefahrentarifs (§. 49), Ausschüsse des Genossenschafts- oder des Sektionsvorstandes zur Festsetzung der Entschädigungen (§. 69), besondere Kommissionen zu letztgedachtem Zweck (§. 69), technische Aufsichtsbeamte und Rechnungsbeamte (§. 119). Wegen der Sektionsversammlungen vgl. §. 38.

Auch Beamte (Geschäftsführer) können an der Verwaltung der Genossenschaft betheiligt werden (§. 42 Abs. 4; §. 48); die Vorstände behalten jedoch die Verantwortung (§. 45) für alle Geschäfte und können ihre öffentlich-rechtlichen Obliegenheiten auf die Beamten der B.G. nicht übertragen (Mot. 1900 S. 75). Ueber die Befugnisse der Geschäftsführer vgl. Anm. 6 zu § 38 sowie §. 42 Abs. 4.

4) eilige Fälle; die Festsetzungen der Entschädigungen sind immer eilig, §. 71. Von der Befugniß, die Beschlußfassung durch schriftliche Abstimmung herbeizuführen, wird insbesondere dann Gebrauch zu machen sein, wenn es sich lediglich um kalkulatorische Maßnahmen, um Bewilligung des Sterbegeldes, der Renten für Personen, die zweifellos ganz invalide sind, 2c. handelt. —

5) Wahl, wegen der besonderen Wichtigkeit dieser Wahl.

6) Abänderung, §. 37 Ziffer 11.

7) Die Prüfung und Abnahme der Jahresrechnung muß nach dem Gesetze der Genossenschaftsversammlung vorbehalten bleiben. Thatsächlich kann aber diese Versammlung die Prüfung nicht selbst durchführen; die Prüfung kann vielmehr nur in der Weise erfolgen, daß die Genossenschaftsversammlung aus ihrer Mitte einen Ausschuß ernennt, der die Prüfung vorzunehmen und über das Ergebniß zu berichten hat. Die Zulässigkeit dieses Verfahrens wird im nunmehrigen (1900) Wortlaute des Gesetzes zum Ausdrucke gebracht (Mot. 1900 S. 75).

§. 42.

1. Die Genossenschaft wird durch ihren Vorstand gerichtlich und außergerichtlich vertreten. Die Vertretung erstreckt sich auch auf diejenigen Geschäfte und Rechtshandlungen, für welche nach den Gesetzen eine Spezialvollmacht erforderlich ist. Durch das Statut kann die Vertretung auch einem Mitglied oder mehreren Mitgliedern des Vorstandes übertragen werden.

2. Durch die Geschäfte, welche der Vorstand der Genossenschaft und die Vorstände der Sektionen sowie die Vertrauensmänner innerhalb der Grenzen ihrer gesetzlichen und statutarischen Vollmacht im Namen der Genossenschaft abschließen, wird die letztere berechtigt und verpflichtet.

3. Zur Legitimation der Vorstände bei Rechtsgeschäften genügt[1]) die Bescheinigung der höheren Verwaltungsbehörde,[3]) daß die darin bezeichneten Personen den Vorstand bilden.

4. Der Vorstand der Genossenschaft kann[4]) unbeschadet seiner eigenen Verantwortung (§. 45) bestimmte Geschäfte[5]) besoldeten Geschäftsführern übertragen. Die zur Ausführung dieser Bestimmung erforderlichen Vorschriften[6]) erläßt das Reichs-Versicherungsamt.

§. 23 U.V.G.; §. 23 Entw.; §. 23 Ges. 1900.

Zu §. 42.

[1]) genügt, d. h. es darf nicht Mehr gefordert werden, doch kann sich der Richter ꝛc. auch mit anderweiten glaubhaften Nachweisen begnügen. Bei dem Antrage auf Ausfertigung einer Legitimationsbescheinigung ist der Behörde (§. 152) eine vom Vorstande beglaubigte Abschrift des Wahlprotokolls einzureichen (A.N. 1885 S. 353).

[2]) Bescheinigung. Dieselbe ist gebühren- und stempelfrei, §. 145 G.U.V.G.

[3]) höhere Verwaltungsbehörde, §. 152 „Diese Bescheinigung ist naturgemäß von derjenigen höheren Verwaltungsbehörde auszustellen, in deren Bezirk der Vorstand seinen Sitz hat“ (Mot. 1884 S. 55).

[4]) kann übertragen. Bei der Ausführung der Unfallversicherungsgesetze hat sich unabweisbar gezeigt, daß der Vorstand nicht in der Lage ist, die sehr umfangreichen Verwaltungsgeschäfte ohne Ausnahme selbst zu erledigen. Auch der durch statutarische Vorschriften eingeschlagene Weg, einem oder mehreren Mitgliedern des Vorstandes gewisse Geschäfte zu übertragen, hat sich als nicht ausreichend erwiesen. Es haben deshalb in vielen Berufsgenossenschaften wesentliche Theile der Geschäfte an bezahlte Beamte übertragen werden müssen, und zur Bewältigung derjenigen Arbeiten, welche durch solche Beamte nicht erledigt werden dürfen, ist man zuweilen dazu übergegangen, den Vorstandsmitgliedern selbst als Entschädigung für den durch Wahrnehmung der Genossenschaftsgeschäfte ihnen erwachsenden Zeit-

verlust nach dem Jahressatze fixirte Beträge zu bewilligen. Diese Beträge haben in einzelnen Fällen eine so beträchtliche Höhe erreicht, daß von einer ehrenamtlichen Verwaltung kaum noch gesprochen werden kann.

Es ist nothwendig, für diese neben den gesetzlichen Bestimmungen entstandene Einrichtung im Gesetz eine festere Unterlage und Gestalt zu schaffen. Festzuhalten ist dabei jedoch, daß die Anschauung zurückzuweisen ist, als könnte sich der Genossenschaftsvorstand oder der Vorsitzende desselben in allen seinen Funktionen durch Bevollmächtigte vertreten lassen, wie es in den privatrechtlichen Verhältnissen eines Handelsgeschäfts zulässig ist. In den wichtigen öffentlich-rechtlichen Obliegenheiten der Vorstände, vor allem in der Festsetzung der Renten, ist jede auf einer privatrechtlichen Anstellung oder Vollmacht beruhende Stellvertretung ausgeschlossen. Dagegen kann zugelassen werden, daß der Vorstand unter Aufrechterhaltung der ihm gesetzlich obliegenden Verantwortung bestimmte andere Geschäfte auf besoldete Geschäftsführer überträgt. Um eine Gewähr dafür zu haben, daß hierhin nicht zu weit gegangen wird, ist dem Reichs-Versicherungsamte die Aufgabe, die zur Ausführung dieser Vorschrift erforderlichen Bestimmungen zu erlassen, übertragen worden, zu deren Lösung ihm aus der bisherigen Durchführung der Unfallversicherungsgesetze genügende Erfahrungen zu Gebote stehen. Diese Bestimmungen sollen einheitlich für alle Berufsgenossenschaften erlassen werden, insbesondere auch für die der Aufsicht eines Landes-Versicherungsamts unterstellten Berufsgenossenschaften gelten. Der §. 42 ist deshalb nicht unter den Zuständigkeiten angeführt, welche gemäß §. 127 auf das Landes-Versicherungsamt übergehen (Mot. 1900 S. 75).

5) **bestimmte Geschäfte.** Es handelt sich nur darum, nach Maßgabe allgemeiner Anordnungen des R.V.A. den Geschäftskreis der Genossenschaftsbeamten gegenüber den öffentlich-rechtlichen Obliegenheiten der ehrenamtlichen Vorstandsmitglieder abzugrenzen.

6) **Vorschriften.** Ein Eingriff in die Verwaltungseinrichtungen der einzelnen B.Gen. oder ein Bestätigungsrecht gegenüber den Genossenschaftsbeamten ist nicht beabsichtigt. (Komm.Ber. 1900 S. 73.)

§. 43.

Wählbar[1]) zu Mitgliedern der Vorstände und zu Vertrauensmännern sind[2]) die stimmberechtigten Mitglieder der Genossenschaft sowie deren gesetzliche Vertreter[3]) und, **sofern das Statut dies zuläßt**, die von den Unternehmern bevollmächtigten Leiter ihrer Betriebe. Nicht wählbar ist,[4]) **wer zum Amte eines Schöffen unfähig ist** (§§. 31, 32 **des Gerichtsverfassungsgesetzes**). 1.

Die Ablehnung der Wahl[5]) ist nur aus denselben Gründen zulässig, aus welchen **gemäß §. 1786 Abs. 1 Ziffer 2 bis 4 und 8 des Bürgerlichen Gesetzbuchs** das Amt eines Vormundes abgelehnt werden kann. Die **Wahrnehmung eines auf Grund der Gesetze über Krankenversicherung, Unfallversicherung** 2.

oder Invalidenversicherung übertragenen Ehrenamts[6]) steht der Führung einer Vormundschaft gleich. Durch das Statut können noch andere Ablehnungsgründe festgesetzt werden. Die Wiederwahl kann für eine Wahlperiode abgelehnt werden.

8. Personen, welche die Wahl ohne zulässigen Grund ablehnen oder sich der Ausübung ihres Amtes ohne hinreichende Entschuldigung entziehen, können vom Vorstande mit Geldstrafen[7]) bis zu fünfhundert Mark belegt werden.

§. 24 U.V.G.; §. 24 Entw.; §. 24 Ges. 1900.

Zu §. 43.

[1]) Wählbar. Wenn die Voraussetzungen der Wählbarkeit fortfallen, so erlischt die Fähigkeit, das betr. Amt weiter zu führen (§. 47 G.U.V.G.). Demnach zieht das Ausscheiden aus einer Firma, welche Mitglied der B.G. ist, den Verlust des Amts als Vorstandsmitglied nach sich (A.N. 1886 S. 91). — Abweichend von dem früheren Rechtszustande sind seit 1900 Genossenschaftsmitglieder, welche Ausländer sind, nicht wählbar (vgl. Anm. 4). — Bei Gesellschaften mit beschränkter Haftung sind nur die Geschäftsführer wählbar (A.N. 1894 S. 344).

[2]) Wählbar sind in der Knappschafts-B.G., sofern das Statut dies bestimmt, auch Knappschaftsälteste (§. 134 lit. c G.U.V.G.).

[3]) gesetzliche Vertreter. Dahin gehört der Konkursverwalter eines in Konkurs gerathenen versicherungspflichtigen Betriebes. Der Konkursverwalter kann für den letzteren einen Betriebsleiter bestellen, und dieser ist im Falle des Abs. 4 wählbar zum Vorstandsmitglied und Vertrauensmann (A.N. 1885 S. 344).

[4]) Nicht wählbar ist. Die Gründe, welche von der Wählbarkeit zu den Ehrenämtern der Genossenschaft ausschließen, sind in Uebereinstimmung mit der neuen Fassung, welche im §. 88 des Invalidenversicherungsgesetzes Annahme gefunden hat, anderweit geregelt. Diese Fassung, durch welche die für Schöffen geltenden Unfähigkeitsgründe in Bezug auf die Mitglieder der Vorstände und die Vertrauensmänner für maßgebend erklärt werden, hat ihr Vorbild im §. 10 Abs. 2 des Gesetzes, betreffend die Gewerbegerichte vom 29. Juli 1890 (Reichs-Gesetzbl. S. 141). Die in Bezug genommenen Bestimmungen lauten:

§. 31.

Das Amt eines Schöffen ist ein Ehrenamt. Dasselbe kann nur von einem Deutschen versehen werden.

§. 32.

Unfähig zu dem Amte eines Schöffen sind:

1. Personen, welche die Befähigung in Folge strafrgerichtlicher Verurtheilung verloren haben;
2. Personen, gegen welche das Hauptverfahren wegen eines Verbrechens oder Vergehens eröffnet ist, das die Aberkennung der bürgerlichen

Ehrenrechte oder der Fähigkeit zur Bekleidung öffentlicher Aemter zur Folge haben kann;

3. Personen, welche in Folge gerichtlicher Anordnung in der Verfügung über ihr Vermögen beschränkt sind.

Daneben kommen in Betracht die Bestimmungen des Strafgesetzbuchs über den Verlust und die Unfähigkeit zur Bekleidung öffentlicher Aemter, unter denen der Schöffendienst mitbegriffen ist. Vgl. §§. 31, 33, 34, 35, 36 a. a. O.

[5]) Ablehnung der Wahl. Einer besonderen Annahme der Wahl bedarf es nicht (A.N. 1888 S. 86). Zur Niederlegung des Amts bedarf es der Genehmigung des wahlberechtigten Genossenschaftsorgans (A.N. 1892 S. 306). Die frühere (1884) Bezugnahme auf die landesgesetzlichen Ablehnungsgründe des Vormundschaftsrechts ist in Uebereinstimmung mit §. 94 des Invalidenversicherungsgesetzes durch die Anführung der einheitlichen Bestimmungen des Bürgerlichen Gesetzbuchs ersetzt. Soweit die daselbst aufgeführten Gründe, aus welchen das Amt eines Vormundes abgelehnt werden kann, auf die Ablehnung von genossenschaftlichen Ehrenämtern passen, sollen dieselben für das ganze Gebiet des Reichs gleichmäßig entscheidend sein. Die Bestimmungen des B.G.B. lauten:

§. 1786.

Die Uebernahme der Vormundschaft kann ablehnen:

1. . . .
2. wer das sechzigste Lebensjahr vollendet hat;
3. wer mehr als vier minderjährige eheliche Kinder hat; ein von einem Anderen an Kindesstatt angenommenes Kind wird nicht gerechnet;
4. wer durch Krankheit oder durch Gebrechen verhindert ist, die Vormundschaft ordnungsmäßig zu führen;

5.—7. . . .

8. wer mehr als eine Vormundschaft oder Pflegschaft führt; die Vormundschaft oder Pflegschaft über mehrere Geschwister gilt nur als eine; die Führung von zwei Gegenvormundschaften steht der Führung einer Vormundschaft gleich.

[6]) Wahrnehmung eines Ehrenamts. Diese Vorschriften sind den durch den erweiterten Umfang der Arbeiterversicherung bedingten Verhältnissen entsprechend, durch die Novelle (1900) nach dem Vorbilde des §. 94 J.V.G. ausgestaltet.

[7]) Die Weigerung der Annahme eines eingeschriebenen Briefes, durch welchen einem Genossen eine Wahl angezeigt werden soll, steht der Ablehnung nicht gleich. In solchem Fall muß das Benachrichtigungsschreiben durch Vermittelung der zuständigen Aufsichtsbehörde oder unteren Verwaltungsbehörde (§. 144) anderweit zugestellt (bezw. dessen Inhalt mitgetheilt) werden (A.N. 1885 S. 364).

Die Strafbestimmung ist mit derjenigen in §. 90 Abs. 2 J.V.G. gleichlautend. — Die Beschwerde über die Straffestsetzung des Genossenschaftsvorstandes ist innerhalb zweier Wochen nach der Zustellung bei der zuständigen Landesbehörde zulässig, vgl. §. 149 G.U.V.G. — Die Geldstrafen werden wie Gemeindeabgaben beigetrieben (§. 153) und fließen in die Genossenschaftskasse (§. 154 Abs. 2).

§. 44.

Die Mitglieder der Vorstände und die Vertrauensmänner verwalten ihr Amt als unentgeltliches Ehrenamt,[1]) sofern nicht durch das Statut eine Entschädigung für den durch Wahrnehmung der Genossenschaftsgeschäfte ihnen erwachsenden Zeitverlust bestimmt wird. Die Höhe der Entschädigung unterliegt der Genehmigung des Reichs-Versicherungsamts. Baare Auslagen werden ihnen von der Genossenschaft ersetzt, und zwar, soweit sie in Reisekosten[2]) bestehen, nach festen, von der Genossenschaftsversammlung zu bestimmenden Sätzen. Die Mitglieder des Vorstandes dürfen neben diesen Vergütungen eine Besoldung für die Geschäftsführung nicht erhalten.

§. 25 U.V.G.; §. 25 Entw.; §. 25. Ges. 1900.

Zu §. 44.

[1]) Ehrenamt, ensprechend den allgemeinen Grundsätzen der Selbstverwaltung. Nur baare Auslagen sollen ersetzt werden. Dies Prinzip kann aber durch das Statut insoweit unterbrochen werden, als nach dem letzteren auch der Zeitverlust, den die Vorstandsmitglieder im Dienst der Genossenschaft erleiden, soll entschädigt werden können, „damit auch nichtvermögenden, aber befähigten Genossenschaftsmitgliedern die Geschäftsführung übertragen werden könne" (Komm.Ber. 1884 S. 33). Da das Gesetz eine Beschränkung nicht vorsieht, können die Genossenschaften, weil sie nach §. 36 die innere Verwaltung selbst regeln, die Entschädigung für den Zeitverlust auch in einem Pauschquantum, einem fixirten Jahresbetrag bewilligen. Ein derart fixirter Betrag trägt aber auch dann nicht den Charakter des Gehalts (als einer Entschädigung für die Mühewaltung, welche mit dem Amt des Vorstandsmitgliedes verbunden ist), sondern nur den Charakter der Entschädigung für den Zeitverlust. Die ehrenamtlichen Vorstandsmitglieder sind also niemals bezahlte Beamte der Genossenschaft. Die in Anm. 4 zu §. 42 dargelegten Verhältnisse haben in einzelnen Fällen (nach H.B. S. 243 bei 19 von den dem R.V.A. unterstellten gewerblichen B.Gen.) dazu geführt, daß Vorstandsmitgliedern für den durch Wahrnehmung der Genossenschaftsgeschäfte ihnen erwachsenden Zeitverlust Entschädigungen gewährt worden sind, die z. Th. über das mit einer ehrenamtlichen Verwaltung vereinbarte Maß hinausgehen. Deshalb soll fortan (1900) die Höhe der Entschädigung von der Genehmigung des Reichs-Versicherungsamts (Landes-Versicherungsamts §. 127 G.U.V.G.) abhängen; dadurch ist die früher fehlende Handhabe gegeben, um zu weit gehenden Bewilligungen, die das Ansehen der genossenschaftlichen Verwaltung gefährden, entgegenzutreten. Um zu verhüten, daß die vom Reichs-Versicherungsamte hiernach zu ziehenden Grenzen umgangen werden, ist ferner eine Bestimmung hinzugefügt, wonach die Vorstandsmitglieder nicht nebenbei eine Besoldung als Geschäftsführer erhalten dürfen (Mot. 1900 S. 76, 77).

„Soweit Beamte zur Besorgung der Geschäfte der Berufsgenossenschaft angestellt werden müssen (Sekretäre, Kassenführer), wird denselben selbstverständlich eine Entschädigung gewährt werden können. Die Stellung dieser Beamten und ihr Verhältniß zu den ehrenamtlichen Organen der Genossenschaft wird durch das Statut oder durch besondere Beschlüsse der Genossenschaftsversammlungen zu regeln sein" (Mot. 1884 S. 55), wofür durch die neue Bestimmung im §. 48 G.U.V.G. eine festere Unterlage geschaffen ist. Die Beamten können nur in beschränktem Umfange und unter Verantwortlichkeit der Genossenschaftsorgane an der Geschäftsleitung in der B.G. betheiligt werden (§. 42 Abs. 4 G.U.V.G.).

[2]) Die Reisekosten, welche auch nach Pauschsätzen, wie bei den Beamten, bemessen werden können, brauchen nicht durch das Statut festgesetzt zu werden, sondern können von der Genossenschaftsversammlung ohne Genehmigung durch das R.V.A. bestimmt werden. Neben Kilometergeldern oder dem Ersatz der baaren Auslagen für die Eisenbahnfahrkarte ꝛc. werden Tagegelder in Betracht kommen als Ersatz für die Reisezehrung, Uebernachtung ꝛc.

§. 45.

Die Mitglieder der Vorstände sowie die Vertrauensmänner haften der Genossenschaft für getreue Geschäftsverwaltung[1]) wie Vormünder[2]) ihren Mündeln und unterliegen, wenn sie absichtlich zum Nachtheile der Genossenschaft handeln, der Strafbestimmung[3]) des §. 266 des Strafgesetzbuchs.

§. 26 U.V.G.; §. 26 Entw.; §. 26 Ges. 1900.

Zu §. 45.

[1]) getreue Geschäftsverwaltung. Demgemäß müssen die Vorstände in Fällen, in welchen eine Regreßnahme der Genossenschaft wegen vorsätzlicher oder verschuldeter Herbeiführung eines Unfalls in Frage kommt (§. 136 G.U.V.G.), prüfen, ob die gesetzlichen Voraussetzungen für die Geltendmachung des Anspruchs vorliegen. Wegen des weiteren Verfahrens vgl. §§. 136, 137 G.U.V.G. Im Allgemeinen ist von der Verfolgung des Anspruchs nur mit Zustimmung der Genossenschaftsversammlung abzusehen (A.N. 1887 S. 352; 1895 S. 264. Vgl. auch Anm. 9 zu §. 136); einer Feststellung des Vorsatzes oder Verschuldens durch strafgerichtliches Urtheil bedarf es zur Geltendmachung des Ersatzanspruchs der B.G. nach der Novelle (1900) nicht mehr.

[2]) Vormünder haben nach dem B.G.B. ihren Mündeln gegenüber folgende Pflichten:

§. 1804: Der Vormund kann nicht in Vertretung des Mündels Schenkungen machen. Ausgenommen sind Schenkungen, durch die einer sittlichen Pflicht oder einer auf den Anstand zu nehmenden Rücksicht entsprochen wird.

§. 1805: Der Vormund darf Vermögen des Mündels nicht für sich verwenden.

§. 1806: Der Vormund hat das zum Vermögen des Mündels gehörende Geld verzinslich anzulegen, soweit es nicht zur Bestreitung von Ausgaben bereit zu halten ist.

§. 1833: Der Vormund ist dem Mündel für den aus einer Pflichtverletzung entstehenden Schaden verantwortlich, wenn ihm ein Verschulden zur Last fällt. — Sind für den Schaden Mehrere neben einander verantwortlich, so haften sie als Gesammtschuldner. Ist neben dem Vormund für den von diesem verursachten Schaden der Gegenvormund oder ein Mitvormund nur wegen Verletzung seiner Aufsichtspflicht verantwortlich, so ist in ihrem Verhältnisse zu einander der Vormund allein verpflichtet.

§. 1834: Verwendet der Vormund Geld des Mündels für sich, so hat er es von der Zeit der Verwendung an zu verzinsen.

Ueber die Anlegung des Vermögens der B.Gen. bestimmen die §§. 108 bis 110 G.U.V.G. Ueber die Aufbewahrung von Werthpapieren trifft das R.V.A. nach Bedarf Bestimmung (§. 107 G.U.V.G.).

[3]) Strafbestimmung. §. 266 des Strafgesetzbuches lautet, soweit er hier in Betracht kommt:

„Wegen Untreue werden mit Gefängniß, neben welchem auf Verlust der bürgerlichen Ehrenrechte erkannt werden kann, bestraft:

1. Vormünder . . wenn sie absichtlich zum Nachtheile der ihrer Aufsicht anvertrauten Personen oder Sachen handeln; . . . .

Wird die Untreue begangen, um sich oder einem andern einen Vermögensvortheil zu verschaffen, so kann neben der Gefängnißstrafe auf Geldstrafe bis zu dreitausend Mark erkannt werden."

§. 46.

[1]) Kommt eine Wahl der gesetzlichen Organe[2]) einer Genossenschaft nicht zu Stande, oder verweigern die Gewählten die Erfüllung ihrer gesetzlichen oder statutarischen Obliegenheiten, so hat, solange und soweit dies der Fall ist, das Reichs-Versicherungsamt[3]) die Obliegenheiten auf Kosten der Genossenschaft wahrzunehmen oder durch Beauftragte wahrnehmen zu lassen.

§. 27 U.V.G.; §. 27 Entw.; §. 27 Ges. 1900.

Zu §. 46.

[1]) Der Paragraph ist in der Fassung nach dem Vorbilde des §. 90 Abs. 3 des J.V.G. umgestaltet.

[2]) gesetzliche Organe sind nicht bloß die Genossenschaftsvorstände und Genossenschaftsversammlungen, welche das Gesetz obligatorisch vorschreibt, sondern auch die auf Grund dieses Gesetzes fakultativ durch das Statut einzurichtenden Organe (Sektionsvorstände (§. 38), Vertrauensmänner (§. 38), Ausschüsse (§§. 49, 69), Kommissionen (§. 69), Beauftragte (§. 69 Abs. 2). Das Reichs(Landes-)Versicherungsamt wird diesen letzteren Kategorien gegenüber von der Befugniß des §. 46 so lange keinen Gebrauch machen, als durch das Statut im Falle einer Renitenz für eine geeignete Wahrnehmung ihrer statutarischen Obliegenheiten Sorge getragen ist und hiernach verfahren wird. Im Uebrigen vgl. §. 43 Abs. 3, §. 126.

[3]) Reichs-Versicherungsamt, eventuell Landes-Versicherungsamt §. 127 G.U.V.G.

§. 47.

[1])Werden hinsichtlich eines Gewählten Thatsachen bekannt, welche dessen Wählbarkeit nach Maßgabe dieses Gesetzes ausschließen, oder welche sich als grobe Verletzungen der Amtspflicht darstellen, so ist der Gewählte, nachdem ihm Gelegenheit zur Aeußerung gegeben worden ist, durch Beschluß des Vorstandes seines Amtes zu entheben. Gegen den Beschluß ist innerhalb eines Monats Beschwerde beim Reichs-Versicherungsamte[2]) zulässig; sie ist ohne aufschiebende Wirkung.

§. 27a Entw.; §. 27a Ges. 1900.

Zu §. 47.

[1]) Bis zum Erlaß der Novelle (1900) fehlte es an einer auf die Amtsenthebung der gewählten Organe der B.G. bezüglichen Bestimmung, und diese Lücke ist hier in Anlehnung an §. 91 J.V.G. ausgefüllt.

[2]) Reichs-Versicherungsamt event. Landes-Versicherungsamt §. 127 G.U.V.G.

§. 48.

[1])Die Genossenschaftsversammlung hat eine Dienst- 1.
ordnung zu beschließen, durch welche die Rechtsverhältnisse[2]) und allgemeinen Anstellungsbedingungen[3]) der Genossenschaftsbeamten geregelt werden. Diese Dienstordnung bedarf der Bestätigung durch das Reichs-Versicherungsamt.

Die Gehälter der Beamten werden im Einzelnen[4]) 2.
durch den Haushaltsplan der Genossenschaft festgestellt.

§. 27b Ges. 1900.

Zu §. 48.

[1]) Dem Wunsche, nach einer festeren Regelung der Anstellungsverhältnisse für Genossenschaftsbeamte sollte nach dem Beschlusse der Reichstags-Kommission (1900) dadurch Rechnung getragen werden, daß im Statut die Bedingungen geregelt werden sollten, unter denen die Beamten der B.G. anzustellen sind. Man war dabei von der Erwägung ausgegangen, daß eine Gleichstellung der Genossenschaftsbeamten mit den mittelbaren Staatsbeamten, wie sie durch §. 98 J.V.G. für die Beamten der Versicherungsanstalten erzielt ist, mit der Selbstverwaltung der B.Gen. nicht vereinbar sei. Immerhin könne die Verwaltung der B.Gen. ohne ein einigermaßen ständiges Beamtenpersonal nicht geführt werden, es sei daher geboten, diese Beamten nicht von dem Belieben des Vorstandsvorsitzenden oder des Geschäftsführers allein abhängig zu lassen. (Komm.Ber. 1900 S. 71.) — In der dritten Lesung ist der hiernach zu §. 37 beschlossene Zusatz durch den neuen §. 48 ersetzt worden; der obligatorische Erlaß einer vom

R.V.A. zu genehmigenden Dienstordnung entspricht besser der Wichtigkeit der zu regelnden Verhältnisse. Vgl. Grundsätze für die Gewährung des Rechts auf Ruhegehalt an Beamte der Berufsgenossenschaften (A.N. 1896 S. 297).

²) Rechtsverhältnisse. Anstellung auf Lebenszeit oder auf Kündigung, Kündigungsfristen, Entlassungsgründe, Disziplinirung, Grundsätze für Pensionirung, Reliktenversorgung.

³) Anstellungsbedingungen. Hierher gehört insbesondere die Gehaltsskala für die einzelnen Beamtenklassen, die Festsetzung der Vorbildung für den Bureau-, Kanzlei- und Unterbeamtendienst. — Für die B.Gen. besteht eine Verpflichtung zur Anstellung von Militäranwärtern, wie sie den Versicherungsanstalten auferlegt ist, nicht. Gleichwohl sehen sich die B.Gen. im eigenen Interesse nicht selten veranlaßt, auch zivilversorgungsberechtigte Personen anzustellen.

⁴) im Einzelnen. Der Haushaltsplan ergiebt die Zahl der Beamten, und welches Gehalt jedem einzelnen Beamten nach der für seine Klasse aufgestellten Gehaltsskala gewährt werden soll.

Bildung der Gefahrenklassen.

§. 49.

1. Durch die Genossenschaftsversammlung[1]) sind[2]) für die zur Genossenschaft gehörenden Betriebe je nach dem Grade der mit denselben verbundenen Unfallgefahr entsprechende Gefahrenklassen[3]) zu bilden und über die Höhe der in denselben zu leistenden Beiträge (Gefahrentarif) Bestimmungen zu treffen.

2. Durch Beschluß der Genossenschaftsversammlung[1]) kann die Aufstellung und Aenderung des Gefahrentarifs einem Ausschuß oder dem Vorstand übertragen werden.

3. Die Aufstellung und Abänderung des Gefahrentarifs bedarf der Genehmigung des Reichs-Versicherungsamts.[4]) Wird ein Gefahrentarif von der Genossenschaft innerhalb einer vom Reichs-Versicherungsamte[4]) zu bestimmenden Frist nicht aufgestellt, oder dem aufgestellten die Genehmigung versagt, so hat das Reichs-Versicherungsamt[4]) nach Anhörung[5]) der mit der Aufstellung beauftragten Organe der Genossenschaft den Tarif selbst festzusetzen.[6])

4. Die Veranlagung der Betriebe zu den einzelnen Gefahrenklassen liegt nach näherer Bestimmung des Statuts (§. 37) den Organen der Genossenschaft ob. Gegen die Veranlagung steht dem Betriebsunternehmer binnen einer Frist[7]) von zwei Wochen die Beschwerde an das Reichs-Versicherungsamt[4]) zu. Nach der Veranlagung[8]) kann die Genossenschaft einen Betrieb während der Tarifperiode neu veranlagen, wenn die vorige Veranlagung auf

unrichtigen Angaben des Betriebsunternehmers beruht. Auf die erneute Veranlagung finden die für die vorige Veranlagung maßgebenden Vorschriften Anwendung.

Der Gefahrentarif ist nach Ablauf von längstens zwei Rechnungsjahren und sodann mindestens von fünf zu fünf Jahren unter Berücksichtigung der in den einzelnen Betrieben vorgekommenen Unfälle einer Revision[9]) zu unterziehen. Die Ergebnisse derselben sind mit dem Verzeichnisse der in den einzelnen Betriebszweigen[10]) vorgekommenen, auf Grund dieses Gesetzes zu entschädigenden Unfälle der Genossenschaftsversammlung zur Beschlußfassung über die Beibehaltung oder Aenderung der bisherigen Gefahrenklassen oder Gefahrentarife vorzulegen. Die über die Aenderung der bisherigen Gefahrenklassen oder Gefahrentarife gefaßten Beschlüsse bedürfen zu ihrer Gültigkeit der Genehmigung des Reichs-Versicherungsamts;[4]) demselben ist das Verzeichniß[11]) der vorgekommenen Unfälle vorzulegen. 5.

Die Genossenschaftsversammlung kann den Unternehmern nach Maßgabe der in ihren Betrieben vorgekommenen Unfälle für die nächste Periode[12]) Zuschläge[13]) auflegen oder Nachlässe bewilligen. 6.

§. 28 U.V.G.; §. 28 Entw.; §. 28 Ges. 1900.

Zu §. 49.

[1]) Genossenschaftsversammlung. Nur dieser steht die Beschlußfassung darüber zu, ob und nach welchen Gesichtspunkten eine Abänderung der Gefahrenklassen oder des Gefahrentarifs erfolgen soll. Die Ausführung des gefaßten Abänderungsbeschlusses kann durch die Genossenschaftsversammlung oder durch das Statut dem Vorstande oder einem Ausschuß übertragen werden (A.N. 1887 S. 358; 1888 S. 200; 1889 S. 331).

[2]) sind. Die Aufstellung von Gefahrenklassen mit verschieden hohen Beiträgen ist obligatorisch; das Gesammtrisiko der Genossenschaft wird auf die Genossen unter Berücksichtigung der anrechnungsfähigen — event. nach §. 30 Abs. 1 der wirklich verdienten — Löhne und Gehälter nach der Höhe vertheilt, in welcher jeder Einzelne nach dem Umfang und der Beschaffenheit seines Betriebes die Gesammtheit gefährdet.

Die Genossenschaft kann dann einen Theil des Gesammtrisikos (§. 50), die Knappschafts-B.G (§. 134) sogar das ganze Risiko, den Sektionen auflegen, kann aber auch mit anderen Genossenschaften zu gemeinsamer Tragung des Risikos zusammentreten (§. 51). Im ersteren Falle muß der Vertheilungsmaßstab auch innerhalb der Sektionen derselbe sein, wie innerhalb der Genossenschaft (§. 50); im Fall des §. 51 dagegen findet dieser Modus für die Aufbringung des gemeinsam zu tragenden Entschädigungsbetrages nur dann statt, wenn die Genosseuschaftsversammlung nicht einen andern Maßstab bestimmt, was ihr freisteht (§. 51 Abs. 3).

[3]) Gefahrenklassen, Veranlagung. In den Gefahrenklassen werden die Beiträge nach dem Maß der Unfallgefahr unter Berücksichtigung

der verschiedenen Höhe der Belastung, welche Tod, dauernde oder vorübergehende Invalidität zur Folge hat, verschieden abgestuft (Gefahrentarif), etwa so, daß das Maß der Unfallgefahr für die höchste Gefahrenklasse = 100 gesetzt und dasjenige der übrigen danach in einem Prozentsatz bestimmt wird (Motive zum 2. Gesetzentwurf S. 55), welcher letztere in bestimmten Ziffern (10, 20, 30 2c.) zum Ausdruck zu bringen ist (A.N. 1888 S. 205). Die Verhältnißziffer der einzelnen Gefahrenklassen (Gefahrenziffer; der Ausdruck „Beitragsfuß" soll vermieden werden, A.N. 1888 S. 201) bildet zusammen mit dem anrechnungspflichtigen Lohnbetrage des Unternehmers (§. 29 Abs. 1) die Berechnungsgrundlage für die Umlegung des Jahresbedarfs (A.N. 1887 S. 22). Das Gesetz „will die größere oder geringere Unfallgefahr für die Leistungen der einzelnen Betriebe zu den Kosten der Unfallversicherung maßgebend sein lassen. Es entspricht dies der Billigkeit, da die Unfallgefahr nicht bloß in den einzelnen Industriezweigen, sondern auch innerhalb derselben je nach der größeren oder geringeren Vollkommenheit der Betriebseinrichtungen eine verschiedene ist" (Motive 1884 S. 55). Die Unterscheidung der einzelnen Gefahrenklassen wird aber nach objektiven äußerlich erkennbaren Merkmalen zu erfolgen haben, welche scharf genug zu bezeichnen sind, „um den Mitgliedern der Berufsgenossenschaften eine gewisse Kontrole über die Richtigkeit der Veranlagung der einzelnen Betriebe zu ermöglichen" (Motive). Die Zahl der Gefahrenklassen ist unbeschränkt; es können so viel Gefahrenklassen gebildet werden, als die Verschiedenheit der Unfallgefahr erforderlich macht.

Bei der Einschätzung der Betriebe in die Gefahrenklassen ist die weitgehendste Individualisirung geboten, indem auch für Betriebe gleicher Art, je nachdem sie mit guten Einrichtungen und Schutzvorkehrungen versehen sind oder nicht, also für erhöhte oder verminderte Gefahr eine niedrigere oder höhere Gefahrenklasse vorgesehen wird (A.N. 1886 S. 81; 1888 S. 199; 1898 S. 262). Wegen Uebertretung der Unfallverhütungsvorschriften ist Einschätzung in eine höhere Gefahrenklasse zuläßig (§. 112 Abs. 1 Ziffer 1) Die verschiedenen Theile eines Betriebes können in verschiedene Klassen des Gesammttarifs eingeschätzt, es kann aber für einen Betrieb, dessen einzelne Hauptheile verschieden gefährlich sind, auch eine Durchschnittsgefahrenziffer festgestellt werden, obwohl letzteres nicht immer empfehlenswerth ist (A.N. 1885 S. 287, 1888 S. 203). Um behufs gerechter Einschätzung der einzelnen Betriebe in die Gefahrenklassen vergleichbare Zahlen zu gewinnen, sind verschiedene Verfahren eingeschlagen worden. Anfänglich wurde aus der Zahl der bei einer Betriebsart vorgekommenen Unfälle unter Gegenüberstellung der in Betrieben dieser Art beschäftigten „Vollarbeiter" (A.N. 1889 S. 335) die Gefahrenziffer ermittelt. Mit der zunehmenden Belastung ist man jedoch zu genaueren Berechnungen, bei denen namentlich auch die Lohnhöhe berücksichtigt wird, übergegangen. Der Regel nach soll künftig der Gefahrentarif auf einer Gegenüberstellung der Löhne und Entschädigungen einer jeden Betriebsart (Unfallbelastungswerthen) beruhen (H.B. S. 244; A.N. 1892 S. 251; 1896 S. 275). Eine weitergehende Individualisirung nach subjektiven Merkmalen, insbesondere nach der Persönlichkeit des Unternehmers und seiner Betriebsbeamten, sowie nach der Sorgsamkeit in

Bezug auf die Unfallverhütung ist, wie auch in dem Komm.=Bericht 1884 (S. 34) erwähnt wird, nach dem Gesetz nicht zulässig; auch die (rein subjektive) Zugehörigkeit zu einem Dampfkessel=Revisionsverein darf nicht als gefahrverminderndes Moment in Anschlag gebracht werden (A.N. 1885 S. 216). Erwägt man, daß derartige subjektive Momente in hohem Maße unsicher sind, daß in den Persönlichkeiten mehr oder minder häufig ein Wechsel eintritt oder doch möglich ist, so kann es nur als eine im Interesse der Genossenschaften liegende Maßregel angesehen werden, wenn die Berücksichtigung solcher Momente ausgeschlossen ist. Derartige subjektive Momente können aber demnächst nach Abs. 6 insofern Berücksichtigung finden, als sie auf die Zahl der Unfälle von Einfluß sind und dann in dieser Zahl zur Erscheinung kommen.

Etwa vorgekommene Unbilligkeiten der Einschätzung können durch die im Abs. 5 vorgesehenen Tarifrevisionen demnächst ausgeglichen werden; bei der Geringfügigkeit der ersten Umlagen fallen derartige wohl unvermeidliche Fehler in den ersten Jahren nicht ins Gewicht.

Gesichtspunkte für die Aufstellung des Gefahrentarifs siehe in A.N. 1886 S. 94, 1888 S. 201, 1889 S. 331, 1892 S. 251, 252; 1896 S. 275. Das Schema eines Normal=Gefahrentarifs („als Anhalt") giebt das R.V.A. in A.N. 1888 S. 205; dasselbe hat seither weitverbreitete Anwendung gefunden (A.N. 1889 S. 336; 1892 S. 251).

Die Aufstellung der für die Zwecke des Gefahrentarifs erforderlichen Statistik bleibt jeder einzelnen Berufsgenossenschaft überlassen. Das R.V.A. hat für das die Regel bildende Verfahren bei Aufstellung der Gefahrentarife besondere Unfallzählkarten empfohlen (A.N. 1896 S. 275). Das Unfallverzeichniß (vgl. Anm. 11) wird hierzu verwendet werden können. Das R.V.A. hat für die Jahre 1887 und 1897 umfassende Unfallstatistiken erhoben und verarbeitet (A.N. 1890 S. 199; 1899 und 1900 in besonderen Beiheften), welche hauptsächlich den Zwecken der Unfallverhütung dienen.

Gegen die Aufstellung des Tarifs und die Abgrenzung der Gefahrenklassen gegen einander hat der einzelne Betriebsunternehmer kein Rechtsmittel; seine Interessen werden auch in dieser Beziehung von dem Reichs-(Landes-)Versicherungsamt und zwar von Amtswegen wahrgenommen. Diesem mußte die Genehmigung des Tarifs schon um deswillen vorbehalten bleiben, um „die kleinen und weniger gefährlichen Betriebe vor einer zu starken Heranziehung zu den Kosten der Unfallversicherung im Verhältniß zu den größeren und gefährlicheren Betrieben zu schützen" (Mot. 1884 S. 55). Nur gegen seine Einschätzung in die einzelnen Klassen des Gefahrentarifs steht dem Unternehmer ein Rechtsmittel zu (Abs. 4). Zum Zweck der Einschätzung haben die Unternehmer auf Erfordern Angaben über ihre Betriebsverhältnisse zu machen; sind sie hierin säumig, so können diese Angaben anderweit erhoben werden, wofür der Unternehmer gemäß §. 124 die zu liquidirenden Kosten zu erstatten hat (A.N. 1886 S. 276). Falsche Angaben unterliegen der Strafbestimmung des §. 146 Ziffer 1. Aenderungen des Betriebes, welche für dessen Einschätzung in den Gefahrentarif von Bedeutung sind, müssen ebenfalls angemeldet werden (§. 62). Innerhalb der Tarifperiode darf die einmal erfolgte Veranlagung, sofern es sich nicht etwa um eine im Einverständnisse mit dem betr. Unternehmer event. auf erhobene Beschwerde zulässige Richtigstellung einer irrigen Einschätzung handelt, nur erhöht werden (A.N. 1887 S. 378, 1888 S. 86), wenn die vorige Veranlagung auf unrichtigen Angaben des Unternehmers beruht.

4) Reichs-Versicherungsamt, event. Landes-Versicherungsamt, §. 127.

5) nach Anhörung, um den Organen „Gelegenheit zu geben, die von der Behörde erhobenen Anstände zu beseitigen" (Mot. 1884 S. 56).

6) selbst festzusetzen, „da die Aufstellung eines Gefahrentarifs obligatorisch und ohne dieselbe eine Umlegung der Mitgliederbeiträge nicht möglich ist" (Mot. 1884 S. 55), die ganze Einrichtung also ohne Gefahrentarif nicht funktioniren kann.

7) Frist. Die Veranlagung muß daher nach §. 155 zugestellt werden. Es kann auch eine Zwischeninstanz (durch Statut) insofern eingeschoben werden, als gegen die Veranlagung zunächst Remonstration oder Beschwerde an den Genossenschaftsvorstand zugelassen werden darf. Die Frist zur Beschwerde an das R.V.A. läuft dann erst nach Zustellung des Bescheids des letzteren (A.N. 1887 S. 152).

8) Nach der Veranlagung. Die Einschätzung der Betriebe in die Klassen des Gefahrentarifs wird in einem an Fristen gebundenen Verfahren, welches für die Dauer der Tarifperiode formales Recht zwischen Genossenschaft und Unternehmer schafft, abgeschlossen. Soweit nicht Aenderungen des Tarifs oder des Betriebes erfolgen, steht die Veranlagung des letzteren für die Tarifperiode unabänderlich fest. Demgemäß bliebe auch eine durch unrichtige Angaben erschlichene Veranlagung in Geltung. Diesem Uebelstande ist (1900) durch den Zusatz zu §. 49 Abs. 4 abgeholfen worden, welcher für solche Fälle eine Wiederaufnahme des Veranlagungsverfahrens zuläßt.

9) Revision, „weil die Erfahrungen über den Umfang der Unfallgefahr in den einzelnen Industriezweigen und Betriebsarten noch nicht abgeschlossen sind und niemals absolut sein werden" (Mot. 1884 S. 56). Diese Revision betrifft nur die Aufstellung der Gefahrenklassen und das Beitragsverhältniß der Klassen zu einander, wofür das Unfallverzeichniß die nöthigen Unterlagen giebt. Erfolgt hierin eine Aenderung nicht, so ist eine allgemeine Revision der Einschätzung der einzelnen Betriebe in die Gefahrenklassen nicht nothwendig, weil nicht vorgeschrieben. Wegen neuer Einschätzung in Folge von Betriebsänderungen vgl. § 62. Auch ein Beschluß, nach Ablauf der Tarifperiode den Gefahrentarif beizubehalten, bedarf der Genehmigung des R.V.A. Eine Revision kann auf Beschluß der Genossenschaftsversammlung auch innerhalb einer Tarifperiode vorgenommen werden (A.N. 1887 S. 358).

10) Betriebszweige. Zur Vorbereitung für die Revision der Gefahrentarife reicht es aus, wenn die in den einzelnen Betriebszweigen — nicht in jedem einzelnen Betriebe — vorgekommenen entschädigungspflichtigen Unfälle zusammengestellt und der beschließenden Genossenschaftsversammlung vorgelegt werden (Mot. 1900 S. 77).

11) Verzeichniß. Auf die Führung dieses Unfallverzeichnisses ist wegen seiner Bedeutung für die Revision der Gefahrentarife und die richtige Einschätzung der Betriebe besondere Sorgfalt zu verwenden. Vorschriften

über die Anlegung des Unfallverzeichnisses vgl. A.N. 1889 S. 331 fg., ein Schema für dasselbe („als Anhalt") A.N. 1889 S. 339. Das Verzeichniß soll fortlaufend geführt werden; eine Vermischung der entschädigungspflichtigen mit den kleineren Unfällen muß in demselben vermieden werden (A.N. 1887 S. 154).

12) **Periode**, d. h. Zeitraum zwischen zwei Tarifrevisionen, nicht Rechnungsjahr (A.N. 1887 S. 358).

13) **Zuschläge**, welche als Mehrbeiträge nach §. 103 wie Gemeindeabgaben beigetrieben werden.

Diese von der Reichstagskommission 1884 eingefügten Bestimmungen „bezwecken einmal eine Vermehrung der objektiven Kriterien der Einschätzung und damit eine Steigerung der Individualisirung und sollen dem Reichs-Versicherungsamt seine Aufgabe erleichtern. Sie knüpfen ferner das eigenste Interesse des Unternehmers an die möglichste Verhütung von Unfällen, indem sie der Genossenschaftsversammlung das Recht geben, nach Maßgabe der in den einzelnen Betrieben wirklich vorgekommenen Unfälle Zuschläge aufzuerlegen oder Nachlässe zu bewilligen" (Komm.-Bericht 1884 S. 33).

Die Bestimmung dient also im Wesentlichen zur Korrektur des Gefahrentarifs und darf in der Praxis nicht so angewendet werden, daß sie lediglich eine Belohnung für die thatsächlich bewirkte geringere Belastung der Genossenschaft durch Unfälle, oder eine Bestrafung für den umgekehrten Fall darstellt, sobald nicht die Zahl der Unfälle mit den Betriebseinrichtungen in ursächlichem Zusammenhang steht, sondern vielleicht auf reinen Zufälligkeiten oder höherer Gewalt beruht. Vgl. A.N. 1889 S. 263. Die Beschlußfassung über jeden einzelnen Fall hat in der Genossenschaftsversammlung zu erfolgen, bei der Verhandlung ist dem Genossenschaftsmitgliede Gelegenheit zu geben, sich zu äußern. Das R.V.A. kann den Beschluß im Aufsichtswege abändern. (Vgl. auch §. 112 Abs. 1 Ziff. 1.)

Theilung des Risikos.

§. 50.

Durch das Statut[1]) kann vorgeschrieben werden, daß die Ent- 1. schädigungsbeträge[2]) bis zu fünfundsiebenzig Prozent[3]) von den Sektionen zu tragen sind,[4]) in deren Bezirken[5]) die Unfälle eingetreten sind.

Die hiernach den Sektionen zur Last fallenden Beträge sind auf 2. die Mitglieder derselben nach Maßgabe der für die Genossenschaft festgesetzten Gefahrenklassen und der in diesen zu leistenden Beiträge (§§. 29, 30, 49) umzulegen.

§. 29 U.V.G.; §. 29 Entw.; §. 29 Ges. 1900.

Zu §. 50.

1) **Durch das Statut**, also nur mit Genehmigung des Reichs-(Landes-)Versicherungsamts, §. 39 Abs. 1. „Die Ertheilung dieser Genehmigung wird von der Leistungsfähigkeit der Sektionen in Bezug auf die ihnen daraus er-

wachsenden Lasten und von dem Maße der zu tragenden Gefahr abhängen" (Motive 1884 S. 56).

²) Entschädigungsbeträge, einschl. der Zuschläge zum Reservefonds (A.N. 1887 S. 40). Wegen der Verwaltungskosten der Sektionen vgl. §. 38 Anm. 2.

³) fünfundsiebenzig Prozent. Bis zur Novelle (1900) war die Vorausbelastung der Sektionen nur bis zu fünfzig Prozent zugelassen. In einigen Berufsgenossenschaften ist das Bedürfniß hervorgetreten, die Sektionen wegen der in einzelnen Bezirken größeren Unfallgefahr mit einem höheren Antheil der aus ihren Betrieben hervorgehenden Unfallasten vorweg heranzuziehen. Dies gilt besonders von Baugewerks-Berufsgenossenschaften, in denen mit ländlichen Bezirken große Städte vereinigt sind, sowie von landwirthschaftlichen Berufsgenossenschaften, in denen neben Weide- und Wiesenwirthschaft betreibenden Landstrichen Gebirgswaldungen vorkommen. Hier ist die Vorbelastung der mit einer erheblich größeren Zahl von schwereren Unfällen betheiligten Sektionen mit nur 50 Prozent als unzureichend empfunden worden, und dies hat zu Bestrebungen auf Aussonderung der Bezirke mit weniger gefährlichen Betrieben zu neuen Berufsgenossenschaften geführt. Da eine Zerlegung der bestehenden Organisationen nach solchen Gesichtspunkten behufs Erhaltung leistungsfähiger Träger der Unfallversicherung thunlichst vermieden werden muß, empfahl es sich, den Wünschen der Betheiligten, soweit sie als berechtigt anerkannt werden können, dadurch entgegenzukommen, daß eine höhere statutarische Vorbelastung der Sektionen und zwar bis zu 75 Prozent der Entschädigungsbeträge gesetzlich zugelassen wird. (Mot. 1900 S. 77, 78.) In der landwirthschaftlichen Unfallversicherung, wo die Uebelstände in besonders hohem Maße hervorgetreten sind, ist (§. 60 des L.U.V.G.) daneben noch ein anderer Weg zur Erleichterung der überlasteten Sektionen eingeschlagen, ebenfalls in der Absicht, den Bestrebungen auf Ausscheidung kleinerer Bezirke aus der B.G. entgegenzuwirken, indem der Grund dieser Bestrebungen beseitigt oder wenigstens erheblich geschwächt wird. — Die Knappschafts-B.G. (§. 134 G.U.V.G.) ist an die Obergrenze von 75 Prozent nicht gebunden.

⁴) zu tragen sind. Durch eine solche Uebertragung wird insbesondere das Interesse der Sektionen „an einer sparsamen und gewissenhaften Verwaltung sowie an der Verhütung von Unfällen und demgemäß an der sorgsameren Beaufsichtigung der Betriebsanlagen gefördert. Träger der Versicherung bleiben aber auch in diesen Fällen die Berufsgenossenschaften. Sie haften demgemäß für die Quote, welche den einzelnen Sektionen etwa auferlegt wird" (Motive 1884 S. 56). Diese Haftung der Genossenschaft ist subsidiarisch.

Den Postverwaltungen gegenüber ist die Theilung des Risikos einflußlos, vgl. §. 98 G.U.V.G.

Die Untervertheilung innerhalb der Sektion erfolgt nach dem allgemeinen Vertheilungsmaßstab (§§. 29ff., 49).

⁵) Bezirken, nicht räumlich, sondern einschließlich aller Arbeiten und Betriebstheile (auch außerhalb des räumlichen Sektionsgebiets), welche zu den in dem Sektionsbezirk ihren Sitz habenden selbständigen Betrieben ge-

hören (A.N. 1887 S. 27). Bei Streitigkeiten entscheidet das R.V.A. im Aufsichtswege (A.N. 1890 S. 449).

Gemeinsame Tragung des Risikos.

§. 51.

Vereinbarungen von Genossenschaften, die von ihnen zu leistenden Entschädigungsbeträge ganz oder zum Theil gemeinsam zu tragen, sind zulässig. Derartige Vereinbarungen[1]) bedürfen zu ihrer Gültigkeit der Zustimmung der betheiligten Genossenschaftsversammlungen sowie der Genehmigung des Reichs-Versicherungsamts.[2]) Dieselben dürfen nur mit dem Beginn eines neuen Rechnungsjahrs[3]) in Wirksamkeit treten. 1.

Die Vereinbarung hat sich darauf zu erstrecken, in welcher Weise der gemeinsam zu tragende Entschädigungsbetrag auf die betheiligten Genossenschaften zu vertheilen ist. 2.

Ueber die Vertheilung des auf eine jede Genossenschaft entfallenden Antheils an der gemeinsam zu tragenden Entschädigung unter die Mitglieder der Genossenschaft entscheidet die Genossenschaftsversammlung. Mangels einer anderweiten Bestimmung[4]) wird dieser Antheil in gleicher Weise wie die von der Genossenschaft nach Maßgabe dieses Gesetzes zu leistenden Entschädigungsbeträge (§§. 29, 30, 49) umgelegt. 3.

§. 30 U.V.G.; §. 30 Entw; §. 30 Ges. 1900.

Zu §. 51.

1) Derartige Vereinbarungen lassen die berufsgenossenschaftliche Gliederung der Industriezweige unberührt und fallen lediglich unter den Gesichtspunkt der Rückversicherung; sie werden, worauf die Motive (1884) hinweisen, insbesondere in zwei Fällen vorkommen:

a) unter verwandten Industriezweigen, „deren Vereinigung in eine Berufsgenossenschaft mit Rücksicht auf die Verschiedenheit ihrer Interessen und der von ihnen zu verfolgenden Ziele nicht hat erfolgen können", welche aber die gemeinsame Uebernahme der Unfallgefahr oder eines Theiles derselben als in ihrem beiderseitigen Interesse liegend wünschen";

b) wenn für einen Industriezweig mehrere territoriale Genossenschaften neben einander gebildet worden sind.

„Auf diese Weise wird die Vertheilung des Risikos auf weitere und engere Kreise, auf welche vielfach in Interessentenkreisen Werth gelegt worden ist, ermöglicht" (Mot. 1884 S. 56). Auf die Verhaftung der einzelnen Berufsgenossenschaften, insbesondere den Postverwaltungen gegenüber, ist eine derartige Einrichtung ohne Einfluß, §. 98. Die Anweisung des zu zahlenden Entschädigungs-Betrages erfolgt also auch hier durch den Vorstand derjenigen Genossenschaft, welcher der betr. Betrieb angehört, vgl. §. 97. — Von dieser Einrichtung ist bisher noch in keinem Falle Gebrauch gemacht worden.

[2]) **Reichs-Versicherungsamt**, event. Landes-Versicherungsamt, §. 127.

[3]) **Rechnungsjahr**, §. 111.

[4]) **Mangels einer anderweiten Bestimmung.** Nur in besonderen Ausnahmefällen wird von der gesetzlichen Regel abzuweichen sein.

Abänderung des Bestandes der Berufsgenossenschaften.

§. 52.

1. Nach erfolgtem Abschlusse[1]) der Organisation der Berufsgenossenschaften sind Aenderungen[2]) in deren Bestande mit dem Beginn eines neuen Rechnungsjahrs[3]) unter nachstehenden Voraussetzungen zulässig:

1. Die Vereinigung mehrerer Genossenschaften erfolgt auf übereinstimmenden Beschluß der Genossenschaftsversammlungen[4]) mit Genehmigung des Bundesraths.
2. Das Ausscheiden einzelner Gewerbszweige oder örtlich abgegrenzter Theile aus einer Genossenschaft und die Zutheilung derselben zu einer anderen Genossenschaft erfolgt auf Beschluß[4]) der betheiligten Genossenschaftsversammlungen[5]) mit Genehmigung des Bundesraths. Die Genehmigung kann versagt werden, wenn durch das Ausscheiden die Leistungsfähigkeit einer der betheiligten Genossenschaften in Bezug auf die ihr obliegenden Pflichten gefährdet wird.
3. Wird die Vereinigung mehrerer Genossenschaften oder das Ausscheiden einzelner Gewerbszweige oder örtlich abgegrenzter Theile aus einer Genossenschaft und die Zutheilung derselben zu einer anderen Genossenschaft auf Grund eines Genossenschaftsbeschlusses beantragt, dagegen von der anderen betheiligten Genossenschaft abgelehnt,[6]) so entscheidet auf Anrufen der Bundesrath.[7])
4. Anträge auf Ausscheidung einzelner Gewerbszweige oder örtlich abgegrenzter Theile aus einer Genossenschaft und Errichtung einer besonderen Genossenschaft für dieselben sind zunächst der Beschlußfassung der Genossenschaftsversammlung zu unterbreiten und sodann dem Bundesrathe zur Entscheidung vorzulegen.

2. Die Genehmigung zur Errichtung der neuen Genossenschaft[8]) kann versagt werden, wenn die Anzahl der Betriebe, für

welche die Berufsgenossenschaft gebildet werden soll, oder die Anzahl der in denselben beschäftigten Arbeiter zu gering[9]) ist, um die dauernde Leistungsfähigkeit der Berufsgenossenschaft in Bezug auf die bei der Unfallversicherung ihr obliegenden Pflichten zu gewährleisten, oder wenn Betriebe von der Aufnahme in die Berufsgenossenschaft ausgeschlossen[10]) werden sollen, welche wegen ihrer geringen Zahl oder wegen der geringen Zahl der in ihnen beschäftigten Arbeiter eine eigene leistungsfähige Berufsgenossenschaft zu bilden außer Stande sind und auch einer anderen Berufsgenossenschaft zweckmäßig nicht zugetheilt werden können.

Wird die Genehmigung ertheilt, so erfolgt die Beschlußfassung 3. über das Statut für die neue Genossenschaft nach Maßgabe der Bestimmungen in den §§. 36 bis 39.

§. 31 U.V.G.; §. 31 Entw.; §. 31 Ges. 1900.

Zu §. 52.

[1]) Nach erfolgtem Abschlusse. Die hier gegebenen Vorschriften sind behufs Bildung der durch die Vorschriften der Novelle erforderlich werdenden Neuorganisationen vorübergehend außer Kraft gesetzt durch §. 2 Abs. 2 des H.G., welcher den Bundesrath bis zur Genehmigung der Statuten der auf Grund der Novelle (1900) neu errichteten B.Gen. ermächtigt, ohne Rücksicht auf die obigen Voraussetzungen Veränderungen im Bestande der älteren B.Gen. vorzunehmen. In ähnlicher Weise sind schon früher durch Gesetz Aenderungen vorgenommen worden (§. 12 Abs. 1 Ges. v. 28. Mai 1885, §. 9 Abs. 3 Ges. v. 11. Juli 1887, vgl. auch §. 1 Abs. 2 Ges. v. 5. Mai 1886, §. 1 Abs. 3 Ges. v. 13. Juli 1887).

[2]) Aenderungen. „Da die bisherigen Erfahrungen auf dem Gebiete der Unfallversicherung nicht ausreichen, um als Grundlage dauernder, unabänderlicher Einrichtungen dienen zu können, empfiehlt es sich nicht, die Beweglichkeit in der Abgrenzung der Berufsgenossenschaften zu beschränken. Im Gegentheil erfordert die Rücksicht auf die Verschiedenartigkeit der Entwickelung der einzelnen Industriezweige Bestimmungen, welche dem aus der veränderten Gestaltung der thatsächlichen Verhältnisse sich ergebenden Bedürfnisse nach Aenderungen in dem Bestande der Berufsgenossenschaften in möglichst einfacher Weise Rechnung tragen. Hierbei wird der Freiheit der Bewegung ein möglichst weiter Spielraum zu gewähren und die Entscheidung über etwaige Aenderungen ebenfalls in erster Reihe den Interessenten selbst zu überlassen und die behördliche Genehmigung bezw. Anordnung auf diejenigen Fälle zu beschränken sein, in denen entweder eine Verständigung derselben nicht erzielt wird, oder Fürsorge dafür zu treffen ist, daß bei den beabsichtigten Veränderungen die Interessen der bei denselben Betheiligten angemessen gewahrt werden. Hierdurch ist zugleich die Möglichkeit geboten,

Wünschen der Betriebsunternehmer, welche bei der ersten Bildung der Berufsgenossenschaften keine Berücksichtigung gefunden haben, Rechnung zu tragen" (Motive 1884 S. 57).

Derartige Veränderungen können in 3 Fällen vorkommen:

a) es werden mehrere Genossenschaften mit einander vereinigt, §. 52 Nr. 1, 2, §. 53 Abs. 1, 5;

b) oder es treten einzelne Theile (nach örtlicher Begrenzung oder nach Industriezweigen) aus einer Genossenschaft in eine andere über, §. 52 Nr. 2, 3, §. 53 Abs. 2, 4 bis 6 (Beispiele derartiger Veränderungen enthalten die Beschlüsse des Bundesraths vom 17. August 1887 und vom 16. Mai 1889; durch ersteren sind die örtlichen Bezirke verschiedener Eisen- und Stahl-B.G., durch letzteren die sachlichen Gebiete der Papierverarbeitungs-, der chemischen, der Edel- und Unedel-Metall-, der Töpferei- und der Baugewerks-B.G. verändert worden;

c) oder es treten derartige einzelne Theile aus einer Genossenschaft aus und bilden eine neue Genossenschaft, §. 52 Nr. 4, §. 53 Abs. 3 bis 6; so ist durch Beschluß des Bundesraths vom 14. Juli 1896 aus der Nahrungsmittelindustrie-B.G. die Fleischerei unter Bildung einer eigenen neuen B.G. ausgeschieden.

3) mit dem Beginn eines neuen Rechnungsjahres (§. 111), so daß die Aenderungen mit diesem Zeitpunkt ins Leben treten. Für die Zuständigkeit bei Festsetzung von Renten, Entscheidung auf Berufungen 2c. nach dem Inslebentreten der Veränderung fragt es sich, ob die Entschädigung, wenn auch nur theilweise, auf die bisherige Berufsgenossenschaft entfällt, d. h. ob der gesetzliche Beginn des Rentengenusses 2c. in die Zeit des verflossenen oder des laufenden Jahres entfällt. Im letzteren Fall sind ausschließlich die Organe und Schiedsgerichte der neueren, im ersteren Falle dagegen ausschließlich die Organe und Schiedsgerichte der älteren BG. für den ganzen Anspruch zuständig; doch sollen sich die Organe der älteren B.G. in solchen Fällen, z. B. wenn es sich um die Frage handelt, ob Rechtsmittel einzulegen sind, mit den Organen der neuen B.G. in Verbindung setzen (A.N. 1888 S. 80).

4) auf Beschluß. Ausnahmen, in denen von einem solchen Beschlusse abgesehen wird, vgl. Anm. 1.

5) Genossenschaftsversammlungen. Jede betheiligte Berufsgenossenschaft, welcher ein von der Berufsgenossenschaftsversammlung einer anderen B.G. beschlossener Antrag wegen Ausscheidung von Industriezweigen oder örtlichen Theilen zugestellt wird, ist verpflichtet, hierüber einen Beschluß ihrer Genossenschaftsversammlung herbeizuführen (A.N. 1889 S. 165).

6) abgelehnt, vgl. Anm. 5.

7) Bundesrath. „Es muß Gewähr dafür gegeben werden, daß nicht heterogene Genossenschaften sich vereinigen" (Komm.Ber. 1884 S. 34), denn solche Vereinigungen würden dem Prinzip des Gesetzes nicht entsprechen. Im Uebrigen hat der Bundesrath in den Fällen dieses Paragraphen dieselbe Stellung, welche ihm in §. 12 des U.B.G. (1884) für die erste Bildung der Genossenschaft gegeben worden war; er hat also insbesondere auch die Minoritäten zu schützen (cf. Komm.Ber. a. a. O.). Der Bundesrath tritt

aber hier nur auf Anrufen ein; Anordnungen desselben wegen Abänderung bestehender Berufsgenossenschaften sind nicht zugelassen. Die dem Bundesrath seiner Zeit in dem jetzt aufgehobenen §. 15 U.V.G. (1884) für die erste Bildung von Genossenschaften eingeräumten Zwangsbefugnisse fallen also, sobald Genossenschaften einmal gebildet sind, fort. — Für die Errichtung von neuen B.Gen. auf Grund der Novelle (1900) sind im §. 2 H.G. abweichende Bestimmungen gegeben.

8) Errichtung der neuen Genossenschaft. Die Gründe, aus denen die Genehmigung versagt werden kann, waren im U.V.G. (1884) durch Bezugnahme auf den jetzt aufgehobenen §. 12 materiell ebenso geregelt, wie es im obigen §. 52 Abs. 2 G.U.V.G. durch ausdrückliche Bestimmung geschieht.

9) zu gering. „Die Genehmigung an die Bedingung zu knüpfen, daß die zu bildenden Berufsgenossenschaften eine bestimmte Anzahl von Betrieben oder eine gewisse Anzahl von in denselben beschäftigten Arbeitern umfassen, erscheint nicht wohl angängig, da diese Faktoren allein die Leistungsfähigkeit einer Berufsgenossenschaft nicht bestimmen, dieselbe vielmehr auch von anderen Momenten, insbesondere von der wirthschaftlichen Lage der betreffenden Industriezweige, wesentlich abhängt" (Motive 1884 S. 49).

Bei einem Induſtriezweig, welcher Massenunfällen ausgesetzt ist, oder bei welchem das wirthschaftliche Gedeihen von besonderen lokalen oder internationalen Verhältnissen, von der Mode u. a. abhängt, wird daher der Umfang anders zu bemessen sein, als bei sonstigen Industriezweigen, in welchen dies nicht der Fall ist.

10) ausgeschlossen. Hierdurch „ist Fürsorge getroffen, daß nicht einzelne Industriezweige oder Bezirke, welche wegen der geringen Zahl ihrer Betriebe oder wegen der geringen Zahl der in diesen Betrieben beschäftigten Arbeiter eine leistungsfähige Genossenschaft zu bilden außer Stande sind, von der Aufnahme in diejenige Genossenschaft, welcher sie nach ihren wirthschaftlichen Interessen und den Vorbedingungen des Betriebs angehören, ausgeschlossen werden können" (Mot. 1884 S. 49).

11) nach Maßgabe. Es wird also zunächst eine konstituirende Genossenschaftsversammlung zur Beschlußfassung über das Genossenschafts-Statut einzuberufen sein; in dieser Versammlung ist ein provisorischer Vorstand zu wählen u. s. w.

§. 53.

1)Werden mehrere Genossenschaften zu einer Genossenschaft ver- 1.
einigt, so gehen mit dem Zeitpunkte, zu welchem die Veränderung in Wirksamkeit tritt,2) alle Rechte und Pflichten der vereinigten Genossenschaften auf die neuerrichtete Genossenschaft über.

Wenn einzelne Gewerbszweige oder örtlich abgegrenzte Theile 2.
aus einer Genossenschaft ausscheiden und einer anderen Genossenschaft angeschlossen werden, so sind von dem Eintritte dieser Veränderung ab die Entschädigungsansprüche,3) welche gegen die erstere Genossen-

schaft aus den in Betrieben der ausscheidenden Genossenschaftstheile eingetretenen Unfällen erwachsen sind, von der Genossenschaft zu befriedigen,[4]) welcher die Genossenschaftstheile nunmehr angeschlossen sind.

3. Scheiden einzelne Gewerbszweige oder örtlich abgegrenzte Theile aus einer Genossenschaft unter Errichtung einer neuen Genossenschaft aus, so sind von dem Zeitpunkte der Ausscheidung ab die Entschädigungsansprüche, welche gegen die erstere Genossenschaft aus den in Betrieben der ausscheidenden Genossenschaftstheile eingetretenen Unfällen erwachsen sind, von der neuerrichteten Genossenschaft zu befriedigen.[4])

4. Insoweit[5]) zufolge des Ausscheidens von Gewerbszweigen oder örtlich abgegrenzten Theilen Entschädigungsansprüche auf andere Genossenschaften übergehen, haben die letzteren Anspruch auf einen entsprechenden[6]) Theil des Reservefonds und des sonstigen[7]) Vermögens derjenigen Genossenschaft, aus welcher die Ausscheidung stattfindet.

5. Die Bestimmungen der Abs. 2 und 4 finden entsprechende Anwendung, wenn einzelne Betriebe oder Neben betriebe in Folge von Berichtigungen der Kataster von einer Berufsgenossenschaft auf eine andere übergehen.

6. Die vorstehenden Bestimmungen können durch übereinstimmenden Beschluß der betheiligten Genossenschaftsversammlungen abgeändert oder ergänzt werden.

7. Streitigkeiten, welche in Betreff der Vermögensauseinandersetzung zwischen den betheiligten Genossenschaften entstehen, werden mangels Verständigung derselben über eine schiedsgerichtliche Entscheidung[8]) von dem Reichs-Versicherungsamt[9]) entschieden.

§. 32 U.V.G.; §. 32 Entw; §. 32 Ges. 1900.

Zu §. 53.

[1]) §. 53 behandelt die Rechtswirkungen der im §. 52 erörterten Fälle von Veränderungen im Bestande der B.Gen. — Der Grundsatz, nach welchem bei einer auf Beschluß (§. 52) eintretenden Bestandsveränderung (Ausscheiden ganzer Industriezweige oder örtlich abgegrenzter Theile) Rentenansprüche für die Zukunft übergehen findet auch auf solche Fälle Anwendung, in denen die Bestandsveränderung durch ein Gesetz herbeigeführt wird. Dies ist angenommen z. B. beim Uebergang von Fuhrwerks-Betrieben an die landwirthschaftlichen B.Gen. (A.N. 1889 S. 6); der Grundsatz wird ebenso anzuwenden sein, wenn auf Grund der im §. 2 H.G. für die Uebergangszeit beim Inkrafttreten der Novelle (1900) dem Bundesrath ertheilten Ermächtigung Betriebszweige aus den älteren B.Gen. ausgeschieden werden sollten.

Der Grundsatz findet nach Abs. 5 gleichfalls Anwendung, wenn ohne Betriebsveränderung (§. 61 G.U.V.G.) einzelne Betriebe in Folge einer Berichtigung des Genossenschaftskatasters in eine andere B.G. übernommen werden; durch diese Bestimmung ist eine bis zur Novelle (1900) im Gesetze vorhandene Lücke im Sinne der Praxis des R.V.A. (A.N. 1886 S. 55, 229) ausgefüllt worden. In allen diesen Fällen (A.N. 1892 S. 301) gehen die überwiesenen Betriebe mit allen Rechten und Pflichten über; der Uebergang eines entsprechenden Theiles des Reservefonds (Abs. 4) wird nach der durch §. 34 G.U.V.G. eingeführten Erhöhung dieses Fonds an Bedeutung gewinnen.

Dagegen findet ein Uebergang der Rentenlast nicht statt bei einem Wechsel in Folge von Betriebsveränderungen gemäß §. 61 (A.N. 1887 S. 378), ebensowenig bei dem Ausscheiden eines gemäß §. 6 Ziffer 3 B.U.G. für leistungsfähig erklärten Kommunalverbands (A.N. 1889 S. 166), weil in Fällen der letzteren Art durch die bisher gezahlten Prämien die Schuld an die Versicherungsanstalt der Baugewerks-B.G., welcher der ausscheidende Kommunalverband bisher angehörte, bereits gedeckt ist.

2) in Wirksamkeit tritt. Dieser Zeitpunkt muß in dem übereinstimmenden Beschluß der Genossenschaften angegeben sein, cf. Anm. 3 zu §. 52.

Bis zu der nach Ablauf des kommenden Rechnungsjahres vorzunehmenden Umlage muß dann der Gefahrentarif aufgestellt und genehmigt und die Einschätzung in die Klassen desselben erfolgt sein (§. 49 Abs. 3, 4), damit die Umlegung der im vergangenen Jahre für die neue Genossenschaft vorgeschossenen Beträge rechtzeitig erfolgen kann.

3) Entschädigungsansprüche — zu befriedigen, aber nicht die auf deren Feststellung verwandten oder der bisherigen Genossenschaft sonst erwachsenen Kosten zu erstatten (A.N. 1889 S. 166).

4) zu befriedigen. Die bisher verpflichtete B.G. hat dann der Post eine Einstellungsanweisung zugehen zu lassen (A.N. 1888 S. 211).

5) insoweit. Eine Vermögensüberweisung hat also nur dann zu erfolgen, wenn auch eine Rentenverpflichtung übergeht (A.N. 1889 S. 7).

6) entsprechenden, nach dem Kapitalwerth der Gesammtlasten der alten Genossenschaft im Verhältniß zu dem Kapitalwerth der von der neuen Genossenschaft zu übernehmenden Lasten. Der Kapitalwerth ist nach technischen Grundsätzen zu berechnen, wobei die im Interesse der Tiefbau-B.G. aufgestellten Rechnungen (A.N. 1894 S. 141) anzuwenden sind (A.N. 1889 S. 8). Diese Rechnung ist sehr schwierig und umfangreich. Es wird daher, da ein Verzicht bei der erhöhten Bedeutung des Reservefonds (§. 34 G.U.V.G.) künftig noch weniger als bisher angängig sein wird, eine Vereinbarung (Abs. 6) sehr zu empfehlen sein. Einer Genehmigung des R.V.A. zu solchen Entnahmen aus dem Reservefonds (§. 34 Abs. 2) bedarf es nicht (A.N. 1892 S. 200).

7) sonstigen. Hierhin gehört Alles, was bei einer nach kaufmännischen Regeln aufgestellten Bilanz unter „Aktiva" aufzuführen gewesen wäre, also auch ein etwa vorhandener eiserner Betriebsfonds, aber nicht ein laufender aus Vorschüssen gebildeter Betriebsfonds, ebensowenig ein etwaiger Geldwerth von Katastern, Akten 2c. (A.N. 1889 S. 166). Vgl. übrigens Absatz 6.

8) schiedsgerichtliche Entscheidung. Auch hier ist der freien Verständigung der Berufsgenossen voller Spielraum gelassen. Bei der schieds-

gerichtlichen Entscheidung ist aber nicht an das bei der Entschädigung für Betriebsunfälle fungirende Schiedsgericht für Arbeiterversicherung (§. 3 H.G.) zu denken. Das Reichs- (event. Landes-) Versicherungsamt wird auch dann eintreten müssen, wenn der Schiedsvertrag außer Kraft getreten ist; vgl. darüber, sowie über das Verfahren 2c. die §§. 1025 ff. der Civ.Proz.Ordn. (R.G.Bl 1898 S. 410).

9) Reichs-Versicherungsamt event. Landes-Versicherungsamt, §. 127. Wegen der Besetzung des R.V.A. bei solchen Entscheidungen vgl. §. 16 Abs. 1 Ziffer 2 H.G.

Auflösung von Berufsgenossenschaften.

§. 54.

1)Berufsgenossenschaften, welche zur Erfüllung der ihnen durch dieses Gesetz auferlegten Verpflichtungen leistungsunfähig2) werden, können auf Antrag des Reichs-Versicherungsamts3) von dem Bundesrath aufgelöst4) werden. Diejenigen Gewerbszweige, welche die aufgelöste Genossenschaft gebildet haben, sind anderen Berufsgenossenschaften nach deren Anhörung zuzutheilen.5) Mit der Auflösung der Genossenschaft gehen deren Rechtsansprüche6) und Verpflichtungen,7) vorbehaltlich der Bestimmung im §. 127, auf das Reich8) über.

§. 33 U.V.G.; §. 33 Entw.; §. 33 Ges. 1900.

Zu §. 54.

1) Vgl. die Ausführungen in den allg. Motiven 1884 (oben S. 55).

2) leistungsunfähig. Wann die Leistungsunfähigkeit eintritt, ist Thatfrage, cf. aus den allgem. Motiven 1884: „die Leistungsunfähigkeit einer Genossenschaft wird nicht bereits anzunehmen sein, wenn einzelne Betriebsunternehmer die aus der Unfallfürsorge ihnen erwachsenden Kosten nicht zu tragen vermögen, oder wenn durch Krisen vorübergehend die Lage der der Genossenschaft angehörigen Industriezweige ungünstig beeinflußt wird. Andererseits wird das Eintreten des Reichs auch nicht davon abhängig gemacht werden dürfen, daß die zwangsweise Beitreibung der Mitgliederbeiträge gegen sämmtliche Betriebsunternehmer wegen Unvermögens derselben nicht hat erfolgen können." ❙

Im Uebrigen ist hierbei, wie aus dem Komm.Ber. 1884 S. 36 hervorgeht, weniger an Massenunfälle, als an den völligen Niedergang ganzer Industriezweige zu denken.

3) Reichs-Versicherungsamt, event. Landes-Versicherungsamt, §. 127.

4) Die Auflösung und Zutheilung erfolgt durch gleichzeitigen Beschluß.

5) zuzutheilen. Die Zutheilung erfolgt frei von Schulden und Verpflichtungen; erst von dem Augenblick an, in welchem die Zutheilung ins Leben tritt, fallen Unfälle, die in den zugetheilten Betrieben neu eintreten, dem neuen Verbande zu. Die zugetheilten Unternehmer treten in die Rechtsverhältnisse ihrer neuen Berufsgenossen ein, tragen also hinfort zu den Lasten

der bisher in dieser Genossenschaft eingetretenen Unfälle ebenso bei, wie die älteren Mitglieder der letzteren.

Die Zutheilung kann nur zu verwandten oder zu solchen Genossenschaften erfolgen, denen jene Betriebe ihrer Natur nach am nächsten stehen, cf. §. 52, sowie §. 59 Abs. 1. Ein Widerspruch gegen die Zutheilung steht der betheiligten Genossenschaft nicht zu.

6) Rechtsansprüche, z. B. gegen Betriebsunternehmer auf Zahlung rückständiger Beiträge. Erhebliche Vermögensobjekte können, da der Reservefonds verbraucht sein muß, im Uebrigen wohl nicht vorhanden sein und gehen, soweit sie vorhanden sind, in das Eigenthum des Reichs (oder im Fall des §. 127 in das Eigenthum des Bundesstaates) über.

7) Verpflichtungen. Das Reich übernimmt also an Stelle des zahlungsunfähigen Schuldners die Weiterzahlung der Renten.

8) auf das Reich. Hierin liegt eine durch die Konkurrenz der Bundesstaaten im Fall des §. 127 abgeschwächte Garantie des Reichs für die Berufsgenossenschaften, allerdings in einer Beschränkung, daß sie wohl niemals praktisch werden wird. „Die Reichsgarantie hat vorwiegend nur eine theoretische Bedeutung; sie bildet den konsequenten Abschluß des Systems, soll aber, wenn irgend möglich, niemals praktisch werden" Komm.Ber. 1884 S. 29); es handelt sich „um eine theoretische Konstruktion einzelner außerordentlicher Fälle"; die Vorschrift „hat wesentlich dekorative Bedeutung und hat einen realen Werth für die Regel nur darum, weil dadurch auf die Vermeidung unsolider Bildungen hingewirkt wird" (a. a. O. S. 36).

Es handelte sich hierbei also nicht um einen Reichszuschuß als dauernde Einrichtung, sondern lediglich um eine Garantie für einzelne außerordentliche Fälle, wie sie Staaten auch anderen öffentlich-rechtlichen Korporationen nicht werden versagen können, welche durch die Gesetzgebung des betr. Staates ins Leben gerufen sind und öffentliche Pflichten zu übernehmen gehabt haben.

Der Zustimmung des Reichstags bedarf es bei der Uebernahme der Verpflichtungen der aufgelösten Betriebe nicht. „Die Nöthigung, die gewährte Reichshülfe in den Etat einzustellen, wenn auch der Posten nicht verweigert werden könne, werde doch wegen der zu erwartenden Kritik vor einer unberechtigten Anwendung des §. 54 schützen" (Komm.Ber. 1884 S. 36).

Die Ueberweisung an die Gesammtheit der Berufsgenossenschaften statt auf das Reich ist in Erwägung gezogen, jedoch wegen der praktischen Schwierigkeiten und weil zu bezweifeln sei, ob eine rechtliche Grundlage für eine derartige Uebertragung vorhanden wäre, aufgegeben worden (vgl. Komm.-Ber. 1884 S. 36).

III. Mitgliedschaft des einzelnen Betriebs. Betriebsveränderungen.

Mitgliedschaft.

§. 55.

1)Mitglied der Genossenschaft ist jeder Unternehmer2) eines Be- 1.
triebs3) derjenigen Gewerbszweige, für welche die Genossenschaft errichtet ist, sofern der Betrieb im Bezirke der Genossenschaft

seinen Sitz[4]) hat. Die Mitgliedschaft beginnt[5]) mit dem Zeitpunkte[6]) der Eröffnung des Betriebs oder des Beginns seiner Versicherungspflicht.[7])

2. Stimmberechtigt[8]) ist jedes Mitglied der Genossenschaft, sofern es sich im Besitze der bürgerlichen Ehrenrechte[9]) befindet.

§. 34 U.V.G.; §. 34 Entw.; §. 34 Ges. 1900.

Zu §. 55.

[1]) Die bisherigen Bestimmungen behandelten die Konstituirung, die Verfassung und die Veränderung der Genossenschaften; die folgenden Vorschriften regeln die Rechtsverhältnisse der Mitglieder innerhalb der Genossenschaften.

[2]) Unternehmer. vgl. §. 28 Abs. 3. Die versicherten Arbeiter und Beamten sind nicht Mitglieder. Bei den Krankenkassen ist es umgekehrt.

[3]) Betriebs, d. h. versicherungspflichtigen, in welchem Arbeiter beschäftigt werden (vgl. A.N. 1885 S. 96), auch wenn die Beschäftigungsdauer der Arbeiter nur kurz ist (A.N. 1885 S. 344). Darauf, ob der Betrieb dauernd oder nur vorübergehend in Gang ist, kommt es nicht an (A.N. 1886 S. 13).

[4]) Sitz. Entscheidend für die Zugehörigkeit zur Genossenschaft (und zur Sektion) ist der Sitz des (versicherungspflichtigen) Betriebes, nicht der Wohnsitz des Unternehmers. Der Betriebssitz „kann durch das Vorhandensein von Betriebsanlagen, Verkaufsstätten, Waarenlagern äußerlich erkennbar, oder aus Eintragungen in Firmen- oder Gewerberegister zu entnehmen sein" (A.N. 1886 S. 13). Wegen der Zweigniederlassungen (Zweiggeschäfte), welche im Allg. als besondere Betriebe im Sinne des Gesetzes aufzufassen sind, und wegen der Zugehörigkeit zu mehreren Genossenschaften oder Sektionen beim Vorhandensein mehrerer selbständiger Betriebe desselben Unternehmers vgl. §. 28. Wegen im Inlande belegener Bestandtheile ausländischer Betriebe vgl. §. 4.

[5]) beginnt. „Jeder an sich versicherungspflichtige Betriebsunternehmer wird kraft des Gesetzes Mitglied derjenigen Genossenschaft, zu welcher er nach Maßgabe der Abgrenzung der letzteren und nach Maßgabe des von ihm betriebenen Gewerbszweiges gehört. Die Anwendung dieses Grundsatzes auf den konkreten Fall wird dergestalt zu konstatiren sein, daß sowohl für die Betheiligten, als auch für die Behörden volle Klarheit über die Zugehörigkeit zur Genossenschaft herrscht. Dies soll durch die Einrichtung von Genossenschaftskatastern und die Ausstellung von Mitgliedscheinen erreicht werden" (Mot. 1884 S. 51).

Die Versicherung besteht in Kraft, auch wenn ein Mitgliedschein nicht ertheilt oder von dem betr. Betriebsunternehmer nicht angenommen, bezw. wenn das Unternehmen in das Genossenschaftskataster nicht aufgenommen worden ist, sobald nur die objektiven, von dem Gesetz gestellten Voraussetzungen vorliegen. Bei der Ueberweisung vorgekommene Auslassungen sind, sobald sie entdeckt werden, spätestens bei Eintritt eines Unfalls, der zu Entschädigungen führt (§§. 72, 73), durch Aufnahme in das Genossenschafskataster bezw. durch nachträgliche Ueberweisung abzustellen, vgl. §. 57.

Umgekehrt soll die Eintragung in das Genossenschaftskataster und Ausstellung des Mitgliedscheins die formale Folge haben, daß Unfälle in dem so katastrirten Betriebe einstweilen von dieser Genossenschaft entschädigt werden müssen, auch wenn die Aufnahme des Betriebes in die Genossenschaft nur aus Irrthum erfolgt ist. Nach demnächstiger Ueberweisung des Betriebes in die richtige B.G. hat die letztere für die Zukunft die früher aus dem Betriebe erwachsenen Renten zu übernehmen, da der Grundsatz des §. 53 auch auf solche Fälle Anwendung findet (vgl. §. 53 Abs. 5); für die Vergangenheit soll dagegen vorbehaltlich anderweiter Vereinbarung zwischen den betheiligten Berufsgenossenschaften die bisherige Genossenschaft verpflichtet bleiben. (A.N. 1886 S. 55, 1887 S. 39, 1888 S. 69.) Bei Wechsel in Folge von Betriebsveränderungen hat jedoch stets die frühere B.G. allein aufzukommen. Vgl. §§. 53, 58, 61.

Wechselt der Inhaber des Betriebes (Betriebsunternehmer) im Laufe eines Rechnungsjahres, so beginnt die Mitgliedschaft des neuen Unternehmers bezw. seine Beitragsverpflichtung erst mit dem Zeitpunkt seines Eintritts in den Betrieb, vgl. §. 37 Ziffer 6, 7.

Alphabetische Verzeichnisse der zu den einzelnen Berufsgenossenschaften gehörigen Betriebszweige hat das R.V.A. aufgestellt und veröffentlicht (A.N. 1885 S. 254; 1886 S. 134, 204; 1887 S. 132). Daraus läßt sich ersehen, wohin jeder Betrieb rücksichtlich der Unfallversicherung gehört, und ob eine Betriebsänderung auf die Zugehörigkeit zur B.G. Einfluß hat. Das Verzeichniß der Berufsgenossenschaften findet sich in der Anlage.

Die Ermittelung der einzelnen zur Berufsgenossenschaft gehörigen Betriebe erfolgt durch die den Unternehmern anferlegten Betriebsanmeldungen (§§. 35, 56) bezw. Ueberweisungen (§§. 57, 61), im Uebrigen durch den Genossenschaftsvorstand.

Die Erhebung von Eintrittsgeldern ist unzulässig. Denn neu entstehende Betriebe sind auf Grund des Gesetzes Mitglieder der für den betr. Betriebszweig bestehenden Genossenschaft. Die Erhebung von Eintrittsgeld würde sich daher als eine auf die Eröffnung neuer Betriebe von Konkurrenten gelegte Steuer darstellen und eine solche kennt das Gesetz nicht.

[6]) mit dem Zeitpunkt. Soweit es sich um die materielle Versicherung der durch die Novelle (1900) der Versicherungspflicht neu unterstellten Betriebe handelt, wird dieser Zeitpunkt durch die auf Grund des §. 25 Abs. 1 Ziffer 2 H.G. mit Zustimmung des Bundesraths zu erlassende Kaiserliche Verordnung bestimmt.

[7]) Beginn seiner Versicherungspflicht, z. B. wenn Betriebe nachträglich den Charakter einer „Fabrik" (§. 1) annehmen. Dies kann geschehen, wenn eine gewerbliche Anlage ohne Kraftmaschine nachträglich, etwa in Folge von Erweiterungen, auf regelmäßige Beschäftigung von mindestens 10 Arbeitern basirt wird, oder wenn in einem kleineren Betriebe, der bisher ohne Kraftmaschine arbeitete, eine solche neu eingestellt wird. Vgl. auch Anm. 6. Unternehmer, deren Betriebe erst später versicherungspflichtig werden, treten, sobald dieser Zeitpunkt eintritt, in die sämmtlichen Rechtsverhältnisse und Verbindlichkeiten der Genossenschaft ein, nehmen also insbesondere auch an der Belastung aus früheren Unfällen Theil. Wegen der abweichenden

Regelung für die durch die Novelle neu hinzugetretenen Betriebszweige, die etwa einer bereits bestehenden B.G. zugewiesen werden (§. 2 Abs 1 H.G.), zu vergleichen §. 100 G.U.B.G.

8) Stimmberechtigt. Ueber die Ausübung des Stimmrechts entscheiden allgemeine Grundsätze. Handlungsunfähige und Minderjährige haben sich durch ihre gesetzlichen Vertreter, juristische Personen durch ihre Vorstände vertreten zu lassen; Miteigenthümer müssen sich darüber, wer von ihnen das Stimmrecht ausüben soll, einigen. Beim Mangel einer abweichenden Bestimmung steht den selbständigen Frauen (alleinstehenden Frauen, Handelsfrauen), welche als Betriebsunternehmerinnen Mitglieder der Genossenschaft sind, das Erscheinen in der Genossenschaftsversammlung zu, während andere Frauen von ihren Ehemännern als ihren gesetzlichen Vertretern sich vertreten lassen müssen. Abstimmung durch Bevollmächtigte ist zulässig, wenn die letzteren stimmberechtigte Mitglieder oder bevollmächtigte Leiter von Betrieben des Auftraggebers sind, §. 36 Abs. 2.

Ueber den Umfang des Stimmrechts entscheidet das Statut, § 37 Ziffer 4.

9) bürgerliche Ehrenrechte. Personen, welche nicht im Besitz derselben sind, können sich „in der Ausübung eines Rechts, welches sie nicht besitzen, durch Andere nicht vertreten lassen" (Motive 1884).

Betriebsanmeldung.

§. 56.

1. **Jeder Unternehmer eines versicherungspflichtigen Betriebs, welcher diesen** nicht bereits[1]) angemeldet hat, ist verpflichtet,[2]) binnen einer Woche, nachdem er Mitglied[3]) einer Genossenschaft geworden ist (§. 55), der unteren Verwaltungsbehörde,[4]) in deren Bezirke der Betrieb belegen ist, eine Anzeige zu erstatten,[5]) welche

1. den Gegenstand und die Art[6]) des Betriebs,
2. die Zahl[7]) der versicherten[8]) Personen,
3. die Berufsgenossenschaft, welcher der Betrieb angehört,[9])
4. falls es sich um einen nach dem Inkrafttreten des Gesetzes neu begonnenen oder versicherungspflichtig gewordenen[10]) Betrieb handelt, den Tag der Eröffnung[11]) beziehungsweise des Beginns der Versicherungspflicht

angiebt. Die Anzeige ist in zwei Exemplaren einzureichen. Ueber dieselbe ist eine Empfangsbescheinigung[12]) zu ertheilen.

2. Wird die Anzeige nicht rechtzeitig erstattet, so **ist die untere Verwaltungsbehörde befugt, den Unternehmer zu einer Auskunft über die Beschaffenheit des Betriebs innerhalb einer zu bestimmenden Frist durch Geldstrafen im Betrage bis zu einhundert Mark anzuhalten.**[13])

In dem Betriebe hat der Unternehmer durch einen 3.
Aushang[14]) bekannt zu machen, welcher Berufsgenossenschaft und Sektion der Betrieb angehört, sowie die Adresse des Genossenschafts- und Sektionsvorstandes. Ist ein landwirthschaftlicher Betrieb an den gewerblichen Betrieb gemäß §. 28 angeschlossen, so ist in dem Aushange darauf hinzuweisen.

§. 35 U.V.G.; §. 35 Entw.; §. 35 Ges. 1900.

Zu §. 56.

1) nicht bereits. Die im §. 56 konstituirte Anzeigepflicht entspricht derjenigen des §. 35. Dieselbe gilt einmal für alle Betriebsunternehmer, welche aus irgend welchen Gründen dem §. 35 nicht nachgekommen sind, sodann für diejenigen Unternehmer, welche erst später (d. h. erst nach dem 1. Sept. 1884, cf. A.N. 1885 S. 111 bezw. für die unter die Novelle (1900) fallenden Betriebe nach dem 15. November 1900, A.N. 1900 S. 707) ihre Betriebe eröffnet haben, oder deren bisher freie Betriebe erst später versicherungspflichtig werden. Der §. 56 hat also eine auf die Dauer des Gesetzes berechnete Bedeutung, während der §. 35. den Charakter einer vorübergehenden Bestimmung trägt (Mot. 1884 S. 58). Zur Anzeige verpflichtet ist nach A.N. 1885 S. 85 auch der Konkursverwalter. Die Anzeige ist auch bei der Verlegung eines Betriebes in den Bezirk einer anderen unteren Verwaltungsbehörde zu erstatten (A.N. 1886 S. 2), aber nicht bei einem Wechsel in der Person des Betriebsunternehmers, §. 60 G.U.V.G. (A.N. 1887 S. 143).

2) verpflichtet. Bei nicht rechtzeitiger Anzeige, ohne Rücksicht auf den Grund der Unterlassung oder Verspätung, also auch bei Fahrlässigkeit, unterliegt der Unternehmer folgenden Nachtheilen:

a) er muß der unteren Verwaltungsbehörde auf deren Erfordern das Material für die nunmehr von ihr zu machende Anzeige liefern, widrigenfalls er sich Strafen bis zu 100 Mark, welche dieselbe festsetzen kann, aussetzt, §. 56 Abs. 2, §. 35 Abs. 3;

b) er muß sich, wenn die Androhung und Einziehung der Geldstrafe den gewünschten Erfolg nicht gehabt hat, gefallen lassen, daß die untere Verwaltungsbehörde die Angaben nach ihrer Kenntniß der Verhältnisse selbst macht, §. 57 Abs. 3, §. 35 Abs. 2;

c) er kann nachträglich mit einer Ordnungsstrafe bis zu 300 Mark durch den Genossenschaftsvorstand belegt werden, §. 147. „Der Vorstand wird hierbei nach Lage der Verhältnisse zu entscheiden haben, ob etwa die Anmeldung in gutem Glauben unterlassen worden war, oder ob die Umstände eine Bestrafung erheischen" (Mot. 1884 S. 59).

3) Mitglied, d. h. nachdem sein Betrieb versicherungspflichtig geworden ist, §. 55. Ob die Voraussetzungen der Versicherungspflicht vorliegen, muß der Unternehmer bezw. (wenn er selbst keine Anzeige erstattet) die untere Verwaltungsbehörde (§. 57 Abs. 3) nach Lage des konkreten Falls prüfen. Die generelle Ermittelung sämmtlicher zur Genossenschaft

gehöriger Betriebe nach bestimmten von der Genossenschaft aufgestellten, vielleicht unrichtigen Merkmalen darf — nachdem gemäß §. 35 die erste Ermittelung stattgefunden hat —, der unteren Verwaltungsbehörde nicht zugemuthet werden; diese generelle Ermittelung ist vielmehr nach §. 58 Abs. 2 Sache des Genossenschaftsvorstandes vorbehaltlich der nach §. 144 zu erbittenden Mitwirkung der Behörden bei einzelnen konkreten Fällen (A.N. 1885 S. 369).

[4]) unteren Verwaltungsbehörde, §. 152. „Die Anzeige soll an die untere Verwaltungsbehörde gerichtet werden, damit diese einen vollständigen Ueberblick über die in ihrem Bezirke vorhandenen versicherungspflichtigen Betriebe erhalte, wie denn auch alle Mitgliedscheine und alle die Mitgliedschaft ablehnenden Bescheide durch ihre Hände gehen. Sie ist somit fortlaufend im Vollbesitz des Materials über die für die Unfallversicherung maßgebenden Verhältnisse der in ihrem Bezirke vorhandenen Betriebe. Es ist nothwendig, daß in dieser Weise jeder Betrieb durch eine mit öffentlicher Autorität ausgerüstete Instanz in Bezug auf seine Zugehörigkeit zu einer Genossenschaft fortlaufend kontrolirt werde" (Mot. 1884 S. 59). Auch Veränderungen in der Zugehörigkeit zur Genossenschaft werden der unteren Verwaltungsbehörde bekannt, §. 61.

[5]) Anzeige zu erstatten. Für die Anzeige ist die Verwendung des in A.N. 1885 S. 346 von dem R.V.A. angerathenen Formulars (A.N. 1885 S. 346; 1900 S. 707; vgl. Anlage) zu empfehlen. Eine ähnliche Anzeige, aber direkt an den Genossenschaftsvorstand, ist bei Veränderungen des Betriebes, welche für die Zugehörigkeit zur Genossenschaft bezw. für dessen Einschätzung in den Gefahrentarif von Bedeutung sind, zu erstatten, §§. 61, 62.

[6]) Art des Betriebes, z. B. Handbetrieb, Dampfbetrieb, mit Centrifugen, Treibriemen, Aufzügen (vgl. §. 112 Abs. 2 und Mot. 1884 S. 76).

[7]) Zahl, wegen des Stimmrechts. Auch hier handelt es sich, wie im §. 35, nur um die Durchschnittszahl. Die Angabe der genauen Zahl wird erst zu Zwecken der Umlegung (§. 99) verlangt. Unrichtige Angaben hierüber unterliegen der Strafbestimmung des §. 146 Nr. 1.

[8]) versicherten, nicht zu versichernden, „weil die Versicherung unabhängig von der Betriebsanmeldung eintritt" (Mot. 1884 S. 58). cf. Anm. 5 zu §. 55. In anderen Fällen (z. B. §. 35) spricht das Gesetz von „versicherungspflichtigen" Personen in der gleichen Bedeutung.

[9]) angehört, „um dem Unternehmer Gelegenheit zu geben, sich darüber zu erklären, welcher Genossenschaft er nach seiner Meinung zuzuweisen sein wird". Die Ermittelung dieser Genossenschaft wird ihm durch die alphabetischen Verzeichnisse der Gewerbebetriebe (A.N. 1885 S. 253; 1886 S. 134, 204; 1887 S. 132, 296; vgl. Anm. 5 zu §. 55) erleichtert. „Diese Erklärung des Unternehmers hat die Bedeutung, daß die untere Verwaltungsbehörde, der die Weiterleitung der Anzeigen an die Genossenschaftsvorstände im §. 57 übertragen wird, gebunden ist, die Anzeige an den in derselben bezeichneten Vorstand gelangen zu lassen. Dies ist für den Unternehmer namentlich in denjenigen Fällen von Werth, in denen es zweifelhaft sein kann, welcher Genossenschaft ein Betrieb seinem Gegenstande

und seiner Art nach angehört" (Mot. 1884 S. 59); namentlich also, wenn der Fall des §. 28 Abs. 2 vorliegt.

Die von dem Unternehmer benannte Genossenschaft kommt dann, wenn der Betrieb nach Ansicht der unteren Verwaltungsbehörde einer anderen Genossenschaft überwiesen werden soll, zuerst in die Lage, sich darüber schlüssig zu machen, ob sie dem Antrage des Unternehmers stattgeben und den letzteren aufnehmen will.

10) versicherungspflichtig geworden, cf. Anm. 7 zu §. 55 G.U.V.G.

11) Tag der Eröffnung 2c. Unrichtige Angabe unterliegt der Strafbestimmung des § 146 Ziffer 2.

12) Empfangsbescheinigung. Das für dieselbe von der unteren Verwaltungsbehörde etwa verwendete Porto fällt der Genossenschaft nicht zur Last, weil es sich hier um eine direkte, der ersteren durch das Gesetz auferlegte selbständige Verpflichtung, nicht um Fälle des §. 144 handelt. Ebenso ist es bei den Fällen des §. 57 G.U.V.G.

13) Die Strafbefugniß ist hier die gleiche, wie bei der vorübergehenden, erstmaligen Anmeldepflicht des §. 35 Abs. 3 G.U.V.G. Neben der Exekutivstrafe der unteren Verwaltungsbehörde steht noch die Strafbefugniß des Genossenschaftsvorstandes §. 147 Abs. 1; die Strafbefugniß gilt nicht gegenüber dem Besitznachfolger eines säumigen Unternehmers (A.N. 1890 S. 120).

14) Durch Aushang bekannt zu machen.

Um den Klagen darüber abzuhelfen, daß die Arbeiter nach einem Unfall oft im Ungewissen wären, wohin sie sich mit ihren Anträgen auf Entschädigung zu wenden hätten, sind die Unternehmer verpflichtet worden, die erforderlichen Angaben durch Aushang im Betriebe bekannt zu machen. Ein besonderes Bedürfniß zu solcher Aufklärung liegt dann vor, wenn ein Betrieb, der seiner Natur nach zu einer landwirthschaftlichen Berufsgenossenschaft gehören würde, gemäß §. 28 ausnahmsweise bei einer gewerblichen Berufsgenossenschaft mit versichert ist. Ein bezüglicher Zusatz mußte an dieser Stelle aufgenommen werden, weil für land- und forstwirthschaftliche Betriebe im Uebrigen davon abgesehen ist, eine entsprechende Bekanntmachung durch Aushang vorzuschreiben. Denn dort fehlt es in der Regel an einer dazu geeigneten festen Betriebsstätte (Mot. 1900 S. 78).

§. 57.

Die untere Verwaltungsbehörde[1]) hat jeden in ihrem Bezirke be- 1.
legenen Betrieb, über welchen die Anzeige (§. 56) erstattet ist, binnen einer Woche[2]) nach dem Eingange der letzteren durch Einsendung eines Exemplars derselben dem Vorstande der in der Anzeige bezeichneten Genossenschaft zu überweisen.[3])

Gehört der Betrieb nach Ansicht der unteren Verwaltungsbehörde 2.
einer anderen als der in der Anzeige bezeichneten Genossenschaft an, so ist dem Vorstande dieser Genossenschaft, unter gleichzeitiger Benachrichtigung des Vorstandes der in der Anzeige bezeichneten Ge-

nossenschaft und des Betriebsunternehmers, eine Abschrift der Anzeige[4]) zuzustellen.[3])

Für Betriebe, über welche eine Anzeige nicht erstattet ist, hat die untere Verwaltungsbehörde die Ueberweisung[5]) binnen einer Woche nach Ablauf der von ihr in Gemäßheit des §. 56 Abs. 2 bestimmten Frist dadurch zu bewirken,[3]) daß sie die im §. 56 Abs. 1 Ziffer 1 bis 4 bezeichneten Angaben selbst macht.

§. 36 U.V.G.; §. 36 Entw.; §. 36 Ges. 1900.

Zu §. 57.

[1]) untere Verwaltungsbehörde, §. 152.

[2]) binnen einer Woche, damit die Zugehörigkeit der einzelnen Betriebe möglichst bald festgestellt werden kann.

[3]) überweisen . . . zustellen . . . bewirken, vgl. Anm. 1, 3, 12 zu §. 56.

[4]) Abschrift der Anzeige zuzustellen, während die Anzeige selbst der in derselben genannten Genossenschaft zugeht, §. 57 Abs. 1. „Auf diese Weise werden die beiden Genossenschaftsvorstände und Betriebsunternehmer in den Stand gesetzt, sich über die Frage zu verständigen, eventuell den Streit zur Entscheidung des Reichs-Versicherungsamts vorzubereiten (§. 59)" (Mot. 1884 S. 59).

[5]) die Ueberweisung ist später nachzuholen, wenn sie aus Versehen unterblieben sein sollte, cf. Anm. 4 zu §. 55, sowie §. 73.

Genossenschaftskataster.

§. 58.

Die Genossenschaftsvorstände haben auf Grund der von dem Reichs-Versicherungsamt ihnen mitzutheilenden Verzeichnisse[1]) der versicherungspflichtigen Betriebe (§. 35) und der später erfolgenden Ueberweisungen (§. 57) Genossenschaftskataster[2]) zu führen.

Die Aufnahme[3]) der einzelnen Genossen in das Kataster erfolgt nach vorgängiger Prüfung ihrer Zugehörigkeit zur Genossenschaft.

Den in das Kataster aufgenommenen Genossen werden vom Genossenschaftsvorstande[4]) durch Vermittelung der unteren Verwaltungsbehörde[5]) Mitgliedscheine[6]) zugestellt.[7]) Ist die Genossenschaft in Sektionen eingetheilt, so muß der Mitgliedschein die Sektion, welcher der Unternehmer angehört, bezeichnen. Wird die Aufnahme in das Kataster abgelehnt, so ist hierüber ein mit Gründen versehener Bescheid dem Betriebsunternehmer durch Vermittelung der unteren Verwaltungsbehörde zuzustellen.

§. 37 Abs. 1—3 U.V.G.; §. 37 Abs. 1—3 Entw.; §. 37 Ges. 1900.

Zu §. 58.

[1]) mitzutheilende Verzeichnisse, soweit sie dieselben nach vorgängiger Prü;ung für zutreffend ansehen, §. 58 Abs. 2; soweit dies nicht geschieht, haben sie die Unternehmer der nicht aufgenommenen Betriebe zu benachrichtigen, §. 58 Abs. 3 Schlußsatz.

„Die vom Reichs-Versicherungsamt erfolgte Einreihung eines Betriebes, welche in der Einladung zur ersten Generalversammlung (§. 14 des U.V.G. von 1884) zum Ausdruck gekommen ist, kann einer selbstverwaltenden Korporation gegenüber um so weniger entscheidend sein, als jener ersten Klassifizirung naturgemäß eine völlig erschöpfende Prüfung jedes einzelnen Falles nicht immer wird vorangehen können. Ueberdies handelt es sich um wichtige vermögensrechtliche Interessen der Genossenschaften und der einzelnen Berufsgenossen (Mot. 1884 S. 58; A.N. 1885 S. 3, 209, 343; 1890 S. 453, 454). Diese Verzeichnisse dürfen nicht veröffentlicht werden, weil in denselben Betriebsverhältnisse der einzelnen Unternehmer mitgetheilt sind, deren Veröffentlichung den letzteren unerwünscht sein kann (A.N. 1886 S. 172).

[2]) Genossenschaftskataster, cf. Anm. 5 zu §. 55. Das Genossenschaftskataster bildet die rechtliche Grundlage für den Bestand der Genossenschaft und muß daher fortlaufend richtig erhalten werden. Unfälle, die in den katastrirten Betrieben vorgekommen sind, müssen von der Genossenschaft auch dann entschädigt werden, wenn der (versicherungspflichtige) Betrieb an sich nicht zur Genossenschaft gehören würde, und zwar vorbehaltlich anderweiter Vereinbarung bis zur Ueberweisung an eine andere Genossenschaft (A N. 1886 S. 55; 1887 S. 39; 1888 S. 69, 314; 1889 S. 354; 1890 S. 453, 454, 513; 1892 S. 324; 1894 S. 199; 1896 S. 314, 316, 319). Wegen Streichung vgl. Anm. 3. Vgl. auch §. 60 Abs. 2. Ein (nicht obligatorisches) Formular für das Kataster hat das R.V.A. veröffentlicht A.N. 1885 S. 200.

[3]) Aufnahme. Auf Grund dieser Bestimmung müssen die Genossenschaftsorgane vorbehaltlich des Beschwerdeweges feststellen, wer als „Unternehmer" (§. 28) der versicherungspflichtigen Betriebe anzusehen ist (A.N. 1886 S. 209), und dürfen die Heranziehung ganzer Kategorien von Betrieben, deren Versicherungspflicht zweifelhaft ist, beschließen. Die Ermittelung der zur Genossenschaft, insbesondere der zu diesen zweifelhaften Kategorien gehörigen Betriebe liegt der Genossenschaft ob (vgl. Anm. 3 zu §. 55). Gegen die Heranziehung ist die Beschwerde an das R.V.A. zulässig, welches auf Grund des §. 2 Abs. 4 für ganze Kategorien, nach §. 59 Abs. 1 aber auch in konkreten Fällen endgültig (§. 15 H.G.) entscheidet. Sind die von einer Genossenschaft in Anspruch genommenen Betriebe schon bei einer anderen Genossenschaft katastrirt, so hat die erstere Genossenschaft unter Achtung des Besitzstandes eine Einigung mit der letzteren Genossenschaft zu versuchen, wobei dem Unternehmer und event. der betheiligten unteren Verwaltungsbehörde Gelegenheit zur Aeußerung zu geben ist. Wird Einverständniß nicht erzielt, so ist nach Analogie des §. 61 Abs. 3 die Entscheidung des R.V.A. anzurufen (A.N. 1886 S. 229). Nachträgliche Streichung eines (offenbar irrthümlich aufgenommenen) Betriebes kann, wenn die Aufnahme in das Kataster einmal endgültig bewirkt ist und nicht Betriebsänderung oder Be-

triebseinstellung vorliegt (§§. 61, 37 Z. 7), nur in Uebereinstimmung sämmtlicher Betheiligter oder durch Entscheidung des R.V.A. bewirkt werden (A.N. 1885 S. 365; 1886 S. 55). Betheiligt sind der Unternehmer, die Genossenschaft, aus deren Kataster der letztere gestrichen werden soll, die andere Genossenschaft, in deren Kataster er übertragen werden soll, oder, sofern der Betrieb nicht als versicherungspflichtig angesehen wird, die untere Verwaltungsbehörde. Bei Streichung muß der Mitgliedschein durch Vermittelung der unteren Verwaltungsbehörde wieder eingezogen werden (A.N. 1885 S. 365). Vgl. die vorstehende Anm. 2, sowie Anm. 5 zu §. 55.

4) Genossenschaftsvorstande. Ein von anderen Organen (z. B. vom Geschäftsführer „im Auftrage") unterschriebener, oder nicht auf dem vorschriftsmäßigen Wege zugestellter Bescheid ist unverbindlich und hat den Beginn der zweiwöchentlichen Beschwerdefrist nicht zur Folge (A.N. 1885 S. 289). Die Unterschrift unter dem Mitgliedschein braucht nicht handschriftlich vollzogen zu werden, sie kann auch gedruckt werden (H.B. S. 268).

5) untere Verwaltungsbehörde, §. 152. Derselben bleibt überlassen, die Zustellung (auch an ausländische Betriebsunternehmer) zu bewirken (A.N. 1887 S. 122) vgl. §. 155.

6) Mitgliedschein. cf. Anm. 5 zu §. 55. Die Mitgliedscheine „sind Beurkundungen des unter den Betheiligten bestehenden Einverständnisses oder der im Streitfalle vom Reichs-Versicherungsamt getroffenen Entscheidung über die Zugehörigkeit eines bestimmten Betriebes zu einer bestimmten Genossenschaft" (Mot. 1884 S. 58). Vor Zustellung des Mitgliedscheins brauchen Lohnnachweisungen nicht eingereicht zu werden (A.N. 1889 S. 119). Das Gesetz geht davon aus, daß der Mitgliedschein auf die Person bezw. den Namen (Firma) des Unternehmers, nicht auf den Betrieb als solchen ausgestellt wird. Ein (nicht obligatorisches) Formular hat das R.V.A. veröffentlicht A.N. 1885 S. 202. — Der Unternehmer mehrerer Betriebe erhält nur einen Mitgliedschein; mehreren Unternehmern eines Betriebes ist je ein Mitgliedschein zuzustellen (H.B. S. 269).

Tritt in der Person des Unternehmers eine Veränderung ein, so muß der Mitgliedschein, wie sich aus §. 60 Abs. 2 ergiebt, berichtigt werden. Ausscheidende Mitglieder haben die Mitgliedscheine zurückzugeben. Die nähere Regelung bleibt dem Statut überlassen. Vgl. Anm. 3.

7) zugestellt, nach §. 155, weil die Zustellung den Lauf einer Frist (§. 59 Abs. 1) bedingt. Einer besonderen Annahme-Erklärung seitens des Betriebsunternehmers bedarf es nicht. Wird die Annahme ausdrücklich ohne gesetzlichen Grund verweigert, so ist der Mitgliedschein am Ort der Zustellung zurückzulassen (vgl. §§. 170, 186 C.P.O. (R.G.Bl. 1898 S. 410). A.N. 1886 S. 81.

Die durch die Zustellung des Mitgliedscheins entstehenden (Porto- 2c.) Kosten fallen nach §. 144 der Genossenschaft zur Last (A.N. 1886 S. 5, 12).

8) Sektionen, §. 38.

§. 59.

1. Gegen die Aufnahme in das Kataster sowie gegen die Ablehnung derselben steht dem Unternehmer binnen einer Frist von zwei Wochen

nach erfolgter Zustellung des Mitgliedscheins beziehungsweise des ablehnenden Bescheids die Beschwerde[1]) an das Reichs-Versicherungsamt[2]) zu. Dieselbe ist bei der unteren Verwaltungsbehörde einzulegen. Stellt sich bei der Verhandlung der Beschwerde heraus, daß der Betrieb keiner der vorhandenen Genossenschaften zugehört, so ist derselbe durch das Reichs-Versicherungsamt derjenigen Genossenschaft zuzuweisen, der er seiner Natur nach am nächsten steht.[3])

Wird gegen einen ablehnenden Bescheid von dem Betriebs- 2.
unternehmer innerhalb der angegebenen Frist Beschwerde nicht erhoben, so kann[4]) die untere Verwaltungsbehörde den Fall dem Reichs-Versicherungsamte zur Entscheidung vorzulegen. Auf Antrag der Berufsgenossenschaft hat sie von dieser Befugniß Gebrauch zu machen.

Wird in dem Falle des §. 57 Abs. 2[5]) die Mitgliedschaft des 3.
Unternehmers von dem Vorstande der in der Anzeige bezeichneten Genossenschaft anerkannt, so liegt diesem die Verpflichtung ob, hiervon dem Vorstande der anderen Genossenschaft Mittheilung zu machen.[6]) Letzterer ist berechtigt, innerhalb zweier Wochen nach dem Empfange der Mittheilung gegen die Anerkennung der Mitgliedschaft beim Reichs-Versicherungsamte die Beschwerde zu erheben.[7])

§. 37 Abs. 4—6 U.V.G.; §. 37 Abs. 4—6 Entw.; §. 37a Ges. 1900.

Zu §. 59.

[1]) **Beschwerde**, vgl. Anm. 4 zu §. 58. Die Frist von 2 Wochen ist keine Ausschlußfrist, ihre Versäumung hat aber zur Folge, daß der Unternehmer einstweilen die Pflichten eines Genossenschaftsmitgliedes zu erfüllen hat. (H.B. S. 271; vgl. A.N. 1889 S. 140). — Die auf Beschwerde getroffenen Katasterentscheidungen haben für das Rekursverfahren nicht bindende Kraft (A.N. 1893 S. 175, 188). Wohl aber binden die Katastereintragungen im Allgemeinen die B.G. hinsichtlich ihrer Entschädigungspflicht, A.N. 1888 S. 69; 1890 S. 453; Ausnahmen A.N. 1888 S. 314; 1890 S. 454, 513; 1892 S. 324; 1894 S. 199.

[2]) **Reichs-Versicherungsamt**, eventuell Landes-Versicherungsamt. §. 127. Die Entscheidungen sind endgültig, H.G. §. 15.

„Die sämmtlichen Entscheidungen des Reichs-Versicherungsamts .... wirken ex tunc, da die Betriebsunternehmer kraft des Gesetzes Mitglieder der für sie bestimmten Genossenschaft werden und es nur darauf ankommt, daß konstatirt werde, welcher Genossenschaft sie beim Inkrafttreten des Gesetzes bezw. beim Beginn der Versicherungspflicht angehörten" (Mot. 1884 S. 60).

[3]) **am nächsten steht**, nämlich in wirthschaftlicher Beziehung. (A.N. 1886 S. 159; 1888 S. 216, 294; 1890 S. 456; 1892 S. 201.

[4]) **kann**. Vor der Novelle (1900) war diese Vorlegung obligatorisch, so

daß alle Ablehnungen der Aufnahme in das Genossenschaftskataster, sei es in Folge einer Beschwerde, sei es von Amtswegen zu einer Prüfung durch das Reichs-Versicherungsamt, kamen. Nachdem sich die Unfallversicherung vollständig eingelebt hat, ist ein Bedürfniß zu einer Prüfung in diesem Umfange nicht mehr zu erkennen. Denn soweit es sich um Fälle handelt, in denen bei der Ablehnung der Aufnahme nach Ansicht der unteren Verwaltungsbehörde eine andere Berufsgenossenschaft betheiligt ist, hat die untere Verwaltungsbehörde nach §. 57 Abs. 2 eine Entschließung des Vorstandes dieser anderen Berufsgenossenschaft herbeizuführen. Im Uebrigen aber haben sich die Verhältnisse so gestaltet, daß es regelmäßig die Berufsgenossenschaften selbst sind, welche auf die Heranziehung der Betriebe dringen. Dies entspricht auch der Natur der Sache, denn die Berufsgenossenschaft hat für die Folgen von Unfällen in den nach Gesetz und Statut ihr zugehörenden Betrieben auch dann aufzukommen, wenn diese Betriebe nicht in das Genossenschaftskataster eingetragen sind; sie würde sich also durch ungerechtfertigte Ablehnung von Betrieben nur selbst schädigen.

Da hiernach ungerechtfertigte Ablehnungen kaum zu besorgen sind, so erscheint es zulässig, das Reichs-Versicherungsamt, dem immerhin auf Grund der in Rede stehenden Bestimmung jährlich etwa 2000 Fälle zur Prüfung unterbreitet werden, von dieser Arbeit insoweit zu entlasten, als nicht etwa die unteren Verwaltungsbehörden die Entscheidung für zweifelhaft halten und deshalb den Fall zur Entscheidung vorlegen. (Mot. 1900 S. 79). — Daneben hat unter Umständen die B.G. ein berechtigtes Interesse daran, eine endgültige Entscheidung darüber herbeizuführen, ob eine von ihr ausgesprochene Ablehnung der Aufnahme in das Genossenschaftskataster gerechtfertigt sei oder nicht. Um in diesen Fällen die Genossenschaft in die Lage zu bringen, eine Entscheidung des Reichs-Versicherungsamtes zu veranlassen, ist der Schlußsatz des Abs. 2 hinzugefügt. (Komm.Ber. 1900 S. 75.)

5) in dem Falle des §. 57 Abs. 2. „Endlich bedarf noch der Fall der Regelung, in welchem der Betriebsunternehmer einer bestimmten Genossenschaft überwiesen sein will, während die untere Verwaltungsbehörde den Betrieb als zu einer anderen Genossenschaft gehörig erachtet und deshalb dem Vorstande der letzteren eine Abschrift der Anzeige mitgetheilt hat. Sind in diesem Falle die Genossenschaftsvorstände einig, daß der Betrieb einer der Genossenschaften angehört, so erfolgt dessen Aufnahme in das Kataster der betreffenden Genossenschaft, und es steht nur dem Betriebsunternehmer das Recht zu, sich beschwerend an das Reichs-Versicherungsamt zu wenden. Sind die Vorstände darin einig, daß der Betrieb keiner der beiden Genossenschaften angehört, so ertheilen sie ablehnende Bescheide, und der Betriebsunternehmer oder, falls dieser sich bei dem ablehnenden Bescheide beruhigt, die untere Verwaltungsbehörde kann die Entscheidung des Reichs-Versicherungsamts anrufen. Beansprucht dagegen jeder der beiden Vorstände den Betrieb für seine Genossenschaft, so hat der Vorstand der in der Anzeige genannten Genossenschaft die Mitgliedschaft des Betriebes für seine Genossenschaft auszusprechen, dem anderen Vorstande hiervon Mittheilung zu machen, und der letztere kann danach die Entscheidung des Reichs-Versicherungsamts anrufen . . . . .

„Sollte das Reichs-Versicherungsamt bei der Prüfung eines Falles zu der Ueberzeugung gelangen, daß der Betrieb keiner der bisher in Frage gekommenen Genossenschaften, sondern einer dritten angehöre, so wird dies in den Entscheidungsgründen auszusprechen und die untere Verwaltungsbehörde zu ersuchen sein (§. 144), daß sie, falls der Unternehmer sich bei dieser dritten Genossenschaft in Folge der Entscheidung nicht freiwillig zur Aufnahme meldet, ihrerseits die Anmeldung bewirke. Das darauf folgende Verfahren wird mit der Ueberweisung des Betriebes an eine bestimmte Genossenschaft abschließen" (Mot. 1884 S. 60).

6) Mittheilung zu machen, und zwar unter Beobachtung der im §. 155 G.U.V.G. vorgeschriebenen Formen, da die Zustellung der Mittheilung den Lauf einer Frist bedingt.

7) Beschwerde zu erheben. Außerdem hat auch der Unternehmer das Beschwerderecht, wenn er mit der Entscheidung der Sache nicht einverstanden ist, vgl. Anm. 5.

§. 60.

Den Sektionsvorständen sind Auszüge aus dem Kataster in Betreff der zu ihren Sektionen gehörenden Unternehmer mitzutheilen. 1.

Jeder Wechsel[1]) in der Person desjenigen, für dessen Rechnung der Betrieb erfolgt, ist von dem Unternehmer binnen einer durch das Statut festzusetzenden Frist dem Genossenschaftsvorstande behufs Berichtigung des Katasters[2]) anzuzeigen. Ist die Anzeige von dem Wechsel nicht erfolgt, so werden die auf die Genossenschaftsmitglieder umzulegenden Beiträge von dem in das Kataster eingetragenen Unternehmer forterhoben. Die Haftung umfaßt noch dasjenige Rechnungsjahr, in welchem die Anzeige geschieht, ohne daß dadurch der neue Unternehmer von der auch ihm gesetzlich[3]) obliegenden Haftung für die Beiträge entbunden ist. 2.

§. 37 Abs. 7, 8 U.V.G.; §. 37 Abs. 7, 8 Entw.; §. 37b Ges. 1900.

Zu §. 60.

1) Wechsel, durch Erbgang, Kauf, Pacht 2c. Der Behörde ist ein solcher Wechsel nicht anzuzeigen; vgl. Anm. 1 zu §. 56.

2) Kataster. Wegen des Mitgliedscheins vgl. Anm. 6 zu §. 58.

3) gesetzlich, weil er nach §. 55 kraft Gesetzes Mitglied der Genossenschaft ist. Das hier zum Ausdruck gebrachte System der doppelten Verhaftung ist dem preußischen Gebäudesteuergesetz entlehnt. Selbstverständlich ist der Beitrag für den Betrieb nur einmal zu entrichten. Ist der Wechsel durch Ableben des früheren Unternehmers eingetreten, so haften neben demjenigen, der den Betrieb angetreten hat, die Miterben nach den Bestimmungen des Erbrechts. Im Uebrigen vgl. wegen der Haftbarkeit des ehemaligen und des späteren Inhabers des Betriebes §. 37 Ziffer 6, 7; Anm. 5 zu §. 55. Der neue Unternehmer haftet nicht für die auf die Zeit seines Vorgängers entfallenden Lasten.

Betriebsveränderungen.

§. 61.

1. Jeder Betriebsunternehmer ist verpflichtet,[1]) Aenderungen seines Betriebs, welche für die Zugehörigkeit zu einer Genossenschaft von Bedeutung sind,[2]) dem Genossenschaftsvorstande binnen einer durch das Statut festzusetzenden Frist anzuzeigen. Erachtet Letzterer in Folge dieser Anzeige oder ohne den Empfang einer solchen von Amtswegen[3]) die Ueberweisung des Betriebs an eine andere Genossenschaft für geboten,[4]) so theilt er dies unter Angabe der Gründe dem Betriebsunternehmer durch Vermittelung der unteren Verwaltungsbehörde[5]) und dem betheiligten Genossenschaftsvorstande mit.[6]) Sowohl der Letztere als auch der Betriebsunternehmer können innerhalb zweier Wochen gegen die Ueberweisung bei dem überweisenden Genossenschaftsvorstande Widerspruch[7]) erheben.

2. Wird innerhalb dieser Frist kein Widerspruch erhoben, so erfolgt die Ab- beziehungsweise Zuschreibung[8]) des Betriebs in den Genossenschaftskatastern sowie die Ausstellung eines anderweiten Mitgliedscheins für den Betriebsunternehmer.

3. Wird gegen die Ueberweisung Widerspruch erhoben oder beansprucht der Vorstand einer dritten Genossenschaft unter dem Widerspruche des Betriebsunternehmers oder des Vorstandes der Genossenschaft, welcher der Betrieb bisher angehörte, die Ueberweisung des letzteren, so hat der Vorstand der Genossenschaft, welcher der Betrieb bisher angehört hat, die Entscheidung des Reichs-Versicherungsamts zu beantragen.[9]) Dasselbe entscheidet nach Anhörung des betheiligten Betriebsunternehmers sowie der Vorstände der betheiligten Genossenschaften.

4. Wird dem Ueberweisungsantrage stattgegeben, so tritt die Aenderung in der Zugehörigkeit zur Genossenschaft von dem Tage ab in Wirksamkeit,[11]) an welchem der Antrag dem betheiligten Genossenschaftsvorstande zugestellt ist.

§. 38 U.V.G.; §. 38 Entw.; §. 38 Ges. 1900.

Zu §. 61.

[1]) **verpflichtet.** Die Strafbestimmung, von der je nach den Umständen Gebrauch zu machen ist, findet sich im §. 147. Ueber die Bestrafung hat der Vorstand derjenigen Genossenschaft zu befinden, welcher der säumige Unternehmer bis zu der Aenderung thatsächlich angehört hat.

[2]) **Aenderungen, welche . . . von Bedeutung sind.** Vgl. §. 37 Ziffer 6, 7. Welche Veränderungen hierher gehören, wird der Unternehmer

nach den für die Bildung der Genossenschaften zu erlassenden Bekanntmachungen selbst beurtheilen können (Mot. 1884 S. 60). Hierher gehört auch der Fall, wenn ein Betrieb, der bisher Nebensache war, zum Hauptbetrieb wird oder umgekehrt (A.N. 1889 S. 344); ebenso der Fall, wenn ein Betrieb für die Dauer eingestellt wird (A.N. 1893 S. 218) oder Aenderungen erleidet, die seine Versicherungspflicht ausschließen, z. B. wenn aus einem Betriebe, der mit weniger als 10 Personen arbeitet, eine bisher verwendete Kraftmaschine entfernt wird, oder wenn ein Unternehmen, dessen Versicherungspflicht nur durch Verwendung von regelmäßig 10 oder mehr Arbeitern begründet war, durch dauernde Verminderung dieser regelmäßigen Arbeiterzahl eingeschränkt wird. Unter Umständen gehört auch die Verlegung des Betriebssitzes hierher (A.N. 1886 S. 2; 1890 S. 195; 1900 S. 779).

[3]) von Amtswegen, „wenn der Betriebsunternehmer, trotz erfolgter wesentlicher Aenderungen seines Betriebes, aus seiner bisherigen Genossenschaft nicht ausscheiden will, während der Vorstand der letzteren ihn einer anderen Genossenschaft zu überweisen beabsichtigt" (Motive 1884). Von diesen Veränderungen des Betriebes werden die Vorstände auf Grund des §. 119 Kenntniß erlangen. Fälle des gesetzlichen Ausscheidens aus Berufsgenossenschaften können beispielsweise eintreten in Folge der Bestimmungen in §. 2 Abs. 2 H.G, §. 1 Abs. 2 L.U.V.G.

[4]) geboten. Auf die Anzeige der Betriebsänderung muß der Unternehmer eine Benachrichtigung auch in dem Falle erhalten, wenn eine Ueberweisung von dem Vorstand nicht beabsichtigt wird, damit er event. im Wege der Beschwerde eine solche durch Vermittelung des R.V.A. herbeiführen kann.

[5]) unteren Verwaltungsbehörde, §. 152; vgl. §. 56.

[6]) theilt mit, nach §. 155 wegen des Beginns der Frist.

[7]) Widerspruch. Der Widerspruch kann sich sowohl darauf, daß ein Anlaß zur Ueberweisung überhaupt nicht vorliegt, als auch darauf gründen, daß eine dritte Genossenschaft betheiligt sei. In letzterem Fall muß diese dritte Genossenschaft von dem Reichs- (Landes-) Versicherungsamt ebenfalls gehört werden.

[8]) Ab- bezw. Zuschreibung. Vermögensüberweisungen oder Uebertragung von Rentenansprüchen auf die neue B.G. haben in diesen Fällen nicht stattzufinden, vielmehr sind die Ansprüche von der früheren B.G. zu befriedigen. Die Fälle von Betriebsveränderungen, von denen hier die Rede ist, entsprechen nicht dem §. 53, sondern sind ähnlich wie Betriebseinstellungen zu behandeln, vgl. §. 37 Ziffer 7. „Eine gesetzliche Unterlage für solchen — übrigens auch in der Natur der Sache nicht begründeten — Uebergang, wie sie im Falle des §. 53 und den damit verwandten Fällen vorhanden ist, fehlt im Fall der Betriebsveränderung nach §. 61" (A.N. 1887 S. 378). Der Uebertritt in die neue B.G. erfolgt mithin ohne Mitnahme von Rechten oder Lasten; dagegen tritt der Betrieb in alle Rechte und Pflichten der neuen B.G. ein. (A.N. 1900 S. 797).

[9]) hat zu beantragen, falls nicht der Widerspruch oder der Anspruch der dritten Genossenschaft zu allseitiger Zufriedenheit erledigt wird, vgl. Motive 1884 S. 61: „Will der betheiligte Vorstand des erhobenen

Widerspruchs ungeachtet die Ueberweisung des Betriebes an die andere Genossenschaft durchführen, so muß derselbe die Entscheidung des Reichs-Versicherungsamts beantragen."

10) Reichs-Versicherungsamt, event. Landes-Versicherungsamt, §. 127. Vgl. auch Anm. 2 zu §. 59.

11) in Wirksamkeit. „Durch die Bestimmung, daß der Tag der Zustellung des Ueberweisungsantrages für die Aenderung in der Zugehörigkeit zur Genossenschaft maßgebend sein soll — mag dem gestellten Antrage (bezw. dem von einer anderen Genossenschaft erhobenen Ueberweisungsanspruche ohne weiteres entsprochen, oder mag durch das Reichs-Versicherungsamt zu Gunsten des Antrags entschieden werden — soll jeder Zweifel darüber beseitigt werden, mit welchem Zeitpunkt der Wechsel in der Mitgliedschaft mit ihren Folgen eintritt" (Mot. 1884 S. 61). Ohne eine solche Bestimmung würde der Moment maßgebend sein, mit welchem die Veränderung in dem Betrieb eingetreten ist; dieser Moment aber ist nachträglich nur mit Mühe festzustellen. — Tritt ein Wechsel ein, so ist sofort die Einschätzung in die Gefahrenklasse herbeizuführen. — Bis die Ueberweisung in Wirksamkeit tritt, bleibt der Unternehmer verpflichtet, der alten B.G. Beiträge zu entrichten, und diese B.G. hat für die Folgen von Unfällen in dem Betriebe einzutreten (A.N. 1888 S. 69; 1889 S. 394; 1896 S. 262; 1900 S 779).

§. 62.

In Betreff der Anmeldung von Aenderungen[1]) in dem Betriebe, welche für dessen Einschätzung[2]) in den Gefahrentarif (§. 49) von Bedeutung sind, sowie in Betreff des weiteren Verfahrens hat das Genossenschaftsstatut[3]) Bestimmung zu treffen. Gegen den auf die Anmeldung der Aenderung oder von Amtswegen erfolgenden Bescheid[4]) des Genossenschaftsvorstandes oder des Ausschusses (§. 49) steht dem Betriebsunternehmer binnen einer Frist von zwei Wochen die Beschwerde[5]) an das Reichs-Versicherungsamt zu.

§. 39 U.V.G.; §. 39 Entw.; §. 39 Ges. 1900.

Zu §. 62.

1) Aenderungen. Vergleiche §. 37 Ziffer 6, Anm. 2 zu §. 61. Unterlassene Anmeldung macht strafbar, §. 147. Bei der Frage, ob und in welchem Umfange eine Strafe auferlegt werden soll, wird zu berücksichtigen sein, ob der Unternehmer nach den Umständen (z. B. dann, wenn er die Grundsätze für die Einschätzung in den Gefahrentarif kannte, oder wenn der Tarif die Klassen dergestalt abgrenzt, daß ihre Merkmale leicht erkennbar sind) wissen mußte, daß die Aenderungen für die Einschätzung in den Gefahrentarif von Bedeutung sind. Wegen der Bestrafung von falschen Angaben vgl. §. 146.

Ist die Anzeige unterblieben, so werden die Vorstände bei den Revisionen der Betriebe, die ihnen bezw. ihren technischen Aufsichtsbeamten nach §. 119 zustehen, die erforderliche Kenntniß von den Aenderungen gewinnen und dann von Amtswegen einschreiten können.

[2]) Einschätzung. Durch Veränderungen in einzelnen Theilen des Betriebes kann die Beitragsziffer des Gesammtbetriebes modifizirt werden (A.N. 1888 S. 178).

[3]) Genossenschaftsstatut, „weil das hierbei einzuschlagende Verfahren den Verhältnissen der einzelnen Berufsgenossenschaften angepaßt werden muß.

So ist namentlich daran zu erinnern, daß nicht selten bei gewissen Industriezweigen (chemischen und Farbenfabriken) einzelne Versuchsapparate vorübergehend in Betrieb gesetzt werden; das Statut wird zu bestimmen haben, ob und inwiefern solche, die Gefährlichkeit des Betriebes beeinflussende Versuchseinrichtungen eine Anmeldepflicht begründen. In anderen Betrieben ändert sich die Betriebsart im Laufe des Jahres: es wird z. B. im Winter mit Dampfkraft, im Sommer mit Wasserkraft gearbeitet, Centrifugen werden zeitweise eingestellt u. s. w.; auch für solche Fälle wird das Statut Vorkehrung zu treffen haben" (Motive 1884 S. 61).

[4]) Bescheid, wegen dessen Zustellung vgl. §. 155.

[5]) die Beschwerde „hat naturgemäß die aufschiebende Wirkung, so daß erst mit dem Tage der Entscheidung die von dem Reichs-Versicherungsamt etwa beschlossene Aenderung der Gefahrenklasse in Kraft tritt" (Motive 1884 S. 62).

[6]) Reichs-Versicherungsamt, event. Landes-Versicherungsamt, §. 127; vgl. §. 59 Abs. 1; Anm. 10 zu §. 61.

[1])IV. Feststellung und Auszahlung der Entschädigungen.

Anzeige und Untersuchung der Unfälle.

§. 63.

[2])Von jedem[3]) in einem versicherten Betriebe vorkommenden 1.
Unfalle, durch welchen eine in demselben beschäftigte Person[4]) getödtet wird oder eine Körperverletzung erleidet, welche eine völlige oder theilweise Arbeitsunfähigkeit von mehr als drei Tagen[5]) oder den Tod zur Folge hat,[6]) ist von dem Betriebsunternehmer bei der Ortspolizeibehörde[7]) und dem durch Statut zu bestimmenden Genossenschaftsorgane[8]) schriftlich Anzeige[9]) zu erstatten.

Dieselbe muß binnen drei[10]) Tagen nach dem Tage erfolgen, 2.
an welchem der Betriebsunternehmer von dem Unfalle Kenntniß erlangt hat.

Für den Betriebsunternehmer kann derjenige,[11]) welcher zur Zeit 3.
des Unfalls den Betrieb oder den Betriebstheil, in welchem sich der Unfall ereignete, zu leiten hatte, die Anzeige erstatten; im Falle der Abwesenheit oder Behinderung des Betriebsunternehmers ist er dazu verpflichtet.

4. Das Formular[12]) für die Anzeige wird vom Reichs-Versicherungsamte[13]) festgestellt.

5. Die Vorstände der unter Reichs- oder Staatsverwaltung stehenden Betriebe haben die im Abs. 1 vorgeschriebene Anzeige der vorgesetzten Dienstbehörde[14]) nach näherer Anweisung derselben zu erstatten.

§. 51 U.V.G.; §. 51 Entw.; §. 51 Ges. 1900.

Zu §. 63.

[1]) Die in §. 40 des früheren Gesetzes (1884) vorgesehenen Mitgliederverzeichnisse und deren Mittheilung an verschiedene Behörden sind niemals praktisch geworden und deshalb gestrichen.

Ebenso sind die §§. 41 bis 50 des U.V.G. 1884, welche die Vertretung der Arbeiter und die berufsgenossenschaftlichen Schiedsgerichte behandelten, fortgefallen. An die Stelle dieser Schiedsgerichte treten die allgemeinen Schiedsgerichte für Arbeiterversicherung nach Maßgabe der §§. 3 bis 9 des Hauptgesetzes; die Vertretung der Arbeiter in diesen Schiedsgerichten ist dort sowie in §§. 61 ff., 82, 104 des Invaliden-Vers.Ges. anderweit geregelt. Die nichtständigen Mitglieder des R.V.A. und der Landes-Vers.Aemter aus dem Arbeiterstande werden nach §. 10 des Hauptgesetzes von den aus den Versicherten gewählten Schiedsgerichtsbeisitzern berufen; für die Mitwirkung von Arbeitervertretern zur Begutachtung der Unfallverhütungsvorschriften finden nach §§. 113, 114 besondere Wahlen statt; der besondere Vertreter der Krankenkasse für die Theilnahme an den Unfalluntersuchungsverhandlungen ist fortgefallen, vgl. §. 65. Dadurch sind die §§. 41 bis 50 der bisherigen Fassung entbehrlich geworden. Vgl. Mot. 1900 S. 79.

[2]) Der §. 63 regelt das Unfallmeldewesen, die §§. 64 bis 68 die polizeiliche Untersuchung der Unfälle.

„Für die einfache und sichere Feststellung der den Betheiligten aus der Unfallversicherung erwachsenden Entschädigungsansprüche ist es wichtig, daß die einzelnen Unfälle, welche einen Entschädigungsanspruch zur Folge haben, nicht erst durch die Erhebung des letzteren, sondern sobald als thunlich zur Kenntniß der Organe der Genossenschaft gelangen. Das Unfallmeldewesen hat außerdem nicht nur das statistische Material zu schaffen, welches für die fortschreitende Vervollkommnung der Eintheilung der Betriebe in Gefahrenklassen von Werth ist, sondern auch den Genossenschaftsvorständen und den Gewerbeaufsichtsbehörden die Kenntniß der Unfallursachen zu vermitteln, deren sie für ihre auf Verminderung der Unfälle gerichtete Thätigkeit bedürfen" (Mot. 1884 S. 67).

[3]) von jedem, „ohne Rücksicht darauf, ob die Entschädigung voraussichtlich von den Krankenkassen (der Gemeinde-Krankenversicherung) zu leisten oder nach diesem Gesetz zu behandeln sein wird" (Mot. 1884 S. 67). — Anzuzeigen sind insbesondere auch Unfälle bei häuslichen rc. Dienstleistungen, soweit solche unter §. 3 fallen.

[4]) eine in demselben beschäftigte Person, ohne Rücksicht auf deren Versicherung (cf. auch Anm. 1). Diese Anzeige ist also auch zu er-

statten, wenn von dem Unfall nicht versicherte Betriebsbeamte mit einem Jahreseinkommen von mehr als 3000 Mk. betroffen worden sind.

5) von mehr als 3 Tagen. Die ganz geringfügigen Unfälle, — und als solche betrachtet das Gesetz diejenigen, welche gar keine Arbeitsunfähigkeit oder nur eine solche bis zu drei Tagen zur Folge haben, — würden im Verhältniß zu ihrer geringen Bedeutung zu viel Schreibwesen verursachen. Selbstverständlich bleiben die Ansprüche der Beschädigten aus dem Krankenversicherungsgesetz unberührt; es fällt nur die Anzeige von dem Unfall und die polizeiliche Untersuchung desselben fort.

6) zur Folge hat. Mit voller Sicherheit lassen sich die voraussichtlichen Folgen auch geringfügiger Unfälle nicht vorher übersehen; in ihrer praktischen Anwendung aber wird diese Bestimmung zu Schwierigkeiten kaum führen, da der Unternehmer oder dessen Vertreter den Unfall, welcher gegen die ursprüngliche Annahme ernstere Folgen gehabt hat, nachträglich anzumelden haben wird, sobald er erfährt, daß die Arbeitsunfähigkeit länger dauert. Die Anzeigefrist läuft in solchem Fall erst von dem letzten Zeitpunkt ab. Es ergiebt sich dies aus den Motiven 1884 (S. 68), welche ausführen, daß die Frist so kurz wie möglich habe bemessen werden müssen und deshalb auf — damals — zwei Tage von dem Tage an festgestellt worden sei, „an welchem der Verpflichtete von dem Eintritt der die Verpflichtung bedingenden Thatsache Kenntniß erhält"; die Verpflichtung wird aber nach Abs. 1 bedingt durch die Thatsache, daß die Arbeitsunfähigkeit länger als 3 Tage dauert. Event. ist die Anzeige nachträglich zu erstatten.

Verspätete Anzeige ist straffällig, §. 147 Abs. 2. Bei Verhängung der Strafe wird der Vorstand zu erörtern haben, ob die Verhältnisse eine sofortige Anzeige des Unfalls verlangt haben oder ob der Verpflichtete nach der Sachlage annehmen konnte, daß die Anzeige nicht erforderlich sein werde. Die Strafe darf für jede Unterlassung nur einmal verhängt werden (A.N. 1886 S. 93).

7) Ortspolizeibehörde, zum Zweck der thatsächlichen Feststellung und zu Zwecken der Unfallstatistik, Vgl. Absatz 5.

„Welche Behörden in den einzelnen Bundesstaaten die den Ortspolizeibehörden in diesem Gesetze zugewiesenen Funktionen zu übernehmen haben, bestimmen die zuständigen Zentralbehörden, ohne hierbei auf diejenigen Behörden beschränkt zu sein, welche nach der Behördenorganisation des Landes als die Ortspolizeibehörden anzusehen sind" (Motive 1884 S. 68). cf. §. 152.

Zuständig ist diejenige Ortspolizeibehörde, in deren Bezirk der Unfall sich ereignet hat (A.N. 1885 S. 365). Für die unter §. 1 Abs. 1 Ziffer 3, 4 fallenden Transportbetriebe (Eisenbahn, Binnenschiffahrt 2c.) bezw. die in diesen auf der Reise im Inlande sich ereignenden Unfälle ist „zur Vermeidung von Zweifeln" die Ortspolizeibehörde, in deren Bezirk sich der Unfall ereignete, ausdrücklich als zuständig bestimmt; doch kann dort auch der Behörde des ersten Aufenthaltsorts die Anzeige erstattet werden, und diese ist für Unfälle, die sich bei Transportbetrieben im Ausland ereignen, allein zuständig. §. 68 G.U.V.G. — Die Ortspolizeibehörden haben Abschrift der

Unfallanzeige in Preußen dem zuständigen Gewerbe-Aufsichtsbeamten einzusenden, Min.Bl. f. d. innere Verwaltung 1892 S. 229. — Vgl. §. 65.

[8]) Genossenschaftsorgane. Für die Berufsgenossenschaften ist die rechtzeitige Anzeige der Unfälle von großer Bedeutung. Es ist deshalb schon im Gesetze darauf hingewiesen, daß durch statutarische Bestimmung eine solche Anzeige, neben der an die Ortspolizeibehörde zu erstattenden, dem Betriebsunternehmer auferlegt werden kann. Durch diesen Hinweis wird gleichzeitig erreicht, daß gemäß §. 147 Abs. 2 des Gesetzes die Unterlassung der Anzeige an das zuständige Genossenschaftsorgan unter die wirksamere Strafandrohung dieses Paragraphen gestellt wird — Es ist nicht für erforderlich erachtet worden, die Unfallanzeige auch an die Krankenkassen gelangen zu lassen; diese haben anderweit ausreichend Gelegenheit, sich darüber zu unterrichten, welche Erkrankungen auf Betriebsunfälle zurückzuführen sind. Die Krankenkasse erhält überdies nach §. 65 Nachricht von der Einleituug der polizeilichen Unfalluntersuchung (Mot. 1900 S. 80).

[9]) Anzeige, nicht auch weitere Mittheilungen über den Verlauf der Sache. Letzteren muß die Ortspolizeibehörde im Auge behalten (A.N. 1885 S. 363).

[10]) Die Frist ist durch die Novelle (1900) von 2 auf 3 Tage verlängert, um überflüssige Anzeigen zu vermeiden (Mot. 1900 S. 80).

[11]) kann derjenige. „Da die Anzeige oft am zweckmäßigsten nicht von dem Unternehmer selbst, welcher zur Zeit des Unfalls den Betrieb oder den betreffenden Theil desselben zu leiten hatte, erstattet wird und da Vorsorge getroffen werden muß, daß die Anzeige auch dann nicht unterbleibt, wenn der Betriebsunternehmer durch Abwesenheit oder aus anderen Gründen an der Erstattung derselben verhindert ist, so soll der bezeichnete Betriebsleiter die Anzeige für den Unternehmer erstatten können und dazu verpflichtet sein, wenn der Unternehmer behindert oder abwesend ist" (Mot. 1884 S. 68).

Wer als Leiter des Betriebes oder Betriebstheiles anzusehen ist, und ob der Fall der Abwesenheit oder Behinderung des Betriebsunternehmers vorliegt, ist thatsächliche Frage.

[12]) Formular, da Form und Inhalt der Anzeige nach den Bedürfnissen der Unfallversicherung und der Gewerbe-Aufsichtsbehörden eingerichtet werden müssen. Das Formular war ursprünglich A.N. 1885 S. 222 vorgeschrieben, vgl. Erläuterungen dazu A.N. 1885 S. 286; 1886 S. 82), und ist nach Erlaß der Novellen abgeändert A.N. 1900 S. 710. Das nunmehr geltende Formular ist im Anhang abgedruckt.

[13]) Reichs-Versicherungsamt, ohne Konkurrenz des Landes-Versicherungsamts.

[14]) vorgesetzten Dienstbehörde. „Auch von den Unfällen, welche sich in den unter Verwaltung von Reichs- und Staatsbehörden stehenden Betrieben ereignen, soll von den Vorständen Anzeige an die vorgesetzte Dienstbehörde erstattet werden. Es erscheint aber gerathen, den letzteren nähere Bestimmungen über die Erstattung der Anzeige vorzubehalten" (Mot. 1884 S. 68). Welche Behörde als „Vorstand" im Sinne dieser Bestimmung anzusehen ist, wird namentlich bei umfangreichen, z. B. fiskalischen

Eisenbahnbetrieben die betriebsleitende bezw. die Zentralbehörde bestimmen. — Die Gewerbe-Aufsichtsbeamten in Preußen erhalten auch von diesen Unfallanzeigen Abschriften (Min.Bl. f. d. innere Verwaltung 1898 S. 42, 1900 S. 93. Vgl. auch §§. 65, 68 Abs. 2.

§. 64.

Jeder zur Anzeige gelangte[1]) Unfall, durch welchen eine versicherte Person getödtet ist oder eine Körperverletzung erlitten hat, die voraussichtlich **einen Entschädigungsanspruch**[2]) **auf Grund dieses Gesetzes zur Folge haben wird,**[3]) ist sobald **als möglich,**[4]) **in den im §. 76 b des Krankenversicherungsgesetzes und im §. 13 dieses Gesetzes bezeichneten Fällen**[5]) **spätestens unmittelbar nach Eingang eines entsprechenden Ersuchens der Berufsgenossenschaft oder der betheiligten Krankenkasse,** von der Ortspolizeibehörde[6]) einer Untersuchung[7]) zu unterziehen, durch welche festzustellen sind:[8])

1. die Veranlassung und Art des Unfalls,
2. die getödteten oder verletzten Personen,
3. die Art der vorgekommenen Verletzungen,
4. der Verbleib der verletzten Personen,
5. die Hinterbliebenen der durch den Unfall getödteten und die **Angehörigen der durch den Unfall verletzten** Personen, welche **auf Grund** dieses Gesetzes einen Entschädigungsanspruch erheben können,
6. **die Höhe der Renten, welche der Verletzte etwa auf Grund der Unfallversicherungsgesetze oder des Invalidenversicherungsgesetzes bezieht.**[9])

Auf Antrag[10]) **des Vorstandes der Genossenschaft oder der Sektion oder der betheiligten Krankenkasse**[11]) **hat die Ortspolizeibehörde die Untersuchung auch dann vorzunehmen, wenn sie die Voraussetzung des ersten Absatzes nicht als gegeben ansieht.**

§. 53 U.V.G.; §. 53 Entw.; §. 53 Ges. 1900.

Zu §. 64.

[1]) **zur Anzeige gelangte.** Die Behörde ist aber nicht an die Anzeige gebunden, sondern kann kraft ihrer amtlichen Stellung auch bei den auf andere Weise zu ihrer Kenntniß gelangten Unfällen ex officio einschreiten.

[2]) **Entschädigungsanspruch** für dauernde oder vorübergehende, völlige oder theilweise Erwerbsunfähigkeit; vgl. A.N. 1886 S. 82. Gleich-

gültig ist, ob der Verletzte auf Grund des Gesetzes oder kraft statutarischer Bestimmung versichert ist (A.N. 1886 S. 132).

[3]) zur Folge haben wird. Für andere geringere Unfälle erfordert dies Gesetz die polizeiliche Untersuchung nicht, da die Unfallversicherung bei geringfügigeren Verletzungen nicht betheiligt ist. Um aber ein Urtheil darüber zu gewinnen, ob der zur Anzeige gebrachte Unfall voraussichtlich den Tod oder eine Erwerbsunfähigkeit von mehr als 13 Wochen zur Folge haben wird, ist der Verlauf der Sache, auf welchen die Anzeige des Unternehmers sich nicht zu erstrecken hat, von der Ortspolizeibehörde von Amtswegen und selbständig zu verfolgen. Verlangt die B.G. bei kleineren Unfällen ihrerseits eine polizeiliche Untersuchung, so liegt der Fall des §. 144 vor und es sind daher Seitens der B.G. die durch die Untersuchung entstehenden Kosten zu ersetzen (A.N. 1888 S. 232). Im Uebrigen gehen die Kosten der Unfalluntersuchung zu Lasten der Polizeibehörde, vgl. Anm. 6.

[4]) sobald als möglich, also, falls die Bedeutung des Unfalls von vorn herein feststeht, alsbald nach der Anzeige; fall aber die längere Dauer der Erwerbsunfähigkeit (über 13 Wochen hinaus) erst später wahrscheinlich oder gewiß wird, spätestens alsdann, wenn die Ueberzeugung von dieser Bedeutung des Unfalls gewonnen worden ist. Eine besondere Frist für die Anberaumung der Verhandlungen und für die Ladung der zur Theilnahme Berechtigten kann der Ortspolizeibehörde nicht gesetzt werden; sie muß sich nach den Umständen richten (A.N. 1886 S. 4).

[5]) in den . . Fällen. Die Krankenkassen sind nach §. 76c des Krankenversicherungsgesetzes verpflichtet, jeden Erkrankungsfall, welcher durch einen nach den Unfallversicherungsgesetzen zu entschädigenden Unfall herbeigeführt ist, sofern mit dem Ablaufe der vierten Woche der Krankheit die Erwerbsfähigkeit des Erkrankten noch nicht wiederhergestellt ist, binnen einer Woche nach diesem Zeitpunkte dem Vorstande der Berufsgenossenschaft, bei welcher der Erkrankte gegen Unfall versichert ist, anzuzeigen. Durch die Anzeige soll die Genossenschaft in den Stand gesetzt werden, rechtzeitig ihre Entschließung über die Entschädigung des Verletzten vorzubereiten und eventuell selbst die Krankenfürsorge für denselben zu übernehmen.

Die Zusatzbestimmung im Abs. 1 des §. 64 will Fürsorge treffen, daß die eine sachgemäße Entscheidung über die Gewährung der Entschädigung fördernde polizeiliche Unfalluntersuchung sobald wie möglich, jedenfalls in unmittelbarem Anschluß an ein Ersuchen vorgenommen wird, welches von der Berufsgenossenschaft etwa im Anschluß an die Bestimmung jenes §. 76c des Krankenversicherungsgesetzes oder behufs Erfüllung der aus §. 13 des G.U.V.G. ihr erwachsenden Aufgaben gestellt werden sollte. Die Unfalluntersuchung, welche in vielen Fällen erst die Unterlagen für die Entschädigungsverhandlungen beschafft, so daß die letzteren häufig, wenn auch keineswegs immer, erst nach dem Abschlusse der Untersuchung eingeleitet werden können, ist in allen Fällen eine dringliche und thunlichst zu beschleunigende Angelegenheit. Auf die rechtzeitige Einleitung und den schleunigen Abschluß dieser Untersuchung muß daher um so mehr mit Nachdruck hingewirkt werden, als ein erheblicher Werth darauf zu legen ist, daß die Unfallentschädigung an die Leistungen aus der Krankenversicherung auch thatsächlich sich thunlichst lückenlos anschließt. Die Kosten dieser Untersuchung hat, wie bisher, die Polizeibehörde zu tragen, weil es sich um die Erfüllung einer ihr gesetzlich auferlegten Pflicht handelt. Darin ändert es nichts, daß ihr die Anregung zur Untersuchung durch ein Ersuchen der Genossenschaft gegeben wird. Ein solches Ersuchen steht nicht auf gleicher Stufe mit der gemäß §. 65 Abs. 2 auf Antrag und Kosten der Genossenschaft zu bewirkenden Zuziehung von Sachverständigen.

Neben den Berufsgenossenschaften ist sodann auch den Krankenkassen das Recht beigelegt, auf polizeiliche Unfalluntersuchung anzutragen, weil diese Kassen ein erhebliches Interesse daran haben, möglichst bald diejenigen Unterlagen festgestellt zu sehen, auf Grund deren sich beurtheilen läßt, ob demnächst eine Entschädigungspflicht der Berufsgenossenschaft eintreten wird (Mot. 1900 S. 81).

[6]) Ortspolizeibehörde, vgl. §. 67. „Für die Untersuchung der Unfälle (§§. 64, 65), welche voraussichtlich einen Entschädigungsanspruch auf Grund dieses Gesetzes zur Folge haben werden, bedarf es einer außerhalb der Parteien stehenden Instanz. Da die Genossenschaft selbst Partei ist, so liegt es am nächsten, die Feststellung des Unfalls der Ortspolizeibehörde zu übertragen. Sie hat die Autorität des öffentlichen Amts für sich, ist dem Ort des Unfalls nahe, in der Regel mit den Personen und Betrieben bekannt und zu schleunigem Eingreifen jederzeit in der Lage" (Mot. 1884 S. 68).

Zuständig und zur Führung der Untersuchung kraft Gesetzes verpflichtet (A.N. 1886 S. 292) ist im Allg. (cf. §. 67) diejenige Behörde, an welche die Anzeige (§. 63) zu erstatten ist. In den Transportbetrieben (§. 1 Abs. 1 Ziffer 3, 4, Eisenbahn, Schiffahrt 2c.) kann bei Unfällen, die sich auf der Reise ereignen, „auf Antrag Betheiligter (§. 65) die der Ortspolizeibehörde vorgesetzte Behörde die Untersuchung auch durch andere Ortspolizeibehörden herbeiführen" (§ 68). In Folge dieser gesetzlichen Verpflichtung besteht denn auch kein Anspruch der untersuchenden Ortspolizeibehörden auf Erstattung der durch die Unfalluntersuchung erwachsenen Kosten seitens der Berufsgenossenschaft gemäß §. 144 (A.N. 1887 S. 52). Dies gilt jedoch nur dann, wenn die gesetzlichen Voraussetzungen für die Unfalluntersuchung wirklich vorlagen, d. h. wenn der Unfall den Tod oder eine mehr als 13 wöchentliche Erwerbsunfähigkeit voraussichtlich zur Folge hat. Waren diese Folgen nicht vorauszusehen, und wird die Ortspolizeibehörde dennoch um Vornahme der Untersuchung unter Bezugnahme auf Abs. 2 von der Genossenschaft ersucht, so muß sie zwar dem Ersuchen Folge leisten, sie konnte aber — wenigstens bis zum Erlaß der Novelle 1900 dann Erstattung der Kosten beanspruchen. Die Frage, ob der Unfall derartige Folgen voraussichtlich haben wird, ist von Fall zu Fall zu prüfen. Die Genossenschaften sollen bei ihren Erklärungen genau angeben, ob sie die Erledigung kostenlos oder kostenpflichtig erwarten (Rundschreiben d. R.V.A. v. 11. Januar 1888, A.N. 1888 S. 48 fg.). Vgl. A.N. 1888 S. 232. — Nach Abs. 2 werden die Kosten der Untersuchung auch in den dort behandelten Fällen nunmehr von den Ortspolizeibehörden zu tragen sein.

Nur bei Reichs- oder Staatsbetrieben wird die zur Führung der Untersuchung berufene Behörde von der vorgesetzten Dienstbehörde jedesmal besonders bestellt, §. 67.

7) **Untersuchung.** Die Unfalluntersuchung ist keine wesentliche Voraussetzung für die Erlassung des Feststellungsbescheides der Berufsgenossenschaft, auch keine nothwendige Erkenntnißquelle für die Beurtheilung des Unfalls und der Entschädigungsflicht. Die Genossenschaft kann zwar ev. durch Beschwerde bei der Dienstaufsichtsbehörde auf Einleitung und Durchführung der Untersuchung dringen, braucht aber nicht deren Durchführung abzuwarten, namentlich dann nicht, wenn alle für die Rentenfestsetzung erheblichen Thatsachen ohnedies feststehen (A.N. 1886 S. 206). Andrerseits ist die Unfalluntersuchung sehr geeignet, um im Interesse der Genossenschaft wie des Verletzten allerlei Zweifel aufzuklären und hierdurch späteren Streitigkeiten, ev. kostspieligen Beweisaufnahmen im weiteren Verfahren vorzubeugen. Es liegt also namentlich im Interesse der Genossenschaft, von ihrem Rechte zur Theilnahme an den Untersuchungsverhandlungen umfassenden Gebrauch zu machen und durch geeignete Anregungen (vgl. auch §. 71 Abs. 2) auf die vollständige Aufklärung des Sachverhalts hinzuwirken. (Rundschreiben d. R.V.A. v. 11. Januar 1888, A.N. 1888 S. 48 fg.)

Im Uebrigen bleibt es der Ortspolizeibehörde überlassen, wie sie ihrer Aufgabe, die Unfalluntersuchung zu führen und dabei das Erforderliche „festzustellen", gerecht werden will. Sie kann unter Umständen zu weitgehenden Ermittelungen verpflichtet sein, z. B. eine Leichenöffnung herbeizuführen. (A.N. 1895 S. 196.) Die Genossenschaften dürfen sich eine Leitung dieser Untersuchungsverhandlungen nicht anmaßen. Genügt ihnen das Verfahren der Ortspolizeibehörde nicht, so steht ihnen die Beschwerde bei der der Ortspolizeibehörde vorgesetzten Dienstbehörde zu (A.N. 1886 S. 205; 1887 S. 336). Andrerseits können die Genossenschaften zwar auch bei den Unfalluntersuchungen, ebenso wie aus anderen Anläßen, nicht nur Anregungen geben, sondern auch **Antrag** stellen, z. B. Vernehmung bestimmt bezeichneter Zeugen, Ausgrabung einer Leiche 2c. Die Folge eines solchen Vorgehens würde aber sein, daß die Ortpolizeibehörde die beantragten Maßnahmen nicht mehr auf ihre Kosten als Theil der ihr obliegenden Unfalluntersuchung durchführt, sondern dieselben als Akt der Rechtshülfe (§. 144), gerichtet auf die Sicherung bestimmter Beweise, auf Verantwortung und Kosten der beantragenden Genossenschaft vornimmt (A.N. 1886 S. 4, 12; 1887 S. 6, 52, 336; 1888 S. 232).

8) **festzustellen sind.** „Die Untersuchung soll nicht nur diejenigen Thatsachen feststellen, welche zur Vervollständigung des statistischen Materials dienen oder für die Thätigkeit der Aufsichtsbehörden eine Bedeutung haben, sondern hauptsächlich auch diejenigen Verhältnisse thunlichst klarlegen, welche für die demnächstige Feststellung der Entschädigungsansprüche in Betracht kommen" (Mot. 1884 S. 68). Vgl. aber Anm. 7. Wegen Ergänzung dieser Feststellungen, welche zur Festsetzung der Entschädigung etwa nöthig sein sollte, vgl. Anm. 1 zu §. 69. Die durch Vernehmung von Zeugen und Sachverständigen erwachsenen Kosten hat die Genossenschaft nur insoweit zu tragen, als Sachverständige „auf ihren Antrag" vernommen sind (A.N. 1886 S. 4, 1887 S. 52). Die zur Feststellung der Existenz von Hinterbliebenen etwa erforderlichen (Pfarr- Standesamts- 2c.) Atteste hat die Ortspolizeibehörde zu beschaffen, ohne daß der Berufsgenossenschaft dadurch Kosten erwachsen;

derartige Atteste sind nach §. 145 gebührenfrei (A.N. 1886 S. 12; 1888 S. 232).

⁹) Die unter Ziffer 5 und 6 eingeführte Erweiterung der von der Polizeibehörde verlangten Feststellungen trägt den Anforderungen der Praxis Rechnung.

¹⁰) Auf Antrag. Durch den Abs. 2 soll der B.G. für die von ihr für angezeigt erachteten Ermittelungen die Mitwirkung der Ortspolizeibehörde auch in dem Falle gesichert werden, wenn der letzteren zweifelhaft ist, ob die gesetzlichen Voraussetzungen, unter denen eine Unfalluntersuchung geboten ist, vorliegen (Mot. 1900 S. 82). Wegen der Kosten vgl. Anm. 6.

¹¹) der betheiligten Krankenkasse. Diese soll auch hier, wie in Abs. 1, der B.G. gleichgestellt sein. (Komm.Ber. 1900 S. 77; vgl. oben Anm. 5).

§. 65.

An den Untersuchungsverhandlungen können Theil nehmen:[1] der staatliche Aufsichtsbeamte[2] (§. 139 b der Gewerbeordnung), Vertreter der Genossenschaft,[3] ein von dem Vorstande der Krankenkasse, welcher der Getödtete oder Verletzte zur Zeit des Unfalls angehört hat, bestellter Bevollmächtigter[4] sowie der Betriebsunternehmer oder ein Vertreter[5] desselben. Zu diesem Zwecke ist dem staatlichen Aufsichtsbeamten, dem Genossenschaftsvorstande,[6] dem Kassenvorstand[7] und dem Betriebsunternehmer von der Einleitung[8] der Untersuchung rechtzeitig Kenntniß zu geben. Ist die Genossenschaft in Sektionen getheilt oder sind von der Genossenschaft Vertrauensmänner bestellt, so ist die Mittheilung von der Einleitung der Untersuchung an den Sektionsvorstand[9] beziehungsweise an den Vertrauensmann zu richten. 1.

Außerdem sind, soweit thunlich, die sonstigen Betheiligten und auf Antrag und Kosten der Genossenschaft Sachverständige zuzuziehen. 2.

§. 54 U.V.G.; §. 54 Entw.; §. 54 Ges. 1900.

Zu §. 65.

¹) können theilnehmen. „Um allen hierbei in Frage kommenden Interessen gerecht zu werden, soll den Betheiligten, d. i. der Genossenschaft und den Entschädigungsberechtigten, Gelegenheit gegeben werden, sich bei den Untersuchungsverhandlungen vertreten zu lassen und von dem Ergebniß derselben Kenntniß zu nehmen" (Mot. 1884 S. 69). Vgl. Anm. 7 zu §. 53. „Der Beschädigte oder dessen Vertreter soll regelmäßig zu den Verhandlungen beigezogen werden" (Komm.Ber. 1884 S. 43). Es genügt die Einladung. Ob derselben Folge geleistet wird oder werden kann (z. B. bei Abwesenheit, Krankheit 2c.), ist ohne Bedeutung.

²) Der staatliche Aufsichtsbeamte ist von der Reichstags-Kommission (1900) hinzugefügt wegen des Interesses, welches diese Beamten an

der Feststellung und Verhütung von Betriebsunfällen von Amtswegen zu nehmen haben (Komm.Ber. 1900 S. 78). Es ist selbstverständlich unausführbar, daß der staatliche Aufsichtsbeamte an allen Unfalluntersuchungen in seinem Amtsbezirk theilnimmt; durch die Einladung erhält er aber rechtzeitig Kenntniß von dem, was vorgeht, und kann sich in geeigneten Fällen zur Untersuchungsverhandlung einfinden.

3) der Genossenschaft, welche wegen ihrer Vertretung öffentliche Behörden oder Organe anderer Genossenschaften requiriren kann, §. 144.

4) ein Bevollmächtigter der Krankenkasse.

Die Bestimmung im U.V.G. (1884), daß zu den Unfalluntersuchungen ein von dem Vorstande der Krankenkasse, welcher der Getödtete oder Verletzte zur Zeit des Unfalls angehört hat, zu diesem Zwecke ein für alle Mal gewählter Bevollmächtigter zuzuziehen ist, und zwar auf Kosten der Genossenschaft, hat dem praktischen Bedürfnisse nicht entsprochen. Viele Krankenkassen sind nur ungern an die Wahl der Vertreter gegangen, die Vertreter sind nicht selten bei den Untersuchungen ausgeblieben und haben, wenn sie erschienen, kaum etwas zur Aufklärung beizutragen vermocht. Die Einrichtung hatte sonach auf der einen Seite keinen Werth für die Arbeiter, auf der anderen Seite aber verursachte sie den Krankenkassen Mühe und nutzloses Schreibwerk, sowie den Genossenschaften entbehrliche Ausgaben Freilich kommen einzelne Fälle vor, in denen die Krankenkasse ein Interesse daran hat, durch einen Bevollmächtigten von dem Gange der Unfalluntersuchung Kenntniß zu nehmen. Dann genügt es aber, wenn ihr die Befugniß hierzu offen gehalten und zu diesem Zwecke dem Kassenvorstande von der Einleitung der Untersuchung Kenntniß gegeben wird. In solchem Falle kann dem Kassenvorstand überlassen bleiben, den Bevollmächtigten für die im Interesse der Krankenkasse entfaltete Thätigkeit zu entschädigen; die erforderlichen Mittel werden als Verwaltungskosten der Krankenkasse zu verrechnen sein.

Diese Erwägungen haben dazu geführt, in den §§. 65 ff. die auf den Krankenkassenvertreter bezüglichen Vorschriften zu streichen und an deren Stelle nur die Bestimmung aufzunehmen, daß die Krankenkasse zur Entsendung eines Bevollmächtigten befugt sein und dem Kassenvorstande von der Einleitung der Untersuchung rechtzeitig Nachricht gegeben werden soll. Hieraus ergiebt sich dann auch die Streichung des vormaligen §. 45 U.V.G. (1884). Mot. 1900 S. 82.

Eine Verpflichtung der B.G., dem Bevollmächtigten der Krankenkasse eine Entschädigung für seinen Lohnverlust zu gewähren, ist in den Kommissionsberathungen (Komm.Ber. 1897 S. 136; 1900 S. 78) abgelehnt. — Die Gemeinde-Krankenversicherung steht den Krankenkassen nicht gleich (A.N. 1885 S. 370).

Vgl. auch den Schlußsatz des §. 68 G.U.V.G.

5) Vertreter, welcher sich event. zu legitimiren hat.

6) Genossenschaftsvorstand, bei den einer Berufsgenossenschaft nicht zugewiesenen fiskalischen 2c. Betrieben die Ausführungsbehörde, §. 128 G.U.V.G.

7) dem Kassenvorstand. Vgl. Anm. 4.

8) Einleitung. Die Untersuchung wird in einem zu diesem Zweck von der Polizeibehörde anzuberaumenden Termin geführt. Von diesem ist den Betheiligten „rechtzeitig", d. h. thunlichst frühzeitig (vgl. §. 64), Kenntniß zu geben. Jedoch kann in dieser Beziehung eine bestimmte Direktive (wie lange vorher die Termine mitzutheilen sind) nicht gegeben werden, da die Natur der Unfalluntersuchungen oft sofortige Verhandlungen erheischt (z. B. wenn es sich um Feststellung des objektiven Thatbestandes an Ort und Stelle, um Vernehmung schwer verletzter Personen rc. handelt). Vgl. A.N. 1886 S. 17.

9) an den Sektionsvorstand rc., also immer nur an ein, und zwar an dasjenige Genossenschaftsorgan, welches der Behörde am nächsten ist. „Diese Bestimmung hat lediglich praktische Gründe. Glaubt der Vertrauensmann bezw. der Sektionsvorstand bei schwierigeren und wichtigeren Fällen, z. B. Massenunfällen, daß der Genossenschaftsvorstand zur Untersuchung hinzuzuziehen sei, so bleibt es ihm überlassen, denselben zu benachrichtigen. Welche Folge die benachrichtigte Stelle der ihr von Seiten der Ortspolizeibehörde zugehenden Mittheilung zu geben hat, wird sie nach der inneren Verfassung der Genossenschaft zu ermessen haben. Auch in diesem Stadium der Verhandlung wird mithin den Knappschaftskassenvorständen seitens der Genossenschaften die Betheiligung an der Untersuchung der Unfälle eingeräumt werden können" (Mot. 1884 S. 69).

§. 66.

Von dem über die Untersuchung aufgenommenen Protokolle sowie von den sonstigen Untersuchungsverhandlungen ist den Betheiligten auf ihren Antrag Einsicht und gegen Erstattung der Schreibgebühren1) Abschrift zu ertheilen. Die Erstattung der Schreibgebühren kann erlassen werden.

§. 55 U.V.G.; §. 55 Entw.; §. 55 Ges. 1900.

Zu §. 66.

1) Schreibgebühren. Zuweilen reicht die den Betheiligten zugestandene Akteneinsicht für die sachgemäße Wahrnehmung der Rechte des Verletzten, insbesondere auch für die gehörige Informirung eines etwa zu bestellenden Vertreters nicht aus. Auf der anderen Seite muß zur Abwehr mißbräuchlicher Anträge auf abschriftliche Mittheilung umfangreicher Akten als Regel die Erstattung der Schreibgebühren beibehalten werden. Indessen ist den Behörden die Befugniß beigelegt, diese Erstattung zu erlassen, wenn dies aus zutreffenden Gründen seitens des Verletzten oder der Hinterbliebenen beantragt wird. In diesem Falle würden die Gebühren als Kosten der Unfalluntersuchung zu verrechnen sein. (Mot. 1900 S. 82).

Zu den Betheiligten gehören auch die B.Gen. und deren Feststellungsorgane. Wegen deren Erstattung von Schreibgebühren durch die B.Gen. vgl. A.N. 1896 S. 173).

§. 67.

Bei den im §. 63 Abs. 5 bezeichneten Betrieben bestimmt die vorgesetzte Dienstbehörde[1]) diejenige Behörde,[2]) welche die Untersuchung nach den Bestimmungen der §§. 64 bis 66 vorzunehmen hat.

§. 56 U.V.G.; §. 56 Entw.; §. 56 Ges. 1900.

Zu §. 67.

[1]) **vorgesetzte Dienstbehörde**, auf Anzeige des Betriebsvorstandes, §. 63 Abs. 5. „Aus Gründen der Disziplin und der Ressortverhältnisse" ist diese Bestimmung getroffen (Mot. 1884 S. 68).

[2]) **diejenige Behörde**. Die vorgesetzte Dienstbehörde „kann also auch die Ortspolizeibehörde mit der Untersuchung betrauen" (Mot. 1884 S. 68).

§. 68.

1. Ereignet sich ein Unfall auf der Reise,[1]) so ist die nach §. 63 Abs. 1 zu erstattende Anzeige[2]) an diejenige[3]) Ortspolizeibehörde im Inlande[4]) zu richten, in deren Bezirke sich der Unfall ereignet hat oder[5]) der erste Aufenthalt[6]) nach demselben genommen wird. Die Untersuchung[7]) des Unfalls (§. 64) erfolgt durch diejenige Ortspolizeibehörde, an welche die Anzeige erstattet ist. Auf Antrag Betheiligter[8]) (§. 65) kann jedoch die der Ortspolizeibehörde vorgesetzte Behörde die Untersuchung durch eine andere[9]) Ortspolizeibehörde herbeiführen. Die zur Führung der Untersuchung berufene Ortspolizeibehörde hat der Krankenkasse, welcher der Verletzte angehört, rechtzeitig von dem Zeitpunkt, in welchem die Untersuchung vorgenommen werden wird, Kenntniß zu geben.

2. Hinsichtlich der unter Reichs- oder Staatsverwaltung stehenden Betriebe bewendet es[10]) bei den Vorschriften im §. 63 Abs. 5, §. 67.

§. 13 A.G.; §. 56a Entw.; §. 56a Ges. 1900.

Zu §. 68.

[1]) **Auf der Reise**. Die Bestimmungen des Ausdehnungsgesetzes vom 28. Mai 1885 (§. 13) über die Untersuchung von Unfällen, die in Transportbetrieben (Eisenbahn, Binnenschiffahrt 2c.) auf der Reise sich ereignen, müssen nach erfolgter Aufnahme des Inhalts dieses Gesetzes in das Gewerbe-Unfallversicherungsgesetz hierher übertragen werden. Dabei muß nach den bei §. 65 (vgl. Anm. 4) vorgenommenen Aenderungen die Bestellung eines besonderen Vertreters des Krankenkassenbevollmächtigten wegfallen; der jetzt noch im einzelnen Falle etwa zu bestellende Bevollmächtigte braucht schon nach §. 65 nicht aus den Kassenmitgliedern entnommen zu werden.

Die Ersetzung des Wortes „Fahrt" durch das Wort „Reise" hat nur redaktionelle Tragweite und ist erfolgt, weil im Bergbaue das Wort Fahrt eine technische, hier nicht in Betracht kommende Bedeutung hat. (Mot. 1900 S. 83.)

²) Anzeige. „Bei Unfällen, die sich in Transportbetrieben auf der Reise ereignen, kann es zweifelhaft sein, welcher Ortspolizeibehörde die in §. 63 vorgeschriebene Anzeige von dem Unfall zu erstatten und welche Ortspolizeibehörde zur Untersuchung des Unfalls berufen ist. Der §. 68 ist dazu bestimmt, diese Zweifel zu beseitigen. An der für die Anzeige festgesetzten Frist wird hierdurch nichts geändert" (Mot. zum Ausdehnungsgesetz (1885) S. 16). Nach dem letzteren Satz muß also die Anzeige gemäß §. 63 Abs. 2 binnen drei Tagen nach dem Tage erfolgen, an welchem der zur Anzeige Verpflichtete von dem Unfall Kenntniß erhalten hat. Dies wird mit der Einschränkung verstanden werden müssen, daß binnen dieser Frist eine Anzeige nach den nachstehenden Bestimmungen (cf. Anm. 4) physisch möglich gewesen ist. Diese Möglichkeit wird bei Unfällen, die sich im Inlande ereignen, immer, bei Unfällen im Auslande aber nur von dem Augenblick an bestehen, in welchem wieder inländisches Gebiet erreicht wird. Hierauf wird bei der Verhängung von Strafen wegen nicht rechtzeitiger Erstattung der Anzeige (§. 147 Abs. 2) Rücksicht zu nehmen sein.

³) diejenige. Die Bestimmung, wohin die Anzeige des Unfalls gerichtet werden soll, ist insbesondere um deswillen von Bedeutung, weil im Allgemeinen dieselbe Behörde, welche die Anzeige erhalten hat, auch die Untersuchung des Unfalls führen soll.

⁴) Im Inlande, weil durch ein Reichsgesetz nur inländische Ortspolizeibehörden mit der Entgegennahme der Anzeige und mit der Untersuchung des Unfalls beauftragt werden können, vgl. Komm.Ber. zum Ausdehnungsgesetz (1885) S. 9.

Ereignet sich also bei einem Binnenschiffahrtsbetriebe ein Unfall während der Fahrt im Auslande (z. B. auf einem deutschen Rheindampfer, während sich derselbe in Rotterdam befindet), so ist die Unfallanzeige erst dann zu erstatten, wenn das Schiff demnächst wieder im Inlande einen (auch nur vorübergehenden) Aufenthalt nimmt. Ereignete sich der Unfall auf der Fahrt im Inlande, etwa zwischen Bingen und Köln, so hat der Schiffer — denn dieser ist wegen Abwesenheit des Betriebsunternehmers zur Anzeige verpflichtet, §. 63 Abs. 3 — die Wahl, ob er die Anzeige gleich an die Ortspolizeibehörde desjenigen Bezirks richten will, in welchem der Unfall sich zutrug, oder ob er mit der Anzeige solange warten will, bis er auf der Reise einen Aufenthalt nimmt, um die Anzeige dann an die Ortspolizeibehörde dieses Aufenthaltsorts zu richten. Die Anzeige ist schriftlich zu erstatten, §. 63 Abs. 1.

⁵) oder, bei Unfällen im Inlande nach Wahl des zur Anzeige Verpflichteten. Vgl. Anm. 4.

⁶) Aufenthalt, auch nur vorübergehend.

⁷) Untersuchung. Ein Antrag, daß zum Zwecke dieser Untersuchung die Reise nicht aufgehalten werden dürfe, mußte abgelehnt werden, um nicht etwa nöthige Augenschein-Einnahmen zu erschweren oder den Sachverhalt verdunkeln zu lassen. Sobald strafrechtliche Interessen in Betracht kommen, kann das Aufhalten eines Schiffes so wie so nie verboten werden. Dagegen ist in Aussicht gestellt worden, daß die betr. Polizeibehörden im Aufsichtswege angewiesen bezw. angehalten werden sollen, nicht ohne Noth (d. h. „nicht ohne daß es das Interesse der Untersuchung selbst gebieterisch erheischt") dem

Schiffe Aufenthalt zu verursachen. Vgl. Komm.Ber. zum Ausdehnungsgesetz (1885) S. 10 und Sten.Ber. 1885 S. 2507. Einer unnöthigen Belästigung des Transportführers ꝛc. durch eine unterwegs erforderlich werdende Unfalluntersuchung kann übrigens schon durch die Uebertragung der letzteren an eine andere Ortspolizeibehörde vorgebeugt werden, vgl. Anm. 9.

8) Betheiligter. Nach dem im Text hier beigefügten Zitat sind als Betheiligte zunächst die Genossenschaft, der Vorstand der zuständigen Krankenkasse und die Betriebsunternehmer anzusehen. Damit ist aber nicht gesagt, daß dies etwa die Einzigen sein sollen, welche als „Betheiligte" zur Stellung des Antrags befugt wären; insbesondere wird auch dem zur Anzeige in der Regel verpflichteten Transportführer (vgl. §. 63 Abs. 3 G.U.V.G., sowie oben Anm. 4), welcher ein besonderes naheliegendes Interesse daran hat, daß seine Reise durch die Unfalluntersuchung nicht wider seinen Willen verzögert werde, der Antrag nicht versagt werden dürfen. Der Transportführer wird den bez. Antrag zweckmäßig gleich mit der Anzeige verbinden müssen.

9) andere. „Da es in Fällen, in denen ein Unfall auf der Reise sich zutrug, im Interesse der Betheiligten liegen kann, die Untersuchung des Unfalls etwa erst an dem nächsten Aufenthaltsort oder an anderen Orten vornehmen zu lassen, so mußte Vorsorge getroffen werden, daß derartigen berechtigten Wünschen Rechnung getragen werden kann. Es hängt von der Behördenorganisation der Bundesstaaten ab, ob die der zunächst zuständigen Ortspolizeibehörde vorgesetzte Behörde die Ortspolizeibehörde desjenigen Orts, an dem die Untersuchung vorgenommen werden soll, hiermit direkt beauftragen darf, oder erst die Vermittelung anderer Behörden hierzu in Anspruch nehmen muß" (Mot. zum Ausdehnungsgesetz (1885) S. 16). Besondere Kosten erwachsen der Berufsgenossenschaft hieraus nicht; vgl. §. 64; H.B. S. 503. Ein Ersuchungsrecht in Bezug auf die Beauftragung einer andern Polizeibehörde haben die Betheiligten nicht (A.N. 1887 S. 52). Die Kosten der Untersuchung trägt auch in diesem Falle die Polizeibehörde (vgl. §. 64 Anm. 6).

Etwa sofort nothwendig werdende thatsächliche Feststellungen wird auch in solchen Fällen die zuerst angegangene Ortspolizeibehörde vornehmen müssen, um Verschleppungen und Verdunkelungen des Thatbestandes zu verhüten.

10) bewendet es, ohne Rücksicht darauf, ob diese fiskalischen Betriebe einer Berufsgenossenschaft zugewiesen sind oder nicht. Die Anzeige von Betriebsunfällen in fiskalischen Betrieben ist also immer an die vorgesetzte Dienstbehörde zu erstatten, welche dann diejenige Behörde bestimmt, von der die Untersuchung des Unfalls geführt werden soll.

Feststellung der Entschädigungen.

§. 69.

1\. Die Beschlußfassung über die Feststellung[1]) der Entschädigungen[2]) (§§. 8 bis 24) erfolgt

1. sofern die Genossenschaft in Sektionen eingetheilt ist, durch den Vorstand der Sektion,[4]) wenn es sich handelt

a) um die im §. 9 Abs. 1 Ziffer 1 bezeichneten Leistungen,[5])
b) um die für die Dauer einer voraussichtlich vorübergehenden[6]) Erwerbsunfähigkeit zu gewährende Rente,
c) um das Sterbegeld,[7])
d) um die Aufnahme des Verletzten in eine Heilanstalt,[8])
e) um die den Angehörigen eines Verletzten für die Zeit seiner Behandlung in einer Heilanstalt zu gewährende Rente;[9])

2. in allen übrigen Fällen[10]) durch den Vorstand der Genossenschaft.

Das Genossenschaftsstatut kann bestimmen, daß die Feststellung 2. der Entschädigungen in den Fällen des Abs. 1 Ziffer 1 durch einen Ausschuß[11]) des Sektionsvorstandes oder durch besondere Kommissionen oder durch örtliche Beauftragte[12]) (Vertrauensmänner), in den Fällen des Abs. 1 Ziffer 2 durch den Sektionsvorstand oder durch einen Ausschuß des Genossenschafts- oder Sektionsvorstandes oder durch besondere Kommissionen[13]) zu bewirken ist.

[14])Soll auf Grund eines ärztlichen Gutachtens die Be- 3. willigung einer Entschädigung abgelehnt oder nur eine Theilrente festgestellt werden, so ist vorher der behandelnde Arzt[15]) zu hören. Steht dieser zu der Genossenschaft in einem Vertragsverhältnisse, so ist auf Antrag ein anderer Arzt zu hören.

§ 57 Abs. 1, 2 U.V.G.; §. 57 Abs. 1, 2 Entw.; §. 57 Ges. 1900.

Zu §. 69.

1) Feststellung. „Die Feststellung der Entschädigungen soll ohne weiteren Antrag der Berechtigten durch die dazu berufenen Organe der Genossenschaften von Amtswegen eingeleitet werden, und zwar unverzüglich, sobald die Thatsachen, welche die Art und den Umfang des Entschädigungsanspruchs bedingen, feststehen (§. 71). In den meisten Fällen wird für diese Feststellung bereits durch die nach §§. 64 und 65 vorgenommene Untersuchung die erforderliche Grundlage gewonnen sein; soweit dieselbe der Ergänzung bedarf, können die Organe anderer Genossenschaften oder die Polizeibehörden wegen Vornahme der erforderlichen Ermittelungen in Anspruch genommen werden (§. 144). Die Unfalluntersuchung ist aber (vgl. §. 64), keine wesentliche Voraussetzung für die Erlassung des Feststellungsbescheides der Berufsgenossenschaften, auch keine nothwendige Erkenntnißquelle für die Beurtheilung des Unfalls und der Entschädigungspflicht (A.N. 1886 S. 205). Außerdem ist die Feststellung zu beschleunigen, vgl. §. 71. Hiermit steht in Zusammenhang, daß das für die Feststellung der Entschädigung zuständige Organ der

Genossenschaften bezw. der Vorsitzende dieser Organe, sobald ein Entschädigungsanspruch (innerhalb der Karenzzeit oder später) erhoben oder von Amtswegen geprüft werden muß, diese Feststellung auf geeignete Weise auch seinerseits derart vorbereiten soll, daß thunlichst schon mit Beginn der 14. Woche dem Verletzten die im §. 70 Abs. 1 vorgeschriebene Mittheilung gemacht werden kann (Rundschreiben d. R.V.A. v. 11. Januar 1888, A.N. 1888 S. 48).

Die Feststellung und Anweisung der Entschädigungen darf nur dann von vorn herein auf einen kalendermäßig bestimmten Endtermin beschränkt werden, wenn der Endtermin des Bezugsrechts zweifellos oder sonst kalendermäßig feststeht, z. B. Vollendung des fünfzehnten Jahres eines rentenberechtigten Kindes, §. 16 Abs. 1 (A.N. 1886 S. 55), oder wenn zur Zeit der Erlassung des Feststellungsbescheides der Endtermin des Bezugsrechts bereits eingetreten war. Im Uebrigen ist eine Beschränkung des Bezugsrechts auf eine bestimmte Zeit durchaus unzulässig, und führt zu zahlreichen Weiterungen, wie in wiederholten Bescheiden des R.V.A. ausgesprochen ist. Vgl. insbesondere A.N. 1887 S. 351. Feststellungen sollen vielmehr in der Regel in folgender Form bewirkt werden:

„vom . . ten . . . 18 . . bis zur Beendigung des Heilverfahrens" (wenn vorher das Maß der Erwerbsunfähigkeit nicht übersehen werden kann), bezw.

„vom . . ten . . . 18 . . an bis auf Weiteres und zwar für die Dauer Ihrer (voraussichtlich vorübergehenden) (gänzlichen, theilweisen) Erwerbsunfähigkeit".

(Rundschreiben d. R.V.A. v. 11. Januar 1888, A.N. 1888 S. 48).

Ein formeller Bescheid (§. 75) ist bei allen vor die Genossenschaft gelangenden, in einem derselben zugehörigen Betriebe erfolgten Unfällen unentbehrlich. In demselben ist die Entschädigungspflicht entweder anzuerkennen oder abzulehnen. (A.N. 1890 S. 588; 1895 S. 258.) Ein formeller Bescheid muß die Berufungsklausel enthalten (§. 76 Abs. 4), ebenso die im §. 75 vorgeschriebenen Hinweise. Auch empfiehlt es sich, in den Bescheid den wesentlichen Inhalt des §. 5 der Verordnung vom 22. November 1900 (s. Anh.) aufzunehmen und daneben die Empfangsberechtigten darauf hinzuweisen, daß sie ihren Rechten durch Erhebung einer geringeren Rente als der, die sie beansprucht haben, nichts vergeben (Rundschreiben d. R.V.A. v. 11. Jan. 1888, A.N. 1888 S. 48). Ein formeller Bescheid wird nicht ertheilt in den Fällen des §. 71 Abs. 3. Berufsgenossenschaftliche Aktenstücke über das Entschädigungsverfahren dürfen frühestens 5 Jahre nach ihrem Abschlusse und nur bei dringendem Raumbedürfnisse vernichtet werden (A.N. 1892 S. 159).

Es ist im Interesse der Versicherten und der Genossenschaft zu vermeiden, daß dieselbe Sache wegen Fehlens der nöthigen Unterlagen von den höheren Instanzen in die Vorinstanzen zurückgewiesen werden muß. Zu dem Zweck ist es in solchen Fällen, in denen das Genossenschaftsorgan den Anspruch schlechtweg abgelehnt hatte, ohne das Maß der Entschädigung festzustellen, erforderlich, daß das Genossenschaftsorgan, sobald gegen den ablehnenden Bescheid Berufung eingelegt wird, die Unterlagen für die event.

Feststellung der Höhe der Entschädigung schleunig beschafft und dem Schiedsgericht zugehen läßt, damit dann dieses und event. das R.V.A. in der Lage ist, seinerseits den Betrag der Entschädigung festsetzen zu können. Letzteres ist zulässig; dem Einwande, daß hierdurch den Betheiligten eine Instanz entzogen werde, ist damit zu begegnen, daß nicht die theoretische Frage, ob sich ein Betriebsunfall ereignet hat, sondern die konkrete Frage des geldwerthen Rentenanspruchs einer bestimmten Person der eigentliche Gegenstand der vom Entschädigungsberechtigten beantragten Entscheidung ist (Rundschr. v. 11. Januar 1888, A.N. 1888 S. 48).

²) Entschädigungen. Die Existenz eines Entschädigungsanspruchs ist lediglich davon abhängig, daß der Unfall „bei dem Betriebe" eines unter den §. 1 fallenden Unternehmens vorgekommen ist, daß der Verletzte zu den „in" dem Betriebe beschäftigten versicherten Personen gehört, und daß eine Beschädigung vorliegt, für welche nach §§. 8–21 Ersatz zu leisten ist; der Anspruch fällt bei dem Vorhandensein dieser Erfordernisse nur dann fort, wenn der Verletzte den Unfall vorsätzlich herbeigeführt hat; er kann ganz oder theilweise abgelehnt werden, wenn der Verletzte den Unfall bei Begehung eines Verbrechens oder vorsätzlichen Vergehens sich zugezogen hat (§. 8 Abs. 2, 3).

Wegen Beschleunigung der Zahlung vgl. §. 93.

³) erfolgt. „Der §. 69 weist die Feststellung der Entschädigung in den weniger wichtigen und eiligeren Fällen den Sektionsvorständen, in den übrigen Fällen den Genossenschaftsvorständen zu. Dies entspricht dem Aufbau der Organisation auch für den Fall, wenn durch das Statut ein Theil der Last den Sektionen übertragen wird (§. 38)."

„Dabei ist indessen vorgesehen, daß es der Genossenschaft unbenommen bleibt, durch das Statut die Feststellung der Entschädigungen je nach den besonderen Verhältnissen der Genossenschaft auch anderweitig zu regeln. Soweit bei dieser Regelung die Interessen der Genossenschaft in Frage kommen, ist es ihre Sache, dieselben zu wahren; soweit die Interessen der Arbeiter dabei betheiligt sind, enthält der §. 71 die gegen etwaige Verzögerungen gebotenen Kautelen. Uebrigens bietet die Nothwendigkeit der Genehmigung des Statuts und die Aufsicht des Reichs-Versicherungsamts die Gewähr, daß die Interessen der Arbeiter durch die Bestellung der mit der Feststellung der Entschädigungen betrauten Organe und deren Geschäftsführung nicht gekränkt werden. In materieller Hinsicht aber haben die Arbeiter und deren versorgungsberechtigte Hinterbliebene das Rechtsmittel der Berufung an das Schiedsgericht."

„Die den Genossenschaften in Betreff der Auswahl ihrer Organe gelassene Freiheit kann unter Umständen auch für die Arbeiter von wesentlichem Nutzen sein. Vermöge derselben können z. B. die Knappschaftskassenvorstände und deren Organe mit der Festsetzung der Entschädigungen betraut werden, was den Bergarbeitern nur erwünscht sein dürfte" (Mot. 1884 S. 69).

Die nach §. 69 zuständigen Genossenschaftsorgane vertreten die Genossenschaft kraft eigenen Rechts und selbständig; ihre innerhalb der gesetzlichen oder statutarischen Kompetenz verbleibenden Entscheidungen unterliegen also nicht der Nachprüfung höherer Genossenschaftsorgane (A.N. 1885 S. 370; 1886 S. 159). Vgl. §. 75. Ihre Entscheidungen binden die B.G. hinsichtlich der Entschädigungspflicht auch dann, wenn später die Zuständigkeit auf ein anderes Genossenschaftsorgan übergeht (z. B. weil die als vorübergehend angenommene Erwerbsunfähigkeit sich als dauernd erweist). A.N. 1887 S. 133 vgl. jedoch A.N. 1890 S. 589; 1891 S. 220; 1892 S. 328. Dieselben Organe vertreten die Genossenschaft auch im demnächstigen Verfahren vor dem Schiedsgericht (A.N. 1888 S. 218); jedoch sind auch höhere Organe der Genossenschaft, sofern das Statut nichts Gegentheiliges vorsieht, zur selbständigen Vertretung, event. durch besonders bestellte Bevollmächtigte, befugt (A.N. 1887 S. 11, 1888 S. 219).

Stellt sich demnächst heraus, daß ein unzuständiges Genossenschaftsorgan die Feststellung getroffen hat, so darf das Schiedsgericht nicht materiell entscheiden, sondern muß die Sache behufs anderweiter Feststellung an das zuständige Genossenschaftsorgan verweisen. (Diesen Satz hat das R.V.A. für den Fall aufgestellt, daß ein Sektionsvorstand eine Rente wegen vorübergehender Erwerbsunfähigkeit bewilligt hatte, diese Festsetzung aber mit der Behauptung angefochten war, daß es sich um dauernde Erwerbsunfähigkeit handele, für welche statutgemäß der Sektionsvorstand nicht zuständig war, A.N. 1887 S. 9).

Für die einer Genossenschaft nicht zugewiesenen fiskalischen 2c. Betriebe haben die in den Absätzen 1 und 2 dieses Paragraphen geordneten Zuständigkeiten der Genossenschaftsorgane keine Bedeutung. Für sie erfolgt vielmehr „die Feststellung der Entschädigung durch die in den Ausführungsvorschriften (der Zentralbehörde) zu bezeichnende Behörde", §. 131.

4) der Sektion, d. h. derjenigen Sektion, welcher der Betrieb, in dem sich der Unfall ereignet hat, angehört, auch wenn sich die Genossenschaft bei dem Ermittelungsverfahren durch andere Genossenschaften 2c. hat vertreten lassen, vgl. §. 144. Wegen der durch die Festsetzungen der Sektionen und ihrer Organe verursachten Kosten vgl. §. 38. Streitigkeiten über die örtliche Zuständigkeit der Sektionen einer und derselben B.G. hat der Genossenschaftsvorstand zu entscheiden. (A.N. 1890 S. 449.)

Zur Entschädigung verpflichtet ist diejenige Genossenschaft, „in" deren Betrieben der Arbeiter bei Eintritt des Unfalls beschäftigt war, auch wenn die Beschäftigung nur eine vorübergehende war und der Arbeiter nach einander in Betrieben verschiedener Genossenschaften beschäftigt wurde. Vgl. A.N. 1885 S. 344. Irrthümliche Ertheilung eines Mitgliedscheins nöthigt zur Entschädigung, wenn nicht etwa die Aufnahme dolose erwirkt war (A.N. 1886 S. 55. Vgl. §. 55).

5) Durch die Bezugnahme auf §. 9 Abs. 1 Ziffer 1 ist eine genauere Abgrenzung der hier in Frage kommenden, früher, im U.V.G. 1884, als „Kosten des Heilverfahrens" bezeichneten Leistungen herbeigeführt; Mot. 1900 S. 83. (Vgl. A.N. 1900 S. 670.)

6) voraussichtlich vorübergehend ist eine Erwerbsunfähigkeit dann, wenn sie in absehbarer, nicht zu langer Zeit (längstens binnen einigen Monaten) beseitigt sein wird (A.N. 1887 S. 137). Nur für solche kleineren

Fälle glaubte man den Rekurs gegen die Entscheidungen der Schiedsgerichte versagen zu können, §. 80. Darauf, ob der **Grad** der Erwerbsunfähigkeit sich ändern wird, kommt es nicht an, sondern nur darauf, ob die Erwerbsunfähigkeit selbst, als solche, voraussichtlich vorübergehend sein wird (A.N. 1888 S. 189). Die Abgrenzung der Zeitdauer, welche eine Erwerbsunfähigkeit währen kann, um als „vorübergehend" zu gelten, ist Sache der Vereinbarung zwischen den betheiligten Genossenschaftsorganen; zweckmäßig ist es, die Dauer von **sechs Monaten** nach dem Unfall als Grenze für die „vorübergehende" Erwerbsunfähigkeit zu vereinbaren. Ob im konkreten Fall die Erwerbsunfähigkeit in diesem Sinne „voraussichtlich" vorübergehend sein, d. h. weniger als 6 Monate dauern wird, darüber ist im Allg. ärztliches Gutachten entscheidend (A.N. 1887 S. 137). Der Umstand allein, daß das Ende der Erwerbsunfähigkeit in ferner Zukunft wahrscheinlich ist, genügt nicht (A.N. 1887 S. 202). Hält sich im konkreten Fall nach den vorstehend entwickelten Grundsätzen ein Sektionsvorstand für materiell zuständig, d. h. nimmt er an, daß die Erwerbsunfähigkeit „voraussichtlich vorübergehend" in obigem Sinne sein wird, so hat er seinerseits kraft eigenen Rechts und ohne Nachprüfung durch den Genossenschaftsvorstand (A.N. 1888 S. 350) über die Gewährung der Rente zu befinden; wird es aber streitig oder ist der (Sektions-)Vorstand bedenklich, ob eine Erwerbsunfähigkeit im obigen Siune „voraussichtlich vorübergehend" ist, so ist die Sache zur Entscheidung an dasjenige Genossenschaftsorgan abzugeben, welches über den weiterreichenden Anspruch zu befinden hat (A.N. 1887 S. 9, 137). Vgl. Anm. 3. Gegen den Bescheid (nach Anm. 1 soll in den Feststellungsbescheid ein Vermerk aufgenommen werden, falls die Rente für eine „voraussichtlich vorübergehende" Erwerbsfähigkeit bewilligt wird) stehen dann die gewöhnlichen Rechtsmittel zu, welche sich insbesondere auch dagegen richten können, daß die Erwerbsunfähigkeit als eine voraussichtlich vorübergehende angesehen worden sei, vgl. Anm. 3.

„Sollte ein und derselbe Unfall zunächst dem Sektionsvorstande (Vertrauensmann) und demnächst dem Genossenschaftsvorstande Veranlassung zur Feststellung einer Entschädigung geben, z. B. wenn sich herausstellt, daß ein Verletzter nach beendigtem Heilverfahren dauernd invalide geworden ist, so wird der Genossenschaftsvorstand weder zu Gunsten, noch zu Ungunsten des Verletzten an die Unterlagen, z. B. dic Lohnhöhe, gebunden sein, auf welche der Sektionsvorstand 2c. seine Entscheidung gegründet hat" (Mot. 1884 S. 70). Dagegen ist der Vorstand an die Entscheidung wegen der Entschädigungspflicht gebunden (Anm. 3).

7) **Das Sterbegeld.** Vgl. §. 15 Abs. 1 Ziffer 1.

8) **Heilanstalt, Angehörigenrente.**

Bei der Handhabung des Gesetzes sind Zweifel darüber hervorgetreten, wie weit eine Zuständigkeit der Sektionsvorstände in Bezug auf die zum Heilverfahren gehörende Unterbringung des Verletzten in eine Heilanstalt und die für diese Zeit den Angehörigen (nach §. 22 Abs. 3) zustehende Rente begründet sei. Da die bezüglichen Entschließungen von dem den Verhältnissen näher stehenden Vorstande der Sektion sachgemäßer getroffen werden können, als vom Genossenschaftsvorstande, so empfiehlt es sich, die

Zweifel in der vom Gesetze vorgesehenen Weise durch Ausbau der Zuständigkeit der Sektion zu beseitigen. (Mot. 1900 S. 83).

9) Rente an Angehörige eines in einer Heilanstalt untergebrachten Verletzten (§. 22 Abs. 3) muß von demselben Genossenschaftsorgane festgesetzt werden, welches über die Aufnahme des Verletzten in die Heilanstalt befindet.

10) in allen übrigen, d. h. den schwereren Fällen (Festsetzung der Rente bei voraussichtlich nicht vorübergehender, völliger oder theilweiser Erwerbsunfähigkeit (cf. Anm. 6), sowie der Renten der Hinterbliebenen). Wegen der zuständigen Genossenschaft vgl. Anm. 4 Abs. 2.

11) Ausschuß von mindestens 2 Personen (A.N. 1887 S. 19), etwa am Sitze des Vorstands. Dadurch wird bei Feststellung der Entschädigungen ein Zusammenwirken aller Vorstandsmitglieder, die vielleicht entfernt wohnen, entbehrlich (vgl. A.N. 1886 S. 13). Von Errichtung und Besetzung derartiger Ausschüsse (und Kommissionen) haben die Genossenschaften den Vorsitzenden sämmtlicher betheiligter Schiedsgerichte Mittheilung zu machen (A.N. 1887 S. 215). Die Feststellungsbescheide solcher besonderen Ausschüsse müssen von allen Mitgliedern derselben vollzogen werden; doch kann das zur Einsetzung dieses Ausschusses berufene Genossenschaftsorgan beschließen, daß nur ein Mitglied zu vollziehen braucht. Hiervon ist dem Schiedsgerichtsvorsitzenden Mittheilung zu machen (A.N. 1887 S. 377). Wird der ordnungsmäßig beschlossene Bescheid irrthümlich unter der Firma des Vorstandes ausgefertigt, so ist der Bescheid deshalb nicht ungültig (A.N. 1890 S. 589).

12) örtliche Beauftragte, welche mit den in §. 119 erwähnten technischen Aufsichtsbeamten (Revisionsingenieuren) nicht identisch sind und demgemäß Mitglieder der Genossenschaft sein müssen (A.N. 1888 S. 178).

13) Kommissionen. Für die unter Abs. 1 Ziffer 2 fallenden wichtigeren Entscheidungen ist die Zuständigkeit einzelstehender Vertrauensmänner ausgeschlossen; es sollen hierfür kollegiale Ausschüsse der Sektionsvorstände oder besondere mehrgliederige Kommissionen berufen werden können. (Mot. 1900 S. 83)

14) An dieser Stelle war im §. 57 Abs. 3 U.V.G. (1884) zur besseren Vorbereitung der Entscheidungen bestimmt, daß dem Entschädigungsberechtigten durch Mittheilung der Unterlagen für die Feststellung der Entschädigung Gelegenheit zur Aeußerung gegeben werden sollte. In der Reichstags-Kommission (1900) wurde einerseits diese Mittheilung in ihrer bisherigen Gestalt als ziemlich zwecklos bezeichnet, — in der dritten Lesung (Sten.Ber. vom 25. Mai 1900 S. 5776 A) ist sie als §. 57a (jetzt §. 70) in anderer Form wieder eingefügt — während andererseits dringend verlangt wurde, daß vor und bei der überwiegend wichtigen ersten Feststellung mehr als bisher eine wirksame Wahrung der Interessen des Entschädigungsberechtigten sicher gestellt werden. Gegen die zu diesem Zweck anfänglich in Aussicht genommenen Maßnahmen: mündliche Verhandlung mit dem Verletzten, Zuziehung von Vertretern der Arbeitgeber und der Arbeitnehmer bei der Entscheidung, ergaben sich indessen überwiegende Bedenken, namentlich insofern, als für sehr zahlreiche Fälle ohne

entsprechenden Nutzen ein sehr umständliches, die Feststellung der Entschädigungen verzögerndes und vertheuerndes Verfahren Platz greifen würde. Man begnügte sich deshalb in dieser Beziehung neben den Bestimmungen des §. 70 mit der anderweit sicher gestellten Verbesserung und leichteren Zugänglichkeit der Schiedsgerichte, vgl §§. 3, 8 H.G., dagegen wurde in einer anderen Beziehung mit Erfolg auf eine Verbesserung der Stellung des Verletzten im Feststellungsverfahren hingewirkt. Es betrifft dies die schon in den Verhandlungen der Reichstags-Kommission von 1897 mit Nachdruck geforderte Verbesserung in der Einholung von ärztlichen Gutachten vor der ersten Feststellung der Entschädigung. Zunächst wurde besonderer Werth darauf gelegt, daß in allen Fällen derjenige Arzt mit seinem Gutachten gehört werden soll, der den Verletzten behandelt hat, ein Verlangen, welches demnächst (Sten.Ber. über die Verhandlung des Reichstags vom 25. Mai 1900 S. 5775 D) entsprechend der Natur der Sache auf diejenigen Fälle beschränkt worden ist, in denen die B.G. nicht ohnehin den höchsten gesetzlichen Entschädigungssatz, die Vollrente, gewähren will. Ferner wurde die Anhörung des behandelnden Arztes als eine genügende Garantie für die unparteiische Beurtheilung dann unter Umständen nicht erachtet, wenn dieser Arzt, wie es häufig der Fall ist, zu der entschädigungspflichtigen B.G. in einem Vertragsverhältnisse steht; in diesem Falle soll ein anderer, unbetheiligter Arzt gehört werden, wenn der Verletzte oder seine Hinterbliebenen es beantragen. Vgl. Komm.Ber. 1900 S. 79—84; Sten.Ber. über die Verhandlung des Reichstags vom 8. Mai 1900 S. 5334—5353, und vom 25. Mai 1900 S. 5775.

15) **behandelnde Arzt.** Vgl. A.N. 1901 S. 180. Als solcher ist in erster Reihe derjenige Arzt anzusehen, in dessen Behandlung sich der Verletzte zur Zeit der Rentenfestsetzung befindet, event. zuletzt vorher befunden hat. Sind verschiedene Aerzte an der Behandlung betheiligt, so hat die B.G. pflichtmäßig denjenigen auszuwählen, der den Verletzten in der Hauptsache behandelt oder die Behandlung geleitet hat. Event. empfiehlt sich die Anhörung mehrerer Aerzte. Die Entscheidung darüber, ob das Verfahren der B.G. dem §. 69 Abs. 3 entspricht, hat im Streitfalle das Schiedsgericht und Reichs-(Landes)-Versicherungsamt zu treffen.

§. 70.

Soll die Bewilligung einer Entschädigung abgelehnt werden, so ist diese Absicht dem Verletzten oder im Falle seines Todes seinen Hinterbiebenen, soweit sie nach §§. 16 bis 19, 21 entschädigungsberechtigt sein würden, mitzutheilen.[1]) Soll eine Entschädigung bewilligt werden, so ist den genannten Personen die Höhe der in Aussicht genommenen Entschädigung mit den rechnungsmäßigen Grundlagen mitzutheilen.[1]) 1.

Der Verletzte sowie seine Hinterbliebenen (§§. 16 bis 19) sind befugt, auf diese Mittheilung innerhalb zweier 2.

Wochen sich zu äußern.[2]) Auf ihren innerhalb der gleichen Frist gestellten Antrag hat die untere Verwaltungsbehörde[3]) diese Aeußerung zu Protokoll zu nehmen.[4]) Wird ein solcher Antrag gestellt, so hat hiervon die untere Verwaltungsbehörde unverzüglich dem zuständigen Genossenschaftsorgane Kenntniß zu geben;[5]) dieses hat bis zum Eingange des Protokolls den Bescheid auszusetzen.

3. Bei den im Abs. 1 bezeichneten Mittheilungen hat das zuständige Genossenschaftsorgan auf die aus Abs. 2 und aus §. 69 Abs. 3 sich ergebenden Befugnisse sowie auf die im Abs. 2 vorgesehene Frist hinzuweisen.[6])

§. 57 Abs. 3 U.V.G.; §. 57 Abs. 3 Entw.; §. 57a Ges. 1900.

Zu §. 70.

[1]) mitzutheilen. Die Mittheilung erfolgt in beiden Fällen (Satz 1 und 2 des Abs. 1) unmittelbar und nicht durch Vermittelung der unteren Verwaltungsbehörde, wie in der Reichstags-Kommission 1900 (Komm.Ber. 1900 S. 83) beschlossen war. Diese weitergehende Vermittelung der Behörde war von verschiedenen Seiten gewünscht worden, um die schon nach §. 57 Abs. 3 U.V.G. (1884) vorgesehene Mittheilung der Unterlagen für die Feststellung der Entschädigung wirksamer zu gestalten, vgl. Anm. 14 zu §. 69; man hatte gewünscht, den Entschädigungsberechtigten zu behördlichem Protokoll vernehmen zu lassen und der Behörde die Verpflichtung aufzulegen, auf Kosten der B.G. die ihr erforderlich scheinenden weiteren Ermittelungen vorzunehmen. Gegen dieses Verfahren erhob sich jedoch nachträglich das Bedenken, daß dadurch den Behörden ein großer Theil der bisher von den B.Gen. geführten Vorverhandlungen, stellenweise vielleicht die ganze Vorbereitung der Entschädigungsfälle, aufgebürdet werden würde, eine Belastung, die sie nicht zu tragen vermöchten; gleichzeitig würden die B.Gen. aus ihrer bisherigen Stellung ohne ausreichenden Grund verdrängt. Es ist deshalb in der dritten Lesung im Plenum (Sitzung vom 25. Mai 1900 Sten.Ber. S. 5776A) als §. 57a die obige Fassung des Gesetzes beschlossen worden, in welcher die Mitwirkung der unteren Verwaltungsbehörde auf das durch das Bedürfniß gerechtfertigte Maß beschränkt worden ist (Abs. 2).

Die Mittheilung bedingt den Beginn einer Frist, sie hat daher in der durch §. 155 vorgeschriebenen Form zu erfolgen.

An die im Auslande lebenden Hinterbliebenen von ausländischen Unfallverletzten (§. 21 G.U.V.G.) braucht die Mittheilung nicht gemacht zu werden, soweit nicht für Grenzbezirke 2c. zu Gunsten dieser Hinterbliebenen der Anspruch auf Rente besteht.

[2]) zu äußern. Die Mittheilung erfolgt zu dem Zweck, um den Entschädigungsberechtigten Gelegenheit zu einer Aeußerung zu geben, bevor eine Ablehnung der Entschädigung oder ihre Festsetzung in der genossenschaftlichen Instanz erfolgt. Um darauf hinzuwirken, daß in dieser Aeußerung alle berechtigten Einwendungen des Berechtigten gegen den von der B.G. in Aus-

sicht genommenen Bescheid vollständig zur Geltung gebracht werden, ist hier der unteren Verwaltungsbehörde durch das Gesetz ausdrücklich die Verpflichtung auferlegt worden, auf den innerhalb der Frist bei ihr gestelltem Antrag die Aeußerung zu Protokoll zu nehmen. Auf diese Mitwirkung der unteren Verwaltungsbehörde, welche auf das durch das Bedürfniß gebotene Maß eingeschränkt ist, wurde besonderer Werth gelegt und deshalb die bezügliche Verpflichtung besonders ausgesprochen, obwohl angenommen wurde, daß auch ohne solche Bestimmung es selbstverständliche Pflicht der Behörde sein würde, den Bezirkseingesessenen durch protokollarische Aufnahme ihrer Erklärungen zu helfen.

[3]) untere Verwaltungsbehörde, die für den Aufenthaltsort des Entschädigungsberechtigten zuständig ist.

[4]) zu Protokoll zu nehmen. Die Vernehmung erfolgt nur auf Antrag des Entschädigungsberechtigten; schon hieraus ergiebt sich (was bei der früher in Aussicht genommenen Gestaltung, nach welcher die Mittheilung durch Vermittelung der Behörde zur Kenntniß des Verletzten gebracht werden sollte (Anm 1), noch besonders konstatirt worden war, Komm.Ber. 1900 S. 84), daß der unteren Verwaltungsbehörde die Befugniß nicht zusteht, einen Entschädigungsberechtigten behufs Aufnahme des Protokolls vorführen zu lassen. Wenn also der Entschädigungsberechtigte beantragt, seine Aeußerung zu Protokoll zu nehmen, und nicht gleichzeitig zur Vernehmung erscheint, oder wenn die Vernehmung erst später erfolgen kann, so hat ihn die Behörde zur Vernehmung zu laden. Erscheint der Berechtigte nicht, so kann ein Zwang, zu erscheinen oder sich zu erklären, nicht ausgeübt werden.

Die Vernehmung kann selbstverständlich nicht in allen Fällen der Vorsteher der unteren Verwaltungsbehörde selbst vornehmen, sondern er ist berechtigt, sich hierzu geeigneter Organe zu bedienen.

Das nobile officium der Verwaltungsbehörden bedingt, daß sie bei der Protokollirung nicht nur auf eine vollständige und verständliche Darstellung der Wünsche des Antragstellers Bedacht nehmen, sondern auch durch geeignete Belehrung darauf hinwirken, daß er dasjenige erschöpfend und nur dasjenige vorbringt und mit geeigneten Beweismitteln unterstützt, was nach Lage des Falles zur Erzielung eines den Gesetzen entsprechenden Erfolges nothwendig oder dienlich ist. Zu diesem Zwecke wird es häufig erforderlich sein, die Akten der B.G. einzusehen. Das R.V.A. hat durch Verfügung vom 11. April 1901 (Arbeiterversorgung S. 230) eine B.G. angewiesen, der Behörde auf ihr Ersuchen die Genossenschaftsakten zur Verfügung zu stellen, um sie in die Lage zu versetzen, ein sachgemäßes Protokoll aufzunehmen.

[5]) Kenntniß zu geben. Die Vernehmung kann möglicherweise nicht sofort erfolgen oder nicht im ersten Termin abgeschlossen werden. Deshalb ist es geboten, die B.G. davon zu benachrichtigen, daß sie vor der ersten Festsetzung noch eine Aeußerung zu erwarten hat.

[6]) hinzuweisen. Die Hinweisung auf die in Bezug auf Anhörung des behandelnden oder eines anderen unparteiischen Arztes, sowie in Bezug auf die Gegenerklärung und ihre behördliche Aufnahme dem Entschädigungsberechtigten zustehenden Befugnisse ist für diesen von so großer Bedeutung, daß es fraglich sein kann, ob ein unter Außerachtlassung dieser Formen ergehender

Bescheid der B.G. als ein den gesetzlichen Anforderungen entsprechender und der Rechtskraft fähiger Bescheid angesehen werden kann. Ergeht ein solcher ungenügend vorbereiteter Bescheid, so bietet sich natürlich als nächstliegende Maßregel im Interesse des Entschädigungsberechtigten die fristgemäße Einlegung der Berufung.

§. 71.

Die Feststellung der Entschädigung hat in beschleunigtem Verfahren[1]) von Amtswegen zu erfolgen.

Für diejenigen verletzten Personen, für welche noch nach Ablauf von dreizehn Wochen nach dem Unfall eine weitere ärztliche Behandlung behufs Heilung der erlittenen Verletzungen nothwendig ist, hat sich die Feststellung zunächst mindestens auf die bis zur Beendigung des Heilverfahrens zu leistenden Entschädigungen zu erstrecken.[2]) Die weitere Entschädigung ist, sofern deren Feststellung früher nicht möglich ist, nach Beendigung des Heilverfahrens unverzüglich zu bewirken.

Kann die endgültige Feststellung nicht sofort[3]) erfolgen, so ist eine Entschädigung vorläufig[4]) zuzubilligen.

§. 58 U.V.G.; §. 58 Entw.; §. 58 Ges. 1900.

Zu §. 71.

[1]) in beschleunigtem Verfahren, d. h. sobald die Karenzzeit abgelaufen ist und die erforderlichen Unterlagen haben beschafft werden können, spätestens sofort nach beendigter Untersuchung und Ablauf der im §. 70 gegebenen Frist zur Gegenerklärung. — Die gesetzliche Festsetzung einer Frist, innerhalb deren die Feststellung zu erfolgen hätte, ist wegen der Unmöglichkeit ihrer Innehaltung abgelehnt, Komm.Ber. 1900 S. 84.

[2]) zu erstrecken. Falls die Genossenschaft von der Befugniß Gebrauch macht, die fernere Fürsorge für den Verletzten bis zur Beendigung des Heilverfahrens der Krankenkasse zu übertragen (§. 11), so hat sich die Festsetzung auf dasjenige zu erstrecken, was den Verletzten außer den Bezügen aus der Krankenkasse noch von der Berufsgenossenschaft zu leisten ist. Die Bestimmung beruht auf Beschlüssen der Reichstags-Kommission 1884 und soll dazu dienen, die Möglichkeit auszuschließen, daß in der Heilbehandlung eine Unterbrechung eintritt (A.N. 1886 S. 133, 159).

[3]) nicht sofort. Wegen der besonderen Wichtigkeit der lückenlosen Fürsorge für den Verletzten soll in allen Fällen, in denen irgend welche nicht sofort zu behebende Anstände der endgültigen Feststellung der Entschädigung noch im Wege stehen, eine vorläufige Entschädigung bewilligt werden. Besondere Bestimmungen über den Umfang der vorläufigen Entschädigung erscheinen entbehrlich; es kann dem pflichtmäßigen Ermessen der Genossenschaftsorgane und der etwa erforderlichen Einwirkung der Aufsichtsbehörde hier der weiteste Spielraum verbleiben. Entscheidend ist auch hier der Gesichtspunkt, daß die Leistungen aus der Unfallversicherung, soweit irgend

möglich, sich lückenlos an den Fortfall anderer Unterstützungen beziehungsweise an den Tod des Verletzten anschließen sollen. (Mot. 1900 S. 84.)

[4]) vorläufig, d. h. in allen Fällen, in denen die erhobenen Ansprüche an sich anerkannt werden, die Entschädigungen aber dem Betrage nach (wegen Zweifel über den Jahresverdienst) nicht sofort festgestellt werden können (A.N. 1887 S. 20). Lediglich zu dem Zweck, um eine Herabminderung der Renten vorzubereiten, darf §. 71 Abs. 3 nicht angewendet werden (A.N. 1888 S. 347).

Ist eine endgültige Feststellung rechtzeitig möglich, so bedarf es selbstredend einer vorläufigen Feststellung nicht. Es handelt sich hier um einen Nothbehelf für einzelne Fälle zur Vermeidung eines Vakuums. Derartige vorläufige Zubilligungen erfolgen nicht durch förmlichen „Bescheid" und sind demgemäß durch ein Rechtsmittel nicht anfechtbar (A.N. 1887 S. 357). Wird aber die Form eines Feststellungsbescheides mit dem Berufungshinweis gewählt, so wird dadurch unter Umständen formales Recht geschaffen (A.N. 1895 S. 258). Im Uebrigen gilt die vorläufige Feststellung bis zu dem Zeitpunkte, wo die förmliche Feststellung der Rente auf Grund der inzwischen beschafften Unterlagen erfolgen kann (A.N. 1888 S. 347).

§. 72.

Entschädigungsberechtigte, für welche die Entschädigung nicht von 1.
Amtswegen[1]) festgestellt ist, haben ihren Entschädigungsanspruch bei Vermeidung des Ausschlusses vor Ablauf von zwei Jahren[2]) nach dem Eintritte des Unfalls[3]) bei derjenigen Berufsgenossenschaft[4]) anzumelden, welcher die Entschädigungspflicht obliegt.[5]) Die Frist gilt auch dann als gewahrt, wenn die Anmeldung bei einem nicht zuständigen Genossenschaftsorgan oder bei einer anderen Berufsgenossenschaft oder bei der für den Wohnort des Entschädigungsberechtigten zuständigen unteren Verwaltungsbehörde[6]) erfolgt ist. In solchem Falle ist die Anmeldung unverzüglich an die zuständige Stelle abzugeben und der Betheiligte davon zu benachrichtigen.

Nach Ablauf der Frist ist der Anmeldung nur dann Folge zu 2.
geben, wenn zugleich glaubhaft bescheinigt wird, daß eine einen Entschädigungsanspruch begründende Folge[7]) des Unfalls erst später bemerkbar geworden oder daß der Entschädigungsberechtigte von der Verfolgung seines Anspruchs durch außerhalb seines Willens liegende Verhältnisse[8]) abgehalten worden ist, und wenn die Anmeldung innerhalb dreier Monate, nachdem eine Unfallfolge bemerkbar geworden oder das Hinderniß für die Anmeldung weggefallen, erfolgt ist.

§. 59 Abs. 1, 2 U.V.G.; §. 59 Abs. 1, 2 Entw.; §. 59 Ges. 1900.

Zu §. 72.

[1]) nicht von Amtswegen, vgl. §. 69. Dies kann vorkommen:

a) wenn ein in einem versicherungspflichtigen Betriebe eingetretener Unfall nicht angemeldet und auch nicht auf andere Weise zur amtlichen Kenntniß gelangt ist;

b) wenn ein solcher Unfall zwar angemeldet, die Feststellung der Entschädigung aber unterblieben ist, z. B. um deswillen, weil eine mehr als 13 wöchentliche (gänzliche oder theilweise) Erwerbsunfähigkeit (§. 64) nicht hat vorausgesehen werden können, und bei Ablauf von 13 Wochen die Heilung anscheinend thatsächlich eingetreten war;

c) wenn bei dem Feststellungsverfahren Entschädigungsberechtigte nicht ermittelt sind, indem z. B. ein den Anspruch begründendes Verwandtschaftsverhältniß nicht anerkannt wurde;

d) wenn ein Unfall in einem Betriebe vorgekommen ist, der, obwohl versicherungspflichtig, einer Berufsgenossenschaft überhaupt nicht zugewiesen worden ist. — Auch ein von Amtswegen erlassener, die Entschädigung ablehnender Bescheid bleibt gegenüber einem später gestellten Antrage auf Entschädigung maßgebend. Insoweit steht die „Ablehnung" der „Feststellung" gleich (A.N. 1895 S. 258). Dagegen kann der Feststellung einer Entschädigung die bloße Einleitung eines Entschädigungsverfahrens, das nicht durch einen förmlichen Bescheid zum Abschlusse gebracht ist, nicht gleichgeachtet werden (A.N. 1901 S. 173), vielmehr ist in solchen Fällen der Verjährungseinwand zulässig. — Ist aber der Unfall festgestellt, so kann bei der nachträglichen Anmeldung von Unfallfolgen, die bei der früheren Rentenfeststellung außer Betracht geblieben sind, der Verjährungseinwand nicht mit Erfolg geltend gemacht werden (A.N. 1897 S. 515; 1900 S. 671).

[2]) vor Ablauf von zwei Jahren. Es handelt sich um eine Ausschlußfrist, die ebenso wie nach §. 8 des Haftpflichtgesetzes mit dem Eintritt des Ereignisses (Verletzung §. 72, demnächstiger Tod §. 92) beginnt, ohne Rücksicht auf die Kenntniß des Berechtigten von seinem Anspruch, auch gegen gesetzlich vertretene handlungsunfähige Personen (A.N. 1891 S. 150); solange solche Personen (Minderjährige, Geisteskranke) keine Vertreter haben, ist der Fristlauf gehemmt (A.N. 1893 S. 180; 1894 S. 334), im Uebrigen wirkt er auch gegen Krankenkassen und Versicherungsanstalten (A.N. 1891 S. 356; 1894 S. 292, 293). Während das Haftpflichtgesetz die Verfolgung eines Entschädigungsanspruchs nach Ablauf von 2 Jahren *ausschließt*, wird dieselbe hier nur erschwert (Abs. 2). Hierin liegt eine gewichtige Konzession an die Empfangsberechtigten. Andererseits konnte aber von der Festsetzung einer Frist für die Anmeldung im Interesse der Genossenschaften nicht Abstand genommen werden, weil der Zusammenhang zwischen dem Unfall und den angeblich später auftretenden Folgen desselben um so schwerer zu erkennen sein wird, je später hierüber Erhebungen angestellt werden, und weil die Berufsgenossenschaft ein erhebliches Interesse daran hat, daß nicht erst nach Ablauf längerer Zeit Nachforderungen für längst vergangene Fälle gegen sie erhoben werden. Die Berufsgenossenschaft muß gegen frivole Ansprüche, welche ja kostenlos erhoben werden können, geschützt werden (Komm.Ber.

1884 S. 44; A.N. 1891 S. 148), sie ist aber nicht genöthigt, den Einwand der Fristversäumniß geltend zu machen, ebenso wenig ist die letztere von Amtswegen zu berücksichtigen (A.N. 1891 S. 150).

Mit dem Tage, an welchem die Frist abläuft, muß die Anmeldung bei einer zuständigen Stelle eingegangen sein, vgl. Abs. 1 Satz 2, dann aber ist die Verjährung ausgeschlossen (A.N. 1893 S. 177, 179). — Außer dem Entschädigungsberechtigten kann auch die Versicherungsanstalt, welche ihn unterstützt, den Entschädigungsanspruch geltend machen (§. 113 J.V.G.).

³) **nach dem Eintritt des Unfalls.** War der Tod erst später eingetreten (§. 92) oder eine andere einen Entschädigungsanspruch begründende Folge des Unfalls erst später bemerkbar geworden (§. 72 Abs. 2), so läuft die Präklusivfrist für die Geltendmachung der Entschädigungsansprüche erst vom Tode des Verletzten bezw. vom Hervortreten der früher nicht bemerkbaren Folge des Unfalls an.

⁴) **bei derjenigen Berufsgenossenschaft.** Die nach dem U.V.G. (1884) verlangte Anmeldung bei dem zuständigen Vorstand hat in einzelnen Fällen bei der zuweilen schwierigen und erst nach langwierigen Verhandlungen möglichen Feststellung derjenigen Berufsgenossenschaft, welcher die Entschädigungspflicht obliegt, dazu geführt, daß Verletzte ihren Entschädigungsanspruch durch Zeitablauf verloren haben. Wenn es sich auch dabei meistentheils um Ansprüche gehandelt haben mag, die auch aus anderen Gründen in ihrer Durchführbarkeit begründeten Zweifeln begegneten, so verletzt es doch das Rechtsgefühl, daß die Abweisung des Anspruchs auf den formellen Grund des Fristablaufs in Fällen gestützt werden kann, in denen der Anspruch an sich rechtzeitig geltend gemacht, und nur an eine unrichtige Berufsgenossenschaft oder an ein nicht zuständiges Genossenschaftsorgan gerichtet ist. Es ist deshalb, indem im Uebrigen daran festgehalten wird, die Geltendmachung des Anspruchs an eine bestimmte Frist nach dem Unfalle zu binden, in der neuen Fassung des ersten Absatzes die Frist in den bezeichneten Fällen auch bei Anmeldung an unrichtiger Stelle als gewahrt anerkannt und die Weitergabe der Anmeldung an die zuständige Stelle vorgeschrieben (Mot. 1900 S. 84). Immer aber wird die Anmeldung des „Entschädigungsanspruchs“ gefordert, dagegen genügt die Anzeige des Unfalls an einen Vorgesetzten im Betriebe nicht (A.N. 1893 S. 178; 1896 S. 169).

Um den Betheiligten so schnell als möglich zu der ihnen gebührenden Entschädigung zu verhelfen, ist hiernach das im U.V.G. (1884) vorgesehene Verfahren, wonach zunächst ein besonderes Verfahren zur Ermittelung der zuständigen B.G. eingeleitet und dieser sodann der Entschädigungsanspruch überwiesen werden sollte, im G.U.V.G. abgeändert. Das neue Verfahren paßt auch für die bisher nicht befriedigend geregelten Fälle, wenn der Betrieb zwar katastrirt ist, aber bei dem Ineinandergreifen der verschiedenen Betriebsarten Zweifel darüber bestehen, welchem Betrieb die einen Unfall herbeiführende Thätigkeit zuzurechnen und welche B.G. daher zur Entschädigung verpflichtet ist.

⁵) **welcher die Entschädigungspflicht obliegt,** und zwar nach der Ansicht des Entschädigungsberechtigten. Ueber das Verfahren, wenn die angegangene B.G. der Ansicht ist, daß nicht sie, sondern eine andere B.G.

einzutreten habe, vgl. §. 73 Abs. 2. Die B.G. soll einen ablehnenden Bescheid nur in dem Falle ertheilen, wenn sie meint, daß ein entschädigungspflichtiger Unfall überhaupt nicht vorliege. Daneben kann selbstverständlich ein ablehnender Bescheid wegen mangelnder Aktivlegitimation ertheilt werden, wenn das zuständige Genossenschaftsorgan annimmt, derjenigen Person, die den Anspruch erhebt, stehe ein solcher nicht zu. Ist aber nach Lage der Sache anzunehmen, daß eine Entschädigung an den, der den Anspruch erhebt, zwar gezahlt werden muß, aber von einer anderen als der angerufenen Genossenschaft, so soll die letztere unter Zuwendung einer vorläufigen Fürsorge dem Entschädigungsberechtigten zur Ermittelung der richtigen B.G. behülflich sein. (Mot. 1900 S. 85).

[6]) unteren Verwaltungsbehörde, diese ist durch Beschluß der Reichstags-Kommission (1900) hinzugefügt (Komm.Ber. 1900 S. 85).

[7]) eine einen Entschädigungsanspruch begründende Folge. Hierin liegt eine Milderung der Vorschriften über die Verjährung. Es kommt vor, daß schwerere Folgen des Unfalls erst nach Ablauf der zweijährigen Frist hervortreten, daß beispielsweise eine Knieverletzung, die den Arbeiter zunächst nur in der Vornahme gewisser Arbeiten beschränkte, nach Ablauf der Frist zu einer Amputation des Beines führt. Da Folgen des Unfalls schon vorher bemerkbar waren, mußte der Arbeiter, wenn er einen Entschädigungsanspruch überhaupt erst später aus Anlaß der Amputation geltend macht, nach dem Wortlaute des U.V.G. (1884) abgewiesen werden. Dies entspricht nicht der Billigkeit; es soll deshalb fortan der Anspruch noch zugelassen werden, wenn eine neue Folge des Unfalls sich erst nach Ablauf der Frist herausgestellt hat. Die Anmeldung soll jedoch, nachdem eine Unfallfolge bemerkbar geworden oder das Hinderniß für die Anmeldung weggefallen ist, innerhalb dreier Monate erfolgen. Diese neue Befristung der Anmeldung des Anspruchs fehlte bisher, es wurde deshalb nach Gutdünken ein angemessener Zeitraum für die Anmeldung angenommen. Da es sich aber um eine Ausschließung verspäteter Anträge handelt, ist es nothwendig die in dieser Hinsicht bestehende Lücke durch das Gesetz selbst auszufüllen. (Mot. 1900 S. 86). — Die Bestimmung findet gemäß H.G. §. 27 auf Entschädigungsansprüche aus Unfällen, die sich vor dem 1. Oktober 1900 ereignet haben, Anwendung (A.N. 1901 S. 172). — Wegen der Rechtslage vor Erlaß der Novelle vgl. A.N. 1897 S. 515.

[8]) außerhalb seines Willens liegende Verhältnisse. Darunter fallen nicht Unkunde der Gesetze oder des Lesens und Schreibens, dagegen unter Umständen eine unrichtige Rechtsbelehrung berufener Personen oder Behörden (A.N. 1891 S. 149; 1896 S. 288; anders 1891 S. 148).

§. 73.

1 Wird der angemeldete Entschädigungsanspruch anerkannt, so ist die Entschädigung sofort festzustellen. Ist die Berufsgenossenschaft der Ansicht, daß ein entschädigungspflichtiger Unfall nicht vorliegt,[1]) so ist der Anspruch durch schriftlichen Bescheid abzulehnen. Der Bescheid ist mit Gründen zu versehen.[2])

Ist die Genossenschaft der Ansicht, daß zwar ein entschädigungspflichtiger Unfall vorliegt, die Entschädigung aber von einer anderen Genossenschaft zu gewähren ist, so hat der Genossenschaftsvorstand dem Entschädigungsberechtigten eine vorläufige Fürsorge zuzuwenden[3]) und sich unter Mittheilung der gepflogenen Verhandlungen wegen Anerkennung der Entschädigungspflicht mit dem Vorstande der anderen Genossenschaft[4]) ins Benehmen zu setzen. Wird von diesem die Entschädigungspflicht abgelehnt oder innerhalb einer Frist von sechs Wochen eine Erklärung nicht abgegeben, so ist die Entscheidung des Reichs-Versicherungsamts darüber herbeizuführen, welche Berufsgenossenschaft entschädigungspflichtig ist. Die Entscheidung ist auch dem Entschädigungsberechtigten zuzustellen. 2.

§. 59 Abs. 3, 4 U.V.G.; §. 59 Abs. 3, 4 Entw; §. 59a Ges. 1900.

Zu §. 73.

[1]) **nicht vorliegt.** Die B.G. soll einen ablehnenden Bescheid nur in dem Falle ertheilen, wenn sie meint, daß ein entschädigungspflichtiger Unfall überhaupt nicht vorliegt, oder daß derjenigen Person, die den Anspruch erhebt, ein solcher nicht zusteht; anderenfalls soll sie, wenn sie selbst eine Entschädigung nicht bewilligt, dem Berechtigten behülflich sein, die entschädigungspflichtige B.G. ausfindig zu machen' und inzwischen ihm eine vorläufige Fürsorge zuwenden (Abs. 2).

[2]) **mit Gründen zu versehen.** Die Bestimmung dient lediglich zur gesetzlichen Bestätigung der geltenden Praxis.

[3]) **vorläufige Fürsorge zuzuwenden.** Hierfür bieten sich Analogien in der Rechtslage des eine vorläufige Unterstützung an Hülfsbedürftige darreichenden Armenverbandes (§§. 28, 30, 31 des Gesetzes über den Unterstützungswohnsitz vom 6. Juni 1870, Reichs-Gesetzbl. S. 360) und in der Stellung der Invalidenversicherungsanstalt, die einen Unfallinvaliden vorläufig zu unterstützen gehalten ist (§§. 112, 113 des Invalidenversicherungsgesetzes). Ebenso wie dort der Armenverband die von ihm gemachten Aufwendungen von dem endgültig zahlungspflichtigen Verbande wieder einzieht und die Versicherungsanstalt ihre Rentenauslage sich von der zur Unfallentschädigung verpflichteten Genossenschaft erstatten läßt, und ebenso wie in diesen beiden Fällen der endgültig Verpflichtete die ferneren Zahlungen zu übernehmen hat, so soll nach dem Entwurf auch hier die vorläufig zahlende Genossenschaft die andere, nach ihrer Ansicht verpflichtete Genossenschaft wegen Uebernahme der Entschädigungspflicht in Anspruch nehmen.

Was den Umfang der vorläufigen Fürsorge anbetrifft, so handelt es sich auch hier, wie in den ähnlichen Fällen des §. 71 Abs. 2, nur um die Gewährung einer einstweiligen Unterstützung, die den Verletzten vor Noth schützt, also nicht um eine nach den Regeln des Gesetzes zu berechnende Entschädigung. Von den zeitraubenden Ermittelungen, die zur Feststellung der letzteren erforderlich werden können, muß einstweilen abgesehen werden, wenn erreicht werden soll, daß der Verletzte der Fürsorge nicht um deswillen entbehre, weil Zweifel bestehen, welche Berufsgenossenschaft entschädigungspflichtig sei. Dies ist um so mehr dann geboten, wenn die letztere Frage für die Höhe der Entschädigung mitbestimmend ist, insbesondere also, wenn es fraglich ist, ob eine gewerbliche oder eine landwirthschaftliche Berufsgenossenschaft die Fürsorge endgültig zu übernehmen hat.

4) der anderen Genossenschaft. Lehnt die zweite Genossenschaft aus irgend welchem Grunde ab, so muß eine Entscheidung darüber herbeigeführt werden, welche Berufsgenossenschaft entschädigungspflichtig ist. Diese Entscheidung ist dem Reichs-Versicherungsamt (Landes-Versicherungsamt, §. 127 Abs. 1, 2) übertragen. Von der ergangenen Entscheidung muß dem Entschädigungsberechtigten Kenntniß gegeben werden. Die hiernach entschädigungspflichtige Berufsgenossenschaft hat sodann das ordnungsmäßige Verfahren behufs Feststellung der Entschädigung durchzuführen (§§. 69 ff.).

§. 74.

Die Mitglieder[1]) der Genossenschaften sind verpflichtet, auf Erfordern der Behörden und der nach §. 69 zur Feststellung der Entschädigung berufenen Stellen[2]) binnen einer Woche[3]) diejenigen Gehalts- und Lohnnachweisungen[4]) zu liefern, welche zur Feststellung der Entschädigung erforderlich sind.

§. 60 U.V.G.; §. 60 Entw.; §. 60 Ges. 1900.

Zu §. 74.

1) Mitglieder, vgl. §. 55.

2) berufenen Stellen, statt des im U.V.G. (1884) gebrauchten Ausdrucks „Vorstände (Vertrauensmänner)" weil auch Ausschüsse, Kommissionen in Betracht kommen. — Die Behörden können die Genossenschaftsmitglieder auch durch Zwangsstrafen anhalten, die Nachweisungen einzureichen (Entsch. d. pr. Oberverwaltungsgerichts Bd. XXXI S. 346).

3) binnen einer Woche, weil das Verfahren zu beschleunigen ist.

4) Lohn- und Gehaltsnachweisungen, unter Berücksichtigung der Tantièmen und Naturalbezüge, §. 6.

„Die Höhe des Arbeitsverdienstes des Getödteten oder Verletzten, nach welcher die Entschädigung zu berechnen ist, kann nur auf Grund einer Nachweisung über die in dem Betriebe, in welchem der Unfall sich ereignet hat, während des letzten Jahres an den Verletzten gezahlten anrechnungsfähigen Löhne oder Gehälter festgestellt werden. War der Verletzte noch nicht ein Jahr in dem Betriebe beschäftigt, so ist derjenige Betrag zu Grunde zu legen, welchen während dieses Zeitraums versicherte Personen derselben Art in demselben Betriebe oder in benachbarten gleichartigen Betrieben bezogen haben. Mot. 1884 S. 71. Hat die Beschäftigung weniger als ein volles Jahr vor dem Unfalle gedauert, und ist ein gleichartiger Arbeiter nicht vorhanden (§. 10 Abs. 3 Satz 2), so ist von dem Genossenschaftsmitgliede der Arbeitslohn nachzuweisen, den der Verletzte während seiner Beschäftigung im Betriebe bezogen hat. Die Berechnung des durchschnittlichen Tagesverdienstes eines solchen Arbeiters wird dann Sache des zur Feststellung der Entschädigung berufenen Genossenschaftsorgans sein, welches die übrigen Elemente für diese Berechnung, nämlich der anderweit während des letzten Jahres vor dem Unfalle von dem Verletzten bezogenen Arbeitslöhne, seinerseits zu ermitteln haben wird.

Ungehorsam ist strafbar nach §. 147 Abs. 1; unrichtige Angaben sind straffällig nach §. 146 Nr. 1. Ueber die Befugnisse der Vorstände zur Kontrole der Angaben durch Rechnungsbeamte vgl. §. 119.

Bescheid der Vorstände.

§. 75.

Ueber die Feststellung der Entschädigung[1]) hat[2]) diejenige Stelle (§. 69),[3]) welche sie vorgenommen hat, dem Entschädigungsberechtigten einen schriftlichen Bescheid[4]) zu ertheilen,[5]) aus welchem die Höhe der Entschädigung[6]) und die Art ihrer Berechnung zu ersehen ist. Bei Entschädigungen für erwerbsunfähig gewordene Verletzte ist namentlich anzugeben, in welchem Maße die Erwerbsunfähigkeit angenommen worden ist.

§. 61 U.V.G.; §. 61 Entw.; §. 61 Ges. 1900.

Zu §. 75.

[1]) Feststellung der Entschädigung. Als Abschluß der Verhandlungen ist dem Entschädigungsberechtigten ein schriftlicher Bescheid zu ertheilen, welcher alle für die Berechnung der Höhe der Entschädigung maßgebend gewesenen Faktoren angiebt.

Auf Grund dieses Bescheides ist der Entschädigungsberechtigte in der Lage, zu prüfen, ob er bei der Festsetzung der Höhe der Entschädigung sich beruhigen, oder die schiedsgerichtliche Entscheidung anrufen will.

Außer diesem Bescheide empfing nach §. 64 U.V.G. (1884) der Entschädigungsberechtigte seitens der Genossenschaft eine Bescheinigung über die ihm zustehenden Bezüge unter Angabe der mit der Auszahlung beauftragten Postanstalt und der Zahlungstermine. Dieser besondere Berechtigungsausweis ist durch die Novelle (1900) beseitigt (vgl. §. 84), weil der Feststellungsbescheid und die Bezeichnung der mit der Auszahlung beauftragten Postanstalt ausreichen. Der Berechtigte kann, unbeschadet der etwaigen Berufung an das Schiedsgericht die festgestellten Beträge erheben, da die Berufung keine aufschiebende Wirkung hat (§. 76 Abs. 5).

[2]) hat. Die Ertheilung des Bescheides ist obligatorisch, ein Verzicht auf förmlichen Bescheid ist unzulässig (A.N. 1887 S. 136; 1891 S. 150; 1892 S. 329; 1893 S. 182). Formlose Schreiben der B.G. sind in der Regel nicht geeignet, den Bescheid zu ersetzen, doch hat das R.V.A. zu Ungunsten der B.G. eine Ausnahme gemacht A.N. 1900 S. 669. Dort hatte

die B.G. durch formloses Schreiben eine unzulässiger Weise auf den festen Zeitraum von 2 Monaten bewilligte Zusatzrente aufgehoben. Sie hätte dies nur nach Ablauf der Frist und durch förmlichen Bescheid thun dürfen. Das R.V.A. hat daher das formlose Schreiben als berufungsfähigen Bescheid behandelt und die Berufung dagegen zugelassen.

[3]) diejenige Stelle, vgl. Anm. 2 zu §. 75. Wird der ordnungsmäßig beschlossene Bescheid irrthümlich unter der Firma des Genossenschaftsvorstandes ausgefertigt, so wird dadurch der Bescheid nicht ungültig (A.N. 1890 S. 589; vgl. §. 69).

[4]) Bescheid. Ein solcher Bescheid ist auch erforderlich, wenn die Genossenschaft auf Grund des §. 22 freie Kur und Verpflegung in einem Krankenhause gewähren, wenn sie ein neues Heilverfahren einleiten (§. 23), oder wenn sie nach §. 95 den Empfänger einer geringen Rente oder einen Ausländer durch Kapital abfinden will. In den beiden letzteren Fällen hat die Berufung aufschiebende Wirkung.

Wegen der in den Bescheid aufzunehmenden Belehrungen vgl. §. 76 Abs. 4.

Durch diesen Feststellungsbescheid des Sektionsvorstandes 2c. wird für den Entschädigungsberechtigten ein selbständiges Recht begründet, welches der einseitigen Einwirkung der Genossenschaftsorgane auch dann, wenn der Bescheid offenbar falsch ist, entzogen ist. Ist der Bescheid durch Betrug erschlichen, so kann er im Wiederaufnahmeverfahren nach §§. 541 ff. der Civilprozeßordnung bei derjenigen Stelle, welche die Entschädigung zuletzt festgesetzt hat, erst dann angefochten werden, wenn die des Betruges Schuldigen rechtskräftig verurtheilt sind (A.N. 1900 S. 334). Schreibfehler, Rechenfehler und ähnliche offenbar formelle Unrichtigkeiten, können event. unter entsprechender Benachrichtigung der Betheiligten, berichtigt werden, §. 319 C.P.O. (A.N. 1886 S. 74; 1887 S. 166; 1892 S. 329); unrichtige Berechnung des Jahresarbeitsverdienstes kann als „offenbarer Rechnungsfehler" nicht angesehen werden (A.N. 1894 S. 333). Durch die Zusendung der Berichtigung werden neue Rechtsmittelfristen nicht eröffnet (A.N. 1892 S. 329). Dieser Feststellungsbescheid bleibt zu Gunsten des Entschädigungsberechtigten solange in Kraft, bis die Feststellung durch das Schiedsgericht oder das R.V.A. abgeändert wird oder gemäß §§. 88—91 eine anderweite Feststellung wegen „Veränderung der Verhältnisse" erfolgt (A.N. 1886 S. 74; 1890 S. 589; 1891 S. 232; 1895 S. 258). Dagegen können die Organe der B.G. zu Gunsten des Verletzten eine reformatio in melius vornehmen, auch einen neuen Bescheid zu dem Zweck erlassen, um die Möglichkeit einer Verfolgung im schiedsgerichtlichen Verfahren zu eröffnen (A.N. 1888 S. 186, 1889 S. 140). Ist im Bescheid ein Anspruch übergangen, so ist dieser dadurch nicht aberkannt (A.N. 1896 S. 240). Die Entscheidung über Ansprüche des Verletzten selbst wirkt nicht gegen seine Hinterbliebenen (A.N. 1893 S. 173; 1895 S. 256. Vgl. auch 1888 S. 281).

[5]) zu ertheilen. Der Bescheid ist nach §. 155 zuzustellen, weil sich die Frist des §. 76 daran knüpft. Die Festsetzung einer Frist nach dem Unfall, innerhalb deren der Bescheid ertheilt sein soll, war in der Reichstags-Kommission (1900) beantragt, wurde aber als unausführbar abgelehnt. (Komm.Ber. S. 86).

[6]) **Die Höhe der Entschädigung.** Bei der im §. 70 vorgeschriebenen Mittheilung der rechnungsmäßigen Grundlagen für die in Aussicht genommene Entschädigung werden dem Entschädigungsberechtigten in den geeigneten Fällen regelmäßig die in Betracht kommenden ärztlichen Gutachten ihrem wesentlichen Inhalte nach wenigstens insoweit zur Kenntniß gebracht, als sie für die Entschließung des Feststellungsorgans mitbestimmend sind. Die Reichstagskommission (1897) hatte darüber hinaus beschlossen, daß dem Verletzten auf seinen Antrag der gesammte Wortlaut der Gutachten mitzutheilen sei. Es ist jedoch nicht zu verkennen, daß in vielen Fällen eine uneingeschränkte wörtliche Mittheilung des ganzen Gutachtens für den Verletzten selbst schädlich sein kann, z. B. wenn eine ungünstige Prognose über den Verlauf seiner Verletzung oder ein ungünstiges Urtheil über sein Gesammtbefinden und dessen Ursachen darin enthalten ist. Es liegt ferner die Besorgniß nahe, daß die Aerzte Bedenken tragen werden, ihre Beurtheilung des Falles der Berufsgenossenschaft gegenüber rückhaltlos darzulegen, wenn sie mit der Aussicht rechnen müssen, daß jedes Gutachten alsbald zur Kenntniß des Verletzten gebracht werden wird. Dies wäre für eine sachgemäße Entscheidung über die Entschädigungsansprüche offenbar in hohem Maße nachtheilig. Es ist deshalb davon abgesehen, die Ertheilung vollständiger Abschriften der Gutachten an die Verletzten vorzuschreiben (Mot. 1900 S. 86). In der Reichstags-Kommission (1900) wurde wiederum angeregt, die Mittheilung des vollen Wortlauts des ärztlichen Gutachtens sowie der Protokolle über die stattgefundene Unfalluntersuchung vorzuschreiben. Der Antrag wurde jedoch als zu weit gehend und zu erheblichen Unzuträglichkeiten führend abgelehnt. (Komm.Ber. 1897 S. 144 f.; 1900 S. 86.)

Berufung.

§. 76.

Gegen den Bescheid, durch welchen der Entschädigungsanspruch abgelehnt wird, sowie gegen den Bescheid, durch welchen die Entschädigung festgestellt wird, findet die Berufung auf **schiedsgerichtliche** Entscheidung statt. 1.

Die Berufung ist bei Vermeidung des Ausschlusses **innerhalb eines Monats**[1]) nach der Zustellung des Bescheids bei dem **Schiedsgerichte**[2]) (**Gesetz, betreffend die Abänderung der Unfallversicherungsgesetze**, §. 3) zu erheben,[3]) in dessen Bezirke der Betrieb, in welchem der Unfall sich ereignet hat, belegen ist.[4]) 2.

Die Frist gilt auch dann als gewahrt,[5]) **wenn innerhalb derselben die Berufung bei einer anderen inländischen Behörde oder bei einem Genossenschaftsorgan eingegangen**[6]) **ist. Diese haben die Berufungsschrift unverzüglich an das zuständige Schiedsgericht abzugeben.** 3.

4. Der Bescheid muß[7]) die Bezeichnung des für die Berufung zuständigen Schiedsgerichts sowie die Belehrung über die einzuhaltende Frist enthalten.

5. Die Berufung hat, ausgenommen[8]) im Falle des §. 23, keine[9]) aufschiebende Wirkung.

§. 62 Abs. 2—5 U.V.G.; §. 62 Entw.; §. 62 Ges. 1900.

Zu §. 76.

[1]) innerhalb eines Monats. Die gleiche Frist gilt auch für die Invalidenversicherung (§. 114 J.V.G.) und für Zivilprozesse.

Das R.V.A. hat grundsätzlich anerkannt, daß die Wiedereinsetzung in den vorigen Stand wegen Versäumung einer Frist auf Grund von Naturereignissen (z. B. Liegenbleiben des Postzugs in Folge Schneefalls) zulässig sei, daß aber die einschlagenden Bestimmungen der Civilprozeßordnung über das Verfahren, die Fristen ꝛc. an sich und ohne Weiteres nicht in Betracht kommen (A.N. 1887 S. 134). Die Verlängerung der Frist (früher 4 Wochen) findet keine Anwendung, wenn das Verfahren unter der Herrschaft des früheren Rechts (vor dem 1. Oktober 1900) bereits durch Eintritt der Rechtskraft zum Abschlusse gelangt war (A.N. 1901 S. 174). — Wegen der Berechnung der Frist vgl. §§. 188, 193 B.G.B. — Die Anfechtung von rechtskräftigen Entscheidungen regelt §. 84 G.U.V.G.

[2]) bei dem Schiedsgerichte. In Uebereinstimmung mit §. 114 Abs. 2 des Invalidenversicherungsgesetzes ist aus geschäftlichen Gründen und im Interesse des Versicherten, von der Person des Vorsitzenden bei Einlegung der Berufung ganz abgesehen und statt dessen die Einlegung bei der Behörde vorgeschrieben (Mot. 1900 S. 87).

[3]) zu erheben, auch in den Fällen der §§. 22, 23, 95, aber nicht in den Fällen des §. 71 Abs. 3, §. 73 Abs. 2 Den Krankenkassen, Armenverbänden, welche nach §. 25 Abs. 2 Anspruch auf Ueberweisung von Rentenbeträgen zum Ersatz für die von ihnen gewährten Unterstützungen zusteht, wird ungeachtet ihres Interesses an einer ausreichend hohen Bemessung der Entschädigung ein Recht, selbständig Berufung einzulegen, nicht zuerkannt werden können; nach dem U.V.G. (1884), wo sie nach §. 8 in die Rechte des Verletzten eintraten (Uebergang des Rentenanspruchs) konnten sie Berufung einlegen. Anschlußberufung oder Widerklage (vgl. §. 521 C.P.O.) ist nicht zulässig, weil sie im Gesetz nicht vorgesehen sind, die Berufung an das Schiedsgericht naturgemäß auch nur einem Theil der Interessenten, nämlich dem Verletzten oder seinen Hinterbliebenen, zustehen kann, indem der andere Betheiligte, die Genossenschaft, durch ihre Organe den Bescheid selbst erlassen hat (A.N. 1887 S. 357, 1888 S. 347). Der V.G. bleibt ev. überlassen, von der Ermächtigung der §§. 88—91 Gebrauch zu machen.

[4]) belegen ist. Am Unfallorte oder in dessen Nähe hält sich regelmäßig der Verletzte auf, deshalb ist das für diesen Ort zuständige Schiedsgericht zur Entscheidung über die Berufung geeignet. Allerdings kommt es auch nicht selten vor, daß ein Arbeiter sich, nachdem er einen Unfall erlitten hat, in seine vielleicht weit entfernte Heimath begiebt; in solchen Fällen ist

dann sein persönliches Erscheinen vor dem Schiedsgericht erschwert. Gleichwohl hat an der ausschließlichen Zuständigkeit des örtlichen Schiedsgerichts festgehalten werden müssen. Derartige Fälle waren übrigens bei den berufsgenossenschaftlich organisirten Schiedsgerichten nicht seltener, als bei den territorialen; die letzteren gewähren in der großen Mehrzahl der Fälle dem Verletzten weit eher die Möglichkeit, vor dem Schiedsgericht persönlich zu erscheinen.

[5]) gilt als gewahrt. In Uebereinstimmung mit §. 114 Abs. 3 des Invalidenversicherungsgesetzes ist auch bezüglich des Rechtsmittels der Berufung der schon im §. 72 Abs. 1 im Hinblick auf die Anmeldung von Entschädigungsansprüchen zur Geltung gebrachte Gedanke durchgeführt, daß es in Unfallsachen zur Wahrung der Fristen nicht darauf ankommen soll, ob der Schriftsatz bei der zuständigen Stelle, hier dem Schiedsgerichte, rechtzeitig eingeht, sofern die erforderliche Erklärung innerhalb der Frist nur bei einer anderen Behörde oder bei einem Genossenschaftsorgan eingetroffen ist. Die Vorschrift empfiehlt sich wegen der mangelhaften Geschäftsgewandtheit mancher Arbeiter, um der Absicht des Gesetzes gemäß möglichst zu verhüten, daß durch strenge Formvorschriften die Rechtsverfolgung eingeschränkt werde (Mot. 1900 S. 87). Vgl. §. 5 der Kais. Verordnung über das Verfahren vor den Schiedsgerichten vom 22. November 1900 (hinten, Anlage L) R.G.Bl. S. 1017.

[6]) eingegangen ist die Berufung bei einer anderen Behörde nur dann rechtzeitig, wenn das Schriftstück zwecks Kenntnißnahme von seinem Inhalt und Entscheidung über den Rechtsstreit an diese Behörde gerichtet und innerhalb der Frist ihr zugegangen ist; die Postämter sind zwar Behörden, aber ein Schriftstück, welches lediglich zu dem Zwecke der Post übergeben ist, um es bestimmungsgemäß uneröffnet an die auf der Adresse bezeichnete Behörde weiterzubefördern, kann nicht als bei der Postbehörde „eingegangen" gelten. Die innerhalb der Berufungsfrist erfolgte Aufgabe bei der Postbehörde genügt daher nicht zur Wahrung der Frist.

[7]) muß. Die Bestimmung wurde auf Beschluß der Reichstagskommission 1884 im Interesse der Arbeiter in das Gesetz aufgenommen. Derartige Belehrungen hatte auch §. 29 des früheren Preuß. Kompetenzgesetzes v. 26. Juni 1876 sowohl für die Verwaltungsbehörden als auch für die Verwaltungsgerichte vorgeschrieben, während sie in den späteren Organisationsgesetzen vom 26. Juli 1880 und vom 30. Juli 1883 wieder in Fortfall gekommen sind.

Ueber die Folgen einer Unterlassung der Belehrung hat sich das R.V.A. in einem Rundschreiben an die V.Gen. dahin ausgesprochen, daß ein Bescheid, in welchem die Belehrung fehlt, nicht als Bescheid im Sinne des Gesetzes anzusehen, vielmehr geeigneten Falls nach erfolgter Ergänzung gemäß §. 76 Abs. 4 nachträglich von Neuem zuzustellen ist, und daß dann die Berufungsfrist erst von der Zustellung des ergänzten Bescheides an zu laufen beginnt — daß jedoch die Bedenken gegenstandslos werden, der Bescheid also in Kraft bleibt, wenn trotz des Fehlens der Belehrung doch rechtzeitig die Berufung bei dem zuständigen Schiedsgericht eingelegt worden sei (A.N. 1886 S. 125; 1892 S. 346; 1900 S. 669).

In Bezug auf irrige Belehrungen gab §. 29 des Preußischen Kompetenzgesetzes den angerufenen Behörden die Befugniß, die Frist für gewahrt zu erklären, sobald die in der Belehrung irrig angegebene Frist gewahrt sei. Eine derartige Bestimmung kennt das vorliegende Reichsgesetz zwar nicht, jedoch wird man dieselbe vielleicht analog anwenden können. Uebrigens dürfte bei der Einfachheit der hier in Frage kommenden Fristen und Instanzen ein Irrthum in der Belehrung kaum vorkommen (A.N. 1892 S. 345).

8) ausgenommen. Eine weitere Ausnahme findet sich im §. 95 Abs 1.

9) keine, „damit der Verletzte oder seine Hinterbliebenen wenigstens den von den Vorständen (Vertrauensmännern ꝛc.) nach §. 75 festgesetzten Betrag alsbald erheben können. Dies ist unbedenklich, weil die verpflichtete Genossenschaft ihrerseits sich bereit erklärt hat, diesen Betrag zu leisten. Daß die Zahlungsanweisung (§. 97) rechtzeitig ertheilt wird, kann nöthigenfalls durch das Reichs-Versicherungsamt im Aufsichtswege erzwungen werden“ (Motive 1884 S. 72).

§. 77.

1. Bildet in dem Falle des §. 15 Abs. 1 Ziffer 2 die Anerkennung oder Nichtanerkennung des Rechtsverhältnisses zwischen dem Getödteten und dem die Entschädigung Beanspruchenden die Voraussetzung des Anspruchs, so kann das Schiedsgericht1) den Betheiligten aufgeben,2) zuvörderst die Feststellung des betreffenden Rechtsverhältnisses im ordentlichen Rechtswege3) herbeizuführen. In diesem Falle ist die Klage bei Vermeidung des Ausschlusses binnen einer vom Schiedsgerichte zu bestimmenden, mindestens auf einen Monat4) zu bemessenden Frist nach der Zustellung des hierüber ertheilten Bescheids des Schiedsgerichts zu erheben.

2. Nachdem im ordentlichen Rechtsweg eine rechtskräftige Entscheidung ergangen ist, hat das Schiedsgericht auf erneuten Antrag5) über den Entschädigungsanspruch zu entscheiden.

§. 63 Abs. 2, 3 U.V.G.; §. 62a Entw.; §. 62a Ges. 1900.

Zu §. 77.

1) das Schiedsgericht, auch das Reichs-(Landes-)Versicherungsamt, falls erst vor diesem die betr. Frage aufgeworfen wird, oder falls erst dieses die richterliche Entscheidung über das Rechtsverhältniß für wünschenswerth erachtet. Vgl. A.N. 1887 S. 9.

2) kann aufgeben, mittelst Bescheides und gemäß §. 155. „Nur in einem Falle mußte dem Schiedsgericht die Befugniß beigelegt werden, die Kläger auf den Rechtsweg zu verweisen, dann nämlich, wenn es sich um die Anerkennung oder Nichtanerkennung des die Voraussetzung eines Entschädigungsanspruchs bildenden Rechtsverhältnisses zwischen dem Getödteten und dem die Entschädigung Beanspruchenden (§. 15 Ziffer 2), also z. B. um die Rechtsgültigkeit einer Ehe handelt. Die Fälle, in welchen das Vorhandensein eines solchen Rechtsverhältnisses streitig ist, werden nur selten vorkommen.

Liegt aber ein solcher Fall vor, so wird die Möglichkeit zu gewähren sein, über die präjudizielle Rechtsfrage die Entscheidung der ordentlichen Gerichte herbeizuführen. Dagegen soll die nach Entscheidung der Rechtsfrage erforderliche Feststellung der Entschädigung auch in Fällen dieser Art dem Schiedsgericht vorbehalten bleiben" (Motive 1884 S. 72). Praktisch angewendet ist diese Vorschrift in einem Falle, wo es sich um die Frage handelte, ob Brautkindern die Rechte der ehelichen Kinder zukommen (A.N. 1887 S. 9).

³) im ordentlichen Rechtswege. §. 606 Civ.Prozeß-Ordnung: „Für die Rechtsstreitigkeiten, welche die Trennung, Nichtigkeit oder Anfechtung einer Ehe oder die Feststellung des Bestehens oder Nichtbestehens einer Ehe zwischen den Parteien oder die Herstellung des ehelichen Lebens znm Gegenstande haben (Ehesachen), ist das Landgericht, bei welchem der Ehemann seinen allgemeinen Gerichtsstand hat, ausschließlich zuständig."

⁴) einen Monat. Die Präklusivbestimmung im Abs. 1, welche der Gleichmäßigkeit halber auf einen Monat (im U.V.G. 1884: 4 Wochen) bemessen ist, war nothwendig, damit die Sache in absehbarer Zeit zum Abschluß gebracht wird. Dagegen erscheint es nicht erforderlich, auch noch für den Fall, wenn der Entschädigungsberechtigte mit seiner gerichtlichen Klage durchgedrungen ist, eine Präklusivfrist zu bestimmen, innerhalb welcher der Antrag auf Festsetzung der Entschädigung zu erheben ist" (Motive 1884 S. 72), weil offenbar der durch den Spruch des Richters für entschädigungsberechtigt Erklärte nicht säumen wird, die Feststellung der Höhe der Entschädigung herbeizuführen. Bei der Berechnung der Frist sind §§. 188, 193 B.G.B. maßgebend.

⁵) auf erneuten Antrag. Das Gesetz sagt nicht, ob der Antrag auch von der Genossenschaft gestellt werden kann. Bei dem Interesse aber, welches die letztere an dem Abschluß des Verfahrens hat, dessen Kosten ihr zur Last fallen, wird ihr die Befugniß, den Antrag zu stellen, nicht versagt werden können.

§. 78.

Das Schiedsgericht hat, wenn es den Entschädigungsanspruch für begründet erachtet, zugleich die Höhe der Entschädigung und den Beginn der Rente festzustellen.¹) Hat das Schiedsgericht in besonderen Ausnahmefällen, welche das Reichs-Versicherungsamt²) näher bestimmen darf, den Anspruch nur dem Grunde nach anerkannt und nicht gleichzeitig über die Höhe der Entschädigung und den Beginn der Rente entschieden, so hat das Schiedsgericht³) unverzüglich eine vorläufige Entschädigung zu bewilligen, gegen deren Feststellung ein Rechtsmittel nicht stattfindet. Sobald der Entschädigungsanspruch rechtskräftig feststeht, ist die Höhe der Entschädigung und der Beginn der Rente, sofern dies nicht bereits früher geschehen ist, festzustellen.

Die vorläufig gezahlten Beträge werden auf die endgültig angewiesene Rente angerechnet.

§. 62b Entw.; §. 62b Ges. 1900.

Zu §. 78.

1) Das Schiedsgericht hat . . feststellen. Nach dem Vorgange des §. 115 des Invalidenversicherungsgesetzes ist auch hier im Interesse einer beschleunigten Zahlbarmachung begründeter Rentenansprüche dem Schiedsgerichte die Verpflichtung auferlegt, soweit thunlich die Höhe der Entschädigung und den Beginn der Rente festzustellen, wenn es den von der Berufsgenossenschaft abgelehnten Entschädigungsanspruch überhaupt für begründet erachtet. Soweit die Feststellung ausnahmsweise nicht erfolgen kann, soll unverzüglich eine vorläufige Entschädigung bewilligt werden.

Sobald der Entschädigungsanspruch dem Grunde nach rechtskräftig feststeht, sind die zur Ausführung dieser Feststellung erforderlichen weiteren Vorbereitungen und Ermittelungen schleunigst nachzuholen (Mot. 1900 S. 87).

2) Reichs-Versicherungsamt ohne Konkurrenz der L.V.-Aemter (§. 127).

3) Das Schiedsgericht. Während der Entwurf die vorläufige Entschädigung durch das zuständige Genossenschaftsorgan bewilligen lassen wollte (vgl. §. 71 Abs. 2, §. 73 Abs. 2), hat die Reichstagskommission beschlossen, die Garantien für die unverzügliche Zubilligung einer Entschädigung zu Gunsten der Berechtigten dadurch zu erhöhen, daß, wenn einmal das Schiedsgericht mit der Sache befaßt ist, dieses auch sogleich die vorläufige Entschädigung feststellen soll. Obwohl darauf hingewiesen wurde, daß das Schiedsgericht nicht immer die dazu erforderlichen Unterlagen sofort zur Hand haben werde und solche dann vielfach erst durch die Berufsgenossenschaft zu beschaffen sein würden, wurde der Beschluß gleichwohl mit großer Mehrheit gefaßt (Komm.-Ber. 1900 S. 88). Die vorläufige Entschädigung wird, wenn die B.G. Rekurs einlegt, gemäß §. 80 Abs. 1 Satz 2 nur für die Zeit vom Schiedsgerichtsurtheil an fortlaufend zu zahlen sein.

§. 79.

Die Entscheidung des Schiedsgerichts ist dem Berufenden 1) und demjenigen Genossenschaftsorgane, welches den angefochtenen Bescheid erlassen hat, in Ausfertigung zuzustellen. 2)

§. 63 Abs. 1 Satz 1 U.V.G.; §. 63 Entw.; §. 63 Ges. 1900.

Zu §. 79.

1) dem Berufenden. Durch die Zustellung an die Partei selbst wird in allen Fällen die Rekursfrist in Lauf gebracht. (A.N. 1886 S. 37). Die Zustellung (§. 155) braucht aber nicht an die Berufenden persönlich zu erfolgen, wenn ein vorschriftsmäßig bestellter Vertreter vorhanden ist. Im Uebrigen muß die Zustellung, sofern es sich um prozeßunfähige Personen, insbesondere Minderjährige handelt, an den gesetzlichen Vertreter nach den Bestimmungen des Bürgerlichen Rechts, im Allgemeinen an den Vater oder Vormund, erfolgen (A N. 1887 S. 135).

Bei mehreren Berufenden ist jedem eine Ausfertigung des Bescheides zuzustellen (A.N. 1887 S. 38).

Die Ertheilung einer Rechtsbelehrung über das zulässige Rechtsmittel des Rekurses ist in der Reichstagskommission angeregt worden, wurde aber nicht zum Beschluß erhoben (Komm.Ber. 1900 S. 88).

2) zuzustellen, gemäß §. 155, weil die Zustellung den Beginn der Rekursfrist begingt.

Rekurs.[1])

§. 80.

Gegen die Entscheidung[2]) des Schiedsgerichts steht in den Fällen des §. 69 Abs. 1 Ziffer 2,[3]) vorbehaltlich der Bestimmungen des §. 90 Abs. 2 und des §. 95 Abs. 1, dem Verletzten oder dessen Hinterbliebenen sowie dem Genossenschaftsvorstande[4]) das Rechtsmittel des Rekurses zu. Der Rekurs des Vorstandes hat aufschiebende Wirkung[5]) insoweit, als es sich um Beträge handelt, die für die Zeit vor dem Erlasse der angefochtenen Entscheidung nachträglich gezahlt werden sollen. Im Uebrigen hat der Rekurs keine aufschiebende Wirkung.[6]) 1.

[7])Werden mit der Anfechtung einer Entscheidung des Schiedsgerichts in den im §. 69 Abs. 1 Ziffer 1 bezeichneten Angelegenheiten Rekursanträge wegen der im §. 69 Abs. 1 Ziffer 2 bezeichneten Angelegenheiten verbunden, so darf die Entscheidung des Schiedsgerichts über die zuerst bezeichneten Angelegenheiten in dem Rekursverfahren nur dann abgeändert werden, wenn im Uebrigen den Rekursanträgen Folge gegeben wird. 2.

Ueber den Rekurs entscheidet das Reichs-Versicherungsamt.[8]) Das Rechtsmittel ist bei demselben zur Vermeidung des Ausschlusses innerhalb eines Monats[9]) nach der Zustellung[10]) der Entscheidung des Schiedsgerichts einzulegen; die Bestimmung des §. 76 Abs. 3 findet entsprechende Anwendung. 3.

§. 63 Abs. 1 Satz 2, 3 U.V.G.; §. 63a Entw.; §. 63a Ges. 1900.

Zu §. 80.

1) Rekurs. Eine aus den Geschäftsberichten des R.V.A. zusammengestellte Uebersicht in den Motiven (1900) ergiebt, daß von allen Rentenbescheiden etwa 23 Prozent durch Berufung vor die Schiedsgerichte gebracht worden sind, und von diesen 23 Prozent der Gesammtzahl wieder etwa 25 Prozent, d. i. 5,06 Prozent der Gesammtzahl der Rentenbescheide vor das Rekursgericht. Erwägt man nun ferner, daß nach den Geschäftsberichten des Reichs-Versicherungsamts etwa 80 Prozent aller Rekurse von den Ver-

sicherten eingelegt und davon 25 Prozent, oder anders ausgedrückt 20 Prozent der Gesammtzahl der Rekurse zu Gunsten der Versicherten entschieden werden, so ergiebt sich, daß nur 20 Prozent von den 5 Prozent der vor das Rekursgericht kommenden Rentenbescheide, d. i. etwa 1 Prozent der Gesammtzahl der letzteren im Rekurswege zu Gunsten der Verletzten abgeändert wird.

Reduzirt man in entsprechender Weise die zu Gunsten der Berufsgenossenschaften ergehenden Rekursentscheidungen auf die Gesammtzahl der Bescheide, so ergeben sich folgende Zahlen. Etwa 20 Prozent der Rekurse werden von den Genossenschaften eingelegt; etwa 50 Prozent davon, also etwa 10 Prozent der Gesammtzahl der Rekurse werden zu Gunsten der Genossenschaften entschieden. Da von allen Entschädigungsansprüchen nur 5 Prozent in das Rekursverfahren kommen, so ändert das Reichs-Versicherungsamt nur bei $^1/_2$ Prozent aller Entschädigungsansprüche die Schiedsgerichtsentscheidung zu Gunsten der Berufsgenossenschaften ab.

[2]) Gegen die Entscheidung, nicht gegen einen vor dem Schiedsgericht etwa abgeschlossenen Vergleich. Letzterer kann nur nach allgemeinen Regeln angefochten werden (A.N. 1888 S. 215). Der Rekurs ist nur gegen „Entscheidungen" zulässig, durch welche der Streitgegenstand materiell ganz oder theilweise erledigt wird, nicht aber gegen die während des Verfahrens ergehenden Beschlüsse (z. B. Wiedereinsetzung in den vorigen Stand), welche eine derartige Entscheidung nicht enthalten (A.N. 1888 S. 207), ebenso auch nicht gegen die Begründung der Entscheidung allein.

[3]) in den Fällen des §. 69 Abs. 1 Ziffer 2. Für die Entschädigungsberechtigten ist also eine Berufung gegen die Entscheidungen des Schiedsgerichts nicht gegeben, wenn es sich um den Ersatzanspruch für die Kosten des Heilverfahrens nach Ablauf der ersten 13 Wochen, um die Feststellung der Rente bei voraussichtlich vorübergehender Erwerbsunfähigkeit nach Ablauf der ersten 13 Wochen, um das Sterbegeld, um Aufnahme in eine Heilanstalt und die dazu gehörige Rente der Angehörigen (§. 22 Abs. 3) handelt. Diese kleineren Fälle sollen bald endgültig erledigt werden, damit das Verfahren nicht etwa noch schwebt, wenn die Arbeitsfähigkeit schon wieder erlangt ist. Demgemäß steht dem Fall, daß eine Rente für voraussichtlich vorübergehende Erwerbsunfähigkeit bewilligt ist, derjenige gleich, wenn zur Zeit der Einlegung des Rekurses die Erwerbsunfähigkeit bereits beseitigt war (A.N. 1888 S. 177; 1896 S. 291); auch in diesem Fall ist daher der Rekurs ausgeschlossen. Ebenso darf der Rekurs im Allg. nicht ausschließlich wegen des Kostenpunktes erhoben werden (A.N. 1886 S. 206; 1887 S. 134; 1890 S. 485). Dagegen ist eine weitere Instanz gegeben:

a) den Verletzten gegen die Feststellung der Renten im Falle einer voraussichtlich vorübergehenden völligen oder theilweisen Erwerbsunfähigkeit (für die Zeit nach Ablauf der ersten 13 Wochen);
b) den Hinterbliebenen gegen die Feststellung ihrer Renten nach §§. 15 bis 21.

Darüber, ob ein Fall voraussichtlich vorübergehender oder nicht vorübergehender Erwerbsunfähigkeit vorliegt, die Sache also rekursfähig ist oder nicht, entscheidet im Streitfall das über seine Kompetenz selbst entscheidende

Reichs-(Landes-)Versicherungsamt. Während nach dem U.V.G. (1884) der Rekurskläger es in der Hand hatte, nicht rekursfähige Beschwerdepunkte gleichwohl zur Entscheidung durch das R.V.A. zu bringen, indem er mit ihnen einen, wenn auch völlig aus der Luft gegriffenen Anspruch verband, über den das Rekursverfahren zulässig ist (A.N. 1888 S. 197; 1890 S. 487), hat Abs. 2 des §. 80 hierin eine schärfere Regelung eingeführt. — Weitere Einschränkungen des Rekurses s. §. 90 Abs. 1 Satz 2—4, Abs. 2 Satz 2; §. 95 Abs. 1.

[4]) Genossenschaftsvorstand, bez. für die einer Genossenschaft nicht zugewiesenen fiskalischen 2c. Betriebe (§. 128 Abs. 3) die Ausführungsbehörde. Nur der Genossenschaftsvorstand, nicht dasjenige andere Organ, welches in der betr. Sache die Genossenschaft bisher vertreten hat (§. 69), ist zur Einlegung des Rekurses und zur Vertretung der Genossenschaft im Rekursverfahren vor dem R.V.A. befugt (A.N. 1887 S. 11; 1888 S. 218; 1890 S. 130, 163).

[5]) hat aufschiebende Wirkung. Diese Veränderung des bisherigen Rechtszustandes in Bezug auf die Wirkung der Einlegung des Rechtsmittels ist aus dem Invalidenversicherungsgesetz hierher übernommen (J.V.G. §. 116). Handelt es sich um Beträge, die für die Zeit vor dem Erlasse der angefochtenen Entscheide nachträglich gezahlt werden sollen, so müßten, wenn das Rechtsmittel keine aufschiebende Wirkung hätte, die vom Schiedsgerichte zuweilen für viele Monate rückwärts festgestellten Entschädigungen alsbald gezahlt werden. Wenn dann später das Versicherungsamt unter Abänderung des Schiedsgerichtsurtheils den Anspruch abweist, so erhält, wie die Erfahrung ergeben hat, die Genossenschaft die zu Unrecht gezahlten Beträge oft nicht zurück, weil der Rentenempfänger dieselben verbraucht hat und in der Regel für größere Beträge nicht zahlungsfähig ist. Deshalb ist dem Rechtsmittel für die in die Zeit vor dem Erlasse der angefochtenen Entscheidung fallenden Beträge aufschiebende Wirkung beigelegt. Diese Wirkung tritt selbstverständlich nur ein, wenn das Rechtsmittel rechtzeitig eingelegt und dem Gegenstande nach zulässig ist (Mot. 1900 S. 89).

[6]) keine aufschiebende Wirkung. Es wird also einstweilen die durch das Schiedsgericht festgestellte Entschädigung, soweit sie vom Schiedsgerichtsurtheil an fortlaufend zu zahlen ist, gezahlt, auch wenn das Genossenschaftsorgan seinerseits den Anspruch überhaupt verneint hatte und gegen das Urtheil des Schiedsgerichts Rekurs einzulegen beabsichtigt (Rundschreiben d. R.V.A. v. 11. Januar 1888, A.N. 1888 S. 48). Hat das Schiedsgericht ausnahmsweise nur ausgesprochen, daß eine Entschädigung im Prinzip zustehe, ohne deren Höhe festzusetzen so muß es zugleich eine vorläufige Entschädigung festsetzen (§. 78), welche die B.G. unweigerlich fortlaufend zu zahlen hat, aber, sofern sie Rekurs einlegt, nicht für die Vergangenheit. Wegen endgültiger Feststellung der Entschädigung hat die B.G. spätestens in Thätigkeit zu treten, sobald der Entschädigungsanspruch in thesi rechtskräftig feststeht (§. 78 Satz 3).

[7]) Die Bestimmung im Abs. 2 dient zur wirksamen Durchführung der beabsichtigten Ausschließung des Rekurses in den Fällen vorübergehender Erwerbsunfähigkeit sowie der Streitigkeiten über das Heilverfahren 2c. §. 69 Abs. 1 Ziffer 1 (vgl. Anm. 3 am Schlusse).

[8]) Reichs-Versicherungsamt, event. Landes-Versicherungsamt, §. 127, nicht der Richter, weil diese sachverständigen Administrativbehörden mit richterlichen Funktionen (analog dem Bundesamt für das Heimathwesen und dem Oberverwaltungsgericht) für die hier vorkommenden, meist thatsächliche Fragen betreffenden Entscheidungen geeigneter sind wie die ordentlichen Gerichte, vor welchen das Verfahren außerdem vermuthlich kostspieliger sein würde. Auf dem Gebiet der Armenpflege hat man mit analogen Instituten günstige Erfahrungen gemacht. Vgl. Komm.Ber. 1884 S. 45. Uebrigens wird das Reichs-(Landes-)Versicherungsamt in Streitfällen dieser Art um zwei richterliche Mitglieder verstärkt, §. 16 H.G. Zur Vermeidung eines negativen Kompetenzkonflikts zwischen dem R.V.A. und einem L.V.A. dienen die Vorschriften im §. 127 Abs. 2, 3; vgl. §. 82.

[9]) einen Monat. Vgl. §. 76 Abs. 2. Innerhalb dieser Frist muß auch die Rekurs-Begründung eingehen; auf Berücksichtigung verspätet eingehender Schriften hat die Partei keinen Anspruch (A.N. 1886 S. 291; 1901 S. 174).

[10]) nach der Zustellung, auch vor derselben, sobald nur die Entscheidung verkündet ist (A.N. 1887 S. 37). Ein Anschlußrekurs oder Widerklage (§. 521 C.P.O.) ist nicht zulässig, weil er in dem Gesetz, welches die zugelassenen Rechtsmittel in §. 76 erschöpfend behandeln will, nicht vorgesehen ist (A.N. 1887 S. 357.)

Die Zustellung der Rekursbescheide ist von Amtswegen zu betreiben (A.N. 1887 S. 210)

§. 81.

1. Ist der Rekurs unzulässig (§. 80 Abs. 1) oder verspätet[1]) (§. 80 Abs. 3), so hat[2]) das Reichs-Versicherungsamt[3]) den Rekurs ohne mündliche Verhandlung zurückzuweisen; ebenso kann[4]) es verfahren, wenn die bei dem Beschlusse mitwirkenden Mitglieder einstimmig den Rekurs für offenbar ungerechtfertigt erachten. Anderenfalls hat das Reichs-Versicherungsamt nach mündlicher Verhandlung zu entscheiden.

2. [5])Wird das angefochtene Urtheil aufgehoben, so kann das Reichs-Versicherungsamt, statt in der Sache selbst zu entscheiden, dieselbe an das Schiedsgericht oder an das zuständige Genossenschaftsorgan zurückverweisen. Dabei kann das Reichs-Versicherungsamt bestimmen, daß dem Entschädigungsberechtigten eine ihrem Betrage nach bestimmte Rente vorläufig zu zahlen ist. Im Falle der Zurückverweisung ist die rechtliche Beurtheilung, auf welche das Reichs-Versicherungsamt die Aufhebung gestützt hat, den weiteren Entscheidungen oder Bescheiden zu Grunde zu legen.

§. 63b Entw.; §. 63b Ges. 1900.

Zu §. 81.

[1]) Unzulässige oder verspätete Rechtsmittel werden auch in Invalidenversicherungssachen (§. 117 J.V.G.) ohne mündliche Verhandlung zurückgewiesen.

[2]) hat. Die Erledigung ohne mündliche Verhandlung ist für diese Fälle obligatorisch vorgeschrieben.

[3]) Das Reichs-Versicherungsamt (bezw. Landes-Versicherungsamt §. 127) in der Besetzung mit drei Mitgliedern, unter denen sich je ein Vertreter der Arbeitgeber und der Versicherten befinden muß (§. 16 Abs. 2 H.G.). Dieser Beschlußsenat hat über die Frage durch Mehrheitsbeschluß zu entscheiden, ob der Rekurs unzulässig bezw. verspätet ist. Wegen der L.V.-Aemter vgl. H.G. §. 22 Abs. 7.

[4]) kann. Während die Regierungsvorlage (1900) auch über offenbar ungerechtfertigte Rekurse durch den Beschlußsenat von 3 Mitgliedern ohne mündliche Verhandlung entscheiden lassen wollte, hat die Reichstagskommission es vorgezogen, in diesen Fällen dem R.V.A. freie Hand zu lassen (Komm.-Ber. 1900 S. 91). Auch nach dem Entwurf wäre ein Rekurs als „offenbar ungerechtfertigt" dann nicht zu erachten gewesen, wenn eines von den Mitgliedern des Beschlußsenats anderer Meinung war; nach dem Gesetze bleibt es aber, auch wenn Einstimmigkeit darüber herrscht, daß der Rekurs offenbar ungerechtfertigt ist, dem freien Ermessen des R.V.A. überlassen, ob es ohne mündliche Verhandlung entscheiden oder eine solche vorangehen lassen will. Hiernach bleibt abzuwarten, was die Praxis aus dieser Bestimmung machen wird.

[5]) Abs. 2 entspricht dem J.V.G. §. 117 Abs. 3.

§. 82.

[1])Kommt nach Ansicht des Reichs-Versicherungsamts[2]) nicht die im Verfahren in Anspruch genommene, sondern eine andere Berufsgenossenschaft als entschädigungspflichtig in Frage, so kann das Reichs-Versicherungsamt[2]) diese andere Genossenschaft zur Verhandlung beiladen und gegebenen Falles zur Leistung der Entschädigung verurtheilen, auch wenn ein Anspruch gegen dieselbe bereits rechtskräftig abgelehnt worden ist.

§. 63d Entw.; §. 63d Ges. 1900.

Zu §. 82.

[1]) Nach den früheren Bestimmungen der Unfallversicherungsgesetze konnte es vorkommen, daß ein Verletzter, der mit seinem Entschädigungsanspruche gegen eine Berufsgenossenschaft durch Bescheid oder in der Schiedsgerichtsinstanz rechtskräftig abgewiesen war, bei der Rechtsverfolgung gegen eine zweite Genossenschaft, die er eventuell für entschädigungspflichtig erachtete, vom Reichs-Versicherungsamt abgewiesen wurde, weil dieses die zuerst angegangene Genossenschaft für verpflichtet erachtete. Da diese letztere

aber durch rechtskräftige Entscheidung gegen Ansprüche des Verletzten geschützt war, so ging dieser trotz zweifelloser Entschädigungsberechtigung leer aus, und zwar nur um deswillen, weil er, vielleicht durch eine unzutreffende Belehrung einer unteren Instanz irregeleitet, es unterlassen hatte, seinen ersten Anspruch bis zur höchsten Instanz durchzufechten. (Mot. 1900 S. 91.) Dieser der Absicht des Gesetzes widersprechende Zustand wird durch §. 82 beseitigt, welcher sonach zu den dem Verletzten günstigeren Bestimmungen gehört, die nach §. 27 H.G. auch auf die Folgen der vor Erlaß der Novelle (1900) eingetretenen Unfälle Anwendung finden (A.N. 1900 S. 776).

[2]) Reichs-Versicherungsamt. Wegen der Besetzung vgl. H.G. §. 16 Abs. 1 Ziffer 3. Ueber das Verfahren der Landes-Versicherungsämter in solchen Fällen vgl. §. 127 Abs 1—3.

§. 83.

1. [1])Sobald einem Verletzten oder dessen Hinterbliebenen ein Entschädigungsanspruch gegenüber einer Genossenschaft rechtskräftig zuerkannt ist, kann[2]) auf Antrag ein gegenüber einer anderen Genossenschaft wegen desselben Unfalls etwa schwebendes Verfahren durch Beschluß des Reichs-Versicherungsamts[3]) eingestellt werden.

2. Sind, abgesehen von den Fällen des §. 85, wegen desselben Unfalls Entschädigungsansprüche gegen mehrere Genossenschaften rechtskräftig anerkannt, so hat das Reichs-Versicherungsamt[3]) die zu Unrecht ergangene Feststellung oder Entscheidung aufzuheben.

8 Die auf Grund der aufgehobenen Feststellung oder Entscheidung geleisteten Zahlungen sind zu ersetzen; der Anspruch des Verletzten geht insoweit auf die ersatzberechtigte Genossenschaft über.[4])

§. 63e Entw.; §. 63e Ges. 1900.

Zu §. 83.

[1]) Dieser Paragraph behandelt den umgekehrten Fall wie der vorhergehende §. 82, daß nämlich der Verletzte beim Zweifel darüber, welche Berufsgenossenschaft entschädigungspflichtig ist, sich gleichzeitig an zwei Genossenschaften wendet und von beiden die Bewilligung einer Entschädigung erzielt, in deren Genuß ihn rechtskräftige Entscheidungen schützen. Auch die Erlangung doppelter Entschädigung würde der Absicht des Gesetzes widersprechen. Dem Reichs-Versicherungsamt (Landes-Versicherungsamt, §. 127 Abs. 1—3) ist deshalb die Befugniß beigelegt, die gesammte Entscheidung an sich zu ziehen und nöthigenfalls mit Aufhebung der formalen Wirksamkeit einer bereits ergangenen rechtskräftigen Entscheidung das materielle Recht zur Geltung zu bringen (Mot. 1900 S. 92).

[2]) kann. Das R.V.A. ist auch befugt, dem Verfahren gegenüber der zweiten B.G. Fortgang zu lassen und diese B.G. zur Unfallentschädigung zu verurtheilen, wenn dem Verletzten oder den Hinterbliebenen ein Entschädigungsanspruch gegenüber einer anderen B.G. schon rechtskräftig zuerkannt ist. Ueber die Aufhebung des zu Unrecht ergangenen Urtheils trifft dann der zweite Absatz ausdrücklich Bestimmung (A.N. 1901 S. 175).

[3]) Das Reichs-Versicherungsamt entscheidet nach §. 16 Abs. 1 Ziffer 3 H.G. in einem Spruchsenat von 5 Mitgliedern, unter denen sich je ein Vertreter der Arbeitgeber und der Versicherten befinden muß, und unter Zuziehung von zwei richterlichen Beamten. Für die L.V.-Aemter (§. 127) gilt das Gleiche nach H.G. §. 22 Abs. 7.

[4]) geht über. Dieser Grundsatz galt vor dem 1. Oktober 1900 nicht und findet deshalb auf Rentenzahlungen, welche eine später als nicht entschädigungspflichtig erkannte B.G. vor dem 1. Oktober 1900 geleistet hat, keine Anwendung (A.N. 1901 S. 179). Auch im Rechtswege (auf Grund nützlicher Verwendung) konnte ein solcher Ersatz früher nicht erzielt werden (Entsch. des Reichsgerichts in Civilsachen Bd. 28, S. 12).

§. 84.

[1])Auf die Anfechtung rechtskräftiger Entscheidungen über einen Entschädigungsanspruch finden, unbeschadet der Bestimmungen der §§. 82, 83, die Vorschriften der Civilprozeßordnung über die Wiederaufnahme des Verfahrens entsprechende Anwendung, soweit nicht durch Kaiserliche Verordnung mit Zustimmung des Bundesraths etwas Anderes bestimmt wird.

§. 63f Entw.; §. 63f Ges. 1900.

Zu §. 84.

[1]) Abgesehen von den Bestimmungen der §§. 82, 83 ist die Anfechtung rechtskräftiger Entscheidungen nach dem Vorbilde des §. 119 J.V.G. durch Bezugnahme auf die einschlägigen Bestimmungen der C.P.O. (§§. 578—591) geordnet. Eine Verordnung über die Wiederaufnahme des Verfahrens ist bisher nicht ergangen, insbesondere enthält die Kais. Verordnung über den Geschäftsgang und das Verfahren des Reichs-Versicherungsamts vom 19. Oktober 1900 (R.G.Bl. S. 983), Anlage M, keine bezügliche Bestimmung. — Vgl. §. 88 Anm. 2.

§. 85.

Hat die Beschäftigung, bei welcher sich der Unfall ereignet hat, für mehrere zu verschiedenen Berufsgenossenschaften gehörende Betriebe[1]) stattgefunden, so können die betheiligten Genossenschaften die Entschädigungsverpflichtung unter sich vertheilen. Kommt eine Einigung nicht zu Stande, so ist das Reichs-Versicherungsamt[2]) berechtigt, 1.

auf Antrag einer betheiligten Genossenschaft die Vertheilung zu bestimmen. In solchem Falle ist nach Anhörung der betheiligten Vorstände nach billigem Ermessen festzustellen, mit welchem Antheile jede Genossenschaft an der Unfallentschädigung betheiligt ist, und welche Beträge derjenigen, welche vorläufig Entschädigung geleistet hat, zu erstatten sind.

2. Die Heranziehung einer der im vorstehenden Absatze bezeichneten Genossenschaften zur Aufbringung eines Antheils an der Entschädigung kann auch dann noch erfolgen, wenn ein ablehnender Bescheid der Genossenschaft oder eine den Anspruch des Entschädigungsberechtigten ihr gegenüber zurückweisende Entscheidung rechtskräftig geworden ist.

3. Die für die Feststellung der Entschädigung zuständige Genossenschaft ist mangels einer Vereinbarung durch das Reichs-Versicherungsamt zu bestimmen.

§. 63g Entw.; §. 63g Ges. 1900.

Zu §. 85.

¹) für mehrere Betriebe. Die Vorschriften der §§. 82—84 reichen bei der Vielgestaltigkeit der Betriebsverhältnisse und der Organisation der Unfallversicherung noch nicht aus, um in allen Fällen eine gerechte Regelung der Entschädigungspflicht zu ermöglichen. Es kann sich nämlich die Thätigkeit, bei der sich der Unfall ereignet, der Art auf mehrere Betriebe erstrecken, daß eine Scheidung nicht ausführbar ist. In diesen Fällen entspricht der Gerechtigkeit allein eine Vertheilung der Entschädigungspflicht auf die in Betracht kommenden mehreren Genossenschaften. Diese Vertheilung kann im Wege der Verständigung zwischen den betheiligten Genossenschaften, soweit eine solche aber nicht zu Stande kommt, nur durch das denselben übergeordnete Reichs- oder Landes-Versicherungsamt geschehen. Indessen bedarf es nicht in allen Fällen einer Durchführung des Verfahrens bis in die Rekursinstanz. Vielmehr ist ausdrücklich zugelassen, daß schon in einem früheren Zeitpunkte die betheiligten Genossenschaften befugt sein sollen, das Versicherungsamt wegen Vertheilung der Entschädigungsverpflichtung unter mehrere Genossenschaften anzurufen. Die Entscheidungen über die in Frage stehenden vermögensrechtlichen Verhältnisse sind von den Versicherungsämtern in der für ähnliche Zwecke vorgesehenen Besetzung zu treffen (§. 16 Abs. 1 Ziffer 3 des Gesetzes, betreffend die Abänderung der Unfallversicherungsgesetze). Dem Versicherungsamte liegt es, sofern nicht eine Vereinbarung stattfindet, auch ob, anzuordnen, welche Berufsgenossenschaft die Bescheide zu erlassen und dem Verletzten gegenüber als Träger der Verpflichtung aufzutreten hat, was für die Stellung von Abänderungsanträgen und den Erlaß von Abänderungsbescheiden (§§. 88—92) sowie für

das Verhältniß zu der die Zahlung der Entschädigung vermittelnden Post von Bedeutung ist.

Durch die vorstehend erläuterten Bestimmungen, in Verbindung mit dem von der Zuständigkeit der Landes-Versicherungsämter handelnden §. 127 und dem eine Verbindung mit der Rechtsprechung der ordentlichen Gerichte herstellenden §. 135 Abs. 3 des Gesetzes, dürfte Vorkehrung dagegen getroffen sein, daß der Anspruch des Entschädigungsberechtigten aus formalen Gründen der Wirksamkeit beraubt wird, oder daß eine Berufsgenossenschaft zu Unrecht oder über Gebühr belastet wird, wie es nach der bisherigen Rechtslage unter Umständen möglich war. (Mot. 1900 S 92.)

[2]) Reichs-Versicherungsamt oder gemäß §. 127 Landes-Versicherungsamt. Die Entscheidung erfolgt nach H.G. §. 16 Abs. 1 Ziffer 3, §. 22 Abs. 7 in der Besetzung mit 5 Mitgliedern unter Zuziehung von 2 richterlichen Beamten.

§. 86.

Die Berufsgenossenschaften sind befugt, von der Rückforderung der gemäß §§. 76, 78, 81 Abs. 2 vor rechtskräftiger Entscheidung gezahlten Entschädigungen abzusehen.

§. 63h Entw.; §. 63h Ges. 1900.

Zu §. 86.

Die Rückforderung der vor rechtskräftiger Entscheidung kraft der gesetzlichen Bestimmung gezahlten Entschädigungen ist nicht selten aussichtslos und stellt sich dann als eine Härte gegen die zur Rückzahlung Verpflichteten und als eine nutzlose Inanspruchnahme der Thätigkeit der Genossenschaftsorgane dar. Gleichwohl sind die letzteren, als einem Vormunde gleichgestellte, getreue Verwalter nicht berechtigt, von der Wiedereinziehung Abstand zu nehmen, ehe sie nicht die geeigneten Rechtsbehelfe zur Anwendung gebracht haben. Diesem Uebelstande hilft die obige Bestimmung ab, indem sie den Berufsgenossenschaften im Interesse der Zahlungspflichtigen, aber auch in ihrem eigenen Interesse, um nicht noch Kosten und Arbeit nutzlos aufzuwenden, das Recht giebt, auf die Rückforderung zu verzichten. Die Bestimmung darüber, welche Organe dieses Recht ausüben sollen, wird im Verwaltungswege zu erfolgen haben. Die Vorschrift stimmt mit §. 118 des Invalidenversicherungsgesetzes überein (Mot. 1900 S. 93).

§. 87.

Nach erfolgter Feststellung der Entschädigung[1]) (§§. 69 ff.) hat der Genossenschaftsvorstand dem Berechtigten die mit der Zahlung beauftragte Postanstalt (§. 97) zu bezeichnen und der unteren Verwaltungsbehörde[3]) des Wohnorts über die dem Berechtigten zustehenden Bezüge Mittheilung zu machen. Das Gleiche gilt beim Eintritte von Veränderungen.

§. 64 U.V.G.; §. 64 Entw.; §. 64 Ges. 1900.

Zu §. 87.

[1]) Feststellung der Entschädigung. Wegen der Einwirkung der Feststelluug einer Unfallrente auf die Invalidenversicherung vgl. J.V.G. §. 6 Abs. 1, §. 43.

[2]) Postanstalt. Neben der Bezeichnung der zahlenden Postanstalt braucht der Rentenempfänger nur eine Ausfertigung des die Rente feststellenden Bescheides oder Urtheils; ein besonderer „Berechtigungsausweis", wie ihn §. 64 U.V.G. (1884) vorsah, ist entbehrlich.

[3]) unteren Verwaltungsbehörde. Die Benachrichtigung der unteren Verwaltungsbehörde des Wohnorts über die dem Berechtigten zustehenden Bezüge soll erfolgen, weil bei dieser Behörde nach dem Plane des Gesetzes alle auf die Durchführung der Unfallversicherung bezüglichen Nachrichten zusammenlaufen sollen; ihr wird es überlassen bleiben, auch die Gemeindebehörde des Wohnorts zu benachrichtigen, welche wegen der ihr obliegenden vorläufigen Fürsorge für Hülfsbedürftige ein berechtigtes Interesse daran hat, regelmäßig davon Kenntniß zu erlangen, ob und wieviel Unfallrente ihre Angehörigen beziehen (Mot. 1900 S. 93). Eine gleiche Bestimmung enthält für die Invalidenversicherung §. 122 J.V.G. — Welcher Behörde die Mittheilung zu machen ist, bestimmt nach §. 152 die Landes-Zentralbehörde.

Die Vorschrift hat zunächst nur diejenigen Fälle im Auge, für welche seit dem 1. Oktober 1900 Entschädigumgen erstmalig oder anderweitig festgestellt worden sind; immerhin wird einem gemäß §. 144 ergehenden Ansuchen um Mittheilung sämmtlicher am 1. Oktober 1900 bereits laufenden Renten entsprochen werden müssen (A.N. 1900 S. 807).

Veränderung der Verhältnisse.

§. 88.

1. Tritt in den Verhältnissen, welche für die Feststellung der Entschädigung[1]) maßgebend gewesen sind, eine wesentliche Veränderung[2]) ein, so kann eine anderweite Feststellung[3]) erfolgen.

2. [4])Nach Ablauf von zwei Jahren von der Rechtskraft des Bescheids[5]) oder der Entscheidung ab, durch welche die Entschädigung zuerst endgültig festgestellt worden ist, darf wegen einer im Zustande des Verletzten eingetretenen Veränderung eine anderweite Feststellung, sofern nicht zwischen der Berufsgenossenschaft und dem Empfangsberechtigten über einen kürzeren Zeitraum ausdrückliches Einverständniß erzielt ist,[6]) nur in Zeiträumen von mindestens einem Jahre beantragt oder vorgenommen werden.

3. Die anderweite Feststellung erfolgt innerhalb der ersten fünf Jahre[7]) von der Rechtskraft der erwähnten Bescheide oder Entscheidungen[8]) ab auf Antrag oder von Amtswegen

durch Bescheid der Berufsgenossenschaft, später, sofern nicht über die anderweite Feststellung zwischen der Berufsgenossenschaft und dem Empfangsberechtigten ausdrückliches Einverständniß[9]) erzielt ist, nur auf Antrag durch Entscheidung des Schiedsgerichts.[10])

Zu dem Antrag auf Wiederaufnahme eines Heilver- 4.
fahrens ist neben dem Verletzten auch die Krankenkasse,[11]) der er angehört, berechtigt.

§. 65 Abs. 1 U.V.G.; §. 65 Entw.; §. 65 Ges. 1900.

Zu §. 88.

[1]) für die Feststellung der Entschädigung, d. h. für die Entschädigungsberechtigung oder für die Höhe der festgesetzten Entschädigung. „Veränderungen" der Verhältnisse sollen nach Entscheidungen des R.V.A. nur dann berücksichtigt werden, wenn sie sich auf den Unfall beziehen. Dagegen sollen Veränderungen der Verhältnisse in Folge solcher Ereignisse welche mit dem Unfall keinen Zusammenhang haben, sondern einen neuen Grund der Erwerbsunfähigkeit darstellen (z. B. selbständig sich entwickelnde Krankheit) die Anwendung des §. 88 nicht begründen (A.N. 1888 S. 298; 1891 S. 288; 1895 S. 256). Die Richtigkeit dieser Ansicht ist angefochten in der „Arbeiterversorgung" von 1901 S. 173, vgl. aber S. 241. Vgl. auch A.N. 1897 S. 256. — Die Entschädigungspflicht der B.G. kann dem Grunde nach nicht von Neuem in Frage gestellt werden (A.N. 1891 S. 289), wohl aber die früher nicht angefochtene Berechnung des Jahresarbeitsverdienstes bei einer Herabsetzung der Rente insoweit, als damit eine der früheren Rente zahlenmäßig gleich hohe Rente erstrebt wird (A.N. 1892 S. 344, 346; 1899 S. 422).

[2]) wesentliche Veränderung. Die Feststellung, ob eine Veränderung „wesentlich" sei, ist Sache der Beurtheilung des Einzelfalls; es lassen sich für diese Beurtheilung nur allgemeine, keineswegs erschöpfende Anhaltepunkte geben. Die Motive (1884) erwähnen: (theilweise oder völlige) „Wiedergewinnung der Erwerbsfähigkeit, Eintritt völliger Erwerbsunfähigkeit bei einem nach scheinbarer Heilung der Verletzung für nur theilweis erwerbsunfähig Erachteten, nachträglicher Eintritt des Todes eines Verletzten u. s. w." Im Allgemeinen wird jede Veränderung als wesentlich anzusehen sein, welche auf das Maß der Erwerbsfähigkeit, soweit dieselbe durch den Unfall beeinträchtigt war (Anm. 1), von nicht unerheblichem Einfluß ist. Die Aenderung muß den Zustand des Verletzten, d. h. seine Erwerbsfähigkeit betreffen; Aenderung des Arbeitgebers und der Arbeitsgelegenheit im Allgemeinen, bezw. des bisherigen Arbeitsverhältnisses sind für sich allein nicht zu berücksichtigen (A.N. 1886 S. 251; 1888 S. 70; 1889 S. 378). Die bloße Voraussetzung, daß eine Aenderung der Verhältnisse eintreten werde, mag sie auch auf einem ärztlichen Gutachten dahin beruhen, daß der Verletzte wieder erwerbsfähig werden werde, genügt nicht zur Begründung eines Feststellungsbescheides nach §. 88 (A.N. 1887 S. 351). Eine zu berücksichtigende Veränderung der Verhältnisse liegt auch dann vor, wenn die Erwerbsunfähigkeit, sobald der Fall in seinen Folgen abgeschlossen ist, für die Dauer

sich anders herausstellt, als bei der Rentenfestsetzung bald nach dem Unfalle mit Rücksicht auf die Nothwendigkeit, die durch den Unfall veränderten Funktionen der Gliedmaßen erst einzuüben und sich an die Veränderung der körperlichen Leistungsfähigkeit erst zu gewöhnen, für die Uebergangszeit vorläufig angenommen worden war (R.N. 1887 S. 352, 1888 S. 299; 1890 S. 594; 1891 S. 221, 277).

Eine auf Kosten der B.G. erfolgte Ausbildung verletzter Personen zur Wahrnehmung von Obliegenheiten, zu deren Erfüllung sie vor dem Unfall nicht befähigt waren, kann als „Veränderung der Verhältnisse" gelten (A.N. 1888 S. 338; 1890 S. 594).

Die Inhaftsetzung des Rentenempfängers rechtfertigt nicht den Erlaß eines Abänderungsbescheides (A.N. 1888 S. 298; 1889 S. 139; 1893 S. 191). Wegen des Ruhens der Rente in solchen Fällen vgl. §. 94 Ziffer 1. — Auch die Einziehung eines Rentenempfängers zum Militärdienst, die Verlegung seines Wohnsitzes ins Ausland (A.N. 1889 S. 138; vgl. jedoch §. 94 Ziffer 2, 3) begründet nicht die Einstellung der Rente; wohl aber ist über das Ruhen der Rente in den Fällen des §. 94 ein berufungsfähiger Bescheid zu ertheilen, vgl. §. 91.

Veränderte Beurtheilung der Sach- und Rechtslage genügt nicht zur Anwendung des §. 88 (A.N. 1891 S. 289).

Neben dem Verfahren wegen wesentlicher Aenderung der Verhältnisse hat das R.V.A. in besonderen Ausnahmefällen gegenüber rechtskräftigen Entscheidungen eine Wiederaufnahme des Verfahrens zugelassen (A.N. 1890 S. 192; 1892 S. 343; 1895 S. 251, 253, 255). Aus thatsächlichen Gründen ist die Nichtigkeitsklage zurückgewiesen, A.N. 1895 S. 252, aus solchen und aus rechtlichen Gründen ebenso die Restitutionsklage, A.N. 1892 S. 341; 1899 S. 253. — Vgl. §. 84.

Nach rechtskräftiger Ablehnung eines Entschädigungsanspruchs kann, abgesehen von den Bestimmungen über Aenderung der Verhältnisse, eine neue Unfallsfolge auch dann als Klagegrund für einen Entschädigungsanspruch noch geltend gemacht werden, wenn ein wesentlicher Bestandtheil des Klagegrundes geändert wird. Ein solcher Fall liegt nicht vor, wenn nur eine andere Bezeichnung der Krankheit oder des Sitzes der Krankheit angeführt wird, wohl aber wenn Art und Entstehungsvorgang bei der Einwirkung des Unfalls auf den Körperzustand anders dargestellt wird (z. B. früher war ein Nervenleiden als Folge eines Sturzes bezeichnet und darauf hin rechtskräftige Abweisung erfolgt; später wurde Entschädigung zuerkannt, weil bei dem unfallbringenden Ereignisse eine Magenverletzung stattgefunden hatte, aus der sich Magenkrebs entwickelt hatte), A.N. 1901 S. 171.

Wenn ein Rentenempfänger sich fortgesetzt der von der Genossenschaft angeordneten ärztlichen Untersuchung, durch welche die Fortdauer des bisherigen Grades der Erwerbsunfähigkeit konstatirt werden soll, grundlos entzieht, oder eine derartige Untersuchung um deswillen nicht vorgenommen werden kann, weil der Aufenthaltsort unbekannt ist, so kann die Genossenschaft aus diesem Verhalten je nach Lage der Verhältnisse die für den Rentenempfänger ungünstigste Schlußfolgerung bezüglich der Aufbesserung seiner Erwerbsfähigkeit ziehen und demgemäß nach §. 88 die Rente herabsetzen (A.N. 1889 S. 138, 140; 1893 S. 166, 167).

„Die Fälle des Heranwachsens der Kinder über das fünfzehnte Lebensjahr hinaus oder des vorzeitigen Todes derselben, desgleichen die Fälle der Wiederverheirathung der Wittwe werden ohne eigentliche Wiederaufnahme des Entschädigungsverfahrens im Wege der Berechnung auf Grund der früher festgestellten Unterlagen und nach Maßgabe der §§. 16, 20 durch die Organe der Genossenschaft erledigt. Ein Streit wird in solchen Fällen kaum entstehen. Eventuell steht aber auch hier den Entschädigungsberechtigten die Berufung an das Schiedsgericht offen" (Mot. 1884 S. 73). Wegfall der Bedürftigkeit eines Aszendenten kann zur Einstellung der ihm bewilligten Rente führen (A.N. 1885 S. 369; 1893 S. 193).

[3]) anderweitige Feststellung, also eine Wiederaufnahme des Entschädigungsverfahrens, welche sowohl von dem Verpflichteten wie von dem Berechtigten veranlaßt werden kann, und zwar sowohl gegenüber rechtskräftigen Erkenntnissen als auch gegenüber einem vor dem Schiedsgericht geschlossenen Vergleiche (A.N. 1891 S. 218); die Abänderungsbefugniß der B.G. kann durch Vergleich nicht ausgeschlossen werden (A.N. 1891 S. 218; 1895 S. 260), nur bei Kapitalabfindung (§. 95) ist die nachträgliche Berücksichtigung von Veränderungen ausgeschlossen. Vgl. auch A.N. 1892 S. 348; 1893 S. 193. Eine Herabsetzung der Rente darf erst erfolgen, wenn gleichzeitig die neue Rente anderweit festgestellt wird (A.N. 1894 S. 282). Zu dem Antrage ist auch die ersatzberechtigte Kasse ꝛc. befugt (A.N. 1897 S. 265). Auch bei dem neuen Ermittelungsverfahren kann die Genossenschaft andere Genossenschaften oder Behörden um Vertretung requiriren, §. 144.

Es bedarf bei derartigen anderweiten Feststellungen, soweit sie noch von einem Genossenschaftsorgane erlassen werden können, was nur innerhalb der ersten fünf Jahre der Fall ist (§. 89), eines formellen, der Berufung auf schiedsgerichtliche Entscheidung unterliegenden Bescheides des zuständigen Genossenschaftsorgans (A.N. 1888 S. 48; 1892 S. 329). Tritt aber die Veränderung (z. B. erhebliche Besserung des früher angenommenen Zustandes laut ärztlichen Attestes) zu einer Zeit ein, zu welcher das Berufungs- oder Rekursverfahren gegen die Feststellung noch schwebt, so kann das Schiedsgericht bezw. R.V.A. diese Veränderung auch bei dem Berufungs- bezw. Rekursverfahren selbst berücksichtigen, sofern dies beantragt und die Veränderung festgestellt wird (§. 88 Abs. 3, §. 89 Abs. 1; vgl. auch A.N. 1887 S. 209; 1888 S. 347; 1890 S. 594). Eine Herabsetzung der Rente auch während schwebenden Verfahrens darf seitens des Vorstandes nur durch besonderen Feststellungsbescheid erfolgen. Gegen derartige während des schwebenden Verfahrens erlassene Abänderungsbescheide sind ev. die Rechtsmittel besonders einzulegen; der Verletzte soll hierauf hingewiesen werden (vgl. §. 89 Abs. 1; auch Rundschr. d. R.V.A. v. 11. Januar 1888, vgl. A.N. 1888 S. 48).

Bei Bescheiden auf Grund des §. 88 bedarf es nach §. 89 Abs. 2 der vorgängigen Mittheilung der Unterlagen und der daraus für die Herabsetzung oder Aufhebung der Rente seitens der B.G. gezogenen Schlüsse, damit der Berechtigte in den Stand gesetzt werde, sich sachgemäß zu vertheidigen. In dem Bescheide ist der Zeitpunkt genau anzugeben, von welchem ab die neue Festsetzung gelten soll.

4) Eine Verbesserung der Stellung des Verletzten gegenüber Abänderungsbescheiden der BG. war schon in den Verhandlungen der Reichstags-Kommission (1897) mit Nachdruck verlangt worden (Komm.Ber. 1897 S. 158). Das Gesetz (1900) hat eine solche Verbesserung in mehrfacher Beziehung eingeführt. Zunächst sind dem Rentenempfänger vor einer Herabsetzung oder Aufhebung der Rente die hierfür maßgebenden Unterlagen zur Aeußerung mitzutheilen (§. 89 Abs. 2); sodann sollen nach Eintritt einigermaßen stabiler Verhältnisse Abänderungen nur in Zeiträumen von mindestens einem Jahre erfolgen (§. 88 Abs. 2); nach Ablauf von fünf Jahren soll die B.G. einseitig eine Abänderung überhaupt nicht mehr vornehmen, sondern es soll hierzu eine Enscheidung des Schiedsgerichts nachgesucht werden (§. 88 Abs. 3). — Die Einleitung eines neuen Heilverfahrens (§. 23, §. 76 Abs. 5), sowie die anderweite Rentenfestsetzung nach Abschluß eines neuen Heilverfahrens, ebenso die Einstellung von Rentenzahlungen und die Ablösung einer Rente durch Kapitalzahlung erfolgt jederzeit, auch nach Ablauf der fünf Jahre, zunächst und in erster Instanz durch Bescheid der B.G. (§. 91) ohne Mitwirkung des Schiedsgerichts.

5) Bescheid oder Entscheidung. Der Beginn des zweijährigen Zeitraums hängt davon ab, wann zuerst durch Bescheid der B.G. oder durch Entscheidung des Schiedsgerichts oder des Reichs-Versicherungsamts eine endgültige Feststellung der Rente erfolgt ist.

6) Einverständniß erzielt ist. Es würde der Absicht des Gesetzes widersprechen und vom R.V.A. im Aufsichtswege abzustellen sein, wenn ein Genossenschaftsvorstand die Praxis einführen wollte, von dem Entschädigungsberechtigten eine allgemeine Erklärung zu fordern, wonach er sich mit der Abänderung der Rente in kürzeren Zwischenräumen einverstanden erklärt. Nur von Fall zu Fall darf das Einverständniß des Berechtigten eingeholt werden. (Komm.Ber. 1900 zum See-U.V.G., Drucksache Nr. 703d S. 17).

7) Fünf Jahre. Der dem Gesetze zu Grunde liegende Gedanke, daß die Berufsgenossenschaft ohne Antrag des Verletzten die angemessene Rente festzustellen hat, führt in der Anwendung auf die im Laufe der Zeit eintretenden Veränderungen im Zustande des Verletzten dazu, daß das zuständige Feststellungsorgan eine förmlich festgesetzte und sogar eine im Streitverfahren vor höheren Instanzen erfochtene Rente einseitig abändern kann. Diese Abänderungen der Rente müssen, da naturgemäß der Zustand des Verletzten in der Mehrzahl der Fälle sich allmählich und bis zu einem gewissen Dauerzustande bessert, überwiegend in Herabminderungen der Renten bestehen. Derartige Verfügungen werden von den Rentenempfängern oft übel empfunden; die letzteren erhalten leicht den Eindruck, daß ohne ausreichende Rechtfertigung für solches Vorgehen ihnen der ruhige Genuß einer ihnen zustehenden Entschädigung gestört werde. Gleichwohl kann für die erste Zeit, für fünf Jahre nach der erstmaligen endgültigen Feststellung der Entschädigung, nicht darauf verzichtet werden, daß die in dieser Zeit, nach dem natürlichen Verlaufe des Heilungsprozesses, in kürzeren Zwischenräumen zu erlassenden Abänderungsbescheide von der Genossenschaft selbst auszugehen haben (§. 89).

Wollte man schon während dieser Zeit anders verfahren, so würde zu häufig der unerwünschte Fall eintreten, daß der Rentenempfänger inzwischen bereits erhobene Rentenbeträge zurückzahlen oder durch spätere Kürzungen der verbleibenden Rente wiedererstatten muß. Dies ist für jene Personen wirthschaftlich wesentlich nachtheiliger, als wenn sie von vornherein weniger Rente bekommen und sich danach einrichten. Außerdem würden während der ersten Zeit die zur Entscheidung berufenen Stellen in Folge der Häufigkeit der Abänderungen sehr stark in Anspruch genommen werden. Sind doch im Jahre 1898 unter etwa 194500 Feststellungsbescheiden der Berufsgenossenschaften &c. etwa 75500 Fälle der Rentenveränderung gewesen, welche nach der Natur der Dinge in ihrer großen Mehrzahl auf die ersten Jahre nach dem Unfalle zu rechnen sind. (Anträge, die dahin gingen, in allen Fällen eine Entscheidung des Schiedsgerichts zu fordern, sind in der Reichstagskommission abgelehnt, Komm.Ber. 1897 S. 157; 1900 S. 93.)

Nach Ablauf der obenerwähnten fünf Jahre rechtfertigt es sich dagegen, der Empfindung des Rentenempfängers, daß er nunmehr im ruhigen und gesicherten Genusse seiner Rente sei, insofern Rechnung zu tragen, als es nicht mehr der Berufsgenossenschaft freistehen soll, einseitig mit einer Aenderung vorzugehen; vielmehr soll sie gehalten sein, sich mit ihrem Abänderungsantrag an das Schiedsgericht (§. 90) zu wenden, sofern sie nicht etwa in der Lage ist, ein ausdrückliches Einverständniß über die anderweite Feststellung der Entschädigung mit dem Empfangsberechtigten zu erzielen.

In der gleichen Form hat nach Ablauf von fünf Jahren auch der Rentenempfänger eine von ihm beanspruchte Erhöhung der Rente nicht bei der Genossenschaft nachzusuchen, sondern beim Schiedsgerichte zu beantragen (Mot. 1900 S. 94).

Die Regel bezieht sich nur auf anderweite Feststellung der Rente, mithin nicht auf die der B.G. jederzeit zustehende Einleitung eines neuen Heilverfahrens (§. 23, vgl. §. 76 Abs. 5), ferner nach §. 91 auf die Festsetzung der Rente nach Abschluß eines solchen Heilverfahrens, auf das Ruhen der Rente (§. 94) und auf die Ablösung einer Rente durch Kapitalzahlung (§. 95).

8) Bescheide oder Entscheidungen, vgl. Anm. 5.

9) Einverständniß, vgl. Anm. 6.

10) Entscheidung des Schiedsgerichts. Das Nähere ist im §. 90 bestimmt.

11) Die Krankenkasse hat ein berechtigtes Interesse daran, ihre Mitglieder von den Folgen erlittener Unfälle möglichst geheilt zu sehen (Mot. 1900 S. 94). Auch sonst kann ein Dritter betheiligt sein, und die B.G. darf die Anwendung des §. 88 nicht um deswillen unterlassen, weil sie wegen eines ihr zustehenden Rückgriffsrechts auf die Rentenminderung keinen Werth legt (A.N. 1893 S. 198).

§. 89.

Wird innerhalb der ersten fünf Jahre ein neuer Bescheid erlassen, bevor die frühere Entscheidung über die Höhe der Entschädigung die Rechtskraft erlangt hat, so 1.

muß die Rechtsmittelbelehrung[1]) in dem die Rente abändernden Bescheide darauf hinweisen, daß durch das gegen den früheren Bescheid eingelegte Rechtsmittel der Eintritt der Rechtskraft des neuen Bescheids nicht gehemmt wird. Abschrift des neuen Bescheids ist derjenigen Stelle,[2]) bei welcher das Verfahren über den älteren Bescheid schwebt, mitzutheilen. Diese ist berechtigt, bei Entscheidung der älteren Sache darüber zu befinden,[3]) welche Entschädigung für die Zeit nach Erlaß des neuen Bescheids zu gewähren ist. Ein in Folge der Anfechtung des neuen Bescheids etwa eingeleitetes Verfahren ist alsdann einzustellen.

2. Vor einer Herabsetzung oder Aufhebung der Rente ist dem Rentenempfänger unter Mittheilung derjenigen Unterlagen, auf Grund deren die Herabsetzung oder Aufhebung erfolgen soll, Gelegenheit zur Aeußerung[4]) zu geben.

3. Eine Erhöhung der Rente kann nur für die Zeit nach Anmeldung des höheren Anspruchs gefordert werden.

4. Eine Minderung, Einstellung (§. 94) oder Aufhebung[5]) der Rente tritt mit Ablauf des Monats[6]) in Wirksamkeit, in welchem der die Veränderung aussprechende Bescheid zugestellt worden ist.

§. 65 Abs. 3, 4 U.V.G.; §. 65a Entw.; §. 65a Ges. 1900

Zu §. 89.

[1]) Rechtsmittelbelehrung. Bei der weitgehenden Befugniß der B.G., eine ihr laut rechtskräftiger Entscheidung obliegende Entschädigungspflicht wegen wesentlicher Veränderung der Verhältnisse aufzuheben, oder die Entschädigung auf einen geringeren Betrag zu ermäßigen, muß mit besonderer Sorgfalt darüber gewacht werden, daß der Entschädigungsberechtigte nicht Schaden leide. Insbesondere hat sich das Bedürfniß herausgestellt, daß der Verletzte, wenn der Abänderungsbescheid ergeht, während noch das erste Verfahren über seinen Entschädigungsanspruch vor einem Schiedsgericht oder Versicherungsamte schwebt, ausdrücklich auf die selbständige Anfechtbarkeit des Abänderungsbescheids hingewiesen werde.

[2]) Stelle, d. i. Schiedsgericht oder Reichs- (Landes-) Versicherungsamt.

[3]) zu befinden. Wenn auch die anderweite Festsetzung innerhalb der ersten 5 Jahre stets durch besonderen Feststellungsbescheid (Anm. 3 zu §. 88) erfolgen muß, so kann doch aus Zweckmäßigkeitsgründen und zur Ersparung eines nochmaligen Instanzenzuges vom Schiedsgericht oder Versicherungsamt über den ganzen Rentenanspruch in seinen verschiedenen Gestaltungen in einem Verfahren entschieden, und die Höhe der Entschädigung auch für die Zeit nach Erlaß des neuen Bescheides festgesetzt werden. (Vgl. §. 90 Abs. 3)

4) **Gelegenheit zur Aeußerung.** Um die Minderung oder Aufhebung der Rente in eine rücksichtsvollere Form zu kleiden und dadurch sowohl den Rentenempfänger zu schonen als auch die Fälle, in denen das Schiedsgericht wegen Wiederherstellung der früheren Rente angegangen wird, thunlichst einzuschränken, soll der Veränderung der Rente in allen Fällen eine Mittheilung der hierfür maßgebenden Unterlagen vorangehen. Die sich hieran anknüpfende Veranlassung zur Aeußerung wird der Genossenschaft erwünschte Gelegenheit geben, sich vor ungerechtfertigten Herabsetzungen oder Entziehungen der Rente zu bewahren. (Mot. 1900 S. 95.) Die Fristbestimmung des §. 70 Abs. 2 findet hier nicht Anwendung, vielmehr ist von Fall zu Fall eine den Umständen entsprechende Frist zur Aeußerung festzusetzen (A.N. 1901 S. 399 vgl. daselbst S. 178). Das R.V.A. hat sich dahin ausgesprochen, daß die untere Verwaltungsbehörde zu einer Mitwirkung, wie solche im §. 70 Abs. 2 vorgesehen ist, in diesen Fällen nicht verpflichtet seien (A.N. 1901 S. 178). Trotzdem muß aus dem nobile officium der Verwaltungsbehörden und in Erwägung des Umstandes, daß letztere zur protokollarischen Vernehmung des Antragstellers auch ohne ausdrückliche Bestimmung des Gesetzes mit Recht für verpflichtet gehalten worden sind (vgl. §. 70 Anm. 2, 4), daran festgehalten werden, daß die unteren Verwaltungsbehörden sich einer den Bestimmungen des §. 70 analogen Mitwirkung nicht wohl entziehen dürfen. Eventuell würde die Verwaltungsbeschwerde an die vorgesetzte höhere Verwaltungsbehörde wohl Abhülfe schaffen.

5) **Minderung, Einstellung, Aufhebung.** Der Rentenempfänger soll thunlichst gegen die mit Rückzahlungen verbundenen Nachtheile geschützt werden. Etwaige Ueberzahlungen (indem z. B. eine von dem Schiedsgericht festgesetzte und wegen der sofortigen Vollstreckbarkeit dieser Entscheidung gezahlte Rente im Rekursverfahren ermäßigt worden ist) dürfen, soweit nicht schon das Schiedsgericht darüber bestimmt hat (§. 90 Abs. 1), von der B.G. nur in angemessenen Beträgen, etwa bis zu $^1/_3$ der bezogenen Rente, durch Kürzung (Aufrechnung) von den Empfängern wieder eingezogen werden (A.N. 1887 S. 163, 1888 S. 198, 1889 S. 167); eine Kürzung der Rente soll aber ganz ausgeschlossen sein, wenn die Ueberzahlung durch ein Versehen der Genossenschaftsorgane veranlaßt ist (A.N. 1889 S. 167).

Darüber, ob Verhältnisse eintreten, welche eine Minderung oder Aufhebung der Rente bedingen, werden die Berufsgenossenschaften eine fortlaufende Kontrole einrichten. Hierzu sind insbesondere die Vertrauensmänner geeignet. Die Genossenschaften sind aber nach §. 144 auch befugt, zu diesem Zweck sich der Mitwirkung aller Staats- und Kommunalbehörden, sowie der Organe anderer Berufsgenossenschaften zu bedienen.

6) **mit Ablauf des Monats.** Da die Renten monatlich im Voraus gezahlt werden, so waren früher, nach dem U.V.G. (1884), die Fälle zahlreich, in denen bei Abänderungen oder Einstellungen, die im Laufe des Monats vor sich gingen, überhobene Beträge wieder einzuziehen waren. Die schwer empfundenen wirthschaftlichen Nachtheile derartiger Rückzahlungen sind oben (Anm. 7 zu §. 88) schon erwähnt. Durch die Bestimmung, daß Rentenänderungen fortan nicht mehr an dem Tage der Zustellung des Ab-

änderundsbescheids, sondern erst am ersten Tage des folgenden Monats in Wirksamkeit treten, werden diese lästigen Rückzahlungen erheblich eingeschränkt. (Mot. 1900 S. 95).

§. 90.

1. Die anderweite Feststellung einer Rente nach Ablauf der ersten fünf Jahre[1]) kann nur für die Zeit nach Zustellung des Antrags gefordert werden. Im Uebrigen wird der Zeitpunkt, von welchem an die Erhöhung, Minderung oder Aufhebung der Rente in Kraft treten soll, in der Entscheidung des Schiedsgerichts festgesetzt. Ebenso bestimmt das Schiedsgericht, in welchen Summen und Fristen die seit dem Inkrafttreten der Rentenminderung etwa bezahlten Mehrbeträge durch Kürzung späterer Rentenbezüge zur Erstattung gelangen sollen. Das Schiedsgericht kann auf Antrag auch schon vor dieser Entscheidung im Wege der einstweiligen Verfügung[2]) anordnen, daß die fernere Rentenzahlung bis zur rechtskräftigen Entscheidung über den Antrag auf Aufhebung oder Minderung der Rente ganz oder theilweise eingestellt werde.

2. Auf die Entscheidungen des Schiedsgerichts finden die Bestimmungen der §§. 80 ff. über das Rechtsmittel des Rekurses entsprechende Anwendung. Gegen die im Abs. 1 Satz 2 bis 4 bezeichneten Entscheidungen und Verfügungen des Schiedsgerichts findet jedoch ein Rechtsmittel nicht statt.

3. Wird der Antrag auf Abänderung der Rente dem Schiedsgericht unterbreitet, bevor die frühere Entscheidung über die Höhe der Entschädigung die Rechtskraft erlangt hat, so ist die Stelle, bei welcher das frühere Verfahren anhängig ist, berechtigt, in diesem darüber zu befinden,[3]) welche Entschädigung für die Zeit nach Zustellung des Antrags auf Abänderung der Rente zu gewähren ist.

§. 65b Entw.; §. 65b Ges. 1900.

Zu §. 90.

[1]) Nach Ablauf der ersten fünf Jahre tritt nach den neuen Vorschriften der Novelle (vgl. Anm. 7 zu §. 88) in Bezug auf Aenderungen der bewilligten Renten ein Antragsverfahren ein, und in Folge dessen kann die anderweite Feststellung der Rente erst für die Zeit nach der Zustellung des Antrags gefordert werden. Es empfiehlt sich jedoch, dem Schiedsgerichte, durch dessen Vermittelung die Zustellung erfolgt, bei seiner Entscheidung

freie Hand zu lassen, diesen oder einen späteren Zeitpunkt für die Erhöhung, Herabsetzung oder Aufhebung der Rente zu bestimmen. Auch die Modalitäten etwaiger Rückzahlungen von Renten festzusetzen, die während des Schiedsgerichtsverfahrens haben weitergezahlt werden müssen, muß dem Schiedsgericht überlassen bleiben (Mot. 1900 S. 95), dessen Entscheidung in dieser Beziehung endgültig ist (Abs. 2).

[2]) einstweilige Verfügung. Um Rückzahlungen thunlichst zu vermeiden, soll dem Schiedsgericht auch die Befugniß zustehen, auf Antrag einstweilige Einstellung oder Minderung der Rentenzahlung, und zwar ohne daß ein Rechtsmittel dagegen gegeben wird (vgl. Abs. 2), anzuordnen. Hiervon wird zweckmäßig Gebrauch zu machen sein, wenn sich im Voraus mit einiger Wahrscheinlichkeit übersehen läßt, daß eine Minderung oder Einstellung der Rente gerechtfertigt ist. Vgl. Abs. 2. Die Befugniß steht nur dem Schiedsgericht als solchen und nicht dem Vorsitzenden zu (A.N. 1901 S. 364).

[3]) zu befinden. Ebenso wie gegenüber Genossenschaftsbescheiden (§. 89 Abs. 1 Satz 3), so soll auch gegenüber den nach Ablauf der ersten 5 Jahre zur Entscheidung über die anderweite Rentenfeststellung berufenen Schiedsgerichten den Versicherungsämtern die Befugniß zustehen, Rentenstreitigkeiten, die ihnen zur Entscheidung vorliegen, bis zu dem Zeitpunkte zu regeln, in welchem sie ihr Urtheil erlassen. Wenn also nebenher schon Abänderungsanträge an das Schiedsgericht gelangt sind, so kann das Versicherungsamt die Angelegenheit an sich ziehen und an Stelle des Schiedsgerichts über die Entschädigung befinden, welche nach Zustellung des Abänderungsantrags noch zu zahlen ist. (Mot. 1900 S. 96.)

§. 91.

Die anderweite Rentenfestsetzung nach Abschluß eines neuen Heilverfahrens, die Einstellung von Rentenzahlungen (§. 94) sowie die Ablösung einer Rente durch Kapitalzahlung (§. 95) erfolgt auch nach Ablauf des im §. 88 Abs. 3 vorgesehenen Zeitraums durch Bescheid der Berufsgenossenschaft.[1])

§. 65c Entw.; §. 65c Ges. 1900.

Zu §. 91.

[1]) durch Bescheid der Berufsgenossenschaft. Die Gesichtspunkte (Anm. 7 zu §. 88), welche dazu geführt haben, nach Ablauf von fünf Jahren die Abänderung von Renten auf die Schiedsgerichte zu übertragen, treffen nicht zu, wenn es sich darum handelt, daß nach Abschluß eines neuen Heilverfahrens (§. 23 Abs. 1) eine anderweite Rentenfestsetzung stattfinden, oder daß die Rentenzahlung ruhen soll, weil der Berechtigte eine Strafhaft verbüßt oder ins Ausland verzieht, oder wenn eine Rente durch Kapitalzahlung abgelöst werden soll. Derartige Bescheide können daher auch nach

Ablauf der fünf Jahre von den Genossenschaftsorganen erlassen werden. (Mot. 1900 S. 96.)

Gleiches wird auch von der Einleitung eines neuen Heilverfahrens (§. 23 Abs. 1) zu gelten haben, sowie ferner von Abänderungen der Hinterbliebenenrenten, da §. 88 Abs. 3 nur solche anderweite Feststellungen der Entschädigung im Auge hat, die durch Veränderungen im Zustande des Verletzten veranlaßt werden.

§. 92.

Ist der Verletzte, für welchen eine Entschädigung festgestellt war,[1]) in Folge der Verletzung gestorben, so muß der Anspruch auf Gewährung einer Entschädigung für die Hinterbliebenen, falls diese Entschädigung nicht von Amtswegen festgestellt ist, bei Vermeidung des Ausschlusses vor Ablauf von zwei Jahren[2]) nach dem Tode des Verletzten bei dem zuständigen Vorstand[3]) oder bei der für den Wohnort des Entschädigungsberechtigten zuständigen unteren Verwaltungsbehörde[4]) angemeldet werden. Nach Ablauf dieser Frist ist der Anmeldung nur dann Folge zu geben, wenn zugleich glaubhaft bescheinigt wird, daß der Entschädigungsberechtigte von der Verfolgung seines Anspruchs durch außerhalb seines Willens liegende Verhältnisse abgehalten worden ist, und die Anmeldung innerhalb dreier Monate,[5]) nachdem das Hinderniß weggefallen, erfolgt ist. Im Uebrigen finden auf das Verfahren die Vorschriften der §§. 69 bis 87 entsprechende Anwendung.

§. 65 Abs. 2 U.V.G.; §. 65d Entw.; §. 65d Ges. 1900.

Zu §. 92.

[1]) für welchen eine Entschädigung festgestellt war; diese Voraussetzung liegt schon dann vor, wenn die B.G. nur die Kosten des Heilverfahrens getragen oder die Fürsorge für den Verletzten der Krankenkasse übertragen hat (A.N. 1891 S. 290). Ist die besondere Frist nach diesem Paragraphen nicht gegeben, so greift die allgemeine Bestimmung des §. 72 Platz.

[2]) vor Ablauf von zwei Jahren, vgl. §. 72 Abs. 1.

[3]) zuständigen Vorstand, vgl. §. 69 Abs. 1, 2. Für die einer B.G. nicht zugewiesenen fiskalischen ꝛc. Betriebe tritt an dessen Stelle die Ausführungsbehörde (§. 128 Abs. 3).

[4]) untere Verwaltungsbehörde. Von der Reichstags-Kommission (1900) hinzugefügt, ebenso wie im §. 72 Abs. 1. — Vgl. §. 152 darüber, welche Behörden als untere Verwaltungsbehörden fungiren.

[5]) innerhalb dreier Monate. Die Fristbestimmung ist durch die Novelle 1900 hinzugefügt. (Mot. 1900 S. 96.)

Fälligkeitstermine.

§. 93.

Kosten des Heilverfahrens und Sterbegelder sind binnen 1.
einer Woche[1]) nach ihrer Feststellung, Renten in monatlichen, und wenn sich der Jahresbetrag auf sechzig Mark oder weniger[2]) beläuft, in vierteljährlichen Beträgen im voraus[3]) zu zahlen, letzteres insoweit, als nicht im voraus anzunehmen ist, daß die Rente vor Ablauf des Vierteljahres fortfällt. Die Renten werden auf volle fünf Pfennig für den Monat beziehungsweise das Vierteljahr nach oben abgerundet.

Im Einverständnisse mit dem Entschädigungsberech- 2.
tigten kann die Berufsgenossenschaft anordnen, daß die Zahlung in längeren Zeitabschnitten[4]) erfolgt.

Fällt das Recht auf den Rentenbezug im Laufe des 3.
Monats, für welchen die Rente gezahlt war, fort, so ist von einer Rückforderung abzusehen.[5]) Wenn für einen Theil des Monats die Rente für den Verletzten mit der Rente für die Hinterbliebenen zusammentrifft,[6]) so haben die Hinterbliebenen den höheren Betrag zu beanspruchen.

Ein Verzicht auf die Rückforderung ist auch dann zu- 4.
lässig,[7]) wenn die Rente für längere Zeitabschnitte gezahlt war.

§. 66 U.V.G.; §. 66 Entw.; §. 66 Ges. 1900.

Zu §. 93.

1) binnen einer Woche, weil „die Zahlung dieser zur Bestreitung des dringlichsten Bedürfnisses erforderlichen Kosten thunlichst bald erfolgen, eine kleine Frist zwischen der Festsetzung und der Zahlung aber schon um deswillen liegen muß, weil erst die Anweisung an die Zahlstelle (§. 97) ausgestellt und bei der letzteren eingegangen sein muß" (Mot. 1884 S. 73). Da die Zahlungsanweisung dem Genossenschaftsvorstande (§. 87), die Feststellung der Kosten des Heilverfahrens und der Sterbegelder aber in der Regel dem Sektionsvorstande oder Vertrauensmann (§. 69) obliegt, so müssen die letzteren diese Festsetzung unverzüglich bewirken und an den Vorstand einsenden, weil sonst die Frist nicht innegehalten werden kann. Vgl. Geschäftsanweisung, betreffend die Auszahlungen durch die Post, vom 31. Dezember 1900 (A.N. 1901 S. 216), Anlage J.

Die Zahlung muß immer durch die Post erfolgen (§. 97); nur für Knappschaftskassen ist eine Ausnahme zugelassen (§. 134).

Sofortige Abschlagszahlungen bezw. Vorschüsse durch ein Genossenschaftsorgan (z. B. wenn im Fall der Noth Sterbegelder durch den Vertrauensmann sofort nach der Feststellung vorschußweise gezahlt werden) sind zulässig und können durch Uebertragung der gegen die B.G. bestehenden Ansprüche gedeckt werden (§. 96 Abs. 1 Ziffer 1).

²) sechzig Mark oder weniger. Die Zahlung von kleinen Renten in Vierteljahrsbeträgen ist von der Reichstags-Kommission eingefügt (Komm.-Ber. 1900 S. 95); sie findet auch auf alle am 1. Oktober 1900 laufenden Renten, ebenso wie auf die später bewilligten, Anwendung (A.N. 1900 S. 806). Wegen der Berechnung der Vierteljahrsbeträge beim Zusammentreffen von mehreren Renten, die an einen Verletzten zu zahlen sind, vgl. A.N. 1901 S. 363.

³) im voraus. Die Vorauszahlung der Entschädigungsrenten entspricht der Alimentennatur der letzteren; die Zahlungsperioden waren im Interesse der Berechtigten kurz zu bemessen, jedoch durfte auch die durch allzu häufige Zahlungen eintretende Geschäftsbelastung der Zahlstellen nicht unberücksichtigt bleiben" (Mot. 1884 S. 73). Liegt der Anfangspunkt der Rentenzahlung innerhalb eines Monats, so ist der auf den Rest des letzteren fallende Betrag, und zwar nach der wirklichen Zahl der Tage (nicht nach der Durchschnittszahl von 30 Tagen), sofort zu zahlen, die späteren Raten am Monatsanfang (A.N. 1886 S. 160, 294). Wegen der Berechnung der Theilbeträge bei Vierteljahrsrenten vgl. A.N. 1901 S. 235. Besteht der Anspruch nur noch für einen Theil des Monats, z. B. wenn im Laufe desselben ein hinterbliebenes Kind das 15. Lebensjahr zurücklegt, so hat sich die Zahlungsanweisung auf den entsprechenden Betrag zu beschränken (A.N. 1886 S. 55); anders nach Abs. 3, wenn der Wegfall der Rente nicht im Voraus feststeht.

⁴) Im Einverständniß . . in längeren Zeitabschnitten. Die Auszahlung der Renten in Monatsraten, welche nach dem U.V.G. (1884) als unabänderliche gesetzliche Regel bestand, kann unter Umständen, namentlich bei den in großer Zahl vorkommenden geringfügigen Renten, sowohl für die Genossenschaft, als auch für die Post und den Empfänger eine Belästigung mit sich bringen, welche zu der wirthschaftlichen Bedeutung dieser Rente nicht in richtigem Verhältnisse steht. Auch soweit der Jahresbetrag der Rente 60 Mark übersteigt (Abs. 1), sind deshalb Vereinbarungen zwischen der Berufsgenossenschaft und den Entschädigungsberechtigten zugelassen, welche die Auszahlung der Rente in längeren Zeitabschnitten zum Gegenstande haben. (Mot. 1900 S. 96.)

⁵) Von einer Rückforderung abzusehen. Die gesetzlich vorgeschriebene Vorausbezahlung der Renten in Monatsraten hat zur Folge, daß, wenn der Bezug einer ohne vorausbestimmten Endtermin zu zahlenden Rente im Laufe eines Monats fortfällt, die Frage entsteht, ob für den Rest des Monats ein verhältnißmäßiger Betrag zurückzufordern ist. Diese Frage, welche nach dem U.V.G. (1884) verschieden beantwortet wurde, ist nunmehr durch eine gesetzliche Bestimmung entschieden. Dabei sprach zu Gunsten einer Abstandnahme von der Rückforderung neben der Analogie der Fälle des §. 89 Abs. 4 zunächst der thatsächliche Grund, daß in vielen Fällen der Versuch der Rückforderung erfolglos verlaufen muß und nur zu einer Verbitterung der wegen der Rückzahlung in Anspruch Genommenen sowie zu einer fruchtlosen Aufwendung von Kosten seitens der Genossenschaft führt. Aber auch vom Rechtsstandpunkte läßt sich der Verzicht auf die Rückforderung im Hinblick auf die Natur der Renten als Alimenten begründen. Nur für den Fall, daß nach dem Tode des Rentenempfängers erbberechtigte

Hinterbliebene vom Todestag an eine Rente auf Grund der Unfallversicherungsgesetze beziehen, wäre es nicht gerechtfertigt, die Genossenschaft auf den Zeitraum vom Tode bis zum Schlusse des Sterbemonats mit einer zweifachen Rentenzahlung zu belasten. In diesem Falle entspricht es der Billigkeit, daß der Genossenschaft eine Anrechnung der für den betreffenden Theil des Monats gezahlten Beträge auf die Hinterbliebenenrente zugestanden wird und nur der überschießende Theil der letzteren gezahlt werden muß. (Mot. 1900 S. 97.)

[6]) zusammentrifft. Vgl. §. 22 Abs. 3 und Anm. 8, 9 dazu. (A.N. 1901 S. 399.)

[7]) auch dann zulässig. Wenn die Rente kraft besonderen Abkommens in längeren Zeitabschnitten gezahlt wird, findet eine Ueberlassung der über den Sterbemonat hinaus gezahlten Beträge an die Hinterbliebenen nicht statt; es soll aber der Berufsgenossenschaft freistehen, aus Gründen der Billigkeit oder der Zweckmäßigkeit auch auf deren Rückforderung zu verzichten. (Aehnlich §. 86.)

Ruhen der Rente.

§. 94.

[1])Das Recht auf Bezug der Rente ruht:

1. solange der Berechtigte eine die Dauer von einem Monat übersteigende Freiheitsstrafe verbüßt oder solange er in einem Arbeitshaus oder einer Besserungsanstalt untergebracht ist. Hat der Berechtigte im Inlande wohnende Angehörige,[2]) welche im Falle seines Todes Anspruch auf Rente haben würden, so ist diesen die Rente bis zur Höhe jenes Anspruchs zu überweisen;
2. solange der berechtigte Ausländer[3]) nicht im Inlande seinen gewöhnlichen Aufenthalt hat. Diese Bestimmung kann durch Beschluß des Bundesraths[4]) für bestimmte Grenzgebiete[5]) oder für solche auswärtige Staaten,[5a]) durch deren Gesetzgebung deutschen, durch einen Betriebsunfall verletzten Arbeitern eine entsprechende Fürsorge gewährleistet ist,[6]) außer Kraft gesetzt werden;
3. solange der berechtigte Inländer[7]) im Auslande sich aufhält und es unterläßt, der Berufsgenossenschaft seinen Aufenthalt mitzutheilen.

Das Reichs-Versicherungsamt[8]) hat[9]) über die Mittheilung des Aufenthaltsorts nähere Vorschriften zu erlassen und darin anzuordnen, daß der Rentenberechtigte sich von Zeit zu Zeit[10]) bei einem deutschen Konsul persönlich vorzustellen hat.

Weist der Entschädigungsberechtigte nach, daß er der Vorstellungspflicht ohne sein Verschulden nicht hat genügen können, so lebt insoweit das Recht auf den Bezug der Rente wieder auf.

§. 66a Entw.; §. 66a Ges. 1900.

Zu §. 94.

¹) Die Bestimmungen über das Ruhen der Renten, welche im U.V.G. (1884) gänzlich fehlten und nur in §§. 39, 48 des B.U.V.G. (1887) sowie §. 75 S.U.V.G. (1887) in beschränktem Umfange vorkommen, waren im Entwurf (1900) dem §. 48 J.V.G. nachgebildet, sind jedoch im Reichstag mehrfach abgeändert. — Das Ruhen der Rente tritt nicht von selbst ein, sondern ist durch einen Bescheid festzustellen (vgl. §. 89 Abs. 4, §. 91).

Wegen der Anwendung auf Renten aus der Zeit vor dem 1. Oktober 1900 vgl Anm. 5 am Schlusse.

²) Angehörige. An Stelle der im §. 48 J.V.G. bezeichneten „Familie, deren Unterhalt der Rentenberechtigte bisher aus seinem Arbeitsverdienste bestritten hat", ist hier entsprechend §. 8 Abs. 2, §. 22 Abs. 3 der bestimmtere Begriff der im Todesfalle Rentenberechtigten gesetzt (Mot. 1900 S. 98).

³) Ausländer. Der Reichstag hat Bedenken getragen, Inländern den Bezug der Unfallrente zu entziehen, wenn sie ihren gewöhnlichen Aufenthalt nicht im Inlande haben, namentlich wenn diese Wahl des Aufenthaltsorts mit der Beschäftigung im Dienst eines inländischen versicherungspflichtigen Betriebes zusammenhängt. Solche Fälle sind nicht selten, z. B. wenn ein rentenberechtigter Aufseher oder Monteur in einer Zweigniederlassung im Auslande beschäftigt wird (Komm.Ber. 1900 S. 96; Sten.Ber. des Reichstags vom 9. Mai 1900 S. 5366—5368). Schließlich wurde aber weitergehend beschlossen, unabhängig von der Art der Beschäftigung den Inländern grundsätzlich den Rentenbezug auch im Auslande zu lassen, zumal die B.Gen. in der Ausübung der nöthigen Kontrole über den Körperzustand der Rentenempfänger sowie in der regelmäßigen Uebersendung der Rentenbeträge keine Schwierigkeit erblickten. Ziffer 2 ist deshalb auf Ausländer beschränkt, und für Inländer sind nur gewisse Meldevorschriften unter der neu hinzugefügten Ziffer 3 gegeben (Sten.Ber. vom 25. Mai 1900 S. 5776, 5777).

⁴) Beschluß des Bundesraths. Derartige Beschlüsse sind auch an anderen Stellen des G.U.V.G. vorgesehen, vgl. §. 21, §. 95 Abs. 2.

⁵) Grenzgebiete. Der bezügliche Beschluß ist vom Bundesrath gefaßt und durch Bekanntmachung vom 16. Oktober 1900 veröffentlicht. Die Bekanntmachung lautet:

Bekanntmachung vom 16. Oktober 1900.
(Centr.Bl. f. d. D. Reich S. 540.)

Der Bundesrath hat in seiner Sitzung vom 13. Oktober 1900 auf Grund des §. 94 Ziffer 2 des Gewerbe-Unfallversicherungsgesetzes (Reichs-Gesetzbl. 1900 S. 585), §. 100 Ziffer 2 des Unfallversicherungsgesetzes für Land- und Forstwirthschaft (Reichs-Gesetzbl. 1900 S. 641), §. 37 Abs. 1 des Bau-Unfallversicherungsgesetzes (Reichs-Gesetzbl. 1900 S. 698) und §. 48 Abs. 1 Ziffer 4 des

Invalidenversicherungsgesetzes (Reichs-Gesetzbl. 1899 S. 463) beschlossen, daß die dort vorgesehenen Bestimmungen über das Ruhen des Rechts auf den Bezug der Unfall-, Invaliden- und Altersrente für folgende ausländische Grenzgebiete außer Kraft gesetzt werden:

Laufende Nr.	Bezeichnung der ausländischen Staaten	Nähere Bezeichnung der in Betracht kommenden ausländischen Grenzgebiete
1.	Dänemark.	Die Ortschaft Vamdrup.
2.	Niederlande.	Die Provinzen Groningen, Drenthe, Oberyssel, Gelderland, Limburg.
3.	Das neutrale Gebiet Moresnet.	
4.	Belgien.	Die Arrondissements Lüttich, Verviers (Provinz Lüttich), Marche, Bastogne (Provinz Luxemburg).
5.	Das Großherzogthum Luxemburg.	
6.	Schweiz.	Der Kanton Bern, soweit derselbe nördlich und nordwestlich der Zihl und der Aare, vom Einflusse der Zihl abwärts gerechnet, belegen ist; ferner die Kantone Solothurn, Basel-Stadt, Basel-Land, Aargau, Zürich, Schaffhausen, Thurgau, St. Gallen, Appenzell (Außer- und Inner-Roden).
7.	Oesterreich-Ungarn.	Die Bezirkshauptmannschaften Bregenz, Reutte, Schwaz, Kufstein, Salzburg mit dem Stadtmagistratsbezirke Salzburg, Schärding, Rohrbach, Krumau, Prachatitz, Schüttenhofen, Strakonitz, Klattau, Taus, Bischofteinitz, Tachau, Plan, Eger, Asch, Graslitz, Joachimsthal, Kaaden, Kommotau, Brüx, Dux, Teplitz, Aussig, Tetschen, Schluckenau, Rumburg, Gabel, Reichenberg, Friedland, Gablonz, Starkenbach, Hohenelbe, Trautenau, Braunau, Neustadt, Reichenau, Senftenberg, Schönberg, Freiwaldau, Jägerndorf, Freudenthal, Troppau, Neu-Titschein, Mistek, Freistadt, Teschen, Bielitz; die Bezirke Biala und Chrzanow.
8.	Rußland.	Die zwischen der deutschen Reichsgrenze und Sosnowice belegenen Ortschaften Alt-Sosnowice, Sielce, Bogunja, Dembowo-Góra, Ostro-Górtea, Milowice und Niwka.

Berlin, den 16. Oktober 1900.

Der Reichskanzler.
Im Auftrage: Dr. v. Woedtke.

Für die obigen Grenzgebiete ist es also bei dem vor Erlaß der Novelle (1900) geltenden Rechtszustande, welcher ein Ruhen des Rentenbezuges im Auslande nicht kannte, geblieben; im Uebrigen aber, soweit nicht etwa noch besondere Vereinbarungen getroffen werden, haben, soweit es sich um Renten aus der Zeit nach dem 1. Oktober 1900 handelt, Ausländer, die nicht im Inlande ihren gewöhnlichen Aufenthalt haben, keine Unfallrente zu beziehen. Auf ältere Renten kann dieser Grundsatz nicht angewendet werden, weil es sich dabei um wohlerworbene Rechte handelt, die nicht geschmälert werden dürfen.

5a) Auswärtige Staaten. Der Bnndesrath hat von seiner Befugniß zu Gunsten von Oesterreich und Italien Gebrauch gemacht. Auf seinen Beschluß gründet sich die nachstehende

Bekanntmachung,
betreffend den Fortbezug der Unfallrenten und die Gewährung des Anspruchs auf Hinterbliebenenrente bei Ausländern. (Centr Bl. f. d. D. R. 1901 S. 236.)

Der Bundesrath hat in seiner Sitzung vom 29. Juni 1901 beschlossen, die Bestimmungen über das Ruhen der Renten und über die Ausschließung des Anspruchs auf Hinterbliebenenrente im §. 94 Ziffer 2, §. 21 des Gewerbe-Unfallversicherungsgesetzes sowie im §. 37 Abs. 1, §. 9 des Bau-Unfallversicherungsgesetzes für die Angehörigen der im Reichsrathe vertretenen Königreiche und Länder der K. und K. österreichisch-ungarischen Monarchie sowie für die Angehörigen des Königreichs Italien außer Kraft zu setzen.

Die Außerkraftsetzung erfolgt mit der Maßgabe, daß die rentenberechtigten Ausländer, solange sie sich nicht im Inland aufhalten, den vom Reichs-Versicherungsamt auf Grund des §. 94 Ziffer 3 des Gewerbe-Unfallversicherungsgesetzes für Inländer erlassenen Vorschriften zu genügen haben.

Berlin, den 29. Juni 1901.

Der Reichskanzler.
In Vertretung: Graf v. Posadowsky.

Danach sind hinsichtlich des Bezuges von Renten im Bereich der Gewerbe- und der Bau-Unfallversicherung den Inländern gleichgestellt die Angehörigen von Oesterreich (unter Ausschließung der Länder der ungarischen Krone: Ungarn, Siebenbürgen, Kroatien und Slavonien, für welche eine gleichwerthige Unfallversicherung nicht besteht) und von Italien.

6) gewährleistet ist. Bisher ist eine derartige Anerkennung der Gleichwerthigkeit in Bezug auf Oesterreich und Italien ausgesprochen worden.

7) Inländer. Die unter Ziffer 3 für Inländer gegebenen Bestimmungen verdanken ihre Entstehung den Beschlüssen des Reichstags in dritter Lesung (Sten.Ber. vom 25. Mai 1900 S. 5776, 5777). Vgl. Anm. 3.

8) Reichs-Versicherungsamt. Die Bestimmungen sollen für alle B.Gen., mit Ausnahme der See-Berufsgenossenschaft, für die nach §. 98 S.U.V.G. besondere Bestimmungen gelten, gleichmäßig erlassen werden, es ist deshalb §. 94 im §. 127 G.U.V.G. nicht zitirt, so daß hier eine Befugniß

der Landes-Versicherungsämter neben derjenigen des R.V.A. nicht gegeben ist.

[9]) hat. Der Erlaß von Bestimmungen ist obligatorisch; sie sind unterm 5. Juli 1901 erlassen und haben folgenden Wortlaut:

Vorschriften
über die Verpflichtungen von unfallrentenberechtigten Inländern, welche im Auslande sich aufhalten.
Vom 5. Juli 1901. (Reichs-Anzeiger vom 10. Juli 1901.)

In Ausführung der Bestimmungen des §. 94 Ziffer 3 des Gewerbe-Unfallversicherungsgesetzes (Reichs-Gesetzbl. 1900 S. 585), §. 100 Ziffer 3 des Unfallversicherungsgesetzes für Land- und Forstwirthschaft (Reichs-Gesetzbl. 1900 S. 641), §. 37 Abs. 1 des Bau-Unfallversicherungsgesetzes (Reichs-Gesetzbl. 1900 S. 698) werden die nachstehenden Vorschriften erlassen:

§. 1.

Nimmt ein rentenberechtigter Inländer seinen gewöhnlichen Aufenthalt im Auslande, so hat er der die Rente zahlenden Berufsgenossenschaft unverzüglich diesen Aufenthalt so mitzutheilen, daß Postsendungen unter der angegebenen Adresse bestellbar sind. Die Mittheilung kann schriftlich, telegraphisch oder zu Protokoll erfolgen.

§. 2.

Die Mittheilung gilt als unterlassen im Sinne der Ziffer 3 Abs. 1 der §§. 94 des Gewerbe-Unfallversicherungsgesetzes und 100 des Unfallversicherungsgesetzes für Land- und Forstwirthschaft, wenn die Abreise des Rentenberechtigten ins Ausland glaubhaft gemacht, innerhalb der Mittheilungsfrist aber keine den Vorschriften des §. 1 entsprechende Mittheilung der Berufsgenossenschaft zugegangen ist.

Diese Frist beginnt mit dem Tage, an welchem die Reise ins Ausland angetreten worden ist, oder, sofern dieser Zeitpunkt nicht feststeht, mit dem Tage, an welchem die Bestellung einer Postsendung der Berufsgenossenschaft an den Rentenberechtigten unter seiner letzten bekannten Adresse im Inlande wegen Verlassens dieses Aufenthaltsorts nicht hat bewirkt werden können.

Die Frist beträgt:

1. wenn der angegebene oder nach den Umständen anzunehmende ausländische Aufenthaltsort innerhalb Europas belegen ist, drei Monate,
2. wenn dieser Ort in den Küstenländern von Asien und Afrika längs des Mittelländischen und Schwarzen Meeres oder auf den dazu gehörigen Inseln belegen ist, sechs Monate,
3. wenn dieser Ort in einem sonstigen außereuropäischen Lande belegen ist, ... neun Monate.

Im Zweifel ist die längere Frist maßgebend.

§. 3.

Bei jedem Wechsel des gewöhnlichen Aufenthalts innerhalb des Auslandes finden die Vorschriften der §§. 1 und 2 entsprechende Anwendung mit der Maßgabe, daß für die Berechnung der Mittheilungsfrist der letzte bekannte Aufenthaltsort im Ausland an die Stelle des letzten inländischen Wohnorts tritt, und daß die Frist in allen Fällen sechs Monnte beträgt.

§. 4.

Eine ausdrückliche Vereinbarung zwischen der Berufsgenossenschaft und dem Rentenberechtigten über die anderweite Festsetzung des Beginns und der Dauer der in den §§. 2 und 3 bestimmten Fristen ist zulässig.

§. 5.

Auf Erfordern der die Rente zahlenden Berufsgenossenschaft haben die rentenberechtigten Verletzten sich von Zeit zu Zeit bei dem örtlich zuständigen deutschen Konsul oder einer ihnen zu bezeichnenden anderen deutschen Behörde persönlich vorzustellen.

Die Vorstellung darf, sofern nicht zwischen der Berufsgenossenschaft und dem Rentenberechtigten über einen kürzeren Zeitraum ausdrückliches Einverständniß erzielt ist,

1. innerhalb der ersten zwei Jahre von der Rechtskraft des Bescheids oder der Entscheidung ab, durch welche die Entschädigung zuerst endgültig festgestellt worden ist,
   a) von den am Sitze der Behörde wohnenden oder dort regelmäßig beschäftigten Verletzten nur in Zeiträumen von mindestens . . . . sechs Monaten,
   b) von anderen Verletzten nur in Zeiträumen von mindestens . . . . neun Monaten,
2. in allen übrigen Fällen nur in Zeiträumen von mindestens . . . . einem Jahre

verlangt werden.

§. 6.

Die Berufsgenossenschaft, welche die Vorstellung angeordnet hat, ist verpflichtet, den Verletzten die zur zweckentsprechenden Ausführung der Reise aufgewendeten Kosten an Reise-, Uebernachtungs- und Zehrungsgeld sowie den dadurch entgangenen Arbeitsverdienst zu erstatten.

§. 7.

Die Bestimmung unter Ziffer 3 Abs. 3 der §§. 94 des Gewerbe-Unfallversicherungsgesetzes und 100 des Unfallversicherungsgesetzes für Land- und Forstwirthschaft gilt auch für die Pflicht zur Mittheilung des Aufenthalts.

§. 8.

Diese Vorschriften treten am 1. Oktober 1901 in Kraft.

Sie finden entsprechende Anwendung auf die rentenberechtigten Inländer, welche an diesem Tage bereits ihren gewöhnlichen Aufenthalt im Auslande genommen oder die Reise ins Ausland angetreten haben.

Für solche Personen beginnen die in den §§. 2 und 3 vorgesehenen Mittheilungsfristen mit dem Tage des Inkrafttretens dieser Vorschriften.

Der Mittheilung des Aufenthalts, an dem sich ein Berechtigter zu diesem Zeitpunkte befindet, bedarf es nicht, wenn seine ausländische Adresse der die Rente zahlenden Berufsgenossenschaft bereits früher genau (§. 1) mitgetheilt worden ist.

§. 9.

Soweit die Rente von einer Ausführungsbehörde (§§. 128 ff. des Gewerbe-Unfallversicherungsgesetzes, §§. 134 ff. des Unfallversicherungsgesetzes für Land- und Forstwirthschaft, §. 6 Ziffer 2 und 3 und §§. 42, 43 des Bau-Unfallversicherungsgesetzes) gezahlt wird, tritt diese hinsichtlich der vorstehenden Bestimmungen an die Stelle der Berufsgenossenschaft.

Berlin, den 5. Juli 1901.

Das Reichsversicherungsamt.
Abtheilung für Unfallversicherung.
Gaebel.

[10]) von Zeit zu Zeit. Ein Antrag, vorzuschreiben, daß kürzere als einjährige Fristen nicht angeordnet werden sollten, ist abgelehnt (Sten.Ber. vom 25. Mai 1900 S. 5777 C), weil dem R.V.A. für eine den Umständen entsprechende Regelung freie Hand gelassen werden sollte.

Kapitalabfindungen.

§. 95.

Ist bei theilweiser Erwerbsunfähigkeit eine Rente von 1. fünfzehn oder weniger Prozent[1]) der Vollrente festgestellt, so kann nach Anhörung der unteren Verwaltungsbehörde[2]) die Berufsgenossenschaft den Entschädigungsberechtigten auf seinen Antrag[3]) durch eine entsprechende Kapitalzahlung[4]) abfinden. Der Verletzte muß vor Annahme seines Antrags darüber belehrt werden,[5]) daß er nach der Abfindung auch in dem Falle keinerlei Anspruch auf Rente mehr habe, wenn sein Zustand sich erheblich verschlechtern würde. Gegen den Bescheid, durch welchen die Kapitalabfindung festgesetzt wird, ist Berufung (§. 76) zulässig. Das Rechtsmittel hat in diesem Falle[6]) aufschiebende Wirkung. Bis zur Verkündung der Entscheidung[7]) kann der Antrag zurückgezogen werden. Die Entscheidung des Schiedsgerichts ist endgültig. Sie kann nur auf Bestätigung oder auf Aufhebung[8]) des Bescheids lauten.

Ist der Entschädigungsberechtigte ein Ausländer,[9]) so 2. kann er, falls er seinen Wohnsitz im Deutschen Reiche aufgiebt, auf seinen Antrag[10]) mit dem dreifachen Betrage der Jahresrente abgefunden werden. Durch Beschluß[11]) des Bundesraths kann diese Bestimmung für bestimmte Grenzgebiete oder für die Angehörigen solcher auswärtiger Staaten, durch deren Gesetzgebung deutschen, durch Unfall verletzten Arbeitern eine entsprechende Fürsorge gewährleistet ist, außer Kraft gesetzt werden.

Diese Bestimmungen finden auch Anwendung[12]) auf 3.

solche Renten, welche vor dem Inkrafttreten dieses Gesetzes festgestellt worden sind. Wird eine solche Abfindung im Laufe der ersten drei Jahre nach Inkrafttreten des Gesetzes ausgesprochen, so sind die Berufsgenossenschaften berechtigt, die erforderlichen Mittel aus dem Reservefonds[13]) zu entnehmen. Dieser ist dann nach näherer Anordnung des Reichs-Versicherungsamts[14]) (§. 34 Abs. 2) wieder zu ergänzen.

§. 67 U.V.G.; §. 67 Entw.; §. 67 Ges. 1900.

Zu §. 95.

[1]) fünfzehn oder weniger Prozent. Die durch die Novelle (1900) neu eingeführte Kapitalabfindung für Inländer beschränkt sich auf kleine Renten; derartig geringe Beträge haben wirthschaftlich nur geringen Werth, sie belasten aber die B.G. mit der Kontrole des Rentenempfängers und einer fortlaufenden Verwaltungsthätigkeit. Die Abfindung soll hier jedoch nur stattfinden, wenn beide Theile sie wünschen (kann, auf Antrag), sie soll ferner nach der durch das Lebensalter und die körperliche Beschaffenheit des Berechtigten bedingten voraussichtlichen Dauer des Rentenbezugs abgestuft werden.

Bezieht ein Verletzter für verschiedene Unfälle mehrere Renten von 15 oder weniger Prozent, so kann er auf Antrag für alle diese Renten durch Kapital abgefunden werden (A.N. 1901 S. 178).

[2]) nach Anhörung der unteren Verwaltungsbehörde. Die B.G. ist nicht verpflichtet, dem Vorschlage der Behörde unter allen Umständen zu folgen, sondern sie hat unter eigener Verantwortung über die Kapitalzahlung zu befinden. Im allgemeinen wird sie sich dabei auf die besonders dazu geeigneten Fälle zu beschränken haben (A.N. 1901 S. 399).

Die Anhörung der unteren Verwaltungsbehörde soll Mißbräuchen vorbeugen. Die Kapitalabfindung ist für geschäftsunkundige Rentenempfänger unter Umständen wirthschaftlich gefährlich. Durch die Anhörung der unteren Verwaltungsbehörde werden die in dieser Beziehung entscheidenden Verhältnisse rechtzeitig zur Kenntniß der Berufsgenossenschaft gebracht und von ihr in verständiger Weise berücksichtigt werden. Es gilt dabei zu verhüten, daß, entgegen dem Zweck der Entschädigung durch Rente, der Rentenempfänger später doch der Armenpflege zur Last fällt (Komm.Ber. 1900 S. 99). — Welche Behörde als untere Verwaltungsbehörde zu fungiren hat, wird nach §. 152 bestimmt.

[3]) auf seinen Antrag. Die Abfindung erfolgt bei Inländern, ebenso aber auch bei Ausländern nach Abs. 2, nur wenn sie selbst es wünschen; anderenfalls bleibt es bei der Rente. — Der Antrag kann jederzeit gestellt, und die Abfindung auch dann noch gewährt werden, wenn dem Verletzten durch rechtskräftigen Bescheid eine Rente zugesprochen war. (A.N. 1892 S. 348; vgl. auch §. 91.)

[4]) entsprechende Kapitalzahlung, deren Höhe die B.G. durch Bescheid festzusetzen hat. Das Schiedsgericht darf die Abfindung nicht er-

höhen, sondern hat den Bescheid entweder zu bestätigen, oder, wenn ihm die Abfindung zu gering erscheint, den Bescheid aufzuheben (Komm.Ber. 1900 S. 98). Wegen der Form der Anweisung von Kapitalabfindungen vgl. A.N. 1886 S. 86.

5) belehrt werden. Auf diese Belehrung ist im Reichstag Werth gelegt worden. (Sten.Ber. vom 9. Mai 1900 S. 5372 A.)

6) in diesem Falle ausnahmsweise, vgl. §. 76 Abs. 5. Die Rente ist also solange weiter zu zahlen, bis der Betrag der Abfindung rechtskräftig feststeht.

7) Der Entscheidung des Schiedsgerichts, die endgültig ist.

8) Bestätigung oder Aufhebung, vgl. Anm. 4.

9) Ausländer. Bei Ausländern, welche dauernd das Reichsgebiet verlassen, kennen schon die älteren Unfallversicherungsgesetze eine solche Abfindung, weichen dabei aber im Einzelnen von einander ab. Nach den Gesetzen vom 6. Juli 1884 (§. 67) und vom 5. Mai 1886 (§. 62) ist der Abfindungsbetrag in jedem einzelnen Falle besonders festzustellen, während für die Unfallversicherung bei Bauten (§§. 39 und 48 des Gesetzes vom 11. Juli 1887) und für Seeleute (§. 75 des Gesetzes vom 13. Juli 1887) als Abfindung ein- für allemal der dreifache Betrag der Jahresrente vorgeschrieben ist. Eine Abfindung von Ausländern in der gleichen, ein für allemal festgesetzten Höhe läßt auch §. 26 des Invalidenversicherungsgesetzes zu. Diese neuere Regelung ist auch hier durchgeführt, dabei aber zu Gunsten der Bewohner der Grenzbezirke 2c. die gleiche Einschränkung, wie beim Ruhen des Rechtes auf Bezug der Rente (§. 94 Ziffer 2), vorzusehen.

10) auf seinen Antrag. Diese Einschränkung, welche vom J.V.G. abweicht, ist von der Reichstags-Kommission beschlossen worden (Komm.Ber. 1900 S. 100). Weshalb dieser Zusatz und daneben noch die Bestimmung beschlossen worden ist, daß für Grenzgebiete die Bestimmung über Abfindung der Ausländer außer Kraft gesetzt werden kann, ist nicht aufgeklärt (Sten.-Ber. vom 9. Mai 1900 S. 5369, 5371). Wenn der ausländische Rentenberechtigte nur dann durch Kapital, die dreifache Jahresrente, abgefunden werden darf, wenn er selbst und die B.G. es übereinstimmend wünschen, dann bedarf es keiner weiteren Abmachungen zu seinem Schutze.

11) Beschluß. Ein solcher ist in ähnlicher Weise vorgesehen in den §§. 21, 94; für den hier vorliegenden Paragraphen ist ein derartiger Beschluß bisher nicht gefaßt, wohl wegen der aus Anm. 10 ersichtlichen Erwägung.

12) finden auch Anwendung. In Folge ihrer Anwendung auf die vor dem Inkrafttreten der Novelle (1900) bewilligten Renten wird möglicherweise zunächst eine außerordentliche Belastung der Genossenschaft mit Zahlungen entstehen, die unter den durch Umlage regelmäßig aufzubringenden Jahresbedarf nicht fallen. Es entspricht daher der Billigkeit, eine Vertheilung dieser Last auf längere Zeit in der Weise zuzulassen, daß die erforderlichen Mittel zunächst aus dem Reservefonds zu entnehmen sind, welcher sodann nach näherer Bestimmung des Versicherungsamts auf den Normalbetrag allmählich ergänzt werden muß (Mot. 1900 S. 99).

13) aus dem Reservefonds dürfen Kapitalabfindungen nur für solche Renten entnommen werden, die bereits vor dem 1. Oktober 1900 festgestellt worden sind (A.N. 1901 S. 363).

[14]) Reichs-Versicherungsamts, event. Landes-Versicherungsamts (§. 127).

Uebertragung der Ansprüche.

§. 96.

1. [1])Die Uebertragung der aus diesem Gesetze sich ergebenden Ansprüche auf Dritte sowie deren Verpfändung oder Pfändung hat nur insoweit rechtliche Wirkung,[2]) als sie erfolgt:

1. zur Deckung eines Vorschusses,[3]) welcher dem Berechtigten auf seine Ansprüche vor Anweisung[4]) der Rente oder des Sterbegeldes von dem Betriebsunternehmer oder einem Genossenschaftsorgan oder dem Mitglied eines solchen Organs gegeben worden ist;
2. zur Deckung der im §. 850 Abs. 4 der Civilprozeßordnung[5]) bezeichneten Forderungen;
3. zur Deckung von Forderungen der nach §§. 25, 27 ersatzberechtigten[6]) Gemeinden, Armenverbände und an deren Stelle getretenen Betriebsunternehmer und Kassen, der Krankenkassen sowie der Versicherungsanstalten[7]) für Invalidenversicherung.

2. Die Ansprüche dürfen nur auf geschuldete Beiträge,[7a]) auf gezahlte Vorschüsse,[8]) auf zu Unrecht gezahlte Entschädigungen, auf die zu erstattenden Kosten des Verfahrens,[9]) auf die vom Vorstande verhängten Geldstrafen sowie auf die im §. 136 Abs. 1 bezeichneten Regreßansprüche der Berufsgenossenschaften aufgerechnet werden.[10])

3. Ausnahmsweise darf der Berechtigte den Anspruch ganz oder zum Theil auf Andere übertragen,[11]) sofern dies von der unteren Verwaltungsbehörde[12]) genehmigt wird.

§. 68 U.V.G.; §. 68 Entw.; §. 68 Ges. 1900

Zu §. 96.

[1]) Der Paragraph ist mit den durch die Verschiedenheit der Rechtsmaterie gebotenen Abweichungen gleichlautend mit §. 55 J.V.G.; obwohl die Fassung in der Reichstags-Kommission bemängelt wurde, blieb es schließlich bei dieser Fassung (Komm.Ber. 1900 S. 101, 102).

[2]) rechtliche Wirkung. Die Leistungen auf Grund der Unfallversicherung haben in der Hauptsache den Zweck, für die Zeit der Arbeitsunfähigkeit an die Stelle des durch eigene Arbeitskraft erworbenen Unterhalts zu treten. Wie die Beschlagnahme des Dienstlohnes gesetzlich untersagt

ist, so ist folgerichtig auch die Unfallrente vor einer Schmälerung grundsätzlich zu bewahren. Die Uebertragung, Pfändung ꝛc. ist also in der Regel nichtig, soweit nicht besondere Ausnahmen zugelassen sind; diese Vorschrift ist öffentlich-rechtlicher Natur und kann durch Vereinbarung der Parteien nicht abgeändert werden (A.N. 1887 S. 136). — Zum Ersatz von Strafvollstreckungskosten kann die Rente zwar nicht gepfändet werden, aber die bereits gezahlten Rentenbeträge können zur Deckung jener Kosten in Anspruch genommen werden (A.N. 1893 S. 191). Wegen des Ruhens der Rente bei längeren Freiheitsstrafen und ihrer Verwendung für die Angehörigen vgl. §. 94. — Ueber die Zulässigkeit einer Pfändung entscheidet nicht das R.V.A., sondern das Gericht.

3) eines Vorschusses. Diese Ausnahme ist im Interesse des Verletzten zugelassen, dem bei verzögerter Rentenfeststellung nicht selten der Betriebsunternehmer, ein bei der Feststellung betheiligtes Genossenschaftsorgan oder ein Mitglied desselben einen Vorschuß zu gewähren und ihn vor Noth zu schützen bereit sein wird, wenn baldige Erstattung gesichert ist.

4) vor Anweisung. Die Uebertragung ist nur zulässig, wenn der Vorschuß gegeben ist, bevor die B.G. mit ihrer Fürsorge eingetreten war.

5) §. 850 Abs. 4 C.P.O. lautet: „In den Fällen der beiden vorhergehenden Absätze ist die Pfändung ohne Rücksicht auf den Betrag zulässig, wenn sie wegen der den Verwandten, dem Ehegatten und dem früheren Ehegatten für die Zeit nach Erhebung der Klage und für das diesem Zeitpunkt vorausgehende Vierteljahr kraft Gesetzes zu entrichtenden Unterhaltungsbeiträge beantragt wird. Das Gleiche gilt in Ansehung der zu Gunsten eines unehelichen Kindes von dem Vater für den bezeichneten Zeitraum kraft Gesetzes zu entrichtenden Unterhaltungsbeiträge; diese Vorschrift findet jedoch insoweit keine Anwendung, als der Schuldner zur Bestreitung seines nothdürftigen Unterhalts und zur Erfüllung der ihm seinen Verwandten, seiner Ehefrau oder seiner früheren Ehefrau gegenüber gesetzlich obliegenden Unterhaltungspflicht der Bezüge bedarf. Hierbei werden ausschließlich die Leistungen berücksichtigt, welche vermöge einer solchen Unterhaltungspflicht für den nämlichen Zeitraum oder, falls die Klage zu Gunsten des unehelichen Kindes nach der Klage eines Unterhaltungsberechtigten erhoben ist, für die Zeit vom Beginn des der Klage dieses Berechtigten vorausgehenden letzten Vierteljahrs ab zu entrichten sind."

Danach ist die früher nur zu Gunsten der Ehefrau und der ehelichen Kinder zugelassene Pfändung mit gewissen Einschränkungen auf uneheliche Kinder ausgedehnt.

6) ersatzberechtigten. Diese Ersatzberechtigung ist gesetzlich auf die Hälfte der Rente und bei vorübergehender Unterstützung außerdem auf drei Monatsraten beschränkt (§. 25 Abs. 4, 5).

7) Versicherungsanstalten. Diese mußten den Armenverbänden und Krankenkassen gleichgestellt werden, weil sie gleich diesen nach §. 113 des Invalidenversicherungsgesetzes verpflichtet sind, den durch einen nach den Unfallversicherungsgesetzen zu entschädigenden Unfall erwerbsunfähig gewordenen Personen, sofern im Uebrigen der Anspruch gerechtfertigt erscheint, die Invalidenrente festzustellen. Da aber auch hier eine zweifache Versorgung

derselben Person auf den gleichen Zeitraum aus verschiedenen Zweigen der Arbeiterversicherung nicht beabsichtigt ist, so wird in diesen Fällen nach §. 113 Abs. 2 a. a. O. die Invalidenrente nur vorbehaltlich des Anspruchs auf Ersatz aus der Unfallrente gezahlt, und es ist deshalb hier für die Durchführbarkeit des Erstattungsanspruchs Sorge zu tragen. — Hinsichtlich des Umfanges des Ersatzanspruchs vgl. §§. 25 bis 27. — Werden von verschiedenen Seiten Ansprüche auf die Rente erhoben, so sind die streitigen Beträge zu hinterlegen (A.N. 1886 S. 57, 132, 275) und die Entscheidung darüber, wer zur Empfangnahme berechtigt ist, steht den Gerichten zu (Entsch. d. Reichsgerichts Bd. 19 S. 67).

7a) geschuldete Beiträge. Die Rente eines Arbeiters kann mit Beiträgen, die er in seiner früheren Eigenschaft als Unternehmer schuldig geblieben ist, nicht aufgerechnet werden (A.N. 1901 S. 399).

8) Vorschüsse s. Anm. 3.

9) Kosten des Verfahrens vgl. H.G. §. 10 Abs. 4, §. 19 Abs. 2, §. 22 Abs. 7.

10) aufgerechnet werden. Die Vorschriften über die Aufrechnung gegen Entschädigungsansprüche sind durch die Novelle (1900) hinzugefügt. Nach §. 394 B.G.B. findet die Aufrechnung einer Forderung, abweichend von dem in einem Theile des Reichsgebiets bis zum 1. Januar 1900 geltenden Rechte, dann nicht statt, wenn deren Pfändung gesetzlich ausgeschlossen ist. Es bedarf daher einer sondergesetzlichen Bestimmung, soweit die Aufrechnung gleichwohl zulässig sein soll. In Betracht kommen in dieser Hinsicht zunächst geschuldete Beiträge selbstversicherter Unternehmer, indem das Gesetz hierin dem Vorgange des §. 56 Abs. 2 des Krankenversicherungsgesetzes folgt, wonach auf die Krankenunterstützung geschuldete Eintrittsgelder und Beiträge, welche von den Unterstützungsberechtigten selbst einzuzahlen waren, aufgerechnet werden. Aehnlich liegen die Verhältnisse bei den Geldstrafen, welche selbstversicherte Unternehmer der Genossenschaft schulden; auch hierfür dient das Krankenversicherungsgesetz (a. a. O.) als Vorbild. Diesen Forderungen der Genossenschaften sind billigerweise gleichzustellen ihre Aufwendungen an gezahlten Vorschüssen (vgl. Anm. 3), an zu Unrecht gezahlten Entschädigungen, sowie die aufgewendeten gerichtlichen und außergerichtlichen Kosten, soweit deren Erstattung ausnahmsweise vom Schiedsgericht oder von einem Versicherungsamte dem Verletzten auferlegt ist. Vergleiche §. 104 Abs. 5, §. 64 Abs. 5 des Invalidenversicherungsgesetzes, §. 19 Abs. 4 des Gesetzes, betreffend die Abänderung der Unfallversicherungsgesetze. Endlich kommen den selbstversicherten Unternehmern gegenüber noch die im §. 136 Abs. 1 bezeichneten Regreßansprüche der Berufsgenossenschaften mit gleichem Anspruch auf Berücksichtigung in Betracht (Mot. 1900 S. 101).

11) auf Andere übertragen. Gedacht ist dabei vorzugsweise daran, daß der Rentenberechtigte sich dadurch Aufnahme in eine Versorgungsanstalt oder dgl. verschaffen kann. Vgl. §. 11 Abs. 1, §. 25 Abs. 5.

12) untere Verwaltungsbehörde, vgl. §. 152. Die Uebertragung dieser Befugniß an die untere Verwaltungsbehörde begegnete in der Reichstags-Kommission Bedenken, weil die Behörde wohl beurtheilen könne, ob Ansprüche gemäß Abs. 1 Ziffer 1, 3 vorlägen, dagegen nicht wissen könne,

ob etwa gemäß Ziffer 2 Ansprüche der Frau, der Kinder oder unehelicher Kinder beständen; dagegen wurde jedoch geltend gemacht, die untere Verwaltungsbehörde könne die Verhältnisse regelmäßig genügend übersehen, um die Ausschließung berechtigter Ansprüche zu vermeiden.

Als die Bedeutung der Bestimmung wurde ohne Widerspruch festgestellt, daß durch die Genehmigung der unteren Verwaltungsbehörde lediglich das Verbot der Uebertragung beseitigt wird. Bei der genehmigten Uebertragung des Anspruchs kommen die allgemeinen Grundsätze des B.G.B. und das Gesetz betr. die Anfechtung von Rechtshandlungen eines Schuldners außerhalb des Konkursverfahrens vom $\frac{\text{21. Juli 1879}}{\text{20. Mai 1897}}$ zur Anwendung. Wenn also beispielsweise der Rentenempfänger absichtlich zur Schädigung der Rechte von Frau und Kind einen solchen Vertrag abschließt, so treffen §. 3 Ziffer 2 resp. 1 a. a. O. zu (Komm.Ber. 1900 S. 102).

Die Prüfung der unteren Verwaltungsbehörde soll auch verhüten, daß der Rentenempfänger durch die Uebertragung des Anspruchs geschädigt wird.

Auszahlungen durch die Post.

§. 97.

[1])Die Auszahlung[2]) der auf Grund dieses Gesetzes zu leistenden Entschädigungen[3]) wird auf Anweisung des Genossenschaftsvorstandes[4]) vorschußweise[5]) durch die Postverwaltung[6]) und zwar durch diejenigen Postanstalten[7]) bewirkt, in deren Bezirke die Empfangsberechtigten ihren Wohnsitz haben. 1.

Verlegt der Empfangsberechtigte seinen Wohnsitz, so hat er die Ueberweisung der Auszahlung der ihm zustehenden Entschädigung an die Postanstalt[7]) seines neuen Wohnorts bei dem Vorstande, von welchem die Zahlungsanweisung erlassen worden ist, oder bei der Postanstalt des bisherigen Wohnsitzes[8]) zu beantragen. 2.

§. 69 U.V G.; §. 69 Entw.; §. 69 Ges. 1900

Zu §. 97.

[1]) Zur Vermeidung hoher Verwaltungskosten muß der Bedarf der Berufsgenossenschaften an besoldeten Beamten möglichst gering bemessen und die Abwickelung der Auszahlungsgeschäfte in einer den Bedürfnissen der Arbeiter möglichst entgegenkommenden Weise sichergestellt werden. Die Einrichtung von Zahlstellen der einzelnen Genossenschaften würde den Apparat derselben unverhältnißmäßig vergrößern und für die Rentenempfänger wegen der räumlichen Entfernungen manche Unzuträglichkeiten im Gefolge haben, während die Postverwaltungen das Zahlungsgeschäft in der für alle Betheiligten bequemsten Weise zu erledigen im Stande sind.

Die Zahlung der festgesetzten Entschädigungen soll demnach auf Anweisung der Genossenschaftsvorstände vorschußweise durch die

Postverwaltung, in der Regel durch dasjenige Postamt, in dessen Bezirk der Entschädigungsberechtigte seinen Wohnsitz hat, bewirkt werden.

Die Verstärkung der Betriebsfonds, deren die Postverwaltungen zur Leistung der Vorschüsse etwa bedürfen werden, wird durch Ueberweisung der erforderlichen Summen aus Reichsmitteln zu bewirken sein. (cf. Anm. 6.) Ein Versuch, zu diesem Zwecke Vorschüsse von den B.Gen. zahlen zu lassen, ist bei der Berathung der Novelle (1900) vom Reichstag abgelehnt worden.

Eine Vergütung seitens der Genossenschaften für den entstehenden Zinsverlust ist ebensowenig in Aussicht genommen, wie eine von den ersteren zu leistende Entschädigung der Postverwaltungen für die Belastung derselben mit dem Auszahlungsgeschäfte" (Mot. 1884 S. 74).

Man hat dabei angenommen, daß letzteres bei der großen Zahl der Postämter eine erhebliche Vermehrung der Arbeitslast derselben nicht verursachen werde; „nur bei den Zentralstellen und Oberpostdirektionen werde allenfalls eine Mehrarbeit eintreten, welche eine Vermehrung der Beamten erheischen könne" (Komm.Ber. 1884 S. 48). Thatsächlich ist indessen die durch das Auszahlungsgeschäft entstehende Mehrbelastung der Postanstalten nicht unerheblich.

Was aber die Erstattung des durch die Verauslagung der Entschädigungen den Postverwaltungen entstehenden Zinsverlustes anbelangt, so ist es „der Reichs- und Staatsanstalten nicht würdig, mit den Berufsgenossenschaften in relativ geringfügige Zinsberechnungen einzutreten, wo es sich einzig darum handelt, den Interessen der Arbeiter auf die einfachste und bequemste Weise gerecht zu werden" (Komm.Ber. 1884 S. 48).

Nachdem jedoch durch §. 123 Abs. 3 J.V.G. den Invaliden-Versicherungsanstalten die Verpflichtung auferlegt worden war, der Post die erforderlichen Betriebsmittel zur Verfügung zu stellen, wurde wegen der großen Beträge, um die es sich handelt und deren Beschaffung für die Reichskasse schwierig ist (über 240 Millionen Mark jährlich im Beharrungszustande), im Entwurf der Novelle (1900) vorgeschlagen, den B.Gen. die gleiche Verpflichtung aufzuerlegen. Dieser Vorschlag ist jedoch vom Reichstag abgelehnt (Komm.Ber. 1900 S. 103).

²) **Auszahlung.** Ueber die Auszahlungen hat das R.V.A. im Einvernehmen mit den Zentral-Postbehörden die „**Geschäftsanweisung für die Vorstände der Berufsgenossenschaften, betr. die Auszahlungen durch die Post**", v. 27. Septbr. 1885 (A.N. 1885 S. 224) erlassen. Diese Anweisung ist mehrfach abgeändert und in neuer Fassung unterm 7. Dezember 1889 (A.N. 1889 S. 39) bekannt gemacht; seither sind unterm 27. April 1892 (A.N. 1892 S. 279), unterm 29. Juni 1893 (A.N. 1893 S. 210) und unterm 17. Februar 1898 (A.N. 1898 S. 234) Abänderungen veröffentlicht. Schließlich ist eine neue Anweisung am 31. Dezember 1900 (A.N. 1901 S. 216) erlassen worden. In der hieraus sich ergebenden Fassung ist die Geschäftsanweisung im Anhang (Anlage I) abgedruckt. Der Anweisung sind zahlreiche Formulare zu Zahlungsanweisungen und Quittungen beigegeben, deren Verwendung das R.V.A. für obligatorisch erklärt hat, derart, daß Abweichungen seitens der einzelnen Genossenschaften unzulässig sind. Höchstens können geringe handschriftliche Ergänzungen gestattet werden,

wenn sich die Nothwendigkeit derartiger Modifikationen bei dem Gebrauch ergiebt. A.N. 1886 S. 86. Bei Krankenkassenvorständen, welche Renten für die Berufsgenossenschaft verauslagt haben und nunmehr die Auslagen erstattet erhalten (§§. 11, 25), kann von einer Bescheinigung der Unterschrift abgesehen werden, so daß die einfache Unterschrift des Kassenvorstandes genügt (A.N. 1887 S. 27).

„Auf Zahlungen in das Ausland finden die Bestimmungen des §. 97 bezw. der Geschäftsanweisung v. 31. Dezbr. 1900 keine Anwendung. Derartige Zahlungen sind von Seiten der Berufsgenossenschaft unmittelbar in geeigneter Weise zu bewirken" (A.N. 1886 S. 56). Für die Zahlungen nach den ausländischen Grenzgebieten (§. 94 Ziffer 2) wird jedoch eine nahegelegene inländische Postanstalt zu benutzen sein.

³) Entschädigungen. Nach der Praxis des R.V.A. sind regelmäßig nur die den Verletzten und ihren Hinterbliebenen zu zahlenden Entschädigungen, nicht aber die an andere Empfangsberechtigte, z. B. an Genossenschaftsmitglieder, Aerzte, Genossenschaftsbeamte zc. zu leistenden Zahlungen Gegenstand der Auszahlung durch die Post. (A.N. 1887 S. 208.) Diese Praxis sollte nach dem Entwurf zur Novelle (1900) gesetzlich dadurch festgelegt werden, daß die Paragraphen, auf denen die durch die Post zu leistenden Zahlungen beruhen, zitirt werden sollten, um Zweifel auszuschließen; es waren dies die §§. 8, 9, 13, 15—19, 22, ausgeschlossen blieben dagegen die §§. 11, 21, 25, 94, 95. Von der Reichstags-Kommission wurde aber die Streichung der Zitate beschlossen, weil die Absicht dahin ging, in dieser Hinsicht eine Erweiterung der Befugnisse der B.G. vorzunehmen (Komm.Ber. 1900 S. 103). Immerhin bleibt nach dem Wortlaut des Gesetzes die vorschußweise Zahlung durch die Post auf die „auf Grund dieses Gesetzes zu leistenden Entschädigungen" beschränkt.

⁴) Genossenschaftsvorstandes. „Wenngleich die Feststellung der Entschädigungen nach §. 69 auch durch Sektionsvorstände, Ausschüsse, Vertrauensmänner oder Kommissionen soll erfolgen können, so überträgt doch der Entwurf die Ausstellung der Anweisungen auf die Post im Interesse der Sicherheit und Uebersichtlichkeit nur den Genossenschaftsvorständen selbst" (Mot. 1884 S. 74). Der Genossenschaftsvorstand hat aber nicht die Befugniß zur Nachprüfung und Beanstandung des von den Sektionsvorständen, Vertrauensmännern zc. innerhalb ihrer Befugnisse getroffenen Feststellungen (A.N. 1885 S. 370).

Bei den einer Berufsgenossenschaft nicht zugewiesenen fiskalischen zc. Betrieben tritt an Stelle des Genossenschaftsvorstandes die Ausführungsbehörde (§. 128).

⁵) vorschußweise. Die Erstattung erfolgt nach Maßgabe der §§. 98 ff. nach Ablauf des Rechnungsjahres (§. 111) durch die Genossenschaftsvorstände (vgl. Anm. 4).

⁶) Postverwaltung, d. h. die Reichspostverwaltung, sowie die Postverwaltungen von Bayern und Württemberg.

Zwischen dem Reichskanzler und den Regierungen von Bayern und Württemberg ist vereinbart, daß in diesen Bundesstaaten die Postbehörden vor der Auszahlung der einzelnen Beträge sich in den Besitz der erforderlichen Deckungsmittel setzen sollen. Letztere sind den Postbehörden durch Vermittelung der Reichshauptkasse von den Reichsbankanstalten zur Verfügung zu stellen. Die Erstattung erfolgt demnächst im folgenden Rechnungsjahr seitens derselben Postanstalten, nachdem die letzteren auf ihre Liquidation die vorgeschossenen Beiträge von den Berufsgenossenschaften zurückerhalten haben, §§. 99 ff. Der bez. Postverkehr ist als „Reichsdienstsache" portofrei.

Der gesammte Verkehr rücksichtlich des Auszahlungsgeschäfts (Anweisung, Erstattung) erfolgt durch die obere Postbehörde, in deren Bezirk die Berufsgenossenschaft ihren Sitz hat, und zwar im Reichspost-Gebiet durch die Ober-Postdirektion, in Bayern durch das Ober-Postamt, in Württemberg durch die Generaldirektion der Posten und Telegraphen zu Stuttgart. Diese Behörden veranlassen die Weiterbeförderung an die zahlenden Postanstalten.

Die Auszahlung durch die Post gilt auch für die fiskalischen Betriebe, insbesondere für die Eisenbahnen, und zwar im Interesse der Versicherten, denen der Bezug aus Postkassen sicherlich bequemer sein wird wie der Bezug aus Eisenbahnkassen. Nur für Knappschaftsberufsgenossenschaften besteht insofern eine Ausnahme, als das Statut vorschreiben darf, daß die Auszahlung der Entschädigung durch die Knappschaftskassen zu erfolgen hat. (§. 134).

7) Postanstalten. Diese Benennung bezeichnet die zu benutzenden Einrichtungen der Post genauer, als der im U.V.G. (1884) gebrauchte, engere Ausdruck: Postämter. (Komm.Ber. 1900 S. 102, 103.)

8) Bei der Postanstalt des bisherigen Wohnsitzes soll zur Erleichterung für den Empfänger die Ueberweisung beantragt werden können. (Komm.Ber. 1900 S. 103.)

Liquidationen der Post.

§. 98.

1)Binnen acht Wochen nach Ablauf jedes Rechnungsjahrs 2) haben die Zentral-Postbehörden 3) den einzelnen Genossenschaftsvorständen 4) Nachweisungen der auf Anweisung der Vorstände geleisteten Zahlungen zuzustellen und gleichzeitig die Postkassen zu bezeichnen, an welche die zu erstattenden Beträge einzuzahlen sind.

§. 70 U.V.G.; §. 70 Entw.; §. 70 Ges. 1900.

Zu §. 98.

1) „Jede Genossenschaft wird bei den Zentral-Postverwaltungen ihr Vorschußkonto haben, welches im Wege direkter Korrespondenz jährlich abgewickelt wird. Besteht eine Theilung des Risikos zwischen der Genossenschaft und der Sektion oder zwischen mehreren Genossenschaften (§§. 50 und 51), so ist dies lediglich eine bei der Umlage des Jahresbedarfs auf die Mitglieder (§. 99) zum Austrag kommende innere Angelegenheit der Genossenschaft. Die Post hält sich an die Genossenschaft, von welcher sie die Zahlungsanweisungen in Händen hat. Damit ist nicht ausgeschlossen, daß ein Theil des Vorschußkontos dieser Genossenschaft durch eine andere Genossenschaft oder durch Sektionen, welche für Rechnung der zahlungspflichtigen Genossenschaft Einzahlungen machen, beglichen wird" (Mot. 1884 S. 74).

²) Rechnungsjahr, §. 111.
³) Zentral-Postbehörden, vgl. Anm. 6 zu §. 97.
⁴) Genossenschaftsvorständen, vgl. Anm. 4 zu §. 97.

Umlage- und Erhebungsverfahren.

§. 99.

[1])Die von den Zentral-Postverwaltungen zur Erstattung liquidirten Beträge[2]) sind von den Genossenschaftsvorständen gleichzeitig mit den Verwaltungskosten[3]) unter Berücksichtigung der auf Grund der §§. 50, 51 etwa vorliegenden Verpflichtungen oder Berechtigungen nach dem festgestellten Vertheilungsmaßstab auf die Genossenschaftsmitglieder umzulegen[4]) und von denselben einzuziehen. 1.

Zu diesem Zwecke hat jedes Mitglied[5]) der Genossenschaft, soweit nicht gemäß §. 30 Abs. 2 Pauschbeträge der Berechnung der Beiträge zu Grunde zu legen oder Mindestbeiträge zu entrichten sind, binnen sechs Wochen nach Ablauf des Rechnungsjahrs[6]) dem Genossenschaftsvorstand eine Nachweisung[7]) einzureichen,[8]) welche enthält:[9]) 2.

1. die während des abgelaufenen Rechnungsjahrs im Betriebe beschäftigten[10]) versicherten[11]) Personen[12]) und die von denselben verdienten[13]) Gehälter und Löhne,
2. sofern nicht eine statutarische Bestimmung im Sinne des §. 30 Abs. 1 getroffen ist, eine Berechnung[14]) der bei der Umlegung der Beiträge in Anrechnung zu bringenden Beträge der Gehälter und Löhne,
3. die Gefahrenklasse, in welche der Betrieb eingeschätzt worden ist (§. 49).

Durch Statut kann vorgeschrieben werden, daß die Lohnnachweisungen viertel- oder halbjährlich[15]) eingereicht und fortlaufend Lohnlisten (Lohnbücher)[16]) geführt werden, aus welchen diese Nachweisungen entnommen werden können. Durch Statut kann ferner vorgeschrieben werden, daß diese Lohnlisten (Lohnbücher) drei Jahre lang aufzubewahren sind. 3.

Für Genossenschaftsmitglieder, welche mit der rechtzeitigen Einsendung der Nachweisung im Rückstande sind, erfolgt deren Aufstellung[17]) durch den Genossenschafts- bezw. Sektionsvorstand. 4.

§. 71 U.V.G.; §. 71 Entw.; §. 71 Ges. 1900.

Zu §. 99.

[1]) Das Abwickelungsgeschäft wird sich etwa in folgender Weise vollziehen:

Binnen sechs Wochen nach Ablauf des Rechnungsjahres (§. 111) müssen bei jedem Vorstande die Spezialnachweisungen der einzelnen Genossenschafts-Mitglieder über die im abgelaufenen Rechnungsjahre von ihnen gezahlten anrechnungsfähigen — bezw. wirklichen (§. 30 Abs. 1) — Löhne und Gehälter (§§. 29, 30, 99) eingehen, soweit nicht Pauschbeträge zu Grunde zu legen oder Mindestbeiträge zu entrichten sind (Abs. 2). Diese Spezialnachweisungen prüft der Genossenschaftsvorstand, läßt sie für die Säumigen nach §. 99 Abs. 4 ergänzen, addirt unter Beachtung der Pauschbeträge (§. 30 Abs. 2) die gesammten Beträge, multiplizirt die Summe mit den Gefahrenziffern aller zur Genossenschaft gehörenden Betriebe (vgl. §. 49) und erhält in dem hieraus sich ergebenden Produkt die Summe aller bei der Vertheilung in Betracht kommenden Beitragseinheiten.

Inzwischen (binnen acht Wochen nach dem Abschlusse des Rechnungsjahres) sind von den Zentral-Postbehörden die Mittheilungen darüber eingelaufen, wie hoch die zu deckenden Vorschüsse sich belaufen (§. 98). Diese Vorschüsse werden addirt, für den Reservefonds wird das nach §. 34 zu bemessende Vielfache der zu deckenden Entschädigungsbeträge, oder nach Ablauf von 11 Jahren seit Errichtung der B.G. der vorgeschriebene prozentuale Zuschlag hinzugerechnet, die im verflossenen Rechnungsjahre aufgelaufenen Verwaltungskosten, sowie etwa ein Vorschuß für die voraussichtlichen Verwaltungskosten des neuen Rechnungsjahres (vgl. §. 31 Abs. 2) treten hinzu und auf diese Weise wird die Gesammthöhe des durch die Umlage zu deckenden Betrages gewonnen. Der Gesammtbetrag der Umlage, getheilt durch die obige Gesammtsumme der Beitragseinheiten, ergiebt die Höhe des auf jede Beitragseinheit entfallenden Umlagebetrages. Um nun den für jeden einzelnen Betrieb sich ergebenden Antheil festzustellen, wird die Summe der für den betr. Betrieb ermittelten anrechnungsfähigen Löhne mit der für den Betrieb festgesetzten Gefahrenziffer multiplizirt und hieraus diejenige Zahl von Beitragseinheiten gewonnen, mit welcher dieser betr. Betrieb an den Gesammtlasten der Genossenschaft betheiligt ist. Die Zahl von Beitragseinheiten mit dem für jede einzelne Beitragseinheit oben ermittelten Umlagebetrage multiplizirt, ergiebt die Höhe der auf den betreffenden Betrieb entfallenden Umlage. Vgl. das in den Anlagen aus A.N. 1887 S. 54 abgedruckte Beispiel eines Auszuges aus der Heberolle.

In den Fällen der §§. 50, 51, 60 Abs. 2 sowie bei der statutarischen Einführung von Mindestbeiträgen (§. 30 Abs. 2) wird sich die Berechnung kompliziren.

Der auf jeden Unternehmer entfallende Betrag wird in eine Heberolle eingetragen, jedem Unternehmer ein Auszug aus derselben (vgl. Anlage) mitgetheilt (§. 101), der Betrag (ohne Rücksicht auf etwaige Widersprüche) von ihm eingezogen (§. 102), ein etwaiger Rückstand, soweit möglich, beigetrieben (§. 103), und der Gesammtbetrag an die einzelnen, von den Zentral-Postverwaltungen bezeichneten Postkassen abgeführt. Dies soll binnen drei Monaten nach dem Empfang der Liquidationen (§. 106) durchgeführt sein;

das ganze Abwickelungsgeschäft nimmt also, vorbehaltlich der Ausgleichung von Ausfällen (§. 102 Abs. 4 und §. 103 Abs. 3), etwa den Zeitraum von fünf Monaten ein. Die Aufstellung der Heberolle wird beschleunigt werden müssen, wenn die vorgeschriebene Zeit innegehalten werden soll.

²) Beiträge, sowie die hiernach zu bemessenden Rücklagen zum Reservefonds, §. 34.

³) Verwaltungskosten. Hierbei „kommt es darauf an, ob etwa nach dem Statut diejenigen der Sektionen lediglich auf die Mitglieder der letzteren umzulegen sind" (Mot. 1884 S. 74). Bei der Umlegung sind die Betriebe, für welche Mindestbeiträge (§. 30 Abs. 2) entrichtet werden, besonders zu berücksichtigen.

⁴) umzulegen, §§. 29 ff. In den Versicherungsanstalten der Bau-B.G. werden nur diejenigen Beträge umgelegt, welche für Unfälle in den kleineren, weniger als 6 Bauarbeitstagen erfordernden Regiebauten aufzubringen sind, und zwar erfolgt die Umlage nicht auf die einzelnen Regie-Bauherren, sondern auf die Gemeinden oder weitere Kommunalverbände (§. 23 lit. b, §. 38 Abs. 3 B.U.V.G.), und nicht im Kapitalwerth, sondern zum Jahresbetrage. Für die Unfälle bei größeren Regiebauarbeiten dagegen wird die Belastung durch Unfälle mittelst im voraus berechneter Prämien der Bauherren gedeckt. Durch diese wird der Kapitalwerth der Renten, aber nicht nach Maßgabe der Zahl der in einer vergangenen Periode thatsächlich entstandenen, sondern nach Maßgabe der in einer zukünftigen Periode voraussichtlich entstehenden Unfälle aufgebracht.

⁵) Mitglied. Vor Zustellung des Mitgliedscheins (§. 58 Abs. 3) brauchen Lohnnachweisungen nicht eingereicht zu werden (A.N. 1889 S. 119), weil vorher keine Gelegenheit gegeben ist, Zweifel über die Zugehörigkeit zum Austrag zu bringen. Betriebe, welche erst nachträglich zur Genossenschaft herangezogen werden, dürfen zwar in dem ganzen Kalenderjahre, in welchem die Heranziehung erfolgt (auch wenn das Umlageverfahren bereits abgeschlossen ist), jedoch nur für die Kosten des Vorjahres (also desjenigen, für welches die Umlage erfolgt), nicht für weiter zurückliegende Jahre, zu Beiträgen herangezogen werden (A.N. 1888 S. 335; 1890 S. 151).

⁶) Rechnungsjahr, §. 111. Die Frist läuft am 11. Februar ab, und wenn dies ein Sonntag ist am folgenden Werktage (A.N. 1894 S. 294). Bauherren größerer Regiebauarbeiten (§. 23 lit. a B.U.V.G., vgl. Anm. 4) haben zum Zweck der Berechnung ihrer Prämien monatlich Nachweisungen über Zahl und Lohn der bei den Regiebauarbeiten beschäftigt gewesenen Personen und über die Arbeitsdauer einzureichen (§. 24 B.U.V.G.), worauf die Prämien vierteljährlich von ihnen eingezogen werden (§§. 27 ff. a. a. O.).

⁷) Nachweisung. Ueber die Kontrole dieser Nachweisungen durch Rechnungsbeamte vgl. §. 119. Für die Nachweisungen wird zweckmäßig (von dem Genossenschaftsvorstand) ein Formular vorzuschreiben sein; die Aufstellung eines für alle Genossenschaften gemeinsamen Formulars hat das R.V.A. abgelehnt (A.N. 1885 S. 354). Aehnliche Nachweisungen sind bei größeren Regiebauten monatlich einzureichen, vgl. Anm. 6.

⁸) hat einzureichen, ohne besondere Aufforderung. Versäumniß

macht straffällig, §. 147; auch muß sich der Säumige den betr. Feststellungen des Vorstandes unterwerfen (§. 99 Abs. 4) und verliert gegen dessen Feststellungen das Beschwerderecht, soweit nicht lediglich Rechenfehler zu rügen sind (§. 102 Abs. 3).

9) welche enthält. Unrichtige thatsächliche Angaben sind strafbar, §. 146 Ziffer 1.

10) im Betriebe beschäftigten, ohne Rücksicht auf die Dauer der Beschäftigung. Vgl. Anm. 11, 14.

11) versicherten. Etwaige Zweifel darüber, ob alle in dem Betriebe beschäftigte Personen versichert sind, sind bei Gelegenheit dieser Lohnnachweisungen zum Austrag zu bringen (A.N. 1886 S. 55). Vgl. Anm. 14.

12) Personen. Die namentliche Aufführung jedes einzelnen Versicherten schreibt das Gesetz nicht vor: sie wird jedoch bei denjenigen Personen, die nur zeitweise beschäftigt waren, und bei den Personen, deren Jahresarbeitsverdienst 1500 Mark übersteigt, kaum entbehrt werden können, weil andernfalls für die Genossenschaftsorgane die Kontrole nicht möglich ist. Die Genossenschaft ist berechtigt, hierüber Bestimmungen zu erlassen (A.N. 1885 S. 368), vgl. auch Anm. 7.

13) verdienten Löhne, einschl. der Krankenkassenbeiträge, welche von dem Arbeitgeber gemäß §. 53 K.V.G. von dem verdienten Lohne der Arbeiter einbehalten werden. Diese dürfen also bei der Lohnnachweisung nicht in Abzug gebracht werden (A.N. 1885 S. 373). Für jede versicherte Person ist, auch wenn der wirklich verdiente Lohn niedriger ist, mindestens der ortsübliche Tagelohn gewöhnlicher Tagearbeiter einzustellen (§. 10 Abs. 4) und zwar derjenige, welcher am Sitz des Betriebes event. der selbständigen Zweigniederlassung gilt (A.N. 1886 S. 8; 1887 S. 32). Zu den Löhnen und Gehältern gehören auch Tantièmen und Naturalbezüge (§. 6). Beiträge zur Krankenkasse und zur Invalidenversicherung dürfen nicht abgezogen werden.

14) Berechnung, welche auf Grund der vorangestellten thatsächlichen Angaben und der Vorschriften in §§. 29ff. für jeden einzelnen (einschl. der auf Grund des §. 5) Versicherten, dessen Jahres-Arbeitsverdienst den Betrag von 1500 Mark übersteigt (§. 10 Abs. 1), aufzustellen, und demnächst unter Hinzurechnung der unter diesem Betrage bleibenden Löhne und des fingirten Arbeitsverdienstes der niedrig gelohnten Arbeiter (ortsüblicher Tagelohn erwachsener Männer bezw. Frauen (Anm. 13, vgl. §. 10 Abs. 4)) für den ganzen Betrieb zu summiren ist.

In Betrieben, bei denen einzelne Bestandtheile nicht versicherungspflichtig sind (vgl. Anm. 6 zu §. 28), sind diejenigen Arbeiter, welche für einen Theil ihrer Thätigkeit versichert sind, nach §. 3 unter allen Umständen auch im Uebrigen versichert, sie sind also mit ihrem vollen Lohne, nach näherer Bestimmung des Gesetzes, nachzuweisen.

Die Berechnung unterliegt der Feststellung bezw. Berichtigung durch den Genossenschaftsvorstand §. 101 Abs. 1.

15) viertel- oder halbjährlich. Es hat sich ergeben, daß die Lohnnachweisungen namentlich von kleineren Betriebsunternehmern, die vielfach keine geordnete Buchführung haben, nicht immer genau richtig und sorgfältig

aufgestellt werden. Die Aufdeckung und Berichtigung von Irrthümern ist aber um so schwieriger, je länger der Zeitraum ist, auf den sich die Lohnnachweisung erstreckt. Es empfiehlt sich deshalb, soweit nicht Pauschbeträge zu Grunde zu legen oder Mindestbeiträge zu entrichten sind, ausdrücklich eine statutarische Bestimmung zuzulassen, daß die Lohnnachweisungen viertel- oder halbjährlich eingereicht werden sollen.

16) Lohnlisten (Lohnbücher). Um richtige Lohnnachweisungen zu erzielen, bedarf es einer geordneten, fortlaufenden Lohnlistenführung bei allen Genossenschaftsmitgliedern. Wegen der besonderen Wichtigkeit dieser Angelegenheit für eine ordnungsmäßige Verwaltung soll die statutarische Einführung von Lohnlisten gefördert werden. Weiter aber haben die Berufsgenossenschaften ein Interesse daran, daß die Lohnlisten oder Lohnbücher einige Jahre hindurch aufbewahrt werden, weil die Benutzung der Lohnnachweisungen als Unterlage für die Umlegung der Beiträge erst in dem auf die Lohnzahlung folgenden Jahre stattfindet und dabei sowie bei etwaigen Anmeldungen von Entschädigungsansprüchen erst die Zweifel wegen der Richtigkeit der Nachweisung zur Sprache kommen, zu deren Aufklärung das Zurückgreifen auf die Lohnlisten von Nutzen ist. Die Strafvorschrift, welche die Durchführung dieser Bestimmungen sichert, findet sich in den §§. 147, 148 (Mot 1900 S. 102).

17) Aufstellung. Der Vorstand hat sich hierbei thunlichst nach den thatsächlichen Verhältnissen zu richten. Uebermäßige Aufstellungen sind zwar mittelst förmlicher Beschwerde im Instanzenzuge nicht anfechtbar (§ 102 Abs. 3), sie werden aber vom R.V.A. von Aufsichtswegen beanstandet (§. 125 Abs. 1). Eine Aufstellung ist vom R.V.A. als übermäßig angesehen, weil sie das Doppelte der den thatsächlichen Verhältnissen angepaßten Löhne überschritt (A.N. 1889 S. 195).

§. 100.

Von dem Genossenschaftsvorstande wird auf Grund der ihm vor- 1.
liegenden Nachweisungen (§. 99) und der gemäß §. 30 Abs. 2 festgesetzten Pauschbeträge sowie unter Berücksichtigung der zu entrichtenden Mindestbeiträge eine summarische Gesammtnachweisung der im abgelaufenen Rechnungsjahre von den Mitgliedern der Genossenschaft beschäftigten versicherten Personen und der von denselben verdienten anrechnungsfähigen Gehälter und Löhne aufgestellt und demnächst für jedes Genossenschaftsmitglied der Beitrag berechnet,[1]) welcher auf dasselbe zur Deckung des Gesammtbedarfs (§§. 99 Abs. 1) entfällt.[2]) Bei denjenigen Genossenschaftsmitgliedern, deren Betriebe durch die Vorschriften des §. 1 Abs. 1 Ziffer 1, 2, 5, 7, §. 2 Abs. 2 der Versicherungspflicht erst unterstellt sind, wird, wenn sie einer bereits bestehenden Berufsgenossenschaft zugetheilt werden und sie einen

Mindestbeitrag nicht zu entrichten haben (§. 30 Abs. 2), während der ersten vierzig Jahre nach dem Inkrafttreten dieses Gesetzes nur ein Theil der in ihren Betrieben verdienten anrechnungsfähigen Gehälter und Löhne der Beitragsberechnung zu Grunde gelegt.[3]) Dieser Theil bemißt sich in den ersten fünf Jahren auf zwei Fünftel, vom sechsten bis zum zehnten Jahre auf drei Fünftel, vom elften bis zum zwanzigsten Jahre auf drei Viertel, vom einundzwanzigsten bis zum dreißigsten Jahre auf neun Zehntel und vom einunddreißigsten bis zum vierzigsten Jahre auf neunzehn Zwanzigstel.

2. Nach Ablauf des vierzigsten Jahres[4]) wird für Betriebe dieser Art der volle Betrag der in ihnen verdienten anrechnungsfähigen Gehälter und Löhne der Beitragsberechnung zu Grunde gelegt.

§. 72 Abs. 1 U.V.G.; §. 72 Abs. 1, 2 Entw.; §. 72 Ges. 1900.

Zu §. 100.

[1]) **berechnet.** Vgl. Anm. 1 zu §. 99. Baugewerks-B.Gen. haben nach §. 38 Abs. 1 B.U.V.G. die von der Post liquidirten Beträge zunächst auf die Berufsgenossenschaft einerseits und die Versicherungsanstalt andrerseits, innerhalb der Versicherungsanstalt aber noch ferner auf die gegen Prämien der Bauherren versicherten größeren Regiebauten einerseits und die von der Gemeinde oder dem weiteren Kommunalverbande zu deckenden kleineren Regiebauten andrerseits nach Maßgabe der von diesen Kategorien zu entschädigenden Unfälle zu vertheilen.

[2]) Von der Regel, daß der Berechnung der Mitgliederbeiträge die nachgewiesene oder pauschalirte Lohnsumme zu Grunde gelegt wird, ist hier zu Gunsten der auf Grund der Novelle (1900) neu in die Versicherung eintretenden Betriebszweige für den Fall eine Ausnahme gemacht worden, daß diese Betriebszweige bereits bestehenden Berufsgenossenschaften zugetheilt werden. Daß neue Betriebe einer bestehenden Berufsgenossenschaft hinzutreten, ereignet sich allerdings auch abgesehen von einer Erweiterung der gesetzlichen Versicherungspflicht beständig, sobald neue Unternehmungen der unter das Gesetz fallenden Art entstehen oder bereits bestehende kleinere Betriebe einen Umfang erreichen, der sie versicherungspflichtig macht. In solchen Fällen macht das Gesetz keine Ausnahme zu Gunsten der neu eintretenden Unternehmer, sondern verpflichtet sie, an den Lasten der Genossenschaft in gleichem Maße mitzutragen, wie diejenigen, die schon längere oder kürzere Zeit der Berufsgenossenschaft angehören. Diese gesetzliche Regelung rechtfertigt sich dadurch, daß in der Berufsgenossenschaft eine Solidarität der ihr angehörenden Betriebszweige zum Ausdrucke kommt, vermöge deren jeder Unternehmer der gleichen Art, der nach dem Gesetze versicherungspflichtig

ist und der Berufsgenossenschaft angehört, in deren Verbindlichkeiten eintritt und entsprechend bei seinem Ausscheiden die während der Dauer seiner Mitgliedschaft der Berufsgenossenschaft verursachten Lasten ungedeckt zurückläßt. Anders verhält es sich aber, wenn ein bisher nicht versicherungspflichtiger Betriebszweig durch Gesetz für versicherungspflichtig erklärt und demnächst einer schon bestehenden Berufsgenossenschaft zugetheilt wird. Hier liegt eine solche Solidarität einstweilen nicht vor, und es wäre daher nicht gerechtfertigt, beispielsweise die sehr große Zahl von kleinen gewerblichen Brauereien ohne Weiteres an den vor ihrer Versicherungspflicht entstandenen Unfallasten der etwa 6000 großen Brauereien theilnehmen zu lassen, ebenso etwa die Schlosser und Schmiede an den Lasten der Eisen- und Stahl-Berufsgenossenschaften, die mit einem Handelsgewerbe verbundenen Fuhrwerks- und Lagerbetriebe an den Lasten der Speditions-Berufsgenossenschaft — immer vorausgesetzt, daß die genannten Betriebszweige den daneben gestellten Berufsgenossenschaften zugewiesen werden sollten. Man wird vielmehr diese Betriebszweige nur zur Aufbringung der nach ihrer Einbeziehung in die Unfallversicherung der Berufsgenossenschaft, der sie zugetheilt sind, erwachsenen Lasten und eines entsprechenden Antheils an den Verwaltungskosten heranziehen dürfen. Um hierfür ein möglichst einfaches Verfahren einzuschlagen, soll für die neu einbezogenen Betriebszweige die für die bereits früher versicherungspflichtigen Betriebe geltende Umlagequote erhoben und ein entsprechender Ausgleich dadurch geschaffen werden, daß nicht der volle Betrag der anrechnungsfähigen Löhne, sondern nur ein Theil dieser Löhne bei Berechnung des Umlagebetrags in Ansatz kommt, so daß der sich ergebende Umlagebetrag annähernd dem wirklichen Entschädigungsbetrage für die neu einbezogenen Betriebe mit Einschluß eines entsprechenden Verwaltungskostenbetrags gleichkommt.

Um den in Ansatz zu bringenden Theilbetrag der anrechnungsfähigen Löhne zu bestimmen, hat man zunächst die relative Steigerung der Umlagebeträge (Entschädigungen und Verwaltungskosten) einerseits für die bereits versicherten Betriebe und andererseits für die neu hinzutretenden Betriebszweige bis zum Beharrungszustande zu ermitteln. Hierzu bieten die bisherigen Erfahrungen über die Weiterzahlung der bei der Unfallversicherung in den einzelnen Jahren bewilligten Renten geeignete Unterlagen, welche in der Begründung (Mot. 1900 S. 103—105) eingehend dargelegt sind. Aus den dort angestellten Berechnungen ergeben sich für jedes Rechnungsjahr die von den anrechnungsfähigen Löhnen der neu einbezogenen Betriebe in Anrechnung zu bringenden prozentualen Theile. Im Interesse der Ausgleichung von Schwankungen in den Zahlen der einzelnen Jahre, welche in der Wirklichkeit unvermeidlich sind, ist sodann der in Ansatz zu bringende Theilbetrag der Lohnsumme nicht von Jahr zu Jahr festgesetzt, sondern es sind der Berechnung derselben zunächst fünfjährige und später zehnjährige Perioden zu Grunde gelegt worden. Der Mehrbetrag, welcher alsdann in den ersten Jahren einer Periode angesetzt wird, findet seine Ausgleichung durch einen entsprechend geringeren Betrag in den letzten Jahren der Periode. Im Durchschnitte dieser Perioden sind von den anrechnungsfähigen Löhnen der in die Versicherung neu einbezogenen Betriebe in Ansatz zu bringen

in den Jahren	1901 bis 1905	38,6	Prozent oder rund	8/20
" " "	1906 bis 1910	60,0	" " "	12/20
" " "	1911 bis 1920	77,1	" " "	15/20
" " "	1921 bis 1930	88,8	" " "	18/20
" " "	1931 bis 1940	95,5	" " "	19/20

(Mot. 1900 S. 106).

[3]) nur ein Theil . . . zu Grunde gelegt. Vergrößert oder verändert sich innerhalb der Uebergangszeit ein Betrieb so, daß er unter die früher schon versicherungspflichtige Kategorie fällt, so ist er mit dem vollen Lohnbetrage zur Umlage heranzuziehen (Mot. 1900 S. 106).

[4]) Nach Ablauf des vierzigsten Jahres werden die Abweichungen der Umlagequoten so gering, daß man den vollen Betrag der anrechnungsfähigen Löhne in Ansatz bringen kann, ohne die neu einbezogenen Betriebe nennenswerth zu schädigen.

§. 101.

1. Jedem Genossenschaftsmitgliede ist ein Auszug[1]) aus der zu diesem Zwecke aufzustellenden Heberolle mit der Aufforderung zuzustellen,[2]) den festgesetzten Beitrag unter Verrechnung der nach §. 32 erhobenen Vorschüsse zur Vermeidung der zwangsweisen Beitreibung binnen zwei Wochen einzuzahlen. Der Auszug muß diejenigen Angaben[3]) enthalten, welche den Zahlungspflichtigen in den Stand setzen, die Richtigkeit der angestellten Beitragsberechnung zu prüfen.

2. Nach der Zustellung des Auszugs aus der Heberolle ist die Genossenschaft zu einer anderweiten Feststellung des Beitrags befugt,[4]) wenn die Veranlagung des Betriebs zu den Gefahrenklassen nach §. 49 Abs. 4 nachträglich abgeändert oder eine im Laufe des Rechnungsjahrs eingetretene Aenderung des Betriebs nachträglich bekannt wird oder die Unrichtigkeit einer Lohnnachweisung sich ergiebt.

3. Sind in solchen Fällen oder in Folge unterlassener Anmeldung der Eröffnung eines neuen Betriebs schon in früheren Rechnungsjahren der Genossenschaft Beiträge, auf die sie Anspruch hatte, entgangen, so hat der Unternehmer den Fehlbetrag, soweit nicht Verjährung eingetreten ist (§. 103), nachträglich zu entrichten.[5])

4. Bei der erneuten oder nachträglichen Feststellung des Beitrags ist ebenso zu verfahren wie bei der erstmaligen Feststellung.

§. 72 Abs. 2 U.V.G.; §. 72 Abs. 3—6 Entw.; §. 72a Ges. 1900.

Zu §. 101.

¹) Auszug. Vgl. Vorschläge für dessen Fassung A.N. 1887 S. 54 Eine Erhöhung des einmal ausgeschriebenen Betrages ist für die betr. Umlageperiode unzulässig (A.N. 1888 S. 336), soweit nicht in den durch die Novelle (1900) hinzugefügten Abs. 2—4 etwas Anderes bestimmt ist.

²) zuzustellen, §. 155.

³) diejenigen Angaben. Hierhin gehören „neben einer genauen Berechnung des Einzelbeitrages nach Maßgabe der aufzuführenden, für den Betrieb in Rücksicht zu ziehenden anrechnungsfähigen Löhne sowie neben der gleichfalls anzugebenden Gefahrenziffer des Betriebes (Beitragsfuß des Gefahrentarifs) alle für die Umlage der B.G. maßgebenden Faktoren, und zwar namentlich:

> „die bei der B.G. seitens der Zentral-Postverwaltungen zur Erstattung liquidirten Entschädigungsbeträge, die Zuschläge zur Bildung des Reservefonds und die Summe der Verwaltungskosten einschl. der zur Bildung eines Betriebsfonds etwa mit umgelegten Beträge. Ferner sind die für die Ermittelung des Einzelbeitrags in Anwendung gebrachten Beitragseinheiten mitzutheilen."

(A.N. 1887 S. 53.) Vgl. das Muster eines Auszuges aus der Heberolle in den Anlagen. Auch die Höhe der etwa in Rechnung gebrachten Zuschläge oder Nachlässe ist zu berücksichtigen. (§§. 43, 49, 112.)

⁴) zu einer anderweiten Feststellung . . befugt. Mit dem Abschlusse der Heberolle ist die Vertheilung des Jahresbedarfs der Genossenschaft auf deren einzelne Mitglieder vollendet; eine nachträgliche Erhöhung der durch die Heberolle nachgewiesenen Beiträge findet nicht statt (vgl. Anm. 1); etwaige Fehlbeträge werden bei der nächsten Umlage mit eingezogen. Dies kann dazu führen, daß Unternehmer, die durch unrichtige Angaben eine zu günstige Veranlagung ihrer Betriebe erzielt, eine die Gefahrenklasse beeinflussende Abänderung ihres Betriebs nicht rechtzeitig angezeigt oder die Anzeige von der Eröffnung eines neuen Betriebs unterlassen haben, auf Kosten ihrer Berufsgenossen von den ihnen von Rechtswegen zur Last fallenden Beiträgen ganz oder zum Theil frei blieben. Auch Strafvorschriften bieten keine ausreichende Abhülfe, weil auch der Höchstbetrag der Strafen die unter Umständen erheblichen Hinterziehungen nicht immer decken wird, die Strafe begriffsmäßig überdies nicht dem Zwecke dient, den Ersatz für den durch die strafbare Handlung verursachten Schaden zu beschaffen. Es ist deshalb ausnahmsweise hier eine nachträgliche Berichtigung der Beitragshöhe zugelassen (Mot. 1900 S. 106). Vgl. auch die Strafbestimmung im §. 146 Ziffer 1.

⁵) nachträglich zu entrichten. Die in Anm. 4 mitgetheilten Erwägungen haben auch zu einer ausnahmsweise nachträglichen Heranziehung von Unternehmern zu Beiträgen für vergangene Rechnungsjahre geführt.

§. 102.

Die Mitglieder der Genossenschaften können gegen die Feststellung 1.
ihrer Beiträge binnen zwei Wochen nach Zustellung¹) des Auszugs aus der Heberolle, unbeschadet der Verpflichtung zur vorläufigen

Zahlung, Widerspruch[2]) bei dem Genossenschaftsvorstand erheben. Wird demselben entweder überhaupt nicht, oder nicht in dem beantragten Umfange Folge gegeben, so steht ihnen innerhalb zweier Wochen nach der Zustellung der Entscheidung des Genossenschaftsvorstandes die Beschwerde an das Reichs-Versicherungsamt[3]) zu.

2. Die Beschwerde ist nur zulässig,[4]) wenn dieselbe sich entweder auf Rechenfehler oder auf die unrichtige Feststellung des anrechnungsfähigen Betrags der Gehälter und Löhne oder auf den irrthümlichen Ansatz einer anderen Gefahrenklasse, als wozu der Betrieb eingeschätzt ist, gründet.

3. Aus den letzteren beiden Gründen ist die Beschwerde jedoch nicht zulässig, wenn die Feststellung in dem Falle der von dem Genossenschaftsmitglied unterlassenen Einsendung der Nachweisung durch den Vorstand[5]) bewirkt worden war (§§. 99 Abs. 4).

4. Tritt in Folge des erhobenen Widerspruchs oder der erhobenen Beschwerde eine Herabminderung des Beitrags ein, so ist der Ausfall bei dem Umlageverfahren des nächsten Rechnungsjahrs zu decken.

5. Ergiebt sich nachträglich, daß ein ohne Widerspruch (Abs. 1) bezahlter Beitrag zu Unrecht oder in zu hohem Betrag erhoben worden ist, so kann die Rückerstattung auf dem im Abs. 1 bezeichneten Wege verlangt werden.[6]) Der Anspruch verjährt in sechs Monaten nach der Zustellung des Auszugs aus der Heberolle.

§. 73 U.V.G.; §. 73 Entw.; §. 73 Ges.

Zu §. 102.

[1]) Zustellung, §. 155. Die Beschwerdefrist ist eine Ausschlußfrist (A.N. 1889 S. 166). Wegen der Berechnung der Frist vgl. B.G.B. §§. 188, 193.

[2]) Widerspruch, nach Analogie des bei Steuereinschätzungen üblichen Verfahrens zunächst bei der Veranlagungsbehörde.

[3]) Reichs-Versicherungsamt, event. Landes-Versicherungsamt, §. 127. Dasselbe entscheidet über die Höhe des von Genossenschaftmitgliedern geschuldeten Beitrages auch im Konkurse derselben (§. 146 Abs. 5 Konkursordnung R.G.Bl. 1898 S. 612), jedoch nicht über das Vorrecht dieser Beiträge (A.N. 1886 S. 128). Vgl. Anm. 2 zu §. 103. — Die aus dem letzten Jahre herrührenden Beitragsforderungen der B.Gen. (§. 101) genießen das Vorrecht nach §. 61 Ziffer 3 der Konkursordnung (Entsch. des Reichsgerichts Bd. 22 S. 139).

[4]) nur zulässig, weil es sich in diesem Stadium, wie die Motive besagen, immer nur um die Korrektur von Fehlern wesentlich kalkulatorischer Art werde handeln können. Vgl. aber auch Anm. 11, 14 zu §. 99. Der-

artige Beschwerden werden in die zweite Kategorie der nach §. 102 Abs. 2 zulässigen Beschwerdegründe zu rechnen sein.

[5]) durch den Vorstand. Durch seine Versäumniß hat der Betriebsunternehmer auf die Mitwirkung bei der Feststellung jener Unterlagen selbst verzichtet; es ist also nur konsequent, wenn man ihm dann auch eine nachträgliche Einwirkung auf die Feststellung nicht mehr gestattet.

[6]) kann verlangt werden. Der durch die Novelle (1900) hinzugefügte Abs. 5 soll in billiger Weise eine Zurückforderung von Beiträgen, die ganz oder theilweise zu Unrecht ohne Widerspruch gezahlt sind, innerhalb einer angemessenen Frist zulassen.

§. 103.

Rückständige[1]) Beiträge[2]) Vorschüsse auf die Beiträge 1.
(§. 32) sowie Kautionsbeträge (§§. 33, 37, Ziffer 7) werden in derselben Weise beigetrieben, wie Gemeindeabgaben.[3])

Der Anspruch auf rückständige Beiträge verjährt,[4]) so- 2.
weit nicht eine absichtliche Hinterziehung vorliegt, in zwei Jahren nach Ablauf des Kalenderjahrs, in welchem sie hätten gezahlt werden müssen.

Uneinziehbare Beiträge fallen der Gesammtheit[5]) der Berufsge- 3.
nossen zur Last. Sie sind vorschußweise aus dem Betriebsfonds (§. 31 Abs. 2) oder erforderlichen Falles aus dem Reservefonds der Berufsgenossenschaft zu decken und bei dem Umlageverfahren des nächsten Rechnungsjahrs zu berücksichtigen.

§. 74 U.V.G.; §. 74 Entw.; §. 74 Ges. 1900.

Zu §. 103.

[1]) Rückständige. „Das öffentliche Interesse an der Unfallversicherung und der Charakter der Unfallversicherungsgenossenschaften als öffentlicher Korporationen rechtfertigt es, für Rückstände an Beiträgen, Kautionsbeträgen und Strafzuschlägen die Zwangsbeitreibung im Verwaltungswege zuzulassen. Gegen säumige Mitglieder haben die Genossenschaftsvorstände dieses Verfahren herbeizuführen (Mot. 1884 S. 75).

Die Zwangsbeitreibung ist verschieden von der Einziehung der Beiträge. Letztere liegt der Genossenschaft ob und erfolgt in der Weise, daß die Mitglieder aufgefordert werden, den auf sie umgelegten Betrag einzuzahlen (§. 101 Abs. 1); erstere dagegen erfolgt durch Requisition der zur Zwangsvollstreckung zuständigen Behörde. Letztere darf für die Zwangsbeitreibung nur ihre etwaigen baaren Auslagen, aber keine Hebegebühren von der Berufsgenossenschaft beanspruchen. Die Gebühren der Vollstreckungsbeamten sind von dem Schuldner gleichzeitig mit der beizutreibenden Summe einzuziehen und aus dem beigetriebenen Gesammtbetrage derart vorweg zu berichtigen, daß nur der übrig bleibende Rest an die Berufsgenossenschaft abgeführt wird. Können nicht einmal die Gebühren der Vollstreckungsbeamten von dem Schuldner beigetrieben werden, so hat die Genossenschaft dieselben nur dann zu tragen, wenn die Vollstreckungsbeamten nach ihren Anstellungsverträgen gegenüber der Gemeinde Anspruch auf Erstattung solcher Ausfälle haben, die Gemeinde also in Folge dieser Erstattung „baare Auslagen" gehabt hat (A.N. 1888 S. 222).

In gleicher Weise erfolgt die Beitreibung sämmtlicher nach Maßgabe dieses Gesetzes auferlegter Strafen, §. 153.

Gegen Geschäftsnachfolger und Erben verstorbener Mitglieder findet die Zwangsbeitreibung nicht statt, die B.G. hat vielmehr event. vor Gericht zu klagen (A.N. 1893 S. 154).

²) Beiträge. Dahin gehören auch die Zuschläge in den Fällen des §. 49 Abs. 6 und des §. 112. Verzugszinsen können nicht gefordert werden (A.N. 1896 S. 172).

Alle diese Beiträge haben als Forderungen „öffentlicher Verbände" (vgl.) Anm. 1 im Konkurse des Unternehmers das Vorzugsrecht nach §. 61 Ziffer 3 der Konkursordnung, wie auch vom Reichsgericht anerkannt ist. Das Vorzugsrecht bezieht sich auf diejenigen Beiträge, welche im letzten Jahre vor Eröffnung des Konkursverfahrens fällig oder, was gleichbedeutend erscheint, rückständig geworden sind. Entsch. d. Reichsgerichts in Civils. Bd. 22 S. 139 (A.N. 1889 S. 360).

Die Berufsgenossenschaften haben daher in dem Konkurse ihre Forderungen an den Gemeinschuldner gemäß §§. 138 fg. K.O. anzumelden, über den Betrag der Forderung nöthigenfalls die Entscheidung des R.V.A. herbeizuführen (vgl. Anm. 4 zu §. 102), das von ihnen beanspruchte Vorrecht im Prüfungstermine (§§. 142 fg. K.O.) geltend zu machen und event. die Feststellung des Vorrechts gemäß §. 146 Abs. 2 a. a. O. gegen die Bestreitenden durch Erhebung der Klage im ordentlichen Verfahren zu betreiben (A.N. 1886 S. 128; 1887 S. 138).

Haben mehrere selbständige Unternehmer einen gemeinschaftlichen Betrieb, so haftet jeder von ihnen der B.G. für den ganzen Beitrag (A.N. 1893 S. 154).

³) Gemeindeabgaben werden in Preußen gemäß der Verordnung vom 15. November 1899 (Ges.S. S. 545) beigetrieben. Die B.G. hat der Gemeinde eine Vergütung für die Beitreibung nicht zu zahlen. — Die im U.V.G. (1884) an dieser Stelle enthaltene Bestimmung über die Beitreibung von Strafzuschlägen im Falle der Ablehnung von Wahlen ist durch die allgemeine Vorschrift über Strafvollstreckung im §. 153 ersetzt.

⁴) verjährt. Für die Verjährung des Anspruchs auf Beiträge ist eine gleichmäßige Frist, an der es im U.V.G. (1884) fehlte, eingeführt. Bis zur Novelle (1900) erfolgte der Eintritt der Verjährung nach den verschiedenen landesgesetzlichen Bestimmungen über die Verjährung von öffentlichrechtlichen Leistungen. Hieraus entstanden namentlich für die über die Gebiete mehrerer Bundesstaaten sich erstreckenden Berufsgenossenschaften eine ungleiche Behandlung der Mitglieder und in Folge hiervon Unzuträglichkeiten. Die Beiträge sind im Allgemeinen zahlbar in dem Kalenderjahre, welches auf das Jahr der versicherungspflichtigen Arbeit und der Lohnzahlung folgt. Es erscheint ausreichend, wenn nach Ablauf dieses Kalenderjahrs noch zwei Jahre hindurch die nachträgliche Einforderung von Bei-

trägen offen gelassen wird, jedoch soll diese kurze Verjährungsfrist dann nicht Platz greifen, wenn eine absichtliche Hinterziehung der Beiträge vorliegt.

Nach allgemeiner Rechtsregel wird diese Verjährungsvorschrift auch auf die vor dem Inkrafttreten dieses Gesetzes entstandenen noch nicht verjährten Beitragsforderungen Anwendung finden. Dabei können sich, sofern früher eine längere Verjährungsfrist gegolten hat, für die Uebergangszeit Zweifel ergeben; der unter dem bisherigen Gesetz abgelaufene Zeitraum darf einerseits nicht gänzlich außer Betracht bleiben, andererseits aber würde, wenn man ihn unter allen Umständen voll berücksichtigen wollte, der Fall eintreten können, daß eine Verjährung, die nach dem alten Rechte noch lange zu laufen hätte, mit dem Inkrafttreten dieses Gesetzes plötzlich vollendet wäre, weil die neuere, kürzere Frist schon vor diesem Zeitpunkt abgelaufen wäre. Der Zweifel erledigt sich indessen durch die im Artikel 169 Abs. 2 des Einführungsgesetzes zum Bürgerlichen Gesetzbuch aufgestellte Regel in der Weise, daß, wenn die neue Verjährungsfrist kürzer, als die bisher gesetzlich vorgeschriebene ist, die kürzere Frist von dem Inkrafttreten dieses Gesetzes an berechnet wird. Läuft jedoch die in den bisherigen Gesetzen bestimmte längere Frist früher ab als die in diesem Gesetze bestimmte kürzere Frist, so ist die Verjährung mit dem Ablaufe der längeren Frist vollendet. Es findet also grundsätzlich zwar die Vorschrift des neuen Rechts über die kürzere Verjährungsfrist Anwendung, diese muß aber voll unter der Herrschaft des neuen Gesetzes abgelaufen sein, dagegen ist das alte Recht zur Anwendung zu bringen, wenn die nach demselben bemessene Vollendung der Verjährung nach dem Inkrafttreten dieses Gesetzes nur noch einen Zeitraum erfordert, der kürzer ist als die neue Frist (Mot. 1900 S. 107).

[5]) **der Gesammtheit**, nach dem für die übrigen Genossenschaftslasten geltenden Vertheilungsmaßstab.

§. 104.

[1])Auf Antrag des Genossenschaftsvorstandes kann die untere Verwaltungsbehörde[2]) widerruflich anordnen,[3]) daß bei Unternehmern der unter §. 1 Abs. 1 Ziffer 2 fallenden versicherungspflichtigen Baubetriebe, sofern sie mit der Zahlung ihrer Beiträge im Rückstande geblieben sind und ihre Zahlungsunfähigkeit im Zwangsbeitreibungsverfahren festgestellt worden ist, der Bauherr[4]) für die Beiträge während eines Jahres nach deren endgültiger Feststellung insoweit haftet, als sie nach Erlaß der Anordnung erwachsen sind. Sind im Falle einer solchen Anordnung Zwischenunternehmer vorhanden, so haften diese vor dem Bauherrn. 1.

Die Anordnung muß diejenigen Unternehmer, für welche sie gelten soll, nach Namen, Wohnort und Geschäfts- 2.
betrieb deutlich bezeichnen und ist diesen Unternehmern sowie den Ortspolizeibehörden ihres Betriebssitzes und

ihres Wohnorts schriftlich mitzutheilen.[5]) Wenn der Unternehmer seinen Betriebssitz oder seinen Wohnort verlegt, so hat die Ortspolizeibehörde die für den neuen Betriebssitz oder Wohnort zuständige Ortspolizeibehörde von der getroffenen Anordnung zu benachrichtigen. Die Ortspolizeibehörden haben auf Ersuchen jedem Betheiligten von der getroffenen Anordnung Kenntniß zu geben.

3. Die von solchen Anordnungen betroffenen Unternehmer sind verpflichtet, vor der Uebernahme eines auf ihr Bauunternehmen bezüglichen Auftrags dem Auftraggeber von der Anordnung schriftlich Kenntniß zu geben. Unterlassen sie dies und wird in Folge dessen der Auftraggeber geschädigt, so werden sie mit Gefängniß bis zu einem Jahre bestraft, neben welchem auf Geldstrafe bis zu dreitausend Mark erkannt werden kann.

§. 74a Entw.; §. 74a Ges. 1900.

Zu §. 104.

¹) Die §§. 104, 105 sollen Beitragshinterziehungen, wie sie sich im Baugewerbe gezeigt haben, vorbeugen. Es ist viel darüber geklagt, daß zur Zahlung der geschuldeten Beiträge nicht willige Bauunternehmer jahraus, jahrein umfangreiche Bauten gewerbsmäßig herstellen, durch die dabei vorkommenden Unfälle die Berufsgenossenschaft belasten, ihre Beiträge aber niemals zahlen und sich der zwangsweisen Beitreibung durch anscheinende Zahlungsunfähigkeit zu entziehen verstehen.

Die aus derartigen Verhältnissen entstehenden Mißstände haben schon im §. 52a des Krankenversicherungsgesetzes in der Fassung des Gesetzes vom 10. April 1892 zu einer Ausnahmevorschrift geführt. Dort ist vorgeschrieben, daß bei der Einziehung der Arbeiterbeiträge zu den Krankenkassen die Vermittelung solcher Unternehmer, die mit der Abführung der Beiträge im Rückstande geblieben sind und deren Zahlungsunfähigkeit im Zwangsbeitreibungsverfahren festgestellt worden ist, durch obrigkeitliche Anordnung ausgeschlossen werden kann. Solchen Unternehmern wird dadurch die Möglichkeit entzogen, die bei der Lohnzahlung einbehaltenen Krankenkassenbeiträge ihrer Arbeiter in ihrem eigenen Nutzen zu verwenden und die Kassen hierdurch zu schädigen. Die Vorschrift des Krankenversicherungsgesetzes läßt sich auf die Unfallversicherung nicht ohne Weiteres übertragen, weil hier die Unternehmer die Genossenschaftsbeiträge ohne Betheiligung der Arbeiter aus eigenen Mitteln zu tragen haben. Will man daher auch den Berufsgenossenschaften einen Schutz gegen das pflichtwidrige Verhalten von Bauunternehmern gewähren, so muß ein anderer Weg eingeschlagen werden. Nun ist es ein weitverbreiteter Gebrauch, daß Bauunternehmer den Bauherren bestimmte Beträge für die Arbeiterversicherung in Rechnung stellen, so daß thatsächlich die Bauherren die Lasten der Unfallversicherung aus den Baubetrieben zu tragen haben. An dieses auf dem privatrechtlichen Vertrage zwischen Bauherren und Bauunternehmer beruhende Rechtsverhältniß läßt sich eine gesetzliche Regelung in der Art anschließen, daß in Fällen der geschilderten Art nach obrigkeitlicher Prüfung und Anordnung den Bauherren eine Haftung für die Beiträge der damit rückständigen Bauunternehmer auferlegt wird.

Eine allgemeine Haftung der Bauherren für die Beiträge der von ihnen angenommenen Baugewerbetreibenden einzuführen, würde schon wegen der damit verbundenen Belästigung der genossenschaftlichen Verwaltung und des bauenden Publikums nicht gerechtfertigt sein. Dem Bedürfnisse wird aber auch schon genügt, wenn diese Maßregel nach dem Vorgange des Krankenversicherungsgesetzes auf den Geschäftsverkehr mit den als nicht vertrauenswürdig gekennzeichneten Unternehmern beschränkt wird. Ein vorsichtiger Bauherr wird sich, bevor er mit einem ihm nicht als zahlungsfähig und vertrauenswürdig bekannten Baugewerbetreibenden in ein Vertragsverhältniß tritt, durch Rückfrage bei der Ortspolizeibehörde des Betriebssitzes oder des Wohnorts über das Bestehen einer Anordnung, wie sie Abs. 1 des §. 104 in Aussicht nimmt, zu erkundigen haben, um sich durch geeignete Vertragsbestimmungen oder durch den Abschluß mit einem zuverlässigeren Bauunternehmer vor Schaden zu bewahren (Mot. 1900 S. 108). Wegen der zuständigen Behörde vgl. §. 152.

[2]) untere Verwaltungsbehörde, vgl. §. 152.

[3]) anordnen, vorbehaltlich der Beschwerde nach §. 105.

[4]) Bauherr, vgl. Anm. 4 am Schlusse zu §. 105.

[5]) muß bezeichnen, ist . . mitzutheilen. Den Vorschriften der Abs. 2, 3 liegt die Absicht zu Grunde, möglichst zu verhindern, daß das Bestehen der Anordnung dem Bauherrn entgehen könne. — Dem Unternehmer ist die Anordnung, wegen der innerhalb zwei Wochen zulässigen Beschwerde, gemäß §. 155 zuzustellen.

§. 105.

[1])Die untere Verwaltungsbehörde[2]) hat die Anordnung (§. 104) aufzuheben, sobald ihr durch eine Bescheinigung des Genossenschaftsvorstandes nachgewiesen wird, daß von dem Unternehmer oder für dessen Rechnung alle rückständigen und fälligen Verpflichtungen gegenüber der Genossenschaft erfüllt sind. 1.

Gegen die Anordnung der unteren Verwaltungsbehörde, gegen die Versagung einer solchen Anordnung sowie gegen den auf den Antrag wegen Aufhebung der Anordnung erlassenen Bescheid findet binnen zwei Wochen nach der Zustellung die Beschwerde an die höhere Verwaltungsbehörde[3]) statt. Die Beschwerde hat keine aufschiebende Wirkung. Die Entscheidung der höheren Verwaltungsbehörde ist endgültig. 2.

3. **Streitigkeiten,[4]) welche zwischen den Berufsgenossenschaften einerseits und den nach §. 104 Abs. 1 haftenden Bauherren oder Zwischenunternehmern andererseits über die Haftung entstehen, entscheidet mit Ausschluß des Rechtswegs das Reichs-Versicherungsamt.[5])**

4. **Auf die von den Bauherren und den Zwischenunternehmern zu leistenden Beiträge finden die Bestimmungen im §. 103 Abs. 1 Anwendung.**

§. 74b Entw.; §. 74b Ges. 1900.

Zu §. 105.

[1]) vgl. Anm. 1 zu §. 104.

[2]) untere Verwaltungsbehörde. Wegen der Bestimmung der zuständigen Behörde vgl. §. 152.

[3]) höhere Verwaltungsbehörde, vgl. Anm. 2.

[4]) Streitigkeiten. Die hier für gewerbliche Baubetriebe als Ausnahme neu eingeführte Haftung des Bauherrn oder des Zwischenunternehmers findet sich als gesetzliche Regel für die der Versicherungsanstalt zugehörigen Regiebauten schon im Bau-Unfallversicherungsgesetze (§. 29). Bei der Handhabung dieser Bestimmung hat sich herausgestellt, daß eine Bestimmung darüber erforderlich ist, vor welchen Behörden die Beitragsstreitigkeiten mit den Bauherren und Zwischenunternehmern zum Austrage zu bringen sind. Bei dem bisherigen Mangel einer solchen Bestimmung haben sich die ordentlichen Gerichte für zuständig erachtet, derartige Streitigkeiten zu entscheiden; außerdem aber hat auch das Reichs-Versicherungsamt diese Zuständigkeit für sich in Anspruch genommen. Es besteht also ein positiver Kompetenzkonflikt, der beseitigt, beziehungsweise dem hier vorgebeugt werden muß. Da die Beitragsstreitigkeiten im Allgemeinen den ordentlichen Gerichten entzogen sind, und die Bauherren oder Zwischenunternehmer nur aushülfsweise in eine Verpflichtung einzutreten haben, deren Existenz und Umfang gegenüber dem in erster Reihe Verpflichteten endgültig von den Versicherungsämtern festzustellen ist, so empfiehlt es sich, den letzteren unter Ausschließung des Rechtswegs auch gegenüber den Bauherren und Zwischenunternehmern die Entscheidung zu übertragen. In Berücksichtigung der vorliegenden wirthschaftlichen Verhältnisse ist dabei der Begriff „Bauherr" in einem weiteren Sinne, als der Sprachgebrauch gewöhnlich damit verbindet, gebraucht, wie dies in der Praxis des Reichs-Versicherungsamts schon bisher geschehen ist. Um als Bauherr im Sinne dieses Gesetzes zu gelten, ist es insbesondere nicht erforderlich, daß die betreffende Person Eigenthümer oder ein Nutzungsberechtigter der Baustelle ist, oder daß seine Verfügungsgewalt über den Bau-Unternehmer sich in Rechtsgeschäften äußert, welche die Form von Werk- oder Dienstverträgen haben. Entscheidend soll hier die wirthschaftliche Gestaltung der Verhältnisse sein, nicht ihre rechtliche Form.

[5]) Reichs-Versicherungsamt, event. Landes-Versicherungsamt (§. 127).

Abführung der Beträge an die Postkassen.

§. 106.

Die Genossenschaftsvorstände[1]) haben die von den Zentral-Postbehörden liquidirten Beträge[2]) innerhalb dreier Monate nach Empfang der Liquidationen an die ihnen bezeichneten Postkassen abzuführen. 1.

Gegen Genossenschaften, welche mit der Erstattung der Beträge im Rückstande bleiben, ist auf Antrag der Zentral-Postbehörden von dem Reichs-Versicherungsamte,[3]) vorbehaltlich der Bestimmungen des §. 54, das Zwangsbeitreibungsverfahren[4]) einzuleiten. 2.

Das Reichs-Versicherungsamt ist befugt, zur Deckung der Ansprüche der Postverwaltungen zunächst über bereite Bestände der Genossenschaftskassen[5]) zu verfügen. Soweit diese nicht ausreichen, hat dasselbe das Beitreibungsverfahren gegen die Mitglieder der Genossenschaft einzuleiten und bis zur Deckung der Rückstände durchzuführen. 3.

§. 75 U.V.G.; §. 75 Entw.; §. 75 Ges. 1900.

Zu §. 106.

[1]) **Genossenschaftsvorstände**, bei den einer Genossenschaft nicht zugewiesenen **fiskalischen** 2c. Betrieben die Ausführungsbehörde (§. 128).

[2]) **Beträge**, ohne Zinsen, vgl. Anm. 1 zu §. 97. Die Bestimmung eines früheren Entwurfs, nach welcher die Ausfälle in den Fällen des §. 102 Abs. 4 und des §. 103 Abs. 3 den Postverwaltungen erst bei der nächsten Abrechnung zugeführt werden sollten, ist im Interesse der Postverwaltungen von der Reichstagskommission (1884) gestrichen worden. Die Genossenschaften haben diese Ausfälle aus ihren sonstigen disponiblen Fonds (Betriebsfonds) auszugleichen. Die Zahlungen an die Post müssen aus den zunächst eingehenden Mitgliederbeiträgen regelmäßig bis zum 1. Juni geleistet werden; eventuell muß die B.G. die erforderlichen Mittel im Wege der Anleihe beschaffen. Eine vorübergehende Verwendung von Mitteln des Reservefonds ist nicht zulässig. (A.N. 1887 S. 213.) Dagegen kann mit der vorgeschriebenen Abführung neuer Beträge zum Reservefonds gewartet werden, bis die Post befriedigt ist.

[3]) **Reichs-Versicherungsamt**, ev. Landes-Versicherungsamt, §. 127.

[4]) **Zwangsbeitreibungsverfahren**. „Soweit eine Genossenschaft mit der Abführung der Beiträge an die Postverwaltung im Rückstande bleibt, unterliegt sie dem Zwangsbeitreibungsverfahren, welches auf Antrag der Postverwaltung durch das Reichs-Versicherungsamt in der Weise auszuführen ist, daß zunächst über die bei der Genossenschaftskasse etwa vorhandenen disponiblen Mittel (z. B. Kautionsbeträge von eingestellten Betrieben, Reservefonds) verfügt wird. Soweit solche nicht vorhanden oder zur Deckung des beizutreibenden Betrages nicht ausreichend sind, wird das Fehlende direkt ohne Vermittelung der Vorstände von den Mitgliedern beigetrieben.

Das Reichs-Versicherungsamt wird übrigens in einem solchen Falle eine Vertheilung des Rückstandes auf die Mitglieder nach dem bestehenden Vertheilungsmaßstabe eintreten lassen" (Mot. 1884 S. 75).

5) Genossenschaftskassen. In dem Komm.Ber. (1884) S. 48 wird konstatirt, „daß diese dem Reichs-Versicherungsamte eingeräumte Befugniß nicht dahin gehe, auch über bereite Bestände dritter Genossenschaften zu verfügen".

Vermögensverwaltung.

§. 107.

1. Die Einnahmen und Ausgaben der Berufsgenossenschaften sind von allen den Zwecken der letzteren fremden Vereinnahmungen und Verausgabungen gesondert festzustellen und zu verrechnen,[1]) ebenso sind die Bestände gesondert zu verwahren.[2])

2. Das Reichs-Versicherungsamt[3]) trifft nach Bedarf[4]) Bestimmung über die Aufbewahrung von Werthpapieren.

§. 76 Abs. 1 Satz 1 U.V.G.; §. 76 Entw.; §. 76 Ges. 1900.

Zu §. 107.

1) gesondert festzustellen und zu verrechnen. Ueber die Kassen- und Rechnungsführung der B.G. sollen durch Vorstandsbeschluß bindende Anordnungen getroffen werden (A.N. 1889 S. 326). Gesichtspunkte für diese Anordnung hat das R.V.A. a. a. O. mitgetheilt. — Im Entwurf der Novelle (1900) sollte dem R.V.A. die Befugniß beigelegt werden, Vorschriften über Kassen- und Rechnungsführung zu erlassen; diese Bestimmung ist aber in der Reichstags-Kommission gestrichen (Komm.Ber. 1900 S. 108).

2) gesondert zu verwahren. Ein Kontokurrentverkehr mit einem Bankinstitut ist somit unzulässig. Dagegen kann ein Bankinstitut als Geschäfts- und Kassenführer der B.G. fungiren, wenn die Einnahmen und Ausgaben der B.G. von allen übrigen Geldern der Bank gesondert festgestellt und verrechnet, und die Bestände gesondert verwahrt werden. Die disponibeln Vermögensbestände (Effekten) können auf den Namen der B.G. einem Privatbankinstitut ad depositum zur Verwahrung übergeben werden (A.N. 1885 S. 372). Auch die Reichsbank (Komtoir für Werthpapiere) in Berlin (aber nicht deren Zweiganstalten) nimmt unter gewissen, die Legitimation der deponirenden Vorstandsmitglieder betreffenden Bedingungen offene Depots auf den Namen von Berufsgenossenschaften an (A.N. 1888 S. 278).

3) Reichs-Versicherungsamt, eventuell Landes-Versicherungsamt, §. 127.

4) nach Bedarf. Es ist nicht beabsichtigt, allgemein bindende Vorschriften zu erlassen, sondern nur nach Bedarf individuell einzugreifen (Komm.-Ber. 1900 S. 108).

§. 108.

1. Die Bestände der Berufsgenossenschaften müssen in der durch §§. 1806 bis 1808 des Bürgerlichen Gesetzbuchs[1]) bezeichneten Weise angelegt werden.

Außerdem[2]) dürfen dieselben in Werthpapieren, welche nach landesgesetzlichen Vorschriften[3]) zur Anlegung von Mündelgeldern zugelassen sind, sowie in solchen auf den Inhaber lautenden Pfandbriefen deutscher Hypotheken-Aktienbanken angelegt werden, welche die Reichsbank in Klasse I beleiht.[4]) 2.

§. 76a Entw.; §. 76a Ges. 1900.

Zu §. 108.

[1]) §§. 1806—1808 des B.G.B. lauten:

§. 1806.

Der Vormund hat das zum Vermögen des Mündels gehörende Geld verzinslich anzulegen, soweit es nicht zur Bestreitung von Ausgaben bereit zu halten ist.

§. 1807.

Die im §. 1806 vorgeschriebene Anlegung von Mündelgeld soll nur erfolgen:

1. in Forderungen, für die eine sichere Hypothek an einem inländischen Grundstücke besteht, oder in sicheren Grundschulden oder Rentenschulden an inländischen Grundstücken;
2. in verbrieften Forderungen gegen das Reich oder einen Bundesstaat, sowie in Forderungen, die in das Reichsschuldbuch oder in das Staatsschuldbuch eines Bundesstaats eingetragen sind;
3. in verbrieften Forderungen, deren Verzinsung von dem Reiche oder einem Bundesstaate gewährleistet ist;
4. in Werthpapieren, insbesondere Pfandbriefen, sowie in verbrieften Forderungen jeder Art gegen eine inländische kommunale Körperschaft oder die Kreditanstalt einer solchen Körperschaft, sofern die Werthpapiere oder die Forderungen von dem Bundesrathe zur Anlegung von Mündelgeld für geeignet erklärt sind (vgl. Bekm. v. 7. Juli 1901, R.G.Bl. S. 263);
5. bei einer inländischen öffentlichen Sparkasse, wenn sie von der zuständigen Behörde des Bundesstaats, in welcher sie ihren Sitz hat, zur Anlegung von Mündelgeld für geeignet erklärt ist.

Die Landesgesetze können für die innerhalb ihres Geltungsbereichs belegenen Grundstücke die Grundsätze bestimmen, nach denen die Sicherheit einer Hypothek, einer Grundschuld oder einer Rentenschuld festzustellen ist.

§. 1808.

Kann die Anlegung den Umständen nach nicht in der im §. 1807 bezeichneten Weise erfolgen, so ist das Geld bei der Reichsbank, bei einer Staatsbank oder bei einer anderen durch Landesgesetz dazu für geeignet erklärten inländischen Bank oder bei einer Hinterlegungsstelle anzulegen.

[2]) Außerdem. Ueber die Frage, welche Werthpapiere neben den reichsgesetzlich für mündelsicher erklärten für die Anlegung der Bestände der B.Gen. zugelassen werden sollten, haben in der Kommission und im Plenum des Reichstags sehr eingehende Verhandlungen stattgefunden. Man war

darüber einig, daß unbedingte Sicherheit für die Anlagen der zu Gunsten der Arbeiter von den Berufsgenossenschaften angesammelten Gelder gefordert werden müsse. Auf der anderen Seite ist in Bezug auf die Bestimmung der mündelsicheren Papiere, die nach Artikel 212 des Einführungsgesetzes zum B.G.B. bis zum 1. Januar 1900 durch Landesgesetz mit dauernder Wirkung über diesen Zeitpunkt hinaus erfolgen konnte, in den einzelnen Bundesstaaten verschieden verfahren worden. Während in den größeren süddeutschen Bundesstaaten und einer Anzahl kleinerer Bundesstaaten die Verhältnisse dazu geführt hatten, eine gewisse Auswahl von Hypothekenpfandbriefen neben Staats- und Kommunalpapieren zur Anlegung von Mündelgeld für das Gebiet des Bundesstaats für geeignet zu erklären, waren in Preußen die Pfandbriefe aller Hypothekenbanken von der Anerkennung der Mündelsicherheit ausgeschlossen. In der Reichstags-Kommission überwog die Ansicht, daß hierdurch die preußischen Hypothekenaktienbanken in nicht gerechtfertigter Weise gegenüber den gleichwerthigen süddeutschen Instituten zurückgesetzt würden, und daß man die Ausgleichung nicht erst einem auf Grund des §. 1807 Abs. 1 Ziffer 4 möglichen Beschlusse des Bundesraths überlassen, sondern alsbald durch das Gesetz vornehmen solle. Auf eine solche Regelung drängte auch der Umstand hin, daß für die auf das ganze Gebiet des Reichs sich erstreckenden B.Gen. bei der Verschiedenheit der landesgesetzlichen Regelung eine Vorschrift darüber erforderlich war, welche Normen (ob die am Sitz der B.G. geltenden, oder die in einem Theile des Bezirks geltenden; ob gleichmäßig für das gesammte Genossenschaftsvermögen, oder für einen der Größe des betreffenden Bezirks entsprechenden Theil des Vermögens) Anwendung finden sollten. Eine unbedingte und bedingungslose Zulassung aller Pfandbriefe deutscher Hypotheken-Aktien-Banken wurde für zu weitgehend erachtet, auf der anderen Seite sollte die Auswahl der geeigneten Papiere nicht in die Hände der Vorstände oder gar der Geschäftsführer gelegt werden; es wurde also eine von unbetheiligter sachverständiger Stelle ausgehende Bestimmung der den reichs- oder landesgesetzlich für mündelsicher erklärten Papieren in Bezug auf die Anlegung des Vermögens der B.Gen. gleichzustellenden Pfandbriefe deutscher Hypotheken-Aktien-Banken beabsichtigt. Zu diesem Zwecke ist an eine Klassifizirung der Werthpapiere angeknüpft, die bei der Reichsbank, einer als durchaus sachkundig und objektiv anerkannten Stelle, erfolgt. Zu den von der Reichsbank betriebenen Geschäften gehört nach §. 13 Ziffer 3 des Bankgesetzes vom 14. März 1875 (R.G.Bl. S. 177) die Ertheilung von Darlehen für nicht länger als drei Monate gegen bewegliche Pfänder (Lombardverkehr), darunter auch gegen gewisse, im Gesetz besonders benanute Werthpapiere, unter denen sich die Pfandbriefe unter staatlicher Aufsicht stehender Bodenkreditinstitute Deutschlands und deutscher Hypothekenbanken auf Aktien befinden. In den „Allgemeinen Bestimmungen über den Geschäftsverkehr mit der Reichsbank“ (zuletzt ausgegeben im Februar 1900) findet sich (S. 40) ein Verzeichniß der bei der Reichsbank beleihbaren Werthpapiere, Klasse I. In der Reichstags-Kommission war die Anlegung der Gelder in Pfandbriefen noch von einem Beschlusse der Genossenschaftsversammlung abhängig gemacht, im Plenum ist jedoch diese Kautel gestrichen, so daß die zugelassenen Pfandbriefe nach dem Ermessen des Genossenschaftsvorstandes als Anlagewerthe benutzt werden dürfen. Vgl. §. 109 Anm. 2.

(Komm.Ber. 1900 S. 108—112; Sten.Ber. vom 9. Mai 1900 S. 5377 bis 5381). Die Frage, wie es zu halten sei, wenn die Reichsbank einer Hypothekenbank die Beleihungsfähigkeit in Klasse I entzieht, ist im Reichstag (Sten.Ber. S. 5378 D) gestreift, aber nicht zum Austrag gebracht.

[3]) landesgesetzlichen Vorschriften. Art. 212 des Einführungsgesetzes zum B.G.B. lautet:

> In Kraft bleiben die landesgesetzlichen Vorschriften, nach welchen gewisse Werthpapiere zur Anlegung von Mündelgeld für geeignet erklärt sind.

Während diese Bestimmung selbstverständlich nur für den Geltungsbereich des betreffenden Landesgesetzes Bedeutung hat, ist im G.U.V.G. die Tragweite der landesgesetzlichen Mündelsicherheit bedeutend erweitert, nämlich dahin, daß die in irgend einem Bundesstaat für mündelsicher erklärten Papiere von allen B.Gen. im ganzen Gebiete des Reichs zur Anlegung ihres Vermögens benutzt werden dürfen. Vgl. §. 109 Anm. 2. — Für Preußen vgl. Art. 73 ff. des Einführungsgesetzes zum B.G.B. vom 20. September 1899 (Ges.S. S. 177).

[4]) die Reichsbank in Kl. I beleiht, vgl. oben Anm. 1.

§. 109.

Die Landes-Zentralbehörde desjenigen Bundesstaats, in dessen Gebiete die Berufsgenossenschaft ihren Sitz hat, kann genehmigen, daß die Bestände der Berufsgenossenschaft auch in Darlehen an Gemeinden und weitere Kommunalverbände angelegt werden;[1]) sie kann ferner anordnen, daß bei der Anlegung des Genossenschaftsvermögens einzelne Gattungen zinstragender Papiere nur bis zu einem näher zu bestimmenden Betrag[2]) erworben werden dürfen. Erstreckt sich der Bezirk der Genossenschaft auf Gebiete oder Gebietstheile mehrerer Bundesstaaten, so bedarf es der Zustimmung der Zentralbehörden dieser Bundesstaaten oder, sofern ein Einverständniß nicht erzielt wird, der Zustimmung des Bundesraths. 1.

Die Landes-Zentralbehörde desjenigen Bundesstaats, in dessen Gebiete die Berufsgenossenschaft ihren Sitz hat, kann widerruflich gestatten,[3]) daß zeitweilig verfügbare baare Bestände auch in anderer als der im §. 108 bezeichneten Weise vorübergehend angelegt werden. 2.

§. 76b Entw.; §. 76b Ges. 1900.

Zu §. 109.

[1]) angelegt werden, Die Bestimmung findet ihr Vorbild im J.V.G. (§. 164) und ist den Verhältnissen solcher B.Gen., die Gebiete oder Gebiets-

theile mehrerer Bundesstaaten umfassen, angepaßt. — Den unmittelbar an Gemeinden 2c. gegebenen Darlehen können auch Darlehen an Genossenschaften 2c. gleichgestellt werden, sofern dafür Gemeinden oder weitere Kommunalverbände selbstschuldnerische Bürgschaft übernommen haben. Dabei wird nicht unter den landesüblichen Zinsfuß herunterzugehen sein. Soweit dies (bei der Förderung gemeinnütziger Zwecke z. B. bei Darlehen zur Errichtung von Krankenhäusern) ausnahmsweise beabsichtigt wird, liegt darin eine Abweichung von der vormundschaftlichen Pflicht des Vorstandes (§. 45), die nicht nur die sichere, sondern auch die ordnungsmäßigen Ertrag bringende Anlegung der Gelder fordert; zugleich wird dadurch die Leistungsfähigkeit der B.G. berührt. Deshalb bedarf es nach §. 110 in solchen Fällen auch bei mündelsicheren Anlagen der Genehmigung der Aufsichtsbehörde und event. des Bundesraths. Vgl. Bekm. v. 7. Juli 1901, R.G.Bl. S. 263.

[2]) bis zu einem . . Betrage. Die hierauf bezüglichen Anordnungen der Landes-Zentralbehörden haben sich innerhalb der Grenzen zu bewegen, welche durch die im §. 108 festgesetzte Zulassung von gewissen Papieren zur Anlegung des Genossenschaftsvermögens gegeben sind; diese Zulassung darf selbstverständlich nicht im Aufsichtswege, durch Anordnung der Landes-Zentralbehörde hinfällig gemacht werden. Die Befugniß der Landes-Zentralbehörde soll lediglich praktischen Zwecken dienen. Bei einseitiger Beschränkung auf nur eine Gattung oder nur einzelne Arten unter den zahlreichen mündelsicheren Werthen können bei der Bewerthung sowohl der bevorzugten wie der zurückgesetzten Papiere Unzuträglichkeiten eintreten, denen durch geeignete Maßregeln vorzubeugen Aufgabe einer gesunden Finanzwirthschaft ist (Mot. 1900 S. 111; Komm.Ber. 1900 S. 112). Es würde beispielsweise unzweckmäßig sein, wenn eine preußische landwirthschaftliche B.G. überwiegend Provinzialobligationen der eigenen Provinz als Vermögensanlage wählen wollte. Dem kann die Landes-Zentralbehörde entgegentreten.

[3]) kann widerruflich gestatten. Wegen der nur vorübergehenden Bedeutung der hier fraglichen Genehmigung soll die Landes-Zentralbehörde am Sitze der Genossenschaft ohne Mitwirkung der etwa sonst betheiligten Zentralbehörden (Abs. 1) befugt sein, widerruflich die Anlegung in einer nicht mündelsicheren Weise zu gestatten. Diese Bestimmung hat namentlich auch die Bedeutung, daß ein Kontokorrent-Verkehr mit sicheren Bankhäusern am Sitze der Berufsgenossenschaft ermöglicht werden soll, um diesen die vorübergehende Aufbewahrung großer Baarbestände, z. B. beim Einlaufen der Umlagebeiträge, zu übertragen und den Vorstandsmitgliedern die damit anderenfalls für sie verbundene Verantwortlichkeit zu ersparen (Mot. 1900 S. 111).

§. 110.

1. Die Berufsgenossenschaften können mit Genehmigung des Reichs-Versicherungsamts[1]) einen Theil ihres Vermögens in anderer als der nach §§. 108, 109 zulässigen Weise, insbesondere in Grundstücken[2]) anlegen. Will eine Genossenschaft mehr als den vierten Theil ihres Vermögens

in dieser Weise anlegen, so bedarf sie dazu außerdem, sofern sie der Aufsicht eines Landes-Versicherungsamts unterstellt ist, der Genehmigung der Landes-Zentralbehörde, im Uebrigen der Genehmigung des Bundesraths. Eine solche Anlage ist jedoch nur in Werthpapieren, oder für die Zwecke der Verwaltung, zur Vermeidung von Vermögensverlusten für die Genossenschaft, oder für solche Veranstaltungen zulässig, welche ausschließlich oder überwiegend der versicherungspflichtigen Bevölkerung zu gute kommen. Mehr als die Hälfte ihres Vermögens darf jedoch eine Berufsgenossenschaft in der bezeichneten Weise nicht anlegen.

§. 76c Entw.; §. 76c Ges. 1900.

Zu §. 110.

1) **Reichs-Versicherungsamts**, event. Landes-Versicherungsamts, §. 127. — Den B.Gen. soll ebenso wie den Versicherungsanstalten durch das Reichs-Versicherungsamt gestattet werden können, einen beschränkten Theil ihres Vermögens auch in anderer Weise, namentlich in Grundstücken anzulegen. Letztere kommen insbesondere dann in Betracht, wenn es sich um Verwaltungsgebäude, Arbeiterwohnungen, Heilanstalten sowie um Erwerbungen bei Zwangsversteigerungen von der Genossenschaft beliehener Grundstücke handelt. Selbstverständlich ist das Reichs-Versicherungsamt in seinen Genehmigungen, insbesondere soweit sie sich auf Werthpapiere beziehen, durch die Anordnungen und Vereinbarungen der Landes-Zentralbehörden (§. 109), event. durch die vom Bundesrath gefaßten Beschlüsse (§. 109) gebunden und in seinen Befugnissen eingeschränkt. Sobald die nicht mündelsicheren Anlagen mehr als den vierten Theil des Genossenschaftsvermögens ausmachen, soll dazu außerdem derjenige Verband die Zustimmung ertheilen, welcher im Falle der Leistungsunfähigkeit der Genossenschaft für deren Verpflichtungen aufzukommen hat. Zur Genehmigung soll demgemäß im Allgemeinen der Bundesrath, für Genossenschaften, die der Aufsicht eines Landes-Versicherungsamts unterstehen, die Landes-Zentralbehörde zuständig sein. Mot. 1900 S. 111.

2) **Grundstücke** dürfen überhaupt nur für die Zwecke der Verwaltung (Dienstgebäude, Geschäftshaus), bei Zwangsversteigerung beliehener Grundstücke, oder zur Errichtung von Krankenhäusern, Heilanstalten, Arbeiterwohnungen 2c. erworben werden. Zu jedem Grundstücksankauf bedarf die B.G. der Genehmigung des R.V.A. bezw. L.V.A.

§. 111.

Ueber die gesammten Rechnungsergebnisse[1]) eines Rechnungs- 1.
jahrs ist nach Abschluß desselben alljährlich dem Reichstag[2]) eine vom Reichs-Versicherungsamt[3]) aufzustellende Nachweisung[4]) vorzulegen.

Das Rechnungsjahr beginnt[5]) mit dem 1. Januar und 2.
endet mit dem 31. Dezember.

§. 77 U.V.G.; §. 77 Entw.; §. 77 Ges. 1900.

Zu §. 111.

[1]) Rechnungsergebnisse, welche von den einzelnen Berufsgenossenschaften und Ausführungsbehörden (§. 128) für ihre Bezirke dem R.V.A. jährlich mitzutheilen sind. Für die Aufstellung dieser Rechnungsergebnisse der Berufsgenossenschaften 2c. hat das R.V.A. obligatorische Formulare aufgestellt und zu denselben ausführliche Erläuterungen gegeben. Vgl. die jetzt geltenden Vorschriften in A.N. 1888 S. 260; 1890 S. 116; 1892 S. 303; 1895 S. 131, 173. Die dem Reichstage vorgelegten Nachweisungen über die gesammten Rechnungsergebnisse sind alljährlich in den Amtlichen Nachrichten des Reichs-Versicherungsamts abgedruckt.

[2]) dem Reichstag, wegen des Interesses, welches der Reichstag an den finanziellen Ergebnissen der Unfallversicherung schon im Hinblick auf die durch §. 54 eingeführte eventuelle Reichsgarantie hat (Mot. 1884 S. 76).

[3]) Reichs-Versicherungsamt, welches auch die Betriebsergebnisse der den Landes-Versicherungsämtern unterstellten Genossenschaften einholen muß. Die Landes-Versicherungsämter treten für diese Funktion nicht an die Stelle des Reichs-Versicherungsamts, §. 127.

[4]) Nachweisung. Wegen der Verwaltungskosten der Sektionen vgl. §. 38 (A.N. 1886 S. 82).

[5]) beginnt. In Uebereinstimmung mit dem J.V.G. ist das Rechnungsjahr durch das Gesetz selbst festgesetzt, während vor der Novelle (1900) der gleiche Termin durch Beschluß des Bundesraths bestimmt war (Centralbl. f. d. Deutsche Reich 1885 S. 51).

V. Unfallverhütung. Ueberwachung der Betriebe.

Unfallverhütungsvorschriften.

§. 112.

1. [1]) Die Genossenschaften sind befugt[2]) und können im Aufsichtsweg angehalten werden,[3]) Vorschriften zu erlassen:[4])

1. über die von den Mitgliedern zur Verhütung von Unfällen[5]) in ihren Betrieben zu treffenden Einrichtungen[6]) und Anordnungen[7]) unter Bedrohung der Zuwiderhandelnden mit Geldstrafen[8]) bis zu eintausend Mark oder mit der Einschätzung[9]) ihrer Betriebe in eine höhere Gefahrenklasse[10]) oder, falls sich die letzteren bereits in der höchsten Gefahrenklasse befinden, mit Zuschlägen[9]) bis zum doppelten Betrag ihrer Beiträge.

   Für die Herstellung der vorgeschriebenen Einrichtungen ist den Mitgliedern eine angemessene[11]) Frist zu bewilligen;

2. über das in den Betrieben von den Versicherten[12]) zur Verhütung von Unfällen zu beobachtende Verhalten unter Be-

drohung der Zuwiderhandelnden mit Geldstrafen[13]) bis zu sechs Mark.

Die Genossenschaften sind außerdem befugt, solche Vor- 1.
schriften für bestimmt abzugrenzende Bezirke oder[14]) für bestimmte Gewerbszweige oder Betriebsarten[15]) zu erlassen.

In den Unfallverhütungsvorschriften ist anzugeben, in 2.
welcher Art diese Vorschriften zur Kenntniß der Versicherten zu bringen[16]) sind.

§. 78 Abs. 1 U.V.G.; §. 78 Entw.; §. 78 Ges. 1900.

Zu §. 112.

[1]) Ueber die Unfallverhütung sagen die Motive 1884 (S. 76) außer den Ausführungen in dem allg. Theil (S. 57): „Bei der auf Gegenseitigkeit beruhenden Regelung der Unfallversicherung hat nicht nur jede Genossenschaft, sondern auch jedes einzelne Mitglied derselben ein Interesse daran, daß in den Betrieben der Genossenschaftsmitglieder möglichst wenig Unfälle vorkommen. Dieses Interesse ist gesetzlich zu schützen. Dasselbe bietet zugleich die geeignetste Grundlage für die der genossenschaftlichen Organisation anzupassende systematische Regelung der zur Verhütung von Unfällen zu ergreifenden Maßregeln. Von diesem Gesichtspunkte aus legt der Entwurf den Genossenschaften die Befugniß bei, für ihre Mitglieder Vorschriften über die von ihnen zur Verhütung von Unfällen zu treffenden Einrichtungen zu erlassen und an deren Nichterfüllung gewisse Nachtheile zu knüpfen.

Auf diese Weise wird voraussichtlich zugleich die gewerbliche Selbstverwaltung auf einem Gebiete fruchtbar gemacht, auf welchem die staatliche Verwaltung, wie sie in den §§. 120 und 139 b der Gewerbeordnung geregelt ist, aus dem Grunde mit großen Schwierigkeiten zu kämpfen hat, weil die Frage, wie weit mit Vorschriften der hier in Rede stehenden Art und mit deren Durchführung gegangen werden kann, ohne in ungerechtfertigt störender Weise in die freie Bewegung der Industrie einzugreifen, in vielen Fällen zu erheblichen Zweifeln Veranlassung giebt.

Bei den Organen der Genossenschaften werden die den Mitgliedern derselben beiwohnende genaue Kenntniß der Verhältnisse und Bedürfnisse der von ihnen vertretenen Industriezweige auf der einen Seite und das Interesse an der Verhütung der Unfälle auf der anderen Seite voraussichtlich dahin führen, daß die zu erlassenden Schutzvorschriften die richtige Mitte zwischen zu großer Milde und zu großer Strenge innehalten. Dies läßt sich um so mehr erwarten, als es bei der Beschränkung der Verbindlichkeit der zu erlassenden Vorschriften auf die Mitglieder der Genossenschaft möglich sein wird, bei der Abfassung derselben mit der erforderlichen Berücksichtigung der besonderen Verhältnisse jedes einzelnen Industriezweiges vorzugehen und den Fehler zu großer Allgemeinheit, welcher den auf gesetzlichem Wege erlassenen Vorschriften leicht anhaftet, zu vermeiden" (vgl. Motive zur Vorlage vom Jahre 1882 S. 74). Ueber die Handhabung der Unfallverhütungsvorschriften seitens der Genossenschaften und das Verhältniß derselben zu den Staatsaufsichtsbeamten vgl. A.N. 1887 S. 139, 158; die technischen

Aufsichtsbeamten sollen mit den staatlichen Fabrikaufsichtsbeamten Hand in Hand gehen. Nähere Vorschriften über das Ineinandergreifen der Thätigkeit dieser beiden Faktoren sind im §. 123 getroffen.

Für die Zwecke der Unfallverhütung hat das R.V.A. zunächst für das Jahr 1887 eine einheitliche Unfallstatistik aufgemacht, behufs deren von den Genossenschaften für jeden von ihnen entschädigten Unfall (aus dem Jahr 1887) eine besondere Unfall-Zählkarte einzureichen war (A.N. 1887 S. 154, 208). Die eingehende Bearbeitung dieser Statistik ist A.N. Beiheft 1899 veröffentlicht. Nach Ablauf von zehn Jahren ist diese Statistik für das Jahr 1897 wiederholt; die Ergebnisse sind A.N. Beihefte 1900, 1901 bekannt gemacht.

[2]) Die Genossenschaften sind befugt. Ueber die Ausübung dieser Befugnisse soll das Genossenschaftsstatut Bestimmungen enthalten, §. 37. Es handelt sich aber immer um eine den Genossenschaftsversammlungen gesetzlich übertragene Beschlußfassung; die Genossenschaftsvorstände haben den Entwurf unter Zuziehung von Vertretern der Arbeiter zu berathen und festzustellen (§. 113 Abs. 2), und die Sektionsvorstände haben neben dem Antrag auf Genehmigung der beschlossenen Unfallverhütungsvorschriften noch ein Gutachten abzugeben §. 115 Abs. 4, und zwar event. nach §. 113 Abs. 1, 4 unter Zuziehung von Vertretern der Arbeiter. Vgl. auch A.N. 1886 S. 64; 1887 S. 145. Wegen Ueberwachung der Ausführung s. §. 119. Neben der Befugniß der Genossenschaften bleibt die Befugniß des Bundesraths zum Erlaß von Unfallverhütungsvorschriften (§. 120 e der Gew.-Ordnung) bestehen, ebenso die gleichartige Befugniß der Landesbehörden, §. 117.

Die Befugniß der B.Gen. zum Erlaß von Unfallverhütungsvorschriften durch eine Verpflichtung gleichen Inhalts zu ersetzen, ist von der Reichstags-Kommission (1900), wo ein bezüglicher Antrag gestellt war, abgelehnt, dagegen bestand doch der Wunsch, dem R.V.A. ein Mittel an die Hand zu geben, um nachlässige B.Gen. an ihre Pflichten in Bezug auf das ihnen überwiesene Gebiet der Unfallverhütung zu erinnern (Komm.Ber. 1900 S. 116), deshalb sind die Worte hinzugefügt: und können im Aufsichtswege angehalten werden.

[3]) können im Aufsichtswege angehalten werden. Vgl. Anm. 2. Es ist für nützlich erachtet worden, neben der Berechtigung auch eine Verpflichtung der B.G. zum Erlaß von Unfallverhütungsvorschriften allgemein zum Ausdruck zu bringen, indessen sollen über den Inhalt der Vorschriften lediglich die zuständigen Genossenschaftsorgane, vorbehaltlich der Genehmigung des R.V.A., zu befinden haben. Ein Recht zur Oktroyirung bestimmter Vorschriften hat dem R.V.A. nicht übertragen werden sollen (Kom.-Ber. 1900 S. 116).

[4]) Vorschriften zu erlassen. Derartige Unfallverhütungsvorschriften haben seither 62 von den 65 gewerblichen Berufsgenossenschaften erlassen.

Die genehmigten Unfallverhütungsvorschriften sind bis zum Jahre 1900 in den A.N. veröffentlicht. Vgl. Anm. 7.

[5]) zur Verhütung von Unfällen. Es ist in der Reichstags-Kommission (sowohl 1897 als auch 1900) angeregt worden, den Berufsgenossen-

schaften die Befugniß beizulegen, neben Unfallverhütungsvorschriften auch andere Vorschriften zum Schutze von Leben und Gesundheit der Arbeiter zu erlassen. Bestimmend hierfür war die Erwägung, daß die Grenze zwischen beiden Gebieten zuweilen flüssig sei und daß es sich deshalb empfehle, der bei einzelnen Berufsgenossenschaften hervorgetretenen Neigung, auf der Grenze liegende Vorschriften zu erlassen, eine gesetzliche Grundlage zu verschaffen. Ohne dadurch auf eine strengere Einhaltung der Grenze gegenüber der bisherigen Praxis hinwirken zu wollen, hat man jedoch die vorgeschlagene Erweiterung der Befugnisse der Berufsgenossenschaften nicht aufgenommen, weil sie weit über das Bedürfniß hinausgeht und in dieser weiten Gestalt allen denjenigen Bedenken unterliegt, die dazu geführt haben, den Versicherungsanstalten die Befugniß zu versagen, Vorschriften zum Schutze der Versicherten gegen gesundheitsschädliche Einflüsse zu erlassen. Es erscheint bedenklich, für solche Vorschriften den ohnehin zuständigen Stellen: dem Bundesrathe, den Landes-Zentralbehörden, den Gewerbepolizeibehörden weitere Stellen zur Seite zu stellen, denen in Bezug auf hygienische Fragen eigene Sachkunde nicht beiwohnt, und die für den gleichen örtlichen Bezirk zu verschiedenartigen oder gar einander widersprechenden Regelungen gleichartiger Verhältnisse gelangen können. (Mot. 1900 S. 112.) Ueberdies können solche hygienische Vorschriften von so einschneidender Bedeutung sein, daß sie die Existenzfähigkeit namentlich kleinerer Betriebe in Frage stellen können. Das Kleingewerbe ist aber in den Genossenschaftsorganen und Versammlungen vielfach nur schwach vertreten (Kom.Ber. 1900 S. 117).

[6]) zu treffenden Einrichtungen, vgl. Anm. 1. Hierunter sind (objektiv) bauliche oder maschinelle Einrichtungen, gleichzeitig aber auch (subjektiv) andere „Maßnahmen", welche die Betriebsunternehmer zur Verhütung von Unfällen zu treffen haben, zu verstehen (A.N. 1888 S. 190). Die Anordnungen sollen sich nur auf erprobte und bewährte Vorkehrungen richten.

Das R.V.A. führt in dem Rundschreiben vom 19. April 1886 (A.N. 1886 S. 63) aus, daß die Unfallverhütungsvorschriften für die Betriebsunternehmer sich in folgende Kategorien theilen lassen:

1. in Vorschriften, welche die Einrichtung der Betriebsanlagen als solcher betreffen, und welche
   a) theils allgemeiner Natur sind, wie Sicherung der Treppen, Fahrstühle, Luken, Gruben ꝛc., schützende Einfriedigung von Schwungrädern oder Zahnrädern, von Transmissionsriemen u. A.
   b) theils spezieller Natur sind, indem sie sich den einzelnen Arbeitsmaschinen und Apparaten bezw. Arbeitsthätigkeiten anschließen. wie Vorschriften zur Sicherung der Gerüste u. A.
2. in Vorschriften, welche den Unternehmer zur Ausrüstung der Arbeiter mit gewissen Schutzmitteln (z. B. Hand- oder Fußbekleidungsstücken) verpflichten, oder ihm gewisse Verhaltungsmaßregeln (z. B. Beschränkung der Verwendung jugendlicher Arbeiter auf ungefährliche Verrichtungen) auferlegen, oder ihn dafür verantwortlich machen, daß die zum Schutz der Arbeiter vorhandenen Einrichtungen zu gegebener Zeit auch wirklich in Benutzung genommen werden können, z. B. daß

die vorhandenen Lampen bei eintretender Dunkelheit angezündet, die Ausgänge nicht gesperrt werden u. A.

7) Anordnungen. Neben den Einrichtungen kommen auch Anordnungen (z. B. Ordnungsvorschriften für bestimmte Werkstätten u. dgl.) in Betracht; sie sind von der Reichstagskommission in das Gesetz ausdrücklich eingefügt (Komm.Ber. 1900 S. 117) um größere Deutlichkeit zu erzielen.

Die von den B.Gen. erlassenen Unfallverhütungsvorschriften sind bis zum Jahre 1900 durch die A.N. veröffentlicht worden, außerdem sind Zusammenstellungen im Buchhandel erschienen, u. A.: Systematische Uebersicht der von den gewerblichen Berufs-Genossenschaften des Deutschen Reichs erlassenen Unfallverhütungsvorschriften. Herausgegeben vom Verbande der Deutschen Berufsgenossenschaften. Berlin. C. Heymanns Verlag. 1900.

8) Geldstrafen. Durch die Unfallverhütungsvorschriften konnten nach dem U.V.G. (1884) Zuwiderhandlungen der Betriebsunternehmer nur mit Einschätzung ihrer Betriebe in eine höhere Gefahrenklasse oder mit Zuschlägen bis zum doppelten Betrag ihrer Beiträge bedroht werden. Diese Strafandrohungen entsprachen nicht in allen Fällen dem Bedürfnisse. Namentlich konnten dadurch unbedeutende Zuwiderhandlungen in großen Betrieben so übermäßig hart betroffen werden, daß eine Verwirklichung der Strafandrohung kaum zu rechtfertigen sein würde. Wenn beispielsweise ein großer Bauunternehmer auf einem Baue die Unfallverhütungsvorschriften nicht ordnungsmäßig ausgehängt hat, so entspricht es der Bedeutung dieser Versäumniß nicht, ihm deswegen für seinen ganzen Betrieb erhöhte Beiträge aufzuerlegen, die mehrere Tausend Mark betragen können. Aehnlich verhält es sich, wenn in einem umfangreichen maschinellen Betrieb an einer Stelle eine vorgeschriebene Schutzvorkehrung fehlt. Andererseits kann es vorkommen, daß eine grobe Zuwiderhandlung des Unternehmers eines kleinen Betriebs auf Grund der bestehenden Vorschriften nicht angemessen geahndet werden kann. Bei der in vielen Gefahrentarifen nicht erheblichen Verschiedenheit der Beitragsziffern kann nämlich für Betriebe mit geringem anrechnungsfähigen Lohnbetrage die um eine oder einige Stufen erhöhte Einschätzung des Betriebs eine zu unbedeutende und deshalb unwirksame Strafe bilden. Diesen Uebelständen soll durch die wahlweise Zulassung einer Geldstrafe abgeholfen werden. (Mot. 1900 S. 112.) Der Höchstbetrag ist wegen der Wichtigkeit der Angelegenheit über das im §. 147 für ähnliche Pflichtwidrigkeiten vorgesehene Maß von 300 Mk. hinaus durch die Reichstagskommission auf 1000 Mk. erhöht worden (Komm.Ber. 1900 S. 117).

Wegen der Strafvollstreckung vgl. §. 153. Die Gelder fließen in die Genossenschaftskasse (§. 154).

9) Einschätzung — Zuschläge, durch den Genossenschaftsvorstand §. 116. Direkte Zwangsmittel, insbesondere Behinderung des mit den vorgeschriebenen Maßregeln nicht versehenen Betriebes, sind also ausgeschlossen.

10) in eine höhere Gefahrenklasse. Dies ist nach den Motiven (1884) „angemessener, als die Bedrohung mit Strafzuschlägen, da dem Betriebsunternehmer unter Umständen die Mittel fehlen können, den erlassenen Vorschriften alsbald zu entsprechen, während die unterlassene Befolgung der

Schutzvorschriften die Gefährlichkeit des Betriebes steigert und somit Anlaß bietet, denselben in eine höhere Gefahrenklasse einzureihen" (Mot. 1884 S. 77).

Nur wo dies nicht mehr möglich ist, weil der Betrieb schon in der höchsten Gefahrenklasse steht, und eine Geldstrafe nicht angezeigt erscheint, sieht das Gesetz die Möglichkeit von Zuschlägen vor. Dieselben haben aber nicht den Charakter einer Strafe, sondern sind eine Korrektur für die Eintheilung der Gefahrenklassen und decken die erhöhte Unfallgefahr, ähnlich wie die Zuschläge im Falle des §. 49 Abs. 6. Wegen Beitreibung der Zuschläge vgl. §. 103. Wegen der Unfallverhütungsvorschriften für Regiebauten vgl. §. 40 Ziffer 1 B.U.V.G.

11) angemessene. Nach den allgemeinen Motiven 1884 (S. 32) soll hierbei sowohl die Leistungsfähigkeit der einzelnen Betriebsunternehmer wie die Lage des ganzen Gewerbes berücksichtigt werden.

12) von den Versicherten, zu denen auch die im §. 5 Abs. 1 bis 3 bezeichneten Personen gehören. Eine solche Vorschrift ist unumgänglich, wenn die Thätigkeit der Genossenschaft auf dem Gebiete der Unfallverhütung ihr Ziel erreichen soll. In den Verhandlungen des Volkswirthschaftsraths ist insbesondere darauf hingewiesen worden, daß die Wirksamkeit der Anordnungen zur Verhütung von Unfällen (ein hervorragendes Eisenwerk in Westfalen hatte nicht weniger als 36 derartige Bestimmungen erlassen müssen) sehr häufig an der Gleichgültigkeit der Arbeiter scheitert, welche die Gefahr nicht eher erkennen wollen, als bis sie dieselbe an ihrem Leibe erfahren haben, und in jeder Schutzmaßregel Erschwerungen ihrer Arbeitsthätigkeit zu erblicken geneigt sind, gegen die sie sich ablehnend verhalten. Unfälle in Folge mangelhafter Benutzung der Schutzmaßregeln treffen aber, wie alle Unfälle, nicht nur den schuldigen Arbeiter, sondern auch unschuldige Mitarbeiter, und ebenso in ihrer pekuniären Wirkung die Genossenschaft, welche durch die Anordnung der Schutzmaßregel ihrerseits der Gefahr nach Möglichkeit vorgebeugt hat. Dazu kommt, daß „den Versicherten die gesetzliche Entschädigung auch dann nicht entzogen werden soll, wenn sie den Unfall selbst verschuldet haben. Solche Vorschriften werden auch den Krankenkassen zu Gute kommen, da sie in besonderem Maße zur Verminderung der geringfügigeren, die Krankenkassen belastenden Unfälle beizutragen geeignet sind" (Mot. 1884 S. 77), und weil außerdem die auf Grund dieser Vorschriften festgesetzten Strafen den Krankenkassen zufließen sollen, §. 154. — Auch für die einer Genossenschaft nicht zugewiesenen fiskalischen 2c. Betriebe, für welche §. 112 nicht gilt, enthält §. 132 eine dieser Vorschrift analoge Bestimmung, und diese gilt auch für die auf Grund des Bau-Unfallversicherungsgesetzes unter besondere Ausführungsbehörden gestellten fiskalischen oder kommunalen Regiebauverwaltungen (§§. 42, 43 B.U.V.G.).

Den Betriebsunternehmern bleibt der Erlaß ähnlicher Unfallverhütungsvorschriften für ihre Betriebe unbenommen; sie können aber keine öffentlichrechtliche Strafen, sondern nur Konventionalstrafen (Geldstrafen, Entlassung aus der Arbeit) für die Uebertretung androhen.

13) Geldstrafen. Die Festsetzung dieser Strafen ist den Vorständen der Betriebs-(Fabrik-), Bau-Krankenkassen, eventuell den Ortspolizeibehörden übertragen, §. 116; sie fließen in die Krankenkasse (§. 154 Abs. 1) und

werden wie Gemeindeabgaben beigetrieben (§. 153). Eine Aufrechnung gegen Entschädigungsansprüche ist ausgeschlossen (§. 96 Abs. 2); vgl. Anm. 10 zu §. 96.

[14]) für Bezirke ... oder. Die Befugniß der Genossenschaften bezieht sich nicht auf individuelle Vorschriften für einzelne Betriebe, sondern nur auf generelle Verfügungen für eine Kategorie gleichartiger Betriebe (Komm.Ber. 1884 S. 50). Ungenügende Einrichtungen in einzelnen Betrieben können nur zu einer Einschätzung in höhere Gefahrenklassen (cf. auch §. 49 Abs. 6) bezw. zur Anzeige bei den Polizeibehörden behufs Abstellung führen; ihre Beseitigung kann aber von der B.G. nicht beansprucht werden, sofern nicht entsprechende Unfallverhütungsvorschriften hierzu eine Handhabe bieten. (A.N. 1886 S. 81.)

Baugewerks-B.G., und zwar auch die unter das G.U.V.G. fallenden, können innerhalb ihrer örtlichen Bezirke auch für den Geltungsbereich ihrer Versicherungsanstalten, also für Privat-Regiebauten, gleichartige Unfallverhütungsvorschriften erlassen (§§ 40, 44 B.U.G.).

[15]) Betriebsarten. Hierbei ist „an die Form und die Mittel, in und mit denen der Betrieb sich vollzieht, gedacht worden, also an Dampfbetrieb im Gegensatz zum Handbetrieb, an den Betrieb mit Centrifugen (Trockenschleudern), Treibriemen, Aufzügen u. s. w.: Betriebsarten, welche bei verschiedenen Industriezweigen vorkommen" (Mot. 1884 S. 76).

Der Ausdruck kommt an dieser Stelle im Gesetz zum ersten Male vor, während er im Krankenversicherungsgesetz fast immer, namentlich auch bei der Bildung von Krankenkassen, dem Ausdruck „Industriezweig" an die Seite gesetzt ist.

[16]) zur Kenntniß zu bringen. Abs. 3 ist in dritter Lesung im Plenum des Reichstags hinzugefügt (Sten.Ber. vom 25. Mai 1900 S. 5778 D), nachdem bei der zweiten Lesung des L.U.V.G. zu §. 87 ein gleicher Antrag Annahme gefunden hatte (Sten.Ber. vom 14. Mai 1900 S. 5494 A, 5500 B).

§. 113.

1. Die zu erlassenden Vorschriften sind vor der Beschlußfassung[1]) dem Reichs-Versicherungsamt[2]) einzureichen und, sofern die Genossenschaft in Sektionen eingeteilt ist, den Vorständen derjenigen Sektionen, für welche sie Gültigkeit haben sollen,[3]) zur Begutachtung vorzulegen.

2. Zu der Berathung und Beschlußfassung über diese Vorschriften[4]) sowie zur Begutachtung der nach §. 120e Abs. 2 der Gewerbeordnung zu erlassenden Vorschriften[5]) haben die Genossenschaftsvorstände Vertreter der Arbeiter[6]) mit vollem Stimmrecht[7]) und in gleicher Zahl wie die betheiligten Vorstandsmitglieder zuzuziehen.[8])

3. Das Reichs-Versicherungsamt ist zu der vom Genossenschaftsvorstand anberaumten Sitzung, in welcher über die

von der Genossenschaft zu erlassenden Vorschriften[9]) berathen und Beschluß gefaßt werden soll, einzuladen.

Sollen die von der Genossenschaft oder die auf Grund des §. 120e Abs. 2 der Gewerbeordnung zu erlassenden Vorschriften nur für den Bezirk einzelner Sektionen[10]) Gültigkeit haben, so sind zur Begutachtung durch die Sektionsvorstände auch Vertreter der Arbeiter gemäß Absatz 2 zuzuziehen. 4.

Mit der Einladung zu der zur Begutachtung oder zur Berathung und Beschlußfassung anberaumten Sitzung ist den Vertretern der Arbeiter der Entwurf der Vorschriften zuzustellen,[11]) welcher der Begutachtung oder der Berathung und Beschlußfassung unterliegen soll. 5.

§. 79 Abs. 1 U.V.G.; §. 79 Abs. 1—5 Entw.; § 79 Ges. 1900.

Zu §. 113.

¹) vor der Beschlußfassung. Die Reichstags-Kommission (1900), aus deren Berathungen diese Bestimmung herrührt (Komm.Ber. 1900 S. 118 ff.), hat den Gedanken durchgeführt, daß das Reichs- (Landes-) Versicherungsamt mehr als früher schon an der Vorbereitung der Unfallverhütungsvorschriften betheiligt werden und zu diesem Zweck schon an der Einzelberathung des Entwurfs im Kreise des durch Vertreter der Arbeiter verstärkten Genossenschaftsvorstandes (Abs. 2, 3) theilnehmen soll. Dem Versicherungsamt wird dadurch einerseits Gelegenheit geboten, seine Anschauungen und Erfahrungen auf dem Gebiete der Unfallverhütung rechtzeitig, d. h. bevor ein Beschluß gefaßt ist, zur Geltung zu bringen, während dasselbe andererseits die Ansichten und Absichten des Genossenschaftsvorstandes, insbesondere aber auch die Wünsche und etwaigen Einwände der Vertreter der Arbeiter eingehender, als es bisher durch die vorzulegenden Protokolle möglich war, kennen lernt (Komm.Ber. 1900 S. 121).

²) Reichs-Versicherungsamt, event. Landes-Versicherungsamt (§. 127).

³) für welche sie Gültigkeit haben sollen. Die Unfallverhütungsvorschriften gelten in der Regel für den ganzen Bezirk der B.G., sofern nicht nach §. 112 Abs. 2 eine Beschränkung stattgefunden hat. Ist die B.G. in Sektionen eingetheilt, so haben die Vorstände der betheiligten Sektionen mitzuwirken, und diese Mitwirkung findet nach der Novelle (1900) in der Form einer Begutachtung der zu erlassenden Vorschriften statt, während §. 79 Abs. 1 U.V.G. (1884) eine Beschlußfassung unter Zuziehung von Arbeitervertretern vorsah. Diese Einrichtung erschien der Reichstags-Kommission (1900) nicht angemessen, weil es sich in der That nicht um eine Beschlußfassung, sondern nur um eine Begutachtung handelt und, was die Zuziehung von Arbeitern betrifft, weil die letzteren dadurch eine genügend wirksame Betheiligung an dem Zustandekommen der Vorschriften nicht finden, indem ihre Zuziehung in den einzelnen Sektionen eine Betheiligung von Arbeitervertretern

an der über den Entwurf entscheidenden Berathung des Genossenschaftsvorvorstandes ausschloß. Dem gegenüber will das Gesetz (1900) nunmehr die Arbeitervertreter im Sektionsvorstande nur dann noch zugezogen wissen (Abs. 4), wenn die Vorschriften nur für den Bezirk einzelner Sektionen (im Gegensatz zu dem ganzen Genossenschaftsbezirk oder dem größten Theile desselben) Gültigkeit haben sollen; daneben sollen aber in allen Fällen zu den Berathungen des Genossenschaftsvorstandes über Unfallverhütungsvorschriften die Arbeitervertreter zugezogen werden (Komm.Ber. 1900 S. 120, 121).

[4]) Beschlußfassung über diese Vorschriften. Es handelt sich um den der Genossenschaftsversammlung vorzulegenden Entwurf (vgl. Anm. 5 zu §. 115 Komm.Ber. 1900 S. 127), mit dessen Feststellung thatsächlich die künftige Gestaltung der Unfallverhütungsvorschriften wesentlich gegeben ist, da die Genossenschaftsversammlung nicht in der Lage ist, alle technischen Einzelheiten nachzuprüfen, sondern, vorbehaltlich der Abänderung von Einzelheiten, den vorgelegten Entwurf entweder im Großen und Ganzen annehmen oder ganz ablehnen wird. Die Berathung und Beschlußfassung im Genossenschaftsvorstande ist daher für die Ausgestaltung der Vorschriften vorzugsweise wichtig, und dies ist der Grund, weshalb in diesem Stadium die Arbeitervertreter mit vollem Stimmrecht in allen Fällen mitwirken sollen.

[5]) nach §. 120e Abs. 2 der Gewerbeordnung zu erlassenden Vorschriften. Dieser Paragraph lautet:

> Soweit solche Vorschriften — nämlich darüber, welchen Anforderungen in bestimmten Arten von Anlagen zur Durchführung der in den §§. 120a bis 120e über Schutz gegen Gefahren für Leben, Gesundheit und Sittlichkeit enthaltenen Grundsätze zu genügen ist — durch Beschluß des Bundesraths nicht erlassen sind, können dieselben durch Anordnung der Landes-Zentralbehörden oder durch Polizeiverordnungen der zum Erlaß solcher berechtigten Behörden erlassen werden. Vor dem Erlaß solcher Anordnungen und Polizeiverordnungen ist den Vorständen der betheiligten Berufsgenossenschaften oder Berufsgenossenschafts-Sektionen Gelegenheit zu einer gutachtlichen Aeußerung zu geben. Auf diese finden die Bestimmungen des §. 79 Abs. 1 des Gesetzes betreffend die Unfallversicherung der Arbeiter, vom 6. Juli 1884 (jetzt §. 113 Abs. 2 G.U.V.G.) Anwendung.

Das Korrelat zu dieser Bestimmung wird in Verbindung mit §. 113 Abs. 4 durch die Hinzufügung der obigen Worte geschaffen.

[6]) Vertreter der Arbeiter, vgl. §. 114 und für Staatsbetriebe §. 132.

[7]) volles Stimmrecht. Alle Anwesenden haben, sofern sie an sich stimmberechtigt sind, gleiches Stimmrecht, ohne Rücksicht auf die in jeder Kategorie anwesenden Personen; ist von einer Kategorie nicht die volle Zahl der Stimmberechtigten anwesend, so hat nicht etwa eine entsprechende Zahl von Personen der anderen Kategorie auszuscheiden. Bei Stimmengleichheit giebt der Vorsitzende den Ausschlag (A.N. 1887 S. 168; Mot. 1900 S. 113). Aus dem Protokoll ergiebt sich, wie die einzelnen Kategorien gestimmt haben (A.N. 1886 S. 92).

[8]) zuzuziehen. Die Mitwirkung der Versicherten sieht das Gesetz nicht nur bei den Vorschriften über das Verhalten der Arbeiter gegenüber den

Unfallverhütungsvorschriften vor — damit „bei dem Erlaß der fraglichen Vorschriften eine Sicherung gegen Willkür und Unbilligkeit gewonnen wird" (Mot. 1884 S. 77) — sondern auch bei den gegen die Betriebsunternehmer erlassenen Anordnungen zur Unfallverhütung, „welche sich, ohne die Arbeiter direkt zu berühren, auf die Betriebseinrichtungen beziehen". Die Mitwirkung der Arbeiter bei dem Erlaß dieser letzteren Vorschriften beruht darauf, daß „die Arbeiter ein unmittelbares Interesse nicht nur an der Verhütung der Unfälle, sondern auch daran haben, wie die projektirten Einrichtungen auf ihre Leistungsfähigkeit einwirken" (Mot. 1884 S. 77).

In den einer Genossenschaft nicht zugewiesenen fiskalischen ꝛc. Betrieben sollen nur bei Unfallverhütungsvorschriften der ersteren Art Vertreter der Arbeiter mitwirken. Vgl. §. 132, welcher nach §. 43 des Bau-Unfallversicherungsgesetzes auch für die unter besondere Ausführungsbehörden gestellten fiskalischen und kommunalen Regie-Bauverwaltungen gilt.

Die Zuziehung von Vertretern der Arbeiter zur Berathung der Unfallverhütungsvorschriften ist bei allen Eisenbahnbetrieben ausgeschlossen, wenn es sich um Unfallverhütungsvorschriften handelt, welche sich auf die Sicherheit des Eisenbahnbetriebes beziehen, §. 118.

Die Berathung und Beschlußfassung muß in persönlicher Anwesenheit der Arbeitervertreter und in mündlicher Verhandluug erfolgen (A.N. 1886 S. 10). Wegen der Gebühren der Arbeitervertreter vgl. §. 114 Abs. 4; dieselben gehören, soweit sie einer Sektion erwachsen sind, zu den Verwaltungskosten der Sektion, nicht der Genossenschaft (A.N. 1887 S. 352).

[9]) Vorschriften, d. h. über den der Genossenschaftsversammlung vorzulegenden Entwurf, vgl. oben Anm. 4.

[10]) nur für einzelne Sektionen, was nach §. 112 Abs. 2 zulässig ist. Vgl. Anm. 3. — Die Vertreter der Arbeiter sind in diesen Fällen auch zu den Verhandlungen der Sektionsvorstände schon zuzuziehen, um eine Sicherheit dafür zu schaffen, daß nicht nur die Ansicht der Arbeitgeber des betr. Bezirks allein gehört werde (Komm.Ber. 1900 S. 121).

[11]) der Entwurf zuzustellen, um die Vertreter der Arbeiter in die Lage zu setzen, durch vorherige Prüfung des Entwurfs sich für eine thätige Betheiligung an der Berathung vorzubereiten.

§. 114.

Die Vertreter der Arbeiter werden von den Ausschüssen derjenigen Versicherungsanstalten[1]) gewählt,[2]) auf deren Bezirke sich die Berufsgenossenschaft oder Sektion[3]) erstreckt. Wahlberechtigt sind jedoch nur diejenigen Mitglieder der Ausschüsse, die als Vertreter der Versicherten berufen sind. 1.

Wählbar[4]) sind deutsche, männliche, volljährige, auf Grund dieses Gesetzes versicherte Personen, welche in Betrieben der Mitglieder derjenigen Berufsgenossenschaft, für welche die Unfallverhütungsvorschriften erlassen werden sollen, beschäftigt sind. Nicht wählbar ist, wer zum Amte 2.

eines Schöffen unfähig ist (§. 32 des Gerichtsverfassungsgesetzes).

3. Die Wahl erfolgt auf fünf Jahre nach näherer Bestimmung einer Wahlordnung, welche vom Reichs-Versicherungsamte[7]) zu erlassen ist; die erste Wahlperiode[5]) endet am 1. Januar 1906. Für jeden Vertreter ist ein erster und ein zweiter Ersatzmann zu wählen, welche denselben in Behinderungsfällen zu ersetzen und im Falle des Ausscheidens für den Rest der Periode in der Reihenfolge ihrer Wahl einzutreten haben. Die Leitung der Wahl[6]) liegt einem Beauftragten des Reichs-Versicherungsamts[7]) ob. Streitigkeiten über die Wahlen werden vom Reichs-Versicherungsamt entschieden. Die Bestimmung des §. 47 findet entsprechende Anwendung.

4. Die Vertreter der Arbeiter erhalten Ersatz für entgangenen Arbeitsverdienst und für Reisekosten nach festen von der Genossenschaft zu bestimenden Sätzen. Die Feststellung erfolgt durch den Vorsitzenden des Vorstandes.

§. 79 Abs. 6, 7, §. 79a Entw.; §. 79a Ges. 1900.

Zu §. 114.

[1]) Ausschüssen der Versicherungsanstalten. In diesen sind Arbeitervertreter vorhanden, die aus Wahlen der auch hier in Betracht kommenden Krankenkassenvorstände des Bezirks hervorgegangen sind (§. 62 J.V.G.). Die Wahl ist hierdurch gegenüber dem Verfahren nach den §§. 41 ff. G.U.V.G. (1884) wesentlich vereinfacht und ergiebt bei Aufstellung geeigneter Vorbedingungen für die passive Wählbarkeit (Abs. 2) gleich brauchbare Resultate.

[2]) gewählt. Die Zahl der zu wählenden Arbeitervertreter ergiebt sich aus §. 113 Abs. 2, sie muß der durch das Statut bestimmten Zahl der Vorstandsmitglieder gleich sein. Die vom R.V.A. zu erlassende Wahlordnung (Abs. 3) wird auch über die Vertheilung der Vertreter der Arbeiter auf die wahlberechtigten Versicherungsanstalten Bestimmung zu treffen haben (Kom.-Ber. 1900 S. 123).

[3]) Berufsgenossenschaft oder Sektion, je nachdem die Unfallverhütungsvorschriften für den ganzen Bezirk der B.G., oder nur für einzelne Sektionen erlassen werden sollen. Die Arbeitervertreter für die B.G. werden in allen Fällen bereit zu halten sein; solche für die Sektion haben nach §. 112 Abs. 2, §. 113 Abs. 4 nur unter besonderen Umständen mitzuwirken, aber nach §. 115 Abs. 2 steht dem R.V.A. in allen Fällen das Recht zu, ihre Zuziehung anzuordnen. Demnach dürfte es angezeigt sein, auch für die Sektionen allgemein die Arbeitervertreter wählen zu lassen.

[4]) Wählbar. Die Voraussetzungen der Wählbarkeit entsprechen denjenigen im §. 88 Abs. 1 J.V.G. mit einem Zusatze, welcher die besondere

Beziehung zu der Berufsgenossenschaft berücksichtigt. Der im §. 43 Abs. 1 bei der ähnlichen Bestimmung über die Wählbarkeit zum Vorstandsmitgliede in Bezug genommene §. 31 des Gerichtsverfassungsgesetzes braucht hier um deswillen nicht allegirt zu werden, weil das Erforderniß einer deutschen Staatsangehörigkeit schon im Texte aufgeführt ist. — Vgl. Anm. 4 zu §. 43. — Volljährigkeit tritt nach §. 2 B.G.B. mit der Vollendung des 21. Lebensjahres ein.

5) **Wahlperiode.** Um für die wahlberechtigten Ausschüsse das Wahlgeschäft zu erleichtern, sollen die Wahlperioden für alle B.Gen. gleichmäßig laufen. — Vgl. die Uebergangsbestimmungen im §. 24 des Hauptgesetzes.

6) **Leitung der Wahl.** Sofern nicht schon durch die Wahlordnung die Vertheilung der Arbeitervertreter auf die für eine und dieselbe B.G. wahlberechtigten Ausschüsse vorgenommen ist, wird diese Vertheilung als Ausfluß der Wahlleitung zu geschehen haben. Die Leitung wird, ähnlich wie es bisher geschehen ist, schriftlich durch Zusendung von Stimmzetteln erfolgen können.

7) **Reichs-Versicherungsamt,** event. Landes-Versicherungsamt, §. 127.

§. 115.

Die **Unfallverhütungsvorschriften** bedürfen der Genehmigung[1]) des Reichs-Versicherungsamts.[2]) 1.

Das **Reichs-Versicherungsamt**[2]) **kann anordnen,**[3]) daß **vor der Genehmigung, soweit dies nicht gemäß §. 113 Abs. 4 schon geschehen ist, zur Begutachtung der Vorschriften oder einzelner Theile derselben durch die Sektionsvorstände auch die Vertreter der Arbeiter**[4]) **zuzuziehen sind.** 2.

Wenn durch Beschluß der Genossenschaftsversammlung (§. 37 Ziffer 10) die gemäß §. 113 Abs. 2 vom Vorstande und den Vertretern der Arbeiter gefaßten Beschlüsse[5]) **abgeändert worden sind, so hat das Reichs-Versicherungsamt**[2]) **zu bestimmen,**[6]) **ob die Vorschriften vor deren Genehmigung einer nochmaligen Berathung und Beschlußfassung seitens des Vorstandes und der Vertreter der Arbeiter zu unterwerfen sind. Wenn das Reichs-Versicherungsamt**[2]) **seine Genehmigung von der Abänderung der beschlossenen Vorschriften abhängig macht,**[7]) **so hat es gleichfalls zu bestimmen,**[6]) **ob zur Berathung und Beschlußfassung (§. 113 Abs. 2) über die erforderliche Abänderung die Vertreter der Arbeiter zuzuziehen sind.** 3.

Dem Antrag auf Genehmigung ist das über die **Verhandlungen bei den Vorständen aufgenommene Protokoll, aus** 4.

welchem die Abstimmung der Vertreter der Arbeiter ersichtlich sein muß, sowie die gutachtliche Aeußerung der Vorstände derjenigen Sektionen, für welche die Vorschriften Gültigkeit haben sollen, beizufügen. Vor der Genehmigung ist den Landes-Zentralbehörden derjenigen Bundesstaaten, auf deren Gebiete sich die Vorschriften erstrecken sollen, Gelegenheit zu einer Aeußerung[8]) zu geben.

5. Die genehmigten Vorschriften sind den höheren Verwaltungsbehörden,[9]) auf deren Bezirke dieselben sich erstrecken, durch den Genossenschaftsvorstand mitzutheilen.

§. 78 Abs. 2, 3, §. 79 U.V.G.; §. 79b Entw.; §. 79b Ges. 1900.

Zu §. 115.

[1]) Genehmigung. Dies beruht „auf der Bedeutung, welche die von den Genossenschaften zu erlassenden Vorschriften für die Gewerbepolizei und die Weiterentwickelung des Gewerberechts haben, sowie auf der Erwägung, daß die Möglichkeit eines unzweckmäßigen oder unbilligen Gebrauches der Befugnisse zum Erlaß derartiger Vorschriften keineswegs ausgeschlossen ist" (Mot. 1884 S. 78). Auf die Unfallverhütungsvorschriften der Ausführungsbehörden findet die Bestimmung nach §. 129 keine Anwendung.

[2]) Reichs-Versicherungsamt, event. Landes-Versicherungsamt, §. 127. Bei der Beschlußfassung muß nach §. 18 Ziffer 3 H.G. mindestens je ein nichtständiges Mitglied aus dem Kreise der Arbeitgeber und der Versicherten zugezogen werden. Vgl. §§. 13—15 der V.O. v. 19. Oktober 1900, Anlage M.

[3]) kann anordnen, unabhängig davon, ob der Fall des §. 113 Abs. 4 vorliegt, also in allen Fällen auch bei Unfallverhütungsvorschriften für den ganzen Genossenschaftsbezirk (Komm.Ber. 1900 S. 126).

[4]) Vertreter der Arbeiter. Ueber deren Wahl vgl. §. 114.

[5]) Beschlüsse, durch welche der Entwurf der Vorschriften seine endgültige Gestalt erhalten hat; deshalb ist hier nicht von „beschlossenen Vorschriften" sondern von „gefaßten Beschlüssen" die Rede. (Komm.Ber. 1900 S. 127).

[6]) zu bestimmen. Die Befugnisse des R.V.A. in Bezug auf die Zuziehung der Arbeitervertreter sollen durch diese Vorschrift erweitert werden (Komm.Ber. 1900 S. 125); gleichzeitig soll das Verfahren für die Fälle fest geregelt werden, wenn die Beschlüsse des durch Arbeitervertreter verstärkten Genossenschaftsvorstandes seitens der Genossenschaftsversammlung abgeändert werden. In der Reichstags-Kommission ist davon ausgegangen worden, daß eine Hinzuziehung der Arbeitervertreter selbstverständlich in allen den Fällen erforderlich sei, in welchen die Genossenschaftsversammlung materielle Abänderungen der vom Vorstand beschlossenen Vorschriften vorgenommen habe bezw. in den Fällen, in welchen das Reichs-Versicherungsamt seine Genehmigung von solchen materiellen Abänderungen abhängig mache (Komm.-Ber. 1900 S. 126).

[7]) **abhängig macht.** Diese Befugniß, seine Genehmigung von Abänderungen der beschlossenen Vorschriften abhängig zu machen, muß dem R.V.A. bezw. L.V.A. zustehen. Wegen des Verfahrens vgl. Anm. 6. — Die Hinzufügung von bestimmten einzelnen Vorschriften kann das R.V.A. indessen nicht verfügen; nur eine Abänderung der beschlossenen Vorschriften kann verlangt werden.

[8]) **Gelegenheit zu einer Aeußerung.** Wenn die Landes-Zentralbehörden oder die Polizeibehörden Vorschriften darüber erlassen wollen, welchen Anforderungen in bestimmten Arten von Anlagen zum Schutze der Arbeiter gegen Gefahren für Leben und Gesundheit zu genügen ist, so ist nach §. 120 e Abs. 2 der Gewerbeordnung vor Erlaß der Anordnungen und Polizeiverordnungen den Vorständen der betheiligten Berufsgenossenschaften oder Berufsgenossenschafts-Sektionen Gelegenheit zu einer gutachtlichen Aeußerung zu geben. Eine entsprechende Anhörung der staatlichen Gewerbeaufsichtsbehörden vor der Inkraftsetzung von berufsgenossenschaftlichen Unfallverhütungsvorschriften ist im U.V.G. (1884) nicht vorgeschrieben, sie liegt aber im Interesse der Sache, um das Zusammenwirken der vom Staate und von den Berufsgenossenschaften zur Pflege der Unfallverhütung erlassenen Vorschriften und eingesetzten Organe zu fördern. Das G.U.V.G. hat deshalb eine dem §. 120 e cit. entsprechende Bestimmung aufgenommen. Die Gelegenheit zur Aeußerung kann den Zentralbehörden, denen die Anhörung geeigneter anderer Behörden oder Beamten zu überlassen sein wird, erst dann gegeben werden, wenn die Berufsgenossenschaft ihren Beschluß gefaßt hat. Bevor sodann die Unfallverhütungsvorschriften durch die Genehmigung des Versicherungsamts bindende Kraft erhalten, wird diesem die Pflicht obliegen, die Entwürfe den Landes-Zentralbehörden mit dem Anheimstellen der Aeußerung vorzulegen (Mot. 1900 S. 114). Eine erhebliche Verzögerung der Genehmigung wird hierdurch nicht herbeigeführt werden; es wird angenommen werden dürfen, daß, wenn von Seiten der Landes-Zentralbehörden innerhalb angemessener Frist Einwendungen nicht geltend gemacht werden, solche auch nicht beabsichtigt werden. Der Werth der Bestimmung liegt in der Vermeidung von Kollisionen zwischen staatlichen und berufsgenossenschaftlichen Vorschriften. Es ist besser, vor der Erlassung von Anordnungen die Meinungsverschiedenheiten zu klären und zu verhüten, daß zwischen den behördlichen und den genossenschaftlichen Vorschriften Widersprüche entstehen. Sind solche Widersprüche in den beiderseits rechtsgültig erlassenen Vorschriften erst einmal vorhanden, so ist die Beseitigung weit schwieriger, und inzwischen haben die Unternehmer unter dem Widerstreit der für sie bindenden Vorschriften zu leiden. (Komm.Ber. 1900 S. 128.)

[9]) **höhere Verwaltungsbehörden,** vgl. §. 152.

§. 116.

Die Festsetzung der im §. 112 Abs. 1 Ziffer 1 vorge- 1.
sehenen Geldstrafen sowie die höhere Einschätzung des Betriebs und die Festsetzung von Zuschlägen erfolgt durch den Vorstand der Genossenschaft, die Festsetzung der im §. 112 Abs. 1 Ziffer 2 vor-

gesehenen Geldstrafen[1]) durch den Vorstand der Betriebs- (Fabrik-) oder Bau-Krankenkasse,[2]) oder, wenn eine solche für den Betrieb nicht errichtet ist, durch die Ortspolizeibehörde.[3]) Gegen die Verfügung findet innerhalb zweier Wochen nach der Zustellung die Beschwerde statt. Ueber dieselbe entscheidet, soweit es sich um eine Verfügung des Genossenschaftsvorstandes handelt, das Reichs-Versicherungsamt,[4]) im Uebrigen die der Krankenkasse oder Ortspolizeibehörde vorgesetzte Aufsichtsbehörde.[5])

§. 80 Abs. 1 U.V.G.; §. 80 Entw.; §. 80 Ges. 1900.

Zu §. 116.

1) Geldstrafen. Den Genossenschaftsvorständen hat man die Festsetzung der von den Arbeitern verwirkten Strafen nicht übertragen wollen, weil die Versicherten in den Genossenschaftsvorständen nicht vertreten sind. Die Vorschriften des Gesetzes beruhen zunächst auf einem Vorschlag des Preußischen Volkswirthschaftsraths. Durch dieselben wird sowohl das Interesse der Genossenschaften, wie das der Arbeiter in angemessener Weise gewahrt (Mot. 1884 S. 77).

Bei den einer Genossenschaft nicht zugewiesenen fiskalischen ꝛc. Betrieben war jene Erwägung nicht durchgreifend, weil bei diesen die Zuständigkeiten der Berufsgenossenschaften (§§. 112, 132), des Arbeitgebers und zum Theil der Landesbehörde (§. 117) zusammenfallen und den beiden letzteren die Festsetzung durch ihre Organe nicht gut genommen werden kann (§. 129, 133). Die festgesetzten Strafen fließen aber auch hier in die Krankenkasse (§. 154 Abs. 1).

2) Vorstand der Betriebs- (Fabrik-) Krankenkasse. Weil die Strafen in diejenige Krankenkasse (§. 154 Abs. 1) fließen sollen, welcher der Kontravenient zur Zeit der Zuwiderhandlung angehörte, „ist die Besorgniß ausgeschlossen, daß der Vorstand der Fabrikkrankenkasse, welcher die Strafen festsetzt, Mitglieder anderer Krankenkasse zu Gunsten der Fabrikkrankenkasse strenger beurtheilen möchte . . . ."

„Neben dem Vorstande der für den Betrieb bestehenden Krankenkasse die Vorstände anderer Krankenkassen, zu denen etwa Arbeiter des Betriebes gehören, mit der Festsetzung der zu verhängenden Strafen zu betrauen, erscheint nicht angängig. Die Handhabung der Disziplin über die Arbeiter eines Betriebes kann wohl der Ortspolizeibehörde oder dem Vorstande der Betriebskrankenkasse übertragen werden, nicht aber dem Vorstand einer anderen, zu dem Betriebe nicht in näherer Beziehung stehenden Kasse. Schon die räumliche Entfernung zwischen dem Sitz einer solchen Kasse und dem Ort des Betriebes könnte zu unübersteiglichen Schwierigkeiten führen. Ueberdies würde dadurch die Gefahr entstehen, daß eine ganz verschiedene Beurtheilung gleicher, in ein und demselben Betrieb vorkommender Fälle durch die verschiedenen Kassenvorstände, die zur Entscheidung berufen würden, eintreten könnte" (Mot. 1884 S. 78).

3) Ortspolizeibehörde, vgl. §. 63. Wegen des Verfahrens gilt in Preußen das Landes-Verwaltungsgesetz vom 30. Juli 1883, §§. 132ff.

⁴) Reichs-Versicherungsamt, eventuell Landes-Versicherungsamt, §. 127.

⁵) Aufsichtsbehörde. „Bei derselben laufen also alle Beschwerden dieser Art zusammen, auch diejenigen, welche sich gegen die Verfügungen der Betriebs-(Fabrik-)Krankenkassenvorstände richten." Die Aufsichtsbehörde kann sich bei der Entscheidung über die Beschwerden „des Gutachtens der auf diesem Gebiet vorzugsweise sachverständigen staatlichen Aufsichtsbeamten (§. 139b der Gewerbe-Ordnung)" (Gewerberäthe und Fabrikinspektoren) „bedienen" (Mot. 1884 S. 78).

§. 117.

Die von den Landesbehörden[1]) für bestimmte Gewerbszweige 1.
oder Betriebsarten[2]) zur Verhütung von Unfällen[3]) zu erlassenden Anordnungen sollen, sofern nicht Gefahr im Verzug ist, den betheiligten Genossenschafts-[4]) oder [5])Sektionsvorständen zur Begutachtung nach Maßgabe des §. 115 Abs. 4 vorher mitgetheilt werden. Dabei finden §. 113 Abs. 2, §. 114 entsprechende Anwendung.[6])

Die Polizeibehörden sind verpflichtet, von den gemäß 2.
§. 120d Abs. 1 der Gewerbeordnung zur Verhütung von Unfällen getroffenen Anordnungen derjenigen Genossenschaft, welcher der betheiligte Betrieb angehört, Kenntniß zu geben.[7])

§. 81 U.V.G.; §. 81 Entw.; §. 81 Ges. 1900.

Zu §. 117.

¹) Landesbehörden, wenn auch, wie die Motive (1884) ausführen, in Zukunft nur noch selten derartige staatliche Anordnungen werden erforderlich werden. Solche werden insbesondere dann noch zu erlassen sein, wenn die Genossenschaften einem dringenden Bedürfniß zum Erlaß derartiger Anordnungen nicht entsprechen. Der Bundesrath, welcher auf Grund des §. 120e Abs. 1 der Gew.-Ordnung Unfallverhütungsvorschriften erlassen darf, ist an die Begutachtung der Vorstände und Arbeitervertreter nicht gebunden; „der Bundesrath habe nur solche Vorschriften zu erlassen, deren Tragweite über die Grenzen eines einzelnen Bundesstaates hinausreicht, und seine Thätigkeit würde im höchsten Maße erschwert werden, wenn man ihn nöthige, die sämmtlichen Genossenschafts- und Sektionsvorstände zu hören" (Komm.-Ber. 1884 S. 51).

²) für Gewerbszweige oder Betriebsarten (§. 112 Abs. 2), also nur bei generellen Vorschriften, nicht schon dann, wenn polizeiliche Anordnungen zur Verhütung von Unfällen für einen oder für einzelne spezielle Betriebe erlassen werden sollen, in welchen gefahrdrohende Zustände bestehen. In letzteren Fällen (§. 120d der Gewerbe-Ordnung) ist, wie die Motive 1884 (S. 79) ausdrücklich hervorheben, die vorherige Anhörung der Genossenschaften und der Vertreter der Arbeiter nicht erforderlich. Vgl. Abs. 2 des §. 117 und Anm. 7 unten.

³) von Unfällen. Vorschriften, welche von den Landesbehörden auf Grund der §§. 18, 120a Gew.-Ordnung zur thunlichsten Sicherheit gegen Gefahr für Leben und Gesundheit beabsichtigt werden, dürfen (müssen aber nicht!) den Genossenschaftsvorständen auch dann zur Begutachtung vorgelegt werden, wenn sie sich nur auf sanitäre Schutzmaßregeln beziehen. Dies ist für Preußen ausdrücklich anerkannt. Die Grenze zwischen Unfall- und Krankheitsverhütung ist oft eine flüssige.

⁴) den betheiligten Genossenschaftsvorständen. „Dabei geht der Entwurf von dem Gesichtspunkte aus, daß den Genossenschaften ein möglichst weiter Einfluß auf die Regelung der sie berührenden Angelegenheiten einzuräumen ist, und daß die Vertreter der Arbeiter überall da zu einer Mitwirkung heranzuziehen sind, wo es sich um Maßnahmen handelt, welche die Arbeiter betreffen" (Motive 1884 S. 79).

⁵) oder, vgl. §. 113 Abs. 4.

⁶) Anwendung. Die für die Eisenbahnbetriebe im §. 118 festgesetzte Ausnahme von der Bestimmung des §. 113 findet auch auf die Fälle des §. 117 Anwendung.

⁷) Die Polizeibehörden sind verpflichtet .... Kenntniß zu geben. §. 120d Abs. 1 der Gewerbeordnung lautet:

> Die zuständigen Polizeibehörden sind befugt, im Wege der Verfügung für einzelne Anlagen die Ausführung derjenigen Maßnahmen anzuordnen, welche zur Durchführung der in §§. 120a bis 120c enthaltenen Grundsätze erforderlich und nach der Beschaffenheit der Anlage ausführbar erscheinen 2c.

Nach Regelung des dem Unternehmer zustehenden Beschwerderechts heißt es im Abs. 4 a. a. O.:

> Widerspricht die Verfügung den von der zuständigen Berufsgenossenschaft erlassenen Vorschriften zur Verhütung von Unfällen, so ist zur Einlegung der vorstehend bezeichneten Rechtsmittel binnen der dem Gewerbeunternehmer zustehenden Frist auch der Vorstand der Berufsgenossenschaft befugt.

Um die B.G. in die Lage zu versetzen, von diesem Beschwerderecht in geeigneten Fällen Gebrauch zu machen, ist von der Reichstagskommission 1900 der Abs. 2 dem §. 117 hinzugefügt. Es wurde ausgeführt, die Bestimmung des §. 120d der Gewerbeordnung habe ihren Zweck (der B.G. die Möglichkeit zu geben, dafür zu sorgen, daß die von ihr erlassenen Vorschriften nicht etwa für einzelne Betriebe durch polizeiliche Anordnungen beseitigt, unwirksam gemacht oder unbegründeter Weise verschärft würden) bisher nicht erfüllt, weil die Berufsgenossenschaften von den auf Grund des §. 120d getroffenen Verfügungen der Polizeibehörden, wenn überhaupt, so gewöhnlich erst Kenntniß erhalten haben, nachdem die Beschwerdefrist abgelaufen war. Das sei um so bedauerlicher, als einzelne Polizeibehörden mit Hülfe des §. 120d auch allgemeine Anordnungen durchgesetzt hätten, ohne daß die Berufsgenossenschaften zu der im §. 120e vorgesehenen gutachtlichen Aeußerung Gelegenheit gehabt hätten. Die Polizeibehörden hätten stellenweise, da von Seiten der Berufsgenossenschaften ein Widerspruch nicht erfolgte und nicht erfolgen konnte, die zunächst nur für einen Betrieb getroffene Verfügung nach und nach in der Form von Einzelverfügungen auf alle Betriebe derselben Art in den betreffenden Polizeibezirken ausgedehnt. Um dies in Zukunft zu verhüten, sei es dringend erwünscht, daß die Polizeibehörden verpflichtet würden, der zuständigen Genossenschaft von den gemäß §. 120d getroffenen Anordnungen Kenntniß zu geben. Eine wesentliche Belastung werde dadurch den Polizeibehörden nicht auferlegt, weil es sich ja in der Regel nur um eine einzelne Genossenschaft handle. (Komm.Ber. 1900 S. 129.)

§. 118.

Auf Unfallverhütungsvorschriften, welche sich auf die Sicherheit des Eisenbahnbetriebs beziehen, finden die Bestimmungen der §§. 113, 117, 132 keine Anwendung.[1])

§. 14 A.G.; §. 81a Entw.; §. 81a Ges. 1900.

Zu §. 118.

[1]) finden keine Anwendung. „Es erscheint nicht unbedenklich, für alle Vorschriften, welche von den Reichs- oder Landesbehörden oder von den für die Eisenbahnen gebildeten Genossenschaften zur Verhütung von Unfällen erlassen werden sollen, die Anhörung der Vertreter der Arbeiter obligatorisch zu machen. Um die Verantwortlichkeit der betriebsleitenden Behörden für die Sicherheit des Eisenbahnbetriebes nicht in unzulässigem Maße einzuschränken oder abzuschwächen, ist es vielmehr geboten, die Mitwirkung der Vertreter der Arbeiter auf solche Unfallverhütungsvorschriften zu beschränken, welche sich nicht auf die Sicherheit des Eisenbahnbetriebes im Allgemeinen, sondern nur auf den Schutz der Arbeiter und Beamten gegen Unfälle beziehen" (Mot. zu §. 14 des Ausdehnungsgesetzes 1885 S. 17; Mot. 1900 S. 114).

Ueberwachung der Betriebe.

§. 119.

Die Genossenschaften sind verpflichtet,[1]) für die Durch- 1.
führung der gemäß §. 112 erlassenen Unfallverhütungsvorschriften Sorge zu tragen. Sie sind befugt, durch technische Aufsichtsbeamte[2]) die Befolgung der zur Verhütung von Unfällen erlassenen Vorschriften zu überwachen[3]) und von den Einrichtungen der Betriebe, soweit[4]) sie für die Zugehörigkeit zur Genossenschaft oder für die Einschätzung in den Gefahrentarif von Bedeutung sind, Kenntniß zu nehmen. Sie sind ferner befugt, durch Rechnungsbeamte[2]) behufs Prüfung der von den Betriebsunternehmern auf Grund gesetzlicher oder statutarischer Bestimmungen eingereichten Arbeiter- und Lohnnachweisungen diejenigen[4]) Geschäftsbücher und Listen einzusehen, aus welchen die Zahl der beschäftigten Arbeiter und Beamten und die Beträge der verdienten Gehälter und Löhne ersichtlich werden.

2. Die Funktionen des technischen Aufsichtsbeamten und des Rechnungsbeamten können mit Genehmigung des Reichs-Versicherungsamts[5]) in einer Person vereinigt[6]) werden.

3. Die einer Genossenschaft angehörenden Betriebsunternehmer[7]) sind verpflichtet, den als solchen legitimirten[8]) technischen Aufsichtsbeamten der betheiligten Genossenschaft auf Erfordern den Zutritt zu ihren Betriebsstätten während der Betriebszeit zu gestatten und den Rechnungsbeamten die bezeichneten Bücher und Listen an Ort und Stelle zur Einsicht vorzulegen. Sie können hierzu, vorbehaltlich der Bestimmungen des §. 120, auf Antrag der technischen Aufsichtsbeamten oder der Rechnungsbeamten von der unteren Verwaltungsbehörde[9]) durch Geldstrafen[10]) im Betrage bis zu dreihundert Mark angehalten werden.

§. 82 U.V.G.; §. 82 Entw.; §. 82 Ges. 1900.

Zu §. 119.

[1]) verpflichtet. In der Reichstagskommission 1900 ist eine wirksamere Ausgestaltung der Ueberwachung der Betriebe angeregt und durchgeführt. Grundsätzlich ist eine bezügliche Verpflichtung der B.Gen. ausgesprochen, aber die Art, wie die Ueberwachung ausgeübt werden soll, ist der freien Selbstverwaltung der B.Gen. überlassen; deshalb ist in Bezug auf die Anstellung von besonderen Beamten für die Ueberwachung der Betriebe der B.G. nur eine Befugniß beigelegt. (Komm.Ber. 1900 S. 132.)

[2]) technische Aufsichtsbeamte — Rechnungsbeamte. Bei der Ueberwachung der Betriebe kommen zwei verschiedenartige Geschäftszweige in Betracht, nämlich einerseits technische Angelegenheiten (Einrichtung der Betriebe, Schutz gegen Unfälle, Einschätzung in den Gefahrentarif), andererseits Rechnungsangelegenheiten (Führung der Lohnlisten ꝛc.). Nach dem U.V.G. (1884) war für beide Funktionen nur eine Beamtengattung, die sog. Beauftragten, vorgesehen. Die Reichstagskommission (1900) wollte in dieser Hinsicht eine vollständige Scheidung durchführen, um für diese beiden wichtigen Geschäftszweige besonders vorgebildete Beamte einzuführen und klarzustellen, wieviel von dem Ueberwachungspersonal speziell der Unfallverhütung dient (Komm.Ber. 1900 S. 133). Der nach den Beschlüssen der Kommission angenommene Abs. 1 hat im Plenum durch Annahme des Abs. 2 eine gewisse Einschränkung erfahren (Sten.Ber. vom 10. Mai 1900, S. 5392 bis 5409), bei welcher von der Erwägung ausgegangen wurde, daß es mindestens in vielen Fällen zweckmäßig sein werde, einer technisch und rechnerisch hinreichend geschulten Persönlichkeit beide Funktionen zu übertragen. Eine solche Verbindung soll dann aber von der Genehmigung des R.V.A. abhängen, welchem dadurch ein besserer Einblick verschafft werden soll, ob die einzelne B.G. der Unfallverhütung die nöthige Aufmerksamkeit zuwendet.

Bei der Bedeutung der Aufgaben der technischen Aufsichtsbeamten wird es nur unter besonderen Verhältnissen noch angezeigt sein, die ehrenamtlichen Vertrauensmänner mit dieser Funktion zu betrauen, vielmehr ist in der Regel die Anstellung von besonders vorgebildeten **Revisionsingenieuren**, die nicht Mitglieder, sondern Beamte der B.G. sind, ins Auge zu fassen (vgl. A.N. 1887 S. 1). Demgemäß besteht keine gesetzliche Nöthigung, die Stelle eines technischen Aufsichtsbeamten anzunehmen oder als Ehrenamt zu vergeben, auch ist die Wählbarkeit zu diesem Amte nicht abhängig von den Voraussetzungen für die Wählbarkeit der Vorstandsmitglieder oder Vertrauensmänner. Die Honorirung der technischen Aufsichtsbeamten ist Sache der Genossenschaft, kann aber als Theil der Verwaltungskosten den Sektionen auferlegt werden (A.N. 1886 S. 73); sie müssen mit dem staatlichen Aufsichtsbeamten Hand in Hand gehen (A.N. 1887 S. 139; 1889 S. 134, 162; 1895 S. 144), und hierfür sind in dem §. 123 besondere Formen festgestellt.

Wenn auch die Ernennung besonderer Sachverständiger für spezielle Fälle nicht ausgeschlossen ist (§. 120), so behandelt das Gesetz diese Organe doch als eine ständige Einrichtung; sie sollen auf Verschwiegenheit vereidigt (§. 121), ihr Name und ihr Wohnsitz sollen der Staatsbehörde mitgetheilt werden (§. 122). „In der Kommission und bei den Vertretern der verbündeten Regierungen herrschte Einverständniß darüber, daß die Berufsgenossenschaften befugt seien, ein ständiges Organ zu kreiren, welches, soweit es nicht im einzelnen Falle ausgeschlossen wird, ein- für allemal die in §. 119 vorgesehenen Funktionen ausübt" (Komm.Ber. 1884 S. 51).

[3]) **überwachen**, auf Kosten der Genossenschaft, vorbehaltlich eventueller theilweiser Regreßnahme gegen die Unternehmer, §. 124. Die Berechtigung der Genossenschaft zur Ueberwachung der Betriebe erstreckt sich bei Baugewerks-B.G. auch auf die zu den Versicherungsanstalten derselben gehörenden Unternehmer (Bauherren), welche, ohne Mitglied der Genossenschaft zu sein, in dem Bezirke derselben (Regie-)Bauarbeiten ausführen (§. 40 Ziffer 2, §. 44 B.U.G.). Vgl. Anm. 7. — Auch eine innerliche Prüfung von Betriebstheilen durch den technischen Aufsichtsbeamten ist zuläſsig, soweit die Unfallverhütungsvorschriften sich z. B. mit der Güte des Materials 2c. befassen. H.B. S. 406.

[4]) **soweit . . . diejenigen.** Die Revisionsbefugniß der technischen Aufsichtsbeamten sowie der Rechnungsbeamten erstreckt sich nur soweit, als die Interessen der Genossenschaft in Frage kommen. Das Recht, sämmtliche Betriebsanlagen und Geschäftsbücher in Augenschein zu nehmen, steht ihnen nicht zu. Sollten im Einzelfall über den Umfang der Revisionsbefugniß Zweifel entstehen, so entscheiden darüber zunächst die Organe der Genossenschaft, eventuell das Reichs-(Landes-)Versicherungsamt, §§. 126, 127. In dieser einschränkenden Bestimmung liegt neben den schweren Strafbestimmungen der §§. 150, 151 ein ausreichender Schutz der Industrie gegen unberechtigtes Eindringen in Betriebsverhältnisse.

[5]) **Reichs-Versicherungsamts** event. Landes-Versicherungsamts, §. 127.

[6]) **in einer Person vereinigt**, vgl. Anm. 2. — Sten.Ber. vom 10. Mai 1900 S. 5402.

[7]) Betriebsunternehmer. Die gleiche Verpflichtung haben im Bereich von Baugewerks-B.G. die zu den Versicherungsanstalten derselben gehörenden Unternehmer (Bauherren), welche, ohne Mitglied der Genossenschaft zu sein, in dem Bezirke derselben (Regie-) Bauarbeiten ausführen (§. 40 Ziffer 2, §. 44 B.U.G.). Vgl. Anm. 3.

[8]) legitimirten. Wie die Legitimation zu führen sei, wird der Genossenschaftsvorstand zu bestimmen haben.

[9]) untere Verwaltungsbehörde, §. 152.

[10]) Geldstrafen fließen in die Genossenschaftskasse, §. 154 Abs. 2 und werden wie Gemeindeabgaben beigetrieben §. 153.

Die Strafe soll erst dann verhängt werden, wenn der Betriebsunternehmer nach erfolgter obrigkeitlicher Androhung der Strafe bei seiner Renitenz beharrt (A.N. 1888 S. 302), kann als Exekutivstrafe aber wiederholt werden. Wegen des Verfahrens vgl. für Preußen das Gesetz über die allgemeine Landesverwaltung vom 30. Juli 1883.

§. 120.

[1])Befürchtet der Betriebsunternehmer[2]) die Verletzung eines Fabrikgeheimnisses oder die Schädigung seiner Geschäftsinteressen in Folge der Besichtigung des Betriebs durch den technischen Aufsichtsbeamten der Genossenschaft, so kann derselbe die Besichtigung durch andere Sachverständige beanspruchen.[3]) In diesem Falle hat er dem Genossenschaftsvorstande, sobald er den Namen des technischen Aufsichtsbeamten erfährt, eine entsprechende Mittheilung zu machen und einige[4]) geeignete Personen zu bezeichnen, welche auf seine Kosten[5]) die erforderliche Einsicht in den Betrieb zu nehmen und dem Vorstande die für die Zwecke der Genossenschaft nothwendige Auskunft über die Betriebseinrichtungen zu geben bereit sind. In Ermangelung einer Verständigung zwischen dem Betriebsunternehmer und dem Vorstand entscheidet auf Anrufen des letzteren das Reichs-Versicherungsamt.[6])

§. 83 U.V.G.; §. 83 Entw.; §. 83 Ges. 1900.

Zu §. 120.

[1]) Bei der Beaufsichtigung der Betriebe durch technische Aufsichtsbeamte der Genossenschaft „verlangt, wie von dem preußischen Volkswirthschaftsrath mit Recht hervorgehoben worden ist, der Fall eine besondere Behandlung, wenn ein Betriebsunternehmer im Interesse der Wahrung von Fabrikgeheimnissen oder aus Konkurrenzrücksichten den Eintritt eines technischen Aufsichtsbeamten der Genossenschaft in seinen Betrieb zu gestatten sich weigert. In solchem Falle soll der Betriebsunternehmer seinen Widerspruch gegen die Persönlichkeit des Beamten bei dem Vorstande der Genossenschaft geltend machen, daneben aber dem Vorstande einige andere geeignete Personen bezeichnen, welche auf seine Kosten die erforderliche Einsicht in den Betrieb zu

nehmen und dem Vorstande die für die Zwecke der Genossenschaft nothwendige Auskunft über die Betriebseinrichtungen zu geben bereit sind" (Motive 1884 S. 79). Diese „geeigneten Personen" müssen Sachverständige, brauchen aber nicht Mitglieder der Genossenschaft (Konkurrenten) zu sein. „Dem Wunsch, durch das Gesetz die Kontrole direkt den Fabrikinspektoren bezw. Gewerberäthen zu übertragen, gegen deren Diskretion ebenso wenig Zweifel bestände wie gegen ihre Sachkenntniß, . . . stehen erhebliche, staatsrechtliche Bedenken entgegen. Man könne nicht durch Reichsgesetz vorschreiben, daß Staatsbeamte in den Dienst der Berufsgenossenschaften treten sollten, abgesehen davon, daß die Fabrikinspektoren zur Zeit völlig außer Stande sein würden, diese Verpflichtungen zu übernehmen" (Komm.-Ber. 1884 S. 51).

Die Verbindung des Amtes als Gewerbe-Aufsichtsbeamter mit der Stellung als technischer Aufsichtsbeamter wäre unter den Gesichtspunkten der Unfallversicherung und insbesondere der Unfallverhütung unter Umständen nützlich; sie ist aber bedenklich, weil in Folge einer solchen Verbindung die Unparteilichkeit und Unabhängigkeit der staatlichen Aufsichtsbeamten gegenüber den Unternehmern, welche Mitglieder der betreffenden Berufsgenossenschaft sind, in Frage gestellt werden könnte.

[2]) Betriebsunternehmer, bei Regiebauten auch der Bauherr, vgl Anm. 3, 7 zu §. 119.

[3]) kann beanspruchen. Er braucht also dem Vorstande nicht etwa den Nachweis zu führen, daß bei der Zulassung des designirten technischen Aufsichtsbeamten Fabrikgeheimnisse verletzt oder Konkurrenten gefördert werden könnten; der Ausdruck einer solchen Befürchtung genügt, und der Vorstand ist verpflichtet, auf eine solche Befürchtung in jedem Falle Rücksicht zu nehmen (A.N. 1895 S. 264). Dagegen ist der Vorstand nicht verpflichtet, die von dem Unternehmer bezeichneten Personen mit der Revision zu beauftragen, falls er deren Qualifikation, Vertrauenswürdigkeit 2c. glaubt anzweifeln zu sollen; es ist vielmehr in solchem Falle die Sache dem Reichs-(Landes- §. 127) Versicherungsamt vorzutragen und dessen Entscheidung anzurufen, wenn eine Verständigung über die Revisoren nicht zu erzielen sein sollte. Erachtet dann das Reichs-(Landes-)Versicherungsamt die Bedenken des Genossenschaftsvorstandes gegen die von den Unternehmern vorgeschlagenen Sachverständigen für begründet, so wird es seinerseits eine geeignete Persönlichkeit als Sachverständigen ernennen, welche dann die Besichtigung auf Kosten des Unternehmers vorzunehmen hat.

Die Ablehnungsbefugniß des Unternehmers bezieht sich nur auf die Besichtigung des Betriebes durch den technischen Aufsichtsbeamten, nicht auf die Einsicht der Geschäftsbücher und Listen durch die Rechnungsbeamten der B.G., da es sich nach §. 119 bei den Geschäftsbüchern und Listen nur um die Zahl der beschäftigten Personen und die Beträge der verdienten Löhne handelt und jeder Unternehmer es in der Hand hat, andere Notizen, die er nicht offen legen will, in diese Bücher nicht einzutragen. Eine billige Rücksichtnahme auf Wünsche der Unternehmer ist aber auch hierbei geboten.

Die von dem Unternehmer angebotenen Mittelspersonen stehen, wenn sie von dem Vorstand zugelassen worden sind, den technischen Aufsichtsbeamten im Sinne des §. 119 gleich, und sind wie diese auf Verschwiegenheit zu beeidigen.

[4]) einige, unter denen dem Vorstand die Wahl zusteht.

[5]) auf seine Kosten, „weil für die Heranziehung dieser Vertrauenspersonen lediglich das Interesse und der Wille des Unternehmers entscheidend ist" (Motive 1884 S. 79). Diese Bestimmung wird eine zu ausgiebige Ausnutzung jener Ablehnungsbefugniß verhindern.

[6]) Reichs-Versicherungsamt, event. Landes-Versicherungsamt, §. 127.

§. 121.

Die Mitglieder der Vorstände der Genossenschaften sowie deren technische Aufsichtsbeamte und Rechnungsbeamte (§§. 119, 120) und die nach §. 120 ernannten Sachverständigen haben über die Thatsachen, welche durch die Ueberwachung und Kontrole der Betriebe zu ihrer Kenntniß kommen, Verschwiegenheit[1]) zu beobachten und sich der Nachahmung[2]) der von den Betriebsunternehmern geheim gehaltenen, zu ihrer Kenntniß gelangten Betriebseinrichtungen und Betriebsweisen, solange als diese Betriebsgeheimnisse sind, zu enthalten. Die technischen Aufsichtsbeamten und Rechnungsbeamten der Genossenschaften und die Sachverständigen sind hierauf von der unteren Verwaltungsbehörde[3]) ihres Wohnorts zu beeidigen.[4])

§. 84 U.V.G.; §. 84 Entw.; §. 84 Ges. 1900.

Zu §. 121.

[1]) Verschwiegenheit. Strafandrohung vgl. §§. 150, 151.

[2]) Nachahmung. Strafandrohung §. 151.

[3]) untere Verwaltungsbehörde §. 152.

[4]) zu beeidigen. Eidesformel vgl. A.N. 1885 S. 365.

§. 122.

1. Namen und Wohnsitz der technischen Aufsichtsbeamten und Rechnungsbeamten sind von dem Genossenschaftsvorstande den höheren Verwaltungsbehörden,[1]) auf deren Bezirke sich ihre Thätigkeit erstreckt, anzuzeigen.

2. Die Genossenschaften[2]) sind verpflichtet, über die Ueberwachungsthätigkeit der technischen Aufsichtsbeamten und deren Ergebnisse dem Reichs-Versicherungsamte[3]) Bericht zu erstatten und den nach Maßgabe des §. 139b der Gewerbeordnung bestellten staatlichen Aufsichtsbeamten auf Ersuchen[4]) Mittheilung zu machen.[5])

§. 85 U.V.G.; §. 85 Entw.; §. 85 Ges. 1900.

Zu §. 122.

1) höhere Verwaltungsbehörden, vgl. §. 152.

2) Die Genossenschaften erhalten die Berichte ihrer technischen Aufsichtsbeamten und sollen ihrerseits die weitere Berichterstattung besorgen, während früher nach dem U.V.G. (1884) die damaligen „Beauftragten" selbst den staatlichen Gewerbeaufsichtsbeamten Mittheilungen machen sollten. Die Aenderung beruht auf der Erwägung, daß der unmittelbare Verkehr zwischen staatlichen Aufsichtsbeamten und genossenschaftlichen Beamten hier und da zu Unzuträglichkeiten geführt hat (Mot. 1900 S. 114).

3) Reichs-Versicherungsamt, ohne Konkurrenz der Landes-Versicherungsämter (§. 127), so daß alle B.Gen. an das R.V.A. zu berichten haben. Die Berichterstattung an das R.V.A. ist durch die Reichstagskommission dem Gesetze eingefügt. Dort war eine Veröffentlichung der Berichte der technischen Aufsichtsbeamten angeregt; dagegen wurde jedoch das Bedenken geltend gemacht, daß ein Zwang zur Veröffentlichung nothwendiger Weise dahin führen würde, die Thätigkeit auf dem Gebiete der Unfallverhütung nicht auszudehnen, sondern zu beschränken; außerdem sprächen auch praktische Erwägungen dagegen, indem die Berichte der Beauftragten bis jetzt nicht genügendes Material geliefert hätten, um eine solche Veröffentlichung irgendwie rathsam erscheinen zu lassen. Aber auch insofern sei die Veröffentlichung bedenklich, als es nicht gerechtfertigt sei, die für die genossenschaftliche Verwaltung bestimmten Einblicke in die Verhältnisse des einzelnen Betriebes der Oeffentlichkeit preiszugeben; dieser Gesichtspunkt spreche auch gegen den Antrag, welcher die Zuziehung von Vertretern der Arbeiter zu den Vorstandssitzungen, in denen Revisionsberichte erörtert werden, anregte. Es könne füglich dem Reichs-Versicherungsamt überlassen bleiben, was von den eingereichten Berichten der Veröffentlichung werth sei, und deshalb würde es genügen, wenn den Berufsgenossenschaften die Pflicht auferlegt werde, diesem Amt über die Ueberwachungsthätigkeit der betreffenden Beamten Bericht zu erstatten. Von einem Mitgliede der Kommission wurde die Ansicht ausgesprochen, daß es einer Vorschrift über die Veröffentlichung schon deshalb nicht bedürfe, weil sowohl die Arbeitgeber wie die Versicherten im Reichs-Versicherungsamt vertreten seien und diese jederzeit in der Lage seien, von den Berichten Kenntniß zu nehmen. Diese Ansicht wurde jedoch von einem Vertreter der verbündeten Regierungen als irrig bezeichnet, weil die Wahl zum nichtständigen Mitglied des Reichs-Versicherungsamtes nicht zugleich das Recht einschließe, von allen die Verwaltung betreffenden Vorgängen Kenntniß zu nehmen (Komm.Ber. 1900 S. 135).

4) Ersuchen. Die Wahl dieses Ausdrucks an Stelle des früher gebrauchten „Erfordern" soll zum Ausdruck bringen, daß es sich hier nicht um Organe handelt, welche den staatlichen Aufsichtsbeamten unterstellt sind (Komm.Ber. 1900 S. 135).

5) Mittheilung zu machen. Es handelt sich hier um eine gesetzliche Verpflichtung der B.G., zu deren Erfüllung der Vorstand im Aufsichtswege vom Reichs- oder Landes-Versicherungsamt (§§. 125, 126, 127) durch Geldstrafen angehalten werden kann.

§. 123.

1\. [1])Hat der technische Aufsichtsbeamte der Genossenschaft bei seiner Ueberwachungsthätigkeit von Anordnungen,[2]) welche der staatliche Aufsichtsbeamte zur Verhütung von Unfällen getroffen hat, Kenntniß erhalten, so darf er abweichende Bestimmungen nicht treffen. Erscheinen ihm solche geboten, oder glaubt er, daß eine Anordnung des staatlichen Aufsichtsbeamten einer von der Genossenschaft erlassenen Unfallverhütungsvorschrift widerspricht, so hat er an den Genossenschaftsvorstand zu berichten, welcher die vorgesetzte Behörde[3]) des staatlichen Aufsichtsbeamten anrufen kann.

2\. Hält der staatliche Aufsichtsbeamte Anordnungen[4]) des technischen Aufsichtsbeamten der Genossenschaft für zweckwidrig oder den erlassenen Unfallverhütungsvorschriften widersprechend, so hat er dem Vorstande der zuständigen Berufsgenossenschaft davon Mittheilung zu machen. Hält der Genossenschaftsvorstand den Einspruch des staatlichen Aufsichtsbeamten nicht für gerechtfertigt, so kann er die vorgesetzte Behörde des staatlichen Aufsichtsbeamten anrufen.

3\. Von sämmtlichen nach Abs. 1 und 2 geführten Verhandlungen hat der Genossenschaftsvorstand dem Reichs-Versicherungsamte[5]) Kenntniß zu geben.

§. 85a Ges. 1900.

Zu §. 123.

[1]) Dieser Paragraph verdankt seine Entstehung der Reichstags-Kommission 1900, welche es für geboten erachtete den Weg vorzuschreiben, auf dem Differenzen zum Austrag zu bringen sind, die daraus entstehen können, daß neben dem technischen Aufsichtsbeamten der B.G. eine Reihe von Behörden (Gemeinde- und Polizeibehörden, die unteren und höheren Verwaltungsbehörden, die Landes-Zentralbehörden, die auf Grund des §. 139b der Gewerbe-Ordnung angestellten staatlichen Aufsichtsbeamten) auf dem Gebiete der Ueberwachung der Betriebe und der Unfallverhütung thätig sind und Anordnungen erlassen. Das vorgeschriebene Verfahren beruht auf dem Gedanken, daß einerseits der staatliche Aufsichtsbeamte Anordnungen des technischen Aufsichtsbeamten der B.G., andererseits der technische Aufsichtsbeamte der B.G. Anordnungen des staatlichen Aufsichtsbeamten nicht eigenmächtig umstoßen soll. Die Entscheidung darüber, welche Bestimmungen bei eintretenden Meinungsverschiedenheiten gelten sollen, ist in allen Fällen der vorgesetzten Behörde des staatlichen Aufsichtsbeamten vorbehalten, weil

es sich um ein Gebiet handelt, für welches gesetzlich die Zuständigkeit der Landesbehörden begründet ist. Es ist aber vorgesorgt, daß in allen Fällen vor dieser Entscheidung der Genossenschaftsvorstand Gelegenheit erhält, zu der streitigen Frage Stellung zu nehmen und die Interessen der genossenschaftlichen Verwaltung zu wahren; ferner kann das R.V.A. aus den ihm nach Abs. 3 zugehenden Berichten in geeigneten Fällen Veranlassung nehmen, weiter an den Reichskanzler (Reichsamt des Innern) zu berichten um durch dessen Vermittelung die Landesregierung für die Berücksichtigung etwaiger Wünsche der B.G. zu gewinnen. (Komm.Ber. 1900 S. 136—138.)

Diese Regelung bezieht sich auf die Erledigung von Meinungsverschiedenheiten über Anordnungen, die im Einzelfalle getroffen sind. Handelt es sich dagegen um eine auf Grund des §. 120e Abs. 2 der Gewerbeordnung erlassene Polizeiverordnung, so ist der Berufsgenossenschaft, welche eine Abänderung wünscht, unbenommen, sich mit ihrem Anliegen an die Landes-Zentralbehörde zu wenden (Komm.Ber. 1900 S. 138). Die Aufnahme einer hierauf bezüglichen Bestimmung in das G.U.V.G. wurde in der Kommission abgelehnt, und zum Ersatz in Abs. 3 die Mitwirkung des R.V.A. eingesetzt.

²) Anordnungen. Inwieweit der staatliche Aufsichtsbeamte vermöge der ihm nach §. 139b der Gewerbeordnung zustehenden polizeilichen Befugnisse zum Erlaß von Anordnungen berechtigt ist, richtet sich nach den landesgesetzlichen Bestimmungen. Der technische Aufsichtsbeamte der B.G. hat sich aber einer Prüfung in dieser Hinsicht zu enthalten, er darf unter keinen Umständen abweichende Bestimmungen gegenüber einer ihm bekannt gewordenen solchen Anordnung treffen, vielmehr hat er sich mit seinen bezüglichen Anregungen in allen Fällen an den Genossenschaftsvorstand zu wenden.

³) vorgesetzte Behörde, bis zur obersten Stelle in der Landes-Zentralbehörde.

⁴) Anordnungen im rechtlichen Sinne kann der technische Aufsichtsbeamte der B.G. nicht treffen; er hat nur das Recht den Unternehmer auf bestehende Unfallverhütungsvorschriften hinzuweisen, event. darüber hinaus Rathschläge über Einrichtungen oder Anordnungen, die er für zweckmäßig hält, zu ertheilen. Für den Unternehmer wirken aber solche Aeußerungen des Aufsichtsbeamten wie Anordnungen, da namentlich bei dem Hinweise auf mangelhafte Befolgung der Unfallverhütungsvorschriften aus der pflichtmäßigen Weitermeldung der vorgefundenen Mängel Geldstrafen oder sonstige Nachtheile (§. 112 Abs. 1 Ziffer 1) folgen. In diesem thatsächlichen Sinne ist hier das Wort „Anordnungen“ gebraucht und vorgeschrieben, daß der staatliche Aufsichtsbeamte sich abweichender Anordnungen zu enthalten, vielmehr dem Genossenschaftsvorstand behufs Rektifizirung des technischen Aufsichtsbeamten Mittheilung zu machen hat. Hält der Genossenschaftsvorstand eine solche nicht für angezeigt, so steht ihm gegen den Einspruch des staatlichen Aufsichtsbeamten der Beschwerdeweg offen, vgl. Anm. 2, 3.

⁵) Reichs-Versicherungsamt, event. Landes-Versicherungsamt (§. 127). Ueber den Zweck der Anzeige an das R.V.A. vgl. Anm. 1 am Schlusse (Komm.Ber. 1900 S. 138); man wollte dem R.V.A. von allen in

dieser Beziehung geführten Verhandlungen Kenntniß geben, um dieses Amt auf dem Laufenden zu erhalten und ihm somit wenigstens zur Anbahnung einer Vermittelung des Reichskanzlers die Möglichkeit zu bieten.

§. 124.

1. Die durch die Ueberwachung und Kontrole der Betriebe entstehenden Kosten gehören zu den Verwaltungskosten der Genossenschaft.[1])

2. Wenn ein Betriebsunternehmer durch Nichterfüllung der ihm obliegenden Verpflichtungen zur Aufwendung solcher Kosten Anlaß gegeben hat, so kann der Vorstand diese Kosten, soweit sie in baaren Auslagen bestehen, dem Betriebsunternehmer auferlegen[2]) und gegen diesen außerdem eine Geldstrafe[3]) bis zu einhundert Mark[4]) verhängen.

3. Gegen die Auferlegung dieser Kosten und Geldstrafen findet innerhalb zweier Wochen nach Zustellung[5]) des Beschlusses die Beschwerde an das Reichs-Versicherungsamt[6]) statt. Die Beitreibung erfolgt in derselben Weise wie bei Gemeindeabgaben.

§. 86 U.V.G.; §. 86 Entw.; §. 86 Ges. 1900.

Zu §. 124.

[1]) Genossenschaft, d. h. die Kosten dürfen nicht (vorbehaltlich der Ausnahmen im Text des Paragraphen) dem Betriebsunternehmer oder Dritten, wohl aber den Sektionen auferlegt werden (A.N. 1886 S. 73), vgl. Anm. 2 zu §. 38, Anm. 3 zu §. 119.

[2]) auferlegen. Die Auslagen müssen aber spezifizirt, dürfen also nicht in Form einer in Höhe der Auslagen festgesetzten summarischen Geldstrafe, welche außerdem verhängt werden kann, auferlegt werden (A.N. 1886 S. 276).

[3]) Geldstrafe. Diese fließt nach §. 154 Abs. 2 in die Genossenschaftskasse und wird nach §. 153 wie Gemeindeabgaben beigetrieben.

[4]) einhundert Mark. Der Betrag ist durch die Reichstags-Kommission von 30 auf 100 Mark erhöht (Komm.Ber. 1900 S. 139).

[5]) Zustellung, vgl. §. 155. Für die Berechnung der Frist gelten §§. 188, 193 B.G.B.

[6]) Reichs-Versicherungsamt, event. Landes-Versicherungsamt (§. 127). Die Zuständigkeit des R.V.A. in diesen Fällen bildet eine Ausnahme von der Regel des §. 149; sie erklärt sich aus dem Zusammenhang der Geldstrafe mit der Auferlegung der Kosten, über welche letztere die Entscheidung im Beschwerdewege dem R.V.A. vorbehalten bleiben muß, weil dabei die inneren Verhältnisse der B.G. und zum Theil auch technische Erwägungen in Betracht kommen.

VI. Beaufsichtigung der Berufsgenossenschaften.

§. 125.

Die Genossenschaften[1]) unterliegen in Bezug auf die Befolgung dieses Gesetzes der Beaufsichtigung durch das Reichs-Versicherungsamt.[2]) Die Aufsicht[3]) hat sich auf die Beobachtung der gesetzlichen und statutarischen Vorschriften zu erstrecken. 1.

Das Reichs-Versicherungsamt[2]) ist befugt, jederzeit eine Prüfung der Geschäftsführung der Genossenschaften vorzunehmen. 2.

Die Vorstandsmitglieder, Vertrauensmänner und Beamten der Genossenschaften sind auf Erfordern des Reichs-Versicherungsamts[2]) zur Vorlegung ihrer Bücher, Beläge und ihrer auf den Inhalt der Bücher bezüglichen Korrespondenzen sowie der auf die Festsetzung der Entschädigungen und Jahresbeiträge bezüglichen Schriftstücke an die Beauftragten des Reichs-Versicherungsamts[2]) oder an das letztere selbst verpflichtet. Dieselben können hierzu durch Geldstrafen[4]) bis zu eintausend Mark angehalten werden. 3.

Der Aufsicht des Reichs-Versicherungsamts[2]) unterstehen ferner die von den Berufsgenossenschaften errichteten oder unterhaltenen Heilanstalten.[5]) Das Reichs-Versicherungsamt kann zu den zum Zwecke der Aufsicht stattfindenden Revisionen Vertreter der Berufsgenossenschaften und der Arbeiter zuziehen. 4.

§. 87 Abs. 1; §. 88 U.V.G.; §. 88 Entw.; §. 88 Ges. 1900.

Zu §. 125.

[1]) Genossenschaften. Die einer B.G. nicht zugewiesenen fiskalischen Betriebe (§. 128) unterliegen nach §. 129 nicht der Beaufsichtigung durch das Reichs- oder Landes-Versicherungsamt. Dagegen sind diese Behörden auch für derartige fiskalische Betriebe als Spruchbehörden (§§. 80 ff.) eingesetzt.

[2]) Reichs-Versicherungsamt, eventuell Landes-Versicherungsamt (§. 127). Die Bestimmungen über Organisation, Geschäftsgang und Kosten sind, ebenso wie die gleichartigen Bestimmungen über die Schiedsgerichte, weil sie alle Versicherungsgesetze betreffen, in das Hauptgesetz aufgenommen. Vgl. §§. 11 ff., 21, 22 a. a. O.

[3]) Aufsicht. Hieraus folgt, daß wegen Verletzung der gesetzlichen und statutarischen Vorschriften bei dem Reichs-Versicherungsamt Beschwerde über die Organe der Genossenschaften geführt werden kann. Regierungsseitig ist konstatiert worden, „daß unter den „gesetzlichen Vorschriften" die Summe der durch das neue Gesetz gegebenen Funktionen zu verstehen sei. Es könne also beispielsweise das Reichs-Versicherungsamt nicht die Wahlen beeinflussen, sondern nur die Gültigkeit der auf Grund dieses Gesetzes vorgenommenen Wahlen prüfen" (Komm.Ber. 1884 S. 53).

[4]) Geldstrafen. Diese tragen den Charakter von Exekutivstrafen,

können also bis zur Erzielung des gewünschten Erfolges wiederholt werden. Während sie früher in die Reichskasse flossen, sind sie nach §. 154 Abs. 2 fortan in die Genossenschaftskasse abzuführen; sie werden nach §. 153 wie Gemeindeabgaben beigetrieben.

[5]) Heilanstalten. Das Aufsichtsrecht des R.V.A. über die von den B.Gen. errichteten oder unterhaltenen Heilanstalten ist zur Ausschließung von Zweifeln ausdrücklich hervorgehoben. Der Hinweis auf die Zuziehung von Vertretern der B.Gen. und der Arbeiter soll die Revisionen fruchtbringender gestalten. Eine in der Reichstags-Kommission gegebene Anregung, die Zuziehung von Arbeitern obligatorisch zu machen, ist abgelehnt (Komm.Ber. 1900 S. 139).

§. 126.

Das Reichs-Versicherungsamt[1]) entscheidet, unbeschadet der Rechte Dritter, über Streitigkeiten, welche sich auf die Rechte und Pflichten der Inhaber der Genossenschaftsämter,[2]) auf die Auslegung der Statuten und die Gültigkeit der vollzogenen Wahlen[3]) beziehen. Dasselbe kann die Inhaber der Genossenschaftsämter zur Befolgung der gesetzlichen und statutarischen Vorschriften durch Geldstrafen[4]) bis zu eintausend Mark anhalten.

§. 89 U.V.G.; §. 89 Entw.; §. 89 Ges. 1900.

Zu §. 126.

[1]) Reichs-Versicherungsamt ev. Landes-Versicherungsamt (§. 127).

[2]) Genossenschaftsämter, insbesondere der Ehrenämter als Vorstandsmitglied und Vertrauensmann 2c. Die Aemter der technischen Aufsichtsbeamten und der Rechnungsbeamten (§. 119) gehören nicht zu den Genossenschaftsämtern; Streitigkeiten über die Auslegung der Anstellungsverträge, über Aufhebung der letzteren oder über Gehaltsansprüche sind im Rechtswege zu entscheiden (H.V. S. 415). Wegen der Schiedsgerichtsbeisitzer vgl. §. 3 H.G. §. 91, §. 104 Abs. 5 Ziffer 2 J.V.G.

[3]) Wahlen, also sämmtlicher nach den Unfallversicherungsgesetzen vorzunehmenden Wahlen, einschließlich der Wahlen zu Vertretern der Arbeiter (§. 114) und zu Mitgliedern des Reichs-Versicherungsamts (§. 14 H.G.). Wegen der Schiedsgerichtsbeisitzer vgl. §. 109 Abs. 1 J.V.G.

[4]) Geldstrafen vgl. Anm. 4 zu §. 125. Dieselben werden wie Gemeindeabgaben beigetrieben (§. 153) und fließen in die Genossenschaftskasse (§. 154 Abs. 2).

§. 127.

1. Ist für das Gebiet eines Bundesstaats ein Landes-Versicherungsamt[1]) errichtet, so unterliegen Berufsgenossenschaften, welche nur solche Betriebe umfassen, deren Sitz im Gebiete des betreffenden Bundesstaats belegen ist, der Beaufsichtigung[2]) durch das Landes-Versicherungsamt. In den An-

gelegenheiten dieser Berufsgenossenschaften gehen die in den §§. 23, 26 des Gesetzes, betreffend die Abänderung der Unfallversicherungsgesetze, sowie in den §§. 31, 34, 39, 44, 46 bis 49, 51, 53, 54, 58, 59, 61, 62, 73, 80 bis 85, 95, 102, 105 bis 107, 110, 112 bis 116, 119, 120, 123 bis 126, 128 dieses Gesetzes dem Reichs-Versicherungsamt[3]) übertragenen Zuständigkeiten[4]) auf das Landes-Versicherungsamt über.

Soweit jedoch in den Fällen der §§. 51, 53, 58, 61, 73, 82, 2.
83, 85 eine der Aufsicht[5]) eines anderen Landes-Versicherungsamts oder des Reichs-Versicherungsamts unterstellte Berufsgenossenschaft oder eine Ausführungsbehörde eines anderen Bundesstaats mitbetheiligt[6]) ist, entscheidet das Reichs-Versicherungsamt. Das Landes-Versicherungsamt hat in solchen Fällen die Akten an das Reichs-Versicherungsamt zur Entscheidung abzugeben.

Hat das Reichs-Versicherungsamt einen Entschädigungs- 3.
anspruch um deswillen abgelehnt, weil nicht der in Anspruch genommene Träger der Versicherung, sondern ein anderer Träger zur Entschädigung verpflichtet ist, so kann der Anspruch gegen den letzteren nicht mit der Begründung abgelehnt werden,[7]) daß der erstere entschädigungspflichtig sei.

Treten für eine der im Abs. 1 genannten, der Aufsicht eines 4.
Landes-Versicherungsamt unterstellten Berufsgenossenschaften die Voraussetzungen des §. 54 ein, so gehen die Rechtsansprüche und Verpflichtungen auf den betreffenden Bundesstaat über.

§. 92 U.V.G.; §. 92 Entw.; §. 92 Ges. 1900.

Zu §. 127.

1) **Landes-Versicherungsamt** vgl. §§. 21, 22 des Hauptgesetzes. L.V.-Aemter bestehen in Bayern, Sachsen, Württemberg, Baden, Hessen, Mecklenburg-Schwerin, Mecklenburg-Strelitz, Reuß älterer Linie, von denen jedoch nur die drei ersten für das G.U.V.G. in Betracht kommen, soweit es sich um die B.Gen. handelt. (Bayerische Holz-, Bayerische Bau-, Sächsische Holz-, Sächsische Textil-, Württembergische-Baugewerks-B.Gen.)

2) **Beaufsichtigung**, vgl. §. 125 Anm. 3.

3) **Dem Reichs-Versicherungsamt** verbleiben sonach auch bezüglich derjenigen Genossenschaften, welche an sich einem Landes-Versicherungsamt unterstehen, abgesehen von den in Abs. 2 bezeichneten Fällen (bei denen der Aufsicht des Reichs-Versicherungsamts oder eines anderen Landes-Versicherungsamts unterstellte Genossenschaften mitbetheiligt sind) folgende Funktionen (vgl. A.N. 1888 S. 247):

a) die Entscheidung von Zweifeln darüber, welche Betriebe außer den schon durch das Gesetz geregelten Fällen (§. 2 Abs. 2, 3) als „Fabriken" anzusehen sind und deshalb unter das G.U.V.G. fallen (§. 2 Abs. 4); die Vorbereitung der Beschlüsse des Bundesraths darüber, für welche Betriebe die Versicherungspflicht etwa auszuschließen ist (§. 1 Abs. 3);

b) der Erlaß der Vorschriften wegen der vom Beginn der 5. Woche nach Eintritt des Unfalls zu gewährenden Mehrleistung an Krankengeld (§. 12 Abs. 1);

c) die Arbeiten zur Bildung der Berufsgenossenschaften (§. 2 H.G., §§. 35, 134 G.U.V.G.), sowie die Vorbereitung der Beschlüsse des Bundesraths über die Abänderung des Bestandes der Berufsgenossenschaften nach Abschluß der ersten Organisation (§. 52);

d) die Regelung des Unfallmeldewesens (§. 63);

e) der Erlaß von Vorschriften über „die Gestaltung der für die gesammte Finanzgebahrung der Berufsgenossenschaften Ausschlag gebenden, dem Reichstage vorzulegenden Uebersichten" (§. 111) und damit die Führung umfassender Unfallstatistik;

f) die Vorschriften darüber, welche Mittheilungen der im Auslande sich aufhaltende, zum Bezuge einer Rente berechtigte Inländer der B.G. über seinen Aufenthaltsort zu machen hat (§. 94 Ziffer 3);

g) die Bestimmung darüber, in welchen Fällen sich das Schiedsgericht darauf beschränken darf, nur über den Grund des Anspruchs zu entscheiden (§. 78);

h) die Entgegennahme der Berichte über die Ueberwachungsthätigkeit der technischen Aufsichtsbeamten (§. 122 Abs. 2);

i) die Regelung des Geschäftsverkehrs mit der Post (§§. 97 fg.);

k) die Leitung der Wahlen zum Reichs-Versicherungsamt (§. 14 H.G.).

In den übrigen Fällen, welche auf die Landes-Versicherungsämter übergehen, sollen die letzteren mit dem Reichs-Versicherungsamt enge Fühlung halten.

4) Zuständigkeiten. Für die einer Berufsgenossenschaft nicht zugewiesenen fiskalischen 2c. Betriebe beschränkt sich die Zuständigkeit des Landes-Versicherungsamts auf die Rechtsprechung.

5) Aufsicht. Vom Gesetzgeber gewollt ist die „entsprechende" Anwendung dieses Paragraphen auf die in Anm. 4 bezeichneten fiskalischen Betriebe; daher gilt diese Bestimmung bei den letzteren ohne Rücksicht darauf, daß derartige fiskalische 2c. Betriebe nur der Rechtsprechung und nicht auch der Beaufsichtigung eines Versicherungsamts unterstehen, auch dann, wenn neben dem fiskalischen Betriebe ein gewerblicher Betrieb als „betheiligt" in Frage kommt.

6) mitbetheiligt. „Der Sinn des Wortes „mitbetheiligt" wurde im Laufe der Diskussion ohne Widerspruch dahin festgestellt, daß auch der Fall, in welchem ein Landes-Versicherungsamt einen Betrieb als zu einer seiner Aufsicht nicht unterstellten Berufsgenossenschaft gehörig erachtet, davon miterfaßt werden soll, so daß auch in diesem Falle die Abgabe der Akten an das Reichs-Versicherungsamt stattzufinden hat" (Komm.Ber. z. L.U.V.G. 1886 S. 41).

Die Bestimmung soll insbesondere die Möglichkeit ausschließen, daß bei

Vertheilung versicherungspflichtiger Betriebe unter die Genossenschaften oder bei den Verhandlungen über die Entschädigung Verunglückter verschiedene Versicherungsämter sich für unzuständig erklären, indem jedes ausführt, der betreffende Betrieb oder Nebenbetrieb gehöre zu einer der Zuständigkeit eines anderen Versicherungsamts unterstellten Berufsgenossenschaft. Bei solchem negativen Kompetenzkonflikt zweier Versicherungsämter würde der betreffende Verletzte gegen den Willen des Gesetzes leer ausgehen. „Es könne leicht der Fall vorkommen, daß ein zweifellos versicherter Arbeiter durch entgegenstehende Entscheidungen der obersten Instanzen für einen erlittenen Unfall nichts erhält. Es könne z. B. in der Praxis zweifelhaft sein, ob das Keltern der Weintrauben in einem bestimmten Falle unter den Begriff der Landwirthschaft oder unter den des Kellereigewerbes falle. Wenn nun in einer Gegend die landwirthschaftliche Berufsgenossenschaft einem Landes-Versicherungsamte unterstellt sei, während das Kellereigewerbe zu einer dem Reichs-Versicherungsamte unterstellten Reichs-Berufsgenossenschaft gehöre, und es verunglücke ein Arbeiter bei dem Keltern der Trauben, so sei es wohl denkbar, daß sein Anspruch auf Entschädigung von beiden obersten Instanzen endgültig abgewiesen werde, weil das Landes-Versicherungsamt den Kelterei-betrieb nicht zur Landwirthschaft, das Reichs-Versicherungsamt aber denselben nicht zum Kellereigewerbe rechne. In solchem Falle erhalte . . . (bisher) . . . der Verunglückte nichts, weil jeder der beiden endgültig entscheidenden Behörden nur die Kompetenz zustehe, hinsichtlich der ihr unterstellten Berufsgenossenschaft zu entscheiden, daß gegen sie der Verletzte einen Anspruch nicht habe, weil der Behörde aber die Befugniß nicht beiwohne, zugleich festzustellen, daß der Anspruch gegen die andere, ihr nicht unterstellte Berufsgenossenschaft begründet sei" (Komm.Ber. 1886 S. 40). Ein solcher negativer Kompetenzkonflikt kann nach den Bestimmungen des Gesetzes jetzt nicht mehr vorkommen. Aber auch ein positiver Kompetenzkonflikt, welcher dadurch sich ergeben könnte, daß zwei unter verschiedene Versicherungsämter fallende Berufsgenossenschaften denselben Betrieb oder Nebenbetrieb für sich reklamiren und zu Beiträgen heranziehen, ist ausgeschlossen (vgl. Anm. 7).

7) kann . . nicht . . abgelehnt werden. Die bisherigen Bestimmungen reichten noch nicht aus, um widersprechenden Entscheidungen verschiedener Versicherungsämter in derselben Sache in allen Fällen wirksam vorzubeugen. Schon bei der Zulassung von Landes-Versicherungsämtern im Gesetze vom 6. Juli 1884 war man sich der Gefahr abweichender Entscheidungen zwischen dem Reichs-Versicherungsamt und den neben ihm in letzter Instanz Recht sprechenden Landes-Versicherungsämtern bewußt. Man suchte derselben durch die Vorschrift des §. 92 Abs. 3 U.V.G. (1884) vorzubeugen, welche später durch die auch für den Bereich des Gesetzes vom 6. Juli 1884 geltenden Bestimmungen im §. 101 Abs. 2 bis 4 des Gesetzes vom 5. Mai 1886 erweitert worden ist. Hiernach tritt die ausschließliche Zuständigkeit des Reichs-Versicherungsamts ein, wenn bei Vermögensauseinandersetzungen, sowie bei Streitigkeiten über die Zugehörigkeit von Betrieben und über die Entschädigungspflicht mehrere, verschiedenen Versicherungsämtern unterstellte Genossenschaften betheiligt sind; in solchen Fällen hat das Landes-Versiche-

rungsamt die Akten an das Reichs-Versicherungsamt zur Entscheidung abzugeben. Diese Bestimmung, welche durch §. 45 des Gesetzes vom 11. Juli 1887 auf den Bereich der Bauunfallversicherung übertragen und auch in das G.U.V.G. (§. 127 Abs. 2) aufgenommen ist, bedarf zur Erreichung ihres Zweckes bei Entschädigungsstreitigkeiten noch der Erweiterung. Wenn ein Entschädigungsberechtigter sich zunächst an eine der Aufsicht des Reichs-Versicherungsamts unterstehende Berufsgenossenschaft wendet und vom Reichs-Versicherungsamt auf Grund der Annahme, daß nicht die angerufene, sondern eine andere, der Aufsicht eines Landes-Versicherungsamts unterstehende Berufsgenossenschaft entschädigungspflichtig sei, abgewiesen wird, so könnte der Fall vorkommen, daß die letztere Berufsgenossenschaft und das Landes-Versicherungsamt anderer Ansicht wären, und dieses Versicherungsamt ferner annähme, daß es die Akten nicht an das Reichs-Versicherungsamt abzugeben brauche, sondern selbst zur endgültigen Entscheidung zuständig sei, weil die vom Reichs-Versicherungsamte vorher endgültig für nicht entschädigungspflichtig erklärte andere Berufsgenossenschaft für den vorliegenden Fall ausgeschieden und deshalb nicht mehr, wie Abs. 2 voraussetzt, „betheiligt" sei. Auf diese Weise würde der nach dem Gesetze zweifellos entschädigungsberechtigte Verletzte gegenüber beiden in Betracht kommenden Genossenschaften endgültig abgewiesen. Um einem solchen Verlaufe der Sache zu begegnen, ist die Zusatzbestimmung im Abs. 3 vorgesehen, wonach die Entscheidung des Reichs-Versicherungsamts, daß eine andere, als die vor ihm zunächst in Anspruch genommene Berufsgenossenschaft zur Entschädigung verpflichtet sei, für das demnächst angerufene, für die andere Berufsgenossenschaft zuständige Landes-Versicherungsamt bindend sein soll. (Mot. 1900 S. 115, 116.)

VII. Reichs- und Staatsbetriebe.

§. 128.

1. [1])Für die Post-, Telegraphen-, Marine- und Heeresverwaltungen sowie für die vom Reiche oder von einem Bundesstaate für Reichs- beziehungsweise Staatsrechnung verwalteten Eisenbahnbetriebe, sämmtlich einschließlich der Bauten, welche von denselben für eigene Rechnung ausgeführt werden, tritt an die Stelle der Berufsgenossenschaft das Reich beziehungsweise der Staat, für dessen Rechnung die Verwaltung geführt wird.

2. Dasselbe gilt hinsichtlich der vom Reiche oder von einem Bundesstaate für Reichs- beziehungsweise Staatsrechnung[2]) verwalteten Baggerei-, Binnenschiffahrts-, Flößerei-, Prahm- und Fährbetriebe, sofern nicht[3]) der Reichskanzler beziehungsweise die Landes-Zentralbehörde nach Maßgabe des §. 2 des Gesetzes vom 28. Mai 1885 (Reichs-Gesetzbl. S. 159) rechtzeitig erklärt hat, daß diese Betriebe den für sie errichteten Berufsgenossenschaften angehören sollen.

Soweit hiernach das Reich oder ein Bundesstaat an die Stelle der Berufsgenossenschaft tritt, werden die Befugnisse und Obliegenheiten der Genossenschaftsversammlung und des Vorstandes der Genossenschaft durch Ausführungsbehörden[4]) wahrgenommen, welche für die Heeresverwaltungen von der obersten Militärverwaltungsbehörde des Kontingents, im Uebrigen für die Reichsverwaltungen vom Reichskanzler, für die Landesverwaltungen von der Landes-Zentralbehörde zu bezeichnen[5]) sind. Dem Reichs-Versicherungsamt ist mitzutheilen,[6]) welche Behörden als Ausführungsbehörden bezeichnet worden sind. Die auf Grund des §. 2 des Gesetzes vom 28. Mai 1885 (Reichs-Gesetzbl. S. 159) eingesetzten Ausführungsbehörden bleiben bestehen.] 3.

§. 2 A.G.; §. 93a Entw.; §. 93a Ges. 1900.

Zu §. 128.

Durch die §§. 128—133 ist im Allgemeinen das Ausdehnungsgesetz vom 28. Mai 1885 hinsichtlich der Sonderbestimmungen für Reichs- und Staatsbetriebe ersetzt. Eine Nachweisung über die einzelnen Paragraphen jenes Gesetzes ist auf S. 73 abgedruckt.

[1]) Mot. zum Ausdehnungsgesetz (1885) S. 10: „Wenngleich der Entwurf im Allgemeinen dem von dem Unfallversicherungsgesetz hinsichtlich der Uebertragung der Unfallversicherung auf Berufsgenossenschaften betretenen Wege folgt, so würde doch die Aufnahme der für Rechnung des Reichs oder eines Staates verwalteten Eisenbahn-, Binnenschiffahrts- und Baggereibetriebe, sowie der Post-, Telegraphen-, Marine- und Heeresverwaltungen in die für die Eisenbahnen und die sonstigen Transportgewerbe zu bildenden Berufsgenossenschaften der historischen Entwickelung und dem praktischen Bedürfniß nicht entsprechen."

„Im Gebiete der Privatindustrie haben sich, worauf bei der Begründung des Unfallversicherungsgesetzes hingewiesen worden ist, die Berufsgenossenschaften in zahlreichen Fällen aus eigener Initiative zur Wahrung und Ordnung ihrer gemeinsamen Interessen vereinigt. Die Gemeinsamkeit der Interessen ist die natürliche und gesunde Grundlage dieser Vereinigungen, welche der Ausgangspunkt für die berufsgenossenschaftliche Organisation des Unfallversicherungsgesetzes geworden sind. An dieser Entwickelung sind die oben aufgeführten Reichs- und Staatsverwaltungen meist unbetheiligt geblieben. Dieselben besitzen einen vollkommen ausgebildeten Apparat von Verwaltungsorganen, welche auch die Ausführung der Unfallversicherung ohne jede Schwierigkeit übernehmen können. Gegen die administrative Leistungsfähigkeit dieser seit langen Jahren bestehenden Organisationen kann ein Zweifel nicht erhoben werden. Ein Bedürfniß, neben der bestehenden Behördenorganisation dieser Verwaltungen noch den ganzen Apparat der Unfallversicherungsorganisation, die Genossenschaftsversammlungen, Genossenschaftsvorstände, Sektionsvorstände, Ausschüsse und die Vertrauensmänner für die einzelnen Ortsbezirke, in Thätigkeit treten zu lassen, ist nicht vorhanden. Andererseits würden aber auch durch die Vereinigung dieser großen Verwaltungen mit gleichartigen Betrieben der Privatindustrie Genossenschaften geschaffen werden, welche ganz verschiedenartige Elemente in sich vereinigten; bei der erheblichen Zahl von Arbeitern, welche die Post- und Telegraphenverwaltungen, sowie die preußischen Staatsbahnen beschäftigen, würden dieselben mit Rücksicht auf das nach den Bestimmungen des Unfallversicherungsgesetzes von der Zahl der Arbeiter abhängige Stimmenverhältniß ein so ausschlaggebendes Uebergewicht haben, daß sowohl die Bildung der Genossenschaften als die Organisation und Verwaltung derselben ausschließlich in ihrer Hand liegen, damit aber ein selbständiges Zusammenwirken der übrigen Genossen mit jenen Verwaltungen nahezu ausgeschlossen sein würde. Dieses widerspricht aber dem Grundgedanken der genossenschaftlichen Organisation die auf der Möglichkeit der wirksamen Theilnahme und Mitwirkung aller Mitglieder an der Verwaltung beruht. Unterliegt aus diesem Grunde die Zutheilung der bezeichneten Verwaltungen an die zu bildenden Genossenschaften begründeten Bedenken, so erscheint sie andererseits auch nicht nothwendig, denn sowohl das Reich, wie die betheiligten Bundesstaaten bieten für die dauernde Erfüllung der ihnen aus der Unfallversicherung erwachsenden Lasten volle Gewähr.

Das Ausscheiden der in Rede stehenden Reichs- und Staatsverwaltungen aus der berufsgenossenschaftlichen Organisation ist daher um so weniger zu beanstanden, als die Anzahl der für die letztere in Betracht kommenden Privatbetriebe augenscheinlich für die Bildung leistungsfähiger Berufsgenossenschaften vollkommen ausreicht. Insbesondere bestehen neben den großen Eisenbahnunternehmungen des Reichs und der Bundesstaatem eine erhebliche Anzahl von Eisenbahnbetrieben höherer und niederer Ordnung, welche mit zahlreichen Arbeitern und mit sehr beträchtlichem Kapital für Privatrechnung betrieben werden. Dazu treten diejenigen Eisenbahnbetriebe, welche zwar einem Bundesstaat gehören, aber an Privatpersonen verpachtet sind, sowie diejenigen Eisenbahnbetriebe, welche ein Bundesstaat nicht für eigene Rechnung, sondern für Rechnung der Privatunternehmer dieser Betriebe verwaltet; denn derartige Betriebe werden nicht für Reichs- oder Staatsrechnung verwaltet, gehören also den zu bildenden Berufsgenossenschaften an. Ueberdies ist der Ausbau von Sekundäreisenbahnen, bei welchen Privatunternehmer in erster Reihe betheiligt sein werden, keineswegs abgeschlossen. Endlich ist auch die Anzahl und die finanzielle Leistungsfähigkeit der Straßenbahnen und Pferdeeisenbahnen eine sehr erhebliche.

Aehnliche Erwägungen führen bei den fiskalischen Binnenschiffahrts- und Baggereibetrieben, sowie bei der Marine und den Heeresverwaltungen zu gleichen Ergebnissen. Bei den beiden letzteren kommt noch hinzu, daß die Zugehörigkeit zu den für die verschiedenartigen Betriebe ihrer Verwaltungen zu bildenden zahlreichen Berufsgenossenschaften eine auch finanziell ins Gewicht fallende Erschwerung der Verwaltung zur Folge haben und daß bei den eigenartigen, in mehrfacher Beziehung eine Geheimhaltung erfordernden Zwecken dieser Betriebe deren genossenschaftliche Verbindung mit Privatbetrieben und die sich daraus ergebende berufsgenossenschaftliche Kontrole erhebliche Unzuträglichkeiten im Gefolge haben würde. Von der Einordnung der militärischen und Marinebetriebe in die industriellen Berufsgenossenschaften wird daher um so mehr abzusehen sein, als die Voraussetzung des berufsgenossenschaftlichen Zusammenschlusses, die Gleichartigkeit der Interessen, hier ausgeschlossen ist. Während die genannten Betriebe unter völliger Ausschließung von Erwerbsinteressen ausschließlich der Vertheidigung des Vaterlandes dienen, giebt bei den Privatunternehmern in Produktionszweigen ähnlicher Art gerade der Gesichtspunkt des Erwerbs den Ausschlag. Von einer Gemeinsamkeit der Berufsinteressen würde unter diesen Umständen nicht füglich die Rede sein können.

Aus diesen Erwägungen ist für die Unfallversicherung der in Rede stehenden Reichs- und Staatsverwaltungen an die Stelle der Berufsgenossenschaft das Reich oder der Staat gesetzt, für dessen Rechnung die Verwaltung geführt wird."

Der Reichstag hat sich diesen Ausführungen mit der Maßgabe angeschlossen, daß das Reich bez. der Bundesstaat

a) bei den Post-, Telegraphen-, Marine-, Heeresverwaltungen und bei den fiskalischen Eisenbahnbetrieben immer (Abs. 1),

b) bei den fiskalischen Baggerei-, Binnenschiffahrts-, Flößerei-, Prahm- und Fährbetrieben nur unter der Voraussetzung an die Stelle der Berufsgenossenschaft treten soll, daß das Reich bez. der Bundesstaat nicht rechtzeitig hierauf verzichtet (Abs. 2).

Im Gegensatz hierzu verbleibt es für die Privatbetriebe bei der Zusammenfassung in Berufsgenossenschaften.

Nach §. 128 gelten die Bestimmungen dieses Abschnitts (§§. 128—132) insbesondere also die Verwaltung der Unfallversicherung durch Reichs- bez. Staatsbehörden, für alle Betriebe der erwähnten fiskalischen Verwaltungen, auch für diejenigen, welche schon unter das Unfallversicherungsgesetz (1884) fielen, insbesondere also für die Eisenbahnwerkstätten, die militärischen Pulverfabriken 2c. Dagegen sind nicht etwa auch die übrigen, in dem §. 128 nicht benannten fiskalischen Betriebe aus den Berufsgenossenschaften ausgeschieden; alle fiskalischen Fabriken 2c., welche nicht zu den Post-, Telegraphen-, Marine-, Heeres-, Eisenbahn-, Binnenschiffahrts-, Baggerei-, Flößerei-, Prahm- und Fährbetrieben gehören, bleiben vielmehr nach wie vor in den Berufsgenossenschaften. Dies gilt z. B. von den fiskalischen Mühlen (in Bromberg u. A.), von Münzstätten, Bergwerken 2c.

[2]) für Reichs- bezw. Staatsrechnung. Es kommt auch hier darauf an, ob das Reich bez. der Bundesstaat „Betriebsunternehmer" im Sinne des §. 28 Abs. 3 ist. Hiernach fallen fiskalische Betriebe, welche das Reich bez. der Bundesstaat zwar verwaltet, aber nicht für eigene Rechnung führt, in die Berufsgenossenschaften, während Privatbetriebe, welche das Reich oder der Bundesstaat (etwa als Pächter) für eigene Rechnung führt, während der Dauer dieses Verhältnisses dort ausscheiden und bez. der Unfallversicherung unter die Verwaltung der Ausführungsbehörden fallen. Vgl. die Motive in Anm. 1.

[3]) sofern nicht. Vgl. Anm. 1 unter b. Darüber, welche Bundesstaaten von der Befugniß, diese kleineren Staatsbetriebe den Berufs-

genossenschaften zuzuweisen, Gebrauch gemacht haben, vgl. A.N. 1886 S. 75.

[4]) Ausführungsbehörden. „Die Ausführung wird bestimmten Behörden zu übertragen sein, welche ein für allemal bezeichnet sein müssen, um einestheils die Einheitlichkeit und Kontinuität der Ausführung sicher zu stellen, anderntheils den Versicherten keinen Zweifel über die Stelle zu lassen, an welche sie sich bei Wahrnehmung ihrer Rechte zunächst zu halten haben" (Mot. zum Ausdehnungsgesetz (1885) S. 12).

Diese Behörden brauchen nicht kollegialisch organisirt zu sein; in den Kommissionsverhandlungen wurde ein Abänderungsantrag, welcher eine kollegialische Zusammensetzung der Ausführungsbehörden vorschreiben wollte, abgelehnt (Komm.Ber. 1885 S. 5).

Die Auswahl zwischen den verschiedenen Dienstbehörden in den verschiedenen Instanzen wird durch das Gesetz nicht beschränkt. An sich können die Funktionen der Vorstände unter mehrere Behörden vertheilt werden. Da aber das Gesetz von dem Geschäftsbereich der Ausführungsbehörde spricht (vgl. auch §. 131), so wird im Allgemeinen als Ausführungsbehörde doch immer nur eine Dienstbehörde bezeichnet werden können, welcher — wie dem Genossenschaftsvorstand der Berufsgenossenschaften, vgl. §. 41 — alle Funktionen für die Unfallversicherung zufallen, soweit nicht einzelne derselben durch besondere Bestimmungen abgezweigt und anderen Behörden übertragen sein sollten. Diese letzteren haben also eine ähnliche Stellung wie die Sektionsvorstände der Berufsgenossenschaften. Ebenso, wie die Zuständigkeiten bez. die Funktionen dieser Sektionsvorstände durch das Genossenschaftsstatut bestimmt werden (§. 37 Ziffer 2, §. 38), erfolgt die Uebertragung einzelner Funktionen für die Unfallversicherung auf andere Dienstbehörden durch die Ausführungsvorschriften, welche an die Stelle des Genossenschaftsstatuts treten (vgl. §§. 130, 133). Ausdrücklich ist dies für die Zuständigkeit zur Festsetzung der Entschädigungen (§. 69) vorgeschrieben durch §. 131.

Für diejenigen Dienstbehörden, welche hiernach im Allgemeinen die Verwaltung der Unfallversicherung (statt der Genossenschaftsvorstände) zu führen haben, ist der Ausdruck „Ausführungsbehörde" technisch.

Das Verzeichniß der Ausführungsbehörden und ihrer Bezirke vgl. in A.N. 1898. In Preußen sind nach dem Erlasse des Ministers der öffentlichen Arbeiten vom 4. September 1900 als Ausführungsbehörden für die Eisenbahnverwaltung die Kgl. Eisenbahndirektionen eingesetzt.

[5]) zu bezeichnen. Die Bezeichnung der Ausführungsbehörden steht den bezüglichen Zentralbehörden zu, welche außerdem nach §. 133 die „Ausführungsvorschriften" erlassen. Der Ausdruck „oberste Militärverwaltungsbehörde des Kontingents" ist technisch und findet sich auch in andern Reichsgesetzen, z. B. V. v. 20. Mai 1880 (R.G.B. S. 113).

[6]) mitzutheilen. „Selbstverständlich muß auch das Reichs-Versicherungsamt, dessen Instanzbefugnisse — abgesehen von der hier wegfallenden Beaufsichtigung der Genossenschaften — unberührt bleiben, die Ausführungsbehörde kennen" (Mot. 1885 S. 12).

Hieraus und aus dem in Anm. 4 citirten Satz der Motive ergiebt sich, daß alle Betheiligten, insbesondere also auch die Versicherten selbst, von der Bezeichnung der Ausführungsbehörden Kenntniß erhalten sollen. Es ist demgemäß für eine geeignete Veröffentlichung Sorge getragen worden.

§. 129.

[1])Soweit das Reich oder ein Bundesstaat an die Stelle der Berufsgenossenschaft tritt, finden die §§. 29 bis 52, 54 bis 62, 74, 99 bis 105, 106 Abs. 2, 3, §§. 107 bis 110, 112 bis 117, 119 bis 126, 134, 146 bis 151 keine Anwendung.[2])

§. 3 A.G.; §. 93b Entw.; §. 93b Ges. 1900.

Zu §. 129.

[1]) Motive zu den §§. 129—133 (Mot. zum Ausdehnungsgesetz (1885) S. 12): „Die §§. enthalten diejenigen besonderen Bestimmungen, welche für die Reichs- und Staatsverwaltungen (§. 128) durch die für dieselben vorgesehene anderweite Organisation der Unfallversicherung erforderlich werden.

Die Unfallversicherung im Bereich dieser Verwaltungen lehnt sich materiell durchweg an die grundlegenden Bestimmungen des Gewerbe-Unfallversicherungsgesetzes an. Dies gilt insbesondere von dem Umfang, der Feststellung und der Auszahlung der Entschädigungen und von der hierbei erforderlichen Mitwirkung eines Schiedsgerichts, des Reichs- oder eines Landes-Versicherungsamts und der Post, wobei die etwa erforderliche Verstärkung der Betriebsfonds der letzteren auch hier, wie nach dem Unfallversicherungsgesetz, durch Ueberweisung von Reichsmitteln zu bewirken sein wird. Ferner kommen zur Anwendung die Bestimmungen über die Schiedsgerichte, über die Beseitigung der Haftpflicht, über das Verhältniß zu anderweiten Unterstützungsverpflichteten (Krankenkassen, Armenverbänden, dritten Personen) und zu älteren Versicherungsverträgen, über das Verbot vertragsmäßiger Beschränkungen der gesetzlichen Bestimmungen, über die Rechtshülfe und über die Gebühren- und Stempelfreiheit. Dasselbe gilt von dem Verhälniß des Reichs-Versicherungsamts zu den Landes-Versicherungsämtern. Es liegt in der Natur der Sache, daß bei Transportgewerben häufiger als dies bei den unter das Unfallversicherungsgesetz fallenden Betrieben vorkommt, der Betrieb sich über die Grenzen eines Bundesstaates und selbst des Reichs hinaus erstreckt, so insbesondere auf den Anschluß- und Durchgangsstrecken der Eisenbahnen und bei der Binnenschiffahrt. Es ist jedoch nicht zweifelhaft, daß hierdurch weder die Versicherungspflicht der betreffenden Arbeiter und die Zugehörigkeit des Betriebstheils zur Genossenschaft, noch die Zuständigkeit der Landes-Versicherungsämter (§. 127) ausgeschlossen wird.

Andere Bestimmungen sind dagegen auf die Organisation der Reichs- und Staatsverwaltungen nicht anwendbar. Dahin gehören insbesondere die Bestimmungen über die Bildung, Veränderung*) und Auflösung der Berufs-

---

*) Vorbehaltlich des in den Kommissionsverhandlungen ausdrücklich als anwendbar bezeichneten und deshalb in dem Text des Gesetzes mit Vorbedacht ausgelassenen §. 53 über die vermögensrechtlichen Folgen von Veränderungen des Bestandes von Genossenschaften. Vgl. aus dem Kommissions-

genossenschaften, über das Statut*) derselben und über die Bildung von Gefahrenklassen, welche nur für die Ausgleichung der verschiedenen Risiken bei einer Mehrheit von Unternehmern einen Sinn haben. Dahin gehören ferner die Vorschriften über die Ansammlung von Reservefonds, welche hier einestheils nicht nothwendig, anderntheils aber auch um deswillen nicht zulässig sind, weil die Steuerkraft des Reichs und der Bundesstaaten nur für die laufenden Bedürfnisse, nicht im voraus für zukünftige Ausgaben angestrengt werden darf, ferner die Vorschriften über die Mitgliedschaft in den Berufsgenossenschaften und über die Betriebsveränderungen. Unanwendbar sind auch die Bestimmungen über die Beaufsichtigung der Unternehmer durch die Genossenschaften und über die Beaufsichtigung der letzteren durch das Reichs- oder Landes-Versicherungsamt. Die Reichs- oder Landesbehörden, denen die Unfallfürsorge als Theil ihrer sonstigen Obliegenheiten hier übertragen wird, unterliegen vielmehr auch hierin der dienstpragmatischen Beaufsichtigung durch die vorgesetzten Behörden.

Aber auch diejenigen Bestimmungen, welche hiernach grundsätzlich in Geltung bleiben sollen, erfordern immerhin gewisse Modifikationen, weil sie die Bildung von Berufsgenossenschaften zur Voraussetzung hatten. Die durch den Wegfall dieser Voraussetzung bei den Reichs- und Staatsbetrieben bedingten Aenderungen des Unfallversicherungsgesetzes ergeben sich aus den §§. 129—133, während alle übrigen Vorschriften ohne Weiteres entsprechende Anwendung finden sollen, soweit deren Anwendbarkeit nicht durch §. 129 oder die Natur der Sache ausgeschlossen ist.

[2]) keine Anwendung. Es sind also bei der Unfallversicherung in den in §. 128 bezeichneten, einer Berufsgenossenschaft nicht zugewiesenen fiskalischen Betrieben folgende Paragraphen des Unfallversicherungsgesetzes entsprechend anzuwenden:

1. §. 1 Abs. 1, 3, §. 2 Abs. 5 (Beschränkung der Versicherung auf die in den Betrieben beschäftigten Arbeiter und solche Betriebs-Beamten, deren Jahresverdienst 3000 Mark nicht übersteigt, (vgl. §. 130); Versicherungspflicht der mit solchen Betrieben als wesentliche Bestandtheile derselben verbundenen anderen gewerblichen Anlagen; Zulässigkeit des Ausschlusses der Versicherung durch den Bundesrath);
2. §§. 3, 4 (Erstreckung der Versicherung auf häusliche 2c. Dienste und auf Betriebstheile im Auslande);
3. §. 5 Abs. 1, 3 (Erstreckung der Versicherungspflicht auf höher gelohnte Beamte), vgl. §. 130, und auf andere nach §. 1, 2 nicht versicherungspflichtige Personen. Bei dem Mangel eines Statuts werden auch hier Ausführungsvorschriften das Nähere regeln können;
4. §§. 6, 10 (Ermittelung des Jahresarbeitsverdienstes);

---

bericht 1885 S. 13: „Es lassen sich Fälle, in welchen §. 53 Anwendung findet, auch wohl denken, z. B. bei dem Uebergange einer Privateisenbahn an den Staat. Allerdings werde §. 53 nicht ganz direkt, aber doch analog anzuwenden sein."

*) An die Stelle des Genossenschaftsstatuts treten die Ausführungsvorschriften, §. 133.

5. §. 7. (Ausschluß der gegen Gehalt und Pensionsberechtigung angestellten Staatsbeamten);
6. §§. 8 bis 24 (Gegenstand der Versicherung und Umfang der Entschädigung);
7. §§. 25 bis 27 (Verhältniß zu Krankenkassen, Armenverbänden ꝛc.);
8. §. 28 Abs. 3 (Zugehörigkeit solcher Betriebe, welche wesentliche Bestandtheile verschiedenartiger Industriezweige umfassen, also Geltung des hierin zum Ausdruck gebrachten Prinzips, daß die Nebensache der Hauptsache folgt);
9. §. 53 (vermögensrechtliche Folgen beim Uebergang von Privatbetrieben in Reichs- bezw. Staatsverwaltung ꝛc.);
10. §§. 63 bis 68 (Anzeige und Untersuchung der Unfälle);
11. §§. 69 bis 73, 75 (Feststellung der Entschädigungen in erster Instanz) mit der Maßgabe, daß die Zuständigkeit hierzu durch die Ausführungsvorschriften bestimmt wird (§. 131);
12. §. 76 (Berufung an das Schiedsgericht);
13. §. 77 bis 79 (Erledigung vorgängiger Streitigkeiten, Umfang der schiedsgerichtlichen Entscheidungen ꝛc.);
14. §. 80 bis 86 (Rekurs an das Reichs-Versicherungsamt, Verzicht auf Rückforderung);
15. §§. 87 bis 97 (Bezeichnung der zahlenden Postanstalt, Veränderung in den Verhältnissen des Entschädigten, Fälligkeitstermine, Ruhen der Rente, Kapitalabfindungen, Uebertragung der Ansprüche, Auszahlung durch die Post);
16. §§. 98, 106 Abs. 1 (Vermittelung der Entschädigungs-Zahlungen durch die Post);
17. §. 111 (Rechnungsjahr);
18. §. 118 (Sonderbestimmung für Unfallverhütung im Eisenbahnbetriebe);
19. §. 127 (Landes-Versicherungsämter);
20. §§. 135 bis 140 (Haftpflicht der Betriebsbeamten ꝛc., Regreßpflicht);
21. §§. 141 bis 145 (Verbot vertragsmäßiger Beschränkungen, unbehinderte Ausübung der Funktionen, ältere Versicherungsverträge, Rechtshülfe, Gebühren ꝛc. -Freiheit);
22. §§. 152 bis 155 (Zuständige Landesbehörden, Strafvollstreckung, Zustellungen).

Außerdem kommen die organisatorischen Bestimmungen des Hauptgesetzes über die Schiedsgerichte und Versicherungsämter in Betracht.

Im Ausdehnungsgesetz (1885) waren ausdrücklich als nicht anwendbar bezeichnet die Vorschriften im §. 90 Abs. 1 lit. a, d, e; hierbei bewendet es, indem die an deren Stelle getretenen Bestimmungen des Hauptgesetzes §. 18 Ziffer 1—3 in Folge ihrer Herausnahme aus dem G.U.V.G. nicht mehr in Frage kommen (Mot. 1900 S. 117). Daß die Bestimmungen über Beschwerden gegen Strafverfügungen (vgl. §. 149 G.U.V.G) im Bereich der Ausführungsbehörden nicht Anwendung finden, folgt daraus, daß §. 149 im §. 129 als nicht anwendbar bezeichnet ist.

§. 130.

Die Erstreckung[1]) der Versicherungspflicht auf Betriebsbeamte mit einem dreitausend Mark übersteigenden Jahresarbeitsverdienste (§. 5 Abs. 1 lit. c) kann durch die Ausführungsvorschriften erfolgen, soweit diese Beamten nicht nach §. 7 von der Anwendung dieses Gesetzes ausgeschlossen[2]) sind.

§. 4 Abs. 2 A.G.; §. 93c Entw.; §. 93c Ges. 1900.

Zu §. 130.

1) Erstreckung. „Der §. 5 Abs. 1 lit. c überläßt die Erstreckung der Versicherungspflicht auf Betriebsbeamte mit einem den Jahresbetrag von 3000 Mark übersteigenden Einkommen dem Genossenschaftsstatut. Ein solches fehlt hier. An die Stelle desselben sollen vielmehr Ausführungsvorschriften der obersten Dienstbehörden treten (§. 133). Diesen Ausführungsbestimmungen war daher auch die erwähnte Erstreckung der Versicherungspflicht zu überlassen. Dabei wird, um Mißverständnisse auszuschließen, ausdrücklich darauf hingewiesen, daß die gegen festes Gehalt und Pensionsberechtigung angestellten Reichs- und Staatsbeamten nach §. 7 ausgeschlossen sind“ (Mot. 1885 S. 12).

2) ausgeschlossen. Wegen Regelung der Unfallfürsorge für diese Beamten durch dienstpragmatische Spezialgesetze vgl. Gesetz vom 15. März 1886, welches durch Gesetz vom 18. Juni 1901 abgeändert ist.

§. 131.

Die Feststellung[1]) der Entschädigungen (§§. 69 ff.) erfolgt durch die in den Ausführungsvorschriften[2]) zu bezeichnende Behörde.[3])

§. 7 A.G.; §. 93d Entw.; §. 93d Ges. 1900.

Zu §. 131.

1) Feststellung. „Da Genossenschafts- oder Sektionsvorstände und Genossenschaftsstatuten, auf welche §. 69 bezüglich der Feststellung der Entschädigung für die durch einen Betriebsunfall Verletzten verweist, hier nicht bestehen, so sind über die Behörde, welche diese Feststellungen vornehmen soll, besondere Bestimmungen erforderlich. Die Bestimmung dieser Behörden erfolgt durch die Ausführungsvorschriften“ (Mot. 1885 S. 14).

2) Ausführungsvorschriften, vgl. §. 133.

3) Behörde. Dies braucht nicht die Ausführungsbehörde selbst zu sein, wie ja auch nach dem Unfallversicherungsgesetz die Festsetzung der Entschädigungen keineswegs immer dem Genossenschaftsvorstande obliegt (§. 69).

§. 132.

Vorschriften der Ausführungsbehörden[1]) über das in den Betrieben von den Versicherten zur Verhütung[2]) von Unfällen zu beobachtende Verhalten sind, sofern sie Strafbestimmungen[3]) enthalten sollen, vor dem Erlasse mindestens drei Vertretern der Arbeiter zur Berathung und gutachtlichen Aeußerung vorzulegen. Die Berathung findet unter Leitung eines Beauftragten der Ausführungsbehörde statt. Der Beauftragte darf kein unmittelbarer Vorgesetzter der Vertreter der Arbeiter sein.

§. 9 Abs. 1 A G.; §. 93e Entw; §. 93e Ges. 1900.

Zu §. 132.

[1]) Ausführungsbehörden, §. 128. Andere Dienstbehörden können Unfallverhütungsvorschriften auch ohne Anhörung der Vertreter der Arbeiter erlassen, ebenso, wie auch nach dem Unfallversicherungsgesetz den Betriebsunternehmern unbenommen ist, derartige Bestimmungen aus eigener Machtvollkommenheit für die in ihren Betrieben beschäftigten Arbeiter zu treffen. Die Bestimmungen des Unfallversicherungsgesetzes über den Erlaß von Unfallverhütungsvorschriften beziehen sich nur auf Anordnungen der Genossenschaften.

[2]) Verhütung. „Unfallverhütungsvorschriften mit Strafandrohung im Sinne der §§. 112 ff. können für die hier in Rede stehenden fiskalischen Verwaltungen nur insoweit in Frage kommen, als es sich um das Verhalten der Arbeiter handelt. Soweit der Erlaß solcher Vorschriften von den den Genossenschaftsvorständen entsprechenden Ausführungsbehörden beabsichtigt wird, sollen in Anlehnung an die Grundsätze des Unfallversicherungsgesetzes, aber auch hier nur in den nach §. 118 für alle Eisenbahnen zu ziehenden Grenzen, Vertreter der Arbeiter mitwirken. Im Hinblick auf die oben hervorgehobenen besonderen Verhältnisse der Reichs- und Staatsverwaltungen erscheint eine kollegialische Berathung dieser Vertreter der Arbeiter mit den Ausführungsbehörden nicht statthaft; dieselbe soll daher durch eine Berathung der Vertreter der Arbeiter unter Leitung eines Beauftragten der Ausführungsbehörden ersetzt werden" (Mot. zum Ausdehnungsgesetz (1885) S. 15). In Bezug auf die Auswahl der Arbeitervertreter, welche zur Berathung der Unfallverhütungsvorschriften zuzuziehen sind, behält die Ausführungsbehörde, wie bisher, freie Hand. Eine Regelung der Auswahl kann durch Ausführungsvorschriften (§. 133) erfolgen (Mot. 1900 S. 117).

Um Vorsorge zu treffen, daß bei diesen Berathungen die wahren Meinungen der Vertreter der Arbeiter zum Ausdruck gelangen und nicht etwa aus Schüchternheit zurückgehalten werden, ist in der zweiten Plenarberathung des Entwurfs zum Ausdehnungsgesetz 1885 vom Reichstag die Vorschrift hinzugefügt worden, daß der den Vorsitz führende Beauftragte kein unmittelbarer Vorgesetzter der berathenden Vertreter der Arbeiter sein darf.

Eine Genehmigung dieser Unfallverhütungsvorschriften durch das Reichs- (Landes-) Versicherungsamt findet nicht statt, §. 129. Die Stellung der Reichs- und Staatsbehörden giebt ausreichende Gewähr, daß ein Mißbrauch mit dem Erlaß von Unfallverhütungsvorschriften nicht getroffen wird.

[3]) Strafbestimmungen. Wegen der Beitreibung von Geldstrafen vgl. §. 153; die Gelder fließen in die Krankenkasse (§. 154). Vgl. Mot. 1900 S. 117.

§. 133.

Die zur Durchführung der Bestimmungen in §§. 128 bis 132 erforderlichen Ausführungsvorschriften [1]) sind für die Heeresverwaltungen von der obersten Militärverwaltungsbehörde des Kontingents, im Uebrigen für die Reichsverwaltungen vom Reichskanzler, für die Landesverwaltungen von der Landes-Zentralbehörde zu erlassen.[2])

§. 10 A.G.; §. 93f Entw.; §. 93f Ges. 1900.

Zu §. 133.

[1]) Ausführungsvorschriften. „Zur Durchführung der in den §§. 128—132 getroffenen Bestimmungen werden, wie sich aus dem Vorstehenden ergiebt, Ausführungsbestimmungen erforderlich werden, welche an die Stelle des Genossenschaftsstatuts treten. Es empfiehlt sich, den Erlaß derselben den obersten Verwaltungsinstanzen zu übertragen" (Mot. zum Ausdehnungsgesetz 1885 S. 15).

[2]) zu erlassen. Vgl. Anm. 4 zu §. 128. Wenn auf Grund der Ausführungsvorschriften Geldstrafen verhängt werden, so finden auf dieselben §§. 153, 154 Anwendung.

VIII. Schluß- und Strafbestimmungen.

Knappschafts-Berufsgenossenschaften.

§. 134.

1. [1])Unternehmer von Betrieben, welche landesgesetzlich bestehenden Knappschaftsverbänden angehören, können auf Antrag der Vorstände der letzteren vom Bundesrathe zu Knappschafts-Berufsgenossenschaften vereinigt [2]) werden.

2. Die Knappschafts-Berufsgenossenschaften können durch Statut bestimmen:

   a) daß die Entschädigungsbeträge auch über fünfundsiebenzig Prozent hinaus (§. 50) von denjenigen Sektionen zu tragen sind, in deren Bezirken die Unfälle eingetreten sind;

   b) daß den Knappschaftsältesten die Funktionen der in den §§. 113 bis 115 bezeichneten Vertreter der Arbeiter übertragen werden;

   c) daß Knappschaftsälteste[3]) stimmberechtigte Mitglieder des Genossenschaftsvorstandes oder, sofern die Knappschafts-Berufsgenossenschaft in Sektionen getheilt ist, der Sektionsvorstände sind;

   d) daß die Auszahlung der Entschädigungen durch die Knappschaftskassen[4]) bewirkt wird (§. 97).

§. 94 U.V.G.; §. 94 Entw.; §. 94 Ges. 1900.

Zu §. 134.

[1]) Durch das Krankenversicherungsgesetz sind die Knappschaftskassen derart unberührt geblieben, daß die Mitglieder derselben durch die Betheiligung an diesen Kassen ihrer gesetzlichen Versicherungspflicht genügen können und nicht genöthigt sind, der Gemeindekrankenversicherung oder einer nach Maßgabe der Vorschriften jenes Gesetzes errichteten Krankenkasse anzugehören (§. 74 a. a. O.). Für die Unfallversicherung waren gleichartige Bestimmungen insbesondere um deswillen nicht angängig, weil nicht alle bestehenden Knappschaftskassen einen so großen Umfang haben, daß sie für die durch die Unfallversicherung zu übernehmenden, umfangreichen Leistungen unbedingte Garantie bieten, wobei insbesondere die in der Montanindustrie besonders erhebliche Gefahr von Massenunfällen zu berücksichtigen ist. Um nun den Wünschen der Betheiligten wegen Aufrechterhaltung jener althergebrachten und mit der Bergwerksindustrie enge verwachsenen Kasseneinrichtungen nach Möglichkeit zu entsprechen, ist auf Grund der Vorschläge des Reichstags (1884) der vorliegende Paragraph eingeschoben worden, durch welchen der Bundesrath ermächtigt wird, diejenigen Betriebe, welche landesgesetzlich bestehenden Knappschaftskassen angehören, zu Knappschafts-Berufsgenossenschaften, welche gewisse Besonderheiten aufweisen, zu vereinigen (vgl. Anm. 2). Die bei diesen zulässigen Modifikationen sollen den Fortbestand der einzelnen Knappschaftskassen und derjenigen Einrichtungen in denselben ermöglichen, welche mit diesem Gesetz vereinbar sind. Durch die Vereinigung selbst aber werden in der Knappschafts-Berufsgenossenschaft diejenigen breiten Schultern gewonnen, welche die Last der Unfallfürsorge dauernd und zuverlässig übernehmen können, während die einzelnen Knappschaftskassen als Sektionen fortbestehen und als solche vorbehaltlich der Rückdeckung bei der Knappschafts-Berufsgenossenschaft die gesammte Unfallast weiter tragen können.

Die Besonderheiten, welche die Knappschafts-Berufsgenossenschaft aufweist, bestehen wesentlich in Folgendem:

a) Es fällt das Erforderniß, daß Berufsgenossenschaften innerhalb ihres Bezirks alle Betriebe derjenigen Industriezweige umfassen müssen, für welche sie errichtet sind (§. 28 Abs. 1 Satz 2), fort. Nicht knappschaftspflichtige Betriebe derselben Industrie fallen also nicht in die Knappschafts-Berufsgenossenschaft.

b) die gesammte Unfallast (nicht bloß 75 pCt., §. 50) kann den Sektionen, also den einzelnen Knappschaftskassen, wenn dieselben als Sektionen fortbestehen, übertragen werden. Geschieht dies, so stellt sich die Knappschafts-B.G. nur als Garantieverband dar. Die Uebertragung muß durch Statut erfolgen und bedarf dadurch der Genehmigung des Reichs-Versicherungsamts.

c) Den Knappschaftsältesten können die Befugnisse der Vertreter der Arbeiter in Bezug auf den Erlaß von Unfallverhütungsvorschriften (§§. 112 ff.) übertragen werden.

Weiter kann bestimmt werden, daß an Stelle des Ausschusses der Versicherungsanstalt die Knappschaftsältesten die Wahl der Schiedsgerichtsbeisitzer vorzunehmen haben, wenn solche aus der Knappschafts-B.G. nach Anordnung der Landes-Zentralbehörde zu wählen sind (H.G. §. 5 Abs. 1, 3).

d) Die Entschädigungen brauchen nicht durch die Post, sondern können durch die Knappschaftskassen ausgezahlt werden. Die letzteren sind den Bedürfnissen entsprechend organisirt und den Empfangsberechtigten örtlich nahe; die Benutzung dieser Kassen entspricht den Gewohnheiten und den Interessen der in der Montanindustrie verunglückten Personen. Eine Betheiligung der Postverwaltungen erscheint hiernach entbehrlich.

Im Uebrigen finden die Bestimmungen des Gesetzes über die Bildung, Organisation und Verwaltung der Berufsgenossenschaften auch auf die Knappschafts-Berufsgenossenschaft Anwendung. Die Betriebsunternehmer von Bergwerken 2c. sind also verpflichtet, ihre Betriebe nach §§. 35, 56 anzumelden; es müssen Vertreter der Arbeiter gewählt werden, sofern nicht Knappschaftsälteste an deren Stelle treten sollen; es müssen Unfälle gemeldet und untersucht werden, obligatorisch ein nach §. 34 zu dotirender Reservefonds sowie Gefahrenklassen gebildet, der Jahresbedarf nach §. 49, also ohne Heranziehung der Arbeiter, umgelegt werden 2c.

Nebenbetriebe folgen dem Hauptbetrieb, gehören also zur Knappschafts-Berufsgenossenschaft auch dann, wenn sie nicht in dem Knappschaftsverband standen (A.N. 1885 S. 4).

Wenn Knappschaftsverbände als Sektionen der Knappschafts-Berufsgenossenschaften fortbestehen, so müssen sie doch mit Rücksicht auf die ihnen sonst übertragenen Aufgaben — Krankenversicherung, Invalidenversorgung 2c. — getrennte Rechnung einrichten (vgl. §§. 107, 108).

²) vereinigt. Nach den von dem Bundesrath genehmigten Beschlüssen der Betheiligten ist nur eine Knappschaftsberufsgenossenschaft errichtet worden, welche die sämmtlichen knappschaftspflichtigen Betriebe im ganzen Reich umfaßt.

³) Knappschaftsältesten. Die Anwendung der Bestimmung unter c hat zur Voraussetzung, daß auch die unter b vorgesehene Ausnahmebestimmung in dem betreffenden Statut Aufnahme gefunden hat. Denn andernfalls würde den Arbeitern, wenn dieselben durch ihre Knappschaftsältesten in den Vorständen vertreten sind und wenn sie außerdem Vertreter der Arbeiter nach §. 114 wählen, bei den Berathungen über die Unfallverhütungsvorschriften eine doppelte Vertretung und eine starke Majorität über die Betriebsunternehmer zufallen. Dies ist offenbar nicht beabsichtigt und den für die Bestimmung maßgebend gewesenen Gründen nicht entsprechend.

Das Verhältniß von Nr. b) und c) ist also folgendes: den Knappschaftsältesten können die Funktionen der Arbeitervertreter für den Erlaß von Unfallverhütungsvorschriften entweder allein oder in Verbindung mit der Mitgliedschaft in den Vorständen, aber nicht diese Mitgliedschaft ohne die Funktionen der Arbeitervertretung übertragen werden.

Wenn Knappschaftsälteste Vorstandsmitglieder sind, so haben sie als Arbeitervertreter nicht etwa noch eine besondere Stimme.

⁴) durch die Knappschaftskassen. In diesem Falle muß die Anweisung an die Kasse, wenn nicht der Kassenverband als Sektion die

Last allein trägt (lit. a), durch Vermittelung des Genossenschaftsvorstandes erfolgen.

Haftung der Betriebsunternehmer und Betriebsbeamten.

§. 135.

[1])Die nach Maßgabe dieses Gesetzes versicherten Personen und 1. die in §§. 16 bis 19 bezeichneten Hinterbliebenen können, auch wenn sie einen Anspruch auf Renten nicht haben,[2]) einen Anspruch auf Ersatz des in Folge eines Unfalls[3]) erlittenen Schadens[4]) gegen den[5]) Betriebsunternehmer, dessen Bevollmächtigten oder Repräsentanten, Betriebs- oder Arbeiteraufseher nur[6]) dann geltend machen, wenn durch strafgerichtliches[7]) Urtheil festgestellt worden ist, daß der in Anspruch Genommene den Unfall vorsätzlich[8]) herbeigeführt hat.

In diesem Falle beschränkt sich der Anspruch auf den Betrag,[9]) 2. um welchen die den Berechtigten nach anderen gesetzlichen Vorschriften gebührende Entschädigung diejenige übersteigt, auf welche sie nach diesem Gesetz Anspruch haben.

Für das über einen solchen Anspruch erkennende ordentliche 3. Gericht ist die Entscheidung bindend,[10]) welche in dem durch dieses Gesetz geordneten Verfahren über die Frage ergeht, ob ein Unfall vorliegt, für welchen aus der Unfallversicherung Entschädigung zu leisten ist, und in welchem Umfang Entschädigung zu gewähren ist.

§. 95 U.V.G.; §. 95 Entw.; §. 95 Ges. 1900.

Zu §. 135.

[1]) Die Vorschriften der §§. 135 bis 140 behandeln die Haftung der nach dem bürgerlichen Recht entschädigungspflichtigen Personen für die durch Unfall hervorgerufenen Nachtheile und setzen die Grundsätze des Haftpflichtgesetzes vom 7. Juni 1871 sowie die sonstigen gesetzlichen Bestimmungen über Schadensersatz ꝛc., den die Unternehmer bei Betriebsunfällen ihren Arbeitern zu leisten hätten, für diejenigen Personengruppen, welche der Vortheile der Unfallversicherung theilhaftig geworden sind, außer Kraft (vgl. unten die Motive). Sie lassen sich kurz dahin zusammenfassen:

> Der Unternehmer oder dessen Betriebsbeamter ꝛc. ist seinem verletzten Arbeiter (allen nach Gesetz oder Statut versicherten Personen) oder dessen Hinterbliebenen nur dann noch regreßpflichtig (und zwar auf die Differenz gegen die Entschädigung aus der Unfall- und der Krankenfürsorge), wenn er den Unfall durch Vorsatz im strafrechtlichen Sinne, also durch ein dolose verübtes Verbrechen oder Vergehen herbeigeführt hat (§. 135); den Gemeinden, Armenverbänden, Krankenkassen und Berufsgenossenschaften dagegen nicht nur in diesem Falle, sondern dann, wenn er wegen Vorsatzes oder Fahr-

lässigkeit mit Außerachtlassung der Berufspflicht 2c. für den Unfall verantwortlich ist (§. 136). Im Falle des Vorsatzes haftet also der Unternehmer 2c. zur Höhe der nach diesem Gesetz oder dem Krankenversicherungsgesetze gewährten Entschädigungen den Gemeinden, Armenverbänden, Krankenkassen und Berufsgenossenschaften, zur Höhe des Restes dem Verletzten und dessen Hinterbliebenen. Alle diese Ansprüche, ausgenommen diejenigen der Berufsgenossenschaften (§. 136), können erst geltend gemacht werden, nachdem strafgerichtliche Verurtheilung des Unternehmers 2c. wegen vorsätzlicher oder qualifizirt fahrlässiger Herbeiführung des Unfalls stattgefunden hat; hiervon wird nur dann abgesehen, wenn die strafgerichtliche Feststellung aus Gründen, die in der Person des Haftpflichtigen liegen, unmöglich ist (§. 139). Der Civilprozeß betrifft dann nur noch die Höhe des Regresses.

Es haftet immer nur derjenige (Unternehmer oder Beauftragte 2c.), dem der Vorsatz oder das kriminell zu vertretende Versehen selbst zur Last fällt; es haftet also jeder nur für die Folgen seiner eigenen Handlungen, einschl. der Anstiftung und Beihülfe. Die Haftbarkeit des Unternehmers für die Nachlässigkeit 2c. seiner Bevollmächtigten 2c. fällt fort.

Dritte Personen, d. h. Personen, welche zu dem verletzten Arbeiter nicht in dem Verhältniß als sein Arbeitgeber oder vorgesetzter Betriebsbeamter stehen, bleiben in vollem Maße nach den sonstigen Gesetzen verantwortlich und sind (ebenso wie die Unternehmer bei dolus) theils den Gemeinden, Armenverbänden, Krankenkassen und Genossenschaften, theils den Verletzten und deren Hinterbliebenen regreßpflichtig, §. 140.

Die Motive 1884 (S. 81) sagen hierüber:

„Neben der Sicherung der Arbeiter gegen die wirthschaftlichen Folgen der Unfälle verfolgt der Entwurf das Ziel, alle Streitigkeiten zwischen Arbeitgebern und Arbeitern über Entschädigungsansprüche, welche den letzteren aus Unfällen erwachsen, zu beseitigen, und zu dem Ende alle Entschädigungsansprüche, welche in Veranlassung eines Unfalls gegen den Arbeitgeber nach bisherigem Rechte erhoben werden konnten, aufzuheben. Die Berechtigung hierzu liegt in dem Ersatz, welchen die Arbeiter für die ihnen nach dem bisher geltenden Rechte zustehenden, in ihrer Realisirung höchst unsicheren Entschädigungsansprüche dadurch erhalten sollen, daß ihnen für jeden aus einem Unfall entstehenden Schaden selbst in dem Falle eigenen Verschuldens eine zwar begrenzte, aber vollkommen sichere Entschädigung gewährt wird. Zur Erreichung des gedachten Zieles ist es unerläßlich, auch für die ersten dreizehn Wochen der in Folge eines Unfalls eingetretenen Erwerbsunfähigkeit, für welche nicht eine Entschädigung nach Maßgabe dieses Gesetzes, sondern Krankenunterstützung, und zwar in der Regel unter Mitheranziehung der Arbeitgeber gewährt werden soll, einen Entschädigungsanspruch gegen den Arbeitgeber nicht mehr zuzulassen, da andernfalls nicht nur die Unfälle, welche nur eine Erwerbsunfähigkeit bis zu dreizehn Wochen zur Folgen haben, sondern rücksichtlich der ersten dreizehn Wochen der Erwerbsunfähigkeit auch alle übrigen Unfälle nach wie vor zu einer Quelle von Streitigkeiten werden würden. Es soll mithin den Krankenkassen nicht die Möglichkeit verbleiben, auf Grund des Haftpflichtgesetzes u. s. w. wegen der Fürsorge für die ersten 13 Wochen von dem Betriebsunternehmer Deckung zu verlangen. Die §§. 57 Abs. 4, 65 Abs. 3 und 73 Abs. 1 des Krankenversicherungsgesetzes werden somit in ihrer Anwendbarkeit beschränkt.

Von diesen Grundprinzipien macht der Entwurf eine doppelte Ausnahme: einmal im §. 135 zu Gunsten des Beschädigten und seiner Hinterbliebenen für den Fall, daß der Betriebsunternehmer laut strafgerichtlichen Urtheils den Unfall vorsätzlich herbeigeführt hat. In diesem Falle sollen die Entschädigungsberechtigten in ihren Ansprüchen nicht beschränkt werden. Sie erhalten zwar auch dann die nach §§. 8 ff. bemessene Entschädigung, sie sollen aber außerdem die Differenz zwischen der letzteren und der nach den sonstigen gesetzlichen Vorschriften zu leistenden Entschädigung von dem Betriebsunternehmer zu fordern berechtigt sein.

Die zweite Ausnahme von der Regel wird durch §. 136 statuirt. Hiernach soll der Betriebsunternehmer gegenüber den Genossenschaften und Krankenkassen 2c., zu denen auch die Gemeindekrankenversicherung gehört, für alle Aufwendungen, welche sie in Folge eines Unfalls zu machen verpflichtet waren, regreßpflichtig sein, und zwar (nach der Novelle 1900 abgesehen von den Berufsgenossenschaften) dann, wenn durch strafgerichtliches Urtheil festgestellt worden ist, daß er den Unfall vorsätzlich oder durch Fahrlässigkeit mit Außerachtlassung derjenigen Aufmerksamkeit, zu welcher er vermöge seines Amtes, Berufes oder Gewerbes besonders verpflichtet ist (vgl. §§. 222 und 230 des Strafgesetzbuchs), herbeigeführt hat. Liegt ein solches strafgerichtliches Urtheil vor, so ist damit ein erkennbares Kriterium für die Regreßpflicht des Betriebsunternehmers gegeben. Das „grobe Verschulden", welches nach der früheren Vorlage diese Regreßpflicht begründen sollte, ist ein unsicherer Rechtsbegriff; das Vorhandensein des groben Verschuldens würde im Wege des Prozesses jedesmal erst dargethan werden müssen. Nach den Bestimmungen des Entwurfs dagegen werden die Zivilprozesse über die Regreßpflicht als solche abgeschnitten, indem die Entscheidung der Regreßfrage, vorbehaltlich eines nachfolgenden Zivilprozesses über die Höhe des Schadenersatzes, durch die Feststellungen des Strafgerichts unmittelbar getroffen wird. (Wegen der Gründe für die anderweite Regelung in Bezug auf Regreßansprüche der B.Gen. vgl. §. 136 Anm. 7.)

Außer dem Betriebsunternehmer kommen aber in gleicher Weise die Bevollmächtigten und Repräsentanten desselben, die Betriebs- und Arbeitsaufseher, in Betracht. In den Berathungen des preußischen Volkswirthschaftsraths wurde mit Recht hervorgehoben, daß diese einerseits nicht schlechter gestellt werden dürften, als der Betriebsunternehmer, und daß der Unternehmer andererseits keine persönliche, wenn auch nur moralische Verantwortlichkeit für deren Handlungen weiter übernehmen könne, als daß er mit seinen Berufsgenossen seine Arbeiter gegen alle Unfälle versichere. Das Gesetz behandelt daher die Unternehmer und deren Bevollmächtigte 2c. völlig auf gleichem Fuße, es läßt ferner alle diese Personen nur für ihre eigenen

Handlungen haften, indem jegliche Haftpflicht des Betriebsunternehmers für seine Bevollmächtigten beseitigt wird. Letzteres rechtfertigt sich mit Rücksicht auf die durchgreifende, auf Kosten der Unternehmer erfolgende Versicherung der Arbeiter. Jene weitergehende Haftpflicht der Betriebsunternehmer für ihre Bevollmächtigten wurde als ein Nothbehelf zu einer Zeit ausgesprochen, in welcher es eine Versicherung auf Kosten der Betriebsunternehmer noch nicht gab. Auf dem Boden der Vorlage bedarf es dieses Nothbehelfs nicht mehr."

Diejenigen Personen, welche der Vortheile der Unfallversicherung theilhaft werden und bei einem Betriebsunfall eine jederzeit sichere Entschädigung in der durch das Gesetz festgesetzten Höhe erhalten, haben zum Ausgleich ihre unsicheren, vielleicht aber weitergehenden Ansprüche aus dem Haftpflichtgesetz Preis zu geben, damit dessen Anwendbarkeit und die durch die Anwendung desselben hervorgerufenen Nachtheile auf das möglichst geringe Maß beschränkt werden. Dies gilt beim Eintritt eines Betriebsunfalls nicht nur dann, wenn dessen Folgen von den Berufsgenossenschaften zu tragen sind (also nicht blos in den schwereren Fällen), sondern auch dann, wenn der Verletzte weniger als 13 Wochen erwerbsunfähig gewesen ist und deshalb auf die Krankenkasse oder auf den Betriebsunternehmer (§. 12 Abs. 2) angewiesen war.

Hiernach bemißt sich die fernere Geltung des Haftpflichtgesetzes (Gesetz, betr. die Verbindlichkeit zum Schadenersatz für die bei dem Betriebe von Eisenbahnen, Bergwerken u. s. w. herbeigeführten Tödtungen und Körperverletzungen vom 7. Juni 1871. R.G.B. S. 207) und des sonstigen bürgerlichen Rechts.

1. Dasselbe bleibt unverändert in Kraft:

a) für den bei dem Betriebe einer Eisenbahn durch Tödtungen oder Körperverletzungen von Passagieren entstandenen Schaden, §. 1 a. a. O.

b) für diejenigen Verletzungen 2c., welche die nicht gegen Unfall versicherten Personen bei dem Betriebe der unter das Haftpflichtgesetz fallenden Anlagen erleiden (§§. 1, 2fg. a. a. O.). Hierzu gehören nachdem für die gegen Gehalt und Pensionsberechtigung angestellten Staatsbeamten 2c. durch das Gesetz, betr. Unfallfürsorge für Beamte und Soldaten 2c. vom 15. März 1886, in der neuen Fassung vom 18. Juni 1901 anderweit Fürsorge getroffen ist, Betriebsbeamte mit mehr als 3000 Mark Jahresverdienst, wenn auf dieselben die Versicherungspflicht nicht erstreckt ist (§. 5 Abs. 1 lit. c.); Arbeiter und Beamte in eximirten Betrieben (§. 1 Abs. 3).

2. Im Uebrigen gilt die Haftpflicht nur noch für die eigene Ersatzverbindlichkeit dessen, der als Unternehmer oder Betriebsbeamter den Unfall durch Vorsatz oder qualifizirte Fahrlässigkeit verschuldet hat, in dem am Anfang dieser Anmerkung näher dargelegten Umfange.

Die bei Regiebauarbeiten von Privatpersonen beschäftigten Bauarbeiter sind während der ersten 13 Wochen, sofern sie nicht Mitglieder einer Krankenkasse sind oder sonst zivilrechtliche Entschädigungsansprüche haben, nicht auf den Betriebsunternehmer, sondern auf die Fürsorge der Beschäftigungsgemeinde (und zwar nur wegen der freien ärztlichen Behandlung, freien Arznei und freien kleinen Heilmitteln) angewiesen, erhalten also für diese Zeit keine hinreichende Fürsorge. Deshalb bleiben ihnen „die auf gesetzlichen Bestimmungen beruhenden Ansprüche auf Ersatz des in Folge eines Unfalls erlittenen Schadens für die Dauer der ersten 13 Wochen nach dem Unfalle vorbehalten" (§§. 10, 11, 45 B.U.G.).

²) Anspruch auf Rente nicht haben. Diese Worte sind durch die Novelle 1900 hinzugesetzt, um eine Klarstellung herbeizuführen. Der §. 135 bringt den Gedanken zur Geltung, daß neben den aus der Unfallversicherung erwachsenden Entschädigungsansprüchen, abgesehen von dem Falle vorsätzlicher Herbeiführung des Unfalls, gegen den Unternehmer Schadensersatzansprüche der versicherten Personen und ihrer Hinterbliebenen nicht bestehen. Zu den letzteren gehören im Sinne des Unfallversicherungsgesetzes Wittwen, Kinder und Aszendenten, darunter auch solche, die im Einzelfalle eine Entschädigung nicht erhalten, z. B. Aszendenten, die nicht bedürftig sind, oder zu denen der Verstorbene nicht im Verhältnisse des einzigen Ernährers gestanden hat. Auch solchen Aszendenten kann ein Entschädigungsanspruch nur innerhalb der im §. 135 gezogenen Grenze gegenüber dem Unternehmer zugesprochen werden, weil die nach dem Unfallversicherungsgesetze rentenberechtigten Kategorien von Personen den in vielen Beziehungen weitergehenden Anspruch gegen die Berufsgenossenschaft als Ersatz für den von zahlreichen Vorbedingungen abhängigen und schwer durchzuführenden, wenn auch im Einzelfall unter Umständen höheren Anspruch gegen den Betriebsunternehmer erhalten haben (Mot. 1900 S. 118).

³) in Folge eines Unfalls, d. h. wenn derselbe nach Eintritt der Wirksamkeit des Unfallversicherungsgesetzes sich ereignet hat.

⁴) Schadens, d. h. des im Einzelfall erlittenen vollen, nach den Vorschriften des bürgerlichen Rechts zu bemessenden Schadens, auf welchen dann dasjenige, was aus der Unfallversicherung erlangt ist, angerechnet wird.

Nach §. 231 Str.G.B. „kann in allen Fällen der Körperverletzung auf Verlangen des Verletzten neben der Strafe auf eine an denselben zu erlegende Buße bis zum Betrage von 6000 Mark erkannt werden. Eine erkannte Buße schließt die Geltendmachung eines weiteren Entschädigungsanspruches aus." Das Recht auf Unfallfürsorge als einer aus öffentlich-rechtlichen Gründen von Genossenschaften, nicht von dem schuldigen Unternehmer 2c., gewährten Versorgung kann nicht als Entschädigungsanspruch im Sinne des Strafgesetzbuches gelten, da der letztere nur gegen denjenigen gewährt sein kann, der für den Unfall verantwortlich ist, und da die Buße nur ein pauschalirtes Aequivalent für diesen Entschädigungsanspruch ist, um die schwierige Begründung desselben entbehrlich zu machen. Die Unfallentschädigung als solche wird also dadurch nicht verwirkt, daß ein Verletzter von demjenigen, der für den Unfall kriminell haftbar gemacht ist, eine Buße beansprucht und zugesprochen erhält. Wohl aber wird durch letzteres derjenige Schadenanspruch verwirkt, den ein Verletzter auf Grund des §. 135 noch gegen den schuldigen Unternehmer auf das Mehr erheben kann. Es kann also außer der Unfallrente 2c. nur entweder die Buße nach §. 231 Str.G.B. oder die höhere Entschädigung nach §. 135 Abs. 2 dieses Gesetzes bezogen und dem Unternehmer 2c. auferlegt werden.

⁵) den. Die Fassung des U.V.G. (1884) „nur gegen diejenigen Be-

triebsunternehmer ꝛc. geltend machen" hatte zu Zweifeln Anlaß gegeben, ob die Unternehmer versicherungspflichtiger Betriebe gegen alle Haftpflichtansprüche versicherter Personen nach Maßgabe des §. 135 geschützt seien. In Uebereinstimmung mit derjenigen Auslegung, welche das Reichsgericht in seinem Urtheile vom 7. März 1889 (Entscheidungen in Zivilsachen Bd. 23 S. 51) als zutreffend bezeichnet hat, läßt die obige neue Fassung Ansprüche der Versicherten gegen solche Personen, welche nicht ihre Arbeitgeber oder Beauftragte der letzteren sind, unberührt; er regelt ausschließlich die Verhältnisse zwischen dem Versicherten und seinem Arbeitgeber, dessen Bevollmächtigten, Repräsentanten, Betriebs- oder Arbeitsaufsehern. (Mot. 1900 S. 117.)

6) nur. Wer auf Grund des Gewerbe-Unfallversicherungsgesetzes gegen Unfall versichert ist und auf Grund dessen von der zuständigen Genossenschaft (bez. Reich, Staat) die gesetzliche Entschädigung erhält, ist mit allen anderen Ansprüchen an den Unternehmer und die Beamten des betr. Betriebes abgefunden, soweit nicht §. 135 weitere Forderungen zuläßt. Der Unternehmer ist insoweit gesetzlich befreit, ohne Rücksicht darauf ob er seine Pflichten der B.G. gegenüber erfüllt hat, oder nicht (A.N. 1892 S. 257 auch „Arbeiterversorgung" 1891 S. 643); das Gleiche gilt für die Bevollmächtigten, Repräsentanten ꝛc. (A.N. 1885 S. 123). — Auch eine Buße (vgl. Anm. 4 Abs. 2) kann von dem Unternehmer, der wegen fahrlässiger Körperverletzung angeklagt ist, nicht gefordert werden (Entsch. d. Reichs-Gerichts v. 20. November 1893, H.B. 422). Entschädigungsansprüche gegen Dritte, d. h. andere Personen als die Unternehmer und Beamten desjenigen Betriebes, in dessen Dienst der Unfall erlitten ist, bleiben nach Maßgabe des §. 140 unberührt.

Der Monteur einer Maschinenfabrik, welcher behufs Aufstellung einer Maschine dienstlich eine Eisenbahnfahrt macht und dabei verunglückt, hat seinen Entschädigungsanspruch gegen die Berufsgenossenschaft, zu welcher der Betrieb, in deren Dienst er den Unfall erlitten hat, gehört, außerdem aber gegen die Eisenbahnverwaltung, deren Passagier er war, denn diese ist für ihn ein Dritter. Bezüglich dieser Ansprüche ist das Haftpflichtgesetz nicht aufgehoben, vgl. Anm. 1; der Anspruch besteht also weiter, geht aber auf die Berufsgenossenschaft über, soweit er bereits von dieser befriedigt ist. In §. 10 des Unfallfürsorgegesetzes für Reichsbeamte v. 15. März 1886 (R.G.Bl. S. 53) in der Fassung des Gesetzes vom 18. Juni 1901 — siehe Anhang — ist dies klar zum Ausdruck gekommen; nach dieser Bestimmung hat z. B. ein Postbeamter, welcher in einem ambulanten Postbureau auf einer (Privat-)Eisenbahn verunglückt, den Entschädigungsanspruch gegen die Postverwaltung, in deren Dienst er verunglückt war, außerdem aber gegen die Eisenbahnverwaltung als Dritten, und dieser letztere Anspruch soll unbeschadet der Bestimmungen des Art. 8 des Eisenbahn-Postgesetzes vom 10. Dezember 1875 (R.G.Bl. S. 318) auf die Postverwaltung übergehen (vgl. A.N. 1892 S. 311, 312).

Die Geltendmachung der Ansprüche hat vor den ordentlichen Gerichten zu erfolgen, die indessen hinsichtlich der Frage, ob ein Unfall vorliegt, für welchen aus der Unfallversicherung Entschädigung zu leisten ist, und in welchem Umfang Entschädigung zu leisten ist, nach §. 135 Abs. 3 gebunden sind.

[7]) strafgerichtlich, cf. Anm. 1 und §. 139.

[8]) vorsätzlich. Ueber den Begriff der Vorsätzlichkeit in strafrechtlicher Beziehung vgl. Olshausen, Str.G.B. Anm. 16 zu §. 59. Vorsatz bedeutet den Willen, eine Handlung zu begehen, und zwar muß der Wille sich darauf richten, das ins Auge gefaßte konkrete Objekt zu treffen, oder der Thäter muß bei der gewollten Handlung sich wenigstens dessen bewußt gewesen sein, das seine Handlung das konkrete Objekt treffen werde.

[9]) auf den Betrag. „In welcher Weise in den Fällen des §. 135 die den Beschädigten zustehende Entschädigung festgestellt werden soll, ob als Rente oder als Kapitalzahlung, hängt von dem Klageantrage und dem richterlichen Ermessen ab" (Mot. 1884 S. 83), cf. §. 136 Abs. 3.

[10]) bindend. Die Frage, ob ein nach dem G.U.V.G. entschädigungspflichtiger Betriebsunfall vorliege, kann vor den ordentlichen Gerichten zur Sprache kommen, wenn ein auf Schadenersatz verklagter Betriebsunternehmer, Bevollmächtigter oder Repräsentant, Betriebs- oder Arbeiteraufseher seine persönliche Ersatzpflicht mit der Begründung in Abrede stellt, daß ein von der Genossenschaft zu entschädigender Betriebsunfall vorliege. Wenn die Entscheidung auch über diesen Punkt dem ordentlichen Gericht überlassen bleibt, so kann es sich ereignen, daß Verletzte bei verschiedener Beurtheilung der Frage durch die Gerichte einerseits und die Genossenschaft, das Schiedsgericht und das Versicherungsamt andererseits ungerechtfertigterweise entweder keine oder eine doppelte Entschädigung erstreiten. Diesem Mißstande soll die Zusatzbestimmung im Abs. 3 entgegentreten. Durch dieselbe ist vorgeschrieben, daß die Entscheidung, welche in dem durch dieses Gesetz geordneten Verfahren über die Frage ergeht, ob ein Unfall vorliege, für welchen Entschädigung aus der Unfallversicherung zu leisten, und in welchem Umfang Entschädigung zu gewähren sei, für die ordentlichen Gerichte bindend sein soll. Wenn in einem anhängigen Rechtsstreite, bevor eine solche Entscheidung ergangen ist, ein begründeter Zweifel über die in Rede stehende Frage hervortritt, so sind die ordentlichen Gerichte nach §. 148 der Zivilprozeßordnung in der Lage, die Verhandlung bis dahin, daß die Entscheidung erfolgt ist, auszusetzen und dadurch der Gefahr einer verschiedenartigen Beurtheilung vorzubeugen (Mot. 1900 S. 118).

Die Bestimmung Abs. 3 ist nicht materieller Natur, sondern eine prozessuale Vorschrift, welche sofort in jedem schwebenden Verfahren auch über Ansprüche aus Unfällen, die sich vor der Novelle (1900) ereignet haben, Anwendung findet.

§. 136.

[1])Diejenigen Betriebsunternehmer, Bevollmächtigten oder Re- 1.
präsentanten, Betriebs- oder Arbeiteraufseher,[2]) gegen welche durch strafgerichtliches Urtheil festgestellt worden ist, daß sie den Unfall vorsätzlich oder durch Fahrlässigkeit[3]) mit Außerachtlassung derjenigen Aufmerksamkeit, zu der sie vermöge ihres Amtes, Berufs oder Ge-

werbes besonders verpflichtet sind,[4]) herbeigeführt haben, haften[5]) für alle Aufwendungen, welche in Folge des Unfalls auf Grund dieses Gesetzes oder des Krankenversicherungsgesetzes von den Gemeinden, Armenverbänden, Krankenkassen[6]) und sonstigen Unterstützungskassen (§. 25 Abs. 1) gemacht worden sind. Dieselben Personen haften der Genossenschaft[7]) für deren Aufwendungen auch ohne Feststellung durch strafgerichtliches Urtheil.[8]) Ist der Unfall durch Fahrlässigkeit mit Außerachtlassung derjenigen Aufmerksamkeit, zu der sie vermöge ihres Amtes, Berufs oder Gewerbes verpflichtet sind, herbeigeführt, so ist die Genossenschaftsversammlung befugt,[9]) von der Verfolgung des Anspruchs abzusehen. Durch das Statut kann diese Befugniß auf den Vorstand übertragen werden.

2 In gleicher Weise haftet als Betriebsunternehmer[10]) eine Aktiengesellschaft, eine Innung oder eingetragene Genossenschaft für die durch ein Mitglied ihres Vorstandes sowie eine Handelsgesellschaft, eine Innung oder eingetragene Genossenschaft für die durch einen der Liquidatoren herbeigeführten Unfälle.

3. Als Ersatz für die Rente kann in diesen Fällen deren Kapitalwerth[11]) gefordert werden.

§. 96 Abs. 1—3 U.V.G.; §. 96 Abs. 1—3 Entw.; §. 96 Ges. 1900.

Zu §. 136.

1) Vgl. die Anm. zu §. 135. Während §. 135 das Verhältniß des Unternehmers und seiner Beamten zu dem Verletzten regelt, ordnet §. 136 das Verhältniß des Unternehmers und seiner Beamten zu den Berufsgenossenschaften und Krankenkassen rc., Gemeinden und Armenverbänden.

2) Arbeiteraufseher rc. Ueber das Verhältniß der in §. 136 geordneten Regreßpflicht der Betriebsbeamten zu ihrer bisherigen Verantwortlichkeit und darüber, daß die vorliegenden Bestimmungen die Betriebsbeamten wesentlich günstiger stellen, vgl. A.N. 1885 S. 123. — Es handelt sich ausschließlich um die Aufseher rc. desjenigen Unternehmers, dessen Arbeiter verunglückt ist, Entsch. d. R.Ger. Bd. 27 S. 136.

3) Fahrlässigkeit. Ueber den strafrechtlichen Begriff der Fahrlässigkeit vgl. Olshausen, Kommentar zum Strafgesetzbuch, Anm. 17 zu §. 59. Es kommt auf die demnächst eingetretene für den Thatbestand wesentliche Folge, insbesondere darauf an, ob nach dem Maß von Aufmerksamkeit, welches der Unternehmer rc. kraft seines Amts, Berufs oder Erwerbes anzuwenden verpflichtet war, die Möglichkeit der demnächst eingetretenen Folge eine so nahe liegende war, daß er sie hätte berücksichtigen und demgemäß sein Thun und Lassen hätte einrichten müssen. Nach der in den Kommissionsverhandlungen

hervorgetretenen Meinung wird eine strafrechtliche Verfolgung bezw. Verurtheilung auf Grund der in §. 136 bezeichneten Voraussetzungen weit seltener eintreten, als eine zivilrechtliche Inanspruchnahme wegen „groben Verschuldens". Die Unternehmer sind also jetzt günstiger gestellt, als wenn man sie für das zivilrechtliche grobe Verschulden haftbar machen wollte (Komm.-Ber. 1884 S. 58). Immerhin enthält die Bestimmung einen wesentlichen Antrieb zur Verhütung von Unfällen und ergänzt die anderen hierauf abzielenden Vorschriften des Gesetzes in zweckentsprechender Weise. — Die Fahrlässigkeit muß nicht nur als begleitender Umstand, sondern als Ursache des Unfalls durch das Strafurtheil festgestellt sein (A.N. 1887 S. 352). Eine polizeiliche Bestrafung wegen Nichtanbringung einer Schutzvorrichtung genügt nicht, um §. 96 anwendbar zu machen. (A.N. 1895 S. 222.) Wenn aber ein Strafurtheil vorliegt, so hat der über den Ersatzanspruch erkennende Richter weder über die Schuldfrage nochmals selbständig zu entscheiden, noch darf er wegen mitwirkender Fahrlässigkeit des Verletzten die Klage der Gemeinde, des Armenverbandes oder der Krankenkasse zurückweisen (Entsch. des Reichs-Gerichts vom 9. April 1894, A.N. 1894 S. 336).

4) besonders verpflichtet sind. Der Begriff ist den §§. 222, 230 Str.G.B. entnommen.

5) haften, 2c. im Wege des Zivilprozesses (vgl. Anm. 1 zu §. 135), zu dessen Einleitung die Vorstände im Allgemeinen verpflichtet sind. Vgl. Anm. 9 zu Satz 3, welcher ausschließlich für die B.Gen. gilt.

6) Krankenkassen, einschließlich der Gemeindekrankenversicherung.

7) der Genossenschaft. Die aus den Verhandlungen der Reichstags-Kommission (1900) hervorgegangenen besonderen Bestimmungen über das Regreßrecht der Berufsgenossenschaft gingen von dem Verlangen aus, den Anspruch der B.G. von einer strafgerichtlichen Verurtheilung des Unternehmers 2c. wegen vorsätzlicher oder fahrlässiger Herbeiführung des Unfalls unabhängig zu machen. Im Sinne der Antragsteller sollten hierdurch die Unternehmer 2c. insofern günstiger gestellt werden, als einmal die vermeintliche Verpflichtung der Vorstände wegfallen sollte, zur Vorbereitung der ihnen obliegenden Geltendmachung aller begründeten Regreßforderungen die strafrechtliche Verfolgung von Genossenschafsmitgliedern durch Anzeigen bei der Staatsanwaltschaft zu veranlassen, sodann aber die Zwangslage für die Vorstände beseitigt werden sollte, entweder nach eingetretener strafgerichtlicher Verurtheilung vollen Ersatz zu verlangen oder von jeder Ersatzforderung abzusehen. Man wünschte den Vorstand in die Lage zu versetzen, sich unter Umständen mit dem schuldigen Unternehmer über eine geringere Ersatzleistung unter Verzicht auf die strafgerichtliche Verfolgung zu verständigen. Obwohl die Regierungsvertreter geltend machten, daß eine Denunziationspflicht nicht bestehe, die Ersatzpflicht vielmehr erst beginne wenn auf dem anderweit geordneten Wege eine strafgerichtliche Verurtheilung herbeigeführt sei, wurde diese Verurtheilung als Voraussetzung für den Regreßanspruch der B.G. dennoch gestrichen und somit ein wesentlicher Schutz der Unternehmer 2c. gegen häufige Regreßansprüche der B.Gen. beseitigt. Hinsichtlich der gänzlichen oder theilweisen Abstandnahme von der Geltendmachung der Regreßansprüche wurde angenommen, es sei nicht zweifelhaft, daß die Genossenschaftsversammlung, als oberstes

Organ der Genossenschaft, beschließen könne, von der Geltendmachung eines der Genossenschaft zustehenden Regreßanspruches Abstand zu nehmen. Dagegen stehe den Vorständen ein solches Recht nicht zu, und man müsse Vorkehr dagegen treffen, daß auch thatsächlich die Entscheidung über die Abstandnahme nicht dem engeren Kreise der Vorstandsmitglieder überlassen bleibe; es sei nothwendig, in dieser Hinsicht privaten oder nichtsachlichen Einflüssen den Weg zu versperren; deshalb empfehle es sich, die Entschließung darüber, ob von der Verfolgung des Ersatzanspruches Abstand zu nehmen sei, nicht dem Vorstande zu überlassen, sondern darüber in öffentlicher Rede und Gegenrede in der genossenschaftlichen Versammlung die Entscheidung herbeizuführen (Komm.Ber. 1900 S. 143, 144).

Zur Durchführung der hiernach beabsichtigten Behandlung der Regreßansprüche dienen die Vorschriften des §. 137. Im Ganzen dürfte hiernach eine nicht unbeträchtliche Verschärfung der Regreßpflicht durch die Novelle 1900 eingetreten sein. Ihre endgültige Fassung haben die Bestimmungen erst im Plenum des Reichstags bei der dritten Berathung erhalten (Sten.Ber. vom 25. Mai 1900 S. 5779 C).

8) ohne Feststellung durch strafgerichtliches Urtheil. Voraussetzung der Regreßpflicht bleibt auch in diesen Fällen der Nachweis, daß der in Anspruch genommene Betriebsunternehmer 2c. den Unfall vorsätzlich oder durch Fahrlässigkeit mit Außerachtlassung derjenigen Aufmerksamkeit, zu der er vermöge seines Amtes, Berufs oder Gewerbes besonders verpflichtet ist, herbeigeführt hat (vgl. Anm. 7).

9) die Genossenschaftsversammlung (ist) befugt. Die Bestimmung berührt die Behandlung der Regreßansprüche wegen vorsätzlicher Herbeiführung von Unfällen überhaupt nicht, bezüglich dieser Ansprüche bewendet es somit bei der Regel, daß die Genossenschaftsversammlung als oberstes Organ der B.G. sich darüber schlüssig machen kann, ob von der Geltendmachung des Anspruchs (z. B. wegen Zahlungsunfähigkeit des Schuldigen) Abstand zu nehmen sei; der Vorstand hat keine Befugniß zu solchem Verzicht, und der Schuldige hat kein Anrecht darauf, daß vor Anstellung des Prozesses eine Beschlußfassung der Genossenschaftsversammlung erfolge. Gegenüber fahrlässiger Herbeiführung des Unfalls stellt der obige Satz aus Anlaß von Zweifeln, die in der Kommission hervorgetreten waren, fest, daß, sofern nicht das Statut etwas anderes vorsieht, nicht der Genossenschaftsvorstand, wohl aber die Genossenschaftsversammlung befugt ist, von der Verfolgung des Anspruchs abzusehen. Diese gesetzliche Feststellung hat überdies Bedeutung als Grundlage für die im §. 137 enthaltene Vorschrift über das in solchen Fällen einzuschlagende Verfahren. — In gleichem Sinne hatte übrigens schon früher das R.V.A. entschieden (A.N. 1887 S. 352, 1895 S. 264), indem es von der Pflicht der Vorstände zur getreuen Geschäftsverwaltung (§. 45) ausging.

10) als Betriebsunternehmer. „Wenn der §. 136 ferner vorschreibt, daß eine Aktiengesellschaft 2c. für die durch ein Mitglied des Vorstandes, und eine Handelsgesellschaft 2c. für die durch einen der Liquidatoren herbeigeführten Unfälle als Betriebsunternehmer 2c. der Genossenschaft gegenüber haftet, so hat diese Bestimmung neben der Vorschrift, daß auch die Be-

vollmächtigten, Repräsentanten 2c., zu denen jene Vorstandsmitglieder und Liquidatoren gleichfalls gehören, persönlich haftbar sind, noch die besondere Bedeutung, daß die Genossenschaften oder Krankenkassen sich wegen der durch die genannten Vorstandsmitglieder 2c. herbeigeführten Unfälle auch direkt an die Aktiengesellschaft 2c. halten können und nicht erst die Vorstandsmitglieder und Liquidatoren persönlich zu belangen brauchen. Ob die in dieser Weise in Anspruch genommene Aktiengesellschaft 2c. gegen das Vorstandsmitglied 2c. Regreß nehmen kann, richtet sich nach dem geltenden allgemeinen Rechte" (Mot. 1884 S. 83 zu §. 93 des Entwurfs).

[11]) Kapitalwerth. Vgl. Anm. 9 zu §. 135. Hier „schreibt der Entwurf ausdrücklich vor, daß die Erlegung des Kapitalwerthes an Stelle der Rente gefordert werden könne, damit die Erfüllung der Verpflichtung sich nicht durch eine längere Reihe von Jahren hindurchzieht (Mot. 1884 S. 83). Ueber die Berechnung des Kapitalwerths vgl. A.N. 1894 S. 141, die Entscheidung steht jedoch dem Gerichte zu.

§. 137.

Will der Vorstand den Ersatzanspruch aus §. 136 Abs. 1 Satz 3[1]) geltend machen,[2]) so hat er den Beschluß[3]) dem Ersatzpflichtigen schriftlich mitzutheilen.[4]) Der Ersatzpflichtige kann hiergegen die Beschlußfassung der Genossenschaftsversammlung[5]) anrufen. 1.

Die Klage darf nicht vor Ablauf eines Monats nach der Zustellung dieser Mittheilung und nur dann angestellt werden,[6]) wenn nicht innerhalb dieser Frist die Beschlußfassung seitens des Ersatzpflichtigen angerufen ist.[7]) Ist letzteres der Fall, so ist die Beschlußfassung der Genossenschaftsversammlung abzuwarten. 2.

§. 96a Ges. 1900.

Zu §. 137.

[1]) Ersatzanspruch aus §. 136 Abs. 1 Satz 3, d. h. will der Vorstand gegen einen Unternehmer 2c., der durch Fahrlässigkeit mit Außerachtlassung derjenigen Aufmerksamkeit, zu der er vermöge seines Amtes, Berufs oder Gewerbes verpflichtet ist, mit der Klage auf Ersatz für die Aufwendungen der B.G. vorgehen (Sten.Ber. v. 26. Mai 1900 S. 5805B). Einer vorausgehenden strafgerichtlichen Verurtheilung des Unternehmers 2c. bedarf es nicht (vgl. Anm. 7 zu §. 136).

[2]) Will der Vorstand . . . geltend machen. Hält der Vorstand den Fall dazu angethan, von der Geltendmachung des Anspruchs ganz oder theilweise abzusehen (z. B. weil bei der Vermögenslage des Ersatzpflichtigen durch den Prozeß nur erfolglos Kosten entstehen würden, oder weil durch die Durchführung ein wirthschaftlicher Zusammenbruch des Ersatzpflichtigen herbeigeführt werden würde und sein Verschulden nicht schwer genug erscheint, um so weitgehende Folge daran zu knüpfen 2c.), so darf er dies nicht stillschweigend und eigenmächtig thun, sondern er hat in allen solchen Fällen die

Entscheidung der Genossenschaftsversammlung nachzusuchen (§. 136 Abs. 1 Satz 3) und zwar so, daß diese Entschließung vor Ablauf der zweijährigen Frist nach dem Unfalle (§. 138) erfolgt sein muß.

[3]) den Beschluß. Es ist ein förmlicher Beschluß des Vorstandes der B.G. zu fassen.

[4]) schriftlich mitzutheilen. Mit dem Empfang der Mittheilung beginnt nach Abs. 2 die Frist zur Anrufung des Beschlusses der Genossenschaftsversammlung für den Ersatzpflichtigen, die Mittheilung ist daher gemäß §. 155 förmlich zuzustellen.

[5]) der Genossenschaftsversammlung, welcher allein die Befugniß zusteht, von der Geltendmachung des Anspruchs ganz oder theilweise abzusehen (§. 136 Abs. 1 Satz 3 sowie Anm. 7, 9 zu §. 136).

[6]) darf . . nur . . angestellt werden. Dem Ersatzpflichtigen soll eine angemessene Frist gelassen werden, um die Abstandnahme von der Geltendmachung des Anspruchs nachzusuchen, und inzwischen soll er nicht prozessual verfolgt werden.

[7]) angerufen ist. Die Anrufung der Genossenschaftsversammlung unterbricht die zweijährige Verjährungsfrist (§ 138).

§. 138.

1. Der Anspruch (§. 136 Abs. 1 Satz 1) verjährt in achtzehn Monaten[1]) von dem Tage, an welchem das strafgerichtliche Urtheil rechtskräftig geworden ist, im Uebrigen[2]) in zwei Jahren nach dem Unfalle. Die Anrufung der Beschlußfassung der Genossenschaftsversammlung (§. 137 Abs. 1) unterbricht die Verjährung.

2. Die Bestimmung des §. 135 Abs. 3 findet Anwendung.[3])

§. 96 Abs. 4 U.B.G.; §. 96 Abs. 4 Entw.; §. 96b Ges. 1900.

Zu §. 138.

[1]) verjährt in achtzehn Monaten. Es handelt sich hier um die erst nach strafgerichtlicher Verurtheilung des Betriebsunternehmers &c. verfolgbaren Ansprüche der Gemeinden, Armenverbände, Krankenkassen und sonstigen Unterstützungskassen; für diese Ansprüche ist die frühere Frist für die Anstellung der Klage beibehalten worden.

[2]) im Uebrigen, d. h. für die ohne vorgängige strafgerichtliche Verurtheilung verfolgbaren Regreßansprüche der B.Gen. wegen vorsätzlicher oder fahrlässiger Herbeiführung des Unfalls. Innerhalb der zwei Jahre würde der Vorstand zur Vermeidung eigener Vertretung der Folgen seiner Versäumniß entweder seinerseits bei der Genossenschaftsversammlung einen Beschluß auf Abstandnahme von der Geltendmachung des Regreßanspruchs zu beantragen oder dem Schuldigen seinen Beschluß, den Anspruch geltend zu machen, gemäß §. 137 mitzutheilen haben.

[3]) Bei der erst in dritter Berathung im Plenum des Reichstags (Sten.Ber. vom 25. Mai 1900 S. 5779; Komm.Ber. 1900 S. 146) erfolgten Zerlegung des §. 96 des Entwurfs in drei Paragraphen (136—138) ist

Abs. 2 von der Bestimmung des §. 136 Abs. 1, zu welcher er gehört, weit getrennt worden. Die Bedeutung des Abs. 2 ist, daß der ordentliche Richter im Regreßprozesse nicht zu prüfen hat, ob die Aufwendungen der B.G., Krankenkasse 2c. „auf Grund" des K.V.G. oder des G.U.V.G. gemacht sind, sondern in dieser Hinsicht an die Entscheidungen gebunden ist, welche in dem durch dieses Gesetz geordneten Verfahren ergangen sind. Vgl. Anm. 10 zu §. 135.

§. 139.

Die in den §§. 135, 136 bezeichneten Ansprüche können, auch ohne daß die daselbst vorgesehene Feststellung durch strafgerichtliches Urtheil[1]) stattgefunden hat, geltend gemacht werden, falls diese Feststellung wegen des Todes oder der Abwesenheit des Betreffenden oder aus einem anderen in seiner Person liegenden Grunde nicht erfolgen kann.

§. 97 U.V.G.; §. 97 Entw.; §. 97 Ges. 1900.

Zu §. 139.

[1]) ohne Feststellung durch strafgerichtliches Urtheil können auch die Regreßansprüche der B.Gen. in allen Fällen geltend gemacht werden, §. 136 Abs. 1 Satz 2.

Haftung Dritter.

§. 140.

Die Haftung dritter,[1]) in den §§. 135, 136 nicht bezeichneter Personen[2]) bestimmt sich nach den sonstigen gesetzlichen Vorschriften. Insoweit den nach Maßgabe dieses Gesetzes entschädigungsberechtigten Personen ein gesetzlicher Anspruch auf Ersatz des ihnen durch den Unfall entstandenen Schadens gegen Dritte erwachsen ist, geht dieser Anspruch auf die Berufsgenossenschaft im Umfang ihrer durch dieses Gesetz begründete Entschädigungspflicht über.[3])

§. 98 U.V.G.; §. 98 Entw.; §. 98 Ges. 1900.

Zu §. 140.

[1]) dritter, vgl. Anm. 6 zu §. 135.

[2]) Personen. Nach der Fassung des U.V.G. (1884) sollte die Haftung dritter, in den §§. 135, 136 nicht bezeichneter Personen (also anderer Personen als Betriebsunternehmer, Bevollmächtigte oder Repräsentanten, Betriebs- oder Arbeitsaufseher) aufrecht erhalten bleiben, wenn sie „den Unfall vorsätzlich herbeigeführt oder durch Verschulden verursacht haben". Dieser Hinweis auf vorsätzliche oder schuldbare Herbeiführung ist mit Recht nicht als eine erschöpfende Aufzählung aller derjenigen Fälle, in denen anderweite Entschädigungsansprüche gegeben sein können, sondern nur als eine Hervorhebung der wichtigsten Beispiele angesehen worden. Unter diesen Umständen

ist aber der Zusatz entbehrlich und sogar im Hinblick auf §. 1 des Haftpflichtgesetzes irreführend. Die Grundsätze der öffentlich-rechtlichen Unfallversicherung treten bei Streichung dieses Zusatzes klarer hervor. Durch die Entschädigung nach dem Gewerbe-Unfallversicherungsgesetze sind der Verletzte und dessen Hinterbliebene mit allen Ansprüchen an den Unternehmer und die Beamten des betreffenden Betriebs abgefunden, soweit nicht §. 135 weitere Forderungen zuläßt. Entschädigungsansprüche gegen Dritte, d. h. gegen andere Personen, als die eben bezeichneten, bleiben in allen Fällen, soweit sie nach den Vorschriften des bürgerlichen Rechtes überhaupt begründet werden können, unverändert bestehen, nur mit der Maßgabe, daß der Anspruch auf die Berufsgenossenschaft übergeht (Mot. 1900 S. 119), soweit die letztere nach diesem Gesetz zur Entschädigung verpflichtet ist (Komm. Ber. 1900 S. 147).

3) geht über. Der Uebergang der Forderung gegen den Dritten findet sofort mit ihrer Entstehung statt. Inwieweit von demjenigen, auf den kraft gesetzlicher Vorschrift eine Forderung übergeht, Rechtsgeschäfte des ursprünglichen Forderungsinhabers anzuerkennen sind (z. B. Vergleiche zwischen dem Verletzten und dem entschädigungspflichtigen Dritten) richtet sich nach den darüber im B.G.B. enthaltenen Vorschriften, s. Komm.Ber. 1900 S. 147. Grund und Umfang der Entschädigungspflicht unterliegen in diesen Fällen der richterlichen Prüfung. Die von der B.G. oder gegen sie getroffene Rentenfestsetzung ist für die Ersatzverpflichtung des Dritten nicht maßgebend, sondern bildet nur die Grenze bis zu welcher die Ersatzpflicht ausgesprochen werden kann.

Verbot vertragsmäßiger Beschränkungen.

§. 141.

1. Den Berufsgenossenschaften sowie den Betriebsunternehmern und ihren Angestellten ist untersagt,1) durch Uebereinkunft oder mittelst Arbeitsordnungen die Anwendung der Bestimmungen dieses Gesetzes zum Nachtheile der Versicherten ganz oder theilweise auszuschließen2) oder die Versicherten in der Uebernahme oder Ausübung eines in Gemäßheit dieses Gesetzes ihnen übertragenen Ehrenamts zu beschränken. Vertragsbestimmungen, welche diesem Verbote zuwiderlaufen, haben keine rechtliche Wirkung.3)

2. Betriebsunternehmer oder Angestellte, welche gegen die vorstehende Bestimmung verstoßen, werden, sofern nicht nach anderen gesetzlichen Vorschriften eine härtere Strafe eintritt, mit Geldstrafe bis zu dreihundert Mark oder mit Haft bestraft.4)

3. Die gleiche Strafe trifft Betriebsunternehmer oder Angestellte, welche Beiträge zur Unfallversicherung den Versicherten ganz oder theilweise auf den Lohn in An-

rechnung bringen oder eine solche Anrechnung wissentlich bewirken.

§. 99 U.V.G.; §. 99 Entw.; §. 99 Ges. 1900.

Zu §. 141.

¹) ist untersagt. „Die hier gegebene Vorschrift verhütet, daß die Genossenschaften oder die Betriebsunternehmer die ihnen durch das Gesetz auferlegten Verpflichtungen den Versicherten aufbürden" (Mot. 1884 S. 83). Die Vorschriften des Gesetzes haben mithin nicht einen dispositiven, der Abänderung durch den Willen der Betheiligten fähigen, sondern einen absoluten, prohibitiven Charakter derart, daß jedes Paktiren gegen die wesentlichen Bestimmungen des Gesetzes rechtlich wirkungslos ist. Der Grund für diese Bestimmung liegt in der Nothwendigkeit, Fürsorge zu treffen, daß das Gesetz auch wirklich seinen Zweck, den Arbeitern auskömmliche Entschädigung im Fall von Betriebsunfällen zu gewähren, erreicht.

²) auszuschließen, nicht nur im voraus, sondern auch nachträglich. Einen Vergleich über die Höhe der Rente, welcher etwa vor dem Schiedsgericht geschlossen wird, läßt das R.V.A. zu; bei einem Verzicht auf die Rente soll geprüft werden, ob darin eine Abmachung zum Nachtheil des Versicherten zu erkennen ist. Ist die Rente bereits festgestellt, so soll die auf einen Verzicht gegründete Einstellung durch berufungsfähigen Bescheid erfolgen (A.N. 1896 S. 241; 1897 S. 466, 468).

³) keine rechtliche Wirkung.

Die hier aufgeführten Vertragsbestimmungen sind also „nichtig", existiren juristisch nicht, und zwar von Anfang an; es kann auf dieselben keine Klage gestützt, keine Einrede aus denselben hergeleitet, kein Nebengeschäft (Bürgschaft, Pfand) auf dieselben basirt werden. Die Nichtigkeit kann nicht geheilt werden; wird ein derart nichtiges Geschäft erfüllt, so ergiebt das nur einen faktischen Zustand ohne rechtliche Bedeutung, ein Geben und Empfangen ohne Rechtsgrund; was auf Grund solcher Geschäfte gegeben ist, kann zurückgefordert werden.

⁴) bestraft. Neben der Ungültigkeit bezüglicher Abmachungen ist behufs Verschärfung der Abwehr eine Strafvorschrift aufgenommen, wie sie sich ähnlich im §. 82 K.V.G. findet; vgl. auch §. 180 J.V.G. — Die Bestrafung erfolgt im ordentlichen Strafprozeßverfahren durch die Gerichte.

Unbehinderte Ausübung der Funktionen.

§. 142.

¹)Die Vertreter der Arbeiter (§§. 113 bis 115) und die Schiedsgerichtsbeisitzer aus der Klasse der Versicherten (Gesetz, betreffend die Abänderung der Unfallversicherungsgesetze, §§. 4, 5, 7) haben in jedem Falle, in welchem sie zur Wahrnehmung ihrer Obliegenheiten berufen werden, die Arbeitgeber hiervon in Kenntniß zu setzen.²) Die Nichtleistung der Arbeit während der Zeit, in welcher die be-

zeichneten Personen durch die Wahrnehmung jener Obliegenheiten an der Arbeit verhindert sind, berechtigt den Arbeitgeber nicht, das Arbeitsverhältniß vor dem Ablaufe der vertragsmäßigen Dauer aufzuheben.

§. 99a Entw. §. 99a Ges. 1900.

Zu §. 142.

[1]) Die Bestimmung stimmt mit §. 97 J.V.G. überein.

[2]) haben . . in Kenntniß zu setzen. Welche Nachtheile den Arbeiter bei Unterlassung der Anzeige treffen, bestimmt das Gesetz nicht; eine solche Bestimmung kann durch die Arbeitsordnung getroffen werden.

Aeltere Versicherungsverträge.

§. 143.

Die Rechte und Pflichten aus Versicherungsverträgen,[1]) welche von Unternehmern der durch die Vorschriften des §. 1 Abs. 1 Ziffer 1, 2, 5, 7, §. 2 Abs. 2 der Versicherungspflicht erst unterstellten Betriebe, oder von den in diesen Betrieben beschäftigten versicherten Personen[2]) gegen die Folgen der in diesem Gesetze bezeichneten Unfälle vor dem Inkrafttreten desselben mit Versicherungsanstalten abgeschlossen sind, gehen von dem Zeitpunkt[3]) ab, zu welchem die Unfallversicherung für den betreffenden Betrieb in Kraft getreten ist oder in Kraft tritt, auf die Berufsgenossenschaft, welcher der Betrieb angehört, über, wenn die Versicherungsnehmer dieses bei dem Vorstande der Genossenschaft beantragen. Die der Genossenschaft hieraus erwachsenden Zahlungsverbindlichkeiten werden durch Umlage[4]) auf die Mitglieder (§§. 29, 32, 49) gedeckt.

§. 100 U.V.G.; §. 100 Entw.; §. 100 Ges. 1900.

Zu §. 143.

[1]) Versicherungsverträgen. Die Bestimmung wegen des Uebergangs älterer Versicherungsverträge auf die B.G. hat für die durch die Gesetze vom 6. Juli 1884 und 28. Oktober 1885 versicherungspflichtig gewordenen Betriebszweige die Bedeutung verloren, sie ist aber für die auf Grund des G.U.V.G. hinzutretenden Betriebszweige aufrecht erhalten (Mot. 1900 S. 120). „Um nicht Betriebsunternehmer, welche ihre Arbeiter bei bestehenden Unfallversicherungsanstalten versichert haben, zu nöthigen, nach Inkrafttreten dieses Gesetzes doppelte Versicherungsbeiträge zu zahlen, und um nicht Arbeiter, ... welche sich bereits vor Erlaß dieses Gesetzes gegen Unfälle versichert haben, nach dem Inslebentreten der berufsgenossenschaftlichen Versicherung zu zwingen, ihre Beiträge noch länger fortzuzahlen, muß den Unternehmern wie den Arbeitern die Möglichkeit geboten werden, sich

ihrer Verpflichtungen aus den Versicherungsverträgen zu entledigen, falls sie es nicht vorziehen, neben der Zwangsversicherung noch die bisherige Privatversicherung aufrecht zu erhalten. Da eine einfache Aufhebung dieser Verträge eine unbillige Schädigung der Versicherungsanstalten enthalten würde, sollen die ersteren zwar auch nach Inkrafttreten des Gesetzes erhalten bleiben; es soll aber den Versicherungsnehmern die Möglichkeit geboten werden, durch eine an den Vorstand ihrer Genossenschaft zu richtende Erklärung den Uebergang ihrer Rechte und Pflichten aus dem Versicherungsvertrage auf die Genossenschaft herbeizuführen (Mot. 1884 S. 83). Auf eine Anfrage wurde regierungsseitig erwidert, die zu Recht bestehenden Verträge blieben voll aufrecht erhalten, die Genossenschaften träten als Rechtsnachfolger in dieselben ein. Rechte der Arbeiter, welche auf den Verträgen beruhten, würden nicht geschmälert; eventuell verbliebe der Genossenschaft das Recht, den Vertrag zu kündigen, wenn die Verträge das Kündigungsrecht enthielten (Kom.Ber. 1884 S. 58).

Hieraus folgt: a) ältere Versicherungsverträge bleiben unberührt; b) trotz der Versicherung bei einer Privatgesellschaft fällt jeder Unternehmer, dessen Betrieb nach dem Gesetze versicherungspflichtig ist, von Gesetzes wegen unter die Unfallversicherung nach diesem Gesetze und wird kraft Gesetzes Mitglied der B.G. Vgl. A.N. 1885 S. 8.

Eine Beschränkung der Doppelversicherung, welche aus dem Nebeneinanderbestehen der Zwangsversicherung mit den nicht auf eine B.G. übertragenen Privatversicherungsverträgen sich ergeben kann, hat das Gesetz nicht vorgesehen. Solche Doppelversicherungen werden übrigens in irgend erheblichem Umfange höchstens in einer kurzen Uebergangszeit vorkommen.

Der Genossenschaft steht das Recht, die Uebernahme des Versicherungsvertrages abzulehnen, ebensowenig zu, wie den Privatversicherungsgesellschaften die Möglichkeit gegeben ist, einem derartigen Wechsel zu widersprechen (A.N. 1887 S. 19). Die Genossenschaften zahlen an die Privatgesellschaften die von ihren Rechtsvorgängern geschuldeten Beiträge und legen dieselben auf ihre Mitglieder um, erheben auch, falls ein Arbeiter verunglückt, die Versicherungssumme. Eine Kompensation der auf Grund des Privatversicherungsvertrages von der Gesellschaft gezahlten Entschädigung hält das R.V.A. dem Arbeiter gegenüber für unzulässig (A.N. 1887 S. 18).

Die Bestimmungen des §. 143 haben mehrfach zu Meinungsverschiedenheiten geführt und zu Bedenken Anlaß gegeben. Die Rechtsverhältnisse aus solchen Verträgen sowie aus dem Uebergang auf die B.G. unterliegen richterlicher Kognition. Das Reichsgericht hat am 22. Januar 1887 auf Grund der Motive entschieden, wie auf einfachen Antrag des Versicherungsnehmers die gesammten, nicht bloß die pekuniären Rechte und Pflichten aus dem Vertrage auf die Genossenschaft übergehen, und daß letztere nunmehr den Vertrag voll, auch rücksichtlich persönlicher Leistungen, erfüllen muß (vgl. A.N. 1887 S. 168). Nach einer Entscheidung des Oberlandesgerichts in München findet der §. 143 auch bei Gegenseitigkeitsgesellschaften, welche Nachschußzahlungen erheben und insbesondere gegen Haftpflichtfälle versichern, Anwendung.

[2]) versicherten Personen. Dazu gehören auch die vermöge statutarischer Bestimmung versicherten Betriebsbeamten ꝛc. (A.N. 1886 S. 5).

[3]) Zeitpunkt, welcher nach §. 25 Abs. 1 Ziffer 2 H.G. durch Kaiserliche Verordnung bestimmt wird.

[4]) Umlage. Bei den einer Berufsgenossenschaft nicht zugewiesenen fiskalischen Betrieben fällt natürlich die Umlage fort, da ja nur ein Betriebsunternehmer vorhanden ist.

Rechtshülfe.

§. 144.

1. Die öffentlichen Behörden[1]) sind verpflichtet[2]), den im Vollzuge dieses Gesetzes an sie ergehenden Ersuchen[3]) des Reichs-Versicherungsamts,[4]) der Landes-Versicherungsämter, der Schiedsgerichte, anderer öffentlicher Behörden sowie der Genossenschafts- und Sektionsvorstände[5]) zu entsprechen und den Organen der Berufsgenossenschaften auch unaufgefordert alle Mittheilungen zukommen zu lassen, welche für deren Geschäftsbetrieb von Wichtigkeit sind.[6]) Die gleiche Verpflichtung liegt den Organen der Genossenschaften gegen einander und gegenüber den Behörden sowie den Organen der Versicherungsanstalten für Invalidenversicherung und der Krankenkassen ob. Die Verpflichtung der Behörden erstreckt sich[7]) insbesondere auch auf die Vollstreckung rechtskräftiger Bescheide und Erkenntnisse.

2. Die durch die Erfüllung dieser Verpflichtungen entstehenden Kosten sind von den Genossenschaften[8]) als eigene Verwaltungskosten (§. 29) insoweit zu erstatten, als sie in Tagegeldern und Reisekosten sowie in Gebühren für Zeugen und Sachverständige oder in sonstigen baaren Auslagen[9]) bestehen.

§. 101 U.V.G.; §. 101 Entw.; §. 101 Ges. 1900.

Zu §. 144.

[1]) öffentliche Behörden, einschl. der Landes-Zentralbehörden. Inwieweit das Reichs-Versicherungsamt direkt, ohne Vermittelung des ihm vorgesetzten Reichsamtes des Innern, mit den Zentralbehörden der Bundesstaaten verkehren darf, ist Gegenstand dienstpragmatischer Regelung. Jedenfalls hat sich der direkte Verkehr auf „im Vollzuge dieses Gesetzes“ ergehende Ersuchen zu beschränken.

[2]) verpflichtet. „Wie die Postbehörden den Zwecken der Genossenschaften unentgeltlich zu dienen verpflichtet werden, so sollen auch die übrigen öffentlichen Behörden dazu mitwirken, daß die Genossenschaften die ihnen gestellte Aufgabe in möglichst befriedigender Weise lösen. Namentlich werden die Fabrikaufsichtsbeamten und die Polizeibehörden den Genossen-

schaften auch unaufgefordert manche Mittheilung zu machen in der Lage sein, welche für dieselben von wesentlichem Interesse sind.

Die Bedeutung der hier gegebenen Vorschriften wird sich namentlich bei der Untersuchung von Unfällen geltend machen. Vermag eine Genossenschaft (Sektion) für einzelne entlegene Betriebe ihre Mitwirkung bei der Untersuchung eines Unfalls ohne erheblichen Zeitverlust oder unverhältnißmäßige Kosten nicht eintreten zu lassen, so kann sie gemäß §. 144 die betreffenden Organe einer anderen Genossenschaft (Sektion) oder die Polizeibehörde, in deren Bezirk sich der Unfall ereignete, ersuchen, sie bei der Untersuchung zu vertreten.

Dasselbe gilt bei der Ermittelung der Verhältnisse eines Entschädigungsberechtigten, welcher in eine Gegend verzogen ist, wo die Genossenschaft nicht vertreten ist, wenn er behauptet, daß diese Verhältnisse sich geändert haben.

Wenn in diesen Fällen sich die betheiligte Genossenschaft auch bei dem Untersuchungs- bezw Ermittelungsverfahren durch die Organe einer anderen Genossenschaft bezw. durch Behörden vertreten läßt, so muß die Feststellung der Entschädigungen gemäß §§. 69 fg. doch durch die Organe der betheiligten Genossenschaft selbst erfolgen, gegen welche eventuell auch das schiedsgerichtliche Verfahren zur Durchführung zu gelangen hat" (Motive 1884 S. 84).

Die Frage, ob die B.Gen. berechtigt sind Zeugen oder Sachverständige eidlich vernehmen zu lassen, ist streitig. Während den Schiedsgerichten eine bezügliche Berechtigung (früher §. 50 des U.V.G. 1884) nach §. 106 Abs. 2 J.V.G. auch in Unfallversicherungssachen zusteht, fehlt es an einer entsprechenden Bestimmung für das Feststellungsverfahren der B.G. — Die B.G. selbst darf zweifellos eine Beeidigung nicht vornehmen. Die Gerichte haben es mehrfach abgelehnt, auf Ersuchen die eidliche Vernehmung zu bewirken und werden mangels einer gesetzlichen Grundlage schwerlich dazu angehalten werden können. In anderen Fällen haben Gerichte bezüglichen Ersuchen der B.Gen. entsprochen, oder es ist in solchen Staaten, in denen auch die Verwaltungsbehörden zu eidlichen Vernehmungen berechtigt sind, den B.Gen. gelungen, durch Hülfe dieser Behörden dem zuweilen empfundenen Bedürfnisse zu genügen und durch eidliche Bekräftigung der Aussagen eine sicherere Grundlage für die zu treffende Entschließung zu beschaffen. Nach Abschluß des Feststellungsverfahrens, wenn die Sache vor dem Schiedsgericht oder dem R.V.A. schwebt, hat die B.G. jedenfalls keine Befugniß, die von ihr etwa vorzuschlagenden Zeugen oder Sachverständigen vorweg ihrerseits eidlich vernehmen zu lassen (A.N. 1893 S. 170; 1896 S. 318).

Auch die Sektion der Leiche eines Verunglückten kann auf Grund des §. 144 bei der Polizeibehörde erwirkt werden, sofern nicht schon von Amtswegen in dieser Hinsicht das Erforderliche bei der Unfalluntersuchung veranlaßt wird (A.N. 1886 S. 291; 1890 S. 196; 1895 S. 196; 1896 S. 274). Wenn die Angehörigen die Herausgabe der Leiche eines Unfallverletzten behufs Leichenöffnung und Feststellung des ursächlichen Zusammenhangs zwischen Tod und Unfall verweigern, so steht dem Amtsgericht, welches um Vornahme der Leichenöffnung ersucht ist, kein Mittel zu Gebote, gegen den Willen der Angehörigen die Herausgabe der Leiche zu erzwingen. Die

Folgen ihrer Weigerung tragen die Angehörigen; wenn der Beweis des ursächlichen Zusammenhangs nicht auf andere Weise erbracht wird, so kann die B.G. zur Ablehnung der Hinterbliebenenrente gelangen.

Wegen gebührenfreier Abnahme des Offenbarungseides vgl. A.N. 1897 S. 277.

[3]) Ersuchen. Es handelt sich hierbei nur um die einer B.G. als öffentlichem Verbande zu gewährende Rechtshülfe, nicht um solche privatrechtlichen Ansprüche der B.G., welche dieselben als Parteien geltend machen (A.N. 1887 S. 138). — Hierher gehören auch Ersuchen der Schiedsgerichte und Versicherungsämter um Benennung von ärztlichen Obergutachtern, wofür in Preußen durch Vermittelung der Oberpräsidenten die Aerztekammern (A.N. 1895 S. 245) in Anspruch genommen werden können, in Bayern besondere für diesen Zweck eingesetzte Kollegien (A.N. 1895 S. 139). Den B.Gen. ist die Einholung von Aeußerungen der Aerztekammern nicht zugestanden.

[4]) Reichs-Versicherungsamt. „Von der allergrößten Bedeutung ist der Paragraph für das Reichs-Versicherungsamt selbst. Ohne die weitestgehende Unterstützung von Seiten der Landesbehörden kann das Reichs-Versicherungsamt, welchem eigene Organe nicht zur Verfügung stehen, seine Aufgabe nicht erfüllen“ (Motive 1884 S. 84). Vgl. Anm. 1. Im übrigen sind die Vorschriften über die Rechtshülfe nach dem Vorbilde des §. 172 J.V.G. vervollständigt. Um Zweifel auszuschließen, ist hinzugefügt, daß die Berufsgenossenschaften auch ihrerseits verpflichtet sind, den im Vollzuge des Gesetzes an sie ergehenden Ersuchen der Behörden zu entsprechen. Daß diese Verpflichtung als selbstverständliches Korrelat der Verpflichtung der Behörden zur Leistung der Rechtshülfe gegenüber den Berufsgenossenschaften besteht, ist vom Reichs-Versicherungsamte bereits vor der Novelle (1900) anerkannt (A.N. 1893 S. 196).

[5]) Vorstände. „Den etwa bestellten Vertrauensmännern ist das Requisitionsrecht den Behörden gegenüber nicht beigelegt. In der Regel werden die Behörden gewiß keinen Anstand nehmen, auch dem Ersuchen der Vertrauensmänner zu entsprechen; sollte dies nicht geschehen, so werden die Vertrauensmänner die Vermittelung ihrer Vorstände nachzusuchen haben“ (Motive 1884 S. 84).

[6]) von Wichtigkeit sind. Auf diese Vorschrift haben die B.Gen. das Verlangen gestützt, daß ihnen von jeder Eröffnung des Konkurses über das Vermögen eines ihrer Mitglieder besonders, neben der öffentlichen Bekanntmachung, Kenntniß gegeben werden möge. Einzelne Landesregierungen haben diesem Wunsche entsprochen, ein einheitliches Verfahren ist jedoch bisher nicht eingeführt (Komm.Ber. 1900 S. 149. Sten.Ber. vom 10. Mai 1900 S. 5415 C).

[7]) erstreckt sich. In den Verhandlungen der Reichstags-Kommission (1900) wurde auf eine Entscheidung des Kammergerichts vom 6. August 1896 Bezug genommen, wonach gegen B.Gen. als öffentlichrechtliche Korporationen nur gleiche Maßnahmen wie gegen Behörden zulässig sind; dem R.V.A. ständen jedoch derartige Zwangsmittel nicht zu Gebote, wenn eine B.G. in der Ausführung rechtskräftiger Urtheile säumig sei (Komm.Ber. 1900 S. 92).

Obwohl in den seltenen derartigen Fällen auf Beschwerde beim R.V.A. sofort Abhülfe geschaffen worden ist, und auf diesem Wege in der Regel schneller die beabsichtigte Wirkung erreicht werden kann, ist hier noch ein Weg gegeben, auf welchem durch Zwangsvollstreckung gegen B.Gen. die rechtskräftigen Ansprüche verwirklicht werden können (Komm.Ber. 1900 S. 149).

8) **den Genossenschaften**, d. h. von denjenigen, zu deren Gunsten die Auslagen erwachsen sind.

9) **baare Auslagen**, auch für Porto. **Frankirungszwang** besteht im Kgr. Sachsen laut V. v. 9. Juni 1888. Dieselbe ist abgedruckt A.N. 1888 S. 285. Gegenseitige Frankirung entspricht aber allgemein den Verhältnissen und ist in Preußen sowie in anderen Bundesstaaten für die unteren Verwaltungsbehörden allgemein angeordnet (H.B. S. 436). Das Recht, ihre unfrankirten Postsendungen durch den Vermerk: „portopflichtige Dienstsache" von dem Strafporto zu befreien, wird den Berufsgenossenschaften von der Reichspostverwaltung nicht zugestanden. — Dagegen genießen die B.Gen. für ihre Drucksachen eine Portoerleichterung (Postordnung vom 11. Juni 1892 §. 15, VII, Ziffer 14).

Auf Unfalluntersuchungsverhandlungen (§. 64) findet die Verpflichtung zur Kostenerstattung im Allg. keine Anwendung; ebensowenig auf die Fälle der §§. 56, 57. Im Allgemeinen kommt es darauf an, ob die ersuchte Behörde eine ihr durch das Gesetz auferlegte Verrichtung zur Ausführung der Unfallversicherungsgesetze ausübt, was ohne Erstattung von Auslagen zu geschehen hat, oder ob die Behörde erst auf Ersuchen in Thätigkeit tritt. Für Preußen vgl. Verf. des Justizministers (A.N. 1894 S. 2); vgl. auch A.N. 1890 S. 164; 1895 S. 222.

Gebühren- und Stempelfreiheit.

§. 145.

Alle zur Begründung und Abwicklung der Rechtsverhältnisse zwischen den Berufsgenossenschaften einerseits und den Versicherten andererseits erforderlichen schiedsgerichtlichen und außergerichtlichen Verhandlungen und Urkunden[1]) sind gebühren- und stempelfrei.[2]) Dasselbe gilt für die im §. 42 Abs. 3 bezeichneten Legitimationsbescheinigungen[3]) und für die behufs Vertretung von Berufsgenossen ausgestellten privatschriftlichen Vollmachten.[4])

§. 102 U.V.G.; §. 102 Entw.; §. 102 Ges. 1900.

Zu §. 145.

1) **Urkunden**, einschl. der zur Ermittelung der Hinterbliebenen Getödteter etwa erforderlichen pfarr- bezw. standesamtlichen Urkunden (A.N. 1886 S. 12) sowie der Stempelbogen für Physikatsatteste (A.N. 1886 S. 74). Arzthonorare, Gebühren der Rechtsanwälte und ähnliche Bezüge von Gewerbetreibenden sind hierunter nicht zu verstehen; es handelt sich nur um staatliche bezw. öffentliche Gefälle.

2) **gebühren- und stempelfrei**, wegen des gemeinnützigen Charakters

der Unfallversicherung, und um die auf die Versicherung bezüglichen Geschäfte nicht mit unverhältnißmäßigen Kosten zu belasten. — Die Bestimmung ist auch für die deutschen Konsularbehörden im Auslande maßgebend (A.N. 1893 S. 121).

³) Legitimationsbescheinigungen. Zur Klarstellung hinzugefügt von der Reichstags-Kommission 1900 (Komm.Ber. S. 150).

⁴) Vollmachten. Dies „bezieht sich selbstverständlich nur auf solche Vollmachten, welche in dem Rahmen des vorliegenden Gesetzes ausgestellt werden, also namentlich auf die Vollmachten behufs Vertretung auf den General- und Genossenschafts- 2c. Versammlungen" (Motive 1884 S. 85).

Strafbestimmungen.[1])

§. 146.

Die Genossenschaftsvorstände[2]) sind befugt,[3]) gegen Betriebsunternehmer[4]) Geldstrafen[5]) bis zu fünfhundert Mark zu verhängen:

1. wenn die von denselben auf Grund gesetzlicher oder statutarischer Bestimmung eingereichten Arbeiter- und Lohnnachweisungen oder die den zuständigen Genossenschaftsorganen behufs Veranlagung der Betriebe zu den Klassen des Gefahrentarifs[6]) abgegebenen Erklärungen thatsächliche Angaben enthalten, deren Unrichtigkeit ihnen bekannt war oder bei Anwendung angemessener Sorgfalt nicht entgehen konnte,[7])
2. wenn in der von ihnen gemäß §. 56 erstatteten Anzeige als Zeitpunkt der Eröffnung oder des Beginns der Versicherungspflicht des Betriebs ein späterer Tag angegeben ist als der, an welchem die Eröffnung stattgefunden oder die Versicherungspflicht begonnen hat, vorausgesetzt, daß die Unrichtigkeit der Angabe ihnen bekannt war oder bei Anwendung angemessener Sorgfalt nicht entgehen konnte.[7])

§. 103 U.V.G.; §. 103 Entw.; §. 103 Ges. 1900.

Zu §. 146.

¹) „Die Strafbestimmungen sollen theils solche zur Schädigung der Versicherungspflichtigen gereichende Handlungen, welche unter Umständen den Thatbestand des Betruges enthalten können, verhüten (§. 146), theils die Erfüllung derjenigen Verpflichtungen sichern, welche den Unternehmern auferlegt sind, um der Verwaltung die rasche und sichere Kenntniß der für ihren Geschäftsbetrieb in Betracht kommenden Thatsachen zu vermitteln (§. 147)" (Motive 1884 S. 85).

Ueber Beschwerde vgl. §. 149; über die Beitreibung der Strafen vgl. §. 153; über die Kasse, in welche sie fließen vgl. §. 154.

Bei den einer Berufsgenossenschaft nicht zugewiesenen fiskalischen zc. Betrieben bedarf es besonderer Strafbestimmungen gegen die Betriebsunternehmer, Vorstände zc. nicht. Erstere sind das Reich, der Staat oder der Kommunalverband, welche die Unfallversicherung durchführen, selbst; für letztere genügen die disziplinarischen Befugnisse der vorgesetzten Behörden. Das Reichs-(Landes-)Versicherungsamt ist hier um deswillen zu Strafen nicht ermächtigt, weil es keine Aufsichtsbefugnisse über die Ausführungsbehörden hat.

[2]) die Genossenschaftsvorstände, nicht die Gerichte, weil (nach den Motiven 1884)

1. die Verhältnisse, um welche es sich handelt, und die Verpflichtungen, deren Erfüllung sichergestellt werden soll, in erster Reihe die Genossenschaft angehen,
2. manche Fälle, namentlich bei der unterlassenen Anmeldung oder Abmeldung eines versicherungspflichtigen Betriebes oder einer Betriebsveränderung, nicht selten technische Kenntnisse erfordern, und auf dem Boden des Strafrechts für alle Betheiligten, in erster Linie für den Richter selbst, schwierig zu entscheiden sind,
3. eine Strafgewalt das Ansehen der Genossenschaftsvorstände erhöht und zur Konsolidirung der berufsgenossenschaftlichen Selbstverwaltung beiträgt,
4. die Strafgewalt eine wesentliche Ergänzung der den Genossenschaften gewährten Autonomie ist.

Die Bestimmung ist vom preußischen Volkswirthschaftsrath vorgeschlagen worden.

Zuständig ist der Vorstand derjenigen B.G., welcher der Betriebsunternehmer angehört (vgl. Anm. 1 zu §. 149; A.N. 1886 S. 66; 1889 S. 119, 140; 1890 S. 150). Straffällig ist nur der gegen die Vorschrift fehlende Unternehmer selbst, nicht seine Rechtsnachfolger (A.N. 1890 S. 120). Vgl. auch Anm. 5. — Wegen des Strafmaßes vgl. A.N. 1890 S. 150; 1895 S. 244.

[3]) befugt, aber nicht verpflichtet. Es empfiehlt sich, wie das R.V.A. mehrfach hervorgehoben hat, nicht zu viele und nicht zu hohe Strafen festzusetzen; insbesondere sind Strafen nur dann aufzuerlegen, wenn Böswilligkeit oder andere erschwerende Umstände vorliegen (A.N. 1886 S. 91; 1895 S. 244). — Die Straffestsetzung ist dem Unternehmer zuzustellen (§§. 149, 155).

[4]) gegen Betriebsunternehmer oder deren gesetzliche Vertreter, §. 148.

[5]) Geldstrafen, außer den etwa verwirkten gerichtlichen Strafen wegen Betruges, Fälschung zc., wie die Motive 1884 ausdrücklich hervorheben (S. 85). Geldstrafen sind keine Exekutivmaßregeln und dürfen daher nicht wiederholt werden (A.N. 1886 S. 94). Ueber die Beschwerde, welche aufschiebende Wirkung hat, vgl. §. 149; über die Beitreibung der Geldstrafen vgl. §. 153; über die Kasse, wohin sie fließen vgl. §. 154. Der im früheren Wortlaut des Gesetzes daneben mehrfach gebrauchte Ausdruck „Ordnungsstrafe" ist durch die Novelle 1900 ausgemerzt, theils um für die ihrem Charakter nach gleichartigen Strafen nicht verschiedene Bezeichnungen zu

gebrauchen, theils weil die Bezeichnung als Ordnungsstrafe auf eine Disziplinarbefugniß der Genossenschaftsvorstände hindeuten könnte, die denselben nicht zusteht. — Die allgemeinen Vorschriften über Verjährung der Strafverfolgung und Strafvollstreckung sind nicht anwendbar (vgl. Erlaß des preußischen Handelsministers vom 27. Dezember 1894 in Brauchitsch, Verwaltungsgesetze Band VI bei §. 80 U.V.G. 1884), es bedarf solcher Vorschriften auch nicht, weil die Beschwerdeinstanz es in der Hand hat, darauf zu halten, daß die im Strafgesetzbuch für die Strafverfolgung vorgeschriebenen Fristen im Allgemeinen eingehalten werden.

Nachstehend sind die sämmtlichen im G.U.V.G. enthaltenen Strafbestimmungen zusammengestellt.

Es können festgesetzt werden:

A. Geldstrafen:

1. von den Genossenschaftsvorständen gegen Betriebsunternehmer oder deren gesetzliche Vertreter ꝛc. (§. 148):

a) nach §§. 35, 56, 147 Strafen bis zu 300 Mk.	wegen verspäteter Anmeldung des Betriebes;
b) nach §. 37 Ziff. 7, §. 147 Strafen bis zu 300 Mk.	wegen Nichterfüllung der statutarischen Vorschriften bei Betriebseinstellungen oder bei einem Wechsel in der Person des Unternehmers;
c) nach §. 43 Abs. 3 Strafen bis zu 500 Mk.	wegen Ablehnung der Wahl zu Genossenschaftlichen Ehrenämtern ohne zulässigen Grund;
d) nach §§. 56, 146 Strafen bis zu 500 Mk.	wegen unrichtiger Angaben über den Tag der Betriebseröffnung (vgl. auch lit. a);
e) nach §§. 61, 147 Strafen bis zu 300 Mk.	wegen verspäteter Anmeldung von Betriebsveränderungen, welche für die Zugehörigkeit zur Genossenschaft Bedeutung haben;
f) nach §§. 62, 147 Strafen bis zu 300 Mk.	wegen verspäteter Anmeldung von Betriebsveränderungen, welche für die Einschätzung des Betriebes Bedeutung haben;
g) nach §§. 63, 147 Strafen bis zu 300 Mk.	wegen verspäteter Anzeige eines Unfalls (auch

		gegen die Vertreter abwesender oder behinderter Betriebsunternehmer);
h)	nach §§. 74, 146 Strafen bis zu 500 Mk.	wegen wissentlich oder fahrlässig unrichtiger Angaben in den zur Feststellung der Entschädigungen verlangten Lohnnachweisungen;
i)	nach §§. 74, 99, 147 Strafen bis zu 300 Mk.	wegen verspäteter Einreichung dieser Lohnnachweisungen, sowie wegen ungenügender Führung oder Aufbewahrung der Lohnlisten und Lohnbücher;
k)	nach §§. 99, 146 Strafen bis zu 500 Mk.	wegen unrichtiger Lohnnachweisungen bei der Umlegung des Bedarfs;
l)	nach §§. 99, 147 Strafen bis zu 300 Mk.	wegen verspäteter Einreichung dieser Lohnnachweisungen;
m)	nach §. 112 Strafen bis zu 1000 Mk.	wegen Zuwiderhandlung gegen die Unfallverhütungsvorschriften;
n)	nach §. 124 Strafen bis zu 100 Mk.	wegen Pflichtwidrigkeiten, die zu Kosten für Ueberwachung und Kontrole des Betriebes Anlaß geben.

Alle diese Strafen fließen in die Genossenschafskasse (§. 154); über die Beschwerde entscheidet in den Fällen zu m und n das Reichs-(Landes-)Versicherungsamt (§§. 116, 124, 149), im Uebrigen diejenige Behörde, welche von der für den Sitz des Betriebes zuständigen Landes-Zentralbehörde bestimmt ist.

2. von den Vorständen der Betriebs-(Fabrik-) oder Bau-Krankenkassen oder den Ortspolizeibehörden gegen versicherte Arbeiter ꝛc.:

nach §§. 112, 116 bis zu 6 Mark wegen Uebertretung der Unfallverhütungsvorschriften.

Die Strafen fließen in die Krankenkassen (§. 154); auf die Beschwerde entscheidet die der Krankenkasse oder Ortspolizeibehörde vorgesetzte Aufsichtsbehörde, §. 116.

Wegen der entsprechenden Bestimmungen für die einer B.G. nicht angehörenden Staats- und Kommunalbetriebe vgl. §§. 133, 154.

Neben den gesetzlichen Strafbefugnissen des Genossenschaftsvorstandes können auch durch das Genossenschaftsstatut mäßige Ordnungsstrafen angedroht werden. Als Höchstbetrag für solche Strafandrohungen läßt das R.V.A. den Betrag von 25 Mk. zu (H.B. S. 440). Die Frage der Zulässigkeit solcher statutarischer Strafbestimmungen ist bei den Vorverhandlungen zur Novelle (1900) insofern gestreift, als verschiedene Thatbestände, die früher nur statutarisch mit Strafe bedroht waren, unter höhere gesetzliche Strafandrohung mit der Begründung gestellt wurden, daß die durch das Statut zu begründende Strafbefugniß der Vorstände nicht hinreichend wirksam sei. Daß solche Strafbefugnisse durch das Genossenschaftsstatut mit Genehmigung des R.V.A. begründet werden können, ist bei diesen Erörterungen von keiner Seite in Zweifel gezogen worden. In diesem Sinne darf angenommen werden, daß sich die Vorschriften des Gesetzes (§. 149) über den Beschwerdeweg auch auf diejenigen Strafverfügungen beziehen, welche die Vorstände auf Grund statutarischer Bestimmungen erlassen haben.

Das Strafrecht der B.Gen. ist in einer 1901 bei J. Guttentag erschienenen Strift des Dr. Laß, ständigen Mitglieds des R.V.A., eingehend behandelt.

Nur die Vorstände als solche, nicht ein Ausschuß oder der Vorsitzende, können Strafverfügungen erlassen (H.B. S. 440).

Wegen der Form der Strafverfügungen (Angabe bestimmter Thatsachen, welche die strafbare Handlung darstellen; handschriftliche Unterzeichnung) vgl. A.N. 1886 S. 66; 1890 S. 150.

B. Exekutivstrafen:

1. Von den unteren Verwaltungsbehörden gegen Betriebsunternehmer sowie gegen deren gesetzliche Vertreter (§. 148):
   a) nach §§. 35, 56 bis zu 100 Mk. wegen Erledigung der Anfragen bei Anmeldung des Betriebes;
   b) nach §. 119 bis zu 300 Mk. behufs Zulassung des technischen Aufsichtsbeamten in die Betriebsstätten und behufs Vorlegung der Geschäftsbücher an den Rechnungsbeamten.

   Ueber die Beschwerde entscheidet das Landesrecht; die Strafen fließen in die Genossenschaftskasse (§. 154).

   Der Androhung von Exekutivstrafen gegen säumige Schiedsgerichtsbeisitzer bedarf es im G.U.V.G. nicht, weil die erforderlichen Vorschriften für die Schiedsgerichte für Arbeiterversicherung durch den im §. 104 Abs. 5 J.V.G. für anwendbar erklärten §. 90 Abs. 2 a. a. O. gegeben sind.
2. von dem Reichs-(Landes-)Versicherungsamt:
   a) gegen die Organe und Beamten der Genossenschaft nach §. 125 bis zu 1000 Mark wegen Vorlegung ihrer Bücher ꝛc., und
   b) gegen dieselben nach §. 126 bis zu 1000 Mark wegen Befolgung der gesetzlichen und statutarischen Vorschriften.

   Die Anordnungen sind endgültig. Die Strafen fließen in die Genossenschaftskasse (§. 154).

C. Kriminalstrafen durch den Strafrichter:

a) nach §. 45 gegen die Mitglieder der Vorstände und die Vertrauensmänner wegen Untreue (§. 266 Str.G.B.),

b) nach §. 141 gegen Betriebsunternehmer ꝛc. wegen Benachtheiligung der Versicherten durch Uebereinkunft oder mittelst Arbeitsordnungen,
Geldstrafe bis zu 300 Mark oder Haft;

c) nach §. 150 gegen die Mitglieder der Vorstände, die technischen Aufsichtsbeamten und Sachverständigen, die Rechnungsbeamten, sowie die Beisitzer der Schiedsgerichte wegen unbefugter Offenbarung von Betriebsgeheimnissen,
Geldstrafe bis zu 1500 Mark, oder Gefängniß bis zu 3 Monaten;

d) nach §. 151 gegen dieselben wegen absichtlich zum Nachtheil des Unternehmers erfolgter Offenbarung oder Nachahmung von Betriebsgeheimnissen,
Gefängniß, daneben Verlust der bürgerlichen Ehrenrechte und eventuell Geldstrafe bis 3000 Mark;

e) nach §. 104 gegen Bauunternehmer,
Gefängniß, daneben Geldstrafe bis 3000 Mark.

6) Gefahrentarif. Neben den gezahlten Löhnen bildet die auf den einzelnen Betrieb anzuwendende Klasse des Gefahrentarifs die wichtigste Grundlage für die Heranziehung des Unternehmers zu den Genossenschaftslasten. Hierdurch rechtfertigt sich der in den Kreisen der berufsgenossenschaftlichen Verwaltung laut gewordene Wunsch, daß die zur Sicherung der Genossenschaft bestehende Strafbefugniß der Vorstände bei unrichtigen Angaben in Lohnnachweisungen auf die behufs Einschätzung der Betriebe abgegebenen Erklärungen ausgedehnt werden möge. Diesem Wunsche für den Bereich des Gewerbe-Unfallversicherungsgesetzes Rechnung zu tragen unterlag einem Bedenken um so weniger, als die anderen Unfallversicherungsgesetze eine entsprechende Vorschrift bereits enthalten (Mot. 1900 S. 120).

7) bekannt war . ., nicht entgehen konnte. Diese Beschränkung der Strafbarkeit ist hinzugefügt, um der Verhängung von ungerechtfertigten Strafen vorzubeugen (Mot. 1900 S. 120, Komm.Ber. 1900 S. 150).

§. 147.

Betriebsunternehmer,[1]) welche den ihnen obliegenden Ver- 1.
pflichtungen in Betreff der Anmeldung der Betriebe und Betriebsänderungen (§§. 35, 56, 61, 62) in Betreff der Führung und Aufbewahrung der Lohnlisten (Lohnbücher) sowie der Einreichung der Arbeiter- und Lohnnachweisungen (§§. 74, 99) oder in Betreff der Erfüllung der für Betriebseinstellungen und für einen Wechsel des Betriebsunternehmers gegebenen statutarischen Vorschriften (§. 37 Ziffer 7) nicht rechtzeitig[2]) nachkommen, können[3]) von dem Genossenschaftsvorstande[4]) mit Geldstrafen[5]) bis zu dreihundert Mark belegt werden.

2\. Die gleiche Strafe kann, wenn die Anzeige eines Unfalls[6]) in Gemäßheit des §. 63 nicht rechtzeitig erfolgt ist, gegen denjenigen verhängt werden, welcher zu der Anzeige verpflichtet war.

§. 104 U.V.G.; §. 104 Entw.; §. 104 Ges. 1900.

Zu §. 147.

[1]) Betriebsunternehmer, oder dessen gesetzlicher Stellvertreter, §. 148; nicht aber sein Rechtsnachfolger, welcher annehmen darf, daß die Meldepflicht vom Vorgänger erfüllt sei (A.N. 1890 S. 120).

[2]) nicht rechtzeitig oder überhaupt nicht.

[3]) können, müssen aber nicht. Vgl. Anm. 3 zu §. 146. Wegen des Strafmaßes vgl. A.N. 1888 S. 335; 1890 S. 150; 1895 S. 244. Die Höhe der der B.G. entgangenen Beiträge bildet keinen Strafgrund, kann aber bei der Strafzumessung berücksichtigt werden.

[4]) Genossenschaftsvorstand, vgl. Anm. 2 zu §. 146.

[5]) Geldstrafen, vgl. Anm. 5 zu §. 146.

[6]) eines Unfalls der im §. 63 bezeichneten Art, gleichviel ob eine Entschädigungsverpflichtung daraus hervorgeht oder nicht.

§. 148.

Die Strafvorschriften der §§. 146, 147 finden auch gegen die gesetzlichen Vertreter[1]) handlungsunfähiger Betriebsunternehmer, desgleichen gegen die Mitglieder des Vorstandes einer Aktiengesellschaft, Innung oder eingetragenen Genossenschaft sowie gegen die Liquidatoren einer Handelsgesellschaft, Innung oder eingetragenen Genossenschaft Anwendung.[2])

§. 105 U.V.G.; §. 105 Entw.; §. 105 Ges. 1900.

Zu §. 148.

[1]) Vertreter, z. B. die Konkursverwalter (A.N. 1885 S. 85, 344). Diese haben die Pflichten des Unternehmers gegenüber der B.G. zu erfüllen, z. B. Arbeiter- und Lohnnachweisungen einzureichen. Der Eintritt des Konkursverwalters an Stelle des Unternehmers ist keine Betriebsveränderung im Sinne der §§. 61, 147. — Wenn gesetzliche Vertreter einer öffentlich-rechtlichen Körperschaft oder des Fiskus ꝛc. ihre Pflicht gegen die B.G. nicht erfüllen, so werden sich in der Regel geeignetere Wege zur Abhülfe finden lassen, als der Erlaß einer Strafverfügung (H.B. S. 450).

[2]) Anwendung. „Bei der großen Zahl von Betrieben, welche für Rechnung strafrechtlich nicht verantwortlicher Rechtssubjekte verwaltet werden, müssen die Strafvorschriften und ebenso die zulässigen Zwangsmaßregeln auch auf die gesetzlichen Vertreter solcher Unternehmer Anwendung finden“ (Mot. 1884 S. 85).

§. 149.

Gegen Straffestsetzungen des Genossenschaftsvorstandes[1]) steht den Betheiligten innerhalb zweier Wochen nach der Zustellung[2]) die Beschwerde[3]) zu. Ueber dieselbe entscheidet, vorbehaltlich der Bestimmungen der §§. 116, 124 Abs. 3, diejenige Behörde, welche von der für den Sitz des Betriebs zuständigen Landes-Zentralbehörde bestimmt ist.[4])

§. 106 Abs. 2 U.V.G.; §. 106 Entw.; §. 106 Ges. 1900.

Zu §. 149.

[1]) des Genossenschaftsvorstandes, d. h. des Vorstandes derjenigen Berufsgenossenschaft, welcher der Betriebsunternehmer entweder materiell (auf Grund des §. 55), oder formell (wegen fortbestehender Eintragung in das Genossenschaftskataster) noch angehört (A.N. 1889 S. 119, 140).

[2]) Zustellung, vgl. §. 155.

[3]) Beschwerde, mit aufschiebender Wirkung (A.N. 1886 S. 57). Im Beschwerdeverfahren wird eventuell auch über den Einwand zu entscheiden sein, ob die Straffestsetzung von dem zuständigen Vorstande erlassen worden ist (Mot. 1884 S. 85). — Wegen der Berechnung der Frist vgl. §§. 188, 193 B.G.B.

[4]) von der .. Landes-Zentralbehörde bestimmt ist. Durch diese Bestimmung der Novelle (1900) ist das R.V.A. entlastet worden. Es handelt sich dabei um Beschwerde über minder wichtige Angelegenheiten, bei denen technische Fragen nicht in Betracht kommen.

Gegen die Straffestsetzungen der unteren Verwaltungbehörde (§. 35 Abs. 3, §. 56 Abs. 2, §. 119 Abs. 2) ist die Beschwerde im Aufsichtsweg auch ohne besondere Vorschrift zulässig.

Einer Bestimmung über Straffestsetzungen des Schiedsgerichtsvorsitzenden gegen säumige Beisitzer (bisher §. 49) sowie über die Beschwerde gegen solche Straffestsetzungen bedarf es in diesem Gesetze nicht, weil die Angelegenheit in Bezug auf die Schiedsgerichte für Arbeiterversicherung durch den im §. 104 Abs. 5 des Invalidenversicherungsgesetzes für anwendbar erklärten §. 90 Abs. 2 a. a. O. ihre Erledigung findet.

Folgende Behörden sind von den Zentralbehörden der Bundesstaaten zur Entscheidung der Beschwerden gegen Straffestsetzungen der Genossenschaftsvorstände bestimmt worden (A.N. 1900 S. 791):

Lfd. Nr.	Bundesstaat	Die zur Entscheidung der Strafbeschwerden zuständige Behörde
1.	Preußen	der Regierungs-Präsident,*) für den Stadtkreis Berlin der Polizei-Präsident, im Bereiche der Bergverwaltung das Ober-Bergamt.*)
2.	Bayern	das Landes-Versicherungsamt.
3.	Sachsen	die Kreishauptmannschaft,*) im Bereiche der Bergverwaltung die Kreishauptmannschaft Dresden.

*) In dessen/deren Bezirk der Sitz des Betriebes gelegen ist.

Lfd. Nr.	Bundesstaat	Die zur Entscheidung der Strafbeschwerden zuständige Behörde
4.	Württemberg	die Kreisregierung.*)
5.	Baden	das Landes-Versicherungsamt.
6.	Hessen	desgl.
7.	Mecklenburg-Schwerin	desgl.
8.	Sachsen-Weimar	das Staatsministerium, Departement des Innern.
9.	Mecklenburg-Strelitz	das Landes-Versicherungsamt.
10.	Oldenburg:	
	a) im Herzogthum Oldenburg	das Staatsministerium, Departement des Innern.
	b) im Fürstenthum Lübeck	die Regierung.
	c) im Fürstenthum Birkenfeld	desgl.
11.	Braunschweig	die Kreisdirektion,*) in der Stadt Braunschweig die Polizeidirektion.
12.	Sachsen-Meiningen	das Staatsministerium, Abtheilung des Innern.
13.	Sachsen-Altenburg	das Landrathsamt.*)
14.	Sachsen-Coburg-Gotha	die untere Verwaltungsbehörde:*) in den dem Staatsministerium unmittelbar unterstellten Städten der Stadtrath oder Magistrat, in den übrigen Gemeinden das Landrathsamt, im Bereiche der Bergverwaltung die Bergämter.
15.	Anhalt	die Regierung, Abtheilung des Innern.
16.	Schwarzburg-Sondershausen	der Landrath.*)
17.	Schwarzburg-Rudolstadt	das Ministerium, Abtheilung des Innern.
18.	Waldeck u. Pyrmont	der Landesdirektor.
19.	Reuß ä. L.	im Sinne des Gewerbe- und des Bau-Unfallversicherungsgesetzes die Aufsichtsbehörde über städtische Gemeindeverwaltung, im Sinne des Unfallversicherungsgesetzes für Land- und Forstwirthschaft die Landesregierung.

*) In dessen/deren Bezirk der Sitz des Betriebes gelegen ist.

Lfd. Nr.	Bundesstaat	Die zur Entscheidung der Strafbeschwerden zuständige Behörde
20.	Reuß j. L.	das Landrathsamt.*)
21.	Schaumburg-Lippe	das Ministerium.
22.	Lippe	die Regierung.
23.	Lübeck	der Senatsausschuß für Gewerbe- und Versicherungswesen.
24.	Bremen	die Polizei-Kommission des Senats.
25.	Hamburg	die untere Verwaltungsbehörde:*) im Sinne des Gewerbe- und des Bau-Unfallversicherungsgesetzes für die Landherrenschaften Ritzebüttel und Bergedorf die Landherrenschaften, für das übrige Staatsgebiet die städtische Polizeibehörde; im Sinne des Unfallversicherungsgesetzes für Land- und Forstwirthschaft für die Stadt die Polizeibehörde, für das Landgebiet die Landherrenschaft; im Sinne des See-Unfallversicherungsgesetzes die Deputation für Handel und Schiffahrt.
26.	Elsaß-Lothringen	der Bezirks-Präsident.*)

§. 150.

Die Mitglieder der Vorstände der Genossenschaften, deren technische Aufsichtsbeamte und Rechnungsbeamte (§§. 119, 120) und die nach §. 120 ernannten Sachverständigen sowie die Beisitzer der Schiedsgerichte[1]) (§. 9 des Gesetzes, betreffend die Abänderung der Unfallversicherungsgesetze,) werden, wenn sie unbefugt Betriebsgeheimnisse offenbaren, welche kraft ihres Amtes oder Auftrags zu ihrer Kenntniß gelangt sind, mit Geldstrafe[2]) bis zu eintausendfünfhundert Mark oder mit Gefängniß bis zu drei Monaten bestraft.

Die Verfolgung tritt nur auf Antrag des Betriebsunternehmers ein.

§. 107 U.V.G.; §. 107 Entw.; §. 107 Ges. 1900.

Zu §. 150.

[1]) Beisitzer der Schiedsgerichte. Die Schiedsgerichtsbeisitzer befinden sich in einem besonderen Verhältnisse, sie sind Sachverständige, vielleicht Konkurrenten des Unternehmers, dessen Betrieb sie amtlich besichtigen. Dazu kommt noch, daß der Unternehmer nicht in der Lage ist, gegen die Person des Beisitzers und gegen dessen Zuziehung bei der Besichtigung der Unfallstätte mit Erfolg Einspruch zu erheben. Es rechtfertigt sich hiernach, den Unternehmer durch eine Strafvorschrift gegen die Verletzung von Betriebsgeheimnissen zu schützen (Komm.Ber. 1900 S. 151).

2) Geldstrafe. Es handelt sich nicht um Ordnungsstrafen, sondern um gerichtliche Strafen, auf welche die §§. 153, 154 keine Anwendung finden.

§. 151.

1. Die im §. 150 bezeichneten Personen werden mit Gefängniß, neben welchem auf Verlust der bürgerlichen Ehrenrechte erkannt werden kann, bestraft, wenn sie absichtlich zum Nachtheile der Betriebsunternehmer [1]) Betriebsgeheimnisse, welche kraft ihres Amtes oder Auftrags zu ihrer Kenntniß gelangt sind, offenbaren, oder geheim gehaltene Betriebseinrichtungen oder Betriebsweisen, welche kraft ihres Amtes oder Auftrags zu ihrer Kenntniß gelangt sind, so lange als diese Betriebsgeheimnisse sind, nachahmen.

2. Thun sie dies, um sich oder einem Anderen einen Vermögensvortheil zu verschaffen, so kann neben der Gefängnißstrafe auf Geldstrafe [2]) bis zu dreitausend Mark erkannt werden.

§. 108 U.V.G.; §. 108 Entw.; §. 108 Ges. 1900.

Zu §. 151.

1) absichtlich zum Nachtheil des Betriebsunternehmers. Daß die betreffenden Handlungen unbefugte sein müssen, wenn sie strafbar sein sollen, ist selbstverständlich. Eine dies klar stellende Fassungsänderung ist in der Reichstags-Kommission (1900) mit dem Hinweise abgelehnt, daß der bisherige Wortlaut ohne Unzuträglichkeit 15 Jahre lang bestanden habe. (Komm.Ber. 4900 S. 152.)

2) Gefängnißstrafe . . Geldstrafe. Vgl. Anm. 2 zu §. 150.

Zuständige Landesbehörden.

§. 152.

1. Die Zentralbehörden der Bundesstaaten bestimmen, [1]) von welchen Staats- oder Gemeindebehörden die in diesem Gesetze den höheren Verwaltungsbehörden, den unteren Verwaltungsbehörden und den Ortspolizeibehörden zugewiesenen Verrichtungen wahrzunehmen sind.

2. Die in Gemäßheit dieser Vorschrift erlassenen Bestimmungen sind durch den Reichsanzeiger bekannt zu machen.

3. Die höhere Verwaltungsbehörde kann bestimmte Gemeindebehörden [2]) als untere Verwaltungsbehörden im Sinne des §. 70 bezeichnen und mit der Wahrnehmung der dort vorgesehenen Geschäfte betrauen.

§. 109 U.V.G.; §. 109 Entw.; §. 109 Ges. 1900.

Zu §. 152.

[1]) **Uebersicht über die auf Grund des §. 109 U.V.G. durch den Reichs-Anzeiger bekannt gemachten Bestimmungen der einzelnen Bundesstaaten.**

Vgl. auch A.N. 1900 S. 792 (woselbst die höheren und unteren Verwaltungsbehörden einzeln aufgeführt sind).

1. **Königreich Preußen.**

höhere Verw.-Beh.: a) im Allg. die Regierungspräsidenten; in Berlin der Polizeipräsident, in den Fällen der §§. 14, 105 der Oberpräsident in Potsdam;

b) für die Bergverwaltung (die berggesetzlich der polizeilichen Beaufsichtigung der Bergbehörden unterworfenen Betriebe, Bergwerke, Salinen, Aufbereitungsanstalten, Dachschieferbrüche, Traßbrüche und unterirdisch betriebene Mühlsteinbrüche in den linksrheinischen Landestheilen, sowie Stein- und Braunkohlengruben), die Ober-Bergämter;

untere Verw.-Beh.: a) im Allg. die Landräthe, aber in Städten von mehr als 10000 Einw. die Magistrate;

b) für die Bergverwaltung: die Revierbeamten;

Ortspolizeibehörde: a) im Allg. die für die örtliche Polizeiverwaltung zuständigen Behörden und Beamten;

b) für die Bergverwaltung: die Revierbeamten bezw. die als solche fungirenden Werksdirektoren.

2. **Königreich Bayern.**

höhere Verw.-Beh.: die Kreisregierungen, Kammern des Innern;

untere Verw.-Beh.: die Bezirksämter, in Stadtbezirken die Magistrate;

Ortspolizeibehörde: in Gemeinden mit städtischer Verfassung der Magistrat, in Gemeinden mit Landgemeindeverfassung und in der Pfalz der Bürgermeister.

3. **Königreich Sachsen.**

höhere Verw.-Beh.: Kreishauptmannschaft;

untere Verw.-Beh.: / Ortspolizeibehörde: } in Landbezirken die Amtshauptmannschaft, in Stadtbezirken den Stadtrath.

4. **Königreich Württemberg.**

höhere Verw.-Beh.: der Verwaltungsausschuß der Zentralstelle für Handel und Gewerbe;

untere Verw.-Beh.: die Oberämter.

5. **Großherzogthum Baden.**

höhere Verw.-Beh.: das Ministerium des Innern;

untere Verw.-Beh.: / Ortspolizeibehörde: } die Bezirksämter.

6. **Großherzogthum Hessen.**

höhere Verw.-Beh.: die Kreisämter, in den Fällen der §§. 14, 35, 105 das Landes-Versicherungsamt;

untere Verw.-Beh.: die Kreisämter in Darmstadt, Offenbach, Gießen, Mainz, Worms die Bürgermeisterei;

Ortspolizeibehörde: die Bürgermeistereien bezw. die staatlich angestellten Lokalpolizeibeamten (Darmstadt und Gießen).

7. Großherzogthum Mecklenburg-Schwerin.
höhere Verw.-Beh.: das Ministerium des Innern;
untere Verw.-Beh.: die Ortsobrigkeiten, für ritterschaftliche Güter die ritterschaftl. Polizeiämter;
Ortspolizeibehörde: die Ortsobrigkeiten.

8. Großherzogthum Sachsen-Weimar.
höhere Verw.-Beh.: der Bezirksausschuß bezw. der Bezirks-Direktor als dessen Vorsitzender;
untere Verw.-Beh.: die Bezirks-Direktoren;
Ortspolizeibehörde: die Gemeindevorstände.

9. Großherzogthum Mecklenburg-Strelitz.
höhere Verw.-Beh.: die Landesregierung in Neustrelitz;
untere Verw.-Beh.: die Ortsobrigkeiten (bz. Magistrate), für die ritterschaftlichen Güter die ritterschaftl. Polizei-Aemter;
Ortspolizeibehörde: die Ortsobrigkeiten.

10. Großherzogthum Oldenburg.
höhere Verw.-Beh.: a) im Herzogthum Oldenburg d. Staatsministerium, Departement des Innern;
b) im Fürstenthum Lübeck die Regierung;
c) im Fürstenthum Birkenfeld die Regierung;
untere Verw.-Beh.: a) im Herzogthum Oldenburg die Aemter bezw. Magistrate der Städte I. Kl.;
b) im Fürstenthum Lübeck die Regierung, für Stadt Eutin der Stadtmagistrat;
c) im Fürstenthum Birkenfeld der Bürgermeister;
Ortspolizeibehörde: wie untere Verw.-Beh.

11. Herzogthum Braunschweig.
höhere Verw.-Beh.: das Staatsministerium, Abtheilung des Innern;
untere Verw.-Beh.: die Kreisdirektionen, für die Stadt Braunschweig der Stadtmagistrat;
Ortspolizeibehörde: in Stadt Braunschweig die Polizei-Direktion; in den übrigen Städten die Vorsitzenden der Stadtmagistrate resp. deren gesetzliche Stellvertreter; in den Landgemeinden die Gemeindevorsteher; in den Gemarkungen die Gemarkungs-Polizeibeamten.

12. Herzogthum Sachsen-Meiningen.
höhere Verw.-Beh.: das Staatsministerium, Abth. d. Innern;
untere Verw.-Beh.: die Landräthe;
Ortspolizeibehörde: in den Städten die Magistrate und Bürgermeisterämter, außerdem die Landräthe vorbehaltlich der Uebertragung an Ortsvorstände in einzelnen Fällen.

13. Herzogthum Sachsen-Altenburg.
höhere Verw.-Beh.: das Ministerium, Abtheilung des Innern.
untere Verw.-Beh.: }
Ortspolizeibehörde: } in den Städten die Stadträthe, auf dem platten Lande die Landrathsämter.

14. Herzogthum Sachsen-Koburg-Gotha.

höhere Verw.-Beh.: das Staats-Ministerium (Abtheilnng A zu Koburg, Abtheilung B, Departement der innern Verwaltung, zu Gotha);

untere Verw.-Beh.: in den dem Staats-Ministerium unmittelbar unterstellten Städten der Magistrat oder Stadtrath, in den übrigen Gemeinden das Landrathsamt, in der Bergverwaltung die Bergbehörden;

Ortspolizeibehörde: in den Städten der Magistrat oder Stadtrath, in den übrigen Gemeinden der Gemeindevorstand.

15. Herzogthum Anhalt.

höhere Verw.-Beh.: die Regierung, Abtheilung des Innern;

untere Verw.-Beh.: die Kreisdirektion, in Stadtbezirken die Polizeiverwaltung, für die Bergverwaltung der Bergrevierbeamte oder die Salzwerksdirektion;

Ortspolizeibehörde: in den alleinstehenden Städten der Bürgermeister, auf dem platten Lande und in den mit andern Bezirken zu einem Amtsbezirk vereinigten Städten die Amtsvorsteher, für die herzogl. Schloßbezirke die Polizeiverwalter.

16. Fürstenthum Schwarzburg-Sondershausen.

höhere Verw.-Beh.: die Landräthe, in den Fällen der §§. 14, 105 das Ministerium, Abth. des Innern;

untere Verw.-Beh.: }
Ortspolizeibehörde: } in Stadt- u. Landgemeinden der Gemeindevorstand, in Guts-, Domänen- u. Forst-Polizeibezirken die Guts- bezw. Domänen- u. Forst-Polizeiverwaltung.

17. Fürstenthum Schwarzburg-Rudolstadt.

höhere Verw.-Beh.: das Ministerium, Abtheilung des Innern;

untere Verw.-Beh.: die Landrathsämter, in Rudolstadt der Stadtgemeindevorstand, für die Bergverwaltung das Bergamt;

Ortspolizeibehörde: die Gemeindevorstände bezw. Vertreter der Gutsbezirke.

18. Fürstenthum Waldeck-Pyrmont.

höhere Verw.-Beh.: der Landesdirektor, für die Bergverwaltung (vgl. Preußen) das Oberbergamt in Bonn;

untere Verw.-Beh.: der Kreisamtmann, für die Bergverwaltung der Beamte des Bergreviers Brilon;

Ortspolizeibehörde: der Bürgermeister, für die Bergverwaltung der Beamte des Bergreviers Brilon.

19. Fürstenthum Reuß ältere Linie.

höhere Verw.-Beh.: die Aufsichtsbehörde über städtische Gemeindeverwaltung, in einzelnen Fällen die Landesregierung.

20. Fürstenthum Reuß jüngere Linie.

höhere Verw.-Beh.: das Ministerium, Abth. für das Innere;

untere Verw.-Beh.: das Landrathsamt, für die Stadt Gera der Stadtrath;
Ortspolizeibehörde: der Gemeindevorstand.

21. Fürstenthum Schaumburg-Lippe.
höhere Verw.-Beh.: das Ministerium Abth. für Gemeinde- und Gewerbe-Angelegenheiten;
untere Verw.-Beh.: in den Städten der Magistrat, auf dem platten Lande das Landrathsamt;
Ortspolizeibehörde: die Aemter, in Bückeburg der Polizeidirektor, in Stadthagen der Magistrat.

22. Fürstenthum Lippe-Detmold.
höhere Verw.-Beh.: die Regierung;
untere Verw.-Beh.: } in den Städten der Magistrat, in den ländlichen
Ortspolizeibehörde: } Distrikten das Verwaltungsamt.

23. Lübeck.
höhere Verw.-Beh.: der Senatsausschuß für Gewerbe- und Versicherungswesen;
untere Verw.-Beh.: das Stadt- und Landamt;
Ortspolizeibehörde: das Polizeiamt;

24. Bremen.
höhere Verw.-Beh.: die Polizeikommission des Senats;
untere Verw.-Beh.: für Stadt Bremen die Polizeidirektion, für d. Landgebiet der Landherr, für d. Hafenstädte die Stadträthe;
Ortspolizeibehörde: f. Stadt Bremen die Polizeidirektion, für d. Landgebiet d. Gemeindevorsteher, f. d. Hafenstädte die Aemter.

25. Hamburg.
höhere Verw.-Beh.: } in den Fällen der §§. 35, 105 das Senat, im Uebrigen die städtische Polizeibehörde, für die Be-
untere Verw.-Beh.: } zirke Ritzebüttel und Bergedorf die Landherrenschaften;
Ortspolizeibehörde: für Stadt, Vorstadt, Vororte die städtische Polizeibehörde, f. Ritzebüttel der Amtsverwalter, f. Bergedorf der Bürgermeister, für das übrige Landgebiet die Landherrenschaft.

26. Elsaß-Lothringen.
höhere Verw.-Beh.: der Bezirks-Präsident;
untere Verw.-Beh.: in Gemeinden von mehr als 10000 E. der Bürgermeister, im Uebrigen die Kreis-Direktoren;
Ortspolizeibehörde: in Straßburg, Metz, Mühlhausen die Revierpolizei-Kommissarien, im Uebrigen der Bürgermeister.

2) Gemeindebehörden. Nach einem Beschlusse der Reichstagskommission soll es nach dem Vorgange des J.V.G. zulässig sein, in geeigneten Fällen an Stelle der unteren Verwaltungsbehörde eine Gemeindebehörde mit der Aufgabe zu betrauen, die Verhandlungen mit den Entschädigungsberechtigten vor der Feststellung der Entschädigungen zu führen (Komm.Ber. 1900 S. 152).

Strafvollstreckung.[1])

§. 153.

Geldstrafen, welche auf Grund dieses Gesetzes verhängt werden, mit Ausnahme derjenigen, auf welche von den Gerichten erkannt ist, werden in derselben Weise beigetrieben wie Gemeindeabgaben.[2])

§. 109a Entw.; §. 109a Ges. 1900.

Zu §. 153.

[1]) Strafvollstreckung. Im U.V.G. (1884) fehlte es an einer einheitlichen Regelung der Vollstreckung von Geldstrafe; bezügliche Bestimmungen fanden sich an verschiedenen Stellen des Gesetzes. Unter Streichung jener Bestimmungen ist die Regelung nunmehr hier zusammengefaßt.

[2]) beigetrieben wie Gemeindeabgaben. Für Preußen vgl. V.O. vom 15. November 1899 (Ges.S. S. 545). Der Antrag auf Beitreibung ist vom Genossenschaftsvorstand an die Gemeindebehörde zu richten, diese hat die Zwangsvollstreckung durch die Vollstreckungsbehörde der Gemeinde zu erledigen. Die B.G. hat nur die baaren Auslagen (§. 144 Abs. 2) zu erstatten. Dieser Fall kann nur eintreten, wenn die Zwangsvollstreckung ganz oder zum Theil fruchtlos ausfällt, denn die gesammten Kosten der Zwangsvollstreckung einschl. der Gebühren des Vollziehungsbeamten und etwaiger Portokosten fallen dem Schuldner zur Last und werden vorweg aus den eingezogenen Geldern entnommen. Bei Unzulänglichkeit der letzteren werden aus denselben zunächst die Gebühren des Vollziehungsbeamten, sodann die übrigen Kosten der Zwangsvollstreckung berichtigt, der Rest ist an die ersuchende B.G. abzuführen. — Ausgefallene Gebühren der Vollziehungsbeamten hat die B.G. nur in dem Fälle zu erstatten, wenn diese Beamten nach ihrem Anstellungsvertrage einen Anspruch auf Erstattung solcher Ausfälle der Gemeinde gegenüber haben, und in Folge dessen der Gemeinde baare Auslagen entstehen. (A.N. 1888 S. 222.)

§. 154.

[1])Die im §. 113 Abs. 1 Ziffer 2 bezeichneten Geldstrafen fließen in die Krankenkasse,[2]) welcher der zu ihrer Zahlung Verpflichtete zur Zeit der Zuwiderhandlung angehört, oder, wenn er keiner Krankenkasse angehört, in die Kasse der Gemeinde-Krankenversicherung des Beschäftigungsorts. Das Gleiche gilt von den Geldstrafen, welche auf Grund der im §. 133 bezeichneten Vorschriften verhängt sind. 1.

Die übrigen auf Grund dieses Gesetzes verhängten Geldstrafen fließen, soweit sie nicht von den Gerichten[3]) erkannt sind, in die Genossenschaftskasse. 2.

§. 80 Abs. 2, §. 106 Abs. 3 U.V.G.; §. 9 Abs. 2 A.G.; §. 109b Entw.; §. 109b Ges. 1900.

Zu §. 154.

[1]) Ebenso wie bezüglich der Betreibung der Geldstrafen, waren auch bezüglich der Kassen, in welche die Geldstrafen fließen, durch das U.V.G. (1884) an verschiedenen Stellen Bestimmungen getroffen, die überdies nicht erschöpfend waren. Auch diese Angelegenheit ist hier nunmehr einheitlich geregelt.

[2]) Krankenkasse. Hierzu gehören auch die nach §. 75 K.V.G. zugelassenen eingeschriebenen Hülfskassen.

[3]) von den Gerichten. Vgl. §. 104 Abs. 3, §§. 141, 150, 151.

Zustellungen.

§. 155.

1. Zustellungen,[1]) welche den Lauf von Fristen[2]) bedingen, können durch die Post mittelst eingeschriebenen Briefes erfolgen. Posteinlieferungsscheine begründen nach Ablauf von zwei Jahren[3]) seit ihrer Ausstellung die Vermuthung für die in der ordnungsmäßigen Frist nach der Einlieferung erfolgte Zustellung.

2. Personen, welche nicht im Inlande wohnen, können von den zustellenden Behörden und Genossenschaftsorganen aufgefordert werden, einen Zustellungsbevollmächtigten[4]) zu bestellen.

3. Ist der Aufenthalt einer Person, welcher zugestellt werden soll, nicht ermittelt[5]) oder wird der nach Abs. 2 ergangenen Aufforderung nicht innerhalb der gesetzten Frist genügt, so kann die Zustellung durch öffentlichen Aushang während einer Woche in den Geschäftsräumen der zustellenden Behörden oder Genossenschaftsorgane ersetzt werden.

§. 110 U.V.G.; §. 110 Entw.; §. 110 Ges. 1900.

Zu §. 155.

[1]) Zustellungen. Dieser Paragraph besagt nur, daß für Zustellungen weitergehende Formalien (Zustellungsurkunde ꝛc.) nicht erforderlich sind: er verbietet letztere aber ebensowenig, wie er andere Formen, durch welche der Empfang eines Bescheides zuverlässig festgestellt werden kann (Ueberbringung durch Boten gegen Quittung ꝛc.) ausschließt. A.N. 1893 S. 172. Die Eröffnung des Inhalts eines Bescheides durch einen Beamten an den Insassen eines Zuchthauses ersetzt die Zustellung nicht (A.N. 1893 S. 206); wohl aber die Aushändigung an die in der Wohnung angetroffene Ehefrau eines im Krankenhause befindlichen Verletzten (A.N. 1899 S. 447). Auf die Zustellung von Mitgliedscheinen, für welche im §. 58 Abs. 3 eine besondere Form (Vermittelung der unteren Verwaltungsbehörde) vorgeschrieben ist, findet §. 155 nicht Anwendung. (A.N. 1885 S. 289, 290).

Wenn der Postbote den Brief dem Adressaten persönlich angeboten, dieser aber die Annahme ohne Grund abgelehnt hat, gilt die Zustellung als erfolgt (A.N. 1900 S. 669). An wenn die Zustellung erfolgen muß, richtet sich nach allgemeinen Rechtsregeln, für prozeßunfähige Personen, insbesondere Minderjährige, muß an den Vater bezw. Vormund zugestellt werden (A.N. 1887 S. 135; 1900 S. 329). Im Uebrigen sind die von der Postverwaltung erlassenen Vorschriften maßgebend (A.N. 1890 S. 190; 1893 S. 172, 201). Vgl. Postordnung vom 11. Juni 1892 §. 40. V Ziffer 1.

[2]) Lauf von Fristen. Bei Fristen kommen nur ganze Kalendertage in Rechnung.

Die einschlägigen Bestimmungen des B.G.B. lauten:

§. 187. Ist für den Anfang einer Frist ein Ereigniß oder ein in den Lauf eines Tages fallender Zeitpunkt maßgebend, so wird bei der Berechnung der Frist der Tag nicht mitgerechnet, in welchen das Ereigniß oder der Zeitpunkt fällt.

Ist der Beginn eines Tages der für den Anfang einer Frist maßgebende Zeitpunkt, so wird dieser Tag bei der Berechnung der Frist mitgerechnet. Das Gleiche gilt von dem Tage der Geburt bei der Berechnung des Lebensalters.

§. 188. Eine nach Tagen bestimmte Frist endigt mit dem Ablaufe des letzten Tages der Frist.

Eine Frist, die nach Wochen, nach Monaten oder nach einem mehrere Monate umfassenden Zeitraum — Jahr, halbes Jahr, Vierteljahr — bestimmt ist, endigt im Falle des §. 187 Abs. 1 mit dem Ablaufe desjenigen Tages der letzten Woche oder des letzten Monats, welcher durch seine Benennung oder seine Zahl dem Tage entspricht, in den das Ereigniß oder der Zeitpunkt fällt, im Falle des §. 187 Abs. 2 mit dem Ablaufe desjenigen Tages der letzten Woche oder des letzten Monats, welcher dem Tage vorhergeht, der durch seine Benennung oder seine Zahl dem Anfangstage der Frist entspricht.

Fehlt bei einer nach Monaten bestimmten Frist in dem letzten Monate der für ihren Ablauf maßgebende Tag, so endigt die Frist mit dem Ablaufe des letzten Tages dieses Monats.

§. 193. Ist an einem bestimmten Tage oder innerhalb einer Frist eine Willenserklärung abzugeben oder eine Leistung zu bewirken und fällt der bestimmte Tag oder der letzte Tag der Frist auf einen Sonntag oder einen am Erklärungs- oder Leistungsorte staatlich anerkannten allgemeinen Feiertag, so tritt an die Stelle des Sonntags oder des Feiertags der nächstfolgende Werktag.

[3]) von zwei Jahren. Seitens der Post werden die Ablieferungsscheine über Einschreibebriefe nach Ablauf von zwei Jahren vernichtet. In der Praxis sind früher wiederholt Fälle vorgekommen, in welchen gegen Bescheide der B.Gen. Berufung beim Schiedsgerichte erst nach mehr als zwei Jahren seit der Zeit eingelegt worden ist, wo ausweislich des allein bei den Akten befindlichen Posteinlieferungsscheines der den Bescheid enthaltende Einschreibebrief zur Post gegeben worden ist. Das R.V.A. hatte in dem Posteinlieferungsschein gegenüber der Behauptung des Berufungs-

klägers, den Bescheid seiner Zeit nicht erhalten zu haben, einen genügenden Nachweis für die Zustellung nicht erkannt und demgemäß das Rechtsmittel als verspätet nicht behandelt. Einer solchen Behandlung wird durch die nunmehr in das Gesetz aufgenommene Bestimmung vorgebeugt.

4) Zustellungsbevollmächtigte. Die Aufforderung zur Bestellung eines Zustellungsbevollmächtigten ist unter Festsetzung einer Frist (Abs. 3) der im Auslande wohnenden Person gemäß Abs. 1 zuzustellen. Ist der Aufenthalt nicht zu ermitteln, so ist nach Abs. 3 zu verfahren.

5) nicht ermittelt. Die Fassung ist an §. 170 J.V.G. angelehnt, durch die Reichstagskommission aber in der Fassung verbessert (Komm.Ber. 1900 S. 153).

Anlagen.

Nachweisung
der
Gruppen, Klassen und Ordnungen
der
Reichs-Berufs-Statistik.

(Vom Reichs-Versicherungsamt den Behörden mitgetheilt.)

Die römischen Zahlen bezeichnen die Gruppe, die lateinischen Buchstaben bezeichnen die Klasse, die arabischen Ziffern bezeichnen die Ordnung. Die Aufführung der einzelnen zu den „Ordnungen" gehörenden Kategorien von Betrieben ist als entbehrlich hier unterlassen.

III.*) Bergbau, Hütten- und Salinenwesen, Torfgräberei.

a) Erzgewinnung, auch Aufbereitung von Erzen.

1. Bergwerke auf Erze, ausgenommen Eisenerze.
2. Eisenerzgruben.

b) Hüttenbetrieb, auch Frisch- und Streckwerke.

1. Silber-, Blei-, Kupfer-, Zink- und Zinnhütten.
2. Nickel-, Kobalt-, Antimon-, Wismuth- und Arsenikhütten.
3. Hochöfen und Stahlhütten, Eisen- und Stahl-, Frisch- und Streckwerke.

c) Salzgewinnung.

1. Salzbergwerke.
2. Salinen.

d) Stein- und Braunkohlen-, Graphit-, Asphalt-, Erdöl- und Bernsteingewinnung; Briquettefabrikation.

1. Steinkohlenbergwerke.
2. Verkokungsanstalten.
3. Braunkohlenbergwerke und Braunkohlen-Briquettefabrikation.
4. Gewinnung von Graphit, Asphalt, Erdöl und Bernstein.

e) Torfgräberei und Torfbereitung.

*) Gruppe I betrifft die Kunst- und Handelsgärtnerei, Gruppe II betrifft Thierzucht und Fischerei; beide Gruppen kommen hier nicht in Betracht.

IV. Industrie der Steine und Erden.

a) Steine und Schiefer.

1. Marmorbrüche, Marmorsägerei und -schleiferei.
2. Schieferbrüche und Verfertigung grober Schieferwaaren.
3. Andere Steinbrüche und Verfertigung grober Steinwaaren.
4. Steinmetzen und Steinhauer.
5. Verfertigung feiner Steinwaaren.

b) Kies und Sand, Kalk, Cement, Traß, Gyps und Schwerspath.

1. Gewinnung von Kies und Sand.
2. Kalkbruch und Kalkbrennerei, Mörtelfabrikation.
3. Traßgräberei, Cement- und Traßfabrikation.
4. Gewinnung von Gyps- und Schwerspath, Gyps- und Schwerspathmühlen.

c) Lehm- und Thongräberei, Kaolingräberei und -schlämmerei, auch Massemühlen, Quarz- und Glasurmühlen.

1. Lehm- und Thongräberei.
2. Massebereitung für glasirte und verglaste Thonwaren.
3. Kaolingräberei und -schlämmerei, auch Massemühlen.
4. Quarz- und Glasurmühlen.

d) Lehm- und Thonwaaren.

1. Ziegelei und Thonröhrenfabrikation.
2. Töpferei, Verfertigung von feinen Thonwaaren, Steinzeug, Terralith- und Siderolithwaaren.
3. Fayencefabrikation und -veredelung.
4. Porzellanfabrikation und -veredelung.

e) Glas.

1. Glasfabrikation und -veredelung.
2. Glasbläserei vor der Lampe.
3. Spiegelglas- und Spiegelfabrikation.

V. Metall-Verarbeitung.

a) Edle Metalle.

1. Verfertigung von Gold-, Silber- und Bijouteriewaaren.
2. Gold- und Silberschlägerei.
3. Gold- und Silberdrahtzieherei und Verfertigung leonischer Waaren.
4. Münzstätten.

b) Unedle Metalle.

1. Kupferschmiede.
2. Schrot- und Bleikugelfabrikation.
3. Verfertigung feiner Blei- und Zinnwaaren sowie von Metallspielwaaren.
4. Zinkgießerei und -prägerei.
5. Erzeugung und Verarbeitung von Metalllegierungen aller Art.

c) Eisen und Stahl.

1. Eisengießerei und Eisenemaillirung.
2. Schwarz- u. Weißblechfabrikation.
3. Klempnerei.
4. Blechwaarenfabrikation.

5. Verfertigung von Stiften und Nägeln, Schrauben, Nieten, Ketten, Drahtseilen 2c.
6. Grob- und Hufschmiede.
7. Schlosserei, Verfertigung von feuerfesten Geldschränken.
8. Zeug-, Sensen- und Messerschmiede, Verfertigung von eisernen Kurzwaaren.
9. Stahlfederfabrikation.
10. Nähnadelfabrikation.
11. Verfertigung von Nadler- und Drahtwaaren, einschl. Drahtgegeweben.

VI. Maschinen, Werkzeuge, Instrumente, Apparate.

a) Maschinen, Werkzeuge, Apparate, (eingetheilt nach Hauptartikeln).

1. Fabrikation von Dampfmaschinen, Lokomotiven, Lokomobilen.
2. Fabrikation von landwirthschaftlichen Maschinen und Geräthen.
3. Fabrikation von Spinnerei- und Webereimaschinen und -Utensilien.
4. Nähmaschinenfabrikation.
5. Mühlenbau.
6. Verfertigung von eisernen Baukonstruktionen.
7. Herstellung von Zentralheizanlagen.
8. Verfertigung von Maschinen, Werkzeugen und Apparaten anderer Art, soweit nicht zu den folgenden Klassen dieser Gruppe gehörig.

b) Transportmittel mit Ausschluß von Lokomotiven.

1. Stellmacherei und Wagnerei.
2. Wagenbauanstalten (auch die den Eisenbahnen und Postverwaltungen unterstehenden).
3. Schiffsbau.

c) Schußwaffen.

1. Geschützgießereien und Kanonenbohrwerke.
2. Büchsenmacherei, Gewehrfabrikation.

d) Zeitinstrumente (Uhrmacherei).

e) Musikinstrumente.

1. Pianofortefabrikation.
2. Verfertigung anderer Musikinstrumente.

f) Mathematische, physikalische, chemische und chirurgische Instrumente und Apparate.

1. Verfertigung mathematischer, physikalischer und chemischer Instrumente und Apparate.
2. Verfertigung chirurgischer Instrumente und Apparate.
3. Verfertigung anatomischer und mikroskopischer Präparate.
4. Verfertigung von Telegraphen- und Telephonanlagen und -apparaten.

g) Lampen und andere Beleuchtungsapparate.

VII. Chemische Industrie.

a) Chemische Großindustrie.

b) Sonstige Verfertigung pharmazeutischer und photographischer Apparate.

c) Apotheken.

d) Farbenmaterialien mit Einschluß von Theerkohle und Kohlenfilter.

1. Herstellung von Farbenmaterialien mit Ausschluß der Theerfarben.
2. Verfertigung von Bleistiften, Pastellstiften, Kreiden.
3. Anilin und Anilinfarbenfabrikation.
4. Herstellung sonstiger Steinkohlentheer- und Kohlentheer-Derivate.

e) Explosivstoffe und Zündwaaren.

1. Herstellung von Explosivstoffen.
2. Zündwaarenverfertigung.

f) Abfälle und künstliche Düngstoffe.

1. Abfuhr- und Desinfektionsanstalten.
2. Fabrikation künstlicher Düngstoffe.
3. Abdeckerei.

VIII. Forstwirthschaftliche Nebenprodukte, Leuchtstoffe, Fette, Oele und Firnisse.

a) Gewinnung forstwirthschaftlicher Nebenprodukte.

1. Holzkohlen-, Holztheer- und Rußgewinnung.
2. Harz- und Pechgewinnung.

b) Gasanstalten.

c) Licht- und Seifenfabrikation.

1. Talgsiederei, Talgkerzenfabrikation, Seifensiederei.
2. Stearin- und Wachskerzenfabrikation.

d) Oelmühlen.

e) Kohlentheerschwelerei, Verfertigung von Mineral- und ätherischen Oelen, Fetten und Firnissen, sowie Bearbeitung von Harzen.

1. Kohlentheerschwelerei, Betriebe für Mineralöle, Gasäther ꝛc. für Paraffinkerzen; Petroleumraffinerie.
2. Thranbrennerei, Leder- u. Wagenschmierfabrikation.
3. Herstellung von ätherischen Oelen und Parfüms.
4. Verarbeitung von Harzen und Verfertigung von Firnissen und Kitten.

IX. Textilindustrie.

a) Zubereitung von Spinnstoffen.

1. Seidentrocknungs- u. -konditionir-anstalten.
2. Wollbereitung.
3. Flachsröstanstalten.

b) Spinnerei (einschl. Hechelei, Spulerei, Zwirnerei und Wattenfabrikation).

1. Seidenfilanden und Seidenhaspelanstalten.
2. Seiden- und Seidenshoddy-Spinnerei (einschl. w. o.).
3. Wollenspinnerei (einschl. w. o.).
4. Mungo und Shoddy-Herstellung und -Spinnerei.
5. Flachshechelei und Leinenspinnerei (einschl. w. o.).
6. Baumwollenspinnerei (einschl. w. o.).
7. Vigognespinnerei (einschl. w. o.).
8. Spinnerei anderer Stoffe (einschl. w. o.).
9. Spinnerei ohne Stoffangabe (einschl. w. o.).

c) Weberei, einschl. Bandweberei (ausgenommen Metall-, Gummi- und Roßhaarweberei.

1. Seidenweberei, einschl. Sammetverfertigung und Seidenbandweberei.
2. Wollenweberei, einschl. Wollenbandweberei.
3. Leinenweberei, einschl. Leinenbandweberei.
4. Juteweberei.
5. Baumwollenweberei, einschl. Baumwollenbandweberei.
6. Weberei von gemischten und anderen Waaren.
7. Weberei ohne Stoffangabe.

d) Gummi- und Haarflechterei und -weberei.

e) Strickerei und Wirkerei (Strumpfwaarenfabrikation).

f) Häkelei, Stickerei, Spitzenfabrikation.

1. Häkelei, Stickerei.
2. Spitzenverfertigung und Weißzeugstickerei.

g) Bleicherei, Färberei, Druckerei und Appretur von Spinnstoffen, Garnen, Geweben und Zeugen aller Art.

1. Seidenfärberei und -druckerei.
2. Wollenfärberei, -druckerei und -appretur.
3. Bleicherei, Färberei und Appretur für Gespinnste und Gewebe aus Flachs, Hanf, Werg, Jute 2c.
4. Bleicherei, Färberei, Druckerei für Gespinnste und Gewebe aus Baumwolle.
5. Appretur für Strumpf- und Strickwaaren.
6. Wäscherei, Bleicherei und Appretur für Spitzen und Weißzeugstickereien.
7. Sonstige Bleicherei, Färberei, Druckerei und Appretur, auch ohne Stoffangabe.

h) Posamentenfabrikation.

i) Seilerei und Reepschlägerei; auch Fabrikation von Netzen Segeln, Säcken 2c.

1. Seilerei und Reepschlägerei.
2. Verfertigung von Netzen, Segeln, Säcken 2c.

X. Papier und Leder.

a) Verfertigung von Papier und Pappe.

1. Papier- und Pappefabrikation, Herstellung von Oelpapier, Schleifpapier 2c.
2. Steinpappe- und Papiermaché-fabrikation.
3. Dachfilz- und Dachpappefabrikation.
4. Bunt- und Luxuspapierfabrikation.
5. Tapeten- und Rouleauxfabrikation.

b) Gerberei, Lohmühlen; Fabrikation von gefärbtem und lackirtem Leder und Pergament.

1. Lohmühlen und Lohextraktfabriken.
2. Gerberei, Fabrikation von gefärbtem und lackirtem Leder und Pergament.

c) Wachstuch- und Ledertuch-, auch Treibriemenfabrikation, Verfertigung von Gummi- und Guttaperchawaaren (ausgenommen Geflechte und Gewebe).

1. Wachstuch- und Ledertuchfabrikation.
2. Treibriemenfabrikation.
3. Verfertigung von Gummi- und Guttaperchawaaren.

d) Buchbinderei und Kartonnagefabrikation.

e) Verfertigung von Riemer-, Sattler- und Tapezierarbeiten.

1. Verfertigung von Riemer- und Sattlerarbeiten.
2. Verfertigung von Tapezierarbeiten.

XI. Holz- und Schnitzstoffe.

a) Holzzurichtung und Konservirung.

b) Verfertigung glatter Holzwaaren.

1. Verfertigung von Holzstiften, Zündholzruthen und Zahnstochern.
2. Verfertigung von groben Holzwaaren.
3. Tischlerei- und Parketfabrikation.

c) Böttcherei.

d) Korbmacherei.

e) Sonstige Weberei und Flechterei von Holz, Stroh, Bast und Binsen.

f) Drechsler- und Schnitzwaarenverfertigung, auch Korkschneiderei.

1. Drechsler- und Schnitzwaarenverfertigung.
2. Korkschneiderei.

g) Verfertigung von Kämmen, Bürsten, Pinseln, Federposen, Stöcken, Sonnen- und Regenschirmen.

1. Verfertigung von Kämmen, Bürsten, Pinseln, Federposen.
2. Stock-, Sonnen- und Regenschirmfabrikation.

h) Holz- und Schnitzwaaren-Vergoldung und sonstige Veredelung.

XII. Nahrungs- und Genußmittel.

a) Vegetabilische Nahrungsstoffe.

1. Getreide-, Mahl- und Schälmühlen.
2. Bäckerei und Konditorei.
3. Rübenzuckerfabrikation und Zuckerraffinerie.
4. Nudel- und Maccaronifabrikation.
5. Stärke- und Stärkesyrupfabrikation
6. Kakao- und Schokoladenfabrikation.
7. Kaffeesurogatfabrikation.
8. Kaffeebrennerei, Zuckerschneiderei.
9. Konservenfabrikation und Verfertigung komprimirter Gemüse 2c.

b) Animalische Nahrungsstoffe.

1. Fleischerei.
2. Fischsalzerei und -pökelei.
3. Butter- und Käsefabrikation und Bereitung von kondensirter Milch.

c) Getränke.

1. Wasserversorgung.
2. Eisbereitung, -bewahrung und -versorgung.
3. Fabrikation von künstlichen Mineralwässern.
4. Mälzerei.
5. Brauerei.
6. Branntweinbrennerei, Liqueur- und Preßhefenfabrikation.
7. Schaum- und Obstweinfabrikation, Weinpflege.
8. Essigfabrikation.
9. Tabakfabrikation.

XIII. Bekleidung und Reinigung.

a) Wäsche, Kleidung, Kopfbedeckung, Putz.

1. Näherinnen.
2. Schneider und Schneiderinnen.
3. Herstellung fertiger Kleider und Wäsche (Konfektion).
4. Putzmacherei, Verfertigung von künstlichen Blumen und Federschmuck.
5. Hutmacherei, Fabrikation von Filzwaaren.
6. Mützenmacherei.
7. Kürschnerei und Pelzwaarenzurichtung.
8. Verfertigung von Hosenträgern, Kravatten und Handschuhen.
9. Verfertigung von Korsets und Krinolinen.

b) Schuhmacherei.

c) Haar- und Bartpflege 2c.

d) Baden und Waschen.

1. Badeanstalten.
2. Waschanstalten, Wäscherinnen, Plätterinnen.
3. Fleckenausmacher, Kleiderreiniger, Stiefelwichser, Kammerjäger.

XIV. Baugewerbe.

a) Bauunternehmung und Bauunterhaltung (Hoch-, Eisenbahn-, Wege- und Wasserbau), soweit nicht zu den folgenden Klassen b) bis n) zu zählen.

1. Bauunternehmer
2. Privatarchitekten, Civilingenieure, Bautechniker und bautechnische Bureaus.

b) Feldmesser, Geometer, Markscheider, Wiesenbauer und Draintechniker.

c) Maurer.

d) Zimmerer.

e) Glaser.

f) Stubenmaler, Staffirer, Anstreicher, Tüncher, Stubenbohner.

g) Stuckateure.

h) Dachdecker (Ziegel-, Schiefer-, Schindel-, Stroh-).

i) Asphaltirer und Steinsetzer.

k) Brunnenmacher.

l) Einrichter von Gas- und Wasseranlagen.

m) Ofensetzer.

n) Schornsteinfeger.

XV. Polygraphische Gewerbe.

a) Schriftschneiderei und -gießerei, Holzschnitt.

b) Buchdruckerei, auch Stein- und Metall-, sowie Farbendruck.

1. Buchdruckerei.
2. Stein- und Zinkdruckerei.
3. Kupfer- und Stahldruckerei.
4. Farbendruckerei.

c) Photographische Anstalten.

XVI. Künstler (Kunstmaler und Kunstbildhauer), auch künstlerische Betriebe für gewerbliche Zwecke (mit Ausnahme der Musik, Theater, Schaustellung).

Anlage B.

Nachweisung

der Gruppen, Klassen und Ordnungen der Reichs-Berufs-(Gewerbe-) Statistik, zu welchen die im §. 1 des Gesetzes vom 28. Mai 1885 bezeichneten Betriebszweige gehören.

		Gruppe	Klasse	Ordnung
1.	Eisenbahn-Verwaltungen (größere Verkehrsbahnen)	nicht klassifizirt		
2.	Straßenbahnen und andere kleinere Eisenbahnen	aus XIX	a	1
3.	Baggereibetrieb	XIV	a	1
4.	Posthalterei und Personen-Fuhrwerksbetrieb	XIX	a	1
5.	Fracht- (auch Roll-) Fuhrwerksbetrieb, Güterbestätter	XIX	a	2
6.	Binnenschiffahrt, Flößerei, Prahm-, Fährbetrieb, Schiffsziehen (Treidelei)	XIX	b	—
7.	Spedition	XVII	c	—
8.	Speicher- und Kellereibetrieb . . .	XVII	g	4
9.	Güterpacker, Güterlader, Schaffer . .	aus XIX	a	2
10.	Bracker	XVII	e	—
11.	Wäger, Messer, Stauer, Schauer . .	XVII	f	—

Anlage C.

Verzeichniß
der
Berufsgenossenschaften.

Vgl. Bekanntmachung vom 22. Mai 1885 und 15. April 1886.

Laufende Nr.	Bezeichnung und Sitz der Berufsgenossenschaft	Industriezweige*) (nach den Gruppen, Klassen und Ordnungen der Reichs-Berufs-(Gewerbe-)Statistik)	Bezirk der Berufsgenossenschaft
1.	Knappschafts-Berufsgenossenschaft. Berlin.	Alle Betriebe, welche landesgesetzlich bestehenden Knappschaftsverbänden angehören, mit Ausnahme der Hochöfen und Stahlhütten, Eisen- und Stahl-, Frisch- und Streckwerke, Eisengießereien, Schwarz- und Weißblechfabriken (III b. 3, V c 1 und 2).	Das Gebiet des Reichs.
2.	Steinbruchs-Berufsgenossenschaft. Berlin.	Die nicht knappschaftspflichtigen Bergwerke und Steinbrüche, Betriebe, für Kies, Kalk, Cement ꝛc.: III a 1. Bergwerke auf Erze, ausgenommen Eisenerze; „ c 1. Salzbergwerke; „ d 1. Steinkohlenbergwerke; „ „ 3. Braunkohlenbergwerke und Braunkohlen-Briquetfabrikation; „ „ 4. Gewinnung von Graphit, Asphalt, Erdöl und Bernstein; IV a 1. Marmorbrüche, Marmorsägerei und -schleiferei; „ „ 2. Schieferbrüche und Verfertigung grober Schieferwaaren (ausgenommen die Schreibtafelfabrikanten, deren Hauptbetrieb in der Herstellung der Holzrahmen	Das Gebiet des Reichs.

*) Nebenbetriebe gehören zu der Berufsgenossenschaft, welcher der Hauptbetrieb zugehört, auch wenn sie an sich in eine andere Berufsgenossenschaft fallen würden. — Vgl. auch Anlage G und Anm. 45 zu §. 1 G.U.V.G.

Laufende Nr.	Bezeichnung und Sitz der Berufsgenossenschaft	Industriezweige (nach den Gruppen, Klassen und Ordnungen der Reichs-Berufs-(Gewerbe-)Statistik)	Bezirk der Berufsgenossenschaft
		um die Schieferplatte besteht); aus IV a 3. Steinbrecher und Steinbrüche; „ b 1, 2, 3, 4. Gewinnung von Kies und Sand, Kalk, Cement, Traß, Gyps und Schwerspath (darunter Strontianit); Feldspathbrüche.*)	
3.	Berufsgenossenschaft der Feinmechanik. Berlin.	Nähmaschinenfabrikation und Feinmechanik: Aus V c 5. Metallschrauben- und Façondreherei; „ „ 10. Nähnadelfabrikation; „ „ 11. Verfertigung von Nadler- und Drahtwaaren, einschließlich Drahtgeweben; IV a 4. Nähmaschinenfabrikation (mit Einschluß der Tambourirmaschinen und mit Ausschluß der Plattstich-Stickmaschinen); „ c 2. Büchsenmacherei und Gewehrfabrikation; „ d Zeitmeßinstrumente (Uhrmacherei); „ f 1. Verfertigung mathematischer, physikalischer und chemischer Instrumente und Apparate; „ „ 2. Verfertigung chirurgischer Instrumente und Apparate; „ „ 3. Verfertigung anatomischer und mikroskopischer Präparate; „ „ 4. Verfertigung von Telegraphen- und Telephonanlagen und -apparaten, einschließlich der elektrischen Beleuchtungsanlagen; aus VI a 8. Gasmesserfabriken.	Das Gebiet des Reichs.

*) Durch Beschluß des Bundesraths vom 4. März 1897 aus der Töpferei-B.G. ausgeschieden und der Steinbruchs-B.G. zugewiesen (A.N. 1897 S. 293).

Laufende Nr.	Bezeichnung und Sitz der Berufsgenossenschaft	Industriezweige (nach den Gruppen, Klassen und Ordnungen der Reichs-Berufs-(Gewerbe-)Statistik)	Bezirk der Berufsgenossenschaft
4.	Süddeutsche Eisen- und Stahl-Berufsgenossenschaft. Frankfurt a. M.	Alle Eisen und Stahl herstellenden und als Hauptmaterial verarbeitenden Betriebe, sowie die Dampf-, Gas- und sonstigen Motorenbetriebe, soweit sie nicht zu anderen Berufsgenossenschaften gehören: III b 3. Hochöfen und Stahlhütten, Eisen- und Stahl-, Frisch- und Streckwerke; V c 1. Eisengießerei und Eisenemaillirung; „ „ 2. Schwarz- und Weißblechfabrikation; „ „ 3. Klempnerei; „ „ 4. Blechwaarenfabrikation „ „ 5. Verfertigung von Stiften und Nägeln, Schrauben, Nieten, Ketten, Drahtseilen 2c.; „ „ 6. Grob- und Hufschmiede; „ „ 7. Schlosserei,**) Verfertigung von feuerfesten Geldschränken; „ „ 8. Zeug-, Sensen- und Messerschmiede, Verfertigung von eisernen Kurzwaaren; „ „ 9. Stahlfederfabrikation; IV a 1. Fabrikation von Dampfmaschinen, Lokomotiven, Lokomobilen; „ „ 2. Fabrikation von landwirthschaftlichen Maschinen und Geräthen; „ „ 3. Fabrikation von Spinnerei- und Weberei-Maschinen und -Utensilien; aus „ „ 4. die Verfertigung von Plattstich-Stickmaschinen; „ „ 5. soweit Mühlenbau vorwiegend aus Eisen in Frage kommt;	Bayern ohne die Aemter Zweibrücken und Homburg, Württemberg, Baden, Hessen, Hessen-Nassau (ohne die Kreise Rintelen und Schmalkalden,*) Sigmaringen, Kreis Wetzlar, Ober- und Unter-Elsaß.

*) laut Beschluß des Bundesraths v. 17. Aug. 1887 ist Kreis Rintelen zur Nordwestl. Eisen- und Stahl-B.G. (11) und Kreis Schmalkalden zur Sächs.-Thüring. Eisen- und Stahl-B.G. (8) übergetreten.

**) sowie Anschlägerarbeiten, beide auch bei Bauten (A.N. 1886 S. 295).

Laufende Nr.	Bezeichnung und Sitz der Berufsgenossenschaft	Industriezweige (nach den Gruppen, Klassen und Ordnungen der Reichs-Berufs-(Gewerbe-)Statistik)	Bezirk der Berufsgenossenschaft
		IV a 6. Verfertigung von eisernen Baukonstruktionen; „ „ 7. Herstellung von Centralheizanlagen; „ „ 8. Verfertigung von Maschinen, Werkzeugen und Apparaten anderer Art, soweit nicht zu den folgenden Klassen dieser Gruppe gehörig; „ b 2. Wagenbauanstalten, ohne die Erbauung gewöhnlicher Wagen aus Holz; „ „ 3. soweit Schiffsbau vorwiegend aus Eisen in Frage kommt; „ c 1. Geschützgießereien und Kanonenbohrwerke; ausgenommen die Baulackirerei, Bauklempnerei, Blitzableiterverfertigung, Metallwaarenfabrikation, Metallschrauben- und Façondreherei und Gasmesserfabrikation. Außerdem gehören zur Berufsgenossenschaft: III a 2. Eisenerzgruben; „ b 1. Silber-, Blei-, Kupfer-, Zink- und Zinnhütten; „ „ 2. Nickel-, Kobalt-, Antimon-, Wismuth- und Arsenikhütten; „ d 2. Verkokungsanstalten. } soweit sie nicht landesgesetzlich bestehenden Knappschaftsverbänden angehören.	
5.	Südwestdeutsche Eisen- und Stahl-Berufsgenossenschaft. Saarbrücken.	Wie lfde. Nr. 4.	Regierungsbezirk Trier, Bezirk Lothringen, die bayer. Aemter Zweibrücken und Homburg.

Laufende Nr.	Bezeichnung und Sitz der Berufsgenossenschaft	Industriezweige (nach den Gruppen, Klassen und Ordnungen der Reichs-Berufs-(Gewerbe-)Statistik)	Bezirk der Berufsgenossenschaft
6.	Reinisch-westfälische Hütten- u. Walzwerks-Berufsgenossenschaft. Düsseldorf.	Hütten, Hochöfen, Frisch- und Streckwerke, Schwarz- und Weißblechfabriken, Geschützgießereien: III b 3. Hochöfen und Stahlhütten, Eisen- und Stahl-, Frisch- und Streckwerke; V c 2. Schwarz- und Weißblechfabrikation; VI c 1. Geschützgießereien und Kanonenbohrwerke; III a 2. Eisenerzgruben; „ b 1. Silber-, Blei-, Kupfer-, Zink- und Zinnhütten; „ „ 2. Nickel-, Kobalt-, Antimon-, Wismuth- und Arsenikhütten; „ d 2. Verkokungsanstalten. } soweit sie nicht landesgesetzlich bestehenden Knappschaftsverbänden angehören.	Rheinprovinz u. Westfalen, mit Ausnahme des Reg.-Bez. Trier u. des Kreises Wetzlar, außerdem Birkenfeld.
7.	Rheinisch-westfälische Maschinenbau- u. Kleineisenindustrie-Berufsgenossenschaft. Düsseldorf.	Maschinenbau, Eisengießerei, Kleineisen-Industrie, sowie Dampf-, Gas- und sonstige Motorenbetriebe, soweit sie nicht anderen Berufsgenossenschaften angehören: V c 1. Eisengießerei und Eisenemaillirung; „ „ 3. Klempnerei; „ „ 4. Blechwaarenfabrikation; „ „ 5. Verfertigung von Stiften und Nägeln, Schrauben, Nieten, Ketten, Drahtseilen 2c.; „ „ 6. Grob- und Hufschmiede; „ „ 7. Schlosserei,*) Verfertigung von feuerfesten Geldschränken; „ „ 8. Zeug-, Sensen- und Messerschmiede, Verfertigung von eisernen Kurzwaaren; „ „ 9. Stahlfederfabrikation;	Rheinprovinz u. Westfalen, mit Ausnahme der Reg.-Bez. Trier u. des Kreisier Wetzlar, außees dem Birkenr feld.

*) und Anschlägerarbeiten, beide auch bei Bauten (A.N. 1886 S. 295).

Laufende Nr.	Bezeichnung und Sitz der Berufsgenossenschaft	Industriezweige (nach den Gruppen, Klassen und Ordnungen der Reichs-Berufs-(Gewerbe-)Statistik)	Bezirk der Berufsgenossenschaft
		VI a 1. Fabrikation von Dampfmaschinen, Lokomotiven, Lokomobilen; „ „ 2 Fabrikation von landwirthschaftlichen Maschinen und Geräthen; „ „ 3. Fabrikation von Spinnerei- und Weberei-Maschinen und -Utensilien; aus „ „ 4. Die Verfertigung von Plattstich-Stickmaschinen; „ „ 5. soweit Mühlenbau vorwiegend aus Eisen in Frage kommt; „ „ 6. Verfertigung von eisernen Baukonstruktionen; „ „ 7. Herstellung von Zentralheizanlagen; „ „ 8. Verfertigung von Maschinen, Werkzeugen und Apparaten anderer Art, soweit nicht zu den folgenden Klassen dieser Gruppe gehörig; „ b 2. Wagenbauanstalten, ohne die Erbauung gewöhnlicher Wagen aus Holz; „ „ 3. soweit Schiffsbau vorwiegend aus Eisen in Frage kommt; ausgenommen die Baulackirerei, Bauklempnerei, Blitzableiterverfertigung, Metallwaarenfabrikation, Metallschrauben- und Façondreherei und Gasmesserfabrikation.	
8.	Sächsisch-thüringische Eisen- u. Stahl-Berufsgenossenschaft. Leipzig.	Wie lfde. Nr. 4.	Königr. Sachsen. Regierungsbezirke Merseburg und Erfurt, Kreis Schmalkalden,*) Sachsen-Weimar, Sachsen-Al-

*) laut Beschluß des Bundesraths v. 17. Aug. 1887 aus der Südd. Eisen- u. Stahl-B.G. (4) ausgeschieden und hierher übergeführt.

Laufende Nr.	Bezeichnung und Sitz der Berufsgenossenschaft	Industriezweige (Nach den Gruppen, Klassen und Ordnungen der Reichs-Berufs-(Gewerbe-) Statistik)	Bezirk der Berufsgenossenschaft
			tenburg, Sachsen-Koburg-Gotha, Sachsen-Meiningen, Schwarzburg Rudolstadt und Schwarzburg-Sondershausen, Reuß älterer und Reuß jüngerer Linie.
9.	Nordöstliche Eisen- und Stahl-Berufsgenossenschaft. Berlin.	Wie lfde. Nr. 4.	Brandenburg mit Berlin, Pommern Ost- und Westpreußen.
10.	Schlesische Eisen- u. Stahl-Berufsgenossenschaft. Bresslau.	Wie lfde. Nr. 4.	Schlesien und Posen.
11.	Nordwestliche Eisen- und Stahl-Berufsgenossenschaft. Hannover.	Wie lfde. Nr. 4.	Provinz Hannover, Schleswig-Holstein, Reg.Bez. Magdeburg, Kreis Rinteln*), Oldenburg ohne Birkenfeld, Mecklenburg-Schwerin, Mecklenburg-Strelitz, Braunschweig, Anhalt, Waldeck, Schaumburg-Lippe, Lippe, Bremen, Lübeck, Hamburg.

*) laut Beschluß des Bundesraths v. 17. Aug. 1887 aus der Südd. Eisen- und Stahl-B.G. (4) ausgeschieden und hierher übergeführt.

Laufende Nr.	Bezeichnung und Sitz der Berufsgenossenschaft	Industriezweige (nach den Gruppen, Klassen und Ordnungen der Reichs-Berufs-(Gewerbe-) Statistik)	Bezirk der Berufsgenossenschaft
12.	Süddeutsche Edel- u. Unedelmetallindustrie-Berufsgenossenschaft. Stuttgart.	Edel- und Unedelmetall-Industrie: aus IV a 5. Edelstein- und Halbedelstein-Schleiferei und -Schneiderei;*) V a 2. Verfertigung von Gold-, Silber- und Bijouteriewaaren; „ „ 2. Gold- und Silberschlägerei; „ „ 3. Gold- und Silberdrahtzieherei und Verfertigung leonischer Waaren; „ „ 4. Münzstätten; V b Unedle Metalle, ausgenommen die Messinglinienfabrikation; aus „ c 4. Metallwaarenfabrikation; VI g. Lampen und andere Beleuchtungsapparate; aus VII d 1. Brokat- und Bronzefarbenfabritation; „ XVI. Graveure und Metallformer.	Bayern, Württemberg, Baden, Hessen, Hessen-Nassau, Sigmaringen, Elsaß-Lothringen.
13.	Norddeutsche Edel- u. Unedelmetall-Industrie-Berufsgenossenschaft. Berlin.	Wie lfde. Nr. 12.	Das Gebiet des Reichs ohne Bayern, Württemberg, Baden, Hessen, Sigmaringen, Elsaß-Lothringen.
14.	Berufsgenossenschaft der Musikinstrumenten-Industrie. Leipzig.	VI e 1. Pianofortefabrikation; „ „ 2. Verfertigung anderer Musikinstrumente.	Das Gebiet des Reichs.
15.	Glas-Berufsgenossenschaft. Berlin.	Glas-Industrie: IV e 1. Glasfabrikation und -veredelung; „ „ 2. Glasbläserei vor der Lampe; „ „ 3. Spiegelglas und Spiegelfabrikation.	Das Gebiet des Reichs.

*) laut Beschluß des Bundesraths v. 16. Mai 1889 aus den Baugewerks-B.G. (43 fg.) ausgeschieden und hierher übergeführt, und zwar nach A.N. 1889 S. 389 mit der Wirkung vom 1. Januar 1889 ab.

Laufende Nr.	Bezeichnung und Sitz der Berufsgenossenschaft	Industriezweige (nach den Gruppen, Klassen und Ordnungen der Reichs-Berufs-(Gewerbe-)Statistik)	Bezirk der Berufsgenossenschaft
16.	Töpferei - Berufsgenossenschaft. Berlin.	Fabrikation feiner Thonwaaren und verwandte Betriebe: aus IV a 5. Speckstein-Gasbrenner-Fabriken;*) „ c 2. Massenbereitung für glasirte und verglaste Thonwaaren; „ „ 3. Kaolingruben und -schlemmerei, auch Massenmühlen; „ „ 4. Quarz- und Glasurmühlen; aus „ d 1. die Emaillirwerke für Thonwaaren; „ „ 2. Töpferei, Verfertigung von feinen Thonwaaren, Steinzeug, Terralith- und Siderolithwaaren (ausgenommen die Bauornamenteverfertiger, Lehmformer, Muffelmacher [Fabrikanten feuerfester Produkte], Steinröhrenfabrikanten [Steinzeugröhrenfabrikanten], Terrakottenfabrikanten [soweit die Verfertiger von Bauornamenten damit gemeint sind]); „ „ 3. Fayencefabrikanten und -veredelung; „ „ 4. Porzellanfabrikation und -veredelung.**)	Das Gebiet des Reichs.
17.	Ziegelei. Berufsgenossenschaft. Berlin.	Ziegelei- und Thonröhrenfabrikation (Lehm-, Thon- und Torfgräberei): aus IV a 5. die Schwemmsteinfabrikation; „ c 1. Lehm- und Thongräberei; „ d 1. Ziegelei- und Thonröhrenfabrikation (ausgenommen die Emaillirwerke für Thonwaaren); aus IV d 2. die Bauornamenteverfertiger, Muffelmacher (Fabri-	Das Gebiet des Reichs.

*) laut Beschluß des Bundesraths vom 16. Mai 1889 mit der Wirkung vom 1. Jan. 1889 ab aus den Baugewerks-B.G. (43 fg.) ausgeschieden und hierher übertragen.

**) Feldspathbrüche sind durch Beschluß des Bundesraths vom 4. März 1897 hier ausgeschieden und der Steinbruchs-B.G. zugewiesen (A.N. 1897 S. 293).

Laufende Nr.	Bezeichnung und Sitz der Berufsgenossenschaft	Industriezweige (nach den Gruppen, Klassen und Ordnungen der Reichs-Berufs-(Gewerbe-)Statistik)	Bezirk der Berufsgenossenschaft
		kanten feuerfester Produkte), Steinröhrenfabrikanten (Steinzeugröhrenfabrikanten), Terrakottenfabrikanten (soweit die Verfertiger von Bauornamenten damit gemeint sind).	
		Außerdem III e. Torfgräberei und Torfbereitung.	
18.	Berufsgenossenschaft der chemischen Industrie. Berlin.	Chemische Industrie: VII a. Chemische Großindustrie; „ b. Sonstige Verfertigung chemischer, pharmazeutischer und photographischer Präparate; „ c. Apotheken; „ d 1. Herstellung von Farbematerialien 2c. mit Ausschluß der Brokat- und Bronzefabrikation; „ „ 2. Verfertigung von Bleistiften, Pastellstiften, Kreiden, ausgenommen die Bleistiftfabrikanten; „ „ 3. Anilin- und Anilinfarbenfabrikation; „ „ 4. Herstellung sonstiger Steinkohlen- und Kohlentheerderivate; „ e 1. Herstellung von Explosivstoffen; „ „ 2. Zündwaarenverfertigung; „ f 1. Abfuhr- und Desinfektionsanstalten; „ „ 2. Fabrikation künstlicher Düngstoffe; „ „ 3. Abdeckerei. VIII a 1. Holzkohlen-, Holztheer- und Rußgewinnung; „ „ 2. Harz- und Pechgewinnung; „ c 1. Talgsiederei, Talgkerzenfabrikation, Seifensiederei; „ „ 2. Stearin- und Wachskerzenfabrikation; „ e 1. Kohlentheerschwelerei, Betriebe für Mineralöle, Gas-	Das Gebiet des Reichs.

Laufende Nr.	Bezeichnung und Sitz der Berufsgenossenschaft	Industriezweige (nach den Gruppen, Klassen und Ordnungen der Reichs-Berufs-(Gewerbe-)Statistik	Bezirk der Berufsgenossenschaft
		äther ꝛc. für Paraffinkerzen; Petroleumraffinerie; VIII e 2. Thranbrennerei, Leder- und Wagenschmierefabrikation; „ „ 3. Herstellung von ätherischen Oelen und Parfüms; „ „ 4. Bearbeitung von Harzen und Verfertigung von Firnissen und Kitten; X a 3. Dachfilz- und Dachpappenfabrikation;*) X e 3. Gummi- und Guttaperchawaarenfabrikation; aus XI a. die Imprägniranstalten (mit Ausnahme derjenigen, welche vorwiegend Holzzurichtung betreiben: Sägewerke ꝛc.); XII c 3. Fabrikation künstlicher Mineralwasser; „ „ 8. Essigfabrikation ohne die Herstellung von Alkohol-(Gährungs-)Essig. Außerdem: III c 2. Salinen, sofern sie nicht landesgesetzlich bestehenden Knappschaftsverbänden angehören.	
19.	Berufsgenossenschaft der Gas- und Wasserwerke. Berlin.	Gas- und Wasserwerke: VIII b. Gasanstalten; XII c 1. Wasserversorgung, einschl. Hauswasserleitungen und Pumpstationen für Kanalisationszwecke.	Das Gebiet des Reichs.
20.	Leinen-Berufsgenossenschaft. Bielefeld.	Flachs-, Hanf-, Jute- und sonstige Bastfaser-Industrie: IX a 3. Flachsröstanstalten; „ b 5. Flachshechelei und Leinenspinnerei (einschl. Hechelei, Haspelei, Spulerei, Zwirnerei und Wattenfabrikation);	Das Gebiet des Reichs mit Ausnahme von Königreich Sachsen, Schlesien und Elsaß-Lothringen.

*) laut Beschluß des Bundesraths v. 16. Mai 1889 mit der Wirkung vom 1. Januar 1888 ab aus der B.G. 29 ausgeschieden und hierher übernommen.

Laufende Nr.	Bezeichnung und Sitz der Berufsgenossenschaft	Industriezweige (nach den Gruppen, Klassen und Ordnungen der Reichs-Berufs-(Gewerbe-)Statistik)	Bezirk der Berufsgenossenschaft
		aus XI b 8 die Jutespinnerei und sonstige Bastfaser- (Manilla-, Kokus-, Nessel-)Spinnerei; „ c 3. Leinenweberei, einschl. Leinenbandweberei; „ „ 4. Juteweberei; „ „ 6. die Bastfaser- (Manilla-, Kokus-, Nessel-) Weberei; „ g 3. Bleicherei, Färberei und Appretur für Gespinnste und Gewebe aus Flachs, Hanf, Werg, Jute 2c.; „ i 1. Seilerei und Reepschlägerei; „ „ 2. Verfertigung von Netzen, Segeln, Säcken 2c.	
21.	Norddeutsche Textil-Berufsgenossenschaft. Berlin.	Textil-Industrie ohne Seiden- und Halbseiden-, Leinen, Halbleinen- und sonstige Bastfaser-Industrie: IX a 2. Wollbereitung; „ b 3. Wollenspinnerei, einschl. Hechelei, Haspelei, Spulerei, Zwirnerei und Wattenfabrikation; „ „ 4. Mungo- und Shoddy-Herstellung und Spinnerei; „ „ 6. Baumwollenspinnerei, einschließl. Hechelei, Haspelei, Spulerei, Zwirnerei und Wattenfabrikation; „ „ 7. Vigognespinnreei, einschl. wie vor; aus „ „ 8. Spinnerei anderer Stoffe, einschl. wie vor; „ „ 9. Spinnerei ohne Stoffangabe, einschl. wie vor; „ c 2. Wollenweberei, einschl. Wollenbandweberei; „ „ 5. Baumwollenweberei, einschl. Baumwollen-Bandweberei; aus „ „ 6. Weberei von gemischten und anderen Waaren; „ „ 7. Weberei ohne Stoffangabe; „ d. Gummi und Haarflechterei und Weberei; „ e. Strickerei und Wirkerei (Strumpfwaarenfabrikation);	Das Gebiet des Reichs ohne Rheinprovinz u. Birkenfeld, Westfalen, Schlesien, Bayern, Königreich Sachsen, Württemberg Baden, Hessen, Elsaß-Lothringen u. Sigmaringen.

Laufende Nr.	Bezeichnung und Sitz der Berufsgenossenschaft	Industriezweige (nach den Gruppen, Klassen und Ordnungen der Reichs-Berufs-(Gewerbe-)Statistik	Bezirk der Berufsgenossenschaft
		IX f 1. Häkelei, Stickerei; „ „ 2. Spitzenverfertigung und Weißzeugstickerei; „ g 2. Wollenfärberei, -Druckerei und -Appretur; „ „ 4. Bleicherei, Färberei, Druckerei für Gespinnste und Gewebe aus Baumwolle; „ „ 5. Appretur für Strumpf- und Strickwaaren; IX g 6. Wäscherei, Bleicherei und Appretur für Spitzen und Weißzeugstickereien; „ „ 7. Sonstige Bleicherei, Färberei, Druckerei und Appretur; „ h. Posamentenfabrikation.	
22.	Süddeutsche Textil - Berufsgenossenschaft. Augsburg.	Wie lfde. Nr. 21.	Bayern, Württemberg, Baden, Hessen, Sigmaringen.
23.	Schlesische-Textil - Berufsgenossenschaft. Breslau.	Textil-Industrie ohne Seiden- und Halbseiden-Industrie: IX a 2. Wollbereitung; „ „ 3. Flachsröstanstalten; „ „ 3. Wollenspinnerei, einschl. Hechelei, Haspelei, Spulerei, Zwirnerei und Wattenfabrikation; „ „ 4. Mungo- und Shoddy-Herstellung und -Spinnerei; „ „ 5. Flachshechelei und Leinenspinnerei, einschl. Hechelei, Haspelei, Spulerei, Zwirnerei u. Wattenfabrikation; „ „ 6. Baumwollenspinnerei, einschließlich wie vor; „ „ 7. Vigognespinnerei, einschl. wie vor; aus „ „ 8. Spinnerei anderer Stoffe, einschl. wie vor; „ „ 9. Spinnerei ohne Stoffangabe, einschl. wie vor; „ c 2. Wollenweberei, einschl. Wollenbandweberei;	Provinz Schlesien.

Laufende Nr.	Bezeichnung und Sitz der Berufsgenossenschaft	Industriezweige (nach den Gruppen, Klassen und Ordnungen der Reichs-Berufs-(Gewerbe-)Statistik)	Bezirk der Berufsgenossenschaft
		„ „ 3. Leinenweberei, einschließlich Leinenbandweberei; „ „ 4. Juteweberei; „ „ 5. Baumwollenweberei, einschl. Baumwollenbandweberei; „ „ 6. Weberei von gemischten und anderen Waaren; „ „ 7. Weberei ohne Stoffangabe; „ d. Gummi- und Haarflechterei und -Weberei; „ e. Strickerei und Wirkerei (Strumpfwaarenfabrikation); „ f 1. Häkelei, Stickerei; „ f 2. Spitzenverfertigung und Weißzeugstickerei; „ g 2. Wollenfärberei, -Druckerei und Appretur; „ „ 3. Bleicherei, Färberei und Appretur für Gespinnste und Gewebe aus Flachs, Hanf, Werg, Jute 2c.; „ „ 4. Bleicherei, Färberei, Druckerei für Gespinnste und Gewebe aus Baumwolle; „ „ 5. Appretur für Strumpf- und Strickwaaren; „ „ 6. Wäscherei, Bleicherei und Appretur für Spitzen und Weißzeugstickereien; „ „ 7. Sonstige Bleicherei, Färberei, Druckerei und Appretur; „ h. Posamentenfabrikation; „ i 1. Seilerei und Reepschlägerei; „ „ 2. Verfertigung von Netzen, Segeln, Säcken 2c.*)	
24.	Elsaß-lothringische Textil-Berufsgenossenschaft. Mülhausen i. E.	Wie lfde. Nr. 23.	Elsaß-Lothringen.
25.	Rheinisch-westfälische Textil-	Wie lfde. Nr. 21.	Rheinprovinz, Westfalen und

*) Vgl. auch Nr. 41 ad XIIIa.

Laufende Nr.	Bezeichnung und Sitz der Berufsgenossenschaft	Industriezweige (nach den Gruppen, Klassen und Ordnungen der Reichs-Berufs-(Gewerbe-)Statistik	Bezirk der Berufsgenossenschaft
	Berufsgenossenschaft. M.-Gladbach.		Fürstenthum Birkenfeld.
26.	Sächsische Textil-Berufsgenossenschaft. Leipzig.	Wie lfde. Nr. 23.	Königreich Sachsen.
27.	Seiden-Berufsgenossenschaft. Krefeld.	Seiden-, Halbseiden- und nahverwandte Hülfs-Industrien: IX a 1. Seidentrocknungs- und -konditioniranstalten; „ b 1. Seidenfilanden und Seidenhaspelanstalten; „ „ 2. Seiden- und Seidenshoddy-Spinnerei, einschl. Hechelei, Haspelei, Spulerei, Zwirnerei u. Wattenfabrikation; „ c 1. Seidenweberei, einschl. Sammetverfertigung und Seidenbandweberei; „ g 1. Seidenfärberei u. -druckerei.	Das Gebiet des Reichs.
28.	Papiermacher-Berufsgenossenschaft. Berlin.	Alle Papierstoff und Papier herstellenden Industrien aus Gruppe X a 1: 1. die Sortir- und Schneide-Anstalten von Hadern, Esparto 2c.; 2. die Herstellung von Holz- und Strohstoffen aus Rohmaterialien jeder Art auf mechanischem und chemischem Wege; 3. die Fabrikation von Papier und Pappen jeder Art aus Rohmaterialien oder Halbfabrikaten, wonach insbesondere die Unternehmer nachstehender Betriebe zur Genossenschaft gehören: Cellulose-, Gazepapierfabrikanten, Holzkocher, Holzpapierstofffabrikation, Holzschleifer, Holzstoffschleifer für Papier-, Lederpappe-, Lumpenfabrikanten (Haderfabrikanten), Lumpenschneider, -sortirer für die Papierfabrikation, Papier-, Papierstoff-, Pappdeckel-, Pappe-, Preßspänefabrikanten, Betriebe für Strohstoff für Papier, jedoch mit Ausschluß der zu der folgenden Berufsgenossenschaft gehörenden Pappe- resp. Pappdeckelfabrikanten, welche die	Das Gebiet des Reichs.

Laufende Nr.	Bezeichnung und Sitz der Berufsgenossenschaft	Industriezweige (nach den Gruppen, Klassen und Ordnungen der Reichs-Berufs-(Gewerbe-) Statistik)	Bezirk der Berufsgenossenschaft
		Pappe durch Zusammenkleben herstellen.	
29.	Papierverarbeitungs-Berufsgenossenschaft. Berlin.	Industrie für Papierverarbeitung:	Das Gebiet des Reichs.
		aus X a 1. Glaspapiermacher, Kartenmacher für Webereien, Oelpapier-, Papierstramin-, Pappefabrikanten (diese aber nur, sofern sie blos Pappe zusammenkleben), Pergamentpapier-, Schleifpapier-, Wachspapier-, Sandpapier-, Schmirgelpapierfabrikanten;	
		ferner:	
		„ „ 2. Steinpappe- und Papiermachéfabrikation;*)	
		X a 4. Bunt- und Luxuspapierfabrikation;	
		„ „ 5. Tapeten- und Rouleauxfabrikation;	
		„ d. Buchbinderei und Kartonnagefabrikation;	
		XV b 2. Stein- und Zinkdruckerei;	
		„ „ 3. Kupfer- und Stahldruckerei;	
		„ „ 4. Farbendruckerei;	
		„ c. Photographische Anstalten.	
30.	Lederindustrie-Berufsgenossenschaft. Berlin.	Lederindustrie:	Das Gebiet des Reichs.
		V b 1. Lohmühlen und Lohextraktfabriken;	
		„ „ 2. Gerberei, Fabrikation von gefärbtem und lackirtem Leder und Pergament;	
		„ c 1. Wachstuch- und Ledertuchfabrikation;	
		„ „ 1. Treibriemenfabrikation;	
		„ e. Verfertigung von Riemer-, Sattler- und Tapezierarbeiten;	
		aus XIII a 8. Verfertigung von ledernen Handschuhen.	

*) X a 3 Dachfilz- und Dachpappefabrikation ist mit der Wirkung vom 1. Januar 1888 ab aus B.G. 29 ausgeschieden und zur B.G. 18 (chem. Ind.) übergetreten. (Beschluß d. Bundesraths v. 16. Mai 1889.)

Laufende Nr.	Bezeichnung und Sitz der Berufsgenossenschaft	Industriezweige (nach den Gruppen, Klassen und Ordnungen der Reichs-Berufs-(Gewerbe-)Statistik)	Bezirk der Berufsgenossenschaft
31.	Sächsische Holz-Berufsgenossensch. Dresden.	Holz-Industrie:	Königreich Sachsen.
		XI a. Holzzurichtung und Konservirung ohne die Imprägniranstalten, welche nicht vorwiegend Holzzurichtung betreiben;	
		„ b 1. Verfertigung von Holzstiften, Zündholzruthen und Zahnstochern;	
		„ „ 2. Verfertigung von groben Holzwaaren;	
		„ „ 3. Tischlerei*) und Parketfabrikation;	
		„ c. Böttcherei;	
		„ d. Korbmacherei;	
		„ e. Sonstige Weberei und Flechterei von Holz, Stroh, Bast und Binsen mit Ausnahme der Strohhut-Fabrikanten, -Näher, -Plätter, -Putzer, -Wäscherinnen;	
		„ f 1. Drechsler- und Schnitzwaarenverfertigung;	
		„ „ 2. Korkschneiderei;	
		„ g 1. Verfertigung von Kämmen, Bürsten, Pinseln, Federposen;	
		„ „ 3. Stock-, Sonnen- und Regenschirmfabrikation;	
		„ h. Holz- und Schnitzwaaren-Vergoldung und sonstige Veredelung.	
		Ferner:	
		aus IV a 2. Schreibtafel-Fabrikation, sofern der Hauptbetrieb in der Herstellung der Holzrahmen um die Schieferplatte besteht;	
		VI b 1. Stellmacherei und Wagnerei;	
		aus „ „ 2. Wagenbauanstalten (in Holz), ausschließlich der Eisenbahnwaggon-Bauanstalten;	
		„ VII d 2. Bleistiftfabrikation;	

*) einschl. der Bauschreiner (Tischler) und Einsetzer (A.N. 1886 S. 295).

Laufende Nr.	Bezeichnung und Sitz der Berufsgenossenschaft	Industriezweige (nach den Gruppen, Klassen und Ordnungen der Reichs-Berufs-(Gewerbe-)Statistik)	Bezirk der Berufsgenossenschaft
		„ IX g 7. Holzfärberei ꝛc.; „ XVI. Holzbildhauer; endlich die Klenganstalten.	
32.	Norddeutsche Holz-Berufsgenossenschaft. Berlin.	Wie lfde Nr. 31.	Das Gebiet des Reichs, ohne Bayern, Königreich Sachsen, Württemberg, Baden, Hessen, Sigmaringen, Elsaß-Lothringen.
33.	Bayerische Holzindustrie-Berufsgenossenschaft. München.	Wie lfde. Nr. 31.	Bayern.
34.	Südwestdeutsche Holz-Berufsgenossenschaft. Stuttgart.	Wie lfde. Nr. 31.	Württemberg, Baden, Hessen, Sigmaringen, Elsaß-Lothringen.
35.	Müllerei-Berufsgenossenschaft. Berlin.	Mehl-, Graupen-, Grütze-, Oel- und Reismühlen und die damit verwandten Betriebe: XII a 1. Getreide-, Mahl- und Schälmühlen; VIII d. Oelmühlen.	Das Gebiet des Reichs.
36.	Nahrungsmittel-Industrie-Berufsgenossenschaft. Mannheim.	Nahrungsmittel-Industrie: XII a 2. Bäckerei und Konditorei; „ „ 4. Nudel- und Makkaronifabrikation; „ „ 6. Kakao- und Chokoladenfabrikation. „ „ 7. Kaffeesurrogatfabrikation; „ „ 8. Kaffeebrennerei, Zuckerschneiderei; „ „ 9. Konservenfabrikation und Verfertigung komprimirter Gemüse;	Das Gebiet des Reichs.

Laufende Nr.	Bezeichnung und Sitz der Berufsgenossenschaft	Industriezweige (nach den Gruppen, Klassen und Ordnungen der Reichs-Berufs-(Gewerbe-)Statistik)	Bezirk der Berufsgenossenschaft
		Fleischerei;*) XII b 2. Fischsalzerei und -pökelei; " c 2. Eisbereitung 2c.; aus XII c 5. Malzextrakt- und Malzpräparatefabrikation, sofern nicht Nebenbetrieb der Brauerei; XII c 7. Schaum- und Obstweinfabrikation und Weinpflege; XIII d 1. Badeanstalten.	
37.	Zucker-Berufsgenossenschaft. Berlin.	XII a 3. Rübenzuckerfabrikation und Zuckerraffinerie.	Das Gebiet des Reichs.
38.	Brennerei-Berufsgenossenschaft. Berlin.	Spiritus-, Stärke-, Preßhefe-, Alkohol-essig-Fabrikation und Molkerei: XII a 5. Stärke- und Stärkesyrupfabrikation; " b 3. Molkereien, Butter- und Käsefabrikation; " c 6. Branntweinbrennerei, Liquer- und Preßhefefabrikation; " " 8. Alkohol-(Gährungs-)Essigfabrikation.	Das Gebiet des Reichs.
39.	Brauerei- und Mälzerei-Berufsgenossenschaft. Frankfurt a. M.	Brauerei und Mälzerei: XII c 4. (Mälzerei) und 5. (Brauerei) ohne Malzextrakt- und Malzpräparatefabrikation, sofern nicht Nebenbetrieb der Brauerei.	Das Gebiet des Reichs.
40.	Taback - Berufsgenossenschaft. Berlin.	XII d. Tabackfabrikation.	Das Gebiet des Reichs.
41.	Bekleidungs-Industrie-Berufsgenossenschaft. Berlin.	Bekleidungsindustrie: XIII a. Wäsche, Kleidung, Kopfbedeckung, Putz, jedoch ohne Lederhandschuhfabrikation und ohne Handschuhwir-	Das Gebiet des Reichs.

*) durch Beschluß des Bundesraths vom 14. Juli 1896 hier ausgeschieden und zu einer besonderen Berufsgenossenschaft (Nr. 65) vereinigt (Zentr.-Bl. f. d. Deutsche Reich 1896 S. 453.

Laufende Nr.	Bezeichnung und Sitz der Berufsgenossenschaft	Industriezweige (nach den Gruppen, Klassen und Ordnungen der Reichs-Berufs-(Gewerbe-)Statistik)	Bezirk der Berufsgenossenschaft
		kerei, sowie ohne die Korsetweberei, welche zur Textilindustrie gehört. Die Korsetfabrikation im Uebrigen gehört zur Bekleidungsindustrie; XIII b. Schuhmacherei; „ c. Haar- und Bartpflege; „ d 2, 3. Waschanstalten 2c.; ferner: aus XI e. Strohhut-Fabrikanten, -Näher, -Plätter, -Putzer, -Wäscherinnen.	
42.	Berufsgenossenschaft der Schornsteinfegermeister des Deutschen Reichs. Berlin.	XIV n. Schornsteinfeger.	Das Gebiet des Reichs.
43.	Hamburgische Baugewerks-Berufsgenossenschaft. Hamburg.	Baugewerbe: XIV a 1. Bauunternehmer; „ „ 2. Privatarchitekten, Civilingenieure, Bautechniker und bautechnisches Bureau; „ b. Feldmesser, Geometer, Markscheider, Wiesenbauer und Draintechniker; „ c. Maurer; „ d. Zimmerer; „ e. Glaser; „ f. Stubenmaler, Staffirer, Anstreicher, Tüncher, Stubenbohner; „ g. Stuckateure (auch Herstellung von Stuckwaaren als Handelsartikel [A.N. 1887 S. 51]); „ h. Dachdecker (Ziegel-, Schiefer-, Schindel-, Stroh-); „ i. Asphaltirer und Steinsetzer; „ k. Brunnenmacher; „ l. Einrichter von Gas- und Wasseranlagen; „ m. Ofensetzer;	Hamburg, Lübeck, Schleswig-Holstein, Mecklenburg-Schwerin, Mecklenburg-Strelitz und Fürstenthum Lübeck.

Laufende Nr.	Bezeichnung und Sitz der Berufsgenossenschaft	Industriezweige (nach den Gruppen, Klassen und Ordnungen der Reichs-Berufs-(Gewerbe-)Statistik)	Bezirk der Berufsgenossenschaft
		ferner: IV a 3, 4, 5. Verfertigung grober und feiner Steinwaaren, Steinmetzen*) (ohne Steinbrüche und Steinbrecher und ohne Schwemmsteinfabrikation, ferner ohne Edelstein- und Halbedelstein-Schleiferei u. -Schneiderei;**) sowie ohne Speckstein-Gasbrenner-Fabriken***)); aus V b 5. Baulackirer; „ „ c 3. Bauklempner; „ „ „ 8. Blitzaaleiterverfertiger und -setzer; „ VI a 5. Mühlenbau in Holz; „ „ b 3. Schiffsbau in Holz; „ XVI. Kunst- u. Dekorationsmaler bei Bauten.	
44.	Nordöstliche Baugewerks-Berufsgenossenschaft. Berlin.	Wie lfde. Nr. 43.	Provinzen Brandenburg mit Berlin, Pommern, Ost- und Westpreußen.
45.	Schlesisch-Posensche Baugewerks-Berufsgenossenschaft. Bresslau.	Wie lfde. Nr. 43.	Provinzen Schlesien und Posen.
46.	Hannoversche Baugewerks-Berufsgenossenschaft. Hannover.	Wie lfde. Nr. 43.	Provinz Hannover, Reg.-Bez. Minden, Herzogth. Oldenburg, Braun-

*) und Steinhauer; dahin gehören auch die Straßenpflasterer (A.N. 1888 S. 343).

**) laut Beschluß des Bundesraths vom 16. Mai 1889 hier ausgeschieden und zu den B.G. 12 und 13 (Edel- u. Unedel-Metall) übergetreten, vgl. Anm. ** auf S. 507.

***) laut Beschluß des Bundesraths vom 16. Mai 1889 hier ausgeschieden und mit der Wirkung vom 1. Januar 1889 ab zur B.G. 16 (Töpferei) übergetreten.

Laufende Nr.	Bezeichnung und Sitz der Berufsgenossenschaft	Industriezweige (nach den Gruppen, Klassen und Ordnungen der Reichs-Berufs-(Gewerbe-)Statistik)	Bezirk der Berufsgenossenschaft
			schweig, Lippe, Schaumburg-Lippe, Pyrmont, Schaumburg-Rinteln, Bremen.
47.	Magdeburgische Baugewerks-Berufsgenossenschaft Magdeburg.	Wie lfde. Nr. 43.	Regierungsbezirke Magdeburg, Merseburg u. Herzogthum Anhalt.
48.	Sächsische Baugewerks-Berufsgenossenschaft. Dresden.	Wie lfde. Nr. 43.	Königreich Sachsen u. die reußischen Fürstenthümer mit Einschluß der Enklave Gefell.
49.	Thüringische Baugewerks-Berufsgenossenschaft. Erfurt	Wie lfde. Nr. 43.	Reg.Bez.Erfurt ohne Gefell, Sachs.-Weimar, Sachsen-Meiningen, Sachs.-Altenburg, Sachsen-Koburg-Gotha, Schwarzburg-Sondershausen, u. Schwarzburg-Rudolstadt.
50.	Hessen-Nassauische Baugewerks-Berufsgenossenschaft. Frankfurt a. M.	Wie lfde. Nr. 43	Hessen-Nassau, Hessen, Waldeck ohne das Fürstenthum Pyrmont und ohne die Grafschaft Schaumburg-Rinteln.
51.	Rheinisch-Westfälische-Baugewerks-	Wie lfde. Nr. 43.	Rheinprovinz u. Westfalen ohne den Reg.-Bez.

Laufende Nr.	Bezeichnung und Sitz der Berufsgenossenschaft	Industriezweige (nach den Gruppen, Klassen und Ordnungen der Reichs-Berufs-(Gewerbe-)Statistik)	Bezirk der Berufsgenossenschaft
	Berufsgenossenschaft. Elberfeld.		Minden und mit Einschluß von Birkenfeld.
52.	Württembergische Baugewerks-Berufsgenossenschaft. Suttgart.	Wie lfde. Nr. 43.	Württemberg.
53.	Bayerische Baugewerks-Berufsgenossenschaft München.	Wie lfde. Nr. 43	Bayern.
54.	Südwestliche Baugewerks-Berufsgenossenschaft. Strassburg i. E.	Wie lfde. Nr. 43.	Baden, Sigmaringen, Elsaß-Lothringen.
55.	Deutsche Buchdrucker-Berufsgenossenschaft. Leipzig.	Buchdruckerei, Schriftschneiderei und -gießerei und Holzschnitt: XV a. Schriftschneiderei und -gießerei, Holzschnitt; b 1. Buchdruckerei; aus V b 5. Messinglinienfabrikanten, außerdem die Satinieranstalten.	Das Gebiet des Reichs.
56.	Privatbahn-Berufsgenossenschaft. Lübeck.	Alle dem „Bahnpolizeireglement für die Eisenbahnen Deutschlands" bezw. der „Bahnordnung für deutsche Eisenbahnen untergeordneter Bedeutung" oder dem „Bahnpolizeireglement für die Eisenbahnen Bayerns" bezw. der „Bahnordnung für bayrische Eisenbahnen untergeordneter Bedeutung" unterliegenden Eisenbahnen, welche weder vom Reich oder von einem Bundesstaate für Reichs- bezw. Staatsrechnung verwaltet werden, noch wesentliche Bestandtheile eines anderen unfallversicherungspflichtigen Betriebes sind.	Das Gebiet des Reichs.

Laufende Nr.	Bezeichnung und Sitz der Berufsgenossenschaft	Industriezweige (nach den Gruppen, Klassen und Ordnungen der Reichs-Berufs-(Gewerbe-)Statistik)	Bezirk der Berufsgenossenschaft
57.	Straßenbahn-Berufsgenossenschaft. Berlin.	Alle Privateisenbahnen, soweit sie weder den unter lfd. Nr. 56 vorstehend aufgeführten Bahnpolizeireglements oder Bahnordnungen unterliegen, noch wesentliche Bestandtheile eines anderen unfallversicherungspflichtigen Betriebes sind.	Das Gebiet des Reichs.
58.	Speditions-Berufsgenossenschaft. Berlin.	XVII c. Spedition; „ e. Bracker; „ f. Wäger, Messer, Stauer, Schauer; „ g 4. Speicher- und Kellereibetrieb; aus XIXa 2. Güterpacker, Güterlader, Schaffer; sowie Güterbestätter, sofern diese als „Bahnspediteure“ durch Uebernahme der Frachtbriefe in den Frachtvertrag der Bahn eintreten.	Das Gebiet des Reichs.
59.	Fuhrwerks-Berufsgenossenschaft. Berlin.	XIX a 1. Posthalterei und Personenfuhrwerksbetrieb; „ „ 2. Fracht- (auch Roll-) Fuhrwerksbetrieb; Güterbestätter, sofern dieselben nicht als Bahnspediteure anzusehen sind, welche durch Uebernahme der Frachtbriefe in den Frachtvertrag der Bahn eintreten.	Das Gebiet des Reichs.
60.	Westdeutsche-Binnenschifffahrts-Berufsgenossenschaft. Duisburg.	XIV a 1. Baggereibetrieb; „ b. Binnenschiffahrt, Flößerei-, Prahm-, Fährbetrieb, Schiffsziehen (Treidelei).	Das Gebiet des Rheins und seiner Nebenflüsse, sowie der übrigen westlich u. südlich von der Elbe und ihren Nebenflüssen belegenen Gewässer (Donau, Ems, Weser 2c.).
61.	Elbschiffahrts-Berufsgenossenschaft. Magdeburg.	Wie lfde. Nr. 60.	Das Gebiet der Elbe und ihrer Nebenflüsse, der Havel je-

Laufende Nr.	Bezeichnung und Sitz der Berufsgenossenschaft	Industriezweige (nach den Gruppen, Klassen und Ordnungen der Reichs-Berufs-(Gewerbe-)Statistik)	Bezirk der Berufsgenossenschaft
			doch mit Ausschluß der Strecke zwischen Fürstenberg und Spandau, sowie das Gebiet der Provinz Schleswig-Holstein.
62.	Ostdeutsche Binnenschiffahrts-Berufsgenossenschaft. Bromberg.	Wie lfde. Nr. 60.	Das Gebiet der Oder und ihrer Nebenflüsse, der Havel zwischen Fürstenberg und Spandau, sowie der übrigen, östlich von dem Bezirk der Elbschiffahrts-B.-G. belegenen Gewässer (Weichsel, Pregel, Memel ꝛc.).
63.	See-Berufsgenossenschaft. Hamburg.	Seeschiffahrt und die sonstigen unter das See-Unfallversicherungsgesetz fallenden Berufszweige (§. 1 S.U.V.G.).	Das Gebiet des Reichs.
64.	Tiefbau-Berufsgenossenschaft. Berlin.	Erd-, Wasser- und ähnliche Baubetriebe (§§. 1, 4 Ziffer 1 B.U.V.G.)	Das Gebiet des Reichs.
65.	Fleischerei-Berufsgenossenschaft. Lübeck.	XII b 1. Fleischerei.	Das Gebiet des Reichs.

Bekanntmachung,

betreffend den von der Krankenkasse in der Zeit von der fünften bis zur dreizehnten Woche nach dem Unfall zu leistenden, Seitens des Betriebsunternehmers zu erstattenden Mehrbetrag an Krankengeld (§. 12 Abs. 1 des Gewerbe-Unfallversicherungsgesetzes).

Vom 30. September 1885. (A.N. 1885 S. 273.)

Auf Grund des §. 5 Abs. 9 des Unfallversicherungsgesetzes*) erläßt das Reichs-Versicherungsamt die nachstehenden Ausführungsvorschriften:

§. 1.

Als Krankenkassen im Sinne des §. 5 Absatz 9 des Unfallversicherungsgesetzes*) gelten: die Gemeindekrankenversicherung, die Orts-, Betriebs- (Fabrik-), Innungs-, Baukrankenkassen, die Knappschaftskassen, sowie die auf Grund des Gesetzes vom 7. April 1876 (Reichs-Gesetzblatt S. 125) errichteten eingeschriebenen Hülfskassen und die auf Grund landesrechtlicher Vorschriften errichteten Hülfskassen, sofern die Mitglieder dieser Hülfskassen gemäß §. 75 des Krankenversicherungsgesetzes von der Verpflichtung, einer der vorgenannten Kassen beizutreten, befreit sind.

§. 2.

Der im §. 5 Absatz 9 cit.*) vorgesehene Mehrbetrag an Krankengeld ist vom Beginn der fünften Woche (dem 29. Tage nach Eintritt des Unfalls) an bis zum Ablauf der dreizehnten Woche für jeden Tag zu gewähren, für welchen ein Anspruch auf Krankengeld gesetzlich oder statutengemäß besteht. Der Tag des Unfalls ist bei der Berechnung des Zeitablaufs nicht mit zu zählen.

Der Mehrbetrag ist nur dann zu gewähren, wenn der Verletzte gesetzlich oder statutengemäß gegen Unfall versichert und der Unfall beim Betriebe eingetreten ist.

§. 3.

Ist der Verletzte in einem Krankenhause untergebracht, und hat derselbe Angehörige, deren Unterhalt er bisher aus seinem Arbeitsverdienst bestritten hat (vgl. §. 7 Absatz 2 des Krankenversicherungsgesetzes), so ist demselben ein Mehrbetrag auf Grund des §. 5 Absatz 9 des Unfallversicherungsgesetzes*) insoweit zu leisten, als das neben der freien Kur und Verpflegung gewährte

*) jetzt §. 12 Abs. 1 des Gewerbe-Unfallversicherungsgesetzes.

Krankengeld ein Drittel des bei der Berechnung desselben zu Grunde gelegten Arbeitslohns nicht erreicht.*)

Hat dagegen der in einem Krankenhause untergebrachte Verletzte solche Angehörige nicht, so ist demselben ein Mehrbetrag auf Grund des §. 5 Abs. 9 a. a. O.†) nur insoweit zu leisten, als ihm nach §. 21 Ziffer 3 des Krankenversicherungsgesetzes statutengemäß ein Anspruch auf Krankengeld zusteht, und dieses den Betrag von einem Sechstel des bei der Berechnung desselben zu Grunde gelegten Arbeitslohnes nicht erreicht.**)

§. 4.

Hülfskassen, welche an Stelle freier ärztlicher Behandlung und freier Arznei ein erhöhtes Krankengeld gewähren (§. 75 Abs. 3 letzter Satz des Krankenversicherungsgesetzes), haben dem verletzten Kassenmitgliede für die im §. 2 angegebene Zeit als Mehrbetrag auf Grund des §. 5 Abs. 9 cit.†) so viel zu gewähren, als zur Erreichung von elf Zwölfteln des bei der Berechnung des Krankengeldes zu Grunde gelegten Arbeitslohnes erforderlich ist.***)

§. 5.

Beträgt, abgesehen von dem Falle des §. 4, das gesetzliche oder statutenmäßige Krankengeld, welches der Verletzte aus einer Krankenkasse allein oder aus mehreren Krankenkassen zusammen zu beanspruchen hat, bereits zwei Drittel des bei der Berechnung desselben zu Grunde gelegten Arbeitslohns oder mehr, so steht dem Verletzten aus §. 5 Abs. 9 cit.†) ein Anspruch auf einen Mehrbetrag nicht zu. Ebensowenig hat in diesem Falle die Krankenkasse auf Grund dieser Bestimmung einen Anspruch auf Erstattung gegen den Betriebsunternehmer.

§. 6.

Bestehen Bedenken gegen den Anspruch des Verletzten auf den im §. 5

) Nach §. 7 Absatz 2 des Krankenversicherungsgesetzes ist neben der freien Kur und Verpflegung die Hälfte des in §. 6 daselbst festgesetzten Krankengeldes zu leisten. Wird das nach §. 6 cit. zu gewährende Krankengeld gemäß §. 5 Absatz 9 cit.) auf zwei Drittel des Arbeitslohns erhöht, so erhöht sich entsprechend das nach §. 7 Abs. 2 zu gewährende Krankengeld auf die Hälfte von zwei Dritteln, d. i. auf ein Drittel des Arbeitslohns.

**) Nach §. 21 Ziffer 3 des Krankenversicherungsgesetzes kann neben freier Kur und Verpflegung in einem Krankenhause ein Krankengeld bis zu einem Achtel des durchschnittlichen Tagelohns auch Solchen bewilligt werden, welche nicht den Unterhalt von Angehörigen aus ihrem Lohne bestritten haben. Hiernach verhält sich das dem alleinstehenden Verletzten höchstens zu gewährende Krankengeld zu dem Krankengeld, welches beim Vorhandensein von Angehörigen gemäß §. 7 Absatz 2 des Krankenversicherungsgesetzes zu gewähren ist, wie 1 zu 2. Wird nun das letztere Krankengeld gemäß der vorstehenden Anmerkung von $^1/_4$ auf $^1/_3$ des Arbeitslohns erhöht, so erhöht sich im gleichen Verhältniß das dem alleinstehenden Verletzten zu gewährende Krankengeld von $^1/_8$ auf $^1/_6$ des Arbeitslohns.

***) Da nach §. 5 Abs. 9 cit.†) das Krankengeld von $^1/_2$ auf $^2/_3$, also um $^1/_6$ zu erhöhen ist, so erhöht sich der im §. 75 letzter Satz des Krankenversicherungsgesetzes bestimmte Mindestbetrag von $^3/_4$, wovon $^1/_4$ die Stelle freier Kur vertritt, um ein $^1/_6$, mithin auf $^{11}/_{12}$.

†) jetzt §. 12 Abs. 1 des Gewerbe-Unfallversicherungsgesetzes.

Absatz 9 cit.*) vorgesehenen Mehrbetrag, so hat die Verwaltung der Krankenkasse dem Unternehmer desjenigen Betriebes, in welchem sich der Unfall ereignet hat, von dem Anspruche Mittheilung zu machen und dessen Erklärung hierüber einzuholen. Können hierdurch die Bedenken nicht beseitigt werden, so hat die Verwaltung auch die Ortspolizeibehörde sowie die Organe der betheiligten Berufsgenossenschaft um eine Aeußerung zu ersuchen und nach dem Ergebnisse, vorbehaltlich der Entscheidung der für Streitigkeiten dieser Art zuständigen Behörde (§. 5 Absatz 11 a. a. O.),**) über den Anspruch nach bestem Ermessen zu beschließen.

§. 7.

Die Auszahlung des Mehrbetrages Seitens der Krankenkasse hat in der gleichen Weise und an denselben Zahlterminen zu erfolgen, welche für das gesetzlich oder statutengemäß zu gewährende Krankengeld bei der Kasse eingeführt sind.

§. 8.

Die der Krankenkasse in Befolgung des §. 5 Abs. 9 cit.*) erwachsene Mehrausgabe an Krankengeld ist ungesäumt nach der Wiederherstellung des verletzten Kassenmitgliedes, nach dem etwa erfolgten Ableben desselben, beziehungsweise nach Ablauf der dreizehnten Woche nach Eintritt des Unfalls bei dem Unternehmer desjenigen Betriebes, in welchem der Unfall sich ereignet hat, zur Erstattung zu liquidiren.

§. 9.

Der Liquidation ist das nachstehende Formular zu Grunde zu legen.

§. 10.

Bei Betriebs-(Fabrik-)Krankenkassen und bei Knappschaftskassen kann abweichend von den Bestimmungen in §§. 8 und 9 die Liquidation nach freier Vereinbarung zwischen den Betriebsunternehmern und den Kassenverwaltungen auch in bestimmten Zwischenräumen und für mehrere Kassenmitglieder gemeinschaftlich erfolgen.

Berlin, den 30. September 1885.

Das Reichs-Versicherungsamt.
Bödiker.

---

*) jetzt §. 12 Abs. 1 des Gewerbe-Unfallversicherungsgesetzes.
**) jetzt §. 14 des Gewerbe-Unfallversicherungsgesetzes.

Liquidation

auf Grund des §. 12 Absatz 1 des Gewerbe-Unfallversicherungsgesetzes.

Krankenkasse (Name, Art, Sitz): ....

....

Aufsichtsbehörde (Name, Sitz): ....

....

1. Betrieb, in welchem sich der Unfall ereignet hat; Name des Unternehmers (Firma); genaue Ortsangabe (eventuell Straße u. Hausnummer):	
2. Vor- und Zuname des verletzten Kassenmitgliedes: Wohnort, Wohnung:	
3. Datum des Unfalls:	
4. Datum a) der Wiederaufnahme der Arbeit, oder b) des erfolgten Ablebens, oder c) des Ablaufs der dreizehnten Woche nach Eintritt des Unfalles:	zu a: zu b: zu c:

5. Anzahl der Tage, für welche dem Verletzten vom Beginn der fünften Woche nach Eintritt des Unfalles bis zur Wiederherstellung (bis zum etwa erfolgten Ableben, beziehungsweise bis zum Ablauf der dreizehnten Woche) Krankengeld gezahlt worden ist:

6. Betrag des
- a) der Berechnung des Krankengeldes zu Grunde gelegten täglichen Arbeitslohnes ....*M.* ..*Pf.*
- b) (gesetzlichen) (statutenmäßigen) Krankengeldes für den Tag ....*M.* ..*Pf.*
- c) auf Grund des §. 12 Abs. 1 des Unfallversicherungsgesetzes für den Tag gewährten Krankengeldes ....*M.* ..*Pf.*

7. Berechnung. — Das verletzte Kassenmitglied hat vom Beginn der fünften Woche seit Eintritt des Unfalles an Krankengeld insgesammt empfangen: und zwar für ... Tage (vgl. Ziffer 5) à ... *M.* .. *Pf.* (vgl. Ziffer 6c), zusammen .... *M.* .. *Pf.*

Dem Kassenmitgliede stand für die gleiche Zeit (gesetzlich) (statutenmäßig) zu und zwar für ... Tage (vgl. Ziffer 5) ... *M.* .. *Pf.* (vgl. Ziffer 6b), zusammen .... *M.* .. *Pf.*

Mehrauslage, welche der Kasse vom Betriebsunternehmer zu erstatten ist .... *M.* .. *Pf.*

---

8. Bemerkungen: ....

....

....

....

Auf Grund des §. 12 Absatz 1 des Gewerbe-Unfallversicherungsgesetzes werden Ew. / wird die .... zufolge Beschlusses des Kassenvorstandes vom .... ergebenst ersucht, der unterzeichneten Kasse zu Händen des Herrn .... die vorstehend begründete Mehrauslage zum Betrage von (in Buchstaben) .... *M.* .. *Pf.* bis zum .... gefälligst erstatten zu wollen.

Ort und Datum .... Unterschrift:

An

....

Den vorstehend liquidirten Betrag von ... *M.* .. *Pf.* erhalten.

Ort und Datum: Unterschrift:

Anlage E.

Formular

für die Anmeldung zur Unfallversicherung nach §. 56 des Gewerbe-Unfallversicherungsgesetzes.

(Nach Vorschlägen des Reichs-Versicherungsamts.)

Auf Seite 253 (d. A.N.) wurde mitgetheilt, in welcher Weise der Betriebsunternehmer, welcher seinen Betrieb nicht bereits nach Maßgabe des §. 11 des Unfallversicherungsgesetzes (jetzt §. 35 des Gewerbe-Unfallversicherungsgesetzes) anmeldete, die Anmeldung zu bewirken hat.

Der Einfachheit und Uebersichtlichkeit halber erscheint es wünschenswerth, zu dieser Anmeldung ein Formular, welches die erforderlichen Spalten zur Eintragung der nöthigen Angaben enthält und welches urschriftlich seitens der unteren Verwaltungsbehörde an den Vorstand der zuständigen Berufsgenossenschaft abgegeben werden kann, zu benutzen. Das nachstehende Formular, welches dem vom Reichs-Versicherungsamte beim Beginn der Organisation der Berufsgenossenschaften für die ersten Anmeldungen vorgeschriebenen entspricht und bereits an mehreren Stellen benutzt wird, würde sich zur allgemeinen Verwendung eignen.

Anmeldung zur Unfallversicherung

(§. 56 des Gewerbe-Unfallversicherungsgesetzes).

Staat: Höhere Verwaltungsbehörde: Untere Verwaltungsbehörde:

Name des Unternehmers (Firma)	Gegenstand des Betriebes (der Hauptbetrieb ist zu unterstreichen)	Art des Betriebes (ob Hand-, Gas- oder Dampfbetrieb zc.)	Zahl der versicherten Personen	Berufsgenossenschaft, welcher der Betrieb angehört	Tag der Eröffnung des Betriebes bezw. des Beginns der Versicherungspflicht	Bemerkungen

.............................., den . ..ten 19

Unterschrift des Anmeldepflichtigen.

Die Anmeldung ist in zwei Exemplaren bei der unteren Verwaltungsbehörde, in deren Bezirk der Betrieb gelegen ist, gegen Empfangsbestätigung einzureichen. Das Unterlassen der Anzeige kann mit Ordnungsstrafe bis zu Dreihundert Mark (§. 147 Abs. 1 a. a. O.) belegt, außerdem können gegen den säumigen Unternehmer Exekutivstrafen im Betrage bis zu Einhundert Mark verhängt werden (§§. 35, 56 a. a. O.).

Urschriftlich an den Vorstand der ....

.... Berufsgenossenschaft

zu

.................................., den . ten 19

(Unterschrift der unteren Verwaltungsbehörde:)

....

Anlage F (vgl. A.N. 1900 S. 710).

Berufsgenossenschaft: ....

Sektion: .... Vertrauensmann: ....

Betriebsunternehmer: (Name, Stand, Firma, Betriebssitz [Ort, Straße, Hausnummer]) ....
.... Genossenschaftskataster Nr. ....
(vgl. Mitgliedsschein)

Unfall-Anzeige

an*) die Ortspolizeibehörde zu ....

Kreis (Amt 2c.) ....

Zur Beachtung.

Bei Vermeidung der gesetzlichen Strafe ist von jedem in einem versicherten Betriebe vorkommenden Unfall, durch welche eine in demselben beschäftigte Person getödtet wird oder eine Körperverletzung erleidet, welche eine völlige oder teilweise Arbeitsunfähigkeit von mehr als drei Tagen oder den Tod zur Folge hat, von dem Betriebsunternehmer Anzeige zu erstatten:

1. bei der Ortspolizeibehörde, in deren Bezirk sich der Unfall ereignet hat oder — bei Unfällen auf der Reise — der erste Aufenthalt nach dem Unfalle genommen wird, und
2. bei dem durch das Statut bestimmten Genossenschaftsorgane (Genossenschafts-, Sektionsvorstand, Vertrauensmann).

Die Anzeige muß binnen drei (für das Gebiet der Seeunfallversicherung binnen zwei) Tagen nach dem Tage erfolgen, an welchem der Betriebsunternehmer von dem Unfall Kenntniß erlangt hat.

Für den Betriebsunternehmer kann derjenige, welcher zur Zeit des Unfalls den Betrieb oder den Betriebstheil, in welchem sich der Unfall ereignete, zu leiten hatte, die Anzeige erstatten; im Falle der Abwesenheit oder Behinderung des Betriebsunternehmers ist er dazu verpflichtet.

Für jede verletzte oder getödtete Person ist ein besonderes Anzeige-Formular auszufüllen.

---

*) In der Anzeige an das Genossenschaftsorgan ist dessen Adresse an die Stelle zu setzen.

Wenn möglich, nach den An-

1. Wochentag, Datum, Tageszeit und Stunde des Unfalls.	....
2. a) Bezeichnung (Gegenstand) des Betriebes und b) Betriebstheil (Betriebszweig), in welchem der Verletzte den Unfall erlitt — möglichst nach der Bezeichnung (Ziffer) des Gefahrentarifs, wo ein solcher vorhanden ist —. c) Unfallstelle (Ort, Straße, Hausnummer 2c.).	a) .... b) .... c) ....
3. a) Vor- und Zuname, Wohnort, Wohnung der getödteten oder verletzten Person (bei minderjährigen Personen auch: des Vaters oder Vormundes). b) Im Betriebe beschäftigt als (Art der Beschäftigung, Arbeitsposten)? c) Tag, Monat, Jahr der Geburt (wenn unbekannt, ungefähre Angabe des Lebensalters)? d) Ledig, verheirathet, verwittwet?	a) .... b) .... c) .... d) ....
4. a) Genaue Bezeichnung der Art der Verletzung und der verletzten Körpertheile (rechts und links zu unterscheiden). b) Ist der Verletzte durch den Unfall getödtet?	a) .... b) ....

gaben des Arztes.	c) Wird die Verletzung voraussichtlich den Tod, oder	c) ....
	d) eine (irgendwelche) Beeinträchtigung der Erwerbs-(Arbeits-)fähigkeit von mehr als 13 Wochen zur Folge haben?	d) ....
5.	a) Ist für die Heilung gesorgt durch Aufnahme in ein Krankenhaus (genaue Bezeichnung desselben)? oder durch anderweitige ärztliche Behandlung (zu Hause 2c.)?	a) ....
	Name, Wohnort, Wohnung, { I. des behandelnden, II. des zuerst zugezogenen Arztes	I. .... II. ....
	b) Arbeitet der Verletzte trotz der Verletzung weiter?	b) ....
6.	a) Gehört der Verletzte einer Krankenkasse an? (Genaue Bezeichnung und Sitz der Kasse.)	a) ....
	b) Bezieht der Verletzte schon Unfall-, Invaliden- oder Altersrente?	b) ....
7.	Veranlassung und Hergang des Unfalls. Hier ist eine möglichst eingehende Schilderung des Unfalls zu geben. Insbesondere ist die Arbeitsstelle (zum Beispiel: Werkstätte, Wald, Feld, Stall u. s. w.), wo, sowie	

die Arbeit (Maschine 2c.), bei welcher sich der Unfall ereignet hat, genau zu bezeichnen, geeigneten Falls unter Beifügung einer erläuternden Zeichnung.	
8. a) Augenzeugen des Unfalls b) Anderweitige Personen, die zuerst von dem Unfall Kenntniß erhalten haben — Vor- und Zuname, Stand, Wohnort, Wohnung.	a) .... b) ....
9. Etwaige Bemerkungen (z. B. Angabe von Vorkehrungen zur Verhütung ähnlicher Unfälle. War der Verletzte schon vor dem Unfalle ganz oder theilweise erwerbsunfähig? und anderes mehr).	....

Name des die Anzeige erstattenden Unternehmers oder Betriebsleiters.

....

(Ort).........., den ....ten .... 190....

Anlage 6.

Rundschreiben

an die Vorstände sämmtlicher Berufsgenossenschaften, betreffend Bestimmungen über die berufsgenossenschaftliche Zugehörigkeit der Nebenbetriebe land- und forstwirthschaftlicher Unternehmer.

Vom 1. Oktober 1900. — I. 21 842. —

Dem Vorstande übersendet das Reichs-Versicherungsamt ergebenst die anliegenden, unter dem heutigen Tage auf Grund des §. 1 Abs. 3 Ziffer 2 des Unfallversicherungsgesetzes für Land- und Forstwirthschaft vom 30. Juni 1900 (Reichs-Gesetzbl. S. 573) erlassenen Bestimmungen über die berufsgenossenschaftliche Zugehörigkeit der Nebenbetriebe land- und forstwirthschaftlicher Unternehmer zur gefälligen Kenntnißnahme und Beachtung.

Diese Bestimmungen sind nur als vorläufige anzusehen. Es wird nicht verkannt, daß es der Absicht des neuen Gesetzes mehr entsprechen würde, die Grenzen der land- und forstwirthschaftlichen Nebenbetriebe in einigen Punkten weiter zu ziehen, als es in den „Bestimmungen" geschehen ist. Bei der Kürze der Zeit zwischen der Verkündung und dem Inkrafttreten der neuen gesetzlichen Vorschriften war es indessen unmöglich, durch Vermittelung der Berufsgenossenschaften oder auf andere Weise die für ein unbedingt sicheres Vorgehen unerläßlichen Grundlagen zu beschaffen. Es gilt vor Allem, die Wirkungen einer wesentlichen Erweiterung des Gebietes der land- und forstwirthschaftlichen Nebenbetriebe — wie sie kraft Gesetzes eintreten würde, wenn das Reichs-Versicherungsamt keine oder wesentlich beschränktere Ausnahmebestimmungen getroffen hätte, — auf die Kataster der betheiligten gewerblichen Berufsgenossenschaft an der Hand zuverlässiger Angaben zu prüfen und die Gefährdung der Leistungsfähigkeit dieser Berufsgenossenschaften zu vermeiden. Auch muß darauf Bedacht genommen werden, die erheblichen Störungen des Verwaltungsorganismus und des Geschäftsganges thunlichst zu mildern, welche bei dem plötzlichen kraft Gesetzes eintretenden Uebergang einer großen Anzahl von bisher im Einzelnen als solche nicht bekannten, sondern erst durch umständliche Erhebungen zu ermittelnden Betrieben von einer Berufsgenossenschaft auf die andere nothwendig eintreten würden. Das Reichs-Versicherungsamt hat daher, nachdem es die Vorstände der landwirthschaftlichen und der hauptsächlich betheiligten gewerblichen Berufsgenossenschaften, sowie die Landes-Versicherungsämter zu der Angelegenheit gehört hatte, beschlossen, die Bestimmungen vorläufig so zu fassen, daß der bisherige Katasterstand, abgesehen von einigen bedenkenfreien Ausnahmen, zunächst thunlichst erhalten bleibt, und daß die Frage der Erweiterung des Gebietes der land- und forstwirthschaftlichen Nebenbetriebe — so insbesondere hinsichtlich der landwirthschaftlichen Brennereien — von dem Ergebniß der ohne Verzug fortzusetzenden thatsächlichen Erhebungen abhängig gemacht wird.

Dieses Verfahren bietet auch den wesentlichen Vortheil, daß der Zeitpunkt des Ueberganges der bisher gewerblich versicherten Betriebe auf die landwirthschaftlichen Berufsgenossenschaften im Allgemeinen so wird gelegt werden können, wie es für den damit verbundenen Uebergang der Rentenlast und Beitragsberechtigung, sowie für die Umgestaltung des Beitragserhebungsverfahrens bei den landwirthschaftlichen Berufsgenossenschaften am zweckmäßigsten ist. Einer solchen Umgestaltung wird es insbesondere bei denjenigen landwirthschaftlichen Berufsgenossenschaften mit Grundsteuermaßstab, die bisher die Nebenbetriebe zu besonderen Beiträgen nicht herangezogen haben, bedürfen, um für das überbürdete Unfallrisiko alsbald angemessenen Ersatz in den Beiträgen zu schaffen.

Hierbei wird zur Verhütung einer Schädigung der Rentenempfänger schon jetzt hervorgehoben, daß die gewerblichen Berufsgenossenschaften die auf Grund des §. 53 Abs. 2 des Gewerbe-Unfallversicherungsgesetzes vom 30. Juni 1900 und des §. 63 Abs. 2 und 4 des Unfallversicherungsgesetzes für Land- und Forstwirthschaft auf eine landwirthschaftliche Berufsgenossenschaft übergehenden Rentenverpflichtungen gegenüber dem Rentenberechtigten — vorbehaltlich der späteren Erstattung durch die verpflichtete landwirthschaftliche Berufsgenossenschaft — so lange zu erfüllen haben, bis die Weiterzahlung der Renten durch die letztere Berufsgenossenschaft im Wege der Verhandlung mit dieser außer Zweifel gestellt ist.

Im Uebrigen sei zur Beseitigung von Mißverständnissen und Zweifeln, wie sie in den vorliegenden Berichten einiger Berufsgenossenschaften hervorgetreten sind, noch Folgendes bemerkt:

1. Die anliegenden „Bestimmungen“ haben nicht den Zweck, Grundsätze über die Voraussetzungen aufzustellen, unter denen die anderweitige Unternehmung eines Land- oder Forstwirths als „neben seiner Land- und Forstwirthschaft, aber in wirthschaftlicher Abhängigkeit von derselben“ betrieben anzusehen ist (§. 1 Abs. 2 des landwirthschaftlichen Unfallversicherungsgesetzes vom 30. Juni 1900) Sie bezeichnen vielmehr nur diejenigen Betriebe, welche wegen einer oder mehrerer der drei im §. 1 Abs. 3 Ziffer 2 genannten Voraussetzungen, nämlich wegen des erheblichen Umfanges oder wegen besonderer maschineller Einrichtungen oder wegen der Zahl der verwendeten gewerblichen Arbeiter, den unter das Gewerbe-Unfallversicherungsgesetz fallenden Fabriken in jedem Falle zuzurechnen sind. Es wird also nicht ausgeschlossen, daß solche Unternehmungen eines Land- oder Forstwirths, welche nach den auf Grund des §. 1 Abs. 3 Ziffer 2 a. a. O. erlassenen Bestimmungen des Reichs-Versicherungsamts noch nicht den unter das Gewerbe-Unfallversicherungsgesetz fallenden Fabriken zuzurechnen sind, gleichwohl dann nicht mehr als land- oder forstwirthschaftliche Nebenbetriebe angesehen werden können, sondern gegebenenfalls bei einer gewerblichen Berufsgenossenschaft versichert werden müssen, wenn die Land- und Forstwirthschaft des Unternehmers gegenüber den anderen Betrieben von so untergeordneter Bedeutung erscheint, daß ein „wirthschaftlich abhängiger Nebenbetrieb der Land- oder Forstwirthschaft überhaupt nicht in Frage kommt. Es werden vielmehr bei

der Beantwortung der Frage nach der Stellung jener anderen Unternehmungen eines Land- oder Forstwirths „neben" seiner Land- oder Forstwirthschaft und „in wirthschaftlicher Abhängigkeit von derselben" im Allgemeinen die auf diesem Gebiete bisher vom Reichs-Versicherungsamt festgehaltenen Gesichtspunkte (so beispielsweise das Verhältniß der Menge und des Werthes der selbstgewonnenen zu denen der zugekauften Rohprodukte, ferner das Verhältniß der in jedem der beiden Betriebe aufgewendeten Arbeitstage, des Roh- und Reinertrages u. s. w.) auch fernerhin Beachtung finden können. Außerdem giebt der Abs. 2 des § 1 des neuen Gesetzes hinsichtlich der dort unter Ziffer 1 bis 3 aufgeführten Betriebsarten ein deutliches Merkmal für den Begriff eines „Nebenbetriebes" insofern an, als er die „ausschließliche" oder „vorzugsweise" Bestimmung der bezeichneten Betriebe zu den erforderten Zwecken verlangt.

2. Eine Anzahl von Fabrikbetrieben, welche auch dann, wenn sie von einem Landwirth betrieben würden, wegen ihrer ganzen technischen und wirthschaftlichen Anlage grundsätzlich und in allen Fällen vom Reichs-Versicherungsamt den unter das Gewerbe-Unfallversicherungsgesetz fallendeu Fabriken zugerechnet werden müßten, sind in den „Bestimmungen" lediglich deshalb nicht erwähnt worden, weil sie nach den vorliegenden Berichten der betheiligten Berufsgenossenschaften als wirthschaftlich abhängige Nebenbetriebe eines land- oder forstwirthschaftlichen Betriebes im Sinne des jetzigen Gesetzes zur Zeit thatsächlich nicht vorkommen und auch voraussichtlich nicht vorkommen werden. Es würde die Uebersicht über die Bestimmungen zwecklos erschwert haben, wenn alle diese Betriebe darin mit aufgezählt worden wären. Außerdem wird durch die zulässige Aenderung der erlassenen Bestimmungen einem etwa in dieser Hinsicht später hervortretenden Bedürfniß jederzeit abgeholfen werden können.

Exemplare für die Sektionsvorstände sind beigefügt.

Das Reichs-Versicherungsamt.
Gaebel.

Bestimmungen

betreffend die berufsgenossenschaftliche Zugehörigkeit der Nebenbetriebe land- oder forstwirthschaftlicher Unternehmer.

Vom 1. Oktober 1900.

Auf Grund des §. 1 Abs. 3 Ziffer 2 des Unfallversicherungsgesetzes für Land- und Forstwirthschaft vom 30. Juni 1900 (Reichs-Gesetzbl. S. 573) wird bestimmt, daß von den die thatsächlichen Merkmale des §. 1 Abs. 2 a. a. O. aufweisenden Nebenbetrieben land- oder forstwirthschaftlicher Betriebsunternehmer — neben den in Ziffer 1 a. a. O. aufgeführten — die folgenden den unter das Gewerbe-Unfallversicherungsgesetz fallenden Fabriken zuzurechnen sind und somit nicht dem Unfallversicherungsgesetz für Land- und Forstwirthschaft unterliegen:

1. Steinbrüche und Gräbereien (Gruben),
   a) welche unterirdisch betrieben werden;
   b) für welche Dampfkessel oder durch elementare Kraft (Wind, Wasser, Dampf, Gas, heiße Luft, Elektrizität u. s. w) bewegte Triebwerke nicht blos vorübergehend zur Anwendung kommen;
   c) in denen die Zahl der Arbeitstage der beschäftigten versicherungspflichtigen Personen im Jahresdurchschnitt 1000 übersteigt;

2. Kalkbrennereien und Kalköfen,
   a) für welche Dampfkessel oder durch elementare Kraft (Wind, Wasser, Dampf, Gas, heiße Luft, Elektrizität u. s. w.) bewegte Triebwerke nicht blos vorübergehend zur Anwendung kommen;
   b) in denen die Zahl der Arbeitstage der beschäftigten versicherungspflichtigen Personen im Jahresdurchschnitt 1000 übersteigt;

3. Ziegeleien,
   in denen im Jahresdurchschnitt mindestens 200 000 Ziegelsteine (Mauersteine, Dachziegel, Hohlziegel, Platten, Drainröhren u. s. w.) hergestellt werden;

4. Mahl- und Oelmühlen,
   in denen die Zahl der Arbeitstage der in der Mühle selbst — nicht bei der An- und Abfuhr u. s. w. — beschäftigten versicherungspflichtigen Personen im Jahresdurchschnitt 1000 übersteigt;

5. Schneidemühlen und Holzbearbeitungsbetriebe,
   a) in denen zur weiteren Bearbeitung der geschnittenen Rohhölzer (Balken, Bretter, Latten u. s. w.) besondere maschinelle Einrichtungen (z. B. Hobelmaschinen) verwendet werden;
   b) in denen die Zahl der Arbeitstage der in der Mühle oder dem Farikraum selbst — nicht bei der An- und Abfuhr u. s. w. — beschäftigten versicherungspflichtigen Personen im Jahresdurchschnitt 1000 übersteigt;

6. Zuckerfabriken;
7. Betriebe der Nahrungsmittel-Industrie, soweit sie bisher der Nahrungsmittel-Industrie-Berufsgenossenschaft anzugehören hatten,
   in denen die Zahl der Arbeitstage der beschäftigten versicherungspflichtigen Personen im Jahresdurchschnitt 1000 übersteigt;

8. Brennereien,
   a) in denen im Jahresdurchschnitt mehr als 100 hl Spiritus erzeugt werden;
   b) in denen zwar weniger Spiritus, aber zugleich Hefe hergestellt wird, und im Ganzen mindestens 2000 hl Maischraum zur Versteuerung gelangt;

9. Stärkebereitungsbetriebe,
   in denen Kartoffeln oder Getreide (Weizen, Mais, Reis) oder beide Fruchtarten zusammen in einem Umfange jährlich verarbeitet werden, der mindestens 10 000 Zentnern Kartoffeln entspricht (ein Zentner Getreidegleich drei Zentnern Kartoffeln gerechnet);

10. Brauereien,
   a) obergährige, in denen entweder mindestens 1000 hl Malz durchschnittlich im Jahr versotten, oder bei einem Malzverbrauch von weniger als 1000, jedoch mindestens 500 hl jährlich, wenigstens 3000 hl Bier im Jahresdurchschnitt hergestellt werden;
   b) untergährige, in denen mindestens 1000 hl Malz durchschnittlich im Jahr versotten werden;
11. Mälzereien,
   in denen mindestens 1000 Zentner Malz durchschnittlich im Jahr hergestellt werden.

Berlin, den 1. Oktober 1900.

Das Reichs-Versicherungsamt.
Gaebel.

Rundschreiben vom 11. Januar 1888*)

an die Berufsgenossenschaftsvorstände, betreffend die Feststellung der Entschädigungen.

(U.V.G. §§. 53—65, L.U.V.G. §§. 55—70)**)

Im Verfolg der diesseitigen Rundschreiben vom 15. Juli und 11. September 1886 — R.V.A. I. 15461 und 19461, Amtliche Nachrichten des R.V.A. 1886 Seite 125, 159 — betreffend die Feststellung und Zahlung der Entschädigungen, sowie im Hinblick auf die inzwischen gemachten weiteren Erfahrungen und den diesbezüglichen Inhalt der von den Vorsitzenden der Schiedsgerichte für das Jahr 1886 erstatteten Geschäftsberichte nimmt das Reichs-Versicherungsamt Veranlassung, im Nachfolgenden diejenigen wichtigeren Gesichtspunkte, deren praktische Bedeutung für das Feststellungsverfahren nicht immer gewürdigt wird, zusammenzustellen.

Als Anlage ist dem gegenwärtigen Rundschreiben ein Auszug aus demselben beigefügt, welcher als Anleitung für die zur Feststellung der Entschädigungen zuständigen berufsgenossenschaftlichen Organe dienen soll. Die einzelnen Paragraphen desselben entsprechen der Reihenfolge der Paragraphen des Rundschreibens, welches als Begründung und nähere Ausführung der Sätze des Auszuges anzusehen ist.

I.

Aufklärung der thatsächlichen Verhältnisse bei Erhebung von Entschädigungsansprüchen, insbesondere durch Betheiligung der Berufsgenossenschaften an den ortspolizeilichen Unfalluntersuchungen.

(U.V.G. §§. 53—55, L.U.V.G. §§. 57—60.)

§. 1.

Es ist die Erfahrung gemacht worden, daß nicht selten von den Ge-

*) Das Rundschreiben bildet noch jetzt die Grundlage der Bestimmungen über die Feststellung der Entschädigungen und ist deshalb in seinem ursprünglichen Wortlaut hier abgedruckt, obwohl es durch das Rundschreiben vom 28. September 1900 theilweise abgeändert ist und auf Grund der neuen Fassung der U.V.G. vom 30. Juni 1900 voraussichtlich noch weiteren Abänderungen unterliegen wird. Von einer Abänderung der Zitate in dem ursprünglichen Rundschreiben ist abgesehen. Die entsprechenden Bestimmungen der neuen U.V.G. sind an der Hand der Zusammenstellung vor der „Einleitung" leicht festzustellen. Im Uebrigen vgl. die den gleichen Gegenstand betreffenden Rundschreiben (A.N. 1891 S. 221; 1893 S. 186; 1896 S. 168, 240, 425; 1897 S. 327; 1898 S. 170; 1899 S. 464).

**) U.V.G. = Unfallversicherungsgesetz vom 6. Juli 1884.

L.U.V.G. = Gesetz, betreffend die Unfall- und Krankenversicherung der in land- und forstwirthschaftlichen Betrieben beschäftigten Personen, vom 5. Mai 1886.

nossenschaftsorganen über die Anerkennung und Festsetzung oder über Ablehnung von Entschädigungsansprüchen Bescheide erlassen werden, ohne daß zuvor mit der erforderlichen Gründlichkeit die thatsächlichen Verhältnisse aufgeklärt worden sind, welche für die Entschädigungspflicht und das Maß der Entschädigung von entscheidender Bedeutung sind. In Folge hiervon werden sehr zum Nachtheile sowohl für die Berufsgenossenschaften als auch für diejenigen, welche Entschädigung begehren, viele Ansprüche auf den Weg der Berufung und in das schiedsgerichtliche Verfahren gedrängt, während sie bei erschöpfender Erörterung durch Bescheid des Genossenschaftsorgans füglich ihre endgültige Erledigung hätten finden können. Müssen nunmehr vor den Schiedsgerichten die Beweiserhebungen nachgeholt werden, welche bereits vor Erlaß des ersten Bescheiges hätten zum Abschluß gebracht werden sollen, so können dieselben in diesem Stadium nur mit einem ungleich höheren Kostenaufwand und häufig nicht mehr mit der gleichen Aussicht auf ein klares und sicheres Ergebniß bewerkstelligt werden.

§. 2.

Behufs thunlichster Vermeidung dieser Uebelstände ist vor allem die (den Berufsgenossenschaften als ein Recht zugestandene) Betheiligung von Genossenschaftsvertretern an den Unfalluntersuchungen zu empfehlen (U.V.G. §. 53, §. 54 Absatz 1, L.U.V.G. §. 57, §. 58 Absatz 1). Diese Vertreter können, soweit erforderlich, durch Stellung geeigneter Anträge bei den Verhandlungen auf eine erschöpfende Aufhellung des Sachverhaltes erfolgreich hinwirken, um so mehr, wenn sie in der Lage sind, sich schon vor der Verhandlung über die Sachlage zu unterrichten.

§. 3.

Insbesondere scheint die auf Antrag der Berufsgenossenschaften seitens der Untersuchungsbehörde zu bewirkende Zuziehung von Sachverständigen (U.V.G. §. 54 Absatz 2, L.U.V.G. §. 58 Absatz 2) nicht in dem wünschenswerthen Umfange zu erfolgen. Vielfach haben in nicht ganz einfach liegenden Fällen die bei den Schiedsgerichtsverhandlungen zugezogenen ärztlichen Sachverständigen für die Abgabe eines Gutachtens über den ursächlichen Zusammenhang zwischen einem Betriebsunfalle und der eingetretenen Erwerbsunfähigkeit eine alsbald nach Eintritt des Unfalles vorgenommene genaue ärztliche Untersuchung und Feststellung der Verletzungen vermißt. Die Herbeiführung dieser Feststellung wird sehr häufig im Interesse der Berufsgenossenschaften liegen und auf dem angegebenen Wege in der Regel unschwer zu erreichen sein.

§. 4.

Da die durch die Vornahme der pflichtmäßigen behördlichen Unfalluntersuchung (oben §. 2) entstehenden Kosten nicht von den Berufsgenossenschaften zu tragen sind, während ihnen die aus der beantragten Zuziehung von Sachverständigen (oben §. 3) erwachsenen Kosten zur Last fallen, so wollen die Berufsgenossenschaftsorgane bei ihren eine Einwirkung auf die behördlichen Untersuchungsverhandlungen bezweckenden schriftlichen oder mündlichen Anträgen deutlich zum Ausdruck bringen, ob sie die Erledigung der Anträge gemäß U.V.G. §. 53 beziehungsweise L.U.V.G. §. 57 kostenlos erwarten oder gemäß U.V.G. §. 54 Absatz 2, §. 101 beziehungsweise L.U.V.G. §. 58 Absatz 2, §. 121 begehren und somit etwaige Kosten (U.V.G. §. 101 Absatz, L.U.V.G. §. 121 Absatz 2) erstatten wollen (vergleiche Rundschreiben vom 18. Oktober 1887 — R.V.A. I. 19628 — Amtliche Nachrichten des R.V.A. 1887 (S. 336; 1890 S. 164).

Jedenfalls leuchtet ein, daß selbst im letzteren Falle die von den Berufsgenossenschaften zur Erzielung einer rechtzeitigen, gründlichen Sacherörterung etwa aufzuwendenden Kosten weit geringer sind, als die Kosten der dadurch oft zu vermeidenden Verhandlungen und Beweisaufnahmen im schiedsgerichtlichen Verfahren. [Vgl. A.N. 1893 S. 472; 1894 S. 1; 1895 S. 139, 196, 245; 1896 S. 274.]

II.
Vorbereitung und geschäftliche Behandlung der Beschlußfassung bei anerkannten oder anscheinend begründeten Ansprüchen. Bedeutung der Unterlagen.
(U.V.G. §. 57 Absatz 3, L.U.V.G. §. 62 Absatz 3.)

§. 5.

a) In allen Fällen der Anerkennung des Anspruches auf eine Rente ist die in der Ueberschrift angezogene Gesetzesvorschrift zu beachten, wonach „vor der Feststellung der Entschädigung" dem Entschädigungsberechtigten die „Unterlagen" für die Bemessung derselben mitgetheilt werden sollen. In der „Begründung" zum Unfallversicherungsgesetz werden als solche Unterlagen aufgeführt insbesondere die „in Ansatz gebrachte Lohnhöhe, anerkannter Grad der Invalidität, Anzahl der Hinterbliebenen", und als Zweck der Mittheilung der Unterlagen hervorgehoben, daß die letzteren dazu dienen sollen, „durch die vorgängige Verhandlung unter den Betheiligten die Sachlage klar zu stellen und unnöthigen Streitigkeiten vor den Schiedsgerichten vorzubeugen" (Stenographische Berichte über die Verhandlungen des Reichstages, 5. Legislaturperiode, IV. Session 1884, III. Band Seite 83).

b) Es ist indessen die Erfahrung gemacht worden, daß, wenn auch die sonstigen Unterlagen rechtzeitig vorher mitgetheilt worden waren, der anzunehmende Grad der Erwerbsunfähigkeit sehr häufig erst in dem definitiven Feststellungsbescheide (U.V.G. §. 62, L.U.V.G. §. 66) angegeben wurde, was zur Folge hatte, daß sowohl die Berufsgenossenschaften als auch die Arbeiter der Vortheile einer vorgängigen Verständigung über diesen wichtigen Punkt verlustig gingen, und die umständliche und für die Berufsgenossenschaften mit Kosten verbundene schiedsgerichtliche Verhandlung erst Klarheit über diese Frage brachte.

Zur Begründung jenes abweichenden Verfahrens hat ein Vorstand geltend gemacht, es sei nicht unbedenklich, den Grad der Erwerbsunfähigkeit *vor* der Feststellung mitzutheilen, da dieses „ein Gegenstand eingehender Berathung *bei* der Feststellung" seitens des zuständigen Organs und nach dem Schlußsatze des §. 61 des U.V.G. auch erst im Feststellungsbescheide selbst anzugeben sei.

c) Diese Auffassung scheint indessen der Angabe des Grades der Erwerbsunfähigkeit sowie überhaupt den „Unterlagen" eine zu weitgehende rechtliche Bedeutung beizulegen. So wichtig dieselben, wie sich aus dem Vorstehenden ergiebt, thatsächlich in der Regel auch sind, so läßt doch die oben angeführte Stelle aus der „Begründung“ deutlich erkennen, daß der Gesetzgeber die Mittheilung der Unterlagen wesentlich aus Zweckmäßigkeitsgründen angeordnet hat, derselben aber eine bindende Bedeutung für den demnächst zu erlassenden förmlichen Bescheid nicht hat beilegen wollen. Auch der Umstand, daß für die Bewirkung der Mittheilung der Unterlagen eine besondere Form nicht vorgesehen ist, führt gegenüber den Vorschriften über die Ertheilung des förmlichen Bescheides (U.V.G. §. 61, §. 62 Abs. 4, L.U.V.G. §. 66, §. 67 Abs. 4) zu der Folgerung, daß jene Mittheilung gegenüber der endgültigen Feststellung lediglich als ein formfreies Vorbereitungsverfahren anzusehen ist, dessen praktische Durchführung im Einzelnen der berufsgenossenschaftlichen Verwaltung überlassen bleibt.

d) Daraus folgt einerseits, daß dieses Vorbereitungsverfahren allgemein dem Vorsitzenden oder einem andren Mitgliede des Vorstandes, Ausschusses u. s. w. übertragen werden kann, andrerseits, daß die letzteren Organe bei der von ihnen zu bewirkenden Feststellung an den im Vorbereitungsverfahren dem Verletzten mitgetheilten Grad der Erwerbsunfähigkeit ebensowenig wie an die andern Unterlagen endgültig gebunden sind. Wollte man die Feststellungsorgane für gebunden erachten, so würde in allen Fällen, wo der Verletzte einen höheren, als den ihm mitgetheilten Grad der Erwerbsunfähigkeit geltend macht, der durch die Mittheilung der Unterlagen eröffnete Weg der gegenseitigen Verhandlung zur Erzielung einer Vereinbarung von vornherein ungangbar und die Absicht des Gesetzgebers durchkreuzt werden.

Hiernach würde, wenn es sich um Ansprüche Verletzter (U.V.G. §. 5 Absatz 1, 2, 6, L.U.V.G. §. 5, §. 6 Absatz 1, 2) handelt — über die Feststellung der Entschädigung bei Todesfällen vergleiche unten §. 15 — das im Nachfolgenden dargelegte Verfahren als Regel festgehalten werden können. Diese Darlegung hat übrigens durchweg den regelmäßigen Fall einer kollegialen Gestaltung des Feststellungsorgans im Auge; in den Fällen der statutenmäßigen Zuständigkeit des Vertrauensmannes werden sich besondere Schwierigkeiten nicht leicht herausstellen, andernfalls durch sinngemäße Anwendung unschwer erledigen.

A. Erhebung von Ansprüchen während der dreizehnwöchigen Wartezeit.

(Vergleiche U.V.G. §. 5 Abs. 2, L.U.V.G. §. 6 Abs. 1.)

[A.N. 1888 S. 340; 1889 S. 133, 324, 361; 1890 S. 106; 1895 S. 145, 222; 1896 S. 159. — Vgl. auch §. 13 G.U.V.G.]

§. 6.

a) Sobald ein an sich begründet erscheinender Entschädigungsanspruch schon während der dreizehnwöchigen Wartezeit erhoben wird oder von Amtswegen geprüft werden muß, so ist die Beschlußfassung des Feststellungsorgans (des Vorstandes, Ausschusses u. s. w.) durch den Vorsitzenden oder ein anderes Mitglied — beziehungsweise in deren Auftrage durch einen Beamten der Genossenschaft — vorzubereiten. (Vgl. A.N. 1888 S. 189, 244; 1892 S. 348.)

Ausreichende Anhaltspunkte für dieselbe werden in vielen Fällen die

Vorverhandlungen, insbesondere die Untersuchungsverhandlungen (vergleiche oben §§. 1 bis 3) bieten, bei noch nicht beendigtem Heilverfahren eventuell auch die zeitig herbeizuführenden Mittheilungen des behandelnden Arztes beziehungsweise der Krankenkassen (vergleiche Rundschreiben vom 18. März 1887 — R.V.A. I 5288 —, Amtliche Nachrichten des R.V.A. 1887 Seite 55). Anderenfalls werden fehlende Angaben durch Rückfragen bei der unteren Verwaltungsbehörde, bei dem Betriebsunternehmer oder dem Verletzten (eventuell durch Vermittelung des zuständigen Vertrauensmannes) schnell zu beschaffen sein.

§. 7.

b) Alles dieses (§. 6) ist thunlich bereits **vor** Ablauf der dreizehnten Woche zu erledigen — falls nicht noch früher die nöthigen Vorkehrungen zu treffen sind, sofern nach der Art der Verletzung, weil durch dieselbe zweifellos völlige Erwerbsunfähigkeit begründet wird (z. B. Verlust beider Arme, beider Beine), Verlauf des Heilverfahrens oder aus sonstigen Gründen der Grad der Erwerbsunfähigkeit bereits zu einem früheren Zeitpunkte zuverlässig beurtheilt werden kann.

§. 8.

c) Die Ergebnisse seiner Ermittelungen wird der Vorsitzende u. s. w. nunmehr zu prüfen und sofort mit Beginn der vierzehnten Woche — wenn nicht noch früher: vergleiche §. 7 — dem Verletzten insbesondere die in Ansatz gebrachte Lohnhöhe und den anzunehmenden Grad der Erwerbsunfähigkeit, ferner aber auch alle sonstigen Unterlagen mitzutheilen haben, auf Grund deren nach seinem pflichtmäßigen Ermessen im einzelnen Falle die Entschädigung „zu bemessen ist". Beispielsweise wird, da auf die Entschließung der Feststellungsorgane ärztliche Atteste naturgemäß wesentlich mitbestimmend einzuwirken pflegen, sich die Beschaffung der letzteren und (abschriftliche, auszugsweise oder doch inhaltliche) Mittheilung derselben an den Verletzten empfehlen.

§. 9.

d) Würde endlich dieser Mittheilung aller im Einzelfall in Betracht kommenden Unterlagen Seitens des Vorsitzenden 2c. noch die Bemerkung angeschlossen, man beabsichtige auf Grund derselben dem Feststellungsorgan vorzuschlagen (folgt der Vorschlag, z. B. eine Rente von x Mark), so ist damit dem Entschädigungsberechtigten nicht nur ausreichende „Gelegenheit" gegeben, die mitgetheilten Unterlagen in thatsächlicher Richtung eingehend zu prüfen, sondern auch — was für ihn praktisch das Entscheidende ist — sich über die Tragweite zu unterrichten, welche das Feststellungsorgan den Unterlagen für die Bemessung der Höhe der Rente voraussichtlich beilegen wird. Es ist einleuchtend, daß eine Beschränkung der Mittheilung auf bloß thatsächliche und deshalb vielfach an sich unanfechtbare, also „vorgängiger Verhandlungen" gar nicht bedürfende Unterlagen den in der Gesetzbegründung ausdrücklich ausgesprochenen Zweck der Mittheilung in der Regel nicht erreichen würde.

§. 10.

e) Dabei ist zu beachten, daß das Gesetz keinerlei Bestimmungen über die Folgen unterlassener Aeußerung enthält; es ist deshalb unzulässig, dem

Entschädigungsberechtigten, welchem ja nur „Gelegenheit" gegeben werden soll, sich zu äußern, die Unterlagen unter der Verwarnung mitzutheilen, dieselben würden als anerkannt gelten, wenn der Berechtigte innerhalb der im Gesetze vorgesehenen Frist von einer Woche keine Erklärung abgebe. Geht eine Aeußerung des Berechtigten ein, so wird sie bei der demnächstigen Beschlußfassung mit in Betracht gezogen werden können und unter Umständen für die letztere von Belang sein; geht keine Aeußerung ein, so wird in vielen Fällen der Grund des Schweigens darin liegen, daß der Berechtigte Einwendungen von Belang nicht zu erheben und also auch das Schiedsgericht voraussichtlich nicht in Anspruch zu nehmen gedenkt. Im Uebrigen knüpfen sich keinerlei Rechtsfolgen an das Schweigen des Berechtigten.

§. 11.

f) Selbstverständlich ist auch das Feststellungsorgan an die von dem Vorsitzenden u. s. w. mitgetheilten Unterlagen, insbesondere soweit dieselben sich lediglich als ein Urtheil oder eine Schätzung des letzteren darstellen, nicht gebunden. Dadurch beseitigt sich auch jedes Bedenken, den Grad der anzunehmenden Erwerbsunfähigkeit mitzutheilen. Uebrigens ist für die praktische Gestaltung dieses Verfahrens nicht zu übersehen, daß die zu dessen Handhabung berufenen Personen sich allmählich eine umfassende Kenntniß der Grundsätze, welche von den Schiedsgerichten und dem Reichs-Versicherungsamt hinsichtlich der Beurtheilung der Folgen von Verletzungen ausgebildet sind, erlangen und so insbesondere eine gewisse Sicherheit in der Schätzung der Erwerbsunfähigkeit sich aneignen werden.

§. 12.

g) Gleichzeitig mit der Zustellung der Unterlagen — geeignetenfalls noch früher: vergleiche §. 7 — würde der Vorsitzende das Erforderliche zur Herbeiführung einer Beschlußfassung des Feststellungsorgans (Anberaumung einer Sitzung, bei schriftlicher Abstimmung Entwurf der Abstimmungsliste ꝛc.) vorzubereiten haben, so daß sofort nach Eingang der Erklärung des Entschädigungsberechtigten und jedenfalls (bei Nicht-Eingang einer solchen) in der fünfzehnten Woche die Sitzung abgehalten beziehungsweise die schriftliche Abstimmung vorgenommen werden kann (vergleiche hierzu U.V.G. §. 22 Absatz 2 beziehungsweise L.U.V.G. §. 27 Absatz 1; §. 17 Absatz 2 beziehungsweise §. 18 Absatz 2 der betreffenden Normalstatute — Amtliche Nachrichten des R.V.A. 1885 Seite 9 ff., 1887 Seite 248 ff.).

§. 13.

h) Die Berathung in der Sitzung beziehungsweise die schriftliche Abstimmung wird in der Regel sofort zu einem endgültigen Ergebniß führen, und die Ertheilung des schriftlichen Bescheides durch das Feststellungsorgan noch in der fünfzehnten Woche erfolgen können. Der Bescheid ist im Namen des Feststellungsorgans selbst (des Vorstandes, Ausschusses u. s. w.) zu erlassen (U.V.G. §. 61, L.U.V.G. §. 66) und von den zur Vertretung dieses Organs nach Außen statutenmäßig berufenen Personen zu vollziehen. Ist auf Grund des §. 57 Absatz 2 U.V.G. beziehungsweise §. 62 Absatz 2 L.U.V.G. ein besonderes Feststellungsorgan eingesetzt, so ist der Bescheid von sämmtlichen bei der Beschlußfassung betheiligt gewesenen stimmberechtigten Mitgliedern zu unterzeichnen, falls nicht durch Beschluß des zur Einsetzung des Feststellungsorgans zuständigen Genossenschaftsorgans der Vorsitzende oder bestimmte Mitglieder des Feststellungsorgans zur alleinigen Vollziehung ermächtigt worden sind (vergleiche Amtliche Nachrichten des R.V.A. 1887 Seite 377 Ziffer 440).

Dagegen ist jedenfalls von sämmtlichen bei der Feststellung Mitwirkenden das betreffende Sitzungsprotokoll zu unterzeichnen beziehungsweise eine unterschriftliche Erklärung in die Abstimmungsliste einzutragen. Endlich ist noch hervorzuheben, daß, selbst wenn eine Einigung über die Höhe der Rente u. s. w. mit dem Verletzten erzielt worden ist, die Ertheilung eines förmlichen Bescheides nach Maßgabe der erzielten Einigung dennoch erfolgen muß (vergleiche Amtliche Nachrichten des R.V.A. 1887 S. 136 Ziffer 331; auch A.N. 1889 S. 140, 346; 1891 S. 150; 1894 S. 283).

i) Daß die vorstehend für die Erledigung des Feststellungsverfahrens angesetzten Fristen etwa zu knapp bemessen seien, kann das Reichs-Versicherungsamt — von Ausnahmefällen abgesehen — um so weniger anerkennen, als sich in zahlreichen, hier zur Kenntniß gelangten Fällen herausgestellt hat, daß die Innehaltung jener Fristen thatsächlich selbst in solchen Berufsgenossenschaften ermöglicht wird, nach deren Statuten die Entschädigungsfeststellung an erschwerte Formen u. s. w. gebunden ist (vgl. A.N. 1893 S. 197).

Uebrigens ist darauf hinzuweisen, daß das Gesetz (U.V.G. §. 57 Absatz 2, L.U.V.G. §. 62 Absatz 2) in dieser Beziehung den Berufsgenossenschaften das weitestgehende Selbstbestimmungsrecht eingeräumt und ihnen dadurch ermöglicht hat, im Wege der statutarischen Anordnung — insbesondere durch zweckmäßige Gestaltung des Feststellungsorgans — Vorkehrungen zu treffen, welche eine schleunige Erledigung der Entschädigungssachen gewährleisten (vergleiche dazu die oben §. 12 a. E. angeführten Bestimmungen. Eventuell würde zu erwägen sein, ob sich nicht eine entsprechende Abänderung der darauf bezüglichen Vorschriften des Statuts empfehlen möchte (vergleiche Amtliche Nachrichten des R.V.A. 1886 S. 13 Ziffer 123; 1887 S. 19 Ziffer 263; 1888 S. 350; 1890 S. 588, 589).

Gerade im Bereiche des wichtigen Feststellungsverfahrens hat sich die Geschäftsgewandtheit der Organe, die Güte der Verwaltungseinrichtungen sowie die praktische Brauchbarkeit des Statuts, welches sich die Berufsgenossenschaft gegeben hat, zu bewähren.

B. Erhebung von Ansprüchen nach Ablauf der dreizehnwöchigen Wartezeit.

§. 14.

Die in den §§. 6 bis 13 dargelegten Regeln werden ohne Schwierigkeit auch in allen denjenigen Fällen entsprechende Anwendung finden können, wo erst nach Ablauf der dreizehnwöchigen Wartezeit Entschädigungsansprüche erhoben werden, oder wegen der besonderen obwaltenden Verhältnisse die Beschlußfassung über früher erhobene Ansprüche während der Wartezeit noch nicht hat vorbereitet werden können. Sollte sich in derartigen

Fällen herausstellen, daß die Unfalluntersuchung gemäß U.V.G. §§. 53 ff., L.U.V.G. §§. 57 ff. noch nicht veranlaßt worden ist, so ist thunlichst darauf hinzuwirken, daß durch deren Vornahme — falls der Vorstand u. s. w. sie überhaupt für erforderlich erachtet — das Feststellungsverfahren nicht verzögert werde. Letzteres wird vielfach auch ohne Rücksicht auf die Ergebnisse der Unfalluntersuchung durchgeführt oder doch in die Wege geleitet werden können und ist jedenfalls von der Vornahme derselben gesetzlich nicht abhängig (vergleiche Amtliche Nachrichten des R.V.A. 1886 S. 205 Ziffer 199; 1893 S. 197).

C. Ansprüche aus Todesfällen.

§. 15.

Handelt es sich endlich um Todesfälle beziehungsweise Ansprüche aus U.V.G. §. 6, L.U.V.G. §. 7, so hat der Vorsitzende u. s. w. sofort nach Abschluß der Untersuchung, eventuell sofort nach erlangter Kenntniß von dem Tode — unter entsprechender Anwendung der vorstehenden Regeln — alles Erforderliche ungesäumt zu veranlassen und die Beschlußfassung mit thunlichster Beschleunigung vorzubereiten und herbeizuführen (U.V.G. §. 58 Absatz 1, L.U.V.G. §. 63 Absatz 1; A.N. 1889 S. 167; 1890 S. 487; 1891 S. 290; 1893 S. 193; 1896 S. 388).

III.

Verfahren bei Einlegung der Berufung auf schiedsrichterliche Entscheidung gegen ablehnende Bescheide. Rechtzeitige Beschaffung der Unterlagen.

§. 16.

a) Es ist wiederholt vorgekommen, daß Berufungssachen, in denen die von dem Feststellungsorgan abgewiesenen Kläger obsiegen, seitens der Schiedsgerichte mittelst Urtheils an die zuständigen Genossenschaftsorgane zur Feststellung der Entschädigung haben zurückverwiesen werden müssen, weil die für die Bemessung der Entschädigung erforderlichen Unterlagen nicht vorhanden waren, oder weil die betreffenden Organe sich noch nicht über die Höhe der eventuell zu bewilligenden Rente ausgesprochen, sondern darauf beschränkt hatten, die Bewilligung einer Entschädigung aus irgend einem Grunde überhaupt abzulehnen.

Es ist dann weiter schon mehrfach der Fall gewesen, daß die Berufsgenossenschaften gegen derartige, den Anspruch des Arbeiters grundsätzlich anerkennende Urtheile der Schiedsgerichte den Rekurs beim Reichs-Versicherungsamt eingelegt haben, welches bei Abweisung des Rekurses dann ebenfalls noch nicht in der Lage war, einen bestimmten Rentenbetrag festzusetzen, sondern sich damit begnügen mußte, zu letzterem Zwecke die Sache in die erste Instanz zurückzuverweisen.

b) Derartige Verzögerungen entsprechen weder einer prompten Rechtsprechung, wie sie auf diesem sozialen Gebiete doppelt anzustreben ist, noch, wie oben dargelegt, dem wohlverstandenen Interesse der Berufsgenossenschaften selbst, würden aber durchweg vermieden, wenn die jeweilig erforderlichen Unterlagen, sofern sie nicht schon von vornherein zu den Akten gebracht sind, wenigstens alsdann schleunigst beschafft werden, wenn gegen den ablehnenden Bescheid Berufung eingelegt wird.

In der Regel werden die Unterlagen innerhalb der Frist für die Einreichung der Gegenschrift (§. 8 der Verordnung vom 2. November 1885 — Amtliche Nachrichten des R.V.A. 1885 Seite 347) beschafft und zugleich mit der letzteren beim Schiedsgericht eingesandt werden können. Eventuell könnte in der Gegenschrift die Nachbringung der Unterlagen vorbehalten werden.

c) Hinsichtlich der letzteren ist insbesondere zu beachten, ob etwa die Anwendung der Vorschrift des §. 5 Absatz 5 des Unfallversicherungsgesetzes vom 6. Juli 1884 in Frage kommen kann, wonach, wenn der ermittelte Arbeitsverdienst den ortsüblichen Tagelohn gewöhnlicher Tagearbeiter nicht erreicht, der letztere statt des ersteren der Rentenberechnung zu Grunde zu legen ist. Es empfiehlt sich deshalb, sofern nicht im einzelnen Falle diese Möglichkeit völlig ausgeschlossen erscheint, den dem Schiedsgericht einzusendenden Unterlagen sogleich eine von der Gemeindebehörde des Beschäftigungsortes des Berufungsklägers ausgestellte Bescheinigung über die Höhe des von der höheren Verwaltungsbehörde für Erwachsene festgesetzten ortsüblichen Tagelohns gewöhnlicher Tagearbeiter beizufügen.

Das Unterlassen dieser Maßregel hat in der Berufungs- wie Rekursinstanz schon wiederholt zu Weiterungen geführt.

d) Auf diese Weise würde das gesammte, für die Entscheidung in Betracht kommende Material dem Schiedsgericht beziehungsweise dem Reichs-Versicherungsamt rechtzeitig zugänglich werden.

Diese beiden Instanzen werden alsdann, falls sie den Anspruch an sich anerkennen, vielfach in der Lage sein, die mündliche Verhandlung auch auf den Umfang des Anspruches zu erstrecken und auf Grund des unmittelbaren Für und Wieder der Parteien — auf deren persönliches Erscheinen sie hinwirken können: §. 10 Absatz 3 der Verordnung vom 2. November 1885; §. 13 Schlußsatz der Verordnung vom 5. August 1885 (Amtliche Nachrichten des R.V.A. 1885 Seiten 347, 211) — sofort eine endgültige Entscheidung zu treffen. Dies um so mehr, als beim Vorhandensein ausreichender Unterlagen in den Akten die sich in der mündlichen Verhandlung etwa noch ergebenden Streitpunkte über die Höhe des Anspruches selten so erheblich sein werden, daß sie nicht durch Anerkenntnisse, Verzichtleistungen, Vergleiche (A.N. 1892 S. 329; 1895 S. 260) u. s. w. beseitigt werden könnten. (A.N. 1888 S. 334.)

e) Zudem würde in den Instanzen geeignetenfalls die mündliche Verhandlung im Wege der prozeßleitenden Verfügung nach der bezeichneten Richtung hin noch weiter vorbereitet werden können, z. B. durch zeitige Mittheilung der Unterlagen an den Entschädigungsberechtigten (U.V.G. §. 57 Abs. 3, L.U.V.G. §. 62 Abs. 3), falls begründete Zweifel obwalten, ob derselbe sie anerkennen wird, durch Rückfrage bei dem Betriebsunternehmer beziehungsweise der Berufsgenossenschaft, falls die bisherigen Ermittelungen Zweifel betreffs des Jahresarbeitsverdienstes übrig lassen u. s. w.

f) Bei Innehaltung der vorstehenden Regeln wird es sich fast immer vermeiden lassen, daß derselbe Rentenanspruch zweimal — einmal wegen des Bezugsrechts an sich und sodann wegen der Höhe der Rente — die zuständigen Stellen oder einzelne derselben (Feststellungsorgan, Schiedsgericht,

Reichs-Versicherungsamt) beschäftigt: der Erfolg wäre auf Seiten der Arbeiter ein rascherer Rentenbezug, auf Seiten der Berufsgenossenschaften Ersparung von Kosten, insbesondere doppelter Schiedsgerichtssitzungen u. s. w., und auf Seiten der Schiedsgerichte beziehungsweise des Reichs-Versicherungsamts Verminderung der Arbeitslast.

g) Dem Einwande, daß mit der vorstehend empfohlenen Behandlung dem Entschädigungsberechtigten der Instanzenzug (Berufsgenossenschaft, Schiedsgericht, Reichs-Versicherungsamt) beziehungsweise dem Feststellungsorgan die Wahrnehmung seiner erstinstanzlichen Befugnisse verkümmert werde, ist damit zu begegnen, daß nicht die theoretische Frage, ob sich ein Betriebsunfall ereignet habe, sondern die konkrete Frage des geldwerthen Rentenanspruchs einer bestimmten Person der eigentliche Gegenstand der vom Entschädigungsberechtigten beantragten Entscheidung ist. (A.N. 1890 S. 487; 1893 S. 170; 1896 S. 318.)

IV.

Verfahren bei Zubilligung einer vorläufigen Entschädigung gemäß U.V.G. §. 58 Abs. 4, L.U.V.G. §. 63 Abs. 4.

§. 17.

a) Die vorstehend in Bezug genommene Vorschrift findet in einigen Berufsgenossenschaften eine unzutreffende Anwendung. Dieselbe ist erst in der Kommissionsberathung über das U.V.G. vom 6. Juli 1884 diesem hinzugefügt und entsprang der Besorgniß, ob trotz der vorhergehenden, auf thunlichste Beschleunigung der Feststellung der Entschädigung für Verletzte abzielenden Bestimmungen (§. 58 Abs. 2, 3) „nicht doch in einzelnen Fällen ein Vakuum eintreten könne" (Stenographische Berichte a. a. O., IV. Band Seiten 880, 931; A.N. 1890 S. 169).

Aus dieser Entstehungsgeschichte des Absatzes 4 in Verbindung mit den Vorschriften der Absätze 2 und 3 erhellt, daß ein anerkannter Entschädigungsanspruch eines Verletzten thunlichst und in der Regel sofort endgültig, bei noch nicht beendigtem Heilverfahren aber wenigstens für die Dauer desselben festzustellen (U.V.G. §. 58 Absatz 2, 3, Absatz 3, §. 61, §. 62 Absatz 4; L.U.V.G. §. 63 Abs. 2, 3, §. 64 Abs. 3, §. 66, §. 67 Absatz 4), also in beiden Fällen ein förmlicher Bescheid zu erlassen ist; nur „in einzelnen Fällen", in denen trotz rechtzeitig vorbereiteter Beschlußfassung die Feststellung nicht sofort erfolgen kann — z. B. weil bestehende Zweifel über den Jahresarbeitsverdienst oder andere wesentliche Voraussetzungen der Feststellung noch Erörterungen nöthig machen — ist die Vorschrift des Absatzes 4 a. a. O. als ein Nothbehelf anzuwenden, um zu verhüten, daß der Berechtigte in einen wirthschaftlichen Nothstand gerathe (A.N. 1888 S. 347; 1893 S. 186, 197).

b) Es ist deshalb der Ansicht des Gesetzes zuwider, wenn über eine derartige Entschädigung, welche nach den Worten des Gesetzes nur „vorläufig" „zuzubilligen" — nicht „festzustellen" — ist, dem Berechtigten ein förmlicher, mit der Berufungsklausel (U.V.G. §. 62 Absatz 4, L.U.V.G. §. 67 Absatz 4) versehener Bescheid ertheilt, und ihm dadurch die eventuelle Einlegung der Berufung nahe gelegt wird. Letztere ist nach dem Wortlaut des U.V.G. §. 62 Absatz 2, L.U.V.G. § 67 Absatz 2 nur zulässig gegen Bescheide, durch welche eine Entschädigung „festgestellt“ — nicht blos vorläufig zugebilligt — wird. (A.N. 1895 S. 258).

c) Hiernach empfiehlt es sich, die gemäß U.V.G. §. 48 Abs. 4, L.U.V.G. §. 63 Absatz 4 erfolgte Zubilligung einer vorläufigen Entschädigung dem Berechtigten mittelst einfachen Schreibens zu eröffnen und ihn zugleich zu verständigen, daß es sich nur um eine vorläufige und überschlägliche Entschädigung beziehungsweise Abschlagszahlung unter Vorbehalt demnächstiger Verrechnung auf die endgültig festzustellenden Bezüge handele. (A.N. 1891 S. 221.) Im Uebrigen wird die vorläufige Entschädigung in der Höhe zu bemessen sein, daß sie dem vom Verletzten vor dem Unfall bezogenen Arbeitsverdienste beziehungsweise dem Grade der durch den Unfall herbeigeführten Erwerbsunfähigkeit wenigstens insoweit entspricht, als diese Voraussetzungen der Entschädigung seitens der Berufsgenossenschaft als vorliegend erachtet werden.

d) Insbesondere ist es in diesem wie im Falle des §. 58 Abs. 3 U.V.G. beziehungsweise 63 Absatz 3 L.U.V.G. nicht angemessen, bei Uebertragung der Fürsorge für die Verletzten auf die zuständige Krankenkasse (U.V.G. §. 5 Absatz 8, L.U.V.G. §. 10 Absatz 4, 5) die vorläufigen Bezüge der Berechtigten ohne Unterschied auf den Betrag des Krankengeldes zu beschränken, wie dies mehrfach vorgekommen ist. Letzteres wird bei völliger Erwerbsunfähigkeit die Höhe der Rente in der Regel nicht erreichen.

Uebrigens sind die Krankenkassen verpflichtet, auf Verlangen der Berufsgenossenschaften die Unfallrenten vorschußweise zu zahlen (Amtliche Nachrichten des R.V.A. 1886 Seite 133, Ziffer 184).

e) Zur Ergänzung des Vorstehenden wird endlich noch auf die denselben Gegenstand betreffenden früheren diesseitigen Bescheide verwiesen: Amtliche Nachrichten des R.V.A. 1886 Seite 86 Ziffer 166 viertletzter Absatz, Seite 159 Nr. 1; 1887 Seite 19 Ziffer 267, Seite 357 Ziffer 427; 1896 S. 425 Ziffer 1547.

V.

Unzulässigkeit der Rentenfeststellungen auf Zeit. Form der gemäß U.V.G. §. 58 Abs. 3 beziehungsweise L.U.V.G. §. 63 Absatz 3 erlassenen Bescheide.

§. 18.

Trotz mehrfacher diesseitiger Hinweise (vergleiche Amtliche Nachrichten des R.V.A. 1886 Seite 55 Ziffer 139, 140; 1887 Seite 351 Ziffer 409 und die daselbst angeführten Bescheide) werden in einzelnen Berufsgenossenschaften zeitweilig noch Bescheide erlassen, durch welche bei noch nicht beendigtem Heilverfahren oder unbestimmter Dauer der Erwerbsunfähigkeit die Rente durch Angabe eines künftigen kalendermäßigen Endtermines ohne nähere Begründung willkürlich auf eine bestimmte Zeit beschränkt wird. Solche Bescheide entsprechen nicht dem Gesetze, aus dessen Worten (U.V.G. §. 57 Absatz 1 Ziffer 1b, §. 58 Absatz 3, L.U.V.G. §. 62 Abs. 1 Ziffer 1b, §. 63 Absatz 3) vielmehr zu entnehmen ist, daß derartige Feststellungen in der Regel in folgender Form:

„vom . . . ten . . . . 18 . . an bis zur Beendigung des Heilverfahrens“

beziehungsweise

„vom . . . ten . . . . 18 . . an bis auf Weiteres und zwar für die Dauer Ihrer [voraussichtlich vorübergehenden] [gänzlichen — theilweisen] Erwerbsunfähigkeit"

und ohne weiteren Zusatz eines künftigen Endtermins zu ertheilen sind, es sei denn, daß die Feststellung sich unvermeidlicher Weise verzögert hat, und inzwischen das Ende des Bezugsrechts bereits eingetreten ist.

Solche Feststellungen bleiben so lange in Kraft, bis auf Grund des §. 65 U.V.G. beziehungsweise §. 70 L.U.V.G. mit der im Absatz 4 daselbst vorgesehenen Wirkung ein anderweiter Feststellungsbescheid ergeht. (Vergleiche Amtliche Nachrichten des R.V.A. 1886 Seite 159 Nr. 2, 1887 Seite 10 Ziffer 254, Seite 351 Ziffer 409 Schlußabsatz, und wegen Berechnung etwaiger Monats-Bruchttheile von Renten: Amtliche Nachrichten 1886 Seite 160 Ziffer 191; 1888 S. 347 Ziffer 634.)

Bei richtiger Handhabung des Verfahrens und Innehaltung der oben unter II angegebenen Regeln ist nicht zu besorgen, daß den Berufsgenossenschaften aus derartigen nicht begrenzten Feststellungen im Hinblick auf das System der Vorauszahlung der Rente (U.V.G. §. 66 Abs. 2, L.U.V.G. §. 71 Absatz 2) erhebliche Verluste erwachsen werden.

Ist eine Erwerbsunfähigkeit verblieben, so tritt ein Verlust für die Berufsgenossenschaften überhaupt nicht ein, da der für den Zustellungsmonat etwa überhobene Betrag wieder eingezogen beziehungsweise verrechnet werden kann. Letzteres ist übrigens mit thunlichster Schonung der Bezugsberechtigten zu bewirken und jedenfalls — wenn es sich nicht etwa um ganz geringe Summen handelt — erst nach und nach, unter Vertheilung des überhobenen Betrages auf mehrere Monate, durchzuführen. (Vergleiche den in den Amtlichen Nachrichten des R.V.A. 1887 Seite 163 unter Ziffer 365 abgedruckten Bescheid und zum letzten Absatz desselben die diesseitige Abänderungsbekanntmachung vom 14. Dezember 1887 [Amtliche Nachrichten des R.V.A. 1888 Seite 5; vgl. auch A.N. 1888 S. 198; 1889 S. 167; 1896 S. 241, 250).

Welche endlosen Weiterungen jene Beschränkungen der Renten auf einen bestimmten Zeitraum im Gefolge haben können, ergiebt sich aus der diesseitigen Rekursentscheidung Ziffer 253 — Amtliche Nachrichten des R.V.A. 1887 Seite 10 —; vergleiche auch 1887 Seite 163 Ziffer 364, Seite 351 Ziffer 409, Seite 352 Ziffer 415; bezüglich der etwa in Betracht kommenden Zuständigkeit verschiedener Genossenschaftsorgane: 1887 Seite 137 Ziffer 333, 334; 1888 S. 350; 1890 S. 589.

VI.

Ausführung der schiedsgerichtlichen Urtheile trotz Einlegung des Rekurses. Renten-Einstellung oder -Minderung wegen veränderter Verhältnisse während schwebenden Verfahrens. Mittheilung der Unterlagen bei Renteneinstellungs- oder Minderungsbescheiden.

§. 19.

a) Wenn durch schiedsgerichtliches Urtheil, entgegen der Ablehnung seitens des Feststellungsorgans, dem Verletzten eine Rente zugesprochen worden ist (vergleiche oben §. 16), so ist dieselbe ungesäumt zur Zahlung anzuweisen und dem Berufungskläger der Berechtigungsausweis zu ertheilen (U.V.G. §. 66, §. 64, L.U.V.G. §. 71, §. 69), selbst wenn von dem Genossenschaftsvorstande gegen das Urtheil des Schiedsgerichts Rekurs eingelegt ist, da letzteres Rechtsmittel keine aufschiebende Wirkung hat. U.V.G. §. 63 Absatz 1 Schlußsatz, L.U.V.G. §. 68 Abs. 1 Schlußsatz, Amtliche Nachrichten des R.V.A. 1887 Seite 207 Ziffer 388; 1890 S. 195 Ziffer 824.

Wird in Folge des Rekursverfahrens der Betrag der Entschädigung geändert, so ist — in analoger Anwendung des §. 64 Abs. 2 U.V.G. beziehungsweise §. 69 Abs. 2 L.U.V.G. — dem Entschädigungsberechtigten ein anderweiter Berechtigungsausweis zu ertheilen. (Vergleiche hierzu oben Nr. V den vorletzten Absatz.)

b) Wenn das Feststellungsorgan die Zahlung einer erst im schiedsgerichtlichen Verfahren zugesprochenen oder festgestellten Rente demnächst auf Grund veränderter Verhältnisse (U.V.G. §. 65, L.U.V.G. §. 70) während noch schwebenden Rekurses durch förmlichen Bescheid wieder einstellt oder den Betrag herabmindert, so ist die Eigenthümlichkeit der dadurch geschaffenen Rechtslage besonders zu beachten.

Es ist wiederholt vorgekommen, daß der Berechtigte gegen einen solchen Bescheid Berufung nur deshalb nicht eingelegt hat, weil er der Meinung war, sein Anspruch auf Rente beziehungsweise Fortbezug derselben sei ohnedies bereits in der höchsten Instanz anhängig, und vor endgültigem Austrag der Sache die Einlegung einer erneuten Berufung nicht geboten oder zwecklos.

Hiernach erscheint es erforderlich, in derartigen, während schwebenden Rekursverfahrens erlassenen Einstellungs- oder Minderungsbescheiden den Berechtigten über die Tragweite derselben durch den ausdrücklichen Zusatz aufzuklären, daß er diesen Bescheid, falls er sich durch denselben beschwert fühle, des schwebenden Rekurses ungeachtet durch selbständige Berufung anfechten müsse, da der Bescheid sonst mit der Wirkung des §. 65 Abs. 4 U.V.G. beziehungsweise §. 70 Abs. 4 L.U.V.G. rechtskräftig werde, und daran auch durch sein etwaiges Obsiegen im Rekursverfahren voraussichtlich nichts geändert werde (vergleiche Amtliche Nachrichten des R.V.A. 1887 Seite 133 Ziffer 319; 1891 S. 221).

Von der während des Rekursverfahrens erfolgten Ertheilung eines anderweiten Bescheides ist dem Reichs-Versicherungsamt zu den Rekursakten Mittheilung zu machen (vgl. auch A.N. 1890 S. 498 Ziffer 870).

c) Daß dasselbe Verfahren Platz zu greifen hat, wenn das Feststellungsorgan schon während des schiedsgerichtlichen Verfahrens die Zahlung der von ihm festgestellten Rente wegen veränderter Verhältnisse ganz oder theilweise wieder einstelle, ergiebt sich in analoger Anwendung der vorstehenden Grundsätze von selbst.

d) Im Uebrigen bedarf es bei Bescheiden, welche wegen Veränderung der Verhältnisse erlassen werden, nicht der vorgängigen förmlichen Mittheilung der Unterlagen im Sinne des U.V.G. §. 57 Absatz 3, L.U.V.G. §. 62 Absatz 3, wenngleich sich die Mittheilung unter Umständen empfehlen und geeignet sein kann, im Wege der Aufklärung und gegenseitigen Verständigung die Inanspruchnahme des Schiedsgerichts zu verhüten.

Dagegen sind dem Berechtigten spätestens in dem betreffenden (förmlichen) Bescheide genau die Thatsachen mitzutheilen, welche nach der Meinung des Feststellungsorgans eine wesentliche Veränderung begründen, damit der Berechtigte in den Stand gesetzt wird, sich sachgemäß vertheidigen zu können. In der Regel sind auch die Beweismittel anzugeben (z. B. ärztliches Gutachten).

Jedenfalls ist die bisherige Rente gemäß U.V.G. §. 65 Absatz 4 beziehungsweise L.U.V.G. §. 70 Absatz 4 bis zum Tage der Zustellung des neuen Bescheides fortzugewähren.

Vergleiche Amtliche Nachrichten des R.V.A. 1887 S. 351 Ziffer 409 und die dort angeführten Bescheide sowie Amtliche Nachrichten 1887 Seite 136 Ziffer 332; 1888 S. 347; 1891 S. 221; 1893 S. 198; 1894 S. 282; 1896 S. 168).

VII.

Verfahren bei der Unterbringung in einem Krankenhause und bei der Entlassung aus demselben.

(U.V.G. §. 7, L.U.V.G. §. 8.)

1. Unterbringung im Anschluß an die dreizehnwöchige Wartezeit.

§. 20.

Bei der Gewährung der freien Kur und Verpflegung in einem Krankenhause nach Beginn der vierzehnten Woche (A.N. 1888 S. 244; 1892 S. 348) können zwei Fälle unterschieden werden: einmal die Unterbringung eines bisher in anderweiter Pflege oder überhaupt nicht in Pflege befindlichen Verletzten, sodann der Fall, wo die bereits auf Grund des Krankenversicherungsgesetzes gewährte freie Kur und Verpflegung in einem Krankenhause auch nach der dreizehnten Woche weiter gewährt wird (sei es unmittelbar durch die Berufsgenossenschaft, sei es auf deren Kosten; U.V.G. §. 5 Absatz 8, L.U.V.G. § 10 Absatz 4, 5).

In beiden — in ihrer rechtlichen Bedeutung gleichwerthigen — Fällen steht der Genossenschaft das ausschließliche Wahlrecht zwischen den nach U.V.G. §. 5 und §. 7 beziehungsweise L.U.V.G. §. 6 und §. 8 alternativ zu gewährenden Leistungen zu (vergleiche Amtliche Nachrichten des R.V.A. 1886 Seite 17 Ziffer 130; 1888 S. 282, 328; 1891 S. 358; 1893 S. 167). Dasselbe darf indessen, wie das Reichs-Versicherungsamt bereits grundsätzlich ausgesprochen hat, nur „durch Ertheilung eines der Berufung auf schiedsrichterliche Entscheidung unterliegenden formellen Bescheides" seitens des nach Gesetz oder Statut zur Feststellung der Entschädigungen berufenen Genossenschaftsorgans (A.N. 1890 S. 588, 589) ausgeübt werden (vergleiche Amtliche Nachrichten des R.V.A. 1886 Seite 292 Ziffer 241; 1893 S. 166; 1895 S. 260; 1896 S. 217).

Im Uebrigen ist anzuerkennen, daß

§. 21.

a) diejenigen Fälle, in denen es sich um die Unterbringung eines zu Beginn der vierzehnten Woche nicht in Krankenhauspflege befindlichen Verletzten handelt, eilbedürftig sind, und deshalb in solchen Fällen die Ertheilung eines förmlichen Bescheides den Zweck der Unterbringung vielfach erschweren oder gar vereiteln würde. Hier erscheint es deshalb statthaft und dem Geiste des Gesetzes entsprechend, wenn behufs Verminderung des mit der Herbeiführung einer förmlichen Beschlußfassung des Feststellungsorganes verbundenen Zeitverlustes die Unterbringung zunächst in weniger förmlicher Weise angeordnet wird.

Es genügt in solchen Fällen, wenn der Vorsitzende oder ein sonstiges Mitglied des Feststellungsorgans auf Grund einer ihm von dem letzteren allgemein ertheilten Ermächtigung eine formlose — nicht mit der Berufungsklausel (U.V.G. §. 62 Absatz 4, L.U.V.G. §. 67 Absatz 4) zu versehende — schriftliche Aufforderung an den Verletzten richtet, sich in ein zu bezeichnendes Krankenhaus zu begeben, geeignetenfalls unter dem Hinweis, daß im Weigerungsfalle die Genossenschaft in die Lage kommen könne, die Gewährung einer Rente nach beendigtem Heilverfahren insoweit zu beanstanden, als die später etwa verbleibende Erwerbsunfähigkeit sich als Folge eines schuldhaften Verhaltens des Weigernden darstellen würde (vergleiche Amtliche Nachrichten des R.V.A. 1886 Seite 17 Ziffer 130; 1888 S. 196, 197, 333; 1893 S. 166, 167, 168; 1994 S. 283; 1896 S. 168).

Befindet sich das Krankenhaus außerhalb des Wohnortes des Verletzten, so würden dem letzteren die zur Reise erforderlichen Kosten rechtzeitig zur Verfügung zu stellen sein (vergleiche Amtliche Nachrichten des R.V.A. 1887 Seite 27 Ziffer 276; 1891 S. 210; 1896 S. 382).

Da die Grundlage der Maßnahme der Unterbringung in der Regel ein ärztliches Gutachten sein wird, so wird es sich empfehlen, dasselbe dem Verletzten in geeigneter Weise mitzutheilen, desgleichen auch die etwaigen sonstigen Umstände, welche die Unterbringung geboten erscheinen lassen, darzulegen. Demnächst würde, — da sonstige mitzutheilende Unterlagen einstweilen nicht in Betracht kommen —, eine Beschlußfassung des Feststellungsorgans herbeizuführen, und ein förmlicher Bescheid (U.V.G. §. 62 Absatz 4, L.U.V.G. §. 67 Absatz 4) zu erlassen sein. Derselbe könnte etwa dahin gefaßt werden: durch Beschluß des Feststellungsorganes (Vorstandes, Ausschusses u. s. w.) sei anerkannt worden, daß die durch die Verfügung (Aufforderung) vom . . ten . . . . . 18 . . getroffene Anordnung der Unterbringung im Krankenhause zu Recht erfolgt sei. Dieser förmliche Bescheid ist in allen Fällen — mag der Verunglückte der Aufforderung nachgekommen sein oder nicht — zu erlassen, da dem Verunglückten sonst die Möglichkeit abgeschnitten würde, im Wege der Berufung auf schiedsrichterliche Entscheidung das Vorhandensein der Voraussetzungen des §. 7 Absatz 1 U.V.G. beziehungsweise §. 8 Absatz 1 L.U.V.G. zu bestreiten und demgemäß das bisherige Verfahren anzugreifen. Dazu gewährt ihm aber nur der förmliche Bescheid die gesetzliche Möglichkeit (vergleiche U.V.G. §. 62 Absatz 2, L.U.V.G. §. 67 Absatz 2; auch Amtliche Nachrichten des R.V.A. 1887 S. 163 Ziffer 365 Absatz 1; 1888 S. 197).

Selbstverständlich wird es geboten sein, die Beschlußfassung und Zustellung des Bescheides an solche Verunglückte, welche die Aufforderung, sich in ein Krankenhaus zu begeben, nicht beachten oder ihr nachzukommen sich weigern, mit besonderer Beschleunigung zu betreiben. An letzterer hat nicht nur der Verletzte, dem nun einstweilen auch keine Rente gewährt wird, ein dringendes Interesse, sondern es liegt auch im eigensten Interesse der Berufsgenossenschaft, für das von ihr gewählte Vorgehen sobald als möglich die gesetzliche Grundlage zu schaffen.

§. 22.

b) In denjenigen Fällen, in denen der Verunglückte sich zu Beginn der vierzehnten Woche noch in einem Krankenhause befindet, ist demselben, wenn ihm die Genossenschaft Kur und Verpflegung fortgewähren will, gleichfalls ein förmlicher Bescheid zu ertheilen.

Das Verfahren wird sich hier entsprechend wie zu a, in der Regel aber noch einfacher gestalten, auch in manchen Fällen auf Grund des Gutachtens des behandelnden Arztes schon lange vor der vierzehnten Woche die Nothwendigkeit der Fortgewährung der Krankenhauspflege mit Sicherheit beurtheilt werden können, so daß der förmliche Bescheid bei rechtzeitiger Vorbereitung des Erforderlichen schon in der vierzehnten Woche ertheilt werden kann.

(Vgl. A.N. 1889 S. 196; 1890 S. 510; 1896 S. 305.)

2. Spätere oder erneute Unterbringung.

§. 23.

Erfolgt die Unterbringung in einem Krankenhause, nachdem der Verunglückte bereits in den Bezug der Rente gelangt war, oder ist ein neues Heilverfahren erforderlich, so darf die Genossenschaft das ihr auch in solchen Fällen gemäß §. 65 §. 7 Absatz 1 U.V.G. beziehungsweise §. 70, §. 8 Absatz 1 L.U.V.G. zustehende Wahlrecht ebenfalls nur durch förmlichen Bescheid ausüben und hat die bisherige Rente bis zum Tage der Zustellung des letzteren fortzuzahlen (Amtliche Nachrichten des R.V.A. 1886 Seite 292 Ziffer 241).

In dringlichen Fällen würde indessen auch hier die sofortige Unterbringung in einem Krankenhause zunächst durch formlose Verfügung (vergleiche oben §. 21 Absatz 2), vorbehaltlich der Ertheilung des förmlichen Bescheides angeordnet werden können.

(Vgl. A.N. 1889 S. 358, 359.)

3. Ansprüche der „Angehörigen“ während der Unterbringung.
(U.V.G. §. 7 Absatz 2, L.U.V.G. §. 8 Absatz 2.)

§. 24.

Kommen bei der Unterbringung Ansprüche von Angehörigen in Betracht, so ist der bezügliche Bescheid gleichfalls thunlichst bald zu ertheilen, wenngleich er, wegen der Beschaffung der hier mitzutheilenden Unterlagen im Sinne des §. 57 Absatz 3 U.V.G. beziehungsweise §. 62 Absatz 3 L.U.V.G., in der Regel nicht schon gleichzeitig mit dem Bescheide aus §. 7 Absatz 1 beziehungsweise §. 8 Abs. 1 a. a. O. wird ertheilt werden können. (Vergleiche Amtliche Nachrichten des R.V.A. 1886 S. 292 Ziffer 240; 1889 S. 358; 1890 S. 164; 1893 S. 158).

4. Entlassung aus dem Krankenhause.

§. 25.

Die Bescheide aus §. 7 U.V.G. beziehungsweise §. 8 L.U.V.G. erledigen die aus §. 5 beziehungsweise §. 6 a. a. O. zu erhebenden Ansprüche „an Stelle" deren die Kur und Verpflegung gewährt wird, nur „bis zum beendigten Heilverfahren". Wenn deshalb der Verletzte demnächst aus dem Krankenhause entlassen wird, so ist ihm — mag vor der Unterbringung eine Rente bereits festgestellt gewesen sein oder nicht — Zug um Zug mit der Anordnung der Entlassung und der dadurch bedingten Einstellung der etwaigen Leistungen aus §. 7 Absatz 2 U.V.G. beziehungsweise §. 8 Absatz 2 L.U.V.G. ein anderweiter förmlicher Bescheid (U.V.G. §. 61, §. 62 Absatz 4, L.U.V.G. §. 66, §. 67 Absatz 4) zu ertheilen, mittelst dessen die Berufsgenossenschaft zu der nunmehr wieder offenen Frage der Gewährung oder Fortgewährung beziehungsweise Ablehnung oder Einstellung der in den §§. 5 beziehungsweise 6 vorgeschriebenen Leistungen dem Verletzten gegenüber Stellung nimmt (zu vergleichen Amtliche Nachrichten des R.V.A. 1887 Seite 133 Ziffer 319; 1888 S. 177; 1889 S. 358; 1896 S. 218).

Diese Verpflichtung kommt für die Berufsgenossenschaft auch nicht dadurch in Wegfall, daß nach ärztlichem Attest eine Erwerbsunfähigkeit bei dem Verletzten nicht zurückgeblieben ist (A.N. 1888 S. 197); übrigens liegt in allen Fällen die sofortige Erledigung der Angelegenheit im Interesse der Berufsgenossenschaften selbst.

Ergeben sich bei Anordnung der Entlassung im Hinblick auf die Beendigung des Heilverfahrens beziehungsweise die Bedeutung der verbliebenen Erwerbsunfähigkeit Zweifel darüber, welches von etwaigen mehreren Feststellungsorganen zum Erlaß jenes Bescheides zuständig sei, so ist nach Maßgabe der diesseitigen Bescheide Ziffern 333 und 334, Amtliche Nachrichten des R.V.A. 1887 Seite 137, zu verfahren (vergleiche auch Entscheidung 252, Amtliche Nachrichten 1887 S 9; 1888 S. 189, 350; 1890 S. 589).

VIII.

Aktenführung und Formalien.

Im Nachfolgenden wird auf einige, die Ausfertigung u. s. w. der Bescheide und die zugehörige Aktenführung betreffende, hier wiederholt wahrgenommene Unebenheiten hingewiesen. Dieselben beziehen sich insbesondere auf die mangelnde Vollständigkeit der Akten und die oft ungenügende Form der Aktenstücke sowie auf die Innehaltung gewisser Förmlichkeiten hinsichtlich der Bescheide.

§. 26.

A. Da die genossenschaftlichen Akten eine wesentliche Grundlage für das weitere Verfahren vor den Schiedsgerichten beziehungsweise vor dem Reichs-Versicherungsamt und für die im Instanzenzuge zu ertheilenden Entscheidungen bilden, so ist die Vollständigkeit der Akten, soll ihre Bedeutung und Zuverlässigkeit nicht in bedenklicher Weise abgeschwächt werden, unerläßliche Voraussetzung. Es ist unbedingt erforderlich, daß der zur Nachprüfung des von den Genossenschaftsorganen eingeschlagenen Verfahrens berufenen Stelle das gesammte bei der Genossenschaft vorhandene Aktenmaterial ausnahmslos unterbreitet wird.

Was die Form einzelner Aktenstücke anlangt, so war es bisher bei manchen Berufsgenossenschaften Gebrauch, gerade die wichtigsten Schriftstücke, wie Ablehnungs- und Feststellungsbescheide, lediglich in mit der Kopirpresse hergestellten Abzügen von den an die Parteien hinausgegangenen Ausfertigungen zu den Akten zu bringen; dabei sind diese Kopien oft noch gefertigt, ehe nur die Ausfertigung selbst von dem Vorstandsvorsitzenden oder dem sonst zuständigen Organe vollzogen ist, überdieß auf dünnem, durchlässigem Papier und mitunter gänzlich unleserlich hergestellt.

Demgegenüber spricht das Reichs-Versicherungsamt die Erwartung aus, daß künftighin, wie alle Beschlüsse und Bescheide, welche zum Zweck der Nachprüfung an eine weitere Instanz gelangen können, so insbesondere die Feststellungsbescheide in leserlicher und dauerhafter, sowie vor Allem in beweisender Form mit dem Zeichen der Genehmigung durch das maßgebende Genossenschaftsorgan zu den Akten gebracht werden.

Zu diesem Zweck wird es sich empfehlen, daß bei den Berufsgenossenschaften, nach dem Vorgange der Aktenführung bei den öffentlichen Behörden, die vorbezeichneten Schriftstücke zunächst in dem für die Akten bestimmten Exemplare entworfen werden, und auf demselben die Genehmigung durch das zuständige Organ urkundlich festgestellt, sodann aber erst durch Reinschrift hiervon die Ausfertigung hergestellt wird. Mindestens aber würde, wo die Verwendung eines bloßen Abzuges für die Akten nicht zu umgehen ist, derselbe stets die Unterschrift desjenigen Organs aufweisen, welches die für die Partei bestimmte Ausfertigung unterzeichnet hat. (Vgl. A.N. 1890 S. 589; 1896 S. 168—170, 496.)

§. 27.

B. Hiernach ist es insbesondere unzulässig, die Ertheilung beziehungsweise Ausfertigung von Feststellungsbescheiden — wie diesseits wiederholt wahrgenommen ist — lediglich durch eine Verfügung, deren Ausführung einem Büreaubeamten überlassen wird, anzuordnen, oder gar die Verfügung auf einen Hinweis auf die betreffende Nummer des zu verwendenden Formulars zu beschränken. Vielmehr ist der Bescheid im Wortlaut vollständig und einschließlich der Berufungsklausel (U.V.G. §. 62 Absatz 4, L.U.V.G. §. 67 Absatz 4) — welche in den Text des Bescheides selbst aufzunehmen und nicht als Anmerkung anzubringen ist — zu entwerfen und zu den Akten zu bringen, damit bei Einsendung der „Vorverhandlungen" an den Schiedsgerichtsvorsitzenden dieser, auch wenn der Berufungskläger die Ausfertigung des Bescheides nicht mit überreicht hat, in der Lage ist, sofort durch Kenntnißnahme von der Urschrift die Innehaltung der Förmlichkeiten vorzuprüfen und eventuell noch vor der mündlichen Verhandlung das nach Lage des Falles etwa Angezeigte zu veranlassen beziehungsweise vorzubereiten.

§. 28.

C. Außerdem sind in Urschrift oder beglaubigter Abschrift die Unterlagen der Beschlußfassung des Feststellungsorgans zu den Akten zu bringen (bei mündlicher Verhandlung das betreffende Protokoll beziehungssweise ein Auszug aus dem Protokollbuch, bei schriftlicher die Abstimmungsliste beziehungsweise die betreffende Korrespondenz). Vgl. A.N. 1896 S. 496.

§. 29.

D. Diejenigen Bescheide, welche Ansprüche minderjähriger Verletzter betreffen, sind nicht diesen selbst, sondern deren gesetzlichen Vertretern (Vater, Vormund, Mutter, wenn dieselbe Vormünderin ist) zuzustellen.

Dasselbe gilt, wenn es sich um Ansprüche hinterbliebener rentenberechtigter Kinder eines Getödteten handelt. Dabei ist insbesondere zu beachten, daß der Anspruch der rentenberechtigten Wittwe und der Kinder kein einheitlicher ist, und die Zustellung an die Wittwe allein, falls diese nicht Vormünderin ist, den selbständigen Anspruch der Kinder nicht erledigt (zu vergleichen Amtliche Nachrichten des R.V.A. 1887 Seite 134 Ziffer 328; 1893 S. 206).

§. 30.

E. Die Urkunde über die Zustellung beziehungsweise Aufgabe des Bescheides zur Post (vergleiche Amtliche Nachrichten des R.V.A. 1887 S. 27 Ziffer 277) ist in den Akten unmittelbar hinter der Urschrift des Bescheides einzuheften. Dadurch — und durch sonstige zweckentsprechende Maßnahmen, Vermerke 2c. — würde dem von einem Schiedsgerichtsvorsitzenden hervorgehobenen Mangel abgeholfen, daß meistens nicht mit Sicherheit festzustellen sei, ob „die zu den Akten gebrachten Postscheine sich auf den fraglichen Bescheid beziehen". Vgl. A.N. 1887 S. 210; 1888 S. 334; 1889 S. 140; 1890 S. 190; 1893 S. 172, 206; 1894 S. 286; 1895 S. 246, 247.

Daß nach Maßgabe der vorstehenden Regeln alle das Enschädigungsverfahren betreffenden Beschlüsse der Genossenschaftsorgane nebst dem ganzen auf ihre Entstehung und Ausführung bezüglichen Urkundenmaterial in beweisender, dauerhafter und deutlicher Form in den Akten niedergelegt werden, ist übrigens auch im eigenen Interesse der Berufsgenossenschaften um deswillen nothwendig, weil oft noch nach einer langen Reihe von Jahren, wenn wegen Veränderung der Verhältnisse (U.V.G. §. 65, L.U.V.G. §. 70; vergl. oben §. 19d) eine Wiederaufnahme der Feststellungsverhandlungen geboten erscheint, die in Rede stehenden Aktenstücke wieder die Grundlage für die weiteren Entscheidungen bilden müssen.

F. Schließlich nimmt das Reichs-Versicherungsamt noch Veranlassung, die Berufsgenossenschaften auf einige Zweckmäßigkeitsmaßregeln hinzuweisen.

§. 31.

a) Aus den Kreisen der Schiedsgerichtsvorsitzenden ist wiederholt der Wunsch laut geworden, daß in den Bescheid der wesentliche Inhalt des §. 4 der Verordnung über das Verfahren vor den Schiedsgerichten vom 2. November 1885 aufgenommen werde, wonach die Berufung schriftlich erhoben werden muß, und in dem Schriftsatze — unter Beifügung einer Abschrift desselben für den Gegner — der Gegenstand zu bezeichnen ist unter Angabe der für die Entscheidung maßgebenden Thatsachen und der Beweismittel für die letzteren.

§. 32.

b) Es hat sich als empfehlenswerth herausgestellt, solche Bezugsberechtigte, denen die von ihnen beanspruchte Rente nicht in vollem Umfange gewährt worden, bei Gelegenheit der Ertheilung des Feststellungsbescheides in geeigneter Weise darüber zu verständigen, daß sie sich durch Erhebung des angewiesenen geringeren Betrages bei der Post ihres vermeintlichen

Anspruches auf den höheren Betrag, beziehungsweise ihres Rechtes auf Einlegung der Berufung in keiner Weise begeben. Die Feststellungsorgane wollen demgemäß wenigstens in denjenigen Fällen verfahren, in welchen nach den Umständen und nach der Persönlichkeit des Berechtigten das Aufkommen eines derartigen Irrthums zu besorgen steht.

§. 33.

c) Die Genossenschafts- und Sektionsvorstände werden unter Bezugnahme auf Nr. 5 des diesseitigen Rundschreibens vom 15. Juli 1886 (Amtliche Nachrichten des R.V.A. S. 125) wiederholt ergebenst ersucht, gefälligst dafür Sorge zu tragen, daß die Akten stets chronologisch geheftet und mit fortlaufenden Seitenzahlen versehen werden. Die Entschädigungsakten sind für sich und getrennt von anderen Akten zu halten. Insbesondere ihre Verbindung mit Katasterakten hat schon mehrfach Anlaß zu unerwünschten Weiterungen gegeben.

Die Aufbewahrung der Entschädigungsakten nach Erledigung des Feststellungsverfahrens wird zweckmäßiger Weise seitens des mit letzterem befaßt gewesenen Genossenschaftsorgans zu bewirken sein, falls nicht durch innergenossenschaftliche Bestimmung etwas anderes angeordnet ist (A.N. 1892 S. 159).

Das Reichs-Versicherungsamt.
Bödiker.

Anleitung

für die zur Feststellung der Entschädigungen zuständigen berufsgenossenschaftlichen Organe.

(Auszug aus vorstehendem Rundschreiben.)

A.N. IV S. 48.

I.

Aufklärung der thatsächlichen Verhältnisse bei Erhebung von Entschädigungsansprüchen, insbesondere durch Betheiligung der Berufsgenossenschaften an den ortspolizeilichen Unfallversicherungen.

(U.V.G. §§. 53—55, L.U.V.G. §§. 57—60.)*)

§. 1. Die für die Beschlußfassung über etwaige Entschädigungsansprüche maßgebenden thatsächlichen Verhältnisse sind rechtzeitig und ausreichend aufzuklären. Andernfalls werden manche Ansprüche unnützerweise auf den Weg der Berufung und damit in das kostspielige schiedsgerichtliche Verfahren gedrängt oder veranlassen doch in letzterem eine besondere, mit ungleich höherem Kostenaufwand verknüpfte Beweisaufnahme.

§. 2. Zur Vermeidung dieser Uebelstände ist auf eine thätige Betheiligung von Genossenschaftsvertretern an den Unfalluntersuchungen (U.V.G.

*) U.V.G. = Unfallversicherungsgesetz vom 6. Juli 1884. L.U.V.G. = Gesetz, betreffend die Unfall- und Krankenversicherung der in land- und forstwirthschaftlichen Betrieben beschäftigten Personen, vom 5. Mai 1886.

§. 53, §. 54 Absatz 1, L.U.V.G. §. 57, §. 58 Absatz 1), z. B. durch Stellung geeigneter Anträge Bedacht zu nehmen.

§. 3. Insbesondere wird es sich nicht selten empfehlen, daß die Berufsgenossenschaften von dem Rechte des §. 54 Absatz 2, §. 101 U.V.G. beziehungsweise 58 Absatz 2, §. 121 L.U.V.G. Gebrauch machen: nämlich bei der die Untersuchungsverhandlungen leitenden Ortspolizeibehörde die Zuziehung von Sachverständigen in Antrag zu bringen.

§. 4. Da im letzteren Falle (§. 3) die entstehenden Kosten den Berufsgenossenschaften zur Last fallen, während sie die aus der Vornahme der pflichtmäßigen Unfalluntersuchung (§. 2) erwachsenen Kosten nicht zu tragen haben, so ist bei Stellung von Anträgen an die Untersuchungsbehörden deutlich zum Ausdruck zu bringen, ob die Erledigung der Anträge kostenlos erwartet wird, oder etwaige Kosten erstattet werden sollen.

II.
Vorbereitung und geschäftliche Behandlung der Beschlußfassung bei anerkannten oder anscheinend begründeten Ansprüchen. Bedeutung der Unterlagen.

(U.V.G. §. 57 Absatz 3, L.U.V.G. §. 62 Absatz 3.)

§. 5. Nach den vorstehend angezogenen Gesetzesvorschriften sind „vor der Feststellung der Entschädigung" dem Entschädigungsberechtigten die „Unterlagen" für die Bemessung derselben mitzutheilen. Diese Mittheilung beziehungsweise das dieselbe vorbereitende Verfahren hat sich folgendermaßen zu gestalten:

A. Erhebung von Ansprüchen während der dreizehnwöchigen Wartezeit.
(Vergleiche U.V.G. §. 5 Absatz 2, L.U.V.G. §. 6 Absatz 1.)

§. 6. Wenn ein an sich begründet erscheinender Anspruch schon während der dreizehnwöchigen Wartezeit erhoben wird oder von Amtswegen geprüft werdeu muß, so ist die Beschlußfassung des Feststellungsorgans (des Vorstandes, Ausschusses u. s. w.) durch den Vorsitzenden oder ein anderes Mitglied — beziehungsweise in deren Auftrage durch einen Beamten der Genossenschaft — vorzubereiten. Der Inhalt der — eventuell sofort zu beschaffenden — Untersuchungsverhandlungen, Rückfragen bei dem Unternehmer, dem behandelnden Arzt u. s. w. werden in der Regel ausreichende Anhaltspunkte zur Ermittelung der in Betracht kommenden Verhältnisse bieten.

§. 7. Diese Ermittelung ist thunlichst vor Ablauf der dreizehnten Woche zu Ende zu führen; in klarliegenden Fällen, z. B. bei zweifelloser völliger Erwerbsunfähigkeit, ist das Erforderliche sofort nach Kenntniß von dem Unfalle in die Wege zu leiten.

§. 8. Gleich nach Beginn der vierzehnten Woche — geeignetenfalls noch früher (vergleiche §. 7) — sind die durch die Ermittelung gewonnenen „Unterlagen" dem Berechtigten mitzutheilen. Diese Mittheilung kann, wenn eine vorherige Beschlußfassung seitens des Feststellungsorgans zu Weiterungen führen würde, seitens des Vorsitzenden u. s. w. allein erfolgen.

§. 9. Die Mittheilung soll in der Regel den anzunehmenden Grad der

Erwerbsunfähigkeit mit umfassen und kann zweckmäßigerweise die Bemerkung enthalten, man beabsichtige auf Grund der Unterlagen dem Feststellungsorgan vorzuschlagen (folgt der Vorschlag, z. B. eine Rente von x Mark).

§. 10. Es ist unzulässig, dem Berechtigten, welchem nur „Gelegenheit" gegeben werden soll, sich zu äußern, die Unterlagen unter der Verwarnung, sie würden im Falle seines Stillschweigens als anerkannt gelten, oder unter Androhung ähnlicher Rechtsnachtheile mitzutheilen.

§. 11. Das Feststellungsorgan ist an die mitgetheilten Unterlagen bei der demnächstigen Beschlußfassung nicht gebunden, insbesondere nicht, soweit sich dieselben als ein Urtheil oder eine Schätzung darstellen, wie es z. B. bei dem angenommenen Grade der Erwerbsunfähigkeit der Fall ist.

§. 12. Gleichzeitig mit der Zustellung der Unterlagen — geeignetenfalls noch früher (vergleiche §. 7) — hat der Vorsitzende das Erforderliche zur Herbeiführung einer Beschlußfassung des Feststellungsorgans (Anberaumung einer Sitzung, bei schriftlicher Abstimmung Entwurf der Abstimmungsliste u. s. w.) vorzubereiten, so daß in der Regel in der fünfzehnten Woche die Sitzung abgehalten beziehungsweise die schriftliche Abstimmung vorgenommen werden kann.

§. 13. Auf Grund des Ergebnisses der Berathung in der Sitzung beziehungsweise der schriftlichen Abstimmung ist sofort der schriftliche Bescheid zu ertheilen. Derselbe ist im Namen des Feststellungsorgans selbst (des Vorstandes, Ausschusses u. s. w.) zu erlassen (U.V.G. §. 61, L.U.V.G. §. 66) und von den zur Vertretung dieses Organs nach Außen statutenmäßig berufenen Personen zu vollziehen. Ist auf Grund des §. 57 Absatz 2 U.V.G. beziehungsweise §. 62 Absatz 2 L.U.V.G. ein besonderes Feststellungsorgan eingesetzt, so ist der Bescheid von sämmtlichen bei der Beschlußfassung betheiligt gewesenen stimmberechtigten Mitgliedern zu unterzeichnen, falls nicht durch Beschluß des zur Einsetzung des Feststellungsorgans zuständigen Genossenschaftsorgans der Vorsitzende oder bestimmte Mitglieder des Feststellungsorgans zur alleinigen Vollziehung ermächtigt worden sind.

B. Erhebung von Ansprüchen nach Ablauf der dreizehnwöchigen Wartezeit.

§. 14. Auch in diesen Fällen sind die in den §§. 6 bis 13 dargelegten Regeln entsprechend anzuwenden. Hat eine Unfalluntersuchung noch nicht stattgefunden, so ist thunlichst darauf hinzuwirken, daß durch deren Vornahme — falls sie überhaupt noch geboten erscheint — das Feststellungsverfahren nicht verzögert werde; jedenfalls darf die Durchführung des Feststellungsverfahrens nur dann von einer vorgängigen Unfalluntersuchung abhängig gemacht werden, wenn erst durch die letztere die erforderlichen Anhaltspunkte zu Beurtheilung des erhobenen Anspruches gewonnen werden können.

C. Ansprüche aus Todesfällen.

§. 15. Handelt es sich endlich um Todesfälle beziehungsweise Ansprüche aus U.V.G. §. 6, L.U.V.G. §. 7, so hat der Vorsitzende u. s. w. sofort nach Abschluß der Untersuchung, eventuell sofort nach erlangter Kenntniß von dem Tode — unter entsprechender Anwendung der vorstehenden Regeln — alles

Erforderliche ungesäumt zu veranlassen und die Beschlußfassung mit thunlichster Beschleunigung vorzubereiten und herbeizuführen (U.V.G. §. 58 Absatz 1, L.U.V.G. §. 63 Absatz 1).

III.

Verfahren bei Einlegung der Berufung auf schiedsrichterliche Entscheidung gegen ablehnende Bescheide. Rechtzeitige Beschaffung der Unterlagen.

§. 14. Wird gegen ablehnende Bescheide Berufung erhoben, so hat der Vorsitzende ꝛc. sofort nach Mittheilung der Berufung seitens des Schiedsgerichtsvorsitzenden die „Unterlagen" (U.V.G. §. 57 Absatz 3, L.U.V.G. §. 62 Absatz 3) — soweit das nicht schon geschehen ist — zu beschaffen und thunlichst zugleich mit der Gegenschrift dem Schiedsgericht einzusenden. Eventuell ist in der Gegenschrift die Nachbringung der Unterlagen vorzubehalten und betreffs der letzteren selbst darauf hinzuwirken, daß seitens des Schiedsgerichts beziehungsweise des Reichs-Versicherungsamts, falls der Anspruch anerkannt wird, auch zugleich über die Höhe desselben erkannt werden kann.

Insbesondere ist bei Ansprüchen aus dem Unfallversicherungsgesetz vom 6. Juli 1884, falls die Möglichkeit nicht ausgeschlossen erscheint, daß der ermittelte Arbeitsverdienst geringer ist, als der für Erwachsene festgesetzte ortsübliche Tagelohn gewöhnlicher Tagearbeiter, eine die Höhe des letzteren enthaltende, von der Gemeindebehörde des Beschäftigungsortes des Berufungsklägers ausgestellte amtliche Bescheinigung den Unterlagen beizufügen (U.V.G. §. 5 Absatz 5).

IV.

Verfahren bei Zubilligung einer vorläufigen Entschädigung gemäß U.V.G. §. 58 Absatz 4, L.U.V.G. §. 63 Absatz 4.

§. 17 Entschädigungen der vorbezeichneten Art dürfen nicht durch förmliche Bescheide festgesetzt werden; letztere würden, auch wenn sie die Berufungsklausel enthalten, dennoch nicht berufungsfähig sein.

Vielmehr ist die erfolgte Zubilligung dem Berechtigten mittelst einfachen Schreibens zu eröffnen, und derselbe zugleich dahin zu verständigen, daß die endgültige Feststellung und Entschädigung demnächst erfolgen werde, und eine Berechnung der vorläufigen Zahlungen auf dieselbe vorbehalten bleibe.

V.

Unzulässigkeit der Rentenfeststellungen auf Zeit. Form der gemäß U.V.G. §. 58 Absatz 3 beziehungsweise L.U.V.G. §. 63 Absatz 3 erlassenen Bescheide.

§. 18. Ist mit Ablauf der dreizehnten Woche das Heilverfahren noch nicht beendigt, beziehungsweise die Erwerbsunfähigkeit noch nicht gehoben, so hat die Rentenfeststellung in folgender Form:

vom . . . ten . . . . 18 . . an bis zur Beendigung des Heilverfahrens"

beziehungsweise

„vom . . . ten . . . . 18 . . an bis auf Weiteres, und zwar für die Dauer Ihrer [voraussichtlich vorübergehenden] [gänzlichen — theilweisen] Erwerbsunfähigkeit"

zu erfolgen. Die Beschränkung des Bezugsrechts durch Beifügung eines bestimmten Endtermins ist unzulässig, es sei denn, daß die Feststellung sich unvermeidlicher Weise verzögert hat, und inzwischen das Ende des Bezugsrechts bereits eingetreten ist.

Die Bescheide bleiben in Kraft, bis sie durch einen neuen förmlichen Bescheid aufgehoben werden (U.V.G. §. 65, L.U.V.G. §. 70).

Die Rente ist bis zum Tage der Zustellung dieses neuen Bescheides fortzuzahlen; war schon darüber hinaus eine Vorauszahlung erfolgt, so kann der zuviel erhobene Betrag wieder eingezogen werden, was in schonender Weise nach und nach zu bewirken ist.

VI.

Ausführung der schiedsgerichtlichen Urtheile trotz Einlegung des Rekurses. Renten-Einstellung oder -Minderung wegen veränderter Verhältnisse während schwebenden Verfahrens. Mittheilung der Unterlagen bei Renten-Einstellungs- oder Minderungsbescheiden.

(U.V.G. §. 63 Absatz 1 Schlußsatz, §. 65; L.U.V.G. Absatz 1 Schlußsatz, §. 70.)

§. 19. Wenn durch schiedsgerichtliches Urtheil, entgegen der Ablehnung seitens des Feststellungsorgans, dem Verletzten eine Rente zugesprochen worden ist (vergleiche oben §. 16), so ist dieselbe ungesäumt zur Zahlung anzuweisen, und dem Berufungskläger der Berechtigungsausweis zu ertheilen, selbst wenn der Genossenschaftsvorstand Rekurs einlegt.

Wird durch das Feststellungsorgan eine erst im schiedsgerichtlichen Verfahren erstrittene Rente demnächst auf Grund veränderter Verhältnisse (U.V.G. §. 65, L.U.V.G. §. 70) während noch schwebenden Rekurses aufgehoben oder gemindert, so ist der Berechtigte in dem dieserhalb zu erlassenden förmlichen Bescheide dahin zu belehren, daß er letzteren, falls er sich durch denselben beschwert fühle, des schwebenden Rekurses ungeachtet durch selbstständige Berufung anfechten müsse, da der Bescheid sonst rechtskräftig werde, und daran auch durch sein etwaiges Obsiegen im Rekursverfahren voraussichtlich nichts geändert werde.

Ebenso ist zu verfahren, wenn das Feststellungsorgan eine von ihm selbst zuerkannte Rente schon während des schiedsgerichtlichen Verfahrens wieder aufhebt oder mindert. Im Uebrigen bedarf es bei Aufhebung oder Minderung von Renten wegen veränderter Verhältnisse nicht der vorgängigen Zustellung der Unterlagen (U.V.G. §. 57 Absatz 3, L.U.V.G. §. 62 Absatz 3), wenngleich sich letztere zuweilen empfehlen wird. Dagegen sind in dem Bescheide genau die Thatsachen, welche die Veränderung begründen, sowie die Beweismittel (z. B. ärztliches Gutachten) anzugeben.

VII.

Verfahren bei der Unterbringung in einem Krankenhause und bei der Entlassung aus demselben.

(U.V.G. §. 7, L.U.V.G. §. 8.)

Unterbringung im Anschluß an die dreizehnwöchige Wartezeit.

§. 20. Will die Genossenschaft dem Verletzten die ihm zu leistende Fürsorge durch Unterbringung in einem Krankenhause gewähren, so hat darüber dasjenige Genossenschaftsorgan Entscheidung zu treffen, welches nach Gesetz oder Statut überhaupt zur Feststellung der Entschädigungen berufen ist, und in allen Fällen einen förmlichen, berufungsfähigen (U.V.G. §. 62 Abs. 4, L.U.V.G. §. 67 Absatz 4) Bescheid zu ertheilen.

§. 21. Befindet sich der Verletzte zu Beginn der 14. Woche noch nicht in Krankenhauspflege, und ist die sofortige Ertheilung eines förmlichen Bescheides nicht ausführbar, so ist es in eilbedürftigen Fällen zulässig, daß der Vorsitzende oder ein sonstiges Mitglied des Feststellungsorgans einstweilen eine formlose — nicht berufungsfähige — schriftliche Aufforderung an den Verletzten richtet, sich in ein zu bezeichnendes Krankenhaus zu begeben.

Demnächst ist der förmliche Bescheid (U.V.G. §. 62 Absatz 4, L.U.V.G. §. 67 Absatz 4) zu erlassen, und zwar in der Regel in folgender Form:

> Durch Beschluß des Vorstandes (Ausschusses 2c.) sei anerkannt worden, daß die durch die Verfügung (Aufforderung) vom . . ten . . . . 18 . . getroffene Anordnung der Unterbringung im Krankenhause zu Recht erfolgt sei.

Dieser Bescheid ist sowohl denjenigen Verletzten, welche der Aufforderung nachgekommen sind, als auch den sich Weigernden zu ertheilen, letzteren mit besonderer Beschleunigung.

§. 22. Befindet sich der Verletzte bereits in Krankenhauspflege, und wird die Fortgewährung derselben über die 13. Woche hinaus in Aussicht genommen, so ist Sorge zu tragen, daß die Ertheilung des Bescheides bereits in der 13. Woche erfolgen kann.

Spätere oder erneute Unterbringung.

§. 23. Auch in den Fällen späterer oder erneuter Unterbringung im Krankenhause darf die letztere nur durch förmlichen Bescheid angeordnet, in dringlichen Fällen aber auch eine vorläufige formlose Aufforderung (vergleiche oben §. 21) an den Verletzten gerichtet werden.

Ansprüche der „Angehörigen“ während der Unterbringung.

(§. 7 Absatz 2 U.V.G., §. 8 Absatz 2 L.U.V.G.)

§. 24. Kommen bei der Unterbringung Ansprüche von Angehörigen in Betracht, so ist der bezügliche Bescheid gleichfalls thunlichst bald zu ertheilen, wenngleich er wegen der Beschaffung der hier mitzutheilenden Unterlagen (U.V.G. §. 57 Absatz 3, L.U.V.G. §. 62 Absatz 3) in der Regel nicht schon gleichzeitig mit dem Bescheide aus §. 7 Absatz 1 beziehungsweise §. 8 Absatz 1 wird ertheilt werden können.

§. 25. Zug um Zug mit der Anordnung der Entlassung aus dem Krankenhause ist dem Verletzten — mag er früher bereits eine Rente bezogen haben oder nicht — ein anderweiter förmlicher Bescheid zu ertheilen, durch welchen eine Rente festgestellt oder abgelehnt wird.

Zugleich sind die etwaigen Leistungen an Angehörige einzustellen.

VIII.

Aktenführung und Formalien.

§. 26. Die Feststellungsbescheide sind in leserlicher, dauerhafter und vor Allem in beweisender Form zu den Akten zu bringen. Es empfiehlt sich, daß die Bescheide zunächst in dem für die Akten bestimmten Exemplare entworfen, und auf demselben die Genehmigung durch das zuständige Genossenschaftsorgan festgestellt, sodann aber erst durch Reinschrift hiervon die Ausfertigung hergestellt wird.

§. 27. Hiernach ist es insbesondere unzulässig, die Ertheilung beziehungsweise Ausfertigung von Feststellungsbescheiden lediglich durch eine Verfügung, deren Ausführung einem Bureaubeamten überlassen wird, anzuordnen, oder gar die Verfügung auf einen Hinweis auf die betreffende Nummer des zu verwendenden Formulars zu beschränken. Vielmehr ist der Bescheid im Wortlaut vollständig und einschließlich der Berufungsklausel (U.V.G. §. 62 Absatz 4, L.U.V.G. §. 67 Absatz 4) — welche in den Text des Bescheides selbst aufzunehmen und nicht als Anmerkung anzubringen ist — zu entwerfen und zu den Akten zu bringen.

§. 28. Außerdem sind in Urschrift oder beglaubigter Abschrift die Unterlagen der Beschlußfassung des Feststellungsorgans zu den Akten zu bringen (bei mündlicher Verhandlung das betreffende Protokoll beziehungsweise ein Auszug aus dem Protokollbuch, bei schriftlicher die Abstimmungsliste beziehungsweise die betreffende Korrespondenz).

§. 29. Handelt es sich um minderjährige Personen, — mögen sie selbst Verletzte sein oder als Hinterbliebene eines Getödteten in Betracht kommen —, so sind die ihre Ansprüche betreffenden Bescheide nicht ihnen selbst, sondern ihren gesetzlichen Vertretern (Vater, Vormund, Mutter, wenn dieselbe Vormünderin ist) zuzustellen.

§. 30. Die Urkunde über die Zustellung beziehungsweise Aufgabe des Feststellungsbescheides zur Post ist in den Akten unmittelbar hinter der Urschrift des Bescheides einzuheften und durch einen Vermerk oder auf andere Weise die Beziehung der beiden Urkunden auf einander ersichtlich zu machen.

§. 31. Es ist wünschenswerth, daß in den Bescheid der wesentliche Inhalt des §. 4 der Verordnung über das Verfahren vor den Schiedsgerichten vom 2. November 1885 aufgenommen wird, wonach die Berufung schriftlich zu erheben, und in dem Schriftsatze — unter Beifügung einer Abschrift desselben für den Gegner — der Gegenstand zu bezeichnen ist, unter Angabe der für die Entscheidung maßgebenden Thatsachen und der Beweismittel für die letzteren.

§. 32. Wenn einem Berechtigten die Rente nicht in der beanspruchten Höhe zuerkannt wird, so ist derselbe, wo es nach den Umständen angezeigt erscheint, bei Gelegenheit der Ertheilung des Feststellungsbescheides darüber zu belehren, daß er sich durch Erhebung des geringeren Betrages bei der

Post seines Rechtes auf Einlegung der Berufung behufs Erlangung eines höheren Betrages nicht begebe.

§. 33. Die Entschädigungsakten sind getrennt zu halten, insbesondere nicht mit den Katasterakten zu verbinden, ferner chronologisch zu heften und mit fortlaufenden Seitenzahlen zu versehen.

Für die Aufbewahrung der Entschädigungsakten nach Erledigung des Feststellungsverfahrens ist seitens des mit dem letzteren befaßt gewesenen Genossenschaftsorgans Sorge zu tragen.

Rundschreiben vom 28. September 1900

an die Vorstände der dem Reichs-Versicherungsamt ausschließlich unterstellten Berufsgenossenschaften, betreffend einige Aenderungen des berufsgenossenschaftlichen Feststellungsverfahrens.

Die Bestimmungen der neuen Unfallversicherungsgesetze vom 30. Juni 1900, welche das berufsgenossenschaftliche Feststellungsverfahren zum Gegenstande haben, treten gemäß §. 25 Absatz 3 des Hauptgesetzes am 1. Oktober 1900 in Kraft.

Das Reichs-Versicherungsamt geht davon aus, daß die Vorstände sich über die neuen Gesetze durch das Studium derselben und ihrer Materialien sowie an der Hand der Hülfsmittel, welche die Literatur auf diesem Gebiete bereits gewährt, schon selbst inzwischen eingehend unterrichtet haben, und beschränkt sich deshalb darauf, im Nachstehenden einige der alsbald zu berücksichtigenden, das Entschädigungsverfahren betreffenden Vorschriften zu erörtern, welche besonders wichtig oder zweifelhaft sind. Hierbei muß es sich selbstverständlich die endgültige Stellungnahme für diejenigen Fragen vorbehalten, welche im instanziellen Verfahren demnächst von ihm zu entscheiden sein werden.

I.

Die Vorstände wollen es sich zur Pflicht machen, dafür zu sorgen, daß sich die Unfallfürsorge an die Leistungen der Krankenversicherung thunlichst lückenlos anschließt. In den Fällen des §. 13 des Gewerbe-Unfallversicherungsgesetzes (§. 15 des Unfallversicherungsgesetzes für Land- und Forstwirthschaft, §. 15 des See-Unfallversicherungsgesetzes), wonach die Berufsgenossenschaften unter gewissen Voraussetzungen schon vor dem Beginn der 14. Woche nach dem Unfall eine nach den Bestimmungen der Unfallversicherungsgesetze festzusetzende Rente zu gewähren haben, ist die Festsetzung der Rente möglichst schon vor Ablauf der dreizehnwöchigen Wartezeit zu bewirken. Die Feststellung der Entschädigung hat auch sonst überall in beschleunigtem Verfahren zu erfolgen. In allen Fällen, in denen die endgültige Feststellung nicht sofort stattfinden kann, ist eine vorläufige Entschädigung zuzubilligen (§. 71 Absatz 3 des Gewerbe-Unfallversicherungsgesetzes, §. 77 Absatz 3 des Unfallversicherungsgesetzes für Land- und Forstwirthschaft, §. 37 Absatz 1 des Bau-Unfallversicherungsgesetzes, §. 76 Absatz 3 des See-Unfallversicherungsgesetzes).

Erleichtert wird den Vorständen die Erfüllung dieser Pflicht durch die Vorschriften des §. 64 des Gewerbe-Unfallversicherungsgesetzes (§. 71 des Unfallversicherungsgesetzes für Land- und Forstwirthschaft, §. 37 Absatz 1 des Bau-Unfallversicherungsgesetzes, §. 68 des See-Unfallversicherungsgesetzes).

II.

Die erstmalige Entscheidung über einen Entschädigungsanspruch ist in dem durch §. 69 Absatz 3 und §. 70 des Gewerbe-Unfallversicherungsgesetzes (§. 75 Absatz 3 und §. 76 des Unfallversicherungsgesetzes für Land- und Forstwirthschaft, §. 37 Absatz 1 des Bau-Unfallversicherungsgesetzes, §. 74 Absatz 3 und §. 75 des See-Unfallversicherungsgesetzes) vorgeschriebenen Verfahren vorzubereiten, und zwar auch dann, wenn die Mittheilung der Unterlagen schon nach den bisherigen Vorschriften erfolgt ist, der Bescheid aber erst nach dem 1. Oktober 1900 erlassen wird.

Auch einer Herabsetzung oder Aufhebung der Rente hat gemäß §. 89 Absatz 2 des Gewerbe-Unfallversicherungsgesetzes (§. 95 Absatz 2 des Unfallversicherungsgesetzes für Land- und Forstwirthschaft, §. 37 Absatz 1 des Bau-Unfallversicherungs-Gesetzes, §. 93 Absatz 2 des See-Unfallversicherungsgesetzes) eine Mittheilung der für die Veränderung der Rente maßgebenden Unterlagen voranzugehen.

III.

Bei der großen Bedeutung, die im Hinblick auf die Vorschriften des §. 72 Absatz 1, §, 76 Absatz 3 und §. 80 Absatz 3 des Gewerbe-Unfallversicherungsgesetzes (§. 75 Absatz 1, §. 82 Absatz 3, §. 86 Absatz 3 des Unfallversicherungsgesetzes für Land- und Forstwirthschaft, §. 37 Absatz 1 des Bau-Unfallversicherungsgesetzes und §. 77 Absatz 1, §. 80 Absatz 5 und §. 84 Absatz 3 des See-Unfallversicherungsgesetzes) der Zeitpunkt des Eingangs von Schriftstücken gewinnt, welche Entschädigungsansprüche, Berufungen oder Rekurse betreffen und an unzuständiger Stelle eingehen, werden auf den Schriftstücken der Eingangstag und die Eingangsstelle mit einem deutlichen Vermerk urkundlich zu machen sein.

Die Schriftstücke sind alsdann unter Benachrichtigung der Betheiligten unverzüglich an die zuständige Stelle abzugeben.

IV.

Jeder Bescheid hat in Zukunft — abgesehen von den zum Theil abweichenden Sondervorschriften des See-Unfallversicherungsgesetzes — als Berufungsfrist „einen Monat" anzugeben und nicht mehr den Schiedsgerichtsvorsitzenden, sondern das zuständige Schiedsgericht zu bezeichnen (§. 76 Absatz 2 und 4 des Gewerbe-Unfallversicherungsgesetzes, §. 82 Absatz 2 und 4 des Unfallversicherungsgesetzes für Land- und Forstwirthschaft, §. 37 Absatz 1 des Bau Unfallversicherungsgesetzes und §. 80 Absatz 2 und 4 des See-Unfallversicherungsgesetzes).

Da die neuen Schiedsgerichte nicht schon mit dem 1. Oktober 1900, sondern voraussichtlich erst am 1. Januar 1901 in Wirksamkeit treten werden, so sind bis dahin in der Rechtsmittelbelehrung noch die bisherigen Schiedsgerichte zu bezeichnen. Bei Bescheiden, deren Zustellung während des letzten Monats vor dem Inslebentreten der neuen Schiedsgerichte erfolgt, ist unter

Angabe des Tages, an welchem die neuen Gerichte in Wirksamkeit treten, eine der veränderten Sachlage entsprechende Belehrung zu ertheilen.

In allen Bescheiden, welche vom 1. Oktober 1900 ab in Rentenänderungsverfahren innerhalb der ersten fünf Jahre nach der Rechtskraft der ersten endgültigen Rentenfeststellung erlassen werden, ist außerdem die ausführliche Belehrung des §. 89 Absatz 1 des Gewerbe-Unfallversicherungsgesetzes (§. 95 Absatz 1 des Unfallversicherungsgesetzes für Land- und Forstwirthschaft, §. 37 Absatz 1 des Bau-Unfallversicherungsgesetzes, §. 93 Absatz 1 des See-Unfallversicherungsgesetzes) zu ertheilen, sofern bei Erlaß des Bescheides eine frühere, die Höhe der Entschädigung bestimmende Entscheidung noch nicht Rechtskraft erlangt hat. Abschrift des Bescheides ist der Stelle mitzutheilen, bei der das frühere Verfahren schwebt (zu vergleichen unten Nr. VII).

V.

Ein berufungsfähiger Bescheid wird auf Verlangen des Entschädigungsberechtigten in Zukunft auch dann zu ertheilen sein, wenn der Anspruch deshalb abgelehnt werden soll, weil der unfallbringende Betrieb nicht versicherungspflichtig, insbesondere nicht katastrirt ist. Das bisher für diese Fälle vorgesehene Verfahren (§. 59 Absatz 4 des Unfallversicherungsgesetzes, §. 64 Absatz 4 des landwirthschaftlichen Unfallversicherungsgesetzes und §. 68 Absatz 4 des alten See-Unfallversicherungsgesetzes) ist mit dem 1. Oktober 1900 in Wegfall gekommen.

VI.

Das Verfahren nach §. 73 Abs. 2 des Gewerbe-Unfallversicherungsgesetzes (§. 79 Absatz 2 des Unfallversicherungsgesetzes für Land- und Forstwirthschaft, §. 37 Absatz 1 des Bau-Unfallversicherungsgesetzes und §. 78 Absatz 2 des See-Unfallversicherungsgesetzes) hat zur Voraussetzung, daß einmal die Zuständigkeit der angerufenen Genossenschaft neben der einer anderen überhaupt in Frage kommen kann, und daß weiter die Verpflichtung, für den Unfall eine Entschädigung zu gewähren, in allen übrigen Beziehungen bis auf die Frage, welche Genossenschaft zu entschädigen hat, zweifellos klar ist. Steht es über jedem Zweifel, daß nur eine andere als die — irrigerweise vom Antragsteller — angerufene Genossenschaft in Betracht kommt, so wird diese nach §. 72 Absatz 1 des Gewerbe-Unfallversicherungsgesetzes (§. 78 Absatz 1 des Unfallversicherungsgesetzes für Land- und Forstwirthschaft, §. 37 Absatz 1 des Bau-Unfallversicherungsgesetzes und §. 77 Absatz 1 des See-Unfallversicherungsgesetzes) den Antrag an die zuständige Berufsgenossenschaft abzugeben und die Betheiligten von der Abgabe zu benachrichtigen haben.

VII.

Die neuen Vorschriften über das Verfahren bei Veränderung der Verhältnisse (§§. 88 ff. des Gewerbe-Unfallversicherungsgesetzes, §§. 94 ff. des Unfallversicherungsgesetzes für Land- und Forstwirthschaft, §. 37 Absatz 1 des Bau-Unfallversicherungsgesetzes, §§. 92 ff. des See-Unfallversicherungsgesetzes) werden in allen Fällen anzuwenden sein, in denen der Antrag des Verletzten auf Erhöhung der Rente am 1. Oktober 1900 oder später bei der Berufsgenossenschaft eingegangen ist, oder in denen sonst die Berufsgenossenschaft Herabsetzungen oder Aufhebungen zu dieser Zeit zu beschließen beabsichtigt.

Der Zeitraum der zwei oder fünf Jahre ist von dem Zeitpunkt des Eintritts der Rechtskraft der ersten endgültigen Rentenfeststellung zu berechnen. Dieser Zeitpunkt wird danach verschieden sein, je nachdem der betreffende Bescheid unangefochten geblieben oder durch Rechtsmittel angefochten worden ist. „Endgültig" im Sinne dieser Bestimmung bedeutet selbstverständlich nicht die Feststellung einer Rente, welche voraussichtlich dauernd zu gewähren sein wird, sondern die erste förmliche Rentenfeststellung im Gegensatz zu nur vorläufiger Zubilligung einer Entschädigung (§. 71 Absatz 3 des Gewerbe-Unfallversicherungsgesetzes und die oben bei I angeführten Parallelstellen der anderen Gesetze).

Die einjährige Rentenänderungsfrist wird vom Beginn der Wirksamkeit der letzten vorhergegangenen Rentenfeststellung zu berechnen sein, und zwar auch für die erste in dem dritten Jahre vorzunehmende Aenderung. In kürzeren Zeiträumen kann die Aenderung nur dann vorgenommen oder beansprucht werden, wenn hierüber zwischen der Berufsgenossenschaft und dem Entschädigungsberechtigten ausdrückliches Einverständniß erzielt ist, das selbstverständlich nur von Fall zu Fall herbeigeführt werden darf. Die Berufsgenossenschaften wollen sich bei Durchführung dieser Vorschrift von dem Gedanken leiten lassen, daß eine frühere Abänderung und eine Verständigung mit dem Berechtigten nach dem Willen des Gesetzgebers insbesondere dann angezeigt sein wird, wenn eine erhebliche Verschlechterung in dem Zustande des Verletzten eingetreten sein sollte.

Die Fristeu des §. 88 Absatz 2 des Gewerbe-Unfallversicherungsgesetzes §. 94 Absatz 2 des Unfallversicherungsgesetzes für Land- und Forstwirthschaft, §. 37 Absatz 1 des Bau-Unfallversicherungsgesetzes, §. 92 Absatz 2 des See-Unfall-Versicherungsgesetzes gelten nicht für die Anordnung eines neuen Heilverfahrens und die daran sich anschließende Neufestsetzung der Rente, für die Fälle der Einstellung der Rentenzahlungen beim Ruhen der Rente und die Fälle der Ablösung der Rente durch Kapitalzahlung. Auch haben diese Abänderungen immer durch Bescheid der Berufsgenossenschaft zu erfolgen (§. 91 des Gewerbe-Unfallversicherungsgesetzes, §. 97 des Unfallversicherungsgesetzes für Land- und Forstwirthschaft, §. 37 des Bau-Unfallversicherungsgesetzes, §. 95 des See-Unfallversicherungsgesetzes).

VIII.

Die §§. 22 und 23 des Gewerbe-Unfallversicherungsgesetzes (§§. 23, 24 des Unfallversicherungsgesetzes für Land- und Forstwirthschaft, §. 9 des Bau-Unfallversicherungsgesetzes und §§. 17, 18 des See-Unfallversicherungsgesetzes), welche die Heilanstaltspflege regeln, werden bei allen vom 1. Oktober 1900 ab von den Berufsgenossenschaften zu fassenden Entschließungen dieser Art zu beachten sein. Der hier angezogene §. 11 des Gewerbe-Unfallversicherungsgesetzes (§. 14 des Unfallversicherungsgesetzes für Land- und Forstwirthschaft, §. 9 des Bau-Unfallversicherungsgesetzes und §. 16 des See-Unfallversichernngsgesetzes) beschränkt die Befugniß der Berufsgenossenschaft in der Herbeiführung eines Wechsels der Heilanstalt in der dort angegebenen Weise.

IX.

Die Ertheilung besonderer Berechtigungsausweise, wie solche bisher vorgeschrieben waren, ist beseitigt. Dem Berechtigten ist nach erfolgter Feststellung der Entschädigung lediglich die mit der Zahlung beauftragte Postanstalt zu bezeichnen. Dies geschieht durch den Hinweis, daß die Zahlung durch diejenige Postanstalt werde geleistet werden, in deren Bezirk der Wohnort (die Wohnung) des Berechtigten liegt (zu vergleichen §. 5 der Geschäftsanweisung für die Vorstände der Berufsgenossenschaften, betreffend die Auszahlung durch die Post, vom 7. Dezember 1889).

Neu eingeführt ist die Benachrichtigung der unteren Verwaltungsbehörde des Wohnorts über die dem Berechtigten zustehenden Bezüge (§. 87 des Gewerbe-Unfallversicherungsgesetzes, §. 93 des Unfall-Versicherungsgesetzes für Land- und Forstwirthschaft, §. 37 Absatz 1 des Bau-Unfallversicherungsgesetzes, §. 91 des See-Unfallversicherungsgesetzes).

X.

Die im §. 93 des Gewerbe-Unfallversicherungsgesetzes (§. 99 des Unfallversicherungsgesetzes für Land- und Forstwirthschaft, §. 37 Absatz 1 des Bau-Unfallversicherungsgesetzes, §. 97 des See-Unfallversicherungsgesetzes) vorgeschriebene Zahlung der Renten, deren Jahresbetrag sich auf 60 Mark oder weniger beläuft, in vierteljahrlichen Beträgen im Voraus bezieht sich auch auf Renten, die für Unfälle aus der vorgesetzlichen Zeit bereits gezahlt werden. Das Reichs-Versicherungsamt wird indessen angesichts des durch die hiernach erforderliche Neuanweisung der laufenden Renten den Berufsgenossenschaften erwachsenden Schreibwerks von Amtswegen keine Veranlassung zum Einschreiten nehmen, wenn die vierteljährliche Zahlung dieser kleinen laufenden Renten nicht unmittelbar nach dem Inkrafttreten des Gesetzes durchgeführt sein sollte. Es erwartet jedoch, daß die Berufsgenossenschaften etwaigen Anträgen der Entschädigungsberechtigten auf quartalsweise Zahlung schon jetzt unverzüglich entsprechen und im Uebrigen sich angelegen sein lassen werden, die im Interesse aller Betheiligten liegende Vereinfachung der Rentenzahlung baldigst zum Abschluß zu bringen.

XI.

Die Kapitalabfindung in den Fällen der Ablösung von Renten bis zu 15 Prozent der Vollrente (§. 95 Absatz 1 des Gewerbe-Unfallversicherungsgesetzes, §. 101 des Unfall-Versicherungsgesetzes für Land- und Forstwirthschaft, §. 37 Absatz 1 des Bau-Unfallversicherungsgesetzes, §. 99 des See-Unfallversicherungsgesetzes) muß im Gegensatz zu der daselbst in den zweiten Absätzen geregelten Abfindung von Ausländern, bei der das Dreifache der Jahresrente zu gewähren ist, eine „entsprechende“ sein, d. h. sie muß nach der durch das Lebensalter und die körperliche Beschaffenheit des Berechtigten bedingten voraussichtlichen Dauer des Rentenbezuges festgesetzt werden.

XII.

Der §. 94 des Gewerbe-Unfallversicherungsgesetzes (§. 100 des Unfallversicherungsgesetzes für Land- und Forstwirthschaft, §. 37 Absatz 1 des Bau-Unfallversicherungsgesetzes, §. 98 des See-Unfallversicherungsgesetzes), welcher das Ruhen der Renten behandelt, wird nicht nur Anwendung finden auf Ansprüche aus Unfällen, die am 1. Oktober 1900 oder später sich ereignen, sondern auch auf Renten aus Unfällen der vorgesetzlichen Zeit. Das Reichs-Versicherungsamt trägt kein Bedenken, dies als seine vorläufige, selbstverständlich der instanziellen Entscheidung nicht vorgreifende Auffassung*) auszusprechen, um den Berufsgenossenschaften einen Anhalt für ihr Vorgehen gegenüber den durch die neue Gesetzesbestimmung betroffenen Rentenempfängern zu geben. Es wird jedoch empfohlen, zur Vermeidung von Unzuträglichkeiten gegenüber denjenigen berechtigten Ausländern, welche nicht im Inlande ihren gewöhnlichen Aufenthalt haben, sondern in ausländischen Grenzgebieten oder in einem die entsprechende Fürsorge gewährleistenden Staate wohnen, von der Einstellung der Rente so lange Abstand zu nehmen, bis der Bundesrath die ihm durch Ziffer 2 der angeführten Gesetzesbestimmungen vorbehaltene Beschlußfassung vorgenommen hat.

Die Einstellung hat im Uebrigen stets durch Ertheilung eines berufungsfähigen Bescheides zu erfolgen und tritt erst mit Ablauf des Monats in Kraft, in dem der Bescheid zugestellt wird (§. 89 Absatz 4 und §. 91 des Gewerbe-Unfallversicherungsgesetzes, §. 95 Absatz 4 und §. 97 des Unfallversicherungsgesetzes für Land- und Forstwirthschaft, §. 37 Absatz 1 des Bau-Unfallversicherungsgesetzes, §. 93 Absatz 4 und §. 95 des See-Unfallversicherungsgesetzes).

XIII.

Das Reichs-Versicherungsamt will schließlich nicht unterlassen, in Betreff der Zuständigkeit der berufsgenossenschaftlichen Organe zur Beschlußfassung über die Feststellung der Entschädigungen auf die Aenderung hinzuweisen, welche durch §. 69 Absatz 1 Ziffer 1d und e des Gewerbe-Unfallversicherungsgesetzes (§. 75 Absatz 1 Ziffer 1d und e des Unfallversicherungsgesetzes für Laud- und Forstwirthschaft, §. 37 Absatz 1 des Bau-Unfallversicherungsgesetzes, §. 74 Absatz 1 Ziffer 1d und e des See-Unfallversicherungsgesetzes) herbeigeführt wird. Insbesondere aber wollen diejenigen Berufsgenossenschaften, bei denen bisher den Vertrauensmännern die Festsetzung der Entschädigungen auch in den Fällen des früheren §. 57 Absatz 1 Ziffer 2 des Unfallversicherungsgesetzes (§. 62 Absatz 1 Ziffer 2 des landwirthschaftlichen Unfallversicherungsgesetzes, §. 37 Absatz 1 des Bau-Unfallversicherungsgesetzes) übertragen war, beachten, daß nunmehr nach §. 69 Absatz 2 des Gewerbe-Unfallversicherungsgesetzes (§. 75 Absatz 2 des Unfallversicherungsgesetzes für Land- und Forstwirthschaft und §. 37 Absatz 1 des Bau-Unfallversicherungsgesetzes) die Festsetzung der in Absatz 1 Ziffer 2 dieser Vorschriften bezeichneten Entschädigungen durch die Vertrauensmänner nicht mehr zulässig ist. Diese werden sich also nach dem 1. Oktober 1900 der Bescheidsertheilung in jenen Fällen zu enthalten und die letzteren bis zu einer anderweitigen statutarischen Regelung der Zuständigkeit an den Genossenschaftsvorstand zur Festsetzung der Entschädigung abzugeben haben.

Die erforderlichen Abzüge für die Sektionen sind angeschlossen.

Gäbel.

*) In der Rechtsprechung ist diese Auffassung nur in Bezug auf Gefangene beibehalten, dagegen in Bezug auf Ausländer abgeändert (vgl. §. 94 G.U.V.G. Anm. zu Ziffer 2).

Rundschreiben

an die Vorstände sämmtlicher Berufsgenossenschaften, betreffend die Auszahlungen durch die Post.

Vom 31. Dezember 1900. A.N. 1901 S. 216.

Das Reichs-Versicherungsamt übersendet dem Vorstand in der Anlage einen Abdruck der im Einvernehmen mit den Zentral-Postbehörden festgestellten Geschäftsanweisung, betreffend die Auszahlungen durch die Post, zur gefälligen Beachtung mit folgenden Bemerkungen:

1. Die neue Geschäftsanweisung enthält neben einer Zusammenfassung der seit Erlaß der Geschäftsanweisung vom 7. Dezember 1889 ergangenen und diese ergänzenden einschlägigen Vorschriften eine Reihe von Abänderungen, deren Anordnung einerseits durch das Inkrafttreten der Unfallversicherungsgesetze vom 30. Juni 1900, andererseits zur Erleichterung des Auszahlungswesens für die Rentenempfänger, die Berufsgenossenschaften und namentlich die Postbehörden geboten war. Im Interesse der Postbehörden, die auch ihrerseits, soweit irgend thunlich, zur Vereinfachung und Erleichterung des Auszahlungsgeschäfts beigetragen haben, war insbesondere nothwendig die Neugestaltung der Formulare, die Anbringung von Linien und anderen Merkzeichen für die den Postbehörden zu ihren Vermerken vorbehaltenen Stellen auf den Formularen, die Anordnung eines Papiers von bestimmter Art, Güte, Größe und Farbe, endlich die Vorschrift, daß fortan alle Quittungen auf besonderen Blättern zu leisten sind. Es darf nach den über die Kosten der alten und neuen Formulare angestellten Ermittelungen angenommen werden, daß die Mehrkosten bei Beschaffung der neuen Formulare sich auf sehr mäßige und gegenüber den von der Verwendung der neuen Formulare für alle Betheiligten zu erwartenden Vortheilen unerhebliche Beträge stellen werden.

2. Seitens der Zentral-Postbehörden sind für die Rentenempfänger und die Berufsgenossenschaften an Erleichterungen bei den Auszahlungen der Renten die in den §§. 8 und 14 der Anweisung erwähnten Maßnahmen im Falle des Wohnungswechsels der Zahlungsempfänger und im Falle des Wohnens von Zahlungsempfängern im Auslande eingeräumt worden. Außerdem aber haben die Zentral-Postbehörden sich bereit erklärt, bei einmaligen Zahlungen für Empfänger in den Landbestellbezirken die Abtragung der Geldbeträge durch die Landbriefträger ohne Erhebung von Bestellgebühren bewirken zu lassen. Dieses Zugeständniß hat, da praktische Erfahrungen in dieser Hinsicht bisher nicht vorliegen, nur unter Vorbehalt des Widerrufs gemacht werden können. Um das Verfahren ohne Erschwerung oder Störung des laufenden Dienstes durchführen zu können, ist es er-

wünscht, daß die Berufsgenossenschaften bei den Anweisungen zu einmaligen Zahlungen für Empfänger in den Landbestellbezirken allgemein auf die Beglaubigung der Unterschrift des Empfängers verzichten. Da bei Bestellungen von Geld durch die Briefträger in der Wohnung des Empfängers auch sonst seitens der Post ohne Beglaubigung der Unterschrift gezahlt wird (Postanweisung), ohne daß sich bei diesem Verfahren erhebliche Anstände ergeben hätten, außerdem aber das Zugeständniß eine für die Zahlungsempfänger außerordentlich werthvolle Erleichterung darstellt, von der nur gewünscht werden kann, daß sie in Zukunft auf weitere Zahlungen und Kreise von Personen erstreckt wird, so wird den Berufsgenossenschaften dringend nahegelegt, den Wunsch der Zentral-Postbehörden bezüglich des Verzichts auf die Beglaubigung der Quittungsunterschriften in diesen Fällen zu erfüllen. Auch ist es erwünscht, daß die Berufsgenossenschaften den Zahlungsempfängern in diesen Fällen bei der Bescheidsertheilung oder Mittheilung über Anweisung des Betrags von der in Aussicht stehenden Auszahlung durch den Briefträger Kenntniß geben, damit den Empfängern mit Sicherheit der Gang zur Post erspart und von ihnen die Quittung vorbereitet wird. Dies könnte durch einen Vermerk etwa des Inhalts geschehen: „Falls Sie in einem Landbestellbezirke wohnen, wird Ihnen der Betrag in der nächsten Zeit durch den Post-Briefboten zugestellt werden. Sie wollen die Quittung ausgefüllt bereit halten."

3. Bei der äußeren Herstellung der Formulare (§. 12 Abs. 1 der Geschäftsanweisung) sind sowohl bezüglich der Farbe, Höhe und Breite des Papiers wie der Druckfläche als auch bezüglich der Vertheilung der Vordrucke auf die letztere und der Art der zur Verwendung gelangenden Typen, die zur Geschäftsanweisung gehörigen Formulare nebst Farbproben gefälligst auf das Genaueste als maßgebende und bindende Muster zu Grunde zu legen.*) Für diejenigen Berufsgenossenschaften, welche von der eigenen Herstellung der Formulare absehen wollen, wird ergebenst bemerkt, daß die letzteren in vorschriftsmäßiger Form und Ausstattung von der Buchhandlung von A. Asher & Co. in Berlin, Unter den Linden 13, zu Parthiepreisen zu beziehen sind. Das Papier in der erforderlichen Güte und Farbe wird von der Fabrik der Gebr. Ebart in Spechthausen (Kreis Ober-Barnim) hergestellt.

4. Zu den Äußerlichkeiten bei Benutzung der Formulare, deren Gestaltung zum Theil schon früher zu Beschwerden und diesseitigen Anordnungen Veranlassung gegeben hat, gehört die Gestaltung der Siegel und Aktenzeichen und die Eintragung des Vermerks über den Verzicht auf Beglaubigung der Quittungsunterschrift in die Anweisungen.

Als Siegel können im Interesse der Rein- und Ganzerhaltung der Anweisungen und der Vermeidung von Unbequemlichkeiten bei der aktenmäßigen Behandlung nur Farbstempel zugelassen werden.

Auf die Bedeutung der Vereinfachung der in die Anweisungen aufzu-

*) Den den Berufsgenossenschaften u. s. w. zugegangenen Ausfertigungen dieses Rundschreibens und der Geschäftsanweisung haben die Formulare in der vorgeschriebenen Höhe, Breite und Raumvertheilung nebst Farbmustern beigelegen.

nehmenden Aktenzeichen der Berufsgenossenschaften ist bereits in dem Rundschreiben vom 27. April 1892 (Amtliche Nachrichten des R.V.A. 1892 S. 279) hingewiesen worden (zu vergleichen auch §. 13 der Geschäftsanweisung). Da die einschlägigen Bestimmungen auch seitdem nicht immer genügend beachtet, vielmehr neben den Aktenzeichen vielfach auch Geschäftszeichen und Zahlen, Nummern des Entschädigungsregisters u. s. w. in die Anweisungen aufgenommen worden sind, die zu Irrungen und Unzuträglichkeiten bei Eintragungen in die postseitig geführte Nachweisung über gezahlte Unfallentschädigungen geführt haben, so wird den Berufsgenossenschaften die Beachtung des §. 13 der Geschäftsanweisung und des erwähnten Rundschreibens auch an dieser Stelle noch besonders empfohlen.

In ähnlicher Weise störend hat es gewirkt, daß die Vermerke „ohne Beglaubigung" 2c. von den Berufsgenossenschaften 2c. an ganz verschiedenen Stellen des Formulars, theils am Kopfe, theils am Fuße, theils sogar auf der Rückseite der Anweisungen eingesetzt worden sind, und daß dazu oft sehr kleine Schrift die leicht unbeachtet bleibt oder übersehen wird, verwendet worden ist. Die Berufsgenossenschaften werden deshalb ersucht, diese Vermerke an der dafür vorgesehenen Stelle und in deutlicher Schrift, thunlichst unter Verwendung eines Farbstempels, anzubringen.

5. In Spalte II b der Muster U 1 und U 2 sind die Rentenberechtigten nur dann aufzuführen, wenn für dieselben eine andere Person (Vormund, Pfleger 2c.) die Rente in Empfang nimmt. Ist der Rentenberechtigte zugleich der Empfänger, so genügt in Spalte II b ein kurzer Hinweis auf den Zahlungsempfänger.

6. Bei den mit Muster U 2 gemäß §. 93 Abs. 1 des Gewerbe-Unfallversicherungsgesetzes 2c. in vierteljährlichen Beträgen anzuweisenden Renten ist als Zahlungstag der Erste des kommenden und jedes folgenden Kalenderquartals zu bezeichnen. Der vor dem ersten Fälligkeitstag eines Vierteljahrsbetrags fällig werdende Rentenbetrag, der unter Umständen fast drei Monatsraten umfaßt (sogenannte Spitzrente), ist als sofort fällig in Spalte II des Musters in einer Summe anzuweisen.

Für den Fall des §. 93 Abs. 2 des Gewerbe-Unfallversicherungsgesetzes 2c., daß die Zahlung in noch längeren Zeitabschnitten als einem Vierteljahr erfolgt, sind besondere Vorschriften (Anweisungsmuster) bisher nicht vorgesehen, da zunächst abgewartet werden kann, ob diese Fälle so häufig vorkommen werden, daß sich eine besondere Regelung empfiehlt. Zunächst können auch in diesen Fällen die Anweisungen nach dem Muster U 2 unter entsprechender — deutlicher — Aenderung des Vordrucks in Ueberschrift und Spalte II b ergehen.

7. In Muster U 3 sind wie bisher die am häufigsten vorkommenden Fälle der einmaligen Zahlungen vorgedruckt.

8. Wird von der in §. 10 der Geschäftsanweisung zugelassenen Befugniß der vorläufigen Mittheilung von der Einstellung einer Rente an die Postanstalt Gebrauch gemacht, so ist die Absendung der förmlichen Einstellungsanweisung an die Obere Postbehörde thunlichst zu beschleunigen, keinen Falles aber auf mehrere Wochen oder gar Monate hinauszuschieben.

9. Nachdem die in den bisherigen Unfallversicherungsgesetzen vorge-

sehenen besonderen Berechtigungsausweise für die Rentenempfänger weggefallen sind, bedürfen die Rentenempfänger zur Erhebung der Renten bei der Post lediglich einer gehörig vollzogenen und gegebenen Falles mit den sonst erforderlichen Bescheinigungen (Beglaubigung, Lebens-, Wittwenschaftsbescheinigung) versehenen Quittung. Ein anderer Ausweis, insbesondere die gelegentlich von einer Berufsgenossenschaft angeregte Vorlegung des Feststellungsbescheids darf ihnen nicht auferlegt werden. Auch die nach § 87 des Gewerbe-Unfallversicherungsgesetzes 2c. den Rentenempfängern zu ertheilende Mittheilung über die mit der Zahlung beauftragte Postanstalt, ist nur eine formlose Benachrichtigung, der die Eigenschaft eines Ausweispapiers, das beim Zahlungsempfange vorzulegen wäre, nicht beiwohnt. Uebrigens kann diese Mittheilung in jeder beliebigem Form (Postkarte, eventuell Drucksache) dahin ergehen, daß die Zahlung durch die Postanstalt des Wohnorts des Berechtigten erfolgen werde, sofern nicht in der Zahlungsanweisung eine bestimmte Postanstalt benannt ist (zu vergleichen §. 1 Abs. 3, §. 5 der Geschäftsanweisung). Ein allgemein gültiges Formular für diese Mittheilungen zu empfehlen oder bindend vorzuschreiben ist zur Zeit nicht beabsichtigt.

10. Wegen der Maßnahmen zur Vermeidung von Doppelzahlungen entgegen der Vorschrift in §. 34 Ziffer 1 des Invalidenversicherungsgesetzes über das Ruhen des Anspruchs auf Invaliden oder Altersrenten im Falle des Bezugs einer Unfallrente wird auf das Rundschreiben vom 28. Januar 1893 — I. 5812 — verwiesen. Auch den Berufsgenossenschaften liegt es ob, soweit ihnen der Bezug einer Invaliden- oder Altersrente seitens eines Unfallrentenempfängers bekannt wird, der Invalidenversicherungsanstalt von der Thatsache der doppelten Anweisung von Renten nach dem Invalidenversicherungsgesetz und dem Unfallversicherungsgesetze Kenntniß zu geben.

11. Das Reichs-Postamt hat dem Reichs-Versicherungsamte mitgetheilt, daß es bei den Ober-Postdirektionen an Raum und Gelassen zur sicheren Verwahrung der Beläge zu den Abrechnungen mit den Berufsgenossenschaften fehle und daß es erwünscht sei, die Ober-Postdirektionen zu ermächtigen, daß sie die Beläge nicht, wie bisher vorgeschrieben, allgemein erst nach Schluß des Jahres, sondern bei Berufsgenossenschaften 2c. mit etwa 1000 Quittungen monatlich schon von drei zu drei Monaten an die Vorstände absenden können. Da die Berufsgenossenschaften diese Beläge am Schluß eines jeden Jahres ohnehin in ihre Verwahrung übernehmen und für eine längere Reihe von Jahren aufbewahren müssen, so entsteht durch die etwas frühere Uebernahme derselben für sie keine besondere Belastung. Die Vorstände werden deshalb ergebenst ersucht, die von den oberen Postbehörden nach Maßgabe des Vorstehenden übersandten Beläge auch vor Schluß des Zahlungsjahrs abzunehmen und in den Diensträumen der Berufsgenossenschaften (beziehungsweise Sektionen) zu verwahren.

12. Mit dem Inkrafttreten der anliegenden Geschäftsanweisung vom heutigen Tage tritt die Geschäftsanweisung vom 7. Dezember 1889 außer Kraft. Die in Ergänzung derselben ergangenen Rundschreiben sind ihrem wesentlichen Inhalte nach in die neue Geschäftsanweisung übernommen worden. Die Rundschreiben vom 18. Februar 1899 — I. 4103 —, 21. September 1899 — I. 25577 — / 16. Dezember 1869 — I. 32540 —, in welchen Erörterungen über Abstellung einiger

bisher entstandener Schwierigkeiten angeregt worden sind, erledigen sich mit dem Erlasse der neuen Geschäftsanweisung. Maßnahmen, um den in dem ersterwähnten Rundschreiben vom 18. Februar 1899 zu I. beklagten Uebelständen durchgreifend abzuhelfen, haben sich nicht finden lassen. Soweit Zahlungen im Inland in Frage kommen, werden durch das oben unter Nr. 2 erwähnte Entgegenkommen der Zentral-Postbehörden für eine erhebliche Zahl von Fällen die Schwierigkeiten beseitigt, sofern die Berufsgenossenschaften in richtiger Würdigung der Sachlage auch ihrerseits durch Verzicht auf die Beglaubigung der Quittungen 2c. zum günstigen Gelingen des Versuchs beitragen. .

Das Reichs-Versicherungsamt.
Abtheilung für Unfallversicherung.
Gaebel.

Geschäftsanweisung
für die
Vorstände der Berufsgenossenschaften, betreffend die Auszahlungen durch die Post.

Vom 31. Dezember 1900.

Zur Ausführung der in den Unfallversicherungsgesetzen vom 30. Juni 1900 enthaltenen Vorschriften über die Auszahlung der Entschädigungen durch die Postverwaltungen (zu vergleichen §. 97 des Gewerbe-Unfallversicherungsgesetzes, §. 103 des Unfallversicherungsgesetzes für Land- und Forstwirthschaft, §. 37 Abs. 1 des Bau-Unfallversicherungsgesetzes und §. 101 des See-Unfallversicherungsgesetzes) bestimmt das Reichs-Versicherungsamt, im Einvernehmen mit den Zentral-Postbehörden, was folgt:

§. 1.

Die Zahlungsanweisungen sind unter Benutzung von Formularen nach den anliegenden Mustern U 1, U 2 und U 3 zu erlassen. Das Formular U 1 ist bei der Anweisung fortlaufender monatlicher, das Formular U 2 bei der Anweisung fortlaufender vierteljährlicher, das Formular U 3 bei der Anweisung einmaliger Zahlungen anzuwenden. Für jeden Zahlungsempfänger ist eine besondere Anweisung auszufertigen.

Sind mehrere fortlaufende oder mehrere einmalige Zahlungen zu Händen desselben Empfängers zu bewirken, so braucht nur eine Anweisung ausgestellt zu werden, auch wenn der Empfänger die Zahlung für mehrere Entschädigungsberechtigte zu erhalten hat.

Der Vordruck in den Zahlungsanweisungen zur Bezeichnung der Postanstalt, welche die Zahlung zu leisten hat, ist von der Berufsgenossenschaft nur auszufüllen, sofern die Zahlung nicht durch die Postanstalt des Wohnorts des Zahlungsempfängers erfolgen soll.

§. 2.

Die Zahlungsanweisungen sind in einer Ausfertigung unter Briefumschlag (ohne Anschreiben) an die Obere Postbehörde, in deren Bezirk die Berufsgenossenschaft ihren Sitz hat, und zwar im Reichs-Postgebiet an die Ober-Postdirektion, in Bayern an das Ober-Postamt, in Württemberg an die Generaldirektion der Posten und Telegraphen zu Stuttgart einzusenden. Diese Behörden werden ihrerseits die Weiterbeförderung der Zahlungsanweisung an die mit der Zahlung beauftragte Postanstalt, erforderlichenfalls durch Vermittelung der anderweit zuständigen Oberen Postbehörde, veranlassen.

§. 3.

Der Vorstand einer jeden Berufsgenossenschaft hat die Unterschriften seiner Mitglieder, soweit dieselben bei der Vollziehung von Zahlungsanweisungen mitzuwirken befugt sind, bei derjenigen Oberen Postbehörde zu hinterlegen, in deren Bezirk die Berufsgenossenschaft ihren Sitz hat.

§. 4.

Die Urschrift jeder Zahlungsanweisung ist bei den Akten des Genossenschaftsvorstandes zurückzubehalten, damit auf Grund derselben die nach Ablauf des Rechnungsjahrs dem Genossenschaftsvorstande zugehenden Nachweisungen der Postverwaltungen über die geleisteten Zahlungen einer Prüfung unterzogen werden können.

§. 5.

An Stelle des früher vorgeschriebenen Berechtigungsausweises ist den Empfangsberechtigten lediglich eine geschriebene (Postkarte) oder vorgedruckte (Drucksache) Mittheilung (§. 87 des Gewerbe-Unfallversicherungsgesetzes, §. 93 des Unfallversicherungsgesetzes für Land- und Forstwirthschaft, §. 91 des See-Unfallversicherungsgesetzes) dahin zu machen, daß die Zahlung durch diejenige Postanstalt werde geleistet werden, in deren Bezirk der Wohnort (die Wohnung) des Empfangsberechtigten (der Heimathshafen des Schiffes, zu dessen Besatzung der Verunglückte oder Vermißte gehört) liegt. Von der Nennung des Namens dieser Postanstalt ist abzusehen, sofern nicht in der Zahlungsanweisung eine Postanstalt ausdrücklich benannt ist (zu vergleichen oben §. 1 Abs. 3).

§. 6.

Quittungen über fortlaufende und über einmalige Zahlungen sind je besonders nach den anliegenden Mustern U 5 und U 6 auszufertigen. Die Genossenschaftsvorstände werden die Zahlungsempfänger rechtzeitig in den Besitz der erforderlichen Quittungsformulare setzen (zu vergleichen Amtliche Nachrichten des R.V.A. 1888 Seite 4 Nr. 2).

Soll bei einmaligen Zahlungen von der Beglaubigung der Unterschrift des Zahlungsempfängers abgesehen werden, so ist dies durch Streichung des Vordrucks für die Beglaubigung auf der Quittung und durch einen besonderen Vermerk („ohne Beglaubigung", „Beglaubigung erlassen" u. s. w.) an der für diesen Zweck vorgesehenen Stelle in der Zahlungsanweisung zum Ausdrucke zu bringen. Erwünscht ist, daß die Vermerke „ohne Beglaubigung“ 2c. allgemein mittelst Farbstempels bewirkt werden. Im Fall des Verzichts auf die Beglaubigung sind die Postverwaltungen für Irrungen, welche sich aus dem Fortfalle der Beglaubigung ergeben, nicht verantwortlich.

§. 7.

Ist aus irgend einem Grunde die Zahlung der durch eine Zahlungsanweisung angewiesenen Beträge ganz oder theilweise einzustellen, so hat der Genossenschaftsvorstand unter Beobachtung der Bestimmungen des §. 2 eine Anweisung zur Einstellung der Zahlung (Wegfallanweisung) der Oberen Postbehörde einzusenden. Zu den Wegfallanweisungen sind Formulare nach dem anliegenden Muster U 4 zu verwenden.

§. 8.

Beantragt der Empfänger einer Zahlung aus Anlaß der Verlegung seines Wohnsitzes in den Bezirk einer anderen Postanstalt oder aus sonstigen dringenden Gründen bei der Berufsgenossenschaft die Ueberweisung der Auszahlung an die Postanstalt eines anderen Ortes, so hat der Genossenschaftsvorstand, wenn die neue Postanstalt im Bezirke derselben Oberen Postbehörde oder einer anderen Oberen Postbehörde desselben Postgebiets (zu vergleichen §. 2) liegt, die Obere Postbehörde des bisherigen Zahlungsorts um Veranlassung des Weiteren zu ersuchen, anderenfalls eine Wegfallanweisung für die bisher beauftragte Postanstalt nach §. 7 und eine Zahlungsanweisung für die neue Postanstalt nach §§. 1, 2 der Oberen Postbehörde einzusenden.

Ein gleiches Verfahren ist einzuhalten, wenn der Empfänger einer auf Grund des See-Unfallversicherungsgesetzes zur Zahlung im Heimathshafen angewiesenen Rente bei der Berufsgenossenschaft die Ueberweisung der Auszahlung an die Postanstalt seines Wohnsitzes beantragt.

Anträge auf künftige Auszahlung einer Rente durch eine andere Postanstalt können auch bei der Postanstalt, an welche die Anweisung ergangen ist, angebracht werden. Dieselbe legt in solchem Falle die Anweisung mit dem schriftlichen Antrage beziehungsweise einem Vermerk über den mündlichen Antrag der Oberen Postbehörde vor, welche ihrerseits — unter Benachrichtigung der Berufsgenossenschaft von der Aenderung — die Anweisung an die neue Postanstalt abgiebt, oder wenn die neue Postanstalt im Bereich eines anderen Postgebiets (Zentralpostbehörde) liegt, bei der Berufsgenossenschaft eine Wegfallanweisung und eine neue Zahlungsanweisung erwirkt.

§. 9.

Treten bei fortlaufenden Zahlungen, abgesehen von den Fällen der §§. 7 und 8, Umstände ein, welche eine Aenderung der Zahlungsanweisung, wenn auch nur hinsichtlich der Bezeichnung der entschädigungsberechtigten Personen, nöthig machen, z. B. Ausscheiden eines von mehreren entschädigungsberechtigten Kindern durch Tod oder Vollendung des fünfzehnten Lebensjahrs, Erhöhung oder Herabsetzung der Rente im schiedsgerichtlichen Verfahren 2c., so hat der Genossenschaftsvorstand eine Wegfallanweisung bezüglich der bisherigen Zahlungen und gleichzeitig eine neue Zahlungsanweisung der Oberen Postbehörde einzusenden. In der neuen Zahlungsanweisung sind die fortan zu leistenden Zahlungen vollständig anzugeben; eine Bezugnahme auf den Inhalt der früheren Anweisung ist ausgeschlossen.

Ist auf Grund der früheren Anweisung zu viel gezahlt worden, so findet eine Vermittelung der Post bei der Wiedereinziehung des überhobenen Betrags nur im Wege der Kürzung der für die Folge zahlbaren Rente statt. In der neuen Zahlungsanweisung sind zu diesem Zwecke die Monate, für welche eine Kürzung einzutreten hat, die einzubehaltenden und die zahlbar bleibenden Beträge anzugeben. (Zu vergleichen Amtliche Nachrichten des R.V.A. 1889 Seite 167 Ziffer 690.) Der Vermerk über die Kürzungen ist, wie folgt, zu fassen:

	zu kürzen,		also nur zu zahlen	
für den Monat ... (bezw. für das Vierteljahr)	Mk.	Pf.	Mk.	Pf. .....
....	Mk.	Pf.	Mk.	Pf. .....

§. 10.

Hat der Rentenempfänger in Folge der Wegfallanweisung nichts mehr oder doch weniger, als bisher, zu erheben, so wird die Berufsgenossenschaft (außer der an die Post zu erlassenden Wegfallanweisung und beziehungsweise neuen Zahlungsanweisung) ihm sofort eine Benachrichtigung von der geschehenen Aenderung in der Anweisung an die Post zusenden. Daneben ist eine unmittelbare (erforderlichenfalls telegraphische) Benachrichtigung der Postanstalt, welche bisher die Zahlung geleistet hat, zulässig und in den Fällen, in welchen sonst eine Wiedereinziehung überhobener Beträge stattfinden würde, auch im Interesse der Arbeiter geboten. Die Uebersendung der Wegfallanweisung an die Obere Postbehörde ist in diesen Fällen thunlichst umgehend, spätestens jedoch innerhalb 8 Tagen zu bewirken.

§. 11.

Die vom Genossenschaftsvorstande vollzogenen Anweisungen über Zahlungen, welche von den Sektionen festgesetzt sind, und die Wegfallanweisungen zu solchen Zahlungen können unmittelbar an diejenige Obere Postbehörde gesandt werden, zu deren Bezirk der Sitz des Sektionsvorstandes gehört. Doch hat der Genossenschaftsvorstand, welcher von der gedachten Befugniß Gebrauch machen will, auch bei dieser Oberen Postbehörde die erforderliche Hinterlegung der Unterschriften gemäß §. 3 zu bewirken.

§. 12.

Die Formulare zu Zahlungsanweisungen, Wegfallanweisungen sind in der Größe eines halben Bogens, die Formulare zu Rentenquittungen in der Größe eines viertel Bogens in dem für die Reichsbehörden festgesetzten Aktenpapier-Format mittelst Buchdrucks herzustellen. Sie müssen hinsichtlich des Druckes, der Farbe und der Güte des Papiers (Normal 3a) den anliegenden Probeformularen und Farbmustern entsprechen.

Zu den Zahlungsanweisungen für laufende monatliche und einmalige

Zahlungen ist weißes, zu den Zahlungsanweisungen für laufende vierteljährliche Zahlungen graues, zu den Wegfallanweisungen hellrothes, zu den Quittungen durchweg weißes Papier zu verwenden.

Die Formulare der See-Berufsgenossenschaft erfahren folgende Abänderungen:

In den Formularen U 1, U 2 und U 3 wird in der rechten oberen Ecke der Vordruck beigefügt:

Zahlbar im Heimathshafen:

Im Formular U 3 muß es heißen:

zu 4: statt „Wittwen":

$$\text{„}\frac{\text{Wittwen}}{\text{Ehefrauen}}\text{"},$$

zu 4, 6 und 7: statt „Getödteter":

$$\text{„}\frac{\text{Getödteter}}{\text{Vermißter}}\text{"},$$

zu 8, 9 und 10: statt „in einer Heilanstalt":

$$\text{„}\frac{\text{in einer Heilanstalt}}{\text{an Bord eines Schiffes}}\text{"},$$

zu 11: statt „eine Heilanstalt":

$$\text{„}\frac{\text{eine Heilanstalt}}{\text{den Führer eines Seefahrzeugs}}\text{"}.$$

§. 13.

Die Ausfüllung der Formulare hat in leserlicher Schrift zu erfolgen. Die Monatsnamen sind auszuschreiben. Im Einzelnen ist folgendes zu beachten.

Zu Formular U 1 und U 2.

In eine Anweisung über fortlaufende Zahlungen können Kosten des Heilverfahrens, Beerdigungskosten und Abfindungen, welche den Wittwen Getödteter im Falle der Wiederverheirathung zustehen, mit aufgenommen werden. In diesem Falle ist hinter den Worten „einmalig sofort" handschriftlich hinzuzufügen „einschließlich . . . . . Mark Kosten des Heilverfahrens" ꝛc. Die Kosten des Heilverfahrens, Beerdigungskosten und Abfindungen für Wittwen im Falle der Wiederverheirathung sind in diesem Falle zusammen mit den sofort zahlbaren Rentenbeträgen in Einer ungetheilten Summe anzusetzen.

Unterhalb des Vordrucks „fortlaufend am ersten jeden Monats (Vierteljahrs) für" in der Abtheilung II sind die Entschädigungsberechtigten zu bezeichnen, und zwar so genau, als es erforderlich ist, um dem Beamten, welcher die Lebensbescheinigung unter den Rentenquittungen ausstellt, die sichere Unterscheidung von anderen Personen zu ermöglichen.

In Fällen, in welchen ausnahmsweise bereits zur Zeit der Ausfertigung der Anweisung der Zeitpunkt feststeht, in welchem die Anweisung spätestens außer Kraft treten muß, kann dieser Zeitpunkt unter IIb rechts hinter dem Vordrucke „monatlich" beziehungsweise „vierteljährlich" angegeben werden. Ein solcher Zeitpunkt ist bei Renten für Kinder der Tag, an welchem das Kind, beziehungsweise von mehreren Kindern das älteste, das fünfzehnte Lebensjahr vollendet. Zu diesem Zeitpunkte muß eine Wegfallanweisung und letzterenfalls zugleich eine neue, die Namen der nunmehr rentenberechtigt bleibenden Kinder enthaltende Anweisung erlassen werden, und zwar — wegen der erforderlichen Beglaubigungen (Lebensbescheinigungen) — auch dann, wenn die angewiesene monatliche Gesammtsumme sich nicht verändert.

Zu Formular U 1, U 2 und U 3.

Die für die Vermerke der Postbehörden vorbehaltenen Theile der Formulare dürfen seitens der Berufsgenossenschaften mit keiner Art von Schriftzeichen bedeckt werden.

Die Person des Zahlungsempfängers ist in der ersten Abtheilung so genau zu bezeichnen, daß jeder Ungewißheit vorgebeugt wird, insbesondere empfiehlt es sich, bei der Angabe des Wohnorts den Verwaltungsbezirk (Kreis, Amt, Regierungsbezirk) und den Staat, in welchem der Wohnort belegen ist, zu bezeichnen. Erwünscht ist, daß in den Anweisungen neben dem Familiennamen nur der Rufname eingerückt wird, soweit dieser ohne Weiterungen festzustellen ist und nicht dadurch die Möglichkeit von Verwechselungen geschaffen wird (zu vergleichen Rundschreiben vom 6. Juni 1895 — $\frac{\text{I. 10 734}}{\text{II. 3 371}}$ —).

Die zu zahlenden Beträge müssen aus der Anweisung zu ersehen sein, ohne daß es hierzu einer Berechnung bedarf.

Zu Formular U 1, U 2, U 3 und U 4.

Den Berufsgenossenschaften ist überlassen, auf der im Kopfe unter der Bezeichnung der Berufsgenossenschaft vorgesehenen Linie zur Kennzeichnung der Unfälle, durch welche die Anweisungen veranlaßt worden sind, ihre Aktenzeichen oder ihre laufende Geschäftsnummer anzugeben. Diese Angabe wird von den Postverwaltungen in die Nachweisungen der gezahlten Unfallentschädigungen mit aufgenommen werden. Bei der Gestaltung dieser Aktenzeichen ist auf thunlichste Vereinfachung zu achten. In der Regel wird ein Zeichen genügen, welches sich entweder aus der Nummer des beim Genossenschafts- oder Sektionsvorstande geführten Tagebuchs und etwa einer zweistelligen Jahreszahl, z. B. 3784. 89, zusammengesetzt oder aus drei ein- oder mehrstelligen Zahlen, deren eine die Nummer der Sektion — die auch bei den landwirthschaftlichen Berufsgenossenschaften zweckmäßiger ist, als der Name ihres Sitzes —, die andere die laufende Nummer irgend eines Registers (Unfall-, Entschädigungs-Postregister 2c.) und die dritte, wenn noch nothwendig, eine Jahreszahl darstellt, z. B. 27. 235. 86. oder VI. 231. 87.

Für Zahlungen zu Lasten der Versicherungsanstalten der Baugewerks-Berufsgenossenschaften und der Tiefbau-Berufsgenossenschaft würde dem nur ein A = Anstalt hinzuzufügen sein, wobei bemerkt werden mag, daß ein V (Versicherungsanstalt) sich jedenfalls dann nicht empfiehlt, wenn die Nummern der Sektionen in römischen Ziffern geschrieben werden, weil das V zu Verwechselungen mit einer römischen V Anlaß geben könnte.

Sofern einzelne Berufsgenossenschaften glauben, mit noch einfacheren Zeichen auskommen zu können, wird dies nur zu billigen sein. Andererseits soll es denjenigen Berufsgenossenschaften, welche noch weiterer Einzelangaben auf den Anweisungen zur Förderung ihres inneren Geschäftsverkehrs zu bedürfen meinen, wie z. B. einzelne Berufsgenossenschaften in Anweisungen für Zahlungen an Aerzte, Angehörige, Kassen 2c. die genauen Personalien des Verletzten aufnehmen, nicht benommen sein, diese Bezeichnungen einzusetzen; nur können dieselben von den Postbehörden nicht in die Nachweisungen übernommen werden und sind sie, um Irrthümer, insbesondere eine Vermischung mit den Aktenzeichen zu vermeiden, nicht neben oder unmittelbar unter dieses einzurücken, sondern auf den freien Seitenrand der Formulare von oben nach unten (zu vergl. Nr. 1 des Rundschreibens vom 27. April 1892, Amtliche Nachrichten des R.V.A. 1892 S. 279).

Das Dienstsiegel ist auf den Anweisungen ausschließlich mittelst Farbstempels herzustellen. Siegellack, Wachs 2c. und Trocken-(Relief-)stempel dürfen nicht verwendet werden.

§. 14.

Die Zahlung von Unfallentschädigungen für im Auslande befindliche Personen erfolgt in der Regel nicht nach Maßgabe der in §. 97 des Gewerbe-Unfallversicherungsgesetzes und in den entsprechenden Bestimmungen der übrigen Unfallversicherungsgesetze gegebenen Vorschriften für im Inlande wohnende Personen, sondern auf irgend eine zweckentsprechende Art auf Gefahr und Kosten der Empfänger. Jedoch ist es zulässig, daß

1. die Zahlung der Renten an Personen, die in den Grenzgebieten wohnen, für welche durch Bundesrathsbeschluß vom 13. Oktober 1900 die Vorschrift über das Ruhen des Rechts auf Rente außer Kraft gesetzt worden ist (zu vergleichen die Bekanntmachung vom 16. Oktober 1900, Amtliche Nachrichten des R.V.A. 1900 Seite 740), durch eine dem Wohnorte des Rentenberechtigten benachbarte inländische Postanstalt erfolgt, deren Auswahl dem Vorstande der Berufsgenossenschaft nach Benehmen mit dem Rentenberechtigten obliegt. Dabei ist auch die Art der Beglaubigung der Quittungen in das Ermessen des Vorstandes der Berufsgenossenschaft gestellt, welcher demgemäß in jedem einzelnen Falle die Postanstalt, welcher die Zahlung der Rente obliegen soll, zu bezeichnen und in der Zahlungsanweisung genau anzugeben hat, welche Anforderungen von der Postanstalt hinsichtlich der Beglaubigung der Quittungen zu stellen sind,
2. unter gewissen Voraussetzungen die Zahlung von Unfallentschädigungen (einschließlich Abfindungen) auch für anderweit im Auslande befindliche Personen durch Vermittelung der inländischen Postanstalten erfolgt.

Diese Unfallentschädigungen können an einen im Inlande wohnhaften Bevollmächtigten der im Auslande befindlichen Entschädigungsberechtigten durch die Postanstalten ausgezahlt werden, sofern in der Zahlungsanweisung dieser Bevollmächtigte als Empfänger bezeichnet ist, und die zu den Quittungen erforderlichen Bescheinigungen (über

Leben, fortdauernden Wittwenstand ꝛc. der zu entschädigenden Personen) durch eine deutsche Gesandtschaft oder einen deutschen Konsul im Ausland ausgestellt worden sind. Die Ausstellung der Bescheinigungen durch ausländische Behörden ist im Allgemeinen nicht für ausreichend zu erachten. Nur für das Gebiet der Königlich bayerischen Postverwaltung sind auch solche Bescheinigungen über Leben, fortdauernden Wittwenstand ꝛc. für ausreichend anzusehen, welche von einer Königlich bayerischen Gesandtschaft im Ausland ausgestellt werden (zu vergl. Rundschreiben vom 29. Juni 1893, Amtliche Nachrichten des R.V.A. 1893 S. 210).

§. 15.

Diese Geschäftsanweisung tritt am 15. Januar 1901 in Kraft. Gleichzeitig verliert die Geschäftsanweisung vom 7. Dezember 1889 (Amtliche Nachrichten des R.V.A. 1889 S. 399) ihre Gültigkeit.

Die noch vorhandenen, nach den bisherigen Mustern hergestellten Formulare können bis zum 31. März 1901 verwendet und von diesem Zeitpunkt an für die von den Berufsgenossenschaften zurück zu behaltenden Aktenurschriften (oben §. 4) aufgebraucht werden.

Auch können die alten Anweisungen zu Monatsrenten bis zu diesem Zeitpunkt unter entsprechender handschriftlicher Aenderung des Vordrucks zur Anweisung von Vierteljahrsrenten benutzt werden.

Das Reichs-Versicherungsamt.
Abtheilung für Unfallversicherung.
Gaebel.

Berufsgenossenschaft Nr. ....

Aktenzeichen ....

U-Stempel der O.P.D.
....

U.

Eingangsstempel der O.P.D.	
....	....
....	....

Anweisung an die Post
zu laufenden monatlichen Zahlungen.

I. Vorname, Name, Stand, Wohnort, (Kreis oder Amt, Regierungsbezirk, Staat) und Wohnung des Empfängers:	....
II. zu zahlende Renten: a) einmalig sofort:	a) für die Zeit vom .... 19.. bis .... 19.. : .... Mark ... Pf., in Worten ....
b) fortlaufend am Ersten jedes Monats für	b) vom 1. .... 19...... ab monatlich .... Mark .... Pf., in Worten .... Angabe etwaiger Kürzungen: ....
III. Angabe der Bescheinigungen, mit welchen die Quittungen versehen sein müssen:	Die Quittungen sind von einem bei der Zahlung nicht betheiligten, zur Führung eines öffentlichen Siegels berechtigten Beamten (Bezirksvorsteher, Beamte der Armenpflege, Schiedsmann, Geistliche, Standesbeamte, Steuereinnehmer, Gemeinde-(Guts-)Vorsteher, Polizeibeamte, Kontrolbeamte der Versicherungsanstalt u. s. w.) unter Beidrückung des Dienstsiegels mit einer Bescheinigung zu versehen, welche ergiebt: a) daß die Quittung von der zu I genannten Person eigenhändig vollzogen worden ist, b) daß die zu IIb genannte...... Person .. am Ersten des Monats noch am Leben war .., c) daß die zu IIb genannte Wittwe des Verunglückten seit dem Tode ihres Ehemannes sich nicht wieder verheiratet hat.

.................................., den .... 19.......

Der Vorstand der Berufsgenossenschaft ....

Name der zahlenden Postanstalt:	(Siegel.) (Unterschrift.)
....	
....	(Vermerke der O.P.D.)
....	
....	
Formularmuster U 1.	

(Rückseite.) Vermerke der Postanstalten.

Eingangsvermerk	Der Zahlungsempfänger ist verzogen nach	Die Rente ist gezahlt bis Ende	Unterschrift des Postamtsvorstehers

Berufsgenossenschaft Nr. ....

Aktenzeichen ....

U-Stempel der O.P.D.
.... ┆ ....

U.

Eingangsstempel der O.P.D.
.... ┆ ....
.... ┆ ....

Anweisung an die Post zu laufenden vierteljährlichen Zahlungen.

I. Vorname, Name, Stand, Wohnort, (Kreis oder Amt, Regierungsbezirk, Staat) und Wohnung des Empfängers:	....
II. zu zahlende Renten: a) einmalig sofort:	a) für die Zeit vom .... 19.. bis .... 19...: .... Mark ... Pf, in Worten ....
b) fortlaufend am Ersten jedes Kalender-Vierteljahrs für	b) vom 1. .... 19..... ab vierteljährlich ...... Mark...... Pf., in Worten .... Angabe etwaiger Kürzungen: ....
III. Angabe der Bescheinigungen, mit welchen die Quittungen versehen sein müssen:	Die Quittungen sind von einem bei der Zahlung nicht betheiligten, zur Führung eines öffentlichen Siegels berechtigten Beamten (Bezirksvorsteher, Beamte der Armenpflege, Schiedsmann, Geistliche, Standesbeamte, Steuereinnehmer, Gemeinde-(Guts-)Vorsteher, Polizeibeamte, Kontrolbeamte der Versicherungsanstalt u. s. w.) unter Beidrückung des Dienstsiegels mit einer Bescheinigung zu versehen, welche ergiebt: a) daß die Quittung von der zu I genannten Person eigenhändig vollzogen worden ist, b) daß die zu II b genannte..... Person..... am Ersten des Monats noch am Leben war....., c) daß die zu II b genannte Wittwe des Verunglückten seit dem Tode ihres Ehemannes sich nicht wieder verheiratet hat.

...., den .... 19 ......

Der Vorstand der Berufsgenossenschaft ....

Name der zahlenden Postanstalt:	(Siegel.)	(Unterschrift.)
....		
....	(Vermerke der O.P.D.)	
....		
....		
....		
....		
....		
....		

Formularmuster U 2.

(Rückseite):

Vermerke der Postanstalten.

Eingangsvermerk	Der Zahlungsempfänger ist verzogen nach	Die Rente ist gezahlt bis Ende	Unterschrift des Postamtsvorstehers

Berufsgenossenschaft Nr.	U.	Eingangsstempel der O.P.D.
Aktenzeichen		
U-Stempel der O.P.D.		

Anweisung an die Post

zu einmaligen Zahlungen.

Vorname, Name, Stand, Wohnort (Kreis oder Amt, Regierungsbezirk, Staat) und Wohnung des Empfängers:	....
1. Kosten des Heilverfahrens	.... Mark ...... Pf.
2. Renten an Verletzte	.... " ...... "
3. Sterbegeld	.... " ...... "
4. Renten an Wittwen und Wittwer Getödteter	" ...... "
5. Abfindung an Wittwen im Falle der Wiederverheirathung	" ...... "
6. Renten an Kinder und Enkel Getödteter	" ...... "
7. Renten an Verwandte der aufsteigenden Linie Getödteter	" ...... "
8. Renten an Ehefrauen in einer Heilanstalt untergebrachter Verletzter . .	" ...... "
9. Renten an Kinder und Enkel in einer Heilanstalt untergebrachter Verletzter	" ...... "
10. Renten an Verwandte der aufsteigenden Linie in einer Heilanstalt untergebrachter Verletzter	" ...... "
11. Kur- und Verpflegungskosten an eine Heilanstalt	.... " ...... "
12. Kapital-Abfindung an Verletzte . .	.... " ...... "
13. Kapital-Abfindung an Ausländer . .	.... " ...... "
14. Besondere Unterstützung	.... " ...... "
Vermerk über etwaigen Verzicht auf Beglaubigung der Unterschrift des Empfängers:	Summe .... Mark ...... Pf., in Worten: ....

.................., den .... 190....

Der Vorstand der .... Berufsgenossenschaft.

(Siegel.) (Unterschrift.)

Name der zahlenden Postanstalt:	
....	(Vermerke der O.P.D.)
Formularmuster U 3.	

Berufsgenossenschaft Nr. ....
Aktenzeichen ....

U-Nummer der O.P.D.

U.

Eingangsstempel der O.P.D.

Anweisung an die Post

zur Einstellung von Rentenzahlungen.

Die Anweisung vom .... 1.... zur Zahlung von . ... Mark .... Pf. monatlicher / vierteljährlicher Rente an ....

zu ....

für ....

kommt mit Ablauf des Monats .... / vom .... } 190...... in Wegfall.

Für den Monat / das Vierteljahr .... 190..... ist nur noch der Betrag von .... Mark .... Pf. zu zahlen.

D...... Zahlungsempfänger wohnt seit*) .... 190...... im dortigen Bezirk.

.................., den .... 190......

Der Vorstand der .... Berufsgenossenschaft.

(Siegel.) (Unterschrift.)

Name der zahlenden Postanstalt:

....

....

Formularmuster U 4.

*) Nur auszufüllen, wenn der Empfänger seit dem Bestehen der Eingangs bezeichneten Zahlungsanweisung in einen anderen Ober-Postdirektionsbezirk verzogen ist.

(Vermerke der O.P.D.)

Berufsgenossenschaft Nr. .... Postvermerk.

U.

U-Nummer ....

Post-Aufgabestempel.

Rentenquittung.†)

.... Mark .... Pf.,

in Worten .... Mark .... Pf.

habe ich für den Monat / das Vierteljahr .... 190...... aus der Postkasse erhalten.

(Des Empfängers Wohnort:) ...., den .... 190......

*) (Des Empfängers Vor- und Zuname:) ....

(Des Empfängers Stand:) ....

Es wird hierdurch unter Beidrückung des Dienstsiegels bescheinigt,**)

1. daß vorstehende Unterschrift von dem in dem vorbezeichneten Orte wohnhaften Empfänger selbst vollzogen worden ist,

2.***) daß ....

....

....

....

am 1sten .... 190...... am Leben gewesen ist.

3.****) daß diejenige Person, von welcher vorstehende Unterschrift vollzogen ist, seit dem Tode ihres Ehemannes sich nicht wieder verheirathet hat.

............................, den .... 190......

(Dienstsiegel.) (Unterschrift.)

Formularmuster U 5. Anmerkungen auf der Rückseite beachten.

(Rückseite):

Anmerkungen.

†) Der Beglaubigung der Unterschrift bedarf es nicht, wenn die Quittung selbst von einer öffentlichen Behörde oder einem zur Führung eines öffentlichen Siegels berechtigten Beamten unter Beidrückung des Dienstsiegels vollzogen ist.

*) Zu vollziehen von dem Rentenberechtigten, sofern zu seinen Händen zu zahlen ist, anderenfalls von derjenigen Person, zu deren Händen an seiner Statt zu zahlen ist (Vormund, Pfleger u. s. w.).

**) Es genügt die Bescheinigung eines bei der Zahlung nicht betheiligten, zur Führung eines öffentlichen Siegels berechtigten Beamten (Bezirksvorsteher, Beamte der Armenpflege, Schiedsmann, Geistliche, Standesbeamte, Steuereinnehmer, Gemeinde- (Guts-) Vorsteher, Polizeibeamte, Kontrolbeamte der Versicherungsanstalt u. s. w.) unter Beidrückung des Dienstsiegels.

***) Auszufüllen mit dem Namen des Rentenberechtigten, soweit an seiner Statt zu Händen einer anderen Person (Vormund, Pfleger u. s. w.) zu zahlen ist, anderenfalls zu durchstreichen.

****) Die Bescheinigung 3 ist nur abzugeben, wenn Wittwenrente gezahlt wird, andernfalls zu durchstreichen.

Sofern die Quittung nicht von der entschädigungsberechtigten Wittwe, sondern von einer anderen Person (Vormund, Pfleger u. s. w.) vollzogen ist, anstatt der Worte „daß diejenige Person, von welcher vorstehende Unterschrift vollzogen ist“, anzugeben „daß die Wittwe N. N.“ (namentlich zu bezeichnen).

Berufsgenossenschaft Nr. ....

Postvermerk.

U.

U-Nummer ....

Post-Aufgabestempel.

Quittung über einmalige Zahlungen.

.... Mark .... Pf.,

in Worten .... Mark .... Pf.,

habe ich aus der Postkasse erhalten.

(Des Empfängers Wohnort:) ...., den .... 190.....

(Des Empfängers Vor- und Zuname:) ....

(Des Empfängers Stand:) ....

Es wird hierdurch unter Beidrückung des Dienstsiegels bescheinigt,*) daß vorstehende Unterschrift von dem in dem vorbezeichneten Orte wohnhaften Empfänger selbst vollzogen worden ist.

.........................., den .... 190.....

(Dienstsiegel.) (Unterschrift.)

Formularmuster U 6. Anmerkungen auf der Rückseite beachten.

(Rückseite):

Anmerkungen.

*) Es genügt die Bescheinigung eines bei der Zahlung nicht betheiligten, zur Führung eines öffentlichen Siegels berechtigten Beamten (Bezirksvorsteher, Beamte der Armenpflege, Schiedsmann, Geistliche, Standesbeamte, Steuereinnehmer, Gemeinde-(Guts-)Vorsteher, Polizeibeamte, Kontrolbeamte der Versicherungsanstalt u. s. w.) unter Beidrückung des Dienstsiegels.

Der Beglaubigung der Unterschrift bedarf es nicht,

a) wenn die Quittung selbst von einer öffentlichen Behörde oder einem zur Führung eines öffentlichen Siegels berechtigten Beamten unter Beidrückung des Dienstsiegels vollzogen ist,

b) wenn die Berufsgenossenschaft oder die Behörde, welche die Anweisung ausgestellt hat, bei der Ausstellung der Anweisung auf die Beglaubigung der Unterschrift verzichtet hat.

Anlage K.

Entwurf

für die Mittheilung des Auszuges aus der Heberolle.

(§. 101 des Gewerbe-Unfallversicherungsgesetzes.)

An die Firma N. N. in N.

Nachdem von den Zentral-Postverwaltungen die Liquidationen über die vom 1. Januar 19 . . bis zum 31. Dezember 19 . . vorschußweise gezahlten Unfallentschädigungen eingegangen und die Rechnungen zum Abschlusse gelangt sind, übersendet der Vorstand Ihnen gemäß §. 101 des Gewerbe-Unfallversicherungsgesetzes (R.G.Bl. 1900 S. 585) in Nachstehendem ergebenst den Ihre Firma betreffenden Auszug aus der Heberolle.

Der Bedarf der Berufsgenossenschaft bemißt sich wie folgt:

1.	Es sind der Postverwaltung an Unfallentschädigungen 24 000 Mark; es ist ferner zur Bildung eines Reservefonds gemäß §. 34 des Gesetzes ein Zuschlag in Höhe von 300 Prozent dieser Summe, also von 72 000 Mark, zu erheben. Von dem Gesammtbetrage der Unfallentschädigungen und Reserven mit 96 000 Mark entfallen nach §. . . . des Genossenschaftsstatuts auf die Genossenschaft 90 Prozent	86 400 Mark,
	der Rest von 10 Proz. = 9600 Mark auf die betheiligten Sektionen.	
2.	An Prämien für die nach §. 143 des Gesetzes übernommenen Privatversicherungsverträge sind zurückzuerstatten	17 600 "
3.	An Verwaltungskosten der Genossenschaft sind aufzubringen	44 500 "

Hiernach ist auf die gesammte Genossenschaft umzulegen ein Betrag von . . . . 148 500 Mark.

Dieser Betrag vertheilt sich auf die von sämmtlichen Berufsgenossen in der Zeit vom . . . . bis zum . . . . gezahlten anrechnungsfähigen Löhne und Gehälter von

54 000 000 Mark,

welche durch Multiplikation mit dem Beitragsfuße jedes Betriebes

2 970 000 000 Beitragseinheiten

ergeben, so daß auf jede Beitragseinheit in der Genossenschaft entfallen

$$\frac{148\,500}{2\,970\,000\,000} = \underline{\underline{0{,}00005 \text{ Mark.}}}$$

Innerhalb Ihrer, der .... Sektion sind ferner aufzubringen:

1. 10 Proz. der für Unfälle aus der Sektion gezahlten Entschädigungen von 2700 Mark = 270 Mark, sowie 300 Proz. dieses Betrages für den Reservefonds mit 810 Mark . . . . 1080 Mark,
2. an Verwaltungskosten der Sektion . . . . 3870 „

insgesammt 4950 Mark.

Dieser Betrag vertheilt sich auf die in der Sektion gezahlten Löhne und Gehälter von

5 500 000 Mark,

welche durch Multiplikation mit dem Beitragsfuße jedes Betriebes

330 000 000 Beitragseinheiten

ergeben, derart, das auf jede Beitragseinheit in der Sektion entfallen

$$\frac{4950}{330\,000\,000} = 6{,}000015 \text{ Mark.}$$

Innerhalb der .... Sektion sind also für jede Beitragseinheit zu zahlen:

zu den Lasten der Genossenschaft	0,00005 Mark
„ „ „ „ Sektion . .	0,000015 „
zusammen	0,000065 Mark.

Nun sind von ihrer Firma in dem angegebenen Zeitraume an anrechnungsfähigen Löhnen und Gehältern gezahlt worden

25 600 Mark;

eingeschätzt sind Sie zum Beitragsfuße 75, Sie sind also an den Gesammtlasten der Genossenschaft mit

25 600 × 75 = 1 920 000 Beitragseinheiten betheiligt.

Hiernach stellt sich der von Ihnen zu leistende Beitrag auf

1 920 000 × 0,000065 = 124 Mark 80 Pf.

Diesen Betrag wollen Sie zur Vermeidung der zwangsweisen Beitreibung binnen 14 Tagen nach Zustellung dieses Schreibens an den diesseitigen Kassen- und Rechnungsführer Herrn N. N. zu N. .... Straße Nr. ... einsenden. Der Vorstand giebt sich der Hoffnung hin, daß keiner der Herren Berufsgenossen denselben in die unangenehme Lage bringen wird, zu der im §. 103 des Gesetzes vorgeschriebenen Beitreibung rückständiger Beiträge im Wege der Exekution schreiten zu müssen.

Endlich sei bemerkt, daß es Ihnen gemäß §. 102 des Gesetzes frei steht, gegen vorstehende Festsetzung Ihres Beitrags innerhalb zweier Wochen nach Zustellung dieses Schreibens unbeschadet der Verpflichtung zur vorläufigen Zahlung Widerspruch bei dem unterzeichneten Genossenschaftsvorstande zu erheben.

Der Vorstand der ..... Berufsgenossenschaft.

Anlage L.

Verordnung

betreffend das Verfahren vor den Schiedsgerichten für Arbeiter-Versicherung.

Vom 22. November 1900. (R.G.Bl. S. 1017.)

Wir Wilhelm, von Gottes Gnaden Deutscher Kaiser, König von Preußen 2c.

verordnen auf Grund des §. 106 Abs. 6 des Invalidenversicherungsgesetzes (Reichs-Gesetzbl. 1899 S. 463) und im Hinblick auf §. 3 des Gesetzes, betreffend die Abänderung der Unfallversicherungsgesetze, vom 30. Juni 1900 (Reichs-Gesetzbl. S. 335) im Namen des Reichs, nach erfolgter Zustimmung des Bundesraths, was folgt:

I. Allgemeine Bestimmungen.

§. 1.

Beeidigung der Mitglieder des Schiedsgerichts.

Der Vorsitzende des Schiedsgerichts und dessen Stellvertreter werden von einem Beauftragten der Landes-Zentralbehörde des Bundesstaats, in welchem der Sitz des Schiedsgerichts belegen ist, die Beisitzer dagegen von dem Vorsitzenden des Schiedsgerichts auf die Erfüllung der Obliegenheiten ihres Amtes beeidigt.

Die Beeidigung der Beisitzer erfolgt bei ihrer ersten Dienstleistung in öffentlicher Sitzung; sie gilt für die Dauer der Wahlperiode. Im Falle der Wiederwahl genügt die Verweisung auf die frühere Beeidigung.

Im Uebrigen finden auf die Beeidigung die Vorschriften des §. 51 des Gerichtsverfassungsgesetzes entsprechende Anwendung.

§. 2.

Befugnisse des Vorsitzenden.

Die Leitung und Beaufsichtigung des Geschäftsganges bei dem Schiedsgerichte liegt dem Vorsitzenden und im Falle der Behinderung seinem Stellvertreter ob. Der Vorsitzende öffnet die eingehenden Sendungen, vertheilt die Geschäfte, bestimmt die Sitzungen, zeichnet die Verfügungen, vollzieht die Reinschriften und trifft in Beziehung auf die Führung der Geschäftskontrolen die erforderlichen Anordnungen. Er verpflichtet eidlich die Beamten des Schiedsgerichts, soweit sie nicht bereits als Beamte der Versicherungsanstalt einen Diensteid geleistet haben, und übt über sie die unmittelbare Dienstaufsicht aus. Disziplinarstrafen gegen dieselben verhängt, sofern sie bei dem

Schiedsgericht im Hauptamt angestellt sind, der Vorstand der Versicherungsanstalt, im Uebrigen die ihnen im Hauptamte vorgesetzte Dienstbehörde (§. 104 Abs. 5 in Verbindung mit §. 83 Abs. 1, 3 Satz 2 des Invalidenversicherungsgesetzes).

Der Vorsitzende setzt die den Beisitzern statutenmäßig zu gewährenden Bezüge fest und ist befugt, Beisitzer, welche die Wahl ohne zulässigen Grund ablehnen, ohne genügende Entschuldigung zu den Sitzungen nicht rechtzeitig sich einfinden oder ihren Obliegenheiten in anderer Weise sich entziehen, mit Geldstrafen zu belegen (§. 104 Abs. 5 in Verbindung mit §. 83 Abs. 3 Satz 1, §. 90 Abs. 2, §. 94 a. a. O.).

Die Beisitzer haben dem Vorsitzenden Anzeige zu machen, wenn durch Aenderung in ihren persönlichen Verhältnissen die Voraussetzungen ihrer Wählbarkeit nachträglich wegfallen.

Werden dem Vorsitzenden Thatsachen bekannt, welche die Wählbarkeit eines Beisitzers ausschließen oder sich als grobe Verletzungen seiner Amtspflicht darstellen, so hat er diesen Beisitzer zu den Sitzungen einstweilen nicht einzuberufen und ihn, nachdem ihm Gelegenheit zur Aeußerung gegeben worden ist, seines Amtes zu entheben (§. 104 Abs. 5 in Verbindung mit §. 91 a. a. O.). Gegen die diese Enthebung aussprechende Verfügung, welche die derselben zu Grunde liegenden Thatsachen angeben muß, kann von dem Beisitzer innerhalb eines Monats nach der Zustellung bei dem Schiedsgerichtsvorsitzenden oder bei dem Schiedsgerichte Beschwerde eingelegt werden. Der Vorsitzende hat die Beschwerde unter Beifügung der Verhandlungen und einer Aeußerung unverzüglich der höheren Verwaltungsbehörde einzureichen; diese entscheidet endgültig. Die Bestimmung des §. 114 Abs. 3 a. a. O. findet entsprechende Anwendung. Die Fähigkeit eines Beisitzers, als solcher an einer Sitzung Theil zu nehmen, erlischt, sobald der Enthebungsbescheid rechtskräftig geworden ist.

§. 3.

Zuziehung der Beisitzer.

Die Reihenfolge, in welcher die Beisitzer bei Streitsachen aus der Invalidenversicherung in der Regel zu den Verhandlungen zuzuziehen sind, wird durch das Statut der Versicherungsanstalt bestimmt (§. 106 Abs. 5 in Verbindung mit §. 83 Abs. 2 des Invalidenversicherungsgesetzes).

In Streitsachen aus der Unfallversicherung (§. 7 Abs. 1 des Gesetzes, betreffend die Abänderung der Unfallversicherungsgesetze) bestimmt der Vorsitzende unter Beachtung des Statuts der Versicherungsanstalt, und zwar regelmäßig für jedes Halbjahr im voraus, getrennt für die einzelnen Berufszweige die Reihenfolge, in der die Beisitzer zuzuziehen sind, soweit es sich um Unfälle

1. in der Land- und Forstwirthschaft,
2. im Bergbaubetriebe,
3. in den sonstigen der Versicherung unterliegenden Betrieben

handelt. Abweichungen von der festgesetzten Reihenfolge sind unter Angabe der Gründe aktenkundig zu machen. Für die Entscheidung bei Unfällen im Bergbaubetriebe kann von der Vorausbestimmung der Reihenfolge der Beisitzer, unbeschadet der Bestimmung im §. 7 Abs. 1 a. a. O., bei denjenigen Schiedsgerichten abgesehen werden, bei welchen ein Bedürfniß für die Vorausbestimmung nicht besteht.

Der Antrag eines Entschädigungsberechtigten, zur Verhandlung und Entscheidung in einem einzelnen Falle abweichend von der festgesetzten Reihenfolge Beisitzer aus den Betrieben derjenigen Berufsgenossenschaft oder Ausführungsbehörde zuzuziehen, welcher der Betrieb, in dem sich der Unfall ereignet hat, angehört (§. 7 Abs. 2 a. a. O.), ist in der Regel bei Einreichung der Berufungsschrift zu stellen. Der gleiche Antrag einer Berufsgenossenschaft oder Ausführungsbehörde ist in der Regel bei Einreichung der Gegenschrift zu stellen. Der Schiedsgerichtsvorsitzende hat jedoch auch später eingehende Anträge solcher Art bis zur Anberaumung des Termins zur mündlichen Verhandlung zuzulassen.

Wird der Antrag abgelehnt, so ist dem Antragsteller ein mit Gründen zu versehender Bescheid in Ausfertigung zuzustellen. In dem Bescheid ist darauf hinzuweisen, daß der Antragsteller vor Beginn der Verhandlung eine Entscheidung des Schiedsgerichts über den Antrag beanspruchen kann.

Wird der Antrag erst nach Anberaumung des Termins zur mündlichen Verhandlung gestellt, so entscheidet, sofern dem Antrage nicht schon von dem Vorsitzenden stattgegeben worden ist, das Schiedsgericht selbst.

§. 4.
Ablehnung der Mitglieder des Schiedsgerichts.

Die Bestimmungen in den §§. 41 ff. der Zivilprozeßordnung über die Ausschließung und Ablehnung der Richter finden auf die Mitglieder der Schiedsgerichte entsprechende Anwendung. Jedoch beschließt über ein Ablehnungsgesuch in Betreff des Vorsitzenden das Schiedsgericht, in Betreff der Beisitzer der Vorsitzende.

Bei dem Beschluß über ein Ablehnungsgesuch in Betreff des Vorsitzenden hat dieser nicht mitzuwirken. An seiner Stelle führt dabei der dem Lebensalter nach älteste Beisitzer den Vorsitz. Ergiebt sich bei der Abstimmung über das Gesuch Stimmengleichheit, so gilt dasselbe für abgelehnt.

Der Beschluß kann, wenn das Ablehnungsgesuch für unbegründet erklärt wird, nicht für sich allein, sondern nur mit der Entscheidung in der Hauptsache angefochten werden.

II. Vorschriften über das Verfahren.

§. 5.
Erhebung der Berufung.

Die Berufung auf schiedsgerichtliche Entscheidung muß innerhalb eines Monats nach der Zustellung des Bescheids bei dem zuständigen Schiedsgericht eingegangen sein (§. 114 Abs. 2 des Invalidenversicherungsgesetzes, §. 76 Abs. 2 des Gewerbe-Unfallversicherungsgesetzes, §. 82 Abs. 2 des Unfallversicherungsgesetzes für Land- und Forstwirthschaft, §. 37 Abs. 1 des Bau-Unfallversicherungsgesetzes, §. 80 Abs. 4 des See-Unfallversicherungsgesetzes in Verbindung mit §. 36 dieser Verordnung). Die Frist gilt auch dann als gewahrt, wenn innerhalb derselben die Berufung bei einer anderen inländischen Behörde oder in Streitsachen aus der Unfallversicherung bei einem Genossenschaftsorgan, in Angelegenheiten der See-Unfallversicherung auch bei einem deutschen Seemannsamt im Ausland eingegangen ist. Diese Stellen haben die Berufungsschrift ungesäumt an das zuständige Schiedsgericht abzugeben.

Zuständig ist in Streitsachen aus der Invalidenversicherung dasjenige Schiedsgericht, zu dessen Bezirke die untere Verwaltungsbehörde oder Rentenstelle gehört, die gemäß §. 112 Abs. 1 des Invalidenversicherungsgesetzes mit dem Rentenanspruche befaßt gewesen ist. In Streitsachen aus der Unfallversicherung ist, abgesehen von den gegen die See-Berufsgenossenschaft gerichteten Ansprüchen, dasjenige Schiedsgericht zuständig, in dessen Bezirke der Betrieb, in welchem der Unfall sich ereignet hat, belegen ist (§. 76 Abs. 2 des Gewerbe-Unfallversicherungsgesetzes, §. 82 Abs. 2 des Unfallversicherungsgesetzes für Land- und Forstwirthschaft, §. 37 Abs. 1 des Bau-Unfallversicherungsgesetzes). Für die Entscheidung auf die gegen die See-Berufsgenossenschaften gerichteten Berufungen ist das Schiedsgericht zuständig, in dessen Bezirke der Heimathshafen desjenigen Fahrzeuges belegen ist oder derjenige Betrieb seinen Sitz hat, auf oder in welchem sich der Unfall ereignet hat. Ist der Heimathshafen nicht im Bezirk eines Schiedsgerichts belegen, so ist das für den Sitz der Berufsgenossenschaft zuständige Schiedsgericht zur Entscheidung zuständig (§. 80 Abs. 2 des See-Unfallversicherungsgesetzes).

In der Berufung sollen der Gegenstand des Anspruchs bezeichnet und die für die Entscheidung maßgebenden Thatsachen unter Angabe der Beweismittel angeführt werden; auch ist die Versicherungsanstalt, Berufsgenossenschaft oder Ausführungsbehörde, welche den angefochtenen Bescheid ertheilt hat, zu benennen.

Die Berufung kann schriftlich oder zu Protokoll des Schiedsgerichts, einer anderen inländischen Behörde, in Streitsachen aus der Unfallversicherung auch zu Protokoll eines Genossenschaftsorgans beziehungsweise eines deutschen Seemannsamts im Ausland erhoben werden. Bei schriftlicher Erhebung ist dem Schriftsatz eine Abschrift beizufügen.

§. 6.
Streit über die Zuständigkeit.

Entsteht unter mehreren Schiedsgerichten Streit über ihre Zuständigkeit, so entscheidet das Reichs-Versicherungsamt. In Streitsachen aus der Unfallversicherung tritt an dessen Stelle das Landes-Versicherungsamt, sofern die Entscheidung auf einen Rekurs diesem zusteht.

§. 7.
Verfahren bei Eingang der Berufung

Der Zeitpunkt des Einganges der Berufung ist sofort sowohl auf der Berufungsschrift wie auf der beigefügten Abschrift zu vermerken. Ist der Berufung eine Abschrift nicht beigefügt (§. 5 Abs. 4), so ist seitens des Schiedsgerichts eine solche zu fertigen und auf diese der Vermerk des Einganges zu übertragen; die Kosten dieser Abschrift können von dem Berufenden eingezogen werden.

Richtet sich die Berufung gegen einen auf Grund der Unfallversicherungsgesetze ergangenen Bescheid oder gegen einen Bescheid des Vorstandes der Versicherungsanstalt oder gegen einen den Anspruch auf Rente nur zum Theil anerkennenden Bescheid einer Rentenstelle, so hat der Vorsitzende des Schiedsgerichts dem Vorstande der Berufsgenossenschaft oder berufsgenossenschaftlichen Sektion, der Ausführungsbehörde oder dem Vorstande der Versicherungsanstalt die Abschrift der Berufung mit dem Ersuchen mitzutheilen, die Vorverhandlungen einzusenden.

Legt der Rentenbewerber Berufung gegen den Bescheid einer Rentenstelle ein, durch welchen eine beantragte Rente versagt, die Entziehung einer Invalidenrente oder die Einstellung von Rentenzahlungen ausgesprochen worden ist, so hat der Vorsitzende des Schiedsgerichts die Vorverhandlungen der Rentenstelle einzufordern.

Legt der Vorstand der Versicherungsanstalt in den Fällen des §. 129 Abs. 4 des Invalidenversicherungsgesetzes gegen den Bescheid einer Rentenstelle Berufung ein, so hat er seiner Berufungsschrift die ihm übersandten Verhandlungen der Rentenstelle, versehen mit dem Vermerke des Einganges bei der Versicherungsanstalt, beizufügen.

Die einzusendenden Vorverhandlungen müssen sämmtliche, bei der Berufsgenossenschaft und deren Organen, bei der Ausführungsbehörde, der Versicherungsanstalt und der Rentenstelle vorhandenen Schriftstücke, die sich auf den geltend gemachten Anspruch beziehen, enthalten, einschließlich derjenigen, welche sich in Vorakten befinden.

§. 8.

Abweisung durch Bescheid.

Ist die Berufung nicht rechtzeitig eingelegt, oder ist das Schiedsgericht gesetzlich zur Entscheidung über die der Berufung zu Grunde liegenden Beschwerdepunkte nicht zuständig, so kann der Vorsitzende die Berufung durch einen mit Gründen zu versehenden Bescheid zurückweisen. Die Anfertigung einer Abschrift der Berufung seitens des Schiedsgerichts (§. 7 Abs. 1) kann in diesen Fällen einstweilen unterbleiben.

Der Berufende ist befugt, innerhalb zwei Wochen vom Tage der Zustellung des Bescheids ab bei dem Schiedsgerichte die Anberaumung eines Termins zur mündlichen Verhandlung zu beantragen.

Die vorstehende Befugniß ist dem Berufenden in dem Bescheide zu eröffnen.

Die Ablehnung von Anträgen auf mündliche Verhandlung kann nur durch Entscheidung des Schiedsgerichts erfolgen.

§. 9.

Beantwortung der Berufung.

Dem Vorstande der Berufsgenossenschaft oder berufsgenossenschaftlichen Sektion, der Ausführungsbehörde oder dem Vorstande der Versicherungsanstalt ist im Falle des §. 7 Abs. 2 bei Uebersendung der Abschrift der Berufung anheimzustellen, eine Gegenschrift einzureichen. In den Fällen des §. 7 Abs. 3, 4 hat der Vorsitzende, sofern die Voraussetzungen des §. 8

Abs. 1 nicht vorliegen, die Abschrift der Berufung dem Gegner mit der Anheimgabe mitzutheilen, eine Gegenschrift einzureichen.

Die Frist zur Einreichung der Gegenschrift ist in der Regel auf nicht länger als zwei Wochen zu bemessen. Zugleich ist darauf hinzuweisen, daß, wenn die Gegenschrift innerhalb der Frist nicht eingeht, die Entscheidung nach Lage der Akten erfolgen werde. Die Frist kann auf Antrag aus wichtigen Gründen verlängert werden.

Der Gegenschrift und etwaigen weiteren Schriftsätzen sind zur Zustellung an den Gegner Abschriften beizufügen. Die Bestimmungen des §. 7 Abs. 1 Satz 2 finden Anwendung.

In einfachen Fällen sowie dann, wenn das thatsächliche Verhältniß aus vorliegenden Akten und Urkunden sich sofort feststellen läßt, kann ohne vorgängigen Schriftwechsel Termin zur mündlichen Verhandlung anberaumt werden. Den Betheiligten ist in den Fällen des §. 7 Abs. 3, 4 gleichzeitig mit der Benachrichtigung vom Termine die Abschrift der Berufung mitzutheilen.

§. 10.

Unterzeichnung der Schriftsätze und Vertretung der Parteien.

Berufungen und Gegenschriften müssen entweder von den Betheiligten selbst oder von ihren gesetzlichen Vertretern oder von ihren Bevollmächtigten unterzeichnet sein. Die Vollmacht muß schriftlich ertheilt werden. Ehegatten, Verwandte der aufsteigenden Linie und großjährige Verwandte der absteigenden Linie können auch ohne schriftliche Vollmacht zur Vertretung zugelassen werden.

Das Schiedsgericht kann Bevollmächtigte und Beistände, welche das mündliche Verhandeln vor Gericht geschäftsmäßig betreiben, zurückweisen. Diese Vorschrift findet keine Anwendung auf Rechtsanwälte und auf Personen. denen das mündliche Verhandeln vor Gericht durch eine seitens der Justizverwaltung getroffene Anordnung gestattet ist.

Die Prozeßfähigkeit einer Partei sowie die Legitimation eines Vertreters sind von Amtswegen zu prüfen.

Nichtprozeßfähigen Parteien, welche ohne gesetzlichen Vertreter sind, kann bis zum Eintritte des gesetzlichen Vertreters von dem Vorsitzenden ein besonderer Vertreter bestellt werden. Derselbe ist befugt, alle Parteirechte zum Zwecke der Durchführung des Feststellungsverfahrens wahrzunehmen. Eine Befugniß zur Empfangnahme von Zahlungen steht demselben nicht zu. Das Gleiche gilt, wenn der Aufenthaltsort des gesetzlichen Vertreters unbekannt oder vom Sitze des Schiedsgerichts weit entfernt ist. Die nichtprozeßfähige Partei ist auf ihr Verlangen selbst zu hören. Die Kosten des besonderen Vertreters gelten als außergerichtliche Kosten.

§. 11.

Mündliche Verhandlung.

Die Entscheidung erfolgt auf Grund mündlicher Verhandlung vor dem Schiedsgerichte. Der Termin hierzu wird von dem Vorsitzenden anberaumt.

Die Betheiligten werden von dem Termin, in der Regel mittelst eingeschriebenen Briefes, mit dem Bemerken in Kenntniß gesetzt, daß im Falle ihres Ausbleibens nach Lage der Akten werde entschieden werden. Ein Ausweis hierüber muß zu den Akten gebracht werden.

Hält das Schiedsgericht das persönliche Erscheinen eines Betheiligten für angemessen, so hat es demselben zu eröffnen, daß aus seinem Nichterscheinen ungünstige Schlüsse für seinen Anspruch gezogen werden können.

§. 12.

Ort der Verhandlung.

Die mündliche Verhandlung findet in der Regel am Sitze des Schiedsgerichts statt. Der Vorsitzende ist jedoch befugt, das Schiedsgericht zu einer Sitzung an einen anderen Ort seines Bezirkes zu berufen, wenn dies zur Ersparung an Kosten oder Reisen, zur Aufklärung des Sachverhalts oder zur Erleichterung der Beweisaufnahme zweckmäßig erscheint.

§. 13.

Oeffentlichkeit des Verfahrens.

Die mündliche Verhandlung erfolgt in öffentlicher Sitzung. Die Oeffentlichkeit kann durch einen öffentlich zu verkündenden Beschluß ausgeschlossen werden, wenn das Schiedsgericht dies aus Gründen des öffentlichen Wohles oder der Sittlichkeit für angemessen erachtet.

Die Vorschriften der §§. 176 bis 182, 184 des Gerichtsverfassungsgesetzes über die Aufrechterhaltung der Ordnung finden entsprechende Anwendung. Ueber die Beschwerde gegen Ordnungsstrafen entscheidet endgültig die höhere Verwaltungsbehörde, in deren Bezirke sich der Sitz des Schiedsgerichts befindet. Die Beschwerde ist binnen zwei Wochen nach der Zustellung der Strafverfügung bei der zur Entscheidung zuständigen Stelle einzulegen.

Die vom Schiedsgerichte festgesetzten Strafen werden in derselben Weise beigetrieben wie Gemeindeabgaben und fließen bei Streitsachen aus der Invalidenversicherung in die Kasse der Versicherungsanstalt, bei Streitsachen aus der Unfallversicherung in die Kasse der Berufsgenossenschaft oder der Ausführungsbehörde.

§ 14.

Die mündliche Verhandlung beginnt mit der Darstellung des Sachverhalts durch den Vorsitzenden oder durch einen von diesem ernannten Berichterstatter. Demnächst sind die erschienenen Betheiligten zu hören. Der Vorsitzende hat jedem Beisitzer auf Verlangen zu gestatten, Fragen zu stellen.

§. 15.

Erledigung der Berufung durch Vergleich.

Eine Berufung kann durch Vergleich erledigt werden, wenn dieser sich auf den streitigen Anspruch selbst und auf die etwaigen außergerichtlichen Kosten erstreckt.

§. 16.

Sitzungsprotokoll.

Die mündliche Verhandlung erfolgt unter Zuziehung eines vereidigten Protokollführers. Von demselben ist ein Protokoll aufzunehmen, welches die Namen des Vorsitzenden und der mitwirkenden Beisitzer, deren Eigenschaft als Vorsitzender, Arbeitgeber oder Arbeitnehmer sowie die Bezeichnung des Berufs der Beisitzer enthält und den Gang der Verhandlung im Allgemeinen angiebt.

Außerdem sind durch Aufnahme in das Protokoll festzustellen:

1. Erklärungen der Parteien, welche die Zurücknahme einer Berufung bezwecken, ferner Anerkenntnisse, Verzichtleistungen, Vergleiche;
2. solche Anträge und Erklärungen der Parteien, welche von den Schriftsätzen abweichen;
3. die Aussagen der Zeugen und Sachverständigen, soweit dieselben früher nicht abgehört waren oder von ihrer früheren Aussage abweichen;
4. die Ergebnisse eines Augenscheins;
5. Beschlüsse des Schiedsgerichts und die Urtheilsformel.

Das Protokoll ist, soweit in demselben Vergleiche, Anerkenntnisse oder Verzichtleistungen festgestellt worden sind, den Betheiligten vorzulesen. In dem Protokoll ist zu bemerken, daß die Vorlesung stattgefunden hat und daß die Genehmigung erfolgt ist, oder welche Einwendungen erhoben worden sind.

Das Protokoll ist von dem Vorsitzenden und dem Protokollführer zu unterzeichnen

§. 17.
Beweisaufnahme.

Das Gericht hat den zur Klarstellung des Sachverhalts erforderlichen Beweis in vollem Umfange zu erheben, ohne Rücksicht darauf, ob dieser Beweis von den Parteien angetreten worden ist oder nicht.

Der Vorsitzende ist befugt, zur mündlichen Verhandlung auch ohne vorausgehenden Beschluß des Schiedsgerichts Zeugen und Sachverständige vorzuladen sowie das persönliche Erscheinen eines Betheiligten anzuordnen (§. 11 Abs. 3 dieser Verordnung, §. 9 Abs. 5 des Gesetzes, betreffend die Abänderung der Unfallversicherungsgesetze).

Die Beweiserhebung erfolgt in der Regel in der mündlichen Verhandlung. Das Schiedsgericht ist jedoch befugt, den Beweis durch ein Mitglied oder gemäß §. 172 des Invalidenversicherungsgesetzes, §. 144 des Gewerbe-Unfallversicherungsgesetzes, §. 154 des Unfallversicherungsgesetzes für Land- und Forstwirthschaft, §. 45 Abs. 2 des Bau-Unfallversicherungsgesetzes, §. 141 des See-Unfallversicherungsgesetzes durch eine öffentliche Behörde erheben zu lassen. Geeignetenfalls steht die Befugniß der Beweiserhebung auch dem Vorsitzenden schon vor Anberaumung des Termins zur mündlichen Verhandlung zu.

Die Beweisverhandlungen sind unter Zuziehung eines vereidigten oder durch Handschlag zu verpflichtenden Protokollführers aufzunehmen; die Betheiligten sind zu benachrichtigen.

§. 18.

Hinsichtlich der Verpflichtung, sich als Zeuge oder Sachverständiger vernehmen zu lassen und die Aussagen eidlich zu erhärten, finden die Bestimmungen der Zivilprozeßordnung entsprechende Anwendung. Insbesondere ist das Schiedsgericht befugt, gegen Zeugen und Sachverständige, welche sich nicht oder nicht rechtzeitig zu den Sitzungen einfinden, oder ihre Aussage oder die Eidesleistung ohne Angabe eines Grundes oder, nachdem der vorgeschützte Grund rechtskräftig für unerheblich erklärt ist, verweigern, eine Geldstrafe bis zu dreihundert Mark festzusetzen. Kommt die Verhängung oder Vollstreckung von Zwangsmaßregeln in Frage, so ist um diese das Amtsgericht zu ersuchen, in dessen Bezirke die Zeugen oder Sachverständigen ihren Wohnsitz oder in Ermangelung eines solchen ihren Aufenthalt haben. Auf Militärpersonen, welche dem aktiven Heere oder der aktiven Marine angehören, finden die Vorschriften des §. 380 Abs. 4, §. 390 Abs. 4, §. 409 Abs. 3 der Zivilprozeßordnung Anwendung.

Gegen die Beschlüsse des Schiedsgerichts findet binnen einer Frist von zwei Wochen nach deren Zustellung die Beschwerde an das Reichs-Versicherungsamt statt, in Streitsachen aus der Unfallversicherung tritt an dessen Stelle das Landes-Versicherungsamt, sofern die Entscheidung auf einen Rekurs diesem zusteht; die Beschwerde ist schriftlich beim Schiedsgericht einzulegen.

Erfolgt nachträglich eine genügende Entschuldigung für das Verhalten des Zeugen oder Sachverständigen, so sind die getroffenen Anordnungen wieder aufzuheben.

Die Bestimmung des §. 13 Abs. 3 findet Anwendung. Die Zeugen und Sachverständigen erhalten Gebühren nach Maßgabe der Gebührenordnung für Zeugen und Sachverständige (Reichs-Gesetzbl. 1898 S. 689).

§. 19.
Entscheidung.

Das Schiedsgericht entscheidet innerhalb der erhobenen Ansprüche nach freiem Ermessen. Bilden sich in Beziehung auf Summen, über welche zu entscheiden ist, mehr als zwei Meinungen, deren keine die Mehrheit für sich hat, so werden die für die größte Summe abgegebenen Stimmen den für die zunächst geringere abgegebenen solange hinzugerechnet, bis sich eine Mehrheit ergiebt.

Die Berathung und Beschlußfassung erfolgt in nichtöffentlicher Sitzung; hierbei dürfen nur Mitglieder mitwirken, vor welchen die mündliche Verhandlung stattgefunden hat.

§. 20.
Gerichtliche Kosten.

Die Festsetzung der gerichtlichen Kosten des Verfahrens, die nach §. 107 Abs. 1 des Invalidenversicherungsgesetzes vorbehaltlich der Bestimmung des §. 10 Abs. 2 des Gesetzes, betreffend die Abänderung der Unfallversicherungsgesetze, die Versicherungsanstalt zu tragen hat, erfolgt durch den Vorsitzenden des Schiedsgerichts. Wird seine Festsetzung angefochten, so ist die Entscheidung des Schiedsgerichts herbeizuführen.

Gegen diese Entscheidung findet Beschwerde an das Reichs-Versicherungsamt statt. Die Beschwerde ist binnen einem Monate nach der Zustellung des Festsetzungsbescheids schriftlich beim Schiedsgericht einzureichen, das, wenn es die Beschwerde für begründet erachtet, ihr stattgeben kann. Anderenfalls ist die Beschwerde mit einer gutachtlichen Aeußerung unter Beifügung der Verhandlungen dem Reichsversicherungsamt einzureichen.

Der Vorsitzende des Schiedsgerichts, in Streitsachen aus der Unfallversicherung aber das Schiedsgericht, kann den Betheiligten solche Kosten des Verfahrens zur Last legen, welche durch Muthwillen oder durch ein auf Verschleppung oder Irreführung berechnetes Verhalten veranlaßt worden sind (§. 104 Abs. 5 in Verbindung mit §. 64 Abs. 5 des Invalidenversicherungsgesetzes; §. 10 Abs. 4 des Gesetzes, betreffend die Abänderung der Unfallversicherungsgesetze).

§. 21.

Außergerichtliche Kosten.

Das Schiedsgericht hat, ohne daß es eines Antrags bedarf, zugleich mit der Entscheidung über die Hauptsache zu prüfen, ob und in welchem Betrage die unterliegende Partei dem Gegner die ihm in dem Verfahren vor dem Schiedsgericht erwachsenen Kosten zu erstatten hat. Die Festsetzung des Betrags erfolgt nach seinem Ermessen. Dasselbe gilt, solange nicht durch die im §. 20 des Gesetzes, betreffend die Abänderung der Unfallversicherungsgesetze, vorgesehene Verordnung etwas Anderes bestimmt wird, unter Berücksichtigung der zweckentsprechend aufgewendeten Zeit und Mühewaltung auch für Rechtsanwälte sowie sonstige Vertreter und Beistände der Parteien

Die von einer Partei zu erstattenden außergerichtlichen Kosten werden auf Antrag durch Vermittelung des Schiedsgerichts in derselben Weise beigetrieben wie Gemeindeabgaben.

§. 22.

Abstimmung.

Bei der Abstimmung stimmt der etwa bestellte Berichterstatter (§. 14) zuerst. Im Uebrigen richtet sich bei der Abstimmung der Beisitzer die Reihenfolge nach dem Lebensalter dergestalt, daß der Jüngste zuerst stimmt. Der Vorsitzende stimmt in allen Fällen zuletzt.

§. 23.

Verkündung.

Der Vorsitzende verkündet den Beschluß oder die Entscheidung in öffentlicher Sitzung. Die Verkündung kann auf eine sofort anzuberaumende spätere Sitzung vertagt werden, welche in der Regel binnen einer Woche stattfinden soll.

Wird die Verkündung der Gründe für angemessen gehalten, so erfolgt sie durch mündliche Mittheilung des wesentlichen Inhalts.

§. 24.

Form und Ausfertigung der Entscheidung.

Die Entscheidungen enthalten eine gedrängte Darstellung des Sach- und Streitstandes auf Grund der gesammten Verhandlungen unter Hervorhebung der in der Sache gestellten Anträge (Thatbestand), ferner die Entscheidungsgründe und die von der Darstellung des Thatbestandes und der Entscheidungsgründe äußerlich zu sondernde Urtheilsformel. Die Entscheidungen sind in der Urschrift von dem Vorsitzenden zu unterschreiben; im Falle seiner Behinderung unterschreibt der dem Lebensalter nach älteste mitwirkende Beisitzer.

§. 25.

Bei den Ausfertigungen der Entscheidungen sind im Eingange die Mitglieder des Schiedsgerichts, welche an der Entscheidung Theil genommen haben, nach Maßgabe des §. 16 namentlich aufzuführen und der Sitzungstag, an welchem die Entscheidung erfolgt ist, zu bezeichnen.

Die Ausfertigungen enthalten neben dem Siegel des Schiedsgerichts (§. 26) die Schlußformel:

„Urkundlich unter Siegel und Unterschrift."
„Das Schiedsgericht für Arbeiterversicherung ...."

Die Vollziehung erfolgt durch den Vorsitzenden oder im Falle seiner Behinderung in Vertretung durch dessen Stellvertreter.

Die Entscheidungen sollen spätestens innerhalb drei Wochen nach ihrer Verkündung den Parteien zugestellt werden.

§. 26.

Das Schiedsgericht führt ein Siegel, welches durch die für den Sitz des Schiedsgerichts zuständige Landes-Zentralbehörde bestimmt wird.

III. Besondere Vorschriften über das Verfahren bei Anträgen auf anderweite Feststellung der Unfallentschädigungen.

§. 27.

Der im §. 88 Abs. 3 des Gewerbe-Unfallversicherungsgesetzes, §. 94 Abs. 3 des Unfallversicherungsgesetzes für Land- und Forstwirthschaft, §. 92 Abs. 3 des See-Unfallversicherungsgesetzes vorgesehene Antrag auf anderweite Feststellung einer Entschädigung ist seitens der Berufsgenossenschaft oder der Ausführungsbehörde beim Schiedsgerichte schriftlich zu stellen.

Der Verletzte kann den Antrag schriftlich oder zu Protokoll des Schiedsgerichts oder einer anderen inländischen Behörde oder eines Genossenschaftsorgans beziehungsweise eines deutschen Seemannsamts im Auslande stellen. Diese Stellen haben den Antrag ungesäumt an das zuständige Schiedsgericht abzugeben.

Zuständig ist dasjenige Schiedsgericht, das gemäß §. 5 dieser Verordnung zuständig sein würde. falls es sich um die Einlegung der Berufung handelte.

Dem Antrage der Berufsgenossenschaft oder Ausführungsbehörde sind die Vorverhandlungen beizufügen. Die Unterlagen, auf Grund deren die Herabsetzung oder Aufhebung erfolgen soll, sind besonders hervorzuheben.

Der Verletzte hat in seinem Antrage die Unterlagen, auf Grund deren die Erhöhung oder Wiedergewährung der Rente begehrt wird, glaubhaft zu machen.

Bei schriftlicher Stellung sind dem Antrag und seinen Unterlagen Abschriften beizufügen.

§. 28.

Entsteht unter mehreren Schiedsgerichten Streit über ihre Zuständigkeit, so entscheidet das Reichs- oder Landesversicherungsamt (§ 6).

§. 29.

Der Zeitpunkt des Einganges ist sofort auf dem Antrag und auf dessen Abschrift zu bemerken. Ist dem Antrag eine Abschrift nicht beigefügt, so ist eine solche zu fertigen und auf diese der Vermerk des Einganges zu übertragen. Die Bestimmungen des §. 7 Abs. 1 Satz 2 finden Anwendung.

§. 30.

Nach Eingang des Antrags hat der Vorsitzende die Vorverhandlungen, auch diejenigen des Reichs- oder Landes-Versicherungsamts, falls bei demselben früher ein Verfahren anhängig gewesen ist, einzufordern.

§. 31.

Ist das Schiedsgericht gesetzlich zur Entscheidung über den Antrag nicht zuständig, so kann der Vorsitzende den Antrag durch einen mit Gründen zu versehenden Bescheid zurückweisen. Die Anfertigung einer Abschrift des Antrags seitens des Schiedsgerichts (§. 29) kann in diesem Falle einstweilen unterbleiben.

Die Bestimmungen des §. 8 Abs 2, 3, 4 finden entsprechende Anwendung.

§. 32.

Sofern die Voraussetzungen des §. 31 nicht vorliegen, hat der Vorsitzende die Abschrift des Antrags und seiner Unterlagen dem Gegner mit der Anheimgabe mitzutheilen, eine Gegenschrift einzureichen.

Im weiteren Verfahren finden die Bestimmungen des §. 9 Abs. 2, 3, sowie der §§. 10 bis 26 entsprechende Anwendung.

§. 33.

Geschäftsbetrieb.

Die Schiedsgerichte unterliegen der Beaufsichtigung durch die für ihre Sitze zuständigen Landes-Zentralbehörden oder die von denselben zu bestimmenden anderen Behörden.

Ueber Beschwerden der Parteien, die die Prozeßführung betreffen, entscheidet in Streitsachen aus der Invalidenversicherung das Reichs-Versicherungsamt, in Streitsachen aus der Unfallversicherung das Reichs-Versicherungsamt oder das Landes-Versicherungsamt, letzteres, sofern ihm die Entscheidung auf einen Rekurs zusteht.

Auf die Beseitigung von Verzögerungen oder sonstigen Unregelmäßigkeiten in der Prozeßführung hat das Reichs- oder Landes-Vesicherungsamt, auch ohne daß Beschwerden der Partei vorliegen, hinzuwirken. Bleiben die aus diesem Anlaß ergangenen Weisungen ohne Erfolg, so sind die Aufsichtsbehörden um Abhülfe zu ersuchen.

§. 34.

Geschäftssprache.

In Betreff der Geschäftssprache vor dem Schiedsgerichte finden die Bestimmungen in den §§. 186ff. des Gerichtsverfassungsgesetzes entsprechende

Anwendung. Eingaben, welche nicht in deutscher Sprache abgefaßt sind, werden nicht berücksichtigt.

§. 35.
Geschäftsbericht.

Am Schlusse eines jeden Jahres hat der Vorsitzende des Schiedsgerichts dem Reichs-Versicherungsamte zu dem von diesem zu bestimmenden Zeitpunkt und nach dem von demselben vorzuschreibenden Muster einen Geschäftsbericht einzureichen.

§. 36.
Besondere Bestimmungen über Fristen.

Bei Streitsachen aus der Invalidenversicherung gelten für Seeleute, welche sich außerhalb Europas aufhalten, hinsichtlich der in dieser Verordnung bestimmten Fristen die Vorschriften des §. 167 Abs. 3 des Invalidenversicherungsgesetzes. Bei Streitsachen aus der See-Unfallversicherung gelten für Personen, welche sich außerhalb Europas aufhalten, die gemäß §. 80 Abs. 4 des See-Unfallversicherungsgesetzes festgesetzten Fristen.

§. 37.
Schlußbestimmungen.

Diese Verordnung tritt mit dem Tage in Kraft, von welchem ab die im §. 3 des Gesetzes, betreffend die Abänderung der Unfallversicherungsgesetze, vom 30. Juni 1900 bezeichneten Schiedsgerichte für Arbeiterversicherung in Thätigkeit treten (§. 25 a. a. O.). Mit demselben Tage treten die Bestimmungen der Verordnung über das Verfahren vor den auf Grund des Unfallversicherungsgesetzes errichteten Schiedsgerichten vom 2. November 1885 (Reichs-Gesetzbl. S. 279), die Bestimmung im Artikel III der Verordnung, betreffend die Formen des Verfahrens und den Geschäftsgang des Reichs-Versicherungsamts sowie das Verfahren vor den auf Grund der Gesetze vom 5. Mai 1886 und vom 13. Juli 1887 errichteten Schiedsgerichten, vom 13. November 1887 (Reichs-Gesetzbl. S. 523) sowie die Bestimmungen der Verordnung, betreffend das Verfahren vor den auf Grund des Invalidenversicherungsgesetzes errichteten Schiedsgerichten, vom 6. Dezember 1899 (Reichs-Gesetzbl. S. 677) außer Wirksamkeit.

Auf die zur Zeit des Inkrafttretens dieser Verordnung bei den Schiedsgerichten schwebenden Berufungen finden die Vorschriften dieser Verordnung Anwendung.

Urkundlich unter Unserer Höchsteigenhändigen Unterschrift und beigedrucktem Kaiserlichen Insiegel.

Gegeben Homburg v. d. Höhe, den 22. November 1900.

(L. S.) Wilhelm.

Graf von Posadowsky.

Verordnung,

betreffend die Schiedsgerichte für Arbeiterversicherung.

Vom 22. November 1900. (R.G.Bl. S. 1031.)

Wir Wilhelm, von Gottes Gnaden Deutscher Kaiser, König von Preußen 2c.

verordnen auf Grund des §. 25 Abs. 1 Ziffer 1 des Gesetzes, betreffend die Abänderung der Unfallversicherungsgesetze, vom 30. Juni 1900 (Reichs-Gesetzbl. S. 335) im Namen des Reichs, nach erfolgter Zustimmung des Bundesraths, was folgt:

Der Zeitpunkt, von welchem ab die Schiedsgerichte für Arbeiterversicherung (§. 3 a. a. O.) an die Stelle der bisherigen nach Berufsgenossenschaften errichteten Schiedsgerichte zur Entscheidung von Streitigkeiten aus der Unfallversicherung treten, wird auf den 1. Januar 1901 festgesetzt.

Urkundlich unter Unserer Höchsteigenhändigen Unterschrift und beigedrucktem Kaiserlichen Insiegel.

Gegeben Homburg v. d. Höhe, den 22. November 1900.

(L. S.) Wilhelm.

Graf von Posadowsky.

Anlage M.

Verordnung

betreffend den Geschäftsgang und das Verfahren des Reichs-Versicherungsamts.

Vom 19. Oktober 1900. (R.G.Bl. S. 983.)

Wir Wilhelm, von Gottes Gnaden Deutscher Kaiser, König von Preußen ꝛc.

verordnen auf Grund des §. 19 Abs. 4 des Gesetzes, betreffend die Abänderung der Unfallversicherungsgesetze, vom 30. Juni 1900 (Reichs-Gesetzbl. S. 573) und des §. 110 Abs. 4 des Invalidenversicherungsgesetzes (Reichs-Gesetzbl. 1899 S. 463) im Namen des Reichs, nach erfolgter Zustimmung des Bundesraths was folgt:

I. Eintheilung und Bearbeitung der Dienstgeschäfte.

Dienststellung des Präsidenten.

§. 1.

Dem Präsidenten des Reichs-Versicherungsamts steht die Leitung und Beaufsichtigung des gesammten Dienstes zu. Er vertheilt die Geschäfte unter die Mitglieder, die Beamten und die richterlichen Beisitzer des Reichs-Versicherungsamts und bestellt, soweit erforderlich, die Beauftragten und Vertreter der Behörde.

Präsidialsachen.

§. 2.

Der Präsident ordnet die Einrichtung der Büreaus, der Akten und der Geschäftsregister; er hat die Verfügung in allen die Verwaltung betreffenden Angelegenheiten, insbesondere in Personalsachen, sowie in denjenigen Angelegenheiten, welche das Haushalts- und Kassenwesen, das Dienstgebäude und dessen Einrichtung, die amtlichen Veröffentlichungen, die Bibliothek und ähnliche Gegenstände betreffen (Präsidialsachen).

Der Präsident bezeichnet diejenigen sonstigen Sachen, deren Bearbeitung oder Revision er sich vorbehält. Er ist befugt, in jeder Sitzung den Vorsitz zu übernehmen; er vollzieht die Ausfertigungen und Reinschriften in den ihm vorbehaltenen Sachen.

Vertretung des Präsidenten.

§. 3.

Die ständige Vertretung des Präsidenten für dessen sämmtliche Dienstobliegenheiten wird vom Reichskanzler (Reichsamt des Innern) einem der

Direktoren übertragen. In dessen Behinderung wird der Präsident durch den anderen Direktor vertreten. Ist auch dieser behindert, so erfolgt die Vertretung durch die übrigen ständigen Mitglieder des Reichs-Versicherungsamts in der Reihenfolge des Dienstalters, sofern nicht der Reichskanzler (Reichsamt des Innern) etwas Anderes bestimmt.

Abtheilungen.

§. 4.

Im Reichs-Versicherungsamte bestehen zwei Abtheilungen.

Die eine Abtheilung hat die Angelegenheiten der Unfallversicherung und die sonstigen Aufgaben der Träger dieser Versicherung, die andere Abtheilung die Angelegenheiten der Invalidenversicherung zu bearbeiten. Die auf Grund des §. 11 des Invalidenversicherungsgesetzes von der See-Berufsgenossenschaft getroffenen Einrichtungen gehören zum Geschäftsbereiche der Abtheilung für Invalidenversicherung.

Direktoren.

§. 5.

An der Spitze jeder Abtheilung steht ein Direktor. Der Präsident bestimmt, welcher Direktor die eine und welcher Direktor die andere Abtheilung zu leiten hat; die Bestimmung bedarf der Genehmigung des Reichskanzlers (Reichsamt des Innern).

Der Direktor leitet die Geschäfte seiner Abtheilung unter der Oberleitung des Präsidenten. Er zeichnet diejenigen Sachen, welche die Abtheilung als solche oder mehrere Unterabtheilungen gemeinsam betreffen, sowie diejenigen sonstigen Entwürfe, deren Revision er sich vorbehält, und vollzieht bei diesen die Ausfertigungen und Reinschriften.

Der Direktor wird im Falle seiner Behinderung durch die der Abtheilung zugewiesenen ständigen Mitglieder nach der Reihenfolge des Dienstalters vertreten.

Unterabtheilungen.

§. 6.

In jeder Abtheilung können für einzelne Theile ihres Geschäftsbereichs Unterabtheilungen errichtet werden. Die Errichtung der Unterabtheilungen und die Abgrenzung ihres Geschäftskreises bestimmt der Reichskanzler (Reichsamt des Innern).

Die Leitung der Unterabtheilung steht, sofern der Präsident sie nicht dem Direktor der Abtheilung oder einem anderen ständigen Mitglied überträgt, unter des Präsidenten und des Direktors Oberleitung demjenigen ständigen Mitgliede zu, welches unter den der Unterabtheilung zugewiesenen ständigen Mitgliedern nach dem Dienstalter das älteste ist. Dieses Mitglied erledigt die Geschäfte durch Mitzeichnung der Entwürfe desjenigen Mitglieds, dem die Bearbeitung der einzelnen Angelegenheiten übertragen ist, und vollzieht, soweit dies nicht dem Direktor oder dem Präsidenten vorbehalten bleibt, in deren Vertretung die abzusendenden Ausfertigungen und Reinschriften.

Die Vertretung des Leiters der Unterabtheilung liegt im Falle der Behinderung den übrigen der Unterabtheilung zugewiesenen ständigen Mitgliedern nach der Reihenfolge des Dienstalters ob.

Nichtständige Mitglieder.

§. 7.

Die Zahl der Stellvertreter, welche für die als Vertreter der Arbeitgeber und der Versicherten gewählten nichtständigen Mitglieder zu wählen sind (§. 13 des Gesetzes, betreffend die Abänderung der Unfallversicherungsgesetze), bestimmt der Reichskanzler (Reichsamt des Innern).

§. 8.

Die vom Bundesrathe gewählten nichtständigen Mitglieder werden vom Staatssekretär des Innern auf die Erfüllung der Obliegenheiten ihres Amtes mittelst Handschlags an Eidesstatt verpflichtet.

Die Verpflichtung der als Vertreter der Arbeitgeber und der Versicherten gewählten nichtständigen Mitglieder sowie ihrer Stellvertreter erfolgt in gleicher Weise durch den Präsidenten des Reichs-Versicherungsamts.

Im Falle der Wiederwahl genügt die Verweisung auf die frühere Verpflichtung.

Richterliche Beisitzer.

§. 9.

Die zu den Entscheidungen des Reichs-Versicherungsamts zuzuziehenden richterlichen Beamten werden für die Dauer des zur Zeit ihrer Berufung von ihnen bekleideten Hauptamts durch den Reichskanzler (Reichsamt des Innern) berufen. Der Reichskanzler kann weitere richterliche Beamte bestimmen, welche aushülfsweise oder auf Zeit nach näherer Bestimmung des Präsidenten zu den Entscheidungen des Reichs-Versicherungsamts zuzuziehen sind.

Sitzungen.

§. 10.

Die Geschäfte des Reichs-Versicherungsamts sind, soweit sie nicht durch den Präsidenten oder unter Mitzeichnung des Präsidenten, eines Direktors oder des Leiters einer Unterabtheilung von dem mit der Bearbeitung betrauten Mitgliede bearbeitet werden, in Sitzungen zu erledigen.

In den Angelegenheiten der Verwaltung werden Gesammtsitzungen, Abtheilungssitzungen und Sitzungen der Unterabtheilungen abgehalten (§§. 11 bis 16); für die Rechtsprechung und die derselben nach gesetzlicher Bestimmung gleichgestellten Angelegenheiten bestehen Senate (§§. 20 ff.).

Gesammtsitzungen.

§. 11.

Bei Angelegenheiten, die beide Abtheilungen gemeinsam betreffen, kann auf Anordnung des Präsidenten und unter seinem Vorsitz eine gemeinsame Berathung und Beschlußfassung in Gesammtsitzungen stattfinden.

§. 12.

Zur Theilnahme an den Gesammtsitzungen sind alle ständigen Mitglieder des Reichs-Versicherungsamts sowie die zur Bearbeitung von Geschäften der Mitglieder herangezogenen Hülfsarbeiter einzuladen.

Außerdem sind einzuladen:

a) die vom Bundesrathe gewählten nichtständigen Mitglieder;
b) die nichtständigen Mitglieder aus dem Stande der Arbeitgeber und der Versicherten, soweit sie am Sitzungstag in Berlin anwesend sind;
c) vier richterliche Beisitzer. Als solche werden in der Regel und soweit nicht der Präsident im einzelnen Falle anders bestimmt, die nach der Dauer ihrer Beschäftigung im Reichs-Versicherungsamt ältesten vier richterlichen Beamten eingeladen.

Für diejenigen nichtständigen Mitglieder aus dem Stande der Arbeitgeber und der Versicherten, welche am Sitzungstage voraussichtlich in Berlin nicht anwesend sein werden, oder deren Behinderung dem Präsidenten rechtzeitig mitgetheilt wird, ist je ein in Berlin anwesender oder in Berlin oder dessen naher Umgebung wohnender Stellvertreter einzuladen.

Bei der Einladung ist die Tagesordnung mitzutheilen.

Abtheilungssitzungen.

§. 13.

Angelegenheiten, welche den Geschäftskreis nur einer Abtheilung berühren, werden, sofern der Präsident oder der Direktor der Abtheilung dies bestimmt oder in Uebereinstimmung mit dem die Angelegenheit bearbeitenden Mitgliede der Leiter einer Unterabtheilung dies beantragt, unter dem Vorsitze des Präsidenten oder des Direktors in der Abtheilungssitzung verhandelt.

Die im §. 18 des Gesetzes, betreffend die Abänderung der Unfallversicherungsgesetze, bezeichneten Angelegenheiten sind stets in Abtheilungssitzungen zu erledigen.

§. 14.

Zur Theilnahme an den Abtheilungssitzungen sind einzuladen

1. bei der Abtheilung für Invalidenversicherung die derselben zugewiesenen ständigen Mitglieder und Hülfsarbeiter;
2. bei der Abtheilung für Unfallversicherung mindestens der dritte Theil und höchstens die Hälfte der derselben zugewiesenen ständigen Mitglieder nach einer von dem Präsidenten aufzustellenden Reihenfolge dieser Mitglieder sowie die in der Abtheilung beschäftigten Hülfsarbeiter.

War die Angelegenheit in Unterabtheilungen bearbeitet worden, so sind die denselben zugewiesenen ständigen Mitglieder, soweit sie nicht schon auf Grund der vorstehenden Bestimmungen zur Theilnahme berufen sind, gleichfalls einzuladen.

Zu jeder Abtheilungssitzung sind außerdem einzuladen:

a) die vom Bundesrathe gewählten nichtständigen Mitglieder;
b) je ein in Berlin anwesendes nichtständiges Mitglied aus dem Stande der Arbeitgeber und der Versicherten, soweit deren Zuziehung im Gesetze vorgeschrieben oder von dem Präsidenten oder dem Direktor angeordnet wird; der Präsident sowie der Direktor können bestimmen, daß noch je ein oder je zwei weitere in Berlin anwesende nichtständige

Mitglieder aus dem Stande der Arbeitgeber und der Versicherten zuzuziehen sind;

c) zwei richterliche Beisitzer, soweit dies zur Erörterung von Rechtsfragen für erforderlich erachtet wird, nach näherer Bestimmung des Präsidenten.

In der Abtheilung für Invalidenversicherung ist auch der Vorsteher der Rechnungsstelle nach Bedarf zuzuziehen.

§. 15.

In den Angelegenheiten der Unfallversicherung sind die Vertreter der Arbeitgeber und der Versicherten sowie deren Stellvertreter aus den im einzelnen Falle betheiligten Gruppen von Berufsgenossenschaften zu entnehmen (§. 16 Abs. 3 des Gesetzes, betreffend die Abänderung der Unfallversicherungsgesetze).

Der §. 12 Abs. 2, 3 findet entsprechende Anwendung.

Sitzungen der Unterabtheilungen.

§. 16.

Soweit der Leiter einer Unterabtheilung oder das mit der Bearbeitung der Angelegenheit betraute Mitglied eine Besprechung in der Unterabtheilung für erforderlich hält, ist die Sache in einer Sitzung der Unterabtheilung zu erledigen. Zu derselben sind die der Unterabtheilung zugewiesenen ständigen Mitglieder des Reichs-Versicherungsamts sowie die daselbst beschäftigten Hülfsarbeiter zuzuziehen.

Gemeinsame Bestimmungen.

§. 17.

Die Sitzungen (§§. 11 bis 16) sind nicht öffentlich.

Stimmberechtigt sind die eingeladenen und in der Sitzung anwesenden Mitglieder des Reichs-Versicherungsamts und deren Stellvertreter (§. 7, §. 12 Abs. 3) sowie die zugezogenen richterlichen Beamten.

Die von dem Bundesrathe gewählten Mitglieder nehmen ihre Stelle nach dem Vorsitzenden, also vor den übrigen Mitgliedern, in der Reihenfolge ein, die für sie im Bundesrathe besteht, soweit sie aber dem Bundesrathe nicht angehören, nach den Bundesrathsmitgliedern und in der Reihenfolge des Dienstalters.

Der Vorsitzende leitet die Verhandlungen und Berathungen, er stellt die Fragen und sammelt die Stimmen. Meinungsverschiedenheiten über den Gegenstand, die Fassung und die Reihenfolge der Fragen oder über das Ergebniß der Abstimmung werden gemäß §. 18 entschieden.

§. 18.

Für den mündlichen Vortrag in den Sitzungen wird ein Berichterstatter ernannt. Aus besonderen Gründen können Mitberichterstatter bestellt werden.

Die Beschlüsse werden nach Stimmenmehrheit gefaßt; bei Stimmengleichheit giebt der Vorsitzende den Ausschlag.

Bilden sich in Beziehung auf Summen, über die zu entscheiden ist, mehr als zwei Meinungen, deren keine die Mehrheit für sich hat, so werden die für die größte Summe abgegebenen Stimmen den für die zunächst geringere abgegebenen Stimmen solange hinzugerechnet, bis sich eine Mehrheit ergiebt.

Die Stimmen werden bei namentlicher Abstimmung in nachstehender Reihenfolge abgegeben:

1. von den Berichterstattern in der Reihenfolge ihrer Bestellung;
2. von den Vertretern der Versicherten;
3. von den Vertretern der Arbeitgeber;
4. von den richterlichen Beamten;
5. von den ständigen Mitgliedern;
6. von den vom Bundesrathe gewählten Mitgliedern;
7. von dem Vorsitzenden.

Innerhalb der einzelnen Gruppen richtet sich die Reihenfolge der Abstimmung bei der zweiten und dritten Gruppe nach dem Lebensalter, innerhalb der vierten und fünften Gruppe nach dem Dienstalter im Reichs-Versicherungsamt und bei gleichem Dienstalter nach dem Lebensalter, und zwar in allen Fällen dergestalt, daß der Jüngste zuerst stimmt. Bei den vom Bundesrathe gewählten Mitgliedern ist die im §. 17 Abs. 3 bestimmte Reihenfolge umgekehrt zur Anwendung zu bringen.

§. 19.

Werden in den Sitzungen Fragen verhandelt, die im Wege der Rechtsprechung zur Entscheidung gelangen, so ist der in der Sitzung gefaßte Beschluß für die Abstimmung in den Senaten nicht bindend.

II. Geschäftsgang und Verfahren bei den Senaten.

Besetzung.

§. 20.

Die Entscheidung der in den §§. 16, 17 des Gesetzes, betreffend die Abänderung der Unfallversicherungsgesetze, und im §. 110 des Invalidenversicherungsgesetzes bezeichneten Streitfälle erfolgt in der aus den nachstehenden Paragraphen sich ergebenden Besetzung durch Spruchkollegien, welche die Bezeichnung Senate führen. Diese treten an die Stelle der bisherigen Spruchkammern des Reichs-Versicherungsamts.

Den Vorsitz in den Senaten führen der Präsident, die Direktoren oder die zu Vorsitzenden ernannten ständigen Mitglieder. Im Falle des Bedürfnisses kann der Reichskanzler ein anderes ständiges Mitglied vorübergehend mit dem Vorsitze betrauen.

§. 21.

Die Senate für die Unfallversicherung entscheiden gemäß §. 16 des Gesetzes, betreffend die Abänderung der Unfallversicherungsgesetze, in der Besetzung mit sieben Personen einschließlich des Vorsitzenden.

§. 22.

Die Senate für die Invalidenversicherung entscheiden gemäß §. 110

des Invalidenversicherungsgesetzes in der Besetzung mit fünf Personen einschließlich des Vorsitzenden.

Sind jedoch im einzelnen Falle der Direktor der Abtheilung oder der Vorsitzende des Senats in Uebereinstimmung mit dem Berichterstatter der Meinung, daß es sich bei der Entscheidung um die noch nicht festgestellte Auslegung gesetzlicher Bestimmungen von erheblicher grundsätzlicher Bedeutung handelt, so sind zu der Entscheidung noch ein vom Bundesrathe gewähltes nichtständiges sowie ein ständiges Mitglied zuzuziehen. An Stelle des vom Bundesrathe gewählten Mitglieds ist im Behinderungsfall ein weiteres ständiges Mitglied zuzuziehen.

Der Senat ist befugt, unter vorläufiger Aussetzung der Entscheidung eine gleiche Verstärkung zu beschließen, wenn sich bei der mündlichen Verhandlung ergiebt, daß die Voraussetzung des Abs. 2 vorliegt.

§. 23.

Will ein Senat für Unfallversicherung oder für Invalidenversicherung bei einer ihm vorliegenden Spruchsache in einer grundsätzlichen Rechtsfrage von einer früheren Entscheidung abweichen, so ist die Sache zur Entscheidung an den erweiterten Senat zu verweisen. In dem Verweisungsbeschluß ist die grundsätzliche Rechtsfrage, in der von einer früheren Entscheidung abgewichen werden soll, zu bezeichnen. Der erweiterte Senat entscheidet in der im §. 17 des Gesetzes, betreffend die Abänderung der Unfallversicherungsgesetze, angegebenen Besetzung mit elf Personen einschließlich des Vorsitzenden.

§. 24.

Zu den Sitzungen des erweiterten Senats sind zwei vom Bundesrathe gewählte Mitglieder abwechselnd nach der im §. 17 Abs. 3 bestimmten Reihenfolge zu berufen. An Stelle eines solchen Mitglieds ist ein ständiges Mitglied nur dann zuzuziehen, wenn die vom Bundesrathe gewählten Mitglieder sämmtlich behindert sind.

Im Uebrigen bezeichnet der Präsident vor Beginn des Geschäftsjahrs für dessen Dauer die Mitglieder des erweiterten Senats. Für jedes dieser Mitglieder ist mindestens je ein erster und ein zweiter Stellvertreter zu bestimmen, welche im Falle der Behinderung in der Reihenfolge ihrer Bezeichnung einzutreten haben.

Der verweisende Senat hat eines seiner Mitglieder zu bezeichnen, welches für die Entscheidung der Sache als Beisitzer in den erweiterten Senat eintritt, falls es diesem nicht ohnehin angehört. Von den Mitgliedern des erweiterten Senats scheidet alsdann der nach dem Dienstalter im Reichs-Versicherungsamte Jüngere von derjenigen Gruppe, welcher das von dem verweisenden Senat entsandte Mitglied angehört, für die Entscheidung dieser Sache aus; bei den von dem Bundesrathe gewählten Mitgliedern ist die im §. 17 Abs. 3 bestimmte Reihenfolge umgekehrt zur Anwendung zu bringen.

§. 25.

Sind der Direktor der Abtheilung oder der zuständige Vorsitzende eines Senats und der Berichterstatter übereinstimmend der Ansicht, daß einer der

Fälle vorliegt, welche nach §. 16 Abs. 2 des Gesetzes, betreffend die Abänderung der Unfallversicherungsgesetze, oder nach §. 110 Abs. 2 des Invalidenversicherungsgesetzes durch einen Beschlußsenat von drei Mitgliedern einschließlich des Vorsitzenden zu erledigen sind, so ist diesem Senate die Sache durch Verfügung zur Beschlußfassung zu überweisen.

Die Ausfertigung des Beschlusses wird von dem den Vorsitz führenden ständigen Mitgliede vollzogen.

§. 26.

Die §§. 20 bis 25 finden bei Verhandlungen und Entscheidungen über die Wiederaufnahme des Verfahrens gemäß §. 84 des Gewerbe-Unfallversicherungsgesetzes, §. 90 des Unfallversicherungsgesetzes für Land- und Forstwirthschaft, §. 88 des See-Unfallversicherungsgesetzes und §. 119 des Invalidenversicherungsgesetzes Anwendung.

§. 27.

Der Präsident setzt unbeschadet des §. 24 für bestimmte Zeitabschnitte — in der Regel vierteljährlich — im voraus die Reihenfolge fest, in welcher die nichtständigen Mitglieder des Reichs-Versicherungsamts zu den Spruchsitzungen einberufen werden.

Die Einberufung soll in der Regel mindestens zwei Wochen vor der Sitzung erfolgen.

Die Einberufung darf nur aus zwingenden Gründen, die auf Erfordern glaubhaft zu machen sind, abgelehnt werden.

§. 28.

Die Vertreter der Arbeitgeber und der Versicherten sind zu den Sitzungen der Spruch- und Beschlußsenate in den Angelegenheiten der Unfallversicherung aus den betheiligten Gruppen von Berufsgenossenschaften zu entnehmen (§. 16 Abs. 3 des Gesetzes, betreffend die Abänderung der Unfallversicherungsgesetze).

Sofern bei einer Entscheidung verschiedene Gruppen dieser Art in Betracht kommen (§. 73 Abs. 2, §§. 82, 83, 85 des Gewerbe-Unfallversicherungsgesetzes, §. 79 Abs. 2, §§. 88, 89, 91 des Unfallversicherungsgesetzes für Land- und Forstwirthschaft, §. 78 Abs. 2, §§. 86, 87, 89 des See-Unfallversicherungsgesetzes), sollen Vertreter aus derjenigen Gruppe zugezogen werden, welche der Präsident bestimmt.

Verfahren.

§. 29.

Der Antrag auf Entscheidung in den Fällen des §. 16 Abs. 1 des Gesetzes, betreffend die Abänderung der Unfallversicherungsgesetze, des §. 84 des Gewerbe-Unfallversicherungsgesetzes, des §. 90 des Unfallversicherungsgesetzes für Land- und Forstwirthschaft, des §. 88 des See-Unfallversicherungsgesetzes, des §. 110 Abs. 1, §. 119 des Invalidenversicherungsgesetzes ist an das Reichs-Versicherungsamt schriftlich zu richten.

In dem Schriftsatze soll der Anspruch bezeichnet und begründet sein; bei Rekursen sollen insbesondere auch die etwa vorzubringenden neuen Thatsachen und Beweismittel, bei Revisionen insbesondere auch die Gesichtspunkte angeführt werden, aus welchen die Nichtanwendung oder die unrichtige Anwendung des bestehenden Rechtes oder ein Verstoß wider den klaren Inhalt der Akten oder Mängel des Verfahrens sich ergeben sollen (§. 117 Abs. 1 des Invalidenversicherungsgesetzes). Für jeden Gegner ist eine Abschrift beizufügen.

Die Vorverhandlungen sind dem Reichs-Versicherungsamte von dem Versicherungsträger, sofern der Antrag auf Entscheidung von diesem ausgeht, gleichzeitig mit dem Antrag, im Uebrigen sobald sie entbehrlich sind, auch ohne besondere Aufforderung einzureichen. Dies gilt auch für die Vorverhandlungen des Schiedsgerichts. Die Einreichung erstreckt sich auf die sämmtlichen bei dem Träger der Versicherung und deren Organen sowie bei der unteren Verwaltungsbehörde oder dem Schiedsgerichte vorhandenen, auf den Anspruch sich beziehenden Schriftstücke, einschließlich derjenigen, welche sich in Vorakten befinden.

§. 30.

Das Reichs-Versicherungsamt hat die Abschrift des Antrags dem Gegner zur Einreichung einer Gegenschrift binnen einer bestimmten, von einer Woche bis zu einem Monate zu bemessenden Frist mitzutheilen. In den Fällen des §. 25 kann hiervon abgesehen werden. In der Aufforderung ist zugleich auszusprechen, daß, wenn die Gegenschrift innerhalb der Frist nicht eingeht, die Entscheidung nach Lage der Akten erfolgen werde. Die Frist kann auf Antrag aus wichtigen Gründen verlängert werden.

Der Gegenschrift und den etwaigen weiteren Schriftsätzen sind Abschriften beizufügen, die dem Gegner von dem Reichs-Versicherungsamte zuzustellen sind. Ist ein Versicherungsträger beigeladen, so sind die Schriftsätze auch diesem mitzutheilen und dessen Erklärungen den Parteien zu übermitteln.

§. 31.

Die Schriftsätze müssen entweder von den Betheiligten selbst oder von ihren gesetzlichen Vertretern oder von ihren Bevollmächtigten unterzeichnet sein. Die Vollmacht muß schriftlich ertheilt werden. Ehegatten, Verwandte der aufsteigenden Linie und großjährige Verwandte der absteigenden Linie können auch ohne schriftliche Vollmacht zur Vertretung zugelassen werden.

Das Reichs-Versicherungsamt kann Bevollmächtigte und Beistände, welche das mündliche Verhandeln vor Gericht geschäftsmäßig betreiben, zurückweisen. Diese Vorschrift findet keine Anwendung auf Rechtsanwälte und auf Personen, denen das mündliche Verhandeln vor Gericht durch Anordnung der Justizverwaltung gestattet ist.

§. 32.

Die §§. 17, 18 finden Anwendung.

In einfacheren Fällen des §. 116, §. 124 Abs. 3 des Gewerbe-Unfallversicherungsgesetzes, §. 124, §. 130 Abs. 3 des Unfallversicherungsgesetzes für Land- und Forstwirthschaft, §. 122 Abs. 1, §. 126 Abs. 3 des See-Unfallversicherungsgesetzes kann von den Vorschriften des §. 30 sowie von der Beifügung einer Abschrift (§. 29 Abs. 2) abgesehen werden.

Besondere Vorschriften für Rekurse und Revisionen.

§. 33.

Die Entscheidung auf Rekurse und Revisionen erfolgt, von den in den §§. 25, 45, 46 bezeichneten Ausnahmen abgesehen, auf Grund mündlicher Verhandlung vor dem Reichs-Versicherungsamte. Die Betheiligten werden mittelst eingeschriebenen Briefes von dem Termine mit dem Bemerken in Kenntniß gesetzt, daß im Falle ihres Ausbleibens nach Lage der Akten werde entschieden werden. Hält das Reichs-Versicherungsamt das persönliche Erscheinen eines Betheiligten für angemessen, so ist ihm zu eröffnen, daß aus seinem Nichterscheinen ungünstige Schlüsse für seinen Anspruch gezogen werden können.

Das Schiedsgericht hat auf Erfordern des Reichs-Versicherungsamts bei Uebersendung der Akten eine Abschrift des angefochtenen Urtheils beizufügen.

Vor dem Termine hat der Berichterstatter einen schriftlichen Bericht nebst Gutachten, der Mitberichterstatter ein schriftliches Gutachten vorzulegen.

§. 34.

Die Bestimmungen der §§. 41 ff. der Zivilprozeßordnung über die Ausschließung und Ablehnung der Richter finden auf die Mitglieder des Senats entsprechende Anwendung.

Ueber das Ablehnungsgesuch entscheidet der Senat durch Beschluß.

§. 35.

Die mündliche Verhandlung erfolgt in öffentlicher Sitzung. Die Oeffentlichkeit kann durch einen öffentlich zu verkündenden Beschluß ausgeschlossen werden, wenn dies aus Gründen des öffentlichen Wohles oder der Sittlichkeit für angemessen erachtet wird.

Die zur Verhandlung gelangenden Sachen werden der Regel nach in der durch Aushang vor dem Sitzungszimmer bekannt zu machenden Reihenfolge erledigt.

§. 36.

Die mündliche Verhandlung beginnt mit der Darstellung des Sachverhältnisses durch den Berichterstatter; demnächst sind die erschienenen Betheiligten zu hören.

Der Vorsitzende hat jedem Mitgliede des Senats auf Verlangen zu gestatten, Fragen zu stellen.

§. 37.

Die mündliche Verhandlung erfolgt unter Zuziehung eines vereidigten Protokollführers. Von demselben ist ein Protokoll aufzunehmen, das den Gang der Verhandlung im Allgemeinen angiebt. Anerkenntnisse, Verzichtleistungen, Vergleiche und solche Anträge und Erklärungen der Betheiligten, welche von den Schriftsätzen abweichen, sowie die Formel der Entscheidung sind in das Protokoll aufzunehmen.

Die Protokolle sind von dem Vorsitzenden und dem Protokollführer, in Fällen der Urtheilsprechung außerdem von den Berichterstattern zu vollziehen.

§. 38.

Die Vorschriften der §§. 176 bis 182, 184 des Gerichtsverfassungsgesetzes über die Aufrechterhaltung der Ordnung finden entsprechende Anwendung.

Die vom Reichs-Versicherungsamte festgesetzten Strafen werden in derselben Weise beigetrieben wie Gemeindeabgaben und fließen in die Reichskasse.

§. 39.

Hinsichtlich der Verpflichtung, sich als Zeuge oder Sachverständiger vernehmen zu lassen und die Aussagen eidlich zu erhärten, finden die Bestimmungen der Zivilprozeßordnung entsprechende Anwendung. Insbesondere ist der Senat befugt, gegen Zeugen und Sachverständige, welche sich nicht oder nicht rechtzeitig zu den Sitzungen einfinden oder ihre Aussage oder die Eidesleistung ohne Angabe eines Grundes oder noch dann verweigern, nachdem der angeführte Grund für unerheblich erklärt ist, eine Geldstrafe bis zu dreihundert Mark festzusetzen. Kommt die Verhängung oder Vollstreckung von Zwangsmaßregeln in Frage, so ist um diese das Amtsgericht zu ersuchen, in dessen Bezirke die Zeugen oder Sachverständigen ihren Wohnsitz oder in Ermangelung eines solchen ihren Aufenthalt haben. Auf Militärpersonen, die dem aktiven Heere oder der aktiven Marine angehören, finden die Vorschriften des §. 380 Abs. 4, §. 390 Abs. 4, §. 409 Abs. 3 der Zivilprozeßordnung Anwendung.

Erfolgt nachträglich eine genügende Entschuldigung für das Verhalten des Zeugen oder Sachverständigen, so sind die getroffenen Anordnungen wieder aufzuheben.

Die Zeugen und Sachverständigen erhalten Gebühren nach Maßgabe der Gebührenordnung für Zeugen und Sachverständige (Reichs-Gesetzbl. 1898 S. 689).

§. 40.

Die Berathung über die Entscheidung erfolgt in nicht öffentlicher Sitzung.

§. 41.

Das Reichs-Versicherungsamt entscheidet innerhalb der erhobenen Ansprüche nach freiem Ermessen.

Bei der Verhandlung ist, auch ohne daß es eines Antrages bedarf, zu prüfen, ob und in welchem Betrag eine unterliegende Partei dem Gegner die ihm in dem Verfahren erwachsenen Kosten zu erstatten hat. Wird die Erstattung solcher außergerichtlicher Kosten angeordnet, so ist deren Höhe im Urtheile festzusetzen; diese Beträge werden auf Antrag durch Vermittelung des Reichs-Versicherungsamts in derselben Weise beigetrieben wie Gemeindeabgaben.

Bei den Entscheidungen, die auf Grund der mündlichen Verhandlung ergehen, dürfen nur Mitglieder mitwirken, vor denen diese Verhandlung stattgefunden hat.

§. 42.

Der Vorsitzende verkündet das Ergebniß der Berathung in öffentlicher

Sitzung. Die Verkündung kann auf eine spätere Sitzung vertagt werden; diese soll in der Regel binnen einer Woche stattfinden.

Wird die Verkündung der Gründe für angemessen gehalten, so erfolgt sie durch mündliche Mittheilung ihres wesentlichen Inhalts.

Dem Schiedsgerichte, gegen dessen Entscheidung Rekurs oder Revision eingelegt war, ist Abschrift des Urtheils zu ertheilen.

§. 43.

Die Urtheile werden nebst Gründen von den Berichterstattern entworfen und in der Urschrift von dem Vorsitzenden, den Berichterstattern und einem anderen Mitgliede, das an der Urtheilssprechung Theil genommen hat, unterzeichnet. Im Falle der Behinderung des Vorsitzenden erfolgt die Unterzeichnung durch das älteste mitwirkende ständige Mitglied.

§. 44.

Im Eingange des Urtheils sind die Mitglieder, welche an der Entscheidung Theil genommen haben, namentlich aufzuführen, auch ist der Sitzungstag zu bezeichnen, an dem die Entscheidung erfolgt ist.

Die Ausfertigungen der Urtheile werden mit der Ueberschrift versehen:

„Im Namen des Reichs.“

Sie enthalten neben dem Siegel des Reichs-Versicherungsamts die Schlußformel:

„Urkundlich unter Siegel und Unterschrift.“

„Das Reichs-Versicherungsamt.“

Die Vollziehung erfolgt durch den Vorsitzenden, im Falle seiner Behinderung durch das dem Dienstalter nach älteste ständige Mitglied des Reichs-Versicherungsamts, welches bei der Entscheidung mitgewirkt hat.

§. 45.

Schreibfehler, Rechnungsfehler und ähnliche offenbare Unrichtigkeiten, die in dem Urtheile vorkommen, sind jederzeit auch von Amtswegen zu berichtigen.

Ueber die Berichtigung kann ohne vorgängige mündliche Verhandlung entschieden werden. Der Berichtigungsbeschluß wird von dem Vorsitzenden und den Mitgliedern des Senats, die das Urtheil unterzeichnet haben, erlassen; er wird auf der Urschrift des Urtheils und den Ausfertigungen vermerkt.

§. 46.

Wenn ein von einer Partei geltend gemachter Haupt- oder Nebenanspruch oder der Kostenpunkt bei der Entscheidung ganz oder theilweise übergangen ist, so ist auf Antrag das Urtheil durch nachträgliche Entscheidung zu ergänzen.

Ueber diesen Antrag kann ohne vorgängige mündliche Verhandlung entschieden werden, soweit es sich um einen Nebenanspruch oder um den Kostenpunkt handelt. Der Ergänzungsbeschluß wird auf der Urschrift des Urtheils und den Ausfertigungen vermerkt.

III. Beschwerden über Verfügungen der Rechnungsstelle.

§. 47.

Beschwerden gegen die durch die Rechnungsstelle des Reichs-Versicherungsamts vorgenommenen Vertheilungen und Abrechnungen (§. 126 Abs. 2 des Invalidenversicherungsgesetzes) werden im Wege der Verfügung erledigt. Dies gilt auch für Einsprüche und Widersprüche gegen derartige Maßregeln, soweit sie auf Grund des Gesetzes vom 22. Juni 1889 noch zu erledigen sind. Handelt es sich dabei um eine noch nicht entschiedene Frage von erheblicher grundsätzlicher Bedeutung oder soll von einer früheren Entscheidung abgewichen werden, so ist die Sache an die Abtheilung für Invalidenversicherung zur Beschlußfassung zu verweisen.

IV. Schlußbestimmungen.

§. 48.

Das Verfahren vor dem Reichs-Versicherungsamt ist kostenfrei; ein Ersatz der durch dieses Verfahren dem Reichs-Versicherungsamte verursachten baaren Auslagen durch die Parteien findet nicht statt. Doch ist das Reichs-Versicherungsamt befugt, den Betheiligten solche Kosten des Verfahrens zur Last zu legen, welche durch Muthwillen oder durch ein auf Verschleppung oder Irreführung berechnetes Verhalten derselben veranlaßt sind (§. 19 Abs. 2 des Gesetzes, betreffend die Abänderung der Unfallversicherungsgesetze).

Diese Beträge werden in derselben Weise beigetrieben wie Gemeindeabgaben und fließen, soweit es sich um die dem Reichs-Versicherungsamt erwachsenen Kosten handelt, in die Reichskasse.

§. 49.

In Betreff der Geschäftssprache vor dem Reichs-Versicherungsamte finden die Bestimmungen der §§. 186 ff. des Gerichtsverfassungsgesetzes entsprechende Anwendung. Eingaben, welche nicht in deutscher Sprache abgefaßt sind, werden nicht berücksichtigt.

§. 50.

Vorladungen und sonstige nur dem Geschäftsbetriebe dienende formularmäßige Schreiben werden durch die Unterschrift eines dazu bestimmten Beamten und unter Beifügung des Siegels des Reichs-Versicherungsamts beglaubigt.

Das Reichs-Versicherungsamt führt zwei Siegel:

1. ein großes Siegel, welches dem Siegel des Reichsgerichts entspricht und nur bei förmlichen Ausfertigungen, insbesondere der Urtheile gebraucht wird,
2. ein kleineres Siegel, welches den bei den Gesandtschaften des Deutschen Reichs eingeführten Siegeln entspricht,

mit der Umschrift: „Reichs-Versicherungsamt."

§. 51.

Die Ausfertigungen und Reinschriften ergehen unter der Unterschrift: „Das Reichs-Versicherungsamt.". Dabei ist, soweit es sich nicht um gemeinsame Angelegenheiten oder um Urtheile der Senate (§. 44) handelt, die in

Betracht kommende Abtheilung zu bezeichnen (Abtheilung für Unfallversicherung, Abtheilung für Invalidenversicherung).

§. 52.

Am Schlusse eines jeden Jahres hat das Reichs-Versicherungsamt dem Reichskanzler (Reichsamt des Innern) einen Geschäftsbericht einzureichen.

§. 53.

Diese Verordnung tritt am 1. November 1900 in Kraft.

Mit demselben Zeitpunkte verlieren die Verordnungen, betreffend die Formen des Verfahrens und den Geschäftsgang des Reichs-Versicherungsamts, vom 5. August 1885 (Reichs-Gesetzbl. S. 255) und 13. November 1887 (Reichs-Gesetzbl. S. 523) sowie die Verordnung, betreffend die Formen des Verfahrens und den Geschäftsgang des Reichs-Versicherungsamts in den Angelegenheiten der Invalidenversicherung, vom 6. Dezember 1899 (Reichs-Gesetzbl. S. 687) ihre Geltung.

Die erstmalige Bestimmung der Mitglieder des erweiterten Senats (§. 24 Abs. 2) gilt für die Zeit bis zum 31. Dezember 1901.

Urkundlich unter Unserer Höchsteigenhändigen Unterschrift und beigedrucktem Kaiserlichen Insiegel.

Gegeben Homburg v. d. Höhe, den 19. Oktober 1900.

(L. S.) Wilhelm.

Graf von Posadowsky.

Anlage N.

Unfallfürsorgesetz

für Beamte und für Personen des Soldatenstandes.

Vom 18. Juni 1901. (R.G.Bl. S. 211.)

Wir Wilhelm, von Gottes Gnaden Deutscher Kaiser, König von Preußen 2c.

verordnen im Namen des Reichs, nach erfolgter Zustimmung des Bundesraths und des Reichstags, was folgt:

Artikel 1.

Das Gesetz, betreffend die Fürsorge für Beamte und Personen des Soldatenstandes in Folge von Betriebsunfällen, vom 15. März 1886 (Reichs-Gesetzbl. S. 53) erhält die nachstehende Fassung:

§. 1.

Beamte der Reichs-Zivilverwaltung, des Reichsheeres und der Kaiserlichen Marine sowie Personen des Soldatenstandes, welche in reichsgesetzlich der Unfallversicherung unterliegenden Betrieben beschäftigt sind, erhalten, wenn sie in Folge eines im Dienste erlittenen Betriebsunfalls dauernd dienstunfähig werden, als Pension sechsundsechzigzweidrittel Prozent ihres jährlichen Diensteinkommens.

Personen der vorbezeichneten Art erhalten, wenn sie in Folge eines im Dienste erlittenen Betriebsunfalls nicht dauernd dienstunfähig geworden, aber in ihrer Erwerbsfähigkeit beeinträchtigt worden sind, bei ihrer Entlassung aus dem Dienste als Pension:

1. im Falle völliger Erwerbsunfähigkeit für die Dauer derselben den im ersten Absatze bezeichneten Betrag;
2. im Falle theilweiser Erwerbsunfähigkeit für die Dauer derselben denjenigen Theil der vorstehend bezeichneten Pension, welcher dem Maße der durch den Unfall herbeigeführten Einbuße an Erwerbsfähigkeit entspricht.

Ist der Verletzte in Folge des Unfalls nicht nur völlig dienst- oder erwerbsunfähig, sondern auch derart hülflos geworden, daß er ohne fremde Wartung und Pflege nicht bestehen kann, so ist für die Dauer dieser Hülflosigkeit die Pension bis zu hundert Prozent des Diensteinkommens zu erhöhen.

Solange der Verletzte aus Anlaß des Unfalls thatsächlich und unverschuldet arbeitslos ist, kann in den Fällen des Abs. 2 Ziffer 2 die Pension bis zum vollen Betrage des Abs. 1 vorübergehend erhöht werden.

Steht dem Verletzten nach anderweiter reichsgesetzlicher Vorschrift ein höherer Betrag zu, so erhält er diesen.

Nach dem Wegfalle des Diensteinkommens sind dem Verletzten außerdem die noch erwachsenden Kosten des Heilverfahrens (§. 9 Abs. 1 Nr. 1 des Gewerbe-Unfallversicherungsgesetzes, Reichs-Gesetzbl. 1900 S. 585) zu ersetzen.

§. 2.

Die Hinterbliebenen solcher im §. 1 bezeichneten Personen, welche in Folge eines im Dienste erlittenen Betriebsunfalls gestorben sind, erhalten:

1. als Sterbegeld, sofern ihnen nicht nach anderweiter Bestimmung Anspruch auf Gnadenquartal oder Gnadenmonat zusteht, den Betrag des einmonatigen Diensteinkommens oder der einmonatigen Pension des Verstorbenen, jedoch mindestens fünfzig Mark;
2. eine Rente. Diese beträgt
   a) für die Wittwe bis zu deren Tode oder Wiederverheirathung, ebenso für jedes Kind bis zum Ablaufe des Monats, in welchem das achtzehnte Lebensjahr vollendet wird, oder bis zur etwaigen früheren Verheirathung zwanzig Prozent des jährlichen Diensteinkommens des Verstorbenen, jedoch für die Wittwe nicht unter zweihundertundsechzehn Mark und nicht mehr als dreitausend Mark, für jedes Kind nicht unter einhundertundsechzig Mark und nicht mehr als eintausendsechshundert Mark;
   b) für Verwandte der aufsteigenden Linie, wenn ihr Lebensunterhalt ganz oder überwiegend durch den Verstorbenen bestritten worden war, bis zum Wegfalle der Bedürftigkeit insgesammt zwanzig Prozent des Diensteinkommens des Verstorbenen, jedoch nicht unter einhundertundsechzig Mark und nicht mehr als eintausendsechshundert Mark; sind mehrere Berechtigte dieser Art vorhanden, so wird die Rente den Eltern vor den Großeltern gewährt;
   c) für elternlose Enkel, falls ihr Lebensunterhalt ganz oder überwiegend durch den Verstorbenen bestritten worden war, im Falle der Bedürftigkeit bis zum Ablaufe des Monats, in welchem das achtzehnte Lebensjahr vollendet wird, oder bis zur etwaigen früheren Verheirathung insgesammt zwanzig Prozent des Diensteinkommens des Verstorbenen, jedoch nicht unter einhundertundsechzig Mark und nicht mehr als eintausendsechshundert Mark.

Die Renten dürfen zusammen sechzig Prozent des Diensteinkommens nicht übersteigen. Ergiebt sich ein höherer Betrag, so haben die Verwandten der aufsteigenden Linie nur insoweit einen Anspruch, als durch die Renten der Wittwe und der Kinder der Höchstbetrag der Renten nicht erreicht wird, die Enkel nur soweit, als der Höchstbetrag der Renten nicht für Ehegatten, Kinder oder Verwandte der aufsteigenden Linie in Anspruch genommen wird. Soweit die Renten der Wittwe und der Kinder den zulässigen Höchstbetrag überschreiten, werden die einzelnen Renten in gleichem Verhältnisse gekürzt.

Steht nach anderweiter reichsgesetzlicher Vorschrift einem von den Hinterbliebenen ein höherer Betrag zu, so erhält er diesen.

Der Anspruch der Wittwe ist ausgeschlossen, wenn die Ehe erst nach dem Unfalle geschlossen worden ist.

§. 3.

Die Fürsorge erstreckt sich auf die Folgen von Unfällen bei häuslichen und anderen Diensten, zu denen Personen der im §. 1 bezeichneten Art neben der Beschäftigung im Betriebe von ihren Vorgesetzten herangezogen werden.

§. 4.

Erreicht das jährliche Diensteinkommen nicht den dreihundertfachen Betrag des für den Beschäftigungsort festgesetzten ortsüblichen Tagelohns gewöhnlicher erwachsener Tagearbeiter (§. 8 des Krankenversicherungsgesetzes, Reichs-Gesetzbl. 1892 S. 417), so ist dieser Betrag der Berechnung zu Grunde zu legen.

Bleibt der nach Abs. 1 zu Grunde zu legende Betrag hinter dem Jahresarbeitsverdienste zurück, welchen während des letzten Jahres vor dem Unfalle Personen bezogen haben, welche mit Arbeiten derselben Art in demselben Betrieb, oder in benachbarten gleichartigen Betrieben beschäftigt waren, so ist dieser Jahresarbeitsverdienst der Berechnung der Rente zu Grunde zu legen.

Der eintausendfünfhundert Mark übersteigende Betrag kommt nur zu einem Drittel zur Anrechnung.

Bleibt bei den nicht mit Pensionsberechtigung angestellten Beamten (§. 1) die nach vorstehenden Bestimmungen der Berechnung zu Grunde zu legende Summe unter dem niedrigsten Diensteinkommen derjenigen Stellen, in welchen solche Beamte nach den bestehenden Grundsätzen zuerst mit Pensionsberechtigung angestellt werden können, so ist der letztere Betrag der Berechnung zu Grunde zu legen.

§. 5.

Ist das der Berechnung der Hinterbliebenenrente zu Grunde zu legende Diensteinkommen in Folge eines früher erlittenen, nach den reichsgesetzlichen Bestimmungen über Unfallversicherung oder Unfallfürsorge entschädigten Unfalls geringer, als der vor diesem Unfalle bezogene Lohn oder das vor diesem Unfalle bezogene Diensteinkommen, so ist die aus Anlaß des früheren Unfalls bei Lebzeiten bezogene Rente oder Pension dem Diensteinkommen bis zur Höhe des der früheren Entschädigung zu Grunde gelegten Jahresarbeitsverdienstes oder Diensteinkommens hinzuzurechnen.

§. 6.

Der Bezug der Pension beginnt mit dem Wegfalle des Diensteinkommens, der Bezug der Hinterbliebenenrente mit dem Ablaufe des Gnadenquartals oder Gnadenmonats, oder, soweit solche nicht gewährt werden, mit dem Ablaufe derjenigen Zeit, für welche nach §. 2 Abs. 1 Ziffer 1 das Diensteinkommen oder die Pension weiter bezogen ist.

Gehört der Verletzte auf Grund gesetzlicher oder statutarischer Verpflichtung einer Krankenkasse oder der Gemeinde-Krankenversicherung an, so wird bis zum Ablaufe der dreizehnten Woche nach dem Eintritte des Unfalls die Pension und der Ersatz der Kosten des Heilverfahrens um den Betrag der von der Krankenkasse oder der Gemeinde-Krankenversicherung geleisteten Krankenunterstützung gekürzt. Der Anspruch auf das Sterbegeld und vom Beginne der vierzehnten Woche ab auch der Anspruch auf die Pension sowie auf den Ersatz der Kosten des Heilverfahrens geht bis zum Betrage des von der Krankenkasse gezahlten Sterbegeldes beziehungsweise bis zum Betrage der von dieser gewährten weiteren Krankenunterstützung auf die Krankenkasse über. Als Werth der freien ärztlichen Behandlung, der Arznei und der Heilmittel (§. 6 Abs. 1 Ziffer 1 des Krankenversicherungsgesetzes) gilt die Hälfte des gesetzlichen Mindestbetrags des Krankengeldes.

Fällt das Recht auf den Pensions- oder Rentenbezug im Laufe des Monats, für welchen die Pension oder Rente gezahlt war, fort, so ist von einer Rückforderung abzusehen. Wenn für einen Theil des Monats die Pension für den Verletzten mit der Rente für die Hinterbliebenen zusammentrifft, so haben die Hinterbliebenen den höheren Betrag zu beanspruchen.

§. 7.

Ein Anspruch auf die in den §§. 1 bis 3 bezeichneten Bezüge besteht nicht, wenn der Verletzte den Unfall vorsätzlich oder durch ein Verschulden herbeigeführt hat, wegen dessen auf Dienstentlassung oder auf Verlust des Titels und Pensionsanspruchs gegen ihn erkannt oder wegen dessen ihm die Fähigkeit zur Beschäftigung in einem öffentlichen Dienstzweig aberkannt worden ist.

Der Anspruch kann, auch ohne daß ein Urtheil der bezeichneten Art ergangen ist, ganz oder theilweise abgelehnt werden, falls das Verfahren wegen des Todes oder der Abwesenheit des Betreffenden oder aus einem anderen in seiner Person liegenden Grunde nicht durchgeführt werden kann.

§. 8.

Ansprüche auf Grund dieses Gesetzes sind, soweit deren Feststellung nicht von Amtswegen erfolgt, bei Vermeidung des Ausschlusses vor Ablauf von zwei Jahren nach dem Eintritte des Unfalls bei der dem Verletzten unmittelbar vorgesetzten Dienstbehörde anzumelden. Die Frist gilt auch dann als gewahrt, wenn die Anmeldung bei der für den Wohnort des Entschädigungsberechtigten zuständigen unteren Verwaltungsbehörde erfolgt ist. In solchem Falle ist die Anmeldung unverzüglich an die zuständige Stelle abzugeben und der Betheiligte davon zu benachrichtigen.

Nach Ablauf dieser Frist ist der Anmeldung nur dann Folge zu geben, wenn zugleich glaubhaft bescheinigt wird, daß eine den Anspruch begründende Folge des Unfalls erst später bemerkbar geworden oder daß der Berechtigte von der Verfolgung seines Anspruchs durch außerhalb seines Willens liegende Verhältnisse abgehalten worden ist, und wenn die Anmeldung innerhalb dreier Monate, nachdem eine Unfallfolge bemerkbar geworden oder das Hinderniß für die Anmeldung weggefallen, erfolgt ist.

Jeder Unfall, welcher von Amtswegen oder durch Anmeldung der Betheiligten einer vorgesetzten Dienstbehörde bekannt wird, ist sofort zu untersuchen. Den Betheiligten ist Gelegenheit zu geben, selbst oder durch Vertreter ihre Interessen bei der Untersuchung zu wahren.

§. 9.

Soweit vorstehend nichts Anderes bestimmt ist, finden auf die nach §§. 1 bis 3 zu gewährenden Bezüge die für die Betheiligten geltenden Bestimmungen über die Pension und über die Fürsorge für Wittwen und Waisen Anwendung. Auf die Bezüge von Verwandten der aufsteigenden Linie und von Enkeln finden diese Bestimmungen entsprechende Anwendung.

§. 10.

Die in den §§. 1, 2 bezeichneten Personen können, auch wenn sie einen Anspruch auf Pension oder Rente nicht haben, einen Anspruch auf Ersatz des durch den Unfall erlittenen Schadens gegen die Betriebsverwaltung, in deren Dienste der Unfall sich ereignet hat, überhaupt nicht, und gegen den Betriebsleiter, Bevollmächtigte oder Repräsentanten, Betriebs- oder Arbeiteraufseher nur dann geltend machen, wenn durch strafgerichtliches Urtheil festgestellt worden ist, daß der in Anspruch Genommene den Unfall vorsätzlich herbeigeführt hat.

Der hiernach zulässige Anspruch ermäßigt sich um denjenigen Betrag, welcher den Berechtigten nach dem gegenwärtigen Gesetze zusteht.

§. 11.

Die in dem §. 10 bezeichneten Ansprüche können, auch ohne daß die daselbst vorgesehene Feststellung durch strafgerichtliches Urtheil stattgefunden hat, geltend gemacht werden, falls diese Feststellung wegen des Todes oder der Abwesenheit des Betreffenden oder aus einem anderen in seiner Person liegenden Grunde nicht erfolgen kann.

§. 12.

Die dem Verletzten oder dessen Hinterbliebenen auf Grund des §. 1 des Gesetzes, betreffend die Verbindlichkeit zum Schadenersatze für die bei dem Betriebe von Eisenbahnen, Bergwerken 2c. herbeigeführten Tödtungen und Körperverletzungen, vom 7. Juni 1871 (Reichs-Gesetzbl. S. 207) gegen Eisenbahn-Betriebsunternehmer zustehenden Ansprüche gehen auf die Betriebsverwaltung, welche dem Verletzten oder dessen Hinterbliebenen auf Grund des gegenwärtigen Gesetzes oder anderweiter reichsgesetzlicher Vorschrift Pensionen, Kosten des Heilverfahrens, Renten oder Sterbegelder zu zahlen hat, in Höhe dieser Bezüge und vorbehaltlich der Bestimmungen des Artikel 8 des Gesetzes vom 20. Dezember 1875 (Reichs-Gesetzbl. S. 318) über.

Weitergehende Ansprüche als auf diese Bezüge stehen dem Verletzten und dessen Hinterbliebenen gegen das Reich und die Bundesstaaten nicht zu.

Die Haftung anderer, in dem §. 10 nicht bezeichneter Personen bestimmt sich nach den sonstigen gesetzlichen Vorschriften. Jedoch geht die Forderung des Entschädigungsberechtigten an den Dritten auf die Betriebsverwaltung insoweit über, als sie zu den im Abs. 1 gedachten Zahlungen auf Grund dieses Gesetzes verpflichtet ist.

§. 13.

Auf die in den §§. 1, 2 bezeichneten Personen finden die reichsgesetzlichen Bestimmungen über Unfallversicherung keine Anwendung.

§. 14.

Staats- und Kommunalbeamten sowie deren Hinterbliebenen, für welche durch die Landesgesetzgebung oder durch statutarische Festsetzung gegen die Folgen eines im Dienste erlittenen Betriebsunfalls eine den Vorschriften der §§. 1 bis 7 des gegenwärtigen Gesetzes mindestens gleichkommende Fürsorge getroffen ist, steht wegen eines solchen Unfalls ein reichsgesetzlicher Anspruch auf Ersatz des durch denselben erlittenen Schadens nur nach Maßgabe der §§. 10 bis 12 des gegenwärtigen Gesetzes zu. Auf solche Staats- und Kommunalbeamten sowie deren Hinterbliebene finden die reichsgesetzlichen Bestimmungen über Unfallversicherung keine Anwendung.

Artikel 2.

Dies Gesetz tritt mit dem Tage der Verkündung in Kraft. Dasselbe kommt in Bayern nach näherer Bestimmung des Bündnißvertrags vom 23. November 1870 (Bundes-Gesetzbl. 1871 S. 9) unter III §. 5 zur Anwendung.

Soweit Staats- und Kommunalbeamte der im Artikel 1 §. 1 bezeichneten Art beim Inkrafttreten dieses Gesetzes zufolge einer dem Gesetze vom 15. März 1886 genügenden landesgesetzlichen oder statutarischen Fürsorge von der reichsgesetzlichen Unfallversicherung ausgeschlossen sind, behält es hierbei bis zum 1. Januar 1903 sein Bewenden.

Urkundlich unter Unserer Höchsteigenhändigen Unterschrift und beigedrucktem Kaiserlichen Insiegel.

Gegeben an Bord Meiner Yacht „Hohenzollern", Cuxhaven, den 18. Juni 1901.

(L. S.) Wilhelm.

Graf von Posadowsky.

Anlage O.

Bau-Unfallversicherungsgesetz.

(In der Fassung der Bekanntmachung vom 5. Juli 1900, R.G.Bl. S. 698.)

I. Allgemeine Bestimmungen.

Umfang der Versicherung.

§. 1.

Arbeiter, welche bei der Ausführung von Bauarbeiten beschäftigt und nicht auf Grund des Gewerbe-Unfallversicherungsgesetzes oder des Unfallversicherungsgesetzes für Land- und Forstwirthschaft gegen Unfall versichert sind, werden gegen die Folgen der bei den Bauarbeiten sich ereignenden Unfälle nach Maßgabe der Bestimmungen dieses Gesetzes versichert.

Dasselbe gilt von den Betriebsbeamten und den ihnen im Sinne dieses Gesetzes gleichgestellten Werkmeistern und Technikern, sofern ihr Jahresarbeitsverdienst an Lohn oder Gehalt dreitausend Mark nicht übersteigt.

Auf die im §. 1 des Gesetzes, betreffend die Fürsorge für Beamte und Personen des Soldatenstandes in Folge von Betriebsunfällen, vom 15. März 1886 (Reichs-Gesetzbl. S. 53) bezeichneten Personen, auf Beamte, welche in Betriebsverwaltungen eines Bundesstaats oder eines Kommunalverbandes mit festem Gehalt und Pensionsberechtigung angestellt sind, sowie auf andere Beamte eines Bundesstaats oder eines Kommunalverbandes, für welche die im §. 12 a. a. O. vorgesehene Fürsorge in Kraft getreten ist, findet dieses Gesetz keine Anwendung. Die Ausführung von Bauarbeiten gilt als Betrieb im Sinne des Gesetzes vom 15. März 1886.

§. 2.

Die Versicherung erstreckt sich auf häusliche und andere Dienste, zu denen versicherte Personen neben der Beschäftigung im Betriebe von ihren Arbeitgebern oder von deren Beauftragten herangezogen werden.

§. 3.

Der Reichskanzler wird ermächtigt, unter Zustimmung des Bundesraths mit den Regierungen solcher Staaten, die für Arbeiter und Betriebsbeamte eine der deutschen Unfallversicherung entsprechende Fürsorge durchgeführt haben, im Falle der Gegenseitigkeit Abkommen zu schließen, durch welche die Anwendung dieses Gesetzes

1. auf Betriebe im Inlande, welche Bestandtheile eines ausländischen Betriebs darstellen, ausgeschlossen,

2. auf Betriebe im Auslande, welche Bestandtheile eines versicherungspflichtigen inländischen Betriebs darstellen, erstreckt wird.

§. 4.

Durch Statut kann die Versicherungspflicht auf Gewerbetreibende, deren Jahresarbeitsverdienst dreitausend Mark nicht übersteigt oder welche nicht regelmäßig mehr als zwei Lohnarbeiter beschäftigen, sowie auf Betriebsbeamte mit einem dreitausend Mark übersteigenden Jahresarbeitsverdienst erstreckt werden.

Bei der Versicherung von Betriebsbeamten ist der volle Jahresarbeitsverdienst zu Grunde zu legen.

Unternehmer von Bauarbeiten, deren Jahresarbeitsverdienst dreitause nd Mark nicht übersteigt oder welche nicht regelmäßig mehr als zwei Lohnarbeiter beschäftigen, sind berechtigt, gegen die Folgen von Betriebsunfällen sich selbst zu versichern. Durch Statut kann diese Bere chtigung auf Unternehmer mit einem höheren Jahresarbeitsverdienst erstreckt werden.

Durch Statut kann ferner bestimmt werden, daß und unter welchen Bedingungen gegen die Folgen der bei dem Betrieb oder Die nste sich ereignenden Unfälle versichert werden können

a) im Betriebe beschäftigte, aber nach §. 1 nicht versicherte Personen durch den Betriebsunternehmer;
b) nicht im Betriebe beschäftigte, aber die Betriebsstätte besuchende oder auf derselben verkehrende Personen durch den Betriebsunternehmer oder den Vorstand der Berufsgenossenschaft;
c) Organe und Beamte der Berufsgenossenschaft durch deren Vorstand.

Unternehmer.

§. 5.

Als Unternehmer im Sinne dieses Gesetzes gilt

1. bei Bauarbeiten, welche in einem gewerbsmäßigen Baubetriebe ausgeführt werden, der Baugewerbetreibende, für dessen Rechnung dieser Betrieb erfolgt;
2. bei anderen Bauarbeiten derjenige, für dessen Rechnung sie ausgeführt werden.

Träger der Versicherung.

§. 6.

Die Versicherung erfolgt:

1. bei der gewerbsmäßigen Ausführung von Eisenbahn-, Kanal-, Wege-, Strom-, Deich- und anderen Bauarbeiten, welche nicht unter die Bestimmungen des Gewerbe-Unfallversicherungsgesetzes oder unter die nach §. 1 Absatz 1 Ziffer 2 a. a. O. vom Bundesrath erlassenen Anordnungen fallen, unbeschadet der Bestimmungen in den Ziffern 2 und 3, auf Gegenseitigkeit durch die Unternehmer. Die Letzteren

werden zu diesem Zwecke in eine Berufsgenossenschaft vereinigt (§§. 12 bis 17);

2. bei Bauarbeiten, welche von dem Reiche oder von einem Bundesstaat als Unternehmer (§. 5) ausgeführt werden und nicht zu den Bauten der im §. 128 Abs. 1 des Gewerbe-Unfallversicherungsgesetzes aufgeführten Reichs- und Staatsverwaltungen gehören, vorbehaltlich der Bestimmung des §. 8 Abs. 1 auf Kosten des Reichs oder des Staates durch das Reich beziehungsweise den Staat, für dessen Rechnung die Bauarbeit erfolgt, durch Ausführungsbehörden (§§. 42, 43);

3. bei Bauarbeiten, welche in anderen als Eisenbahnbetrieben von einem Kommunalverband oder einer anderen öffentlichen Korporation als Unternehmer (§. 5) ausgeführt werden, vorbehaltlich der Bestimmung des §. 8 Abs. 2, auf Kosten dieses Kommunalverbandes oder dieser Korporation, sofern die Landes-Zentralbehörde auf deren Antrag erklärt, daß der Verband oder die Korporation zur Uebernahme der durch die Versicherung entstehenden Lasten für leistungsfähig zu erachten ist, durch Ausführungsbehörden (§§. 42, 43).

   Die Landes-Zentralbehörden sind berechtigt, mehrere Kommunalverbände oder andere öffentliche Korporationen zum Zwecke der gemeinsamen Durchführung der Unfallversicherung bei den von ihnen als Unternehmern ausgeführten Bauarbeiten zu einem Verbande zu vereinigen.

   Das Ausscheiden solcher Korporationen aus Berufsgenossenschaften darf nur am Schlusse des Rechnungsjahres erfolgen;

4. bei Bauarbeiten, deren Ausführung entweder von anderen als den in Ziffer 2 und 3 bezeichneten Verbänden und Korporationen oder deren Ausführung nicht gewerbsmäßig erfolgt, auf Kosten der Unternehmer (§. 5) beziehungsweise Gemeindeverbände durch die Berufsgenossenschaften der Baugewerbetreibenden (§§. 1, 6 Ziffer 1, §§. 12ff. dieses Gesetzes, §§. 1, 28ff. des Gewerbe-Unfallversicherungsgesetzes) nach näherer Bestimmung der §§. 18ff. (Unfallversicherungsanstalten).

   Bezüglich der Bauten, welche von Eisenbahnverwaltungen für eigene Rechnung ausgeführt werden, sowie bezüglich solcher Bauarbeiten, welche als Nebenbetriebe oder Theile eines anderen Betriebs anderweit versicherungspflichtig sind, behält es bei den sonstigen Bestimmungen sein Bewenden.

§. 7.

Unfälle in fremden Betrieben hat die Berufsgenossenschaft (§. 6 Abs. 1 Ziffer 1) dann zu entschädigen, wenn sie sich bei Betriebshandlungen ereignen, zu welchen ein der Genossenschaft angehörender Unternehmer den Auftrag gegeben und für welche er die Löhne zu zahlen hat.

§. 8.

Das Reich und die Bundesstaaten sind berechtigt, bezüglich aller oder einzelner Arten der unter §. 6 Ziffer 2 fallenden, von ihnen als Unternehmer ausgeführten Bauarbeiten derjenigen Berufsgenossenschaft, welche in dem betreffenden Bezirke für die Gewerbetreibenden der betreffenden Art errichtet ist, durch eine von dem Reichskanzler beziehungsweise der Landes-Zentralbehörde abzugebende entsprechende Erklärung als Mitglied beizutreten.

Dieselbe Berechtigung (Abs. 1) steht den Kommunalverbänden und anderen öffentlichen Korporationen zu. Die Erklärung ist von ihrem Vorstand abzugeben.

Jahresarbeitsverdienst, Gegenstand der Versicherung, Umfang der Entschädigung, Verhältniß zu Krankenkassen 2c.

§. 9.

Die Ermittelung des Jahresarbeitsverdienstes, der Gegenstand der Versicherung, der Umfang der Entschädigung und das Verhältniß der Unfallversicherung zu den eingeschriebenen Hülfskassen, zu den sonstigen Kranken-, Sterbe-, Invaliden- und anderen Unterstützungskassen, zu den Leistungen der zur Unterstützung hülfsbedürftiger Personen verpflichteten Gemeinden oder Armenverbände sowie der Unternehmer und Kassen, welche die den Gemeinden und Armenverbänden obliegende Verpflichtung zur Unterstützung auf Grund gesetzlicher Vorschrift erfüllt haben, bestimmt sich, vorbehaltlich der Vorschriften der §§. 10, 11 dieses Gesetzes, nach den §§. 6, 8 bis 27 des Gewerbe-Unfallversicherungsgesetzes.

§. 10.

Bei Unfällen eines Arbeiters, welche sich bei Bauarbeiten der im §. 6 Ziffer 4 Abs. 1 bezeichneten Art ereignen, finden die Bestimmungen der §§. 12 bis 14 des Gewerbe-Unfallversicherungsgesetzes keine Anwendung.

Bei solchen Unfällen hat die Gemeinde, in deren Bezirke der verletzte Arbeiter beschäftigt war, demselben während der ersten dreizehn Wochen nach dem Unfalle die im §. 6 Abs. 1 Ziffer 1 des Krankenversicherungsgesetzes bezeichneten Leistungen zu gewähren, sofern nicht der verletzte Arbeiter sich im Ausland aufhält oder auf Grund der Krankenversicherung oder anderer Rechtsverhältnisse Anspruch auf eine mindestens gleiche Fürsorge hat. Soweit solchen Personen diese Leistungen von den zunächst Verpflichteten nicht gewährt werden, hat die Gemeinde dieselben zu übernehmen. Die zu diesem Zwecke gemachten Aufwendungen sind von den Verpflichteten zu ersetzen.

Für außerhalb des Gemeindebezirkes wohnhafte versicherte Personen hat auf Verlangen der verpflichteten Gemeinde die Gemeinde ihres Wohnorts die im Abs. 2 bezeichneten Leistungen, vorbehaltlich des Kostenersatzes, zu übernehmen.

Als Ersatz der Kosten gilt die Hälfte des nach dem Krankenversicherungsgesetze zu gewährenden Mindestbetrags des Krankengeldes, sofern nicht höhere Aufwendungen nachgewiesen werden.

Der weitere Kommunalverband ist befugt, statutarische Anordnungen zu erlassen, nach welchen den Gemeinden die ihnen durch Abs. 2 auferlegten Kosten des Heilverfahrens aus Mitteln des weiteren Kommunalverbandes zu ersetzen sind.

Die Versicherungsanstalt (§. 18) ist befugt, die im Abs. 2 bezeichneten Leistungen selbst zu übernehmen.

§. 11.

Streitigkeiten über Unterstützungsansprüche, welche aus der Bestimmung des §. 10 zwischen den Verletzten einerseits und den Gemeinden andererseits entstehen, werden von der Aufsichtsbehörde entschieden. Die Entscheidung ist vorläufig vollstreckbar. Dieselbe kann innerhalb eines Monats im Verwaltungsstreitverfahren, wo ein solches nicht besteht, im Wege des Rekurses nach Maßgabe der Vorschriften der §§. 20, 21 der Gewerbeordnung angefochten werden.

Streitigkeiten über Ersatzansprüche, welche aus den Bestimmungen des §. 10 entstehen, werden im Verwaltungsstreitverfahren, wo ein solches nicht besteht, von der Aufsichtsbehörde der in Anspruch genommenen Gemeinde, Gemeinde-Krankenversicherung oder Krankenkasse entschieden. Gegen die Entscheidung der Letzteren findet der Rekurs nach Maßgabe der Vorschriften der §§. 20, 21 der Gewerbeordnung statt.

Der Landes-Zentralbehörde bleibt überlassen, vorzuschreiben, daß anstatt des Rekursverfahrens die Berufung auf den Rechtsweg mittelst Erhebung der Klage stattfindet.

II. Berufsgenossenschaft.

Umfang.

§. 12.

Die Berufsgenossenschaft (§. 6 Ziffer 1) umfaßt, unbeschadet der Bestimmungen des §. 8, alle Baubetriebe der im §. 6 Ziffer 1 bezeichneten Art.

Bei Baubetrieben, welche sich auf verschiedene Arten von Bauarbeiten erstrecken, entscheidet für die Zugehörigkeit zur Berufsgenossenschaft der Hauptbetrieb. Auch im Uebrigen folgen Nebenbetriebe den Hauptbetrieben.

Aufbringung der Mittel.

§. 13.

Die Mittel zur Deckung der von der Berufsgenossenschaft zu leistenden Entschädigungsbeträge und der Verwaltungskosten werden, vorbehaltlich der Bestimmungen der §§. 23 ff., von den Mitgliedern durch Beiträge aufgebracht. Die Beiträge sind so zu berechnen, daß durch dieselben außer den sonstigen Leistungen der Berufsgenossenschaft der Kapitalwerth der ihr im abgelaufenen Rechnungsjahre zur Last gefallenen Renten gedeckt wird. Die Grundsätze für die Berechnung des Kapitalwerths werden durch das Reichs-Versicherungsamt festgestellt. Die Ausschreibung der Beiträge erfolgt nach Maßgabe der in den Betrieben der Mitglieder von den Versicherten verdienten Löhne und Gehälter beziehungsweise des nach §. 10 Abs. 4 des Gewerbe-Unfallversicherungsgesetzes anzurechnenden ortsüblichen Tagelohns gewöhnlicher erwachsener Tagearbeiter sowie des statutenmäßigen Gefahrentarifs (§. 49 a. a. O.).

Der §. 29 Abs. 2, §§. 30 bis 33 des Gewerbe-Unfallversicherungsgesetzes finden Anwendung

Organisation.

§. 14.

Auf die Berufsgenossenschaft finden die Bestimmungen des §. 28 Abs. 5, 6 und der §§. 36 bis 54 des Gewerbe-Unfallversicherungsgesetzes Anwendung.

§. 15.

Der vorhandene Reservefonds ist in seinem Bestande zu erhalten; seine Zinsen können zur Deckung der Genossenschaftslasten verwendet werden. In dringenden Fällen kann die Genossenschaft mit Genehmigung des Reichs-Versicherungsamts auch den Kapitalbestand angreifen. Die Wiederergänzung erfolgt alsdann nach näherer Anordnung des Reichs-Versicherungsamts.

Mitgliedschaft.

§. 16.

Mitglied der Genossenschaft ist jeder Unternehmer eines Betriebs der im §. 12 bezeichneten Art sowie das Reich, die Bundesstaaten, Kommunalverbände und andere öffentliche Korporationen, soweit diese auf Grund der Bestimmungen des §. 8 der Berufsgenossenschaft beigetreten sind.

Die Mitgliedschaft beginnt für das Reich und die Bundesstaaten, für Kommunalverbände und andere öffentliche Korporationen (§. 6 Ziffer 2. 3) mit dem in der Beitrittserklärung angegebenen Zeitpunkt, im Uebrigen mit der Eröffnung des Betriebs.

§. 17.

Jedes Mitglied der Genossenschaft, welches seinen Betrieb nicht bereits angemeldet hat, ist verpflichtet, binnen einer Woche nach dem Beginne der Mitgliedschaft (§. 16) der unteren Verwaltungsbehörde, in deren Bezirke der Betrieb belegen ist, über denselben Anzeige zu erstatten. Auf die Anzeige und die Ueberweisung des Betriebs finden die Bestimmungen des §§. 56, 57 des Gewerbe-Unfallversicherungsgesetzes entsprechende Anwendung. Dasselbe gilt von den Bestimmungen der §§. 58 bis 62 a. a. O. über die Genossenschaftskataster und die Betriebsveränderungen.

III. Unfallversicherungsanstalten.

Bildung, Umfang und Organisation.

§. 18.

In jeder Berufsgenossenschaft von Baugewerbetreibenden besteht für die Versicherung derjenigen Personen, welche in deren Bezirken von den unter §. 6 Ziffer 4 Abs. 1 fallenden Unternehmern bei Bauarbeiten, wie sie in der Berufsgenossenschaft versichert sind, beschäftigt werden, einschließlich der selbstversicherten Unternehmer dieser Art, eine Versicherungsanstalt.

Den Versicherungsanstalten der auf Grund des Gewerbe-Unfallversicherungsgesetzes errichteten Berufsgenossenschaften von Baugewerbetreibenden werden außer denjenigen Arten von Bauarbeiten, für welche sie errichtet sind, die Eisenbahn-, Kanal-, Wege-, Strom-, Deich- und andere Bauarbeiten (vergl. §. 6 Ziffer 1), zu deren Ausführung, einzeln genommen, nicht mehr als sechs Arbeitstage thatsächlich verwendet worden sind (vergl. §. 23 lit. b), sofern diese Bauarbeiten von den im §. 6 Ziffer 4 Abs. 1 bezeichneten Unternehmern ausgeführt werden, innerhalb ihrer Bezirke zugewiesen.

Durch das Genossenschaftsstatut kann bestimmt werden, daß auch die Versicherung von Unternehmern (§. 4), welche als Baugewerbetreibende Mitglieder der Genossenschaften sind, sowie anderer von diesen Baugewerbetreibenden bei der Bauausführung beschäftigten, nach §. 1 nicht versicherten Personen (§. 4) bei der Versicherungsanstalt zu erfolgen hat.

Träger der Versicherungsanstalt ist die Berufsgenossenschaft. Der Genossenschaftsvorstand und die Genossenschaftsversammlung sowie die sonstigen Organe der Berufsgenossenschaft führen die Verwaltung der Versicherungsanstalt, unbeschadet der Bestimmungen des §. 21 dieses Gesetzes, nach Maßgabe der §§. 41, 42, 45, 46 des Gewerbe-Unfallversicherungsgesetzes.

§. 19.

Die Einnahmen und Ausgaben der Versicherungsanstalt sind besonders zu verrechnen und ihre Bestände gesondert zu verwahren.

Für die Versicherungsanstalt ist ein besonderer Reservefonds anzusammeln. Seine Verwendung zu Zwecken der Berufsgenossenschaft ist unstatthaft.

Das für die Zwecke der Versicherungsanstalt bestimmte sonstige Vermögen darf für die übrigen Zwecke der Berufsgenossenschaft nur mit Genehmigung des Reichs-Versicherungsamts verwendet werden. Die Genehmigung darf nur ertheilt werden, wenn der Nachweis erbracht ist, daß der für die Zwecke der Versicherungsanstalt verbleibende Theil dieses Vermögens zur dauernden Befriedigung der bisher festgestellten, von der letzteren zu zahlenden Renten und der sonstigen Verbindlichkeiten der Versicherungsanstalt voraussichtlich ausreichen wird.

Die für den Geschäftsbetrieb der Versicherungsanstalt etwa erforderlichen Mittel hat die Berufsgenossenschaft, soweit nöthig aus ihrem Reservefonds, vorzuschießen.

Die Versicherungsanstalt darf andere als die im §. 18 bezeichneten Versicherungen nicht übernehmen.

Die von der Versicherungsanstalt aufzubringenden Verwaltungskosten bestimmen sich nach den durch die besondere Verwaltung derselben thatsächlich erforderlich gewesenen Aufwendungen; neben denselben kann nach näherer Bestimmung des Reichs-Versicherungsamts als Ersatz des auf die Versicherungsanstalt entfallenden Antheils an den gemeinsamen Verwaltungskosten ein Pauschbetrag erhoben werden.

§. 20.

Für die Versicherungsanstalt hat die Genossenschaftsversammlung ein Nebenstatut zu errichten. Dasselbe muß Bestimmungen treffen:

1. über die Erfordernisse der An- und Abmeldung der im §. 6 Ziffer 4 Abs. 1 bezeichneten Unternehmer, welche von der Befugniß des §. 4 Abs. 3 Gebrauch machen wollen;
2. über die Abgrenzung der Befugnisse des Vorstandes und der Genossenschaftsversammlung bei der Verwaltung der Versicherungsanstalt;
3. über die Ansammlung des vorgeschriebenen Reservefonds;
4. über die Aufstellung, Prüfung und Abnahme der Jahresrechnung;
5. über die Veröffentlichung der Rechnungsabschlüsse;
6. über die Voraussetzungen einer Abänderung des Nebenstatuts.

Sofern von der Bestimmung des §. 18 Abs. 3 Gebrauch gemacht ist, muß das Nebenstatut über die An- und Abmeldung der demnach versicherten Personen sowie über die Einzahlung der für dieselben zu entrichtenden Prämien Vorschriften enthalten.

§. 21.

Durch das Nebenstatut können für die Verwaltung der Versicherungsanstalt besondere Organe bestimmt werden. Enthält dasselbe Vorschriften dieser Art, so ist zugleich über den Sitz dieser Organe, über ihre Zusammensetzung, über die Abgrenzung ihrer Bezirke sowie über den Umfang ihrer Befugnisse Bestimmung zu treffen.

Die Abgrenzung der Bezirke dieser Organe und die Wahl ihrer Mitglieder kann von der Genossenschaftsversammlung dem Genossenschaftsvorstand übertragen werden.

Die Bezirke und die Zusammensetzung dieser besonderen Organe hat der Genossenschaftsvorstand durch den Reichsanzeiger bekannt zu machen.

§. 22.

Das Nebenstatut sowie die Abänderungen desselben bedürfen der Genehmigung des Reichs-Versicherungsamts.

Gegen die Entscheidung desselben, durch welche die Genehmigung versagt wird, findet **innerhalb eines Monats** vom Tage der Zustellung der Entscheidung an den Genossenschaftsvorstand ab die Beschwerde an den Bundesrath statt.

Die Berathungen der Genossenschaftsversammlungen über das Nebenstatut finden in Gegenwart eines Vertreters des Reichs-Versicherungsamts statt, welcher auf sein Verlangen jederzeit gehört werden muß.

§. 23.

In der Versicherungsanstalt erfolgt die Unfallversicherung:

a) bei Bauarbeiten, zu deren Ausführung, einzeln genommen, mehr als sechs Arbeitstage thatsächlich verwendet worden sind, auf Kosten des Unternehmers (§. 5 Ziffer 2) gegen feste, im voraus bemessene Prämien nach Maßgabe eines Prämientarifs (§§. 24 ff.);
b) bei Bauarbeiten von geringerer Dauer auf Kosten der **Gemeinden und der sonstigen im §. 32 bezeichneten Verbände**, über deren Bezirke die Berufsgenossenschaft sich erstreckt, gegen Beiträge, welche

auf diese Gemeinden oder Verbände nach Maßgabe der in den einzelnen Jahren für Unfälle bei solchen Bauarbeiten thatsächlich erforderlich gewordenen Zahlungen jährlich umgelegt werden.

Versicherung auf Kosten der Unternehmer (§. 23 lit. a).

§. 24.

Die im §. 6 Ziffer 4 Abs. 1 aufgeführten Unternehmer, welche Bauarbeiten der im §. 23 lit. a bezeichneten Art ausführen, haben der von der Landes-Zentralbehörde bestimmten Behörde nach einem von dem Reichs-Versicherungsamte vorzuschreibenden Formulare längstens binnen drei Tagen nach Ablauf eines jeden Monats eine Nachweisung der in diesem Monate bei Ausführung der Bauarbeiten verwendeten Arbeitstage und der von den Versicherten dabei verdienten Löhne und Gehälter vorzulegen.

Soweit die Verpflichteten die Nachweisung nicht rechtzeitig oder nicht vollständig einreichen, hat die in Gemäßheit des ersten Absatzes von der Landes-Zentralbehörde bestimmte Behörde diese Nachweisungen nach ihrer Kenntniß der Verhältnisse selbst aufzustellen oder zu ergänzen. Sie kann zu diesem Zwecke die Verpflichteten zu einer Auskunft innerhalb einer zu bestimmenden Frist durch Geldstrafen bis zu einhundert Mark anhalten.

Die Nachweisungen sind binnen zwei Wochen nach Ablauf des Kalendervierteljahrs an den Genossenschaftsvorstand oder das von diesem bezeichnete Organ der Genossenschaft einzureichen. Dabei hat die in Gemäßheit des ersten Absatzes von der Landes-Zentralbehörde bestimmte Behörde zu bescheinigen, daß ihr über die Ausführung weiterer Bauarbeiten, für welche nach den vorstehenden Vorschriften in ihrem Bezirke Nachweisungen vorzulegen wären, nichts bekannt geworden sei.

Prämientarif.

§. 25.

Der Prämientarif (§. 23 lit. a) muß die der Berechnung der Prämien zu Grunde zu legenden Einheitssätze nach Verhältniß der bei der Bauausführung von den Versicherten verdienten Löhne oder Gehälter (vergl. §. 27 Abs. 2) beziehungsweise des in Betracht kommenden Jahresarbeitsverdienstes (§. 4) dergestalt ersichtlich machen, daß sich ergiebt, wieviel für jede angefangene halbe Mark des in Betracht kommenden Lohnes an Prämie zu entrichten ist.

Sofern nach dem für die Berufsgenossenschaft bestehenden Gefahrentarife die einzelnen Arten von Bauarbeiten zu verschieden bemessenen Beiträgen herangezogen werden, sind auch die Einheitssätze der an die Versicherungsanstalt zu entrichtenden Prämien nach dem durch den Gefahrentarif der Genossenschaft festgestellten Verhältnisse verschieden zu berechnen.

§. 26.

Der Prämientarif wird alle drei Jahre von dem Reichs-Versicherungsamte für jede Berufsgenossenschaft nach Anhörung des Vorstandes derselben im voraus festgesetzt. Als Grundlagen dienen der Kapitalwerth derjenigen Leistungen, welche der Versicherungsanstalt aus den bei Bauarbeiten der im

§. 23 lit. a bezeichneten Art im Jahre durchschnittlich zu erwartenden Unfällen voraussichtlich erwachsen werden, ferner die zur Bildung des vorgeschriebenen Reservefonds (§. 19) erforderlichen Zuschläge sowie ein Pauschbetrag für Verwaltungskosten, welcher nach der Höhe der in der vorangegangenen Periode im Jahresdurchschnitte für die Versicherungsanstalt entstandenen Verwaltungskosten (§. 19 Abs. 6) unter Berücksichtigung des auf die Gemeinden nach §. 33 entfallenden Betrags derselben zu berechnen ist. In Abzug zu bringen sind die Zinsen des Reservefonds, soweit dieselben nicht nach den Bestimmungen des Nebenstatuts (§. 20 Ziffer 3) dem Reservefonds selbst zufließen

Die näheren Bestimmungen über die Berechnung des Zuschlags für Verwaltungskosten hat das Reichs=Versicherungsamt zu erlassen.

Der Prämientarif ist durch den Reichsanzeiger und diejenigen Blätter zu veröffentlichen, welche zu den amtlichen Bekanntmachungen der Landes=Zentralbehörden oder der höheren Verwaltungsbehörden, in deren Bezirken er Geltung haben soll, bestimmt sind. Die Veröffentlichung erfolgt durch das Reichs=Versicherungsamt.

Die Veröffentlichung muß mindestens zwei Wochen vor demjenigen Zeitpunkt erfolgt sein, mit welchem der Tarif in Kraft treten soll. Bis zu diesem Zeitpunkte sind die Prämien nach dem bisherigen Tarife zu erheben.

Entrichtung der Prämien.

§. 27.

Nach Ablauf des Kalendervierteljahrs wird auf der Grundlage des Prämientarifs und der nach §. 24 Abs. 3 eingereichten Nachweisungen vom Genossenschaftsvorstande die Prämie berechnet, welche auf jeden Unternehmer entfällt, und die Heberolle aufgestellt.

Für diejenigen Personen, deren bei der Ausführung der Bauarbeit verdiente Löhne und Gehälter für den Arbeitstag den Betrag des von der höheren Verwaltungsbehörde für den Ort der Beschäftigung festgesetzten ortsüblichen Tagelohns gewöhnlicher erwachsener Tagearbeiter nicht erreichen, ist dieser letztere Betrag der Berechnung der Prämie zu Grunde zu legen.

Den Gemeindebehörden sind bezüglich der dem Gemeindebezirk angehörenden Unternehmer Auszüge aus der Heberolle mit der Aufforderung zuzustellen, die Beiträge einzuziehen und in ganzer Summe innerhalb eines Monats an den Genossenschaftsvorstand oder das nach §. 21 zuständige andere Organ der Genossenschaft nach Abzug der Portoauslagen einzusenden.

Den Gemeindebehörden ist hierfür von der Berufsgenossenschaft eine Vergütung zu gewähren, deren Höhe von der Landes=Zentralbehörde im Einvernehmen mit dem Reichs=Versicherungsamte festzusetzen ist. Für Bauarbeiten, welche von der Gemeinde selbst für eigene Rechnung ausgeführt werden, wird diese Vergütung nicht gezahlt.

Die Gemeinde haftet für diejenigen Prämien, bei denen sie den wirklichen Ausfall oder die fruchtlos erfolgte Zwangsvollstreckung nicht nachweisen kann, und muß sie vorschußweise mit einsenden.

§. 28.

Der Auszug aus der Heberolle (§. 27) muß diejenigen Angaben

enthalten, welche die Zahlungspflichtigen in den Stand setzen, die Richtigkeit der angestellten Prämienberechnung zu prüfen. Die Gemeindebehörde hat den Auszug während zweier Wochen zur Einsicht der Betheiligten auszulegen und den Beginn dieser Frist auf ortsübliche Weise bekannt zu machen. Binnen einer weiteren Frist von zwei Wochen kann der Zahlungspflichtige, unbeschadet der Verpflichtung zur vorläufigen Zahlung, gegen die Prämienberechnung bei dem Genossenschaftsvorstand oder dem nach §. 21 zuständigen anderen Organe der Genossenschaft Einspruch erheben.

Der Einspruch ist nur zulässig, wenn sich derselbe auf unrichtigen Ansatz der Löhne, auf unrichtige Anwendung des Prämientarifs, auf Rechenfehler oder auf die Behauptung stützt, daß der in Anspruch Genommene zur Entrichtung von Prämien für die von ihm beschäftigten Personen nicht verpflichtet sei. Auf unrichtigen Ansatz der Löhne kann der Einspruch in den Fällen nicht gestützt werden, in welchen die Nachweisung wegen Säumniß des Verpflichteten von der Behörde (§. 24 Abs. 2) aufgestellt worden war.

Wird dem Einspruch überhaupt nicht oder nicht in dem beantragten Umfange Folge gegeben, so steht dem Zahlungspflichtigen binnen zwei Wochen nach der Zustellung der Entscheidung des zuständigen Genossenschaftsorgans die Beschwerde an die untere Verwaltungsbehörde zu. Gegen die Entscheidung derselben ist binnen zwei Wochen nach der Zustellung Rekurs an das Reichs-Versicherungsamt zulässig. Derselbe darf aber nur auf die Behauptung gestützt werden, daß eine Verpflichtung zur Entrichtung von Prämien nicht vorliege.

Ergiebt sich nachträglich, daß ein ohne Widerspruch (Abs. 1) bezahlter Betrag ganz oder theilweise zu Unrecht erhoben worden ist, so kann die Rückerstattung auf dem im Abs. 1 bezeichneten Wege verlangt werden. Der Anspruch verjährt in zwei Jahren nach Ablauf des Kalenderjahrs, in welchem der Betrag gezahlt worden ist.

§. 29.

Für die Prämien und die sonstigen den unter §. 6 Ziffer 4 Abs. 1 fallenden Unternehmern in diesem Gesetz auferlegten Leistungen haftet im Falle der Zahlungsunfähigkeit des Bauunternehmers der Bauherr während eines Jahres nach der endgültigen Feststellung der betreffenden Verbindlichkeit.

Sind Zwischenunternehmer vorhanden, so haften diese vor dem Bauherrn.

Streitigkeiten, welche zwischen den Versicherungsanstalten und den Bauherren oder Zwischenunternehmern über die Haftung entstehen, entscheidet mit Ausschluß des Rechtswegs das Reichs-Versicherungsamt.

§. 30.

Weitere Zahlungen als die nach diesem Gesetze zu entrichtenden Prämien und die wegen Verletzung bestehender Verpflichtungen einzuziehenden Strafen und Kosten können seitens der Berufsgenossenschaft von den Unternehmern nicht gefordert werden.

§. 31.

Für Kommunalverbände, öffentliche Korporationen und andere Bauherren, welche regelmäßig ohne Uebertragung an andere Unternehmer Bauarbeiten ausführen, kann auf ihren Antrag der Betrag der der Berechnung der Prämien zu Grunde zu legenden Arbeitslöhne und Gehälter nach Maßgabe der Zahl der im Jahresdurchschnitte verwendeten Arbeitstage in einem Pauschbetrage festgesetzt werden. Solche Festsetzungen müssen Bestimmungen über die Termine, zu welchen die Prämien einzuzahlen sind, enthalten. Soweit solche Festsetzungen getroffen sind, finden die Bestimmungen der §§. 24 und 27 keine Anwendung.

Versicherung auf Kosten von Gemeinden (§. 23 lit. b).

§. 32.

Die Mittel zur Deckung der Entschädigungsbeträge und Verwaltungskosten, welche der Versicherungsanstalt aus Unfällen bei den im §. 23 lit. b bezeichneten Bauarbeiten erwachsen sind, werden durch Beiträge der Gemeinden, über deren Bezirke die Berufsgenossenschaft sich erstreckt, aufgebracht und auf dieselben nach dem Verhältnisse der Bevölkerungsziffer jährlich umgelegt. Als Bevölkerungsziffer gilt diejenige Zahl von Einwohnern, welche aus Anlaß der nächstvorhergegangenen Volkszählung von der zuständigen Behörde amtlich festgestellt ist, und zwar von dem auf die Feststellung folgenden Rechnungsjahr ab.

Durch die Landes-Zentralbehörde kann bestimmt werden, daß an Stelle der Gemeinden weitere Kommunalverbände treten, oder daß innerhalb bestimmter Bezirke einzelne Gemeinden zur gemeinschaftlichen Uebernahme der aus der Unfallversicherung bei der Versicherungsanstalt ihnen erwachsenden Last vereinigt werden. Bestimmungen der letzteren Art müssen Festsetzungen über die Vertretung und Verwaltung dieser Vereinigung sowie darüber enthalten, nach welchen Grundsätzen die diesen Vereinigungen zur Last fallenden Beträge auf die einzelnen Gemeinden zu vertheilen sind.

Die Landes-Zentralbehörde kann ferner bestimmen, daß die Umlegung statt auf Gemeinden oder weitere Kommunalverbände auf Verwaltungsbezirke erfolge, und wie von den letzteren die auf sie umgelegten Beträge auf die einzelnen Gemeinden zu vertheilen sind.

Soweit derartige Bestimmungen der Landes-Zentralbehörde nicht erlassen sind, können Gemeinden durch übereinstimmende Beschlüsse zur gemeinsamen Uebernahme der gemäß §. 23 lit. b ihnen zufallenden Lasten sich vereinigen. Solche Vereinbarungen müssen Bestimmungen über die Vertretung und Verwaltung dieser Vereinigungen enthalten und bedürfen der Genehmigung der Landes-Zentralbehörde.

Diese Bestimmungen und Vereinbarungen sind den betreffenden Berufsgenossenschaften sowie dem Reichs-Versicherungsamte mitzutheilen.

§. 33.

Der Betrag der auf die Verbände umzulegenden Verwaltungskosten wird nach Maßgabe der Vorschriften des §. 26 festgesetzt.

§. 34.

Innerhalb der einzelnen Gemeinden oder weiteren Kommunalverbände werden die aus den Bestimmungen des §. 23 lit. b auf dieselben entfallenden Lasten wie Gemeindeabgaben aufgebracht.

Durch die Landesgesetzgebung oder durch statutarische Bestimmung der einzelnen Gemeinden beziehungsweise weiteren Kommunalverbände, welche der Genehmigung der höheren Verwaltungsbehörde bedarf, kann ein anderer Vertheilungsmaßstab festgestellt, insbesondere bestimmt werden, daß die Lasten von den Grund- oder Gebäudebesitzern zu tragen sind.

§. 35.

Auf den besonderen Reservefonds der Versicherungsanstalt haben die Gemeinden und sonstigen im §. 32 bezeichneten Verbände rücksichtlich der aus der Bestimmung des §. 23 lit. b ihnen erwachsenden Lasten keinen Anspruch.

§. 36.

Den Gemeinden im Sinne dieses Gesetzes stehen die selbständigen Gutsbezirke und Gemarkungen gleich. Soweit den Gemeinden aus diesem Gesetze Rechte oder Verbindlichkeiten erwachsen, tritt an die Stelle der Gemeinden der Gutsherr oder der Gemarkungsberechtigte.

IV. Feststellung und Auszahlung der Entschädigungen.

Untersuchung. Entschädigung.

§. 37.

Auf die Anzeige und Untersuchung der Unfälle, auf die Feststellung, Auszahlung und Pfändung der Entschädigungen sowie auf die Liquidationen der Postverwaltungen finden die Bestimmungen der §§. 63 bis 98 des Gewerbe-Unfallversicherungsgesetzes entsprechende Anwendung.

Die Verpflichtung zur Einreichung von Lohn- und Gehaltsnachweisungen (§. 74 a. a. O.) erstreckt sich auch auf Unternehmer, welche nicht Mitglieder der Berufsgenossenschaft sind.

Erstattung der Vorschüsse.

§. 38.

Der Genossenschaftsvorstand stellt fest, welcher Theil der von den Zentral-Postbehörden liquidirten Beträge der Berufsgenossenschaft, und welcher Theil der Versicherungsanstalt zur Last fällt.

Der erstere Theil ist aus den verfügbaren Mitteln der Berufsgenossenschaft zu entnehmen. Gleichzeitig ist nach den Bestimmungen des §. 13 der Kapitalwerth der im vergangenen Rechnungsjahre neu entstandenen, der Berufsgenossenschaft erwachsenen Lasten zu berechnen und unter Berücksichtigung der auf Grund der §§. 50, 51 des Gewerbe-Unfallversicherungsgesetzes etwa vorliegeuden besonderen Verpflichtungen oder Berechtigungen nach dem festgestellten Vertheilungsmaßstab und unter Verrechnung der erhobenen Vorschüsse (§. 13) von den Mitgliedern einzuziehen. Im Uebrigen finden die Bestimmungen des §. 99 Abs. 2 bis 4 sowie der §§. 100 bis 102 a. a. O. Anwendung.

Der der Versicherungsanstalt zur Last fallende Theil ist, soweit er durch Unfälle verursacht ist, die sich bei Bauarbeiten der im §. 23 lit. a bezeichneten Art ereignet haben, aus den verfügbaren Beständen an Prämien zu entnehmen. Soweit der Betrag aber durch Unfälle verursacht ist, die sich bei Bauarbeiten der im §. 23 lit. b bezeichneten Art ereignet haben, ist derselbe nach dem im §. 32 festgesetzten Maßstab auf die im Bezirke der Berufsgenossenschaft belegenen Gemeinden, weiteren Kommunalverbände oder Vereinigungen von Gemeinden, welche an die Stelle der Gemeinden gesetzt sind, umzulegen und von ihnen einzuziehen. Denselben ist zu diesem Zwecke ein Auszug aus der aufzustellenden Heberolle mit der Aufforderung zuzustellen, den festgesetzten Betrag bei Vermeidung der zwangsweisen Beitreibung binnen zwei Wochen einzuzahlen. Der Auszug muß diejenigen Angaben enthalten, welche die Gemeinden 2c. in den Stand setzen, die Richtigkeit der angestellten Beitragsberechnung zu prüfen. Den Gemeinden 2c. stehen gegen die Feststellung ihrer Beiträge, unbeschadet der Verpflichtung zur sofortigen Zahlung, die im §. 102 des Gewerbe-Unfallversicherungsgesetzes angegebenen Rechtsmittel zu; die Beschwerde ist jedoch nur zulässig, wenn sich dieselbe entweder auf Rechenfehler oder auf Irrthümer bei Ansatz der Bevölkerungsziffer gründet.

§. 39.

Die Bestimmungen der §§. 103 bis 106 des Gewerbe-Unfallversicherungsgesetzes über die Einziehung, Verjährung und Abführung der Beiträge sowie der §§. 107 bis 111 a. a. O. über die Vermögensverwaltung finden, und zwar auch auf Prämienbeträge, entsprechende Anwendung.

V. Unfallverhütung. Beaufsichtigung.

Unfallverhütung. Ueberwachung durch die Genossenschaft.

§. 40.

Die Bestimmungen der §§. 112 bis 124 des Gewerbe-Unfallversicherungsgesetzes finden mit folgenden Maßgaben Anwendung:

1. Unfallverhütungsvorschriften können auch für die Bauarbeiten derjenigen Unternehmer erlassen werden, welche nicht Mitglieder der Genossenschaft sind, aber in deren Bezirke Bauarbeiten ausführen.

   In den Unfallverhütungsvorschriften, welche auf derartige Bauarbeiten Anwendung finden sollen, sind für die Zuwiderhandelnden Zuschläge bis zum doppelten Betrage der Prämie oder, sofern es sich um Bauarbeiten der im §. 23 lit. b bezeichneten Art handelt, Geldstrafen bis zu einhundert Mark anzudrohen. Die Vorschriften sind von der höheren Verwaltungsbehörde in geeigneter Weise zu veröffentlichen.

2. Die Berechtigung der Genossenschaft zur Ueberwachung der Betriebe und die Verpflichtungen der Unternehmer wegen Gestattung des Zutritts zu den Betriebsstätten und wegen Vorlegung ihrer Bücher und Nachweisungen erstrecken sich auch auf Unternehmer, welche, ohne Mitglied der Genossenschaft zu sein, in deren Bezirke Bauarbeiten ausführen.

Reichs-Versicherungsamt. Landes-Versicherungsämter.

§. 41.

Wegen der Zuständigkeit des Reichs-Versicherungsamts und der Landes-Versicherungsämter bewendet es bei den Bestimmungen der §§. 125 bis 127 des Gewerbe-Unfallversicherungsgesetzes.

Soweit hiernach ein Landes-Versicherungsamt zur Beaufsichtigung der Genossenschaft und zur Entscheidung der im Bezirke derselben vorkommenden Streitigkeiten befugt ist, gehen die im §. 26 des Gesetzes, betreffend die Abänderung der Unfallversicherungsgesetze, sowie in den §§. 13, 19, 22, 26 bis 28, 32, 33, 38, 42 dem Reichs-Versicherungsamt übertragenen Zuständigkeiten auf das Landes-Versicherungsamt über.

VI. Bauarbeiten für Rechnung des Reichs, der Bundesstaaten, von Kommunalverbänden und Korporationen.

Ausführungsbehörden.

§. 42.

Für Bauarbeiten des Reichs, eines Bundesstaats, eines nach den Bestimmungen des §. 6 Ziffer 3 für leistungsfähig erklärten Verbandes oder einer anderen öffentlichen Korporation, bei welchen nach §. 6 Ziffer 2, 3 bei Anwendung dieses Gesetzes an die Stelle der Berufsgenossenschaft das Reich, der betreffende Bundesstaat, der betreffende Verband oder die Korporation tritt, werden die Befugnisse und Obliegenheiten der Genossenschaftsversammlung und des Genossenschaftsvorstandes durch Ausführungsbehörden wahrgenommen, welche für die Reichsverwaltungen von dem Reichskanzler, im Uebrigen von der Landes-Zentralbehörde zu bezeichnen sind. Dem Reichs-Versicherungsamt ist mitzutheilen, welche Behörden als Ausführungsbehörden bezeichnet sind.

Versicherung durch das Reich 2c.

§. 43.

Soweit das Reich oder ein Bundesstaat, ein Kommunalverband oder eine andere öffentliche Korporation an die Stelle der Berufsgenossenschaft tritt (§ 6 Ziffer 2, 3), finden die §§. 12 bis 36, 38, 40 dieses Gesetzes sowie die §§. 74, 103 bis 105, 106 Abs. 2, 3, §§. 107 bis 110, 125, 126, 146 bis 151 des Gewerbe-Unfallversicherungsgesetzes keine Anwendung. Dagegen sind die Bestimmungen der §§. 130 bis 133 des Gewerbe-Unfallversicherungsgesetzes entsprechend anzuwenden.

VII. Schluß- und Strafbestimmungen.

Erstreckung auf andere Gesetze über Unfallversicherung.

§. 44.

Die Bestimmungen der §§. 8, 12 Abs. 2, §§. 18 bis 36, 37 Abs. 2, §. 38 Abs. 1, 3, §§. 39 bis 41, 45 finden bei den im Geltungsbereiche des Gewerbe-Unfallversicherungsgesetzes errichteten Berufsgenossenschaften für Baugewerbetreibende gleichfalls entsprechende Anwendung.

Haftpflicht ꝛc. Strafbestimmungen. Zustellungen.

§. 45.

Für Arbeiter, welche bei Bauarbeiten der im §. 6 Ziffer 4 Abs. 1 bezeichneten Art beschäftigt, aber nicht nach den Bestimmungen des Krankenversicherungsgesetzes gegen Krankheit versichert sind, bleiben die auf gesetzlichen Bestimmungen beruhenden Ansprüche auf Ersatz des in Folge eines Unfalls erlittenen Schadens für die Dauer der ersten dreizehn Wochen nach dem Unfalle vorbehalten.

Im Uebrigen finden die Vorschriften der §§. 135, 139 bis 155 des Gewerbe-Unfallversicherungsgesetzes entsprechende Anwendung, die Strafbestimmungen insbesondere auch bezüglich der Einreichung und Richtigkeit der für die Berechnung der Prämien maßgebenden Nachweisungen (§. 24).

§. 46.

Diejenigen Betriebsunternehmer, Bevollmächtigten oder Repräsentanten, Betriebs- oder Arbeiteraufseher, gegen welche durch strafgerichtliches Urtheil festgestellt worden ist, daß sie den Unfall vorsätzlich oder durch Fahrlässigkeit mit Außerachtlassung derjenigen Aufmerksamkeit, zu der sie vermöge ihres Amtes, Berufs oder Gewerbes besonders verpflichtet sind, oder dadurch herbeigeführt haben, daß sie bei der Leitung oder Ausführung eines Baues wider die allgemein anerkannten Regeln der Baukunst verstießen, haften für alle Aufwendungen, welche in Folge des Unfalls auf Grund dieses Gesetzes oder des Krankenversicherungsgesetzes von den Kommunalverbänden (§. 25 Abs. 1 des Gewerbe-Unfallversicherungsgesetzes, §. 10 Abs. 2, 5 dieses Gesetzes) oder Krankenkassen gemacht worden sind. Dieselben Personen haften der Genossenschaft für deren Aufwendungen auch ohne Feststellung durch strafgerichtliches Urtheil. Ist der Unfall durch Fahrlässigkeit mit Außerachtlassung derjenigen Aufmerksamkeit, zu der sie vermöge ihres Amtes, Berufs oder Gewerbes besonders verpflichtet sind, herbeigeführt, so ist die Genossenschaftsversammlung befugt, von der Verfolgung des Anspruchs abzusehen. Durch Statut kann diese Befugniß auf den Vorstand übertragen werden.

In gleicher Weise haftet als Betriebsunternehmer eine Aktiengesellschaft, eine Innung oder eingetragene Genossenschaft für die durch ein Mitglied ihres Vorstandes sowie eine Handelsgesellschaft, eine Innung oder eingetragene Genossenschaft für die durch einen der Liquidatoren herbeigeführten Unfälle.

Als Ersatz für die Rente kann in diesen Fällen deren Kapitalwerth gefordert werden.

§. 47.

Will der Vorstand den Ersatzanspruch aus §. 46 Abs. 1 Satz 3 geltend machen, so hat er den Beschluß dem Ersatzpflichtigen schriftlich mitzutheilen. Der Ersatzpflichtige kann hiergegen die Beschlußfassung der Genossenschaftsversammlung anrufen.

Die Klage darf nicht vor Ablauf eines Monats nach der Zustellung dieser Mittheilung, und nur dann angestellt werden, wenn nicht innerhalb dieser Frist die Beschlußfassung seitens des Ersatzpflichtigen angerufen ist. Ist letzteres der Fall, so ist die Beschlußfassung der Genossenschaftsversammlung abzuwarten.

§. 48.

Der Anspruch (§. 46 Abs. 1 Satz 1) verjährt in 18 Monaten von dem Tage, an welchem das strafgerichtliche Urtheil rechtskräftig geworden ist, im Uebrigen in zwei Jahren nach dem Unfalle. Die Anrufung der Beschlußfassung der Genossenschaftsversammlung (§. 47 Abs. 1) unterbricht die Verjährung.

Für das über einen solchen Anspruch erkennende ordentliche Gericht ist die Entscheidung bindend, welche in dem durch dieses Gesetz geordneten Verfahren über die Frage ergeht, ob ein Unfall vorliegt, für welchen aus der Unfallversicherung Entschädigung zu leisten ist, und in welchem Betrag Entschädigung zu gewähren ist.

Sachregister.

(Die Ziffern weisen auf die Seiten hin.)

A.

B.

F.

G.

H.

L.

R.

S.

V.

Druck von A. W. Hayn's Erben, Berlin und Potsdam

FSC
www.fsc.org
MIX
Papier | Fördert gute Waldnutzung
FSC® C083411

Kolibri 360 GmbH
Ferdinand-Jühlke-Straße 7
99095 Erfurt, Deutschland
produktsicherheit@kolibri360.de